Fragen der Anwendbarkeit des humanitären Völkerrechts
unter besonderer Berücksichtigung der
sogenannten *Nationalen Befreiungskriege*

Europäische Hochschulschriften

Publications Universitaires Européennes

European University Studies

Reihe II

Rechtswissenschaft

Série II Series II

Droit

Law

Bd./Vol. 3349

PETER LANG

Frankfurt am Main · Berlin · Bern · Bruxelles · New York · Oxford · Wien

Andreas Götze

Fragen der Anwendbarkeit des humanitären Völkerrechts unter besonderer Berücksichtigung der sogenannten *Nationalen Befreiungskriege*

PETER LANG
Europäischer Verlag der Wissenschaften

Die Deutsche Bibliothek - CIP-Einheitsaufnahme

Götze, Andreas :

Fragen der Anwendbarkeit des humanitären Völkerrechts unter besonderer Berücksichtigung der sogenannten *nationalen Befreiungskriege* / Andreas Götze. - Frankfurt am Main ; Berlin ; Bern ; Bruxelles ; New York ; Oxford ; Wien : Lang, 2002
(Europäische Hochschulschriften : Reihe 2, Rechtswissenschaft ; Bd. 3349)
Zugl.: Berlin, Freie Univ., Diss., 2001
ISBN 3-631-38833-0

D 188
ISSN 0531-7312
ISBN 3-631-38833-0

www.peterlang.de

FRAGEN DER ANWENDBARKEIT DES HUMANITÄREN VÖLKERRECHTS, UNTER BESONDERER BERÜCKSICHTIGUNG DER SOGENANNTEN "NATIONALEN BEFREIUNGSKRIEGE"

Literaturverzeichnis

Abi-Saab, Georges Wars of National Liberation in the Geneva Conventions and Protocols, in RdC Bd. 165 (1979-IV), S.353 ff.
(zitiert als: Abi-Saab in RdC 1979)

Abi-Saab, Georges Wars of National Liberation and the "Laws of War", in Annales d'Etudes Internationales, Bd.3 (1972), S.93 ff.
(zitiert als: Abi-Saab 1972)

Aldrich, George H. Die Bedeutung des I. Genfer Zusatzprotokolls und seine künftigen Aussichten - Justiziartagung 1988 - abgedruckt in: W.Voit (Hrsg.), Völkerrechtliche Beiträge der Tagungen der Justiziare und Konventionsbeauftragten des Deutschen Roten
Aldrich, George H. Kreuzes, Bochum 1995
(zitiert als: Aldrich 1988)
Prospects for United States Ratification of
Aldrich, George H. Additional Protocol I to the 1949 Geneva Conventions, in AJIL Bd. 85 (1991), S. 1 ff.
(zitiert als: Aldrich 1991)

Andreopoulos, George J. Réflexions sur les Protocoles de Genève, in: Revue Internationale de la Croix-Rouge, Bd. 79 (1997), S. 544 ff.
(zitiert als: Aldrich 1997)
The Age of National Liberation Movements, in: Michael Howard, George J. Andropoulos, Mark R. Shulman (Hrsg.), The Laws of War, New Haven and Londen 1994, S. 191 ff.
(zitiert als: Andreopoulos)

Arbeitsgemeinschaft für Völkerrecht beim Institut für Internationale Beziehungen an der Akademie für Staats- und Rechtswissenschaften der DDR (Hrsg.), Lehrbuch in 2 Bänden, Berlin 1981 (Bd.I) und 1982 (Bd.II)
(zitiert als: DDR-Lehrbuch)

Bagley, David	Ratification of Protocol I to the Geneva Conventions of 1949 by the United States: Discussion and Suggestions for the American Lawyer-Citizen, in: Loyola of Los Angeles International and comparative Law Journal Bd.11 (1989), S.439 ff. (zitiert als: Bagley)
Ballis, William Belcher	The legal position of war: changes in its practice and theory from Plato to Vattel, The Hague 1937 (zitiert als: William Belcher Ballis)
Barberis, Julio	Nouvelles Questions concernant la personnalité juridique inter- Nationale, in RdC, Bd.179 (1983-I), S.145 ff. (zitiert als: Barberis)
Baxter, Richard R.	Some existing problems of humanitarian law, in Revue de Droit Pénal Militaire et de Droit de la Guerre, Bd.14 (1975), S.297 ff. (zitiert als: Baxter 1975)
Baxter, Richard R.	The definition of war, in Revue égyptienne de droit international, Bd.16 (1960), S.1 ff. (zitiert als: Baxter 1960)
Baxter, Richard R.	The Law of War, in: Maarten Bos (Hrsg.), The present state of international Law and other essays, written in honor of the Centenary Celebration of the International Law Association, Kluwer 1973, S.107 (zitiert als: Baxter 1973)
Baxter, Richard R.	Humanitarian Law or Humanitarian Politics? The 1974 Diplomatic Conference on Humanitarian Law, in Harvard International Law Journal Bd.16 (1975), S.1 ff. (zitiert als: Baxter, in Harvard Journal)
Baxter, Richard R.	Ius in Bello Interno: The Present and the Future Law, in John Norton Moore (Hrsg.), Law and Civil War in the Modern World, Baltimore/London 1974, S.518 ff. (zitiert als: Baxter 1974)
Berber, Friedrich	Lehrbuch des Völkerrechts, Bd.II: Kriegsrecht, München und Berlin 1962
Berber, Friedrich	Völkerrecht (Dokumentensammlung) Bd.I, Friedensrecht, München und Berlin 1967 (zitiert als: Berber Dokumente Bd.I)

Berber, Friedrich	Völkerrecht (Dokumentensammlung) Bd.II, Konfliktsrecht, München und Berlin 1967 (zitiert als: Berber Dokumente Bd.II)
Bernhardt, Rudolf	Encyclopedia of Public International Law, published unter the auspices of the Max Planck Institute for Comparative Public Law and International Law, 12 Bände, Amsterdam/New York/Oxford ab 1981 (zitiert als: EPIL)
Best, Geoffrey	Restraints on War by Land before 1945, in Howard (Hrsg.), Restraints on War. Studies on the Limitation of Armed Conflict, Oxford 1979 (zitiert als: Best)
Bierzanek, Remigiusz	Le status juridique des partisans et des mouvements de résistance armée: évolution historique et aspects actuels", in: Mélanges offerts à Juraj Andrassy, La Haye 1968, S.54 ff. (zitiert als: Bierzanek)
Bindschedler, Rudolf	Die Unterscheidung zwischen Zivilbevölkerung und bewaffneten Kräften - ein Grundproblem des Kriegsrechts in der heutigen Zeit, in: Marcic, Mosler, Suy, Zemanek (Hrsg.), Internationale Festschrift für Alfred Verdross zum 80. Geburtstag, München/Salzburg 1971, S.55 ff. (zitiert als: Bindschedler in Festschrift Verdross)
Bindschedler, Rudolf	Frieden, Krieg und Neutralität im Völkerrecht der Gegenwart, in: Multitudo legum ius unum, Festschrift für Wilhelm Wengler zu seinem 65. Geburtstag, Bd. I, Allgemeine Rechtslehre und Völkerrecht, Berlin 1973, S.27 ff (zitiert als: Bindschedler in Festschrift Wengler)
Bindschedler, Rudolf	Die Zukunft des Kriegsrechts, in: Dieter Blumenwitz und Albrecht Randelzhofer (Hrsg.), Festschrift für Friedrich Berber zum 75. Geburtstag, München 1973, S.61 ff. (zitiert als: Bindschedler in Festschrift Berber)
Bindschedler-Robert, Denise A.	Reconsideration of the Law of Armed Conflicts, in: Report of the Conference on contemporary problems of the law of armed conflicts held at Geneva 15-20 September 1969, New York 1971 (zitiert als: Bindschedler-Robert)

Blischtschenko, Igor — Die Definierung des humanitären Völkerrechts, in: Dieter Blumenwitz und Albrecht Randelzhofer (Hrsg.), Festschrift für Friedrich Berber zum 75. Geburtstag, München 1973, S.75 ff.
(zitiert als: Blischtschenko in Festschrift Berber)

Blischtschenko, Igor — Les Principes du Droit Humanitaire, in: Christophe Swinarski (Hrsg.), Etudes et essais sur le droit international humanitaire et sur les principes de la Croix Rouge en l'honneur de Jean Pictet, Genève-La Haye 1984, S.291 ff.
(zitiert als: Blischtschenko in Festschrift Pictet)

Blix, Hans — When are the Laws of War and Neutrality applicable?, in: Revue Égyptienne de Droit International, Bd.32 (1976), S.125 ff.
(zitiert als: Blix)

Bond, James E. — The Rules of Riot, in Internal Conflict and the Law of War,
Princeton 1974
(zitiert als: Bond)

Bond, James E. — Amended Article 1 of Draft Protocol I to the 1949 Geneva Conventions: The Coming of Age of the Guerilla, in: Washington and Lee Law Review Bd.32 (1975), S.65 ff.
(zitiert als: Bond 1975)

Booysen, H. — Terrorists, Prisoners of War and South Africa, in South African Yearbook of International Law, Bd.1 (1975), S.14 ff.
(zitiert als: Booysen)

Bothe, Michael — Krise der Rotkreuz-Idee? Grundfragen der Genfer Diplomatischen Konferenz über humanitäres Recht, in: Europa Archiv 1976, S. 197 ff.
(zitiert als: Bothe 1976)

Bothe, Michael — Völkerrechtliche Aspekte des Angola-Konflikts, in ZaöRV, Bd. 37 (1977), S. 572 ff.
(zitiert als: Bothe 1977)

Bothe, Michael — Conflits Armés Internes et Droit International Humanitaire, in: Revue Générale de Droit International Public, Bd.82 (1978), S.82 ff.
(zitiert als: Bothe)

Bothe, Michael/ Ipsen, Knut/ Partsch, Karl-Josef — Die Genfer Konferenz über humanitäres Völkerrecht, in Zeitschrift für ausländisches öffentliches Recht und Völkerrecht, Bd.38 (1978), S.1 ff.

Bothe, Michael/ Partsch, Karl-Josef/ Solf, Waldemar A.	New Rules for Victims of Armed Conflicts, Commentary on the Two 1977 Protocols Additional to the Geneva Conventions of 1949, The Hague/Boston/London 1982 (zitiert als: Bothe/Partsch/Solf)
Boyd, Stephen M.	The Applicability of International Law to the occupied Territories", in: Israel Yearbook on Human Rights, Bd.1 (1971), S.258 ff.
Buß, Regina	Der Kombattantenstatus. Die kriegsrechtliche Entstehung eines Rechtsbegriffs und seine Ausgestaltung in Verträgen des 19. und 20. Jahrhunderts, Bochumer Schriften zur Friedenssicherung und zum Humanitären Völkerrecht, Bd. 12, Bochum 1992
Calogeropoulos-Stratis, Aristidis	Droit Humanitaire et Droits de l'Homme. La Protection de la Personne en Période de Conflit Armée, Genf 1980 (zitiert als: Calogeropoulos-Stratis)
Cassese, Antonio	Current Problems of International Law, Essays on U.N. Law and on the Law of Armed Conflict, Milano 1975 (zitiert als: Cassese 1975)
Cassese, Antonio	A Tentative Appraisal of the Old and the New Humanitarian Law of Armed Conflict, in: Cassese (Hrsg.), The New Humanitarian Law of Armed Conflict, Neapel 1979, S.461 ff. (zitiert als: Cassese, in Cassese 1979)
Cassese, Antonio (Hrsg.)	The New Humanitarian Law of Armed Conflict, Neapel 1979 (zitiert als: Cassese 1979)
Cassese, Antonio	The New Humanitarian Law, Proceedings of the 1976 and 1977 Conferences, Napoli 1979 zitiert als: Cassese (Proceedings)
Cassese, Antonio	Mercenaries: Lawful Combatants or Criminals?, in: ZaöRV, Bd.40 (1980), S.1 ff. (zitiert als: Cassese 1980)
Cassese, Antonio	Wars of National Liberation and Humanitarian Law, in Christophe Swinarski (Hrsg.), Études et Essais sur le Droit International Humanitaire et sur les Principes de la Croix-Rouge en l'honneur de Jean Pictet, Genève-la Haye 1984, S.313 ff. (zitiert als: Cassese in Festschrift Pictet)

Cassese, Antonio — The Geneva Protocols of 1977 on the Humanitarian Law of Armed Conflict and Customary International Law, in: UCLA Pacific Basin Law Journal, 1984 Heft 3, S.55 ff.
(zitiert als: Cassese 1984)

Castren, Erik — The Present Law of War and Neutrality, Helsinki 1954
(zitiert als: Castren 1954)

Castren, Erik — Civil War, Helsinki 1966
(zitiert als: Castren 1966)

Ciobanu, Dan — The Concept and the Determination of the Existence of Armed Conflicts not of an International Character, in: Rivista di Diritto Internazionale, Bd.58 (1975), S.43 ff.
(zitiert als: Ciobanu 1975)

Ciobanu, Dan — The Attitude of the Socialist Countries, in: Cassese (Hrsg.), The New Humanitarian Law of Armed Conflict, Neapel 1979, S.399 ff.
(zitiert als: Ciobanu 1979)

Chadwick, Elizabeth — Self-Determination, Terrorism and the International Humanitarian Law of Armed Conflict, The Hague/Boston/London 1996
(zitiert als: Chadwick)

M.H.F. Clarke/ T. Glynn/ A.P.V. Rogers — Combatant and Prisoner of War Status, in: Michael A. Meyer (Hrsg.), Armed Conflict and the New Law: Aspects of the 1977 Geneva Protocols and the 1981 Weapons Convention, London 1989, S.107 ff.

Condorelli, Luigi — The attitude of States toward the development of Humanitarian Law - Les Pays Afro-Asiatiques, in Cassese (Hrsg.), The New Humanitarian Law of Armed Conflict, Neapel 1979, S.386 ff.

Coursier, Henri — Etudes sur la Formation du Droit Humanitaire, Genève 1952
(zitiert als: Coursier Études)

Coursier, Henri — Définition du Droit Humanitaire, in: Annuaire Francais de Droit International 1955, S.223 ff.

Coursier, Henri — L'Èvolution du Droit International Humanitaire, in: RdC Bd.99-I (1960), S.357 ff.
(zitiert als: Coursier 1960)

van Creveld, Martin — Die Zukunft des Krieges, München 1998

Dahm, Georg — Völkerrecht, Band I, Stuttgart 1958

Dahm, Georg/ Delbrück, Jost/ Wolfrum, Rüdiger	Völkerrecht, Bd.I, 2.Aufl. Berlin/New York 1985
Delbrück, Jost	Selbstbestimmungsrecht und Völkerrecht, in: Jahrbuch für Internationales Recht, Band 13 (1967), S.180 ff. (zitiert als: Delbrück)
Detter de Lupis, Ingrid	The Law of War, Cambridge 1987 (zitiert als: Detter de Lupis)
Dinstein, Yoram	The New Geneva Protocols: A Step forward or backward?, in: Yearbook of World Affairs, 1979, S.265 ff. (zitiert als: Dinstein 1979)
Dinstein, Yoram	The International Legal Response to International Terrorism, in: Le Droit International à l'heure de sa codification (Festschrift für Roberte Ago), Mailand 1987, S. 139 ff. (zitiert als: Dinstein 1987)
Dinstein, Yoram	Self-Determination Revisited, in: International Law in an Evolving World, Festschrift für E.J. de Arachega, Montevideo 1994, S.241 ff. (zitiert als: Dinstein)
Dinstein, Yoram	Commentaires au Sujet du Protocole I, in: Revue Internationale de la Croix-Rouge, Band 79 (1997), S.552 ff. (zitiert als: Dinstein 1997)
Doehring, Karl	Das Selbstbestimmungsrecht der Völker als Grundsatz des modernen Völkerrechts, in: Berichte der deutschen Gesellschaft für Völkerrecht Heft 14 (1974), S.7 ff. (zitiert als: Doehring 1974)
Doehring, Karl	Verfassungsrecht und Kriegsvölkerrecht, in Dieter Blumenwitz und Albrecht Randelzhofer (Hrsg.), Festschrift für Friedrich Berber zum 75. Geburtstag, München 1973, S.139 ff. (zitiert als: Doehring in Festschrift Berber)

Draper, G.I.A.D. — The Geneva Conventions of 1949, in: RdC Bd.114 (1965-I), S.59 ff.
(zitiert als: Draper 1965)

Draper, G.I.A.D. — The relationship between the human rights regime and the law of armed conflicts, in: International conference on humanitarian law, San Remo 1970, Proceedings, Grassi, 1970, S. 141 ff.
(zitiert als: Draper 1970)

Draper, G.I.A.D. — The Status of Combatants and the Question of Guerilla Warfare, in British Yearbook of International Law 1971, S.173 ff.
(zitiert als: Draper 1971)

Dudulesco, Victor — Effet de la Reconnaissance de l'Etat de Belligérence par les Tiers, y compris les organisations internationales, sur le Statut Juridique des Conflits Armées à caratère non-international, in: RGDIP, Bd. 79 (1975), S. 125 ff.

Dugard, John — SWAPO: The ius ad bellum and the ius in bello, in: South African Journal of International Law, Bd.93 (1976), S.144 ff.
(zitiert als: Dugard)

Eide, Asbiorn — The New Humanitarian Law in Non-International Conflict, in: Cassese (Hrsg.), The New Humanitarian law of Armed Conflict, Neapel 1979, S. 277 ff.
(zitiert als: Eide, in Cassese 1979)

Eide, Asbiorn — The Laws of War and Human Rights - Differences and Convergences", in Swinarski (Hrsg.), Études et Essais sur le Droit International Humanitaire et sur les Principes de la Croix-Rouge en l'Honneur de Jean Pictet, Genf/ Den Haag 1984, S. 675 ff.
(zitiert als: Eide in Festschrift Pictet)

Eitel, Tono — Die Zusatzprotokolle im System des Völkerrechts, in: Die Genfer Zusatzprotokolle, Bonn 1993, S.96 ff.
(zitiert als: Eitel)

Ermacora, Felix — Die Selbstbestimmung im Lichte der UN-Deklaration betreffend die völkerrechtlichen Grundsätze über die freundschaftlichen Beziehungen und die Zusammenarbeit zwischen den Staaten entsprchend der Charta, in: Internationales Recht und Diplomatie 1972, S.55 ff.
(zitiert als: Ermacora)

Fahl, Gundolf (Hrsg.) — Humanitäres Völkerrecht, Berlin 1983 (Textsammlung)
(zitiert als: Fahl)

Falk, Richard A. — The International Regulation of Internal Violence in the Developing Countries, in: Proceedings of the American Society of International Law, Bd.60 (1966), S.58 ff
(zitiert als: Falk).

Farer, Tom — Humanitarian Law and Armed Conflicts: Toward the Definition of "International Armed Conflict" in Columbia Law Review, Bd. 71 (1971), S. 37 ff.

Feith, Douglas J. — Protocol I: Moving Humanitarian Law Backwards, in: Adron Law Review, Bd. 19 (1986), S. 533 ff.
(zitiert als: Feith)

Firmage, Edwin Brown — The "War of National Liberation" and the Third World, in John Norton Moore (Hrsg.), Law and Civil War in the Modern World, Baltimore/London 1974, S.304 ff.
(zitiert als: Firmage)

Fleck, Dieter (Hrsg.) — Handbuch des humanitären Völkerrechts in bewaffneten Konflikten, München, 1994

Fleck, Dieter — L'Elaboration de traités, source de connaissances nouvelles, in Revue Internationale de la Croix-Rouge, Bd. 79 (1997), S. 557 ff.
(zitiert als: Fleck 1997)

Forsythe, David P. — Support for a Humanitarian ius in bello, in: The International Lawyer, Bd.11 (1977), S.723 ff.
(zitiert als: Forsythe 1977)

Forsythe, David P. — The 1974 Diplomatic Conference on Humanitarian Law: some Observations, in: American Journal of International Law, Bd.69 (1975), S.77 ff.
(zitiert als: Forsythe 1975)

Forsythe, David P.	Legal Management of Internal War: The 1977
	Protocol on Non-International Armed Conflicts, in:
	American Journal of International Law Bd.72
	(1978), S.272 ff.
	(zitiert als: Forsythe 1978)
Friedman, Leon	The Law of War. A documentary History, Bd.1,
	New York 1972
	(zitiert als: Friedman)
Gasser, Hans-Peter	An Appeal for Ratification by the United States,
	in: American Journal of International Law, Bd.81
	(1987), S.912 ff.
Gasser, Hans-Peter	(zitiert als: Gasser 1987)
	Un minimum d'humanité dans les situations de
	troubles et tensions internes: proposition d'un Code
	de Conduite, in Revue Internationale de la Croix-
Gasser, Hans-Peter	Rouge, Bd. 70 (1988), S. 39 ff.
	(zitiert als: Gasser 1988)
Gerson, Allan	Einführung in das humanitäre Völkerrecht,
	Bern/Stuttgart/Wien 1995
	(zitiert als: Gasser 1995)
Gerson, Allan	Trustee-Occupant: The Legal Status of Isreal's
	Presence in the West Bank, in: Harvard
	International Law Journal, Bd. 14 (1973), S. 1 ff.
	(zitiert als: Gerson 1973)
	War, Conquered Territory, and Military
	Occupation in the Contemporary International
	Legal System, in Harvard International Law
	Journal, Bd. 18 (1977), S. 525 ff.
	(zitiert als: Gerson 1977)
Ginther, Konrad	Die völkerrechtliche Stellung nationaler
	Befreiungsbewegungen im südlichen Afrika, in:
	Österreichische Zeitschrift für öffentliches Recht,
	Bd.32 (1981), S.131 ff.
	(zitiert als: Ginther)
v. Glahn, Gerhard	Law among Nations, an Introduction to Public
	International Law, 5.Aufl. New York 1986
	(zitiert als: v.Glahn)
Gnesa, Edi	Die von Israel besetzten Gebiete im Völkerrecht -
	eine besatzungsrechtliche Analyse, Zürich 1987

Gornig, Gilbert — Die Erweiterung des Geltungsbereichs des humanitären Völkerrechts durch die Zusatzprotokolle zu den Genfer Konventionen, in: Revue de Droit Pénal Militaire et de Droit de la Guerre, Bd.27 (1988), S.11 ff.
(zitiert als: Gornig)

Graham, David E. — The 1974 Diplomatic Conference on the Law of War: A Victory for Political Causes and a Return of the "Just War" Concept of the Eleventh Century, in: Washington and Lee Law Review, Bd.32 (1975), S.25 ff.
(zitiert als: Graham)

Gray, Christine — Bosnia and Herzegowina: Civil War or Inter-State Conflict? Characterization and Consequences, in: British Yearbook of International Law, Bd.67 (1996), S.155 ff.

Green, Leslie C. — Armed Conflict, War, and Self-Defense, in: Archiv des Völkerrechts Bd.6 (1956/57), S.387 ff.
(zitiert als: L.C. Green 1957)

Green, Leslie C. — Double Standards in the UN: the Legalization of Terrorism, in: Archiv des Völkerrechts, Bd.18 (1979/80), S.129 ff.
(zitiert als: L.C. Green 1980)

Green, Leslie C. — The New Law of Armed Conflict, in: Canadian Yearbook of International Law, Bd.15 (1977), S.3 ff.
(zitiert als: L.C. Green 1977)

Green, Leslie C. — The contemporary law of armed conflict, Manchester and New York 1993
(zitiert als: L. C. Green 1993)

Greenspan, Morris — The Modern Law of Land Warfare, Berkeley and Los Angeles 1959
(zitiert als: Greenspan)

Greenwood, Christopher — Terrorism and Humanitarian Law – The Debate over Additional Protocol I, in: Israel Yearbook of Human Rights, Bd.19 (1989), S.187ff.
(zitiert als: Greenwood)

Grob, Fritz — The Relativity of War and Peace, Yale 1949

Grossrieder, Paul — Un avenir pour le droit international et ses principes?, in: Revue Internationale de la Croix-Rouge, Bd. 81 (1999), S. 11 ff.

Guggenheim, Paul — Lehrbuch des Völkerrechts, Basel 1948 (Bd.I) und 1951 (Bd.II)

Hailbronner, Kai — International Terrorism and the Laws of War, in: German Yearbook of International Law, Bd.25 (1982), S.169 ff.

Hannum, Hurst — The Right of Self-Determination in the Twenty-First Century, in: Washington and Lee Law Review Bd.55 (1998), S.773 ff. (zitiert als: Hannum)

Heidelmeyer, Wolfgang — Das Selbstbestimmungsrecht der Völker - zur Geschichte und Bedeutung eines internationalen Prinzips in Praxis und Lehre von den Anfängen bis zu den Menschenrechtspakten der Vereinten Nationen, Paderborn 1973 (zitiert als: Heidelmeyer)

Heintze, Hans-Joachim — Selbstbestimmungsrecht und Minderheiten, in: Grenzen des Selbstbestimmungsrechts - Die Neuordnung Europas und das Selbstbestimmungsrecht der Völker, Graz/Wien/Köln 1996, S. 61 ff. (zitiert als: Heintze)

Heintze, Hans-Joachim — Wege zur Verwirklichung des Selbstbestimmungsrechts der Völker innerhalb bestehender Staaten, in: Heintze, Hans-Joachim (Hrsg.) Selbstbestimmungsrecht der Völker - Herausforderung der Staatenwelt: Zerfällt die internationale Gemeinschaft in hunderte von Staaten?, Bonn 1997, S. 16 ff. (zitiert als: Heintze 1997)

Herczegh, Geza — Development of International Humanitarian Law, Budapest 1984 (zitiert als: Herzegh)

Hess, Martin — Die Anwendbarkeit des humanitären Völkerrechts, insbesondere in gemischten Konflikten, Zürich 1985

v.d. Heydte, Friedrich — Völkerrecht (Lehrbuch), Band I (Köln 1958), Band II (Köln 1960)

Hinz, Joachim/ Rauch, Elmar — Kriegsvölkerrecht (Dokumentensammlung) (zitiert als: Hinz/Rauch)

Howard, Michael — Temperamenta Belli: can War be controlled?, in Michael Howard (Hrsg.), Restraints on War. Studies in the Limitation of Armed Conflict, Oxford 1979 (zitiert als: Howard)

Huber, Max — Quelques Considérations sur une Révision éventuelle des Conventions de la Haye relatives à la Guerre, in: Revue Internationale de la Croix-Rouge, Bd.37 (1955), S.417 ff.
(zitiert als: Max Huber)

Ipsen, Knut — Zum Begriff des "Internationalen bewaffneten Konflikts", in: Recht im Dienste des Friedens, Festschrift für Eberhard Menzel, Berlin 1975, S.405 ff.
(zitiert als: Ipsen in Festschrift Menzel)

Ipsen, Knut — Kombattanten und Kriegsgefangene, in: Horst Schöttler und Bernd Hoffmann (Hrsg.), Die Genfer Zusatzprotokolle - Kommentare und Analysen, Bonn 1993

Ipsen, Knut — (zitiert als: Ipsen 1993)
Neuere Entwicklungen im humanitären Völkerrecht, in: Humanitäres Völkerrecht, Heft 3

Ipsen, Knut — (1994), S. 112 ff.
(zitiert als: Ipsen 1994)

Jakovljevic, Bosko — Völkerrecht, 4. Auflage, München 1999
(zitiert als: Ipsen, Lehrbuch)
Armed Conflict in Jugoslavia - Agreements in the Field of International Humanitarian Law and Practise - in: Humanitäres Völkerrecht, Heft 3 (1992), S. 108 ff.

Jessup, Philip C. — Should International Law recognize an Intermediate Status between Peace and War?, in: American Journal of International Law, Bd.48 (1954), S.98 ff.
(zitiert als: Jessup)

Kalshoven, Frits — The Law of Warfare, a summary of ist recent history and trends in development, Leiden, 1973
(zitiert als Kalshoven 1973)

Kalshoven, Frits — Reaffirmation and Development of International Humanitarian Law Applicable in Armed Conflicts: The Conference of Government Experts, 24 May - 12 June 1971, in: Netherlands Yearbook of International Law, Bd.2 (1971), S.68 ff.
(zitiert als: Kalshoven 1971)

Kalshoven, Frits — Reaffirmation and Development of International Humanitarian Law Applicable in Armed Conflicts: The Conference of Government Experts (Second Session), 3 May - 2 June 1972, in: Netherlands Yearbook of International Law, Bd.3 (1972), S.18 ff.
(zitiert als: Kalshoven 1972)

Kalshoven, Frits — Reaffirmation and Development of International Humanitarian Law Applicable in Armed Conflicts: The First Session of the Diplomatic Conference, Geneva 20 February - 29 March 1974, in: Netherlands Yearbook of International Law, Bd.5 (1974), S.3 ff.
(zitiert als: Kalshoven 1974)

Kalshoven, Frits — Reaffirmation and Development of International Humanitarian Law applicable in Armed Conflicts: The Diplomatic Conference, Geneva 1974-1977, in: Netherlands Yearbook of International Law, Bd. 8 (1977), S.107 ff.
(zitiert als: Kalshoven 1977)

Kalshoven, Frits — Constraints on the Waging of War, Geneva 1987
(zitiert als: Kalshoven 1987)

Kelsen, Hans/ Tucker, Robert W. — Principles of International Law, 2. Aufl., New York/Chicago 1966

Kimminich, Otto — Schutz der Menschen in bewaffneten Konflikten, München/Mainz, 1979
(zitiert als: Kimminich 1979)

Kimminich, Otto — Humanitäres Völkerrecht-Humanitäre Aktion, München 1972
(zitiert als: Kimminich 1972)

Klein, Eckart — Nationale Befreiungskämpfe und Dekolonisierungspolitik der Vereinten Nationen: zu einigen völkerrechtlichen Tendenzen, in: Zeitschrift für ausländisches öffentliches Recht und Völkerrecht, Bd.36 (1976) S.618ff.

Köck, Heribert F. — Legilität und Legitimität der Anwendung militärischer Gewalt - Betrachtungen zum Gewaltmonopol der Vereinten Nationen und seinen Grenzen, in: Österreichische Zeitschrift für öffentliches Recht, Bd. 54 (1999), S. 133 ff.

Koenig, Christian	Der nationale Befreiungskrieg im modernen humanitären Völkerrecht - ein Beitrag zum Geltungsumfang des Artikel 1 Absatz 4 des I. Zusatzprotokolls von 1977 zu den Genfer Konventionen von 1949, Frankfurt, Bern, New York, Paris 1988 (zitiert als: Koenig)
Kosirnik, René	Les Protocoles de 1977 - une étape cruciale dans le développement du droit international humanitaire, in: Revue Internationale de la Croix-Rouge Bd. 79 (1997), S.517 (zitiert als: Kosirnik)
Kossoy, Edward	Living with Guerilla – Guerilla as a legal Problem and a political Fact – Genf 1976
Kotzsch, Lothar	The Concept of War in Contemporary History and International Law, Geneva 1956
Krönert, Ole	Die Stellung nationaler Befreiungsbewegungen im Völkerrecht, Europäische Hochschulschriften, Frankfurt a. Main 1984 (zitiert als: Krönert)
Kussbach, Erich	Die Rechtsstellung nationaler Befreiungsbewegungen im humanitären Völkerrecht, in: Ius Humanitatis, Festschrift zum 90. Geburtstag von Alfred Verdross, Berlin 1980, S.499 ff. (zitiert als: Kussbach)
Kussbach, Erich	Le Développement du Statut des Combattants et le Droit International Humanitaire, in: Revue de Droit Pénal Militaire et de Droit de la Guerre, Bd.22 (1983), S.377 ff. (zitiert als: Kussbach 1983)
Kwakwa, Edward	The International Law of Armed Conflict: Personal and Material Fields of Application, Dordrecht/Boston/London, 1992 (zitiert als: Kwakwa)
Lapidoth, Ruth	Qui a droit au statut de prisonnier de guerre?, in: Revue Générale de Droit International Public, Bd. 82 (1978), S.170 ff. (zitiert als: Lapidoth)
Leiser, Burton	Terrorism, Guerilla Warfare, and International Morality, in: Stanford Journal of International Studies, Bd. 12 (1977), S. 39 ff.

Levie, Howard S.	The Law of Non-International Armed Conflict - Protocol II to the 1949 Geneva Conventions, Dordrecht/Boston/Lancaster 1987 (zitiert als: Levie 1987)
Levie, Howard S.	The 1977 Protocol I and the United States, in: St. Louis University Law Journal, Bd.38 (1993/1994), S.469 ff. (zitiert als: Levie 1994)
Lombardi, Aldo Virgilio	Bürgerkrieg und Völkerrecht, die Anwendbarkeit völkerrechtlicher Normen in nicht-zwischenstaatlichen bewaffneten Konflikten, 1. Aufl. Berlin 1976 (zitiert als: Lombardi)
Lysaght, Charles	The Attitude of the Western Countries, in: Cassese (Hrsg.), The New Humanitarian Law of armed Conflict, Neapel, 1979, S.349 ff. (zitiert als: Lysaght)
Maaß, Rainald	Der Söldner und seine kriegsrechtliche Rechtsstellung als Kombattant und Kriegsgefangener, Bochumer Schriften zur Friedenssicherung und zum Humanitären Völkerrecht, Bd. 2, Bochum 1990 (zitiert als: Maaß)
Mallison, T. and Mallison S.	The Juridical Status of Irregular Combatants under the International Humanitarian Law of Armed Conflict, in: Case Western Reserve Journal of International Law Bd.9 (1977), S.39 ff. (zitiert als: Mallison and Mallison)
Marauhn, Thilo	Anspruch auf Sezession?, in: Selbstbestimmungsrecht der Völker - Herausforderung der Staatenwelt, Bonn 1997, S.105 ff. (zitiert als: Marauhn)
Mayer-Tasch, Peter Cornelius	Guerillakrieg und Völkerrecht, Baden-Baden 1972 (zitiert als: Mayer-Tasch)

Mc Coubrey, Hilaire — Jurisprudential Aspects of the modern Law of armed Conflicts, in: Michael A. Meyer (Hrsg.), Armed Conflict and the New Law, London 1989, S.23 ff.
(zitiert als: Mc Coubrey 1989)

Mc Coubrey, Hilaire — International Humanitarian Law: Modern Developments in the limitation of warfare, 2. Aufl. 1998
(zitiert als: Mc Coubry 1998)

Mc Coubrey, Hilaire — International Humanitarian Law – The Regulation of Armed Conflict - Dartmouth 1990
(zitiert als: Coubrey)

Meron, Theodor — Some legal Aspects of Arab Terrorists' Claims to privileged Combatancy in: Nordisk Tidsskrift for International Ret, Bd. 40 (1970) S.47 ff.
(zitiert als: Meron)

Meron, Theodor — Human Rights and Humanitarian Norms as Customary Law, Oxford 1989
(zitiert als: Meron 1989)

Meron, Theodor — The Time has come for the United States to ratify Geneva Protocol I, in: American Journal of International Law Bd.88 (1994), S.678 ff.
(zitiert als: Meron 1994)

Meron, Theodor — Classification of Armed Conflict in the Former Yugoslavia: Nicaragua's Fallout, in: AJIL, Bd. 92 (1998), S. 236 ff.
(zitiert als Meron 1998)

Meyrowitz, Henri — Le Principe de l'Égalité des Belligérants devant le Droit de la Guerre, Paris 1970
(zitiert als: Meyrowitz 1970)

Meyrowitz, Henri — Le Droit de la Guerre et les Droits de l'Hommes, in: Revue de Droit Public et de la Science Politique en France et à l'Étranger, Bd. 88 (1972) S.1059 ff.
(zitiert als: Meyrowitz 1972)

Meyrowitz, Henri — Le Statut des Saboteurs dans le Droit de la Guerre, in: Revue de Droit Pénal Militaire et de Droit de la Guerre, Bd. 5 (1966) S.121 ff.
(zitiert als: Meyrowitz 1966)

Meyrowitz, Henri — Le Statut des Guérilleros dans le Droit International, in: Journal du Droit International, Bd. 100 (1973) S.875 ff.
(zitiert als: Meyrowitz 1973)

Meyrowitz, Henri — Le Protocol Additionnel I et le droit Général de la Guerre, in: RGDIP, Bd. 24 (1982), S. 119 ff.
(zitiert als: Meyrowitz 1982)

Miller, Richard J. — The Law of War, London 1975

Mower, Michael — Quasi Members of the United Nations, in: International Organization, Bd. 20 (1966), S. 266 ff.

Müller, Michael/ Wildhaber, Luzius — Praxis des Völkerrechts, 2. Auflage, Bern 1982
(zitiert als: Müller/Wildhaber)

Münch, Fritz — Die Martens'sche Klausel und die Grundlagen des Völkerrechts, in: ZaöRV, Bd. 36 (1976), S. 347 ff.

Murswiek, Dietrich — Die Problematik eines Rechts auf Sezession - neu betrachtet, in: ArchVR Bd. 31 (1993) S. 307 ff.

Mushkat, Marion — The Development of International Humanitarian Law and the Law of Human Rights, in: German Yearbook of International Law, Bd. 21 (1978) S.150 ff.
(zitiert als: Mushkat)

Nanda, Ved. P. — Self-Determination in International Law - The Tragic Tale of two Cities - Islamabad (West Pakistan) and Dacca (East Pakistan), in: AJIL, Bd.66 (1972), S.321 ff.
(zitiert als: Nanda)

Nys, Ernest — Les Origines du Droit International, Harlem 1894
(zitiert als: Nys)

Nahlik, Stanislaw E. — Droit dit 'de Genève' et droit dit 'de la Haye': Unicité ou Dualité?, in: Annuaire Francais de Droit International 1978, S.9 ff.
(zitiert als: Nahlik)

Neuhold, Hanspeter — Völkerrechtliche Aspekte des Bürgerkriegs in Nigeria, in: Österreichische Zeitung für Außenpolitik, Bd.9 (1969), S.63 ff.
(zitiert als: Neuhold)

Oeter, Stefan — Selbstbestimmungsrecht im Wandel, in: ZaöRV Bd.52 (1992), S.741 ff.
(zitiert als: Oeter)

Oeter, Stefan — Terrorism and "Wars of National Liberation" from a Law of War Perspective, in: ZaöRV, Bd. 49 (1989), S. 445 ff.
(zitiert als: Oeter 1989)

Oeter, Stefan — Bürgerkrieg in Jugoslawien - Konflikt um Kroatien: Serbisch-kroatischer Krieg?, in: Humanitäres Völkerrecht, Heft 1, 1992, S. 4 ff.
(zitiert als: Oeter 1992)

Okeke, Chris N. — Controversial Subjects of Contemporary International Law, an Examination of the New Entities of International Law and their Treaty-Making Capacity, Rotterdam 1974
(zitiert als: Okeke)

Oppenheim, Lassa — International Law, 6. Aufl. 1940
(zitiert als: Oppenheim)

Oppenheim, Lassa/ Lauterpacht, Hersch — International Law, a Treatise. Vol. II: Disputes, War, and Neutrality, London, New York, Toronto, 7.Aufl., 1952

Partsch, Karl-Josef — Menschenrechte und überliefertes Kriegsrecht, in Neue Zeitschrift für Wehrrecht Bd.16 (1974), S.1 ff.
(zitiert als: Partsch 1974)

Partsch, Karl-Josef — Regeln für den Aufstand? Ein Versuch zur Erfassung von Unruhen und Spannungen, in: NZWehrR, Heft 1 (1989), S. 1 ff.
(zitiert als: Partsch 1989)

Partsch, Karl Josef — Von der Souveränität zur Solidarität: Wandelt sich das Völkerrecht?, in: Europäische Grundrechte-Zeitschrift 1991, S.469 ff.
(zitiert als: Partsch 1991)

Partsch, Karl Josef — Regeln des humanitären Völkerrechts in nicht-internationalen Konflikten – Umfang und Grenzen, in: Die Genfer Zusatzprotokolle, Bonn 1993, S.121 ff.
(zitiert als: Partsch 1993)

Penna, L.R. — Customary International Law and Protocol I: An analysis of some Provisions, in: Swinarski (Hrsg.), Études et Essais sur le Droit International Humanitaire et sur les Principes de la Croix-Rouge, Genf/Den Haag 1984 (Festschrift Jean Pictet), S. 201 ff.
(zitiert als: Penna)

Pictet, Jean — Le Droit Humanitaire et la protection des victimes de la guerre",
Genf 1973
(zitiert als: Pictet 1973)

Pictet, Jean — Die Entstehung des humanitären Völkerrechts, in: Revue Internationale de la Croix Rouge, Bd. 36 (1985), S.4 ff.
(zitiert als: Pictet 1985)

Pictet, Jean — Kommentare zu den Genfer Konventionen von 1949:

<u>Commentaire I</u>
La Convention de Genève pour l'Amélioration du Sort des Blessés et les Malades dans les Forces Armées en Campagne, Commentaire publié sous la Direction de Jean Pictet, Genève 1952
(zitiert als: Pictet, Commentaire I)

<u>Commentaire III</u>
La Convention de Genève relative au Traitement des Prisonniers de Guerre, Commentaire publié sous la Direction de Jean Pictet, Genève 1958
(zitiert als: Pictet, Commentaire III)

Pinto, Roger — Les Règles du Droit International concernant la Guerre Civile, in: RdC Bd. 114 (1965 I), S.455 ff.
(zitiert als: Pinto)

Pomerance, Michla — Self-Determination in Law and Practice, the new Doctrine in the United Nations, The Hague/Boston/London 1982
(zitiert als: Pomerance 1982)

Pomerance, Michla — The United States and Self-Determination: Perspectives on the Wilsonian Conception, in: American Journal of International Law, Bd.70 (1976), S.1 ff.
(zitiert als: Pomerance 1976)

Pradelle, Paul de la	Le Droit Humanitaire des Conflits Armés, in: Revue Générale de Droit International Public, Bd.82 (1978), S.9 ff. (zitiert als: de la Pradelle)
Preux, Jean de	Les Protocoles Additionels aux Conventions de Genève, in: Revue Internationale de la Croix Rouge, Bd.59 (1987), S.256 ff. (zitiert als: de Preux)
Quade, Quentin L.	The U.S. and Wars of National Liberation, in: R. Falk (Hrsg.): The Vietnam War and International Law, Princeton 1968, S.102 ff. (zitiert als: Quade)
Rabl, Kurt	Das Selbstbestimmungsrecht der Völker, Geschichtliche Grundlagen, Umriß der gegenwärtigen Bedeutung, Köln Wien 1973 (zitiert als: Rabl)
Rajower, Felix	Das Recht des bewaffneten nicht-internationalen Konflikts seit 1949, Zürich 1990 (zitiert als: Rajower)
Randelzhofer, Albrecht	Der Bürgerkrieg, in: Zeitschrift für Politik, Bd.18 (1971), S.237 ff. (zitiert als: Randelzhofer 1971)
Randelzhofer, Albrecht	Entwicklungstendenzen im humanitären Völkerrecht für bewaffnete Konflikte, in: Die Friedenswarte, Bd.58 (1975), S.23 ff. (zitiert als Randelzhofer 1975)
Randelzhofer, Albrecht	Das Kriegsrecht zwischen Bewahrung und Veränderung. Die Zusatzprotokolle zu den Genfer Rotkreuz-Abkommen, in: Europa Archiv Bd.33 (1978), S.725 ff. (zitiert als Randelzhofer 1978)
Reagan, Ronald	Agora: The U.S. Decision not to ratify Protocol I to the Geneva Conventions on the Protection of War Victims, in: American Journal of International Law, Bd.81 (1987), S.910 ff.
Reisman, W. Michael	The Resistance Movement in Afghanistan is engaged in a War of National Liberation, in: American Journal of International Law, Bd.81 (1987), S.906 ff. (zitiert als: Reisman 1987)

Reisman, W. Michael and James Silk — Which Law applies to the Afghan Conflict?, in: American Journal of International Law Bd.82 (1988), S.459 ff.
(zitiert als: Reisman 1988)

Richburg, Keith — Out of America: A black man confronts Africa, 1. Aufl. New York 1997

Rigo Sureda, A. — The Evolution of the Right of Self-Determination - A Study of the United Nations Practice, Leyden 1973
(zitiert als: Rigo Sureda)

Roberts, Guy B. — The New Rules for Waging War: The Case against Ratification of Additional Protocol I, in: Virginia Journal of International Law, Bd.26 (1985), S.109 ff.
(zitiert als: Roberts)

Robertson, A.H. — Humanitarian Law and Human Rights, in: Christophe Swinarski (Hrsg.), Etudes et Essais sur le Droit International Humanitaire et sur les Principes de la Croix-Rouge en l'Honneur de Jean Pictet, Genève-La Haye 1984, S.793 ff.
(zitiert als: Robertson)

Rogers, A.P.V. — Law on the battlefield, Manchester/New York 1996

Ronzitti, Natalino — Wars of National Liberation - a Legal Definition, in: Italian Yearbook of International Law, Bd.1 (1975), S.192 ff.
(zitiert als: Ronzitti 1975)

Ronzitti, Natalino — Resort to Force in Wars of National Liberation, in: Cassese (Hrsg.), Current Problems of International Law, Essays on U.N. Law and on the Law of Armed Conflict, Milano 1975, S. 319 ff.
(zitiert als: Ronzitti in Cassese 1975)

Rosas, Allan — The Legal Status of Prisoners of War, Helsinki 1976
(zitiert als: Rosas)

Rubin, Alfred A. — Current legal approaches to International Terrorism, in: Terrorism, Bd.7 (1984/85), S.147 ff.
(zitiert als: Rubin 1985)

Rubin, Alfred A. — Terrorism and the Laws of War, in: Denver Journal of International Law and Policy, Bd.12 (1983), S.219 ff
(zitiert als: Rubin 1983).

Rumpf, Helmut — Völkerrechtliche Probleme des Terrorismus, in: Außenpolitik, Heft 4 (1985), S. 383 ff.

Salmon, Jean A. — La Conférence Diplomatique sur la Réaffirmation et le Développement du Droit International Humanitaire et les Guerres de Libération Nationale, in: Revue Belge de Droit International, Bd. 12 (1976), S.27ff.
(zitiert als: Salmon 1976)

Salmon, Jean A. — Les Guerres de Libération Nationale, in: Cassese (Hrsg.), The New Humanitarian Law of Armed Conflict, Neapel 1979, S.55 ff.
(zitiert als: Salmon 1979)

Sandoz, Yves/ Swinarski, Christophe/ Zimmermann, Bruno — (Hrsg.), Commentary on the Additional Protocols of 8 June 1977 to the Geneva Conventions of 12 August 1949, Geneva 1987

Sandoz, Yves — Bilan de Recherches, in: Centre d'Ètude et de Recherche de Droit International et de Relations Internationales de l'Académie de Droit International de la Haye, 1986
(zitiert als: Sandoz)

Sassoli, Marco — International Humanitarian Law and Terrorism, in: Paul Wilkinson (Hrsg.), Conemporary Research on Terrorism, London 1987, S. 466 ff.
(zitiert als: Sassoli 1987)

Sassoli, Marco — Der Konflikt im ehemaligen Jugoslawien: Recht und Wirklichkeit, in: Wolfgang Voit (Hrsg.), Humanitäres Völkerrecht in Jugoslawien-Konflikt - Ausländische Flüchtlinge - Andere Rotkreuz-Fragen, Bochum 1993, S. 5 ff.

Scheuner, Ulrich — Krieg und Bürgerkrieg in der Staatenwelt der Gegenwart, in: Dieter Blumenwitz und Albrecht Randelzhofer (Hrsg.), Festschrift für Friedrich Berber zum 75. Geburtstag, München 1973, S. 467 ff.
(zitiert als: Scheuner in Festschrift Berber)

Schindler, Dietrich — Kriegsrecht und Menschenrechte in: Menschenrechte, Föderalismus, Demokratie, in: Festschrift zum 70. Geburtstag von Werner Kägi, Zürich 1979, S.327 ff.
(zitiert als: Schindler in Festschrift Kägi)

Schindler, Dietrich — Der Kriegszustand im Völkerrecht der Gegenwart, in: Um Recht und Freiheit. Festschrift für Friedrich August Freiherr von der Heydte zur Vollendung des 70. Lebensjahres, Berlin 1977, S.555 ff.
(zitiert als: Schindler in Festschrift von der Heydte)

Schindler, Dietrich — The different Types of armed Conflicts according to the Geneva Conventions and Protocols in: RdC Bd. 163 (1979-II) S.125 ff.
(zitiert als: Schindler in RdC 1979)

Schindler, Dietrich — State of War, Belligerency, Armed Conflict, in: Cassese (Hrsg.), The New Humanitarian Law of Armed Conflict, Neapel 1979, S.3 ff.
(zitiert als: Schindler in Cassese 1979)

Schindler, Dietrich — Die Anwendung der Genfer Rotkreuzkonventionen seit 1949 in: Schweizerisches Jahrbuch für Internationales Recht, Bd.22 (1965), S.75ff.
(zitiert als: Schindler 1965)

Schindler, Dietrich/ Toman, Jiri — The Laws of Armed Conflicts, A Collection of Conventions, Resolutions, and other Documents, 2.Aufl. Genf 1981 sowie 3.Aufl. 1988
(zitiert als: Schindler/Toman, Verwendung 3. Aufl. gesondert genannt)

Schlochauer, Jürgen — (Hrsg.), Wörterbuch des Völkerrechts, begründet von Karl Strupp, 3 Bände, Berlin 1960 (Bd.I), 1961 (Bd.II) und 1962 (Bd.III)

Schwarzenberger, Georg — Terrorists, Highjackers, Guerilleros and Mercenaries, in: Current Legal Problems, Bd.24 (1971), S.257 ff.
(zitiert als: Schwarzenberger 1971)

Schwarzenberger, Georg — Jus Pacis ac Belli? Prolegomena to a Sociology of International Law, in: American Journal of International Law, Bd.43 (1943), S.460 ff.
(zitiert als: Schwarzenberger 1943)

Schwebel, Stephen M. — Wars of National Liberation – as fought in U.N. Organs, in: John Norton Moore (Hrsg.), Law and Civil War in the modern World, Baltimore/London 1974

Seidl-Hohenveldern, Ignaz — Koordinationsprobleme bei der Ausarbeitung und Anwendung humanitären Völkerrechts, in: Multitudo legum ius unum, Festschrift für Wilhelm Wengler zu seinem 65. Geburtstag, Bd.I, Berlin 1973
(zitiert als: Seidl-Hohenveldern in Festschrift Wengler)

Seidl-Hohenveldern, Ignaz — Kombattantenstatus für Terroristen?, in: Neue Zeitschrift für Wehrrecht, Bd.15 (1973) S.81 ff.
(zitiert als: Seidl-Hohenveldern 1973)

Seidl-Hohenveldern, Ignaz — Völkerrecht, 6.Aufl., Köln/Berlin/Bonn/München 1987
sowie 9.Aufl. 1997

Seyersted, Finn — United Nations Forces in the Law of Peace and War, Leyden, 1966
(zitiert als: Seyersted)

Simma, Bruno (Hrsg.) — Charta der Vereinten Nationen, München 1991
(zitiert als: SVN-Kommentar)

Simons, Walter — The Evolution of International Public Law in Europe since Grotius, New Haven 1931
(zitiert als: Simons)

Siotis, Jean — Le Droit de la Guerre et les Conflits Armés d´un Caractère Non-international, Paris 1958
(zitiert als: Siotis)

Sofaer, Abraham D. — Agora: The U.S. Decision not to ratify Protocol I to the Geneva Conventions on the Protection of War Victims – The Rationale for the United States Decisions, in: American Journal of International Law, Bd.82 (1988) S.784 ff.

Sommaruga, Cornelio — Les Protocoles Additionnels aux Conventions de Genève en quête d'universalité, in: Revue Internationale de la Croix-Rouge, Bd. 69 (1987), S. 249 ff.

Starke, J.G. — Introduction to International Law, 10.Aufl., London 1989

Steinkamm, Armin — Die Streitkräfte im Kriegsvölkerrecht, Würzburg 1967
(zitiert als: Steinkamm)

Stone, Julius — Legal Controls of International Conflict: A Treatise on the Dynamics of Disputes–and-War-Law, 2.Aufl., London 1959

Sureda, Rigo	The Evolution of the Right of Self-Determination, a Study of United Nations Practice, Leiden 1973 (zitiert als: Sureda)
Thürer, Daniel	Das Selbstbestimmungsrecht der Völker, Bern 1976 (zitiert als: Thürer 1976)
Thürer, Daniel	Das Selbstbestimmungsrecht der Völker, Ein Überblick, in: Archiv des Völkerrechts, Bd.22 (1984), S.113 ff. (zitiert als: Thürer 1984)
Thürer, Daniel	Entwicklung, Inhalt und Träger des Selbstbestimmungsrechts, in: Erich Reiter (Hrsg.), Grenzen des Selbstbestimmungsrechts - Die Neuordnung Europas und das Selbstbestimmungsrecht der Völker, Graz/Wien/Köln 1996, S.34 ff. (zitiert als: Thürer 1996)
Tomuschat, Christian	Die Befreiungsbewegungen in den Vereinten Nationen, in: Vereinte Nationen Heft 3 (1974), S.65 ff. (zitiert als: Tomuschat 1974)
Tunkin, Gregorij	Völkerrechtstheorie (Hrsg. der dt. Ausgabe von Theodor Schweisfurth), Berlin 1972 (zitiert als: Tunkin)
Verdross, Alfred	Völkerrecht, 5.Aufl. Wien 1964
Verdross, Alfred/ Simma, Bruno	Universelles Völkerrecht, Theorie und Praxis, Berlin 1984
Verwey, Wil D.	The International Hostages Convention and National Liberation Movements, in: American Journal of International Law, Bd. 75 (1981), S.69 ff. (zitiert als: Verwey)
Veuthey, Michel	La Guerilla: le Problème du Traitement des Prisionniers, in: Annales d'Etudes Internationales, Bd.3 (1972), S.119 ff. (zitiert als: Veuthey 1972)
Veuthey, Michael	Les Conflicts Armés de Caractère Non-international et le Droit Humanitaire, in Cassese (Hrsg.), Current Problems of International Law, Milano 1975, S.198 ff. (zitiert als: Veuthey, in Cassese 1975)

Veuthey, Michel	Guerilla et Droit humanitaire, Genf 1976 (zitiert als: Veuthey 1976)
Waldmann, Peter	Terrorismus im internationalen Umfeld, in: Internationale Politik (Europa Archiv), Heft 2-3 (1999), S. 21 ff.
Wengler, Wilhelm	Völkerrecht, Bd.I und II, Berlin/Göttingen/Heidelberg 1964
Wienrich, Martina	Das Selbstbestimmungsrecht im Bürgerkrieg, Hamburg 1995 (zitiert als: Wienrich)
Wilson, Heather A.	International Law and the Use of Force by National Liberation Movements, Oxford 1988 (zitiert als: Wilson)
Wodie, Francis	La Sécession du Biafra et le Droit International Public, in: Revue General de Droit International Public, Bd.73 (1969), S.1018 (zitiert als: Wodie)
Wördemann, Franz	Terrorismus - Motive, Täter, Strategien, Piper Verlag München/Zürich (zitiert als: Wördemann)
Wright, Quincy	A Study of War, 2.Aufl. Chicago und London 1965 (zitiert als: Q. Wright)
Wright, Quincy	The New Law of War and Neutrality, in: Nederlands Tijdschrift voor Internationaal Recht, Bd. 6 (1959), S. 412 ff. (zitiert als: Wright 1959)
Wyss, Gabriela M.	Der nicht internationale bewaffnete Konflikt in El Salvador – die Anwendung des Zusatzprotokolls II von 1977 zu den Genfer Abkommen von 1949, Winterthur 1989 (zitiert als: Wyss)
Zischg, Roberg	Nicht-internationaler bewaffneter Konflikt und Völkerrecht, Baden-Baden 1996 (zitiert als: Zischg)
Zorgbibe, Charles	La Guerre civile, 1.Aufl. 1975 (zitiert als: Zorgbibe)

Sonstige Quellen:

Die Konferenzdokumente der CDDH wurden wie folgt veröffentlicht: Official Records of the Diplomatic Conference on the Reaffirmation and Development of International Humanitarian Law Applicable in Armed Conflict: Geneva 1974 - 1977, Vol. I - XVII, Swiss Federal Political Department, Bern 1978

Abkürzungen:

AFDI	Annuaire Francais de Droit International
AJIL	American Journal of International Law
ArchVR	Archiv des Völkerrechts
Bd.	Band
CDDH	Conférence diplomatique sur la réaffirmation et le développement du droit international humanitaire applicable dans les conflits armés, 1974 - 1977
CICR	Comité International de la Croix-Rouge
ders.	derselbe
dies.	dieselbe
EPIL	Encyclopedia of Public International Law (vgl. Bernhard, Hrsg.)
FRD	Friendly-Relations-Declaration (GA-Resolution 2625)
GK	Genfer Konventionen
GV	Generalversammlung
HLKO	Haager Landkriegsordnung
Hrsg.	Herausgeber
IGH	Internationaler Gerichtshof
IKRK	Internationales Komitee vom Roten Kreuz
i.S.d.	im Sinne des
i.V.m.	in Verbindung mit
m.w.N.	mit weiteren Nachweisen
NZWehrR	Zeitschrift für Wehrrecht
OAS	Organisation amerikanischer Staaten
OAU	Organisation für afrikanische Einheit
RdC	Recueil des Cours de l'Académie de la Haye
RDGIP	Revue Générale de Droit International Public
SBR	Selbstbestimmungsrecht
SVN	Satzung der Vereinten Nationen
u.a.	unter anderem
u.U.	unter Umständen
vgl.	vergleiche
WVR	Wörterbuch des Völkerrechts
ZaöRV	Zeitschrift für ausländisches öffentliches Recht und Völkerrecht
z.B.	zum Beispiel
ZP	Zusatzprotokoll (jeweils I und II)

Vorwort

Das Wissen um die historischen Wurzeln des humanitären Völkerrechts gehört zu den wichtigen Voraussetzungen für das Verständnis auch des aktuellen Entwicklungsstandes dieses Rechtsgebiets. Wegen des mit der VN-Satzung eingeführten Gewaltverbots hatte die International Law Commission kurz nach dem 2. Weltkrieg die Befassung mit dem humanitären Völkerrecht als nicht mehr vordringlich betrachtet[1]. Man muß aber davon ausgehen, daß Gewalt auch künftig in den internationalen Beziehungen eine wichtige Rolle spielen wird. Daher sind Bemühungen zur Hegung des Krieges weiter von größter Bedeutung.

Die Zusatzprotokolle von 1977 (im folgenden ZP'e) zu den Genfer Konventionen von 1949 haben versucht, Anwendbarkeitslücken der Konventionen zu schließen. Um die mit den ZP'en entstandenen Neuregelungen im Bereich der sachlichen und persönlichen Anwendbarkeit einordnen zu können, ist eine detaillierte Erläuterung der zuvor bestehenden Rechtslage ebenso unverzichtbar[2] wie eine ausführliche Darstellung der Diskussionen bei der diplomatischen Konferenz (CDDH), welche in den Jahren von 1974 bis 1977 in vier großen Verhandlungsphasen zusammentrat[3]. Zu den umstrittensten Themen der CDDH gehörten jene Vorschriften, deren Zweck in einer rechtlichen, für viele Teilnehmer an der CDDH aber auch politischen Aufwertung der sog. "nationalen Befreiungskriege" und der an ihnen beteiligten Kämpfer bestand. Im Rahmen der vorliegenden Arbeit soll der Frage nachgegangen werden, ob durch die Erfassung von Befreiungskriegen und Guerillakampf in ZP I von wichtigen Grundprinzipien des humanitären Völkerrechts abgewichen wurde. Entsprechende Vorwürfe an die Adresse des ZP I waren und sind in der völkerrechtlichen Diskussion ebenso vernehmbar wie die Aussage, ZP I fördere den Terrorismus.

---

1 Kwakwa S.2; Kalshoven 1971, S.68, Yearbook of the International Law Commission 1949, S.281

2 Diese Arbeit befaßt sich dabei jedoch nur mit den Anwendbarkeitsvoraussetzungen des Haager und Genfer Rechts im allgemeinen. Diese betreffen vor allem den Landkrieg. Die Regelungen des See- und Luftkrieges bleiben unberücksichtigt.

3 So auch Cassese, in Cassese 1979, S.461

Die Diskussionen um die ZP'e sind weiter intensiv und kontrovers. Auf dem Schlachtfeld haben sich sie sich bisher nur selten beweisen müssen. Seit Mitte der 80-iger Jahre ist zwar ein kontinuierlich steigender Ratifikationsstand zu verzeichnen, jedoch haben bis heute wichtige Militärmächte, allen voran die USA, die ZP'e nicht ratifiziert. Von Bedeutung wird in diesem Zusammenhang die Frage sein, welche Normen der ZP'e eventuell schon zu Völkergewohnheitsrecht geworden sind.

Allgemein kommt den im folgenden zu diskutierenden Fragen der Anwendbarkeit deshalb besondere Bedeutung zu, weil es keine international anerkannte Institution gibt, welche zur Entscheidung von Anwendbarkeitsstreitigkeiten im Konfliktsfall berufen ist. Daher hat das humanitäre Völkerrecht, besonders aber die Konventionen und Protokolle mit ihren mehr als 600 Artikeln, desto weniger Aussichten auf Beachtung, je mehr es den Staaten im Einzelfall erlaubt, durch entsprechende Auslegungen seine Anwendbarkeit zu leugnen[1]. Einer möglichst großen Klarheit des Anwendungsbereichs kommt deshalb essentielle Bedeutung zu. Es wird ein wichtiger Teil dieser Arbeit sein zu prüfen, ob die ZP'e zu dieser Klarheit beigetragen haben.

---

[1] Schindler, in RdC 1979, S.127

A. Entstehung und Entwicklung des humanitären Völkerrechts

Immer wieder wurde angezweifelt, ob der Begriff "Kriegsrecht" nicht einen unlösbaren Widerspruch enthält, ist doch gerade der Krieg vielen eine Versinnbildlichung unbegrenzter Gewalt und der Abwesenheit des Rechts[1]. Andererseits hat der Krieg die Menschheit seit unvordenklicher Zeit begleitet[2]. Der Blick in die Vergangenheit zeigt jedoch auch, daß der Mensch stets bestrebt war, auf die Mittel und Methoden der Kriegführung mäßigend Einfluß zu nehmen und unnötige Leiden für Teilnehmer wie Betroffene zu vermeiden. Der gedankliche Ausgangspunkt hierfür liegt in der Überlegung, daß überflüssige Leiden selbst der Erreichung des angestrebten Kriegsziel in aller Regel nicht förderlich sind[3].

I. Antike

Regeln zur Mäßigung der Konfliktgegner im Kriege sind so alt wie der Krieg selbst und wurzeln keineswegs nur in der europäischen Tradition[4].

Bereits die Zivilisationen des alten Indien und Alt-Chinas, der Ägypter und Babylonier kannten Regeln, welche dem Verhalten im Kriege Grenzen zogen[5]. Im antiken Griechenland bestand teilweise ein Verbot der Kriegführung während religiöser Feste und athletischer Wettbewerbe, bestimmte Tempel und Heiligtümer sollten verschont bleiben. Diese und weitere Beschränkungen galten jedoch nur für Kriege zwischen hellenischen Staaten.[6].

---

1 Auf diese Stimmen weist Graham hin, vgl. ders. S.25. Vgl. zu diesem nur scheinbaren Widerspruch Greenspan, S.3 und 4. Oppenheim/Lauterpacht erinnern an die Zusammensetzung der internationalen Gemeinschaft aus souveränen Staaten, ohne eine diesen Staaten übergeordnete, jederzeit wirksame Autorität. Kriege könnten deshalb trotz ihres Verbots nicht immer verhindert werden. Das Völkerrecht habe diesen internationalen Zustand als Realität zu akzeptieren und halte für den Fall eines Krieges Regeln zu seiner Mäßigung bereit, vgl. Oppenheim/Lauterpacht, International Law, Bd. II, S. 202 Vgl. auch Rajower, S. 180

2 Vgl. ausführlich Q. Wright, Kap. VII (S. 101 ff.) und VIII (S. 166 ff.). Graham ruft in Erinnerung, daß in den 3500 Jahren menschlicher Geschichtsschreibung lediglich 270 Jahre ohne Krieg zu verzeichnen waren, vgl. ders. S.25

3 Graham, S.26

4 Vgl. Mc Coubrey 1998, S. 8 ff.; Kwakwa, S.9; Greenwood in Fleck, S.11; Roberts, S.111 m.w.N.; Gasser 1995, S. 11

5 Josef Kunz, Kriegsrecht im Allgemeinen, in WVR, Bd. II, S.354; Leon Friedman, S.3; Rogers, S. 1

6 Belcher Ballis, S.162

Für Rom galt: "inter arma silent leges", d.h. sprechen die Waffen, dann schweigen die Gesetze [1]. Dieser von Cicero geprägte Satz spiegelt jedoch nicht eine generell schrankenlose römische Kriegspraxis wider. Vielmehr unterschied auch Rom zwischen sich und seinen Nachbarn einerseits sowie sonstigen Völkern andererseits, welche automatisch als Feinde betrachtet wurden[2]. In Kriegen mit den letztgenannten gab es keine Schranken, hier war die römische Kriegführung "erbarmungslos und treulos" [3]: Besiegte wurden getötet oder als Sklaven verkauft, Zivilisten nicht geschont[4].

Mit der immer weiteren Ausdehnung des römischen Rechts sowie unter dem Einfluß der griechischen Philosophie und später auch des Christentums milderte sich allmählich die Praxis: Besiegte wurden nach Möglichkeit zu Alliierten gemacht, Tempel geschont[5]. Für die griechische wie für die römische Antike galt gleichermaßen, daß der Krieg ein rechtmäßiges Mittel zur Verfolgung jedes Ziels nationaler Politik darstellte.[6]

II. Mittelalter

1. Die bellum iustum-Lehre [7]

Die Lehre vom gerechten Krieg (bellum iustum) ist grundlegend für das gesamte Mittelalter und entstand in Auseinandersetzung mit der Frage, ob es Christen erlaubt sei, an einem Krieg teilzunehmen. Diese Frage war von den frühen Kirchenvätern verneint worden, da Christus die Gewaltlosigkeit gepredigt hatte [8]. Mit der Bedrohung des Reiches durch die Invasionen der Barbaren änderte sich diese Haltung[9]. Augustinus, Begründer der bellum iustum-Lehre,

---

1 Friedrich Klein, Krieg und völkerrechtliche Verträge, in WVR, Bd. II, S.320 ff.; Q. Wright, S.329 sowie Roberts, S.118

2 Belcher Ballis, S.163; Coursier Etudes, S.7

3 Berber, Lehrbuch Bd.II, S.22

4 Coursier 1960, S.379

5 Coursier Etudes, S.17

6 Simons, S.46. Zur Entwicklung von Regeln über die Kriegsführung in der Antike vgl. L. C. Green 1993, S. 18 f.

7 Vgl. Mc Coubrey 1998, S. 1, 2 sowie für einen guten Überblick mit ausführlichen Nachweisen bei Firmage, S. 310 ff.

8 Belcher Ballis, S.58; Friedman, S.6; Firmage, S.312

9 Belcher Ballis, S.164

hielt nur den gerechten Frieden für das höchste Gut. Daher seien gerechte Kriege erlaubt[1]. Thomas von Aquin knüpfte das Vorliegen eines gerechten Krieges an folgende Voraussetzungen[2]:

1. Vollmacht des Fürsten, d.h. Erklärung des Krieges durch eine höchste Instanz.
2. Vorliegen einer gerechten Sache, d.h. Verteidigung oder Durchsetzung von Gerechtigkeit.
3. Rechte Absicht der Kriegführenden ("recta intentio").

Die bellum iustum-Lehre rechtfertigte insbesondere die seit dem Ende des 11. Jahrhunderts stattfindenden Kreuzzüge, da der Krieg zur Durchsetzung des Glaubens einer gerechten Sache diente[3]. Das Erfordernis der Kriegserklärung durch die höchste Instanz (dies waren im Mittelalter der Papst oder der Kaiser) hatte den Zweck, die aufgrund der mangelnden Autorität des Kaisers häufigen Privatkriege zwischen den christlichen Fürsten zu beenden. Dabei kannte das Mittelalter keinen rechtlichen Unterschied zwischen Krieg und Fehde[4].

2. Das ius in bello im Mittelalter

Die Kriege im Mittelalter wurden mit besonderer Grausamkeit geführt und bezweckten die völlige Auslöschung des Gegners[5]. Milderungen des mittelalterlichen Kriegsgebrauches entstammten zum einen den Bemühungen der Kirche, zum anderen den Traditionen des Rittertums[6]. Angesichts der trotz bellum iustum-Lehre immer wieder auftretenden Kriege innerhalb des Christentums versuchte die Kirche, die kriegerischen Auseinandersetzungen in zeitlicher sowie örtlicher Hinsicht zu beschränken. Auf dem Konzil von Charroux im Jahre 989 wurde erstmals ein sogenannter "Gottesfriede" verkündet, wonach Angriffe auf Kirchen, Priester und Wallfahrende ebenso für unzulässig erklärt werden

---

[1] Berber, Lehrbuch Bd.II, S.28; Coursier Etudes, S.26; Firmage, S.312

[2] Berber, Lehrbuch Bd.II, S.29; Friedman, S.10; Dugard, S.145 ; Fritz Münch, Laws of War, in EPIL Bd.4 (1982), S.326 ff.

[3] Belcher Ballis, S.60. Dugard schreibt: "From the earliest days....the doctrine of the just war has served the cause of one faith or one ideology, at the expense of a competing faith or ideology", vgl. Dugard, S.145

[4] Berber, Lehrbuch Bd.II, S.68

[5] Nys S.188

[6] Berber, Lehrbuch Bd.II, S.22; Oppenheim/Lauterpacht, International Law, Bd. II, S.226; L. C. Green 1993, S. 21 f.

wie das Kämpfen an bestimmten Tagen[1]. Zuletzt wurde auf dem dritten Laterankonzil von 1179 ein Gottesfriede verkündet, der von Mittwoch abend bis Montag morgen jeder Woche die Austragung von Privatkriegen bei Androhung der Exkommunizierung verbot[2]. In Kriegen zwischen Christen galt auch, daß die Besiegten nicht als Sklaven verkauft werden durften[3].

Auch das Rittertum kannte gewisse Beschränkungen in der Art und Weise der Kriegführung. Dazu gehörte u.a. das Verbot von Folter und Verstümmelung sowie allgemein die Orientierung an Treue, Ehre, Loyalität[4]. Diese von Kirche und Rittertum ausgehenden Regeln galten jedoch nur in Kriegen zwischen Anhängern des gleichen Glaubens oder Standes[5]. Im "gerechten" Krieg, dem bellum iustum insbesondere gegen die Ungläubigen, gab es keinerlei Schranken[6].

III. Vom "bellum iustum" zum modernen Völkerrecht

Ob ein - von einem Autor als Kreatur der christlichen Philosophie bezeichneter[7] - gerechter Krieg geführt wurde oder nicht, hing nach der mittelalterlichen bellum iustum-Lehre von päpstlicher bzw. kaiserlicher Entscheidung ab, s.o. Mit dem Niedergang der Macht von Kaiser und Papst entfiel jedoch in zunehmendem Maße die Instanz, welche bestimmen konnte, auf welcher Seite ein geführter Krieg gerecht war[8]. Die Zersplitterung der Machtverhältnisse führte zur allmählichen Herausbildung des modernen Staates im Zeichen der Souveränität, welche in der Befugnis, einen Krieg zu beginnen, ihren deutlichsten Ausdruck fand[9]. Der Fürst, im Besitz der "summa potestas", erkannte die pontifikale und kaiserliche Autorität nicht mehr an[10]. Damit aber hatte jeder Staat selbst zu entscheiden, ob er einen "gerechten" Krieg führte oder nicht. Berber sieht in dieser

---

1 Friedman, S.9; Coursier Etudes S.35

2 Nys, S.80

3 Fritz Münch, Laws of War, History, in EPIL, Bd. 4 (1982), S.327 ; Encyclopedia 4, "laws of war, history", S.327; Nys, S.192; Coursier 1960, S.380

4 Coursier Etudes, S.37

5 Howard, S.5

6 Berber, Lehrbuch Bd.II, S.31; Firmage, S.313

7 Dugard, S.145

8 Belcher Ballis, S.102

9 Simons, S.23; Coursier Etudes, S.48

10 Josef Kunz, Kriegsrecht im Allgemeinen, in WVR, Bd. 2, S.354

Entwicklung die Degeneration der bellum iustum-Lehre zu einem "propagandistischen Element der Staatsräson"[1].

Die Lehre vom gerechten Krieg, von einem Autor als wiederkehrendes Thema der westlichen Philosophie bezeichnet[2], hielt sich zwar bis in das 18. Jahrhundert hinein[3], aber Reformation und Renaissance hatten ein neues Denken hervorgebracht.

Schon Francisco de Vitoria (1485-1546) hatte mit Blick auf die spanischen Eroberungen in Amerika vertreten, der Kampf gegen die heidnischen Eingeborenen sei nicht schon per se ein gerechter Krieg[4] und hatte die Universalität der kriegsrechtlichen Grundsätze betont. Im 15. und 16. Jahrhundert entstand die Vorstellung, daß ein Krieg auf beiden Seiten gerecht sein könne[5]. Auch Grotius bestritt die Existenz eines objektiven Maßstabes für die Gerechtigkeit eines Krieges, er hielt aber den Krieg zum Zwecke der Verteidigung des Völkerrechts für zulässig[6]. Von Zouche über Bynkershoek und Moser bis hin zu Vattel lehnte die Völkerrechtslehre die mittelalterliche Lehre vom gerechten Krieg ab[7]. An ihre Stelle trat das sogenannte "ius ad bellum", d.h. das Recht der Staaten, zum Zwecke der Rechtsdurchsetzung jederzeit zum Kriege zu schreiten.

Das ius ad bellum befaßt sich allgemein mit der Frage, wer unter welchen Umständen zur Führung eines Krieges berechtigt ist und ob bzw. wann Dritte zur Beteiligung an einem Konflikt berechtigt sind[8]. Hiervon strikt zu trennen ist das Problem, welche Regeln anwendbar sind, wenn ein Krieg oder sonstiger bewaffneter Konflikt faktisch vorliegt. Neben der Grundlage der Anwendbarkeit

---

1 Berber, Lehrbuch Bd.II, S.31. Schwarzenberger schreibt: "In an international society in which the rulers of States are responsible only to their own conscience, an elastic theory with as many loopholes as the doctrine of the bellum justum, was bound to degenerate into a mere ideology serving the interests which it was supposed to control", vgl. ders. in AJIL, Bd.43 (1943), S.464. Dugard spricht von einem machiavellistischen Konzept des gerechten Krieges, vgl. ders. S.145

2 Dugard, S.145

3 Howard, S.8

4 Friedman, S.12; Coursier Etudes, S.43

5 Belcher Ballis, S.169; Scheuner, in Festschrift Berber, S.472

6 Belcher Ballis, S.170. Für Firmage hat Grotius der bellum iustum-Lehre eine weltliche und rechtliche Struktur gegeben, vgl. ders. S.313; vgl. zu den von Grotius aufgestellten Kriterien für den "gerechten" Krieg Dugard, S.145

7 Q. Wright, S.331; Simons, S.45; Berber, Lehrbuch Bd.II, S.30 f.

8 Eitel, S.97

ratione materiae und ratione personae geht es um die Rechte und Pflichten der Beteiligten in der Situation eines Krieges oder anderer Formen internationaler und nicht-internationaler Gewaltanwendung[1]. Die Unterscheidung und Trennung zwischen ius ad bellum und ius in bello ist für die Befolgung des humanitären Völkerrechts bis heute von grundlegender Bedeutung[2]. Historisch ergab sich die Unterscheidung zweier unterschiedlicher Rechtsmaterien betreffend ius ad bellum und ius in bello erst mit dem Beginn der Kodifikationsbewegung im 19.Jahrhundert[3].

IV. Das Zeitalter des modernen Völkerrechts

Nach der Überwindung der bellum iustum-Lehre und der Anerkennung des Rechts der Staaten zum Kriege rückte seit Grotius das "ius in bello", welches in einem Krieg für alle Beteiligten in gleichem Maße Geltung beansprucht, in das Zentrum des völkerrechtlichen Interesses[4]. So nimmt in der klassischen Völkerrechtsliteratur das Kriegsrecht den größten Raum ein[5]. Bezeichnenderweise nennt der Titel von Grotius Hauptwerk, "de iure belli ac pacis", den Krieg an erster Stelle. Grotius hatte unter dem Eindruck des für Europa verheerenden Dreißigjährigen Krieges an die "temperamenta belli" erinnert, welche das Leiden des Krieges mildern sollten[6].

Die Völkerrechtslehre seit Grotius bemühte sich bis zum Beginn der Kodifikationen im 19. Jahrhundert um das Aufspüren und die Darstellung gewohnheitsrechtlicher und vertraglicher Regeln über die Kriegführung und beeinflußte dadurch wiederum das Entstehen solcher Regeln[7]. Quelle kriegsrechtlich bedeutsamer Einzelfallregeln waren Kartelle (d.h. auf einen bestimmten Kriegsschauplatz begrenzte Abmachungen zwischen den militärischen Befehlshabern), Kapitulationen (Vereinbarungen der lokalen Militärbefehlshaber über die Überga-

---

1 Vgl. hierzu Kwakwa, S.4

2 Zu ius ad bellum und ius in bello vgl. u.a. Q. Wright, S.329 sowie unten D.I.1.e. Zum Verhältnis zum Begriff des kriegerischen Schädigungsrechts unten C.I.

3 Roberts, S.111

4 Howard, S.5

5 Josef Kunz, The Changing Law of Nations, Essays on International Law, Ohio State University Press, 19968, S.832; Berber, Lehrbuch Bd.II, S.63

6 Q. Wright, S.334 ; Simons, S.42; Friedman, S.15; Kwakwa, S.10

7 Best, S.19; Coursier Etudes, S.49

be von Truppen, Festungen, Örtlichkeiten oder Regionen) sowie Armeeinstruktionen[1].

Der zwischen den Schweizer Kantonen vereinbarte "Sempacherbrief" aus dem Jahre 1393, welcher vor allem die Frauen vor dem Krieg schützen sollte, ist ein frühes Beispiel einer das ius in bello betreffenden Abmachung[2]. Im Jahr 1385 erließ König Richard II. von England die "statutes, ordonnances, and customs to be observed in the army", worin u.a. die Plünderung von Kirchen sowie die Tötung und Vergewaltigung von Frauen verboten wird[3]. Seit dem Ende des 16. Jahrhunderts wurden Kartelle und Kapitulationen zwischen den Kriegführenden häufiger. Dies ergab sich vor allem aus einer seit dem ausgehenden Mittelalter einsetzenden Veränderung der abendländischen Wehrverfassung, welche die Einrichtung ständiger Söldnerheere mit sich brachte[4]. Bemerkenswert an der weiteren Entwicklung des ius in bello ist die allmähliche Ausdehnung des Anwendungsbereiches vereinbarter oder gewohnheitsrechtlicher Normen auf alle an einem Krieg Beteiligten, und damit das Verschwinden der im Mittelalter noch üblichen Beschränkung auf Standes- oder Glaubensgenossen. Dabei wurde die Ausformung gewohnheitsrechtlicher Regeln durch die Existenz einer von parallelen Wertvorstellungen geprägten "transnational aristocratic ruling class"[5] begünstigt.

Einen wesentlichen Beitrag zur Entwicklung des modernen ius in bello leistete das 18. Jahrhundert, in welchem sich unter dem Einfluß besonders der französischen Philosophen der Grundsatz der Humanität immer stärker durchsetzt. So schreibt Montesquieu, das Völkerrecht sei " ce droit qui fait que la victoire laisse aux peuples vaincus ces grandes choses: la vie, la liberte, les lois, les biens et toujours la religion"[6]. Berühmt ist auch der Satz Rousseaus: "Der Krieg ist also keine Beziehung von Mensch zu Mensch, sondern eine Beziehung von Staat zu Staat, in der die Einzelnen nur durch Zufall Feinde sind, nicht als Menschen

---

1 Vgl. zu den Begriffen Berber, Lehrbuch Bd.II, S.81/82 und Coursier 1960, S.366 und S.367. Auch Roberts unterstreicht die Bedeutung der der Armeeinstruktionen und zwischenstaatlichen Vereinbarungen als Quelle des humanitären Völkerrechts, vgl. ders. S.112

2 Nys, S.210; Coursier Etudes, S.42

3 Nys, S.205

4 Berber, Lehrbuch Bd.II, S.70; Nys, S.201. Weitere zahlreiche Beispiele von Einzelabmachungen und Armeeinstruktionen finden sich bei Coursier Etudes, S.48 ff. sowie S.66 ff.

5 Best, S.19

6 Zitiert nach Coursier Etudes, S.47

und nicht einmal als Bürger, sondern als Soldaten"[1]. Vom aufgeklärten Geist inspiriert ist im 18. Jahrhundert bereits der Vertrag zwischen König Friedrich II. von Preußen und den Vereinigten Staaten aus dem Jahre 1785, der für den Kriegsfall zwischen beiden Mächten weitgehende und vom Gedanken der Humanität geprägte Regelungen enthielt[2]. Der preußische General Yorck wird mit einem 1813 an seine Soldaten gerichteten Satz zitiert, wonach "ein edles menschliches Betragen selbst gegen den Feind etwas Höheres als Tapferkeit, Ausdauer und Manneszucht" sei[3].

Für die Zeit bis zum Beginn der internationalen Kodifikationsbewegung im 19. Jahrhundert sind bemerkenswert die im Jahre 1863 im amerikanischen Bürgerkrieg entstandenen "Instructions for the Government of the Armies of the United States in the Field" des amerikanischen Juristen Francis Lieber[4]. Die "instructions" enthielten u.a. Regelungen zur militärischen Notwendigkeit, über Repressalien und Kriegsgefangene. Sie stellen den ersten - wenn auch innerstaatlichen - Versuch einer Kodifizierung des Kriegsrechts dar und standen Pate für spätere Regelungen[5].

V. Die Entwicklung seit dem Beginn der Kodifikationsbewegung

Mit der Genfer Konvention über die Verbesserung des Loses der Verwundeten der Heere im Felde aus dem Jahre 1864[6] setzte eine Entwicklung ein, welche bis zur II. Haager Friedenskonferenz dauern sollte, und in deren Verlauf das in der Praxis entstandene und von der Völkerrechtslehre beschriebene gewohnheitsrechtliche ius in bello in Vertragswerken festgehalten wurde. Der Wunsch einer Kodifikation speiste sich aus zivilisatorischem Fortschrittsdenken und der voranschreitenden Kodifikation anderer Rechtsgebiete, aber auch aus dem waf-

---

1 Zitiert nach Coursier Etudes, S.65 (Kapitel IV des Contrat social) Kwakwa bezweifelt, ob dieser Satz für Konflikte unserer Tage noch von großer Relevanz ist, vgl. ders. S.10

2 Fritz Münch, Laws of War, History, in EPIL, Bd.4 (1982) S.327

3 Zitiert nach Eitel, S.97

4 Der Text dieser nach ihrem Urheber auch "Code Lieber" genannten Instruktionen findet sich bei Schindler/Toman, S.3 ff.

5 Kwakwa, S.11. Wyss unterstreicht, daß der Lieber Code erstmals konkrete humanitäre Regeln für den nicht- internationalen bewaffneten Konflikt enthält, vgl. dies. S.34

6 Text bei Friedman, S. 187 f. Das Abkommen wird als Durchbruch bei dem Bemühen bezeichnet, dem Prinzip der Humanität im bewaffneten Konflikt international Geltung zu verschaffen, vgl. Wyss S.36

fentechnisch bedingten rapiden Anstieg der Kriegsopferzahlen[1]. Den Anstoß zu dieser Entwicklung gab der Schweizer und Begründer der Rotkreuz-Bewegung, Henri Dunant. Mit seinem Buch "Un souvenir de Solferino", einer Beschreibung der Leiden der Verwundeten aus der Schlacht von Solferino im Jahre 1859, hatte dieser die Staaten wachgerüttelt[2]. Auf Dunants und die Initiative Gustave Moyniers hin berief die Regierung der Schweiz im Jahre 1864 eine internationale Konferenz ein, zu welcher die Vertreter von zwölf Staaten erschienen. Das Ergebnis der Konferenz war die o.g., nur zehn Artikel umfassende Genfer Konvention[3].

Im Verlauf der weiteren Entwicklung des ius in bello entsteht eine Aufteilung der Rechtsmaterie in das sogenannte *"Haager Recht"* und das *"Genfer Recht"*[4].

Das Haager Recht umfaßt jene Normen, durch welche das Schädigungsrecht der Kriegführenden[5] in Bezug auf die anzuwendenden Mittel und Methoden begrenzt wird (sog. "Kriegführungsrecht" oder auch "combat law")[6]. Derartige Normen finden sich bereits in dem o.g. "Code Lieber", dem Deklarationsentwurf der Brüsseler Konferenz von 1874 sowie im sogenannten "Oxford Manu-

---

1 Vgl. Schindler, L'Evolution du Droit de la Guerre des Conventions de la Haye aux Protocoles Additionnels aux Conventions de Genève, in Revue de Droit Pénal Militaire et de Droit de la Guerre, Bd. 21 (1982), S.24,25

2 Fahl, S.20; Mc Coubrey 1998, S. 17

3 Sie enthielt Regelungen zur unterschiedslosen Behandlung von Verwundeten (Art. 5 und 6), zur Neutralität des medizinischen Personals (Art.1, 2 und 3) sowie zur Verwendung des Symbols des Roten Kreuzes (Art.7). Für Roberts ist die Konvention vielleicht das erste "broad-based international agreement" über die Führung des Krieges, vgl. ders. S.112

4 Vgl. für einen kurzen Überblick Eitel, S.98 sowie Roberts S. 113 m.w.N. (Hinweis auf Greenspan, Best, Mc Dowell & Feliciano, v. Glahn). Roberts spricht in Bezug auf das Haager und Genfer Recht von "two separate, albeit intertwined, lines", vgl. ders. S.113. Ein guter Überblick findet sich auch bei Schindler, L'evolution du Droit de la Guerre des Conventions de la Haye aux Protocoles Additionnels aux Conventions de Genève, in: Revue de Droit Pénal Militaire et de Droit de la Guerre Bd.21 (1982), S.23 ff. Zum Verhältnis "Haager" und "Genfer" Recht und dem unterschiedlichen Ausgangsgedanken beider Rechtsmassen sowie deren enger Verbindung vgl. Herczegh, S.65-74. Zum Haager Recht vgl. L. C. Green 1993, S. 31 ff.

5 Dieses Recht ist der leitende Grundsatz des Kriegsrechts, wonach im Kriege alle zur Niederwerfung des Gegners zweckdienlichen Mittel zulässig sind, denen kein verbietender Völkerrechtssatz entgegensteht, vgl. Verdross, Völkerrecht, 5. Auflage 1964, S.441. Vgl. zum kriegerischen Schädigungsrecht unten C.I.

6 Eide in Cassese 1979, S.279; de Preux spricht vom "droit relatif à la conduite des hostilités et à l'administration des territoires occupées", vgl. ders. S.257. Für Kwakwa bestimmt das Haager Recht die Rechte und Pflichten der Kriegführenden bei Ausübung von Feindseligkeiten und die Wahl der Mittel den Gegner zu schädigen, vgl. ders. S.2. Für Roberts betrifft das Haager Recht vor allem die Begrenzung der Mittel und Methoden der Kriegführung, vgl. ders. S.113

al" über die Gesetze des Landkrieges des Instituts für Internationales Recht aus dem Jahre 1880[1]. Dem Haager Recht zuzuordnende Regeln sind bis in die Gegenwart hinein von erheblicher Bedeutung für das humanitäre Völkerrecht[2].

Im Gegensatz zum "Haager Recht" bezeichnet das sogenannte "Genfer Recht" jene Normen, welche die Behandlung und den Schutz kranker und verwundeter Militärpersonen sowie den Schutz von Kriegsgefangenen und Zivilpersonen im Falle bewaffneter Konflikte zum Gegenstand haben[3]. Den Beginn der umfangreichen Kodifikationsentwicklung des Genfer Rechts[4] markiert die o.g. erste Genfer Konvention von 1864.

---

[1] Text bei Schindler/Toman, S.35 ff.

[2] Die erste internationale Kodifikation auf dem Gebiet des Kampfführungsrechts stellt die Erklärung von St. Petersburg aus dem Jahre 1868 dar, worin die Unterzeichnerstaaten auf die kriegerische Verwendung von Explosivgeschossen unter 400g Gewicht verzichten (Text bei Schindler/Toman, S.95 ff.). Damit wurde erstmals die Benutzung bestimmter Waffen im Kriege untersagt, Kwakwa S.12. Bemerkenswert hierbei ist die Erklärung bestimmter Grenzen, "at which the necessities of war ought to yield to the requirements of humanity" (Schindler/Toman, S.96). Hierin kommt die humanitäre Zielsetzung der kriegsrechtlichen Normen zum Ausdruck. Eingang in die Erklärung von St. Petersburg fand auch erstmals das gewohnheitsrechtliche Verbot der Verursachung überflüssiger Leiden (Schindler/Toman, S.96). Darin wird sichtbar, daß keineswegs nur das sog. "Genfer Recht" humanitären Charakter hat. Die weitere Entwicklung vollzog sich auf dem Gebiet des Kriegsrechts wie folgt:

1899 Erste Haager Friedenskonferenz (Text bei Schindler/Toman, S.49 ff., S.57 ff., S.99 ff., S.103 ff., S.141 ff., S.221 ff.).

1907 Zweite Haager Friedenskonferenz (Text bei Schindler/Toman, S.53 ff., S.57 ff., S.141 ff., S.709 ff., S.715 ff., S.723 ff., S.731 ff.).
Von besonderer Bedeutung ist das IV. Haager Abkommen, das in seinem Anhang die Haager Landkriegsordnung enthält, deren Bestimmungen Bestandteil des Völkergewohnheitsrechts geworden sind, vgl. Fahl S.23.

1925 Genfer Protokoll über das Verbot der Verwendung von erstickenden, giftigen oder ähnlichen Gasen sowie von bakteriologischen Mitteln im Kriege (Text bei Schindler/Toman, S.115 ff. Umstritten ist, ob es sich bei diesem Protokoll bereits um Völkergewohnheitsrecht handelt, vgl. Kwakwa, S.14 sowie Baxter in Harvard Journal, S.2 m.w.N.

1954 Haager Konvention zum Schutz von Kulturgut bei bewaffneten Konflikten (Text bei Schindler/Toman, S.661 ff.).

1977 Zusatzprotokolle I und II zu den Genfer Abkommen von 1949 (BGBl 1990 II, S. 1551 ff. sowie S.1637 ff.)

1980 Übereinkommen über das Verbot oder die Beschränkung bestimmter konventioneller Waffen, die unterschiedslos wirken können (Text bei Schindler/Toman, 3. Aufl. 1988, S.179 ff.).

1993 Übereinkommen über das Verbot der Entwicklung, Lagerung und des Einsatzes chemischer Waffen und über die Vernichtung solcher Waffen (BGBl 1994 II, S.806).

[3] Michel Veuthey, in: Cassese 1975, S.179 ff.(198). Zum Begriff auch Bothe/Partsch/Solf, S.1. Für Verwey besteht das "Genfer Recht" im wesentlichen aus den vier Genfer Konventionen von 1949 und den ZP'en, vgl. ders. S.78. De Preux bezeichnet das "Genfer Recht" als "le droit des victimes de la guerre", vgl. ders. S.257. Für Kwakwa regelt das "Genfer Recht" die Behandlung von außer Gefecht gesetztem Militärpersonal und nicht an Feindseligkeiten teilnehmenden Personen, vgl. ders. S.1 und 2.

[4] Diese Kodifikationsentwicklung läßt sich wie folgt nachzeichnen:

Die dargestellte Aufteilung des ius in bello in "Haager Recht" und "Genfer Recht" hat, auch wenn sie eine nach wie vor verbreitete Systematisierung widerspiegelt[1], nicht den Charakter einer strikten Trennung zweier voneinander unabhängiger Bereiche. Dies hat seinen Grund zunächst darin, daß nicht nur das Genfer Recht, sondern auch das Haager Recht humanitären Charakter hat (vgl. bereits das Vorwort der Erklärung von St. Petersburg, s.o.), und daß der Übergang zwischen Haager Recht und Genfer Recht fließend ist[2]. Darüber hinaus

---

1899 III. Haager Abkommen über die Anwendung der Grundsätze der Genfer Konvention von 1864 auf den Seekrieg (Text bei Schindler/Toman, S.221 ff.).

1906 Genfer Konvention über die Verbesserung des Loses der Verwundeten und Kranken der Heere im Felde (Text bei Schindler/Toman, S.233 ff.). Diese Konvention stellt eine Revision der Genfer Konvention von 1864 dar.

1907 X. Haager Konvention betreffend die Anwendung der Grundsätze der Genfer Konvention von 1906 auf den Seekrieg (Text bei Schindler/Toman, S.245 ff.)

1929 Genfer Konvention über die Verbesserung des Loses der Verwundeten und Kranken der Armeen im Felde (Text bei Schindler/Toman, S.257 ff). Die Konvention von 1929 löste die Genfer Abkommen von 1864 und 1906 ab.

1929 Genfer Konvention über die Behandlung der Kriegsgefangenen (Text bei Schindler/Toman, S.271 ff.). Ohne Vorschriften über Kriegsgefangene zu ersetzen, welche in den Haager Abkommen von 1899 und 1907 enthalten waren, komplettierte und ergänzte die Genfer Konvention von 1929 die 1899 und 1907 getroffenen Abmachungen. Beiden Genfer Konventionen von 1929 waren bis zum II.Weltkrieg nahezu alle Staaten beigetreten (Roberts, S.114).

1949 Die vier Genfer Konventionen:
I. Genfer Abkommen zur Verbesserung des Loses der Verwundeten und Kranken der Streitkräfte im Felde (Text bei Schindler/Toman, S.373 ff). Dieses Abkommen trat an die Stelle des Abkommens von 1929.
II. Genfer Abkommen zur Verbesserung des Loses der Verwundeten, Kranken und Schiffbrüchigen der Streitkräfte zur See (Text bei Schindler/Toman, S.401 ff.). Die II. Genfer Konvention von 1949 ersetzte das X. Haager Abkommen von 1907 und stellt im Gegensatz hierzu eine unabhängige Konvention dar, die nicht nur Regeln über den Landkrieg auf den Krieg zur See überträgt.
III. Genfer Abkommen über die Behandlung der Kriegsgefangenen (Text bei Schindler/Toman, S.423 ff.). Durch das III. Genfer Abkommen wurde die Genfer Konvention von 1929 über die Behandlung der Kriegsgefangenen ersetzt.
IV. Genfer Abkommen zum Schutze von Zivilpersonen in Kriegszeiten (Text bei Schindler/Toman, S.495 ff.). Obwohl bereits die Haager Abkommen von 1899 und 1907 Bestimmungen über den Schutz von Zivilisten enthielten, stellt die IV. Genfer Konvention von 1949 das erste ausschließlich dem Schutze der Zivilbevölkerung gewidmete völkerrechtliche Abkommen dar.

1977 Zusatzprotokolle I und II zu den Genfer Abkommen von 1949 (BGBl 1990 II, S. 1551 ff. sowie S.1637 ff.)

[1] Hinz/Rauch, Vorwort, S.I; Fahl, S.21;Kalshoven, Laws of War, in EPIL Bd. 4 (1982) S.319 und 320. Vgl. auch Steinkamm, Die Streitkräfte im Kriegsvölkerrecht, Würzburg 1967, S.46

[2] So enthält der Anhang zum IV. Haager Abkommen (Haager Landkriegsordnung) verschiedene Vorschriften mit Schutzcharakter, vgl. das Kapitel über Kriegsgefangene im 1.Abschnitt (Berber, Dokumente Bd.II, S.1897-1900), ferner die Art.25-27 (ebd. S.1902) sowie Art.44 (ebd. S.1905). Für Wyss folgte die Unterscheidung beider Bereiche lediglich aus der Entstehungsgeschichte: "Hinsichtlich der Zielsetzung der Humanisierung bewaffneter Konflikte haben sich das Genfer und das Haager nie recht eigentlich unterschieden", vgl. dies. S.35. Bothe/Partsch/Solf weisen darauf hin, daß sowohl die Genfer Kriegsgefangenenkonvention von 1929 als auch im besonderen die IV. Genfer von 1949 Elemente des sog. "Haager Rechts" enthielten, vgl. ebd. S.2. Ebenso Baxter, in Harvard Journal, S.2 sowie Graham, S.26

wurde durch die 1977 verabschiedeten Zusatzprotokolle zu den Genfer Abkommen von 1949 im Interesse eines möglichst wirksamen und weitgehenden Schutzes der Opfer des Krieges die alte Trennung von Genfer und Haager Recht aufgegeben, eine "seit mehr als hundert Jahren als unveränderbar angesehene, klassische Systematik des Kriegsvölkerrechts"[1]. So enthält nicht nur das im internationalen Konflikt geltende ZP I, sondern auch ZP II Vorschriften sowohl aus dem Bereich des "Haager" als auch des "Genfer" Rechts[2]. Die genannte Aufteilung der Rechtsmaterie ist damit "eigentlich hinfällig" geworden[3]. Angesichts der dargestellten Entwicklung, wonach das Kriegsrecht immer mehr eine Einheit darstellt[4], hat die Unterscheidung von Genfer und Haager Recht in erster Linie den Zweck, die Rechtsmaterie anhand zweier traditioneller Hauptanliegen des ius in bello darzustellen. Dabei ist auch von Interesse, inwieweit Genfer und Haager Recht heute als Völkergewohnheitsrecht angesehen werden können. Dies wird für die Haager Abkommen und die Genfer Konventionen von 1949 allgemein bejaht[5].

---

1 Hinz/Rauch, Vorwort, S.II; vgl. auch Eide, in Festschrift Pictet, S.678 sowie Gasser 1995, S. 19. Vor allem die Art.33, 35 ff. und 48 ff. des I.Zusatzprotokolls zu den Genfer Abkommen von 1949 stellen eine Vereinigung und Verschmelzung des "Genfer Rechts" mit dem "Haager Recht" über die Mittel und Methoden der Kriegführung dar, vgl. Randelzhofer 1975, S.40. De Preux schreibt: "....la distinction entre le droit dit 'de Genève' .... et le droit dit "de la Haye" est artificielle et a cessé d'exister", vgl. ders. S.257. Kwakwa sieht die humanitäre Absicht und Wirkung des Rechts im Vordergrund und schreibt: "....the distinction between the 'law of the Hague' and the 'law of Geneva' is no longer compatible with the general thrust of the law of armed conflict", vgl. ders. S.5. Kalshoven weist darauf hin, daß bei der CDDH die französische Delegation sich immer dann gegen eine Vorschrift aussprach und bei Abstimmungen enthielt, wenn es sich bei der betreffenden Regelung um eine solche aus dem Bereich des sog. "Haager Rechts" handelte, vgl. ders.1977, S.117,118

2 Wyss, S.37

3 Eitel, S.99; Rajower, S. 134 f.

4 Veuthey in Cassese 1975, S.198; Nahlik, S.26; Mushkat, S.156

5 Vgl. Barberis, S.254 (der den völkergewohnheitsrechtlichen Charakter lediglich für das Haager Recht bejaht). Ebenso Abi-Saab 1972, S.103. Zu den Genfer Konventionen vgl. ausführlich Meron 1989, S. 41-62. Das internationale Militärgericht in Nürnberg bezeichnete 1946 die Haager Abkommen als Ausdruck bestehenden Völkergewohnheitsrechts, vgl. u.a. Abi-Saab 1972 ebd. sowie Kwakwa, S.14; Baxter in Harvard Journal S.2.; Draper 1965, S.103; Draper 1971, S.180,186; Schwarzenberger, S.272. Auch den GK'en wird ganz überwiegend der Charakter von Völkergewohnheitsrecht, bisweilen sogar ganz oder in Teilen der Charakter von ius cogens zugesprochen, vgl. hierzu Kwakwa, S.18, sowie Cassese 1984, S.67. Für Baxter ist die Frage des gewohnheitsrechtlichen Charakters der Konventionen allenfalls von akademischem Interesse, da mittlerweile die weit überwiegende Mehrheit der Staaten Vertragsstaaten geworden seien, vgl. ders. in Harvard Journal, S.1. Wie später zu zeigen sein wird, ist die Frage jedoch in folgendem Zusammenhang bedeutsam: wenn nationale Befreiungskriege automatisch internationalen Charakter haben, dann ist die Bindung der nationalen Befreiungsbewegungen an VGR automatisch gegeben, während deren Bindung an Vertragsrecht gesondert begründet werden muß, etwa durch die Möglichkeit des formellen oder ad hoc-Beitritts, vgl. hierzu unten E.IV.4.b. Für Roberts sind die GK'en von 1949 inzwischen Völkergewohnheitsrecht, vgl. ders. S.114; ebenso Cassese 1984, S.67.

Neben und subsidiär zu den genannten Konventionen besteht das in langer Rechtsentwicklung gewachsene, kriegsrechtliche Völkergewohnheitsrecht sowie die allgemeinen Rechtsgrundsätze des ius in bello fort[1]. Dies wird ausdrücklich bestätigt durch die nach einem russischen Diplomaten benannte sog. "Martens`sche Klausel", welche sich erstmals in der Präambel zum II. Haager Abkommen von 1899 betreffend die Gesetze und Gebräuche des Landkrieges findet[2]. Danach bleiben im Falle lückenhafter Regelung durch das Haager Abkommen die Bevölkerung und die Kriegführenden unter dem Schutze und der Herrschaft der Grundsätze des Völkerrechts, wie sie sich ergeben aus den unter gesitteten Völkern feststehenden Gebräuchen, aus den Gesetzen der Menschlichkeit und aus den Forderungen des öffentlichen Gewissens. Die ”Martens'sche Klausel” bringt die Grundüberzeugungen der Vertragsstaaten des Haager Abkommens zum Ausdruck, hat jedoch mittlerweile eine weit darüber hinausreichende Bedeutung, die vor allem in ihrem Verweis auf das nicht geschriebene Recht liegt[3]. Dieses besteht zunächst aus dem Gewohnheitsrecht, dessen Geltung allerdings von der Martens'schen Klausel unabhängig ist[4]. Darüber hinaus verweist die Klausel aber auf die allgemeinen Rechtsgrundsätze[5]. In der Völkerrechtslehre besteht keine Einigkeit, ob es sich bei den in Art. 38 lit. c des IGH-Statuts erwähnten allgemeinen Rechtsgrundsätzen um eine eigenständige, neben Vertrags- und Gewohnheitsrecht bestehende Rechtsquelle handelt[6]. Es wäre jedoch schwer zu begründen, prägenden Rechtsprinzipien, welche in allen Kulturen und Rechtsordnungen wie auch im zwischenstaatlichen Verkehr aufzufinden sind, den Charakter einer Rechtsquelle abzusprechen.

Von dieser Frage losgelöst wird in der Literatur den leitenden Grundsätzen jedenfalls des humanitären Völkerrechts aufgrund deren geringen normativen Gehalts teilweise der Charakter einer selbständigen Rechtsquelle aberkannt und diese lediglich als "Maxime und Leitgedanken" ohne Rechtssatzqualität betrachtet[7]. Dieser Ansicht kann nicht gefolgt werden, da die Konkretisierungs-

---

1 Strebel, Marten's Clause, in EPIL Bd. 3 (1982), S.253; Berber, Lehrbuch Bd.II, S.73

2 Text bei Schindler/Toman, S.64. Kalshoven weist darauf hin, daß die Klausel ihre Aufnahme in die Präambel dem Umstand verdankt, daß bestimmte Konfliktsituationen wie insbesondere der bewaffnete Widerstand gegen eine fremde Besetzung die Teilnehmerstaaten der 2. Haager Friedenskonferenz je abhängig von ihrer Größe und Militärmacht unversöhnlich entzweiten, sodaß die Martens'sche Klausel als eine Art Auffangtatbestand betrachtet wurde, vgl. ders.1977, S.120

3 Kimminich 1979, S. 81

4 Münch, S. 363

5 Kalshoven 1987, S. 14

6 Vgl. m.w.N. Hess, S. 67; Ipsen Lehrbuch, S. 198-201

7 Hess, S. 68; Bindschedler in Festschrift Verdross, S. 68 ff.

bedürftigkeit als solche stets prägendes Element allgemeiner Rechtsgrundsätze ist. Die Martens'sche Klausel kann in ihrer Bedeutung als Aufforderung zu einer an den Grundsätzen des humanitären Völkerrechts orientierten Ausfüllung von Anwendbarkeits- und Regelungslücken kaum überschätzt werden[1]. Die Martens`sche Klausel ist auch in den Genfer Konventionen von 1949[2] sowie im I. und II. Zusatzprotokoll zu den genannten Konventionen enthalten[3]. Durch Aufnahme in das ZP I wird die Klausel vor allem auch in allen Konflikten nach Art.1(4), den sog. Befreiungskriegen, anwendbar. Die Martens'sche Klausel wurde von einem Autor beschrieben als "die Seitenpforte, durch welche Menschlichkeit und Gewissen Zutritt erhalten zu dem kleinen und exklusiven Kreis der Schöpfer des Völkerrechts"[5].

Insgesamt ist festzustellen, daß die Entwicklung des humanitären Völkerrechts in aller Regel die Entwicklung der politisch-militärischen Konfliktrealitäten und der Waffentechnik nachvollzogen hat, diesen jedoch kaum jemals vorausgeeilt ist[6].

Von Bedeutung ist schließlich, daß besonders im innerstaatlichen Konflikt dem internationalen Menschenrechtsschutz die Rolle einer wichtigen Quelle für die Beschreibung der zu beachtenden Rechtsnormen zufällt[7]. Darüber hinaus haben sich vor allem in den sechziger und siebziger Jahren die VN in einer großen Zahl von Resolutionen der Generalversammlung mit Fragen des humanitären Völkerrechts beschäftigt. Dabei ging es in erster Linie um dessen Anwendbarkeit im Zusammenhang mit den sog. "nationalen Befreiungskriegen"[8]. Dies führte z.B. Kalshoven dazu, den beschriebenen Strömungen des "Genfer" und "Haager" Rechts als drittes Element "New York" zur Seite zu stellen[9].

---

[1] Vgl. u.a. Kwakwa, S.13. Vgl. auch Münch, S. 347 ff.

[2] Art.63 der I. Konvention; Art.62 der II. Konvention; Art.142 der III. Konvention und Art. 158 der IV. Konvention

[3] Art.1 Absatz 2 ZP I (BGBl. 1990 II, S. 1559); Präambel ZP II (BGBl 1990 II, S.1639)

[4] Bothe/Partsch/Solf, S.44

[5] Vgl. Eitel S.102, der das Potential der Martens'schen Klausel als enorm bezeichnet und zu Recht bedauert, daß von dieser Möglichkeit zu wenig Gebrauch gemacht wird. Detter de Lupis bescheinigt der Martens'schen Klausel die allergrößte Bedeutung "...in rebutting any suggestions that States are free to behave as they wish within their own territory, a consequence of the extreme emphasis of sovereignty ....", vgl. dies. S.156,157

[6] Kwakwa, S.25

[7] Vgl. Eitel, S.99 sowie unten B.II.2.

[8] Vgl. hierzu unten E.IV.4.a.aa.

[9] Vgl. Kalshoven 1987, S.7 ff. und S.14

B. Der Begriff des humanitären Völkerrechts

"Humanitäres Völkerrecht" ist ein relativ junger Begriff, der in der internationalen Praxis erstmals zur Bezeichnung der diplomatischen Konferenz von 1974-77 benutzt wurde[1]. Für den weiteren Fortgang der vorliegenden Untersuchung ist es zunächst erforderlich, den Begriff des humanitären Völkerrechts zu definieren. Angesichts der bisherigen Verortung dieses Teils des Völkerrechts im Kriegsrecht[2] ist daher zunächst das Verhältnis von Kriegsvölkerrecht und humanitärem Völkerrecht zu klären. Im weiteren ist sodann zu fragen, inwieweit der Begriff des humanitären Völkerrechts heute auch dem Friedensvölkerrecht zugehörige Regelungsbereiche umfaßt.

I. Humanitäres Völkerrecht und Kriegsrecht

1. Das Kriegsvölkerrecht

Der Begriff des Kriegsrechts (laws of war, droit de la guerre) wird in der völkerrechtlichen Literatur nicht einheitlich verwendet. So soll er nach Ansicht von Calegoropoulos-Stratis in einem weiteren Sinne die Frage der Rechtmäßigkeit eines Krieges (ius ad bellum) ebenso umfassen wie das ius in bello, dessen Anwendung nicht von der völkerrechtlichen Berechtigung zur Kriegführung abhängt[3].

Die überwiegende Mehrheit der Autoren sieht das Kriegsrecht jedoch auf das ius in bello beschränkt. Hierzu zählen neben dem "Haager" und "Genfer" Recht (zur Unterscheidung der Begriffe vgl. oben A.V.) auch die Regeln über die Neutralität und den Wirtschaftskrieg, die Auswirkungen des Kriegszustandes auf die diplomatischen, konsularischen und vertraglichen Beziehungen zwischen den Konfliktparteien, sowie die Regeln über den Beginn und die Beendigung des Kriegszustandes[4]. Ein Teil dieser Autoren wiederum versteht unter

---

[1] Vgl. Kimminich 1979, S.8; Partsch, Humanitarian Law and Armed Conflict, in EPIL Bd.3, S.215; Greenwood in Handbuch Fleck, S.8

[2] Kimminich 1972, S.27; Randelzhofer 1975, S.25

[3] Calogeropoulos-Stratis, S.55

[4] Vgl. Berber, Lehrbuch Bd.II, S.62; Seidl-Hohenveldern, Völkerrecht, 9.Aufl. 1997, S.365 und 374 ff.; Verdross, Völkerrecht, 5.Aufl. 1964, S.446; Ipsen Lehrbuch, S. 1040, 1044 sowie 1105 ff. und 1110 ff. Kalshoven 1973, S.25. Pictet wiederum scheint dem Begriff des Kriegsrechts allein das Genfer und Haager Recht zuzuordnen und somit Neutralitätsrecht etc. aus diesem Begriff auszuklammern, vgl. ders. 1973, S.11

dem Kriegsrecht im engeren Sinne die völkerrechtlichen Schranken des kriegerischen Schädigungsrechts der Konfliktparteien, also das "Haager Recht"[1].

2. Das humanitäre Völkerrecht als Teil des Kriegsvölkerrechts

Im Bereich des Kriegsvölkerrechts besteht das humanitäre Völkerrecht nur aus denjenigen kriegsrechtlichen Normen, die dem Prinzip der Humanität verpflichtet sind[2]. Insofern ist die von Fahl gegebene Definition unscharf, wonach der Begriff des humanitären Völkerrechts "das in bewaffneten Konflikten anwendbare Recht" bezeichnet[3].

Es ist also festzuhalten, daß lediglich ein Teil der kriegsrechtlichen Normen "humanitäres Völkerrecht" darstellt[4]. Jedoch war nicht immer unumstritten, um welche Normen es sich dabei handelt. So bezeichnet - stellvertretend für eine Ansicht in der Literatur - Max Huber noch im Jahre 1955 als humanitäres Völkerrecht lediglich das Genfer Recht, also jene Regeln, "qui cherchent a sauvegarder, dans le cadre des hostilites licites, la vie et dignite de la personne humaine". Den Gegensatz hierzu bildet für Huber das Kampfführungsrecht, d.h. das sog. "Haager Recht"[5]. Diese (für das Gebiet des Kriegsrechts) begriffliche Beschränkung des humanitären Völkerrechts auf das Genfer Recht kann jedoch angesichts des humanitären Charakters auch des Haager Rechts[6] sowie der o-

---

[1] Berber, Lehrbuch Bd.II, S.61; Verdross, Völkerrecht, 5.Aufl. 1964, S.441

[2] Partsch, Humanitarian Law and Armed Conflict, in EPIL Bd. 3 (1982) S.216. Vgl. auch Gasser 1995, S. 7, 10; Scheuner weist auf die Schwierigkeit hin, im Bereich des Kriegsvölkerrechts humanitäre und nicht-humanitäre Normen zu unterscheiden, vgl. ders., in Festschrift Berber, S.491. Ähnlich Bindschedler, in Festschrift Wengler, S.36

[3] Fahl, S.18. Eine ähnliche Gleichsetzung findet sich bei Eide (in Festschrift Pictet, S.675) sowie bei Veuthey in Cassese 1975, S. S.190

[4] Vgl. auch Calogeropoulos-Stratis, S.101

[5] Max Huber S. 424. Vgl. für eine ähnliche Beschreibung des "traditionellen" humanitären Völkerrechts de la Pradelle, S. 11,31. Dieser spricht von einer "Autonomie" des humanitären Völkerrechts innerhalb des Kriegsrechts. Siehe auch Coursier 1960, S.362. Dieser bezeichnet für den Bereich bewaffneter Konflikte alleine die Genfer Konventionen von 1949 als humanitäres Völkerrecht. In diesem Sinne auch Steinkamm, Die Streitkräfte im Kriegsvölkerrecht, Würzburg 1967, S.46 sowie Herczegh, S.57. Weitere Nachweise für diese Ansicht bei Wyss, S.27. Auch Kwakwa weist auf die frühere Ineinssetzung von humanitärem Völkerrecht und "Genfer Recht" hin, vgl. ders. S.1.

[6] Vgl. bereits oben A.V. sowie Rajower, der zu Recht von einer "Ziel- und Wesensverwandtschaft" von Haager und Genfer Recht spricht, vgl. ders. S. 134. Auch Kimminich weist auf den Zusammenhang zwischen Humanität und Haager Recht hin (Kimminich 1979, S.20): "Es ist nicht so, daß allein das Genfer Recht als reiner Formalismus zur Regelung der Kriegsaktionen zu betrachten wäre, ähnlich wie Prozeßordnungen den Ablauf der Gerichtsverfahren regeln". Und weiter (Kimminich 1979, S.21): "Nicht um ein Verfahren zu regeln, sondern um Leiden zu mildern, wurden die Normen des Kriegsrechts geschaffen". Vgl. auch Veuthey, in Cassese 1975, S.198 sowie Steinkamm, Die Streitkräfte im Kriegsvölkerrecht, Würzburg 1967, S.48,49 und Kalshoven 1977, S.117

ben dargestellten, gemeinsamen Regelung beider Bereiche durch die Zusatzprotokolle zu den Genfer Abkommen nicht mehr aufrechterhalten werden. So entspricht es auch heute der überwiegenden Ansicht der völkerrechtlichen Literatur, nicht nur das Genfer Recht als humanitäres Völkerrecht zu betrachten[1], sondern im Bereich des Kriegsvölkerrechts jedenfalls auch das Haager Recht[2].

Zum Begriff des humanitären Völkerrechts gehören damit das gesamte Genfer und Haager Recht, das Haager Abkommen zum Schutz von Kulturgut bei bewaffneten Konflikten vom 14.5.1954[3] sowie die in den Anwendungsbereich der genannten Instrumente fallenden völkergewohnheitsrechtlichen Normen mit humanitärer Zielsetzung[4].

II. Humanitäres Völkerrecht außerhalb des Kriegsvölkerrechts

Die Ausweitung des Begriffs des humanitären Völkerrechts betrifft nicht nur das Gebiet des Kriegsrechts, sondern auch das Friedensvölkerrecht, wenngleich auf weit weniger gesicherter und allgemein akzeptierter Grundlage[5]. Dabei geht es einerseits um eine grundlegende dogmatische Neuorientierung, welche das humanitäre Völkerrecht aus seiner bisherigen Verankerung im Kriegsrecht lösen will. Eine zweite Ausweitungstendenz geht von der Frage des Verhältnisses zwischen dem bisherigen humanitären Völkerrecht und dem internationalen Menschenrechtsschutz aus, wobei versucht wird, beide Rechtsmaterien unter einem erweiterten Begriff des humanitären Völkerrechts zusammenzufassen.

---

[1] Wenn auch z.B. selbst bei Pictet, dem Befürworter einer weiten Fassung des humanitären Völkerrechts, die alte Sichtweise noch anklingt, indem er das Genfer Recht als "droit humanitaire proprement dit" bezeichnet, vgl. Pictet 1973, S.15. Ähnlich Forsythe, der den Begriff des humanitären Völkerrechts beschreibt als "the law pertaining to the victims of war", vgl. Forsythe 1975, S.78

[2] Calogeropoulos-Stratis, S.57; Eide in Cassese 1979, S.279; Schindler, in Festschrift Kägi, S.331; Kalshoven 1977, S.118. Wyss unterstreicht, daß schon die Genfer Konventionen ohne die vorausgegangenen Haager Abkommen nicht vorstellbar gewesen wären, vgl. dies. S.33. Etwas unscharf verwendet Kwakwa den Terminus "humanitäres Völkerrecht" gleichbedeutend mit den Begriffen "Kriegsrecht" und "Recht des bewaffneten Konflikts", vgl. ders. S.1

[3] Text bei Schindler/Toman, S.661

[4] Vgl. Randelzhofer 1975, S.25

[5] Wyss verweist in diesem Zusammenhang auf die wichtige Rolle naturrechtlicher Grundsätze, vgl. dies. S.21

1. Die rechtsdogmatische Fundierung des humanitären Völkerrechts

Ein Überdenken der Grundlagen des humanitären Völkerrechts befürwortet Kimminich, der dieses Rechtsgebiet nur noch als Teil eines im Entstehen begriffenen, allgemeinen humanitären Völkerrechts verstanden wissen will[1]. Anlaß zu solchen Überlegungen gibt diesem Autor, daß die Wurzeln des humanitären Völkerrechts in die Epoche des klassischen Völkerrechts zurückreichen, welche jedoch durch eine mit dem Ende des 1. Weltkrieges einsetzende, umfangreiche Rechtsentwicklung abgelöst worden sei[2].

Kennzeichnend für die Zeit des klassischen Völkerrechts sei die alleinige Völkerrechtssubjektivität der souveränen Staaten, die zudem jederzeit berechtigt waren, ihre Interessen in Ausübung des ius ad bellum mit kriegerischen Mitteln durchzusetzen[3]. Der Einzelne, das Individuum, trat in dieser Ordnung nicht als Träger völkerrechtlicher Rechte und Pflichten auf, sondern war lediglich, so die damals herrschende Objekttheorie, durch seinen Staat "mediatisiert", d.h. Objekt zwischenstaatlicher Normen[4]. Durch die Völkerbundsatzung 1919, den Briand-Kellog-Pakt 1928 und die Satzung der Vereinten Nationen 1945 wurde innerhalb weniger Jahrzehnte die Kriegsfreiheit durch ein umfassendes Kriegs- und Gewaltverbot abgelöst, welches dem Einzelstaat bewaffnete Gewalt nur noch zum Zwecke der Selbstverteidigung gestattet[5]. In dieser Entwicklung sieht Kimminich die Überwindung der "Souveränitätsanarchie" des 19. Jahrhunderts, den Anstoß zur Herausbildung eines anderen Völkerrechts, "das seiner Struktur nach nicht mehr ein Recht der Staaten, sondern ein Recht der Menschheit sein soll"[6]. Beispiele dieser Entwicklung seien die Entstehung internationaler Organisationen als Völkerrechtssubjekte, die Globalisierung der Völkerrechtsnormen sowie die eigenständige völkerrechtliche Stellung der Flüchtlinge[7].

---

1 Kimminich 1972, S.72

2 Kimminich 1972, S.38; ders. 1979, S.17

3 Kimminich 1979, S.19

4 Kimminich 1979, S.23; vgl. hierzu auch Verdross/Simma, 3. Aufl.1984, S.39

5 Kimminich 1972, S.35. Zu dieser Entwicklung insgesamt: Verdross/Simma, 3.Aufl.1984, S.68, S.902 f. m.w.N.; Ipsen, Lehrbuch, S. 932 ff.; L. C. Green 1993, S. 4-14. Seidl-Hohenveldern, 9.Aufl. 1997, S.345-347; Castren 1954, S.43-46; Wengler, Völkerrecht, Bd.II, S.1367-1369; Scheuner, in Festschrift Berber, S.468, mit Quellen zum völkergewohnheitsrechtlichen Charakter des heutigen Kriegs- und Gewaltverbots

6 Kimminich 1979, S.25, S.19

7 Kimminich 1972, S.17; ders. 1979, S.22. Der Autor räumt aber ein, das Völkerrecht sei in der Entwicklung von der Objekttheorie zur Völkerrechtssubjektivität des Einzelnen auf halbem Wege stehengeblieben, vgl. Kimminich 1979, S.25. Zur Stellung des Einzelnen im heutigen Völkerrecht vgl. auch Verdross/Simma, 3.Aufl. 1984, S.255 ff.

Durch das heute geltende Kriegs- und Gewaltverbot sieht Kimminich auch die Grundlagen des bisherigen ius in bello verändert und fragt, ob es genüge, "das humanitäre Völkerrecht des 19.Jahrhunderts zu verbessern, um den Anliegen im letzten Viertel des 20. Jahrhunderts - und in künftigen Zeiten - gerecht zu werden?"[1]. Die Antwort auf diese Frage sieht er in der Schaffung einer auf den gewaltlosen Frieden zugeschnittenen, tragfähigen rechtsdogmatischen Grundlage für das humanitäre Völkerrecht, welches in einem neu entstehenden, allgemeinen humanitären Völkerrecht aufgehen soll. Dieses ruhe ebenso auf dem Boden des Friedensrechts wie auf dem des Kriegsrechts[2]. Für Kimminich wäre es empfehlenswert, diejenigen Normen des Völkerrechts, welche sich mit dem Leben, der Freiheit, der Ehre und dem Eigentum der Einzelperson befassen, als humanitäres Völkerrecht zu bezeichnen. Dessen Geltung umfaßt gleichermaßen Kriegs - und Friedenszeiten[3].

Ein ähnlich umfassender Begriff des humanitären Völkerrechts findet sich bei Coursier, der bereits im Jahre 1955 folgende Definition gab: "le droit humanitaire est l`ensemble des regles et des principes propres a sauvegarder en tous temps et en toutes circonstances les droits essentiels et la dignité de la personne humaine"[4]. Hierzu zählen für diesen Autor neben den "klassischen" Themen des ius in bello auch Gebiete wie das Flüchtlingsrecht oder die Abschaffung der Sklaverei[5]. Auch das "ius contra bellum", d.h. die das Gewaltverbot betreffenden Regeln, wurden teilweise in den Begriff des humanitären Völkerrechts eingeschlossen[6]. Es gab bis in jüngere Zeit hinein immer wieder Stimmen, die für ein weites Verständnis des humanitären Völkerrechts stehen[7].

---

1 Kimminich 1972, S.27, S.37. Dies führt Kimminich jedoch nicht zu der kurz nach dem 2. Weltkrieg teilweise vertretenen Ansicht, eine Beschäftigung mit dem ius in bello sei mit dem völkerrechtlichen Gewaltverbot unvereinbar, vgl. hierzu Yearbook of the International Law Commission 1949, S.281; dagegen schon Kunz, "the chaotic status of the laws of war and the urgent necessity of their revision", in: AJIL 45 (1951), S.37 ff.(44 ff.)

2 Kimminich 1979, S.38, S.26; ders. 1972, S.72

3 Kimminich 1972, S.40; ders. 1979, S.36

4 Coursier, "La Définition du Droit Humanitaire", in: Annuaire Francais du Droit International 1955, S.223 ff. (S.227)

5 Vgl. die Überschriften der einzelnen Kapitel einer Vorlesung Coursiers (L'Evolution du Droit International Humanitaire) aus dem Jahre 1960 an der Haager Akademie, vgl. Coursier 1960, S.363. Diese Aufzählung ist für Kimminich längst nicht mehr vollständig, vgl. ders. 1972, S.40

6 Hierauf weist Herczegh hin, vgl. ders. S.56

7 Vgl. Iqbal Al-Fallouji, der unter diesem Begriff die Menschenrechte, das humanitäre Kriegsrecht sowie das Flüchtlingsrecht zusammenfaßt, vgl. Iqbal Al-Fallouji, Pour une Thése plus Humaniste de 'tous les Droits de l'Homme', in: Festschrift Pictet, S.630. Für

Ein Großteil der völkerrechtlichen Literatur ist jedoch dem vorstehend dargestellten Versuch einer dogmatischen und begrifflichen Neuorientierung des humanitären Völkerrechts mit Skepsis begegnet[1]. Auch wurde darauf hingewiesen, daß seit der CDDH die von Kimminich noch beklagte begriffliche Unklarheit in der Literatur bezüglich des humanitären Völkerrechts nicht mehr zutreffend sei[2]. Der Begriff des humanitären Völkerrechts soll daher auch im Zusammenhang mit der vorliegenden Arbeit nicht in diesem Sinne verwendet werden.

2. Humanitäres Völkerrecht und Menschenrechte

Eines der weiterhin meistdiskutierten Probleme bei der Definition des humanitären Völkerrechts ist die Frage nach dessen Verhältnis zum internationalem Menschenrechtsschutz.

Durch die Diskussion über die Möglichkeit einer Völkerrechtssubjektivität des Einzelnen wurde bereits bald nach dem 2. Weltkrieg von einigen Autoren, wenn auch nur ansatzweise, eine Verbindung kriegs- und menschenrechtlicher Aspekte des Völkerrechts hergestellt[3]. Im Rahmen der Vereinten Nationen gab es eine Verknüpfung beider Gebiete im Jahre 1968, als die UN-Menschenrechtskonferenz in Teheran anläßlich des 20-jährigen Bestehens der Universellen Menschenrechtsdeklaration eine Resolution verabschiedete, welche den Titel "Human Rights in Armed Conflicts" trug[4]. Im gleichen Jahr schloß sich eine Resolution der UN-Generalversammlung an ("Respect for Human Rights in Armed Conflicts"), welche auf das Teheraner Dokument Bezug nimmt[5]. Hierauf folgte eine Anzahl weiterer Resolutionen der UN-Generalversammlung, die sich mit der Achtung der Menschenrechte in Zeiten des bewaffneten Konflikts befassen, dabei aber dem humanitären Kriegsrecht

---

Seidl-Hohenveldern hat sich insoweit ein "Sprachgebrauch" eingebürgert, vergl. ders., in Festschrift Wengler, S.555.

[1] Vgl. Randelzhofer 1975, S.25; Eide in Festschrift Pictet, S.676; Mushkat äußert sich wie folgt: "the alleviation of human sufferings is the purpose of rules against racial, national, religious and other forms of discrimination, colonialism, the exploitation of women, children and workers, maldevelopment and other social ills. However, none considers them to constitute humanitarian law", vgl. dies. S.154

[2] Wyss, S.32

[3] Vgl. hierzu Schindler in Festschrift Kägi, S.330 (m.w.N.)

[4] Resolution XXIII vom 12.5.1968, Text bei Schindler/Toman, 3.Aufl. 1988, S.261

[5] GA Res. 2444 (XXIII) vom 19.12.1968, Text bei Schindler/Toman, S.199

zuzurechnende Themenkreise wie den Schutz der Zivilbevölkerung bei bewaffneten Konflikten behandeln[1].

Die durch diese Entwicklung aufgeworfene Problematik erfährt in der völkerrechtlichen Literatur eine sehr unterschiedliche Bewertung.

Ausgehend von der Existenz eines für Krieg und Frieden gleichermaßen gültigen, menschenrechtlichen Mindeststandards und der Begrenztheit des humanitären Kriegsvölkerrechts auf Situationen bewaffneter Konflikte, gelangt Robertson zu der Aussage, der internationale Schutz der Menschenrechte sei "the genus of which humanitarian law is a species[2]. Auch andere Autoren vertreten die Ansicht, das Kriegsrecht sei als Teil der Normen zum Schutz der Menschenrechte zu betrachten[3]. Hiergegen ist zu Recht eingewandt worden, die unterschiedliche historische Herkunft dieser Rechtsgebiete erlaube es nicht, die Menschenrechte und das humanitäre Völkerrecht in der einen oder anderen Richtung voneinander abzuleiten[4].

Damit ist jedoch nicht die weitere Frage beantwortet, ob die Unterschiede beider Bereiche in Bezug auf Herkunft, Anwendungsbereich und Durchsetzbarkeit einer begrifflichen Zusammenfassung unter der Bezeichnung "humanitäres Völkerrecht" im Wege stehen[5]. Auf diese Unterschiede soll daher im folgenden eingegangen werden.

---

1 Vgl. GA Res. 2675 (XXV): "Basic Principles for the Protection of Civilian Populations in Armed Conflicts", Text bei Schindler/Toman, S.203. U.a. folgende Resolutionen sind in diesem Zusammenhang zu nennen:

Res. 2597 (XXIV) vom 16.12.1969
Res. 2674 (XXV) vom 9.12.1970
Res. 2675 (XXV) vom 9.12.1970
Res. 2676 (XXV) vom 9.12.1970
Res. 2677 (XXV) vom 9.12.1970
Res. 2852 (XXVI) vom 20.12.1971
Res. 3032 (XXVII) vom 18.12.1972
Res. 3102 (XXVIII) vom 12.12.1973
Res. 3103 (XXVIII) vom 12.12.1973
Res. 3318 (XXIX) vom 14.12.1975.

2 Robertson, S.797. Ähnlich formuliert Kwakwa: "The humanitarian law of war must be seen as a subset of the laws of humanity, or human rights in general", vgl. ders. S.3

3 Vgl. Mc Coubrey 1998, S. 8. Für Draper ist das Kriegsrecht ein "lower level of the Human Rights Regime, but part of it", vgl. ders. 1970, S. 146. Hierzu auch: R.C. Hingorani, in "Humanitarian Law" (Festschrift Patrnogic), Delhi/Bombay/Calcutta 1987, S.1: "Hitherto, humanitarian law devoted itself to sufferings during war only. In the twentieth century, it has taken up the role of minimising the miseries of State arbitrariness during peacetime as well."

4 Kimminich 1979, S.27

5 Dies scheint Herczegh unter der Bezeichnung "humanitäres Völkerrecht im weiteren Sinne" zu tun, vgl. ders. S.56

Im Gegensatz zu den bereits dargestellten Ursprüngen und der Entwicklung des humanitären Kriegsrechts[1] haben die Menschenrechte zuerst durch die bürgerlichen Revolutionen des 18. Jahrhunderts positivrechtlichen Ausdruck gefunden[2] und waren in ihrer Geltung zunächst auf den Bereich des innerstaatlichen Verfassungsrechts beschränkt. Erst im 20. Jahrhundert, nach dem 2. Weltkrieg, wurden menschenrechtliche Gewährleistungen auf völkerrechtlicher Ebene verankert[3]. Zwischen dem humanitären Kriegsrecht und dem internationalen Schutz der Menschenrechte bestehen weitere, bedeutsame Unterschiede[4]:

- So regelt das humanitäre Kriegsrecht in erster Linie die Beziehungen zwischen Staaten während einer besonderen, der Verwirklichung der Menschenrechte diametral entgegengesetzten Situation[5].
- Es schützt vor allem die Angehörigen fremder Staaten, welche in die Gewalt des verfeindeten Konfliktgegners gefallen sind, und beruht auf dem Gedanken, daß die Anerkennung und Einhaltung bestimmter, humanitärer Grundsätze im bewaffneten Konflikt für beide Seiten von gegenseitigem Vorteil ist[6].
- Der Einzelne wird im humanitären Kriegsrecht nicht nur als Mensch, sondern auch als Angehöriger eines feindlichen Staates in seinen weiterbestehenden Loyalitätspflichten diesem gegenüber geschützt[7].
- Neben den Staaten verpflichtet das humanitäre Kriegsrecht auch Einzelpersonen, über die bei schweren Rechtsverstößen universelle Gerichtsbarkeit besteht[1].

---

[1] Vgl. oben, Abschnitt A

[2] Dies sind die amerikanische Declaration of Independence und die Virginia Bill of Rights aus dem Jahre 1776 sowie die französische Erklärung der Menschen- und Bürgerrechte aus dem Jahre 1789, vgl. auch Schindler in Festschrift Kägi S.328

[3] Vgl. Schindler in Festschrift Kägi, S.328; Mushkat, S.155. Zu nennen sind insbesondere die Allgemeine Erklärung der Menschenrechte vom 10.12.1948 (vgl. Berber, Dokumente Bd. II, S.917) sowie die beiden Pakte von 1966 über bürgerliche und politische Rechte (BGBl 1973 II, S.1534 ff.) und über soziale und kulturelle Rechte (BGBl 1973 II, S.1570 ff.). Kwakwa schreibt: "... codification of international humanitarian law antedates human rights law....", vgl. ders. S.3

[4] Vgl. die Darstellung bei Rajower, S. 141 ff.

[5] Mushkat, a.a.O., S.158; Schindler in Festschrift Kägi, S.327. Auch Wyss betont den Ausnahmecharakter des bewaffneten Konflikts als Anwendungsvoraussetzung des humanitären Völkerrechts, vgl. dies. S.78

[6] Vgl. Mushkat, a.a.O., S.154

[7] Ein Beispiel hierfür ist Art.17 der III. Genfer Konvention von 1949, der Kriegsgefangene vor Pressionen zur Erlangung von Auskünften schützt (Text bei Schindler/Toman, S.436). Vgl. auch Mushkat a.a.O., S.161

- Anders als bei den Menschenrechten wachen über die Einhaltung der Normen des humanitären Kriegsrechts das Internationale Komitee vom Roten Kreuz sowie die Institution der Schutzmacht[2].

Im Gegensatz hierzu betreffen die Menschenrechte nach Konzeption und Zuschnitt das Verhältnis des Staates zu seinen Bürgern in der Situation des gewaltlosen Friedens. Der Einzelne tritt nicht als Opfer bewaffneter Auseinandersetzungen, sondern als forderndes, Rechte beanspruchendes Wesen auf[3]. Die Einhaltung menschenrechtlicher Verpflichtungen kennt kein Element der Gegenseitigkeit, ein internationaler Vollzugsapparat ist nicht in Sicht[4].

Meyrowitz als Verfechter einer strikten Trennung von Menschenrechten und humanitärem Kriegsrecht spricht angesichts ihrer Verschiedenheit und der oben dargestellten Tendenz einer Verbindung beider Gebiete von "Konfusionismus" und warnt vor verheerenden praktischen Konsequenzen[5].

Andererseits gibt es auch Zeichen einer zunehmenden Überschneidung der Anwendungsbereiche[6]. Eine solche Überschneidung folgt zum einen aus der Fortgeltung eines "derogationsfesten" Mindestbestandes an Menschenrechten auch in Notstandssituationen[7], zum anderen aus der Erfassung auch innerstaatlicher Konflikte durch das humanitäre Völkerrecht[8]. Ein Teil der Völkerrechtslehre

---

[1] Vgl. Art. 49 ff. I.Genfer Abkommen von 1949 (BGBl 1954 II S.800 ff.), Art. 50 ff. II.Genfer Abkommen von 1949 (BGBl 1954 II S.828 ff.), Art.129 ff. III.Genfer Abkommen von 1949 (BGBl 1954 II S.889 ff.), Art.146 ff. IV.Genfer Abkommen von 1949 (BGBl 1954 II S.968 ff.), Art. 85 ff. I.Zusatzprotokoll zu den o.g. Abkommen (BGBl 1990 II S.1612 ff.)

[2] Schindler in Festschrift Kägi, S.338

[3] Meyrowitz 1972, S.1100; Schindler in Festschrift Kägi, S.329

[4] Kimminich 1979, S.28; Schindler in Festschrift Kägi, S.341

[5] Meyrowitz 1972, S.1105; gegen eine Zusammenfassung beider Gebiete unter dem einheitlichen Begriff des "humanitären Völkerrechts" wendet sich auch Partsch 1974, S.7

[6] Gasser betont eher die Gemeinsamkeiten als die Unterschiede, vgl. ders. 1995, S. 25, sowie Rajower, S. 147

[7] Eine Aufzählung solcher "notstandsfester" Rechte findet sich bei Calogeropoulos-Stratis, S.131

[8] Vgl. den allen Genfer Konventionen von 1949 gemeinsamen Art.3, Art. 1(4) des I.Zusatzprotokolls sowie Art.1 des II.Zusatzprotokoll zu den Genfer Abkommen von 1949. Für Wyss ist das ZP II Beweis für die Möglichkeit, "das humanitäre Völkerrecht und die Menschenrechte zum Schutz der Opfer nicht internationaler Konflikte zu verbinden", vgl. dies. S.77. Da sich beide Rechtsgebiete nicht gegenseitig einschränken, sieht diese Autorin die Chance gegeben, Anwendbarkeitslücken des humanitären Völkerrechts in Situationen nicht-internationaler bewaffneter Konflikte durch Rückgriff auf den Menschenrechtsschutz auszufüllen, vgl. ebd., S.78

spricht sich daher auch dafür aus, die Menschenrechte und die humanitären Normen des Kriegsrecht unter dem Begriff "humanitäres Völkerrecht" zusammenzufassen[1]. Zu diesen Autoren gehört auch Pictet, der beide Gebiete als "Zweige" des humanitären Völkerrechts bezeichnet[2]. Eine Gegenansicht möchte das humanitäre Völkerrecht weiterhin nur als Ausdruck der humanitären Normen des Kriegsrechts verstanden wissen[3]. Gleichzeitig ist jedoch von den Vertretern beider Ansichten sowohl auf Gemeinsamkeiten wie auf unterschiedliche Strukturen hingewiesen worden[4].

Wie dargestellt, bestehen zwischen Menschenrechten und humanitärem Kriegsrecht wesensmäßige Unterschiede. Dem würde eine Zusammenfassung unter einem einheitlichen Begriff des humanitären Völkerrechts nicht gerecht. Trotz der Gemeinsamkeiten beider Bereiche sollen diese für die Zwecke der vorliegenden Arbeit nicht unter einem einheitlichen Begriff des "humanitären Völkerrechts" zusammengefaßt werden.

Insgesamt ist jedoch festzuhalten, daß der Begriff des humanitären Völkerrechts bis heute mit unterschiedlichem Inhalt verwendet wird. Exemplarisch scheint hierfür ein 1993 erschienenes und den Zusatzprotokollen gewidmetes Buch mit Beiträgen verschiedener Autoren, an dessen Beginn die Herausgeber auf die uneinheitliche Verwendung des Begriffs des "humanitären Völkerrechts" in den verschiedenen Beiträgen hinweisen, so daß der Leser nur innerhalb des jeweiligen Beitrags von einem konstanten Begriffsinhalt ausgehen könne[5].

Trotz dieser begrifflichen Unsicherheiten erscheint es angesichts der durch die Anwendungssituation sowie Sinn und Zweck geprägten Spezifika des Haager und Genfer Rechts richtig, den Begriff des humanitären Völkerrechts auf die

---

1 Randelzhofer 1975, S.25; Blischtschenko, in Festschrift Berber, S.78. Ähnlich auch Chadwick, die jedoch nur begrenzte Aspekte des Menschenrechtsschutzes einbeziehen möchte, vgl. dies. S.7

2 Pictet 1973, S.11. Für ihn besteht das internationale humanitäre Recht i.w.S. aus aus allen internationalen Normen, die dem Respekt vor der Person des Einzelnen bezwecken. Das Kriegsrecht wiederum ist Oberbegriff für das Haager und Genfer Recht, ohne Neutralitätsrecht zu umfassen; vgl. ebd. S.14 und 15.

3 Partsch 1974, S.7; Mushkat, S.154; Schindler in Festschrift Kägi, S.348; Calogeropoulos-Stratis, S.57

4 Vgl. Partsch 1974, S.20; Schindler in Festschrift Kägi, S.347, der sich gegen eine "Verabsolutierung" der integrationistischen einerseits und der separatistischen These andererseits ausspricht; ähnlich auch Rajower, S. 150, der von gegenseitiger Ergänzung, Verstärkung und Beeinflussung spricht. vgl. auch Kimminich 1979, S.40. Wyss spricht von Konvergenz, betont aber, daß es sich um unterschiedliche Rechtsgebiete mit verschiedenen Mechnismen der Durchsetzung handelt, vgl. dies. S.77. Ähnlich Bothe, S.82

5 Vgl. Schöttler und Hoffmann (Hrsg.), "Die Genfer Zusatzprotokolle", Gesamtübersicht S.VII

Situation bewaffneter Konflikte zu beschränken und darunter allgemein den Teil des Völkerrechts zu fassen, der auf die Mäßigung der Kampfführung in bewaffneten Konflikten abzielt und auf die Linderung des von diesen Konflikten verursachten Leides.

Für die Zwecke der vorliegenden Untersuchung soll der Begriff des humanitären Völkerrechts daher in demselben Sinne verwendet werden, wie ihn das Internationale Komitee vom Roten Kreuz, die zur Durchsetzung und Bewahrung dieses Rechts berufene Organisation, definiert:
"International humanitarian law is made up of all the international legal provisions, whether of written or customary law, ensuring respect for the individual in armed conflict. .... International humanitarian law comprises the `Law of Geneva', which aims to safeguard military personnel hors de combat and persons who do not take part in the hostilities, and the `Law of the Hague', which determines the rights and duties of belligerents in the conduct of operations and limits the choice of the means of harming the enemy."[1].

---

[1] "Fundamental rules of international humanitarian law applicable in armed conflicts" - published by the ICRC and the League of Red Cross Societies, 1978. Text drafted by experts of the ICRC, the League of Red Cross Societies and of national Red Cross Societies. Zwar ist der Text ohne rechtliche Wirkung und hat keinen offiziellen Charakter, er spiegelt jedoch die auf der Ebene des Roten Kreuzes wohl vorherrschende Ansicht wider, weshalb er im folgenden auch übernommen wird. Vgl. für den gesamten Wortlaut Schindler/Toman, 3. Aufl. 1988, S.733. Ähnlich, aber unter ausdrücklicher Einbeziehung der humanitären Herausforderungen im nicht-internationalen Konflikt Gasser 1995, S. 22

C. Die wesentlichen Grundsätze des humanitären Völkerrechts

I. Allgemein

Die tragenden Grundsätze des humanitären Völkerrechts sind Ausdruck eines immanenten Spannungsverhältnisses.

Auf der einen Seite handelt es sich dabei um das kriegerische Schädigungsrecht, welches als Ausfluß des Souveränitätsprinzips den Staaten jede nicht durch das humanitäre Völkerrecht verbotene Gewaltanwendung gegenüber dem Feind zugesteht[1]. Aus diesem Recht zur Schädigung des Feindes folgen die "necessities of war", die Notwendigkeiten des Krieges. Diese wurden durch den Lieber Code erstmals bestätigt. Sie dürfen keinesfalls isoliert und unabhängig von anderen Maßstäben, wie insbesondere dem Proportionalitätsgrundsatz, verstanden werden und sind daher immanent begrenzt durch die angestrebte Erreichung des Kriegsziels, nämlich die Unterwerfung des Gegners unter den eigenen Willen mit dem geringstmöglichen Aufwand an Zeit, Menschenleben und materiellen Hilfsmitteln[2].

Auf der anderen Seite stehen, die necessities of war einschränkend, die Prinzipien der Humanität[3], der bona fides[4] sowie auch der Zweckmäßigkeit[5]. Da jedoch bereits das Verständnis des Begriffs der militärischen Notwendigkeiten nicht ohne das Konzept der Beschränkung des Krieges möglich ist, müssen mi-

---

1 Vgl. Berber, Lehrbuch Bd. II, S.163; Verdross, 5. Aufl. 1964, S.441; v.d.Heydte, Völkerrecht Bd.II, S.240. Das kriegerische Schädigungsrecht ist nicht zu verwechseln mit dem Problem des ius ad bellum, d.h. der Frage, ob die Anwendung kriegerischer Gewalt mit dem Völkerrecht im Einklang steht

2 Paragraph 14 des Lieber Code lautet: "Military necessitiy, as understood by modern civilized nations, consists in the necessity, of those measures which are indispensable for securing the ends of the war, and which are lawful according to the modern law and usages of war", Text bei Schindler/Toman, S.3 ff.. Vgl. Rogers, S. 3 ff. sowie v.d.Heydte, Völkerrecht Bd.II, S.241.Vgl. auch die Präambel der St.Petersburger Erklärung von 1868, die als einzig legitimes Ziel der Kriegführung die Schwächung der militärischen Macht des Gegners erwähnt, Text bei Schindler/Toman, S.96. Roberts unterstreicht die Bedeutung des Verhältnismäßigkeitsprinzips als immanente Begrenzung der militärischen Notwendigkeiten, vgl. ders. S.116. So auch Rogers, S. 14 ff.

3 Pictet 1973, S.30; Kelsen/Tucker, S.113; Rogers, S. 6. Für Roberts ist das alte und teilweise noch in Armeeinstruktionen enthaltene Konzept der Ritterlichkeit im Begriff der Humanität aufgegangen. Es kommt darüberhinaus vor allem im kriegsrechtlichen Perfidieverbot zum Ausdruck vgl. ders. S.115. Für Bothe blieb das Grundanliegen z.B. des Genfer Rechts seit der ersten Genfer Konvention von 1864 stets das gleiche: Schutz der Opfer bewaffneter Konflikte als Gebot der Menschlichkeit, ohne Ansehen der Sache oder der Partei, für die sie kämpfen, vgl. Bothe 1976, S.197. Vgl. auch Rajower, S. 177

4 Ipsen, Perfidy, in EPIL Bd.4 (1982) S.130; v.d.Heydte, Völkerrecht, Bd.II, S.238. Vgl. m.w.N. Rajower, S. 179

5 Berber, Lehrbuch Bd.II, S.164.

litärische Notwendigkeit und Humanität als zueinander komplementär betrachtet werden[1]. Die Grundregeln des humanitären Völkerrechts stellen einen am Maßstab der Proportionalität orientierten Kompromiß zwischen den necessities of war und den genannten Prinzipien dar[2]. Dabei wird es in einer konkreten Situation von Kampfhandlungen häufig äußerst schwierig sein, die Verhältnismäßigkeit angeordneter Maßnahmen richtig zu beurteilen[3].

Der Kompromißcharakter kommt bereits in der Präambel der St. Petersburger Erklärung 1868 zum Ausdruck, in der es heißt, "that the progress of civilisation should have the effect of alleviating as much as possible the calamities of war"[4]. Humanität, bona fides und Zweckdienlichkeit erstreben somit nicht die Beseitigung, sondern die Beschränkung und Milderung der negativen Auswirkungen des Krieges[5]. Auch diese, die necessities of war lediglich begrenzende Funktion wird bisweilen in vertraglichen Normen des humanitären Völkerrechts zugunsten der militärischen Notwendigkeit eingeschränkt[6].

Keinesfalls gilt jedoch über diese Fälle hinaus bei der Befolgung der Regeln und Grundsätze des humanitären Völkerrechts ein allgemeiner Vorbehalt zugunsten der militärischen Notwendigkeit, da diese bei Abfassung der kriegsrechtlichen Normen bereits berücksichtigt wurde[7]. Ein solcher Vorbehalt hätte gravierende Konsequenzen für Geltung und Einhaltung kriegsrechtlicher Grundregeln, welchen dann nur noch die Rolle von "mere dogmas of military convenience"[8] zukäme[9]. Auch kann kaum in Anknüpfung an Cicero (s.o. A.I.) angenommen werden, daß im Kriegsfalle ohnehin nach dem Motto "Staatsräson

---

1 Roberts, S.117

2 Zur historischen Entstehung dieser Balance vgl. Draper 1971, S.175 Pictet 1973, S.30; Baxter in Festschrift Scheuner, S.46,52; Kalshoven 1973, S.27 sowie Roberts S.117, Rajower, S. 181

3 Hierauf weist Roberts hin, vgl. ebd. S.118

4 Text bei Schindler/Toman, S.96

5 Dinstein, Methods and Means of Warfare, in EPIL Bd.4 (1982) S.338

6 Vgl. z.B. Art.23g der HLKO, Text bei Schindler/Toman, S.77; sowie Art.54(5) ZP I (BGBl 1990 II S.1590)

7 Guggenheim, Lehrbuch des Völkerrechts, Bd.II, S.833; Berber, Lehrbuch Bd.II, S.78; v.d.Heydte, Völkerrecht, Bd.II, S.242; Castren 1954, S.66; Roberts, S.116

8 v.Glahn, 5. Auflage 1986, S.612

9 Vgl. auch Castren 1954, S.66, der vor völliger Anarchie warnt.

vor Kriegsmanier"[1] verfahren wird und die Normen des Kriegsrecht allenfalls diskretionären Charakter hätten, da zumindest die kodifizierten Regeln von Staaten in vollem Bewußtsein gerade auch ihrer militärischen Situation und Interessen aufgestellt wurden und eine Vielzahl von Faktoren und Motiven, darunter nicht zuletzt das Reziprozitätselement und selbst militärische Erwägungen, Staaten im Kriegsfall zur Einhaltung des humanitären Völkerrechts veranlassen werden[2].

II. Einzelne Regeln

Zu den elementaren Grundsätzen des humanitären Völkerrechts gehören u. a. folgende[3]:

1. Die Kriegführenden bzw. die Parteien eines Konflikts haben keine unbegrenzte Wahl der Schädigungsmittel (vgl. auch Art.22 HLKO, Art.35(1) ZP I)[4].
2. Das Verbot aller Kampfmittel, die überflüssige Leiden verursachen ("unnecessary suffering", vgl. auch Art.23e HLKO, Art.35(2) ZP I)[5].
3. Das Verbot der Perfidie (vgl. auch Art.23b HLKO, Art.37(1) ZP I)[6].

---

[1] Zu dem alten und teilweise mißverstandenen Satz "Kriegsräson vor Kriegsmanier" vgl. Castren 1954, S.65; Berber, Lehrbuch Bd.II, S.78,166; v.d.Heydte, Völkerrecht, Bd.II, S.241

[2] Roberts S.118, der u.a. auf die internationale Öffentlichkeit sowie politische und juristische Konsequenzen hinweist.

[3] Vgl. auch Verdross, Völkerrecht, 5.Aufl. 1964, S.442; Pictet 1973, S.32,33,35; Seidl-Hohenveldern, 9. Aufl. 1997, S.367; Gasser 1995, S. 21; Rajower, S. 193 ff.; Kelsen/Tucker, S.113; DDR-Lehrbuch, Bd.II, S.232,233; Berber Lehrbuch Bd.II, S.166; Kalshoven 1973, S.28; Randelzhofer 1978, S.726. Bei den in der HLKO enthaltenen und im I.ZP wiederholten Regeln handelt es sich ebenso wie bei dem Grundsatz der Unterscheidung zwischen militärischen und zivilen Objekten um völkergewohnheitsrechtlich anerkannte und universell verbindliche Rechtssätze, vgl. v.Glahn, S.652; v.d.Heydte, Völkerrecht, Bd.II, S.222; Castren, S.60; Kalshoven 1973, S.31. Einige dieser Regeln wurden auch durch die Generalversammlung der UN bekräftigt, vgl. GA Res.2444 (XXIII) vom 19.12.1968, Text bei Schindler/Toman, S.199

[4] Text bei Schindler/Toman, S.76 bzw. S.574. Kalshoven bezeichnet diesen Satz als "flat denial" der von Cicero geprägten alten Regel "inter arma silent leges", vgl. ders. 1973, S.28 sowie oben A.I.

[5] Text bei Schindler/Toman, S.77 bzw. S.574. Auf die Schwierigkeit der Konkretisierung des Begriff "unnecessary" im Lichte des Proportionalitätsgrundsatzes weist Baxter hin, vgl. ders. in Festschrift Scheuner, S.46. Zum Begriff des "unnecessary suffering" vgl. auch Cassese in: Rivista di diritto internazionale, Bd.58 (1975), S.12 ff. (S.16)

[6] Text bei Schindler/Toman, S.76 bzw. S.575. Das Perfidieverbot folgt aus der Geltung des bona fides-Grundsatzes und ist abzugrenzen von der völkerrechtlich erlaubten Kriegslist, vgl. hierzu Guggenheim, Lehrbuch des Völkerrechts, Bd.II, S.866 f.; Ipsen, Perfidy, in EPIL Bd.4 (1982) S.130. Die Erlaubtheit der Anwendung des Mittels der Kriegslist wird in Art.24 HLKO und Art.37(2) ZP I ausdrücklich festgestellt, vgl. Schindler/Toman, S.77 bzw. S.575

4. Die jederzeitige Unterscheidung von Kombattanten und Nichtkombattanten (vgl. Art.48 ZP I) sowie von zivilen und militärischen Objekten, ferner die Beschränkung gezielter Angriffe auf Kombattanten und militärische Objekte (dieser Grundsatz ist in der HLKO sowie den Genfer Konventionen von 1949 nicht enthalten, jedoch in Art. 48, 51(2), 52(1) und 52(2) ZP I)[1].
5. Der Grundsatz der Gleichbehandlung der Konfliktteilnehmer durch das humanitäre Völkerrecht[2].

---

1 Text bei Schindler/Toman, S.580,581. Für Greenspan ist es "....essential for the conduct of civilized warfare that a firm line be drawn between the armed forces and the rest of the population.", vgl. ders. S.55. Vgl. auch Rogers, S. 7 ff. sowie Bindschedler 1971, S.55. Kelsen/Tucker zu diesem Grundsatz: "upon the retention of this rule rests the possibility that war may be regulated at all", vgl. ders., Principles of International law, S.109. Vgl. auch Kwakwa: "The distinction drawn between combatants and noncombatants is one of the most fundamental principles of international law", vgl. ders. S.39. der Unterscheidungsgrundsatz spielt auch eine Schlüsselrolle bei der Beurteilung der irregulären Kampfführung, s.u., E.II.6. Guerillataktik und Guerillakrieg stellen eine fundamentale Herausforderung des Unterscheidungsgrundsatzes dar, s.u. E.III.2.b.cc. sowie E.III.4. Der Unterscheidungsgrundsatz war auch bereits in der Präambel der St. Petersburger Erklärung von 1868 enthalten, in der es hieß "..that the only legitimate object which States should endeavour to accomplish during war is to weaken the military forces of the enemy", vgl. Schindler/Toman S.96 ff.

2 Oppenheim beschreibt den Grundsatz sehr nachdrücklich wie folgt:
"Whatever may be the cause of a war that has broken out, and whether or no the cause be a so-called just cause, the same rules of International Law are valid as to what must not be done, may be done, and must be done by the belligerents themselves in making war against each other, and as between the belligerents and neutral States. This is so, even if the declaration of war is ipso facto a violation of International Law, as when a belligerent declares war upon a neutral State for refusing passage to its troops, or when a State goes to war in patent violation of its obligations under the Covenant of the League or of the General Treaty for the Renunciation of War. To say that, because such a declaration of war is ipso facto a violation of International Law, it is `inoperative in law and without any judicial significance´, is erroneous. The rules of International Law apply to war from whatever cause it originates.", vgl. Oppenheim, § 61.

Dieser Grundsatz der Nichtdiskriminierung ist von zentraler Bedeutung für die Effektivität der Regeln des humanitären Völkerrechts. Er ist vereinzelt unter Berufung auf den Grundsatz "ex iniuria ius non oritur" für den Fall möglicher Konflikte der UN mit festgestellten Aggressoren in Frage gestellt worden: "If a state is forbidden to use force at all, it would be contradictory to say that it is permitted to use force on so large a scale that it can in fact exercise belligerent powers", vgl. Q. Wright 1959, S. 414, Für eine Übersicht über die verschiedenen Befürworter einer Abweichung vom Prinzip der Nichtdiskriminierung und die Diskussion im Ganzen vgl. ausführlich für das gesamte Kriegsrecht Seyersted, S.221-297. Vgl. auch Meyrowitz 1970, S.77 ff. Diese Sichtweise verkennt jedoch den Unterschied von ius ad bellum und ius in bello und wird überwiegend abgelehnt, vgl. Greenspan, S.9; Gasser 1995, S. 25; Seidl-Hohenveldern, in Festschrift Berber, S.491; Berber, Lehrbuch Bd.II, S.59; Guggenheim, Lehrbuch des Völkerrechts, Bd.II, S.779; Kelsen/Tucker, S.88 (dieser Autor setzt sich kritisch mit dem "ex iniuria"-Argument auseinander); Pictet 1973, S.32; Verdross, Völkerrecht, 5.Aufl. 1964, S.442, Bothe 1976, S.197; Meyrowitz 1970, S.243 ff. Meyrowitz warnt für den Fall des Abweichens vom Grundsatz der Nichtdiskriminierung vor einer "dégradation du droit de la guerre", vgl. ders. 1970, S.252. Vgl. auch Scheuner in Festschrift Berber, S.474: "Es liegt in der Natur des Kriegsrechts, daß es auf gegenseitiger Beachtung beruht und eben in dieser auch seine Sanktion und Bestätigung findet". Randelzhofer weist darauf hin, daß auch in der Staatenpraxis schon teilweise vom Grundsatz der Nichtdiskriminierung abgewichen wurde, vgl. ders. 1975, S.31. Gornig führt unter Berufung auf Bluntschli aus: "Das Kriegsrecht zivilisiert ....den gerechten und ungerechten, den erlaubten und

Das IKRK hat im Jahre 1978 unter dem Titel "Fundamental Rules of International Humanitarian Law Applicable in Armed Conflict" eine Aufzählung der wesentlichen Grundsätze des humanitären Völkerrechts veröffentlicht. Darin werden die vorgenannten Prinzipien teils wiederholt, teils konkretisiert, insbesondere im Hinblick auf die Schonung und Behandlung von Verwundeten, Gefangenen und Zivilisten[1].

verbotenen Krieg gleichmäßig oder gar nicht", vgl. ders. S.23. Ebenso L. C. Green 1993, S. 54

[1] Der Text dieses Dokuments findet sich bei Schindler/Toman, 3. Aufl. 1988, S.733,734

D. Die Anwendbarkeit des humanitären Völkerrechts bis 1949

Die Genfer Konventionen von 1949 haben für die Anwendbarkeit des humanitären Völkerrechts ratione materiae wie ratione personae weitreichende Änderungen mit sich gebracht[1]. Nachfolgend soll deshalb zunächst die vor 1949 geltende Rechtslage in Bezug auf die sachliche und persönliche Anwendbarkeit des humanitären Völkerrechts dargestellt werden, da wichtige damalige rechtliche Anwendbarkeitsvoraussetzungen (Krieg im völkerrechtlichen Sinne, Anerkennung von Aufständischen als Kriegführende, levée en masse) auch im heutigen Völkerrecht ihren Platz haben.

I. Sachliche Anwendbarkeit

1. Der Krieg als wichtigster Anwendungsfall des humanitären Völkerrechts

a) Der völkerrechtliche Begriff des Krieges

Bei der Bestimmung des Kriegsbegriffs ist zwischen dem rechtlichen Sprachgebrauch und anderen Formen seiner Verwendung zu unterscheiden, etwa als Begriff des täglichen Lebens oder zur Beschreibung des Krieges als soziologisches, militärisches und politisches Phänomen[2]. Auch im Bereich des Rechts variiert jedoch die Bedeutung des Begriffs "Krieg". Innerstaatliches Verfassungsrecht oder das Versicherungsrecht verstehen darunter nicht notwendigerweise dasselbe wie das Völkerrecht[3].

Für den Bereich des Völkerrechts entspricht es einer alten Tradition[4], den Krieg unter einem rechtstheoretischen Aspekt als Sanktion (d.h. eine Form bewaffneter Selbsthilfe) oder als völkerrechtliches Delikt zu beschreiben[5]. Im vorliegen-

---

1 Vgl. hierzu unten E.I. und II.

2 Vgl. Wengler, Völkerrecht, Bd.II, S.1360 f.; vgl. auch die Definitionen bei Q. Wright, S. 8-13 und S.698 sowie die Unterscheidung verschiedener Kriegsarten nach Kriegsziel und Intensität bei Berber, Lehrbuch Bd.II, S.9-14

3 Wengler, Völkerrecht, Bd.II, a.a.O., S.1361; Baxter 1960, S.11; Kelsen/Tucker, S.23

4 Vgl. die Zusammenstellung von Autoren bei L.C.Green 1957, S.396

5 "Like reprisals, war has to be a sanction if it is not to be considered a delict.", vgl. Greenspan, S.41. Bindschedler schreibt in Festschrift Wengler: "Krieg ist ein Akt und eine Form der Selbsthilfe.", vgl. ebd. S.29. Gegen die Auffassung vom Kriege als Selbsthilfe wenden sich Oppenheim/Lauterpacht unter Hinweis auf die Möglichkeit rein politischer Gründe für einen Krieg, vgl.Lehrbuch, Bd.II, S.202; vgl. auch v.d.Heydte, Völkerrecht, Bd.II, S.128

den Zusammenhang soll jedoch allein auf den völkerrechtsinhaltlichen Kriegsbegriff[1] eingegangen werden, der bis 1949 die wichtigste Anwendungsvoraussetzung des Kriegsrechts darstellte, ohne allerdings in Vertragswerken oder Konventionen definiert worden zu sein.

Zwar enthält Art.20 des Code Lieber aus dem Jahre 1863 eine Definition des Krieges[2]. Auf den Haager Friedenskonferenzen von 1899 und 1907 wurde jedoch trotz vielfacher Verwendung der Begriff des Krieges nicht vertraglich definiert[3]. Auch der gemeinsame Art.2 der vier Genfer Konventionen von 1949 verwendet ohne genauere Beschreibung den Begriff "State of War"[4].

Der Verzicht auf eine begriffliche Klärung in den genannten Vertragswerken legt die Vermutung eines hinreichend klar umrissenen und daher in den Konventionen vorausgesetzten völkerrechtlichen Kriegsbegriffs nahe. Diese Vermutung ist jedoch keineswegs zutreffend. So schreibt L.C.Green: "There are nearly as many definitions of war as there are text-books"[5]. Anknüpfend an den von Cicero geprägten Satz "Inter bellum et pacem nihil est medium" [6] bezeichnete der Kriegszustand jedoch einen grundlegenden Rechtszustand, der im Frieden seine Entsprechung fand und keinerlei Zwischenstatus kannte[7].

Die große Zahl völkerrechtlicher Kriegsdefinitionen, welche das ius in bello von den klassischen Autoren bis ins 20.Jahrhundert begleitet hat[8], spiegelt vor

---

[1] Josef Kunz, Kriegsbegriff, in WVR, Bd.II, S.330. Vgl. m.w.N. auch Rajower, S. 1 f.

[2] Die Definition lautet: "Public war is a state of armed hostility between sovereign nations or governments", Text bei Schindler/Toman, S.6

[3] Weder die Schlußakte der Zweiten Internationalen Haager Friedenskonferenz (Text bei Schindler/Toman, S.53ff.), noch die IV. Haager Konvention betreffend die Gesetze und Gebräuche des Landkrieges (Text bei Schindler/Toman, S.57ff.), noch schließlich das III. Haager Abkommen über den Beginn der Feindseligkeiten (Text bei Schindler/Toman, 3.Aufl. 1988, S.57ff.) enthalten eine Begriffsbestimmung des Krieges.

[4] Text bei Schindler/Toman, S.376

[5] L.C. Green 1957, S.395

[6] Zitiert bei L.C. Green 1977, S.3

[7] Vgl. m.w.N. L.C. Green 1977, S.3,4. Entgegen dieser Ansicht hatte Schwarzenberger in den vierziger Jahren von einem Status mixtus gesprochen, einer pax bellicosa bzw. einem bellum pacificum, geprägt durch eine begrenzte Gewaltanwendung zwischen Staaten ohne Kriegszustand, vgl. bei L.C. Green 1977, S.4

[8] Vgl. für eine Übersicht L.C.Green 1957, S. 394-402. Helmut Rumpf zählt bei Fritz Grob (The Relativity of War and Peace,Yale University Press 1949) allein für die Zeit von 1900 - 1940 nicht weniger als 70 Kriegsdefinitionen, welche dieser in der Völkerrechtslehre gefunden hat, vgl. H.Rumpf, "Zur Frage der Relativität des Kriegsbegriffs", in: ArchVR, Bd.6 (1956/57), S.51. Fritz Grob entwickelt in dem vorstehend zitierten Werk die Lehre von der Relativität des Kriegsbegriffs. Danach kann der normative Gehalt des Rechtsbegriffs Krieg stets nur mit Blick auf Sinn und Zweck der einzelnen, ihn enthal-

allem das Problem wider, ob der Krieg als etwas faktisches zu betrachten ist (im Sinne einer spezifischen Form zwischenstaatlichen Handelns), oder ob man in ihm in erster Linie einen reinen Rechtszustand zu sehen hat. So beschreiben Oppenheim/Lauterpacht den Krieg als "armed contention between two or more States through their armed forces, for the purpose of overpowering each other and imposing such conditions of peace as the victor pleases"[1] und betonen damit die Entfaltung bewaffneter Gewalt, d.h. die Existenz von Feindseligkeiten. Und weiter: "War is a fact recognised, and with regard to many points regulated, but not established, by International Law"[2]. Eine ähnliche Auffassung vertreten auch Kelsen/Tucker: "War is a specific action that constitutes a status defined by law"[3].

Der klassische Kriegsbegriff des Völkerrechts besteht demgegenüber als Rechtszustand losgelöst von tatsächlichen militärischen Gewaltakten. Entsprechend gibt es nach dieser Auffassung Krieg ohne bewaffnete Gewalt, umgekehrt aber auch bewaffnete Gewalt ohne Krieg[4]. Konstitutiv für den Kriegszustand ist ein subjektives Merkmal, der sogenannte "animus bellegerendi", d.h. der Wille der Parteien zum Kriege. Er liegt vor, wenn zumindest eine Seite den Willen hat, die friedlichen Beziehungen abzubrechen und nicht nur Teile, sondern die Gesamtheit der gegenseitigen Beziehungen der Geltung des Friedensrechts zu entziehen und unter die Geltung des Kriegsrechts zu stellen[5]. Dazu gehört auch der Abbruch der diplomatischen Beziehungen[6]. Entsprechend bezeichneten die sog. "measures short of war" zwischenstaatliche Gewaltanwendung geringen Umfangs, deren Charakteristikum das Fehlen eben jenes animus bellegerendi war[7]. Maßgeblich für die Abgrenzung des Kriegszustandes von

tenden Norm ermittelt werden. In diesem Sinne äußert sich auch L.C.Green 1957, S.438: "War exists if the legal system which is called upon to deal with a situation considers it as existing and only to the extent which that system considers necessary for its purposes". Kritisch hierzu äußert sich Meng, der durch diese Lehre die ordnende Rolle des Kriegsrechts in Frage gestellt sieht, vgl. ders., War, in EPIL Bd.4 (1982), S.284. Vgl. zum Kriegsbegriff auch Wodie, S.1033.

1 Oppenheim/Lauterpacht, Bd.II, S.202

2 Oppenheim/Lauterpacht, Bd.II, S.202

3 Kelsen/Tucker, S.23. Kritisch zur Abhängigkeit des Kriegsbegriffs von bewaffneten Kampfhandlungen Schwarzenberger, in AJIL, Bd.43 (1943), S.472

4 Mosler, Kriegsbeginn, in WVR, Bd.II, S.328; Berber, Lehrbuch Bd.II, S.3; v.d.Heydte, Völkerrecht, Bd.II, S.124; Castren 1954, S.31; Stone, S.306; Schindler in Festschrift v.d.Heydte, 1977, S.555; Bindschedler in Festschrift Wengler, Bd.I, S.28

5 Vgl. v.d.Heydte, Völkerrecht, Bd.II, S.124; Stone, S.304; Bindschedler in Festschrift Wengler, S.30; Schindler in Festschrift v.d.Heydte, 1977, S.572. Bindschedler-Robert spricht von einem "legal status resulting from a unilateral act having a constitutive effect", vgl. dieselbe, S.49

6 Schindler in Cassese 1979, S.16; Seidl-Hohenveldern, Völkerrecht, 6.Aufl. 1987, S.401

7 Schindler, in RdC 1979, S.125

nicht-kriegerischer Gewalt in der Form anderer bewaffneter Konflikte (als de facto-wars oder Kriege im materiellen Sinne bezeichnet) oder sogenannter "measures short of war" (Repressalien, "Strafaktionen" oder bewaffnete Interventionen) ist, ob diese militärischen Gewaltakte aufgrund eines animus bellegerendi gesetzt wurden oder nicht[1].

Die Diskussion um den völkerrechtsinhaltlichen Kriegsbegriff ist nicht nur von akademischem Interesse. In Bezug auf die Geltung des ius in bello ist der Kriegszustand auch nach heutigem Völkerrecht diejenige sachliche Anwendbarkeitsvoraussetzung, welche das Kriegsrecht nicht nur in Teilen, sondern in seiner Gesamtheit wirksam werden läßt, insbesondere einschließlich des Neutralitätsrechts und der Regeln über den Wirtschaftskrieg[2].

b) Kriegsbeginn

Nach der auf den Willen zum Kriege abstellenden Auffassung beginnt der Kriegszustand mit dem, notfalls auch unbeantworteten, Übergang zu militärischer Gewalt, sofern dieser vom animus bellegerendi getragen ist[3]. Ohne Kriegswillen vorgetragene Gewalt hat den Kriegszustand zur Folge, wenn die andere Seite dieses Geschehen als Krieg behandelt[4]. Der animus bellegerendi kann dem Gegner auch durch eine formelle Kriegserklärung mitgeteilt werden. Diese erfolgt unbedingt oder bedingt in der Form des Ultimatums[5].

Das III. Haager Abkommen von 1907 über den Beginn der Feindseligkeiten[6] knüpft für die Vertragspartner den rechtmäßigen Kriegsbeginn an bestimmte

---

1 Vgl. Castren 1954, S.33; Mosler, Kriegsbeginn, in WVR, Bd.II, S.328. Eine andere Ansicht vertreten Kelsen/Tucker, die, von ihrem Verständnis des Krieges aus gesehen folgerichtig, den Krieg von anderen Formen zwischenstaatlicher Gewalt durch das Merkmal "degree of interference" abgrenzen, vgl. Kelsen/Tucker, S.28. Das Verfahren der Abgrenzung anhand rein materieller Kriterien führt jedoch kaum zu klaren Ergebnissen

2 Vgl. Bindschedler-Robert, S.5; Guggenheim, Lehrbuch des Völkerrechts, Bd.II, S.780; Bindschedler in Festschrift Wengler, S.37; Schindler in Cassese 1979, S.4,5,15; Rajower, S. 168

3 Mosler, Kriegsbeginn, in WVR, Bd.II, S.328; Wengler, Völkerrecht, Bd.II, S.1381. Oppenheim/Lauterpacht verneinen die Möglichkeit des Krieges, wenn einseitig angewendete militärische Gewalt nicht auf entsprechende Gegengewalt oder kriegerischen Gegenwillen trifft, vgl. Oppenheim/Lauterpacht, International Law, Bd.II, S.203

4 Berber, Lehrbuch Bd.II, S.90. Stone schreibt: "It takes two to make a quarrel, but it takes only one government to make a war", vgl. Stone, S.305

5 Stone, S.306,310; Oppenheim/Lauterpacht, Bd.II, S.290 ff.; Berber, Lehrbuch Bd.II, S.87,89; Wengler, Völkerrecht, Bd.II, S.1379

6 Text bei Schindler/Toman, 3.Aufl. 1988, S.57 ff.

Voraussetzungen[1]. Dieses Abkommen ist jedoch nur von geringer Bedeutung. Zum einen verhindert seine Nichtbeachtung nicht den Eintritt des Kriegszustandes[2]. Zum anderen ist die Einhaltung seiner Bestimmungen für die Frage der Rechtmäßigkeit eines begonnenen Krieges heute nicht mehr maßgeblich: der unter Verstoß gegen das Gewaltverbot des Art.2(4) SVN begonnene Krieg bleibt trotz Befolgung des III. Haager Abkommens von 1907 völkerrechtswidrig, umgekehrt ist die kriegerische Selbstverteidigung nach Art.51 SVN auch dann rechtmäßig, wenn sie unter Mißachtung des III. Haager Abkommens erfolgt[3]. Dabei ist umstritten, ob in Situationen nach Art.51 SVN der Eintritt des Kriegszustandes möglich ist. Bindschedler bejaht diese Frage wie die Mehrzahl der Autoren bei Notwendigkeit zur Selbstverteidigung[4].

c) Kriegsende

Der Kriegszustand endet durch völlige Unterwerfung des Gegners, durch Abschluß eines Friedensvertrages oder durch endgültige, schlichte Beendigung der Feindseligkeiten unter schrittweiser Wiederherstellung friedlicher Beziehungen[5].

d) Die Fähigkeit zur Teilnahme an einem Krieg

Teilnehmer an einem Krieg in dem hier beschriebenen Sinne kann nur sein, wer den Normen des Völkerrechts unmittelbar unterworfen ist[6]. Dies sind in erster Linie Staaten und Staatenverbindungen[7]. Daher sind keine Kriege im formellen Sinne des Völkerrechts Auseinandersetzungen mit Aufständischen (vgl. dazu unten D.I.2.a.aa.) oder mit nicht staatlich organisierten Völkerschaften, ebensowenig wie der Konflikt zwischen dem Bundesstaat mit einem seiner Glied-

---

1 Die Präambel sowie Art.1 und 2 verlangen eine vorausgehende Warnung (Kriegserklärung oder Ultimatum) sowie die Notifizierung des Kriegszustandes an Neutrale, vgl. Greenspan S.35-37.

2 Oppenheim/Lauterpacht, Bd.II, S.292; Baxter 1960, S.3; Wengler, Völkerrecht, Bd.II, S.1381; Castren 1954, S.32

3 Kelsen/Tucker, S.92; Baxter 1960, S.4; Bindschedler in Festschrift Wengler, S.32

4 Vgl. Bindschedler, in Festschrift Wengler, S.32; ebenso Schindler, in Cassese 1979, S.17, mit einer Übersicht über die verschiedenen Ansichten

5 Oppenheim/Lauterpacht Bd.II, S.596; Kelsen/Tucker, S.93; Greenspan S.587-604; Mosler, Kriegsende, in WVR, Bd.II, S.334

6 v.d.Heydte, Völkerrecht, Bd.II, S.127; Berber, Lehrbuch Bd.II, S.5

7 v.Glahn, Lehrbuch, S.617; Castren 1954, S.36; Oppenheim/Lauterpacht, Bd.II, S.248; Meng, War, in EPIL, Bd.4, S.288

staaten[1]. Auch internationale Organisationen mit nur begrenzter Völkerrechtssubjektivität können nicht Teilnehmer eines Krieges im Sinne des Völkerrechts sein[2].

e) Krieg und Vereinte Nationen

Es stellt sich ferner die Frage, ob die Vereinten Nationen an einem Krieg im traditionellen Sinne teilnehmen können[3].
In diesem Zusammenhang wird teilweise die These vertreten, Sanktionen der UN könnten keinen Krieg darstellen. Kollektive Zwangsmaßnahmen nach Kapitel VII der SVN dienen danach im Gegensatz zu der Konfliktform des herkömmlichen Krieges nicht dem Interesse des einzelnen Staates, sondern stellen Rechtsdurchsetzung gegenüber dem Rechtsbrecher dar. Sie als Krieg zu bezeichnen, widerspräche Würde und Zweck solcher Maßnahmen[4].

Diese Ansicht steht in Zusammenhang mit der teilweise vertretenen These, wonach durch die SVN und die darin enthaltene Unterscheidung zwischen rechtswidriger Gewalt (Aggression) und rechtmäßiger Gewalt (kollektive Maßnahmen nach Kapitel VII und Selbstverteidigung nach Art.51) der Krieg als Rechtszustand insgesamt obsolet geworden sei, da dieser nicht mehr in völkerrechtskonformer Weise ausgelöst werden könne. So fragt und verneint Elihu

---

1 Castren 1954, S.35; v.d.Heydte, Völkerrecht, Bd.II, S.127; Berber, Lehrbuch Bd.II, S.7. Anderer Ansicht sind Oppenheim/Lauterpacht, Bd.II, die den Konflikt zwischen Gliedstaat(en) und Bundesstaat als Krieg im Sinne des Völkerrechts bezeichnen, vgl. Oppenheim/Lauterpacht, S.204. Zu dem Sonderproblem des Krieges zwischen sich gegenseitig nicht anerkennenden Staaten vgl. Meng, in Enceclopedia 4, S.283 sowie Berber, Lehrbuch Bd.II, S.6

2 Vgl Berber, Lehrbuch Bd.II, S.5

3 Hierzu, aber auch zur Anwendbarkeit des Humanitären Völkerrechts auf sonstige Konflikte mit VN-Beteiligung, fehlt es an ausdrücklichen Regelungen, vgl. Seyersted, S.197.

4 Oppenheim/Lauterpacht, Bd. II, S.224. Dort heißt es a.a.O., S.223: "For many legal purposes it seems now possible to distinguish between just and unjust wars." Nach dieser Ansicht ähneln Zwangsmaßnahmen der VN insbesondere gegen einen Aggressor (Kapitel VII VN-Satzung) weniger dem Krieg als vielmehr einer Polizeiaktion zur Durchsetzung des Rechts. So bezeichnete Präsident Truman 1950 in einer Pressekonferenz die Aktion der USA in Korea nicht als Krieg, sondern als Ausführung einer Polizeiaktion der VN, vgl. Greenspan S.25 (Fußn. 64). Man könne jedoch Rechtsbrecher und Polizist nicht rechtlich auf eine Stufe stellen, vgl. hierzu m.w.N. Seyersted S.207 und 208. Dieser wendet sich jedoch gegen die genannte Ansicht, da das Völkerrecht sich an faktischen Situationen und nicht an bestimmten Idealzuständen der internationalen Realität zu orientieren habe. Zu dieser Realität gehöre, daß sich die bewaffneten Auseinandersetzungen zwischen unabhängigen Völkerrechtssubjekten abspielen und daher das humanitäre Völkerrecht die angemessene rechtliche Kategorie ihrer Erfassung sei, vgl. Seyersted S.209. Auch Kelsen wendet sich dagegen, Zwangsmaßnahmen der VN als Krieg zu bezeichnen, vgl. ders. The Law of the United Nations, New York 1950, S.707. Ebenso Greenspan S.41. Dieser erkennt allerdings auch die Problematik des Fehlens einer Definitionsinstanz für die Frage, ob die jeweilige Gewalt erlaubt ist oder nicht, vgl. ders. S.42.

Lauterpacht vor allem mit Blick auf das Gewaltverbot des Art.2(4) SVN: "Can war now lawfully exist as a technical condition?"[1] Die negative Antwort dieses Autors unter Hinweis auf das System der SVN ist dann folgerichtig, wenn nur noch der rechtmäßig begonnene Krieg als Krieg im Sinne des Völkerrechts angesehen wird und man zu dem Schluß gelangt, die SVN verbiete unter allen Umständen die Auslösung des Kriegszustandes. Hier besteht die konkrete Gefahr einer Vermengung des *ius in bello* mit dem Problem des *ius ad bellum*, da die rechtliche Existenz des Kriegszustandes mit der Möglichkeit seiner rechtmäßigen Auslösung gleichgesetzt wird[2]. Insoweit konsequent ist dann auch die auf den Grundsatz « ex iniuria ius non oritur » gestützte Forderung nach ungleicher Behandlung von Aggressor und Verteidiger. "There is, one may venture to suggest, a genuine measure of absurdity in suggesting that a legal system which has excluded the right to have recourse to force should nonetheless permit the wrongdoer to assert belligerent rights arising out of his own wrongdoing"[3]. Aus ähnlicher gedanklicher Quelle speist sich die verschiedentlich vertretene Auffassung, wonach die SVN den gerechten Krieg wiedereingeführt habe, indem sie die noch verbliebenen Fälle erlaubter Gewaltanwendung festlege[4].

Das Gewaltverbot der SVN führte auch zu einem zeitweiligen Desinteresse am humanitären Völkerrecht als solchem. So entschied sich die ILC 1949 dagegen, Fragen des humanitären Völkerrechts in die Tagesordnung aufzunehmen, da dies als mangelndes Vertrauen in die Wirksamkeit der VN bei der Konfliktverhütung ausgelegt werden könnte[5].

Der Krieg als Rechtszustand und damit die Möglichkeit der Geltung des Kriegsrechts in seiner Gesamtheit sollte jedoch gerade nicht von der Frage des völkerrechtskonformen Kriegsbeginns abhängen. Es wäre nichts damit gewonnen, den völkerrechtlichen Kriegsbegriff abzuschaffen, da dies große Rechtsunsicherheit bezüglich derjenigen Normen des Kriegsrechts schaffen würde, welche nach

---

[1] Elihu Lauterpacht in Proceedings of the Amercan Society of International Law, Bd.62 (1968), S.63

[2] Baxter 1960, S.8

[3] Elihu Lauterpacht in Proceedings of the American Society of International Law, Bd.62 (1968), S.63; vgl. auch Q. Wright 1959, S.412, der eine Beschränkung des Grundsatzes der Nichtdiskriminierung auf Regeln humanitären Charakters befürwortet. Auch Oppenheim/Lauterpacht vertreten die Ansicht: "ex iniuria ius non oritur is an inescapable principle of law", vgl. ebd. Bd. II, S.218. Allerdings folgern Oppenheim/Lauterpacht für die Zeit des Krieges die strenge Einhaltung der gleichen Regeln für alle Beteiligten und betonen "....the necessity of maintaining the operation of rules of war regardless of the illegality of the war" vgl. ebd.

[4] Dugard, S.146; Oppenheim/Lauterpacht, Bd.II, S.223

[5] Yearbook of the International Law Commission 1949, S.281, vgl. auch Greenspan, S.21; Kalshoven 1971, S.68; Kwakwa, S.2

wie vor die Existenz eines Krieges zur Voraussetzung haben[1]. Dies schließt jedoch nicht aus, die Regeln des – im Verhältnis zum humanitären Völkerrecht weiteren – Kriegsrechts einzeln nach ihrer jeweiligen Natur und abhängig vom zeitlichen Faktor laufender Kampfhandlungen daraufhin zu untersuchen, ob eine durch den Grundsatz ex iniuria ius non oritur getragene Schlechterbehandlung des Aggressors möglich oder sogar geboten erscheint[2].

Unter gar keinen Umständen sollte bei der Anwendung des *humanitären Völkerrechts* der für die Beachtung seiner Regeln elementare Grundsatz der gleichen Behandlung der Konfliktparteien einer am ius ad bellum orientierten Wertung weichen[3].

Darüber hinaus ist festzuhalten, daß die SVN den Kriegszustand auch in den von ihr beschriebenen Fällen internationaler Gewaltanwendung nicht ausdrücklich abgeschafft hat[4]. Bei dem Problem, ob heute noch eine völkerrechtsgemäße Auslösung des Kriegszustandes möglich ist, geht es vor allem um die Berechtigung hierzu im Rahmen legitimer Selbstverteidigung nach Art.51 SVN. Dabei wird überwiegend angenommen, daß ein Staat in derartigen Fällen dann zum Kriege schreiten darf, wenn dies für den Zweck der Selbstverteidigung erforderlich ist[5].

Aus dem Gesagten folgt, daß zum einen völkerrechtswidrig herbeigeführte Konfliktsituationen einen Krieg im Rechtssinne darstellen können, zum anderen aber dieser Zustand auch nach heutigem Völkerrecht in Situationen des Art.51 SVN völkerrechtskonform ausgelöst werden kann.

---

1 Meng befürchtet ein rechtliches Vakuum in den zwischenstaatlichen Beziehungen, vgl. ders., War, in EPIL Bd.4, (1982), S.285

2 Hierfür plädiert Seyersted: ".... it can no longer be maintained that the laws of war apply in all respects equally to the aggressor and the defender.", vgl. ders. S.224

3 Bindschedler-Robert, S.48, ebenso Oppenheim/Lauterpacht Bd.II, S.218; Seyersted, S.297

4 Bindschedler in Festschrift Wengler, S.31. Der Autor weist auch darauf hin, daß Art.2 Abs.1 der Genfer Konventionen von 1949 und Art.18 Abs.1 des Haager Abkommens für den Schutz von Kulturgut bei bewaffneten Konflikten vom 14.5.1954 den Krieg und den bewaffneten Konflikt nebeneinander erwähnen, vgl. ders. a.a.O., S.33

5 Schindler in Festschrift v.d.Heydte, S.572; Bindschedler in Festschrift Wengler, S.32. Für eine Übersicht über die verschiedenen Ansichten vgl. Schindler in Cassese 1979, S.17.

2. Die Geltung des humanitären Völkerrechts im Zusammenhang mit der Anerkennung von Aufständischen als Kriegführende und Insurgenten

a) Die völkerrechtliche Anerkennung von Aufständischen als Kriegführende

aa) Allgemein

Wie die bisherige Untersuchung gezeigt hat, war die Geltung des ius in bello (und damit des humanitären Völkerrechts, s.o. Abschnitt B I. 2.) zur Zeit des klassischen Völkerrechts an das Vorliegen eines Krieges gebunden. Bürgerkriege, d.h. bewaffnete Gewaltanwendung innerhalb eines Staates zwischen der legalen Regierung einerseits und revolutionären bzw. sezessionistischen Gruppen andererseits oder zwischen zwei nichtstaatlichen Gruppen untereinander fielen nicht unter den Kriegsbegriff und damit auch nicht in den Anwendungsbereich der Normen des humanitären Völkerrechts[1]. Konflikte dieser Art gehörten zur "domaine réservé" der Staaten und galten als innere Angelegenheit, welche ausschließlich nach innerstaatlichem Recht zu beurteilen war[2]. Aufständische wurden entsprechend als bloße Kriminelle behandelt[3]. Das Fehlen völkerrechtlicher Regeln für innerstaatliche Konflikte ist angesichts der in solchen Konflikten regelmäßig zu beobachtenden Rücksichtslosigkeit der Auseinandersetzung zu bedauern[4], andererseits aber auch direkter Ausfluß des nach klassischem Völkerrecht unumschränkt geltenden Souveränitätsprinzips.

---

1 L.C. Green 1993, S. 42; v.d.Heydte, Völkerrecht, Bd.II, S.125; Berber, Lehrbuch Bd.II, S.14; Siotis, S.97,98. Der Begriff des "Bürgerkrieges" ist enger definiert und setzt einen aus politischen Gründen geführten bewaffneten Konflikt zwischen der Regierung eines Staates und einem Teil der Bevölkerung voraus, welche militärisch organisiert ist und auf einem Teil des Staatsgebietes hoheitsähnliche Gewalt ausübt, vgl. hierzu Wodie, S.1023. Vgl. für eine geschichtliche, staatsphilosophische und politische Würdigung des Bürgerkrieges allgemein Randelzhofer 1971, S. 237 ff., für den der Bürgerkrieg so alt ist wie die staatlichen Gemeinschaften selbst. Der Bürgerkrieg ist mit dem Begriff des nicht-internationalen bewaffneten Konflikts als Anwendbarkeitsvoraussetzung des gemeinsamen Art.3 GK'en nicht identisch, vgl. hierzu unten E.I.4.

2 Scheuner, in Festschrift Berber, S.476; Siotis, S.19. Ciobanu betont die auch heute noch gültige Sichtweise, wonach Regierungen ihre auf Gewalt zurückgreifenden innerstaatlichen Gegner stets als Staatsfeinde betrachten, die ausschließlich am Maßstab des innerstaatlichen Rechts und den darin vorgesehenen Sanktionen zu messen sind. Es sei kaum zu erwarten, daß Staaten geneigt sind, sich in derartigen Situationen selbst rechtliche Fesseln anzulegen, vgl. Ciobanu 1975, S.44,45. Ciobanu weist u.a. auf Wehberg hin, der noch 1938 unter dem Eindruck des spanischen Bürgerkrieges die Linderung der Brutalität im Bürgerkrieg durch das Völkerrecht als unmöglich betrachtete, da dieser Bereich der ausschließlichen Zuständigkeit der Staaten unterfalle.

3 Castren 1966, S.152,159; Berber, Lehrbuch, Bd.I, S.242; Siotis, S.108; v.d.Heydte, Völkerrecht, Bd.II, S.127

4 Randelzhofer unterstreicht den Charakter des Bürgerkrieges im Verhältnis zum zwischenstaatlichen Konflikt: "Der Bürgerkrieg nun ist die schwerste Erschütterung, ja eigentlich Aufhebung des staatlichen, d.h. vernünftigen, harmonischen, geregelten Zusammenlebens der Menschen und damit des Staates selbst. Der Bürgerkrieg ist die höchste Irregularität, er ist der Rückfall vom status civilis in den status naturalis, der durch den Kampf aller gegen alle gekennzeichnet ist. Er ist gegenüber dem internationa-

Diese Situation änderte sich, sobald die Rebellen von der bekämpften Regierung oder seitens eines oder mehrerer Drittstaaten als Kriegführende anerkannt wurden. Die Anerkennung als Kriegführende ist zwar auch heute noch Teil des geltenden Völkerrechts, sie ist jedoch in der Praxis äußerst selten geworden[1] und erfolgte auch seitens der bekämpften Regierung stets erst dann, wenn der innerstaatliche Gegner bereits einen Teil des Landes unter sichere Kontrolle gebracht hatte[2]. Durch sie erhalten die Aufständischen eine partielle Völkerrechtssubjektivität[3]. Zwischen ihnen und der anerkennenden Regierung bzw. dem anerkennenden Drittstaat wird für die Dauer des Aufstandes[4] das in Konflikten zwischen Staaten geltende ius in bello anwendbar, einschließlich insbesondere des humanitären Rechts sowie aller den Kriegführenden zustehenden Rechte[5]. Dabei stellt die rechtliche Begründung einer humanitär-

---

len Krieg, der das Leben in der staatlichen Gemeinschaft nicht in seinem Kern verletzt, die wesentlich schwerere Bedrohung des menschlichen Zusammenlebens", vgl. Randelzhofer 1971, S.241

1 Für Baxter ist das Institut "fallen in disuse", vgl. ders. 1974, S.520. Schindler sah 1979 das Institut seit mehreren Jahrzehnten außer Gebrauch, allerdings sei man der Anerkennung in einigen Fällen sehr nahe gekommen, z.B. in Nigeria-Biafra 1967 oder Nikaragua 1979, vgl. ders. in RdC 1979, S.145. Koenig spricht wegen der verschwindend geringen praktischen Bedeutung von einem "inadäquaten Rechtsinstitut im modernen humanitären Völkerrecht", vgl. ders. S.14. Vgl. m.w.N. auch Rajower, S. 28

2 Abi-Saab führt dies auf die fehlende Pflicht zur Anerkennung Aufständischer zurück, vgl. ders. 1972, S.94. Ein wichtiger Grund dürfte auch darin liegen, daß die Staaten stets bemüht sind, ihren inneren Gegnern jede Form von internationalem Status vorzuenthalten. Siotis nennt als ein historisches Beispiel den amerikanischen Unabhängigkeitskrieg 1775-1783, vgl. ders. S.60,61.

3 Zur Aktualität der "recognition of belligerency" vgl. Barberis, S.240 sowie v.Glahn, S.87, die auf die Anerkennung der sandinistischen Befreiungsfront Nikaraguas (FSLN) durch verschiedene südamerikanische Staaten im Jahre 1979 verweisen; vgl. auch Riedel in "Recognition of Belligerency, in EPIL Bd.4, (1982) S.170; Schindler in Cassese 1979, S.18, 20; Zischg, S. 49 f.; Bindschedler-Robert, S.49. "Aktualität" bedeutet hier jedoch nur, daß die Anerkennung Aufständischer als Kriegführende auch im heute geltenden Völkerrecht ihren Platz hat. In der Staatenpraxis ist die Anwendung dieses Instruments wegen seiner in das Ermessen der Staaten gestellten Anwendung äußerst selten geworden, vgl. Abi-Saab in RdC 1979, S.368. So weist Schindler in einer Untersuchung der Staatenpraxis aus dem Jahre 1965 darauf hin, daß es seit 1949 in internen Konflikten nicht einen einzigen Fall einer Anerkennung Aufständischer als Kriegführende gegeben habe, vgl. ders., 1965, S.92. Hierzu auch Randelzhofer 1971, S.245 ff. Cassese meint, seit dem Burenkrieg habe es keine Anerkennung von Aufständischen mehr gegeben. Das Institut habe daher seine völkerrechtliche "raison d'être" verloren, vgl. ders. in Cassese (Proceedings) S.26. Zur partiellen Völkerrechtssubjektivität der Aufständischen vgl. Verdross 1964, S.552,208; Castren 1966, S.138; Siotis, S.109 sowie Verdross/Simma 1984, S.239

4 D.h. bis zur Niederwerfung der Aufständischen oder deren Behauptung als sezessionistische oder revolutionäre Regierung. Die Anerkennung Aufständischer als Kriegführende ist also stets nur von zeitlich begrenzter Natur, vgl. Castren 1966, S.169

5 Veuthey, in Cassese 1975, S.204; Scheuner, in Festschrift Berber, S.477; Verdross, Völkerrecht, 5.Aufl. 1964, S.205; Abi-Saab in RdC 1979, S.400 sowie 1972, S.94. Die Gel-

völkerrechtlichen Bindung der Aufständischen eine schwierige Aufgabe dar. Dies gilt insbesondere für das Vertragsrecht, an das die Aufständischen naturgemäß nicht qua Unterzeichnung gebunden sein können. Das Problem stellt sich in ähnlicher Weise auch bei der Bindung der nichtstaatlichen Konfliktpartei im Rahmen des gemeinsamen Art.3 der GK'en von 1949[1]. Während einige Autoren wegen der mangelnden Eigenschaft der Aufständischen als Vertragspartei diese nur durch die völkergewohnheitsrechtlichen Normen gebunden sehen wollen[2], wird die Bindung der Aufständischen auch an vertragliche Bestimmungen des humanitären Völkerrechts vor allem mit folgenden Argumenten begründet[3]:

- als Kriegführende anerkannte Aufständische sind aufgrund der vom Völkerrecht für eine solche Anerkennung (durch Drittstaaten, s.u. D.I.2.a.cc.) aufgestellten Bedingungen dem Zustand der Staatlichkeit bereits sehr nahe. Da die Aufständischen durch die Anerkennung einen "internationalisierten" Status erlangt haben, müssen sie auch an die für sie maßgeblichen Regeln des Völkerrechts gebunden sein.

- nach der Theorie der Staatennachfolge gilt: wenn eine Regierung durch eine auf Machtübernahme im Staat gerichtete Bewegung bekämpft wird, dann ist auch diese Bewegung an die humanitär-völkerrechtlichen Verpflichtungen des eigenen Staates gebunden: die Aufständischen streben die Ablösung der Regierung an und erobern damit auch deren Rechtsposition. Dies Argument kann allerdings weniger überzeugen, wenn es sich um sezessionistische Aufständische handelt, die ja gerade nicht die Nachfolge der Regierung antreten wollen.

- ein weiteres Argument stellt der in dem gemeinsamen Art.2 Abs.3 der GK'en von 1949 enthaltene Gedanke dar, wonach Vertragsparteien gegenüber Nicht-Vertragsparteien auch dann an die Konventionen gebunden sind, wenn die Nicht-Vertragspartei die Bestimmungen der Konventionen annimmt und sie anwendet[4]. Diejenigen Bestimmungen der GK'en, welche bereits präexistentes VGR zum Ausdruck bringen, binden die Aufständischen bereits ohne daß die Konstruktion einer vertraglichen Bindung noch von Belang wäre.

---

tung des Kriegsrechts erstreckt sich auch auf dessen gewohnheitsrechtlichen Teil, vgl. Castren 1966, S.153 sowie Berber, Lehrbuch Bd.I, S.242 und Bothe, S.83

[1] Vgl. hierzu unten E.I.4.

[2] Bezüglich der GK'en von 1949 wird vielfach die Meinung vertreten, daß diese Teil des Völkergewohnheitsrecht geworden sind (vgl. oben A.V.), sodaß dieser Teil des Konventionsrechts bereits nach der o.g. Auffassung für Aufständische bindend wäre

[3] Vgl. hierzu m.w. N. Wilson, S.49, 50

[4] Vgl. BGBl 1954 II, S.783

Im Hinblick auf die Rechtsfolgen spielt es keine Rolle, ob der Aufstand eine revolutionäre oder sezessionistische Zielsetzung verfolgt[1].

Die Anerkennung von Aufständischen als Kriegführende ist zu unterscheiden von der Anerkennung eines Staates bzw. einer de facto- Regierung. Diese Formen der Anerkennung zielen auf jene Situation, in der ein Aufstand erfolgreich abgeschlossen wurde, entweder durch Ablösung eines Staatsteiles vom Mutterland (Sezession) oder durch Übernahme der Regierungsgewalt in einem bestimmten Staat[2].

Die Anerkennung als Kriegführende hat nicht deklaratorischen, sondern konstitutiven Charakter, da die Aufständischen erst durch sie Adressat kriegsrechtlicher Normen werden[3]. Sie ist nicht an eine bestimmte Form gebunden und kann sowohl ausdrücklich als auch implizit, d.h. aus bestimmten Handlungen folgend, vorgenommen werden[4]. Dabei wirkt die Anerkennung relativ, d.h. stets nur im Verhältnis zwischen den Aufständischen und der sie anerkennenden Partei[5]. Dies kann unter dem Aspekt der wünschenswerten Anwendung des humanitären Völkerrechts als gravierender Schwachpunkt dieser Form der Anerkennung betrachtet werden, da die bekämpfte Regierung wegen der damit verbundenen Beschränkungen des eigenen Verhaltens und der Aufwertung ihres Gegners in aller Regel die Anerkennung so lange wie möglich hinauszögern wird und umgekehrt eine Anerkennung lediglich von dritter Seite noch nicht zur Anwendbarkeit des humanitären Völkerrechts im Verhältnis Regierung/Aufständische führt.

Zwischen der Anerkennung durch die bekämpfte Regierung und derjenigen seitens dritter Staaten bestehen neben Gemeinsamkeiten auch Unterschiede in Bezug auf Voraussetzungen und praktische Auswirkungen. Hierauf ist im folgenden einzugehen.

---

1 v.d.Heydte, Bd.I, S.195; Castren 1966, S.135

2 Hierzu Schaumann, in WVR, Bd.I, S.47,48; v.d.Heydte, Bd.I,S.194, 203; Verdross/Simma, 1984, S.602; Schindler, in Cassese 1979. S.7. Castren weist auf den Charakter der recognition of belligerency als Vorstufe zur Anerkennung einer neuen Regierung oder eines neuen Staates hin, vgl. Castren 1966, S.138

3 Vgl. Berber, Lehrbuch Bd.I, S.244; Wyss, S.23

4 Verdross, Völkerrecht, 5.Aufl. 1964, S.208; Oppenheim/Lauterpacht, Bd. II, S.250,251; Siotis, S.114,115; Eibe R. Riedel, Recognition of Belligerency, in EPIL, Bd.4 (1982), S.167

5 Veuthey, in Cassese 1975, S.205; Siotis, S.109; Scheuner, in Festschrift Berber, S.477

bb) Die Anerkennung als Kriegführende durch die legale Regierung

Für die Anerkennung durch die legale Regierung ist die Feststellung bedeutsam, daß diese zu keiner Zeit verpflichtet ist, die Aufständischen als Kriegführende anzuerkennen. Umgekehrt steht es aber der Regierung auch frei, dies in jeder Phase der Auseinandersetzung zu tun und dadurch den Konflikt der Geltung des Kriegsrechts zu unterstellen[1]. Die wichtigste Folge der Anerkennung ist, daß die Aufständischen nicht mehr als Kriminelle, sondern als Kriegsgefangene zu behandeln sind[2]. Dabei hat die Anerkennung einen in die Vergangenheit hinein wirkenden Effekt, indem sie auch solche Kampfhandlungen Aufständischer der strafrechtlichen Beurteilung entzieht, welche vor der Anerkennung stattgefunden haben[3]. Mit den dargestellten Rechten von der Regierung anerkannter Aufständischer korrespondiert die Pflicht, sich im Kampf an die "Gesetze und Gebräuche des Krieges" zu halten.

cc) Die Anerkennung als Kriegführende durch Drittstaaten

Die allgemeine Rechtsfolge der Geltung des ius in bello zwischen der anerkennenden Partei und den Aufständischen bedeutet im Falle der Anerkennung durch Drittstaaten, daß sie in dem betreffenden Konflikt die Stellung Neutraler erlangen[4]. Zwar wird damit der Schwerpunkt der Beziehungen zwischen dem anerkennenden Drittstaat und den Aufständischen nicht der Geltung von Regeln des humanitären Völkerrechts unterstellt (zum Verhältnis von Kriegsrecht und humanitärem Völkerrecht s.o., Abschnitt B. I. 2.), die Anwendung des Neutralitätsrechts hat aber gem. Art.11 und 12 des V. Haager Abkommens betreffend die Rechte und Pflichten der neutralen Mächte und Personen im Falle eines

---

1 Scheuner, in Festschrift Berber, S.477; Schindler, in Cassese 1979, S.3. Castren weist darauf hin, daß eine Regierung auch dann die Anerkennung als Kriegführende aussprechen kann, wenn der Konflikt noch nicht die Ausmaße eines Bürgerkriegs angenommen hat, vgl. Castren 1966, S.138,173. Er bezeichnet jedoch zurecht diesen Fall als höchst unwahrscheinlich, da eine solche Anerkennung die "vorzeitige" Aufwertung der aufständischen Bewegung zur Folge hätte. Wyss schreibt: "Die Anerkennung von Aufständischen als völkerrechtliche Subjekte war durch keine objektiven Normen geregelt, die auch ohne den Willen der betroffenen etablierten Regierung Anwendung gefunden hätten", vgl. dies. S.23

2 Baxter 1974, S.519

3 Castren 1966, S.156

4 Berber, Lehrbuch Bd.I, S.243; Castren 1966, S.195; Abi-Saab 1972, S.94. Wegen dieser Rechtsfolge ist in der Literatur die Frage gestellt worden, ob in Bezug auf die vielfach völkerrechtlich privilegierten "nationalen Befreiungskriege" abhängiger Völker, deren materielle und moralische Unterstützung die VN-GV immer wieder gefordert und sogar zur Pflicht erhoben hat (vgl. dazu unten E.IV.4.a.aa.) eine Anerkennung von nationalen Befreiungsbewegungen als Kriegführende überhaupt zulässig ist, vgl. Klein, S.643.

Landkrieges[1] zur Folge, daß Angehörige der aufständischen Einheiten interniert werden und nicht (eventuell auf ein entsprechendes Gesuch des Heimatstaates hin) an diesen als Straftäter ausgeliefert werden. Erfolgt also die Anerkennung als Kriegführende allein von dritter Seite, so stehen die neutralitätsrechtlichen Internierungsvorschriften dem auslieferungsrechtlichen Zugriff des Heimatstaates auf die von ihm als Straftäter betrachteten Aufständischen im Wege. Wegen dieser, im Normalfall der Neutralität nicht gegebenen[2] humanitären "Nebenwirkung" soll dargestellt werden, unter welchen Voraussetzungen dritte Staaten zur Anerkennung Aufständischer als Kriegführende berechtigt sind. Anders als die Regierung sind dritte Staaten nur unter bestimmten Voraussetzungen berechtigt, Aufständische als Kriegführende anzuerkennen[3]:

1. Der Konflikt muß über bloße Unruhen bzw. sporadische Gewaltakte hinaus die Form eines Bürgerkrieges erlangt haben[4]. Die Aufständischen müssen daher einen nicht unerheblichen Teil des nationalen Territoriums kontrollieren.
2. Ein Organ der Aufständischen muß auf diesem Gebiet effektive, regierungsähnliche Gewalt ausüben.
3. Die Aufständischen müssen verantwortlicher Befehlsgewalt unterstehen und die Gesetze und Gebräuche des Landkrieges beachten.

Erkennen Drittstaaten die Aufständischen trotz Fehlens dieser Voraussetzungen an, so liegt darin eine völkerrechtswidrige Intervention, die beabsichtigten Rechtsfolgen treten nicht ein[5]. Sind dritte Staaten somit nur unter bestimmten Voraussetzungen zur Anerkennung Aufständischer als Kriegführende berechtigt, so sind sie doch andererseits auch nicht verpflichtet, bei entsprechender Tatsachenlage die Anerkennung auszusprechen. Dies entspricht der in der Völ-

---

[1] Text bei Schindler/Toman, S.849,859

[2] Der "Normalfall" der Neutralität bezieht sich auf das Abseitsstehen in der Situation eines Kriegszustandes zwischen zwei Staaten, vgl.Berber, Lehrbuch Bd.I, S.243. Dort werden Angehörige der bewaffneten Kräfte der anderen Seite nicht als Straftäter, sondern als Kriegsgefangene behandelt.

[3] Berber, Lehrbuch Bd.I, S.243; Castren 1966, S.177,178; v.d.Heydte, Völkerrecht, Bd.I, S.195; Siotis, S.114; v.Glahn, S.87. Das Institut de Droit International hat im Jahre 1900 in Art.8 seines "Règlement" die Voraussetzungen der Anerkennung Aufständischer als Kriegführende in derselben Weise formuliert, vgl. Annuaire de l'Institut de droit international, 1900, S.227 sowie Wodie, S.1037. Teilweise wird die Ansicht vertreten, der Drittstaat sei zur Anerkennung als Kriegführende nur bei Vorliegen eines Eigeninteresses berechtigt, vgl. Oppenheim/Lauterpacht, S.249; hierzu Castren 1966, S.180

[4] Castren schreibt zu diesem Erfordernis, nötig sei ein "conflict which has attained widespread proportions, involving the actual use of arms", vgl. Castren 1966, S.214. Veuthey spricht von einem "armed conflict of a general character", vgl. Veuthey, in Cassese 1975, S.206

[5] v.d.Heydte, Völkerrecht, Bd.II, S.265

kerrechtslehre ganz überwiegend vertretenen Auffassung vom fakultativen Charakter dieser Form der Anerkennung[1].

b) Die völkerrechtliche Anerkennung von Aufständischen als Insurgenten

Neben der Anerkennung Aufständischer als Kriegführende bildete sich im 19. Jahrhundert vor allem im amerikanischen Rechtskreis die, von einem Autor als "forme mineure assouplie" bezeichnete, Möglichkeit der Anerkennung von Aufständischen als Insurgenten heraus[2]. Auf diese Weise trug die Regierung der Vereinigten Staaten dem Auftreten zahlreicher Bürgerkriege in Mittel- und Südamerika Rechnung, bei denen eine Anerkennung der aufständischen Bürgerkriegsparteien als Kriegführende nicht opportun war oder nicht in Frage kam, weil die dafür erforderlichen Voraussetzungen fehlten[3]. Umgekehrt bestand aber das Bedürfnis, die teilweise heftigen internen Auseinandersetzungen nicht völlig zu ignorieren.

Die Anerkennung Aufständischer als Insurgenten steht damit zwischen völliger Nichtanerkennung und der Anerkennung als Kriegführende[4]. Sie ist an keinerlei klare Mindestvoraussetzungen hinsichtlich der Konfliktintensität, des Umfangs kontrollierten Gebiets oder der Ausübung regierungsähnlicher Macht gebunden, erscheint aber erst oberhalb einer gewissen Konfliktintensität sinnvoll[5]. Die Anerkennung als Insurgenten kann durch die legale Regierung wie auch durch Drittstaaten erfolgen und entfaltet ihre Wirkungen nur im Verhältnis zwischen der anerkennenden Seite und den Insurgenten[6]. Dabei besteht auch hier keine Pflicht, eine Anerkennung auszusprechen. Drittstaaten sind jedoch zu

---

1 Siotis, S.110; Veuthey, in Cassese 1975, S.205; Castren 1966, S.140,173,175. Für eine Pflicht zur Anerkennung spricht sich Oppenheim/Lauterpacht aus, vgl. ebd. Bd.II, S.249,250

2 Das Zitat findet sich bei Veuthey, in Cassese 1975, S.204. Vgl. zu dieser Art der Anerkennung auch Castren 1966, S.208; Siotis, S.117 sowie m.w.N. Rajower, S. 40

3 Siotis, S.118; Castren 1966, S.214

4 Castren 1966, S.208; v.Glahn, S.88. Der wichtigste Anwendungsfall der Anerkennung als Insurgenten war im 20. Jahrhundert der spanische Bürgerkrieg, in welchem General Franco und seine Anhänger aus Gründen der Opportunität als Insurgenten, nicht aber als Kriegführende anerkannt wurden, obwohl die Voraussetzungen hierfür gegeben waren, vgl. hierzu Castren 1966, S.210; Veuthey, in Cassese 1975, S.208. Cassese sieht im Verhalten vor allem der Westmächte ein "indicative of the gradual development of international customary rules governing civil war", vgl. ders., "The Spanish Civil War and the development of customary law concerning internal armed conflicts", in: Cassese 1975, S.287 ff. (294). Vgl. auch (mit Hinweisen auf Falk, Jessup, Lauterpacht und Rousseau) Ciobanu 1975, S.44

5 Wilson, S.24

6 Eibe H. Riedel, Recognition of Insurgency, in EPIL, Bd.4, S.171

diesem Schritt nur berechtigt, wenn es sich bei dem Konflikt um eine bewaffnete Auseinandersetzung erheblichen Ausmaßes handelt, in dessen Verlauf die legale Regierung nicht in der Lage ist, die öffentliche Ordnung in allen Teilen des Landes jederzeit zu garantieren[1]. Wie die Anerkennung als Kriegführende hat auch die Anerkennung als Insurgenten konstitutiven Charakter[2]. Anders als dort werden jedoch die Rechtsfolgen von der anerkennenden Partei selbst festgelegt[3].

Aus diesem Grunde ist es nicht möglich, die rechtlichen Konsequenzen dieser Form der Anerkennung in allgemeiner Weise zu bestimmen. Sie können im Einzelfall den Rechtsfolgen einer Anerkennung als Kriegführende nahekommen, andererseits aber auch darauf beschränkt sein, daß die Aufständischen nicht als bloße Kriminelle (oder auf dem Meer als Piraten) behandelt werden[4]. Die Nichtanwendung des Strafrechts stellt dabei nach ganz überwiegender Ansicht in der völkerrechtlichen Literatur das Minimum rechtlicher Konsequenzen der Anerkennung Aufständischer als Insurgenten dar[5], welches für den beteiligten Einzelnen jedoch eine Frage von Leben und Tod sein kann.

Im Hinblick auf die Geltung des humanitären Völkerrechts in Situationen, welche durch die Auseinandersetzung zwischen einem Staat und einem nichtstaatlichen Konfliktgegner geprägt sind, ist festzuhalten, daß die oben beschriebenen Institute der Anerkennung von Aufständischen als Kriegführende oder Insurgenten an Kriterien der Effektivität anknüpfen, d.h. vor allem an den militärischen Erfolg (nicht aber die Legitimität der verfolgten Ziele) der Aufständischen[6]. Wie noch zu zeigen sein wird, spielte der Maßstab der Effektivität bei bestimmten Forderungen nach einem Beitrittsrecht nationaler Befreiungsbewegungen zu den Genfer Konventionen ebensowenig eine Rolle wie bei der Erar-

---

1 Castren 1966, S.214; Verdross/Simma 1984, S.240. Castren weist darauf hin, daß der politische Charakter des Aufstandes einen "integral part of the very concept of insurrection" darstellt, vgl. ders. 1966, S.211.

2 Berber, Lehrbuch Bd.I, S.244

3 v.d.Heydte, Völkerrecht Bd.I, S.197; Siotis, S.124; Rajower, S. 40

4 Veuthey spricht von einer "application des regles humanitaires dans les conflits internes sur une base informelle pragmatique", ders., in Cassese 1975, S.207. Siotis meint, die Anerkennung als Insurgenten "tendait a reconnaitre un etat de fait comportant certaines consequences sur le plan de l'application du droit de la guerre", vgl. ders., S.117

5 Castren 1966, S.216,217 m.w.N.; Verdross 1964, S.208; Eibe H.Riedel, Recognition of Insurgency, in EPIL Bd.4, S.171. Vgl. auch Dudulesco, S. 133

6 Vgl. Wilson, S. 29

beitung des Art.96(3) ZP I[1]. Im Vordergrund stand vielmehr die politische Legitimität dieser Bewegungen.

II. Persönliche Anwendbarkeit (Kombattanten, Kriegsgefangene)

Für die Zwecke der vorliegenden Arbeit soll unter dem persönlichen Anwendungsbereich des humanitären Völkerrechts vor allem die Frage des Kombattantenstatus und seiner Voraussetzungen verstanden werden, da sich gerade hierauf ein wesentlicher Teil der Debatten um die rechtliche Behandlung von Partisanen, Guerillas, Freischärlern etc. bis hin zu sog. "Nationalen Befreiungskämpfern" bezog und auch weiterhin bezieht[2]. Wie im weiteren zu zeigen sein wird, verdeutlicht der Rechtsbegriff des Kombattanten in besonderer Weise den Charakter der Normen des humanitären Völkerrechts als eines Kompromisses zwischen militärischer Notwendigkeit und Humanität.

1. Allgemeines zum Kombattantenstatus im Humanitären Völkerrecht

Zu den grundlegenden Prinzipien des humanitären Völkerrechts gehört die Unterscheidung von Kombattanten und Zivilpersonen, s.o. C.II. Ihre Bedeutung für die Realisierung der humanitären Zwecke dieses Teils des Völkerrechts kann kaum überschätzt werden. Die Unterscheidung hat den Sinn, daß, gemessen am Kriterium der Gewaltanwendung, für beide Kategorien verschiedene Normen gelten[3]. Die zunächst gewohnheitsrechtlich entstandene und später vertragsrechtlich verankerte Unterscheidung hat in den Zusatzprotokollen von 1977 zu den Genfer Rotkreuzabkommen von 1949 ihren vorläufig aktuellsten Niederschlag gefunden, s.u. F.IV. "Kombattant" und "Zivilperson" sind Rechtsbegriffe, die den **Primärstatus** von natürlichen Personen festlegen, welche an einem internationalen bewaffneten Konflikt teilnehmen oder von ihm betroffen sind[4]. Das humanitäre Völkerrecht knüpft an diesen Status eine Vielzahl von teilweise weitreichenden Rechtsfolgen. So erlangen legale Kombattanten[5] im Falle ihrer

---

[1] Vgl. zur Beitrittsdiskussion unten E.IV.4.b. sowie zu Art.96(3) ZP I unten F.III.1.c. Lediglich westliche Staaten thematisierten das Effektivitätskriterium und gaben teilweise entsprechende Abstimmungserklärungen ab.

[2] Kwakwa schreibt: "Claims ratione personae, or those pertaining to the personal field of application, are among the most disputed areas in the law of armed conflict", vgl. ders. S.85

[3] Greenspan, S.53-57 sowie Bindschedler in Festschrift Verdross, S.56

[4] Vgl. Ipsen 1993, S.136

[5] Zum Begriff s.u. E.II.2.b.

Gefangennahme den **Sekundärstatus** des Kriegsgefangenen, Zivilpersonen sind unter allen Umständen zu schützen[1]. Während Zivilpersonen i.S.d. humanitären Völkerrechts alle natürlichen Personen im Herrschafts- und Einflußbereich der Konfliktparteien ohne Kombattantenstatus sind[2], bezeichnet der völkerrechtliche Begriff des Kombattanten Personen, die im Rahmen eines internationalen bewaffneten Konflikts völkerrechtlich zu kämpfen, d.h. zur Setzung kriegerischer Schädigungshandlungen befugt sind und darüber hinaus - im Gegensatz zu Zivilisten - ein legitimes militärisches Ziel darstellen[3]. Der Kombattant ist darüber hinaus als Organ seines Staates zu betrachten und leitet seine Handlungsbefugnis von der Völkerrechtssubjektivität des Staates ab[4]. Sein Handeln ist ein solches "kraft Amtes" und innerhalb der vom Völkerrecht gezogenen Grenzen nicht strafbar. Die letztgenannte Folge entscheidet für den Einzelnen nicht selten über Leben und Tod[5]. Der Begriff des Kombattanten wurde in Art.43 Abs.2 ZP I erstmals definiert. Danach sind Kombattanten die Angehörigen der Streitkräfte einer am Konflikt beteiligten Partei. Sie sind berechtigt, unmittelbar an Feindseligkeiten teilzunehmen[6]. Diese Befugnis stellt kein Individualrecht dar, sondern ist aus der organschaftlichen Zugehörigkeit des einzelnen Kombattanten zu einer Konfliktpartei, d.h. zu einem Völkerrechtssubjekt abzuleiten[7]. Der Status des Kriegsgefangenen knüpft rechtslogisch an den Kombattantenstatus an[8], der wiederum die Zugehörigkeit zu einer Konfliktpartei (d.h. einem Kriegführenden im völkerrechtlichen Sinn, s.u. E.II.2.a.) voraussetzt. Vor allem der letztgenannte Zusammenhang wurde im Zuge der Dekolonisierung bei Versuchen einer Erweiterung des Kriegsgefangenenstatus um irreguläre sog. "Befreiungskämpfer" oftmals bewußt beiseite geschoben[9]. Mit

---

1 Der Schutz der Zivilisten ist ein Hauptzweck der Unterscheidung, vgl. Schwarzenberger 1971, S.266. Draper weist darauf hin, daß der Grundsatz der Immunität der Zivilbevölkerung in seiner rechtlichen Entstehung an die gedankliche Voraussetzung des Verzichts auf bewaffnete Schädigungshandlungen geknüpft war, vgl. ders. 1971, S.176

2 Art 50 Abs.1 S.1 ZP I enthält eine rein negative Definition der Zivilperson. Damit ist Zivilist, wer nicht Kombattant ist. Die Vorschrift lautet: "Zivilperson ist jede Person, die keiner der in Art.4 Buchstaben A. Absätze 1,2,3 und 6 des III. Abkommens und in Art.43 dieses Protokolls bezeichneten Kategorien angehört", vgl. BGBl 1990 II, S.1588.

3 Bothe/Ipsen/Partsch, S.591. Ebenso Kussbach 1983, S.381; Oeter 1989, S. 450

4 Maaß, S.144; Kussbach 1983, S.382

5 "C'est donc l'autorisation d'une partie au conflit qui fait la différence de principe entre l'acte licite de guerre et le délit d'homicide", vgl. Kussbach 1983, S.382

6 BGBl 1990 II, S.1583, 1584. Vgl. zu den Voraussetzungen des Streitkräftebegriffs gemäß ZP I unten F.IV.3.b.aa.

7 Ipsen 1993, S.136; Kussbach 1983, S.381

8 Allerdings gibt es auch Kategorien von Kriegsgefangenen, die nicht zuvor Kombattanten waren, vgl. unten E.II.1. FN 7

9 Hierzu Meyrowitz 1973, S.889

dem Kombattantenstatus und dem korrespondierenden Recht zu kämpfen ist gleichzeitig auch abschließend der Personenkreis definiert, welcher im Rahmen eines internationalen bewaffneten Konflikts legales menschliches Ziel bewaffneter Angriffe sein kann[1]. Dementsprechend ruht das völkerrechtliche Verbot gezielter Angriffe gegen die Zivilbevölkerung auf der Voraussetzung, daß diese nicht zu den Waffen greift, da anders dem Gegner die Verschonung der Zivilbevölkerung nicht zumutbar wäre[2]. Der Verstoß von Zivilisten gegen diese Pflicht hat für diese gravierende strafrechtliche Konsequenzen. Hat eine vom Gegner im Rahmen eines laufenden Konflikts festgesetzte Person Waffengewalt angewandt, so ist der Kombattantenstatus nicht selten eine Frage über Leben und Tod, da ein legaler Kombattant - anders als ein an Kampfhandlungen sich beteiligender Zivilist - für völkerrechtmäßig gesetzte Gewalthandlungen nicht bestraft werden kann[3].

2. Die historische Herausbildung des völkerrechtlichen Kombattantenstatus

Obwohl bereits das Mittelalter besondere Rechtsregeln für kämpfende Personen kannte[4], ist der völkerrechtliche Kombattantenstatus ein in seiner Entstehung relativ junges Rechtsinstitut, erste Kodifikationen gehen auf das 19. Jahrhundert zurück[5]. Grotius war die Unterscheidung zwischen Kombattanten und Zivilpersonen noch fremd: für ihn war jeder Angehörige einer Kriegspartei in einem rechtmäßigen Krieg zu öffentlichen Kriegshandlungen befugt. Es gab also auch keine rechtliche Unterscheidung zwischen regulären und irregulären Kämpfern[6]. Rechtmäßig war ein Krieg und öffentlich waren Kriegshandlungen dann, wenn sie durch den zur Kriegführung allein befugten Souverän getragen wurden[7]. Dies korrespondierte mit den damals üblichen Söldnerheeren und der häufigen Teilnahme der Bevölkerung an Kampfhandlungen. Sie zeigt, daß der totale Krieg die ursprüngliche primitive Form der gewaltsamen Auseinanderset-

---

1 Vgl. Schwarzenberger 1971, S.266; Meyrowitz 1973, S.922 sowie unten Kapitel E.II.1.

2 Militärische Notwendigkeit stehen also in einem sorgfältig ausbalancierten Spannungsverhältnis zu den Geboten der Humanität, vgl. zum Vorstehenden Draper 1971, S.175,176

3 Vgl. Greenspan, S.53. De Breuker spricht in diesem Zusammenhang von einer "aiguillage du destin", vgl. ders. in Cassese (Proceedings) S.47

4 Vgl. Draper 1971, S.173

5 Vgl. u. a. L. C. Green 1993, S. 99 ff.

6 Vgl. Bierzanek, S.56

7 Ipsen 1993, S.137; Draper weist auf die bereits oben A.III. dargestellte Entwicklung hin, daß im Zeichen souveräner Herrschaft als "gerechte" Kriege solche Auseinandersetzungen galten, die vom Souverän beschlossen waren, vgl. ders. 1971, S.173

zung zwischen Völkern und Staaten war[1]. Diese Auffassung änderte sich, als gegen Ende des 17. Jhdts. und besonders im 18. Jahrhundert stehende Heere die Regel wurden und sich die Kriegshandlungen zusehends auf diese konzentrierten[2]. Nachdem die unter Einbeziehung der gesamten Bevölkerung als "Volkskriege" geführten französischen Revolutionskriege und die napoleonischen Kriege zu einer zeitweiligen Wiederbelebung der Ideen Grotius' geführt hatten, verfestigte sich unter dem Vorzeichen der Restauration nach 1815 ein Rechtsdenken, welches, ausgehend von der *facultas belligerendi* des Souveräns, dessen Truppen einen herausgehobenen (Kombattanten-)Status zuerkannte[3].

Bezüglich der *Behandlung Gefangener* galt über viele Epochen der Grundsatz, daß Gefangene in einem Krieg der Willkür des Siegers schutzlos ausgeliefert sind[4]. Gefangene befanden sich rechtlich nicht in der Gewalt des gegnerischen Staates, sondern in derjenigen des gefangennehmenden Individuums. Bereits im 17.Jahrhundert, besonders aber im Zuge der Rousseau'schen Idee des Krieges als eines Rechtsverhältnisses nicht zwischen Individuen sondern zwischen Staaten[5], begann sich diese Haltung zu ändern. Im 18. Jahrhundert entstand der Gedanke, daß Kriegsgefangenschaft lediglich den Zweck verfolge, den Gegner an der Wiederaufnahme des Kampfes zu hindern. Verbunden mit diesem Gedanken wuchs die Vorstellung, daß die vorausgegangene Teilnahme an Kampfhandlungen den Kriegsgefangenen nicht zum Kriminellen stempelt[6]. So war nach dem französisch- amerikanischen Freundschaftsvertrag von 1785 untersagt, Kriegsgefangene in Einrichtungen für Strafgefangene unterzubringen[7].

Der 1863 verfaßte Lieber-Code[8], obschon kein völkerrechtlicher Vertrag, enthielt erstmals eine rechtliche Unterscheidung der Stellung von Kombattanten und Zivilisten[9] und legte bezüglich der Behandlung Gefangener ein Verbot von

---

1 Bindschedler 1971, S.56: "Es ist nicht unsere Zeit, die den totalen Krieg erfunden hat"; vgl. auch Schwarzenberger, S.270 (m.w.N.)

2 Diese Entwicklung ließ für Draper die Abgrenzung der zu kämpfen befugten von anderen Personen schärfer hervortreten, vgl. ders.1971, S.175

3 Ipsen 1993, S.137,138

4 Draper 1965, S.101

5 Vgl. oben Abschnitt A III.

6 Draper 1965, S.101

7 Draper 1965, S.102

8 Schindler/Toman, S. 3 ff. sowie oben Abschnitt A.IV. Der Lieber Code wurde zum "Field Manual" der US-Streitkräfte.

9 Ipsen 1993, S.139. In Art. 25 des Lieber-Codes heißt es: "In modern regular wars of the Europeans, and their descendants in other portions of the globe, protection of the inof-

Repressalien gegen Kriegsgefangene fest[1]. Art. 49-51 regeln, wem Kriegsgefangenenstatus zukommt: dies waren neben Soldaten auch ziviles Gefolge sowie Angehörige einer "levée en masse"[2]. Alle sonstigen Gewalt anwendenden Personen wurden als Kriminelle betrachtet[3]. Der Lieber-Code beeinflußte maßgeblich die entsprechenden Regelungen in anderen Ländern. Er gilt als erste Aufzählung der damals von den Staaten für verbindlich erachteten Rechtslage in Bezug auf Stellung und Behandlung natürlicher Personen im Kriege.

Im Jahr 1874 trafen sich auf Initiative Zar Alexanders II. die Staatenvertreter in Brüssel zu einer Konferenz, um über eine Konvention betreffend die Gesetze und Gebräuche des Krieges zu verhandeln. Der von Rußland vorgelegte Entwurf unterschied innerhalb einer Armee zwischen Kombattanten und Nichtkombattanten. Zu letzteren zählte das in die Armee eingefügte Personal von Seelsorge, Sanitätsdienst, Militärjustiz etc. Ziel der Unterscheidung war es, allen Angehörigen der Armee unter ausdrücklicher Einbeziehung der "Nichtkombattanten" bei Gefangennahme den Status des Kriegsgefangenen zuzubilligen. Das Ergebnis der Konferenz, die sog. "Brüsseler Erklärung", trat zwar niemals als völkerrechtlicher Vertrag in Kraft, sie enthielt jedoch erstmals die auch für das heutige humanitäre Völkerrecht charakteristische Zuordnung eines Primärstatus an bestimmte Personen, denen aufgrund dieses Status im Falle ihrer Gefangennahme die Eigenschaft eines Kriegsgefangenen zukommt. Die in den Artikeln 9 und 10 der "Brüsseler Erklärung" enthaltenen Aussagen zum Kombattantenstatus wurden 1899 nahezu wörtlich vom ersten Haager Abkommen betreffend die Gesetze und Gebräuche des Landkrieges übernommen[4]. Dessen einschlägige Regeln wiederum fanden nahezu wortgleichen Eingang in die auch in diesem Bereich heute noch gültige HLKO von 1907[5].

---

fensive citizen of the hostile country is the rule; privation and disturbance of private relations are the exceptions.", vgl. Schindler/Toman, S.7

1 Vgl. Draper 1965, S.102

2 Der Lieber-Code findet sich bei Schindler/Toman, S.3 ff. Vgl. zur levée en masse D.II.3.c.

3 Rubin 1983, S.221

4 Dies gilt insbesondere für die in Art.9 enthaltene Ausdehnung des Kombattantenstatus auf Milizen und Freiwilligenkorps, vgl. zu den Regelungen der Brüsseler Erklärung Kussbach 1983, S.384,385

5 Vgl. Lapidoth, S.171. Allerdings fügte die HLKO in Art.2 bei der levée en masse das Erfordernis des offenen Waffentragens hinzu, vgl. Schindler/Toman S.69. Die Aussagen der HLKO von 1907 zum Kombattantenstatus stellten lange die einzige Kodifikation zum Kombattantenstatus dar. Sie wurden durch die Genfer Konventionen von 1949 und deren Zusatzprotokolle von 1977 ergänzt, jedoch nicht aufgehoben; vgl. hierzu Ipsen 1993, S.139.

3. Die grundlegende Beschreibung des Kombattantenstatus durch die HLKO[1]

Die damaliges Gewohnheitsrecht zum Ausdruck bringende und mittlerweile auch ihrerseits zu Völkergewohnheitsrecht gewordene[2] HLKO ist u.a. das Ergebnis der 1874 in Brüssel und bei den beiden Haager Konferenzen geführten Debatten über den Einsatz irregulärer Truppen gegen reguläre Einheiten. Sie war bis 1949 die einzige völkervertragsrechtliche Regelung über irreguläre Kombattanten[3] und billigt in ihren ersten beiden Artikeln[4] drei Kategorien von Personen Kombattantenstatus zu :

- den Angehörigen der Streitkräfte, einschließlich Milizen und Freiwilligenkorps, die einen Bestandteil des Heeres bilden
- nicht den Streitkräften eingegliederten Milizen und Freiwilligenkorps
- Teilnehmern an einer "Levée en Masse".

---

[1] Vgl. Art. 1-3 HLKO in Schindler/Toman, S.69,70

[2] Die Feststellung der Qualität der Haager Abkommen als Völkergewohnheitsrecht erfolgte erstmals durch das Nürnberger Kriegsverbrechertribunal, vgl. hierzu oben A.V.

[3] Vgl. Draper 1971, S.180; zum Begriff des regulären/irregulären Kombattanten vgl. unten E.II.2.b.

[4] Der Wortlaut der Artikel lautet wie folgt (dt. Text bei Berber, Dokumente Bd.II, S.1896,1897):

Art.1 (Heer, Milizen, Freiwilligenkorps)

"Die Gesetze, die Rechte und die Pflichten des Krieges gelten nicht nur für das Heer, sondern auch für die Milizen und Freiwilligenkorps, wenn sie folgende Bedingungen in sich vereinigen:

1. daß jemand an ihrer Spitze steht, der für seine Untergebenen verantwortlich ist
2. daß sie ein bestimmtes aus der Ferne erkennbares Abzeichen tragen
3. daß sie die Waffen offen führen und
4. daß sie bei ihren Unternehmungen die Gesetze und die Gebräuche des Krieges beobachten.

In den Ländern, in denen Milizen oder Freiwilligenkorps das Heer oder einen Bestandteil des Heeres bilden, sind diese unter der Bezeichnung "Heer" einbegriffen."

Art.2 (Kämpfende Bevölkerung)

"Die Bevölkerung eines nicht besetzten Gebiets, die beim Herannahen des Feindes aus eigenem Antrieb zu den Waffen greift, um die eindringenden Truppen zu bekämpfen, ohne Zeit gehabt zu haben, sich nach Art.1 zu organisieren, wird als kriegführend betrachtet, wenn sie die Waffen offen führt und die Gesetze und Gebräuche des Krieges beobachtet."

a) Streitkräfte und integrierte Milizen etc.

Trotz des nur das "Heer" betreffenden Wortlauts von Art.1 umfaßt diese Vorschrift nach einhelliger und durch die Staatenpraxis bestätigter Lehrmeinung nicht nur das Heer, sondern alle weiteren Teilstreitkräfte, die ein Staat als militärisches Dispositiv für den Fall eines internationalen bewaffneten Konflikts bereithält [1]. Entscheidend für die Zuordnung zu den Streitkräften ist die innerstaatliche Organisationsgewalt. Die HLKO wiederholt in Art.3 die bereits von der Brüsseler Erklärung vorgenommene (vgl. oben D.II.2.) begriffliche Unterteilung einer Armee in Kombattanten und Nichtkombattanten[2]. Der in Abgrenzung zu nicht-kombattanten Angehörigen der Streitkräfte gewonnene Begriff des Kombattanten in Art.3 HLKO ist enger als der im heutigen humanitären Völkerrecht übliche Bedeutungsgehalt des Wortes, welcher nicht nur alle Streitkräfteangehörigen, sondern darüber hinaus auch weitere Kategorien von Personen umfaßt[3]. Ein wesentlicher Zweck des Kombattantenstatus im humanitären Völkerrecht ist die Abgrenzung des Kombattanten von der zu schützenden Zivilbevölkerung sowie die Festlegung des Kreises derjenigen Personen, die im Falle ihrer Gefangennahme den (Sekundär-)Status des Kriegsgefangenen beanspruchen können. Art.1 und 2 HKLO zeigen, daß auch die HKLO auf diesem grundlegenden Konzept basiert. Im Gegensatz dazu enthält Art.3 HLKO lediglich eine Klarstellung und Bekräftigung des Grundsatzes, daß *allen* Streitkräfteangehörigen im Falle ihrer Gefangennahme der Sekundärstatus des Kriegsgefangenen zukommt, auch wenn sie nur dem Sanitätsdienst, der Seelsorge etc. angehören[4]. Einer Armee "folgende", ihr jedoch nicht zugehörige Personen (z.B. Journalisten, Kaufleute) haben gem. Art.13 HLKO bei Vorlage bestimmter Papiere Anspruch auf eine Behandlung wie Kriegsgefangene[5]. Diese Personen erlangen jedoch nicht den Primärstatus des Kombattanten. Mangels ausdrücklicher Regelung ist bis heute umstritten, ob Angehörige von Streitkräften als einer Konfliktpartei zugehörig erkennbar sein müssen. Während ein Teil der Literatur das Erfordernis der Erkennbarkeit in systematischer Auslegung der HKLO bereits aus Art.1 ("Pflichten des Krieges") herleitet[6] , verneint

---

[1] Ipsen 1993, S.141

[2] Art.3 Satz 2 lautet: "Die bewaffnete Macht der Kriegsparteien kann sich zusammensetzen aus Kombattanten und Nichtkombattanten.", vgl. Berber, Dokumente Bd.II, S.1897. Der "Nichtkombattant" in diesem Sinne ist begrifflich zu trennen von der Beschreibung der Zivilbevölkerung in ihrer grundlegend vom Kombattanten unterschiedenen rechtlichen Position, vgl. Greenspan, S.57.

[3] Vgl. dazu unten E.II.3. und 4.

[4] Ipsen 1993, S.141

[5] Lapidoth, S.172

[6] Ipsen begründet die Nichterwähnung in der HKLO damit, daß das Erfordernis der Erkennbarkeit der Streitkräftangehörigen anhand von Uniformen unter den damaligen

ein anderer Teil der Lehre auch heute noch eine entsprechende Pflicht und billigt sogar als Zivilisten getarnten Streitkräfteangehörigen den Status eines legalen Kombattanten zu[1].

b) Milizen und Freiwilligenkorps außerhalb der Streitkräfte

Milizen und Freiwilligenkorps, gleichviel ob sie das Heer ausmachen oder einen Bestandteil des Heeres bilden, werden durch Art.1 ohne weitere Anforderungen dem Heer, d.h. den Streitkräften zugerechnet.

Für Milizen und Freiwilligenkorps, die nicht von vornherein integraler Bestandteil der Armee sind[2], gilt dies nur dann, wenn

- jemand an ihrer Spitze steht, der für seine Untergebenen verantwortlich ist,
- sie ein bestimmtes aus der Ferne erkennbares Abzeichen tragen,
- sie die Waffen offen führen,
- sie bei ihren Unternehmungen die Gesetze und Gebräuche des Krieges beobachten.

Für Abi-Saab basiert auch diese Regelung - im Gegensatz zum späteren Art.4.A.2. III.GK - auf der Grundvorstellung, daß die nicht in die Streitkräfte eingegliederten Milizen etc. zumindest als Ergänzung zu regulären Streitkräften kämpfen, nicht jedoch völlig unabhängig von diesen[3]. Besondere Bedeutung kommt dabei dem Erfordernis der verantwortlichen Führung zu, die zwei Bedingungen gewährleisten muß, deren Erfüllung unverzichtbar ist für die Aufrechterhaltung des Kombattantenstatus und damit bei Gefangennahme des (Sekundär-)Status als Kriegsgefangener: zum einen die Einhaltung der Kriterien des Art.1 durch die Gruppe als solche[4], zum anderen das Bestehen des Rechts-

---

Staaten als Selbstverständlichkeit gegolten habe. Dies ergebe sich auch aus den Materialien der Brüsseler und Haager Konferenzen, vgl. ders. 1993, S.142.

[1] Die Position läßt sich mit dem Wortlaut des Art.1 begründen, der ausdrücklich Erkennbarkeitskriterien nur für Angehörige von solchen Milizen und Freiwilligenkorps aufstellt, die sich außerhalb der Streitkräfte befinden. Für Meyrowitz macht sich der Angehörige der regulären Streitkräfte zwar eines Verstoßes gegen das humanitäre Völkerrecht schuldig, er verliert aber nicht seinen Kombattantenstatus: "Contrairement à l'opinion d'une partie de la doctrine et à la jurisprudence anglo-américaines, le status de combattant légal n'est pas attaché à l'uniforme...", vgl. ders. 1973, S.919

[2] Dies sind für Schwarzenberger "irreguläre" Kombattanten, der damit die in die Armee eingegliederten Angehörigen von Milizen und Freiwilligenkorps als "reguläre" Kombattanten betrachtet, vgl. ders. 1971, S.267 m.w.N.

[3] Abi-Saab 1972, S.109

[4] Hält sich die Gruppe als solche nicht an die Gesetze und Gebräuche des Krieges, so ist die völkerrechtliche Folge, daß diese Gruppe *als ganze* den Status eines legalen Belligerenten verliert. Die schwerwiegende Folge ist, daß selbst ein sich völkerrechtskonform

bandes[1] zwischen den Milizen etc. und dem Staat als der Partei des internationalen bewaffneten Konflikts[2]. Die Regelung des Art.1, aber auch die unten D.II.3.c. näher beschriebene Regelung über die "levée en masse" des Art.2 HKLO spiegelt die Realität damaliger Militärstrategie wider, da das Sicherheitskonzept einer Anzahl kleinerer Staaten ganz oder teilweise auf Milizen und Freiwilligenkorps beruhte[3]. Den Angehörigen dieser Gruppen konnte der völkerrechtliche Kombattantenstatus jedoch nur dann zugebilligt werden, wenn die Milizen etc. durch ein Rechtsband mit dem kriegführenden Staat, welchem sie sich verpflichtet fühlten, verbunden waren. Erforderlich war daher eine wie auch immer geartete Befehls- und Kommandostruktur zwischen den Milizen etc. und der Führung "ihres" Staates[4].

Die Notwendigkeit der humanitär-völkerrechtlichen Zuordnung des Verhaltens von Einzelnen oder Gruppen zu einem Völkerrechtssubjekt wurzelt in der alten Vorstellung, daß nur der Souverän zur Kriegführung berechtigt ist. Auch heute

---

verhaltendes Gruppenmitglied seinen Status als legaler Kombattant verliert und daher bei Gefangennahme nicht als Kriegsgefangener zu behandeln ist, s.u. E.II.5.b.dd.

1 Art.1 HLKO erwähnt, anders als später die einschlägigen Vorschriften der Genfer Konventionen von 1949, das Erfordernis der Zugehörigkeit zu einer Konfliktpartei nicht ausdrücklich. Schwarzenberger weist darauf hin, daß dieses Kriterium aus der "Verantwortlichkeit" der Führung herausgelesen werden kann, vgl. ders. S.270

2 Zur Zeit der Verabschiedung der HKLO galt das Humanitäre Völkerrecht allerdings nur bei Vorliegen eines Krieges im völkerrechtlichen Sinne, vgl. oben Abschnitt D I 1).

3 Für Draper stellt die HLKO mit der Zubilligung des Kombattantenstatus an irreguläre Kämpfer außerhalb der Armee einen Kompromiß dar zwischen den Interessen der großen Militärmächte und solchen Staaten, die mit Hilfe außerhalb der Armee operierender irregulärer Einheiten für ihre Unabhängigkeit oder gegen fremde Besetzung (Bsp. Belgien) gekämpft hatten. Die Diskussionen in Brüssel 1874 und Haag 1899 bzw.1907 fanden daher vor dem Hintergrund eines durch "regulär gegen irregulär" geprägten Erfahrungshorizonts statt. Art.1 der HLKO ist für diesen Autor daher eine ernste Einschränkung der Zubilligung des Kombattantenstatus an Kämpfer außerhalb der regulären Armee, vgl. ders.1971, S.180. Auch Kalshoven bezeichnet die Regelung über die "levée en masse" als Zugeständnis der großen Militärmächte gegenüber den vertretenen kleinen Mächten bei der 2. Haager Friedenskonferenz 1907, vgl. ders.1987, S.119. Insbesondere über die die Frage des Widerstandes in besetzten Gebieten konnte bezeichnenderweise keinerlei Einigkeit oder auch nur ansatzweise Kompromißwille festgestellt werden, vgl. ebd. S.120. Auch Cassese weist auf die unterschiedliche Interessenlage der verschiedenen bei der Brüsseler Konferenz vertretenen Mächte hin, vgl. ders., in Cassese 1979, S.470,471

Für Veuthey bedeuten die Kriterien für die außerhalb der Armee kämpfenden Milizen etc. eine Einschränkung der Verteidigungsinteressen kleiner Staaten, welche nur nach der expliziten Aufnahme von Martens'scher Klausel und den Regeln über die "levée en masse" bereit waren, diese einengenden Kriterien zu akzeptieren. Vgl. im selben Sinne Abi-Saab, der von einem bei den Verhandlungen in Brüssel und Haag bestehenden "militarist camp" spricht, bestehend aus den großen Militärmächten der Zeit, und einem "patriotic camp", das sich aus den Vertretern der kleinen und auf irregulären Widerstand gegen Invasion und Besetzung angewiesenen Staaten rekrutierte, vgl. ders 1972, S.109 sowie 1979, S.418

4 Ipsen 1993, S.142

noch können bewaffnete Kämpfer nur dann Kombattantenstatus erlangen, wenn eine Rückkoppelung mit einem Subjekt des Völkerrechts besteht[1]. Welcher Art diese Rückkoppelung sein muß, ist allerdings umstritten[2]. Hinsichtlich des offenen Waffentragens ist bis heute ebenfalls umstritten, aus welcher Entfernung das erforderliche Abzeichen erkennbar sein muß und ob nicht in Zeiten moderner Kommandoeinheiten mit ihrer Ausrüstung und Kampftechnik das offene Waffentragen als eher hypothetisch gelten muß[3].

c) Teilnehmer an einer "Levée en Masse"

Mit der "Levée en masse" beschreibt Art.2 die bis heute einzige und zeitlich wie räumlich eng begrenzte Ausnahme von dem Grundsatz, daß das humanitäre Völkerrecht den Primärstatus des Kombattanten nur denjenigen Personen zugesteht, die von einem Völkerrechtssubjekt zu bewaffneten Schädigungshandlungen ermächtigt wurden[4]. Unter bestimmten Voraussetzungen gewährt Art.2 in einer Art Notstandssituation den Kombattantenstatus auch solchen Personen, die nicht durch ein Völkerrechtssubjekt zur Vornahme von Kampfhandlungen ermächtigt wurden.

Es handelt sich um die "Bevölkerung eines nicht besetzten Gebiets, die beim Herannahen des Feindes aus eigenem Antrieb zu den Waffen greift, um die eindringenden Truppen zu bekämpfen, ohne Zeit gehabt zu haben, sich nach Art.1 zu organisieren".

---

1 Vgl. F.III.1.c.

2 So beruft sich Schwarzenberger im Zusammenhang mit Art. 4 A 2 der III.Genfer Konvention von 1949 zur Begründung einer sehr weiten Auslegung des Begriffs "Zugehörigkeit zu einer Konfliktpartei" auf eine völkerrechtsgeschichtliche Entwicklung, die immer mehr auf die ausdrückliche oder stillschweigende Ermächtigung irregulärer Einheiten durch den Souverän verzichtet und bestimmte objektive Kriterien in den Vordergrund gerückt habe (Bsp.: levée en masse). Schwarzenberger geht so weit zu sagen, daß Anerkennung durch die Regierung des Staates oder Rechtmäßigkeit nach deren Gesetzen irrelevant sei. Er schließt daraus, daß ein "implied test of legitimation" verzichtbar sei und kritisiert die dahingehende Forderung des israelischen Militärgerichtshofs im sog. "Kassem-Fall", vgl. ders. 1971, S.270-273.

Die überwiegende Meinung in der Literatur geht allerdings in Übereinstimmung mit dem Wortlaut des Art. 4 A 2 der III. Genfer Konvention v. 1949 auch heute vom Erfordernis eines enger gefaßten "Rechtsbandes" zwischen dem irregulären Kombattanten und dem Völkerrechtssubjekt aus, vgl. unten die Literatur zum Kombattantenstatus gem. den Genfer Konventionen von 1949 E.II.4.b. und c.

3 Schwarzenberger weist auf die angesichts heutiger Waffen übliche Tarnung hin und meint: "an air of unrealty has always surrounded this particular piece of draftmanship", vgl. ders. 1971, S.273 m.w.N.

4 Greenspan, S.62,63; Meyrowitz 1966, S.144; Ipsen in Handbuch Fleck 1994, S.67

Kombattantenstatus kommt den Teilnehmern an einer "Levée en Masse" nur dann zu, wenn sie die Waffen offen tragen und bei ihrer Kampfführung die "Gesetze und Gebräuche des Krieges" beachten. Da der Griff zu den Waffen außerhalb jeder militärischen Hierarchie erfolgt und einen selbsthilfeähnlichen Charakter hat, wird in der Literatur das letztgenannte Erfordernis auf die Einhaltung der dem Kriegsrecht zugrundeliegenden fundamentalen Anforderungen der Moral und der elementaren Gebote der Zivilisation beschränkt. Gewissermaßen als Ausgleich hierfür wird dagegen für Teilnehmer an einer "Levée en Masse" das Erfordernis des offenen Waffentragens enger als bei Art.1 HKLO ausgelegt im Sinne eines *sichtbaren* Waffentragens[1]. Diese gegenüber organisierten Einheiten restriktivere Interpretation des offenen Waffentragens macht sichtbar, in welchem Maße gerade die Regeln zum Kombattantenstatus die für das humanitäre Völkerrecht so prägende, sorgfältig austarierte Balance zwischen militärischer Notwendigkeit und Humanität[2] widerspiegeln.

Durch Art.2 wird nur der *spontan* mit dem Ziel der Bekämpfung des eindringenden Feindes geleistete Widerstand erfaßt[3] und dies auch nur in einer dem Notstand vergleichbaren Situation, d.h. nur dann, wenn zeitlich keine Möglichkeit zum Aufbau eines regulären Widerstands bestanden hat[4]. Durch den Wortlaut des Art.2 nicht gedeckt sind insbesondere Widerstandsbewegungen in besetzten Gebieten sowie jeder sonstige geplante und daher nicht spontane Widerstand[5]. Durch seinen restriktiven Wortlaut, der auf die faktische Unmöglichkeit der Herstellung des in Art.1 beschriebenen Normalfalls abstellt, enthält Art.2 eine Bekräftigung des Grundsatzes, daß nur den Angehörigen der von einem Völkerrechtssubjekt entsprechend autorisierten Verbände der Primärstatus des Kombattanten zukommt[6]. Die Regelung der "Levée en Masse" in Art.2 HKLO ist inhaltsgleich und nahezu wortgleich durch die insoweit heute noch unverändert gültigen ersten drei Genfer Rotkreuz-Konventionen von 1949 übernommen worden[7]. Wenn auch die Zubilligung des Kombattantenstatus an

---

[1] Meyrowitz 1966, S.145

[2] Vgl. hierzu oben C.I.

[3] Meyrowitz nennt als Zeitgrenze für die "Levée en Masse" den Übergang von der Invasion zu einer kriegerischen Besetzung, vgl. ders.1966, S.144

[4] Draper: "last ditch defence", vgl. ders.1971, S.181

[5] Ipsen 1993, S.143. Kalshoven unterstreicht dies mit kritischem Unterton: "The Regulation remained utterly silent, however, on a phenomenon far more common than that rara avis, the levée en masse: viz., armed resistance in occupied territory; on this, neither agreement nor even the beginning of a compromise had been forthcoming", vgl. ders 1977, S.120

[6] Ipsen 1993, S.143

[7] Art.13 Abs.4 der I. und II. Genfer Konvention sowie Art.4 A.6 der III. Genfer Konvention

die Teilnehmer einer "Levée en Masse" heute nur noch selten praktische Bedeutung erlangen dürfte[1], so handelt es sich doch, ähnlich wie bei der Anerkennung von Aufständischen als Kriegführende, weiterhin um geltendes Völkerrecht.

4. Kombattantenstatus nach der Genfer Kriegsgefangenenkonvention von 1929

Die II. Genfer Konvention von 1929 betreffend die Behandlung der Kriegsgefangenen[2] enthält zwar eine Reihe von Fortschritten und Verbesserungen für Kriegsgefangene (z.B. Verurteilung von Repressalien gegen Kriegsgefangene), sie enthält jedoch keine neue Definition des Kombattantenstatus und nimmt in dieser Frage lediglich Bezug auf die ersten drei Artikel der HLKO[3]. Neue Entwicklungen in diesem Bereich ergaben sich erst durch die Genfer Konventionen von 1949.

---

1 Meyrowitz nennt als mögliche Anwendungsfälle z.B. Überraschungsangriffe durch Luftlandetruppen oder schnelle Durchbrüche von Panzern weit in das Hinterland des Gegners hinein, vgl. ders.1966, S.144

2 S.o. Abschnitt A V.

3 Vgl. Lapidoth, S.172

E. Fragen der Anwendbarkeit des humanitären Völkerrechts gemessen an den Genfer Konventionen von 1949

I. Sachliche Anwendbarkeit

1. Vom Krieg zum bewaffneten Konflikt

Das klassische Völkerrecht beruhte auf einer strengen Trennung von Krieg und Frieden als den zwei grundlegenden, sich gegenseitig ausschließenden Rechtszuständen in den internationalen Beziehungen[1]. Die Unterscheidung von Krieg und Frieden bildet aus guten Gründen einen elementaren Bestandteil auch des heutigen allgemeinen Völkerrechts[2]. Zur Zeit des klassischen Völkerrechts war entsprechend dieser Zweiteilung das humanitäre Recht als Teil des Kriegsrechts nur in der Situation eines Krieges im völkerrechtlichen Sinne anwendbar (zum Verhältnis von humanitärem Völkerrecht und Kriegsrecht vgl. oben B.I.2.).

Sofern es um Konflikte innerhalb eines Staates ging, war die Geltung humanitätsrechtlicher Normen abhängig von einem konstitutiven Anerkennungsakt seitens der legalen Regierung oder dritter Staaten, durch welchen Aufständische als Kriegführende oder zumindest als Insurgenten anerkannt wurden (s.o. D.I.2.).

Damit war das humanitäre Völkerrecht in der Mehrzahl der Bürgerkriege ebenso unanwendbar wie bei nicht-kriegerischen bewaffneten Konflikten (de facto-wars oder Kriege im materiellen Sinne) und sog. "measures short of war" (bewaffnete Repressalien und Interventionen)[3].

---

1 Schindler, Aspects contemporains de la neutralité, in: RdC (Bd.121) 1967 II, S.221 ff.(278); Greenwood in Fleck, S.34. Diese Unterscheidung reicht zurück bis zu Cicero, von dem der Satz stammt: "inter bellum et pacem nihil est medium", vgl. L.C. Green, 1977, S.3

2 Vgl. Bindschedler in Festschrift Wengler, S.27,47; Wengler, Völkerrecht, Bd.II, S.1364; siehe oben D.I.1.a)dd) zur Vereinbarkeit des Kriegszustandes mit dem heutigen Recht. Für Eitel drängt der Krieg zwingend auf rücksichtslose Brutalisierung, während die friedlichen Beziehungen zwischen Völkern stets "gelassener und weniger emotionsgeladen" waren. Deshalb sei im Völkerrecht "kein Unterschied so wohl begründet wie der zwischen Friedens- und Kriegsrecht", vgl. ders. S.96,97

3 Eine klare Unterscheidung zwischen "measures short of war" und dem Begriff des Krieges im materiellen Sinne ist nicht möglich. Letzterer bezeichnet jedoch eher die kriegsähnliche militärische Auseinandersetzung ohne rechtlichen Kriegscharakter, "measures short of war" waren dagegen zumeist lokal und zeitlich eher begrenzte Operationen. Vgl. hierzu Schindler, in RdC 1979, S.125. Zur Abgrenzung des Krieges von sonstigen Formen internationaler Gewaltanwendung siehe oben D.I.1.a.

Mit dem Ende des 1. Weltkrieges setzte jedoch eine Entwicklung ein, welche die internationale Realität immer weiter von der beschriebenen Rechtslage entfernte. Vor allem seit den 30-iger Jahren ergab sich eine wachsende Zahl von zwischenstaatlichen Konflikten, in denen keine Kriegserklärung erfolgte und das Verhalten der Beteiligten nicht auf das Vorhandensein eines animus bellegerendi schließen ließ[1]. Dahinter stand regelmäßig die Absicht, nicht durch eine Kriegserklärung das gesamte Kriegsrecht (zum Begriff s.o. B.I.1.) anwendbar werden zu lassen[2]. Seit dem 2. Weltkrieg ist es häufig vorgekommen, bei Ausbruch internationaler Feindseligkeiten auf Kriegserklärungen zu verzichten und den Kriegszustand zu leugnen[3]. Hinzu kommt, daß auch in Bürgerkriegen immer seltener Aufständische als Kriegführende oder Insurgenten anerkannt werden[4]. So gelangt ein Autor zu der Schlußfolgerung, "that the state of war or belligerency is hardly more than a relic of a past time"[5]. Für das humanitäre Völkerrecht ergab sich aus der dargestellten Entwicklung, daß seine Anwendbarkeit nur noch in einer kleinen Zahl von Fällen von vornherein zweifelsfrei feststand. Eitel schreibt: "Wollten Kampfführungsregeln und Opferschutz sich auf solche Kriege beschränken (gemeint ist der förmliche Kriegszustand, Anm. d. Verf.), so wären sie in den letzten 50 Jahren ziemlich überflüssig gewesen"[6].

Die als "Niedergang des klassischen Kriegsbegriffs"[7] beschriebene, allgemeine Tendenz zur Vermeidung des Kriegszustandes hat verschiedene Ursachen. Eine

---

1 Bindschedler, in Festschrift Wengler, S.33; Schindler, in Cassese 1979, S.4. Ein historisch wichtiges Beispiel hierfür ist der chinesisch-japanische Mandschurei-Konflikt (1931-1933 und 1937-1945), in dem bis 1941 beide Seiten trotz heftiger Kämpfe und hoher Verluste jahrelang sogar ausdrücklich bestritten, sich miteinander im Kriege zu befinden, vgl. hierzu Schindler, in RdC (Bd.121) 1967 II, S.221 ff. (S.279). Jessup weist auf den sowjetisch-japanischen Grenzkonflikt in der Mandschurei hin, in welchem von beiden Seiten der Kriegszustand geleugnet wurde, obwohl Japan allein in einer Schlacht 18000 Mann verlor; vgl. Jessup, S. 99,100. Ein weiteres Beispiel ist der Konflikt zwischen Italien und Äthiopien 1935, vgl. hierzu Stone, S.311

2 Kwakwa, S.44

3 Kalshoven 1973, S.10; Scheuner in Festschrift Berber, S.468; Schindler, in RdC (Bd.121) 1967 II, S.221 ff. (281). Kwakwa diskutiert und verneint unter Hinweis auf einschlägige Diskussionen in der Literatur die Frage, ob bei der Intervention der U.S.A. in Panama 1989 ein Kriegszustand vorgelegen habe, nachdem das panamaische Parlament am 15.12.1989 erklärt hatte, "...that the Republic of Panama is in a state of war while there is agression against the people of Panama from the United States of America", vgl. ders. S.44,45. Weitere Beispiele bei Eitel, S.100

4 Eibe H. Riedel, Recognition of Belligerency, in EPIL Bd. 4, S.169,172 sowie ders. ebd. Recognition of Insurgency, S.172. Vgl. auch oben D.I.2.a.

5 Schindler, in Cassese 1979, S.19; Kwakwa bezeichnet die Verwendung des Begriffs "Krieg" als Anachronismus, vgl. ders. S.44

6 Eitel, S.100

7 Rajower, S. 5

dieser Ursachen liegt in der heutigen Geltung des umfassenden Kriegs- und Gewaltverbotes nach Art.2(4) SVN[1]: ausdrückliche Kriegserklärungen bergen die Gefahr in sich, als Aggressor zu gelten. Der Kriegszustand führt aber auch zur Geltung des Neutralitätsrechts und damit zu dem Verbot der Lieferung von Kriegsmaterial an die Kriegführenden[2]. Ein weiterer Grund für den Verzicht auf Kriegserklärungen ist darin zu sehen, daß der Krieg als Form der umfassenden Konfrontation dem Interesse besonders der Supermächte zuwiderlief, Konflikte zu regionalisieren, um eine globale Eskalation militärischer Gewalt zu verhindern. Darüber hinaus ist vielen Staaten daran gelegen, ihre Beziehungen zur anderen Seite nicht durch eine Kriegserklärung eindeutig festzulegen[3].

Die große Zahl bewaffneter Konflikte bei gleichzeitiger Abwesenheit des Kriegszustandes führte in der Völkerrechtslehre teilweise zu der Forderung, die klassische Zweiteilung in Krieg und Frieden aufzugeben und Situationen, welche trotz militärischer Gewaltanwendung keinen Krieg, jedoch eben wegen dieser Gewalt auch keinen Frieden darstellen, mit dem Begriff des "status mixtus" zu belegen. So meint Schwarzenberger: "it is characteristic of this state that it does not necessarily lead to the comprehensive use of power, as in the case of war"[4]. Schwarzenberger beschreibt Situationen friedlichen Krieges (bellum pacificum) und kriegerischen Friedens (pax bellicosa) und meint: "these constellations are incompatible with the states of peace and war; they constitute a state of their own, a status mixtus"[5]. Auch Jessup fragt: "the question may be posed whether it would not be useful to break away from the old dichotonomous approach, acknowledging in law as in fact that there is a third status intermediate between peace and war"[6]. Ebenso wie Jessup und Schwarzenberger gehört auch L.C.Green zu den Autoren, welche in Anpassung des Völkerrechts an die Realität der Staatenpraxis einen "status mixtus" zwischen Krieg und Frieden befürworten[7].

---

[1] Zur Entwicklung von der Kriegsfreiheit zum Gewaltverbot vgl. oben B.II.1.

[2] Vgl. Art.6 und 7 des XIII. Haager Abkommens von 1907 (Text bei Schindler/Toman, S.856,857); Art.7 und 18 des V.Haager Abkommens von 1907 (Text bei Schindler/Toman, S.849,851).

[3] Zu den Gründen für die Seltenheit des Kriegszustandes insgesamt vgl. Kalshoven 1973, S.10; Castren 1954, S.34,35; Schindler, in Cassese 1979, S.4; Bindschedler, in Festschrift Wengler, S.34 sowie Rajower, S. 5-7

[4] Schwarzenberger 1943, S. 470

[5] Schwarzenberger 1943, S.470.

[6] Jessup, S. 100

[7] Vgl. L.C.Green 1957, S. 388. Dabei vertritt Green im Anschluß an Fritz Grob die These von der Relativität des Kriegsbegriffs, vgl. ders., a.a.O. S.438. Siehe auch oben D.I.1.a. Für die heutige Zeit räumt L.C. Green ein, daß "Krieg" und "bewaffneter Konflikt" nahezu synonym verwendet werden, vgl. ders. 1993, S. 69

Der Gedanke eines "status mixtus" ist in der Völkerrechtslehre trotz der beschriebenen Praxis der weitgehenden Vermeidung des Kriegszustandes überwiegend auf Ablehnung gestoßen: die Anpassung des Rechts an die Tatsachen führe mangels klarer Regeln für den "status mixtus" zu Rechtsunsicherheit, vor allem auch für die an einem Konflikt nicht beteiligten Staaten. Dies beeinträchtige die regelnde und begrenzende Funktion des Völkerrechts und sei geeignet, nicht-kriegerische Gewaltanwendung eher zu fördern[1].

Wenn auch die Idee eines "status mixtus" zwischen Krieg und Frieden sich nicht durchsetzte, so änderte dies doch nichts an dem unbefriedigenden und wegen der Folgen einer Eskalation gefährlichen Zustand, daß das humanitäre Völkerrecht als Element der Mäßigung im nicht-kriegerischen internationalen bewaffneten Konflikt nicht galt. Hinzu kam, daß es in Bürgerkriegen nur selten, meistens jedoch überhaupt nicht anwendbar war, obwohl diese Konfliktform an Häufigkeit und Intensität weltweit zunahm. Insofern stellen die vier Genfer Konventionen von 1949 (vgl. die Zusammenstellung oben Abschnitt A.V.) ein einschneidendes Datum in der Entwicklung dar, indem sie ihre Anwendbarkeit von der inneren Willensrichtung oder Anerkennungsakten der Beteiligten loslösen und statt dessen von einer tatsächlichen Situation abhängig machen[2].

Nach dem allen vier Konventionen gemeinsamen Art.2 Abs.1 finden diese Anwendung "in allen Fällen eines erklärten Krieges oder eines anderen bewaffneten Konflikts, der zwischen zwei oder mehreren der Hohen Vertragsparteien entsteht, auch wenn der Kriegszustand von einer dieser Parteien nicht anerkannt wird"[3]. Darüber hinaus enthält der den vier Genfer Konventionen von 1949 gemeinsame Art.3 ein Minimum an humanitären Regeln "im Falle eines Konflikts, der keinen internationalen Charakter hat und auf dem Gebiet einer der Hohen Vertragsparteien entsteht"[4]. Damit entstand für Bürgerkriegssituationen unabhängig von irgendeiner Form der Anerkennung ein Minimum humanitärer Verhaltensnormen. Alle seit 1949 auf dem Gebiet des humanitären Völkerrechts geschlossenen Übereinkommen und Konventionen knüpfen an den in Art.2 der vier Genfer Konventionen zwar nicht als solcher erwähnten, aber darin be-

---

1 Vgl. Bindschedler in Festschrift Wengler, S.34 (dort Fßn.19) sowie S.48; Meng, War, in EPIL Bd. 4, S.284,285; Steinkamm, S.41

2 Schindler bezeichnet dies als "une des conquêtes les plus importantes du droit humanitaire", vgl. ders. in RdC (Bd.121) 1967 II, S.221 ff. (285). Für Eitel bezweckt Art.2, "daß sich nicht Parteien mit der Behauptung, es handele sich nicht um einen Krieg, von beschwerlichen Schutzvorschriften lösen können", vgl. ders. S.100

3 BGBl 1954 II, S.783

4 BGBl 1954 II, S.783,784

schriebenen und vorausgesetzten[1] Begriff des internationalen bewaffneten Konflikts an[2], der im übrigen auch die sog. "Measures short of war" hat obsolet werden lassen[3]. Das II.Zusatzprotokoll von 1977 zu den Genfer Konventionen von 1949 nimmt den Begriff des nicht-internationalen bewaffneten Konflikts aus Art.3 der vier Genfer Konventionen von 1949[4] zum Ausgangspunkt der Definition seines Anwendungsbereichts.

Die dargestellte Entwicklung bedeutete im Verhältnis zur vorausgegangenen Rechtslage eine deutliche Erweiterung und Objektivierung[5] des sachlichen Anwendungsbereichs des humanitären Völkerrechts. Dies gilt zumindest für das nach 1949 entstandene Recht.

Es stellt sich jedoch die Frage, ob nicht angesichts der seit 1949 durchgängigen Anknüpfung an den Begriff des bewaffneten Konflikts[6] auch das vor 1949 geltende humanitäre Völkerrecht (also vor allem das sog. "Haager Recht") vom sachlichen Anwendbarkeitserfordernis des völkerrechtlichen Kriegszustandes befreit worden ist. Eine Mindermeinung fordert für die Anwendbarkeit des "Haager Rechts" nach wie den Kriegszustand, sofern nicht eine Norm bereits in einem Abkommen enthalten ist, das ausdrücklich den bewaffneten Konflikt zur Anwendungsvoraussetzung hat[7]. Die ganz überwiegende Meinung in der Literatur bejaht die Anwendbarkeit auch des älteren Haager Rechts in der Situation "bloßer" bewaffneter Konflikte und begründet dies mit der Zielrichtung des vor

---

1 Dies entspricht allgemeiner Ansicht, vgl. Ipsen in Festschrift Menzel, S.405

2 Vgl. Art.18 Abs.1 der Konvention zum Schutz von Kulturgut bei bewaffneten Konflikten vom 14.5.1954 (Text bei Schindler/Toman, S.669); Art.1 des Übereinkommens über das Verbot oder die Beschränkung des Einsatzes bestimmter konventioneller Waffen, die übermäßige Leiden verursachen oder unterschiedslos wirken können (Text bei Schindler/Toman, 3.Aufl. 1988, S.180); Art.1 Abs.3 des I. Zusatzprotokolls von 1977 zu den Genfer Konventionen von 1949 (vgl. Text im Anhang). Auch Art.39,44,45 des Wiener Übereikommens über diplomatische Beziehungen vom 18.4.1961 enthält den Begriff des bewaffneten Konflikts (Text bei Berber, Dokumente, Bd.I, S.876,877,878). Den Begriff des "bewaffneten Konflikts" erwähnt in Art.53 Abs.3 auch das Wiener Übereinkommen über konsularische Beziehungen vom 24.4.1963 (Text bei Berber, Dokumente, Bd.I, S.905)

3 Schindler, in RdC 1979, S.126

4 Vgl. Art.1 des ZP II, in BGBl 1990 II, S.1639

5 "Objektivierung" bedeutet in diesem Zusammenhang zwar, daß das humanitäre Völkerrecht bei Vorliegen einer bestimmten Situation ipso facto und nicht abhängig von den Intentionen der Beteiligten gelten soll, vgl. auch Blix, S.131. Dennoch bleibt ein subjektives Element darin bestehen, daß es letztlich den beteiligten Staaten obliegt, eine bestimmte Situation als "armed conflict" zu bewerten, vgl. Hess, S.13.

6 L.C. Green spricht von einer seit 1945 allgemein sichtbaren "tendency to replace the concept of war by that of armed conflict", vgl. ders. 1977, S.5

7 Miller, S.17; Steinkamm, S.41; Kelsen/Tucker, S.27

1949 verabschiedeten Haager Rechts. Dessen teleologische Auslegung ergebe, daß dessen Sinn und Zweck des Haager Rechts in der Aufrechterhaltung eines Minimums an Humanität immer dann bestehe, wenn zwischen Staaten oder anerkannten Aufständischen Waffengewalt zum Einsatz kommt. Dies gelte auch für alle als international zu bezeichnenden bewaffneten Konflikte, auch wenn diese nicht als Krieg zu bezeichnen seien[2].

Der dargestellten Ansicht, welche auch der Staatenpraxis entspricht[3], ist zuzustimmen. Sie findet zusätzlichen Rückhalt in den Zusatzprotokollen von 1977 zu den Genfer Konventionen von 1949, welche einerseits dem Haager Recht zugehörige Regelungen enthalten[4], andererseits aber den bewaffneten Konflikt zur Anwendungsvoraussetzung haben (s.o.). Es wäre ein kaum vertretbares Ergebnis, wenn in einem internationalen bewaffneten Konflikt einige "Haager" Normen wegen ihrer Statuierung im ZP I anwendbar wären, andere dagegen nicht, weil etwa die HLKO nur in der Situation des erklärten Krieges anwendbar sei. Auch die oben erwähnten Resolutionen der UN-Generalversammlung stellten stets auf die Anwendung *aller* Verträge des humanitären Völkerrechts in bewaffneten Konflikten ab ("human rights in armed conflict")[6].

Die bisherigen Überlegungen führen also zu dem Ergebnis, daß die sachliche Anwendbarkeit des humanitären Völkerrechts in seiner Gesamtheit vom Vorliegen eines internationalen bewaffneten Konflikts abhängt, in Bezug auf bestimmte Teile von der Existenz eines nicht-internationalen bewaffneten Konflikts. Damit hat das humanitäre Völkerrecht andere sachliche Voraussetzungen als das übrige Kriegsvölkerrecht, welches nach wie vor vom Kriege im Rechts-

---

1 Bindschedler, in Festschrift Wengler, S.35; Bindschedler-Robert, S.51,S.60; Castren 1954, S.33; Wengler, Völkerrecht Bd.II, S.1466; Guggenheim, Völkerrecht Bd.II, S.780. Anderer Ansicht bezüglich des Haager Rechts. Zu den wichtigsten Grundsätzen des humanitären Völkerrechts vgl. oben Abschnitt C.

2 Bindschedler, in Festschrift Wengler, S.35; Bindschedler-Robert, S.51,S.60; Castren 1954, S.33; Wengler, Völkerrecht Bd.II, S.1466; Guggenheim, Völkerrecht Bd.II, S.780. Anderer Ansicht bezüglich des Haager Rechts noch Miller, S.17; Steinkamm, S.41; Kelsen/Tucker, S.27. Zu den wichtigsten Grundsätzen des humanitären Völkerrechts vgl. oben Abschnitt C.

3 Bindschedler-Robert, S.50; Schindler in RdC (Bd.121) 1967 II, S.286.

4 Hierzu s.o. Abschnitt A.V.

5 Vgl. Abschnitt B.II.2.

6 Vgl. Abschnitt B.II.2.

sinne ausgeht[1]. Kriegszustand und die Anerkennung Aufständischer sind daher "by no means obsolete"[2].

Für den weiteren Fortgang der vorliegenden Arbeit kommt es darauf an, den internationalen und nicht-internationalen bewaffneten Konflikt als sachliche Anwendbarkeitsvoraussetzung des humanitären Völkerrechts näher zu untersuchen. Dabei soll zunächst auf die Bedeutung eingegangen werden, die diesen Begriffen vor der Verabschiedung der zwei Zusatzprotokolle zu den Genfer Konventionen zukam. Nach einer Darstellung des persönlichen Anwendungsbereichs und einer Reihe von Problemen im Zusammenhang mit den nationalen Befreiungskriegen (Guerillakrieg, Selbstbestimmungsrecht der Völker) sind im weiteren die mit den ZP'en eingetretenen Veränderungen der Rechtslage zu untersuchen.

2. Der internationale bewaffnete Konflikt

Der Begriff des internationalen bewaffneten Konflikts ist als Anwendbarkeitsvoraussetzung des humanitären Völkerrechts von zentraler Bedeutung, da bewaffnete Gewalt jenem Notrecht in seiner Gesamtheit nur dann unterfällt, wenn diese sich entweder als Krieg im Sinne des Völkerrechts oder als internationaler bewaffneter Konflikt darstellt[3]. Da die Konventionen nach dem gem. Art.2 auch im Falle des erklärten Krieges anwendbar sind und dieser keine Kampfhandlungen voraussetzt, ist ihre Geltung nicht stets an bewaffnete zwischenstaatliche Gewalt gebunden.

Liegt ein solcher Konflikt vor, führt dies andererseits *automatisch* zur Anwendbarkeit des humanitären Völkerrechts[4]. Zu prüfen ist dabei insbesondere, wer Partei eines internationalen bewaffneten Konflikts sein kann und welche faktischen Situationen dieser Begriff voraussetzt.

---

1 Zum Begriff des Kriegsvölkerrechts vgl. oben B.I.1. und 2., zum Kriegsbegriff oben D.I.1.

2 Bindschedler-Robert, S.49; so auch Schindler, in Festschrift v.d.Heydte, S.574.

3 Dabei soll im dem hier interessierenden Zusammenhang nicht näher untersucht werden, welche Teile des Genfer und Haager Rechts bei Vorliegen eines internationalen bewaffneten Konflikts i.S.d. Art.2 der GK'en ipso facto auch zwischen solchen Konfliktteilnehmern gelten, die nicht Mitglied der jeweiligen Konventionen und Verträge sind, vgl. hierzu Hess, S.44; Ipsen in Festschrift Menzel, S.408,409. Übereinstimmung scheint auch über den völkergewohnheitsrechtlichen Charakter des Haager Rechts zu bestehen. Aber auch die GK'en werden mittlerweile dem Völkergewohnheitsrecht zugerechnet, vgl. zu beidem oben A.V.

4 Schindler nennt verschiedene Konflikte bis 1979 bei denen dies der Fall war, vgl. ders. in RdC 1979, S.128

Trotz der Bezugnahme auf bestimmte tatsächliche Vorgänge ist der "internationale bewaffnete Konflikt" nicht nur eine Tatsachenbeschreibung, sondern ein Rechtsbegriff. Dies folgt u.a. aus seiner Bedeutung als eine Anwendungsvoraussetzung des humanitären Völkerrechts[1]. Da es sich beim internationalen bewaffneten Konflikt um ein Völkerrechtsverhältnis handelt, kommen als Beteiligte an einem solchen Konflikt in erster Linie die Staaten in Betracht, da sie mit umfassender Völkerrechtssubjektivität ausgestattet sind[2]. Auch die Vereinten Nationen können Teilnehmer an internationalen bewaffneten Konflikten sein[3].

Die Völkerrechtssubjektivität allein vermag jedoch nicht abschließend darüber zu entscheiden, wer im Rahmen eines internationalen bewaffneten Konflikts Adressat der Normen des humanitären Völkerrechts sein kann, da nach heutigem Völkerrecht Adressaten völkerrechtlicher Normen aufgrund dieser Eigenschaft eine (zumindest partielle) Völkerrechtssubjektivität erlangen können[4]. Neben den Staaten und den Vereinten Nationen kommt nach allgemeiner Auffassung auf Grund des Effektivitätsprinzips nur noch den nicht anerkannten Staaten als stabilisierten de facto-Herrschaften die Fähigkeit zu, Partei eines internationalen bewaffneten Konflikts zu sein[5].

---

1 Vgl. Ipsen in Festschrift Menzel, S.405; Partsch, Armed Conflict, in EPIL Bd.3 (1982), S.26 unter Hinweis auf Art.1 Abs.2 des II. Zusatzprotokolls zu den Genfer Konventionen, der die Anwendbarkeit des Protokolls für solche Situationen ausschließt, die keinen bewaffneten Konflikt darstellen (vgl. Text im Anhang).

2 Kalshoven bezeichnet die zwischenstaatlichen Konflikte als "international armed conflicts properly speaking", vgl. ders. 1973, S.9

3 Ipsen in Festschrift Menzel, S.408. Eitel läßt die Frage offen, argumentiert jedoch, die VN könnten nicht ohne weiteres Vertragspartei der Konventionen und Protokolle werden, da diese auf Staaten zugeschnitten seien, vgl. ders. S.100. Seyersted hält einen förmlichen Beitritt der VN zu den Haager Abkommen von 1907 und zu den Konventionen von 1949 für möglich. Überall wo Zweifel hinsichtlich der Beitrittsbefugnis denkbar seien (Bsp.: Kulturgutkonvention von 1954), stehe den VN auf jeden Fall der ad-hoc-Beitritt offen, vgl. ders. S.361. Für diesen Autor gibt es zwar im gesamten Kriegsrecht keinen ausdrücklichen Hinweis auf dessen Anwendbarkeit auf Konflikte mit VN-Beteiligung, (S.193), die Anwendbarkeit jedenfalls des humanitären Völkerrechts auf Zwangsmaßnahmen der VN ergebe sich jedoch zumindest in Analogie zum Geltungsumfang des humanitären Völkerrechts im zwischenstaatlichen Konflikt. Zwangsmaßnahmen der VN seien daher als internationale bewaffnete Konflikte zu verstehen, auf die das humanitäre Völkerrecht anwendbar sei (S.199). Für die Anwendbarkeit spreche auch die Möglichkeit, das internationale Konfliktsrecht anzuwenden auf anerkannte Aufständische und von der Gewahrsamsmacht nicht anerkannte Regierungen oder Autoritäten (Art.4.A.3.III.GK). Es sei deshalb nicht einzusehen, warum das humanitäre Völkerrecht, auf Zwangsmaßnahmen der VN nicht anwendbar sein solle (S.97-203). Nach ausführlicher Untersuchung aller kriegsrechtlich relevanten Normen kommt Seyersted zu dem Ergebnis, daß bewaffnete Streitkräfte der VN praktisch ausnahmslos an die im zwischenstaatlichen Konflikt geltenden Normen des humanitären Völkerrechts gebunden sind, vgl. ders. S.297. Zum Verhältnis von Kriegsbegriff und VN s.o. D.I.1.e.

4 Blix, S.132; Verdross/Simma 3.Aufl. 1984, S.222.

5 Schindler diskutiert verschiedene denkbare Konstellationen (Vietnam, Korea, Israelisch-arabischer Konflikt) und kommt zu dem Ergebnis: "The Conventions are to be considered applicable even if the parties to a conflict do not recognize each other", vgl. ders. in

Zwischen den genannten, möglichen Teilnehmern muß ein bewaffneter Konflikt bestehen. Hier stellt sich die Frage, ob für das Vorliegen dieses Merkmals ein bestimmtes Maß an Intensität bewaffneter Gewalt gegeben sein muß. Diese Ansicht wird teilweise vertreten[1]. So versucht Kalshoven den internationalen bewaffneten Konflikt abzugrenzen von Grenzzwischenfällen oder der Infiltration von Saboteuren und Terroristen in das Gebiet eines anderen Staates[2]. Die Anknüpfung an eine bestimmte, nur von Staaten erfüllbare Intensität der Kampfhandlungen als Voraussetzung der Anwendbarkeit des im internationalen Konflikt anwendbaren Rechts wurde in der Literatur teilweise als "geomilitary scale" bezeichnet[3]. Meyrowitz klammert den Fall verdeckter Aktionen aus dem Begriff des bewaffneten Konflikts aus[4].

Das materielle Kriterium der Intensität von Kampfhandlungen führt jedoch zu erheblicher Rechtsunsicherheit bzgl. der "unteren" Anwendbarkeitsschwelle der im internationalen bewaffneten Konflikt anwendbaren Normen des humanitären

---

RdC 1979, S.129. Vgl. auch Ipsen In Festschrift Menzel, S.408; Zischg, S. 37; Bindschedler-Robert, S.51; v.d.Heydte, Völkerrecht Bd.II, S.128, Lombardi, S.323. Vgl. zum Begriff der stabilisierten de facto-Herrschaft Verdross/Simma 3.Aufl. 1984, S.239 f.; eine bloß lokale de facto-Herrschaft, d.h. eine die charakteristischen Staatsmerkmale aufweisende Herrschaft auf einem Teil des Staatsgebietes ohne völkerrechtlich festgelegte Grenze (Sezession) kann nicht Partei eines internationalen bewaffneten Konflikts sein, vgl. Hess, S.126; Ipsen in Festschrift Menzel, S.410. In diesen Fällen kommt eine Anerkennung der Aufständischen nach den oben (Abschnitt D.I.2.a.) dargestellten Grundsätzen in Betracht. Konflikte zwischen Staatsgebilden, die über einen längeren Zeitraum durch eine Demarkationslinie getrennt sind, werden rechtlich in jeder Hinsicht als bewaffnete Konflikte mit internationalem Charakter behandelt. Vgl. auch Ulrich Beyerlin, Die humanitäre Aktion zur Gewährleistung des Mindeststandards in nichtinternationalen bewaffneten Konflikten", Berlin 1975, S.30. Ebenso Schindler in RdC 1979, S.129. Zur Problematik der Befreiungsbewegung als Partei eines internationalen bewaffneten Konflikts vgl. unten E.IV.4.b.

1 Vgl. Detter de Lupis, S.18 m.w.N.

2 Kalshoven 1973, S.11. Siotis setzt einen "lutte armee prolongée dans l'espace et dans le temps" voraus, vgl. ders., S.21. Auch Kwakwa geht offenbar von einer gewissen materiellen Intensitätsschwelle der Kampfhandlungen aus: "The intensity of operations required to invoke the threshold of applicability of the Geneva Conventions will vary according to the situation", vgl. ders. S.46

3 "Only when the conflict reached a certain threshold of military intensity or when a geographical boundary was crossed did the conflict become international. A certain level of violence had to be present - a level that only states could produce - or regular troops of a foreign state had to enter an internal conflict before the conflict became an international armed conflict in law", vgl. Forsythe 1975, S.80. Diese Argumentation ist allerdings nicht ganz stimmig: zum einen wird man auch den erwiesenermaßen ohne jede Gewaltanwendung möglichen Kriegszustand als Unterfall des internationalen bewaffneten Konflikt bezeichnen müssen (der gemeinsame Art.2 GK'en spricht von einem erklärten Krieg oder einem anderen bewaffneten Konflikt), zum anderen können nicht nur Staaten sondern auch Aufständische die Konfliktintensität entwickeln, welche Voraussetzung der Anwendbarkeit des im internationalen Konflikt geltenden Rechts ist, s.o. D.I.2.a.

4 Meyrowitz 1973, S.918

Völkerrechts. Zu Recht wird deshalb auch überwiegend auf Anforderungen an Umfang und Dauer der bewaffneten Auseinandersetzung verzichtet. So schreibt Pictet: "Tout différend surgissant entre deux Etats et provoquant l'intervention des membres des forces armées, est un conflit armé au sens de l'article 2, même si l'une des Parties conteste l'etat de belligérance. Le respect dû a la personne humaine ne se mesure pas au nombre des victimes"[1]. Im Interesse der Rechtssicherheit und der Effektivität des humanitären Völkerrechts sollte daher von einem internationalen Konflikt von dem Moment an gesprochen werden, in welchem, und sei dies auch nur punktuell der Fall, gegen den völkerrechtlich geschützten Bereich des Gegners Waffengewalt angewandt wird[2]. Aus dem Begriff des Konflikts und aus Absatz 2 des gemeinsamen Art.2 (Besetzung ohne bewaffneten Widerstand des Gegners kein bewaffneter Konflikt) wird teilweise gefolgert, daß der Begriff des bewaffneten Konflikts Gewaltanwendung von beiden Seiten voraussetzt[3].

Die vorgetragene bewaffnete Gewalt muß der jeweiligen Partei des Konflikts nach den Regeln der völkerrechtlichen Verantwortlichkeit zurechenbar sein, d.h. es muß entweder ein Organ des Staates oder ein Nichtorgan in rechtlicher bzw. faktischer Ausübung öffentlicher Funktionen tätig werden[4]. Unter Einbeziehung des Abs.2 des gemeinsamen Art.2 unterscheidet Kussbach sieben Situationen, die nach dieser Vorschrift als internationale bewaffnete Konflikte zu betrachten sind[5].

---

[1] Vgl. Pictet, Commentaire I, S.34. Für Schindler ist selbst ein unbedeutender Grenzzwischenfall ausreichend, d.h. jede einem Staat nach den Regeln über die Staatenverantwortung zurechenbare Gewaltanwendung, vgl. ders. in RdC 1979, S.131

[2] Ipsen in Festschrift Menzel, S.419, 423; Schindler, in RdC 1979, S.128, 131; Pictet 1973, S.52. Ebenso Kwakwa, S.1

[3] Bothe/Partsch/Solf, S.46

[4] Ipsen in Festschrift Menzel, S.419; Miller, S.19. Zur völkerrechtlichen Verantwortlichkeit für Organhandeln vgl. Verdross/Simma 3.Aufl. 1984, S.885 ff.; vgl. auch Seidl-Hohenveldern, 9.Aufl. 1997, S.319-321.

[5] Vgl. Kussbach, S.502,503:

1. Erklärter Krieg (Absatz 1, erster Fall)
2. Jeder andere, d.h. ohne formellen Kriegszustand stattfindende bewaffnete Konflikt zwischen Staaten (Absatz 1, zweiter Fall)
3. Bewaffnete Konflikte zwischen Staaten, in denen eine der Parteien nicht anerkannt hat (Unterfall von 2.)
4. Jede Art der Besetzung (Absatz 2)
5. Die Besetzung, gegen die kein militärischer Widerstand geleistet wird (Abs. 2, Unterfall von 4.)
6. Bewaffnete Konflikte, in denen nicht alle Parteien Vertragspartei sind (Absatz 3, Grundtatbestand)
7. Bewaffnete Konflikte, in denen der Staat, der nicht Vertragspartei ist, die Konventionen annimmt und anwendet (Absatz 3, Unterfall von 6.)

3. Die kriegerische Besetzung (occupatio bellica)

Verschiedene Regeln des humanitären Völkerrechts beziehen sich auf die Situation der kriegerischen Besetzung. Darüber hinaus taucht der Begriff der fremden Besetzung in Art.1(4) ZP I auf. Zur Darstellung des humanitärvölkerrechtlichen Hintergrundes soll daher nachfolgend auf die occupatio bellica kurz eingegangen werden.

Ursprünglich war die siegreiche Seite eines Krieges im Falle der Besetzung gegnerischen Territoriums hinsichtlich der Behandlung der Zivilbevölkerung nicht durch völkerrechtliche Regeln gebunden, Okkupation führte regelmäßig zu Annexion[1]. Erst im 19. Jahrhundert nahm die kriegerische Besetzung die Form einer gewohnheitsrechtlichen Institution des Kriegsrechts an, die dann später im 3.Abschnitt der HLKO kodifiziert wurde[2].

Art.42 der HLKO lautet:
"Ein Gebiet gilt als besetzt, wenn es sich tatsächlich in der Gewalt des feindlichen Heeres befindet. Die Besetzung erstreckt sich nur auf die Gebiete, wo diese Gewalt hergestellt ist und ausgeübt werden kann."[3].

Diese Geltungsvoraussetzung für das Recht der occupatio bellica geht, ganz im Sinne des klassischen Völkerrechts, von einer kriegerischen Auseinandersetzung zwischen Staaten aus. Eine Weiterentwicklung des erwähnten Haager Rechts enthalten die vier Genfer Konventionen von 1949. Vor allem das IV. Genfer Abkommen zum Schutze von Zivilpersonen in Kriegszeiten ist für die Bevölkerung militärisch besetzter Gebiete von Bedeutung. Wie dargestellt, setzen dabei die Abkommen von 1949 für ihre Anwendbarkeit nicht mehr den Krieg im Völkerrechtssinne voraus[4]. Eine besondere Erwähnung findet die occupatio bellica in Absatz 2 des gemeinsamen Artikels 2 GK'en[5].

Der Verzicht auf das Erfordernis eines vorausgegangenen bewaffneten Konflikts soll bewirken, daß auch Fälle wie die Besetzung Dänemarks durch das Deutsche Reich im Jahre 1940 vom Recht der kriegerischen Besetzung erfaßt werden[6]. Über die meist ohnehin aufgrund von Absatz 1 des gemeinsamen

---

1 Vgl. v.Glahn, S.681

2 Art.42-56, Text bei Hinz/Rauch, Nr.1504, S.14-18 sowie bei Schindler/Toman, S.82-86

3 Hinz/Rauch, Nr.1504, S.14

4 Vgl. oben E.I.1.

5 BGBl 1954 II, S.783, vgl. Text im Anhang

6 Schindler, in RdC 1979, S.132

Art.2 gegebene Anwendbarkeit hinaus bestätigen damit die Konventionen von 1949 ausdrücklich ihre Geltung für Besetzungen gegnerischen Territoriums. Insofern kann eine kriegerische Besetzung nur zwischen solchen Parteien stattfinden, die auch fähig sind, an einem internationalen bewaffneten Konflikt im Sinne des gemeinsamen Art.2 Abs.1 teilzunehmen[1].

Dem entsprechen auch die Definitionen der kriegerischen Besetzung:
Castren definiert die occupatio bellica als vorübergehende, kriegsrechtlich geregelte Machtausübung über jenen Teil des feindlichen Territoriums, welcher der tatsächlichen Gewalt eines Kriegführenden unterstellt ist[2]. Diese Definition knüpft ebenso wie der bereits erwähnte Art.42 HLKO an die territoriale Herrschaft eines Staates über das Gebiet eines anderen Staates an. Für Schindler ist eine occupatio bellica im Sinne Art.2 Abs.2 der Konventionen von 1949 gegeben, wenn ein Staat mit seinen Streitkräften in einem anderen Staat interveniert, um dort Herrschaftsgewalt auszuüben[3]. Bothe spricht von "actual control of the territory of another state by the use of military force"[4]. Dabei verbleibt nach einhelliger Auffassung die Souveränität bei dem besetzten Staat und geht nicht auf die lediglich eine de facto- Herrschaftsgewalt ausübende Besatzungsmacht über[5].

Auch wenn die vorausgehende volle Souveränität über das besetzte Gebiet den Regelfall der kriegerischen Besetzung darstellen wird, so stellt dies - entgegen der von Israel bezüglich der Westbank und des Gazastreifens vertretenen Position - nach überwiegender Auffassung doch keine conditio sine qua non für das Vorliegen einer occupatio bellica i.S.d. gemeinsamen Art.2 Abs.2 GK'en dar[6]. Das an militärische Fakten anknüpfende Völkerrecht der kriegerischen Besetzung sollte wegen der positiven humanitären Rechtsfolgen in einem eher breiten Anwendungsbereich gesehen werden und daher auch bei Besetzung eines von widerstreitenden Territorialansprüchen betroffenen Gebiets anwendbar sein[7].

---

1 Hierzu oben E.I.2.

2 Castren 1954, S.213

3 Schindler, in RdC 1979, S.132

4 Bothe, Occupation after Armistice, in EPIL Bd.4, S.64

5 Castren 1954, S.215; v.Glahn, S.686. Vgl. auch Gerson 1977, S. 530

6 Zur Haltung Israels vgl. Gerson 1973, S. 1 ff.. Dagegen Bothe, der die von Israel geknüpfte Bedingung als "legal nicety" bezeichnet, vgl. ders., Occupation after Armistice, in EPIL Bd.4, S.65; vgl. auch v.Glahn, S.684

7 Vgl. Draper 1971, S.193. So auch Reisman 1988, S.483 m.w.N.

Aus dem in Art.2 Abs.2 GK'en enthaltenen Verzicht auf das Erfordernis bewaffneten Widerstandes gegen die Besetzung wurde in der Literatur sogar teilweise gefolgert, auch Fälle der Anwesenheit fremder Truppen mit Billigung oder sogar auf Einladung der Regierung des "Empfangsstaates" fielen unter den Begriff Besetzung[1]. Eine solche Auslegung stünde jedoch in Widerspruch zur staatlichen Souveränität, die nach weiterhin überwiegender Ansicht auch eine Einladung fremder Truppen ins Land deckt[2]. Folgerichtig führt bezogen auf das ius in bello das Eingreifen eines Staates in einen Bürgerkrieg auf seiten der hierzu einladenden Regierung zur Anwendung des humanitären Völkerrechts für nicht-internationale Konflikte, nicht aber zu einer Situation der occupatio bellica[3]. Letzteres würde auch der dem Recht des internationalen Konflikts zugrundeliegenden Vorstellung widersprechen, wonach zwei dem Kriterium Staat, Staatenverbindung oder zumindest de facto-Herrschaft gerecht werdende Parteien tatsächlich *in Konflikt* stehen. Die Zustimmung der etablierten Staatsgewalt zur Anwesenheit fremder Truppen im Lande zu ignorieren hieße, einen Konflikt anzunehmen, wo in der Realität möglicherweise gar kein Konflikt besteht und eine ohnehin militärisch-politisch angespannte Situation mit großer Rechtsunsicherheit zu belasten. Der Terminus "Besetzung" setzt somit begriffsnotwendig einen Einzug fremder Truppen gegen oder zumindest ohne den Willen des "Empfangsstaates" voraus.

Wie noch zu zeigen sein wird, spielt der Bedeutungsgehalt des gemeinsamen Art.2 Abs.2 GK'en für die Auslegung des Begriffs der fremden Besetzung in Art.1(4) ZP I eine entscheidende Rolle, da letzterer sinnvollerweise nur so ausgelegt werden kann, daß er ausschließlich solche Situationen regelt, die nicht bereits vom gemeinsamen Art.2 Abs.2 GK'en erfaßt sind [4]. Losgelöst von dieser Frage kommt dem gemeinsamen Art.2 Abs.2 jedoch auch eine wichtige eigenständige Bedeutung zu, da in vielen Fällen das ZP I mangels Ratifikation durch die Konfliktparteien nicht anwendbar ist.

---

[1] So schreibt Kwakwa: "Thus the recently concluded conflict in Afghanistan, for example, was an international conflict because there was a foreign occupation there - it makes no difference that the foreign forces were invited by the afghan 'government'", vgl. ders. S.47. Dabei bezieht sich Kwakwa nicht auf den Begriff der "fremden Besetzung" in Art.1(4) ZP I, sondern explizit auf die occupatio bellica nach dem gem. Art.2 Abs.2 GK'en. Folgt man dieser Auffassung, so wäre für Art.1(4) ZP I selbst in diesen speziellen Konstellation kein Platz, vgl. zu Art.1(4) ZP I unten F.III.1.b.dd.ccc. Für ein weites Verständnis des gem. Art.2 Abs.2 GK'en plädiert auch Reisman 1988, S.481,483

[2] Vgl. zur Diskussion um die Berechtigung des Eingreifens in einen Bürgerkrieg die unten E.I.5. dargestellten Ansichten.

[3] Vgl. zur Diskussion um die sog. "gemischten Konflikte" unten E.I.5. sowie Bindschedler-Robert, S.52; Kelsen/Tucker, S.28; Hess, S.160

[4] Vgl. dazu unten F.II.1.b.dd.ccc.

Die occupatio bellica ist zu unterscheiden von der Invasion, welche stets mit militärischen Auseinandersetzungen einhergeht, sie ist aber auch von der völligen Einverleibung besetzten Gebietes (Annexion) oder dessen Abtretung (Zession) abzugrenzen[1].

4. Der nicht- internationale bewaffnete Konflikt

Das klassische Völkerrecht betrachtete bewaffnete Konflikte innerhalb eines Staates als eine Angelegenheit ohne völkerrechtliche Bedeutung, da es den nichtstaatlichen Parteien interner Konflikte an der erforderlichen Völkerrechtsunmittelbarkeit fehlt[2]. Lediglich als Kriegführende oder Insurgenten anerkannte Aufständische erhielten durch die Anerkennung eine partielle Völkerrechtssubjektivität[3]. Dieses weitgehende Fehlen völkerrechtlicher Regelungen für innerstaatliche bewaffnete Konflikte war Ausdruck der praktisch uneingeschränkten Geltung des Souveränitätsprinzips, welches es den Staaten erlaubte, innere Unruhen und bewaffnete Auseinandersetzungen "unbehelligt" durch das Völkerrecht ausschließlich am Maßstab des Verfassungs- und Strafrechts zu messen [4]. Regierungen behandelten Rebellen jenseits aller Rechtspflichten und auf rein freiwilliger Basis nur dann nicht als schlichte Straftäter nach nationalem Recht, wenn diese sich in gewissem Umfang in ihrem Kampf gegen die etablierte Macht behaupten konnten[5]. Dies führte und führt auch heute in gewaltsamen innerstaatlichen Konflikten hinsichtlich der rechtlichen Stellung zu einem starken Ungleichgewicht zwischen der legalen Regierung und den sie bekämpfenden Gruppen[6]. Gleichstellung in der Rechtsposition besteht nur dann, wenn zwei nichtstaatliche Gruppen oder Organisationen Parteien der Auseinandersetzung sind[7]. Diese Situation wurde bereits Ende des

---

1 Zur Invasion: Castren 1954, S.214; Gerson 1977, S. 528. Zu Annexion und Zession vgl. Starke, S.565; Ipsen, Lehrbuch, S. 260 ff. sowie S. 265 ff.

2 Vgl. oben D.I.2.a.aa. sowie Siotis, S.207, Zischg, S. 27 und Wilson, S.22. L.C. Green schreibt: "...international law considered that whatever happened within the borders of a state was subject to the sovereignty of that state, unless it was clearly removed therefrom.", vgl. ders. 1977, S.6

3 Vgl. oben D.I.2.a.aa.

4 Bond, S.3; Wilson, S.23; Veuthey 1983, S.216. Rebellen wurden vor ihrer Anerkennung als Kriegführende oder Insurgenten wie einfache Kriminelle behandelt, vgl. Wilson, S.42

5 Bond, S.113

6 Vgl. Kalshoven 1973, S.13; Castren 1966, S.31. Auch der den vier Genfer Konventionen von 1949 gemeinsame Art.3 legt fest, daß seine Geltung auf die Rechtsstellung der am Konflikt beteiligten Parteien keinen Einfluß hat, vgl. BGBl 1954 II, S.783,784 (Text im Anhang)

7 Auch dies gehört zum Spektrum möglicher Konstellationen im nicht-internationalen bewaffneten Konflikt, vgl. Randelzhofer 1971, S.238

19.Jahrhunderts in der Literatur, seit Anfang des 20.Jahrhunderts auch durch das IKRK als unbefriedigend kritisiert[1]. Die Staatenpraxis ist solchen, die staatliche Souveränität herausfordernden Überlegungen nicht gefolgt.

Vor diesem Hintergrund verwundert es nicht, daß bei der diplomatischen Konferenz, welche die vier Genfer Konventionen von 1949 erarbeitete, ein Vorschlag des IKRK zur Anwendung der Genfer Konventionen in allen bewaffneten Konflikten, d.h. unabhängig von ihrem internationalen oder nicht-internationalen Charakter, von den Staaten nicht aufgegriffen wurde [2]. Vielmehr gehörte 1949 bereits die erstmalige Erfassung innerstaatlicher bewaffneter Konflikte durch ein Abkommen des humanitären Völkerrechts wegen des damit verbundenen Eingriffs in bis dato innere Angelegenheiten zu den umstrittensten Fragen der Konferenz[3]. Zeitweise war sogar in Frage gestellt, ob eine Regelung für nicht-internationale bewaffnete Konflikte überhaupt zustande kommen würde[4]. Die Staaten waren schon damals zum Souveränitätsverzicht zugunsten humanitärer Regeln auch im innerstaatlichen Konflikt offenbar kaum bereit[5].

---

[1] Vgl. hierzu Bothe, S.83; Baxter 1974, S.519; Ciobanu spricht von "ardent appeals" zugunsten internationaler Regelungen für interne Konflikte, besonders beeinflußt durch den Spanischen Bürgerkrieg, vgl. Ciobanu 1975, S.45 m.w.N.

[2] Es handelte sich um einen 1948 von der XVII. Internationalen Rotkreuzkonferenz angenommenen Vorschlag für einen Art.2 Abs.4, vgl. Sandoz/Swinarski/Zimmermann, RZ 68. Danach sollten die Genfer Konventionen auch gelten in allen bewaffneten Konflikten nicht-internationalen Charakters, insbesondere Bürgerkriegen, Kolonialkonflikten und Religionskriegen. Baxter schreibt: "The broad sweep of this stipulation prooved to be too much for the majority of the states represented at the Diplomatic Conference.", vgl. ders. 1974, S.519. Ebenso Oeter 1989, S. 464. Für Abi-Saab ist bemerkenswert, daß darin zwar auch koloniale Konflikte als nicht-internationale Konflikte erwähnt werden, darin jedoch kein Hindernis für die integrale Anwendbarkeit der Konventionen gesehen wurde, vgl. ders. 1972, S.95. Vgl. auch Pictet, Commentaire I, S.49; Koenig, S.85; Wilson, S.44; Salmon 1976, S.29; Abi-Saab in RdC 1979, S.383. Cassese verweist auf einen Vorstoß der Sowjetunion und ihrer Verbündeten, den Anwendungsbereich aller vier Genfer Konventionen auf Bürgerkriege und koloniale Kriege auszudehnen. Dieser Vorstoß sei auf nahezu einhellige Ablehnung gestoßen, vgl. ders. in Cassese (Proceedings), S.26

[3] Zum Konferenzverlauf vgl.Castren 1966, S.84 ff.; Siotis, S.195-204; Pictet, Commentaire I, S.46 ff.; Veuthey, in Cassese 1975, S.184 ff. Vgl. für die Darstellung der Diskussionen auch Tom Farer, S. 48-52. Sandoz/Swinarski/Zimmermann sprechen von einer "unprecedented inroad into the exclusive competence of governments to deal with their internal affairs", vgl. ebd. RZ 68. Dabei wurde auch die Problematik hervorgehoben, Staaten ausgerechnet in solchen Situationen mit völkerrechtlichen Einschränkungen ihrer Handlungsfreiheit zu konfrontieren, in denen sie in Kernbereichen ihrer Existenz herausgefordert werden, vgl. Ciobanu 1975, S.46 (FN 12)

[4] Ciobanu 1975, S.47

[5] Bothe, S.84

Dabei ging es 1949 weniger um praktische Anwendungsfragen als vielmehr um die Furcht vieler Konferenzteilnehmer rechtliche Beschränkungen im Umgang mit möglichen Rebellen in der heiklen Situation einer inneren Notlage und vor allem die mögliche "de facto-Aufwertung" jener Gruppen durch eine völkerrechtliche Regelung[1]. Andererseits galt es jedoch, zumindest ein gewisses Maß an humanitären Vorschriften auch in innerstaatlichen Konflikten wirksam werden zu lassen. Das Völkerrecht bezüglich dieser Konfliktart steht somit im Spannungsfeld zwischen Souveränität und Humanität und spiegelt gleichzeitig die Bedeutung wider, welche dem Schutz des Individuums im heutigen Völkerrecht zukommt[2].

Dies wird auch durch den Verlauf der Beratungen über den gemeinsamen Art.3 der Genfer Konventionen von 1949 bestätigt. Nachdem der Vorstoß des IKRK zur vollständigen Anwendbarkeit der Konventionen auch in innerstaatlichen Konflikten auf nahezu einhellige Ablehnung gestoßen war[3], ging es im weiteren um die Wahl zwischen zwei redaktionellen Vorgehensweisen, die eine grundsätzliche Problematik bei jeder völkerrechtlichen Regelung für innerstaatliche Konflikte darstellen: entweder man formuliert möglichst spezifische Regelungen für einen engen sachlichen Anwendungsbereich (hohe Anwendbarkeitsschwelle) oder man entwirft weniger detaillierte und eher auf ein "humanitäres Minimum" beschränkte Regeln für einen vergleichsweise weiten Anwendungsbereich (niedrige Anwendbarkeitsschwelle)[4]. Der schließlich in die Konventionen aufgenommene, gemeinsame Art.3 läßt erkennen, daß der letztgenannte Weg beschritten wurde. Ein Grund hierfür lag in dem Wunsch begründet, mit einer eher weiten Fassung des Anwendungsbereiches zu verhindern, daß Art.3 in seiner Bedeutung durch ständige Anwendbarkeitsstreitigkei-

---

1 Pictet, Commentaire I, S.138; Sandoz/Swinarski/Zimmermann, RZ 86,87; Randelzhofer 1975, S.42. Die Furcht vor einer rechtlichen Besserstellung des inneren Gegners durch völkerrechtliche Regelungen des Bürgerkrieges zieht sich wie ein roter Faden durch alle Diskussionen zu diesem Thema. Beispiele hierfür sind u.a. die Erfolglosigkeit, mit der das IKRK einer Konferenz von Regierungsexperten vorschlug, Bürgerkriege mit Beteiligung fremder Staaten einheitlich als internationale bewaffnete Konflikte zu behandeln (zur Beteiligung dritter Staaten im Bürgerkrieg vgl. unten E.I.5) sowie die sehr hoch angesiedelte Anwendungsschwelle für das ZP II, vgl. dessen Art.1 in BGBl 1990 II, S.1639 (vgl. auch Text im Anhang). Die Souveränität und Handlungsfreiheit gegenüber Rebellen und Aufständischen wollen die Staaten offensichtlich nicht eingeschränkt wissen.

2 Hess, S.96; Bindschedler, in Festschrift Berber, S.73; v.d.Heydte, Völkerrecht Bd.II, S.127.

3 Bothe spricht von einem Zurückweichen hinter den bei der Rotkreuzkonferenz 1948 in Stockholm vom IKRK gemachten Vorschlag der integralen Anwendbarkeit der Konventionen in allen bewaffneten Konflikten, vgl. ders. S.84

4 Siotis, S.208; Bond, S.56. Auf diesen Zusammenhang weist - anhand der Anwendbarkeitsregelung des ZP II - auch Bothe hin, vgl. ders. S.88,89. Er kam auch bei der CDDH anläßlich der Beratungen für das ZP II mit großer Deutlichkeit zum Ausdruck, vgl. dazu unten F.I.2.b.aa.bbb.

ten beeinträchtigt würde[1]. Sieht man einmal von den Wirkungen der Anerkennung Aufständischer ab, betritt der "in seiner Art revolutionäre"[2] gemeinsame Art.3 Neuland, indem er die Geltung des humanitären Völkerrechts erstmals auf den innerstaatlichen Bereich ausdehnt, was als "neue Etappe im Völkerrecht" bezeichnet wurde[3]. Art.3 war auch das Maximum dessen, was 1949 erreichbar erschien[4], jedoch unbestreitbar ein Versuch, die Anwendbarkeit wenigstens einiger Normen des humanitären Völkerrechts auch im nicht-internationalen Konflikt anwendbar zu machen, unabhängig von einer Anerkennung durch die Regierung[5].

Nach dem Wortlaut ist Art.3 anwendbar "im Falle eines bewaffneten Konflikts, der keinen internationalen Charakter hat und auf dem Gebiet einer der Hohen Vertragsparteien entsteht"[6], ein teilweise als "deceptively simple" bezeichneter Begriff[7]. Dabei stellt Art.3 für innerstaatliche Konflikte eine "Convention en miniature" dar, eine "short bill of rights for war victims"[8], die einige Grundsätze des Genfer Rechts für diesen, zuvor vertraglich ungeregelten Bereich anwendbar werden läßt[9].

---

1 Castren 1966, S.85; Zorgbibe, S.181; Siotis, S.204.

2 Wyss, S.24, Rajower spricht von einem "revolutionärem Konzeptwandel" in Bezug auf den Stellenwert des Völkerrechts für den internen Konflikt, vgl. ders. S. 43. Für Oeter handelt es sich um einen "major success in international law-making on the laws of war", vgl. ders. 1989, S. 464

3 Wyss, ebd. Bothe spricht von einem "pas décisif", vgl. ders. S.83. Baxter schreibt: "The very inclusion in the Conventions of an article dealing with internal armed conflicts was looked upon as a radical change in the law of war...", vgl. ders. in Harvard Journal, S.8

4 "Article 3 common to the four Geneva Conventions was the modicum of agreement which could be reached at the time, and such an achievement was obtained not without stern opposition from some delegantions", vgl. Ciobanu 1975, S.46. Dieser zitiert stellvertretend für andere den Delegierten aus Burma mit den Worten: "I do not understand why foreign governments would like to come and protect our people. Internal matters cannot be ruled by international law or Conventions. We say that external interference in purely domestic insurgency will but aggravate the situation, and this aggravation may seriously endanger the security of the State established by the people", vgl. Ciobanu 1975, S. S.46 FN12

5 Allerdings läßt der Text des gem. Art.3 der bekämpften Regierung einen außerordentlich großen Spielraum zur Leugnung des Vorliegens einer "Art.3-Situation", s.u.

6 BGBl 1954 II, S.783,784

7 Baxter 1974, 521

8 Baxter, in Harvard Journal, S.8

9 Nach dessen Text (vgl. BGBl. 1954 II, S. 783, 784) ist jede der konfliktbeteiligten Parteien gehalten, mindestens die folgenden Bestimmungen anzuwenden:

1. Personen, die nicht unmittelbar an den Feindseligkeiten teilnehmen, einschließlich der Mitglieder der Streitkräfte, welche die Waffen gestreckt haben, und der Personen, die durch Krankheit, Verwundung, Gefangennahme oder irgend eine andere Ursache außer

Im Bereich der Geltung des Art.3 erweist sich die teilweise Überschneidung von Menschenrechtsschutz und humanitärem Völkerrecht, auf die bereits hingewiesen wurde[1]. Die in Art.3 festgelegten Prinzipien entstammen nahezu alle dem im internationalen bewaffneten Konflikt anwendbaren Gewohnheitsrecht[2]. Im vorletzten Satz des Art.3 drückt sich die Hoffnung aus, die Staaten mögen wenigstens im Einzelfall und auf freiwilliger Basis tun, was sie als Rechtspflicht mit dem Vorschlag des IKRK abgelehnt hatten, s.o.[3]. Der letzte Satz wiederum ist als Konzession ggü. der Furcht von Staaten zu verstehen, dem innerstaatlichen Konfliktgegner durch Anwendung humanitärer Rechtsvorschriften einen internationalen rechtlichen Status zu geben[4]. Koenig sieht im letzten Absatz des Art.3 zwar eine "völkerrechtsdogmatischen Gratwanderung", gleichzeitig jedoch lediglich eine Konzession an die Notwendigkeit, realitätsbe-

---

Kampf gesetzt sind, werden unter allen Umständen mit Menschlichkeit behandelt, ohne jede auf Rasse, Farbe, Religion oder Glauben, Geschlecht, Geburt oder Vermögen oder auf irgend einem anderen ähnlichen Unterscheidungsmerkmal beruhende Benachteiligung.
Zu diesem Zwecke sind und bleiben in bezug auf die oben erwähnten Personen jederzeit und überall verboten
a) Angriffe auf das Leben und die Person, namentlich Tötung jeder Art, Verstümmelung, grausame Behandlung und Folterung;
b) das Festnehmen von Geiseln;
c) Beeinträchtigung der persönlichen Würde, namentlich erniedrigende und entwürdigende Behandlung;
d) Verurteilungen und Hinrichtungen ohne vorhergehendes Urteil eines ordentlich bestellten Gerichtes, das die von den zivilisierten Völkern als unerläßlich anerkannten Rechtsgarantien bietet.

2. Die Verwundeten und Kranken werden geborgen und gepflegt.
Eine unparteiische humanitäre Organisation, wie das Internationale Komitee vom Roten Kreuz, kann den am Konflikt beteiligten Parteien ihre Dienste anbieten.
Die am Konflikt beteiligten Parteien werden sich andererseits bemühen, durch Sondervereinbarungen auch die anderen Bestimmungen des vorliegenden Abkommens ganz oder teilweise in Kraft zu setzen.
Die Anwendung der vorstehenden Bestimmungen hat auf die Rechtsstellung der am Konflikt beteiligten Parteien keinen Einfluß."

Vgl. zu Art. 3 u.a. Hess, S.100; Bond, S.36; Wilson, S.45. Eine Mindermeinung sieht in Art.3 auch Elemente des Haager Rechts, vgl. Pinto, S.533 sowie Farer, S. 40. Für Kwakwa gilt: "....its importance cannot be overstated", vgl. ders.S.17

1 Hierzu oben Abschnitt B.II.2. Zu den sogenannten "notstandsfesten" Menschenrechten siehe Calogeropoulos-Stratis, S.131; vgl. auch Gasser 1995, S. 80

2 de Preux, S.264

3 Nach Kenntnis des Verfassers steht in der Staatenpraxis eine derartige Vereinbarungen noch aus, ein weiterer Beleg für die Problematik völkerrechtlicher Regelungen im nichtinternationalen Konflikt.

4 Für Abi-Saab steht dennoch fest, daß Rebellen durch den gemeinsamen Art.3 ein objektiver und - anders als bei der Anerkennung von Aufständischen - nicht vom Willen des staatlichen Gegners abhängiger Status zufällt, vgl. ders. 1972, S.96

zogene und praktikable Normen mit einem Minimum an Anwendungswahrscheinlichkeit zu schaffen[1].

Die Bindungswirkung des Art.3 ist nicht vom Reziprozitätsgrundsatz abhängig[2], obwohl teilweise kritisch gefragt wird, ob nicht hierin einer der Hauptgründe für die seltene Anwendung des gemeinsamen Art.3 in der Praxis liegt[3]. Hinsichtlich der nichtstaatlichen Konfliktteilnehmer werden für die Bindung an Art.3 verschiedene Begründungen gegeben[4]. Das bei der Anerkennung von Aufständischen als Kriegführende vorgebrachte Argument einer quasistaatlichen Qualität der nichtstaatlichen Konfliktpartei erscheint dabei allenfalls bei einem kleinen Teil der vom gemeinsamen Art.3 erfaßten Konflikte Geltung beanspruchen zu können[5]. Ein Teil der Lehre und das IKRK heben den Charakter der Genfer Konventionen als rechtsetzende Verträge hervor, welche nicht nur den Staat, sondern auch alle Staatsangehörigen einschließlich möglicher Rebellen verpflichten[6]. Ein anderer Teil betrachtet den innerstaatlichen Konflikt als Völkerrechtsverhältnis, wobei entweder den einzelnen Rebellen oder

1 Koenig, S.45

2 Draper 1965, S.90; Schindler, in RdC 1979, S.146; Pinto, S.525.

3 Karl Josef Partsch hebt die eminente Bedeutung des Gedankens der Gegenseitigkeit für die Beachtung des humanitären Völkerrechts hervor: "Es ist ...daran zu erinnern, daß in einer auf dem Zusammenwirken vieler Staaten beruhenden Ordnung wie der internationalen nur dann mit einer Beachtung und Befolgung von Verhaltensnormen gerechnet werden kann, wenn sie sich nicht nur an eine Stelle richten, sondern Rechte und Pflichten gleichmäßig...verteilen....Man kann daran zweifeln, ob diesem Gedanken bei der Regelung der nicht-internationalen Konflikte im gemeinsamen Art.3 der Konventionen von 1949 die gebührende Aufmerksamkeit geschenkt wurde.", vgl. Partsch, Regeln für den Aufstand? -Ein Versuch zur Erfassung von Unruhen und Spannungen -, in Neue Zeitschrift für Wehrrecht, Heft 1 (1989), S.2,3

4 Vgl. für einen Überblick Schindler in RdC 1979, S.151,152 sowie ausführlich auch Ciobanu 1975, S.67 (FN 72) und Rajower, S. 70 ff.

5 Vgl. oben Kapitel D.I.2.a.aa. sowie die hohen Anforderungen an effektive Machtausübung bei der Anerkennung Aufständischer durch Drittstaaten, vgl. D.I.2.a.cc.

6 Castren 1966, S.86. Auch das IKRK hat bei den Konferenzen der Regierungsexperten zur Vorbereitung der CDDH die Bindung der nichtstaatlichen Konfliktpartei an den gemeinsamen Art.3 der Konventionen mit diesem Argument begründet, vgl. hierzu Bothe, S.91. Dieser bezweifelt jedoch, ob man tatsächlich Rebellen an die Rechtsakte einer von ihnen bekämpften Regierung binden könne. Eine Regel, welche Aufständische an die die zuvor von der bekämpften Regierung unterzeichneten Verträge binde, existiere nicht, vgl. ebd. S.92. Vgl. auch Baxter 1974, S.527. Karl Josef Partsch hält die Begründung für die Bindung der nichtstaatlichen Konfliktpartei für eine "gewagte Konstruktion", da insbesondere im angelsächsischen Rechtskreis die Ratifikation den betreffenden Staat nicht automatisch binde, sondern erst ein Durchführungsgesetz erforderlich ist. Rebellen würden jedoch in aller Regel bestrebt sein, die Regeln der staatlichen Ordnung abzuschütteln, vgl. Partsch, Regeln für den Aufstand? -Ein Versuch zur Erfassung von Unruhen und Spannungen -, in Neue Zeitschrift für Wehrrecht, Heft 1 (1989), S.3,4.

deren Organisation eine partielle Völkerrechtssubjektivität zuerkannt wird[1]. Ein weiteres Argument beruft sich - wie im Bereich der Anerkennung von Aufständischen als Kriegführende- auf den Gedanken der Staatennachfolge, wonach jede die Regierungsgewalt im Staate anstrebende oder bereits teilweise regierungsähnliche Gewalt ausübende Macht in die Pflichten der Vorgängerregierung eintritt, einschließlich der aus dem humanitären Vertragsvölkerrecht folgenden Verpflichtungen[2]. Allerdings wird sich der Wille zur Machtübernahme - anders als bei Aufständischen nach klassischem Völkerrecht - wegen der oftmals nur schwach ausgeprägten Organisationsstruktur der nichtstaatlichen Partei in Art.3-Konflikten häufig kaum belegen lassen[3]. Darüber hinaus erscheint es einigen Autoren fragwürdig, Rebellen an eine Rechtsordnung binden zu wollen, welche von diesen ja gerade bekämpft wird[4]. Schließlich wird die Bindung der Aufständischen an Art.3 damit begründet, daß dieser nur Ausdruck elementarer, vertragsunabhängiger und für Regierungen wie Individuen gleichermaßen verbindlicher Normen sei, welche zum einen auch gewohnheitsrechtliche Wurzeln haben, zum anderen sogar völkerrechtliches ius cogens darstellen[5]. Insgesamt wird jedoch überwiegend die Bindung auch der nichtstaatlichen Konfliktteilnehmer an Art.3 angenommen[6].

Damit ist jedoch noch nichts ausgesagt über deren Bereitschaft, sich an Art.3 auch tatsächlich gebunden zu fühlen[7]. Darüber hinaus ist jede der für die recht-

---

[1] Siotis, S.218; Zorgbibe, S.181, S.187 ff.; Oppenheim/Lauterpacht, Bd.II, S.211; Neuhold, S.83

[2] Vgl. oben D.I.2.a.aa., vgl. auch Wilson, S.51 m.w.N. sowie Baxter 1974, S.528 unter Hinweis auf Pictet. Schindler verweist zu Recht darauf, daß im Falle angestrebter Sezession mit der Staatennachfolge nicht argumentiert werden kann, vgl. ders. in RdC 1979, S.151

[3] Wilson, S.51

[4] Krönert, S.168 m.w.N., vgl. auch Ciobanu 1975, S.67

[5] Pictet, Commentaire III, S.43; Condorelli, in Cassese 1979, S.388; Veuthey, in Cassese 1975, S.210; v.d.Heydte, Völkerrecht Bd.II, S.127; Schindler, in RdC 1979, S.151. Wilson weist jedoch darauf hin, daß die in Art.3 enthaltenen Prinzipien auch in der Weise betrachtet werden können, daß sie gewohnheitsrechtlich nur Staaten binden und daher den neuen Fall der Beteiligung einer nichtstaatlichen Konfliktpartei gerade nicht erfassen, vgl. Wilson, S.51 Bothe hält eine völkergewohnheitsrechtliche Norm für begründbar, wonach die von einem Staat ratifizierten Verträge auch ein sich auf dessen Gebiet später etablierendes Rechtssubjekt binden, vgl. ders. S.92

[6] Vgl. Gasser 1995, S. 82

[7] Diesen Aspekt unterstreicht -sicher nicht zu Unrecht- Baxter, vgl. ders. 1974, S.528. Gleicher Ansicht ist Ciobanu: "Interesting as they may appear in theory, the various propositions made with a view to ensuring compliance by the rebellious side with international obligations assumed by the government they oppose do not suffice for the fulfillment of such obligations in the turmoil of internal armed conflicts", vgl. Ciobanu 1975, S.67

liche Bindung der nichtstaatlichen Konfliktpartei gegebenen Begründungen auch mit Schwächen behaftet, die letztlich alle wurzeln in dem engen und auch nicht zu durchbrechenden Zusammenhang zwischen der Völkerrechtssubjektivität und der Anwendbarkeit des humanitären Völkerrechts[1].

Dieser bestätigt durch seine Anknüpfung an die Existenz eines nicht-internationalen bewaffneten Konflikts die oben für internationale bewaffnete Konflikte beschriebene Tendenz des humanitären Völkerrechts, seine Anwendbarkeit von subjektiven Elementen zu lösen und allein vom Vorhandensein bestimmter objektiver Tatsachen abhängig zu machen[2].

Problematisch bleibt jedoch auch hier, daß es nach wie vor in erster Linie Sache der am Konflikt beteiligten Parteien ist, das Vorhandensein der für das humanitäre Völkerrecht anwendungsrelevanten Tatsachen festzustellen. Hierin bleibt also ein subjektives Element bestehen[3]. Dies entspricht jedoch dem Wunsch der Staaten, sich bei der Bekämpfung innerstaatlicher Gegner nicht durch völkerrechtliche Verpflichtungen einschränken zu lassen[4]. In der Regel wird eine Regierung die Existenz eines nicht-internationalen bewaffneten Konflikts leugnen, bisweilen jedoch von Fall zu Fall und nach eigenem Gutdünken bereit sein, ohne Anerkennung irgendeiner Rechtspflicht ex gratia bestimmte Normen des humanitären Völkerrechts dem innerstaatlichen Gegner gegenüber anwenden, insbesondere wenn der Konflikt einen bestimmten Umfang erreicht hat[5].

Hinzu kommt, daß der Begriff des nicht-internationalen bewaffneten Konflikts in Art.3 selbst nicht näher konkretisiert oder erläutert wird[6]. Dies mag einer der Gründe für die seltene Anwendung dieses Artikels in der weitaus größten Zahl

---

1 Krönert, S.169; Bothe, S.92

2 Schindler, in RdC 1979, S.146.

3 Vgl. Pinto, S.526. Vgl. auch E.I.1. Wyss weist ebenfalls auf diese "Manko an objektiven Elementen" hin und hebt insoweit lobend die in Art.1 ZP II festgelegten objektiven Kriterien hervor. Sie weist allerdings auf den bereits oben E.I.4. dargestellten Zusammenhang hin, daß diese Konkretisierung nur durch eine hohe Anwendbarkeitsschwelle "erkauft" werden konnte, vgl. Wyss S.113

4 Ciobanu 1975, S.65

5 Ciobanu 1975, S.66. Dies betont auch L.C. Green 1993, S. 57

6 Kwakwa: "The phrase sounds deceptively simple", vgl. ders S.24. Ciobanu weist auf die in jeder Definition begründete Gefahr hin, daß entgegen der Intention ihrer Verfasser möglicherweise am Rande der Definition liegende Fälle ausgegrenzt werden (omnis definitio in jure periculosa), befürwortet jedoch wegen der Orientierungsfunktion für beide Konfliktparteien eine möglichst klare Definition des nicht-internationalen Konflikts, vgl. ders. 1975, S.48

von Situationen nicht-internationaler Gewaltanwendung seit dem II.Weltkrieg sein[1].

Man wird angesichts des Wortlauts des gem. Art.3 davon ausgehen können, daß dieser - im Gegensatz zu ZP II zu den GK'en - auch auf solche Auseinandersetzungen in einem Staat anwendbar ist, in denen sich zwei nichtstaatliche Konfliktparteien gegenüberstehen[2]. Sein Bedeutungsgehalt muß unter Rückgriff auf Lehre und Staatenpraxis ermittelt werden.

Nach einer teilweise vertretenen Ansicht ist Art.3 der vier Genfer Konventionen von 1949 in allen innerstaatlichen Konflikten anwendbar, da sein Inhalt Ausdruck elementarer Prinzipien sei, die auch in menschenrechtlichen Konventionen und Abkommen enthalten sind[3].

Demgegenüber erfährt der sachliche Anwendungsbereich des Art.3 bei der überwiegenden Mehrheit der Lehre unter Hinweis auf die Entstehungsgeschichte eine restriktivere Auslegung. So ergibt die Entstehungsgeschichte, daß einige Staaten die Geltung des Art.3 zunächst nur dort zulassen wollten, wo auch die Voraussetzungen einer Anerkennung Aufständischer als Kriegführende vorliegen [4]. Zwar rückte man im Verlauf der diplomatischen Konferenz von diesem, sehr engen Anwendbarkeitskriterium ab, dies führte jedoch nicht zu der Auffassung, Art.3 müsse in allen innerstaatlichen bewaffneten Auseinandersetzungen gelten. Vielmehr wurde stets betont, daß bloße Unruhen, Aufstände und Erhebungen, Banditentum und Kriminalität von der Regelung durch Art.3 ausgenommen bleiben sollten[5]. Diese Ansicht, wonach die Anwendbarkeitsschwelle

---

[1] "The deceptively simple expression 'armed conflict not of an internationale character' has not proven easy to apply to the multiplicity of circumstances under which violence may break out within a state", vgl. Baxter 1974, S.521

[2] Ein Vergleich mit Art.1 des späteren ZP II (vgl. BGBl. 1990 II, S. 1639) zeigt, daß man solche Situationen im Rahmen des ZP II nicht mehr erfaßt wissen wollte, vgl. auch unten F.III.2.b. Einen Bürgerkrieg auch beim Kampf zweier nichtstaatlicher Parteien anzunehmen, rechtfertigt sich durch die auch in dieser Konstellation bestehende Herausforderung des staatlichen Gewaltmonopols, vgl. Randelzhofer 1971, S.238

[3] Pictet, Commentaire III, S.41; Miller, S.22. Vgl. weitere Vertreter dieser Auffassung bei Hess, S.98

[4] Pictet, Commentaire I, S.48. Die Regierungen wollten damit der Gefahr vorbeugen, daß selbst einfache Straftaten im Gewande der "Kriegshandlung" auftreten könnten, vgl. Blix, S.138. Die Ansicht wurde u.a. von Spanien vertreten, vgl. Ciobanu 1975, S.58. Andererseits sind Regierungen stets geneigt, ihre inneren Gegner unabhängig von deren Organisationsgrad oder dem Umfang der geführten Auseinandersetzung als bloße Kriminelle zu behandeln, Pictet, Commentaire I, S.42; Draper 1965, S.88. Siotis bezeichnet diese Haltung als "extrèmement simpliste", vgl. ders., S.208

[5] Pictet, Commentaire I, S.53. Insofern knüpften die Staaten bei ihrer Argumentation an das Fehlen der Staatselemente Gebiet, Bevölkerung und Herrschaft an, vgl. Hess, S.97; vgl. hierzu auch Veuthey, in Cassese 1975, S.184/185. Auch in der Literatur wird abgegrenzt zu inneren Unruhen, Spannungen, Aufständen und Terrorismus, vgl. Bindschedler

des Art.3 zwischen sporadischer Gewalt und den Voraussetzungen der Anerkennung als Kriegführende angesiedelt ist , wird auch von seiten des IKRK vertreten[1]. Die Bandbreite der zwischen diesen Extremen auftretenden Konfliktsituationen läßt sich mit den Begriffen Revolution, Staatsstreich, lokale Auflehnung oder insurrection, riot, disorder, demonstrations, rebellion, insurgency beschreiben[2]. Ein Autor bemerkt dazu: "The forms of violence are as diverse as the passions, the driving forces, the emotions, the motives, and the ingenuity of man"[3], für einen anderen hat die Einordnung einer nichtinternationalen Auseinandersetzung anhand von deren Umfang und Schwere stets etwas Willkürliches und den Charakter einer "Momentaufnahme innerhalb des fließenden Kontinuums zwischen interner Spannung und Krieg"[4]. Für Ciobanu gilt: "Laudable efforts to distinguish internal disturbances and tensions from the armed conflicts under the scope of Article 3 common to the four Geneva Conventions have, time and again, been made with little success"[5]. Abgesehen vom Begriff der "insurgency" (hierzu oben D II.b.) handelt es sich dabei aber nicht um Rechtsbegriffe, sondern um bloße Beschreibungen tatsächlicher Situationen. Als Kriterien für die Abgrenzung von "Art.3-fähigen" Konflikten von solchen, die für das humanitäre Völkerrecht nicht relevant sind, werden folgende materiellen Elemente genannt:

- Ein Konflikt im Sinne des Art.3 setzt voraus, daß die normalen Mittel des Staates zur Aufrechterhaltung von Ruhe und Ordnung mit Hilfe der Polizei nicht mehr ausreichen und die reguläre Armee zum Einsatz gelangt[6].

---

in Festschrift Berber, S.73; Draper 1965, S.89; Zischg, S. 32; Oeter 1989, S. 466. Andererseits herrscht in der Lehre wohl auch Einigkeit darüber, daß Art.3 nicht nur dort anwendbar ist, wo die Voraussetzungen einer Anerkennung Aufständischer als Kriegführende gegeben sind, vgl. Schindler, in RdC 1979, S.146; Ciobanu 1975, S.52; Draper 1965, S.90. Anwendbar wird Art.3 auch dort sein, wo man von einem Bürgerkrieg im Sinne erheblicher Gewaltanwendung innerhalb eines Staates sprechen kann, vgl. hierzu und zur Abgrenzung des Bürgerkriegsbegriffs zu Aufstand und Revolution Randelzhofer 1971, S.238,239

1 Vgl. den Bericht einer Expertenkommission des IKRK von 1962 in RICR, 45.Jahrgang, 1963, S.79 ff. Zur Entwicklung der Diskussion beim IKRK vgl. Veuthey, in Cassese 1975, S.186-188.

2 Castren 1966, S.29,85; Bond, S.52; Schindler 1965, S.87. Vgl. auch Lothar Kotzsch, S. 230

3 Baxter 1974, S.525

4 Rajower, S. 37

5 Ciobanu 1975, S.55

6 Pictet, Commentaire I, S.53; Castren 1966, S.85; Siotis, S.209; Zorgbibe, S.181; Oeter 1989, S. 465; Schindler, in RdC 1979, S.147. Bindschedler-Robert fordert, daß die Armee nicht nur im Einzelfall, sondern im Verlauf fortgesetzter Operationen zum Einsatz kommen muß, vgl. dieselbe, S.50. Draper wendet sich gegen die Anwendung von Art.3 auf Polizeiaktionen gegen Bankräuber oder "indiscriminate rioters" und führt aus: "the

- Die Auseinandersetzungen haben kollektiven Charakter (d.h. es kämpfen nicht nur einzelne, verstreute Gruppen), auf Seiten der Rebellen besteht ein Minimum an Organisation [1]

- Dauer des Konflikts, Zahl der Aufständischen, Größe des beherrschten Gebiets, Zahl der Opfer, Grad der im Lande herrschenden Unsicherheit[2].

Diese Merkmale müssen nicht kumulativ vorhanden sein, damit ein Konflikt dem Art.3 unterfällt, sie stellen aber Anhaltspunkte für die Bewertung dar[3]. Die in der Literatur und beim IKRK seit 1949 zu beobachtende Tendenz, den Anwendungsbereich des Art.3 zunehmend weiter zu fassen[4], hatte nicht zur Folge, daß die Unterscheidung von innerstaatlichen Konflikten unterhalb und oberhalb der Schwelle zu Art.3 aufgegeben wurde.

Die Staatenpraxis, welche zu keiner Zeit von einer vollständigen Geltung des Art.3 für alle innerstaatlichen Konflikte ausgegangen war[5], hat die Anwendbarkeit dieser Vorschrift seit 1949 zunehmend restriktiv behandelt[6]. Dem entspricht der Befund, die Nichtbeachtung des gem. Art.3 sei ein "almost universal phenomenon" geworden[7]. Da Art.3 auf eine Definition des nicht-internationalen Konflikts verzichtet, steht den von einem innerstaatlichen Konflikt betroffenen Staaten stets ein erheblicher Beurteilungsspielraum zu, ob im konkreten Fall eine Art.3-Situation gegeben ist oder nicht[8]. Baxter schreibt mit

---

normal process of handling severe, violent and widespread crime must be assumed before Art.3 becomes applicable", vgl. Draper 1965, S.89

1 Veuthey, in Cassese 1975, S.187; Pictet, Commentaire I, S.53; Schindler 1965, S.87. Der kollektive Charakter der Auseinandersetzung und das Erfordernis eines Minimums an Organisation sind auch vom IKRK immer wieder betont worden. Ciobanu spricht von "general agreement" über die genannten Kriterien, vgl. ders. 1975, S.56. Vgl. auch Abi-Saab 1972, S.96

2 Schindler 1965, S.87; Bindschedler, in Festschrift Berber, S.73

3 Pinto, S.525. Für Rajower erfaßt der gemeinsame Art.3 zwar nicht den großen Aufruhr, jedoch Aufstand und Bürgerkrieg, vgl. ders. S. 44 sowie zu diesen Konfliktstadien S. 39

4 Zorgbibe, S.182; Bindschedler-Robert, S.50; Veuthey, in Cassese 1975, S.262; Veuthey, in Cassese 1975, S.262

5 Vgl. Pictet, Commentaire I, S.46.

6 Bond, S.36,58; Draper 1965, S.88,94; Wilson, S.47, mit verschiedenen Beispielen sowie Kwakwa S.23, der auf Afghanistan und El Salvador hinweist. Forsythe weist für die Zeit bis 1975 auf mindestens 9 Konflikte hin, in denen die Regierung die Anwendung des gem. Art.3 ausdrücklich anerkannt hatte, weitere 21 Konflikte, in denen zumindest das IKRK tätig wurde, vgl. Forsythe 1978, S.S.274 - 276

7 Forsythe 1978, S.274

8 Vgl. Bothe, S.84, der auf eine entsprechende Praxis betroffener Staaten hinweist

Blick auf jedwede Regelung nicht-internationaler Konflikte: "Every State must thus ask itself whether it desires to continue to apply its laws for the maintenance of public order to all persons within the territory of the State or whether it is willing to grant an immunity from prosecution and a protected position under international law to those who fight against it"[1]. Offenbar wollten sich viele Staaten 1949 durch Verzicht auf eine Definition einen möglichst großen politischen Entscheidungsspielraum bewahren. So fand auch die Idee, das Vorliegen der Voraussetzungen eines Art.3 - Konflikts durch eine internationale Institution festlegen zu lassen, 1949 kaum Resonanz[2]. Für Forsythe ist Art.3 vage und eher ein "Statement of affectionate generalities than of precise guidelines"[3]. Dies ist besonders deshalb zu bedauern, weil Bürgerkriege, seien es solche um die Macht im Staate oder um die Abtrennung eines Gebietsteils aus dem Staatsverband, meist mit größerer Brutalität und Rücksichtslosigkeit geführt werden als zwischenstaatliche Konflikte und folgerichtig auch einige der schlimmsten bewaffneten Auseinandersetzungen unserer Zeit als nicht-internationale Konflikte geführt wurden und werden[4]. Dies führte einen Autor zu der Feststellung: "Wenn denn eine Bestimmung der Genfer Konventionen der Bekräftigung und Präzisierung bedurfte, dann dieser Gemeinsame Artikel 3."[5]. Auch wenn in der

---

1 Baxter 1974, S.527

2 Ciobanu verweist beispielhaft auf den US-Delegierten, der klarstellte, "...that his country would not be willing to give a free hand to any organism, whether the Security Council or any other, with regard to deciding whether the Conventions should come into effect", vgl. ders. 1975, S.69

3 Forsythe 1978, S.273 m.w.N. auf Farer und Bond. Forsythe ebd. weiter: "No one has been completely sure as to in what factual situations the article applies and no one has been totally sure exactly what is prohibited in whatever situation it is that is regulated. The text of that article, ist drafting history, and subsequent interpretation do not make clear the exact scope and full content of Common Article 3".

Baxter schreibt: "Of only one thing one may be sure: There is no consensus as to the application of Article 3 to what are, in comparative terms, the lower levels of violence....", vgl. ders. 1974, S.526. Und weiter: "The obligations of Article 3 are cast in such general terms and leave so many things unsaid that they cannot, even under the best circumstances, be an adequate guide to the conduct of belligerents in civil strife", vgl. ders. 1974, S.529

4 Kwakwa, S.10, Firmage, S.305. L.C. Green sieht im zwischenstaatlichen Bereich lediglich bei den ideologisch geprägten Konflikten ein ähnliche Potential zur Brutalisierung, vgl. ders. 1977, S.6. Zum Charakter vieler Bürgerkriege schreibt dieser Autor: "History has shown time and time again that ruthlessness in civil war is the order of the day, with slaughter and extermination of opponents a common occurence, both sides seeking to rival each other but in fact merely setting off a circular process of increasing massacres", vgl. ders. 1977, S.37

5 Eitel, S.104. Für ihn ist es jedoch genau dies, was das II. Zusatzprotokoll leistet. An letzterer Aussage sind jedoch Zweifel angebracht, da sich die restriktive Tendenz der Staaten ggü. Regelungen für nicht-internationale Konflikte durch den eng gefaßten Anwendungsbereich des II. Zusatzprotokolls bestätigt hat. Angesichts der hohen Anwendbarkeitsschwelle erscheint fraglich, ob ZP II wirklich eine Schwäche des gem. Art.3 GK'en behebt, vgl. dazu unten F.III.2.b.

Literatur die humanitär-völkerrechtliche Unterscheidung von internationalen und nicht-internationalen bewaffneten Konflikten als überholt bezeichnet worden ist[1], muß doch festgestellt werden, daß die Staaten von einer Gleichbehandlung beider Konflikttypen heute weiter entfernt sind denn je.

Zu den großen Schwachpunkten des gemeinsamen Art.3 zählt neben der bereits erwähnten Bestimmungsmacht der beteiligten Konfliktparteien über das Vorliegen eines "Art.3-fähigen" Konflikts die Erfassung von lediglich zwei Personengruppen (Nichtteilnehmer bzw. Teilnehmer, welche die Waffen niedergelegt haben, keine die Kampfführung betreffenden Regelungen) sowie das Fehlen eines Mechanismus zur Überwachung seiner Einhaltung[2].

Insgesamt ist also festzustellen, daß nur bestimmte innerstaatliche Auseinandersetzungen einen "nicht-internationalen bewaffneten Konflikt" im Sinne des Art.3 der Genfer Konventionen von 1949 darstellen. Das geltende humanitäre Völkerrecht unterscheidet damit zwischen "Art.3-fähigen" Konflikten und solchen, die ausschließlich nach innerstaatlichem Recht zu beurteilen sind [3]. Dabei ist die untere Grenze der Geltung des Art. 3 nicht zweifelsfrei zu ermitteln[4].

Bei der Auslegung des Begriffs des nicht-internationalen bewaffneten Konflikts sollten der textliche Zusammenhang mit den anderen in Art. 3 enthaltenen Regelungen sowie Sinn und Zweck der Vorschrift den entscheidenden Maßstab liefern. Art. 3 betrifft "Feindseligkeiten", spricht von Personen, die "außer Kampf gesetzt sind". Auch wenn der gemeinsame Art. 3 keine Regeln des "Haager Rechts" enthält, so geht er doch erkennbar von zusammenhängenden militärischen Operationen auf beiden Seiten aus. Dafür spricht auch die Erwähnung von Mitgliedern der Streitkräfte, die die Waffen gestreckt haben. Für das Erfordernis einer recht hohen Intensitätsschwelle spricht auch die Überlegung, daß die humanitären Zwecke des Art. 3 nur erreicht werden können, wenn die nicht-staatlichen Konfliktparteien einen nicht unerheblichen Organisationsgrad erreicht haben und eine gewisse interne Disziplin aufrechterhalten. Auch wenn eine exakte Definition des nicht-internationalen bewaffneten Konflikts kaum erreichbar erscheint, wird man nach dem Zusammenhang mit dem Regelungsgehalt sowie nach Sinn und Zweck die Anwendbarkeitsschwelle des Art. 3 doch keinesfalls zu niedrig ansetzen dürfen.

---

[1] Vgl. hierzu Kwakwa S.23 m.w.N.

[2] Cassese, in Cassese 1979, S.492

[3] Kalshoven 1973, S.11; Kotzsch: "international law has no place for rebellion", vgl. ders., S.230

[4] Siotis, S.209; Ciobanu 1975, S.55; Schindler 1965, S.87

Auch die ganz überwiegende Lehre geht, bestätigt durch die Staatenpraxis, davon aus, daß Art. 3 auf Situationen vereinzelter Gewaltanwendung nicht anwendbar ist. Wie die Genfer Konventionen insgesamt, so hat auch deren gemeinsamer Art. 3 gewohnheitsrechtlichen Charakter und wird teilweise sogar als ius cogens betrachtet[1]. Koenig sieht in Art. 3 den gedanklichen Vorläufer des Art. 1(4) ZP I, da er Ausdruck eines funktional-humanitären Völkerrechtsanliegens sei, das Aufständischen keineswegs eine allgemeine völkerrechtliche Aufwertung verschafft, sondern ihnen im Interesse der Linderung des Leidens im Bürgerkrieg einen strikt auf das humanitäre Völkerrecht beschränkten locus standi zubilligt, ebenso wie auch der internationale Menschenrechtsschutz dem Einzelnen unmittelbare Rechte einräume, ohne ihnen damit eine wie auch immer geartete Völkerrechts-Subjektivität zuzugestehen, die etwa zu einer Bedrohung der staatlichen Souveränität werden könne [2]. Diese Argumentation ist unter humanitären Aspekten zu begrüßen, kommt jedoch nicht an der Tatsache vorbei, daß die Staaten 1949 ebenjene völkerrechtliche Aufwertung der nichtstaatlichen Konfliktpartei fürchteten. Dies hat sich, wie noch zu zeigen sein wird, bei den Beratungen der CDDH über das II. Zusatzprotokoll in besonders ausgeprägter Weise bestätigt[3]. Es war schließlich die völkerrechtliche und politische Aufwertung, welche die Anwälte der nationalen Befreiungskriege seit Anfang der sechziger Jahre und besonders bei der CDDH mit ihrer Forderung nach Behandlung dieser Auseinandersetzungen als internationale Konflikte zumindest ebenso anstrebten wie die Verbesserung des humanitären Schutzes[4]. Diesen Hintergrund muß jede völkerrechtliche Auseinandersetzung mit dem Thema als Faktum hinnehmen und realistisch bewerten, wenn sie dem zweifellos legitimen Anliegen des humanitären Völkerrechts gerecht werden will.

---

[1] Wyss betrachtet Art.3 als ius cogens, vgl. dies. S.25,26. Nach Ansicht dieser Autorin hat sich mittlerweile ein völkergewohnheitsrechtlicher "Mindeststandard" für alle nichtinternationalen Konflikte herausgebildet, der mindestens folgende Regeln umfaßt (vgl. Wyss, S.45):

1. Kein uneingeschränktes Schädigungsrecht des Gegners
2. Verbot des direkten und vorsätzlichen Angriffs auf die Zivilbevölkerung an sich
3. Unterscheidung zwischen Zivilbevölkerung und Personen, die direkt an den Feindseligkeiten teilnehmen, damit die Zivilpersonen soweit als möglich geschont werden können.

[2] "In diesem Zusammenhang 'Aufwertung' von Aufständischen zu (partiellen) Völkerrechtssubjekten im traditionellen Sinne zu diskutieren oder gar eine politische Aufwertung der Aufständischen zu befürchten, geht also Regelungsgegenstand des gemeinsamen Art.3 vorbei", vgl. Koenig, S.44,45

[3] Vgl. unten F.I.2.b.aa.bbb.

[4] Vgl. unten E.IV.4.

5. Abgrenzungsfragen zwischen internationalem und nicht-internationalem bewaffneten Konflikt

Das Problem der Unterscheidung von internationalem und nicht-internationalem bewaffneten Konflikt ist vor allem für die darin verwickelten Kämpfer von enormer Bedeutung:
Während ihnen im internationalen bewaffneten Konflikt unter bestimmten Voraussetzungen die Stellung legaler (und damit hinsichtlich der schlichten Teilnahme an Kampfhandlungen straffreier) Kombattanten zukommt, stellt der letzte Satz des gemeinsamen Art. 3 der Genfer Konventionen von 1949 klar, daß im nicht-internationalen bewaffneten Konflikt die Geltung des humanitären Völkerrechts an der Rechtsstellung der konfliktbeteiligten Parteien nichts ändert[1]. Damit bleibt insbesondere die Strafbarkeit nach nationalem Recht bestehen, so daß die Frage der Einordnung eines Konflikts als international bzw. nicht-international für den Einzelnen auf die Frage hinausläuft: "criminal or protected person?"[2]. Wegen der dargestellten, unterschiedlichen rechtlichen Stellung beteiligter Kämpfer soll auf die zwischen internationalem und nicht-internationalem bewaffneten Konflikt bestehenden Abgrenzungsschwierigkeiten[3] nachfolgend eingegangen werden.

Problematische Einordnungsfragen können sich zunächst dann stellen, wenn ein Konflikt über provisorische Demarkationslinien hinweg stattfindet oder wenn die Bewohner eines von konkurrierenden Souveränitätsansprüchen betroffenen Gebiets mit Waffengewalt gegen die etablierte Autorität vorgehen[4].

Höchst problematisch ist die klare humanitär-völkerrechtliche Einordnung eines Konflikts beim sogenannten "internationalen Bürgerkrieg"[5]. Darunter versteht

---

1 Vgl. Text im Anhang

2 Baxter 1974, S.527.

3 Unter beispielhafter Nennung von Korea-, Vietnam- und Biafra-Konflikt schreibt Schwarzenberger: "In an increasing number of cases, the international or internal character of an armed conflict is doubtful", vgl. ders.1971, S.277 (m.w.Nachweisen Fßn.61).

4 Baxter nennt als Beispiel für die erste Kategorie von Fällen die ehemalige innerdeutsche Grenze, die Demarkationslinie zwischen Nord- und Südkorea bzw. ehemals Nord- und Südvietnam sowie zwischen Nationalchina und Rotchina, vgl. ders. 1974, S.521. In der zweite Fallgruppe hängt das Ergebnis von der Bewertung des Charakters der ausgeübten Autorität über das umstrittene Gebiet ab: ist diese zur Souveränität über das Gebiet berechtigt, handelt es sich um einen nicht-internationalen Konflikt, anderenfalls liegt ein internationaler Konflikt vor. In all diesen Fällen hängt die humanitär-völkerrechtliche Einordnung ab von Wertungen über die Legalität einer Regierung oder der Ausübung von Souveränität über ein bestimmtes Gebiet bzw. die Rechtmäßigkeit bestimmter Grenzen, vgl. Baxter 1974, S.523

5 Bothe bezeichnet die Frage der Einordnung gemischter Konflikte als eine der schwierigsten Fragen des Kriegsvölkerrechts, vgl. ders., Völkerrechtliche Aspekte des Angolakonflikts, in ZaöRV, Bd.37 (1977), S.590. Vgl. auch Zischg, S. 29

Schindler einen nicht-internationalen bewaffneten Konflikt, in dem ein Staat (oder mehrere Staaten) entweder die etablierte Regierung oder die gegen sie kämpfenden Aufständischen militärisch unterstützt[1]. Mögliche Konstellation ist auch das Eingreifen einer Regionalorganisation oder der VN[2]. Der internationale Bürgerkrieg kann auch entstehen, wenn ein zwischenstaatlicher bewaffneter Konflikt von einem Bürgerkrieg begleitet wird[3]. Für einige Autoren repräsentiert diese Art des Bürgerkrieges die Realität der Mehrzahl neuerer nicht-internationaler Konflikte[4], wodurch u.a. auch die Abgrenzbarkeit des Anwendungsbereichs des gemeinsamen Art.3 der Konventionen in Frage gestellt wird [5]. Gemischte Konflikte werfen auch die Frage der Berechtigung der fortgesetzten Trennung zwischen internationalen und nicht-internationalen Konflikten im humanitären Völkerrecht auf, diese entspricht jedoch weiterhin dem Willen der übergroßen Staatenmehrheit und ist als Teil des internationalen ordre public zu betrachten. Dabei ist hier nicht die Frage einer eventuellen Berechtigung dritter Staaten zu einer Beteiligung von Interesse[6], sondern die Wirkung einer solchen

---

[1] Schindler 1965, S.93

[2] Ciobanu 1975, S.53, vgl. hierzu m. w. N. auch Rajower, S. 34

[3] Bindschedler-Robert, S.52

[4] Zorgbibe, S.99. Gray spricht vom "most common type of conflict since the second world war", vgl. dies. S. 155. Falk sprach Mitte der sechziger Jahre vor allem mit Blick auf Dekolonisierung und Konflikte in Asien und Lateinamerika von einer "....interventionary era in world politics, one within which intense ideological rivalries find natural, if explosive expression", vgl. ders. S.58. Ein wichtiges Beispiel hierfür ist der Angolakonflikt, vgl. hierzu Bothe 1977, S. 572 ff.. Vgl. zu Konflikten der jüngeren Vergangenheit unten G.III. sowie speziell zum sowjetischen Einmarsch in Afghanistan Mc Coubrey 1998, S. 256

[5] Bothe, S.84, der diese Tendenz nach dem Zweiten Weltkrieg zusätzlich durch die Forderung verstärkt sah, nationale Befreiungskriege als internationale Konflikte zu behandeln. Reisman schreibt: "The 'distinction' between international wars and internal conflicts is no longer factually tenable or compatible with the thrust of humanitarian law......Paying lip service to the alleged distinction simply frustrates the humanitarian purpose of the law of war in most of the instances in which war now occurs", vgl. ders. 1988, S.465

[6] Falk weist darauf hin, daß von jeher drei verschiedene Ansichten vertreten wurden: die der Unzulässigkeit des Eingreifens in den Bürgerkrieg (vertreten z.B. von Hall), die der alleinigen Zulässigkeit des Eingreifens auf Seiten der Regierung (vertreten z.B. von Garner) und schließlich diejenige Ansicht, wonach Drittstaaten ein Wahlrecht zusteht, vgl. Falk, S.62,63; vgl. auch Baxter 1974, S.524 FN 27 m.w.N. sowie Zischg, S. 84 ff.

Nach früher herrschender Auffassung waren dritte Staaten berechtigt, der Regierung auf deren Wunsch hin Hilfe zu leisten, vgl. Castren 1966, S.110,113; Berber, Lehrbuch Bd.I, S.191; Oppenheim/Lauterpacht, Bd.I, S.305; Scheuner, in Festschrift Berber, S.479 m.w.N. Nur wenn die Aufständischen als Kriegführende anerkannt waren, bestand für den anerkennenden Staat eine Pflicht, sich neutral zu verhalten, s.o. D.I.2.a. sowie Castren 1966, S.81. Weitere Vertreter dieser Auffassung bei Neuhold, S.71 FN 71. Vgl. auch Wodie, S.1045; Gasser 1995, S. 90; Rajower, S. 117 f. sowie ausführlich Zischg, S. 56 f.

Heute wird vielfach vertreten, eine direkte Parteinahme auf Seiten der Regierung stelle eine unzulässige Intervention dar. Dabei beruft man sich zum einen auf die für ein Land zumindest zweifelhafte völkerrechtliche Vertretungsbefugnis, wenn eine Regierung auf

Intervention von außen auf die völkerrechtliche Qualifizierung des Konflikts als international bzw. nicht-international. Regierungen wird häufig daran gelegen sein, die Auseinandersetzungen auf ihrem Staatsgebiet zunächst nicht als internationalen bewaffneten Konflikt darzustellen, da sie nicht zuletzt wegen der internationalen Aufwertung der Auseinandersetzung kein Interesse hat, in ihrer Handlungsfreiheit durch die integrale Anwendbarkeit des humanitären Völkerrechts gebunden zu sein[1].

Ein in der jüngeren Zeit besonders schwieriger, jedoch von der Ausgangslage her eher atypischer Fall ist der Konflikt in Bosnien-Herzegowina in den 90er Jahren. Hier argumentierte die bosnische Regierung, es handele sich um einen internationalen Konflikt mit der Bundesrepublik Jugoslawien (BRJ), während letztere auf dem nicht-internationalen Charakter des Konflikts bestand[2]. Das Charakteristische ist hier die Frage, ob der zunächst interne Konflikt nach dem Zerfall Jugoslawiens zu einem internationalen bewaffneten Konflikt wurde[3].

---

fremde Hilfe angewiesen ist, zum anderen auf die mangelnde Legitimität einer solchen Regierung im Lichte des Selbstbestimmungsrecht der Völker. Vgl. hierzu Thürer 1976, S.184. Auch das Institut de Droit International und die UN-Generalversammlung vertreten heute die Ansicht einer generellen Unzulässigkeit der Intervention in einen Bürgerkrieg, vgl. u.a. Hess, S.155. Vgl. zu den verschiedenen Ansichten auch Castren 1966, S.110, Wilson, S.29 m.w.N. sowie Neuhold, S.72. Vgl. auch Wilson, S.30 mit Beispielen aus der Staatenpraxis, welche die Rechtmäßigkeit einer Hilfeleistung zugunsten der Regierung zu bestätigen scheint. Wodie weist darauf hin, daß die Unterstützung der legalen Regierung sich generell offen vollziehe, während Hilfe für Rebellen regelmäßig eher "vertuscht" werde, vgl. ders. S.1045. Gleichzeitig ist mittlerweile jedoch auch die Unterstützung der gegen die Regierung kämpfenden Seite zu einer weitverbreiteten Praxis geworden, vgl. Wilson, S.33

Es erscheint insgesamt problematisch, den Willen der betreffenden Regierung für die Beantwortung der Frage für unerheblich zu erklären, ob eine - begriffsnotwendig völkerrechtswidrige - Intervention gegen den einen Bürgerkrieg führenden Staat vorgelegen hat oder nicht. Wenn eine etablierte Regierung ausländische Truppen ins Land einlädt, so läßt sich schwerlich von einer Intervention sprechen, welche begrifflich ein Handeln gegen den Willen der Regierung voraussetzt, vgl. Oppermann, Intervention, in EPIL Bd.4 (1982) S.233. Hiervon ist allerdings die Frage zu unterscheiden, ob auch dann stets von einer Intervention gesprochen werden kann, wenn eine äußere Macht gegen den Willen der Regierung zum Schutz der Menschenrechte eingreift, da diese zumindest im Umfang eines gewissen Mindeststandards nicht mehr als ausschließlich innerstaatliche Angelegenheit betrachtet werden können, vgl. zu diesem Mindeststandard u.a.Ipsen, Lehrbuch, S. 704 ff.

1 Ciobanu 1975, S.53

2 Gray neigt der Sichtweise zu, es habe sich um einen nicht-internationalen bewaffneten Konflikt mit Interventionen von außen gehandelt, vgl. dies. S. 196; vgl. auch Jakovljevic, S. 110

3 Gray ist dieser Frage 1996 im BYIL eingehend nachgegangen unter primärer Berücksichtigung der Äußerungen des VN-Generalsekretärs sowie der Debatten im VN-Sicherheitsrat und der VN-Generalversammlung und der entsprechenden Erklärungen/Resolutionen. Gray kommt zu dem Schluß, daß allein der VN-Generalsekretär ein komplexes Bild der Lage gezeichnet habe, während der Sicherheitsrat und insbesondere die Generalversammlung eine eher einseitig gegen Jugoslawien (Serbien/Montenegro) gerichtete Haltung eingenommen hätten, vgl. dies. S. 162-164, 165, 168. So habe der Sicherheitsrat zunächst mehr und mehr Jugoslawien als Konfliktpartei betrachtet, es jedoch

Das IKRK hat in Bezug auf den Konflikt in Bosnien-Herzegowina betont, die juristische Qualifikation und damit die Feststellung des anwendbaren Rechts sei praktisch unmöglich gewesen[1]. Der Internationale Strafgerichtshof für das ehemalige Jugoslawien (IStGHJ) entschied im Juli 1999 in einer Berufungsentscheidung im Fall *Tadic*[2], daß der Konflikt in Bosnien-Herzegowina auch nach dem Rückzug der jugoslawischen Bundesarmee am 19. Mai 1992 internationalen Charakter gehabt habe. Die Tatsacheninstanz (trial chamber) des IStGHJ hatte zuvor im Mai 1997 entschieden, daß unter Zugrundelegung der vom IGH in seinem *Nikaragua*-Urteil aufgestellten Kriterien[3] die bosnisch-serbischen Einheiten nicht als Organe bzw. "agents" der Bundesrepublik Jugoslawien zu betrachten seien, da die BRJ nicht über eine effektive Kontrolle ("effective control") über die bosnisch-serbischen Einheiten verfügt habe[4]. In seiner o. g. Berufungsentscheidung kritisierte und verwarf der IStGHJ das vom IGH aufgestellte Kriterium und ließ statt dessen eine "overall control" ausreichen, welche die BRJ über die bosnisch-serbischen Einheiten ausgeübt habe. Wegen dieser Zurechenbarkeit handele es sich um einen internationalen bewaffneten Konflikt. Das Abweichen des IStGHJ vom "*Nikaragua*"-Kriterium des IGH ist von IGH-Präsident Guillaune in einer im Oktober 2000 vor dem 6. Ausschuß der VN-Generalversammlung gehaltenen Rede ausdrücklich bedauert und kritisiert worden[5]. Die Anwendung des vom IGH für den Bereich der *Staatenverantwortlichkeit* entwickelten Zurechnungskriteriums der "effective control" auf die Frage, ob ein Konflikt für die Zwecke der Anwendung des humanitären Völkerrechts internationalen oder nicht-internationalen Charakter trägt, erscheint keineswegs zwingend[6]. Maßgeblich für die Einordnung eines Konflikts sollten auch weiterhin Kriterien wie die Dauer und Dimension des Eingreifens dritter Staaten, der Grad ihrer Verwicklung, die Natur der beteiligten Staaten und

---

vermieden, die Situation als unmittelbaren Angriff Jugoslawien auf Bosnien-Herzegowina anzusehen und sich damit der Haltung der Regierung von Bosnien-Herzegowina anzuschließen, vgl. ebd. S. 179. Der Einordnung des Konflikts kam im Zusammenhang mit der Aufhebung des im Jahre 1991 durch den Sicherheitsrat in Resolution 713 für das ehemalige Jugoslawien verhängten Waffenembargos besondere Bedeutung zu, vgl. ebd. S. 179 ff.

1 Sassoli, S. 17

2 Abrufbar unter http://www.un.org/icty/ind-e.htm

3 I.C.J. Reports, Bd. 14 (1986), Ziff. 115

4 Prosecutor vs. Tadic, Judgement, No. IT-94-1-T, Ziff. 578-607, abrufbar unter http://www.un.org/icty/ind-e.htm

5 "The proliferation of courts should be a source of enrichment, not of anarchy", abrufbar unter http://www.icj-cij.org

6 Vgl. Meron 1998, S. 236, der insoweit von einem "Nicaragua-Fallout" spricht. Meron erinnert daran, daß der IGH in seiner Nikaragua-Entscheidung die Frage der Anwendbarkeit des internationalen Konfliktrechts losgelöst von dem Zurechnungskriterium der "effective control" (positiv) entschieden habe, vgl. ebd. S. 241

sonstigen Konfliktparteien, ihre Anerkennung durch andere Staaten, die Haltung des VN-Sicherheitsrates und sonstige relevante tatsächliche und militärische Kriterien sein[1].

Nach der vorherrschenden Ansicht in der Völkerrechtslehre[2] ist für die rechtliche Einordnung sog. "gemischter" Konflikte zu unterscheiden zwischen einer Parteinahme dritter Staaten auf Seiten der Regierung und auf Seiten der Aufständischen:

Im Falle der Parteinahme zugunsten der Regierung bleibt es beim nicht-internationalen Charakter des Konflikts und zwar sowohl im Verhältnis der Rebellen zur Regierung als auch zu der regierungsseitig eingreifenden Macht[3]. Bei Unterstützung beider Parteien eines internen Konflikts durch Drittstaaten stehen die unterstützenden Staaten zueinander in einem internationalen Konflikt[4]. Bei Unterstützung der Gegner der Regierung von dritter Seite tritt folgende Lage ein: der Konflikt bleibt zwischen den Aufständischen und der Regierung ein solcher nicht-internationalen Charakters[5]. Dagegen liegt im Verhältnis zwischen der Regierung und der eingreifenden Macht ein internationaler bewaffneter Konflikt im Sinne des gemeinsamen Art.2 Absatz 1 der Genfer Konventionen von 1949 vor[6].

Dies hat zur Konsequenz, daß bei Gefangennahme die gegen die Regierung kämpfenden Angehörigen der Bürgerkriegspartei lediglich die Mindestrechte des gemeinsamen Art.3 der Genfer Konventionen von 1949 beanspruchen können, während den neben und mit ihnen kämpfenden Angehörigen der Streitkräfte des unterstützenden Staates der volle Schutz insbesondere des Kriegsgefangenenrechts zuteil wird. Dies ist teilweise als "illogique" und "injuste" bezeichnet worden[7].

---

1 Meron 1998, S. 241 f.

2 Vgl. m.w.N. Bothe 1977, S. 590 f. sowie Gasser 1995, S. 90. M. w. N. auch Rajower, S. 31, für den der gemischte Konflikt seinem Wesen nach jedoch internationaler Natur ist, vgl. ebd. S. 33. Weitere Hinweise auch bei Meron 1998, S. 241

3 Hierzu Hess, S.159 f., mit ausführlichen Literaturhinweisen; Schindler, in RdC 1979, S.150. Reisman verweist auf einzelne Stimmen, die im Verhältnis zwischen Intervenenten und Opposition das internationale Konfliktsrecht anwenden wollen, obwohl die Opposition Völkerrechtssubjekt darstellt, vgl. ders. 1988, S.466 (FN 27)

4 Reisman 1988, S.466

5 Hess, S.162 m.w.N.

6 Hess, S.162 m.w.N.

7 Reisman 1988, S.465

Es hat angesichts dieser Rechtslage nicht an Versuchen gefehlt, zu einer einheitlichen humanitär-völkerrechtlichen Bewertung der beiden Sachverhalte als internationale bewaffnete Konflikte zu gelangen. In der Völkerrechtslehre wird dabei argumentiert, durch ein im großen Stil vorgetragenes Eingreifen von außen verliere ein Konflikt auf jeden Fall seinen nicht-internationalen Charakter, gleichviel, ob diese Hilfe der Regierung oder den Aufständischen zuteil werde [1]. In Vorbereitung einer Konferenz von Regierungsexperten 1971 und 1972 hat vor allem das IKRK vorgeschlagen, innerstaatliche Konflikte mit Drittbeteiligung generell und für alle Parteien als internationale bewaffnete Konflikte zu qualifizieren[2].

Dieser Vorschlag wurde jedoch abgelehnt. Die Hauptrolle spielte dabei zum einen das Argument, die vom IKRK vorgeschlagenen Regelung fordere Rebellen nachgerade dazu auf, fremde Staaten zwecks Aufwertung der eigenen Rechtsposition an dem Konflikt zu beteiligen. Zum anderen bliebe der bekämpften Regierung nach dem IKRK-Vorstoß nur die Wahl zwischen zwei Übeln: entweder den Bürgerkrieg ohne die mögliche fremde Hilfe zu führen oder diese Hilfe mit einer völkerrechtlichen Aufwertung und Besserstellung der Rebellen zu bezahlen[3]. Nach Ansicht von Wilhelm wollte die 1971 und 1972 tagende Konferenz der Regierungsexperten offenbar das Eingreifen dritter Staaten nicht in dieser Weise erschweren[4].

Die ZP'e haben das Problem der "gemischten" Konflikte ebensowenig behandelt wie die Konventionen. Nach überwiegender, jedoch nicht allgemein anerkannter Ansicht ist daher der internationale Bürgerkrieg für die Frage seines internationalen oder nicht-internationalen Charakters in die verschiedenen Komponenten bzw. *paarweisen Rechtsbeziehungen* zu zerlegen und darauf be-

---

1 Bindschedler-Robert, S.53; Kalshoven 1973, S.15; Salmon, in der Diskussion bei Bindschedler-Robert, S.81. Eine ähnliche Betonung des militärischen Engagements findet sich auch bei Reisman: "We submit that where outside forces are in effective control of the conflict and have incorporated local forces into their own operations, the conflict has been factually internationalized", vgl. ders. 1988, S.485

2 CICR, Conference, S.57. Ciobanu weist darauf hin, daß bei Expertenanhörungen zur Vorbereitung der XXI. Rotkreuzkonferenz in Istanbul 1969 wie auch zur Vorbereitung der Konferenz der Regierungsexperten 1971 überwiegend die Ansicht vertreten wurde, daß das Eingreifen einer äußeren Macht in einen Bürgerkrieg diesen stets zu einem internationalen Konflikt werden lasse, vgl. Ciobanu 1975, S.54 (FN 33).

3 CICR, Conference, S.59; Kimminich 1979, S.127; Schindler in RdC 1979, S.150

4 Wilhelm, S.358

zogen zu untersuchen[1]. Dabei kann im Einzelfall die Auswertung der Fakten zu schwierigen Fragen führen[2].

Das humanitäre Völkerrecht geht also von gleichzeitig stattfindenden, internationalen und nicht-internationalen bewaffneten Konflikten aus. Dies ist für Schindler eine kaum befriedigende Lösung, die nur dadurch überwindbar scheint, daß die Parteien auf freiwilliger Basis das humanitäre Recht des internationalen bewaffneten Konflikts anwenden, wozu sie der vorletzte Satz des gemeinsamen Art.3 der Genfer Konventionen von 1949 auch ausdrücklich auffordert[3].

So sehr die Anwendbarkeit des *internationalen* Konfliktrechts auf Bürgerkriege mit Beteiligung dritter Staaten unter humanitären Aspekten als wünschenswert erscheinen mag: Sie widerspricht dem fundamentalen Sachverhalt, daß die an der Regierung gegenüberstehenden oder sich gegenseitig bekämpfenden nichtstaatlichen Konfliktparteien keine Völkerrechtssubjekte sind und zur Anwendung des im internationalen bewaffneten Konflikt geltenden humanitären Rechts sehr oft nicht in der Lage sein werden. Sieht man einmal von der stets gegebenen Möglichkeit entsprechender *freiwilliger* Vereinbarungen zwischen den Konfliktparteien ab, so ist die Geltung des internationalen Konfliktrechts bei innerstaatlichen Auseinandersetzungen durch das humanitäre Völkerrecht auf die Anerkennung von Aufständischen bzw. auf die Sondersituation sog. nationaler Befreiungskriege beschränkt[4]. Wie oben gezeigt[5] dürfen Drittstaaten diese Anerkennung nur unter sehr engen Voraussetzungen aussprechen, wollen sie den Vorwurf eines Verstoßes gegen das Interventionsverbot umgehen. Die Rücksichtnahme auf das Souveränitätsprinzip verbietet es, der Regierung im

---

1 Vgl. Baxter 1974, S.523 sowie m.w.N. für die geschilderte Problematik insgesamt S. 523-525. Vgl. auch Randelzhofer 1971, S.238 sowie Schindler in RdC 1979, S.150,151; Ciobanu 1975, S.53, 54

2 Vgl. eine ausführliche Darstellung und Analyse des Afghanistankonflikts in den achtziger Jahren bei Reisman 1988, S.459 ff. Dieser behauptet eine Situation nach Absätzen 1 und 2 des gemeinsamen Art.2 GK'en, da ein bewaffneter Konflikt nahtlos in eine kriegerische Besetzung übergegangen sei (S.481, 482). Die "Einladung" sowjetischer Truppen sei nicht durch eine unabhängige afghanische Regierung ausgesprochen worden, S.482. Vgl. auch Mc Coubrey 1998, S. 256. Der IGH ging in seinem Nikaragua-Urteil von einem nicht-internationalen Konflikt zwischen der Regierung und den sie bekämpfenden Kontras aus, bezüglich der Handlungen der die Kontras unterstützenden USA in und gegen Nikaragua jedoch von der Geltung des im internationalen bewaffneten Konflikts anwendbaren humanitären Völkerrechts, vgl. I.C.J. Reports 1986, S. 114

3 Text im Anhang; Schindler, in RdC 1979, S.150

4 Bezüglich der letzteren wäre es im übrigen heutzutage aufgrund ihrer Normierung in Art.1(4) ZP I nicht mehr zutreffend, diese als nicht-internationalen bewaffneten Konflikt zu betrachten, obwohl die Form ihrer Austragung eher einem nicht-internationalen als einem internationalen Konflikt entspricht, siehe unten F.III.1.e

5 siehe oben D.I.2.

innerstaatlichen Konflikt die Anwendbarkeit des im internationalen Konflikt geltenden humanitären Völkerrechts "aufzuzwingen". Wie die Zusatzprotokolle von 1977 zeigen, entspricht die Trennung internationaler und nicht-internationaler bewaffneter Konflikte auch heute noch den von den Staaten gewollten grundlegenden völkerrechtlichen Konfliktkategorien. Dem sollte bei der Beurteilung des internationalen bzw. nicht-internationalen Charakters sog. "gemischter" Konflikte durch Aufteilung in paarweise Rechtsbeziehungen Rechnung getragen werden.

II. Persönliche Anwendbarkeit (Kombattanten und Kriegsgefangene)

1. Hintergrund, allgemeine Voraussetzungen und Regelung

Bei der Frage nach der persönlichen Anwendbarkeit ist zunächst grundsätzlich zu unterscheiden zwischen den Regelungen des internationalen und denjenigen des nicht-internationalen bewaffneten Konflikts. Wie noch zu zeigen sein wird, besteht in der Situation des internationalen bewaffneten Konflikts eine grundsätzliche Unterteilung aller von ihm betroffenen Personen in Zivilisten und Kombattanten, wobei der Status des Kombattanten an eine größere Zahl rechtlicher Bedingungen geknüpft ist. Diese Dichotomie ist dem Recht des nicht-internationalen Konflikts fremd, auch wenn z.B. das ZP II zu den Genfer Konventionen in Art.4 Abs.1 für die darin geregelte Rechtsposition zur Voraussetzung macht, daß eine Person nicht unmittelbar oder nicht mehr an Feindseligkeiten teilnimmt[1]. Die vorliegende Arbeit bezweckt aber im Zusammenhang mit der persönlichen Anwendbarkeit des humanitären Völkerrechts vor allem eine Darstellung des Kombattantenstatus, da dieser in Art.43,44 und 47 ZP I eine wesentliche Modifikation erfahren hat, während andere Aspekte der persönlichen Anwendbarkeit nur am Rande von Bedeutung sind. Daher soll sich die nachfolgende Untersuchung der persönlichen Anwendbarkeit auf das humanitäre Völkerrecht des internationalen Konflikts und die Voraussetzungen des Kombattantenstatus beschränken.

Die Regelung des Kombattantenstatus durch die GK'en ist historisch gesehen als Reaktion auf die im II.Weltkrieg gemachten militärischen und rechtlichen Erfahrungen zu verstehen[2]. Ein wesentlicher Teil dieser Erfahrungen betraf die weitreichenden Aktivitäten irregulärer (Guerilla-, Widerstands-, Partisanen-) Einheiten in nahezu allen von den Achsenmächten besetzten Gebieten. Letztere behandelten die Angehörigen solcher Einheiten als "franc-tireurs" und verweigerten ihnen regelmäßig den Kombattanten- und Kriegsgefangenenstatus. Auch die Martens'sche Klausel hatte sich dabei als weitgehend unzureichende Schutznorm erwiesen[3]. Die Achsenmächte begründeten ihre Haltung zum einen mit der Fortsetzung des Kampfes trotz Debellatio, Kapitulation oder Waffenstillstand, zum anderen auch mit der verdeckten Kampfführung sowie der ver-

---

[1] BGBl. 1990 II, S.1640. Kombattanten sind im nicht-internationalen Konflikt nicht vorstellbar, da der Kombattantenbegriff wesensmäßig an das Vorliegen eines internationalen Konflikts anknüpft und darüberhinaus den kämpfenden Einzelnen nicht nur als Person erfaßt, sondern ebenso als handelndes Organ seines Staates, s.o. D.II.1.

[2] Vgl. Ipsen 1993, S.144, 146; Kossoy, S.211; Meyrowitz 1966, S.127; Mallison and Mallison, S.48. Kalshoven spricht von "traumatic experiences", vgl. ders.1977, S.120

[3] Kalshoven 1977, S.120

breiteten Mißachtung der Gesetze und Gebräuche des Krieges durch diese Widerstandsgruppen, die sich häufig zu geflüchteten oder erst im Exil gebildeten Regierungen bekannten. In der Literatur wird bezüglich der von den Widerstandsbewegungen in Griechenland und Jugoslawien geübten Kampfpraxis auf die Feststellungen des Militärgerichtshofes im sog. "Geisel-Fall" verwiesen[1]. Es wird betont, daß die GK'en zwar das Problem der bewaffneten Schädigungshandlungen nach Kapitulation oder Waffenstillstand gelöst hätten, daß aber das Problem der offenen Kampfführung und dasjenige der Einhaltung der Gesetze und Gebräuche des Krieges durch irregulär kämpfende Einheiten bis heute, d.h. auch durch die ZP'e von 1977, nicht hinreichend bewältigt sei[2], vgl. ders. 1993, S.146.

Die Genfer Konventionen von 1949 schaffen durch partielle Neufassung des (Sekundär-) Status des Kriegsgefangenen zugleich implizit einen erweiterten Kombattantenbegriff (Primärstatus). Draper spricht von implizierter Erweiterung des Kombattantenbegriffs der HLKO durch Art.4 III. GK, welcher die in Art.1 und 2 HLKO genannten Kategorien von Kombattanten umformuliert (in Armee eingegliederte Milizen etc.), wiederholt (Art.4.A.2.a.-d.) und ausweitet[3]. Neue Kategorien von Kombattanten sind die Angehörigen organisierter Widerstandsbewegungen (Art.4.A.2.) und Mitglieder regulärer Streitkräfte, die sich zu einer von der Gewahrsamsmacht nicht anerkannten Autorität bekennen (Art.4.A.3.)[4]. Die Neufassung nicht nur des Kriegsgefangenen- sondern auch des Kombattantenstatus durch Art.4 III.GK ergibt sich besonders aus dem bewaffnete Schädigungshandlungen betreffenden Art.4.A.2.d. Dieser verweist ausdrücklich auf das Kampfführungsrecht, indem er die Einhaltung der Gesetze und Gebräuche des Krieges zur Voraussetzung des Kriegsgefangenenstatus macht[5]. Auch für Ipsen setzen einige Personenkategorien von Art.4 vor Gefangennahme den Kombattantenstatus rechtslogisch voraus. Die III. GK reiche daher in die Regelung des Kombattantenstatus hinein[6]. Eine weitere Neuerung ggü. der HLKO enthält Art.4.A.2. III. GK durch die Beschreibung des Gebietes, in dem irreguläre Kämpfer operieren dürfen, ohne des Kombattantenstatus (und wenn sie in Feindeshand fallen des Kriegsgefangenenstatus) verlustig zu gehen,

---

1 Vgl. Ipsen 1993, S. 145

2 Vgl. Ipsen 1993, S. 146

3 Vgl. Draper 1971, S. 189

4 Vgl. Draper 1971, S.189

5 Vgl. Draper 1971, S.191

6 Vgl. ders.1993, S.146, ebenso Meyrowitz 1966, S.128

nämlich "außerhalb und innerhalb ihres eigenen Gebiets, selbst wenn dasselbe besetzt ist".

Der Begriff des Kombattantenstatus ist im humanitären Völkerrecht enger als der Begriff des Kriegsgefangenen und deshalb mit diesem zwar weitgehend, jedoch nicht vollständig identisch ist. So betrachten die Konventionen einige Personen als Kriegsgefangene, die vom Völkerrecht nicht zur Teilnahme an Feindseligkeiten im Rahmen eines bewaffneten Konflikts befugt und daher zweifellos keine Kombattanten sind. Dies gilt für Art.4 A 4. III. GK (Personen, die den Streitkräften folgen ohne in sie eingegliedert zu sein) und für Art.4 A 5. III.GK (Besatzungen von Handelsschiffen etc.)[1]. Der Primärstatus dieser Personen ist derjenige von Zivilpersonen bzw. zivilem Gefolge der Streitkräfte[2]. Es gilt daher, daß zwar jeder Kombattant bei Gefangennahme den Status des Kriegsgefangenen erhält, daß aber nicht umgekehrt jede Person allein deshalb Kombattantenstatus hat, weil sie nach Art.4 Kriegsgefangener ist oder wie ein Kriegsgefangener zu behandeln ist[3].

Die GK'en gewähren darüberhinaus den Mitgliedern einiger Gruppen von Personen Behandlung wie ein Kriegsgefangener, ohne daß es sich jedoch bei diesen Personen tatsächlich um Kriegsgefangene handelt[4]. Die Regelung des Kombattantenstatus durch die GK'en hat, wie die Konventionen insgesamt, mittlerweile den Charakter von Völkergewohnheitsrecht[5]. Für das Verständnis des Kombattantenstatus ist es wichtig, auf die Zielsetzung dieses Rechtsbegriffs hinzuweisen. Durch Festlegung der Voraussetzungen des Kombattantenstatus bestimmt das humanitäre Völkerrecht darüber, wer in einem Konflikt kämpfen darf (aktive Dimension), auf welche Weise dies geschehen darf (Schaffung eines Adressatenkreises für das sog. Kampfführungsrecht, s.o. A.V.) und wer

---

1 Vgl. Meyrowitz 1973, S.888; Lapidoth, S.179

2 Vgl. Ipsen 1993, S.149

3 Vgl. Draper 1971, S.190. Vgl. zum Kombattantenbegriff allgemein oben D.II.1

4 So gewährt Art.4 B. III.GK in bestimmten Sonderfällen (Streitkräfteangehörige in besetzten Gebieten und bestimmte Kategorien von Internierten in neutralen Drittstaaten) den Betroffenen die "den Kriegsgefangenen zugesicherte Behandlung", ohne daß diese tatsächlich den Status eines Kriegsgefangenen erlangen, vgl. Lapidoth, S.174, 180,181. Art.33 III.GK gewährt dem vom Gewahrsamsstaat zum Zwecke der Betreuung der Kriegsgefangenen zurückgehaltenen Sanitäts- und Seelsorgepersonal alle in der III. Konvention vorgesehenen Vergünstigungen und den Schutz desselben, vgl. BGBl 1954 II, S.852

5 Vgl. oben A.V.

schließlich legales Ziel von Kampfhandlungen sein kann (passive Dimension)[1]. Der Kombattantenstatus findet sich abschließend[2] geregelt in Art.4 der die Behandlung der Kriegsgefangenen betreffenden III. GK [3]. Die darin (Art.4 Abs.A) enthaltene Beschreibung des Personenkreises, dem bei Gefangennahme der Status des Kriegsgefangenen zukommt, findet sich wortgleich zur Beschreibung des jeweils betroffenen Personenkreises in Art.13 der I. GK (Verbesserung des Loses der Verwundeten und Kranken der Streitkräfte im Felde) sowie in Art.13 der II. GK (Verbesserung des Loses der Verwundeten, Kranken und Schiffbrüchigen der Streitkräfte zur See)[4].

Zu den allgemeinen Voraussetzungen des Kombattantenstatus nach den Genfer Konventionen gehört vor allem das Vorliegen eines internationalen bewaffneten Konflikts (gemeinsamer Art.2 Abs.1, s.o. E.I.2.) oder einer kriegerischen Besetzung (gemeinsamer Art.2 Abs.2, s.o. E.I.3.). Art.2 ist damit "gateway into each of the Geneva Conventions of 1949"[5]. Handelt es sich lediglich um einen bewaffneten Konflikt nicht-internationalen Charakters, so gelten die Regeln des gemeinsamen Art.3. Dieser enthält zwar Schutzbestimmungen für nicht unmittelbar an den Feindseligkeiten teilnehmende sowie namentlich durch Verwundung, Krankheit oder Gefangennahme außer Kampf gesetzte Personen, schafft jedoch keinen "Kombattantenbegriff" für nicht-internationale bewaffnete Konflikte. Nach Art.4 Abs.A der III. GK können Kriegsgefangene nur "in Feindeshand gefallene Personen" sein. Diese Voraussetzung ist zwar für den Kriegsgefangenenstatus der betroffenen Personen u.U. von großer Bedeutung[6], nicht

---

1 Vgl. Draper 1971, S 189. Er unterstreicht die Bedeutung, welche dieser Aspekt des Kombattantenstatus bei allen Überlegungen einer Veränderung von dessen Voraussetzungen haben müsse

2 Vgl. Meron, S.53, unter Hinweis auf das IKRK

3 Vgl. den Text im Anhang sowie in BGBl 1954 II, S.838 ff. (S.839)

4 Für Art.13 I. Konvention vgl. BGBl 1954 II, S.783 ff. (787); für Art.13 der II. Konvention vgl. BGBl 1954 II, S.813 ff. (S.818)

5 Draper 1971, S.194. Meyrowitz unterstreicht am Beispiel verdeckter Aktionen, daß der Kombattantenstatus nicht ipso facto aus der Durchführung einer bewaffneten Aktion durch die staatlichen Streitkräften folgt, sondern an das Vorliegen eines internationalen bewaffneten Konflikts gem. dem gemeinsamen Art.2 gebunden ist, vgl. ders. 1973, S.919. Da sich jedoch anders als beim nicht-internationalen bewaffneten Konflikt der internationale bewaffnete Konflikt an der Rechtsqualität der Beteiligten orientiert (Waffengewalt gegen den völkerrechtlich geschützten Bereich des Gegners, vgl. oben E.I.1. und 2.), lassen sich in der Praxis bewaffnete Aktionen von Angehörigen der regulären Streitkräfte nur dann aus dem Begriff des internationalen Konflikts "heraussubsumieren", wenn man diesen Begriff an die Voraussetzung eines Minimums an Kampfintensität knüpft, vgl. hierzu oben E.I.2.

6 "In Feindeshand fallen" ist ggü. der Gefangennahme der weitere Begriff, da er auch Personen umfaßt, die kampflos in die Gewalt des Gegners geraten sind, vgl. Lapidoth, S.174. Dies war gegen Ende des II.Weltkrieges der Fall, als deutsche Truppen massenhaft kampflos in amerikanische Gewalt gerieten und von der US-Armee nicht als

aber für die der Gefangennahme logisch vorausgehende Kombattanteneigenschaft. Auch die Regel, wonach solchen Personen der Kriegsgefangenenstatus nicht zusteht, die der Gewahrsamsmacht Loyalität schulden (Bsp.: desertierte eigene Staatsangehörige), ist für deren Kombattanteneigenschaft vor ihrer Gefangennahme zunächst ohne Bedeutung.[1]

2. Begriffsklärung

a) Kombattanten und Kriegführende

In der Völkerrechtslehre wird im Zusammenhang mit dem Kombattanten und der rechtlichen Beschreibung seines Status in uneinheitlicher Weise eine Vielzahl von Begriffen verwendet. Dies erschwert bisweilen die notwendige klare sachliche Differenzierung[2]. Für Meyrowitz ist zunächst grundlegend zu unterscheiden zwischen Kriegführenden einerseits und Kombattanten andererseits. Während der erstgenannte Begriff die Konfliktpartei als solche bezeichnet, d.h. das am Krieg bzw. bewaffneten Konflikt teilnehmende Völkerrechtssubjekt, ist mit dem Wort "Kombattant" der am Konflikt tatsächlich (jedoch nicht notwendig rechtmäßig , s.u. E.II.2.b.) beteiligte Einzelne gemeint[3]. Demgegenüber

---

Kriegsgefangene, sondern lediglich als "surrendered enemy personnel" bezeichnet wurden, vgl. Draper 1965, S.109. Draper hält auch für fraglich, ob Deserteure als "in die Hände des Feindes gefallen" gelten können. Gleiches gilt, wenn sie später wieder in die Hände des ursprünglich durch Desertion verlassenen Staates geraten, vgl. ders 1965, S.110.

1 Booysen verweist für das Verwehren des KG-Status auf eine lange entsprechende Tradition und auf den englischen Fall "Oie Hee Koi", in dem Malaysia einem seiner für Indonesien gegen Malaysia kämpfenden Staatsangehörigen den Kriegsgefangenenstatus verweigerte, vgl. ders. S.38,39

2 So verwendet Schwarzenberger zur Bezeichnung des konfliktbeteiligten Einzelnen die Begriffe "privileged/unprivileged belligerent", vgl. ders. 1971, S.262,266. Greenspan spricht von « lawful belligerents », vgl. ders. S.55. Draper verwendet innerhalb desselben Aufsatzes den Begriff "belligerent" zur Bezeichnung des Staates und zur Bezeichnung einzelner Kategorien von Kämpfern, vgl. ders.1971, S.181, 186. Verwendete Begriffe lauten allgemein: "privileged belligerency/belligerents", "privileged combatants", "regular/irregular combatants", "legal/illegal combatants", "legitimate belligerents" etc., vgl. Abi-Saab in RdC 1979, S.417 ("privileged combatancy"). Kwakwa bezeichnet den legalen Kombattanten synonym als "privileged" und "protected", den illegalen Kombattanten als "unprivileged" bzw. "unprotected", vgl. ders. S.85. Cassese stellt in einem Aufsatz zum Söldnerthema das Gegensatzpaar "legitimate belligerents"/"unlawful combatants" her und bezeichnet damit nichts anderes als den unten bei E.II.2.b. beschriebenen legalen/illegalen Kombattanten, vgl. ders. 1980, S.4. An anderer Stelle (vgl. ebd. S.5) verwendet Cassese die Bezeichnung "lawful belligerent" zur Beschreibung der regulären Truppen eines Staates im *nicht-internationalen Konflikt*, obwohl es - abgesehen von der Situation der Anerkennung Aufständischer als Kriegführende - im innerstaatlichen Konflikt qua Definition keine Kombattanten geben kann, s.u. in diesem Textabschnitt

3 Meyrowitz 1973, S.884. Ebenso Kussbach 1983, S.383

geht es in den Kodifikationen des humanitären Völkerrechts bis zur HLKO bei dem oder den "Kriegführenden" sowohl um die kriegführenden Staaten als auch um die einzelnen Kämpfer[1], während die HLKO den Begriff des Kombattanten ausschließlich in Art.3 erwähnt[2], und dies in einem auf die tatsächlich kämpfenden Heeresangehörigen begrenzten und damit vom üblichen Kombattantenbegriff abweichenden Sinne. Die Genfer Konventionen verwenden "Kriegführende" synonym mit den Konfliktparteien[3]. In der Literatur wird der Begriff "belligerent" und "combatant" teilweise austauschbar benutzt[4]. Der "Kombattant" taucht nur einmal in Art.30 der die Seestreitkräfte betreffenden II.GK auf, während er bemerkenswerterweise in der den Kombattantenstatus genuin betreffenden und beschreibenden III. Genfer (Kriegsgefangenen-) Konvention nicht ein einziges Mal Erwähnung findet. Meyrowitz bescheinigt auch der Völkerrechtsliteratur in Bezug auf die Vermengung von Kriegführenden und Kombattanten eine "fidélité aussi indéfectible qu`incompréhensible"[5]. Dies mag teilweise damit zu erklären sein, daß zur Zeit der HLKO und der Verabschiedung der Genfer Konventionen von 1949 noch unumstritten war, daß alleine den Staaten die Befugnis zur Führung eines Krieges bzw. eines internationalen bewaffneten Konflikts zustand (s.o. D.I.1. und D.II.1.). Abgesehen von der oben D.I.2.a. beschriebenen engen Ausnahme der Anerkennung von Aufständischen als Kriegführende konnten folglich allein Staaten Kriegführende sein. Es galt daher als selbstverständlich, daß auch nur solche Personen Kombattanten sein konnten, die durch ein Rechtsband mit einem Staat oder anerkannten Aufständischen als "Kriegführendem" im völkerrechtlichen Sinne verbunden waren. Insofern führte für einen Einzelnen der Weg zum Kombattantenstatus stets über die rechtliche Verbindung und Zuordnung zu einem Staat oder zumindest anerkannten Aufständischen. Dies mag die bestehende begriffliche Ungenauigkeit zum Teil erklären. Daß zwischen Kombattanten und einem Kriegführenden stets ein rechtliches Band bestehen muß, wurde im Zusammenhang mit Forderungen nach Zubilligung des Kombattantenstatus an sog. "Nationale Befreiungskämpfer" oft beiseitegeschoben, da das humanitär-völkerrechtliche Defizit

---

1 Der « Kriegführende » bezeichnet in Art.52 des Lieber Code die Konfliktpartei, in Art.57 hingegen den Einzelnen (vgl. Schindler/Toman S.11), während die HLKO mit dem Begriff des Kriegführenden allein die Konfliktpartei beschreibt, vgl. die Präambel sowie Art. 7, 15, 21, 22, 23 und 29 (Schindler/Toman S.64,71,74,76,77,79).

2 Vgl. oben D.II.3.

3 Art.14, 34, 36, 43 I. Genfer Konvention (BGBl 1954 II, S.788,796, 799); Art.16 II. Genfer Konvention (BGBl 1954 II, S.819)

4 Greenspan S.53 ff. sowie Kwakwa, S.85. Auch Cassese verwendet zur Beschreibung der Angehören regulärer Streitkräfte als Kombattanten den Begriff "legitimate belligerents", vgl. ders., in Cassese 1979, S.470

5 Meyrowitz 1973, S.884

dieses Personenkreises sonst entgegen der beabsichtigten Aufwertung der Kämpfer (und ihrer Bewegung!) allzu offensichtlich zutage getreten wäre[1].

b) Legale und illegale Kombattanten, reguläre und irreguläre Kombattanten sowie Zivilisten

Innerhalb des Kreises der Kombattanten ist, wiederum in Anlehnung an Meyrowitz, eine grundlegende rechtliche Unterscheidung zu treffen zwischen legalen und illegalen Kombattanten. Die Unterscheidung zwischen legalen und illegalen Kombattanten ergibt sich für Meyrowitz aus den Notwendigkeiten des internationalen "ordre public" und zählt zu den Säulen des Kriegsrechts[2]. Wichtigste Folge des Kombattantenstatus ist für den Einzelnen, daß er für völkerrechtsgemäß gesetzte Schädigungshandlungen nicht bestraft werden kann[3]. Die Frage des Kombattantenstatus ist von der Frage der Legitimität des Anliegens strikt zu trennen. Daher soll auf die Verwendung des Begriffs "legitime Kombattanten" trotz der verbreiteten synonymen Verwendung mit dem Terminus des legalen Kombattanten[4], aber auch wegen der für das gesamte humanitäre Völkerrecht grundlegenden Indifferenz gegenüber der Legitimität des Anliegens der Konfliktparteien, verzichtet werden.

(Legale) Kombattanten sind diejenigen Personen, die völkerrechtlich befugt sind, im Rahmen des im internationalen bewaffneten Konflikt anwendbaren Rechts zu kämpfen und deshalb völkerrechtlichen Kombattantenstatus genießen[5]. Anderen kämpfenden Personen bleibt als sogenannten "illegalen Kom-

---

[1] Vgl. hierzu unten E.IV.4.c. Meyrowitz spricht in diesem Zusammenhang von einer "confusion intentionnelle des deux notions", welche bezweckte, bestimmten Kategorien von nicht an einen Staat (d.h. an einen Kriegführenden) gebundenen Kämpfern den Status legaler Kombattanten zuzubilligen, vgl. ders.1973, S.885

[2] Meyrowitz 1973, S.888, 921

[3] Kwakwa, S.86; Gasser 1995, S. 64

[4] Beispiele hierfür bei Meyrowitz 1973, S.887 (Fßn.23)

[5] Ipsen verzichtet auf das Adjektiv "legal" und bezeichnet nur die völkerrechtlich zu kämpfen befugten Personen als Kombattanten, vgl. ders.1993, S.136. Dies entspricht auch der in Art.43 Abs.2 ZP I verwendeten Definition, welche den Personenkreis näher beschreibt (die Angehörigen der Streitkräfte einer Konfliktpartei) und unter dem Begriff des Kämpfens die unmittelbare Teilnahme an den Feindseligkeiten versteht. Logische Folgerung dieser Definition wäre jedoch, alle vom Völkerrecht nicht entsprechend befugten Kämpfer als "Nicht-Kombattanten" zu bezeichnen. Eine derartige Beschreibung würde diese völkerrechtlich nicht zu kämpfen befugten Personen jedoch in eine systematisch unerwünschte Nähe zum Zivilisten rücken, obwohl es um Personen geht, die durch bewaffnete Schädigungshandlungen an dem Konflikt tatsächlich teilnehmen und teilnehmen wollen. Diese Kategorie soll daher im folgenden mit dem Begriff des "illegalen Kombattanten" bezeichnet werden. Dies steht im übrigen auch in Übereinstimmung mit dem üblichen Wortsinn des Kombattanten: "Ein Kombattant ist, in der gewöhnlichen Bedeutung des Wortes, eine Person, die kämpft", vgl. Ipsen 1993, S.136.

battanten" der völkerrechtliche Primärstatus[1] des Kombattanten von vornherein verwehrt[2]. Illegale Kombattanten sind damit diejenigen Personen, welche in einem internationalen bewaffneten Konflikt kämpfen (an den Feindseligkeiten direkt teilnehmen), ohne hierzu völkerrechtlich befugt zu sein[3]. Die Unterscheidung hat für den Einzelnen sehr weitreichende Konsequenzen: illegale Kombattanten können wegen der Teilnahme an Feindseligkeiten strafrechtlich zur Verantwortung gezogen werden, unabhängig von der Frage, ob die von ihnen begangenen Kampfhandlungen "an sich" völkerrechtsgemäß waren oder nicht[4].

Zu den wichtigsten Prinzipien des humanitären Völkerrechts gehört die Unterscheidung von Kombattanten und Zivilisten, s.o. D.II.1. Während der legale Kombattant in einem internationalen bewaffneten Konflikt qua Status stets legales Angriffsziel ist, stehen Zivilisten unter dem Schutz der Normen des humanitären Völkerrechts, insbesondere der IV. GK. Auch im Falle der kriegerischen Besetzung (vgl. oben E.I.3.) haben seit den Genfer Konventionen von 1949 Personen im besetzten Gebiet die Wahl zwischen dem Status eines Zivilisten (Schutz durch die IV. GK) und dem Status eines legalen Kombattanten (vgl. Art.4.A.2. III.GK). Dennoch gibt es häufig Fälle, in denen Personen oder Personengruppen zwar an bewaffneten Schädigungshandlungen teilnehmen, ihnen aber mangels Erfüllung der vom humanitären Völkerrecht aufgestellten Voraussetzungen der Status legaler Kombattanten verwehrt bleibt. Diese Personen sind illegale Kombattanten, d.h. lediglich de facto-Kombattanten ohne völkerrechtlichen Kombattantenstatus. In Ermangelung eines völkerrechtlichen Kombattantenstatus und weil das humanitäre Völkerrecht im bewaffneten Kon-

---

[1] Vgl. hierzu oben D.I.3

[2] Nach einer teilweise vertretenen Ansicht behalten in bestimmten Fällen auch solche Personen ihren Kombattantenstatus, die wegen Verstoßes gegen seine Voraussetzungen an sich nicht zu kämpfen befugt sind. Es handelt sich um Verstöße gegen die in Art.4.A.2. b.-d.III.GK festgelegten Bedingungen. Diese Ansicht ist jedoch aus verschiedenen Gründen abzulehnen, vgl. unten E.II.5.b.dd.

[3] Für Meyrowitz sind illegale Kombattanten diejenigen irregulären Kämpfer, welche an einem internationalen Konflikt teilnehmen, ohne dabei die Kriterien des Art.4.A.2. III.GK zu erfüllen, vgl. ders. 1973, S.887. Diese Definition scheint jedoch zu eng, da z.B. auch solche Personen als illegale Kombattanten zu gelten haben, die an einer "Levée en Masse" teilnehmen, ohne dabei die in Art.4.A.6. III.GK festgelegten Bedingungen zu erfüllen. Gleiches wird schließlich anzunehmen sein, wenn einem Angehörigen der regulären Streitkräfte in bestimmten Sonderfällen der Kombattanstatus verwehrt bleibt (Bsp.: Auftreten als Zivilist, Loyalitätspflicht ggü. dem Gewahrsamsstaat, s.u. E.II.5.b.aa. Auch Randelzhofer benutzt den Begriff des "nicht legalen Kombattanten", vgl. ders. 1975, S.53

[4] Roberts zitiert den U.S. Supreme Court im Fall Ex Parte Quirin mit folgender Beschreibung: "Lawful combatants are subject to capture and detention as prisoners of war by opposing military forces. Unlawful combatants are likewise subject to capture and detention, but in addition they are subject to trial and punishment by military tribunals for acts which render their belligerency unlawful", vgl. Roberts, S.137

flikt nur Kombattanten und Zivilisten kennt, sind sie vom rechtlichen Status her als Zivilisten zu betrachten. Da sie aber tatsächlich und historisch gesehen oft sehr intensiv kämpfen und im Interesse ihrer Kampfführung häufig sogar absichtlich die Voraussetzungen des Status legaler Kombattanten nicht erfüllen, sind sie, anknüpfend an ihr tatsächliches Verhalten, als illegale Kombattanten zu bezeichnen. Dies ändert jedoch nichts an ihrem *Status* als Zivilist. Als "kombattante Zivilisten" sind sie zumindest während ihrer Operationen legale Ziele bewaffneter Kampfmaßnahmen des Konfliktgegners[1].

In Anknüpfung an das tatsächliche Verhalten soll nach dem Gesagten für die Zwecke der vorliegenden Arbeit unter einem Kombattanten jede Person verstanden werden, die an einem internationalen bewaffneten Konflikt[2] durch bewaffnete Schädigungshandlungen teilnimmt[3]. Anknüpfend an den völkerrechtlichen *Primärstatus* ist jedoch zu unterscheiden zwischen legalen Kombattanten und Zivilisten. So paradox es klingen mag: illegale Kombattanten sind Kombattanten nur de facto, vom rechtlichen Status her betrachtet sind sie Zivilisten. Draper bezeichnet die Stellung dieser illegalen Kombattanten als Zwischenstatus ("intermediate status")[4] .

Im Gegensatz zu dem für den völkerrechtlichen Kombattantenstatus konstitutiv wirkenden Attribut "legal" handelt es sich bei der Einteilung in "reguläre" bzw. "irreguläre" Kombattanten lediglich um eine am Kriterium der Zugehörigkeit

---

[1] Vgl. Meyrowitz 1973, S.920; Draper 1971, S.182. Auch Cassese bestätigt diese auf den ersten Blick eigenartig erscheinende Schlußfolgerung für "Kombattanten" nach den GK'en, die sich nicht an die Voraussetzungen des Art.4 III.GK halten: "If they do not meet all such requirements, they are treated as civilians participating in armed hostilities and their belligerent activity amounts to 'war crimes', that is, violations of the laws and customs of war", vgl. Cassese 1980, S.5

[2] Es scheint aus Gründen der Systematik der Genfer Konventionen und auch im Interesse der Klarheit angemessen, bewaffnete Teilnehmer an einem nicht-internationalen bewaffneten Konflikt i.S.d. gemeinsamen Art.3 der GK'en von 1949 nicht als Kombattanten, sondern lediglich als Kämpfer zu bezeichnen. Zwar unterscheidet auch der gemeinsame Art.3 Nr.1 zwischen kämpfenden Personen und "Personen, die nicht unmittelbar an den Feindseligkeiten teilnehmen", er kennt jedoch im Gegensatz zu den im internationalen bewaffneten Konflikt geltenden Normen keinen besonderen Kombattantenstatus. Im Gegenteil, die an der Formulierung des gem. Art.3 beteiligten Staaten legten besonderen Wert auf dessen letzten Satz, wonach die Anwendung der Bestimmungen des Art.3 "auf die Rechtsstellung der am Konflikt beteiligten Parteien keinen Einfluß" haben soll, vgl. hierzu oben E.I.4.

[3] Für Ipsen ist Kombattant nur die vom Völkerrecht in einem internationalen bewaffneten Konflikt zu kämpfen befugte Person, vgl. ders. 1993, S.136. Dieser Definition soll in der vorliegenden Arbeit jedoch nicht gefolgt werden, da sie die Bezeichnung insbesondere derjenigen Personen erschwert, welche an Feindseligkeiten teilnehmen, ohne -gewollt oder ungewollt- die vom humanitären Völkerrecht an die Eigenschaft des legalen Kombattanten geknüpften Voraussetzungen zu erfüllen, s.o.

[4] "They are not innocent civilians immune from attack. Such persons are neither liable to be taken, nor entitled to be treated, as prisoners of war", vgl. Draper 1971, S.182

bzw. der organisatorischen Nähe zu den regulären Streitkräften gemessene und vom humanitären Völkerrecht an unterschiedliche Voraussetzungen geknüpfte Unterscheidung[1]. Zwar enthält der Streitkräftebegriff in Art.4.A.1. III.GK nicht ausdrücklich das Attribut "regulär", dieses kann jedoch als darin vorausgesetzt angesehen werden, da die III.GK in Art.4.A.3. ausdrücklich den Begriff der "regulären Streitkräfte" verwendet. Irregulär sind jene an den Feindseligkeiten teilnehmenden Einzelnen oder Gruppen, welche nicht Teil der Armee oder von in die Armee eingegliederten Einheiten sind[2]. Maßgeblich ist damit die organisatorische Nähe zu einem Organ der Konfliktpartei als Völkerrechtssubjekt. Die Genfer Konventionen von 1949, insofern vom gleichen Grundsatz ausgehend wie die HLKO, gewähren einem ggü. der HLKO erweiterten[3], jedoch klar umgrenzten Kreis von nicht in die regulären Streitkräfte eingegliederten[4] Kämpfern unter bestimmten Voraussetzungen den Kombattantenstatus und macht sie damit zu legalen Kombattanten.

Die vorgenannt beschriebenen Begriffe reichen bis heute zur völkerrechtlichen Qualifikation der an internationalen oder nicht-internationalen bewaffneten Konflikten teilnehmenden Personen aus. Andere in der Literatur verwendete Begriffe meinen entweder das gleiche (Bsp.: "privileged combatancy" als Bezeichnung des legalen Kombattanten[5]) oder haben einen politisch zwar aussagekräftigen, jedoch völkerrechtlich irrelevanten Inhalt (Bsp.: "legitime Kombattanten" zur Bekräftigung eines als berechtigt angesehenen Anliegens). In einem anderen Sinne wird in der vorliegenden Arbeit der Begriff "irregulär" je-

---

[1] Greenspan, S.58,59. Abi-Saab behauptet, die Unterscheidung zwischen regulären und irregulären Kombattanten sei noch im 17., 18. und in der ersten Hälfte des 19. Jahrhunderts weder in Staatenpraxis noch in der Völkerrechtsliteratur bekannt gewesen, vgl. ders.1972, S.113. Roberts definiert wie folgt: "Irregulars.....may be defined generally to include guerillas, partisans, and special operation forces or other individuals or groups not identifiable as part of a readily distinguishable military unit who take up arms and commit hostile acts about or behind the lines of the enemy", vgl. ders. S.127

[2] Meyrowitz 1973, S.886. Ebenso Kwakwa S.86, der "irregulars" bezeichnet als "term covering all types of lawful belligerent combatants that are not traditionally included in the regular armed forces of a party". Für ihn bezeichnet der Begriff die in Art.4A.2. III.GK genannten Personen, d.h. nicht in die Armee eingegliederte Milizen und Freiwilligenkorps sowie Widerstandskämpfer

[3] So wird in Art.4.A.2. III. Genfer Konvention in Reaktion auf die Erfahrungen im II.Weltkrieg der Kombattantenstatus erstmals nicht nur Milizen und Freiwilligenkorps, sondern unter bestimmten Voraussetzungen auch sog. "Organisierten Widerstandsbewegungen" zugebilligt, vgl. unten E.II.4.c. Darüberhinaus bleibt es gem. Art.4.A.6. III.GK beim Kombattantenstatus für Teilnehmer an einer levée en masse

[4] Der von der HLKO in Art. 1 ausdrücklich erwähnte Fall, daß das Heer sich ausschließlich aus Milizen und Freiwilligenkorps zusammensetzt (vgl. oben D.II.3.b.), wird in Art.4 III. Genfer Konvention und seinen "Schwesterartikeln" in den anderen Konventionen zwar nicht ausdrücklich erwähnt, jedoch von diesen Vorschriften mitumfaßt.

[5] Vgl. Meron, S.49

doch auch zur Bezeichnung der Guerilla-Kampfführung verwendet, welche unten E.III.2.b. näher beschrieben ist.

3. Legale reguläre Kombattanten

a) Mitglieder der Streitkräfte sowie eingegliederte Milizen und Freiwilligenkorps (Art.4.A.1. III.GK)[1]

Nach dieser Vorschrift zählen zu den regulären Kombattanten zunächst die "Mitglieder von Streitkräften einer am Konflikt beteiligten Partei". Dem Begriff der Konfliktpartei müssen dabei auch die als Kriegführende anerkannten Aufständischen gelten, da sie ebenfalls Kriegführende im oben dargestellten Sinne anzusehen sind (vgl. oben E.II.2.a.). Die dargestellte Rechtsfolge der Anwendbarkeit des humanitären Völkerrechts auf den Konflikt zwischen Regierung und Aufständischen (s.o. D.I.2.a.aa.) kann nur bedeuten, daß Fragen des Kombattantenstatus für den Staat wie für die Aufständischen nach den gleichen Regeln des humanitären Völkerrechts entschieden werden, d.h. nach den im internationalen bewaffneten Konflikt geltenden Vorschriften. Die Zubilligung des Kombattantenstatus an Angehörige der Streitkräfte knüpft an Art.1 HLKO an, der dies nach seinem Wortlaut bereits als selbstverständlich vorausgesetzt hatte[2]. Der Begriff "Streitkräfte" umfaßt dabei sowohl deren kombattante als auch deren nicht-kombattante Mitglieder und beendet die insoweit von der HLKO noch vorgenomme begriffliche Unterscheidung[3]. Anerkannt ist auch, daß ein Kampfverband bestimmten Voraussetzungen genügen muß, um als "Streitkraft" gelten zu können[4]. Liegt das so definierte Minimum von Anforderungen an die

---

[1] Gleichlautend in Art.13 Abs.1 der I. und II. GK

[2] Danach gelten die Gesetze, die Rechte und Pflichten des Krieges nicht nur für das Heer, sondern (unter bestimmten Umständen) auch für Milizen und Freiwilligenkorps, vgl. oben Abschnitt D.II.3.a.

[3] Vgl. Lapidoth, S.175. Bei der Unterscheidung von Kombattanten und Nicht-Kombattanten innerhalb der Streitkräfte ging es jedoch nicht um den Kombattantenbegriff im hier interessierenden Sinne, s.o. D.II.3.a. Kwakwa spricht zur Bezeichnung dieses Personenkreises von "civilian non-combatants", vgl. ders. S.85

[4] Buß (S.203) nennt:

- Konstituierung als reguläre Truppe durch die Staatsgewalt und Legitimation zur Beteiligung an Kampfhandlungen
- Ständige Zuweisung von Kampf- und Verteidigungsaufgaben
- Unterstellung unter einen rechtmäßig staatlicherseits eingesetzten Befehlshaber und Eingliederung in ein hierarchisches System der Über- und Unterordnung
- Kein Verzicht auf ein - allerdings gering anzusetzendes - Mindestmaß an Disziplin und Beachtung des Kriegsrechts

Organisation nicht vor, so scheidet der Kombattantenstatus für deren Mitglieder von vornherein aus.

Wegen des insoweit offenen Wortlauts von Art. 4.A.1. III.GK ist umstrittenen, ob und inwieweit auch die Angehörigen der regulären Streitkräfte bestimmten Anforderungen genügen müssen, und insbesondere, ob sie als solche äußerlich erkennbar sein müssen oder ob selbst das Tragen von Zivilkleidung ihren Kombattantenstatus unberührt läßt[1]. Wegen des eindeutigen Wortlauts des Art.4.A.1. III.GK, der im Gegensatz zu Art.4.A.2. III.GK den Angehörigen der regulären Streitkräfte keine besonderen Bedingungen auferlegt, sollten die an den Einzelnen gerichteten Pflichten des Art.4.A.2. b.-c. III.GK nicht in Art.4.A.1. hineingelesen werden [2]. Im Interesse des Schutzes der Zivilbevölkerung wird man eine Unterscheidungspflicht annehmen müssen, wobei es mangels konkreter Regelung jedem Staat überlassen bleibt, in welcher Form er dieser Pflicht genügen will[3].

---

1 Grundsätzlich ist anerkannt, daß jeder Staat aufgrund seiner Organisationshoheit seine Streitkräfte nach eigenem Gutdünken organisieren kann, vgl. Maaß, S.24 (m. ausführlichen weiteren Nachweisen). Draper verlangt als Minimum "an 'open' activity, conducted as ascertainable members of a military formation dependant upon a state or other recognized belligerent", vgl. ders. 1971, S.182. Er verweist darauf, daß das traditionelle Völkerrecht Spionen selbst dann keinen Kombattantenstatus zubilligte, wenn diese Mitglieder der Armee waren, vgl. ders. 1965, S.110. Im Fall *Mohamed Ali and another vs. The Public Prosecutor* (All England Law Reports 1968 Bd.3, S.488) vertrat der malaysische Staatsrat in einer Rechtsmittelentscheidung die gleiche Auffassung. Der Fall betraf drei Angehörige der indonesischen Armee, die als Zivilisten verkleidet in einem Bürogebäude in Singapur eine Bombe gelegt hatten, welche drei Zivilisten tötete. Das Gericht lehnte es ab, die Angeklagten als Kriegsgefangene zu behandeln, da diese als Zivilisten verkleidet an einer Einzelaktion teilgenommen hätten. Aus den Spione betreffenden Artikeln 29 und 31 HLKO folge, daß diesem Personenkreis kein Kombattantenstatus zukommen dürfe. Da die GK'en insoweit die HLKO unberührt ließen, müsse diese Regel gleichermaßen auch für die GK'en gelten. Allein diese Tatsache lasse eine Prüfung als überflüssig erscheinen, ob bei der Aktion etwa die "Rechte und Pflichten des Krieges" verletzt worden seien, vgl. zu diesem Fall Draper 1971, S.212 (Fßn.5). Ebenso Meron, S.67. Andere leiten die Pflicht zur Erkennbarkeit aus der allgemeinen Unterscheidung des humanitären Völkerrechts zwischen legalen und illegalen Kombattanten sowie zwischen zulässigen und unzulässigen Zielen her. Gewähre das humanitäre Völkerrecht Personen den Schutz des Kombattantenstatus, welche sich als Zivilisten ausgegeben hätten, so unterwandere sich das humanitäre Völkerrecht selbst und seine grundlegenden Prinzipien würden zur Farce, vgl. Bindschedler-Robert, S.42. Vgl. auch Oeter 1989, S. 451

Eine andere Ansicht vertritt Meyrowitz: danach sind Angehörige der regulären Streitkräfte so lange Kombattanten, wie sich der Staat in einem internationalen bewaffneten Konflikt nach Art.2 befindet und sie den regulären Streitkräften dieses Staates angehören. Das Verhalten der betreffenden Streitkräfteangehörigen ist nach den Grundsätzen des humanitären Völkerrechts zu beurteilen. Für Meyrowitz hängt der Kombattantenstatus hier nicht an einer Uniform, jedoch fällt das Tragen von Zivilkleidung unter das Perfidieverbot, vgl. ders. 1973, S.919

2 Vgl. Buß, S.204 m.w.N.

3 Vgl. Lapidoth, S.175

Zu den regulären Kombattanten zählen auch die "Mitglieder von Milizen und Freiwilligenkorps, die in diese Streitkräfte eingegliedert sind". Schon die HLKO von 1907 hatte mit Rücksicht auf die militärischen Gegebenheiten der kleinen Staaten festgelegt, daß der Begriff des "Heeres" Milizen und Freiwilligenkorps umfassen sollte, wo diese Milizen etc. "das Heer oder einen Bestandteil des Heeres bilden" (s.o. D.II.3.). Art.4.A.1. III.GK bekräftigt dieses Konzept, indem er die in die regulären Streitkräfte eingegliederten Milizen etc. wegen der engen Einbindung in die Streitkräfte trotz ihres potentiell irregulären Charakters ausdrücklich den legalen Kombattanten zurechnet.

Von einigen engen Ausnahmen abgesehen[1], haben Angehörige der regulären Streitkräfte daher Kombattanteneigenschaft, wenn und solange sich ihr Staat in einem internationalen bewaffneten Konflikt befindet und sie Mitglied der regulären Streitkräfte sind[2].

b) Streitkräfte einer von der Gewahrsamsmacht nicht anerkannten Regierung oder Autorität (Art.4.A.3. III.GK)[3]

In diesem Artikel findet die Regularität ausdrückliche Erwähnung. Danach sind Kombattanten auch die "Mitglieder regulärer Streitkräfte, die sich zu einer von der Gewahrsamsmacht nicht anerkannten Regierung oder Autorität bekennen". Wie die Genfer Konventionen überhaupt, so stellt auch Art.4.A.3. III.GK eine Reaktion auf die Erfahrungen des II. Weltkrieges dar[4]. Er fußt auf der Vorstellung in jeder Hinsicht regulärer Streitkräfte i.S.d. Art.4.A.1. III.GK[5], deren einziges Defizit darin besteht, das sie sich zu einer Autorität bekennen, deren Vertretungsberechtigung für den Herkunftsstaat als Kriegführenden zwar von Dritt-

---

1 Vgl. unten bei E.II.5.b.aa.

2 Meyrowitz 1973, S.919. Schwarzenberger geht davon aus, daß die Erfüllung der für irreguläre Kombattanten in Art.4.A.2. III.GK aufgestellten Bedingungen bei Angehörigen der regulären Armee aufgrund des Vorhandenseins zivilisierter Militärgesetze vorausgesetzt wird ("are taken for granted"), vgl. ders.1971, S.267.

3 Gleichlautend in Art. Art.13 Abs.3 I.GK sowie Art.13 Abs.3 II.GK

4 Er zielt auf die Situation z.B. der gaullistischen Truppen, die sich zum Komitee der Nationalen Befreiung bekannten bzw. der italienischen Truppen, die ab September 1943 gegen das Deutsche Reich kämpften, vgl. Meyrowitz 1973, S.903; Lapidoth, S.178; Ipsen 1993, S.148 sowie de Breucker in Cassese (Priceedings), S.28. Zum engen Zusammenhang zwischen der Regelung des Kombattantenstatus durch die Genfer Konventionen und den Erfahrungen des II. Weltkriegs vgl. Draper 1971, S.187,189; Meron, S.48. Ein Beispiel für die Anwendbarkeit ist auch die Rechtsstellung von Vietkong-Kämpfern ggü. der US-Armee im Vietnamkrieg, vgl. Draper 1965, S.107

5 Vgl. Meyrowitz 1966, S.134

staaten, nicht aber vom Gegner anerkannt ist[1]. Art.4.A.3. III.GK betrifft daher weniger die unmittelbare Kombattanteneigenschaft als solche (die Verbindung der Kombattanten zu einem Staat ergibt sich bereits aus der Eigenschaft der regulären Armee als Organ des Staates), sondern vielmehr die Frage der möglicherweise fehlenden Befugnis zur Vertretung des Herkunftsstaates, d.h. eines "Kriegführenden" im o.g. Sinne. Indem Loyalität zu einer nicht anerkannten Regierung für die Erlangung des Kombattantenstatus ausreicht, setzt sich das humanitäre Völkerrecht in Art.4.A.3. III.GK (ähnlich wie bei organisierten Widerstandsbewegungen nach Art.4.A.2. III.GK, vgl. unten E.II.4.c.) über die aus der alleinigen Kompetenz des Staates zur Kriegführung folgende Befugnis der legalen Regierung hinweg, bindende Waffenstillstandsvereinbarungen abzuschließen und damit einen bewaffneten Konflikt zu beenden. Art.4.A.3. setzt keine kriegerische Besetzung voraus. Erforderlich ist auch nicht, daß der "Regierung oder Autorität", deren Organ die regulären Truppen sind, gegenüber dem bekämpften Staat die Eigenschaft eines Konfliktgegners i.S.d. gemeinsamen Art.2 GK, d.h. eines Kriegführenden, zukommt[2]. Es kann sich also handeln um eine Exilregierung, eine Gegenregierung oder eine auf dem Boden ihres Staates etablierte "Autorität". In jedem Fall muß diese jedoch einen an die GK gebundenen[3] bereits konstituierten Staat repräsentieren[4]. Art.4.A.3. III.GK ist in der Literatur vereinzelt als eine Guerillabewegungen diskriminierende Vorschrift bezeichnet worden, da irregulär kämpfende Einheiten, die sich zu einer nicht anerkannten Regierung etc. bekennen, vom Schutz der Vorschrift ausgeschlossen seien[5]. Das Argument übersieht jedoch, daß Art.4.A.2. III.GK für alle irregulären Einheiten das unverzichtbare und nachzuweisende Kriterium der Zugehörigkeit zu einer Konfliktpartei aufstellt (s.u. E.II.4.c.), welches bei regulären Streitkräften richtigerweise gerade nicht gesondert zu belegen ist. Dieser Nachweis kann durch das Bekenntnis zu einer Exilregierung nicht ohne weiteres erbracht werden. Art.4.A.3.III.GK regelt einen Sonderfall in Bezug auf reguläre Streitkräfte. Es wäre daher nicht richtig, ihn als eine diskriminierende Vorschrift zu betrachten.

---

1 Vgl. Lapidoth, S.179. Für Draper soll der Artikel gewährleisten, daß der ihm zugrundeliegende humanitäre Zweck nicht durch Anerkennungsfragen vereitelt wird: "Its purpose being humanitarian is not to be defeated by the technicalities and uncertainties of the law relating to recognition of States and Governments", vgl. ders.1965, S.107.

2 Vgl. Meyrowitz 1973, S.903

3 Nimmt man an, daß die Genfer Konventionen mittlerweile Völkergewohnheitsrecht sind (vgl. oben A.V.), so sind ohnehin alle Staaten an sie gebunden.

4 Vgl. Meyrowitz 1973, S.903

5 Vgl. Kossoy, S.211,212

4. Legale irreguläre Kombattanten

a) Levée en masse (Art.4.A.6. III. Genfer Konvention)[1]

Art.4.A.6. III. GK macht den bereits beschriebenen engen Zusammenhang von Kriegsgefangenen- und Kombattantenstatus deutlich, indem er bezüglich der "levée en masse" nahezu wörtlich den auf Kombattanten zugeschnittenen Text des Art.2 HLKO (Text oben D.II.3) übernimmt. Art.4.A.6. III.GK, der nicht auf besetztes Gebiet anwendbar ist, betrifft einen weit gefaßten Personenkreis in einer eng definierten Zahl von Situationen[2]. Zu den Voraussetzungen einer "levée en masse" gehört nicht, daß die Teilnehmer vom Herannahen des Feindes überrascht wurden, allerdings ist diese in Art.4.A.6. III.GK beschriebene Form des irregulären Kampfes nur für kurze Zeit vorstellbar[3]. In Ermangelung einer Bezugsgruppe kann die Einhaltung der Voraussetzung des offenen Waffentragens sowie der Gesetze und Gebräuche des Krieges nur in jedem Einzelfall, nicht aber bzgl. des kämpfenden Kollektivs geprüft werden. Da Teilnehmer an einer "leveé en masse", bedingt durch die Spontaneität ihres Widerstandes, zum Tragen eines erkennbaren Unterscheidungszeichens nicht in der Lage sind, wird das Erfordernis des offenen Waffentragens, anders als bei den in Art.4.A.2. III.GK genannten Gruppen, im Sinne eines sichtbaren Waffentragens ausgelegt[4].

b) Nicht in die regulären Streitkräfte eingegliederte Milizen und Freiwilligenkorps (Art.4.A.2. III.GK)

Wie bereits Art.1 der HLKO, so legt auch Art.4.A.2. III. GK einen strengen Maßstab an, wenn es um die Zubilligung des Kombattantenstatus an Angehörige solcher Milizen und Freiwilligenkorps geht, die nicht in die regulären Streitkräfte eingegliedert sind [5]. Dabei werden die Kriterien der HLKO fast wortgleich übernommen (vgl. oben D.II.3.). Einschließlich der in Art.4.A.2. III.GK ausdrücklich erwähnten und kumulativ und dauerhaft zu erfüllenden[6] Bedin-

---

[1] Vgl. zur levée en masse nach der HLKO oben D.II.3.c.

[2] Vgl. Draper 1971, S.192

[3] Selbst ein von der Regierung im Rundfunk ausgestrahlter Aufruf zum Widerstand steht der "levée en masse" nicht im Wege, vgl. Lapidoth, S.179. Zur zeitlichen Begrenztheit vgl. dies., S.180

[4] Vgl. Lapidoth, S.179, 180. Vgl. hierzu bereits auch oben D.II.3.c.

[5] Schwarzenberger: "It is difficult for *any* armed forces to comply with all four conditions formulated expressly in relation to irregular armed forces", vgl. ders.1971, S.273

[6] Das Erfordernis kumulativer Erfüllung ergibt sich bereits aus dem Wortlaut des Art.1 HLKO ("...wenn sie folgende Bedingungen in sich vereinigen:..."), aber auch zumindest aus dem französischen ("pourvu que ces milices ....remplissent les conditions suivantes")

gungen müssen nach allgemeiner Auffassung sechs Voraussetzungen erfüllt sein, damit Angehörigen "sonstiger" Milizen und Freiwilligenkorps der Kombattantenstatus zukommt[1] . Die ersten beiden der nachfolgend aufgezählten Bedingungen wurden auch durch die HLKO bereits stillschweigend vorausgesetzt[2]. Die sechs Voraussetzungen lauten:

- *Es muß ein gewisser Organisationsgrad gegeben sein*

  Obwohl in Art.4.A.2. ausdrücklich nur im Zusammenhang mit Widerstandsbewegungen genannt, gilt das Erfordernis eines gewissen Organisationsgrades aus gewohnheitsrechtlichen Gründen auch für Milizen und Freiwilligenkorps[3]. An das Vorhandensein des gewissen Organisationsgrades sind nur geringe Anforderungen zu stellen[4]. Durch diese an der Vorstellung militärischer Organisation (Disziplin, Hierarchie, Verantwortung) orientierte Voraussetzung wird von vornherein ausgeschlossen, daß Einzelpersonen oder bedeutungslos kleine bzw. unorganisierte Gruppen zu den Waffen greifen und dennoch Kombattantenstatus erlangen. Die Motive der Handelnden sind in diesem Zusammenhang ohne Bedeutung. Einerseits soll verhindert werden, daß sich jede beliebige Person zum Kombattanten machen kann [5] andererseits soll bereits durch dieses Kriterium gewährleistet werden, daß sich das militärische Verhalten der irregulären Kämpfer an den Regeln des Kriegsrechts und insbesondere an den weiteren Bedingungen des Art.4.A.2. III.GK orientiert[6].

- *Die genannten Einheiten müssen zu einer am Konflikt beteiligten Partei gehören*

  Nicht nur die Widerstandsbewegungen nach Art.4.A.2.III.GK, sondern auch die nicht in die regulären Streitkräfte eingegliederten Einheiten müssen an die konfliktbeteiligte Partei, für die sie kämpfen, gebunden sein. Dies folgt bereits aus der Übernahme dieser auf Art.9 der Brüsseler

---

und englischen Text ("provided that such militias ....fulfill the following conditions") des Art.4.A.2. III.GK, vgl. Meron, S.49; Greenspan, S.58. Zur Dauerhaftigkeit vgl. Meyrowitz 1966, S.137.

[1] Lapidoth, S.175; Draper 1971, S.195; Meron, S.50; Booysen, S.34

[2] Draper 1971, S.196

[3] Vgl. Lapidoth, S.176

[4] Mallison and Mallison, S.50

[5] Vgl. Draper 1971, S.200

[6] Mallison and Mallison, S.49 sowie Lapidoth unter Hinweis auf die Intention der Verfasser dieser Vorschrift, vgl. dies. S.176

Erklärung von 1874 zurückgehenden Voraussetzung und aus der seinerzeit gebotenen und beabsichtigten Rücksichtnahme auf die militärische Interessen kleinerer Staaten. Allerdings wurde bereits in der damaligen Literatur für die Bindung an den Staat weder eine durch diesen ausgeübte Befehls- und Kommandogewalt vorausgesetzt, noch wurde eine ausdrückliche Ermächtigung durch dessen Organe für erforderlich gehalten[1]. Die an die Zugehörigkeit zu stellenden Voraussetzungen sind unten E.II.4.c. näher beschrieben. Denkbar wäre schließlich auch die Zugehörigkeit der Milizen und Freiwilligenkorps zu anerkannten Aufständischen, da auch diese als Kriegführende im oben E.II.2.a. dargelegten Sinne zu betrachten sind. Dagegen sind Widerstandsbewegungen mit Zugehörigkeit zu anerkannten Aufständischen als Konfliktpartei kaum vorstellbar[2].

- *Die Milizen und Freiwilligenkorps müssen eine für ihre Untergebenen verantwortliche Person an ihrer Spitze haben (Art.4.A.2.a. III.GK)*

Nicht erforderlich ist, daß es sich bei der für ihre Untergebenen verantwortliche Person um einen militärischen Vorgesetzten handelt. Es kann sich durchaus auch um eine Zivilperson handeln, diese muß aber über effektive Autorität über ihre Untergebenen verfügen[3]. Die Verantwortlichkeit muß sich auf eine übergeordnete Autorität beziehen, wobei es keine Rolle spielt, ob die verantwortliche Person ernannt oder sogar gewählt wurde[4]. Entgegen der Ansicht des israelischen Militärgerichtshofs verlangt die Vorschrift auch nicht, daß die Verantwortlichkeit der betreffenden Person vor einem Militärgericht des Staates, zu welchem sie gehört, geprüft und eingefordert werden kann[5]. Der Zweck dieses Kriteriums besteht vor allem darin sicherzustellen, daß die weiteren Bedingungen (Art.4.A.2.b.-d. III.GK) von den Angehörigen der irregulären Einheiten auch eingehalten werden[6] und daß die organschaftliche Verbindung der Milizen etc. zu einem konfliktbeteiligten Staat als "Kriegführendem" im

---

[1] Vgl. hierzu die bei Schwarzenberger 1971, S.271 (Fßn.44) zitierten Autoren.

[2] Zwar können anerkannte Aufständische Konfliktpartei sein, s.o. Der Begriff der "Widerstandsbewegung" beschreibt jedoch die Situation einer kriegerischen Besetzung, s.u. E.II.4.c. Diese ist in Bezug auf Gebiete, die von Aufständischen immer nur de facto und nicht qua souveräner Gebietsherrschaft beherrscht werden, nicht vorstellbar.

[3] Greenspan, S.59; Meyrowitz 1973, S.910; Lapidoth, S.177

[4] Draper 1971, S.201; Mallison and Mallison, S.55 ; Greenspan, S.59

[5] Vgl. Meyrowitz 1973, S.910

[6] Mallison and Mallison, S.55; Lapidoth, S.177

o.g. Sinne gegeben ist[1]. Das gruppeninterne Disziplinarregime muß so ausgestaltet sein, daß dadurch die Einhaltung der restlichen Kriterien des Art.4.A.2. III.GK tatsächlich auch gewährleistet werden kann. Bei deren durchgängiger Mißachtung kann auf das Fehlen einer verantwortlichen Person geschlossen werden [2]. Durch Art.4.A.2.a. III.GK ist auch der Kombattantenstatus für jede "Ein-Mannn-Armee" ausgeschlossen, die nicht einer regulären Armee oder einer von den Konventionen anerkannten irregulären Organisation angehört[3]. Ebenso wie das Erfordernis der Zugehörigkeit der Gruppe zu einer Konfliktpartei, so schließt auch das Merkmal der verantwortlichen Führung autonom agierende Milizen etc. vom Kombattantenstatus aus[4].

- *Die Angehörigen der Milizen und Freiwilligenkorps müssen ein bleibendes und von weitem erkennbares Unterscheidungszeichen führen (Art.4.A.2.b. III.GK)*

Ebenso wie die nachfolgende Bedingung des offenen Waffentragens entspricht dieses Erfordernis "ohne Einschränkung"[5] dem Art.1 HLKO und bezweckt zum einen die Verhinderung perfider Kampfmethoden, zum anderen auch die (passive und aktive) Unterscheidung der Milizen etc. von der Zivilbevölkerung[6]. Sie berührt damit einige der tragenden und unverzichtbaren Grundsätze des humanitären Völkerrechts[7]. Wie viele Normen des humanitären Völkerrechts schafft das Erfordernis des erkennbaren Unterscheidungszeichens, ebenso auch dasjenige des offenen Waffentragens, eine sensible Balance zwischen den militärischen Notwendigkeiten der gegnerischen Konfliktpartei und den Bedürfnissen der

---

1 Ipsen 1993, S.147

2 Draper 1971, S.201

3 Schwarzenberger 1971, S.273

4 Ipsen 1993, S.147

5 Ipsen 1993, S.147

6 Für Greenspan verlangt der Zweck der Norm (Unterscheidung von der Zivilbevölkerung), daß das Unterscheidungszeichen nicht jederzeit blitzschnell an- und abgelegt werden kann. Es sollte daher Teil der Kleidung sein, vgl. ders. S.59. Vgl. auch Meyrowitz 1973, S.912, der jedoch kritisiert, daß die beiden Bedingungen von den mit Widerstandsbewegungen konfrontierten Staaten durch allzu extensive Auslegung im Sinne einer sehr strikten Anti-Guerilla-Strategie mißbraucht wurden. Der Autor unterstreicht gleichwohl mit Nachdruck den Zusammenhang, welcher zwischen der Verschonung der Zivilbevölkerung durch den Gegner und der Unterscheidung der Widerstandskämpfer von der Zivilbevölkerung besteht.

7 Vgl. oben Abschnitt C.II.; vgl. auch Meron, S.61; Bindschedler-Robert, S.64

Humanität[1] und bringt damit die allgemeine Intention dieses Rechtsgebiets zum Ausdruck. Die Unterscheidung von Kombattanten und Zivilbevölkerung gehört zu den Grundpfeilern des humanitären Völkerrechts[2].

Gleichwohl wurden im Zuge der Diskussionen um die humanitärvölkerrechtliche Stellung der - meist mit Guerillamethoden geführten - nationalen Befreiungskriege und -bewegungen ganz besonders diese Voraussetzungen des Art.4.A.2. III.GK immer wieder als nicht mehr zeitgemäß kritisiert[3]. Teilweise wurde sogar die Ansicht vertreten, die in Art.4.A.2. III.GK genannten Gruppen definierten sich angesichts jüngerer Konfliktpraxis nur noch durch Organisation und die Beachtung der Gesetze und Gebräuche des Krieges[4]. Unter Berufung auf diese sehr weitgehende Position behauptet Abi-Saab eine weitgehende Einigkeit in der Literatur, daß doch zumindest die in Art.4.A.2.lit.b. und c. III.GK enthaltenen Bedingungen sehr großzügig ausgelegt werden müßten. So sei anerkannt, daß die meisten, wenn nicht alle dieser Bedingungen, nicht durch den einzelnen Kämpfer, sondern allein durch die Gruppe welcher er angehört zu erfüllen seien. Hierfür spreche bereits der Wortlaut des Art.4.A.2. III.GK, der die Erfüllung der Bedingungen nicht von einzelnen Kämpfern, sondern von den Milizen etc. verlange[5]. Teilweise wird auch vertreten, die Bedingungen des erkennbaren Unterscheidungszeichens und des offenen Waffentragens seien nur während, nicht aber zwischen militärischen Einsätzen zu erfüllen[6] oder nur zu einem einzigen Kriterium der "Offenheit" zusammenzufassen[7].

---

1 Vgl. Draper 1971, S.202

2 Lapidoth, S.209 sowie oben C.II.

3 So behauptet Abi-Saab sogar einen allgemeinen Konsens, wonach diese erstmals bei der Brüsseler Konferenz 1874 formulierten Bedingungen durch die zwischenzeitlich erfolgten, radikalen Veränderungen mittlerweile weitgehend obsolet geworden seien, vgl. ders.1979, S.421. Cassese schreibt: "The great mobility of armed forces, the use of long-distance weapons, the increasing resort to camouflage, have almost made obsolete the requirements of visibility", vgl. ders. in Cassese 1979, S.472

4 Vgl. Bierzanek, S.75,76, bei dem jedoch nicht ganz klar wird, wie diese Veränderung der Rechtslage eingetreten sein soll, z.B. ob dies mit völkerrechtlicher desuetudo begründet wird. Abi-Saab spricht von einer "widespread opinion" in dieser Richtung, was jedoch nicht ganz richtig sein dürfte, vgl. ders. in RdC 1979, S. 421. Ebenso Abi-Saab 1972, S.113

5 Abi-Saab in RdC 1979, S.421 unter Hinweis u.a. auf Bindschedler-Robert. Vgl. auch Abi-Saab 1972, S.111

6 Mallison and Mallison, S.57, die allerdings auch den Aufmarsch vor einem militärischen Einsatz einbeziehen. Dies nimmt den späteren Art.44 Abs.3 S.1 ZP I bereits vorweg, vgl. Text im Anhang.

7 Abi-Saab in RdC 1979, S.422 sowie ders. 1972, S.112

Umstritten ist seit jeher, aus welcher Entfernung die Unterscheidungszeichen erkennbar sein müssen[1]. Während für Schwarzenberger dieses Kriterium von einer "air of unreality" umgeben wird, da in Zeiten weitreichender automatischer Waffen die Tarnung der Kämpfer zum Gebot der Stunde geworden sei[2], hält Draper dessen Einhaltung dennoch für essentiell: zwar könne dem irregulären Kämpfer das Recht zur Tarnung im Rahmen des auch regulären Truppen Erlaubten (Perfidieverbot!) nicht verwehrt werden, eine Tarnung als Zivilist sei jedoch unzulässig[3]. Für andere müssen die in Art.4.A.2. genannten irregulären Kämpfer für den Feind in gleicher Weise erkennbar sein wie Angehörige regulärer Truppen[4]. Dem Gedanken des Unterscheidungszeichens als "Uniformersatz" entspricht es auch, wenn Lapidoth im Interesse der Unterscheidung von der Zivilbevölkerung auf die Notwendigkeit des permanenten Tragens hinweist[5].

So verlockend eine weniger strenge Auslegung des hier in Rede stehenden Kriteriums aus humanitären Gründen i.S.d. betroffenen Kämpfer sein mag, so klar muß auch gesehen werden, daß sich Vorteile für den weniger erkennbaren Kämpfer zu den Nachteilen für die unbeteiligte Zivilbevölkerung zueinander wie kommunizierende Röhre verhalten: je weniger streng die Anforderungen an die Kämpfer, desto größer die Gefahr für Zivilisten, zum Ziel der Aktionen des Gegners zu werden, der die irregulären Kämpfer von der Zivilbevölkerung nicht zu unterscheiden vermag[6].

---

[1] Greenspan plädiert für Erkennbarkeit mit bloßem Auge, zumindest aus der Entfernung, aus welcher auch ein Zivilist erkannt werden kann, vgl. ders. S.59. Mallison and Mallison bezeichnen das Kriterium als "rather vague", vgl. dies. S.57. Ausgehend vom Tötungs-/Verletzungsrisiko definiert Draper wie folgt: "The test normally accepted for identifiability is that the individual must be so marked that, and permanently, that he is distinguishable from an ordinary peaceful civilian at a distance at which weapons can be brought to bear by, and upon, such individuals", vgl. ders.1971, S.202

[2] "In the case of commando units, armed with daggers, knives and bombs and trained in the wiles of ungentlemanly combat in the best James Bond style, *the question of arms carried openly has become rather hypothetical* (Hervorhebung durch den Autor), vgl. ders 1971, S.274

[3] Vgl. Draper 1971, S.202. Ähnlich auch Denise Bindschedler: "...he (d.h. der irreguläre Kämpfer, Anm. des Verfassers) may not camouflage himself as a civilian; he may try to become invisible in the landscape, but not in the crowd.", vgl. dies. S.64

[4] Meron, S.61 unter Hinweis auf Pictet; ebenso Lapidoth, S.177; Ipsen 1993, S.147. Mallison and Mallison halten ggü. den Uniformen der regulären Kombattanten weniger strenge Anforderungen für gerechtfertigt, da diese dem Regulären zur Tarnung dienten, vgl. dies. S.57

[5] Vgl. Lapidoth S.177

[6] Draper schreibt: "The military advantage of the irregular against his regular adversary must not mask the humanitarian risk to the ordinary civilian. ... If one of the purposes of

Bei irregulär kämpfenden Gruppen in besetzten Gebieten (Widerstandsgruppen gem. Art.4.A.2. III.GK, s.u.) kommt hinzu, daß diese grundsätzlich zwischen zwei Arten von Rechtsstatus zu wählen haben: Entweder sie genießen den Status von Bewohnern eines besetzten Gebiets gemäß den völkerrechtlichen Regeln der occupatio bellica und insbesondere der IV. GK und sind als solche verpflichtet, sich aller Gewaltakte ggü. der Besatzungsmacht zu enthalten. Oder sie wählen die Alternative, d.h. den bewaffneten Kampf als Angehörige einer Widerstandsbewegung gemäß Art.4.A.2. III.GK. Es ist vor allem auch dieser Aspekt, der bei der Auslegung des Art.4.A.2. III.GK für die Annahme einer Pflicht zum dauerhaften Tragen des Unterscheidungszeichens spricht[1].

- *Die Angehörigen der Milizen und Freiwilligenkorps müssen die Waffen offen tragen (Art.4.A.2.c. III.GK)*

Das offene Waffentragen steht in engem Zusammenhang mit dem vorstehend dargestellten Kriterium und bezweckt gleichermaßen die Unterscheidung zwischen Kombattanten und Zivilbevölkerung. Allerdings sind auch hier nicht nur in zeitlicher Hinsicht viele Fragen offen, was für Draper dieses Erfordernis eines guten Teils seines Wertes beraubt hat. Aus seiner Sicht sind als Minimalanforderung die Waffen immer dann offen zu führen, wenn auch reguläre Einheiten dies tun würden und ein Verdeckthalten der Waffen gegen das Perfidieverbot verstoßen würde[2]. Das IKRK unterscheidet zwischen der Pflicht zu "offenem" Waffentragen und dem von Art.4.2.A. nicht verlangten "sichtbaren" Tragen der Waffen, betont jedoch die Perfidiegrenze[3]. Auch bei der im Einzelfall schwierigen Auslegung des Kriteriums offenen Waffentragens wird letztlich der bona fide-Grundsatz und der mehrfach erwähnte Balancegedanke zwischen militärischer Notwendigkeit und Humanität ausschlaggebend sein.

---

the law of war is to afford a high measure of protection to the innocent civilian, a difficult conception in itself, then the non-identifiability of the irregular fighter will frustrate that purpose", vgl. ders. 1971, S.203.

Im gleichen Sinne zu Unterscheidungsmerkmal und offenem Waffentragen Bindschedler-Robert: "These conditions are intimately connected; they mean that the guerilla must mark himself from the civilian population and they are consequently the expression of the immunity of that population whose fate becomes uncertain when every civilian may be suspected to be a camouflaged guerilla", vgl. dies. S.63

1 Vgl. hierzu Meyrowitz 1966, 139

2 Vgl. Draper 1971, S.204; ebenso Ipsen 1993, S.147: "Ein regelmäßiges Verbergen der Waffen und ein offenes Waffentragen allein während der Phase des Angriffs ist mit dieser das alte Recht bestätigenden Voraussetzung nicht vereinbar". In diesem Sinne auch Mallison and Mallison, S.58

3 Commentaire III, S.15. Lapidoth, S.177. Bei der "levée en masse" wird das offene Waffentragen allerdings i.S.v. Sichtbarkeit verstanden, s.o.D.II.3.c. sowie E.II.4.a.

- *Die Milizen und Freiwilligenkorps müssen bei ihren Kampfhandlungen die Gesetze und Gebräuche des Krieges einhalten (Art.4.A.2.d. III.GK)*

Als Ausdruck des im humanitären Völkerrecht beherrschenden Reziprozitätsgrundsatzes ist das Erfordernis der Einhaltung der Gesetze und Gebräuche des Krieges für Ipsen "eigentlich selbstverständlich"[1]. In der Literatur wurde die Regel teilweise eher großzügig ausgelegt: so bedeutet "Einhalten" der Gesetze und Gebräuche des Krieges mehr als nur Respekt, jedoch weniger als strikte Beachtung. Ebenso umfassen die Gesetze und Gebräuche des Krieges nicht die Gesamtheit aller kodifizierten Normen des Kriegsrechts, sondern lediglich die Ge- und Verbote des allgemeinen Kriegsrechts[2] sowie die Genfer Konventionen[3]. Andererseits wird der in Art.4.A.2.d. genannte Zusatz "bei ihren Kampfhandlungen" nicht im Sinne einer Einschränkung auf die Pflicht zur Beachtung der Gesetze und Gebräuche des Krieges betrachtet[4]. Der für den Kombattantenstatus des Einzelnen konstitutive Charakter der Einhaltung der Gesetze und Gebräuche wurde vereinzelt als willkommene Ausrede für die Gewahrsamsmacht bezeichnet, der betreffenden Person den Kriegsgefangenenstatus mit dem Argument angeblicher Kriegsverbrechen zu verweigern[5].

In der Lehre herrscht keine völlige Einigkeit bzgl. der Frage, welche der genannten Voraussetzungen *kollektiv* und/oder *individuell* zu erfüllen sind[6]. Mit Blick auf mögliche Folgen der Nichteinhaltung[7] erscheint jedoch folgende Position mit Text und Zweck von HLKO und Genfer Kon-

---

1 Ipsen 1993, S.147

2 Vgl. Meyrowitz 1973, S.915; für eine Aufzählung der von irregulären Kämpfern zu beachtenden Kampfführungsregeln vgl. Draper 1971, S.205

3 Vgl. Draper 1965, S.63,113. Mallison and Mallison rechtfertigen eine gewisse Abweichung anhand des Beispiels der recht detaillierten administrativen Pflichten der Gewahrsamsmacht nach der III. Genfer (Kriegsgefangenen-) Konvention (Art.143 ff.): "It would require a considerable departure from reality to expect irregular forces to meet the same requirements in the treatment of P.O.W.s in their hands", vgl. dies. S.60

4 So weist Lapidoth darauf hin, daß die Pflichten bei der Behandlung von Verwundeten und Kranken auch nach Abschluß der Kampfhandlungen gelten, vgl. dies. S.178

5 Aldrich 1988, S.459

6 Vgl. Draper 1971, S.196. Bindschedler-Robert hält lediglich die Bedingungen oben 4. (Erkennungszeichen) und 5. (offenes Waffentragen) für personenbezogen, die restlichen dagegen für durch die Gruppe einzuhalten, vgl. dies., S.40

7 Vgl. hierzu unten E.II.5.

ventionen konform[1]: Während die ersten drei der genannten Kriterien (Organisation, Zugehörigkeit, verantwortliche Führung) nur von der Gruppe als solcher erfüllt werden können, sind die letzten drei Bedingungen (Unterscheidungszeichen, offenes Waffentragen, Einhaltung der Gesetze und Gebräuche des Krieges) sowohl von der Bewegung insgesamt als auch von jedem einzelnen Kombattanten einzuhalten. Sie haben daher gleichzeitig kollektiven und individuellen Charakter. Die in Art.4.A.2. III.GK genannten Kollektive sind verpflichtet, durch geeignete organisationsinterne Maßnahmen eine allgemeine "Politik" zu verfolgen, durch welche die ständige Einhaltung aller sechs in Art.4.A.2. III.GK genannten bzw. vorausgesetzten Kriterien sichergestellt ist. Die Pflicht zur Einhaltung der Gesetze und Gebräuche des Krieges umfaßt damit insbesondere auch die anderen Voraussetzungen des Kombattantenstatus[2]. Nötig ist, daß die Mitglieder der betreffenden Milizen etc. in ihrer ganz überwiegenden Mehrheit die von ihnen einzuhaltenden Voraussetzungen dauerhaft und nicht nur vorübergehend erfüllen[3]. Der Kombattantenstatus muß deshalb immer wieder durch Erfüllung seiner Voraussetzungen "verdient" werden[4]. Die Befolgung der Kriterien durch den Einzelnen dient damit nicht nur diesem selbst, sondern trägt gleichermaßen auch zur Einhaltung der Anforderungen durch die Gruppe insgesamt bei[5]. Darüber hinaus müssen sie kumulativ erfüllt sein, damit Kämpfer in den Genuß des Kombattantenstatus gelangen können[6].

Die Bedeutung der Unterscheidung von kollektiv bzw. individuell einzuhaltenden Kriterien ergibt sich aus den Folgen bei Nichteinhaltung: hält sich die Gruppe insgesamt nicht an Art.4.A.2. III.GK, so kann keines ihrer Mitglieder, auch ein sich konform verhaltender Einzelner, Kombattant sein. Das Schicksal des einzelnen Mitglieds der Milizen etc. hängt damit essentiell mit demjenigen der Gruppe zusammen, in welcher er operiert[7]. Die Einhaltung der Gesetze und Gebräuche des Krieges durch die Gruppe hat für den Kombattantenstatus des einzelnen Mitglieds konstitutiven

---

1 Vgl. Draper 1971, S.196; Lapidoth, S.178

2 Vgl. Meron, S.65; Lapidoth, S.178

3 Vgl. Draper 1971, S.196

4 Vgl. Draper 1966, S.137

5 Vgl. Meyrowitz 1973, S.915

6 Vgl. Meyrowitz 1973, S.915; Roberts, S.128

7 Vgl. Draper 1971, S.198; Bindschedler-Robert, S.41

Charakter[1]. Regelmäßig wird die häufige Nichterfüllung der letzten drei o.g. Kriterien darauf hindeuten, daß auch die auf die Gruppe bezogenen ersten drei o.g. Voraussetzungen nicht erfüllt wurden, insbesondere hinsichtlich Organisation und verantwortlicher Führung. Umgekehrt hat die nur vereinzelte Mißachtung der letzten drei o.g. Kriterien nicht zur Folge, daß alle Angehörigen der Gruppe den Kombattantenstatus verlieren[2].

c) Mitglieder organisierter Widerstandsbewegungen (Art.4.A.2. III.GK)

Nach dieser Vorschrift sind Kombattanten auch die Mitglieder von "organisierten Widerstandsbewegungen, die zu einer am Konflikt beteiligten Partei gehören und außerhalb oder innerhalb ihres eigenen Gebiets, auch wenn dasselbe besetzt ist, tätig sind". Die Ausdehnung des Kombattantenstatus auf Angehörige organisierter Widerstandsbewegungen ist wie Art.4.A.3. III.GK Ausfluß der Erfahrungen des 2.Weltkriegs, in dessen Verlauf irregulär kämpfende Partisanen- und Widerstandsverbände einen erheblichen Beitrag zum Sieg über die Achsenmächte leisteten[3]. Voraussetzung des Kombattantenstatus ist dabei auch im Zusammenhang mit Widerstandsbewegungen, daß sie bzw. ihre Mitglieder die vorgenannten, für Milizen und Freiwilligenkorps geltenden Bedingungen erfüllen (Art.4.A.2. a.-d. III. Genfer Konvention). Die durch Art.4.A.2. III.GK anerkannte Möglichkeit, in einem besetzten Gebiet gegen die Besatzungsmacht zu den Waffen zu greifen, ist unter dem Aspekt des Schutzes der Zivilbevölkerung zurecht als keineswegs unproblematisch bezeichnet worden[4].

Darüber hinaus setzt die Einräumung des Kombattantenstatus an Angehörige organisierter Widerstandsbewegungen voraus:

---

1 Meron schreibt dieser Frage eine "tremendous importance" zu, vgl. ders. S.65,67. Er beschreibt ausführlich die von arabischen Terrororganisationen praktizierte systematische Mißachtung der Gesetze und Gebräuche des Krieges und sieht dies als einen der wesentlichen Gründe dafür, daß diese Gruppen keinerlei Kombattantenstatus beanspruchen können, vgl. ders. S.68/69

2 Vgl. Draper 1971, S.197

3 Vgl. u.a. Ipsen 1993, S.145,146; Draper 1971, S.187 sowie Meyrowitz 1973, S.898, welcher der Auslegung der Frage nach der ursprünglichen Intention jedoch angesichts der Vielzahl später beigetretener Staaten nicht allzu viel Gewicht beimißt.

4 Vgl. Buß, S.212, für die in dieser Situation die Beachtung der III. und IV. Genfer Konvention für die Besatzungsmacht nicht immer leicht wäre. Da es sich um einen asymmetrischen Konflikt mit sehr ungleicher Verteilung der militärischen Mittel handelt, ist nämlich damit zu rechnen, daß die Kampfhandlungen schon bald in eine Spirale ungebremster Gewaltanwendung ausarten werden, zu deren Leidtragenden zuerst die Zivilbevölkerung zu zählen wäre, vgl. zum asymmetrischen Konflikt und zur Guerillakampfführung unten E.III.2.b.

- *Eine Bewegung von gewisser Größe und mit einem gewissen Organisationsgrad*[1].

- *Die Situation fremder Besetzung i.S.d. occupatio bellica (s.o. E.I.3.), gegen welche sich der Widerstand richtet.*

Die Besetzung muß also im Zuge eines internationalen bewaffneten Konflikts i.S.d. gemeinsamen Art.2 GK entstanden sein. Durch die Rückkoppelung an die Situation der fremden Besetzung erweitert Art.4.A.2. III.GK den Schutz im Vergleich zur HLKO erheblich, da deren Regelung betreffend den Kombattantenstatus von Milizen etc. und Angehörigen einer levée en masse nur während der gegnerischen Kriegshandlungen galt [2]. Nicht erforderlich ist, daß sich die Bewegung allein aus Angehörigen des besetzten Gebiets oder Staates zusammensetzt, ebensowenig, daß die Bewegung ihren Sitz im besetzten oder unbesetzten Teil des von der Besatzung betroffenen Staates hat[3].

- *Widerstand gegen die Besatzungsmacht*

Ziel, wenn auch nicht notwendig einziges Ziel der Bewegung muß die Befreiung des besetzten Gebiets sein[4]. Zu diesem Zweck ist sie berechtigt, im besetzten wie unbesetzten Teil des eigenen Landes und auf dem Gebiet eines besetzten Verbündeten sowie auf dem Gebiet der Besatzungsmacht oder eines Verbündeten dieser Macht zu operieren[5]. Eine - möglicherweise sogar in Gegnerschaft zueinander stehende- Mehrzahl von Widerstands-

---

[1] Die Minimalanforderungen an diese Kriterien bleiben allerdings offen, vgl. Meyrowitz 1973, S.898

[2] Vgl. Koenig S.64 m.w.N.(nach HLKO konnte Widerstand gegen die Besatzungsmacht mit der Todesstrafe geahndet werden, auch wenn die entsprechende Bewegung die Voraussetzungen des Art.1 HLKO für nicht in die Streitkräfte integrierte Milizen und Freiwilligenkorps erfüllte). Die Möglichkeit, bewaffnete Schädigungshandlungen in einem besetzten Gebiet zu setzen, hält Buß für eine "revolutionäre Entwicklung", vgl. dies. S.210

[3] Vgl. Meyrowitz 1973, S.898, der unterstreicht, daß einer extensive Auslegung des Begriffs "Widerstandsbewegung" im Sinne einer Ausdehnung auf Fälle jenseits der völkerrechtlich klar definierten Besatzung sowohl wegen des historischen Modell für die Definition als wegen der rechtlichen Struktir des im gemeinsamen Art.2 der Konventionen festgelegten Konfliktmodells unzulässig ist.

[4] Dieses Kriterium verhindert, daß Widerstandsbewegungen an anerkannte Aufständische als Konfliktpartei gebunden sein können, da in dieses Institut nur eine de facto-Situation anerkennt und mangels souveräner Gebietsherrschaft eine Situation kriegerischer Besetzung nicht vorstellbar ist, s.o. D.I.2.a. und E.I.3.

[5] Vgl. Meyrowitz 1973, S.899

bewegungen ist für deren Einordnung als Organisation i.S.v. Art.4.A.2. III.GK unschädlich[1].

- *Zugehörigkeit der organisierten Widerstandsbewegung zu einer am Konflikt beteiligten Partei*

Der Zweck dieser Voraussetzung besteht darin, die oftmals von privater Initiative getragenen bzw. auf sie zurückgehenden Widerstandsbewegungen an eine Konfliktpartei, d.h. an einen Kriegführenden[2] rückzukoppeln. Die Bindung an eine Konfliktpartei hat fundamentale Bedeutung[3]. Feindseligkeiten unternehmende und damit ihre Mitglieder wie die Zivilbevölkerung direkter Gefahr für Leib und Leben aussetzende Gruppen sollen nur dann vom Schutz der Konventionen profitieren können, wenn ihre Aktionen rechtlich mit einem (vom Völkerrecht allein zur Kriegführung bzw. Führung eines internationalen Konflikts Kriegführung befugten und hierfür völkerrechtlich verantwortlichen) Kriegführenden verbunden sind, d.h. mit einem Staat, einem stabilisierten de facto-Regime, den VN oder (nur bei Milizen und Freiwilligenkorps) ggf. auch mit anerkannten Aufständischen verbunden sind[4]. Art.4.A.2. III.GK gewährleistet auch, daß es sich bei der Auseinandersetzung zwischen Widerstandsbewegung und Besatzungsmacht nicht um einen "Privatkrieg", sondern um ein Völkerrechtsverhältnis handelt[5]. Die Widerstandsbewegung kann nicht selbst Konflikt-

---

[1] Vgl. Meyrowitz 1973, S.899

[2] Zum Begriff vgl. oben E.II.2.a.

[3] Vgl. Meron, S.55. Mallison and Mallison argumentieren zu Recht mit der Anwendbarkeitsvorschrift des gem. Art.2 GK'en, der einen Konflikt zwischen "Hohen Vertragsparteien" voraussetzt. Da die Widerstandsbewegung nicht selbst Vertragspartei ist, muß sie an eine solche rückgekoppelt werden, vgl. dies. S.51

[4] Dieser Grundsatz gilt für "sonstige Milizen und Freiwilligenkorps" wie auch für Widerstandsbewegungen nach Art.4.A.2. III.GK. Zur Möglichkeit der Zugehörigkeit zu Aufständischen vgl. oben E.II.4.b.

Für die Bedeutung der Anbindung an einen Kriegführenden nach Völkerrecht vgl. Meyrowitz 1973, S.900. Für diesen Autor stellt die Möglichkeit der Widerstandsbewegungen, über die Einstellung der Feindseligkeiten durch die legale Regierung hinaus weiterzukämpfen, lediglich die Kompetenz der jeweiligen Regierung in Frage, nicht jedoch die alleinige Befugnis des Staates, einen internationalen bewaffneten Konflikts zu führen.

Eher von theoretischem Interesse jedoch grundsätzlich denkbar wäre auch die Situation, daß bei einem internationalen bewaffneten Konflikt mit VN-Beteiligung (s.o. E.I.2.) den VN als Konfliktpartei eine Widerstandsbewegung i.S.d. Art.4.A.2. III.GK "zugehört", allerdings setzte dies eine vorherige kriegerische Besetzung des Herkunftstaates durch den Agressor voraus.

[5] Vgl. Meyrowitz 1966, S.135. Abi-Saab weist zu Recht darauf hin, daß dieses Merkmal Ausdruck des alten "bellum publicum"-Konzepts ist und den Zweck verfolgt, Privatkriege und Banditentum aus dem Anwendungsbereich der Vorschrift auszublenden, vgl. ders.1979, S.419 sowie auch ders. 1972, S.110. Ebenso Buß, S.208

partei sein, da es sich bei letzterer um einen konstituierten (nicht notwendig vom Konfliktgegner anerkannten) und die Eigenschaft eines Kriegführenden (s.o.) besitzenden Staat handeln muß, welche an die Genfer Konventionen gebunden ist[1]. An diese Konfliktpartei wiederum muß die Bewegung ihrerseits gebunden sein[2]. Gehört die Widerstandsbewegung, was der Normalfall ist, zu dem besetzten Staat, so ergibt sich dessen Eigenschaft als Kriegführender aus der Besetzung selbst. Gehört die Widerstandsbewegung zu einem verbündeten Staat, so muß dieser spätestens dann Konfliktpartei, d.h. Kriegführender sein, wenn sich die Widerstandsbewegung auf diesen Status gem. Art.4.A.2. III.GK beruft[3]. Für Meyrowitz ergreift das humanitäre Völkerrecht in diesem Punkt Partei für die Widerstandsbewegung, da sie entgegen dem Willen und entsprechenden Vereinbarungen der legalen Regierung "ihres" Staates den Kampf gegen die Besatzungsmacht durch Zugehörigkeit zu einer anderen Konfliktpartei weiterführen kann[4]. Bei der Möglichkeit, einer anderen Konfliktpartei als dem tatsächlich besetzten Staat anzugehören, handelt es sich um eine angesichts historischer Erfahrungen geschaffene Fiktion, die in der Wirklichkeit kaum jemals in auch rechtlich enger Bindung ihren Ausdruck finden wird.

Der Bedeutungsgehalt der "Zugehörigkeit" zu einer Konfliktpartei läßt sich nicht genau festlegen[5] und wird in der Literatur unterschiedlich umrissen. Wegen der Möglichkeit der Zugehörigkeit zu einer anderen Konfliktpartei als dem Herkunftsstaat definiert Meyrowitz daher negativ, daß die Zugehörigkeit zu einer Konfliktpartei weder eine manifeste rechtliche Verbindung noch etwa Abhängigkeit bzw. Unterwerfung unter deren Anordnungen

---

1 Meyrowitz 1973, S.900; Meron, S.54; Lapidoth, S.176. Die Bindung an die Konventionen kann heute wegen des völkergewohnheitsrechtlichen Charakters der Konventionen auch für Nicht-Signatarstaaten angenommen werden, s.o. A.V. Denkbar ist auch eine Staatengruppe oder die VN, s.o.

2 Vgl. Meron, S.54. Dieser zitiert u.a. Pictet, der darauf hinweist, daß man bei Abfassung der GK'en der Angst vieler Staaten vor ungebunden agierenden Widerstandsbewegungen durch Annäherung an Milizen und Freiwilligenkorps und explizite Bindung an eine Konfliktpartei begegnet sei.

3 Die von dieser Vorschrift geschaffene Möglichkeit der Berufung auf einen (faktisch oder rechtlich) verbündeten bzw. befreundeten Staat ist direkte Konsequenz aus den im II. Weltkrieg gemachten Erfahrungen, wo das Deutsche Reich Angehörigen von Widerstandsbewegungen den Kombattanten- und damit Kriegsgefangenenstatus verweigerte, weil der besetzte Staat nicht mehr existiere, er qua Kapitulation nicht mehr Kriegführender sei oder weil sich die legale Regierung der besiegten Staaten gegenüber dem Deutschen Reich in den einschlägigen Waffenstillstandsvereinbarungen zur Bestrafung ihrer den Kampf fortsetzenden Staatsbürger verpflichtet hatte, vgl. Meyrowitz 1973, S.900.

4 Vgl. ders. 1973, S.900,901

5 Vgl. Draper 1971, S.200. Buß, S.210, hält ihn für unklar gefaßt

oder Befehls- und Disziplinargewalt voraussetzt. Die Zugehörigkeit muß für diesen Autor jedoch zumindest durch eine faktische Verbindung, etwa durch materielle Unterstützung, Beratung o. ä. erkennbar sein[1]. Argumentiert wird auch, die Verbindung zu einem Kriegführenden dürfe schon deshalb nicht so eng gefaßt werden wie bei regulären Streitkräften im Verhältnis zu ihrem Staat, weil hier Regeln für Organisationen aufgestellt würden, die bereits per se kein ähnlich enges Verhältnis zu einem Kriegführenden haben können wie die regulären Streitkräfte [2]. Abi-Saab betont, daß sich die Zugehörigkeit aus einer Bewertung von Fakten und Tatsachen ergibt, nicht jedoch aus formalen Kriterien wie etwa der weiteren Zugehörigkeit zu den Streitkräften einer Seite oder der passenden Staatsangehörigkeit[3]. Als nicht ausreichend wird es angesehen, wenn die Mitglieder der betreffenden Gruppe die Staatsangehörigkeit einer Konfliktpartei haben[4]. Einige Autoren lassen logistische Unterstützung etc. als solche nicht ausreichen, verlangen jedoch umgekehrt auch keine Unterordnung unter die Befehls- und Disziplinargewalt der Konfliktpartei[5]. Die hierauf gerichtete, enge Auslegung des Kriteriums der Zugehörigkeit durch den israelischen Militärgerichtshof im sog. "Kassem-Fall" hat deswegen in der Literatur überwiegend Kritik erfahren[6]. Andere Autoren wiederum legen die Voraussetzung der "Zugehörigkeit" zu einer Konfliktpartei, auch wegen der humanitären Zielsetzung der Konventionen, eher noch weiter aus als Meyrowitz[7]. Entscheidend ist beim Merkmal der Zugehörigkeit, daß die Aktio-

---

1 Vgl. ders.1973, S.901,911; Buß, S.208 unter Hinweis auf die Genfer Konferenz 1949. Für sie reicht jedes faktische Verhalten einer kriegführenden Partei aus, womit diese die Milizen und Widerstandsbewegungen unterstützt. Ähnlich auch Pictet, der eine de facto-Verbindung ausreichen läßt, zitiert bei Kwakwa, S.71

2 Mallison and Mallison, S.52

3 Abi-Saab 1972, S.110

4 Meron, S.54; Buß, S.208

5 Vgl. Draper 1971, S.200, der mit Blick auf die relative Selbständigkeit der Waffen-SS im II. Weltkrieg meint: "...triple-stranded subordination of operational command, discipline and logistic dependence, is not necessary". Lapidoth läßt eine "liaison de fait" ausreichen, die sich in einer stillschweigenden Übereinkunft ausdrücken kann, vgl. dies. S.176. Ebenso Kwakwa, S.91

6 Vgl. zum Kassem-Fall Israel Yearbook of Human Rights 1971, S.456 ff. Kritisch zur Auslegung des Merkmals der Zugehörigkeit : Schwarzenberger 1971, S.273; Meyrowitz 1973, S.907; Mallison and Mallison, S.71,72

7 So wendet sich Schwarzenberger gegen jeden sog. "implied test of legitimation" zum Nachweis der Zugehörigkeit, vgl. ders.1971, S.273. Für ihn kann die Zugehörigkeit selbst dann bejaht werden, wenn die Widerstandsbewegung von der Regierung ihres Staates nicht anerkannt oder sogar nach den Gesetzes ihres Staates illegal ist. Er begründet dies mit der großzügigen Auslegung von Art.1 HLKO durch die Literatur, wonach spontane Aufstellung von Milizen und Freiwilligenkorps ohne entsprechende Billigung durch die Organe des betreffenden Staates für ausreichend gehalten wurde, vgl. ders.1971, S.270,271. Es ist jedoch höchst fraglich, ob eine "Zugehörigkeit" ggfs. auch gegen den

nen der Widerstandsbewegungen einem kriegführenden Staat zuzuordnen sind und in Verbindung mit diesem durchgeführt werden[1]. Nicht erforderlich ist, daß die Konfliktpartei ihre "Patronatsrolle" über die Widerstandsbewegung dem Konfliktgegner gegenüber offiziell zum Ausdruck bringt, obwohl dies die Feststellung der Zugehörigkeit in praxi wesentlich erleichtern würde[2]. Sowohl in der Literatur[3] als auch in der Rechtsprechung[4] ist das Merkmal der Zugehörigkeit allerdings auch enger ausgelegt worden im Sinne einer gewollten und befolgten Unterordnung unter die Anordnungen und Befehle der Regierung des betreffenden Staates[5].

5. Fehlen der Voraussetzungen für den legalen Kombattantenstatus

a) Allgemein

Wie oben dargelegt, hängt der Kombattantenstatus von einer ganzen Reihe von Voraussetzungen ab, deren Einhaltung nur teilweise durch den Einzelnen gewährleistet werden kann. Vereinfacht ausgedrückt muß der einzelne Kämpfer zu einem Organ gehören, welches seinerseits im rechtlichen Sinne zu einem Kriegführenden gehört (d.h. zur Partei eines internationalen bewaffneten Konflikts oder zu anerkannten Aufständischen). Der Kombattantenstatus kann also - in seltenen Fällen - bereits daran scheitern, daß es trotz bewaffneter Kampfhand-

---

erkennbaren Willen der Regierung des betreffenden Staates bejaht werden kann. Damit würde dem betreffenden Staat ein von diesem ausdrücklich mißbilligtes Verhalten zugerechnet.

1 "La raison fondamentale de la condition réside dans le rattachement à un *ius belli* étatique", vgl. Meyrowitz 1973, S.907. Für ihn ist das einzige juristisch konkrete und materiell greifbare Element der Bedingung die Tatsache, daß die Aktionen der Widerstandsbewegung mit einer präexistenten Kriegführung eines Staates verknüpft sind und in Verbindung mit diesem durchgeführt werden, vgl. ders. 1973, S.906. Für Kwakwa bezweckt dieses Kriterium "....that only irregulars having a social fact of attachment, a genuine and *de facto* nexus to a party to a conflict, were accorded POW status", vgl. ders. S.91

2 Meyrowitz 1973, S.902; Draper empfiehlt der Klarheit halber eine solche Erklärung durch die Konfliktpartei, vgl. ders. 1971, S.201

3 Vgl. Meron, S.55

4 So verlangte z.B. der israelische Militärgerichtshof im sog. "Kassem-Fall" für die Zugehörigkeit einer Widerstandsbewegung zu einer am Konflikt beteiligten Partei, daß die Bewegung für die Regierung oder den betreffenden Staat kämpfen müsse, vgl. Israel Yearbook of Human Rights 1971, S.456 ff.

5 Meron, S.55: "the requirement of belonging to a Party to the conflict must have these consequences, or it makes no sense at all". Für Meron scheiterte die Zugehörigkeit arabischer "Freiheitskämpfer" zu einer Konfliktpartei bereits daran, daß sowohl die Gruppen selbst als auch der sie jeweils beherbergende arabische Staat keinerlei Unterordnung/Befehlsgewalt des Staates ggü. der Palästinenser-Gruppe anerkannten bzw. forderten, vgl. ders. S.59

lungen an einem internationalem bewaffneten Konflikt fehlt [1]. Bei Aufständischen kann es wegen fehlender Anerkennung an der Existenz eines Kriegführenden, d.h. einer Konfliktpartei mangeln [2]. Als weiterer Grund käme in Frage, daß das Rechtsband zwischen Kriegführendem und bewaffnetem Organ fehlt oder mangelhaft ist [3], wobei die Anforderungen an die Bindung für reguläre und irreguläre Einheiten unterschiedlich festgelegt sind[4]. Die GK'en enthalten darüber hinaus eine Reihe immanenter (z.B. Streitkräftebegriff) bzw. explizit festgelegter Voraussetzungen (z.B. Bedingungen des Art.4.A.2. III.GK oder das von den Streitkräften nach Art.4.A.3. III.GK geforderte Bekenntnis zu einer vom Gewahrsamsstaat nicht anerkannten Regierung oder Autorität), welche das zu einem Kriegführenden "gehörende" Organ zu erfüllen hat. Zu erwähnen sind auch die situationsgebundenen allgemeinen Bedingungen der sog. "levée en masse" (s.o. D.II.3.c. bzw. E.II.4.a.). Erst wenn diese "Legitimitätskette" zwischen dem Kriegführenden als Konfliktpartei mit Völkerrechtssubjektivität und dem Einzelnen gegeben ist, wird im Zusammenhang mit seinem Kombattantenstatus die Frage relevant, ob und inwieweit dieser selbst die vom humanitären Völkerrecht definierten Anforderungen an sein Verhalten erfüllt oder nicht. Bei Fragen des Kombattantenstatus ist also stets zuallererst das Vorhandensein der vorstehend genannten, "allgemeinen" Voraussetzungen zu prüfen, bei deren Fehlen einzelne Kämpfer von vornherein nicht Kombattanten sein können, weil bereits die GK'en nicht anwendbar sind oder weil es an der von diesen als notwendig vorausgesetzten Rückkoppelung des Einzelnen an einen Kriegführenden fehlt.

---

1 Bsp.: trotz (verdeckter) bewaffneter Aktionen von Angehörigen der Streitkräfte eines Staates leugnet sowohl dieser als auch der von diesen Aktionen betroffene Staat das Vorliegen eines bewaffneten Konflikts, vgl. Meyrowitz 1973, S.918, 919. Diese Situation wird allerdings nur in Ausnahmefällen vorstellbar sein, da das Vorliegen eines internationalen bewaffneten Konflikts nach den Genfer Konventionen grundsätzlich objektiv, d.h. anhand des Vorliegens bestimmter Tatsachen bestimmt wird, s.o. E.I.2. Gleichwohl mag dies in dem genannten Ausnahmefall anders sein, wenn beide Staaten ausdrücklich das Vorliegen eines bewaffneten Konflikts leugnen.

2 Hingegen ist in einer die Anerkennung von Aufständischen als Kriegführende nahelegenden Situation kaum vorstellbar, daß aufgrund mangelnder Konfliktintensität bereits das Vorliegen eines bewaffneten Konflikts zweifelhaft ist, da Aufständische von Dritten nur bei entsprechend umfänglichen Kampfhandlungen überhaupt als Kriegführende anerkannt werden dürfen, s.o. D.I.2.a.cc. Die bekämpfte Regierung ist zwar früher zur Anerkennung befugt, sie wird dies jedoch in aller Regel nicht tun, s.o. ebd.

3 Denkbar wären dies bei Aktionen nicht autorisierter oder abtrünniger Truppenteile, die somit im Verhältnis zu ihrem Staat nicht vertretungsbefugt sind, vgl. Meyrowitz 1973, S.918, 919. Diese Situationen werden allerdings eher sehr selten sein, da - außer im Falle abtrünniger Truppenteile - die bewaffneten Handlungen seiner Streitkräfte dem Kriegführenden (d.h. der Konfliktpartei) in aller Regel zuzurechnen sind.

4 Während sie bei Art.4.A.1. III.GK aufgrund der Eigenschaft der Streitkräfte als Organ des Staates als feststehend vorausgesetzt werden können, erwähnt Art.4.A.2. III.GK die Zugehörigkeit ausdrücklich.

Nachfolgend soll allein auf die Folgen des Fehlens derjenigen Bedingungen des Kombattantenstatus eingegangen werden, die sich auf das bewaffnete Organ (d.h. die kämpfende Einheit oder Gruppe) bzw. auf das Verhalten ihrer Mitglieder beziehen.

b) Die verschiedenen Kategorien von Kombattanten im einzelnen

aa) Reguläre Streitkräfte einschl. eingegliederter Milizen und Freiwilligenkorps (Art.4.A.1. III.GK)

Art.4.A.1. III.GK enthält keine auf die Streitkräfte und eingegliederte Milizen etc. als solche bezogenen Anforderungen. Allerdings orientiert sich der Begriff der "Streitkräfte einer am Konflikt beteiligten Partei" am traditionellen Bild der regulären Streitkräfte eines Staates. Daher kann ein gewisses Maß an Organisation und Disziplin erwartet werden, ohne daß dies jedoch explizit zum Begriffsmerkmal der Streitkräfte etc. gehört. Von Streitkräften etc. wird man daher vor allem dann nicht sprechen können, wenn deren Eigenschaft als Organ eines Kriegführenden im oben beschriebenen Sinne[1] in Frage steht.

Auch hinsichtlich des Verhaltens der einzelnen Angehörigen von Streitkräften etc. legt Art.4.A.1. III.GK keine Anforderungen fest, obwohl auch insoweit zum Bild klassischer Streitkräfte gehört, daß die in Art.4.A.2. III.GK für irreguläre Kombattanten genannten Verhaltenspflichten (Unterscheidung von der Zivilbevölkerung, Einhaltung der Gesetze und Gebräuche des Krieges) von regulären Kombattanten regelmäßig erfüllt werden. Gleichwohl machen die GK'en hier einen Unterschied, der nicht ignoriert werden kann. Er gründet sich bei regulären Streitkräften auf eine Art "Erfüllungsvermutung", d.h. auf die aus der völkerrechtlichen Bindung folgende Erwartung, daß sich Staaten an das sie verpflichtende humanitäre Völkerrecht auch halten werden, während dies von irregulären, nicht in die staatlichen Strukturen eingegliederten Gruppen nicht ohne weiteres erwartet werden kann [2]. Insoweit genießen die Staaten als die primären Adressaten und Akteure des Völkerrechts einen völkerrechtlichen "Bonus". Er hat seinen Ursprung "in der Legitimierung durch den Herrscher und der völkergewohnheitsrechtlichen Ausgestaltung der Streitkraft"[3]. Die für irreguläre Kombattanten aufgestellten Verhaltenspflichten dürfen daher nicht in Art.4.A.1. III.GK "hineingelesen" werden und gelten daher für reguläre Kombattanten i.S.d. Art.4.A.1. III.GK nicht in gleicher Weise wie für irreguläre Kombattan-

---

[1] Vgl. oben E.II.2.a. und E.II.3.a.

[2] Maaß, S.22.

[3] Buß, S.204

ten[1]. Der Verlust des Kombattantenstatus kommt für diesen Personenkreis daher nur in Ausnahmefällen in Betracht (Spione, Loyalitätsverhältnis zum Gewahrsamsstaat sowie - umstritten - Auftreten als Zivilist, s.o. E.II.3.a.). In den übrigen Fällen bleibt der Einzelne stets Kombattant, er kann jedoch als solcher im Rahmen des humanitären Völkerrechts wegen Kriegsverbrechen verfolgt werden[2].

bb) Reguläre Streitkräfte nach Art.4.A.3. III.GK

Art.4.A.3. III.GK geht von der Vorstellung regulärer Streitkräfte aus. Das vorstehend im Zusammenhang mit Streitkräften über gruppenbezogene und durch den Einzelnen zu erfüllende Kriterien Gesagte gilt entsprechend. Abgesehen von den Fällen, in denen auch Angehörige der "normalen" regulären Streitkräfte den Kombattantenstatus verlieren (Deserteure, Spione und Auftreten als Zivilist), behält diese Personenkategorie den Kombattantenstatus.

cc) Levée en masse (Art.4.A.6. III.GK)

Liegen die in Art.4.A.6. III.GK genannten situationsbezogenen Voraussetzungen nicht vor, so kann sich auch kein Einzelner auf den Kombattantenstatus berufen. Sind die von den kämpfenden Personen jeweils einzuhaltenden Voraussetzungen nicht erfüllt (offenes Waffentragen, Einhaltung der Gesetze und Gebräuche des Krieges), so wird man ihnen den Kombattantenstatus in gleicher Weise vorenthalten müssen wie nicht konform kämpfende Widerstandsgruppen, Milizen und Freiwilligenkorps nach Art.4.A.2. III.GK[3]. Besonders für das offene Waffentragen findet diese Rechtsfolge zusätzliche Bestätigung in der hier vertretenen Ansicht, wonach Angehörige regulärer Truppen bei Auftreten als Zivilist den Kombattantenstatus verlieren (s.o.). Da sich Teilnehmer an einer

---

[1] Maaß verweist hier auf vereinzelte anderslautende Stimmen, wonach die ausdrückliche Erwähnung bestimmter Bedingungen in Art.4.A.2. III Genfer Konvention nicht den Schluß rechtfertige, daß deren Beachtung für reguläre Streitkräfte nach Art.4.A.1. III.GK entbehrlich seien. Die ausdrückliche Erwähnung in Art.4.A.2. III.GK bedeute nur, daß man ihre Beachtung durch reguläre Streitkräfte ohnehin vorausgesetzt habe, vgl. die Hinweis ebd., S.24. Diese Ansicht vertreten z.B. Mallison and Mallison, welche die für Irregulären geltenden Kriterien des Art.4.A.2. III.GK in Art.4.A.1. und 4.A.3. III.GK hineinlesen: Apparently the matter of applicability to regulars was so well established in customary law that a treaty provision would have been superfluous......The result was to retain, and to rely upon, the customary law *application to regulars of recognized and unrecognized governments of the same criteria which applies to regulars*", vgl. dies. S.48 (Hervorhebung durch den Verfasser).

[2] Gasser 1995, S. 64

[3] Vgl. hierzu E.II.5.b.dd.

levée en masse grundsätzlich nur durch das offene Waffentragen von Zivilisten unterscheiden, wäre schwer einsehbar, diese in diesem Punkt gegenüber Angehörigen der regulären Armee zu privilegieren.

dd) Andere Milizen und Freiwilligenkorps sowie Widerstandsbewegungen (Art.4.A.2. III.GK)

Von den oben E.II.4.b. genannten sechs Bedingungen sind die ersten drei ausschließlich auf die Gruppe als solche bezogen (Organisationsgrad, Zugehörigkeit zu einer Konfliktpartei, verantwortliche Führung). Fehlen sie, so können die Mitglieder der Gruppe von vornherein und ungeachtet ihres tatsächlichen Verhaltens keinen Kombattantenstatus für sich beanspruchen[1]. Gleiches gilt auch, wenn die Gruppe als solche die restlichen drei Bedingungen (Unterscheidungszeichen, offenes Waffentragen, Einhaltung der Gesetze und Gebräuche des Krieges, Art.4.A.2.b.-d. III.GK) nicht erfüllt. In diesem Fall können deren Angehörige den Kombattantenstatus selbst dann nicht für sich beanspruchen, wenn sie sich im Einzelfall völlig völkerrechtskonform verhalten haben. Somit kann das völkerrechtswidrige Verhalten einer zu großen Zahl von Einzelnen[2] in der Weise auf die Gruppe "durchschlagen", daß keines ihrer Mitglieder mehr in den Genuß des Kombattantenstatus gelangen kann[3]. Vielfaches individuelles Fehlverhalten hat hier somit kollektiv wirkende Rechtsfolgen. Das völkerrechtswidrige Verhalten einer Gruppe kann zu schwierigen Fragen und Konstellationen führen, wenn diese neben oder im Verbund mit weiteren irregulär kämpfenden Milizen etc. kämpft[4].

---

1 Kwakwa, S.91

2 Der Verstoß gegen die Bedingungen durch lediglich eine kleinere Zahl von Gruppenmitgliedern führt noch nicht zum kollektiven Verlust des Kombattantenstatus, vgl. Meyrowitz 1973, S.915

3 Vgl. Draper 1966, S.137. Für diesen Autor gilt in Bezug auf nicht mindestens in die Armee eingegliederte Milizen etc., daß das humanitäre Völkerrecht diesen Personen den Status legaler Kombattanten nur als Konzession gewährt: "They derive the benefits of the law of war solely on the condition that they meet its requirements. The reasoning is apparent. Such classes of individuals participate in the conflict as a concession. ... Failure to meet the conditions imposed on persons who are not members of the armed forces severs the concession and reduces them to the position of unlawful participants.", vgl. ders.1971, S.182. Mallison and Mallison plädieren dafür, den sich völkerrechtskonform verhalten habenden Einzelnen nicht mit Vorenthaltung des Kombattantenstatus zu bestrafen, wenn die Gruppe der er angehört überwiegend das humanitäre Völkerrecht verletzt, vgl. dies. S.63

4 So könnten konform agierende Milizen etc. vereinbaren, die "Schmutzarbeit" von einer speziellen Gruppe durchführen zu lassen, die dazu von Anfang an bereit ist oder organisatorisch nur zu diesem Zweck eigens geschaffen wird. Auf diese Weise würden lediglich die Angehörigen dieser Spezialeinheit auf den Kombattantenstatus verzichten müssen, während alle anderen Gruppen von den militärisch-taktischen Erfolgen des völkerrechtswidrigen Verhaltens der "Spezialeinheit" profitieren würden, vgl. Meyrowitz 1973, S.916

Mißachtet das einzelne Mitglied einer sich zumindest überwiegend konform verhaltenden Gruppe die Bedingungen gem. Art.4.A.2. b.-d. III.GK, so ist dies nach einer teilweise vertretenen Ansicht auf den Kombattantenstatus dieser Personen ohne Einfluß, weil diese Bedingungen ebenso wie die o.g., ausschließlich auf die Gruppe bezogenen Anforderungen des Art.4.A.2. III.GK von vornherein nur die Milizen etc. als solche verpflichteten, nicht jedoch den einzelnen Kämpfer. Die Mißachtung der Bedingungen stünde dem Kombattantenstatus des Einzelnen deshalb nur dann entgegen, wenn sie die Kampfmethode der Gruppe insgesamt charakterisiere mit der vorstehend beschriebenen Folge, daß auch völkerrechtskonform handelnden Mitgliedern kein Kombattantenstatus mehr zukommen kann[1]. Die Beibehaltung des Kombattantenstatus trotz Verletzung der in Art.4A.2. III.GK festgelegten Bedingungen wird vor allem mit dem Ziel der Gleichbehandlung irregulärer und regulärer Kämpfer begründet[2], teilweise auch mit einer vermeintlich geringeren Bedeutung einzelner Kriterien wie etwa demjenigen der Offenheit in Art.4.A.2. b) und c) III.GK[3].

Nach einer von verschiedenen Autoren vertretenen Meinung richten sich zwar die Bedingungen des Art.4.A.2.b.-d. III.GK auch an den Einzelnen, ihre Mißachtung - und hier insbesondere die Mißachtung der in Buchstabe d. niedergelegten Pflicht zur Einhaltung der Gesetze und Gebräuche des Krieges- führe jedoch gleichwohl nicht zum Verlust des Kombattantenstatus. Diese Personen könnten zwar wegen Verstoßes gegen das humanitäre Völkerrecht verfolgt und bestraft werden[4], aus Gründen der Gleichbehandlung mit Angehörigen der re-

---

1 "Thus, it is recognized, that most, if not all of these conditions attach to the movement as a whole and not to each single combatant", vgl. Abi-Saab 1979, S.421. Bei der Behauptung allgemeiner Anerkennung dieser Ansicht scheint jedoch eher der Wunsch Vater des Gedankens gewesen zu sein: eine allgemeine Zustimmung zu dieser Extremposition ist in der Literatur schwerlich nachzuweisen. Kalshoven spricht insofern von einer "considerable debate", die sich an dem nur die Gruppe betreffenden Wortlaut des Art.4.A.2. III.GK entzündet habe. Allerdings sei die Frage durch Art.44 Abs.2 ZP I im Sinne der Beibehaltung des Kombattantenstatus trotz Verstoßes gegen die "Gesetze und Gebräuche" gelöst worden, vgl. ders. 1977, S.130. Art.44 Abs.2 ZP I betrifft jedoch nur das in Art.4.A.2.d. genannte Kriterium der Einhaltung der Gesetze und Gebräuche des Krieges. Darüberhinaus sind nur die Vertragsstaaten an diese Regelung des ZP I gebunden.

2 Abi-Saab schreibt mit Blick auf nationale Befreiungskämpfer: "It would be an illogical and unjust discrimination to consider that the same violation by an individual freedom fighter would deprive him from the status of privileged combatant, as long as the movement to which he belongs professes respect for the laws and customs of war", vgl. ders. 1972, S.112

3 Dies bedeutet für Abi-Saab, daß die Verletzung des Offenheitsgrundsatzes durch einzelne Kämpfer nicht den Verlust des Kombattantenstatus nach sich zieht, solange die Gruppe insgesamt in der Regel diesen Grundsatz beachtet, vgl. ders. 1972, S.112

4 Booysen sieht den Unterschied zwischen einem des Kombattanstatus verlustig gegangenen Kriegsverbrecher und einem weiter mit diesem Status ausgestatten Kriegsverbrecher als eher geringfügig an und vor allem bezogen auf bestimmte förmliche Schutzbestimmungen wie z.B. Art.100 III. GK (keine Todesstrafe ohne vorherigen Hinweis auf

gulären Armee könne dies jedoch ebensowenig wie bei diesen den Verlust des Kombattantenstatus nach sich ziehen[1]. Dabei wird angenommen, daß diese (weiterhin legalen) Kombattanten sich für den Verstoß gegen Art.4.A.2. lit.b.-c. wegen Kriegsverbrechen zu verantworten hätten[2]. Die Beibehaltung des legalen Kombattantenstatus wird u.a. mit Art.85 III. GK begründet, der Kriegsgefangenen ihren Status beläßt, wenn sie wegen vor ihrer Gefangennahme liegender Verstöße gegen Rechtsvorschriften des Gewahrsamsstaates verfolgt werden[3].

Demgegenüber ist zunächst festzuhalten: insoweit sich das Argument der Beibehaltung des Kombattantenstatus auf die Forderung nach Gleichbehandlung von irregulären Kombattanten gem. Art.4.A.2. III.GK mit Angehörigen der regulären Armee stützt, müßte konsequenterweise angenommen werden, daß Irreguläre ihren Kombattantenstatus bei Auftreten als Zivilist verlieren, da dies nach der hier vertretenen Auffassung die entsprechende Rechtsfolge für reguläre Armeeangehörige ist[4].

Abgesehen von dieser ohnehin notwendigen und folgerichtigen Einschränkung der "Beibehaltungsthese" geht jedoch eine nicht unerhebliche Meinung in der Literatur davon aus, daß die Nichterfüllung der vom einzelnen Kombattanten gem. Art.4.A.2. III.GK einzuhaltenden Voraussetzungen generell den Verlust

---

fehlende Loyalitätspflicht des einer anderen Nationalität angehörenden Angeklagten ggü. dem Gewhrsamsstaat), vgl. ders. S. 37

1 Draper betrachtet irreguläre Kombattanten, welche die in Artikel 4.A.2. b.-c. III.GK genannten Bedingungen nicht erfüllen, weiterhin als legale Kombattanten, vgl. ders. 1971, S.197. Die Mißachtung der der o.g. Kriterien sei jedoch als Kriegsverbrechen zu betrachten, und mit dieser Begründung müßten die Betreffenden auch angeklagt werden. Sie werden laut Draper daher mit einem Armeeangehörigen gleichbehandelt, der sich Kriegsverbrechen hat zu Schulden kommen lassen, vgl. Draper 1971, ebd. Mallison and Mallison halten einen Verlust des Kombattantenstatus nur im Falle von *schweren* Verstößen gegen das humanitäre Völkerrecht, d.h. bei Kriegsverbrechen, für gerechtfertigt, vgl. dies. S.61 (Hervorhebung durch den Verfasser)

Auch Meyrowitz scheint der gleichen Ansicht zu sein: "Quand, individuellement, des membres d'un tel mouvement de résistance agissent contrairement à une des conditions b, c ou d ils commettent une infraction aux lois de la guerre. Ils pourront alors etre poursuivies et condamnés....non pas comme combattants illégitimes, mais pour violation des lois de la guerre", vgl. ders.1966, S.137; vgl. auch ders.1973, S.915

2 Vgl. Draper 1971, S.197

3 Dieser lautet: "Die Kriegsgefangenen, die aufgrund der Rechtsvorschriften des Gewahrsamsstaates für Handlungen, die sie vor ihrer Gefangennahme begangen haben, verfolgt werden, bleiben, auch wenn sie verurteilt werden, im Genuß der im vorliegenden Abkommen vorgesehenen Vergünstigungen", vgl.BGBl 1954 II, S.871/872; vgl. hierzu Booysen, S.36

4 Vgl. Farer, S. 42. Vgl. auch Draper auf der Rotkreuzkonferenz in Istanbul, zitiert bei Meron, S.62,63

des legalen Kombattantenstatus nach sich zieht[1]. Dies folge bereits im Umkehrschluß aus dem die Vorschriften *des Gewahrsamsstaates* betreffenden Wortlaut des Art.85 III.GK. Deshalb könne der legale Kombattantenstatus bei Verstößen gegen das Völkerrecht, insbesondere jedoch bei Kriegsverbrechen, nicht erhalten bleiben (Art.85 III. GK als Schutz lediglich vor den Gesetzen der Gewahrsamsmacht)[2]. Von dieser Möglichkeit einschränkender Auslegung abgesehen, haben verschiedene - insbesondere sozialistische - Staaten 1949 Vorbehalte eingelegt, wonach Art.85 III. Genfer Konvention bei Kriegsverbrechen und Verbrechen gegen die Menschlichkeit von vornherein nicht anwendbar sei[3]. Zu den einzuhaltenden Normen des Völkerrechts zählen auch die von Art.4.A.2. III.GK an irreguläre Kombattanten gestellten Bedingungen.

Grundlegender ist freilich das Argument, daß Art.4.A.2. III.GK die Vorzüge des Kombattantenstatus[4] nur demjenigen Irregulären zubilligen wollte, der auch seinerseits die vom humanitären Völkerrecht an sein Verhalten gestellten Voraussetzungen erfüllt. Eine Gleichbehandlung von Milizen etc. mit der regulären Armee ist in diesem Zusammenhang schon deshalb bedenklich, weil Art.4.A.2.b.-d. III.GK den Kombattantenstatus für Irreguläre ausdrücklich mit der Erfüllung ganz konkreter Anforderungen verbindet, wohingegen die GK'en bei regulären Streitkräften auf die explizite Festlegung solcher Voraussetzungen vollständig verzichten[5]. Die Konsequenz, daß mit dem Verlust des Kombattantenstatus plötzlich auch alle zuvor völkerrechtsgemäß gesetzten Handlungen strafbar werden, war von den Konventionen als Sonderregelung für irreguläre Kämpfer offenbar gewollt, um diesen Personenkreis in besonderer Weise an die Anforderungen des Kriegsrechts zu binden.

Die auf Gleichbehandlung mit regulären Streitkräften bestehende Argumentation für die Beibehaltung des Kombattantenstatus trotz Verstoßes gegen die humanitär-völkerrechtlichen Verhaltenspflichten ist darüber hinaus auch aus anderen Gründen nicht überzeugend. Die Situation eines Irregulären, der gegen die

---

1 Greenspan : « Guerillas who do not comply with the provisions laid down may perform patriotic service for their country (just as espionage agents often do), yet such illegitimate hostilities come within the technical heading of war crimes, and their perpetrators must be prepared to take their punishment if captured. », vgl. ders. S.61. Vgl. auch Meron, S.61; Bindschedler in Festschrift Verdross, S.67. Für Ipsen scheint dies nicht mehr als eine vertretbare, mögliche Auslegung darzustellen, vgl. ders. 1993, S.154.

2 Bindschedler-Robert, S.42. Dagegen Draper 1971, S.197

3 Hierauf weist Lapidoth hin, vgl. dies. S.196; vgl. auch Oeter 1989, S. 454

4 Hierzu zählen vor allem die Straffreiheit für völkerrechtskonform gesetzte Schädigungshandlungen und nach Fallen in Feindeshand der Schutz durch die III. Genfer Konvention

5 Diese können nur generell aus dem Schutzzweck des humanitären Völkerrechts hergeleitet werden und sich in Extremfällen wie dem Verkleiden als Zivilist auswirken, s.o. D.II.3.a. und E.II.3.a.

Bedingungen des Art.4.A.2. b.-c. III.GK ("Offenheitsgrundsatz") verstoßen hat, ist nämlich weniger mit dem völkerrechtswidrig handelnden regulären Kombattanten zu vergleichen als mit dem Angehörigen der regulären Streitkräfte, der als Zivilist aufgetreten ist. Nach der hier vertretenen Ansicht sollte dieser den legalen Kombattantenstatus verlieren, weil die Unterscheidung auch der regulären Armee von der Zivilbevölkerung - obwohl in Art.4.A.1. III. GK nicht ausdrücklich gefordert- als von Konventionen wie HLKO selbstverständlich vorausgesetzt betrachtet werden kann und sich in ihr u.a. das Perfidieverbot widerspiegelt. Auch und gerade die Regeln des offenen Kampfes sind jedoch Ausdruck dieses Verbots[1]. Die Einhaltung dieser Voraussetzungen hat daher für den Erhalt des legalen Kombattantenstatus in jedem einzelnen Fall konstitutiven Charakter. Mißachtung qualifiziert den Beteiligten als illegalen Kombattanten. Autoren wie Abi-Saab bezeichnen diese Rechtsfolge als eine "illogical and unjust discrimination" ggü. den ihren Kombattantenstatus beibehaltenden Angehörigen der regulären Streitkräfte[2]. Diese Argumentation trägt bereits deshalb nicht, weil auch reguläre Kombattanten ihren Kombattantenstatus verlieren können, s.o. Darüber hinaus kann bei regulären Truppen von vornherein die prinzipielle Einhaltung der vom humanitären Völkerrecht geforderten Unterscheidung von der Zivilbevölkerung eher vorausgesetzt und erwartet werden als von irregulär kämpfenden Milizen etc. Dies ergibt sich schon aus der Bindung der Staaten an diese mittlerweile mit VGR'lichem Charakter ausgestattete Regel des Kriegsrechts und aus der bei regulären Truppen vorauszusetzenden Uniformtradition[3]. Zwar sind auch die legalen irregulären Kombattanten durch ein Rechtsband an eine Konfliktpartei gebunden, welche aufgrund der weiten Verbreitung der GK'en in der Regel sogar zu deren Unterzeichnerstaaten gehören dürfte, die Anforderungen an diese Bindung sind jedoch nicht mit der Bin-

---

1 Vgl. Draper 1971, S.202, 203. Draper, der die Ansicht vertritt, daß den als Zivilisten auftretenden Angehörigen der regulären Armee der legale Kombattantenstatus vorzuenthalten ist (vgl. ebd. S.182), kommt immerhin auch bei als Zivilisten verkleideten Irregulären zu dem gleichen Ergebnis, vgl. ders. bei der Istanbuler Rotkreuz-Konferenz von 1969, zitiert nach Meron, S.62. Konsequenterweise müßte er dies auch bei leichten Verletzungen zumindest des Offenheitsprinzips vertreten, wahrscheinlich aber auch bzgl. lit.d. des Art.4.A.2. III.GK (Einhaltung der Gesetze und Gebräuche des Krieges), da gerade die Bedingungen Art.4.A.2.b.-d. einen sensiblen Kompromiß darstellen und die Gewährung des Kombattantenstatus trotz Mißachtung der in diesem Artikel festgelegten Voraussetzungen diese Balance zerstören würde. Eher noch wäre es in umgekehrter Richtung konsequent, in solchen Fällen den Angehörigen der *regulären* Streitkräfte den legalen Kombattantenstatus zu belassen, da sie im Gegensatz zu den Kombattanten nach Art.4.A.2. den legalen Kombattanstatus nicht qua "concession" besitzen, sondern kraft organschaftlicher Zugehörigkeit zu einer Konfliktpartei i.S.d. gemeinsamen Art.2. GK'en.

2 Abi-Saab in RdC 1979, S.421,422

3 Die Frage könnte allenfalls relevant werden im Zusammenhang mit dem heutzutage nicht seltenen Rückgriff auch regulärer Streitkräfte auf irreguläre Formen des Kampfes. Gerade hier zeigt sich die Bedeutung der Regel, daß zumindest als Zivilisten verkleidete "Reguläre" kein Kombattantenstatus zusteht, s.o. Die Uniformtradition hat in Art.44 Abs.7 ZP I ausdrückliche Bekräftigung gefunden.

dung einer regulären Armee an ihren Staat vergleichbar (vgl. zum Kriterium der Zugehörigkeit zu einer Konfliktpartei oben E.II.4.c.). Aus diesem Grund stellt Art.4.A.2. III.GK an die Bewegung als solche bestimmte Anforderungen. Auch in anderer Hinsicht ist die Situation regulärer Truppen mit derjenigen irregulärer Milizen etc. nach Art.4.A.2. III.GK nicht vergleichbar und rechtfertigt daher ihre unterschiedliche Behandlung: im ersten Falle stellt die Unterscheidung von der Zivilbevölkerung ausschließlich eine Frage der Einhaltung elementarer Regeln des humanitären Völkerrechts dar, deren Verletzung geahndet werden kann, jedoch nur in Extremfällen (Verkleidung als Zivilist) auf den Kombattantenstatus "durchschlägt".

Im Fall der Milizen etc. geht es hingegen nicht "nur" um die Einhaltung des humanitären Völkerrechts, sondern - bezogen auf die Gruppe- *zusätzlich* um die Frage, ob deren Angehörige insgesamt überhaupt Kombattanten im Rechtssinne sein können oder nicht. Es kann jedoch schwerlich argumentiert werden, daß dieser im Hinblick auf das Kollektiv konstitutive Charakter der Regeln Art.4.A.2.b.-d. III.GK bezüglich des Verhaltens des Einzelnen plötzlich verlorengeht. Die Summe des Verhaltens der Einzelnen hat statusbegründenden Charakter für die Gruppe. Dies ist bei regulären Streitkräften eben gerade nicht der Fall. Hinzu kommt auch, daß die von Art.4.A.2. III.GK erfaßten Gruppen im Gegensatz zu regulären Truppen von vornherein in einer losgelösten Position kämpfen und sie deshalb für ihren vom humanitären Völkerrecht gewissermaßen als Zugeständnis[1] verliehenen Status stets aufs neue "beweispflichtig" sind. Allenfalls könnte man noch in Erwägung ziehen, daß nicht jede Mißachtung der Gesetze und Gebräuche des Krieges durch die in Art.4.A.2. III.GK genannten Kämpfer stets automatisch zum Verlust des Kombattantenstatus führt[2]. Bei den die Offenheit berührenden Buchstaben b. und c. des Art.4.A.2. III.GK kann dies jedoch nicht angenommen werden, weil dadurch der Mißachtung des Völkerrechts keine adäquate Sanktion in Form des Verlusts des Kombattantenstatus mehr gegenüberstehen würde.

Die mangelnde Konsequenz der These von der Beibehaltung des Kombattantenstatus trotz Mißachtung der Voraussetzungen des Art.4.A.2.b.-d. III.GK zeigt sich auch mit Blick auf Art.4.A.6., da nach dieser These Teilnehmer an eine Levée en Masse auch dann legale Kombattanten bleiben müßten, wenn sie die Waffen nicht offen tragen. Damit hätten letztlich Zivilisten Kombattantenstatus, weil das offene Waffentragen das einzige Unterscheidungsmerkmal der levée en

---

1 Draper 1971, S.182

2 Aldrich schreibt in Bezug auf die Einhaltung der Gesetze und Gebräuche des Krieges: "Wenn eine irreguläre Einheit unter dem verantwortlichen Befehl einer Konfliktpartei steht und ein internes Disziplinarsystem zur Einhaltung der Regeln des Kriegsrechts hat, warum sollte sie anders behandelt werden als eine reguläre Einheit?", vgl. ders. 1988, S.461

masse-Kombattanten von der Zivilbevölkerung darstellt. Gerade die Verschärfung des Kriteriums der Offenheit i.S.v. Sichtbarkeit bei der Levée en Masse zeigt aber, daß in dieser speziellen Situation den Kombattantenstatus nur genießen soll, wer durch ein Mindestmaß an Erkennbarkeit dazu beiträgt, daß die Zivilbevölkerung von Angriffen des Konfliktgegners verschont bleibt.

Die hier vertretene Rechtsfolge des Verlusts des Kombattantenstatus wird in ihrer positivrechtlichen Verankerung zwar auch im Sonderfall des bewaffneten Widerstandes von Zivilisten gegen eine *Besatzungsmacht* nicht in Zweifel gezogen, sie ist aber in der Lehre aus Gründen der in derartigen Fällen oft angenommenen Legitimität des Widerstandes unter der Überschrift der "riskierten Kriegshandlung" bzw. der "unprivileged belligerency" immer wieder Gegenstand von völkerrechtlichen Diskussionen gewesen[1]. Zu beachten ist in diesem Zusammenhang, daß die GK'en der besonderen Situation der kriegerischen Besetzung dadurch Rechnung tragen, daß Art.68 IV. GK der Bestrafung von Zivilisten Grenzen setzt, welche strafbare Handlungen gegen die Besatzungsmacht begangen haben. Diese Vorschrift ist also auch auf Widerstandskämpfer anwendbar, welche mangels Einhaltung der Voraussetzungen des Art.4.A.2. III.GK illegale Kombattanten sind[2]. Das IKRK hat in einem Bericht für die 21. Rotkreuzkonferenz 1969 in Istanbul vorgeschlagen, denjenigen Personen, welche Art.4.A.2. III.GK nicht erfüllen und daher illegale Kombattanten sind, eine "kombattantenentsprechende" Behandlung zukommen zu lassen ("treatment as")[3]. Diese Argumentation kann jedoch nicht überzeugen, da bei einer Behandlung *entsprechend* dem Kombattantenstatus die "Prämie" für die Einhaltung seiner Voraussetzungen weitgehend entfallen würde und darüber hinaus,

---

1 Vgl. für einen sehr guten Überblick über die Diskussion Meyrowitz 1973, 920-921. Ausgangspunkt dieser besonders in der deutschen und angelsächsischen Literatur vertretenen Theorie ist der Gedanke, daß keine Norm des humanitären Völkerrechts Zivilisten die Anwendung von Waffengewalt verbiete, das Völkerrecht jedoch der angegriffenen Besatzungsmacht erlaube, die Urheber der Gewaltakte zu bestrafen. Daher handelt es sich nach der Theorie von der "riskierten Kriegshandlung" und der Theorie der "unprivileged belligerency" bei bewaffneten Widerstandsakten von Zivilisten um kriegerische Handlungen, die nicht nach (nationalen oder internationalen) strafrechtlichen Kategorien zu beurteilen sind. Die strafrechtliche Behandlung der Widerstandsakte durch die Besatzungsmacht sei daher zu verstehen als eine besonders geeignete unter mehreren möglichen Formen der *militärische Reaktion*. Meyrowitz kritisiert die genannten Theorien. Einerseits mißachteten sie das humanitär-völkerrechtlich grundlegende Prinzip der Unterscheidung von Kombattanten und Zivilisten, andererseits könne kaum mit der Erlaubtheit bewaffneter Aktionen der Zivilbevölkerung im besetzten Gebeiet argumentiert werden, nachdem Art.4.A.2. III.GK in detaillierter Form die völkerrechtlichen Voraussetzungen erlaubten Widerstands der Bevölkerung eines besetzten Gebiets gegen die Besatzungsmacht festgelegt habe. Für Meyrowitz haben Personen in besetzten Gebieten nach dem humanitären Völkerrecht die Wahl zwischen zweierlei Status: Entweder sie sind unter den Voraussetzungen des Art.4.A.2. III.GK legale Kombattanten, oder sie sind Zivilisten.

2 Vgl. Meyrowitz 1973, S.922, 923.

3 Abi-Saab in RdC 1979, S.422 und S.444

ähnlich wie bei Art.44 Abs.4 ZP I[1], die konkreten rechtlichen Folgen einer solchen Gleichbehandlung nur sehr schwer festzulegen sind.

Von großer praktischer Bedeutung kann im Einzelfall Art.5 Abs.2 III.GK sein, wonach bei Zweifeln am Vorliegen der Voraussetzungen des Art.4 III.GK der Schutz der Konvention bis zur Klärung durch ein zuständiges Gericht erhalten bleibt[2].

6. Grundthesen zum Kombattantenstatus

HLKO und Genfer Konventionen stellen die Grundlage für den Kombattantenstatus dar. Ihre Auslegung und Umsetzung, vor allem aber die Realität und Praxis der in den Jahrzehnten nach dem II.Weltkrieg eingetretenen Konflikte führten zu Reformdiskussionen, deren Ergebnis schließlich die Zusatzprotokolle von 1977 waren. Wie noch zu zeigen sein wird, standen dabei Vorschläge zu einer vorsichtigen und die Grundprinzipien des humanitären Völkerrechts im Auge behaltenden Anpassung ideologisch-politisch motivierten Forderungen gegenüber, welche im Interesse der zugrundeliegenden politischen Postulate die Mißachtung von Grundprinzipien des humanitären Völkerrechts in Kauf nahmen. In den letztgenannten Zusammenhang gehört die gesamte Diskussion um die völkerrechtliche Stellung der sog. "nationalen Befreiungskriege", bei der neben Fragen des sachlichen Anwendungsbereichs das Problem der Behandlung von "Befreiungskämpfern" eine zentrale Rolle spielte. Für die rechtliche Einordnung des "Befreiungskämpfers" sind neben Fragen des Guerillakrieges (vgl. E.III.) die Grundprinzipien des Kombattantenstatus von entscheidender Bedeutung. Daher werden diese im folgenden noch einmal kurz zusammengefaßt:

- Kombattanten kann es nur im internationalen bewaffneten Konflikt geben. Personen, die in einem nicht-internationalen bewaffneten Konflikt kämpfen, können nicht Kombattanten sein (Ausnahme: als Kriegführende anerkannte Aufständische, die durch die Anerkennung allerdings in den Rechtskreis des Völkerrechts eintreten).

---

[1] Vgl. unten F.IV.5.b.bb.

[2] Er lautet: "Bestehen Zweifel, ob eine Person, die die eine kriegerische Handlung begangen hat und in Feindeshand gefallen ist, einer der in Art.4 aufgezählten Kategorien angehört, so genießt diese Person den Schutz des vorliegenden Abkommens bis ihre Rechtsstellung durch ein zuständiges Gericht festgestellt worden ist", vgl. BGBl. 1954 II, S.841. Nach Treu und Glauben angewandt, kann Art.5 Abs.2 für Draper angesichts der "complexity of the conditions attaching to combatant status for irregular fighters" eine unschätzbare Bedeutung erlangen, da er die Betroffenen zwar nicht zu Kriegsgefangenen macht, ihnen aber eine Behandlung "als ob" gewährt, vgl. Draper 1971, S.198

- Ohne ein Rechtsband zu einem Völkerrechtssubjekt als Kriegführendem (Staat, anerkannte Aufständische) gibt es keinen Kombattantenstatus. Dieses Rechtsband ergibt sich bei den regulären Streitkräften aus der Zugehörigkeit des Einzelnen zu diesen Streitkräften und deren organschaftlicher Zugehörigkeit zum betreffenden Staat. Bei anderen legalen Kombattanten (Ausnahme: Levée en Masse) ist es die Zugehörigkeit zu einer Organisation und deren Zugehörigkeit zu einer Konfliktpartei. Für den Einzelnen gehört zu den gravierendsten Folgen des Staates als Kriegführendem, daß dieser aufgrund seiner Personalhoheit befugt ist, von seinen Staatsangehörigen als Kombattanten zu verlangen, ihr Leben zu opfern.

- Nicht jede Person mit Kriegsgefangenenstatus war zuvor Kombattant (z.B. Personal von Handelsschiffen, Kriegsberichterstatter oder Heereslieferanten gem. Art.4.A.4./5. III.GK), aber jeder legale Kombattant hat, wenn er in Feindeshand fällt, Kriegsgefangenenstatus. Nur legale Kombattanten können Kriegsgefangene werden. Es führt daher eine Linie vom Kriegsgefangenen zum (legalen) Kombattant und von diesem wiederum zu einem Kriegführenden.

- Daß nicht jede Person mit Kriegsgefangenenstatus zuvor Kombattant war, kann kaum die Forderung begründen, den Kriegsgefangenenstatus auf solche Kämpfer auszudehnen, bei denen die Voraussetzungen für den Kombattantenstatus nicht gegeben sind. Der Grund hierfür ist darin zu sehen, daß die in den GK'en genannten Kriegsgefangenen ohne Kombattanteneigenschaft ihrerseits keine bewaffnete Gewalt anwenden. Könnte man den Kriegsgefangenenstatus auch solchen Teilnehmern an Kampfhandlungen zuerkennen, die in ihrer Person die Voraussetzungen des Kombattantenstatus nicht erfüllen, so kämen diese gewissermaßen "ohne Gegenleistung" in den Genuß des humanitär-völkerrechtlichen Kriegsgefangenenprivilegs[1]. Eine z.B. durch Mißachtung des Offenheitsprinzips verursachte massive Gefährdung der Zivilbevölkerung bliebe ohne Risiko und Sanktion. Die in Art.4.A.4./5. III.GK genannten Personen sind demgegenüber für den Gegner als Nichtkombattanten erkennbar und unterscheiden sich zudem in einigen Fällen von der Zivilbevölkerung.

---

[1] Randelzhofer drückt diesen Zusammenhang wie folgt aus: "Es schadet dem Widerstandskämpfer nicht mehr, wenn er zwar nicht als legaler Kombattant anerkannt wird, wohl aber als Kriegsgefangener, denn das, was den nicht legalen Kombattanten bedroht und abschrecken soll, ist gerade, daß er bei Gefangennahme nicht auf die Behandlung als Kriegsgefangener rechnen kann", vgl. ders. 1975, S.53

Es ist zu unterscheiden zwischen legalen und illegalen Kombattanten. Letzteren kommt keine Rechtsstellung als Kombattant zu, wohl aber sind sie kämpfend an einem Konflikt beteiligt und daher "de facto" Kombattanten. Sie sind jedoch vom *Status* her als Zivilisten zu betrachten, obwohl sie während Kampfhandlungen, anders als Zivilisten, legales Angriffsziel sind.

- Wesentlicher Zweck des Status eines legalen Kombattanten ist die Erhaltung einer der Säulen des humanitären Völkerrechts, nämlich der Unterscheidung von Kombattanten und Zivilisten[1].

- Für beide Kategorien gelten verschiedene Rechtsnormen mit jeweils Vor- und Nachteilen. Diese sind Ausdruck der das ganze humanitäre Völkerrecht tragenden Balance zwischen militärischer Notwendigkeit und Humanität. Kombattanten sind in bestimmten Grenzen zu kämpfen (zu töten!) befugt und können nach Fallen in Feindeshand für ihre völkerrechtmäßig begangenen bewaffneten Handlungen nicht bestraft werden. Umgekehrt sind Kombattanten legales Ziel von Kampfhandlungen und gezielten Angriffen. Zivilisten dürfen demgegenüber unter keinen Umständen Objekt gezielter Angriffe sein. Dafür haben sie sich im Interesse ihres eigenen Schutzes der Kampfhandlungen zu enthalten und können bei Zuwiderhandlung bestraft werden. Der Einzelne muß wählen, welcher Kategorie er angehören will, d.h. welchen Status er haben will. Er kann aber unter keinen Umständen die Vorteile beider Rechtszustände für sich in Anspruch nehmen.

- Zivilisten können durch Erfüllung bestimmter Bedingungen zu Kombattanten werden. Diese sind in Art.4.A.1.-3. und 6. III.GK festgelegt. Die Einhaltung der darin aufgeführten Bedingungen berührt die o.g. Balance und hat für den Kombattantenstatus konstitutiven Charakter.

- Reguläre Kombattanten sind die Angehörigen der Streitkräfte und gleichgestellter Einheiten. Irreguläre Kombattanten haben zwar keine organschaftliche Zugehörigkeit zu "ihrem" Staat, sie erhalten den Kombattantenstatus jedoch als völkerrechtliches Zugeständnis an ihre rechtliche Verbindung zu diesem Staat (bzw. in Einzelfällen zu anerkannten Aufständischen).

---

1 Wegen Verstoßes gegen diesen Grundsatz wird deshalb trotz fehlender ausdrücklicher Regelung in Art.4.A.1. III.GK zu Recht angenommen, daß als Zivilisten auftretende Angehörige regulärer Streitkräfte keinen Kombattantenstatus haben können.

III. Die Erfassung von Guerilla-Auseinandersetzungen durch das humanitäre Völkerrecht

Guerillakrieg und Guerillataktik spielen für das Vorgehen von Widerstandsbewegungen gegen eine Besatzungsmacht, aber auch für den historischen Gesamtkomplex der "nationalen Befreiungskriege", dem ein Hauptaugenmerk der vorliegenden Arbeit gilt, eine entscheidende Rolle[1]. Die bis zur 1977 erfolgten Verabschiedung der Zusatzprotokolle zu den Genfer Konventionen von 1949 sehr kontrovers und leidenschaftlich geführte Debatte über die humanitärvölkerrechtliche Stellung der "nationalen Befreiungskriege" und die Behandlung "nationaler Befreiungskämpfer" de lege lata und de lege ferenda kann nur vor dem Hintergrund und als Kontrast zur allgemeinen Einordnung des Guerilla-Phänomens in das System des humanitären Völkerrechts in derjenigen Gestalt verstanden werden, welche es durch die Genfer Konventionen von 1949 erhalten hat. Losgelöst vom speziellen Anwendungsbereich der Genfer Konventionen sind dabei vor allem auch die Grenzen jeder Einbeziehung der Guerilla in das humanitäre Völkerrecht deutlich zu machen. Wie zu zeigen sein wird, spiegeln diese Grenzen die eigentlichen Zwecke und Grundprinzipien wider, welche diesem Rechtsgebiet zugrunde liegen. Sie wiederum sind eng verknüpft mit dem internationalen ordre public, der weiterhin auf der Existenz souveräner Staaten aufbaut.

1. Guerilla als Begriff

a) Allgemeine Bedeutung

Der Begriff "Guerilla" als solcher entstand zur Zeit der napoleonischen Besetzung Spaniens und bezeichnet den damals gegen die französische Besatzung geführten kleinen Krieg oder Kleinkrieg (La "Guerilla")[2]. "Guerilla" ist allerdings ein Begriff, der bereits in sich verschiedene Bedeutungen abdeckt, indem er einzelne Kämpfer (der "Guerilla" oder "Guerillero"), eine Bewegung (die "Guerilla" oder "Guerillabewegung") oder eine Art und Weise der Kampfführung ("Guerillakrieg" bzw. "Guerillataktik"[3]) bezeichnet[1]. Darüber hinaus steht

---

[1] So wurden die meisten nationalen Befreiungskriege als Guerillaauseinandersetzungen geführt, vgl. Lysaght, S.356; Herczegh, S.86

[2] Vgl. Draper 1971, S.177; Kossoy, S.22. Vgl. zur Terminologie auch Veuthey 1976, S.12-16; ders. 1972, S.120 sowie Mayer-Tasch, S.9 sowie Kwakwa S.86

[3] Dabei ist die noch von Oppenheim/Lauterpacht (Bd.II, S.212,213 und 259,260) getroffene Unterscheidung zwischen Guerillakrieg und Guerillataktik nach Ansicht Drapers nicht aufrechtzuerhalten, da es im Einzelfall allein auf die Einordnung eines Verhaltens nach den gültigen Normen des humanitären Völkerrechts ankommen kann, vgl. Draper

er sowohl hinsichtlich der relevanten Konfliktsituationen als auch bezüglich der handelnden Einzelnen in Beziehungen zu benachbarten Begriffen wie Widerstandskampf, irregulärer Krieg, Befreiungskrieg, revolutionärer Krieg [2], Volkskrieg, subversiver Krieg, Terrorismus, Krieg gegen Aufständische oder Rebellen und Franc-Tireurs, verdeckter Kampf, Bandenkrieg [3]. Mit Blick auf die handelnden Einzelnen befinden sich im begrifflichen Umfeld z.B. Partisanen, Freischärler, Freibeuter, Saboteure, Untergrundkämpfer, Rebellen, Aufständische, Separatisten, Franc-Tireurs, Terroristen jeweils zu einem ganzen Fächer benachbarter und oft synonym verwendeter Begriffe in Beziehung. Betrachtet man typische "guerillarelevante" Konfliktsituationen und Auseinandersetzungen, so ergeben sich folgende benachbarte Begriffe: Partisanenkrieg, Freiheitskämpfer, Revolutionäre und Kommandoeinheiten. Da die bezeichneten Konfliktsituationen bzw. Personen stets zumindest einzelne Elemente der Begriffe "Guerillakampf" und "Guerillakämpfer/Guerillero" beinhalten, wird vorliegend gar nicht erst der Versuch unternommen, das begriffliche Umfeld zu definieren, die einzelnen Begriffe voneinander abzugrenzen und einzeln zueinander in Beziehung zu setzen, da die Bezeichnungen mangels begrifflicher Trennschärfe

---

1971, S.182. Für Kwakwa bezeichnet der Begriff Militäroperationen von Irregulären gegen das feindliche Hinterland oder gegen Besatzungstruppen, vgl. ders. S.86

1 Vgl. für einen Überblick über die Definitionen Kossoy, S.23 und besonders S.26-33. Dieser Autor weist allerdings darauf hin, daß es sich um Definitionen politischer Natur handelt. Kossoy selbst definiert wie folgt: "A guerillero or guerilla fighter is a disciplined member of an organized resistance movement opposing an established political or social system, government, authority, or occupying power and striving to overthrow them by use of violence and any other available means", vgl. ders. S.28. Dabei setzt Kossoy für den Begriff der Bewegung ("movement") eine gewisse Unterstützung durch die Bevölkerung voraus, vgl. ders. S.29. Dies scheint jedoch keineswegs für eine Guerillabewegung konstitutiv zu sein, da z.B. auch solche Auseinandersetzungen als "Guerillakrieg" bezeichnet werden müssen, bei denen eine relativ abgeschlossene Gruppe die Regierung in militärische Kampfhandlungen verwickelt. Anzumerken ist auch, daß die Begriffe "disciplined member" und "organized resistance movement" einen weiten Interpretationsspielraum lassen, der es praktisch jeder Gruppe erlauben würde, sich als "guerilla fighter" zu bezeichnen. Die Definition hat allerdings den Vorteil, daß sie eine Vielzahl in der Praxis als "Guerillakampf" bezeichneter Auseinandersetzungen mit erfaßt, die weit außerhalb der Anwendbarkeit des humanitären Völkerrechts liegen. Kossoy selbst äußert Zweifel an Sinn und weck weiterer definitorischer Versuche der Aufteilung in Unterbegriffe wie z.B. "Reine Guerilla", "Reguläre Guerilla", "Hilfsguerilla" etc.: "It is difficult to guess where the search for more qualified definitions will lead", vgl. ders. S.33. Für Schwarzenberger läßt sich der Guerillakampf definieren als "...sporadic and clandestine action of armed violence for specific political purposes by loosely organized groups in varying degrees of association with or dissociation from any government", vgl. ders. 1971, S.183. Kwakwa zum Guerillabegriff: "It is best seen in light of the method of fighting, rather than the status of the fighters or the motives behind the conflict", vgl. ders. S.87. Bothe/Ipsen/Partsch betonen, daß es sich nicht um eine Konfliktkategorie, sondern um eine Kampfmethode handelt, die sowohl im internationalen als auch im nicht-internationalen bewaffneten Konflikt zur Anwendung gelangen kann, vgl. ebd. S.591

2 Wie sich die Zeiten geändert haben, zeigt die 1973 gemachte Aussage von Meyrowitz, für den die revolutionären Kriege ein "foyer d'élection de la guérilla" waren, vgl. ders. 1973, S.879

3 Vgl. Veuthey 1976, S.11. Kwakwa unterstreicht zu Recht, daß der Guerillakrieg zwar oft mit eher "linken" (Widerstands- und Befreiungs-)Bewegungen in Verbindung gebracht wurde, jedoch keinesfalls darauf beschränkt ist, vgl. ders. S.87

nicht selten synonym gebraucht werden[1] und Definitionsversuche daher kaum zu präzisen noch gar verbindlichen Ergebnissen führen könnten[2].

Die Vorgehensweise im Guerillakampf war seit jeher äußerst aufgefächert[3]. Sie weist je nach Konfliktkonstellation typischerweise zumindest einige der nachfolgend aufgezählten Merkmale auf: Sporadische bzw. unregelmäßige Aktionen, Auswahl von Zeit und Ort der eigenen Gewaltanwendung, das Streitigmachen von Ort und Raum, Einsatz kleiner und hochbeweglicher Gruppen, häufig - jedoch nicht immer- Unterstützung durch die Bevölkerung, vor und nach den Aktionen Untertauchen in der Zivilbevölkerung, bisweilen jedoch auch Übergriffe sowie - etwa durch Einsatz von Antipersonenminen - Terror gegen die Zivilbevölkerung, eher leichte Bewaffnung, i.d.R. überlegene Kenntnis der geographischen und sonstigen Gegebenheiten, Sabotageakte, nadelstichartige Überraschungsangriffe häufig aus dem Hinterhalt, Fehlen aller Erkennungsmerkmale bis hin zur Tarnung als Zivilist auch während der Kampfhandlungen, Geiselnahmen[4]. Wohl wegen der beschriebenen Vorgehensweise ist der

---

1 Stellvertretend für die allgemeine Begriffsverwirrung im Bereich der Presse sind verschiedene Beiträge in der der FAZ zu nennen, in dem die gegen Moskau kämpfenden tschetschenischen Guerillakämpfer abwechselnd als Freischärler, Terrorkommandos, Separatisten, Unabhängigkeitskämpfer, Rebellen, bewaffnete Gruppen oder schlicht als Kämpfer bezeichnet werden. v. 17.08.1996, S.1 und 2; FAZ v. 19.08.1996 S.1 und 2; F.A.Z. v. 10.01.1996, S.1 und 2

2 Allerdings sind einige der genannten Kämpfer ohne Anspruch auf abschließende Definition eher dem internationalen Konflikt zuzuordnen (Partisanen, Franc-Tireurs, Kommandoeinheiten, Freischärler, Saboteure), während einige Bezeichnungen meist eher im Zusammenhang mit nicht-internationalen oder zumindest gemischten bewaffneten Konflikten verwendet werden (Aufständische, Rebellen, Sezessionisten, Revolutionäre). Vielschichtig und wegen der einschlägigen Debatten um die nationalen Befreiungskriege von Bedeutung ist der Begriff des Terrorismus, der unten E.III.2.c. näher beleuchtet wird. Zum Begriff des Saboteurs vgl. Meyrowitz 1966, S.122 ff. Kossoy, a.a.O. S.28, schreibt: "It goes without saying that 'guerillero' or 'guerilla fighter' are just two of the numerous names by which members of resistance movements are currently described".Vgl. auch die Beschreibung der Guerillakampfform bei Detter de Lupis, S.50-53

3 Wördemann, S.56

4 Veuthey schreibt: "La guerilla est essentiellement une 'guerre non conventionelle'...", vgl. ders.1976, S.18. Kossoy zitiert Che Guevara in dessen mit Mao Tse Tung 1962 in London herausgegebenen Buch "Guerilla Warfare" (S.114): "He (Anm. des Verfassers: der Guerillero) practises deception, treachery, surprise and night operation". Vgl. auch Bierzanek, S.55. Meyrowitz unterstreicht, daß der Begriff Guerilla eine Kampfmethode bezeichnet, vgl. ders. 1973, S.878, bezieht sich dabei aber immer noch auf das Gebiet der bewaffneten Konflikte. Auch er erkennt aber an, vgl. ebd. S.876, daß der Begriff Guerilla oft in einem weiteren Sinne benutzt wird, so z.B. auch zur Beschreibung von Situationen außerhalb bewaffneter Konflikte. Schindler beschreibt die Kampfmethode der Guerilla als Terror in Form unerwarteter Überfälle, Morde und Zerstörungen, die häufig unterschiedslos Militär wie Zivilpersonen treffen und die es den Gruppen selten erlauben, Gefangenen Pardon zu geben, vgl. ders. 1965, S.101. Meron erläutert ausführlich die gegen Israel eingesetzten terroristischen Methoden arabischer Guerilleros (gezielte Übergriffe gegen Zivilisten durch Knopfminen, Bomben an öffentlichen Plätzen wie Kinos, Marktplätzen, Cafés, Überfälle auf Busse, Flugzeuge, Fluglinienbüros und Auslandsvertretungen, Einsatz von Antipersonen-Minen, Verletzung von Kindern), vgl. ders. S.63 und S.68/69. In dieses Bild paßt die 1996 erfolgte Geiselnahme von 1000 Insassen eines Krankenhauses durch Rebellen in Tschetschenien, vgl. Turkish Daily News v.

Guerillakampf auch als "primitive Form des Krieges" beschrieben worden[1]. Betrachtet man die genannten Merkmale, so erscheint es aus völkerrechtlicher Perspektive gerechtfertigt, in der Irregularität des Kampfes das verbindende Element, den kleinsten gemeinsamen Nenner zwischen den vielfältigen möglichen Formen zu sehen, welche die mit Methoden des Guerillakampfes geführten Auseinandersetzungen annehmen können. Der Einfachheit halber sollen diese daher nachfolgend als "irreguläre Kampfform" bezeichnet werden[2]. Diese kann sowohl von regulären als auch von irregulären Kombattanten im dem hier verwendeten Sinne[3] eingesetzt werden [4].

Es ist daher nicht so, daß nur irreguläre Kombattanten auch irregulär kämpfen. Auch reguläre Armeen bedienen sich häufig des irregulären Kampfes, auf den in der Praxis jedoch vor allem von irregulären Kombattanten i.S.d. Art.4.A.2. III.GK (von der Armee losgelöste Milizen und Freiwilligenkorps sowie Widerstandsbewegungen) zurückgegriffen werden dürfte. Wird somit in der Konfliktwirklichkeit häufig ein Zusammenhang zwischen irregulären Kombattanten und irregulärer Kampfführung bestehen, so ist dieser doch nicht zwingend: Angehörige von Widerstandsbewegungen i.S.v. Art.4.A.2. III.GK bleiben "irregu-

10.01.1996, S.2. Am 17.01.1996 entführten tschetschenische Rebellen eine türkische Schwarzmeerfähre und nahmen 200 Passagiere als Geiseln. Die Fähre befand sich auf dem Weg vom türkischen Schwarzmeerhafen Trabzon nach Istanbul, vgl. Turkish Daily News v. 18.01.1996, S.1. Auch Abi-Saab betont "mobility, surprise and camouflage" und spricht vom "war of the fly", vgl. ders. in RdC 1979, S.416. Derselbe Autor schreibt über den Guerillakrieg an anderer Stelle: "This is a revolutionary method, a 'poor man's war'...", vgl. ders. 1972, S.108. De Preux schreibt zur Guerillakampfführung: "Elle est fluide, légère, souple, mobile, cachée et se veut insaisissable", vgl. ders. S.261. Kwakwa spricht von "dispersed and highly mobile groups who rely on surprise attacks", vgl. ders. S.87. Firmage zitiert Mao-Tse-Tung als einen der "Klassiker" des Guerillakampfes: "the enemy advances, we retreat; the enemy halts, we harass; the enemy tires, we attack; the enemy retreats, we pursue", vgl. Firmage, S.319. Vgl. zur Guerillataktik auch Detter de Lupis, S.50-53 m.w.N; de Preux, in RICR Bd.79 (1997), S.512 sowie Mallison und Mallison, S.42; Kussbach 1983, S.390

1 Vgl. Veuthey 1976, S.17

2 Die irreguläre Kampfform ist nicht an den oben E.II.2.b. beschriebenen Begriff des irregulären Kombattanten zu binden. Es sei an dieser Stelle noch einmal darauf hingewiesen, daß der Rechtsbegriff des "irregulären" Kombattanten erst entstehen konnte, nachdem das humanitäre Völkerrecht die Kategorie des regulären Kombattanten als Hauptfall des legalen Kombattanten entwickelt hatte (das humanitäre Völkerrecht erkennt jedoch unter bestimmten Voraussetzungen auch irreguläre Kombattanten als legal an, s.o. E.II.4.). Kossoy betont allerdings, daß eine sprachliche Unterscheidung zwischen "regulären" und "irregulären" Kämpfern bereits im Mittelalter getroffen wurde, vgl. ders. S.50. Über die völkerrechtliche Befugnis zu kämpfen entscheidet nicht die Frage regulärer/irregulärer Kombattant, sondern allein das Attribut "legal". Dabei muß sich der legale Kombattant an bestimmte Regeln halten, s.o. A.V. und E.II.2.b., deren Beachtung allenfalls bei einem kleinen Teil der hier als "irregulär" beschriebenen Kampfform erwartet werden kann. Die hier für die Guerilla-Kampfführung verwendete Bezeichnung "irregulär" bezieht sich somit auf die zuvor ohne Anspruch auf Vollständigkeit beschriebene Taktik, die auch als "unorthodox fighting" bezeichnet worden sind, vgl. Kossoy, S.47. Auch Schwarzenberger sieht bei der Guerilla das Element des irregulären Kampfes im Vordergrund, vgl. ders. 1971, S.265

3 E.II.2.b.

4 Hierauf weist Kwakwa hin, vgl. ders. S.87

läre" Kombattanten auch dann, wenn die Widerstandsbewegung wie eine reguläre Armee organisiert ist und ausschließlich mit den konventionellen Methoden regulärer Streitkräfte kämpft. Umgekehrt bezeichnet der Begriff der "regulären" Kampfführung eine Bandbreite von Verhaltensformen in bewaffneten Auseinandersetzungen, die durchaus auch völkerrechtlich illegal sein können (Bsp.: Mißachtung des Kampfführungsrechts durch reguläre Streitkräfte). Schließlich ist irreguläres Kämpfen auch im nicht-internationalen bewaffneten Konflikt verbreitet, in dem der auf internationale Konflikte zugeschnittene Begriff des regulären/irregulären Kombattanten nicht anwendbar ist. Während also der (Rechts-)Begriff des irregulären Kombattanten an konkrete Kategorien von Kombattanten im internationalen bewaffneten Konflikt gemäß den GK'en anknüpft, ist Bezugspunkt des Begriffs der irregulären Kampfform ein Spektrum tatsächlicher Verhaltensweisen in bewaffneten Auseinandersetzungen, gemessen am Maßstab der konventionellen Austragungsform (internationaler) bewaffneter Konflikte. Es handelt sich daher nicht um einen Rechtsbegriff.

b) Guerilla: ein Rechtsbegriff?

Die Frage nach einem völkerrechtlichen Guerillabegriff ist schnell beantwortet: es gibt ihn nicht[1]. Ein klarer rechtlicher Bedeutungsgehalt, und nur dies wäre in einer völkerrechtlichen Abhandlung von Bedeutung, ist diesem Begriff offenbar ebensowenig eigen wie etwa -trotz aller Definitionsversuche- demjenigen des Terrorismus[2]. Dies mag auf den ersten Blick erstaunen, da zumindest einigen Erscheinungsformen des Guerillakampfes auf internationaler Bühne über viele Jahre hinweg eine Hauptrolle und, verbunden mit einem enormen Legitimitätsbonus, allergrößtes Interesse sicher waren[3]. Ein Grund für den fehlenden rechtlichen Gehalt des Begriffs mag darin zu sehen sein, daß das Wort "Guerilla" und "Guerillakampf" auch außerhalb der völkerrechtlichen Diskussion in vielen unterschiedlichen Varianten und Bedeutungen benutzt wird[4]. Meyrowitz belegt

---

[1] Hierüber scheint in der Literatur weitgehende Übereinstimmung zu bestehen, vgl. u.a. Greenspan (S.53):"The terms `guerilla´ or `partisan´ have been used in varying connotations and cannot be described as terms of strict definition." Für Draper ist der Guerillabegriff "a method of fighting and not a concept of the law of war", vgl. ders. 1971, S.182. Auch Schwarzenberger meint mit Blick auf die Begriffe Terrorist, Hijacker, Guerillero und Söldner: "None of these terms has any technical meaning", vgl. ders.1971, S.266. Gleicher Ansicht ist auch Meyrowitz in Bezug auf die Begriffe Guerilla, Guerillero und Partisan: "...il n'y a pas de définition généralement acceptée de ces notions et .., en particulier, ces termes n'ont **aucune signification en droit international**", vgl. ders.1973, S.875. Kwakwa: "The concept of guerilla warfare is not susceptible to an exact legal definition", vgl. ders. S.87. Ebenso Mallison and Mallison, S.42

[2] Vgl. zum Terrorismus unten E.III.2.c.aa.

[3] Vgl. Meyrowitz 1973, S.875

[4] Vgl. u.a. den Hinweis oben III.1.a. auf die wechselnde Bezeichnung der gegen Moskau kämpfenden tschetschenischen Guerillakämpfer als Separatisten, Unabhängigkeitskämpfer, Rebellen oder schlicht als Kämpfer in der deutschen Presse

das Fehlen eines Rechtsbegriffs "Guerilla" u.a. anhand der zur Vorbereitung der CDDH Anfang der 70-iger Jahre durchgeführten "Travaux préparatoires", in deren Verlauf der vom IKRK zunächst verwendete Begriff "Guerilla" aus den Entwürfen Schritt für Schritt wieder herausgenommen wurde. Was blieb, waren die bekannten Kategorien des humanitären Völkerrechts[1]. So erstaunt es nicht, daß auch der "Kombattanten und Kriegsgefangene" überschriebene Art.44 des I.ZP an keiner Stelle den Begriff "Guerilla" oder "Guerillakämpfer" erwähnt[2]. Auch Kossoy bezweifelt in einer umfangreichen Arbeit über das Guerillathema, ob man angesichts der Bedeutungsbreite überhaupt den Versuch unternehmen sollte, den Begriff zu definieren[3]. Offenbar hat sich die Unklarheit des - überwiegend rein politisch definierten- Guerillabegriffs parallel zu seiner wachsenden Popularität entwickelt[4]. Die Chiffre "Guerilla" steht somit zwar für eine faktische Methode der Anwendung von Gewalt, sie hat jedoch keinen rechtlichen Gehalt. Im völkerrechtlichen Kontext bedeutet dies, daß alleiniger Ausgangspunkt jeder Betrachtung des Guerillaphänomens der bestehende Anwendungsbereich des humanitären Völkerrechts sein muß.

2. Das Guerillaphänomen: Historisch-politische Realität, Charakteristika und Verhältnis zum Terrorismus

Entgegen vereinzelter anderslautender Ansichten[5] ist der Guerillakampf als irreguläre Form der Auseinandersetzung so alt wie die Geschichte von Krieg und bewaffneten politischen Auseinandersetzungen selbst[6]. Mit Blick auf die Frage möglicher Berührungspunkte zwischen Guerilla und humanitärem Völkerrecht erscheint es sinnvoll, die große Bandbreite der Situationen zu umreißen, die

---

1 Zu den vom IKRK 1971 einer Konferenz der Regierungsexperten vorgelegten Unterlagen gehörte auch ein Dokument, das sich mit Fragen des Kombattantenstatus befaßte und die Überschrift trug "Règles applicables dans la guérilla". In den 1972 den Experten vorgelegten Entwürfen fand sich der Begriff "Guerilla" nur noch in der Überschrift eines Artikels ("Combattants de la Guérilla"). In den endgültigen Entwürfen für die CDDH war der Begriff überhaupt nicht mehr zu finden, vgl. Meyrowitz 1973, S. 878.

2 Vgl. BGBl 1990 I, S.1584 sowie Text im Anhang

3 Vgl. Kossoy, S.23

4 Eine Übersicht über verschiedene Definitionen findet sich bei Kossoy, S.26 ff. In diesen Definitionen zeigt sich der politische Charakter des Begriffs, der den möglichen Bereich des humanitären Völkerrechts hinter sich läßt.

5 So sprach Cassese Ende der siebziger Jahre zu Unrecht vom Guerillakrieg als einer "..previously unknown or little-used method of warfare..", vgl. ders. in Cassese 1979, S.462

6 Wördemann, S.56,57; Kossoy, S.47; Herczegh, S.87. Andreopoulos, S. 193. Veuthey hält allenfalls die Qualität und Dimension des Guerillaphänomens in der 2. Hälfte unseres Jahrhunderts für neu und schreibt: "Forme originelle, primitive de la guerre, la guérilla est immémoriale et universelle", vgl. ders.1976, S.17 (vgl. auch ebd. S.16 für weitere Nachweise) sowie S.19. Für ihn sind die Beispiele für eine solche Kampfmethode ungezählt "...et se perdent dans la nuit des temps", vgl. ders. 1972, S.119.

vom Guerillabegriff umfaßt werden oder für die das Wort "Guerilla" in Anspruch genommen wurde. Nachfolgend sollen daher beispielhaft[1] einige historische Konflikte sowie eine Reihe jüngerer Fälle von Guerillaauseinandersetzungen genannt werden. Dabei werden auch Situationen beschrieben, die üblicherweise eher als "Terrorismus" gelten. Sie finden dennoch schlaglichtartig Erwähnung, da zum einen gerade im Guerillakrieg Terror eine große Rolle spielt, andererseits manche Guerillabewegung ihre Karriere als reine Terrororganisation begonnen und/oder beendet hat und nicht zuletzt terroristische Gruppen sehr oft Guerillapraktiken pflegen[2] und alles daransetzen, ihr kriminelles Tun mit der Aura des legitim erscheinenden Guerillakampfes zu versehen.

a) Die historisch-politische Wirklichkeit

Bereits in der Antike gab es, meist im Gefolge von Eroberungen, eine Vielzahl von Konflikten, bei denen die schwächere Seite die irreguläre Kampfführung wählte und sich oft über Jahrhunderte und unter Inkaufnahme äußerst grausamer Repressalien gegen die Zivilbevölkerung dem Gegner - wenn auch militärisch am Ende meist erfolglos - widersetzte[3].

Im Gegensatz zur Antike kannte das Mittelalter einige Fälle erfolgreicher Guerillakriegführung. Ergebnis einer solchen war z.B. die 1291 zwischen Uri, Schwyz und Nidwalden erfolgte Gründung der schweizerischen Eidgenossenschaft oder der französische Sieg über England im Hundertjährigen Krieg[4]. In den unter Anwendung der Guerillataktik geführten Auseinandersetzungen des Mittelalters war das Los der Zivilbevölkerung nicht besser als zu Zeiten der Antike[5].

Zu Beginn der Neuzeit bildeten Guerillamethoden die Basis des Widerstandes eingeborener Völker gegen die von Europa aus beginnende Eroberung und Inbesitznahme überseeischer Gebiete. Erwähnenswert sind die teilweise unter Rückgriff auf irreguläre Kampfformen ausgetragenen Bauernkriege und ande-

---

[1] Vgl. für weiteren Überblick Veuthey 1972, S.119/120.

[2] Kossoy bescheinigt RAF, der "Black Panther"-Bewegung in den USA sowie der IRA und der "Ulster Defence Association" den Einsatz von "clear guerilla tactics", vgl. ders. S.67

[3] Kossoy erwähnt besonders die gegen Rom gerichtete palästinensische Guerilla. Diese und andere Guerillagruppen wurden ohne Gnade mit äußerster Härte bekämpft, vgl. ders. S.48

[4] Vgl. Kossoy, S.50 ff.: "... it could be said that while in Antiquity guerilla had mainly the charakter of a last desparate and hopeless stand, later it became quite successful" (S.52).

[5] Kossoy, S.52

ren sozialen Revolten, die zwischen dem 16. und 18. Jahrhundert in Deutschland, der Schweiz, Böhmen der Ukraine und Rußland aufflackerten[1].

Kossoy bezeichnet das ausgehende 18.Jahrhundert als die eigentliche Wiedergeburt des Guerillakrieges und begründet dies mit zwei Ereignissen: dem vor der amerikanischen Unabhängigkeitserklärung von 1776 errungenen Sieg der amerikanischen Partisanen unter Francis Marion über die regulären britischen Truppen unter Cornwallis und die Verteidigung der französischen Revolution gegen eindringende restaurative Truppen mit Hilfe irregulär kämpfender Batallione[2].

Die etwa 200 Jahre seit der Französischen Revolution wurden und werden bis in die heutige Zeit hinein geprägt durch eine große Zahl von irregulär geführten Konflikten, welche die Bandbreite dessen verdeutlichen können, was mit dem Begriff Guerilla umfaßt wird:

- Die napoleonischen Besatzungsarmeen sahen sich in ganz Europa, vor allem aber in Spanien und Rußland, einem zäh geführten Guerillakrieg gegenüber, bei dem Zivilisten teils unabhängig und teils in loser Verbindung mit den Truppen ihres Landes und seiner Verbündeten agierten[3].
- Im polnischen Aufstand gegen Rußland 1863-1865 beschäftigten Guerillaeinheiten drei Jahre lang die russische Armee[4].
- Im US-Bürgerkrieg kämpften auf Seiten der Südstaaten Guerillagruppen, die der Nordstaaten-General Sherman als "wild beasts, unknown to the usage of war" bezeichnete[5].
- Im deutsch-französischen Krieg 1870/71 bekämpften die sog. "Franc-Tireurs" die eindringenden preußischen Armeen mit Methoden der Guerillakriegführung. Preußen behandelte die Franc-tireurs als illegale Kombattanten, sofern sie nicht im Besitz einer ausdrücklichen schriftlichen Ermächtigung der französischen Regierung waren[6]. Zivilisten oder Dörfer, die in Verdacht der Zusammenarbeit mit den Franc-Tireurs gerieten, wurden Opfer bzw. Gegenstand scharfer Repression (Hinrichtungen, Niederbrennen der Dörfer)[7].

---

1 Kossoy, S.54
2 Kossoy, S.55
3 Vgl. Draper 1971, S.177; Kossoy, S.55
4 Kossoy, S.55
5 Vgl. Mayer-Tasch, S.9
6 Vgl. Draper 1971, S.180; ebenso Bierzanek, S.59
7 Bierzanek, S.59. Die Regelungen der HLKO über Milizen und Freiwilligenkorps außerhalb der Streitkräfte und die levée en masse (Art.1 und 2) stellen eine Reaktion auf diese historische Erfahrung dar, vgl. oben D.II.3.b.

- Am Vorabend des I. Weltkrieges waren Guerillakriege weltweit zur Waffe des Schwächeren gegen den Stärkeren geworden[1].
- Im I. Weltkrieg setzte sich die belgische Bevölkerung gegen die deutschen Truppen durch den sog. "belgischen Volkskrieg" zur Wehr[2]. Die deutsche Seite reagierte mit Erschießung der einzelnen Kämpfer und Niederbrennen der Dörfer, aus deren Mitte heraus man Guerillaaktivitäten vermutete[3].
- Die russische Revolution und der Zusammenbruch des Zarenreiches waren der Beginn eines von 1917 bis 1925 andauernden Bürgerkrieges, der über weite Strecken unter Rückgriff auf Guerillatruppen geführt wurde. Dabei versuchte die unmittelbar nach der Oktoberrevolution gegründete Rote Armee mehr und mehr, sich von ihrer "Guerilla", den Partisanen der Roten Garden hinter den zaristischen Linien, unabhängig zu machen. Umgekehrt bedienten sich die anti-revolutionären Verbände im Zuge ihres sinkenden Kriegsglücks in immer stärkerem Umfang der Guerillakriegführung. Sie kämpften unabhängig, in nationalen Allianzen oder in solchen mit ausländischer Beteiligung[4].
- Guerillaaktivitäten folgten der italienischen Invasion Äthiopiens 1934[5]
- Auch im spanischen Bürgerkrieg kam es zu weitverbreitetem Rückgriff auf Methoden der Guerillakriegführung[6]
- Der Zweite Weltkrieg kann als der größte Guerillakrieg aller Zeiten charakterisiert werden. Die beteiligten "Guerillakämpfer" wurden und werden allerdings stets als Partisanen bezeichnet[7]. Sie kämpften in ganz Europa gegen die deutschen Besatzungstruppen, vor allem in der Sowjetunion, Polen, Jugoslawien und später auch in westlichen Ländern wie Frankreich und Italien. Ihnen gehörten neben Zivilisten auch versprengte reguläre Truppenteile an. Sie kämpften unabhängig oder in Anbindung an die noch kämpfende reguläre Armee und bekannten sich zur Regierung des besetzten Landes (Sowjetunion) oder zu einer Exilregierung (Résistance in Frankreich)[8]. Die Deutsche Wehrmacht reagierte auf die Partisanenaktivitäten zunächst mit

---

1 Kossoy nennt Revolten in Mexiko und Südamerika, den phillippinischen Aufstand 1896, den Burenkrieg und - ein heute wieder sehr aktueller Fall - den Widerstand im Kaukasus gegen die Annexion durch das zaristische Rußland, vgl. ders. S.55

2 Vgl. Kossoy, S.56

3 Vgl. Bierzanek, S.64

4 Vgl. Kossoy, S.56

5 Vgl. Draper 1971, S.183

6 Vgl. Draper 1971, S.183. Kossoy allerdings hält den Spanischen Bürgerkrieg nicht für einen Guerillakrieg, da auf Francos Seite kaum verhohlen reguläre deutsche und italienische Truppen teilnahmen, während die auf Seiten der Republik kämpfenden Internationalen Brigaden aufgrund ihrer Führung, ihres Umfangs und ihrer Anbindung an die republikanische Armee als reguläre Truppen zu bezeichnen seien, vgl. ders S.59

7 Vgl. Kossoy, S.31, 33

8 Vgl. Draper 1971, S.183

äußerster Härte gegenüber Kämpfern wie Zivilbevölkerung[1], war aber dort zu Zugeständnissen bereit, wo sich die Partisanengruppen zu einem ernstzunehmenden Gegner entwickelt hatten, der z.B. seinerseits Gefangene machte[2]. Insgesamt kann kaum bezweifelt werden, daß im Zweiten Weltkrieg Partisanenaktivitäten einen erheblichen Beitrag zum Sieg über die Achsenmächte geleistet haben[3].

- Welthistorisch einschneidend war auch die über weite Strecken als Guerillakrieg geführte Auseinandersetzung der chinesischen "Volksbefreiungsarmee" mit den Truppen Tschang Kai Tscheks, die 1949 mit dem Sieg der inzwischen zur regulär kämpfenden Armee gewordenen Truppen Maos endete[4].
- Nach dem Zweiten Weltkrieg stand ein Großteil der als Guerillakrieg geführten Konflikte im Zusammenhang mit der Dekolonisierung. Dies auch in dem Sinne, daß nach Erlangung der staatlichen Unabhängigkeit auf dem Gebiet der jungen Staaten eine Vielzahl von internen bewaffneten Konflikten ausbrach[5]. Im Weltmaßstab kam es zu einer geographischen Verlagerung der Konflikte von Europa nach Asien, Afrika und in den Nahen Osten[6]. Überhaupt führten von den Auseinandersetzungen nach 1945 nur eine Minderheit zur vollen Anwendung ab initio der Genfer Konventionen von 1949[7]. Nicht zuletzt aufgrund des für die internationalen Beziehungen

---

1 Vgl. Bierzanek, S.65,66: Die Partisanen wurden erschossen, Dörfer niedergebrannt und nicht selten 50-100 Zivilisten für jeden getöteten Deutschen hingerichtet. Beispielhaft für viele Aktionen erwähnt sei die Erschießung von 335 Zivilisten in den "Fosse Ardeatine" bei Rom am 24.03.1944, die auf eine Weisung des Oberbefehlshabers der 14. Armee, Generaloberst v. Mackensen, zurückging. Die Aktion erfolgte in Reaktion auf ein am Vortag verübtes Attentat kommunistischer Partisanen auf eine dem deutschen Stadtkommandanten von Rom unterstellte Polizeikompanie, bei dem 33 Ordnungspolizisten getötet wurden., vgl. den Beitrag von Lutz Klinkhammer in der FAZ v. 28.08.1996, S.33.

2 Den Teilnehmern am Warschauer Aufstand im Sommer 1944 wurde Kriegsgefangenenstatus gewährt, vgl. Kossoy, S.60. Vgl. auch Bierzanek zur Situation in Yugoslawien, ders. S.65. Ipsen weist allerdings darauf hin, daß die im II. Weltkrieg kämpfenden Partisanen die von den Genfer Konventionen 1949 gerade mit Rücksicht auf die Erfahrungen des II. Weltkrieges aufgestellten Voraussetzungen für den Kombattantenstatus (Art. 4.A.2. III.GK) in aller Regel nicht erfüllt hätten, vgl. ders. 1993, S. 148

3 Kossoy, S.60, Bierzanek, S.71

4 Diese Auseinandersetzung, und insbesondere der "lange Marsch" der Truppen Maos sind in dem berühmten Buch "Red Star over China" des amerikanischen Journalisten Edgar Snow für die Nachwelt festgehalten worden, vgl. Edgar Snow, Red Star over China 1. Aufl. 1938

5 Bsp: Laos, Vietnam, Kongo, Zypern, vgl. Schindler 1965, S.87. Meyrowitz 1973, S.881, verweist als Grund hierfür auf die meist fehlende nationale Einheit. Ein Grund hierfür wird in der willkürlichen und ethnische Zusammenhänge mißachtenden Grenzziehung der ehemaligen Kolonialmächte zu sehen sein, die das Bewußtsein dere Zusammengehörigkeit innerhalb der jungen Staaten geschwächt haben

6 Meyrowitz 1973, S.881

7 Schindler nennt u.a. den Suezkonflikt 1956, den indisch-pakistanischen Konflikt 1965, die 1961 ausgetragenen Konflikte um Bizerta und Goa, vgl. ders. 1965, S.117. Zu nen-

geltenden Gewaltverbots des Art.2(4) SVN ist seit 1945 eine starke Verlagerung der internationalen Konfliktrealitäten von zwischenstaatlichen hin zu nicht-internationalen bzw. gemischten Konflikten und Befreiungskriegen zu beobachten[1]. Für antikoloniale Bewegungen (jedoch nicht nur für sie) hatten die Erfolge der Guerilla-/Partisanenkriegführung im Zweiten Weltkrieg Vorbildfunktion[2]. Der häufige Rückgriff auf Guerillamethoden nach dem Zweiten Weltkrieg wurde teilweise als "Renaissance der Guerillakriegführung"[3] bzw. als "Politikum von globaler Relevanz"[4] bezeichnet und führte Meyrowitz zu der Aussage: "...le guérillero est devenu un personnage qui tend à occuper le devant de la scène internationale"[5]. Frühe Beispiele für derartige Auseinandersetzungen sind der Indonesienkonflikt (1945-1949), der erste Indochinakrieg (1945-1954) und der Algerienkonflikt (1954-1962)[6].

Die zeitweise zu beobachtende Konzentration des internationalen politischen und völkerrechtlichen Interesses auf die antikolonialen Konflikte[7] darf nicht verdecken, daß seit dem Zweiten Weltkrieg und besonders seit dem Zerfall der Sowjetunion und dem Ende des Kalten Krieges viele Konflikte als Guerillakriege bzw. als "low intensity conflicts" unter Rückgriff auf Guerillamethoden geführt wurden und werden, welche mit dem durch die Dekolonisierung geprägten Typus des "nationalen Befreiungskrieges" [8] nichts zu tun haben. Der entscheidende Antrieb liegt vielmehr in ethnisch-nationalen, religiösen oder sozialrevolutionären Motiven, angestrebter Sezession und Irredenta oder dem bloßen Kampf um die Macht im Staat. Häufig jedoch beruft sich die nichtstaatliche Konfliktpartei zur Legitimierung ihres Anliegens auf das Selbstbestimmungs-

---

nen wäre auch der Indisch-pakistanische Krieg 1971, der Yom Kippur-Krieg 1973, der iranisch-irakische Krieg in den achtziger Jahren und der Golfkrieg 1991

1 Wyss nennt unter Bezugnahme auf Pictet für die Zeit von 1900 bis 1941 24 bewaffnete Konflikte, davon lediglich 5 nicht-internationalen Charakters. Allein von 1945 bis 1969 ergaben sich 97 Konflikte, davon lediglich noch 15 internationale, jedoch 26 innerstaatliche und 56 gemischte Konflikte und sog. "Nationale Befreiungskriege", vgl. dies. S.70

2 Vgl. Detter de Lupis, S.53; Veuthey 1976, S.17; Bierzanek, S.66. Die Vorbildfunktion bestand nicht nur für Auseinandersetzungen im antikolonialen Kontext, sondern auch für viele andere Konflikte, vgl. Draper 1971, S.183

3 Vgl. Bierzanek, S.66, ähnlich auch Schindler 1965, S.100

4 Mayer-Tasch, S.9

5 Vgl. Meyrowitz 1973, S.875. Ebenso de Preux: "La guerilla se manifeste sur la plupart des champs de bataille moderne", vgl. ders. S.261. Auch für Kwakwa ist der Guerillakampf der Regelfall moderner Konflikte, vgl. ders. S.10

6 Erst spät, nämlich im Juni 1956, erklärte sich die französische Regierung unter Guy Mollet bereit, auf den Algerienkonflikt den gemeinsamen Art.3 der Genfer Konventionen von 1949 anzuwenden, vgl. Kossoy, S.238. Vgl. auch Schindler 1965, S.88, vgl. auch Veuthey 1972, S. 124/125 sowie ausführlich Andreopoulos, S. 196 und 202

7 So weist Wördemann darauf hin, daß zu einer bestimmten Zeit Guerilla und Befreiungskämpfer in der internationalen Diskussion praktisch gleichgesetzt wurden, vgl. ders.S.55

8 Zum Begriff des nationalen Befreiungskrieges vgl. unten E.IV.2.

recht der Völker. Nachdem die Dekolonisierung heute als weitgehend abgeschlossen betrachtet werden kann, stellen diese, auch während der Dekolonisierung stets vorhandenen, Auseinandersetzungen gegenwärtig und künftig das entscheidende Potential für Guerillakriege dar. Einige solcher Konflikte, deren Liste sich nahezu beliebig verlängern ließe, sollen hier genannt werden[1]:

- die 1953 mit Kämpfen der Aufständischen Fidel Castros gegen die Regierung Batista begonnene Kubanische Revolution[2]
- die Huk-Rebellion auf den Philippinen
- der Indonesienkonflikt 1958/59[3]
- der Katanga-Konflikt im Kongo 1960-1964[4]
- der zweite Indochinakrieg/Vietnamkrieg (1965-1975)[5]
- der Chaco-Konflikt zwischen Paraguay und Bolivien (1958)
- die Tupamaros in Uruguay
- der Kampf der Guerillagruppe "Leuchtender Pfad" gegen die Regierung in Lima[6]
- die Aktivitäten des "Nationalen Befreiungsheeres" (ELN) und der Organisation "Revolutionäre Streitkräfte" (FARC)in Kolumbien7
- der bis heute andauernde Kaschmir-Konflikt zwischen Pakistan und Indien8
- der Afghanistan-Konflikt besonders seit Abzug der sowjetischen Truppen1

---

[1] Zu Kuba, Phillippinen, Indochina, Chaco, Kaschmir, Tupamaros, Biafra, Katanga, Kurden, Irland vgl. Kossoy, S.65 ff.

[2] Schindler 1965, S.89

[3] Schindler 1965, S.90

[4] Schindler 1965, S.90/91

[5] Die USA fanden sich auf freiwilliger Basis zur Anwendung der Genfer Konventionen bereit, vgl. Schindler 1965, S.84

[6] Der 1980 aufgenommene Kampf der linksextremistischen Organisation "Leuchtender Pfad" hat seither 30.000 Menschenleben gekostet und Schäden von etwa 50 Mrd. US-$ angerichtet, vgl. FAZ v. 16.07.1999, S.5 sowie den Bericht von Martin Gester in der F.A.Z. v. 17.06.1995, S.6

[7] Nach Informationen des Magazins "Der Spiegel" (Ausgabe 29/1999, S.32,33) begann das "Nationale Befreiungsheer" ELN 1965 als linkskatholische Guerilla, ist zwischenzeitlich jedoch immer mehr zu einer rein kriminellen Organisation verkommen, die massenhaften erpresserischen Menschenraub praktiziert (geschätzte Einnahmen aus Entführungen 1997: 100 Mio US-$) und für Sprengstoffanschläge sowie zahllose Morde an Zivilisten verantwortlich ist. Die Regierung kämpft zudem gegen die Organisation "Revolutionäre Streitkräfte Kolumbiens" (FARC). Es wird von punktuellen Angriffen mit mehr als 400 Kämpfern auf Polizei-Außenposten etc. berichtet. Präsident Samper appellierte 1996 ohne Erfolg an die Guerilla, sich bei ihrem Vorgehen an bestimmte Spielregeln zu halten: keine Massaker, keine Verwicklung von Jugendlichen in die Kämpfe, keine Verwendung von Jugendlichen als menschliche Schutzschilde, keine Geiselnahmen, keine Anti-Personenminen. Der Appell deutet darauf hin, mit welcher Brutalität die Guerillagruppen gegen die Zivilbevölkerung vorzugehen scheinen, vgl. DIE WELT v. 02.09.1996, S.6

[8] Dort führen besonders seit Anfang der 90-iger Jahre islamische Fundamentalisten einen blutigen Guerillakrieg gegen die indische "Besatzungsmacht", vgl. Klaus Natorp in der F.A.Z. v. 31.05.1995, S.1. Vgl. ebenso Munir Ahmed, Lösungsmodelle für den Kaschmir-Konflikt, in Internationale Politik (Europa Archiv) Heft 3 (1995), S.20 ff. sowie den Ausführlichen Beitrag in "Der Spiegel" Nr.22 v. 25.05.1998, S.156-160

- der Konflikt auf Sri Lanka zwischen der Regierung in Colombo und den "Befreiungstigern"2
- er Konflikt um Ost-Timor, aber auch Sezessionsbestrebungen in Nord-Sumatra3
- der Konflikt zwischen der philippinischen Regierung und muslimischen Aufständischen der "Moro National Liberation Front" im Süden des Landes4
- Maoistische Guerilla/Terroraktivitäten in Nepal5
- Konflikte auf dem Gebiet der ehemaligen Sowjetunion, insbesondere in Kaukasien und Zentralasien6
- der weiter ungelöste Kurdenkonflikt im Südosten der Türkei sowie in Teilen Iraks Syriens und des Iran7
- die Konflikte im ehemaligen Jugoslawien1

---

1 Vgl. hierzu den ausführlichen Beitrag von Mustafa Danesh in der F.A.Z. v. 02.02.1996, S.8

2 Vgl. zum Konflikt insgesamt den Beitrag von Christian Geinitz in der F.A.Z. v. 18.04.1998, S.14 sowie den Beitrag in der Tageszeitung die Welt v. 21.03.1998, S.3, über den Konflikt und den Einsatz von Kindern als Soldaten aud Seiten der Guerillaorganisation Tamil Tigers. Vgl. auch ausführlich Die Welt v. 25.04.1998, S. G3

3 Vgl. für eine Darstellung der Behandlung der Ost-Timor-Frage durch die VN den IGH in seiner Ost-Timor-Entscheidung vom 30.06.1995 in I.C.J. Reports 1995, S. 95-97. Der zeitweise blutig geführte Konflikt um die Unabhängigkeit des 1976 von Indonesien annektierten Ost-Timor hat sich im Sommer 1999 zugespitzt, nachdem Ende August bei einem Referendum unter UN-Aufsicht 78.5% der Befragten für die Unabhängigkeit Ost-Timors von Indonesien gestimmt hatten. Im Gefolge des Referendums kam es zu systematischen Säuberungen und Übergriffen pro-indonesischer Milizen gegen die Bevölkerung. Die Armee machte keinerlei Anstalten, dem Morden Einhalt zu gebieten, vgl. Frankfurter Rundschau vom 8.9.1999, S.1 sowie NZZ vom 7.9.1999, S.1 und 2. Auch im Norden Sumatras nimmt in der Provinz Aceh die Gewalt ständig zu. Dort kämpft die sog. Aceh National Liberation Front gegen die Armee. Allein zwischen April und Juli 1999 soll es 360 Todesopfer unter der Zivilbevölkerung gegeben haben, vgl. F.A.Z. v. 04.08.1999, S.12.

4 F.A.Z. v. 08.04.1995, S.5

5 Laut "Der Spiegel" (Heft 17/1999, S.186) führt in Nepal seit 1996 die maoistische revolutionäre Guerillagruppe CPN-M einen "Volkskrieg" gegen die Regierung, der bisher 600 Todesopfer gefordert hat. Es wird von zahlreichen Massakern an der Zivilbevölkerung berichtet, die Maoisten beherrschen offenbar 40 von 75 nepalesischen Distrikten.

6 Zu nennen sind der Tschetschenienkonflikt im Nordkaukasus, der Nagorny-Karabach-Konflikt zwischen Armenien und Aserbeidschan, die Konflikte in Georgien sowie um Südossetien und Abchasien, vgl. dazu u.a. Andrei Zagorski, Brandherde in der ehemaligen Sowjetunion, in: Internationale Politik (Europa Archiv), Heft 3 (1995), S.9 ff. Vgl. auch den Beitrag von Wolfgang Günter Lerch in der F.A.Z. v. 29.05.1999 über die Spannungen im Nordkaukasus zwischen Karatschai-Tscherkessien und Moskau sowie Mike Edward, The Fractured Caucasus, in National Geographic, Ausgabe Februar 1996, S.126 ff. Zum Konflikt um Berg-Karabach vgl. F.A.Z. (Bilder und Zeiten) v. 25.04.1998 .

7 Der Konflikt zwischen der Regierung in Ankara und der PKK begann 1984. Vgl. zu Hintergrund und Entwicklung des Kurdenkonflikts in der Türkei Arnold Hottinger, Der Aufstand der türkischen Kurden -Eine Existenzfrage für die Türkei-, in Europa Archiv v. 10.November 1994, S.1 ff. Eine gute Beschreibung der Vorgehensweise der PKK bietet die von Bilge Criss verfaßte Dokumentation der Konrad Adenauer Stiftung vom September 1994 (Bereich Forschung und Politik), "Das Politische Profil der PKK", Sankt Augustin 1994

- der arabisch-israelische Konflikt2
- die Auseinandersetzung zwischen Regierung und islamischer Heilsfront in Algerien3
- verschiedene weitere Konflikte in Afrika (Biafra, Katanga, Sudan4, Kongo-Kinshasa Guinea-Bissau, Sierra Leone, Westsahara5, der Konflikt an den Großen Seen6, Angola, Liberia7, Tuareg-Aufstände in Mali und Niger)1

---

1 Vgl. u.a. Paul Lendvai, Haß und Grausamkeit auf dem Balkan, in: Internationale Politik (Europa Archiv), Heft 3 (1995), S.3 ff. Zur Frage der humanitär-völkerrechtlichen Einordnung des Konflikts in Bosnien-Herzegowina vgl. oben E.I.5. Zur humanitären Lage in den Konflikten im ehemaligen Jugoslawien vgl. m.w.N. unten G.III. Vgl. für einen sehr guten Überblick über Wurzeln und Ziele der "Befreiungsarmee Kosova" (UCK) im Kosovo-Konflikt den Beitrag von Stephan Lipsius in der F.A.Z. v. 04.03.1998, S.10,11 sowie von Mathias Rüb in der gleichen Zeitung v. 17.06.1998, S.11. Der Kosovo-Konflikt ist auch ein gutes Beispiel für den Einsatz von Methoden der irregulären und Guerilla-Kampfführung auch auf Seiten der etablierten Staatsgewalt: In einer gemeinsamen Presseerklärung mit den Bundesministern Fischer und Scharping vom 03.04.1999 forderte Bundeskanzler Schröder den Rückzug "aller jugoslawischen militärischen und Sondereinheiten und besonders der berüchtigten Sicherheitskräfte sowie der paramilitärischen und irregulären Einheiten, die es im Kosovo gibt und die für den dort ablaufenden Völkermord verantwortlich sind", vgl. dpa - Meldung v. 03.04.1999. In Bosnien-Herzegowina wie auch im Kosovo waren die "ethnischen Säuberungen" umso grausamer, je mehr paramilitärische Verbände daran teilnahmen, vgl. Pressemitteilung Nr.1023/1999 des Bundespresse- und Informationsamts (BPA). Bundesaußenminister Fischer sprach vor der Presse in Bonn von einer "barbarischen Kriegführung" der paramilitärischen Verbände, vgl. BPA Nachrichtenspiegel Ausland Nr.88 v. 30.03.1999. Das Pressereferat des Auswärtigen Amts veröffentlichte am 26.03.1999 eine Erklärung im Namen der Europäischen Union zu Greueltataen im Kosovo. Danach würden Greueltatan u.a. von "maskierten Zivilisten, die möglicherweise Mitglieder paramilitärischer Banden sind", verübt.

2 Vgl. für einen kurzen Überblick Michael Bacos Young in der Zeitschrift "Das Parlament" Nr.16-17 v. 12./19.04.1996. Zur Geschichte der militanten islamistischen "Hamas"-Bewegung vgl. den Beitrag von Joseph Croitoru in der F.A.Z- v. 21.09.1994, S.15

3 Gegen die Regierung in Algier kämpfen mehrere islamistische Gruppen (zu den bekannten zählen die Groupes Islamiques Armés, GIA, und die Armée Islamique du Salut, AIS), die Regierung setzt neben der Armee Sonderkommandos und Antiterroreinheiten ein und unterstützt antiislamistische Milizen, vgl. den Beitrag von Cherif Ouazani in der Zeitschrift Jeune AfriqueNr.1865 v. 2.10.1996, S.23-27

4 Im Sudan herrscht seit 15 Jahren ein erbitterter Bürgerkrieg zwischen der islamistischen Regierung und dem christlich-animistisch orientierten Süden. Für den Süden kämpft mit Guerillamethoden die sog. "Sudanese People's Liberation Army". Die Regierung ist in breitem Umfang verantwortlich für gezielte Bombardierung ziviler Objekte, extralegale Hinrichtungen, Pogrome gegen Ethnien und systematische Versklavung. Die sog. Befreiungsarmee begeht im großen Stil Morde an Zivilisten, Vergewaltigungen und Folterungen. Dem Konflikt fielen bislang insgesamt 1,5 Mio. Menschen zum Opfer, vgl. insgesamt Mathias Deltgen in Afrika-Post 3-4/1999, S.28

5 Vgl. u.a. Wolfgang Günter Lerch (F.A.Z. v. 22.05.1993, S.5) sowie Michael Lennertz (F.A.Z. v.06.04.1996, S.5)

6 Vgl. statt vieler den Beitrag von Bartholomäus Grill in "Die Weltwoche", Nr.8 v. 19.02.1998

7 Der Konflikt begann Ende 1989, als 150 Kämpfer der sog. "Nationalen Patriotischen Front von Liberia" (NPFL) vom Nachbarstaat Sierra Leone aus nach Liberia eindrangen. Der hieraus entstandene Guerillakrieg artete schließlich in einen von verwahrlosten Banden geführten Bruderkrieg aus, in dem sich korrupte und gierige "Warlords" (u.a. NFL-Anführer Charles Taylor, Roosevelt Johnson von der -Ulimo-J abgekürzten- "Vereinigten Befreiungsbewegung von Liberia" und Milizenführer Kromah) gegenseitig bekämpfen. Guerilla- und schlimmste Terrormethoden sind die Regel. Ohne die Anwesenheit

- In Mexiko der 1994 begonnene Aufstand des "Zapatistischen Heers der Nationalen Befreiung" (EZLN) in der Region Chiapas oder der 1996 entflammte Terror der Guerillagruppen "Revolutionäres Volksheer" (EPR)2.
- Andere separatistische bzw. irredentistische Situationen in Europa (Baskenland, Nordirland, Korsika[3]).

b) Charakteristika

aa) Konfliktmerkmale

Die genannten Beispiele zeigen, daß bis heute sehr häufig und in praktisch allen denkbaren Erscheinungsformen bewaffneter Konflikte[4] auf Methoden des Guerillakampfes zurückgegriffen wurde und wird. Eine große Zahl der etablierten und jetzt bisweilen selbst mit einer Guerillaherausforderung konfrontierten Staaten hat in der Vergangenheit mit Mitteln des Guerillakrieges gekämpft[5]. Teilweise ist sogar die Existenz dieser Staaten das Resultat eines erfolgreich geführten Guerillakrieges[6]. Allerdings steht das Spektrum möglicher Situationen von Guerillakampf und Guerillataktik in proportionalem Verhältnis zur

---

einer regionalen westafrikanischen Schutztruppe würde Liberia als Staat vermutlich nicht mehr bestehen. Vgl. den einschlägigen Bericht in der FAZ v. 19.08.1996, S.12. Nach einer 1996 durch UNICEF vorgestellten Studie stellen in Liberia wie in vielen anderen innerstaatlichen Konflikten (z.B. Afghanistan) Kinder nahezu die Hälfte der beteiligten Kämpfer. Unter brutalen, entwürdigenden Methoden werden Kinder bereits ab 7 Jahren zur Beteiligung an Konflikten gezwungen, in denen alles erlaubt ist. Es liegt auf der Hand, daß in derartigen Auseinandersetzungen die Durchsetzung von Verhaltensregeln, die sich an Gedanken des humanitären Völkerrechts anlehnen, kaum zu denken ist, vgl. "Entwicklung und Zusammenarbeit" Ausgabe 5/1996, S.6.

1 Vgl. für einen Überblick die Regionalkonflikten gewidmete Ausgabe der Wochenzeitschrift "Das Parlament" Nr.16-17 v. 12./19.04.1996 sowie in der F.A.Z. v. 13.04.1996, S.5

2 Im Gegensatz zur EPR scheint die Zapatistenorganisation über Rückhalt in der Bevölkerung zu verfügen. Bei den EPR-Kämpfern (nach Schätzungen besteht das "Heer" nur aus 50-100 "Soldaten") soll es sich teilweise um bezahlte Gelegenheits-Guerilleros handeln. Typisch ist, daß die Guerilla ihre Aktionen als Aktionen der Selbstverteidigung und des Widerstandes, die Regierung diese als verbrechen und Terrorismus bezeichnet, vgl. Haubrich in FAZ v. 30.09.1996, S.7

3 Die "Befreinungsfront für Korsika" (FLNC) kämpft mit Sprengstoffanschlägen gegen die Regierung in Paris für die Unabhängigkeit Korsikas von Frankreich, vgl. u.a. DIE WELTv. 06.09.1996, S.6

4 Im zwischenstaatlichen Konflikt Kampf im Hinterland des Gegners oder Befreiung von ihm besetzter Gebiete, in anderen Konflikten Loslösung von einer Kolonialmacht, Sezession, Irredentismus, Kampf zwischen Regierungstruppen und einer oder mehrerer Guerillagruppen bzw. Kampf zwischen diesen Gruppen um die Regierungsgewalt innerhalb eines Staates. Bothe betont, daß auch im internationalen bewaffneten Konflikt häufig mit Guerillamethoden gekämpft wurde und wird, vgl. ders. 1976, S.200. Ebenso Bothe/Ipsen/Partsch, S.591

5 U.a. Preußen gegen Napoleon, Frankreich 1870/71 und 1940-44, vgl. Veuthey 1976, S.17. Zu Südafrika vgl. Booysen, S.41

6 S.o. die Beispiele USA, Israel, Schweiz

Verschwommenheit des Guerillabegriffs. Dies bedeutet zweierlei: einerseits ist Guerillakampf im Sinne der irregulär geführten Auseinandersetzung auch im rein zwischenstaatlichen Konflikt ohne Vorhandensein einer regelrechten Guerillabewegung denkbar (z.B. verdeckt oder in Zivil hinter den feindlichen Linien operierende und zu einer regulären Armee gehörende Kommandos etc.)[1], andererseits nehmen auch im nicht-internationalen Bereich unterhalb der materiell definierten Schwelle zum bewaffneten Konflikt agierende Gruppen den Guerillakampf und Bezeichnungen wie "Guerillaarmee" o.ä. für sich in Anspruch[2]. Dies sowie das Fehlen anerkannter objektiver Kriterien macht es praktisch unmöglich, die Aktivitäten einer sich "Guerillabewegung" oder "Armee" etc. nennenden Gruppe nach unten abzugrenzen, d.h. zu unterscheiden von völlig vereinzelten Gewaltakten. Es ist bezeichnend, daß sich der Begriff der Guerillakampfführung von der völlig sporadischen, zusammenhanglosen und vereinzelten Gewaltanwendung letztlich nur durch willkürliche und völlig unterschiedlicher Festlegung zugängliche Kriterien abgrenzen läßt[3]. Besonders in den 60-iger Jahren wurde unter der Bezeichnung "Stadtguerilla" eine meist in Form von Bombenanschlägen, Attentaten und Entführungen vorgetragene Form der Gewaltanwendung kleiner Gruppen als neue, besonders erfolgversprechende Form des (marxistisch-revolutionären) Guerillakrieges propagiert.

Der marxistisch-revolutionär geprägte und zeitweise höchst populäre Begriff der "Stadtguerilla" trägt zur Lösung dieses Problems wenig Erhellendes bei und wird eher durch Kategorien des Terrorismus zutreffend beschrieben[4]. Allerdings wird das politische Motiv dazu taugen, die Guerilla von rein kriminellen

---

1 Vgl. Schindler 1965, S.101; Meyrowitz 1973, S.876 Für die humanitär-völkerrechtliche Bewertung ist dabei vor allem relevant und vom Ergebnis her umstritten, ob die Angehörigen der regulären Streitkräfte bei ihren Guerilla-Operationen Uniform tragen müssen, um in den Genuß des Kriegsgefangenen-Status gelangen zu können, vgl. Schindler 1965, S.102 sowie oben E.II.5.b.aa.

2 Meyrowitz 1973, S.876

3 Etwa dadurch, daß im innerstaatlichen Konflikt der Gegner die Lage nicht mehr ohne den Einsatz der Armee oder zumindest von paramilitärischen Verbänden kontrollieren kann. Kossoy nennt als ein valables Kriterium die für eine Guerillaorganisation erforderliche Disziplin und Organisation, vgl. ders. S.28. Rubin hingegen meint: "the dividing line, however, is frequently unclear between rebel leadership so highly organized that it borders on bad faith not to accept its legal capacity to engage in belligerency, and rebel leadership that is merely a cabal of malcontents attempting to redistribute wealth by robbing banks and keeping the spoils", vgl. ders. 1983, S.224. Auch Detter de Lupis sieht eine - allerdings nicht näher definierte- Grenze, vgl. dies. S.49

4 Für Wördemann ist "Stadtguerilla" ein public relations-Begriff des Terroristen, vgl. ders. S.55,53. Kossoy nennt folgende Situationen, in deren Zusammenhang der Begriff "Stadtguerilla" oder "Guerillakommando" vielfach verwendet wurde: Flugzeugentführungen, Kidnapping, Angriffe auf Botschaften, Büros von Firmen und Fluggesellschaften und selbst "politische" Bankraube, vgl. ders. S.30. Die "Stadtguerilla" wurde als Anfangsstadium und Nukleus einer später an Größe und Durchschlagskraft gewinnenden Guerillaarmee betrachtet, vgl. Kossoy, S.62 sowie die weiterführenden Hinweise ebd. S.66 ff. Auch Detter de Lupis sieht den Begriff eher im Zusammanhang mit dem Terrorismus, vgl. dies. S.51,52

Organisationen abzugrenzen[1], obwohl politisch motivierte und rein kriminell motivierte Gewalt sich auf dieser Stufe des Konflikts mit dem Staat regelmäßig des gleichen Gewaltinstrumentariums bedienen werden (vgl. z.B. Attentate der Mafia in Italien). Auch scheint eine Guerillabewegung nicht ohne den Einsatz von bewaffneter Gewalt vorstellbar[2]. Nach dem Gesagten überlagert sich der Guerillabegriff besonders bei Auseinandersetzungen innerhalb von Staaten mit dem Begriff des Terrorismus[3].

Gemessen an der organisatorisch-institutionellen Nähe zu einer Konfliktpartei kann unterschieden werden zwischen der abhängigen Guerillabewegung (Hilfsguerilla) und der unabhängigen Guerillabewegung[4]. Historisch gesehen waren völlig unabhängig kämpfende Guerillabewegungen in aller Regel erfolglos[5]. Gerade im Zusammenhang von Kaltem Krieg und Dekolonisierung wurden in den Konflikten seit dem 2. Weltkrieg Guerillabewegungen häufig verdeckt oder offen von außen unterstützt[6].

Ein wichtiger Grund für die weltweit große Zahl von Guerillaauseinandersetzungen war während des Kalten Krieges, daß die Existenz von Massenvernichtungswaffen gepaart mit der ideologischen Auseinandersetzung den Guerillakrieg als "low intensity conflict" zu einer weniger riskanten und daher bevorzugten Form nationaler und internationaler Gewaltanwendung gemacht hat[7]. Aktuelle politische Faktoren wie insbesondere die weltweit verstärkt auftretenden innerstaatlichen und ethnischen Konflikte, aber auch militärisch-taktische

---

[1] Z.B. der militärische Züge tragende Kampf der kolumbianischen Regierung mit der organisierten Drogenkriminalität

[2] Kossoy, S.30

[3] Vgl. hierzu unten E.III.2.c.bb.

[4] Kossoy geht auf diese von Heilbrunn geprägte Formulierung ein, wonach die sog. unabhängige Guerilla das gesamte Spektrum abdecken sollte von Terrorakten (Bsp.: IRA, PLO) über "wirkliche" Guerillabewegungen, die aus dem Hinterhalt kämpfen (z.B. FLN im algerischen Unabhängigkeitskrieg) bis hin zu regelrechten Guerilla-Armeen wie z.B. in Jugoslawien während des 2.Weltkriegs, in China während der japanischen Besetzung oder in Vietnam zur Zeit der Auseinandersetzung mit Frankreich, vgl. ders. S.33. Insbesondere bezüglich der ersten Gruppe (IRA, PLO) zeigt sich, daß der Guerillabegriff sehr offen ist und immer wieder synonym mit Akten des Terrorismus verwendet wird.

[5] Vgl. Veuthey 1976, S.23

[6] Vgl. Schindler 1965, S.100

[7] Da alles getan werden mußte um eine direkte Konfrontation der Supermächte zu vermeiden, wurden Konflikte in die sog. "Dritte Welt" verlagert, wo sie als Stellvertreterkriege ("Wars by proxy") oder als Konflikte von geringerer Intensität ("low intensity conflicts") geführt wurden. Vgl. hierzu Kossoy, S.64, m.w.N. Mit Blick auf die siebziger Jahre unseres Jahrhunderts charakterisiert Veuthey den Guerillakrieg noch als "... une des composantes essentielles de la stratégie et de l'équilibre mondial contemporains....", vgl. ders. 1976, S.19. Veuthey verweist auch auf Mao, der den Guerillakrieg als Ausgleich für die Unmöglichkeit des großen Krieges betrachtete, vgl. ders. 1976, S.21. Abi-Saab weist darauf hin, daß auch reguläre Armeen zunehmend zu verdeckter Kampfführung übergehen, vgl. ders. in RdC 1979, S.420. Den Zusammenhang zwischen Guerillaauseinandersetzung und Nuklearwaffen betont auch Firmage, S.305,306

Gründe[1] (Verletzlichkeit der arbeitsteiligen, hoch entwickelten zivilen wie militärischen Infrastruktur vieler heutiger Staaten, Verletzlichkeit moderner Armeen bei Besetzung großer Räume, Beweglichkeit der Kriegführung, stark gesteigerte Wirkung auch leichter moderner Waffen) werden dafür sorgen, daß mit Guerillamethoden ausgetragene Kämpfe auch in Zukunft einen festen Platz im Spektrum nationaler wie internationaler gewaltsamer Konflikte und Auseinandersetzungen einnehmen werden. Es ist gesagt worden, daß jedes Zeitalter den Guerillakrieg neu zu erfinden und als Spezifikum seiner Konfliktgebräuche zu entdecken scheint[2]. Auch wenn dies zutreffen sollte: Angesichts der großen und wachsenden Zahl von Konflikten, die im ausgehenden 20.Jahrhundert auf diese Weise geführt werden, kann die von Draper 1971 geäußerte Ansicht auch weiterhin Gültigkeit beanspruchen: "Guerilla Warfare is a feature of our age"[3]. Chancen für eine Eindämmung dieser Art der Kampfführung sind kaum erkennbar. Die Staatenwelt wird daher weiterhin mit diesem Phänomen leben müssen[4].

bb) Militärisch-taktische Aspekte.

Das im Verhältnis zwischen Guerillatruppe und regulär kämpfendem militärischen Gegner prägende Merkmal ist stets zunächst dasjenige der *Asymmetrie* zu Lasten der militärisch schwächeren Guerilla[5]. Sofern eine nichtstaatliche Konfliktpartei auf den Guerillakampf zurückgreift, besteht die genannte Asymmetrie in aller Regel nicht nur in materieller Hinsicht, sondern auch in rechtlicher Hinsicht[6]. Die materielle Asymmetrie war auch fürdie antikolonialen Konflikte

1 Bierzanek, S.70 unter Hinweis auf die Mobilität heutiger Kriege und die potentiell enorme Ausdehnung der Kriegsschauplätze; Mayer-Tasch S.15; Draper 1971, S.178.

2 Vgl. Veuthey 1976, S.18

3 Vgl. Draper 1971, S.183. Veuthey weist darauf hin, daß in praktisch allen Konflikten des 20.Jahrhunderts Methoden des Guerillakrieges eine Rolle gespielt haben, vgl. ders. 1976, S.19

4 Booysen, S.42

5 So ist der Guerillakrieg immer wieder als der Krieg des Schwächeren gegen den Stärkeren charakterisiert worden, vgl. Kossoy, a.a.O. S.26, der dabei u.a. auf Trotzki hinweist. Veuthey spricht von "adversaires fondamentalement différents", vgl. ders. 1972, S.119 sowie ders. 1976, S.17. Vgl. auch Bierzanek, S.55. Kwakwa spricht von "fundamental inequality of the parties", vgl. ders. S.94, vgl. auch ebd. S.88. Abi-Saab spricht vom "poor man's war", vgl. ders. in RdC 1979, S.416. Gasser schreibt: "History provides many examples in which guerilla warfare was the only way for a people to survive and save ist honor", vgl. ders. 1987, S.919

6 Dies kann sich nur bei der -äußerst seltenen- Anerkennung Aufständischer als Kriegführende ändern, vgl. oben D.I.2.a.bb. Detter de Lupis hebt den allgemeinen "lack of standing in the international community" hervor, S.50. Rechtlich trifft dies zu, nicht jedoch in Bezug auf die internationale Statur auf politischer Bühne, wo z.B. Nationale BefreiungsbewegungenN teilweise eine erhebliche Legitimitätsdynamik zu ihren Gunsten ausgelöst haben, vgl. unten E.IV.4.b.

prägend[1]. Angesichts der historisch-politischen Realitäten erscheint jedoch die Aussage kaum haltbar, im Guerillakonflikt stünden sich stets reguläre Armee und "die Bevölkerung" gegenüber[2]. Die auf Guerillamethoden zurückgreifende Seite ist, jedenfalls im geographischen Raum des Guerillakonflikts, zu einer allgemeinen und offen geführten Auseinandersetzung militärisch zu schwach. Dies schließt allerdings punktuelle Überlegenheit am eigentlichen Ort der Kampfhandlungen und Gewaltakte nicht aus. Die zwischen den Kontrahenten bestehende Asymmetrie der Machtmittel besteht auch bei Guerillagruppen, die als Hilfsguerilla auf Seiten einer militärisch an sich erfolgreichen Armee kämpfen. Gleiches gilt für Kommandos, die in einem "Konflikt ohne Guerillabewegung" auf Seiten einer regulären Armee unter Einsatz irregulärer Methoden kämpfen. Eine Ausnahme vom Grundsatz der Asymmetrie mag allenfalls dann vorliegen, wenn in Situationen zusammengebrochener Staatlichkeit eine Mehrzahl von Guerillagruppen sich gegenseitig mit allen Mitteln bekämpft und der Konflikt den Charakter eines von Warlords geführten Bandenkrieges annimmt[3]. Asymmetrie und die oben beschriebene Taktik bringen es mit sich, daß auch der militärisch intensiv und erfolgreich geführte Guerillakampf zunächst keine Front kennt, d.h. im Aktionsraum der Guerillagruppen befindet sich die Front überall und nirgends[4]. Diese Art der Kampfführung verschafft in vielen Fällen taktische Vorteile, die u.U. geeignet sind, anfangs gegenüber dem Gegner vorhandene Schwächen auszugleichen[5]. Der "Lohn" der irregulären Kampfführung besteht also nicht selten in einer entscheidenden Verbesserung der eigenen militärischen Ausgangssituation, ohne die der Kampf überhaupt nicht geführt werden könnte. Insofern trifft es zu, daß der Guerillakampf die "Waffe des Schwächeren" ist. In innerstaatlichen Konflikten sind Guerillabewegungen "...able to reduce politically organized society to chaotic conditions and virtually to frustrate the process of government"[6].

---

1 Salmon beschreibt den antikolonialen Krieg in ähnlichen Kategorien: "Face à un peuple sous-développé, mal armé, non équipé, on voit des armes ultra-modernes, ayant la maîtrise des airs et utilisant des armements sophistiqués", vgl. ders. 1976, S.42

2 Z.B. Veuthey 1972, S.119. Auch Abi-Saab scheint noch von dieser These auszugehen, vgl. ders. 1979, S.411,413,416. Ähnlich de Preux zur Guerilla: "Elle plonge ses racines dans la population....", vgl. ders. S.261. Ebenso der vorstehend zitierte Salmon 1976, S.42

3 Beispiele hierfür sind die Situationen in Liberia 1996 sowie in Somalia vor dem UN-Einsatz, vgl. hierzu die ausgezeichnete Beschreibung der beiden Konflikte in ihrer ganzen unmenschlichen Dimension durch den damaligen *Washington Post* - Korrespondenten Keith Richburg in seinem Buch "Out of Ameria: a black man confronts Africa", 1. Aufl. New York 1997, S.60 ff. (Somalia) und S.133 ff. (Liberia)

4 Vgl. Veuthey 1976, S.19 sowie mit ausführlichen Quellen bzgl. des ersten Indochinakrieges ebd. S. 21

5 "Guerillas have several advantages, in military terms, that offset their technical inferiority", vgl. Kwakwa S.88

6 Vgl. Draper 1971, S.184. Ein weiterhin aktuelles Beispiel ist der Bürgerkrieg zwischen der Regierung in Colombo und den tamilischen "Befreiungstigern" in Sri Lanka. Dieser Konflikt hat das Land in politischer wie wirtschaftlicher Hinsicht derart geschwächt, daß

Abhängig vom Verlauf der Auseinandersetzung unterliegt die genannte Situation der Asymmetrie tendenziell starken Veränderungen. Aus Sicht der Guerillabewegung stellt sich der Idealfall wie folgt dar: der Konflikt beginnt mit vereinzelten Anschlägen gegen Personal und Infrastruktur des Gegners, d.h. mit Straftaten nach innerstaatlichem Recht oder Besatzungsrecht. Er steigert sich über mehrere Phasen hinweg zu immer intensiveren Kampfhandlungen, die an einem bestimmten Punkt in eine regulär geführte Auseinandersetzung einmünden [1]. Mit deren siegreichen Abschluß wird schließlich das militärische Endziel erreicht [2]. Schon das Grundkonzept des Guerillakampfes beinhaltet also eine Art "abnehmende" Asymmetrie, die sich spätestens nach Übergang zur regulären Kampfführung mehr und mehr in eine Asymmetrie zugunsten der nunmehr regulär kämpfenden Guerillabewegung verwandelt.

Dieses Grundkonzept findet sich allerdings in der internationalen politischen und militärischen Realität nur selten: Guerillakampf ist eine Rechnung mit vielen Unbekannten[3]. So kann zum einen die unterlegene reguläre Armee ihrerseits zur Guerillakriegführung übergehen ("in den Busch gehen"), so daß sich im Zuge ein und derselben Auseinandersetzung zuerst die eine und dann die andere Seite dieser Kampfmethode bedient[4]. Zum anderen kann sich bei ausbleibendem Sieg einer Seite die Asymmetrie perpetuieren und einen Konflikt über Jahrzehnte prägen. Erwähnt sei in diesem Zusammenhang, daß mitunter solche langanhaltenden Guerillakonflikte schließlich mit einem Ende der Feindseligkeiten zwischen den kriegsmüden Kontrahenten enden, wie etwa nach fast 20 Jahren der Guerillakampf der Roten Khmer in Kambodscha und im Sommer

---

selbst Präsidentin Kumaratunga einer AFP-Meldung v. 19.08.1996 zufolge ihr Land am Rande einer Katastrophe sieht, vgl. FAZ v. 20.08.1996, S.6. Quade weist für den Vietnamkrieg darauf hin, daß der Vietcong alle der Bevölkerung zugutekommenden Maßnahmen der Regierung (Schulen, Malariabekämpfungsprogramme) systematisch bekämpfte, weil dies den revolutionären Zielen zuwiderlief, vgl. ders. S.108.

1 Vgl. u.a. Bierzanek, S.55 sowie Wördemann, S.58. Für diesen sind allerdings viele Guerillabewegungen deshalb gescheitert, weil sie entweder zu früh zur regulären Kampfführung übergingen oder weil sie durch ihre strukturelle Unterlegenheit auf diesem Gebiet ihre irregulär erzielten Erfolge wieder verspielten, vgl. ebd. S.56. Ein Beispiel stellt die angolanische MPLA dar, die nach 15 Jahren im Busch schließlich mit sowjetischer Hilfe zu regulärer Kampfführung übergehen konnte, vgl. Salmon in Cassese (Proceedings), S.12

2 Im innerstaatlichen Konflikt die Machtübernahme, im zwischenstaatlichen Konflikt die Befreiung bestimmter Gebiete von gegnerischen Truppen.

3 Vgl. hierzu den interessanten und ausführlichen Überblick über das militärische Schicksal revolutionärer und befreiungsorientierter Guerillabewegungen in Afrika, Asien und Lateinamerika bei Firmage, S. S.324 ff. Für diesen Autor lautet das Fazit: "The 'war of national liberation' has not proven to be a magical formula for successful revolution in the Third World" (ebd. S.338). Nach seiner Beobachtung mußte ein ganzes Bündel von Bedingungen erfüllt sein, damit der Guerillakampf zum Ziel führte (u.a. starke nationalistische Komponente, soziale Mißstände, schwache Regierungen).

4 Vgl. die oben erwähnte Entwicklung im russischen Bürgerkrieg 1917-1925 oder selbst die "Werwolf"-Befehle Hitlers in den letzten Wochen des Zweiten Weltkriegs, wonach in besetzten deutschen Gebieten der Kampf durch sog. "Werwolf"-Einheiten fortgesetzt werden sollte, hierzu Kossoy, S.61.

1996 nach 25 Jahren der Guerillakrieg zwischen der muslimischen "Moro National Liberation Front" (MNLF) und der Regierung in Manila oder ebenfalls im Sommer 1996 nach 30 Jahren der Guerillakrieg zwischen der Regierung in Guatemala und der Guerillaorganisation "Revolutionäre Nationale Einheit Guatemalas" (URNG)[1]. Häufig kommt es im Zuge solcher Befriedungen zur Zersplitterung der Machtverhältnisse bei der Guerilla bzw. zur Gründung von neuen Guerillagruppen bei denjenigen, die ihre Sache durch Friedensbemühungen "verraten" sehen[2]. Ebenso kann sich eine zeitweise sehr gefährliche und auf dem Pfad des militärischen Erfolgs wandelnde Guerilla-/Terrorbewegung mit den Jahren "abnutzen" und schließlich teilweise oder ganz an Bedeutung verlieren[3]. Das Gesicht einer Guerillabewegung unterliegt nach dem Gesagten häufig dynamischen Veränderungen, die äußerst schwierige Probleme hinsichtlich der rechtlichen Einordnung aufwerfen. Dabei läßt die Betrachtung der militärisch-taktischen Aspekte erkennen, daß mit zunehmender Asymmetrie des Konflikts (d.h. bei erfolglosem oder noch nicht erfolgreichem Guerillakampf) eine Guerillabewegung aufgrund ihrer militärischen Situation und Schwäche zu einem immer stärkeren Rückgriff auf terroristische Methoden der Auseinandersetzung "gezwungen" ist[4].

---

1 Die MNLF kämpfte für eine größere Autonomie der muslimischen Minderheit auf der südphilippinischen Insel Mindanao, vgl. FAZ v. 30.08.1996, S.8. Sie hatte bis zuletzt weite Teile der philippinischen Südprovinzen kontrolliert. Einer AP-Meldung v. 19.08.1996 zufolge besiegelten der phillipinische Präsident Ramos und Rebellenführer Nur Nisuari in einem Fischerdorf mit Händedruck, Umarmung und Abschluß eines Friedensabkommens das Ende dieses ein Vierteljahrhundert andauernden Guerillakrieges, vgl. FAZ v. 20.08.1996, S.6. In Guatemala ging es um die Rechte der indianischen Urbevölkerung, der 60% der Bevölkerung des Landes angehören. Der seit 1960 geführte Konflikt kostete nach Angaben von Menschenrechtsorganisationen nicht weniger als 5000 Menschenleben, vgl. FAZ v. 24.08.1996, S.4. Zu Kambodscha vgl. Der Spiegel Ausgabe 51/1998 v. 14.12.1998, S.172

2 Eine solche Bedrohung der jeweiligen Friedensinitiative besteht auch auf den Philippinen: so drohen Vertreter der christlichen Mehrheit Mindanaos mit Gründung christlicher Milizen, während Mitglieder der MNLF nach Pressemeldungen in Scharen zur wesentlich radikaleren und gewaltbereiteren Guerillaorganisation "Moro Islamic Liberation Front" überliefen. Letztere verfügt selbst nach Einschätzung der Regierung über nicht weniger als 8000 gut bewaffnete Kämpfer, vgl. Olaf Jahn in DIE WELT v. 03.09.1996, S.3.

3 In Kambodscha setzte sich bereits im August 1996 eine große Zahl von Kämpfern (bis zu 3000) von der durch innere Streitigkeiten zerrissenen Guerillatruppe der "Roten Khmer" Pol Pots ab. Seit dem Frühsommer 1996 fanden Verhandlungen zwischen Divisionskommandeuren der Regierung und abtrünnigen Roten Khmer statt. Nach Pressemeldungen war ein Großteil der Guerilleros nach Jahren im Busch und ohne Aussicht auf Sieg kriegsmüde. Ihr Interesse war inzwischen weniger auf revolutionären Guerillakrieg als vielmehr darauf gerichtet, in Ruhe leben und das durch Schmuggel von Edelsteinen und Holz verdiente Geld ausgeben zu können, vgl. FAZ v. 24.08.1996, S.4 sowie FAZ v. 03.09.1996, S.12. Spätestens der Tod Pol Pots hat das Ende der "Roten Khmer" besiegelt, vgl. hierzu F.A.Z. v. 17.04.1998, S.7 und vom 28.12.1998, S.3. Nach diesen Informationen waren die Roten Khmer von einst 10000 Kämpfern Ende 1998 auf noch 100 Kämpfer zusammengeschrumpft.

4 Wördemann nennt als Beispiel die Anfangsphase der algerischen FLN sowie die Lage von IRA und palästinensischer Gruppen, welche an dem Status Quo der britischen bzw. israelischen Macht nichts nachhaltiges ändern können, vgl. ebd. S.59.

Festzuhalten ist schließlich, daß der mit einer Guerillabewegung konfrontierte Gegner häufig seinerseits irreguläre Formen des Kampfes in sein Repertoire der Kampfführung "einbaut", auch ohne durch militärische Niederlagen zum völligen Übergang zur Guerillakampfführung gezwungen zu sein. Ein Beispiel ist u.a. der Einsatz von verdeckt operierenden, speziell ausgebildeten Anti-Guerilla-Einheiten (im innerstaatlichen Konflikt als sog. "counter insurgency forces")[1]. Es kann daher gesagt werden, daß dem Guerillakampf aufgrund seiner Asymmetrie eine Tendenz zur Irregularisierung des Konflikts bzw. eine Konvergenz der Methoden innewohnt, die durch das "Spiel der Reziprozität" allenfalls erst dann gemildert wird, wenn es der Guerillabewegung gelungen ist, die Asymmetrie zumindest wesentlich zu verringern und sie ihrerseits zu regulären Kampfformen übergeht.

Zu den Konstanten der Guerillaauseinandersetzungen gehört, daß Kleingruppen, die unter Rückgriff auf Guerillataktiken Gewalt anwenden, sich meist als "Armee" darstellen und in Rangbezeichnungen, Uniformen etc. das Militär imitieren, um sich und ihrem Tun auf diese Weise den Anschein und die Aura von deren Regularität zu verleihen. Ein wichtiges Motiv hierbei ist die Untermauerung des Anspruchs, daß die Kämpfer bei Verhaftung oder Gefangennahme als Kriegsgefangene behandelt werden[2]. Diesen Status zu erlangen oder entsprechend diesem Status behandelt zu werden, wird jedoch nicht nur aus humanitären Gründen gefordert, sondern meist mindestens ebenso stark aus Gründen der Aufwertung der eigenen Bewegung angestrebt[3].

---

1 Vgl. Kossoy, S. 238 und S.248 unter Hinweis auf von den USA in Panama zeitweise unterhaltene Ausbildungslager für "counter insurgency forces". Einer dpa-Meldung zufolge wurden in der "Army School of the Americas" (1984 von Panama nach Fort Benning, Georgia, umgezogen) jahrzehntelang lateinamerikanische Militärs darin unterrichtet, wie sie mit Folter, Erpressung und Hinrichtung gegen Aufständische vorgehen können. das Pentagon wurde nach eigenen Angaben 1992 auf ein entsprechendes Handbuch aufmerksam. Der Meldung zufolge sind seit 1946 etwa 6000 Militärs und Polizisten aus Lateinamerika und den USA dort ausgebildet worden, vgl. FAZ v. 23.09.1996, S.9. Bierzanek weist darauf hin, daß es auch jenseits der Auseinandersetzung mit Guerillabewegungen in der modernen Militärstrategie einen Zug hin zu kleinen, mobilen und oft verdeckt operierenden Kommandoeinheiten gibt, vgl. ders. S.70. Auch andere Autoren wie Röling oder de Breucker unterstreichen, daß sich auch reguläre Truppen der Guerillataktik bedienen können, vgl. dies. in Cassese (Proceedings), S.13

2 Vgl. Kossoy, S.252

3 Lapidoth, S.182: Meyrowitz 1973, S.889

Die Haltung des regulären Militärs der Guerilla gegenüber ist strikt geprägt vom Kalkül der eigenen militärisch-taktischen Interessen[1]: während eine die eigene Sache unterstützende sog. "Hilfsguerilla" willkommen ist[2], wird der gegnerischen Guerillabewegung jeder Status verweigert. Die Methode des Guerillakampfes wurde und wird durch das reguläre Militär als minderwertige, der Ehre des militärischen Handwerks im Grunde widersprechende Kampfmethode betrachtet[3]. Um freie Hand zu haben sowie im Interesse der Verhinderung jeder politischen bzw. rechtlichen Aufwertung werden in nahezu allen Konflikten die gegnerischen Guerillaeinheiten zunächst als Banditen, Terroristen und Kriminelle behandelt, mit denen entsprechend zu verfahren ist[4]. Allerdings findet sich der reguläre Gegner erfolgreich kämpfender Guerillabewegungen im eigenen Interesse und streng abhängig von der militärischen Lage oft zu einigen faktischen humanitären Zugeständnissen auf Gegenseitigkeitsbasis bereit[5]. Es sind Situationen vorstellbar, in denen die Verweigerung gewisser faktischer humanitärer Konzessionen gegenüber einer Guerillaarmee kaum noch hinzunehmen ist, etwa wenn diese Guerillaarmee bereits teilweise regulär kämpft und sich ihrerseits an gewisse humanitäre Standards hält. Indes kann in derartigen Situationen schon aufgrund des militärischen Eigeninteresses der regulären Truppen die Wahrscheinlichkeit als hoch bezeichnet werden, daß solche Zugeständnisse auch erfolgen. Daraus folgt, daß mit abnehmender Asymmetrie die Bereitschaft der regulären Armee zu Zugeständnissen wächst, während eine starke Asymmetrie der Konfliktgegner meist von vornherein die völlige Verweigerung von Zugeständnissen faktischer oder gar humanitär-völkerrechtlicher Natur bedeutet.

---

1 Als besonders eklatantes Beispiel für die opportunistische Haltung des "military establishment" gegenüber der Guerillakriegführung verweist Kossoy auf Frankreich, das in Algerienkrieg den Kämpfern der FLN jahrelang jeden Status verweigerte, wenige Jahre nachdem man von Deutschland für die Guerillakämpfer der "Résistance" stets die Behandlung als legale Kombattanten und Kriegsgefangene gefordert hatte, vgl. ders. S.238 ff. mit zahlreichen weiteren Beispielen.

2 Abi-Saab weist zu Recht darauf hin, daß auch reguläre Armeen sich zunehmend der Guerillakampfführung bedienen, vgl. ders. in RdC 1979, S.417

3 Vgl. Veuthey 1976, S.238

4 Ein Beispiel ist der sog. "Kommandobefehl" Hitlers v. 18.10.1942. Der Befehl sah die umgehende Tötung feindlicher Kommandos vor, vgl. Meyrow. 1966, S.128. Der russische Präsident Jelzin bezeichnete am 23.01.1996 in einer Rede vor den Delegierten des Föderationsrates, dem Oberhaus des russischen Parlaments, die tschetschenischen Rebellen als "Banditen-Terroristen", vgl. F.A.Z. v. 24.01.1996, S.1

5 Vgl. den Überblick bei Veuthey, der für eine größere Zahl von Konflikten (Besetzung Spaniens durch französische Truppen 1807-1814, Burenkrieg, 2. Weltkrieg, Indochinakriege, Algerien) sowohl die entsprechenden Anweisungen der regulären Truppen sowie die internen Anweisungen der Guerillabewegungen darstellt, vgl. ders. 1972, S.121-132. Vgl. auch Kossoy S.238 ff. Allerdings hält Veuthey die Wahrscheinlichkeit pragmatisch herbeigeführter, *ausdrücklicher Vereinbarungen* zwischen den Konfliktparteien für äußerst gering, vgl. ders. in Cassese (Proceedings) S.30. Im Algerienkonflikt gewährte die französische Regierung den gefangenengenommenen FLN-Kämpfern anfänglich keinerlei Rechte, später jedoch aufgrund internationalen Drucks sowie des Konfliktverlaufs einen "quasi-Kriegsgefangenenstatus" vgl. hierzu Koenig, S.50-54.

cc) Die Rolle der Zivilbevölkerung

Gerade in den als Guerillakrieg geführten Konflikten ist es immer wieder die Zivilbevölkerung, welche von der Auseinandersetzung auf das Dramatischste betroffen ist[1]. Im Zusammenhang mit dem "idealen" Guerillakrieg, der die Masse der Nichtkombattanten auf Seiten der Guerilla in die Mechanik der Auseinandersetzung einbezieht, wird häufig das von Mao Tse Tung geprägte Bild des Guerillakämpfers zitiert, der sich im Volk bewegt "wie ein Fisch im Wasser"[2]. Diese Beschreibung unterstellt die weitgehende Übereinstimmung zwischen Guerillabewegung und Bevölkerung und sieht auch jenseits des militärischen Bereichs ein "affrontement général" auf allen Ebenen zwischen der Bevölkerung, welche sich des Guerillakampfes bedient, und dem Gegner[3].

Es sollte jedoch nicht übersehen werden, daß auch solche Gruppen eine Guerillaauseinandersetzung führen können, die von der Bevölkerung nur geringen oder keinen Rückhalt erfahren, ja von dieser sogar fast vollständig isoliert sind[4]. Unhaltbar wird die These der Einheit von Guerilla und Bevölkerung auch dort, wo bei relativer Auflösung der Staatlichkeit rivalisierende Gruppen sich im Kampf um die Macht über ein Gebiet der Guerillataktik bedienen und diese Gruppen abwechselnd die Bevölkerung ausplündern und terrorisieren, wie dies vor einigen Jahren in Liberia geschehen ist[5]. Auch bezüglich des Nordirlandkonflikts kann von "der" Bevölkerung nicht die Rede sein, auch wenn katholische und protestantische Kämpfer in dem jeweiligen Bevölkerungsteil einen

---

1 Auch wenn es sich um das Beispiel einer -noch- eher schwachen Guerillabewegung handelt, sei auf einen jüngeren Fall aus Algerien genannt, wo seit 1992 die islamische Heilsfront FIS gegen die Regierung in Algier kämpft: dort verübte südlich der Hauptstadt ein aus ca. 100 islamischen Fundamentalisten bestehendes Kommando im August 1996 ein Massaker, bei dem 63 aus der Stadt Batna stammenden Zivilisten (Heimatstadt von Präsident Zeroual) die Kehle durchgeschnitten wurde, vgl. FAZ v. 20.08.1996, S.6

2 Mao Tse Tung in "Guerilla Warfare", zitiert bei Kossoy, S.29. Vgl. zu Mao Tse Tung auch Andreopoulos, S. 194. Auch Veuthey hält eine Guerillabewegung ohne breite Unterstützung durch die Bevölkerung für nicht denkbar, vgl. ders. 1976, S.19; ebenso auch Abi-Saab in RdC 1979, S.413,416

3 Vgl. Veuthey 1976, S.19; Andreopoulos, S. 195. Für Herczegh ist die Unterstützung durch die breite Masse der Bevölkerung sogar ein Definitionskriterium für den Guerillabegriff, vgl. ders. S.86. Salmon meint: "Le combattant se bat, encore une fois, en haillons, et il ne peut survivre qu'à une seule condition, c'est qu'il soit accepté par la population civile. Il vit grâce à la population civile, il est comme un 'poisson dans l'eau'", vgl. ders. in Cassese (Proceedings) S.53. Kussbach schreibt: "Ces particularités de la méthode de guerilla présupposent évidemment les sympathies de la population civile pour la lutte menée par les guérilleros....Ces liens étroits entre la population civile et les combattants en guérilla......constituent la condition *sine qua non* pour le succès de la lutte menée contre un ennemi supérieur", vgl. ders. 1983, S.390

4 Für Meyrowitz stellt das Mißtrauen der Guerillabewegung gegenüber der Bevölkerung sogar ein bedeutsames, allgemeines und ständiges Merkmal der Guerillakampfführung dar, vgl. ders. 1973, S.912

5 Vgl. FAZ v. 19.08.1996, S.12: "Die Kriegsherren scheinen die Nöte der Bevölkerung kaum mehr wahrzunehmen".

gewissen Rückhalt finden mögen[1]. Gleichwohl zeigt u.a. das Beispiel Nordirlands oder des Baskenlandes, daß Guerilla-/Terrorgruppen gerade auch gegen den Willen und isoliert von der übergroßen Mehrheit der Bevölkerung ihr Zerstörungswerk vollziehen und ihre rein gruppenbezogenen Ziele verfolgen können. Nach dem Gesagten taugt die Identifikation von Bevölkerung und Guerilla daher kaum als konstitutives Element zur Beschreibung des Guerillakrieges, ist jedoch Teil eines nach dem II. Weltkrieg jahrelang gepflegten Guerillamythos.

Wenn jedoch die Übereinstimmung der Guerillabewegung mit der Bevölkerung eher selten ist, dann liegt es auch in der Logik der Guerillataktik, daß die Guerillabewegung die nicht mit ihr konform gehenden Bevölkerungsteile unter massiven Druck setzt[2]. Umgekehrt zeigt die Erfahrung auch, daß in vielen Guerillakonflikten der regulär kämpfende Gegner zunehmend weniger Rücksicht auf die Zivilbevölkerung genommen hat[3]. Auch wenn die Zivilisten ihrerseits durch die Guerilla unter Druck gesetzt werden oder nur wenige Zivilisten die Kämpfer aktiv unterstützen: die gesamte Bevölkerung gerät in Verdacht, auf Seiten der Guerillagruppe zu stehen. Dies bewegt den regulären Gegner, die Zivilbevölkerung als solche immer mehr als Feind zu betrachten und gegen die Guerillagruppen flächendeckende Maßnahmen wie z.B. die häufig zu beobachtende Räumung von Dörfern vorzunehmen[4]. Die Zivilbevölkerung steht also sehr häufig im Mittelpunkt der Antiguerilla-Maßnahmen des Gegners[5] und ge-

1 Vgl. zu Nordirland Kossoy, S.67

2 Hottinger beschreibt, daß die in der Türkei agierende kurdische PKK in vielen Fällen "falscher ideologischer Gesinnung" ganze Familien, einschließlich Frauen nund Kindern, ausgerottet hat, vgl. ders., Der Aufstand der türkischen Kurden -Eine Existenzfrage für die Türkei-, in Europa Archiv v. 10.November 1994, S.1 ff. Im August 1993 bekräftigte die PKK ein "Dekret" aus dem Jahre 1987, wonach im "nationalen Befreiungskampf" unentschiedene und mit der Regierung zusammenarbeitende, "nicht-revolutionäre" Dörfer und ihre Bewohner zu vernichten seien, vgl. Ismet Imset in Turkish Daily News v. 28.10.1993, S.8.

3 Dies war z.B. in Vietnam der Fall, der sich aus Sicht der USA als ein einziger großer Guerillakrieg darstellte. In diesem Krieg lag der Anteil der Zivilbevölkerung an den Opfern bei 90%. Mc Coubrey betont, das von Angehörigen der US-Streitkräfte gegen die Zivilbevölkerung des Dorfes My Lai begangene Massaker sei nicht denkbar gewesen, ohne die für den Vietnamkrieg prägende Schwierigkeit, Zivilisten von Kombattanten zu unterscheiden, vgl. dies. 1998, S. 136. Draper formuliert vorsichtig: "The military advantage of the irregular against his regular adversary must not mask the humanitarian risk for the ordinary civilian", vgl. ders. 1971, S.203.

4 Vgl. oben E.III.2.a.

5 Herczegh, S.89. Vgl. auch die dpa-Meldung vom 19.04.1995 über den Konflikt in Tschetschenien, wonach sog. "Strafkommandos" der Moskauer Zentralmacht bei der Eroberung eines Dorfes am 08.04.1995 alle männlichen Dorfbewohner getötet oder deportiert haben. Es seien 300 Zivilisten getötet worden, vgl. F.A.Z. Nr.92 v. 20.04.1995, S.2. Selbst im Sezessionskonflikt in Papua-Neuguinea greifen Regierungssoldaten in ihrem Kampf gegen die Guerillaorganisation "Bougainville Revolutionary Army" auf extralegale Tötungen, Raub und Vergewaltigung gegen die Zivilbevölkerung zurück, vgl. Erhard Haubold in der F.A.Z. v. 07.03.1997, S.8. Gleiches wird aus dem nördlichen Sumatra berichtet, wo die berüchtigte militärische Spezialeinheit Kopassus in ihrem Kampf gegen die "Aceh National Liberation Front" bekannt ist für extralegale Tötungen, für das Skalpieren von Männern und die Vergewaltigung von Frauen vor der versammelten

rät so immer mehr "zwischen Hammer und Amboß"[1]. Damit muß die humanitäre Situation der nicht unmittelbar kämpfenden Zivilbevölkerung im Guerillakonflikt stets als äußerst prekär bezeichnet werden. Die Logik des Guerillakampfes birgt für die Zivilbevölkerung eine massive Gefährdung ihres humanitären Schutzes[2].

dd) Tendenz zur Radikalisierung der Kampfführung

Die vorgenannten humanitären Risiken für die Zivilbevölkerung, aber auch für die am Konflikt beteiligten Kämpfer, wurzeln in einer immanenten Tendenz der Guerillaauseinandersetzung hin zur extremen Radikalisierung und Brutalisierung des Konflikts[3]. Für einen Autor ist selektiver Terror gegen Vertreter des bekämpften Regimes ebenso gängig wie die Anwendung von hocheffizienten Waffen gegen die der Unterstützung von Guerillas bezichtigten Zivilbevölkerung[4]. Ein anderer Autor schreibt: "...unhappily but not surprisingly, revolutionary terror tactics have been the excuse for terroristic activities on the part of government forces"[5]. Randelzhofer beklagt die zunehmende Brutalisierung im Partisanenkrieg: "Terror, Hinterlist Unaufrichtigkeit sind seine bestimmenden Momente und werden von der Gegenseite mit gleichen Maßnahmen vergolten"[6]. Ein anderer Autor hingegen sieht in einem erfolgreich nach den Prinzipien Mao Tse Tungs geführten Guerillakampf auch mäßigende Elemente, da terroristische Methoden der unbedingt erwünschten Unterstützung der Guerillabewegung durch die Bevölkerung im Wege stünde[7]. Dem ist jedoch entgegenzuhalten, daß in der Realität die Guerillagruppierung häufig von der Bevölkerung gar nicht unterstützt wird. Sie deswegen nicht als Guerillabewegung zu bezeichnen, erscheint wenig sinnvoll.

Dorfgemeinde. In Massengräbern wurden nach Zeitungsmeldungen 3000 verstümmelte Leichen entdeckt, vgl. F.A.Z. v. 04.08.1999, S.12.

1 Hottinger stellt dies exemplarisch anhand des Kurdenkonflikts in der Türkei dar, vgl. Arnold Hottinger, Der Aufstand der türkischen Kurden -Eine Existenzfrage für die Türkei-, in Europa Archiv v. 10.November 1994, S.1 ff.

2 Kwakwa: "Guerilla warfare normally forces a status of quasi-belligerency on the civilian populace of the country or territory in which the conflict is taking place", vgl. ders. S.88 sowie S.94

3 Veuthey 1976, S.20. Eitel schreibt: "Die Schrecken der Revolutionen, die französische "Terreur" oder der rote und weiße Terror der Bolschewiki und ihrer Gegner, nähren sich aus Exzessen und Massakern", vgl. ders. S.104.

4 Vgl. Firmage, S. 306

5 Vgl. Quade, S. 108. Detter de Lupis bemerkt: "Observers comment that cruel practises invariably accompany guerilla warfare", vgl. dies. S.51.

6 Vgl. ders. 1971, S.243

7 Vgl. Koenig, S.21

Die Tendenz zur Brutalisierung des Guerillakonflikts hat bereits Carl Schmitt treffend beschrieben: "Der moderne Partisan ... hat sich von der konventionellen Feindschaft des gezähmten und gehegten Krieges abgewandt und in den Bereich einer anderen, einer wirklichen Feindschaft begeben, die sich durch Terror und Gegenterror bis zur Vernichtung steigert"[1]. Die Antriebsquellen dieser Tendenz sind verschiedenartiger Natur und bei beiden Parteien der Auseinandersetzung anzusiedeln.

Eine Ursache kann zunächst darin gesehen werden, daß der Guerillakampf nicht selten das Produkt großer ethnischer, nationaler oder ideologischer Gefühle ist, die in einer entsprechend hohen Motivation der einzelnen Kämpfer und einer vollständigen persönlichen Identifikation mit der verfochtenen Sache ihren Niederschlag finden[2]. Für den Guerillakämpfer steht der Gegner - ob es sich nun um einen äußeren oder inneren Gegner handelt- stets außerhalb jeder Legitimität. Dies legt den Schluß nahe, daß im Kampf mit einem solchen Gegner alle Mittel zulässig sind[3]. Dies ist eine grundlegende Herausforderung jedweder rechtlichen Schranken[4].

Verstärkend tritt hinzu, daß gerade dem Bürgerkrieg eine Tendenz zu extremster Leidenschaft und Brutalisierung innewohnt:

> "Auffallend ist die besondere Verbitterung und Grausamkeit, mit der der Bürgerkrieg zumeist geführt wird. .....Während bei internationalen Kriegen sich die Menschen verschiedener Staaten bis zum Kriegsausbruch und der damit einsetzenden Kriegspropaganda in aller Regel nur gleichgültig gegenüberstehen,......., erblicken die jeweiligen Parteien eines Bürgerkrieges im Gegner den wirklichen, ja bisweilen den absoluten Feind. Das Zusammenleben in dem einen Staat, die Nähe und die vielfachen Reibungsflächen haben eine echte Gegnerschaft entstehen lassen. Von beiden Seiten wird der Gegner nicht als der Kampfpartner i.S. der internationalen Kriege des ius publicum europeum des 19. Jahrhunderts angesehen. Der Gegner wird vielmehr kriminalisiert.......Der Gegner soll in aller Regel nicht nur besiegt, sondern vernichtet werden."[5].

---

1 Carl Schmitt, "Theorie des Partisanen", Berlin 1962, S.17

2 Für Meyrowitz unterscheidet das persönliche Engagement den Guerillero von anderen irregulären Kämpfern. "Le plus irrégulier des combattants irréguliers, le guerillero choisit sa guerre et son ennemie", vgl. ders. 1973, S.879. Für Abi-Saab ist der einzige Vorteil des Guerillero seine hohe Motivation, vgl. ders.in RdC 1979, S.416. Auch Veuthey unterstreicht die persönliche Motivation und die Radikalität der Kampfführung, vgl. ders. 1972, S.119

3 Meyrowitz 1973, S.888

4 Vgl. hierzu Bindschedler 1971, S.61

5 Vgl. Randelzhofer 1971, S.242,243

Allerdings hat gerade das 20. Jahrhundert gezeigt, daß auch im internationalen bewaffneten Konflikt in der Freisetzung totalitärer Ideologien eine elementare Bedrohung des Ziels der Begrenzung und Mäßigung von Konflikten liegen kann. Die angesichts eher schwacher Bewaffnung und meist hoher Motivation im Mittelpunkt des Konflikts stehende Person des einzelnen Kämpfers ist teilweise sogar als konstitutives Merkmal des Guerillakampfes und als unterscheidender Faktor ggü. zwischenstaatlichen Konflikten betrachtet worden[1]. Vom Bild des einer gerechten Sache dienenden Kämpfers ist auch die Beschreibung des Guerillakrieges als "Ultima Ratio der Völker" inspiriert[2].

Eine weitere Begleiterscheinung des Legitimitätsdenkens war auch die immer wieder zu beobachtende Verherrlichung bzw. moralisch-politischen Überhöhung des Guerillakrieges durch Nationalisten oder revolutionäre Theoretiker und insbesondere auch durch Verfechter der sog. "Nationalen Befreiungskriege"[3]. So legt Meyrowitz dar, wie z.B. Frantz Fanon in heute nur noch schwer nachvollziehbarer Weise der bewaffneten Gewalt sogar eine therapeutische Funktion bescheinigt: die Tötung eines Europäers beseitigt nicht nur einen kolonialen Unterdrücker, sondern schafft gleichzeitig einen selbstbefreiten Menschen[4]. Wie unangebracht die Verherrlichung von Revolution und Befreiungskampf oft war, zeigt u.a. das Beispiel Kambodschas, wo der Guerillakrieg der "Roten Khmer" einem maoistischen Steinzeitkommunismus zum Sieg verhalf und in der Person Pol Pots einen der skrupellosesten politischen Massenmörder des 20. Jahrhunderts an die Macht führte[5].

---

1 Vgl. Meyrowitz 1973, S.879, 880

2 Vgl. Veuthey 1976, S.19. Herczegh beschreibt den Guerillakampf nebulös als "typically defensive method of warfare which the victim of aggression employs against the technically superior agressor"

3 Kossoy zitiert aus einem von Ché Guevara und Mao Tse Tung 1962 in London herausgegebenen Buch (Titel: "Guerilla warfare"), in dem Ché Guevara schreibt. "The Guerilla is a crusader for the people's freedom who, after exhausting peaceful means, resorts to armed rebellion...", vgl. Kossoy, S.27. Mao-Tse-Tung war für die Theorie des Guerillakampfes, gerade auch im Hinblick auf die sog. nationalen Befreiungskriege, von eminenter Bedeutung, vgl. für einen Überblick über das von ihm zu diesem Thema herausgegebene Schrifttum Detter de Lupis, S.52. Die besondere Legitimität des Guerillakampfes scheint auch bei dem von Salmon verwendeten Bild durch, daß häufig arme Länder gegen eine Supermacht kämpften, gewissermaßen Nord gegen Süd, vgl. ders. in Cassese (Proceedings) S.53

4 Meyrowitz 1973, S.880, 881

5 Die Terrorherrschaft der Roten Khmer über Kambodscha dauerte von 1975 bis zum Einmarsch vietnamesischer Truppen nach Kambodscha Anfang 1979. Dabei mischten sich Elemente des Marxismus-Leninismus und Maoismus mit einer auf der Überlegenheit der Khmer-Rasse aufbauenden Rassenideologie. Dem System unter Führung Pol Pots, in dem Folter, Zwangsarbeit und Unterernährung an der Tagesordnung waren, fielen Minderheiten (islamische Cham, von denen nur ein Drittel die Herrschaft der Roten Khmer überlebte, und Vietnamesen), aber auch ca. 20% der eigenen Bevölkerung zum Opferinsgesamt 1,6 Millionen Menschen, vgl. FAZ v. 24.08.1996, S.8; vgl. ebenso dpa-Überseedienst Nr. 098/96 v. 12.08.1996 (S.2). Der Spiegel spricht sogar von 2 Mio. Toten in der Zeit von 1975-1979, vgl. Ausgabe 51/1998 v. 14.12.1998, S.172

Neben ideologischen Faktoren spielt auch die Guerillaauseinandersetzungen prägende Systematik der Gewaltentfaltung eine wichtige Rolle. Es ist teilweise behauptet worden, Terrormethoden stünden zur Guerilla nicht notwendig enger in Verbindung als zu Kampftaktiken konventioneller Armeen[1]. Dem kann jedoch nicht gefolgt werden. Wie oben dargelegt, herrscht am Anfang des Konflikts eine meist sehr ausgeprägte Asymmetrie. Die eigene Lage verwehrt es den Guerillakämpfern insbesondere, Gefangene zu machen. Anfangs ist an offene Kampfführung und eine Unterscheidung von der Zivilbevölkerung meist nicht zu denken[2]. Umgekehrt liegt die Anwendung terroristischer Methoden (Verbreitung von Schrecken und Unsicherheit) zu nahe, als daß auf sie ohne weiteres verzichtet werden könnte: die Guerillagruppe macht national und, im Medienzeitalter wichtig, international auf sich aufmerksam [3], man beginnt sie ernstzunehmen, die Zivilbevölkerung wird eingeschüchtert und - das ist vielleicht der wichtigste Faktor - der Gegner wird dazu provoziert, nun seinerseits stark repressiv vorzugehen [4]. Diese Gegengewalt verschafft einer Guerillagruppierung oft erst den zur eigenen militärischen und politischen Stärkung dringend benötigten Zulauf[5]. Je brutaler und terroristischer die eigenen Kampfmethoden, desto größer ist auch die Wahrscheinlichkeit der taktisch erwünschten Überreaktionen des Gegners. Insofern schafft sich die Guerillabewegung manchmal erst die Repression, auf die zu reagieren und gegen die zu kämpfen sie vorgibt.

Dem Gegner wiederum fehlt der Feind. Er muß schmerzhafte Nadelstiche hinnehmen, kann aber militärisch kaum reagieren. Das Untertauchen der Guerillakämpfer gerade auch inmitten der Zivilbevölkerung verschafft ihnen Logistik

---

1 Koenig, S.22

2 Hierauf weist auch Randelzhofer hin: danach beruht die Guerillakriegführung sogar in den überwiegenden Phasen gerade auf der bewußten Verletzung von Grundsätzen des ius in bello, vgl. ders. 1975, S.54. Ebenso de Preux: "Dans les conflits armés de l'époque contemporaine, l'obligation, pour un guérillero, de porter en permanence une uniforme ou un signe fixe reconnaissable, n'est que rarement respectée", vgl. ders. S.262. Kwakwa: "Guerillas will face immense difficulties in observing the laws of war", vgl. ders. S.7 und weiter: "In essence, the conduct of guerilla warfare challenges the existing legal conditions for combatant status and exposes the civilian population to great risk", vgl. ebd. S.20

3 Vgl. hierzu den 1999 erschienenen Beitrag von Francis Kpatindé in der Zeitschrift "Jeune Afrique", wo dieser über die zunehmende und höchst erfolgreiche Verwendung von Inmarsat- und Iridium-Satellitentelefonsysteme durch afrikanische Rebellen berichtet, vgl. Jeune Afrique Nr.1985 v. 26.01.1999, S.8-14

4 Zur Guerillamethode schreibt Detter de Lupis: "...these methods, which perhaps originally were not that cruel or inhuman, soon made State parties take counter-measures to overpower guerillas in their natural habitat, in the jungles or in the hills, and such measures often involved defoliant weapons or other chemical or biological weapons, so that the type of warfare used to combat the guerillas escalated to proportions unknown even in the second World War.", vgl. dies. S.51

5 Auf diesen Mechanismus weist de Lupis hin, vgl. dies. S.23; ebenso Andreopoulos, S. 196

und Mobilität[1]. So entsteht im Guerillakonflikt eine Spirale ungebremster Gewaltanwendung, für welche die Beteiligten, insbesondere aber die Zivilbevölkerung einen hohen Preis bezahlen[2].

Allerdings darf auch nicht völlig übersehen werden, daß abhängig vom Einzelfall (Ausmaß der Unterstützung der Guerillagruppe durch die Bevölkerung, Tempo des "Hineinwachsens" in oder Annäherung an streitkräfteähnliche Strukturen, Aufbau einer eigenen territorialen Machtbasis etc.) unter Umständen gerade ein diszipliniertes Vorgehen den größeren Erfolg verspricht und daher im Interesse der Guerillabewegung, aber auch der Regierung stehen kann [3].

c) Guerilla und Terrorismus

aa) Terrorismus

Ebenso wie beim Guerillabegriff fehlt es an einem allgemein anerkannten Inhalt des Begriffs "Terrorismus"[4]. Wördemann definiert wie folgt: "Terrorismus ist eine Weise der Aggression, die darauf zielt, in den Angegriffenen einen Zustand der Angst, Nervosität, Hysterie hervorzurufen, der die Angegriffenen zur Änderung ihres Verhaltens veranlassen soll;...Terrorismus ist die auf das äußerste zugespitzte Form psychologischer Kriegführung, die ausgeübt wird von der organisatorisch auf das äußerste verkleinerten, verborgenen Gruppe."[5]. Das psychologische Moment, d.h. die Beeinflussungsabsicht über die unmittelbaren Folgen der terroristischen Tat hinaus, scheint somit ein wichtiges Bestim-

---

1 "La clandestinité légalisée, c'est l'hélicoptère du guerillero", vgl. Meyrowitz 1973, S.913

2 Vgl. Kossoy, S.66: "The disregard of humanitarian principles is the rule..". Kwakwa: "....Conflicts involving irregulars are those in which the law of war is more likely to be breached", vgl. ders. S.4

3 Hierauf weist zu Recht Koenig hin. So hätten gerade Che Guevara und Mao Tse Tung immer wieder die Bedeutung der Disziplin der eigenen Truppen für das langfristige politische Ziel betont, vgl. Koenig, S.6

4 Meyrowitz 1966, S.145. Ebenso L.C. Green, Terrorism and ist Responses, in: Terrorism Bd.8 (1985/1986), S.33 ff. (S.48). Der niemals in Kraft getretene Entwurf aus dem Jahre 1937 für eine internationale Konvention gegen Terrorismus enthält eine Definition. Diese beschreibt Terrorismus als "criminal acts directed against a state and intended or calculated to create a state of terror in the minds of particular persons, or a group of persons, or the general public" (zitiert bei Schwarzenberger 1971, S.264). Kalshoven schreibt: "...the term 'terrorism' is used to indicate the most diverse activities, ranging from the assassination of a local political leader to the systematic bombardment of enemy cities", vgl. ders. 1972, S.37. Bagley schreibt: "....despite the plague of terrorism which has been visited upon the postwar world, the term 'terrorist' has resisted definition outside of a specific context. Today it remains a vague term whose application varies with the cicumstances", vgl. ders. S.478. Für Chadwick gilt: "...there has yet to be a single definition of terrorism which is acceptable to the modern-day international community", vgl. dies. S.2

5 Wördemann, S.59

mungsmerkmal des Terrorismus zu sein[1]. Dies darf jedoch nicht darüber hinwegtäuschen, daß die Definitionsversuche auch hier zahlreich und uneinheitlich sind[2]. Sie umfassen bisweilen auch den Begriff des "Staatsterrorismus", der eine bestimmte Form staatlicher Machtausübung bezeichnet[3], andererseits jedoch auch die auf einen Staat zurückgehende Durchführung krimineller Gewaltakte gegen Personen oder Einrichtungen außerhalb seiner Staatsgrenzen[4]. Akte des Terrorismus können also sowohl durch als auch gegen Regierungen, aber auch durch und gegen Private verübt werden, sie können innerhalb oder jenseits der Grenzen eines Staates auftreten, sie können auf die Terrorisierung des Opfers wie auch Dritter abzielen, öffentlich oder versteckt erfolgen und schließlich innerhalb wie außerhalb bewaffneter Konflikte in Erscheinung treten[5]. Dies zeigt die Vielfalt der mit diesem Begriff beschriebenen Situationen. Es verwundert daher kaum, wenn ein Autor in seinem "Terrorism and 'Wars of National Liberation' from Law of War Perspective" überschriebenen Aufsatz auf den Wunsch einer Definition verzichtet und dabei auf den rechtlich kaum zu fassenden Inhalt verweist[6].

---

[1] Wichtig ist beim Terroristen also die Verdoppelung des Motivs: ein unmittelbares Schädigungsmotiv (Zerstörung) und ein indirektes (Schrecken erzeugen). Letzteres ist für den selektiven Terroristen höchstens gleichwertig, für den "blinden" Terror aber im Vordergrund, vgl. Meyrowitz 1973, S.916. Ähnlich Chadwick, S.3.

[2] Konstitutiv scheint ebenso wie für den Guerillabegriff das politische Motiv zu sein. Darüberhinaus ist der Begriff jedoch schillernd. So zitiert Meyrowitz ein Gesetz der französischen Vichy-Regierung während der deutschen Besatzung von 1940-1944, in dem alle Gewaltakte gegen deutsche Interessen in Frankreich als Terrorismus bezeichnet werden, vgl. ders.1966, S.123. Für einen Überblick über die Diskussionen in der Literatur zur Definition des Terrorismus vgl. Detter de Lupis, S.21 FN 128. Für diese Autorin ist kennzeichnend für den Terrorismus der jüngeren Zeit die willkürliche Auswahl der Opfer, meist unbeteiligter Personen, vgl. ebd. Leiser liefert folgende aufwendige, jedoch eher auf den Bereich außerhalb bewaffneter Konflikte zielende Definition:
"Terrorism is any organized set of acts of violence designed to create an atmosphere of despair or fear, to shake the faith of ordinary citizens in their government and ist representatives, to destroy the structure of authority which normally stands for security, or to reinforce or perpetuate a governmental regime whose popular support is shaky. It is a policy of seemingly senseless, irrational, and arbitrary murder, assassination, sabotage, subversion, robbery, and other forms of violence, all committed with dedicated indifference to existing legal and moral codes or with claims to special exemption from conventional social norms. The policies of terrorists are pursued with the conviction that the death and suffering of innocent persons who have little or no direct connection with the causes to which the terrorists are dedicated are fully justified by whatever success terrorists may enjoy in achieving their political ends", vgl. Leiser, S. 39.

[3] Vgl. L.C.Green 1980, S.131,132. Der Begriff des Staatsterrorismus geht vermutlich zurück auf die "Herrschaft des Terrors" der Jakobiner nach der französischen Revolution, vgl. Detter de Lupis, S.19 m.w.N., er ist jedoch ebenso umstritten wie vage und darüberhinaus wenig hilfreich für die hier versuchte Beschreibung des Verhältnisses von Guerillakonflikt und Terrorismus. Er soll daher nicht weiter untersucht werden.

[4] Detter de Lupis erwähnt in diesem Zusammenhang den Anschlag auf die Berliner Diskothek "La Belle" im Jahre 1986, vgl. dies. S.20

[5] Vgl. Dinstein 1987, S. 140

[6] Oeter 1989, S. 446, Fußnote 2

Eine sinnvolle Unterscheidung trifft Greenwood, wenn er einerseits einen sog. "inneren Kreis" von Gewaltakten beschreibt, die unter allen Umständen, d.h. auch in der Situation des bewaffneten Konflikts, verboten und strafbar sind und andererseits solchen Akten, welche dann nicht verboten wären, wenn sie von Kombattanten in einem internationalen bewaffneten Konflikt vorgenommen würden (sog. "äußerer Kreis") [1]. Die 1937 in Genf von 24 Staaten unterzeichnete, jedoch niemals in Kraft getretene Konvention zur Verhinderung und Bestrafung des Terrorismus definierte in Art.1 Abs.2 terroristische Handlungen als "criminal acts directed against a state and intended or calculated to create a state of terror in the minds of particular persons, or a group of persons or the general public"[2].

Art.33 S.2 der IV. Genfer Konvention zum Schutze von Zivilpersonen in Kriegszeiten verbietet gegenüber geschützten Personen Kollektivstrafen sowie Maßnahmen zur Einschüchterung oder Terrorisierung[3]. Bereits dieser Artikel, aber auch das in Art.51 Abs.2 S.2 ZP I enthaltene Verbot der Anwendung oder Androhung von Gewalt mit dem hauptsächlichen Ziel der Verbreitung von Angst und Schrecken unter der Zivilbevölkerung lassen erkennen, daß Terrorismus auch in bewaffneten Konflikten vorkommen kann. In dieselbe Richtung weist das Verbot terroristischer Handlungen in Art.4 Abs.2 lit.d ZP II, die allerdings nicht näher definiert werden. Gleiches gilt für die Regelung des Art.13 (2) ZP II, der die Anwendung oder Androhung von Gewalt verbietet, deren hauptsächliches Ziel die Verbreitung von Schrecken unter der Zivilbevölkerung ist [4]. Bereits auf der Istanbuler Rotkreuzkonferenz 1969 wurde der unterschiedslose Angriff auf Zivilisten als Terrorismus bezeichnet[5]. Gleichwohl scheinen allgemeiner Sprachgebrauch und humanitäres Völkerrecht es nahezulegen, den Schwerpunkt des Begriffs eher außerhalb bewaffneter Konflikte zu sehen[6].

---

[1] Greenwood nennt Handlungen, die sich auf bestimmte, im bewaffneten Konflikt verbotene Ziele richten oder mit verbotenen Methoden begangen werden, vgl. ders. S.189. Ähnlich auch Prof. Ress anläßlich einer Tagung des Terrorismus-Ausschusses der International Law Association, wo er dafür plädiert, als Akte des Terrorismus wenigstens solche Handlungen zu betrachten, die auch im Rahmen eines bewaffneten Konflikts verboten wären, vgl. Terrorism Bd.8 (1985/1986), S.405

[2] Zitiert bei Hailbronner, S.167. Den Anstoß für die Konvention hatte der Mord des jugoslawischen Königs Alexander I. im Jahre 1934 gegeben

[3] Der Text ist abgedruckt in BGBl 1954 II, S.929 ff.

[4] Vgl. hierzu Greenwood, S.206

[5] Hierzu Meron, S.66

[6] Vgl. Gasser 1987, S.919. Zum einen wird "Terrorismus" im I.ZP nicht definiert, zum anderen enthält das humanitäre Völkerrecht im sog. "Kampfführungsrecht" (vgl. zum Begriff oben A.V.) für internationale bewaffnete Konflikte klare Maßstäbe zur Beurteilung von Handlungen, die entweder den Charakter erlaubter oder unerlaubter Schädigungshandlungen haben.
In Zeiten internationaler bewaffneter Konflikte stellt sich die Frage des Terrorismus von vornherein unter ganz anderen Aspekten als in Friedenszeiten: Die Besatzungsmacht wird in der Auseinandersetzung mit einer Guerillabewegung stets von "Terrorismus"

Eine allgemein anerkannte Definition des Begriffs "Terrorismus" existiert jedoch nicht[1].

Die Liste von Beispielen terroristischer Gewaltakte verlängert sich bis in unserer Zeit nahezu täglich[2]. Es handelt sich meist um Taten, die außerhalb eines bewaffneten Konflikts begangen werden oder die allenfalls in einem nicht-internationalen bewaffneten Konflikt gemäß dem gemeinsamen Art.3 der GK'en von 1949 stattfinden. Auf internationaler Ebene ist trotz vieler Anläufe besonders im Rahmen der VN und einer nicht unerheblichen Zahl von Konventionen mit antiterroristischer Zielsetzung[3] ein allgemeiner Konsens über den Inhalt des Terrorismusbegriffs bis heute nicht erreicht worden. Ein Grund hierfür war der von einigen Staaten verweigerte Konsens darüber, Taten losgelöst von dem ihnen zugrundeliegenden Motiv zu beurteilen. Für eine "gerechte Sache" begangene Taten sollten somit von vornherein aus dem Terrorismusbegriff ausge-

---

sprechen. Umgekehrt werden bei Guerillabewegungen, die den Maßstäben des Art. 4. A. 2. III. GK entsprechen, Akte gegen legale militärische Ziele niemals Terrorismus sein können. Akte, die von völkerrechtlich nicht zu kämpfen befugten Personen oder gegen illegale Ziele gesetzt werden, fallen unter den Begriff des Kriegsverbrechens, vgl. zu diesem Thema Meyrowitz 1973, S.917. Eine über Einzelfestlegungen im I.ZP hinausgehende allgemeine Kategorie terroristischer Taten ist dem humanitären Völkerrecht nicht zu entnehmen.

1 Detter de Lupis, S.19

2 Für Wördemann ist die typische terroristische Aktionsart "...die vereinzelte Tat, die sich hauptsächlich in der Form des Verbrechens im Alltag äußert (Mord, erpresserischer Menschenraub, Bombenanschläge, Brandstiftung usw.)...", vgl. ders.S.58. Beispiele finden sich u.a. bei Schwarzenberger, S.257, der auf Samson im Tempel der Philister, die russ. Anarchisten vor 1914, die Ermordung des österr. Erzherzogs in Sarajewo 1914 oder die Mörder der Kennedys hinweist. Weitere spektakuläre Fälle der letzten 15 Jahre sind z. B. die Zerstörung einer amerikanischen Boeing 747 über dem schottischen Ort Lockerbie, der Anschlag auf das World Trade Center in New York, aber auch die Zerstörung eines ganzen Hochhauses in Oklahoma.

3 Chadwick bietet einen guten Überblick über die internationalen Bemühungen zur Eindämmung des Terrorismus, gerade auch im VN-Rahmen, vgl. ebd. S.92-120 sowie für einen Hinweis auf die internationalen Instrumente gegen den Terrorismus vgl. Detter de Lupis, S.20,21. Diese Abkommen richten sich vor allem gegen bestimmte Taten wie etwa Flugzeugentführungen oder die Entführung von Diplomaten, teilweise haben sie jedoch auch allgemeinen Charakter, wie z.B. die 1977 verabschiedete Konvention des Europarats zur Bekämpfung des Terrorismus, vgl. BGBl 1978 II, S.321.
Zu nennen sind u.a.:

- Konvention von Tokio v. 14.09.1963 betr. Übergriffe an Bord von Flugzeugen
- Haager Übereinkommen v. 16.12.1970 zur Bekämpfung der widerrechtlichen Inbesitznahme von Luftfahrzeugen (BGBl 1972 II, S.1506)
- Übereinkommen von Tokio zur Sicherheit der Zivilluftfahrt (1971)
- Montraler Übereinkommen v. 23.09.1971 zur Bekämpfung widerrechtlicher Handlungen gegen die Sicherheit der Zivilluftfahrt (BGBl 1977 II, S.1230)
- New Yorker Übereinkommen v. 14.12.1973 über die Verhütung, Verfolgung und Bestrafung von Straftaten gegen völkerrechtlich geschützte Personen einschließlich Diplomaten (BGBl 1976 II, S.1746)
- New Yorker Übereinkommen v. 18.12.1979 gegen Geiselnahme (BGBl 1980 II. S.1361)
- I.M.O. - Abkommen zum Schutz der Seeschiffahrt nebst Protokoll (1988)
- Vgl. Hailbronner, S. 172; Chadwick, S.95,96 sowie Schwarzenberger 1971, S.261 und -mit einem Seitenblick auf regionale Übereinkünfte - Helmut Rumpf, S.383 ff.

klammert werden. Zu den solcherart privilegierenden Motiven gehörte auch der sog. "nationale Befreiungskampf"[1]. Dies untermauert die auch im Bereich des humanitären Völkerrechts gemachte Beobachtung, daß Vorstellungen von einer übergeordneten Legitimität des (gerechten) nationalen Befreiungskrieges die internationale Diskussion des betreffenden Rechtsgebietes wesentlich mitbestimmten[2].

bb) Verhältnis zum Guerillabegriff

Das Fehlen klarer Begrifflichkeiten hat für das Verhältnis von Terrorismus und Guerilla zur Folge, daß eine trennscharfe Abgrenzung und Begriffsbestimmung nicht möglich ist[3], auch wenn man einen wesentlichen Unterschied darin erbli-

---

[1] Zu den "Befreiungskriegsvorbehalten" in der VN-Generalversammlung bei Versuchen zur Bekämpfung des Terrorismus vgl. L.C.Green 1980, S.138,139. Viele Terroristen haben für sich unter Berufung auf den "gerechten Befreiungskampf" und eine Vielzahl von VN-Resolutionen betreffend den Kombattantenstatus für Kämpfer nationaler Befreiungsbewegungen immer wieder den Status von Kriegsgefangenen reklamiert, vgl. Seidl-Hohenveldern 1973, S.83 ff. Versuche wurden gemacht, bestimmte Kategorien von Gewalttätern aufgrund der von ihnen verfolgten Ziele zu privilegieren, vgl. hierzu Schwarzenberger 1971, S.264. Dieser warnt zu Recht vor Kurzsichtigkeit, da sich morgen "die Falschen" auf die Privilegien berufen könnten, welche man heute "den Richtigen" einräumt, vgl. ebd. S.265. Auf Versuche, die Strafbarkeit terroristischer Taten von den zugrundeliegenden Motiven abhängig zu machen, verweist auch Hailbronner, S.169

[2] Vgl. dazu unten E.IV.

[3] Die Abgrenzung Terrorismus/Guerillakampf ist äußerst schwierig. Allerdings nennt Schwarzenberger einige Elemente, die bei der Abgrenzung nützlich sein können: Terroristen wollen Angst erzeugen, Guerilleros denken eher in militärischen Kategorien. Terroristen agieren oft allein oder zu wenigen, Guerilleros handeln meist in -wenn auch kleineren- Gruppen. Anders als bei Terroristen erzeugen die Aktivitäten von Guerillagruppen meist einen bewaffneten Konflikt, internationaler oder nicht-internationaler Art, vgl. ders. 1971, S.258/259. Der Guerillabegriff ist andererseits so weit gefaßt, daß er ebenfalls Situationen abdeckt, die keinen bewaffneten Konflikt mit sich bringen. Umgekehrt kann Terrorismus nicht nur außerhalb, sondern auch innerhalb bewaffneter Konflikte eine Rolle spielen und somit in die eigentliche Domäne des Guerillakrieges hineinreichen, vgl. Schwarzenberger 1971, S.259 ff. Detter de Lupis schreibt zum Verhältnis zwischen Guerillakampf und Terrorismus: "Guerilla warfare...is usually aimed directly at the 'enemy'. But, in common with peacetime terrorism, it is carried out by 'treacherous' means", vgl. dies. S.22. Diese Autorin weist auch auf den Zeitfaktor hin, da terroristische Handlungen oft mit großem zeitlichen Abstand durchgeführt werden, vgl. dies. S.23. Offenbar das von Mao Tse Tung geprägte Bild des "guten" Guerillakampfes vor Augen, plädiert Koenig für eine scharfe Unterscheidung zwischen Guerilla und Terrorismus, der den Gegner durch Vermittlung von intensivster Angst und Leiden in seiner Willensbildung zu lähmen beabsichtige, vgl. Koenig, S.20. Das Argument übersieht aber, daß in der Praxis auch Guerillabewegungen auf sehr flexible Weise die für den Terrorismus typischen Handlungsweisen in sein Vorgehen einbeziehen. Die im Interesse ihres hohen Ziels sich selbst in ihrem Vorgehen mäßigende Befreiungsbewegung scheint angesichts heutiger Konfliktwirklichkeiten kaum mehr als Wunschdenken zu sein. Auch Dinstein grenzt Guerillakampf und Terrorismus voneinander ab, stützt sich zur Abgrenzung jedoch vor allem auf die Voraussetzungen des Kombattantenstatus, vgl. ders. 1987, S. 142. Für Leiser gilt, Guerilleros verhielten sich nicht wie Terroristen und plädiert für eine "useful distinction between guerilla warfare and terrorism", vgl. ders., S. 45 f.. Oeter spricht in Bezug auf nationale Befreiungskriege, einem der zeitgeschichtlich wichtigsten

cken mag, daß Terroristen in der Regel kein Gebiet beherrschen wollen oder können[1]. Versteht man allerdings den Terrorismus in dem o.g. Sinn vor allem als eine besonders rücksichtslose Form politisch motivierter Gewaltanwendung mit starker Betonung psychologischer Effekte (Wirkung auf die Opfer und die Öffentlichkeit), so ergeben sich vielfältige Überschneidungen mit der irregulären Kampfführung, die den Guerillabegriff prägt, so daß die Begrifflichkeiten verschwimmen[2]. Dies gilt allemal für Guerillasituationen, in denen die betreffende Gruppe militärisch allenfalls zu vereinzelten "Nadelstichen" fähig ist und daher bestrebt sein muß, sich durch Terrorakte Gehör zu verschaffen und den Gegner in eine Spirale der Gewaltanwendung zu verwickeln[3].

Die Beleuchtung der Begriffe Guerilla und Terrorismus führt zu dem Ergebnis, daß keinem dieser Begriffe eine rechtliche Bedeutung zukommt. Versuche einer Unterscheidung, etwa indem das eine Phänomen eher dem Bereich bewaffneter Konflikte, das andere eher dem Bereich unterhalb der Anwendungsschwelle bewaffneter Konflikte zugeordnet wird, können allenfalls als Anhaltspunkt dienen, sie helfen jedoch bei der völkerrechtlichen Betrachtung nicht weiter. Daraus folgt, daß jede auf eine gewisse Aussagekraft Wert legende humanitär-völkerrechtliche Auseinandersetzung mit dem vielschichtigen und sich mit dem Terrorismus überschneidenden Phänomen des Guerillakrieges in der bestehenden Rechtslage ihren Ausgangspunkt nehmen muß. Dabei erweist sich auch, ob und inwieweit eine Anpassung des humanitären Völkerrechts an die existierenden Konfliktrealitäten unter Gesichtspunkten der inneren Logik und der Grundpfeiler dieses Rechtsgebiets wünschenswert und möglich ist.

Phänomene von Guerillakrieg, von einem "close entanglement of strategies of terrorism and warfare operations", vgl. ders. 1989, S. 447

1 Vgl. Walter Laqueur in der Zeitschrift "Foreign Affairs", Ausgabe September/Oktober 1996.

2 In der Praxis können Terrorismus und Guerillakrieg ineinanderfließen, da die terrorist. Aktionsart auch von der Guerilla als taktisches Mittel eingesetzt wird, vgl. Schwarzenberger 1971, S.257 sowie Wördemann S.58. Meron beschreibt ausführlich die Vorgehensweise arabischer Terroristen gegen Israel, vgl. ders. S.63, 64. Die darin beschriebenen Akte würden im internationalen bewaffneten Konflikt regelmäßig den Vorwurf des Kriegsverbrechens rechtfertigen. Exemplarisch für die Überschneidung der Begriffe ist z.B. die Aussage des kambodschanischen Ministerpräsidenten Hun Sen Anfang August 1996, wonach die abtrünnigen Truppen des durch Absetzbewegungen von seinen "Roten Khmer" heimgesuchten Guerillaführers Pol Pot die Wahl hätten: weiterkämpfen, verhandeln oder zu Terroristen verkommen, vgl. FAZ v. 24.08.1996, S.4. Auch für Rumpf ist der Unterschied zwischen Partisanen und Terroristen in der Realität "fließend bis unkenntlich", vgl. ders. S.386

3 "The aim of terrorists may be to create chaos so that new repressive measures introduced by the government will make the population inclined to revolutionary change when the terrorist movement could become a guerilla movement", vgl. Detter de Lupis, S.23

3. Guerilla und humanitäres Völkerrecht[1]

Wie beschrieben, fehlt dem Begriff "Guerilla" der völkerrechtliche Gehalt. Erschwerend hinzu kommt die ebenfalls erläuterte Tatsache, daß auch außerhalb des völkerrechtlichen Bereichs ein Konsens über den Begriffsinhalt nicht erkennbar ist. Ausgangspunkt der weiteren Betrachtung ist also die humanitär-völkerrechtliche Rechtslage de lege lata, nicht dagegen ein eventueller humanitärer Reformbedarf im Hinblick auf das äußerst vage Guerillaphänomen[2]. Dabei sind auch aus den Zwecken des humanitären Völkerrechts selbst folgende, d.h. immanente Grenzen einer Erweiterung der Anwendbarkeit dieses Rechtsgebiets auf Guerillasachverhalte zu beachten. Bei der Betrachtung de lege lata muß daher gemäß der grundlegenden Unterscheidung für die Anwendbarkeit des humanitären Völkerrechts zwischen internationalem und nicht-internationalem bewaffneten Konflikt unterschieden werden[3].

a) Internationaler bewaffneter Konflikt

Sofern ein internationaler bewaffneter Konflikt i.S.d. Genfer Konventionen von 1949 gegeben ist[4], stellt sich in erster Linie die Kombattantenfrage (bzw. bei Gefangennahme die Frage des Anspruchs auf den Status eines Kriegsgefangenen)[5]. Folgende Fallgruppen sind denkbar:

aa) Angehörige der regulären Streitkräfte sowie in diese Streitkräfte eingegliederter Milizen und Freiwilligenkorps (Art.4.A.1. III.GK), die unter Einsatz von Methoden der Guerillakampfführung vorgehen.

Zu denken wäre vor allem an Spezialeinheiten mit besonderen Aufträgen. Wie bereits erwähnt, ist vor allem umstritten, ob Angehörige der regulären Streitkräfte durch Tragen von Zivilkleidung den Kombattantenstatus verlieren[6]. Die

---

1 Guerillakämpfer wurden zunächst ohne jeden rechtlichen Schutz behandelt. So bezeichnete der Lieber Code Einzelne oder Gruppen von Einzelnen, welche ohne Auftrag und ohne Angehörigkeit zur organisierten Armee kämpften, als "public ennemies" bzw. "Highway robbers" oder Piraten, vgl. Kwakwa, S.88,89. Schon die Brüsseler Erklärung stellte allerdings für Milizen und Freiwilligenkorps Voraussetzungen auf, die den späteren Bedingungen der HLKO (verantwortliche Person an der Spitze, erkennbares Unterscheidungszeichen, offenes Waffentragen, Einhaltung der Gesetze und Gebräuche des Krieges) weitgehend glichen, vgl. ebd. S.89

2 Auf diesen Aspekt weist vor allem Meyrowitz hin, vgl. ders. 1973, S.876

3 Vgl. oben E.I.2. und E.I.4.

4 Vgl. zum Begriff oben E.I.2.

5 Zu den Begriffen "Kombattant" und "Kriegsgefangener" im allgemeinen vgl. vor allem oben E.II.1. und 2.

6 Vgl. oben E.II.5.b.aa.

möglicherweise schwierige Einhaltung der Regeln des Kampfführungsrechts (erlaubte Kriegslist vs. Perfidieverbot) berührt nicht das Kombattantenproblem, sondern das Problem einer möglichen Verantwortung der beteiligten Einzelnen als Kriegsverbrecher.

bb) Angehörige einer levée en masse (Art. 4.A.6. III.GK)

Wie beschriebenen[1], werden mit der völkerrechtlichen Konstruktion der "Levée en masse" Situationen abgedeckt, in denen die Bevölkerung bei Herannahen des Feindes spontan, d.h. unter Zeitdruck und in großer Zahl, zu den Waffen greift und sich unter offenem Waffentragen dem Gegner zum Kampf stellt. Dieser Grundgedanke widerspricht wesentlichen Merkmalen der Guerillakampfführung, die auf sorgfältig geplanten, überfallartigen verdeckten Aktionen kleiner Gruppen beruht, wobei offenes Tragen der Waffen außerhalb des unmittelbaren Gebrauchs derselben wohl eher die Ausnahme darstellen dürfte[2].

cc) Mitglieder regulärer Streitkräfte, die sich zu einer von der Gewahrsamsmacht nicht anerkannten Regierung oder Autorität bekennen (Art.4.A.3. III.GK)

Da es sich hier letztlich um reguläre Streitkräfte handelt, gilt das vorstehend zu aa) Gesagte. Fraglich ist allerdings, ob diejenige Ansicht, wonach das Tragen von Zivilkleidung für den Kombattantenstatus der Mitglieder regulärer Streitkräfte unschädlich ist, auch bei dieser Fallgruppe vertreten wird.

dd) Angehörige von nicht in die Streitkräfte eingegliederten Milizen und Freiwilligenkorps und von Widerstandsbewegungen (Art.4.A.2. III. GK)

Die Genfer Konventionen erfassen durch diese Vorschrift zumindest einen Teilbereich des vom oben beschriebenen Guerillabegriff erfaßten Bedeutungsgehalts, indem sie Angehörige irregulärer Gruppen den Status legaler Kombattanten verleihen. Gleichzeitig haben jedoch die in Art.4.A.2. III.GK ausdrücklich bzw. stillschweigend enthaltenen Voraussetzungen[3] zur Folge, daß wichtige der o.g. Charakteristika von Guerillabewegungen und Guerillakampfführung vom Geltungsbereich des humanitären Völkerrechts ausgeschlossen bleiben:

- Milizen und Freiwilligenkorps sowie organisierte Widerstandsbewegungen setzen implizit einen gewissen militärischen Organisationsgrad voraus, der

---

[1] Vgl. oben D.II.3.c. und E.II.4.a. Das Institut der levée en masse war also ein Zugeständnis an die nationalen Bewegungen des 19. Jahrhunderts, vgl. Draper 1971, S.179

[2] Vgl. oben E.III.2.b.aa. und bb.

[3] Vgl. oben E.II.4.b.

sich an der Vorstellung militärischer Hierarchie orientiert. Sehr kleine und unorganisierte Gruppen sind damit ausgeschlossen.

- Für organisierte Widerstandsbewegungen besteht ausdrücklich, für Milizen und Freiwilligenkorps besteht implizit die Voraussetzung der Zugehörigkeit zu einer Konfliktpartei. Durch das erforderliche Rechtsband mit einem Kriegführenden wird das Verhältnis der Milizen etc. zum Konfliktgegner zu einem Völkerrechtsverhältnis. Auch wenn der Begriff der Zugehörigkeit unterschiedlich ausgelegt wird, so schließt er doch solche Gruppen von den Privilegien des humanitären Völkerrechts aus, die völlig auf sich gestellt an einem internationalen bewaffneten Konflikt teilnehmen.
- Das Erfordernis einer verantwortlichen Führung (Art.4.A.2.a. III.GK) verlangt Rechenschaft vor einer übergeordneten Autorität und garantiert die Einhaltung weiterer Bedingungen. Auch durch dieses Kriterium werden autonom agierende Milizen etc. von der Geltung des Art.4 ausgenommen.
- Die in Art.4 A.2.b. und c. weiter genannten Voraussetzungen des bleibenden und erkennbaren Unterscheidungszeichens sowie des offenen Waffentragens bezwecken vor allem die Verhinderung perfider Kampfmethoden sowie die Aufrechterhaltung der für das humanitäre Völkerrecht grundlegenden Unterscheidung von Kombattanten und Zivilbevölkerung. Es sind vor allem diese beiden Vorschriften der Genfer Konventionen von 1949, welche der humanitär-völkerrechtlichen "Legalisierung" wesentlicher Elemente der für den Guerillakampf typischen Methoden (Annäherung an den Gegner in Zivilkleidung, Verstecken der Waffen etc.) und damit auch der Guerillabewegungen selbst und ihrer Kämpfer im Wege steht[1]. Gleichzeitig ist der Guerillakämpfer in der heutigen Zeit mit ihren technischen Aufklärungsmitteln mehr denn je auf Heimlichkeit und Verzicht auf offene Kampfführung angewiesen[2]. Die Heimlichkeit des Guerillakampfes kann gleichzeitig als ein Haupthindernis bei der Erfassung dieser Kampfform durch das humanitäre Völkerrecht betrachtet werden[3] Wie bereits ausgeführt, muß dabei jede Lockerung dieser Kriterien unter dem Aspekt des unbedingt zu bewahrenden Schutzes der Zivilbevölkerung betrachtet werden.
- Schließlich bedeutet auch die von Art.4.A.2.d. III.GK für die Kampfhandlungen geforderte Einhaltung der Gesetze und Gebräuche des Krieges eine wesentliche Einschränkung der Guerillakampfweise: so sind u.a. verboten die Tötung und Verwundung von Angehörigen der gegnerischen Nation oder Armee im Wege von Arglist und Täuschung (Art.23 b HLKO), die Tötung oder Verwundung von Personen die sich ergeben haben (Art. 23c

---

[1] Abi-Saab in RdC 1979, S.420. Kwakwa unterstreicht, daß die Guerillataktik leicht die Unterscheidung zwischen Kombattanten und Zivilisten verwischt und Guerillagruppen bisweilen sogar auf ihre kampftaktisch bedingte Unfähigkeit zur Einhaltung des humanitären Völkerrechts ausdrücklich hingewiesen haben, vgl. ders. S.94

[2] Vgl. Meyer-Tasch, S.16

[3] Vgl. Draper 1971, S.183

HLKO) bzw. die Anwendung perfider d.h. unerlaubter Kriegslist (Art.23f und Art.24 HLKO). Verboten sind insbesondere auch Geiselnahmen und Repressalien gegen Gefangene[1].

b) Nicht-internationaler bewaffneter Konflikt

Sofern nicht die Situation der Anerkennung von Aufständischen als Kriegführende vorliegt[2], werden Angehörigen einer Guerillabewegung im nicht-internationalen bewaffneten Konflikt allenfalls die Vorteile des gemeinsamen Art.3 der GK zuteil werden. Nach allgemeinem Verständnis setzt diese Vorschrift eine innerstaatliche Auseinandersetzung mit einem gewissen, materiell zu definierenden Intensitätsgrad voraus. Eine noch völlig "in den Anfängen" steckende Guerillabewegung, die sich aufgrund der Schwäche ihres Schädigungspotentials u.a. verstärkt terroristischer Methoden bedient, wird zunächst nicht einmal in der Lage sein, einen bewaffneten Konflikt auszulösen. Hinzu kommt die Tatsache, daß betroffene Regierungen aus Angst vor einer politischen Aufwertung des Gegners meist auch dann noch das Vorliegen eines bewaffneten Konflikts leugnen, wenn nach den oben beschriebenen Maßstäben eine solche Situation längst vorliegt[3]. Ist von einem Art.3-Konflikt auszugehen, so verschafft dieser den Angehörigen der Guerillabewegung einen gewissen rechtlichen Schutz. Umgekehrt ergeben sich aus dem gemeinsamen Art.3 für die Guerillabewegung auch einschränkende Pflichten, namentlich diejenige der Verschonung nicht unmittelbar an den Feindseligkeiten teilnehmender Personen oder das Verbot der Geiselnahme. Art.3 legt jedoch ebenfalls fest, daß das Vorliegen eines nicht-internationalen bewaffneten Konflikts die Rechtsstellung der beteiligten Parteien unberührt läßt[4]. Angehörige von Guerillabewegungen im innerstaatlichen Konflikt bleiben für ihre Handlungen somit nach dem Recht des betreffenden Staates strafbar. Dabei wird die Anwendung der oben beschriebenen Methoden des Guerillakampfes auf die Strafbarkeit der betroffenen nicht ohne Einfluß sein.

---

1 Vgl. zum Ganzen Draper 1971, S.205. Für Abi-Saab sind diese Schwierigkeiten der Einhaltung der Gesetze und Gebräuche des Krieges durch Guerillabewegungen überwindbar, vgl. ders. in RdC 1979, S.420

2 Vgl. hierzu oben D.I.2.a. Wenn eine Guerillabewegung militärisch so erfolgreich ist, daß das Institut der Anerkennung von Aufständischen als Kriegführende zur Anwendung kommt, wird sie im Zweifel auf die typischen Methoden der Guerillakampfführung ohnehin kaum noch angewiesen sein.

3 Vgl. hierzu oben E.I.4.

4 Vgl. BGBl. 1954 II, S. 784

4. Fazit

Die vorgenommene Betrachtung einiger Strukturelemente des Guerillaphänomens und deren Einordnung de lege lata in die humanitär-völkerrechtliche Rechtslage gemäß den Genfer Konventionen von 1949 legt - gerade auch mit Blick auf eventuelle Unzulänglichkeiten dieser Rechtslage - einige Schlußfolgerungen nahe, die einen wichtigen Ausgangspunkt darstellen bei der Betrachtung und Bewertung der späteren Diskussionen um sog. "Nationale Befreiungsbewegungen" und um die Zubilligung des Kombattantenstatus an deren bewaffnete Kämpfer. Diese Schlußfolgerungen sollen nachfolgend als Merkpunkte dargestellt werden:

- Da es sich bei "Guerilla" ebensowenig um einen Rechtsbegriff handelt wie bei den diesem Phänomen benachbarten Begriffen, insbesondere demjenigen des Terrorismus, auf dessen Methoden zurückzugreifen vor allem militärisch schwache Guerillagruppen sich nur allzu oft für gezwungen halten, wäre es völkerrechtlich bedenklich, das Verhältnis zwischen dem humanitären Völkerrecht und dieser vielgestaltigen Erscheinungsform internationaler und innerstaatlicher Gewalt aus einem anderen Blickwinkel zu betrachten als demjenigen der bestehenden Rechtslage de lege lata. Dabei stellt die bis auf wenige völkerrechtlich festgelegte Ausnahmen[1] vorhandene rechtliche Asymmetrie[2] zwischen den Gegnern einer Guerillaauseinandersetzung und die stets zumindest vorübergehend gegebene tatsächliche Asymmetrie der Machtmittel einen fundamentalen und meist kaum zu überbrückenden Gegensatz zum Wesen des humanitären Völkerrechts dar, welches auf dem

---

[1] Zu nennen wären die Anerkennung von Aufständischen als Kriegführende sowie solche Guerillagruppen, die durch Anbindung an einen Belligerenten, durch Organisation und durch tatsächliches Verhalten den Voraussetzungen des Art.4.A.2. III.GK genügen. In diesen Fällen besteht zwischen der (zu einem Belligerenten gehörenden) Guerillagruppe und ihrem Gegner Rechtsgleichheit zumindest im Hinblick auf die Anwendung bestimmter Vorschriften des humanitären Völkerrechts wie etwa den Vorschriften zu Kombattantenstatus und Kampfführung. Auch in sachlicher Hinsicht wird durch die in Art.4.2.A. III.GK enthaltenen tatsächlichen Voraussetzungen (Organisationsgrad, Fähigkeit zur Einhaltung der Gestze und Gebräuche des Krieges) die potentiell unbegrenzte Asymmetrie eingeschränkt.

[2] Von den in der vorigen Fußnote erwähnten Fällen abgesehen, fallen Guerillasituationen meist in den Geltungsbereich von Rechtsmaterien, die von der Subordination der Guerillakämpfer unter das von ihrem Gegner gesetzte Recht beruhen (innerstaatliches Recht, Besatzungsrecht). Dies gilt besonders im innerstaatlichen Konflikt. Hieraus folgt eine starke rechtliche Asymmetrie, vgl. Rubin 1983, S.225. Demgegenüber geht das Völkerrecht, und besonders das humanitäre Völkerrecht, von der prinzipiellen Gleichheit der Rechtsgenossen aus. Hierin liegt das rechtsdogmatische Hauptproblem bei der gleichberechtigten Erfassung von Guerillakonflikten durch das humanitäre Völkerrecht, vgl. u.a. Bierzanek, S.55; Meyrowitz 1973, S.891. Meyrowitz spricht von einer "Konfrontation" der Guerilla mit dem humanitären Völkerrecht, vgl. ders.1973, S.876

Gedanken der Gleichheit der Parteien vor dem ius in bello beruht und in seiner Anwendung sehr vom Reziprozitätsgrundsatz abhängt[1].

- Das humanitäre Völkerrecht erfaßt das Guerillaphänomen nur ausschnitthaft. Die möglichen Erscheinungsformen von Guerillakampf und Guerillataktik sind wesentlich weitreichender und vielfältiger als der Anwendungsbereich des humanitären Völkerrechts gemäß den GK von 1949, obwohl diese gegenüber der zuvor bestehenden Rechtslage wichtige Zugeständnisse an Guerillakampf im internationalen Konflikt enthalten[2]. Bei den weitaus meisten Konflikten seit dem II. Weltkrieg und bei den meisten Konflikten mit Guerillaelementen handelte es sich um nicht-internationale Konflikte. Die nur ansatzweise entwickelte Regelung nicht-internationaler Konflikte durch die Konventionen (gemeinsamer Art.3) ist somit ein Hauptgrund für die Erfassung nur eines kleinen Teils des Guerillaphänomens durch das humanitäre Völkerrecht. Guerillakämpfer genießen in der Regel bestenfalls den eingeschränkten Schutz des gemeinsamen Art.3. Entscheidend für die völkerrechtliche Einordnung von Guerillabewegungen ist daher zunächst die Frage des Vorliegens eines internationalen oder nicht-internationalen bewaffneten Konflikts[3].

- Im *innerstaatlichen Kontext* wird es oftmals bereits an der notwendigen Überschreitung der materiell definierten Schwelle zum bewaffneten Konflikt fehlen. "Guerilleros" legen in der Regel einen langen Weg zurück von der Gründung einer Guerillabewegung (völlig vereinzelte Gewaltakte) bis hin zur effektiven Führung eines bewaffneten Konflikts. In dieser Phase ist das humanitäre Völkerrecht nicht relevant. Die beteiligten Kämpfer unterliegen allein strafrechtlichen Kategorien[4]. Auch bei Überschreitung der

---

[1] Vgl. zum Grundsatz der Gleichheit im ius in bello oben C.ii. So betrachten viele Staaten die Mittel und Methoden der Guerillakampfführung von vornherein als inkompatibel mit den Gesetzen und Gebräuchen des Krieges, insbesondere hinsichtlich der in Art.4.A.2. III.GK geforderten Offenheitskriterien, vgl. Ipsen 1993, S.149. Seitens der nationalen Befreiungsbewegungen wurde dies offenbar ähnlich gesehen, da sie nur ein im Sinne der Guerillakampfführung reformiertes humanitäres Völkerrecht als auf ihre Konflikte anwendbar betrachteten, vgl. Ipsen 1993, S. 150

[2] Draper weist darauf hin, daß Lieber die Guerillakampfführung noch als Verletzung des Kriegsrechts betrachtete, vgl. ders. 1971, S.179

[3] Meyrowitz 1973, S.878

[4] Dies ist in der Literatur teilweise sogar für den innerstaatlichen Bereich kritisiert worden: "It is ironic that a captured member of a regular armed force is accorded prisoner of war status regardless of crimes committed by the captive, either as an individual or as a matter of policy by his commanders (such as engaging in prohibited chemical warfare), while captured partisans, 'freedom fighters' or 'terrorists' engaged in a domestic conflict, or armed conflict not of an international character, are denied prisoner of war status no matter how scrupulously they as individuals and as an organized force adhere to the humanitarian laws and customs of war", vgl. Rubin 1983, S.223.

Anwendbarkeitsschwelle des gemeinsamen Art.3 bleibt es bei der Anwendbarkeit des Strafrechts. Immerhin kann jedoch das humanitäre Völkerrecht durch das Institut der Anerkennung von Aufständischen als Kriegführende[1] und durch den gemeinsamen Art.3 auch für Guerillasituationen in nicht-internationalen bewaffneten Auseinandersetzungen relevant werden[2]. Die schwach ausgebildete Erfassung innerstaatlicher Konflikte durch das humanitäre Völkerrecht liegt in dessen Prämisse der Gleichheit der Konfliktparteien vor dem humanitären Völkerrecht begründet. Diese Gleichheit ist im nicht-internationalen bewaffneten Konflikt nicht gegeben. Mit der meist vorhandenen strategischen Asymmetrie geht daher auf jeden Fall und immer auch eine juristische Asymmetrie einher. Diese beruht darauf, daß die staatliche Gemeinschaft auf Subordination beruht, auf dem Gewaltmonopol des Staates, das durch das Völkerrecht als genossenschaftliches Recht zwischen Staaten geschützt wird[3]. Das humanitäre Völkerrecht des internen Konflikts schützt allein den Menschen, das humanitäre Völkerrecht des internationalen bewaffneten Konflikts dagegen zusätzlich auch den Menschen als Bürger und Kombattant eines kriegführenden Staates[4]. Dieser Aspekt, ebenso wie der Unwille gegenüber jeder Einschränkung der Souveränität ließ 1949 den gemeinsamen Art.3 als das Maximum dessen erscheinen, was die Staaten zuzugestehen bereit waren[5]. Wenn nicht alles täuscht, so hat sich daran bis heute nicht allzu viel geändert. Allerdings kann eine militärisch erfolgreiche Guerillabewegung, die sich völkerrechtskonform verhält, nicht selten auf faktische Zugeständnisse des Gegners hoffen[6].

- Ein auch unter dem Aspekt der Rechtsstellung von Guerillakämpfern weiterhin sehr schwieriges Problem sind die sog. "gemischten Konflikte"[7].

- Im internationalen bewaffneten Konflikt kann die Unanwendbarkeit des humanitären Völkerrechts auf Guerillagruppen bereits aus deren zu gerin-

---

Das Argument mag aus humanitären Gründen bisweilen berechtigt sein, es übersieht aber die nur in seltenen Ausnahmefällen überwindbare, grundlegende rechtliche Ungleichheit der Parteien eines nicht-internationalen bewaffneten Konflikts.

1 Guerillabewegungen werden jedoch in aller Regel nicht die eng gefaßten Voraussetzungen der Anerkennung Aufständischer erfüllen, vgl. oben D.I.2.a.

2 In Situationen des gemeinsamen Art.3 bleibt dies allerdings ohne Einfluß auf die rechtliche Asymmetrie zwischen den Parteien.

3 Meyrowitz 1973, S.891

4 Meyrowitz 1973, S.892

5 Draper 1965, S.100 sowie oben E.I.4.

6 Die USA behandelten im Vietnamkrieg die Vietcong-Guerilla sogar freiwillig wie Kriegsgefangene, obwohl Nordvietnam alle US-Soldaten grundsätzlich als Kriegsverbrecher betrachtete, vgl. Koenig, S.32

7 Vgl. zum Begriff oben E.I.5. sowie Draper 1971, S.184 und vor allem S.212 mit Hinweis auf die Diskussionen in der Rotkreuz-Expertengruppe 1971

gen Organisationsgrad und/oder mangelnder Zugehörigkeit zu einem Belligerenten (d.h. einem Völkerrechtssubjekt als Konfliktpartei) folgen. Wichtigster Grund für die häufige Unanwendbarkeit des humanitären Völkerrechts auf Guerillagruppen und deren Angehörige scheint jedoch zu sein, daß diese, bedingt durch das auf verdeckter Kampfführung fußende Wesen der Guerillataktik, strukturell gegen wichtige Prinzipien des humanitären Völkerrechts verstoßen[1]. Wie die oben vorgenommene Beschreibung der Guerillamethoden zeigt, lebt der Guerillakampf über weite Strecken von der Mißachtung des humanitären Völkerrechts[2]. Die vom humanitären Völkerrecht bezweckte Mäßigung von bewaffneten Konflikten widerspricht der dem Guerillakampf offenbar innewohnende Eskalationslogik hin zu uneingeschränkter Gewaltanwendung[3]. Viele Guerillagruppen und deren Mitglieder werden von den Kombattantenprivilegien des humanitären Völkerrechts ausgeschlossen bleiben, da sie bei ihren Aktionen gegen die in Art.4.A.2. lit.b.und c. III.GK postulierte Pflicht verstoßen, ein bleibendes und von weitem zu erkennendes Unterscheidungsmerkmal zu führen sowie die Waffen offen zu tragen. Dem steht allerdings nicht entgegen, daß in Einzelfällen die militärisch erfolgreiche Guerillabewegung intern die Einhaltung humanitärer Standards durchsetzt oder sich bereits in einem eher frühen Stadium ihres Kampfes im Interesse ihres internationalen Ansehens zur Einhaltung des humanitären Völkerrechts zumindest bekennt[4], sofern die Reziprozität solche Zugeständnisse nahelegt. Allgemein geht das im internationalen bewaffneten Konflikt geltende humanitäre Völkerrecht vom Bild des Staates als Konfliktpartei aus, da nur Staaten über die nötigen administrativ-organisatorischen Fähigkeiten zur Einhaltung ihrer aus der Anwendung des

---

1 "If a guerilla has to observe all the laws of war then he cannot fight", vgl. Röling in Cassese (Proceedings) S.20

2 "As has often been pointed out, an 'open' guerilla is a dead guerilla", vgl. Draper 1971, S.214. Mit Blick auf Partisanen, d.h. im militärisch besetztem Gebiet kämpfende Personen sagt Draper: "Partisans in occupied territory are not likely to be very effective if they comply with the requirements of Article 4, vgl. ders. 1965, S.112. Meyrowitz vorsichtig: "...en raison des nécessités tactiques, les actions de sabotage se caractérisent par le recours à des moyens militairement peu habituels", vgl. ders. 1966, S.147. "By definition, the concept of guerilla warfare is at variance with the traditional law of armed conflict", vgl. Kwakwa S.94

3 Eine Eskalation der Exzesse tritt mit Sicherheit ein, wenn, wie dies häufig der Fall ist, die Guerillakämpfer auch die Zivilbevölkerung zu Zielen ihres Kampfes machen (Bsp.: Lehrer als Ziel der PKK im türkischen Südosten) und dies mit grausamen Repressalien beantwortet wird, vgl. Bindschedler 1971, S.59 m.w.N. Der Guerillakrieg hat die Tendenz, sich von allen Einschränkungen des Kriegsrechts zu befreien, Bindschedler 1971, S.61. Auch Draper unterstreicht, daß gerade die typischen Merkmale der Guerillakampfführung dem System der GK'en widersprechen, vgl. ders. 1971, S.182

4 Veuthey verweist in diesem Zusammenhang auf Beispiele aus dem amerikanischen und dem russischen Bürgerkrieg, dem 2. Weltkrieg, dem 1. Indochinakrieg, Algerien etc., vgl. ders. 1972, S.122-127. Detter de Lupis zitiert eine 1970 erfolgte Erklärung der SWAPO, sich strikt an die Genfer Konventionen halten zu wollen, vgl. dies. S.53

humanitären Völkerrechts resultierenden Verpflichtungen verfügen[1]. So wie im innerstaatlichen Bereich eine sehr kleine, auf Guerillamethoden zurückgreifende Gruppe meist nicht in der Lage ist, einen bewaffneten Konflikt auszulösen, so bedürfen im internationalen bewaffneten Konflikt Guerillagruppen einer gewissen Größe und Organisation, um als eine der in Art.4.A.2. III.GK aufgeführten Gruppen gelten zu können. In der Zeit des organisatorischen und militärischen "Aufbaus" können sich die Mitglieder solcher Gruppen nicht auf diese Vorschrift berufen.

- Die geringe Erfassung mit Guerillamethoden geführter Auseinandersetzungen durch das humanitäre Völkerrecht und die relativ engen Voraussetzungen für eine Zubilligung des Kombattantenstatus an Guerillakämpfer war in den Jahrzehnten nach 1949 zeitweise Gegenstand harter Kritik[2]. Diese argumentiert vor allem mit der Unerfüllbarkeit der Bedingungen des Kombattantenstatus nach den Konventionen[3] sowie damit, daß das humanitäre Völkerrecht seit Beginn der Kodifizierung im 19. Jahrhundert von einer "Schieflage" zugunsten der regulären Armee und zu Lasten irregulärer Gruppen und ihrer Kämpfer geprägt sei. So spiegelten die Brüsseler Erklärung von 1874 und die HLKO die damaligen Interessen der Berufsmilitärs

---

1 So auch Koenig, S.72

2 Einen Überblick gibt Meyrowitz 1973, S.882 sowie m.w.N. Bothe/Ipsen/Partsch, S.592. Für Veuthey entsprechen die Regeln des 19.Jhdts. weder den modernen Konfliktrealitäten noch den Interessen der Konfliktparteien, die häufig freiwillig über das geltende Recht hinausgehende humanitäre Zugeständnisse gemacht hätten, vgl. ders. 1972, S.133. Rubin schreibt: "....that the Geneva system for bringing into play the conception of POW treatment for 'freedom fighters' is incompatible and does not fully take account of the realities or perceptions of wise legal policy, or even what is arguably already existing international law", vgl. ders. 1983, S.233. Kwakwa: ".....as a result of recent trends in moden day warfare, this traditional classification (gemeint ist die Aufteilung in legale und illegale Kombattanten gem. den GK'en, Anm. des Verfassers) proved unsatisfactory. There was increased clamor, at the international level, for the introduction of rules of warfare that take into account new trends in the conduct of armed conflict", vgl. ders. S. 85,86. Bierzanek schreibt: "Le status juridique des partisans n'est pas satisfaisant. Il ne correspond pas á la réalité politique et militaire au cours des annèes récentes", vgl. ders. S.68. Für Bierzanek hat das System der HLKO (Festschreibung rechtlicher Asymmetrie zu Lasten der Guerilla) zum Teufelskreis der Gewalt im Guerillakonflikt beigetragen. Für diesen Autor ist dies Ausgangspunkt für einen tragischen **circulus vitiosus**: die reguläre Armee rechtfertigt Übergriffe mit der Brutalität der Partisanen, während diese sich in ihrer Kampfführung keine humanitär-völkerrechtlichen Zügel anlegen lassen wollen, da sie ja ohnehin keinen Status haben. Die Ungleichheit im Rechtsstatus blockiert für Bierzanek eine Grundvoraussetzung für die Einhaltung des humanitären Völkerrechts, nämlich die Gleichheit des rechtl. Status beider Seiten, vgl. ders. S.73, 75. Auch Schindler moniert, daß der mangelnde Status für Guerillakämpfer diese auch nicht zur Einhaltung der GK'en animiert. Dies unterhöhle deren Schutzfunktion, vgl. ders.1965, S.103.

3 "Man benötigt keine große Kenntnis der Geschichte oder der Wirklichkeit der Kriegführung, um zu erkennen, daß diese Bedingungen nur sehr selten erfüllt werden können.", vgl. Aldrich 1988, S.459

wider[1], eine Tatsache, die durch Martens'sche Klausel und die Vorschriften über Milizen und Freiwilligenkorps allenfalls geringfügig abgemildert worden sei. Die Rechtslage sei Ausdruck der Interessen der europäischen Staatenmehrheit zur Zeit des klassischen Völkerrechts. Sie fuße auf "überkommenen Regularitätsvorstellungen"[2] und entspreche nicht mehr den Erfordernissen der heutigen, von einer Aufhebung der Regularität auf breiter Front gekennzeichneten internationalen Konfliktwirklichkeit. Sie könne daher von den jungen Staaten der 3.Welt, denen keine Möglichkeit zur Mitwirkung an diesen Normen gegeben war, nicht ohne weiteres akzeptiert werden[3].

Gleiches müsse auch für die GK'en von 1949 gelten, deren in Art.4.A.2. III.GK manifestiertes Entgegenkommen gegenüber irregulären Kampfformen vor allem an der Partisanenerfahrung des 2.Weltkriegs orientiert sei [4]. Diese Regelung könne daher nur als eine - wenn auch wichtige- Etappe auf dem Weg einer stärkeren Einbeziehung von Guerillasituationen in das System des humanitären Völkerrechts verstanden werden könne. Im übrigen seien die GK mit ihren engen Voraussetzungen weniger partisanen- und guerillafreundlich als vielfach angenommen[5]. Die GK'en beruhten weiterhin im wesentlichen auf der Vorstellung herkömmlicher Auseinandersetzungen zwischen regulären Armeen, die sich entlang einer Front gegenüberstehen. Dieses Modell paßt nicht auf Guerillaauseinandersetzungen, ein vom Thema der nationalen Befreiungskriege zunächst völlig unabhängiges Problem[6]. Ein wichtiger Verfechter der nationalen Befreiungskriege behauptet in einer Untersuchung der Rechtslage gemäß HLKO und GK'en sogar einen allgemeinen Konsens, die in Art.4.A.2. III.GK an die Zubilligung

---

1 Eine Darstellung der einschlägigen Diskussionen bei der Haager Konferenz findet sich bei Bierzanek, S.61-64. Laut Kossoy waren die Brüsseler Erklärung von 1874 und die HLKO stark von der Kaste der Berufsmilitärs geprägt und enthielten daher eine Diskriminierung der Guerilla, vgl. ders. S.246. De Breucker schreibt mit Blick auf die Kombattantenregelungen von 1874, 1899 und 1907: "Ces articles ont d'ailleurs été dictés par l'Allemagne et ces articles.....datent du temps du pantalon rouge et du casque à pointe", vgl. ders. in Cassese (Proceedings) S.47

2 Vgl. Meyer-Tasch, S.15

3 Meyrowitz nennt eine "véritable explosion de naissances d'Etats, tous extra-européens,..... dont beaucoup regardent avec une méfiance plus ou moins marquée le droit créé pour les besoins des membres de l'ancienne société internationale", vgl. ders 1973, S.882.

4 Bierzanek, S.61-64

5 So verweist Meron zu Recht darauf, ohne dies freilich zu kritisieren, daß durch Art.4.A.2. III.GK ein entscheidendes Element des Guerillakampfes ausgeschlossen ist, nämlich der völlig verdeckt vorbereitete und aus dem Hinterhalt vorgetragene Überraschungsangriff, vgl. ders. S.50

6 Vgl. Abi-Saab in RdC 1979, S.384; Salmon 1976, S.43. Ebenso Dupuy in Cassese (Proceedings), S.12. Abi-Saab schreibt an anderer Stelle: "...'open war' is being abandoned even by regular armies and is not compatible with the nature of guerilla warfare....", vgl. ders.1972, S.110

des Kombattantenstatus geknüpften Bedingungen als "obsolet" zu bezeichnen [1]. Die Ungleichheit des Rechtsstatus zwischen der Guerilla und ihren Gegnern widerspreche dem Gedanken der Gleichheit der Konfliktparteien vor dem ius in bello. Die Rechtslage sei eine "normative Negation" der charakteristischen Begleiterscheinungen der Guerilla und müsse als Versuch betrachtet werden, die aus dem 17. und 18. Jahrhundert überkommene Regularität aufrechtzuerhalten. Angesichts moderner Konfliktrealitäten befinde sich das Völkerrecht im "romantizistischen Vorhof der Wahrheit"[2]. Da Guerillakämpfer keinen gesicherten Rechtsstatus hätten, gebe es für sie auch keinen Anreiz zur Beachtung der Regeln des humanitären Völkerrechts[3]. Die zu beobachtende Tendenz zur Brutalisierung im Guerillakonflikt sei vor allem eine Folge dieser rechtlichen Asymmetrie, welche im nicht-internationalen Konflikt durch Rückgriff des Staates auf Notstandsrecht, Sondergerichte und Spezialgefängnisse noch verstärkt werde[4].

- Gefordert wurde jedoch nicht nur eine Aufhebung der rechtlichen Schlechterstellung von Guerillakämpfern gegenüber den legalen Kombattanten, sondern, in einer Art humanitär-völkerrechtlichen "affirmative action", sogar eine gezielte Besserstellung der Guerillakämpfer, eine "inégalité compensatrice"[5]. Das humanitäre Völkerrecht müsse dazu beitragen, die zu Lasten der Guerillabewegung bestehende enorme Asymmetrie der Machtmittel auszugleichen[6]. Das Argument, wonach ein Guerillakämpfer, der sich nicht

---

1 "Indeed, there is a *general consensus* (Hervorhebung des Verf.) that in the century that has elapsed since these conditions were first formulated in Brussels, the radical changes which have occured in militaryy technology and in political and strategic conditions and ideas, have rendered these conditions obsolete", vgl. Abi-Saab 1972, S.111. Allerdings bleibt unklar, ob der Autor damit lediglich die Disparität ggü. der politisch-militärischen Realität bezeichnen will oder tatsächlich den Wegfall der rechtlichen Bindungswirkung der betreffenden Vorschriften behauptet.

2 Vgl. zu dieser Argumentation Meyer-Tasch, S. 16,19

3 Vgl. u.a. de Preux, S.262. Kwakwa: "There is therefore the need to offer incentives to such irregular movements as a means of encouraging them to comply with the law of war", vgl. ders. S.5. Ähnlich Aldrich 1988, S.460

4 Vgl. Rubin 1983, S.225,226

5 Salmon in Cassese (Proceedings) S.52. Graham merkt zu den Befürwortern dieser Ansicht an: "They argue that inasmuch as the guerilla patriot is fighting for an obviously just cause, he must not be restricted in his activities and methods of combat by traditional legal concepts largely formulated by the colonialists, imperialists, and racist states against whom he wages these wars of self-determination. The justness and correctness of his cause demands that the guerilla be unfettered by legal principles that would stand in the way of the achievement of his goals. He cannot and must not be held to the same standards of international conduct expected of states and their uniformed combatants", vgl. ders. S.41

6 Geradezu exemplarisch für diese Ansicht ist Salmon, der fragt: "Quelle est l'égalité devant le droit entre un soldat américain qui est à bord d'un B-52, ou de je ne sais quoi, et un Vietnamien nu?", vgl. ders. in Cassese (Proceedings) S.50. Und weiter: "tout le système du droit de la guerre a toujours été fondé sur des inégalités...". Für Salmon geht es darum "de corriger les injustices" (ebd. S.51)

von der Zivilbevölkerung unterscheidet, diese in Gefahr bringt, wird z.B. von Salmon leichterhand als "construction de l'esprit" und "mystification" verworfen, da der Guerillakämpfer aufgrund der faktischen Asymmetrie der Machtmittel letztlich gar nichts übrigbleibe als in der Zivilbevölkerung aufzugehen und die Verantwortung für die Gefährdung der Zivilbevölkerung beim Unterdrücker liege, der das Volk zwinge zu den Waffen zu greifen[1].

Die dargestellte Kritik geht in mehrerer Hinsicht fehl:

- Es trifft zwar zu, daß die Normen des humanitären Völkerrechts die jeweilige Mehrheitsmeinung der Staaten widerspiegeln (z.B. in der HLKO die Levée en masse und die Martens'sche Klausel als Zugeständnis der großen an die kleinen Staaten). Es ist ferner richtig, daß die Genfer Konventionen von 1949 Produkt des europäischen Völkerrechts sind und von vielen Staaten der Dritten Welt aus diesem Grund in Frage gestellt wurden. Gerade deshalb wäre es aber nötig, diejenigen Teile des bestehenden Rechts herauszuarbeiten, die seine Grundlagen widerspiegeln und nicht verändert werden können, ohne die diesem Recht zugrundeliegenden Zwecke selbst in Frage zu stellen.

- Die grundlegende Aufteilung des humanitären Völkerrechts in internationale und nicht-internationale Konflikte und die aus dem Souveränitätsgrundsatz folgende schwache Rechtsposition von Guerillagruppen im nicht-internationalen Konflikt entspricht bis heute dem erklärten Willen der Staaten und ist als Teil des internationalen ordre public zu betrachten[2].

- Adressat der Rechte und Pflichten des humanitären Völkerrechts sind Subjekte des Völkerrechts. Die für innerstaatliche Konflikte geltenden, mit Rücksicht auf die Staatensouveränität sehr eingeschränkten Regeln binden zunächst den betreffenden Staat. Wie gezeigt[3], ist die Bindung der nicht-

---

[1] Vgl. ders. in Cassese (Proceedings), S.53. Immerhin fordert er noch, der Guerillero müsse sich während der Kampfhandlungenselbst von der Zivilbevölkerung unterscheiden, vgl. ebd.

[2] Meyrowitz verweist auf Politologen und die soziologische Schule des Völkerrechts, welche die überholte Trennung von internationalen und nicht-internationalen Konflikten aufheben möchte. Die Staaten halten jedoch unbeirrt an dieser Trennung als Teil des internationalen ordre public fest, vgl. Meyrowitz 1973, S.878/879. Der gleiche Autor verweist zu Recht darauf, daß sich die Staaten ihr Recht zur Unterdrückung von Rebellionen auch künftig nicht werden nehmen lassen und alles unterlassen werden, Aufständischen/Rebellen einen wie auch immer gearteten Rechtsstatus zu gewähren, vgl. ders. 1973, S.892,893. Diese Feststellungen finden Bestätigung im Verlauf der Beratungen bei der CDDH betreffend ZP II, d.h. nicht-internationale Konflikte. Hier waren die Staaten eifersüchtig auf strenge Begrenzung aller Versuche einer völkerrechtlichen Einschränkungen ihrer Handlungsfreiheit bei Konflikten mit innerstaatlichen Gegnern bedacht, vgl. F.I.2.b.aa.bbb.

[3] Vgl. oben E.I.4.

staatlichen Konfliktpartei an den gemeinsamen Art.3 schwierig und wohl nur zu begründen durch die Zugehörigkeit der einzelnen Kämpfer zu einem an das humanitäre Völkerrecht gebundenen Staat (Ausnahme: partielle Völkerrechtssubjektivität von anerkannten Aufständischen). Anwendungsvoraussetzung für die umfassende Geltung des humanitären Völkerrechts ist ein bewaffneter Konflikt zwischen zwei an dieses Recht gebundenen Völkerrechtssubjekten, in aller Regel Staaten. Die Entscheidung über Krieg und Frieden und die Heranziehung von Menschen zum Dienst mit der Waffe ist vielleicht der wichtigste und für den Einzelnen potentiell folgenschwerste Ausdruck des Souveränitätsprinzips[1]. Privaten Gruppen muß dieses Recht vorenthalten bleiben, da diese sonst Kernelemente der völkerrechtlichen Personalhoheit für sich beanspruchen würden[2]. Dem entspricht, daß das humanitäre Völkerrecht nur solchen Personen den völkerrechtlichen Status des legalen Kombattanten (und bei Gefangennahme denjenigen des Kriegsgefangenen) zubilligen kann, deren Handeln auf ein kriegführendes Subjekt des Völkerrechts, d.h. einen Belligerenten zurückführbar ist. Insofern ist es folgerichtig, daß die Mitglieder einer Guerillagruppe vom Kombattantenstatus ausgeschlossen bleiben, solange diese Gruppe ihr Handeln rechtlich nicht auf einen Kriegführenden zurückführen kann, mag die Gruppe auch noch so völkerrechtskonform kämpfen. Der Gedanke, Guerillakämpfern rechtlich eine "Behandlung wie ein Kombattant", d.h. eine analoge Behandlung zuzugestehen, wird in der Literatur z.T. unter Hinweis auf verschiedene Regelungen der III. GK problematisiert, die zumindest die Existenz eines Rechtsbandes zwischen Guerilla und einer Konfliktpartei voraussetzen [3]. Diese Rechtslage ergibt sich aus dem nicht auf Subordination, sondern auf Gleichordnung beruhenden, genossenschaftlichen Charakter des Völkerrechts selbst und muß in ihren Voraussetzungen hingenommen werden.

- Das Grundproblem der Guerillaauseinandersetzungen ist im innerstaatlichen wie zwischenstaatlichen Bereich neben der rechtlichen Asymmetrie die zwischen den Gegnern bestehende Asymmetrie der Machtmittel. Erfahrungsgemäß erlaubt diese einer Guerillabewegung die Beachtung der Regeln des humanitären Völkerrechts erst ab einem bestimmten Organisationsgrad, einer gewissen Größe und einem gewissen militärischen Erfolg. Im internationalen bewaffneten Konflikt ist die Mindestgröße der Widerstandsbewegung eine unter mehreren Voraussetzungen für den Kombattantenstatus ih-

---

1 Vgl. Meyrowitz 1973, S.889. Daß dieses Recht durch das Gewaltverbot nach Art.2(4) UN-Charta heute beschränkt ist, ändert jedoch nichts daran, daß nach dem humanitären Völkerrechts der Genfer Konventionen allein Staaten (oder die VN), nicht aber freischwebende Einzelne oder Gruppen zur Führung bewaffneter Konflikte befugt sind.

2 Vgl. Meyrowitz 1973, S. 890,891

3 Vgl. Meyrowitz 1973, S.889

rer Mitglieder. Die dem humanitären Völkerrecht zugrundeliegende Balance von militärischer Notwendigkeit und Humanität würde mißachtet, wenn man den Mitgliedern marginaler Gruppen, selbst wenn ein Rechtsband sie mit einem Belligerenten verbindet, den völkerrechtlichen Kombattantenstatus zubilligen würde.

- Wie dargestellt[1], ist Voraussetzung der Kombattantenprivilegien nicht nur die durch Größe und Organisation erkennbare Fähigkeit der Guerillagruppe zur Beachtung bestimmter Regeln des humanitären Völkerrechts, sondern deren tatsächliche Einhaltung durch sowohl die Gruppe als auch den Einzelnen. Insofern läßt sich Art.4.A.2. III.GK auch als Ablehnung jedes Sonderrechts für Guerillabewegungen beschreiben[2]. Anders als oft behauptet, stellen die in Art.4.A.2. III.GK festgelegten Voraussetzungen keine von vornherein unbillige Benachteiligung von Guerillagruppen und ihrer Taktik dar. Diese war den Verfassern der GK'en von 1949 auch durchaus bewußt[3]. Zwar bleibt dem Einzelnen der Kombattantenstatus vorenthalten, wenn er und/oder seine Gruppe entgegen den Kriterien dieser Vorschrift agiert. Übersehen wird hierbei aber häufig, daß er durch Nichtbeachtung des Art.4.2.A. III.GK militärisch-taktische Vorteile hat und darüber hinaus durch verdecktes Vorgehen sowie völlig freie Wahl der Mittel für sich die Wahrscheinlichkeit von Tötung, Verwundung und Gefangennahme erheblich verringert [4]. Wird Art.4.A.2. III.GK beachtet, so entfallen diese militärisch-taktischen Vorteile, dafür aber "winkt" der Kombattantenstatus mit der wichtigen Folge, daß die Guerillakämpfer bei Gefangennahme Kriegsgefangene sind. Die Guerillagruppe und ihre Mitglieder zahlen also für die Einräumung des Kombattantenprivilegs einen militärischen Preis, den sie umgekehrt nur durch Verzicht auf das Kombattantenprivileg umgehen können. Ihnen gleichwohl den Kombattantenstatus zuzuerkennen, würde jeden Anreiz zu völkerrechtskonformem Verhalten entfallen lassen. Dabei kann vermutet werden, daß die Einhaltung der Kriterien für den Kombattantenstatus sich in der Praxis nach rein militärischen Opportunitätsgesichtspunkten orientieren wird, und zwar auch dann, wenn das Völkerrecht dem Guerillakampf durch Lockerung der Voraussetzungen des Kombattantenstatus ent-

---

1 E.II.4.b.

2 Vgl. Ipsen 1993, S.147

3 Auf diesen Aspekt verweist Seidl-Hohenveldern, vgl. ders. 1973, S.83, 84. Ähnlich auch Roberts: "Despite assertions to the contrary, the drafters of the Geneva Conventions were keenly aware of the problems of guerilla warfare", vgl. ders. S.129 m.w.N. Irregulären Kämpfern sollte ganz bewußt der Kombattantenstatus nur unter bestimmten, eng eingegerenzten Voraussetzungen zuteil werden.

4 Vgl. auch Roberts, S.129

gegenkäme. Daher werden irreguläre Kämpfer in der Regel auch kaum die Kriterien des Art.4.A.2. III.GK erfüllen[1].

- Vorschläge zur Senkung dieses Preises zielten in aller Regel auf Lockerung des Offenheitsprinzips, das dem Wesen des Guerillakampfes widerspreche und für Guerillakämpfer praktisch nicht erfüllbar sei. Für die Erreichung der grundlegenden Zwecke des humanitären Völkerrechts ist die Bindung an die Gesetze und Gebräuche des Krieges mindestens ebenso bedeutsam wie das Offenheitsprinzip. Interessanterweise wurde kaum jemals gefordert, Guerillakämpfern den Verzicht auf Beachtung der Gesetze und Gebräuche des Krieges zu gestatten, obwohl gerade deren Verletzung in der Praxis immer wieder prägend für das Vorgehen von Guerillagruppen war und ist (z.B. gezielte Angriffe gegen die Zivilbevölkerung). Die im Kampfführungsrecht und dem Offenheitsprinzip zum Ausdruck kommende Balance zwischen militärischer Notwendigkeit und Humanität bezweckt und beinhaltet die gegenseitige Gewährleistung humanitärer Vorteile nicht nur für die Zivilbevölkerung, sondern auch für die beteiligten Kämpfer. Erst die Beachtung des Offenheitsprinzips durch den Gegner macht diesen sichtbar, rechtfertigt Vertrauen in die ausschließliche Teilnahme uniformierter und die Waffen offen tragender Gegner am Konflikt und schützt die eigenen Truppen vor Perfidie [2]. Bereits dieser humanitäre Gewinn für die eigene Truppe macht es zumutbar, bei der Wahl der Mittel nicht nur militärischen Notwendigkeiten zu folgen, sondern humanitär orientierte Einschränkungen hinzunehmen. Diese Einschränkungen sind wiederum die Essenz des humanitären Schutzes der Zivilbevölkerung. Die Beachtung des zu den tragenden Säulen des humanitären Völkerrechts zählenden Verbots gezielter Angriffe gegen Zivilisten ist nur solange zu erwarten, wie nicht mit Angriffen aus dem Kreise der Zivilbevölkerung gerechnet werden muß[3]. Nur so lange kann auch erwartet werden, daß als "Feind" nur die uniformierten Kämpfer des Gegners betrachtet werden und die Zivilbevölkerung verschont wird[4]. Ist

---

[1] Roberts S.129, unterHinweis auf eine von Baxter geäußerte Ansicht.

[2] Das Offenheitsprinzip kann als Ausfluß und Konkretisierung des Perfidieverbots verstanden werden, vgl. oben E.II.4.b. Interessant ist auch eine bei Bierzanek erwähnte Äußerung eines deutschen Offiziers Oberst Schwarzkopf anläßlich der Haager Friedenskonferenz. Dieser verwies darauf, daß auch Soldaten Menschen seien, die nicht in jedem Dorf und Quartier sollten um ihr Leben fürchten müssen, vgl. Bierzanek, S.62.

[3] Auch Draper unterstreicht, daß eine Schonung der Zivilbevölkerung nur durchsetzbar ist, solange diese nicht an den Kampfhandlungen teilnimmt, Bindschedler 1971, S.66. Auch die Delegation der USA unterstrichen bei der CDDH mit Nachdruck, daß Kombattanten nur dann die Zivilbevölkerung schonen würden, wenn sie wüßten wer der Feind ist und sicher sein könnten, daß der Gegner sich nicht unter die Zivilbevölkerung mischt, vgl. Cassese, in Cassese 1979, S.472

[4] Doehring unterstreicht nachdrücklich die Gefahr unbeschränkter Brutalisierung des verdeckten Kampfes, vgl. ders. in Festschrift Berber, S.145,146. De Breuker schreibt: "S'il (gemeint ist der guerillero, Anm. d. Verf.) ne se distingue pas de la population civile, les souffrances qui seront infligées à cette dernière seront sans nombre en ce sens qu'il est

der Gegner nicht mehr als solcher erkennbar, so entfällt der humanitäre Schutz für die eigene Truppe. Zwingende Folge ist, daß rein militärische Erwägungen wie z.B. die Sicherheit der Verbände, eine Rücksichtnahme auf humanitäre Beschränkungen verdrängt und die Zivilbevölkerung mehr und mehr als Feind betrachtet wird - mit allen Konsequenzen. Die rechtliche Unterscheidung von Zivilbevölkerung und Kombattanten bedeutet auch, daß nur letztere legales Ziel sein können. Die Unterscheidung ist also im passiven wie im aktiven Sinne wichtig[1].

- Vorschläge zur Lockerung des Offenheitsprinzips haben meist nur den Guerillakämpfer und seine humanitäre Behandlung im Auge. Schon insoweit ist zu fragen, ob Personen legale Kombattanten sein können, die soeben unter Ausnutzung aller Vorteile verdeckten Waffentragens und des Verzichts auf ein von weitem erkennbares Unterscheidungszeichen einen Überraschungsangriff vorgetragen haben. Häufig übersehen wird die dramatische Gefährdung der Zivilbevölkerung, mit welcher der humanitäre Vorteil des Kombattantenstatus für solche Guerillakämpfer erkauft wird, die sich nicht an die in Art.4.A.2. III.GK festgelegten Bedingungen halten. Die Geschichte des Guerillakampfes ist ohnehin die Geschichte großer Gefährdungen der Zivilbevölkerung[2]. Wenn das humanitäre Völkerrecht den Guerillakämpfern in diesem Punkt zu weit entgegenkäme, bestünde für die angegriffene reguläre Truppe die o.g. Erwägung fort, d.h. die Zivilbevölkerung würde einem erheblich höheren Risiko ausgesetzt, auch wenn die Guerillakämpfer einen besseren rechtlichen Schutz beanspruchen könnten. Allerdings bestünde für die Guerillagruppen dann kaum noch ein Anreiz für eine möglichst offene Kampfführung, da ihnen auch so der humanitäre Schutz des

---

impossible de protéger une population civile, où que ce soit, dans la mesure où l'occupant a à craindre que chaque individu qui tire son mouchoir de sa poche, femme, enfant, vieillard, soit un guerillero: l'occupant n'en deviendra que plus dur dans son comportement.", vgl. ders. in Cassese (Proceedings) S.49. Ebenso Roberts, S.129. Vgl. auch Bothe 1976, S.200

1 Doehring spricht bei Versuchen der Ausweitung des KG-Status auf Guerillabewegungen von "sogenannten" humanitären Bestrebungen, da die eine Ausweitung des Status letztlich im bisher "gehegten" Krieg unbekannte Brutalitäten zur Folge haben könnte. So würde u.U. der reguläre Soldat auf Zivilisten schießen, da diesen in aussichtsloser Lage doch auch nur das Schicksal des regulären Soldaten, die Kriegsgefangenschaft, drohen würde. Es gäbe mithin auch gar keinen Anreiz mehr, die beschränkenden Kriterien einzuhalten. Eine Zivilperson könnte also aus dem Hause oder an einem unübersichtlichen Ort auf Soldaten schießen, sich dann unverzüglich gefangennehmen lassen und unter dem Schutze der GK'en auf den Kriegsausgang warten. Auch die Zivilbevölkerung würde sich ständigen Repressionen der regulären Truppen ausgesetzt sehen und dann ihrerseits zu den Waffen greifen, d.h. diese Lage hätte den **totalen Krieg** zur Folge, vgl. Doehring in Festschrift Berber 1973, S.145. Nach Ansicht Doehrings wäre für den Freischärler die Rechtslage nach den GK'en von 1949 (Nichterfüllung der Voraussetzungen des Kombattantenstatus führt zu Anwendbarkeit von Strafrecht) nur dann wirklich abschreckend, wenn ihm bei Gefangennahme die Todesstrafe droht, vgl. ebd., S.146.

2 Für Schwarzenberger zieht sich die äußerst brutale Behandlung der Zivilbevölkerung wie ein roter Faden durch die Geschichte der Guerillakampfführung, vgl. ders. 1971, S.275

Kombattantenstatus zuteil würde, für den man eben keinen militärisch-strategischen "Preis" mehr zu entrichten hätte. Leidtragender wäre unausweichlich die Zivilbevölkerung. Deren Los darf bei Versuchen einer humanitär inspirierten Besserstellung irregulärer Kämpfer zu keiner Zeit aus dem Auge verloren werden und verdient im Zweifel Vorrang vor dem Zweck der humanitär-völkerrechtlichen Besserstellung von Kombattanten[1].

- Wie oben erwähnt, wurde eine Lockerung der Bedingungen des Art.4.A.2. III.GK und die Zubilligung des Kombattantenstatus an Guerillakämpfer u.a. mit Hinweis auf die Brutalisierung des Guerillakampfes begründet, die auch als Folge des fehlenden Kombattantenstatus für die Guerillakämpfer zu betrachten sei. Motto: Wenn schon keine Rechte, dann auch keine Beachtung humanitär-völkerrechtlicher Pflichten. Dies Argument ist kaum überzeugend. Besonders am Anfang eines von starker Asymmetrie der Machtmittel geprägten Guerillakonflikts kann über weite Strecken der Auseinandersetzung kaum damit gerechnet werden, daß die Guerillabewegung das humanitäre Völkerrecht beachten kann noch will, da dies die entscheidenden militärischen Vorteile ebendieser Guerillataktik praktisch aufheben würde. Daher werden im Zweifel eher militärische Erwägungen als die Aussicht auf eine verbilligte humanitäre "Prämie" das Verhalten der Guerillagruppe bestimmen[2].

- Vorstellbar wäre allenfalls, daß militärisch bereits nahezu regulär kämpfende Partisanen-/Guerillaarmeen eine Lockerung des Offenheitsprinzips als Anreiz zu völkerrechtskonformem eigenem Verhalten betrachten könnten. Dies würde jedoch an der mit einer solchen Lockerung potentiell einhergehenden Gefährdung der Zivilbevölkerung nichts ändern, da im Zweifel der Gegner eine Aufweichung der Anforderungen an die Offenheit und die daraus erwachsende Gefährdung seiner Truppen mit einer Neubewertung der militärischen Notwendigkeiten beantworten würde[3].

---

1 Kwakwa S.5

2 In diesem Zusammenhang ist ein Hinweis Bindschedlers interessant, wonach die meisten Partisanenbewegungen des II.WK auch dann keinen Kombattantenstatus erhalten hätten, wenn es damals schon die GK'en von 1949 gegeben hätte, vgl. ders. in Festschrift Verdross, S.59. Dies unterstreicht die Vermutung, daß die militärische Lage extrem verdecktes Kämpfen und Überraschungsangriffe gebot. Diese Lage hätte vermutlich auch bei einem leichteren Zugang zum Kombattantenstatus kaum etwas von ihrer Überzeugungskraft im Sinne verdeckten Kämpfens eingebüßt.

3 Dies wird er im übrigen losgelöst von der Rechtslage ohnehin tun und faktische Zugeständnisse ohne Rechtspflicht nur dort machen, wo dies für seine Truppen von Vorteil ist. Wenn allerdings bereits die Rechtslage ein großes Maß an verdecktem Kampf erlauben würde, dann müßte damit gerechnet werden, daß die grundlegende Pflicht zur Unterscheidung von militärischem Gegner und Zivilbevölkerung immer stärker mißachtet würde.

- Schließlich sollte folgender Aspekt berücksichtigt werden: die Anforderungen des Art.4.A.2. III.GK legen die Vermutung nahe, daß nur größere und militärisch gefestigte Guerillabewegungen die darin enthaltenen Voraussetzungen überhaupt erfüllen können. Gleichwohl wird eine militärisch bedeutsame Guerillabewegung, die nicht alle Kriterien des Art.4.A.2. III.GK erfüllt (Bsp.: es fehlt lediglich an der Zugehörigkeit zu einer Konfliktpartei), hoffen können, daß der Gegner auf pragmatischer Basis sich zu humanitären Zugeständnissen in dem Maße bereit finden wird, in dem sich auch die Guerillabewegung ihrerseits völkerrechtskonform verhält. Die Martens'sche Klausel lädt dazu ohnehin ein. Bei Vorliegen der entsprechenden militärischen Voraussetzungen werden nach Treu und Glauben handelnde Konfliktparteien auch aus Eigeninteresse sehr schnell den Weg zur Anwendung des Völkerrechts finden. Das "Spiel der Reziprozität" führte selbst die für ihre harte Partisanenbekämpfung bekannte Deutsche Wehrmacht im 2. Weltkrieg zu humanitärem Entgegenkommen (Verzicht auf Erschießung, Behandlung der Partisanen als Kriegsgefangene). Dieses Phänomen ist gerade auch aus nicht-internationalen Konflikten oder Konflikten von ungewisser Zuordnung bekannt (Bsp. Algerienkonflikt, Vietnamkrieg). Dort erklärten sich die USA sogar freiwillig zur Anwendung der Genfer Konventionen bereit, obwohl sich der Vietcong nicht völkerrechtskonform verhielt. Veuthey kommt in einer Untersuchung verschiedener Verhaltensanweisungen von Guerillabewegungen an ihre Kämpfer zu dem Schluß, daß diese aus Gründen der Reziprozität, der inneren Disziplin, der nationalen und internationalen öffentlichen Meinung und um nicht die Chancen einer späteren Einigung mit dem Gegner zu verbauen, häufig eine menschliche Behandlung gefangengenommener Gegner gefordert hätten. Ebenso hätte es auf Seiten der regulären Truppen oftmals humanitäre Zugeständnisse gegeben[1]. Für einen anderen Autor wird es auch in nicht-internationalen Konflikten Situationen geben, in denen es unpraktisch oder sogar unmöglich wird, jeden Rebellen als Hochverräter zu bestrafen (Frankreich während des Algerienkonflikts, Großbritannien während des Mau Mau - Aufstandes in Kenia). Die Todesstrafe wurde im letzteren Fall nur gegenüber Kämpfern ausgesprochen, die gezielt Zivilisten getötet hatten[2]. Gerade die z.B. im Vietnamkrieg feststellbare freiwillige Anwendung der Konventionen läßt einen Veränderungsbedarf im Hinblick auf eine Öffnung gegenüber Guerillabewegungen weniger dringlich als oftmals dargestellt erscheinen[3].

---

1 Vgl. ders. 1972, S.121 ff. (Partisaneninstruktionen) und 127 ff. (Instruktionen regulärer Truppen)

2 Vgl. Booysen S.43

3 Schindler bezeichnet angesichts des Dilemmas nicht ohne Grund die *freiwillige Anwendung der GK* über das rechtlich Geforderte hinaus als einzig befriedigende Lösung, vgl. ders. 1965, S. 102,103

- Gleichwohl war aufgrund verschiedener Entwicklungen u.a. auf dem Gebiet der Waffentechnik ein Reformbedarf der Genfer Regelungen von 1949 durchaus zu begründen. Schindler bedauert die Rechtslage, die Guerillakämpfer mangels eigener Rechtsposition nicht zur Einhaltung der GK'en motiviert und so zur Unterhöhlung der Konventionen beiträgt[1]. Auch Draper sieht Reformbedarf, z.B. auch bzgl. Anpassung des Kriteriums "erkennbares Unterscheidungsmerkmal" an die moderne Waffentechnik und auf das Erfordernis des offenen Waffentragens[2]. Auch für Meyrowitz ist das bestehende Recht nicht adäquat. Er schlägt bzgl. Art.4.A.2.b) und c) - erkennbares Unterscheidungsmerkmal und offenes Waffentragen - eine Reform vor, will aber zu Recht das Prinzip gewahrt wissen: "Se distinguer, dans les opérations militaires, de la population civile". Daher wäre z.B. denkbar der Verzicht auf *ständige* Unterscheidung von der Zivilbevölkerung, gegenüber **dem Gegner** jedoch muß im Interesse des Schutzes der Zivilbevölkerung diese Trennung gewahrt bleiben. Schwierige Probleme stellen sich jedoch bei der Frage, wie eine theoretisch mögliche Begrenzung auf die Kampfhandlungen ("pendant les opérations militaires") zu definieren wäre. Ferner sind z.B. reguläre Soldaten stets legales Angriffsziel, Guerilleros wären es nicht. Meyrowitz beurteilt die Möglichkeit einer Beschränkung der Unterscheidungspflicht auf militärische Operationen wie folgt: "La clandestinité légalisée, c'est l'hélicoptère des guerilléros"[3]. Für ihn bestünde z.B. die Möglichkeit, eine Unterscheidung von der Zivilbevölkerung entweder durch das offene Waffentragen oder durch Tragen eines erkennbaren Zeichens einzuführen[4]. Bierzanek schlägt vor, die Bedingungen für den Kombattantenstatus auf Organisationsgrad und Einhaltung der "Gesetze und Gebräuche des Krieges" zu reduzieren. Selbst bei deren häufiger Nichtbeachtung sollte nicht gleich der Guerillabewegung der Status einer "Widerstandsbewegung" i.S.d. Art.4.A.2. III.GK vorenthalten werden[5]. Veuthey unterstreicht die Notwendigkeit, "d'inclure la guerilla dans le champ d'application du droit humanitaire"[6].

---

[1] Vgl. ders. 1965, S.103

[2] Vgl. ders. 1971, S.185, 203, 204

[3] Vgl. ders. 1973, S.913. Vgl. auch ebd. S.911, 912. Für Meyrowitz ist es sehr schwer, die goldene Mitte zu finden zwischen der zu Recht kritisierten Härte der Bedingungen nach Art.4.A.2.b) und c) III. GK und einer Liberalisierung, die die Zivilbevölkerung größter Gefahr aussetzte, vgl. ebd. S.913.

[4] Vgl. Meyrowitz, ebd. Reformvorschläge finden sich auch bei Veuthey 1972, S.133.

[5] Vgl. ders. S.76

[6] Vgl. ders. 1976, S.17

- Der Reformbedarf ergab sich insbesondere mit Blick auf innerstaatliche Konflikte[1]. Seidl-Hohenveldern kritisiert die Rechtslage gemäß den GK'en von 1949 unter Hinweis auf die Tatsache, daß in Art.3 - Konflikten ein Guerillakämpfer in einem unter den gemeinsamen Art.3 fallenden Konflikt nach einem rechtsstaatl. Verfahren auch dann hingerichtet werden kann, wenn er sich zuvor freiwillig an die (für internationale Konflikte geltenden) Regeln des Art.4.A.2. III.GK gehalten hat. Dies beschreibt er als eine zu harte Bestrafung[2]. Allerdings ist darauf hinzuweisen, daß gleiches auch im internationalen Konflikt für Guerillakämpfer gilt, die zwar völlig konform mit Art.4.A.2.a)-d) gekämpft haben, deren Bewegung aber nicht im Sinne dieser Vorschrift "zu einer Konfliktpartei gehört". Der einzelne Guerillakämpfer zahlt hier einen hohen Preis für die rechtliche Asymmetrie zwischen seiner Bewegung und dem staatlichen Konfliktgegner. Dieser Preis ist jedoch Folge der grundlegenden Unterscheidung, die das humanitäre Völkerrecht zwischen internationalen und nicht-internationalen Konflikten trifft und an der die Staaten festhalten.

- Dabei verdient jedoch festgehalten zu werden, daß der entscheidende Maßstab bei Vorstößen im Sinne einer Lockerung der Kriterien des Art.4.A.2. III.GK zugunsten von Guerillaauseinandersetzungen nicht zuerst der humanitäre Vorteil der Guerillakämpfer, sondern der Schutz der Zivilbevölkerung sein sollte. *Das humanitäre Völkerrecht kann Guerillabewegungen durch Lockerung der Voraussetzungen des Kombattantenstatus nur ein kurzes Wegstück folgen, ohne den elementaren Schutz der Zivilbevölkerung und die Einhaltung seiner Regeln durch die Staaten aufs Spiel zu setzen.* Hieraus ergeben sich Grenzen des völkerrechtlichen Entgegenkommens gegenüber Guerillakämpfern[3]. Draper hat dies 1969 vor der Istanbul-Konferenz des IKRK in eindringliche Worten zum Ausdruck gebracht:

> "....Once you allow the irregular combatant, the peasant by day, the soldier by night, the man without a uniform but with a bomb in his pocket, the civilian in the street who throws a bomb through a cafe window and runs - once you allow such people to be brought within the proper ambit of the ius in bello, then you open 'Pandora's Box', and you make unmitigated misery for every civilian, who loses what precious legal protection he has under the Law of War... Once the

[1] Vgl. hierzu Draper 1971, S.195.

[2] Vgl. ders. 1973, S.83

[3] Meyrowitz spricht von "Limites de l'adaptation nécessaire", die nicht überschritten werden dürfen ohne den Grundzielen des humanitären Völkerrechts selbst zu widersprechen, vgl. ders. 1973, S.876. Schwarzenberger warnt vor zuviel gutgemeintem Mut bei Bestrebungen einer Ausweitung des Kombattantenstatus für Guerillakämpfer, vgl. ders. 1991, S.275

guerilla fighter, the man with the bomb who is a civilian in all outward appearances but can blow you to smithereens as you pass him, once you bring such a person within the framework of the protection given to regular armed combatants under Article 4 of the Geneva Prisoner-of-War Convention, you make life for every single civilian hang upon a thread..."[1].

- Diese Grenzen wurden bei Forderungen nach humanitären Zugeständnissen ggü. Guerillakämpfern oft nachgerade sträflich mißachtet. Ein Beispiel dafür ist die Argumentation Rubins:

> "To argue that soldiers in a movement that is not yet sufficiently successfull to warrant the application of the law of armed conflict deserve no treatment other than the humanitarian treatment which international law prescribes for criminals, is to argue that well motivated and honorable individuals acting in conformity with the laws and customs of war may be treated as ordinary criminals......It is difficult to understand how such a system of classification supports respect for the laws and customs of war...."[2].

Solche Argumente übersehen zunächst, daß gerade die Unterscheidung von der Zivilbevölkerung zu diesen Pflichten gehört und daß die Asymmetrie der rechtlichen Stellung im innerstaatlichen Bereich zwingende Folge des genossenschaftlichen, zwischenstaatlichen Charakters des Völkerrechts ist. Davon abgesehen bleibt diese Argumentation Kriterien für die Abgrenzung "nach unten" schuldig, da man nach ihrer Logik auch politisch motivierten Bankräubern Kombattantenstatus zubilligen könnte. Zu beachten ist auch, daß Staaten kaum bereit sein werden, Guerillakämpfern das humanitär-völkerrechtliche Privileg des Kombattantenstatus zu verleihen, die durch verdeckte Kampfweise die regulären Truppen des Gegners in ständige Gefahr bringen, Opfer von Überfällen aus dem Hinterhalt zu werden[3]. Es wird im weiteren noch darzulegen sein, inwieweit die Kombattantenregelung des ZP I dem Schutz der Zivilbevölkerung einen Dienst erwiesen hat.

---

[1] zitiert bei Meron, S.63

[2] vgl. ders. 1983, S.230

[3] Doehring erinnert daran, daß die Staaten kaum hinnehmen würden, ihre Truppen aus dem Hinterhalt dezimiert zu sehen, um den sich alsbald darauf ergebenden Tätern den Kriegsgefangenenstatus zu verleihen, damit diese als Kriegsgefangene in aller Ruhe den Ausgang des Konflikts abwarten können, vgl. ders. in Festschrift Berber, S.145,146

IV. DAS PROBLEM DER SOGENANNTEN "NATIONALEN BEFREIUNGSKRIEGE"

Die seit 1960 bis zum Beginn der CDDH im Jahre 1974 vor allem im Rahmen der GV verstärkt geführten Diskussionen um Dekolonisierung, Selbstbestimmungsrecht und nationale Befreiungskriege sowie um die Auswirkungen dieser Phänomene gleichermaßen auf ius ad bellum wie ius in bello bilden den unverzichtbaren Hintergrund für das Verständnis von Entstehung und Inhalt derjenigen Regelungen in ZP I, die als Anpassung des humanitären Völkerrechts an das - noch näher zu definierende- Phänomen nationaler Befreiungskriege verstanden werden müssen[1]. Ausgangspunkt war eine spezifische Auslegung des Selbstbestimmungsrechts der Völker, welche die angenommene besondere Legitimität der sog "nationalen Befreiungskriege" widerspiegelte. Anwalt dieser Legitimität waren vor allem die Staatenmehrheit der Dritten Welt in der VN-GV, aber auch die sozialistischen Staaten, welche den "nationalen Befreiungskrieg" vor allem als Vehikel des weltweiten Klassenkampfes in Zeiten des Kalten Krieges betrachteten. Aus diesen Prämissen ergaben sich spezifische, "befreiungskriegsfreundliche" Auslegungen der durch die GK'en von 1949 vorgegebenen Rechtslage[2], andererseits aber auch Forderungen, die GK'en den besonderen Bedingungen nationaler Befreiungskriege entsprechend anzupassen.

1. Das Selbstbestimmungsrecht der Völker und seine Bedeutung für die "Nationalen Befreiungskriege"

a) Die historische Entwicklung des Selbstbestimmungsrechts der Völker bis zu seiner Verankerung in der Satzung der Vereinten Nationen

Die Selbstbestimmung der Völker ist jenes Postulat, ohne das der neuere Begriff des nationalen Befreiungskrieges nicht denkbar ist. Es soll daher zum besseren Verständnis vor der Diskussion aktueller Fragen die historische Entwicklung und Entstehung des Selbstbestimmungsgrundsatzes bis zum Beginn seiner Ausformung unter der Geltung der Satzung der Vereinten Nationen im Überblick dargestellt werden.

---

1 Vgl. Art.1(4),44,96(3) ZP I und -in einem weiteren Sinne- auch Art 47 ZP I (vgl. die genannten Vorschriften in BGBl. 1990 II, S. 1560, 1584, 1586, 1619)

2 Vgl. unten E.IV.4.

Ideengeschichtliche Ausgangspunkte des Selbstbestimmungsrechts der Völker sind der Grundsatz der Gleichheit zwischen den Menschen und die Vorstellung eines Sozialkontrakts zwischen Regierenden und Regierten als Grundlage legitimer Herrschaft[1]. Die eigentliche Entwicklung und Ausformung des Prinzips begann jedoch erst mit den demokratischen Umwälzungen in Amerika und Frankreich gegen Ende des 18. Jahrhunderts[2]. So verkündet die amerikanische Unabhängigkeitserklärung von 1776, daß eine Regierung ihre rechtmäßige Gewalt nur von der Zustimmung der Regierten ableiten kann. Deren Freiheitsrechte zu sichern ist Zweck jeder Regierung[3]. Die Französische Revolution setzte monarchischem Machtmißbrauch das Prinzip der Volkssouveränität entgegen[4]. Das Selbstbestimmungsprinzip enthielt somit von Anfang an ein Element der Herausforderung der legalen staatlichen Ordnung[5]. Es erlangte im Gefolge der Französischen Revolution über den zunächst innerstaatlich-konstitutionellen Bereich hinaus auch eine Bedeutung für die zwischenstaatlichen Beziehungen: danach bedürfen Grenzveränderungen eines Staates der durch Plebiszit zu ermittelnden Zustimmung der Bevölkerung[6]. Indes ordneten

---

1 Heidelmeyer, S.10. Rabl weist auf frühe Zusammenhänge mit dem Widerstandsrecht gegenüber ungerechter Herrschaftsausübung hin, vgl. ders., S.4-6

2 Delbrück spricht von einer "Politisierung" des ursprünglich die freie Bestimmung des vernunftbgabten Wesens über sich selbst zum Ausdruck bringenden Selbstbestimmungsgedankens, vgl. ders. S.181

3 Ihr Beginn lautet: "We hold these truths to be self-evident, that all men are created equal, that they are endowed by their Creator with certain inalienable Rights, that among these are Life, Liberty and the pursuit of Happiness. - That to secure these Rights, Governments are instituted among Men, deriving their just powers from the consent of the governed, - That whenever any Form of Government becomes destructive to these ends, it is the Right of the People to alter or to abolish it, and to institute new Government, laying its foundation on such principles and organizing its powers in such form, as to them shall seem most likely to effect their safety and Happiness." Text bei H.St. Commager, Documents of American History, 6. Aufl. New York 1958, Bd.I, S.100

4 Heidelmeyer, S.12; Thürer 1976, S.16. Für Delbrück erweist sich in dieser innerstaatlichen Stoßrichtung der freiheitlich-naturrechtliche und demokratische Inhalt des Selbstbestimmungsgedankens, vgl. ders. S.181. Die Bedeutung der Volkssouveränität für das Selbstbestimmungsprinzip betont auch Oeter, S.744

5 Sandoz/Swinarski/Zimmermann RZ 70. Die eigentliche politische Brisanz sieht Delbrück alerdings in der auf Gruppen innerhalb eines Staates bezogenen *nationalen* Selbstbestimmung begründet, vgl. ders. S.183

6 Thürer 1976, S.17,19; dieser Autor sieht diese Phase der Entwicklung im Zeichen des "demokratischen" Selbstbestimmungsrechts, vgl. ders. 1984, S.115. Delbrück spricht im Zusamenhang mit Plebisziten in Savoyen und Nizza beim Anschluß an Frankreich 1792 von einer Wende des Selbstbestimmungsgedankens von der innerstaatlichen Stoßrichtung hin zum internationalen Bereich und vom Ursprung des modernen Bgriffs der

die Staaten des Wiener Kongresses die europäische Landkarte ohne Rücksicht auf die Zustimmung der davon betroffenen Völker[1].

Im weiteren Verlauf des 19. Jahrhunderts verbanden sich die Gedanken der Volkssouveränität und der Volksabstimmung mit dem Konzept nationaler Selbstbestimmung. Dieses billigte der Nation eine eigene Personalität und politische Eigennatur zu und mündete in der Forderung nach Bildung von Nationalstaaten[2]. Sie stand dabei im Zeichen der neu entstandenen Konzeption des nationalen Selbstbestimmungsrechts[3], welches jedoch mehr in der öffentlichen Meinung der Staaten als etwa in deren internationaler Praxis oder der Völkerrechtslehre verwurzelt war[4]. Hieran änderte sich bis zum 1.Weltkrieg nichts.

Einen neuen, starken Impuls erhielt der Selbstbestimmungsgrundsatz gegen Ende des 1.Weltkrieges durch den amerikanischen Präsidenten Wilson sowie durch die russische Oktoberrevolution im Jahre 1917. Diese bekannte sich nachdrücklich zu einem Selbstbestimmungsrecht, welchem der Rang eines allgemeinen Prinzips des Völkerrechts zuerkannt wurde[5]. Dieses Prinzip rangierte jedoch unter den Erfordernissen der weltweiten sozialistischen Revolutionsdynamik[6] und wurde hinsichtlich des Rechtsträgers auf die jeweils revolutionäre

---

"nationalen Selbstbestimmung". Im Vordergrund stehe nicht die Freiheit des Einzelnen *im* Staat, sondern die Stellung eines Kollektivs *als* Staat, wobei die "demokratische" Selbstbestimmung mit der nationalen Selbstbestimmung nicht zwingend zusammenhänge, vgl. ders. S.182

1 Rigo Sureda, S.18

2 Heidelmeyer, S.12,13; Rigo Sureda, S.18; Thürer 1976, S.21. Zur Entwicklung der Selbstbestimmungsbewegung bis in die zweite Hälfte des 19. Jahrhunderts vgl. Rabl, S.11-32

3 Oeter bezeichnet die Forderung nach nationaler Selbstbestimmung als "Kampfprinzip" des liberalen Bürgertums, vgl. ders. S.744

4 Thürer 1976, S.24. Rabl weist darauf hin, daß der Begriff "Selbstbestimmungsrecht der Völker" erstmals in den 70-iger Jahren des 19. Jahrhunderts erwähnt wurde, vgl. ders., S.32. Rabl zitiert stellvertretend für eine damals weit verbreitete Ansicht den deutschen Historiker Heinrich von Sybel mit den Worten: "Im Prinzip der Selbstbestimmung vermögen wir nichts zu erkennen als inhaltsleere Trivialität oder eine Lüge....", vgl. Rabl, S.42

5 Thürer 1984, S.117; Rigo Sureda, S.20

6 So erklärte Stalin bereits 1918: "Das Prinzip der Selbstbestimmung muß ein Mittel im Kampf für den Sozialismus sein und den Prinzipien des Sozialismus untergeordnet werden", zitiert nach Rabl, S.97. Zum sozialistischen Standpunkt insgesamt Rabl, S.96-102; Heidelmeyer, S.58 ff. Für Delbrück war nach sozialistischer Auffassung das SBR nur ein Instrument des Klassenkampfes, vgl. ders. S.183, 184

Klasse eingeengt[1]. In seiner berühmten Rede vor dem amerikanischen Kongreß im Januar 1919 formulierte US-Präsident Wilson seine "14 Punkte", in denen er sich zur Selbstbestimmung der Völker bekennt[2]. Dieses Bekenntnis prägte jedoch nicht die Ergebnisse der im Januar 1918 aufgenommenen Friedensverhandlungen, bei denen die Friedenssicherung und die Interessen der Sieger den Spielraum für eine Berücksichtigung des Prinzips der Selbstbestimmung definierte[3]. Weder in der Zwischenkriegszeit noch nach Ende des 2. Weltkriegs war bei den eher willkürlichen Grenzregelungen in Europa das Prinzip der nationalen Selbstbestimmung ein die Entscheidungen maßgeblich beeinflussender Faktor[4].

Entgegen einem entsprechenden Vorschlag von US-Präsident Wilson erwähnte die Völkerbundsatzung das Selbstbestimmungsrecht der Völker nicht ausdrücklich. Zwar verpflichtet Art.10 die Bundesmitglieder, "die Unversehrtheit des Gebietes und die bestehende politische Unabhängigkeit aller Bundesmitglieder zu achten"[5], darin liegt jedoch keine erkennbare Kodifikation des Selbstbestimmungsrechts der Völker. Gleiches gilt für Art.1 (2) der Satzung, wonach auch "Dominien oder Kolonien mit voller Selbstverwaltung" Bundesmitglieder werden können[6]. Auch Art.22 (1) der Satzung, der sich mit dem Mandatsystem befaßt und dem die Vorstellung einer (allerdings vom Entwicklungsstand anhängigen) Selbstregierung ehemaliger Kolonien und nicht-souveräner Gebiete

---

[1] Heidelmeyer, S.63; Rigo Sureda, S.20

[2] Text bei H. St. Commager, Documents of American History, 6.Aufl., New York, Bd.II 1958, S.317 ff. Heidelmeyer zweifelt, ob Wilson bereits in dieser Rede oder erst später in den Reden vom Februar, April, Juli und September 1918 den Selbstbestimmungsgrundsatz angesprochen hat, vgl. Heidelmeyer, S.20

[3] Seidl-Hohenveldern, 9.Aufl. 1997, S.292. Für Thürer blieb "von der Doktrin Wilsons ...... am Ende der Friedensverhandlungen nicht mehr viel übrig", vgl. ders. 1976, S.31. vgl. für eine ähnliche Ansicht auch Heidelmeyer, S.35; Rigo Sureda, S.21. Delbrück sieht den Selbstbestimmungsgedanken teilweise verwirklicht, jedoch durch massive militärstrategische und wirtschaftliche Interessen überlagert und beiseite geschoben, sodaß aus seiner Sicht von der nationalen Selbstbestimmung mehr gesprochen als danach gehandelt wurde, vgl. ders. S.187, 188. Für Oeter legitimierte das Sellbstbestimmungsargument den Zusammenbruch des Zarenreichs und der Donaumonarchie, vgl. ders. S.745. Zu nennen wäre auch der Zerfall des osmanischen Reiches. Dieser Autor weiter: "Imperiale Machtpolitik traditioneller Form und die neuen Prinzipien gingen in den Pariser Vorortverträgen eine merkwürdige Verbindung ein, deren Hervorbringungen das Staatengefüge Europas oft bis heute als schwärende Wunden belasten", vgl. ebd. S.746

[4] Vgl. dazu insgesamt Delbrück, S.187-191

[5] Text bei Berber, Dokumente, Bd.I, S.4

[6] Berber, Dokumente, Bd.I, S.1

zugrundeliegt[1], enthält keine ausdrückliche Bekräftigung des Selbstbestimmungsrechts[2]. An dieser, von der Juristenkommission im Aaland-Fall festgestellten Rechtslage änderte sich bis zum 2.Weltkrieg nichts[3].

In der zwischen den Vereinigten Staaten und Großbritannien am 14.8.1941 verabschiedeten Atlantikcharta bekräftigen beide Länder u.a.:

- "Sie wünschen keine Gebietsveränderungen, die nicht mit den frei zum Ausdruck gebrachten Wünschen der betreffenden Völker übereinstimmen.

- Sie anerkennen das Recht aller Völker, die Regierungsform zu wählen, unter der sie leben wollen; und sie wünschen, daß denen souveräne Rechte und Selbstregierung zurückgegeben werden, die ihrer gewaltsam beraubt worden sind"[4].

Die vielfachen Grenzveränderungen nach Ende des 2.Weltkrieges wurden diesen Ansprüchen nicht gerecht, da sie ohne Plebiszite und Regelungen zum Minderheitenschutz erfolgten. Die Ausweisung und - nach heutiger Terminologie-

---

[1] Berber, Dokumente, Bd.I, S.9. Einige Autoren sehen hierin den Keim und Vorläufer der späteren Dekolonialisierung, welche den sog. "non self-governed territories" einen eigenen, von der Kolonialmacht getrennten Status zubilligt, vgl. Wilson, S.56; Rigo Sureda, S.25; Seidl-Hohenveldern, 6.Aufl. 1987, RZ 116.

[2] Vgl. eine vom Völkerbundrat im Aaland-Fall 1920 beauftragte, aus drei Mitgliedern zusammengesetzte Juristenkommission, die in ihrem Bericht ausführte: "Obwohl der Grundsatz des Selbstbestimmungsrechts der Völker einen wichtigen Platz in der modernen politischen Gedankenwelt einnimmt, vor allem seit dem Weltkrieg, muß hervorgehoben werden, daß er nicht in der Völkerbundsatzung Aufnahme gefunden hat. Und die Bekräftigung dieses Grundsatzes in einer gewissen Anzahl von internationalen Verträgen kann nicht genügen, um ihn als einen der positiven Sätze des Völkerrechts erscheinen zu lassen", Text bei Müller/Wildhaber, S.147. vgl. auch Verzijl, International Law in Historical Perspective, Leyden 1968, S.328-332

[3] Wilson, S.58. vgl. zum Aaland-Fall Chadwick, S.22,23. Für Sandoz/Swinarski/Zimmermann erhielt der Selbstbestimmungsgrundsatz jedoch zumindest den Charakter eines politischen Leitprinzips, vgl. ebd. RZ 70. Delbrück schreibt: "Ein Rückblick auf die Entwicklung des Selbstbestimmungsgedankens während der Tätigkeitszeit des Völkerbundes zeigt, daß einerseits zwar die Ausdehnung dieses Gedankens auch auf die Gebiete außerhalb Europas große Fortschritte gemacht hatte, daß sich aber andererseits machtpolitische Interessen der Kolonialmächte und das absolute Souveränitätsdenken vor allem der europäischenStaaten, das sich schon bei den Beratungen der Satzung des Völkerbundes gezeigt hatte, in der Staatenpraxis als stärker erwiesen als das Prinzip der Selbstbestimmung", vgl. ders. S.193

[4] Text bei Berber, Dokumente, Bd.II, S.2262

als "ethnische Säuberung" vollzogene Vertreibung von ca. 3 Millionen Deutschen aus der Tschechoslowakei und 12 Millionen aus den unter polnische Verwaltung gestellten deutschen Ostgebieten stellte eine krasse Verletzung des Selbstbestimmungsprinzips dar[1]. Angesichts dieses Auseinanderfallens der Grundsätze der Atlantikcharta und der geübten Staatenpraxis kann am Vorabend der Verabschiedung der UN-Charta von einem ausgeformten, gesicherten Rechtsprinzip nicht die Rede sein[2].

b) Das Selbstbestimmungsrecht der Völker (SBR) im heutigen Völkerrecht

aa) Ausgestaltung in Satzung und Praxis der Vereinten Nationen

In den Jahrzehnten nach dem 2. Weltkrieg wurde das SBR in den VN intensiv diskutiert und behandelt, besonders im Zusammenhang mit der Dekolonisierung[3]. Die Charta der Vereinten Nationen erwähnt den Grundsatz der Selbstbestimmung der Völker in Art.1 Absatz 2 des Kapitels über die Ziele und Grundsätze der Vereinten Nationen sowie in Art.55, der sich in dem Kapitel über Internationale Zusammenarbeit auf wirtschaftlichem und sozialem Gebiet befindet[4]. Die Kapitel XI-XIII über Hoheitsgebiete ohne Selbstregierung, Treuhandsystem und Treuhandrat[5] setzen den Grundsatz der Selbstbestimmung voraus. Das Selbstbestimmungsrecht ist in der UN-Charta selbst nicht näher definiert worden und auch die Entstehungsgeschichte der einschlägigen Satzungsbestimmungen gibt hierüber keinen Aufschluß[6]. Es wurde jedoch seit Gründung der Vereinten Nationen in der Praxis der Organisation konkretisiert und aus-

---

1 Thürer 1976, S.35,36.

2 Heidelmeyer, S.138

3 Vgl. hierzu Chadwick, S.24-28

4 In Art.1 Abs.2 setzen sich die Vereinten Nationen u.a. das Ziel, "freundschaftliche, auf der Achtung vor dem Grundsatz der Gleichberechtigung und Selbstbestimmung der Völker beruhende Beziehungen zwischen den Nationen zu entwickeln und andere geeignete Maßnahmen zur Festigung des Weltfriedens zu treffen." Text bei Berber, Dokumente, Bd.I, S.14. In Art.55 setzen sich die Vereinten Nationen das Ziel, "jenen Zustand der Stabilität und Wohlfahrt herbeizuführen, der erforderlich ist, damit zwischen den Nationen friedliche und freundschaftliche, auf der Achtung vor dem Grundsatz der Gleichberechtigung und Selbstbestimmung der Völker beruhende Beziehungen herrschen..." Text bei Berber, Dokumente, Bd.I, S.27.

5 Berber, Dokumente, Bd.I, S.31 ff.

6 Dies bedauert L.C. Green, vgl. ders. 1993, S. 59; vgl. hierzu m.w.N. auch Delbrück, S.193

gestaltet[1]. Dies geschah auf dem Gebiet der Menschenrechte und besonders im Zusammenhang mit der Dekolonisierung[2]. Das SBR fand darüber hinaus auch Aufnahme in der jeweiligen Charta von OAU und OAS[3].

Im Bereich der Menschenrechte ist vor allem die Aufnahme des Selbstbestimmungsgrundsatzes in die beiden internationalen Pakte über bürgerliche und politische Rechte[4] sowie über wirtschaftliche, soziale und kulturelle Rechte[5] vom 19. Dezember 1966 von Bedeutung, da durch sie eine neue, eigenständige Grundlage für das SBR geschaffen wurde. Nach dem gleichlautenden Art.1 beider Pakte haben alle Völker das Recht auf Selbstbestimmung[6]. Für Thürer ist der erste Absatz des Artikels 1 zur klassischen Legaldefinition des SBR geworden[7]. Bezeichnenderweise wird darin nicht zwischen verschiedenen Kategorien

---

1 Zu dieser Praxis Heidelmeyer, S.183 ff.; Rabl, S.202 ff.; Lombardi, S.189 ff.

2 Lombardi, S.180; Abi-Saab in RdC 1979, S.369,370. Delbrück weist darauf hin, daß das Selbstbestimmungsprinzip seinerzeit sowohl für die Sowjetunion als auch für die USA ein Begründungskonzept im Rahmen der Dekolonisierung war, daß aus Sicht der Sowjetunion das Prinzip jedoch darüberhinaus eine wichtige Waffe gegen den Westen im internationalen Klassenkampf darstellte, vgl. ders. S.194

3 Vgl. hierzu Wienrich, S.58

4 United Nations Treaty Series, Bd.999, S.171; deutscher Text in Vereinte Nationen, Bd.22 (1974), S.16

5 United Nations Treaty Series, Bd.999, S.3; deutscher Text in Vereinte Nationen, Bd.22 (1974), S.21

6 Der deutsche Text lautet:

1) Alle Völker haben das Recht auf Selbstbestimmung. Kraft dieses Rechts entscheiden sie frei über ihren politischen Status und gestalten in Freiheit ihre wirtschaftliche, soziale und kulturelle Entwicklung.

2) Alle Völker können für ihre eigenen Zwecke frei über ihre natürlichen Reichtümer und Mittel verfügen, unbeschadet aller Verpflichtungen, die aus der internationalen wirtschaftlichen Zusammenarbeit auf der Grundlage des gegenseitigen Wohles sowie aus dem Völkerrecht erwachsen. In keinem Falle darf ein Volk seiner eigenen Existenzmittel beraubt werden.

3) Die Vertragsstaaten, einschließlich der Staaten, die für die Verwaltung von Gebieten ohne Selbstregierung und von Treuhandgebieten verantwortlich sind, haben entsprechend den Bestimmungen der Charta der Vereinten Nationen die Verwirklichung des Rechts auf Selbstbestimmung zu fördern und dieses Recht zu achten.

7 Thürer 1984, S.122. Art.1 Absatz 2 läßt ein auf wirtschaftliche Selbstbestimmung gerichtetes, neues Selbstbestimmungskonzept erkennen. Die Formulierung fand auch Aufnahme in die Prinzipiendeklaration GA Res. 2625 (XXV) und die KSZE-Schlußakte von Helsinki 1975, vgl. Weinrich, S.59

von "Völkern" oder bestimmten Fallgestaltungen bei der Zuordnung dieses Rechts unterschieden[1].

Anknüpfend an die oben erwähnten Kapitel XI bis XIII der UN-Charta, welche auf die Überwindung des Kolonialismus gerichtet sind und das Prinzip der Selbstbestimmung zur gedanklichen Voraussetzung haben, bildete sich im Rahmen der Vereinten Nationen eine besondere, auf den Prozeß der Dekolonisierung zugeschnittene Praxis heraus und war Hauptgegenstand der Bemühungen um Konkretisierung des modernen SBR[2]. Sie fand ihren Niederschlag vor allem in Resolutionen der Generalversammlung. Dabei ging es in einer ersten Phase um die Festlegung von Maßstäben und Faktoren, die eine koloniale von einer nicht-kolonialen Situation unterscheidbar machen und den Übergang von der einen in die andere bestimmen[3]. Damit sollten diejenigen Situationen und Territorien beschrieben werden, in Bezug auf welche der Kolonialmacht gegenüber den Vereinten Nationen gemäß Art.73e der Satzung eine Berichtspflicht zukam. Auf diesem Wege dehnten die Vereinten Nationen ihre Aufsichtsbefugnisse aus, ohne dabei auf die Feststellung materieller Selbstbestimmungsinhalte Wert zu legen[4].

Im Jahre 1960 verabschiedete die Generalversammlung die berühmte "Deklaration über die Gewährung der Unabhängigkeit an koloniale Länder und Völker"[5], welche die bisherige Dekolonisierungspraxis zusammenfaßte und sie auf eine neue Grundlage stellte[6]. Res.1514 stellt die am häufigsten zitierte unter

---

1 Dies steht für Bothe/Partsch/Solf in auffälligem Kontrast zu den späteren antikolonialen Festlegungen bei der Ausgestaltung des SBR durch die VN, vgl. ebd. S.48

2 Doehring 1974, S.9. vgl. auch Delbrück, S.193-196, für den dieser Prozeß nicht nur Ergebnis von rechtlichen Überzeugungen, sondern mindestens ebenso des Ost-West-Konflikts war.

3 GA-Res 567 (VI); GA-Res 648 (VII); GA-Res 742 (VIII). In GA-Res 1541 (XV) wird festgelegt, daß Selbstregierung erreicht werden kann durch Errichtung eines souveränen unabhängigen Staates, durch freie Vereinigung mit einem souveränen unabhängigen Staat oder durch freie Integration mit einem unabhängigen Staat. vgl. zu diesen Resolutionen und der Anfangsphase der Dekolonisierungspraxis auch Thürer 1976, S.131-135; Rigo-Sureda, S.226,227

4 Thürer 1976, S.132; Heidelmeyer, S.223

5 GA-Res 1514 (XV), deutsche Übersetzung in Vereinte Nationen Bd.10 (1962), S.117. Text im Anhang

6 Thürer 1976, S.137

allen Resolutionen in der Geschichte der UN dar[1]. Sie wurde seit ihrer Verabschiedung stets als ausreichende und eigenständige rechtliche Grundlage für den Prozeß der Dekolonisierung angesehen[2]. In der Präambel verkündet die Generalversammlung "die Notwendigkeit, den Kolonialismus in allen Erscheinungsformen schnell und bedingungslos zu beenden." Ein wichtiges Ziel bestand also in der Beschleunigung des Dekolonisierungsprozesses.

An Resolution 1514 schloß sich in den 1960-iger Jahren eine umfangreiche UN-Praxis an, in deren Zuge das Selbstbestimmungskonzept für diesen Bereich sowohl verfeinert als auch ausgedehnt wurde [3].

Von grundlegender Bedeutung für die Entwicklung des Selbstbestimmungsrechts der Völker ist die anläßlich des 25-jährigen Bestehens der VN nach intensiven Vorarbeiten eines entsprechenden Ausschusses verabschiedete "Friendly Relations-Declaration" (FRD) der Generalversammlung vom 24.10.1970[4]. Die - per Konsens ohne Gegenstimmen angenommene[5] - Friendly

---

1 Pomerance 1982, S.1. Für diesen Autor war die Resolution der Beginn einer revolutionären Entwicklung im Rahmen der Vereinten Nationen, der Ausgangspunkt für ein - von ihm scharf kritisiertes- neues "UN-Recht der Selbstbestimmung", vgl. ders. S.11,12

2 Thürer 1976, S.138

3 Thürer 1976, S.139,146; Wilson, S.69,70. Dies gilt besonders für die Resolutionspraxis zu Rassismus und Apartheid, die sich regelmäßig auf Resolution 1514 berief, vgl. die umfangreiche Auflistung bei Lombardi, S.264-266. Die Rassendiskriminierung wird dort als eine Form des Kolonialismus verstanden, Lombardi, S.205,213; Thürer 1976, S.145,146. Die Gleichstellung von Kolonialismus und Rassismus erstaunt insofern, als sie auf unterschiedliche Ziele gerichtet ist: im ersten Fall Sezession vom Mutterland, im letzteren Fall Umgestaltung der inneren Ordnung unter Beibehaltung der staatlichen Einheit. Auch das Palästinenserproblem wurde 1971 erstmals von der UN-Generalversamlung in einen kolonialen Kontext gestellt, vgl. Wilson, S.73; vgl. auch Salmon 1976, S.28

4 "Erklärung über die Grundsätze des Völkerrechts betreffend die freundschaftlichen Beziehungen und die Zusammenarbeit unter den Staaten in Übereinstimmung mit der Charta der Vereinten Nationen", GA-Res 2625 (XXV), deutscher Text (ohne Präambel) bei Müller/Widhaber, S.493 ff. Die endgültige Fassung der Deklaration befindet sich im Annex zur Resolution. Zur langjährigen Entstehungsgeschichte vgl. Thürer 1976, S.177-180. Zum Selbstbestimmungsrecht nach der Friendly Relations- Deklaration vgl. Ermacora, Die Selbstbestimmung im Lichte der UN-Deklaration betreffend die völkerrechtlichen Grundsätze über die freundschaftlichen Beziehungen und die Zusammenarbeit zwischen den Staaten entsprechend der Charta, in: Internationales Recht und Diplomatie 1972, S.55 ff.

5 Gnesa, S,115. Dieser Tatsache sollte jedoch keine allzu gewichtige Bedeutung beigemessen werden, da der Text der FRD so weit auslegbar ist, daß weder Enthaltung noch Gegenstimme erforderlich schien. Die eigentlichen, bis zum Schluß nicht gelösten und

Relations-Declaration stellt den Versuch dar, den Gehalt des Selbstbestimmungsprinzips unter Berücksichtigung der UN-Praxis umfassend zu beschreiben[1]. Sie enthält zum einen Aussagen über den positiven Inhalt des Selbstbestimmungsrechts, zum anderen aber auch Ausgrenzungen solcher Sachverhalte und Handlungen, die nicht vom Inhalt des SBR erfaßt werden (s.u. E.IV.1.b.bb.bbb. und ccc.). Wegen der unterschiedlichen Behandlung des inneren und äußeren Aspekts des SBR im Blick auf Tatbestände wie Kolonialismus, fremde Besetzung und Rassismus durch die Friendly-Relations-Declaration und andere Resolutionen ist zu Recht gesagt worden, das SBR sei durch die VN-Generalversammlung selektiv anerkannt worden[2]. Die internationale Rechtsprechung des StIGH und des IGH hat sich dem Selbstbestimmungsrecht der Völker mit großer Vorsicht genähert. Trotz seiner Anwendung im Einzelfall[3] wurden Rechtsnatur und Gehalt des SBR lange Zeit in der Rechtsprechung der Gerichte nicht in allgemeinverbindlicher Weise beschrieben[4]. In seiner Ost-Timor-Entscheidung spricht der IGH dem Selbstbestimmungsprinzip allerdings erga omnes-Charakter zu[5]. Das SBR hat auch in wichtige Dokumente der KSZE Aufnahme gefunden[6].

---

schließlich in Formelkompromissen "ertränkten" Meinungsunterschiede wurden durch die Verabschiedung ohne Gegenstimmen nicht überwunden, s.u. E.IV.1.b.bb.bbb. Zu beachten ist auch, daß die erfolgte Verabschiedung im Wege des Konsensverfahrens nicht mit wirklichem inhaltlichen Konsens verwechselt werden darf, vgl. dazu unten E.IV.4.a.cc.

1 Für Salmon hat die Friendly-Relations-Declaration "...fait le point sur la question du contenu du principe du droit des peuples à disposer d'eux-mèmes", vgl. ders. 1976, S.29

2 Salmon 1976, S.30

3 Hierzu gehören vor allem die Stellungnahmen des IGH zu Namibia und zur Westsahara-Frage 1971 und 1975, vgl. ICJ Reports 1971, S.31 und 1975, S.31 ff. Pomerance wendet ein, der IGH habe sich in seiner Stellungnahme zu Namibia nicht auf das SBR als internationale Rechtsnorm bezogen, vgl. ders. S.69. Den uti possidetis - Grundsatz bekräftigt der IGH in seiner Entscheidung zum Grenzstreit zwischen Mali und Burkina Faso 1986, vgl. I.C.J. Reports 1986, S.554 ff.

4 Schindler, in RdC 1979, S.134; Thürer 1976, S.176

5 Vgl. I.C.J. Reports 1995, S. 90 ff. (S. 102). Der IGH führt weiter aus: "The principle of self-determination of peoples has been recognized by the United Nations Charter and in the jurisprudence of the Court ...; it is one of the essential principles of contemporary international law", vgl. ebd.

6 Dies gilt für die Helsinki-Schlußakte 1975 und die sie bestätigenden Nachfolgetreffen, vgl. hierzu Weinrich, S.62

bb) Einzelne Aspekte

Das SBR ist trotz der vorstehend beschriebenen Ausgestaltung durch die Vereinten Nationen weithin und in verschiedener Hinsicht rechtlich unklar und gehört weiterhin zu den umstrittensten Konzepten des Völkerrechts[1].

aaa) Rechtliche Einordnung

Unsicherheit besteht zunächst hinsichtlich der Frage, ob das SBR eine direkt anwendbare Norm des Völkerrechts darstellt, ob es ein Rechtsprinzip ist, welches zu seiner Wirksamkeit der Umsetzung durch konkrete Völkerrechtsnormen bedarf, oder ob es sich schließlich nur um ein Prinzip mit rein politisch-programmatischem Charakter handelt[2].

Diese letztere Auffassung wird in der Völkerrechtslehre teilweise bezüglich des SBR insgesamt vertreten, also einschließlich seiner Behandlung durch die UN-Praxis seit 1949. Heidelmeyer bezeichnet den Selbstbestimmungsbegriff als einen "Leitfaden der Politik", aus dem die völkerrechtliche Praxis bislang keine klaren Sätze des positiven Völkerrechts geformt habe und dessen Auslegung allen Fährnissen unterschiedlichen Demokratieverständnisses ausgesetzt ist[3]. Neuhold verweist auf die unterschiedlichen Ansichten innerhalb des mit der Ausarbeitung der Friendly Relations-Declaration befaßten Kommitees. Für ihn ist das SBR Programmsatz und politisches Postulat[4]. Khol hält das SBR für ein typisches Beispiel von "Pararecht", unter dessen Mantel politische Postulate vertreten werden, an die sich niemand hält, und die nur zur Rechtfertigung eigener Ziele angerufen, sonst aber mißachtet werden[5]. Pomerance meint, "as a legal right, self-determination cannot swim"[6]. Randelzhofer bezeichnete 1971 das Selbstbestimmungsrecht der Völker als ein - wenn auch politisch wirksames

---

1 Graham, S.49; Gornig, S.17. Thürer spricht von einem schillernden Konzept, vgl. ders. 1996, S.35. De la Pradelle nennt das SBR einen "complexe démagogique"; vgl. ders. S.22

2 Ein ausführlicher Überblick über den Diskussionsstand bis in die sechziger Jahre hinein findet sich bei Delbrück, S.196-203.

3 Vgl. ders. S.243,259

4 Vgl. ders. S.86

5 Vgl. ders. bei Doehring 1974, S.64

6 Vgl. ders. 1982, S.73. vgl. zu dieser Ansicht auch Oppenheim/Lauterpacht, Bd.II S.551 ff.; Dahm, Völkerrecht Bd.I, S.389 ff.; Wengler, Völkerrecht, Bd.II, S.982; v.d.Heydte, Völkerrecht, Bd.I, S.292; Berber, Lehrbuch Bd.I, S.178 ff.

- "Postulat, das wohl noch nicht ein Satz des allgemeinen Völkerrechts ist"[1] Wodie zweifelt am rechtlichen Charakter des SBR: "Cette règle relève plus de la philosophie politique que du droit positif". Allerdings sieht er in der Konkretisierung durch die SVN einen Ansatzpunkt für eine Begründung des Übergangs in das posive Recht[2]. Abi-Saab weist darauf hin, daß auch viele Staaten gegen den rechtlich verbindlichen Charakter des SBR ausgesprochen haben, vor allem "colonial and ex-colonial ones and their allies"[3].

Andere Autoren sehen bereits in der Aufnahme des Selbstbestimmungsprinzips in die Satzung der Vereinten Nationen den Entstehungsgrund einer entsprechenden Norm des Völkerrechts, da man die UN-Mitgliedsstaaten rechtlich habe binden wollen[4].

Delbrück sieht für einen Bindungswillen der Gründungsstaaten der VN keine Anhaltspunkte und schreibt zu Art.1 Abs.2 der Satzung: "Die durch den allzu allgemein gehaltenen Wortlaut dieser Satzungsbestimmung nur mühsam übertünchten unterschiedlichen Auffassungen vom Inhalt und Geltungsumfang des Selbstbestimmungsprinzips machen es unwahrscheinlich, daß sich die Mitgliedstaaten der Vereinten Nationen einer konkreten Pflicht ... unterwerfen wollten"[5].

Was die sozialistische Völkerrechtslehre anbetrifft, so bestand zu keiner Zeit Zweifel an der Einheitlichkeit, mit der sie den Charakter des SBR als einer Norm des Völkerrechts bejahte[6]. Hinter der äußerlich gleichlautenden Aner-

---

1 Vgl. ders. 1971, S.247. Ähnlich Delbrück, S.203. Verzijl schrieb 1968: "The `Right of Self-Determination`has never been recognised as a genuine positive right of `peoples` of universal and impartial application, and it never will, nor can be so recognised in the future", vgl. ders., S. 324,325. vgl. auch ausführliche weitere Hinweise bei Lombardi, S.184,185.

2 Vgl. ders. S. 1029

3 Vgl. ders.1972, S.98

4 Doehring 1974, S.18. Für Sandoz/Swinarski/Zimmermann wurde das SBR durch die SVN von einem Prinzip zu einem Recht, vgl. ebd. RZ 72. vgl. auch die bei Lombardi, S.186 und Heidelmeyer, S.82 genannten Autoren.

5 Vgl. ders. S.206

6 Tunkin, S.86 ff., 25 ff.; DDR-Lehrbuch, Bd.I, S.57. Weitere Hinweise bei Thürer 1976, S.82, Doehring 1974, S.12 sowie Delbrück, S.198

kennung des SBR verbargen sich zwischen "bürgerlicher" und sozialistischer Auffassung stets tiefgreifende Unterschiede[1].

Die Aufnahme des SBR in die Satzung der Vereinten Nationen wird von einem Teil der Lehre nicht als ausreichende Grundlage für dessen Normeigenschaft angesehen. Vor allem fehle es an Festlegungen bzgl. des Trägers, des Inhaltes und der Anwendbarkeitsvoraussetzungen, wobei auch nicht auf eine in dieser Richtung gefestigte Doktrin, Rechtsprechung oder Staatenpraxis zurückgegriffen werden könne[2].

Die oben E.IV.1.b.aa. dargestellte, einschlägige Praxis der Vereinten Nationen führte aber einige Autoren zu der These, es handele sich beim SBR der Völker um ein im Entstehen begriffenes Recht "in statu nascendi", welches mit dem Anspruch auf Allgemeingültigkeit in den Bereich des positiven Völkerrechts eingedrungen sei und dort beständig an Bedeutung und Geltungskraft gewinne[3].

---

1 Heidelmeyer, S.89. Nach sozialistischer Ansicht ist das Selbstbestimmungsrecht als Recht auf Vollendung des Klassenkampfes zu verstehen, vgl. Doehring 1974, S.12

2 Heidelmeyer, S.171,181; Thürer 1984, S.119. Für Bond ist der Rechtscharakter des SBR auch unter Zuhilfenahme der SVN und der FRD offen: "The precise nature of a right to self-determination is uncertain...", vgl. ders. 1975, S.69. Abi-Saab hält die Annahme der FRD in dem mit ihrer Ausarbeitung befaßten Ausschuß durch Konsens sowie die spätere Annahme der FRD in der Generalversammlung durch Akklamation, d.h. ohne Gegenstimme, für einen Beleg, daß erstmals auch die westlichen Staaten das SBR als verbindliches Recht betrachtet hätten, vgl. ders. S.1972, S.99. Allerdings darf das Zustandekommen einer Entscheidung im Wege des Konsensverfahrens keineswegs von vornherein mit wirklichem Konsens verwechselt werden, vgl. zu diesem Verfahren unten E.IV.4.a.cc.

3 Rabl, S.478-484 m.w.N.; auf Vertreter dieser Auffassung weist auch Lombardi hin, vgl. ders. S.185. Für Wilson, a.a.O. S.77, ist Art.1(4) des I.Zusatzprotokolls von 1977 zu den Genfer Konventionen von 1949 der jüngste Beweis für den gefestigten Rechtscharakter des SBR im Völkerrecht. Für Abi-Saab ist die nach 7-jähriger Ausarbeitung 1970 in GA-Res. 2625 (XXV, "Friendly-Relations-Declaration") gipfelnde Praxis innerhalb der VN Beleg dafür, daß spätestens mit dieser Resolution die zwischen den Ex-Kolonialmächten und ihren Alliierten einerseits und den afrikanisch-asiatisch-lateinamerikanischen Staaten und den sozialistischen Staaten andererseits geführte Diskussion um den rechtsverbindlichen Charakter des Selbstbestimmungsprinzips im Sinne der von der letztgenannten Gruppe vertretenen Ansicht entschieden wurde, vgl. ders. in RdC 1979, S.370. Dabei sei die FRD zwar wie alle Resolutionen der GV nur eine zunächst unverbindliche Empfehlung. Der lange Entstehungsprozeß, die Entscheidungen im Spezialkomitee zur Erarbeitung der Resolution im Konsensverfahren sowie schließlich die Verabschiedung der FRD im Konsensverfahren zeigten die breite Zustimmung der Staaten zu deren Inhalt. Damit komme der FRD zumindest der Charakter einer authentischen Auslegung der SVN zu, vgl. ders. in RdC 1979, S.379. Abi-Saab schreibt unter dem Eindruck der Un-

Zumindest in der durch die UN-Praxis gewonnenen und durch Art.1(4) ZP I bestätigten Form (Kampf gegen Kolonialherrschaft, Rassismus und fremde Beherrschung oder Besetzung) könne dem SBR inzwischen der Charakter eines Rechts nicht mehr abgesprochen werden[1].

Aus der behaupteten verbindlichen Rechtsqualität des SBR wurden in der Literatur teilweise konkrete rechtliche Konsequenzen hergeleitet[2]. Das SBR wird

---

Praxis: "....even if self-determination was not universally accepted as a legal principle in 1945, or even in 1960, ...the consistent and cumulative practise of the organ of the United Nations, have led in 1970 to the universal recognition of the legal and binding nature of the principle of self-determination", vgl. ders. 1972, S.99. Beide Autoren übersehen jedoch, daß gerade das Konsensverfahren oftmals nur dazu diente, fortbestehende inhaltliche Differenzen zwischen den beteiligten Staaten zu kaschieren, vgl. hierzu unten E.IV.4.a.cc.

Ronzitti sieht den Beweis für den Normcharakter des Selbstbestimmungsrechts in den Resolutionen der VN-GV, welche Gewalt gegen nach Selbstbestimmung strebenden Völkern verbieten: das Verbot sei nur denkbar, wenn das betreffende Volk bei der Ausübung eines Rechts behindert werde, vgl. Ronzitti in Cassese 1975, S.337. Ronzitti spricht in diesem Zusammenhang von einem "mandatory principle of self-determination", das zumindest im Bereich Kolonialismus und Rassismus (in der Form von Apartheid und Rassentrennung) den Charakter eines "statutory status" erlangt habe, vgl. ebd. S.338 sowie S.338-343. Allerdings spricht dieser Autor dem Selbstbestimmungsprinzip in anderen, d.h. über Kolonialismus und Rassismus hinausgehenden Fällen den Rechtsnormcharakter ab, vgl. ebd. S.343. So hätten sich die Staaten sowohl bei Erarbeitung der FRD als auch danach stets gegen einen über Kolonialismus und Rassismus hinausgehenden Begriffsinhalt gewandt und - anders als bei Kolonialismus und Rassismus - später keine in diese Richtung gehenden Resolutionen verabschiedet: "Outside the sphere of colonialism and *apartheid* the principle of self-determination can be construed only as a principle of international ethics till such time as it is rendered legally binding", vgl. ders. in Cassese 1975, S.344.Für den rechtlichen Charakter des Selbstbestimmungsprinzips auch Ermacora, S.56

1 Schindler, in RdC 1979, S.134. Auch der IGH hat für Schindler durch seine Entscheidungen zu Namibia (1970) und zur Westsaharafrage (1975) die rechtliche Relevanz des SBR bestätigt, ohne sich allerdings zum genauen Inhalt zu äußern. Für Weinrich entwickelte sich das SBR im Zuge der VN-Praxis zur Dekolonisierung zur Norm, vgl. dies. S.61

2 Diese Konsequenzen werden im weiteren noch eingehend erläutert und können wie folgt zusammengefaßt werden:

- Fragen des SBR sind keine innere Angelegenheit des betreffenden Staates mehr
- Nationalen Befreiungsbewegungen steht ein ius ad bellum gegen die gewaltsame Vorenthaltung des SBR zu
- Nationale Befreiungsbewegungen haben einen locus standi im Völkerrecht
- Kolonialgebieten und Kolonialvölkern kommt als vom Mutterland verselbständigten Einheiten eine beschränkte Völkerrechtssubjektivität zu (Gnesa, S.116)

heute von der herrschenden Meinung in der Literatur zumindest als ein völkerrechtlich verbindliches Rechtsprinzip[1], zum Teil als verbindliche Norm betrachtet[2], deren Grundlage zum Teil sogar im Völkergewohnheitsrecht bzw. ius cogens gesehen wird[3]. Der IGH hat das SBR in seiner Ost-Timor-Entscheidung als verbindliches Prinzip mit erga omnes-Wirkung beschrieben[4] und in seiner Nikaragua-Entscheidung die völkergewohnheitsrechtliche Geltung des SBR festgestellt[5]. Wegen dieser gewohnheitsrechtlichen Qualität und vor dem Hintergrund der durch Aufnahme des SBR in Art.1 der beiden VN-Menschenrechtspakte erreichten völkervertragsrechtlichen Ergänzung erscheint es heute kaum noch vertretbar, dem SBR den Charakter eines verbindlichen Prinzips des Völkerrechts abzusprechen. Widersprüchlich ist allerdings, daß die

---

- bewaffnete Konflikte um das SBR haben internationalen Charakter mit der Folge der integralen Anwendbarkeit des humanitären Völkerrechts (Abi-Saab 1972, S.99-102).

1 Berber, Lehrbuch Bd.I, S.176, der dies seit Verabschiedung der FRD für gegeben hält; Thürer 1984, S.125 sowie 1996, S.39; Wilson, S.88; Dinstein, S.244; Chadwick, S.21. Rosas spricht von einer Entwicklung des Selbstbestimmungsprinzips "...from a moral to a legal principle...", vgl. ders. S.263,264. Ähnlich Ermacora, S.56. Zum Unterschied zwischen Rechtsprinzip und Norm und dem Verhältnis zu den allgemeinen Rechtsgrundsätzen nach Art.38 c IGH-Statut vgl. Delbrück, S.203-205. In diese Richtung scheint auch der IGH zu tendieren, vgl. I.C.J. Reports 1995, S. 102

2 Tomuschat, Rights of Peoples - Some Preliminary Observations, in Festschrift Haug, S. 337 ff. (S.337,344); Gornig, S.20. Doehring 1974, S.14,15, der offenläßt, ob die Satzung der Vereinten Nationen oder das Gewohnheitsrecht hierfür die Grundlage darstellt. Wie wenig Übereinstimmung bezüglich des SBR besteht, zeigen die beiden folgenden Stellungnahmen. So schreibt Sureda: "The concept has now achieved as much clarity as many other principles of international law", vgl. ders. S.26. Kelsen führt dazu in einem anderen Zusammenhang aus: "That a right ... has been transformed from a principle of political morality into a principle of law is not very significant if the ambiguities that marked the former principle continue to mark the latter principle as well", vgl. Kelsen/Tucker, S.79. Graham schreibt: "...a careful analysis of the right of self-determination strongly suggests that such a right exists", vgl. ders. S.49. Das SBR betrachtet als Norm auch Maaß, S.69. Koenig spricht von einem "rechtlichen Verdichtungsprozeß", vgl. ders. S.81

3 Schindler, in RdC 1979, S.134; zum ius cogens Charakter vgl. Sandoz/Swinarski/Zimmermann RZ 97 unter Hinweis auf H. Gros-Espiell. Für Ermacora ist das in den Pakten von 1966 enthaltene SBR schon Ausdruck völkerrechtlichen Gewohnheitsrechts, vgl. ders. S.56. vgl. auch Brownlie, Principles of Public International Law, 3.Aufl. 1979, S. 515. Für den Charakter des SBR als Völkergewohnheitsrecht Murswiek, S.308 m.w.N. sowie Chadwick, S.21,28. Weinrich hält den ius cogens-Charakter für überwiegend akzeptiert, vgl. dies. S.67

4 I.C.J. Reports 1995, S. 102

5 I.C.J. Reports 1986, S. 14 ff.

Staaten um so weniger an konkrete Rechtsfolgen gebunden sein wollen, je mehr das SBR an rechtlicher Verbindlichkeit gewinnt[1].

Dennoch bleibt festzuhalten, daß in der internationalen Gemeinschaft keine Einigkeit in Bezug auf die Rechtsqualität des SBR besteht[2]. Auch wenn man richtigerweise vom Charakter des SBR als eines verbindlichen Rechtsprinzips ausgeht, ist damit allerdings noch keinerlei Aussage darüber getroffen, welches denn der konkrete Inhalt dieses Rechts ist. Dies wurde auch teilweise als die größte Schwierigkeit im Zusammenhang mit dem SBR betrachtet[3].

bbb) Inhalt

Weder die Satzung der VN, noch die Pakte von 1966 legen fest, welche Rechtsfolgen sich für ein "Volk" aus der Zubilligung des SBR konkret ergeben. Da sich Art 1(4) des I. Zusatzprotokolls zu den Genfer Konventionen von 1949 ausdrücklich auf das SBR der Völker in seinem durch die Friendly Relations-Declaration geprägten Inhalt bezieht, soll sich im folgenden die Darstellung vor allem auf diesen Inhalt beschränken, der allerdings ebenfalls weit davon entfernt ist, das SBR unzweideutig zu beschreiben[4].

---

1 Hierauf weist Weinrich hin, vgl. dies. S.66

2 Die Mehrheit der bei der CDDH vertretenen Staaten (sozialistische Staaten und Dritte Welt) vertrat naturgemäß die Auffassung, daß es sich beim SBR um ein verbindliches Recht handele, vgl. Gnesa, S.115. Graham verweist auf zwei wichtige angelsächsische Autoren (Rosalyn Higgins und Leo Gross), die in dieser Frage zu untereinander diametral entgegengesetzten Ansichten kommen: "Their views are representative of the divergence of opinion on this matter which generally exists throughout the international community.", vgl. ders. S.49.

3 Graham, S.50. So bezweifelt Marauhn noch 1997, ob es sich bei dem oben beschriebenen sog. "inneren Aspekt" des SBR um ein Prinzip mit Rechtsnormqualität handelt und kommt insoweit allenfalls für den europäischen Raum zu einer anderen Einschätzung, vgl. ders. S.114. Ebenso Oeter, S.763. Dieser betont, daß die inkonsistente Staatenpraxis außerhalb des Bereichs der Dekolonisierung vernünftige Konturen von Inhalt und Rechtsfolgen des SBR verhindert habe, vgl. ders. S.749. Dieser Autor meint: "Letztlich wird der Grundsatz der 'inneren Selbstbestimmung' auf absehbare Zeit so etwas wie eine 'Staatszielbestimmung' der Staatengemeinschaft bleiben, und kein Rechtssatz mit wirklich klarem Normprogramm" vgl. ders. S.764. Weinrich merkt an, das SBR sei zwar als Recht mittlerweile anerkannt, jedoch in seiner konkreten Ausgestaltung "noch genauso ungenau wie zu Wilsons Zeiten", vgl. dies. S.68

4 Die Friendly Relations-Declaration ist bezüglich des Selbstbestimmungsrechts nicht frei von den allgemeinen, kontroversen Ansichten über dessen Rechtsnatur und Inhalt. Heidelmeyer schreibt zur Friendly Relations-Declaration: " .... in keinem Falle verbürgt ihre mächtige Sprache mehr als die Charta selbst", vgl. ders., S.241. Ein anderer Autor schreibt mit Blick auf die CDDH über die FRD und deren Beschreibung des SBR: "... on

Zunächst enthält auch die Friendly Relations-Declaration die bereits in der Dekolonisierungsresolution GA Res 1514 (XV) und dem gleichlautenden Art.1 der Menschenrechtspakte von 1966 festgehaltene allgemeine Formulierung des SBR. Danach haben alle Völker das Recht, frei ihre politische Ordnung zu bestimmen und ihre wirtschaftliche, soziale und kulturelle Entwicklung zu verfolgen [1].

In der freien Bestimmung der politischen Ordnung kommt der *äußere Aspekt des SBR* zum Ausdruck, da allen Völkern das Recht der freien Bestimmung ihres politischen Status gewährt wird[2]. Dieser externe Aspekt des SBR ist auch in Abschnitt 4 des 5.Grundsatzes enthalten, wonach die Errichtung eines souveränen und unabhängigen Staates, der freie Zusammenschluß oder die Eingliederung in einen unabhängigen Staat und der Erwerb irgendeines anderen, von einem Volk frei gewählten politischen Status eine Art der Ausübung des SBR dieses Volkes darstellt.

Der *interne Aspekt des SBR* betrifft den innerstaatlichen Bereich, wo es auf die freie wirtschaftliche, soziale und kulturelle Entwicklung gerichtet ist. Damit wird eine diskriminierende Behandlung unterschiedlicher Gruppen ausge-

---

savait bien que ce document n'était pas clair - la Dèclaration est un compromis et, comme tout compromis, elle contient des libellés vagues et ambigus", und in Bezug auf die Ausarbeitung der FRD im Spezialkomitee: "Par amour du compromis et pour avoir un consensus à l'Assemblée Générale on avait fait des textes qui vraiment laissent à désirer quant à la clarté et la précision. Pour être juste, le principe concernant le *droit à l'autodétermination* est peut-être le plus ambigu et juridiquement le plus mauvais", vgl. Obradovic in Cassese (Proceedings), S.14 und 15. Ciobanu meint zu den Arbeiten des mit der Ausarbeitung der FRD befaßten Komitees: "Even a cursory reading of the report of the Committee indicates that there was no agreement on practically any formulation of the Declaration. Everything was put there, and we may wonder if the Declaration is flexible or inherently contradictory", vgl. ders. in Cassese (Proceedings), S.19. Ermacora führt aus: "Die Deklaration trägt zur Klarstellung des Selbstbestimmungsprinzips nicht alles, aber manches bei.......Dennoch beseitigt das so etablierte Prinzip nicht die Unklarheiten, die nach wie vor mit dem Selbstbestimmungsrecht verbunden sind", vgl. ders. S.61. Für diesen Autor schrumpft der Wert eines Dokuments dann auf ein Minimum zusammen, wenn der zunächst klar erscheinende Wortlaut bei kritischer Analyse in sich widersprüchlich ist, vgl. ebd. S.62. Oeter bescheinigt der FRD in bezug auf das SBR einen "überaus sybillinischen Formelkompromiß", vgl. ders. S.756. Murswiek merkt an: "Die zentrale Frage des Verhältnisses von Selbstbestimmungsrecht und Souveränität wird in der Prinzipiendeklaration mit einem Zirkelschluß beantwortet; das Problem bleibt ungelöst", vgl. ders. S.310

[1] Vgl. Abschnitt 1 des 5. Grundsatzes, Texthinweise oben E.IV.1.b.aa.

[2] Lombardi, S.181

schlossen[1]. Diesen steht vielmehr ein Anspruch auf Mitwirkung bei der Gestaltung der innerstaatlichen Verfassungswirklichkeit zu, womit jedoch nicht automatisch ein Recht auf Autonomie für nationale Minderheiten o.ä. gemeint ist. Vielmehr sind an das in Abschnitt 7 des 5. Grundsatzes enthaltene Erfordernis einer repräsentativen Regierungsform nur die "allergeringsten Anforderungen" zu stellen[2]. In jüngerer Zeit erfährt der innere Aspekt der Selbstbestimmung in der Literatur eine deutliche Neubestimmung und Aufwertung. Dabei richtet sich das Augenmerk über den menschen- und minderheitenrechtlichen Aspekt hinaus auf die allgemeine Legitimierung von Staatsgewalt[3]. Nicht zu übersehen ist auch, daß sich die innere und äußere Stoßrichtung des SBR überschneiden, etwa wenn das innere SBR in Extremfällen seiner Verletzung in ein äußeres SBR "umschlagen" kann[4].

Die Friendly Relations-Declaration unterscheidet hinsichtlich der Verwirklichung des SBR zwischen dem internen und externen Aspekt:

Sofern einem Volk das *äußere SBR* vorenthalten wird, besteht ein Recht zur Sezession. Wie aus Abschnitt 2 des 5. Grundsatzes folgt, gilt dies in besonderem Maße für Völker, die unter kolonialer Herrschaft stehen. Dabei genießt nach Abschnitt 6 des 5. Grundsatzes eine Kolonie oder ein anderes unselbständiges Territorium einen eigenen, vom Gebiet des verwaltenden Staates unabhängigen rechtlichen Status. Die Zubilligung eines solchen eigenständigen Status war Voraussetzung dafür, Kolonien und unselbständigen Territorien ein Sezessionsrecht zubilligen zu können, ohne dabei den Grundsatz verletzen zu müssen, daß

---

1 Zum internen und externen Aspekt des Selbstbestimmungsrechts vgl. Oeter, S.760 ff.; Thürer 1976, S.181; Lombardi, S.181,293,214.

2 Thürer 1976, S.190. Für Wilson erschöpft sich der innerstaatliche Aspekt des Selbstbestimmungsrechts in einem "right to participate in the government", vgl. Wilson, S.84. Bothe/Partsch/Solf, S.51: "It was certainly not the intention of the authors of the Declaration to go so far and to exclude a great number of members of the United Nations from the application of the principle of territorial integrity or political unity". Zu den verschiedenen Ansichten über das Verhältnis zwischen internem und externem Selbstbestimmungsrecht bei den Staaten des Westens, der Dritten Welt und den sozialistischen Staaten vgl. Pomerance 1982, S.39 ff.

3 Marauhn, S.113. Für ihn geht es im Kern um die Art und Weise der Konstituierung staatlicher Macht: "Über Menschenrechte und reinen Minderheitenschutz hinaus ist 'innere Selbstbestimmung' daher als gleichberechtigte politische Partizipation und politische Selbstorganisation mit eigener Gestaltungsbefugnis zu verstehen, letztlich also als Herrschaftsteilung", vgl. ebd. S.114. Hannum betont den Schutz der Identität eines Volkes und die Möglichkeit zur Partizipation an den staatlichen Entscheidungen, vgl. ders. S.777,778

4 Oeter, S.765

die Vorenthaltung des inneren Aspekts des Selbstbestimmungsrechts zur Sezession gerade nicht berechtigt[1]. Der eigenständige, von der Kolonialmacht losgelöste rechtliche Status machte die genannten Fälle zu einem Problem des äußeren SBR[2]. Ein Sezessionsrecht besteht also für Kolonien und andere sogenannte "non self-governing territories". Weitere, vom Grundsatz her unproblematische Fälle der Geltendmachung des äußeren SBR sind z.B. die Rückgängigmachung von Annexion und Besetzung[3].

Von den genannten Fällen der Verletzung des äußeren Aspekts des SBR abgesehen gewährt die Friendly Relations-Declaration kein *allgemeines* Sezessionsrecht, wenn einem Volk die "innere Selbstbestimmung" vorenthalten wird, d.h. wenn das betreffende Volk in einem Staat lebt, der sich auf einen rechtmäßigen Souveränitätstitel über das von ihm beherrschte Gebiet berufen kann. Dies folgt aus Abschnitt 7 des 5. Grundsatzes, der die territoriale Unversehrtheit und politische Einheit des Staates über die Verwirklichung des SBR stellt:

"Nothing in the foregoing paragraphs shall be construed as authorizing or encouraging any action which would dismember or impair, totally or in part, the territorial integrity or political unity of sovereign and independant States conducting themselves in compliance with the principle of equal rights and self-determination of peoples as described above and thus posessed of a government representing the whole people belonging to the territory without distinction as to race, creed or colour"[4].

---

1 Murswiek, S.311. Dieser weist allerdings zu Recht darauf hin, daß die Feststellung der Eigenschaft eines Territoriums als "Kolonie" nicht immer einfach sein dürfte.

2 Bothe/Partsch/Solf, S.48, 49; ähnlich Abi-Saab 1972, S.99 sowie Chadwick: "In combination with U.N. recognition of the separate, distict status of the 'Peoples' of formerly non-self-governing territories in 1970, self-determination....could now be viewed in an entirely new way, to cover such other territories and/or 'peoples' as might wish to break from state administration.", vgl. dies. S.19

3 Murswiek, S.327. In diesen Fällen geht es um die Frage der Rechtmäßigkeit des behaupteten Souveränitätstitels, gegen den das SBR geltend gemacht wird.

4 Vgl.Müller/Wildhaber S.493 ff. sowie den Text im Anhang. Eine ähnliche Betonung der nationalen Einheit und territorialen Unversehrtheit enthält auch Punkt 6 der Dekolonisierungsresolution 1514 (XV), vgl. Text im Anhang. Dies entspricht auch der UN-Praxis, die ein Sezessionsrecht in nicht-kolonialen Situationen ablehnt, vgl. Nanda, S. 327. Für Marauhn stellt die FRD das SBR und die Pflicht zur Beachtung der Souveränität und nationalen Einheit schlicht nebeneinander, ohne den Konflikt wirklich zu lösen. Abschnitt 7 ist für ihn jedoch Beleg, daß auch die FRD den "inneren" Aspekt des SBR anerkennt, vgl. ders. S.108, 113. Oeter sieht in der am Ende des Textes aufgeführte Vorbehaltsklausel einen allgemeinen Hinweis auf wesentliche Elemente legitimer Staatsgewalt, vgl. ders. S.758

Auch wenn eine entsprechende *e contrario* - Auslegung der am Ende des zitierten Abschnitts 7 des 5. Grundsatzes befindlichen Vorbehaltsklausel keinesfalls unmöglich scheint: die Formulierung war zunächst eindeutig auf den kolonialen Kontext bezogen[1]. Entsprechend wird das SBR von vielen Autoren auch auf den Dekolonisierungsprozeß beschränkt[2]. Dies wurde von einem Autor als "'schizo' approach to self-determination" bezeichnet [3]. Es war von den Autoren der FRD überwiegend nicht beabsichtigt, durch den o.g. Wortlaut des Abschnitts 7 den Vorrang der territorialen Unversehrtheit und politischen Einheit nur für solche Staaten gelten zu lassen, die das Selbstbestimmungsrecht der Völker achten[4]. Diese auf Schutz der Souveränität und Nichteinmischung beruhende, auch heute noch überwiegend vertretene Sichtweise des inneren SBR führt indes zu schwerwiegenden Problemen, die lange Zeit schlicht ausgeklammert wurden[5]. Allerdings wird unter Hinweis auf die in dem Text von den Regierungen geforderte Beachtung des SBR und die vorgenannte "Vorbehaltsklausel" in Abschnitt 7 des 5. Grundsatzes ein Sezessionsrecht zumindest in bestimmten Fällen krasser Verletzungen des inneren SBR diskutiert.

---

1 Oeter, S.757

2 Dinstein, S.246 m.w.N. Dieser sieht jedoch in der FRD allenfalls den - wenig überzeugenden - Versuch einer Auslegung des in den Pakten von 1966 enthaltenen SBR. Nichts deute darauf hin, daß dieses Völkern vorenthalten sein soll, die bereits in einem souveränen Staat leben, vgl. ders. S.248

3 Chadwick, S.35

4 Vgl. Thürer 1976, S.187. vgl. auch Bothe/Partsch/Solf, S.51. Für Ermacora sind jenseits des genannten Abschnitt 7 des 5. Grundsatzes alle anderen Prinzipien der Deklaration "so souveränitätsbedacht konstruiert, daß das formulierte Prinzip auf Selbstbestimmung einer Antinomie gleicht", vgl. ders. S.61. Auch im Spezialkomitee zur Erarbeitung der FRD bestand in dieser Frage keine Einigkeit, vgl. unten E.IV.b.bb.ccc. Die Einrahmung des Selbstbestimmungsprinzips durch Sätze, welche ausschließlich der Absicherung der staatlichen Souveränität dienen, führe dazu, daß die Tragweite des Sebstbestimmungsgrundsatzes als "äußerst begrenzt, wenn nicht gar als pervertiert" angesehehen werden müsse, vgl. ders. S.66. Dinstein bezeichnet die FRD als "principal authority for the restrictive interpretation of the right of self-determination", vgl. ders. S.247

5 So verweist Oeter am Beispiel des Falles Eritrea auf die Problematik des Fortbestehens des SBR von zuvor eigenständigen Völkern nach dem Zusammenschluß mit einem anderen Staat. Hier sei das zuvor äußere SBR in ein inneres SBR umgegossen worden, jedoch nicht verlorengegangen. Nach der herrschenden Ansicht war die Ausübung des eritreischen SBR jedoch ein einmaliger Akt, durch den die spätere Geltendmachung des SBR innerhalb des äthiopischen Staatsverbandes trotz einer repressiven Politik der Zentralregierung gegenüber dem eritreischen Volk ausgeschlossen war. Dies Beispiel zeige, "daß die weitherum gepflegte Auffassung vom kategorischen Ausschluß eines Sezessionsrechts so nicht richtig sein kann", vgl. ders. 753-756 (Zitat S.756).

Nach dieser in der Lehre vielfach vertretenen Auffassung schlägt der "innere" Aspekt des SBR in derartigen Fällen um in ein äußeres SBR, welches zur Sezession berechtigt[1].

---

[1] Vgl. auch unten E.IV.1.b.bb.ddd. vgl. auch die bei Marauhn, S.110 (FN 18) und Oeter, S.759 (FN 84) genannten Autoren sowie Hannum, S.776,777. Für Murswiek bezieht sich die Vorbehaltsklausel nur auf bestimmte Fälle von Diskriminierung (Rasse, Glaube, Hautfarbe). Daher könne aus der FRD ein Sezessionsrecht bei anderen Formen der Verletzung des "inneren" SBR nicht hergeleitet werden, vgl. ders. S.314. Die gleiche Ansicht findet sich bei Partsch, der die Vorbehaltsklausel auf Fälle rassistischer Regime bezogen sieht, vgl. ders. 1991, S.473,474. Diese Betrachtungsweise scheint jedoch nicht zwingend, da Abschnitt 7 des 5. Grundsatzes auch ein allgemeiner Vorbehalt zugunsten der Beachtung des SBR entnommen werden kann. Die Begriffe Rasse, Glaube und Hautfarbe wären danach nicht als abschließende Aufzählung zu betrachten. Marauhn unterstützt nachdrücklich die e contrario - Auslegung des o.g. Passus der FRD, welche das SBR als "Abwehrrecht im Sinne eines Notwehrrechts" deutet, vgl. ders. S.111, 112. Auch Abi-Saab hält eine Auslegung der FRD in diesem Sinne für möglich: "....the 1970 Declaration can be understood to mean that only a denial of equal access to government (but not, for example, a denial of ethnic or cultural autonomy) can give rise to a justifiable claim to self-determination in plural States", vgl. ders. 1979, S.397. Auch für Salmon ist der Text der FRD "suffisament ambigu" und läßt Raum für "kreative Auslegung", vgl. ders.1976, S.37. Ermacora verweist darauf, daß im Spezialkomitee zur Ausarbeitung der FRD der Zusammenhang zwischen Selbstbestimmungsprinzip und Menschenrechten betont wurde. Deshalb werde die Integrität nur solcher Staaten abgesichert, die eine der "Vorbehaltsklausel" in Abschnitt 7 des 5. Grundsatzes gerecht werdende Regierung verfügt, vgl. ders. S.61, 64. Obradovic bezeichnet eine Auslegung, die den Vorrang der territorialen Integrität nur bei Vorhandensein einer die ganze Bevölkerung vertretenden Regierung gelten läßt, als "..une interpretation normale et logique..", vgl. ders. in Cassese (Proceedings), S.15. Ronzitti betont zunächst den Charakter des SBR als Rechtsprinzip, das auch verschiedene Völker *innerhalb* eines Staates binde. Allerdings gelte es im innerstaatlichen Kontext nur in eingeschränktem Umfang: "So as to prevent such a right from endangering States' territorial integrity, the Declaration lays down that the right in question be exercised solely when the government in power cannot be considered 'representative' of the peoples under ist authority, in that it carries out discrimination based on 'race, colour or creed'. Were this to be the case, the people discriminated against could secede from their mother country...", vgl. Ronzitti 1975, S.201. Dieser Autor geht also von einem Sezessionsrecht auch in bestimmten Fällen der Verletzung des inneren Aspekts des SBR aus: "Both the Declaration on Friendly Relations and the above-described practise tend, therefore, not to confine wars of national liberation solely within the context of struggles against colonial and racist regimes. The contrary theory which does limit wars of national liberation to these two forms of struggle in fact entails a restriction of the principle of self-determination not to be found in the Declaration on Friendly Relations.", vgl. Ronzitti 1975, S.204. Dieser spricht hier von "two schools of thought", vgl. ders. S.205. Auch Thürer befürwortet ein Sezessionsrecht in Extremfällen: "macht sich ein Regime einer gezielt gegen ein Volk gerichteten, dessen Existenz oder kulturelle Identität bedrohenden, schwerwiegenden Verletzung von Menschenrechten schuldig, so scheint es heute nicht mehr angängig zu sein, ein Separationsrecht dieses Volkes als 'ultima ratio' zur Sicherstellung eines Grundstandards von Menschenrechten zu leugnen", vgl. ders. 1996, S.48 und 52. Murswiek begründet dieses Ergebnis überzeugend auch mit

Die jüngere Staatenpraxis etwa in Bezug auf Sezessionismus in der ehemaligen Sowjetunion oder im ehemaligen Jugoslawien hat zwar die Ergebnisse sezessionärer Prozesse im Rahmen später Anerkennungen faktisch zur Kenntnis genommen, diese jedoch nicht ohne weiteres als Ausfluß des legitimer Geltendmachung des SBR betrachtet[1]. Seit dem Zerfall der ehemaligen Sowjetunion und den Ereignissen auf dem Balkan wird in der Literatur gerade in jüngster Zeit verstärkt die These einer deutlich erkennbaren Abkehr von der bisher etablierten Doktrin zu SBR und Sezession vertreten[2]. Das Selbstbestimmungsrecht sei aus seiner antikolonialen Verengung[3] zu befreien und im Hinblick auf die Stoßrichtung im inneren Bereich von Staaten ernstzunehmen. Dabei wird nicht nur auf die vorgenannte Möglichkeit zur Auslegung der FRD rekurriert, sondern teilweise ein *neuer europäischer ordre public* behauptet, der sich in deutlichem Gegensatz zu der vor allem im VN-Bereich weiter vertretenen, souveränitätsfreundlichen Lesart des SBR befindet. Danach soll ein Sezessionsrecht nicht erst bei massiven Menschenrechtsverletzungen bestehen, sondern zumin-

---

dem Argument, daß die Garantie des SBR der Völker denknotwendig auch die Existenz des jeweiligen Volkes voraussetzt, welchs Träger dieses Rechts ist, vgl. ders. S.314. Oeter sieht mit dem Ende des Kalten Krieges tiefgreifende Änderungen der Haltung zum SBR. Die Zubilligung eines Sezessionsrechts sei als Gegenposition zum etablierten Modell der Selbstbestimmung lange Zeit nahezu tabuisiert worden: "Hinter den aufeinanderprallenden Positionen stecken ... diametral verschiedene Ordnungsmodelle, die in völlig unterschiedlichen Konzeptionen des Selbstbestimmungsrechts ihren Ausdruck finden.", vgl. ders. S.742.

1 Thürer führt dies auf Befürchtungen der Staaten vor größeren Auflösungserscheinungen zurück: "Die Staatengemeinschaft als Gemeinschaft souveräner Staaten ist kein 'Selbstmörderclub'", vgl. ders. 1996, S.52. Ähnlich Marauhn, der dem SBR jedoch eine Bedeutung für die Frage beimißt, ob eine nach bisher geltenden Maßstäben ausgesprochene Anerkennung (z.B. Kroatiens und Sloweniens durch die EU) als vorzeitig gelten kann, vgl. ders. S.106. Murswiek sieht keine Äußerungen der Staaten, die sich etwa zu einem Recht der jugoslawischen Völker bekennen würden, vgl. ders. S.316

2 Oeter, S.743, vgl. in diesem Sinne auch zum Konflikt zwischen Belgrad und Kroatien 1991/92 Oeter 1992, S. 9. Chadwick schreibt: "The use of force in the former territory of Yugoslavia is particularly apposite to illustrate the expansion in meaning attributed to self-determination by post-Cold War 'Peoples'", vgl. dies. S.49

3 Hannum schreibt hierzu: "...the accepted mantra was that colonial territories would become independent. It did not matter how many 'peoples' were found within them, although obviously each contained many different peoples, nations, and ethnic groups. Thus, in general, territories, not peoples, enjoyed the right to independence", vgl. ders. S.775. Chadwick bemerkt: "The original context of colonialism is far too narrow to contain a developed notion of self-determination", und weiter: "With the recent disintegration of the U.S.S.R., calls for change now frequently employ the rhetoric of self-determination in contexts completely devoid of colonial content", vgl. dies. S.38 und 60. Auch für Weinrich kann das SBR nicht auf den antikolonialen Kontext beschränkt werden, vgl. dies. S.64

dest in extremen nicht mit Aussicht auf Erfolg politisch lösbaren Fällen der Verweigerung des sog. inneren Aspekts des SBR[1]. Eine der wichtigsten Rechtsfolgen für Drittstaaten wäre, daß bislang als "vorzeitig" zu bewertende Anerkennungsakte gegenüber dem sezedierenden Teil des bisherigen Gesamtstaates rechtmäßig wären und keine Verletzung des Interventionsverbotes darstellen würden[2].

In der am Prinzip *uti possidetis* und der territorialen Unversehrtheit ausgerichteten engen Auslegung des Textes der FRD sowie des SBR allgemein wird das Bestreben vor allem der jungen und oftmals über ethnisch-kulturelle Grenzen hinweg gebildeten Staaten erkennbar, ihre einmal erlangte politische Unabhängigkeit nicht durch die völkerrechtliche Zubilligung eines Sezessionsrechts nationaler Minderheiten wieder in Frage stellen zu lassen[3]. In verschiedenen

---

[1] Vgl. hierzu Oeter, S.765,766 sowie insgesamt Marauhn, S.105 ff. Dieser plädiert für ein Überdenken des Sezessionstatbestandes. Schon aus der Formulierung des SBR in Art.1 der beiden Pakte von 1966 werde deutlich, daß das SBR nicht auf den engen Kontext der Dekolonisierung zu beschränken sei. Im Gegensatz zum VN-Rechtskreis besitze auf europäischer Ebene das innere SBR Rechtsnormqualität. Menschen- und Minderheitenrechte (insbes. Europäische Menschenrechtskonvention, OSZE-Bemühungen) und die "Verrechtlichung des Prinzip demokratischer Legitimation" seien Elemente einer Konstitutionalisierung der europäischen Staatengemeinschaft und belegten die Kristallisation einer gemeinsamen europäischen Wertordnung(S.116,118). Die Rechtsnormqualität des inneren SBR erlaube eine Sezession nicht erst - wie bisher bereits in der Literatur vielfach befürwortet, s.o. - bei extremen Verletzungen von Menschen- und Minderheitenrechten, sondern als letztes Mittel auch dann, wenn keine begründete Aussicht auf friedliche und demokratische Problemlösung besteht (S.118). vgl. zur gewandelten Bedeutung des SBR im europäischen Raum auch im ganzen Oeter, S.763-766. Murswiek sieht in der europäischen Anerkennungspraxis der frühen neunziger Jahre Hinweise auf eine vorsichtige Tendenz zur Lockerung der Voraussetzungen für eine Sezession bei Verletzung des "inneren" SBR, da z.B. Kroatien und Slowenien anerkannt wurden, ohne daß diese Völker in ihrer Existenz gefährdet gewesen wären, vgl. ders. S.316-325. Erfülle ein Staat den Anspruch des Volkes auf Autonomie und kulturelle Rechte nicht, so müsse diesem Volk ein Anspruch auf Sezession zustehen. Der betroffene Staat könne somit durch Zubilligung der entsprechenden Rechte einen Sezessionsanspruch jederzeit verhindern: "Autonomie, rechtzeitig gewährt, ist die beste Vorkehr gegen Sezessionsbestrebungen." Verneine man einen solchen Anspruch, so werde das SBR zur hohlen Deklamation, vgl.ders. S.330

[2] Vgl. zu diesem wichtigen Aspekt Oeter, S.766-772 sowie Murswiek, S. 317 ff., für den die 1991 ausgesprochene Anerkennung der jugoslawischen Republiken einen neuen Trend in der völkerrechtlichen Bewertung der Sezession eingeleitet hat. Das von der überwiegenden Lehre der Anerkennung Sloweniens und Kroatiens verliehene Prädikat "rechtmäßig" ist nämlich nur denkbar, wenn diese Völker zur Sezessions berechtigt waren, vgl. ders. S.318-320

[3] Rigo Sureda rechtfertigt die Ablehung eines Sezessionsrechts mit dem Ziel der Friedenserhaltung, vgl. ders., S.355. Marauhn stellt fest, daß gerade in Afrika die mit Hilfe und

Sezessionskonflikten (Biafra, Tibet, Katanga) wurde von den Staatenvertretern wie auch der UN ein Sezessionsrecht abgelehnt[1]. Allerdings gab es zu dieser Position auch "Dissidenten", darüber hinaus kam sie nicht in allen derartigen Situationen gleichmäßig zum Tragen[2]. Dennoch schließen ein Großteil der Lehre, Staatenpraxis und Praxis der VN ein Sezessionsrecht überwiegend aus, sofern zwischen einer das Selbstbestimmungsrecht einfordernden Gruppe und dem Rest des Gemeinwesens ein staatsrechtliches Band besteht[3]. Nur in den

---

unter Berufung auf das SBR eben erst unabhängig gewordenen Staaten von diesem Recht nichts mehr wissen wollten und die territoriale Integrität fast zur ultima ratio aufwerteten, vgl. ders. S.108. Oeter beschreibt dies treffend wie folgt: "Die Dekolonisierung war noch gar nicht vollständig abgeschlossen, und das potentiell für viele postkoloniale Staaten gefährliche Konzept des Selbstbestimmung wurde schon wieder eingegrenzt, genau von den neuen Staaten, die zur gleichen Zeit noch gegenüber den Restbeständen des Kolonialismus mit Emphase die vollständige Verwirklichung der Selbstbestimmung anmahnten", vgl. ders. S.747

1 Hierauf weist Thürer hin, vgl. ders. 1984, S.129. Zum Biafra- und Katangakonflikt vgl. Neuhold, S.63 ff.; Rabl, S.446; Nanda, S.326; Wilson, S.84-87 sowie allgemein Wodie, S.1019 ff. Dem entspricht die Beobachtung Thürers, daß bei Ausarbeitung der FRD die Vertreter der jungen Staaten offenbar das SBR als einen einmaligen Akt ansahen, der von allen Völkern außer den Kolonialvölkern bereits ausgeübt worden sei, vgl. Thürer 1976, S.182. Pomerance hierzu: "a one shot-affair", vgl. ders. 1982, S.75. Gasser schreibt: "According to prevailing views, only peoples that have not yet exercised their right to self-determination may qualify", vgl. ders. 1987, S.917. Oeter bemerkt, die Staatenpraxis habe das Programm des SBR mit dem Ende der Dekolonisierung als erfüllt betrachtet und faktisch für erledigt erklärt, vgl. ders. S.748

2 So erkannte bei der Sezession Ost-Pakistans und der Gründung Bangladeshs im Jahre 1971 ein großer Teil der Weltöffentlichkeit ein Sezessionsrecht Ost-Pakistans an, obwohl dieses niemals als "non self-governing territory" gegolten hatte, vgl. Wilson, S.83. Indien und die Sowjetunion bezeichneten den Konflikt Bangladeshs mit Pakistan als "nationalen Befreiungskrieg", vgl. Ronzitti 1975, S.203 m.w.N. Die Behandlung dieses Konflikts läßt Zweifel bzgl. der gleichmäßigen Anwendung des Selbstbestimmungsrechts aufkommen.

Ronzitti verweist darauf, daß im Biafra-Konflikt nicht alle Staaten der von Nigeria vorgegebenen Linie folgten: Tansania, die Elfenbeinküste, Gabun und Sambia erkannten Biafra an, vgl. Ronzitti 1975, S.202 (mit einem ausführlichen Hinweis auf die hierfür gegebene Begründung durch den tansanischen Staatschef Nyerere: "I could not advocate bombing them into submission"). Die anerkennenden Staaten scheinen damit zwischen normalen internen Konflikten und solchen um das SBR zu unterscheiden.

3 Murswiek, S.309. vgl. auch Emerson, Self-Determination, in AJIL Bd.65 (1971), S.459 ff. Salmon schreibt: " le droit de sécession n'a jusqu'à présent obtenu aucun droit de cité à l'ONU", vgl. ders.1976, S.31. Neuerer Vertreter der restriktiven Lehre zum SBR ist etwa T.M. Franck, Postmodern Tribalism and the Right to Secession, in: C. Brölmann/R. Lefeber/M. Zieck (Hrsg.), Peoples and Minorities in International Law, Dordrecht 1993, S. 3 ff. (S.16-19). Doehring hält in Extremfällen ein Sezessionsrecht auch bei Verletzung des inneren Selbstbestimmungsrechts für gegeben, vgl. ders. 1974, S.33.

vorgenannten Fällen (also bei Kolonien und anderen unselbständig regierten Gebieten) besteht ein Anspruch auf Loslösung vom Mutterland[1]. Der dem Selbstbestimmungsrecht innewohnende Konflikt mit dem Prinzip der staatlichen Souveränität und territorialen Integrität[2] wird so in der Regel zugunsten der Souveränität gelöst, obwohl in der Hierarchie der Normen das SBR gegenüber dem Schutz der staatlichen Souveränität nicht als nachrangig zu betrachten ist[3] und nicht nur ein einmalig auszuübendes, sondern ein dauerhaft Geltung

---

Ebenso Thürer, der hierfür die grobe und brutale Verletzung der grundlegendsten Rechte einer ethnisch, politisch oder kulturell geschlossenen und auf einem gemeinsamen Territorium lebenden Gruppe verlangt, vgl. ders. 1984, S.127. Thürer erblickt einen inneren Widerspruch der "Friendly Relations"-Deklaration darin, daß sie einerseits versucht, in der Entkolonisierungspraxis entstandene Grundsätze in allgemeine Form zu bringen, andererseits deren Anwendung auf nicht- koloniale Situationen sogleich wieder untersagt, vgl. ders. 1976, S.190. Dem entspricht die Beobachtung Wilsons, daß ethnische Minderheiten sowie Regionen, die einen eigenständigen Status anstreben, kaum internationale Unterstützung finden. Beispiele aus den achtziger Jahren sind die Situation im Tschad, im Sudan, das Kurdenproblem oder Äthiopien, vgl. Wilson, S.87; ebenso Salmon 1976, S.31. Pomerance kommt zu folgendem Schluß: "In the New UN Law of Self-Determination,...., democratic methods have always been strictly subordinate to the attainment of often preconceived 'non-colonial' results", vgl. ders. 1982, S.75. Die UNO hat ein Sezessionsrecht in nicht-kolonialen Tatbeständen sogar dort abgelehnt, wo die überwiegende Mehrheit einer Volksgruppe dies befürwortet und trägt, vgl. Verdross/Simma, S.319. Unter Berufung auf den IGH, der das SBR allgemein als "need to pay regard to the freely expressed will of peoples" beschrieb, bemerkt Kwakwa: " This suggests that the right of self-determination does not become extinguished after attainment of independence. It should be seen as a continuing right which can be exercised at any time, by any group of people, within any territory", vgl. ders. S.54. Oeter verweist u.a. auf das Problem, wann ein Anspruch auf nationale Einheit und territoriale Intergrität überhaupt als schützenswert gelten kann: Mit Blick auf Tibet schreibt er: "Territoriale Integrität und Interventionsverbot bilden hier im Grunde nur einen Vorwand, die völkerrechtswidrige Besetzung abzuschirmen", vgl. ders. S.750

1 Das äußere SBR kann auch gemäß GA Res. 1514 in freier Assoziation mit oder Integration in einem unabhängigen Staat bestehen. Hier sieht Pomerance in der UN-Praxis jedoch eine starke Einseitigkeit zugunsten der Unabhängigkeit und Loslösung, vgl. ders.1982, S.28. Marauhn spricht rückblickend zu Recht von einer Verengung des Blickfeldes auf die Unabhängigkeitsbestrebungen der Kolonien und ene Auslegung des SBR, die allein von präexistenter Staatlichkeit ausgeht, vgl. ders. S.108,109.

2 Zu diesem Konflikt Thürer 1976, S.182,190; Lombardi, S.293; Pomerance 1982, S.2,3 sowie Koenig, S.136-142.

3 "Soweit der rechtliche Umfang der Souveränität durch das Selbstbestimmungsrecht eingeschränkt wird, besteht....kein Widerspruch zwischen Selbstbestimmungsrecht und Souveränität; diese kann insofern dem Selbstbestimmungsrecht nicht entgegengehalten werden", vgl. Murswiek, S.312,325. Dieser plädiert dafür, weder die Souveränität noch das SBR so auszulegen, daß am Ende vom Geltungsanspruch des jeweils anderen nichts mehr übrigbleibt.

beanspruchendes Prinzip darstellt[1]. Der Grund für diese restriktive Haltung liegt unschwer erkennbar darin begründet, daß der materielle Kern der sog. "inneren Selbstbestimmung" für die Mehrheit der VN-Mitgliedstaaten in ihrem autoritären Staatsaufbau eine ständige Bedrohung darstellt[2]. Darüber hinaus besteht allerdings auch das durchaus als berechtigt anzusehende Anliegen, das SBR nicht zu einem Vorwand für "aggressiven Separatismus" werden zu lassen[3].

Schon in den sechziger Jahren wurde auch auf das absehbare Ende der Dekolonisierung hingewiesen, wodurch zwangsläufig der innere Aspekt des Selbstbestimmungsrechts wieder in den Vordergrund rücken werde[4]. Darüber hinaus wird vor dem Hintergrund europäischer Erfahrungen nach dem Ende des Kalten Krieges in der Literatur zunehmend der Rückgang des Souveränitätsdenkens betont und teilweise harte Kritik an der bisherigen UN-Praxis und der etablierten Lehre zur Selbstbestimmung geübt[5]. Auch das Argument, wonach die Zu-

---

[1] Vgl. hierzu und zu den möglichen Formen der Berücksichtigung des SBR im innerstaatlichen Kontext Heintze, Verwirklichung des SBR, S. 16 ff. Die Dauerhaftigkeit des SBR betont auch Thürer 1996, S.40. Auch Dinstein wendet sich gegen die Vorstellung eines nur einmalig auszuübenden SBR, vgl. ders. S.248

[2] Oeter, S.760,774. Dinstein betont den im Kern politischen Charakter des SBR, welches allem voran die politische Kontrolle des Volkes über sein Schicksal zum Gegenstand habe, vgl. ders. S.245

[3] Stellvertretend für solche Befürchtungen mag die Warnung des georgischen Präsidenten Eduard Schewardnadse gelten, der vor dem Hintergrund der Abchasien- und Südossetienfrage bei einem Vortrag vor dem britischen Royal Institute of International Affairs Anfang 1995 Fehlinterpretationen des Selbstbestimmungsrechts beklagte und von einem "agressive separatism no less ghastly than the brutalities of Hitler" sprach: "The liberal democratic community...has become ensnared, if not completely enslaved by misconceptions which blind it to the crimes against humanity perpetrated by the 'heroes' of the new 'national liberation movements'...", vgl. E. Schewardnadse, Post Cold War Era: New Realities, Veröffentlichung durch das Londoner Institute of International Affairs v. 16.Februar 1995, S.4. Für eine friedliche Separation kaukasischer Völker von Rußland dagegen der israelische Politikwissenschaftler Shlomo Avineri: "Man kann sich seinen Weg nicht in die Herzen der Völker schießen", vgl. F.A.Z. v. 14.02.1995, S.2

[4] Für Delbrück liegt vor allem in der *maßvollen* Zubilligung eines Selbstbestimmungsrechts an nationale Minderheiten, vor allem in der Form des demokratisch-menschenrechtlichen Aspekts (Autonomielösungen, Minderheitenrechte etc.), eine Möglichkeit, die politische Brisanz des SBR zu entschärfen. Damit würde jedoch gleichzeitig das nationale Selbstbestimmungsrecht in seiner Bedeutung reduziert bzw. in Frage gestellt, vgl. ders. S.208,209.

[5] Für Oeter ist die bisherige UN-Praxis alles andere als konsistent, Dinstein bezeichnet die bislang herrschende Lehre von der Verweigerung jedes Sezessionsrechts bei Verletzung des inneren SBR als "out of tune with reality", vgl. ders. S.249

billigung eines Sezessionsrechts bei Verletzung des inneren Aspekts des SBR der Friedenssicherung als der vorrangigen Aufgabe des Völkerrechts zuwiderliefe, wird mehr und mehr als Bekenntnis zu einem bisweilen bloßen Anschein von Stabilität in Frage gestellt. So gefährde in extremen Fällen die Nichtgewährung der inneren Selbstbestimmung Stabilität und Frieden mehr als die Anerkennung eines Sezessionsrechts als ultima ratio[1]. Zur potentiellen Gefahr des SBR für den Bestand der Staaten wird ins Feld geführt, daß viele "Völker" allein aufgrund ihrer geringen Größe nicht ernsthaft an Sezession denken würden, solange ihnen eine erträgliche Existenz im bestehenden Staatsverband möglich wäre[2]. Kritisch wird angemerkt, die bisher vorherrschende Lehre von der Selbstbestimmung habe sich vor allem damit beschäftigt, wann das SBR eingeschränkt, überlagert oder nicht anwendbar ist [3]. Es bleibt jedoch festzuhalten, daß die vorstehend beschriebene Neubewertung der inneren Stoßrichtung des SBR auf internationaler Ebene von allgemeiner Anerkennung noch weit entfernt ist[4].

ccc) Adressatenkreis

Wer das "Volk" darstellt, dem das Selbstbestimmungsrecht zukommt, ist in der Satzung der Vereinten Nationen und den nachfolgenden Resolutionen nicht näher festgelegt worden[5]. Grundsätzlich erscheint es möglich, unter den Begriff des Volkes einen weiten Kreis von Gemeinschaften zu fassen, ohne daß damit

---

1 Vgl. Marauhn S.115, für den die Abspaltung bisweilen mehr zur Friedenssicherung beitragen kann als das unbedingte Festhalten am Status Quo. Ebenso Oeter, für den das Festhalten am Status Quo eine nur scheinbare Stabilität schützt, vgl. ders. S.761. Ähnlich Murswiek, S.326. Dinstein vertritt konsequent die Auffassung, daß auch innerhalb von solcherart unabhängig gewordenen Staaten wiederum andere Völker unter den gleichen Bedingungen ihrerseits ein Sezessionsrecht haben müßten, vgl. ders. S.250. Die damit grundsätzlich gegebene Gefahr einer "sezessionistischen Lawine" sollte jedoch nicht überbewertet werden und wird ihre Grenze oftmals in faktischen Gegebenheiten (Größe des Volkes und des von ihm bewohnten Territoriums etc.) finden.

2 Oeter dämpft mit diesem Argument Befürchtungen, die Zubilligung des "inneren SBR" würde eine Kettenreaktion hin zu immer kleineren Einheiten auslösen, vgl. ders. S.772

3 Oeter, S.743

4 Hannum, S.776

5 Rigo-Sureda weist nach, daß das SBR bei seiner Aufnahme in die UN-Charta in einem weiten, d.h. auch Staaten und Nationen umfassenden Sinne gemeint war, vgl. ders., S.100. In der späteren UN-Praxis ergab sich aber eine Verengung des SBR auf koloniale Situationen, vgl. dazu v.Glahn, S.120 und oben 2.b.bb.

jedoch festgelegt wäre, welchen dieser "Völker" das SBR zusteht bzw. welche Formen seiner Durchsetzung zulässig sind[1]. In der Literatur war teilweise die Rede von einer "...complete failure by the international community to reach consensus regarding the exact identity of 'Peoples'"[2].

Dabei ist die Bestimmung des Adressatenkreises für den Inhalt des SBR von eminenter Bedeutung: wäre allein das Staatsvolk Adressat, so wäre das SBR mit der Souveränität identisch und somit ein defensives Programm zur Absicherung des Status Quo der "beati possidentes" der heutigen Staatenwelt. Könnten sich jedoch auch dissidente Gruppen oder separatistisch-irredentistische Gruppen auf das SBR berufen, so läge hierin eine Herausforderung des Souveränitätsprinzips, ein potentiell revolutionäres Programm[3]. Erneut wird deutlich, daß sich das SBR in einem Spannungsverhältnis zwischen den Zielen der Friedenssicherung und des internationalen Menschenrechtsschutzes befindet[4].

Ausgehend von Kapitel XI-XIII der Satzung hat sich im Rahmen der Vereinten Nationen eine Praxis herausgebildet, welche Kolonien und anderen unselbstän-

---

1 Unter dem Einfluß der Ideen Präsident Wilsons wurde in der Zwischenkriegszeit der Begriff des "Volkes" eher weit gefaßt: Minderheiten in einem von einem anderen Volk regierten Staat, ethnische Minderheiten, die ohne eigenen Staat auf mehrere Staaten verteilt leben, Minderheiten, die sich als Teil einer benachbarten Staatsnation betrachten, durch äußeren Zwang geteilte Völker oder Nationen, Völker in einem von einem anderen Volk beherrschten Territorium mit eigenem Status (Kolonien), vgl. Bothe/Partsch/Solf S.47. Für Dinstein steht fest: "Self-determination does not equal sovereign equality", vgl. ders. S.245. Andererseits ist nicht jede Minderheit als "Volk" i.S.d. SBR zu betrachten, vgl. Hannum, S.774

2 Chadwick, S.32

3 Heidelmeyer, S.252; Rigo-Sureda, S.26; Thürer 1976, S.182. Hiervon zu trennen ist die Frage, ob einem Träger des SBR ein Sezessionsrecht zusteht, vgl. Bothe/Partsch/Solf, S.47 sowie oben E.IV.1.b.bb.bbb. Thürer sieht zumindest bei großzügiger Zubilligung eines Sezessionsrechts das SBR als ein in die Weltanarchie führendes Prinzip, vgl. ders. 1996, S.40. Während antikoloniale Konflikte oder die Wiederherstellung eines zuvor völkerrechtswidrig hergestellten Territorialzustandes durch das äußere SBR darstellbar sind, handelt es sich bei der Sezession um die Geltendmachung des inneren Aspekts des SBR und eine unmittelbar mit dem Souveränitätsgrundsatz des Staates kollidierende Forderung, vgl. Thürer 1996, S.47,48.

4 Für Thürer bedeutet dies, daß das SBR einerseits immanent durch das Ziel der Friedenssicherung beschränkt ist, andererseits aber auch unter Berücksichtigung der durch den Menschenrechtssutz gstellten Anforderungen auszulegen ist, vgl. ders. 1996, S.44

dig regierten Gebieten ein SBR zuerkennt und insofern zumindest einige Adressaten dieses Rechts erkennbar werden läßt[1].
Die sozialistische Lehre bestimmte das "Volk" als Subjekt des SBR stets nach dem konkret-historischen Prozeß, aus welchem sich das SBR der Völker überhaupt und das jedes einzelnen Volkes im speziellen ableitet. Ethnische, religiöse oder nationale Kriterien allein sind dabei nicht ausschlaggebend. Vielmehr bezeichnet der Begriff "Völker" nach dieser Auffassung Nationen oder andere größere Gruppen von Menschen, die auf einem einheitlichen Territorium leben und durch bestimmte Gemeinsamkeiten nationaler oder ethnischer Art, oder auch der Gesellschaftsordnung, der historischen Aufgabenstellung und Zielsetzung oder anderer Gemeinsamkeiten, miteinander zu einer gesellschaftlichen Gemeinschaft verbunden sind[2].

In der westlichen Völkerrechtslehre wird zur Konkretisierung des Rechtsträgers (und in diesem Punkt mit der sozialistischen Auffassung übereinstimmend) auf das Merkmal der Territorialität abgestellt. Eine Gruppe kann sich danach nur dann auf das SBR berufen, wenn sie auf einem abgrenzbaren Territorium lebt[3].

Die Frage, welche sonstigen Anforderungen an eine Gruppe im Hinblick auf die Trägerschaft des SBR zu stellen sind, läßt sich nicht mit hinreichender Bestimmtheit beantworten. Zunächst wird eine begriffliche Unterscheidung der sich teilweise überschneidenden Begriffe "Volk" und "Minderheit" zu treffen sein[4]. Als Voraussetzung für den Volksbegriff werden genannt homogene Kulturstruktur wie etwa Sprache, Religion, Sitten, ethnische Zusammengehörigkeit und als subjektives Element der Wille zur Homogenität und zur Ent-

---

1 Rigo-Sureda, S.111 ff. Ronzitti vetritt die These, daß nur in Fällen von Kolonialismus und Rassismus überhaupt eine Norm namens SBR existiert, vgl. ders. in Cassese 1975, S.343,344. Darüberhinaus könne ein nach Selbstbestimmung strebendes Volk von vornherein kein Völkerrechtssubjekt sein und könne daher allenfalls Begünstigter dieses Rechts, nicht jedoch dessen formeller Träger sein, vgl. Ronzitti in Cassese 1975, S.348. Diese These scheint kaum haltbar, da einzig das betreffende Volk als Rechtsträger überhaupt in Frage kommt und das SBR heute nicht nur Staaten und Kolonialvölkern zugeordnet wird, s.o. Für Weinrich stellt das antikoloniale SBR einen problemorientierten rechtlichen Sondertatbestand dar, vgl. dies. S.70,71

2 DDR-Lehrbuch, Bd.I, S.152. Tunkin ordnet das Selbstbestimmungsrecht ohne nähere Definition "Völkern und Nationen" zu, vgl. ders., S.92. Zum damaligen sowjetischen Standpunkt Doehring 1974, S.22

3 Doehring 1974, S.23,27,35. Thürer hält es für unwahrscheinlich, daß man territorial verstreut lebende Völker und Volksgruppen als "Völker" i.S.d. SBR betrachten kann, vgl. ders. 1996, S.42. Wilson sieht darin ein Kriterium, das mit der Staatenpraxis und mit der Praxis der Vereinten Nationen übereinstimmt, vgl. dieselbe, S.80

4 vgl. hierzu Hans-Joachim Heintze, S. 61 ff.

scheidung über das politische Schicksal der Gruppe[1]. Als funktionales Element wurde für die Subjekteigenschaft teilweise auch eine die Eigenständigkeit gewährleistende, geeignete Organisationsstruktur genannt[2]. Dabei wird nicht jede Minderheit innerhalb eines Staatsverbandes als "Volk" zu betrachten sein[3]. Es darf auch nicht übersehen werden, daß die genannten Kriterien weit davon entfernt sind, im konkreten Fall ohne weiteres anwendbar zu sein. So bleibt offen, anhand welchen Maßstabes die geforderte Homogenität bestimmt werden kann oder wie der Wille eines Volkes festzustellen ist: bedarf es eines Referendums oder genügt die Existenz einer starken Organisation? All diese Fragen sind letztlich hochpolitischer Natur[4] und entziehen sich der juristischen Begrifflichkeit.

Im Rahmen der Vereinten Nationen wurde dieses Problem im "Spezialkomitee zu den Fragen der freundschaftlichen Beziehungen und der Zusammenarbeit zwischen den Staaten" in Vorbereitung der FRD behandelt[5]. Nach Vorschlägen der USA und Großbritanniens sollte der Adressatenkreis des SBR zwar einerseits der bisherigen UN-Praxis zur Dekolonisierung folgen, d.h. Kolonien, Treuhand- und Mandatsgebiete sowie sonstige Hoheitsgebiete ohne Selbstregierung umfassen, andererseits aber generalklauselartig über diese eng begrenzten Fälle hinausgehen: nur Staaten mit einer alle innerhalb ihrer Grenzen lebenden

---

1 Thürer 1996, S.41; Gornig, S.20; Doehring 1974, S.23. Dieser Autor hält eine noch nähere Charakterisierung für nicht möglich, vgl. ebd. S.24. vgl. auch Scheuner in der Diskussion der Deutschen Gesellschaft für Völkerrecht, a.a.O. bei Doehring, S.58. Heidelmeyer kommt mit Blick auf die Nation als Träger des SBR zu dem Ergebnis, daß sich die Begriffe "Nation" und "Volk" einer sicheren und strikten Definition entziehen, vgl. ders., S.253,255. Auch Weinrich weist darauf hin, daß die juristische Definierbarkeit des Begriffes "Volk" vielfach geleugnet wird, vgl. dies. S.72. vgl. auch die bei Neuhold, a.a.O. S.85 zitierten Autoren. Sandoz/Swinarski/Zimmermann sprechen mit Blick auf das subjektive Element von einem "common sentiment of forming a people", einem "political will to live together as such" und betrachten vor allem eine gemeinsame Geschichte als Indikator für das Vorliegen dieses Willens, vgl. ebd. RZ 103. Für Kussbach kann nur eine "...homogene Gemeinschaft, die ein abgegrenztes Territorium bevölkert und die den Willen hat, ihren Status selbst zu bestimmen, als 'Volk' und also als Subjekt des Selbstbestimmungsrechts gelten...", vgl. ders. S.505 m.w.N. Dinstein betont, daß neben dem Zusammengehörigkeitsbewußtsein *innerhalb* des Volkes auch die *äußere* Wahrnehmung als Volk von großer Bedeutung ist, vgl. ders. S.242

2 vgl. hierzu Kussbach, S.505

3 Sandoz/Swinarski/Zimmermann RZ 103.

4 Den politischen Aspekt betont Kussbach, S.507

5 Lombardi, S.290 ff.; Okeke, S.111 ff. vgl. zur Arbeit des seit 1966 tagenden Spezialkomitees auch Ermacora, S.62-66

Völkerschaften effektiv vertretenden Regierung sollten dem SBR Genüge tun[1]. Diese Vorstöße wurden abgelehnt und es blieb bei der allgemeinen Formulierung, wonach "all peoples" Träger des SBR sind. Dies entsprach der Abneigung vieler junger Staaten, dem SBR in anderen Bereichen als der Dekolonisierung Adressaten zuzuordnen. Hierzu schreibt Okeke: "It must be observed here, that it would be absurd to consider that states were the only beneficiaries of the principle"[2]. Gerade dies schien aber die vorherrschende Ansicht zu sein. Das demokratische Element des SBR aus der Atlantikcharta trat damit zurück[3]. Nach Ansicht der UN, aber auch wichtiger Regionalorganisationen wie der OAU ist also unter dem "Volk" als Träger und Adressat des SBR stets das gesamte Staatsvolk, nicht aber eine Minderheit innerhalb des Staates zu verstehen[4].

Die in Abschnitt 2 des 5. Grundsatzes der Friendly Relations Deklaration enthaltene Formulierung, wonach die Unterwerfung von Völkern unter fremdes Joch, fremde Herrschaft und Ausbeutung eine Verletzung des SBR darstellt, erweitert nicht dessen Adressatenkreis. Zum einen steht die erwähnte Formulierung im Zusammenhang mit der Aufforderung, dem Kolonialismus ein schnelles Ende zu setzen, zum anderen enthalten auch spätere UN-Resolutionen diese Begriffe stets im kolonialen Kontext[5]. Allerdings hat die Generalversammlung der VN dem Begriff "colonial" teilweise eine weite und verschwommene Auslegung zuteil werden lassen, indem sie ihm gelegentlich z.B. "racism, apartheid, and activities of foreign economic and other interests which exploit colonial peoples" zugeordnet haben[6]. Welche Völker sich in solcher Lage befinden,

---

1 Hierzu Pomerance 1982, S.38. Zu diesen Vorstößen auch Lombardi, S.293,295; Thürer 1976, S.182. Scheuner weist auf eine starke Tendenz zur Verengung des SBR auf den kolonialen Tatbestand hin, vgl. ders. bei Doehring 1974, S.58

2 Okeke, S.115

3 Zum Fall Biafra und der Haltung der UN in diesem Konflikt vgl. Rabl, S.448. Marauhn betrachtet dies als eine Verengung des Blickfeldes auf antikoloniale Tatbestände, vgl. ders. S.106

4 vgl. Kwakwa, S.53, 54 m.w.N. Dieser weist auf den potentiellen Sprengstoff hin, den die Zubilligung des SBR an Minderheiten etwa in Afrika bedeuten würde, wo es nicht weniger als 2000 verschiedene ethnische Gruppen gibt. Heintze spricht von weltweit etwa 3500 Ethnien, vgl. ders. S.16

5 So sprechen GA Res 2649 (XXV) vom 30.11.1970, GA Res 2708 (XXV) vom 14.12.1970 und GA Res 2878 (XXVI) vom 20.12.1971 von "peoples under colonial and alien domination". GA Res 2787 (XXVI) vom 6.12.1971 spricht von "peoples subject to colonial exploitation"

6 GA Res 2548 (XXIV) vom 11.12.1969; vgl. auch GA Res 2708 (XXV) vom 14.12.1970 sowie GA Res 2878 (XXVI) vom 20.12.1970. vgl. hierzu auch Barberis, S.245-247 so-

bleibt offen. Bisweilen wurde auch der Begriff des "Neokolonialismus" in die Debatte eingeführt, ohne jedoch auch nur ansatzweise in seiner Bedeutung geklärt worden zu sein[1].

Zusammenfassend wird man jedoch angesichts der konstanten Praxis der UNO-Resolutionen unter einem Volk als Träger des SBR jedenfalls das in einem Staat organisierte Volk betrachten können, darüber hinaus auch die Fälle, in denen Völker unter Kolonialherrschaft, Rassismus und Fremdherrschaft stehen.

ddd) Gewaltanwendung zur Durchsetzung

Die beschriebene Entwicklung des Selbstbestimmungsgrundsatzes seit 1949 bis zu seiner durch die FRD geprägten Gestalt war von weitreichender Bedeutung für das humanitären Völkerrechts, aber auch für die Frage der Erlaubtheit gewaltsamer Durchsetzung des SBR[2]. Die Rechtsentwicklung sowohl bezüglich des einschlägigen ius ad bellum als auch des ius in bello war dabei getragen vom Gedanken einer tieferen Berechtigung des Kampfes der Völker für ihre Selbstbestimmung, gerichtet vor allem gegen den Kolonialismus[3]. Nicht nur Befreiungsbewegungen[4], auch einige Staaten wie z.B. die Volksrepublik China haben sich auch ausdrücklich zur Theorie des gerechten Krieges bekannt und bestimmte Konflikte, vor allem die antikolonialen, als "gerecht" bezeichnet. Eine Anwendung des Gewaltverbots auf solche Fälle sei Verrat an den unterdrückten Völkern[5]. Dugard bezeichnet die nationalen Befreiungskriege als

---

wie Rosas, der auf die 1975 erfolgte Gleichsetzung von Zionismus und Rassismus durch die Generalversammlung in Res. 3379 (XXX) hinweist, vgl. ders. S.273

1 Hierzu Pomerance 1982, S.17 ff. Einer der Befürworter der Auslegung des SBR durch die VN, Salmon, hält die FRD für ausreichend zweideutig (ambigu), um sie in "kreativer Auslegung" auf neue Tatbestände auszuweiten, vgl. ders. 1976, S.37

2 Das oben E.IV.1.b.bb.bbb. erwähnte Problem des Sezessionsrechts sowie des Rechts der Völker auf Selbstbestimmung und Unabhängigkeit ist nicht zu verwechseln mit der Frage, ob zur Durchsetzung bewaffnete Gewalt angewandt werden darf

3 Dabei wurde das Selbstbestimmungsrecht, wie oben gezeigt, auf bestimmte Tatbestände verengt. Salmon spricht von "selektiver" Anerkennung des SBR durch die VN-Generalversammlung, vgl. ders.1976, S.30

4 So bezeichnete die SWAPO den nationalen Befreiungskrieg als allgemein gerechtfertigt und als "the modern version of bellum iustum in the old natural law ideology of international law", zitiert bei Dugard, S.144

5 Diese Ansicht wurde z.B. 1972 in einer Pressemitteilung der rotchinesischen VN-Vertretung zum Ausdruck gebracht, vgl. Schwebel S.456

"main escape route from the Charter's prohibition on the use of force" und stellt nicht ohne Sarkasmus fest, daß ausgerechnet die Sowjetunion zur Rechtfertigung antikolonialer Gewaltanwendung auf die bürgerlich-naturrechtliche Theorie des gerechten Krieges zurückgriff[1]. Für die Staaten der Dritten Welt war das SBR der Völker zentrale Begründungsbasis antikolonialer Gewaltanwendung[2].

Auch in diesem Bereich waren die Vereinten Nationen mit ihrer Mehrheit von Staaten der Dritten Welt und des sozialistischen Lagers Triebfeder einer Entwicklung, welche sich in einer kontinuierlichen Fülle von Resolutionen besonders der Generalversammlung niederschlug[3]. Dies veranlaßte einen Autor zu dem wohl nur teilweise ironischen Aufsatztitel "Wars of national liberation - as fought in U.N. Organs"[4]. Eine wesentliche Rolle für die Meinungsbildung und

---

1 Dugard, S.146

2 Chadwick schreibt: "It is thus argued ....that the use of force, and in particular, terror-violence, in armed conflicts for self-determination has divided the world ideologically", vgl. dies. S.20

3 Vgl. zur Entwicklung der Haltung der Vereinten Nationen Rabl, S.466-471; Abi-Saab, in RdC 1979, S.372 (FN 8). Ein ausführlicher Nachweis der Resolutionspraxis der Generalversammlung findet sich bei Lombardi, S.206 (FN 228). Dieser zählt über 60 einschlägige Resolutionen auf. Für eine Untersuchung der Haltung der Vereinten Nationen in einzelnen konkreten Fällen (Indonesien, Goa, die portugiesischen Gebiete in Afrika sowie die von Israel besetzten Gebiete) vgl. Rigo-Sureda, S.324 ff. Eine besondere Rolle spielte die *Goa-Krise 1961/1962*, als indische Truppen die unter portugiesischer Hoheit stehende Goa militärisch angriffen, einnahmen und annektierten. Im Sicherheitsrat sprach sich Indien in dieser Frage von den Bindungen der SVN frei, argumentierte jedoch auch, daß Kolonialismus eine Art permanenter Agression darstelle, gegen die Indien das Selbstverteidigungrecht geltend machen könne. Eine Verurteilung Indiens durch den Sicherheitsrat scheiterte am Veto der UdSSR, es wurde jedoch klar, daß auch in der GV keine 2/3 - Mehrheit zugunsten einer Verurteilung Indiens zustandekommen würde. Schwebel kommt zu der Einschätzung, daß im Goa-Zwischenfall erstmals eine in der internationalen Gemeinschaft verbreitete Ansicht zum Tragen kam, wonach die Situation des nationalen Befreiungskrieges als Ausnahmetatbestand zum geltenden Gewaltverbot des Charta betrachtet wurde, vgl. ders., S.446,447.

Rigo-Sureda sieht hier einen "Wendepunkt" in der Haltung der UN, die sich weigerten, anti-koloniale Gewaltanwendung zu verurteilen, vgl. ders. 1982, S.330. Pomerance spricht in diesem Zusammenhang von einer "Goa doctrine" der Vereinten Nationen, vgl. ders., S.50. Zu dieser Entwicklung insgesamt auch Klein, S.623,626, sowie Schwebel, S.446 ff.

4 vgl. Schwebel, S.446. Dieser spricht von einer häufig und hitzig geführten "battle of words", allerdings mit unklarem Ausgang: dort, wo die als "heavily repetitious" bezeichneten einschlägigen GA-Resolutionen breite Unterstützung erfahren hätten, sei deren Inhalt divergierenden Auslegungen zugänglich gewesen; wo sie andererseits klar gewesen seien, hätten sie stets weit weniger Unerstützung erfahren, vgl. ebd.

den Gang der Diskussionen spielte in diesem Zusammenhang das seit 1964 tagende Komitee zur Erarbeitung der späteren FRD[1]. Dabei zeigte sich mit großer Deutlichkeit, daß nicht wenige Staaten antikoloniale Gewaltanwendung aufgrund der Unvereinbarkeit kolonialer und insbesondere gewaltsamer kolonialer Beherrschung mit der Satzung als legitim und als einen Sonderfall des Selbstverteidigungsrechts betrachteten, gerichtet gegen eine Verletzung des Gewaltverbots durch die Kolonialmacht[2].

Einige "Marksteine" sind geeignet, die Resolutionspraxis zu verdeutlichen. Dazu gehört zunächst GA Res 2105 (XX) vom 20.12.1965, in der erstmals die Legitimität des Kampfes der unter kolonialer Herrschaft stehenden Völker anerkannt wird[3]. Dabei bestand zu dieser Zeit jedoch keineswegs Übereinstimmung darüber, ob aus der Legitimität des Strebens nach Selbstbestimmung auch die Berechtigung zur Gewaltanwendung folgte. Die meisten Staaten der Dritten Welt vertraten jedoch eine derartige Auffassung[4].

---

1 vgl. zu diesen Debatten Schwebel, S.448-454.

2 vgl. die Zusammenfassung der im Spezialkomitee vorgetragenen Argumentation bei Schwebel, S.448, 449. Die Gewaltanwendung gegen ein nach Unabhängigkeit strebendes Volk sei als Agression zu betrachten, gerichtet gegen das mit internationaler Rechtspersönlichkeit ausgestattete Kolonialvolk. Westliche Staaten wandten sich gegen die Beschreibung der kolonialen Herrschaft als unerlaubte Gewalt in den internationalen Beziehungen i.S.v. Art.2(4) SVN, da dieser nur die Gewalt gegen Staaten verbiete. Das Recht zur Selbstverteidigung wiederum stehe nur Staaten zu. Jede extensive Auslegung des Art.51 berge die Gefahr, den internationalen Frieden in gravierender Weise zu unterminieren. Zu befürchten sei eine Wiederbelebung der Theorie des gerechten Krieges, begrenzt auf den in seiner Privilegierung gegenüber anderen Formen der Unterdrückung etc. kaum zu rechtfertigenden antikolonialen Kontext. Staaten würden zur Gewaltanwendung ermutigt, da es nur noch darauf ankomme, die Gewaltanwendung in den "richtigen" Zusammenhang zu rücken, vgl. zu der jeweiligen Argumentation Schwebel, S.449,450,451

3 Darin anerkennt die Generalversammlung "the legitimacy of the struggle by the peoples under colonial rule to exercise their right to self-determination and independence and invites all States to provide material and moral assistance to the national liberation movements in colonial territories", vgl. UN Doc. A/RES/2105 Ziff.10 (XX). Die Formel von der Legitimität des Kampfes der unter kolonialer Herrschaft stehenden Völker für SBR und Unabhängigkeit findet sich regelmäßig wieder in den Resolutionen der Generalversammlung, vgl. GA-Resolutionen 2107 (XX), 2189 (XXI), 2326 (XXVIII), 2465 (XIII), 2548 (XXIV), 2649 (XXV), 2708 (XXV), 2787 (XXV), 2878 (XXVI), 2908 (XXVII), 3103 (XXVIII) v. 12.12.1973 (angenommen mit 83:13:19 Stimmen), 3163 (XXVIII), 3328 (XXIX) v. 16.12.1974 (angenommen mit 118:0:10 Stimmen), 3481 (XXX), zit. nach Barberis, S.242

4 Wilson, S.96, 97 sowie Falk, S.60. Dieser spricht von einem "just war approach to civil war" bzw. einer "interventionary doctrine".

Außerhalb der Vereinten Nationen bekannte sich 1964 die Konferenz der Blockfreien in Kairo zur Legitimität des bewaffneten Kampfes für das SBR, ebenso im gleichen Jahr die Konferenz afro-asiatischer Juristen[1]. Der Westen stimmte bis 1970 stets gegen alle Resolutionen, die bewaffnete Gewalt legitimierten. Aber auch die 1970 durch Konsens angenommene FRD legitimiert in Abschnitt 5 des 5. Grundsatzes entgegen einer u.a. von Eide und Abi-Saab vertretenen Ansicht[2] keine Gewalt zur Durchsetzung des SBR[3]. Gleichwohl ist die These von der Legalität des Befreiungskampfes ein fester Bestandteil aller Dekolonisierungsresolutionen geworden[4].

Eine über das Bekenntnis zur Legitimität des Kampfes hinausgehende Formulierung enthält GA Res 2708 (XXV) vom 14.12.1970. In ihr wird die Legitimität des Kampfes mit allen zur Verfügung stehenden Mitteln vertreten[5]. Auch

---

1 Wilson, S.95 sowie Falk, S.60.

2 Eide, in Cassese 1979, S.25; Abi-Saab, in RdC 1979, S.372

3 Die Vertreter der westlichen Staaten haben im Spezialkomitee zur Ausarbeitung der FRD einen völkerrechtlichen Anspruch auf gewaltsame Durchsetzung der äußeren Selbstbestimmung stets abgelehnt, vgl. Lombardi, S.328. Abschnitt 5 des 5. Grundsatzes verwirft zwar Gewalt gegen abhängige Völker, läßt aber ein eventuelles Selbstverteidigungsrecht gegen solche Gewalt unerwähnt. Wilson betont, daß auch nach der FRD erst die *gewaltsame* Vorenthaltung des SBR zur Hilfeleistung durch Dritte führen kann und soll, vgl. dies., S.99. Bothe/Partsch/Solf, S.49: The implicit recognition of such actions (gemeint ist Widerstand gegen gewaltsame Vorenthaltung des SBR, Anm. d. Verfassers) is, however, not identical with the attribution of a right to indiviadual and collective *self-defence* under Art.51 of the Charter". Zum Konsensverfahren und der Problematik der Argumentation mit einer solcherart zustandegekommenen, scheinbaren Einstimmigkeit vgl. unten E.IV.4.a.cc. Graham schreibt: "...the Declaration...does not recognize any right to achieve self-determination or independence by force of arms", vgl. ders. S.40. Für diesen Autor ist die Berufung auf die Satzung und die FRD zur Begründung eines Rechts zur Gewaltanwendung in nationalen Befreiungskriegen "...extremely dangerous as well as legally unfounded.", vgl. ebd. S.41. Der Vertreter der USA im Rechtsausschuß der GV bekräftigte in einer Presseerklärung: "..In short, the Declaration does not constitute a license for gun-running", zitiert bei Schwebel, S.453. Auch Dugard schreibt im Hinblick auf den Inhalt der FRD und der per Konsens angenommenen Resolution zur Definition des Argessionsbegriffs: "Although these resolutions recognize the right of revolution in unequivocal terms.....they fall short of declaring that in international relations force may be used in the pursuance of a war of national liberation, a 'just war'", vgl. ders. S.148

4 Thürer 1976, S.153

5 Die Generalversammlung bekräftigt darin ihre Anerkennung der "legitimacy of the struggle of the colonial peoples and peoples under alien domination to exercise their right to self-determination and independence by all necessary means at their disposal ...", vgl. UN Doc. A/RES/2708 (XXV) Ziff.5 vom 14.12.1970. Ebenso Ziff.5 der GA-Res. 3328

wenn diese Formulierung eine Interpretation im Sinne der Berechtigung selbst zum bewaffneten Kampf nahelegt, so blieb diese Frage nach dem Wortlaut doch offen. Verschiedentlich wird auch ausdrücklich der Kampf der Völker für ihr SBR mit allen zur Verfügung stehenden Mitteln auch nur insoweit bekräftigt, wie diese Mittel mit der Satzung der Vereinten Nationen übereinstimmen[1]. Solche Feinheiten wurden jedoch aufgrund des in diesen Erklärungen enthaltenen Pathos von vielen durchaus übersehen [2]. Für Abi-Saab folgt ein Recht zur Gewaltanwendung durch die Nationalen Befreiungsbewegungen bereits aus der FRD[3].

Ausdrückliche Erwähnung findet der Begriff des bewaffneten Kampfes, gewissermaßen als Höhepunkt dieser Entwicklung, in zwei diesbezüglich gleichlautenden Resolutionen von 1973 und 1974, welche den bewaffneten Kampf in die Legitimität des Befreiungskampfes einbeziehen[4]. Die Generalversammlung hat die Legitimität des bewaffneten Kampfes gegen gewaltsame Vorenthaltung des SBR immer wieder bekräftigt[5], allerdings haben die westlichen Staaten - anders als bei der FRD - diese Resolutionen nicht einmal im Rahmen des Konsensver-

---

(XXIX) v. 16.12.1974 . Ebenso Res.2936 (XXVII), 2908 (XXVII), 2923E (XXVII), 2955 (XXVII)

1 Vgl. z.B. Art.7 der Resolution zum Agressionsbegriff (GA Res 3314, XXIX, vom 14.12.1974) sowie Barberis, S.243.

2 Für Graham haben derartige Formeln bei einem nicht unerheblichen Teil der internationalen Gemeinschaft den Eindruck erweckt, "...that traditional concepts of conflict management are now thought of....as inappropriate for 'peoples' wars of 'self-determination'", vgl. ders. S.43.

3 Aus der Zubilligung eines separaten Status für die Kolonien und nicht selbstregierten Gebiete, aus der Pflicht zum Verzicht auf gewaltsame Vorenthaltung des SBR sowie aus dem Recht der nach Selbstbestimmung strebenden Völker "....to seek and receive support in accordance with the purposes and principles of the Charter" folgert er: "In other words, liberation movements have a *jus ad bellum* under the Charter", vgl. Abi-Saab 1972, S.100. Gegen diese Sicht der FRD wendet sich Schwebel: "There is nothing in that resolution which would have entitled India ....to have sent arms to Goan rebels, still less to have invaded Goa. The resolution....would not have given any license for an Indian assault.", vgl. ders. S.454

4 Die Generalversammlung bestätigt darin "the legitimacy of the peoples' struggle for liberation from colonial and foreign domination and alien subjugation by all available means, including armed struggle", vgl. GA Res 3070 (XXVIII) vom 30.11.1973, UN Doc. A/RES/3070 (XXVIII) sowie GA Res 3246 (XXIX) vom 29.11.1974, UN Doc. A/RES/3246 (XXIX)

5 GA Res. 3950 (XXXIX) vom 12.12.1984 zu Namibia und GA Res. 3972 (XXXIX) vom 13.12.1984, zu Südafrika. Ähnliche Resolutionen erfolgten zu den portugiesischen Kolonien und Palästina, vgl. Salmon 1976, S.30

fahrens unterstützt[1]. Diese Haltung des Westens wird mit guten Gründen als Argument dafür betrachtet, auch die FRD nicht in einem solch weiten Sinne auszulegen[2].

Die völkerrechtliche Aufwertung des "antikolonialen Befreiungskampfes" hatte im Rahmen der Vereinten Nationen auch eine Einschränkung des Grundsatzes zur Folge, wonach dritte Mächte in innerstaatliche bewaffnete Konflikte nicht oder allenfalls auf Seiten der legalen Regierung eingreifen dürfen[3].

Sofern nämlich ein "nationaler Befreiungskampf" vorlag, verurteilte die Generalversammlung jede Gewalt und jeden Zwang gegen die abhängigen Völker durch die Metropolitanmacht, einschließlich jeder Unterstützung und Hilfeleistung an diese Macht[4], betrachtete aber im Gegensatz dazu seit 1965 die Unterstützung des Befreiungskampfes als legal, ja sogar erwünscht[5]. Die Behauptung der Völkerrechtswidrigkeit der Gewalt gegenüber einem nach Selbstbestimmung strebenden Volk stand im Widerspruch zur traditionellen Ansicht, wonach es sich bei diesen Konflikten um innere Angelegenheiten des betreffenden Staates handelte und dieser folgerichtig auch nicht gegen das Gewaltverbot nach Art.2(4) SVN verstieß, welcher Staaten lediglich Gewaltanwendung in ihren "internationalen Beziehungen" verbietet[6].

---

[1] Schwebel, S.454,455.

[2] Schwebel, S.455

[3] Vgl. zur allgemeinen Diskussion der Berechtigung Dritter zum Eingreifen in einen Bürgerkrieg oben E.I.5.

[4] Absatz 4 der Dekolonisierungsresolution 1514 (XV) vom 14.12.1960 lautet: "Alle bewaffneten Aktionen und Unterdrückungsmaßnahmen, gleich welcher Art, gegen abhängige Völker sind einzustellen, ...". Rigo-Sureda, a.a.O. S.331, nennt weitere Resolutionen: GA Res 1654 (XVI), GA Res 1810 (XVII), GA Res 1956 (XVIII). vgl. auch Zischg, S. 127 f. Dieser spricht von einer sukzessive gewandelten Haltung der Staatengemeinschaft in der Frage der Unterstützung von Kolonial- und Besatzungsmächten, vgl. m.w.N. ders. S. 137

[5] Beispielhaft hierfür GA Res 2105 (XX) vom 20.12.1965 mit der in Entkolonisierungsresolutionen regelmäßig wiederkehrenden Aufforderung an alle Staaten, die nationalen Befreiungsbewegungen in Kolonialgebieten materiell und moralisch zu unterstützen. vgl. ferner GA Res 2189 (XXI), 2326 (XXII), 2465 (XXIII), 2548 (XXIV), 2708 (XXV), 2878 (XXVI), 2945 (XXVII), 3031 (XXVII), 3111 (XXVIII)

[6] Vgl. die Beschreibung dieser Ansicht bei Ronzitti, in Cassese 1975, S.320. Ronzitti wendet sich vehement gegen diese Ansicht, da dies einer Legitimierung von Gewalt gegen das SBR der Völker als einem wichtigen Prinzip der Charta gleichkäme

Der Weltsicherheitsrat ist einige Jahre später in der Rhodesienfrage der Ansicht gefolgt, wonach Hilfe an um ihr SBR kämpfende Völker zulässig und sogar erwünscht ist[1]. Die Resolution der Generalversammlung über eine Definition des Aggressionsbegriffs nennt in Art.7 das Recht von Völkern, insbesondere den unter Kolonial- Fremd- oder rassistischer Herrschaft stehenden, um ihr SBR zu kämpfen und zu diesem Zweck Hilfe zu suchen und zu erlangen[2]. Die Generalversammlung hat, über ein Recht zur Unterstützung sogenannter Befreiungskämpfe hinausgehend, sogar eine Pflicht zur Hilfeleistung an Völker in deren Kampf um Selbstbestimmung behauptet[3]. Dies verwundert nicht, wenn man bedenkt, daß seit GA Res 2621 (XXV) vom 12.10.1970 der Kolonialismus sogar als Verbrechen, "crime", bezeichnet wurde. Einige Autoren haben aus der UN - Praxis den Schluß gezogen, daß zumindest das traditionelle Recht der Hilfeleistung an eine mit Aufständischen kämpfende Regierung dann nicht besteht, wenn diese Regierung dem SBR der Bevölkerung im Wege steht [4].

Jede dogmatische Rechtfertigung des Rückgriffs auf bewaffnete Gewalt zur Durchsetzung des SBR in seiner durch die UN geprägten Bedeutung muß sich der Frage nach dem Verhältnis zum allgemeinen Gewaltverbot des Art. 2(4) der Charta stellen[5].

Die Völkerrechtslehre der damaligen sozialistischen Staaten und die der Dritten Welt vertreten hier die Auffassung, Kolonialismus in all seinen Formen stelle eine Art "permanenter Aggression"[6] und eine Verletzung des Art. 2(4) SVN dar[7], gegen welche von Seiten der betroffenen Völker das Selbstverteidigungs-

---

1 Rabl, S.469. Zum Rhodesienproblem insgesamt Rigo-Sureda, S.238-243

2 GA Res 3314 (XXIX) vom 14.12.1974. Diese erwähnt "...the right of those peoples to struggle to that end and to seek and receive support in accordance with the principles of the Charter...". Der Hinweis auf die Prinzipien der Charta läßt feilich wiederum die Auslegung zu, daß bewaffnete Gewalt dazu gerade nicht gehört. In diesem Sinne auch Zischg, für den auch die Lieferung von Waffen und anderen Rüstungsgütern oder sonstige Formen militärischer Hilfe an Befreiungsbewegungen unzulässig ist, vgl. ders. S. 139

3 GA Res 3070 (XXVIII) vom 30.11.1973

4 Thürer 1984, S.131; Verdross/Simma, 3.Aufl. 1984, S.246

5 Zum Gewaltverbot und seiner Entwicklung vgl. oben die Hinweise bei B.II.1.

6 Hierzu Pomerance 1982, S.49; Wilson, S.131; Zischg, S. 131; Dugard S.149 unter Hinweis auf entsprechende Argumente im GA-Ausschuß zur Erarbeitung einer Agressionsdefinition

7 Ronzitti beschreibt diese Argumentation wie folgt: zwar hätten die einschlägigen Resolutionen der VN-GV die Gewaltanwendung durch die bekämpfte Staatsmacht nicht aus-

recht geltend gemacht werden könne. Befreiungskriege sind nach dieser Ansicht eine Form der Ausübung des Selbstverteidigungsrechts nach Art.51 der Satzung[1]. Die These, wonach die Anwendung von Gewalt gegen ein sein SBR erstrebendes Volk gegen das Gewaltverbot des Art.2(4) SVN verstoße, scheint jedoch kaum haltbar zu sein[2]. Vereinzelt wurde auch eine neue Norm behaup-

drücklich als Verstoß gegen Art.2(4) SVN betrachtet, sie könnten jedoch zur Stützung dieser These herangezogen werden. Auch verbiete Art.2(4) SVN Gewalt nicht nur gegen die territoriale Integrität und politische Unabhängigkeit von Staaten, sondern auch in jeder anderen mit den Zielen der VN unvereinbaren Weise. Da auch das SBR zu diesen Zielen zähle, verstoße Gewaltanwendung gegen Kolonialvölker gegen Art.2(4) SVN. Ronzitti wendet allerdings zu Recht ein, daß es bei Art.2(4) SVN stets um Gewalt *in den internationalen Beziehungen* geht. Letzterer Begriff könne auch nicht unter Hinweis auf das SBR (FRD, eigenständiger Status von Kolonialgebieten, internationaler Charakter des SBR) erweitert werden, da sich auch der in Art.2(4) SVN enthaltene Hinweis auf sonstige Ziele der VN stets auf die internationalen Beziehungen beziehe. Auch hätten weder die FRD noch die vorausgegangenen oder späteren Resolutionen jemals Gewaltanwendung gegen um ihr SBR kämpfende Völker als im Widerspruch zu Art.2(4) SVN stehend beschrieben. Schließlich wurde das sog. Selbstverteidigungsrecht der Kolonialvölker zu keiner Zeit als direkte Entsprechung eines Verstoßes gegen Art.2(4) SVN dargestellt, sondern als Ausfluß des SBR, vgl. Ronzitti, in Cassese 1975, S.321-325 m.w.N.

1 Zur sozialistischen Lehre vgl. Tunkin, S.78; Blischtschenko, S.79; DDR-Lehrbuch, Bd.II, S.188. vgl. auch Andreopoulos, S. 198 f.; Zischg, S. 129 ff. sowie Scheuner in Festschrift Berber, S.485. Für die Dritte Welt Abi-Saab, in RdC 1979, S.371,372. Weitere Hinweise bei Lombardi, S.322. Auch für Salmon ist Gewalt gegen Völker, die gegen Rassismus, Kolonialismus und Fremdbeherrschung kämpfen, unrechtmäßig, vgl. ders.1976, S.32. Ebenso Ronzitti mit der Behauptung einer neuen Völkerrechtsnorm dieses Inhalts, vgl. ders. in Cassese 1975, S.350. Darüberhinaus verbiete das Völkerrecht nationalen Befreiungsbewegungen keineswegs Gewaltanwendung. Diese könnten aber auf Gewalt zurückgreifen, wenn ein Staat rechtswidrig Gewalt gegen Völker anwendet, die nach Senbstbestimmung streben. Dieses Recht könnten auch nur die betreffenden Befreiungsbewegungen einfordern, vgl. ebd. S.353. Seidl-Hohenveldern sieht in der Zubilligung des Selbstverteidigungsrechts nach Art. 51 SVN an nationale Befreiungsbewegungen die "Umwertung aller Werte", vgl. ders. 1973, S.84. Für Klein fehlt dem auf Wiederherstellung des Status Quo Ante ausgerichteten Selbstverteidigungsrecht (ob nach Art.51 oder Völkergewohnheitsrecht) die erforderliche Dynamik, um für den Zweck der gewaltsamen Durchsetzung des SBR instrumentalisiert werden zu können. Für diesen Autor ist der Versuch erkennbar, einen Sondertatbestand der erlaubten Gewalt zu schaffen, der gleichberechtigt neben die anerkannten Gewaltanwendungsfälle nach Art.51 oder gemäß Autorisierung durch den Sicherheitsrat treten soll, vgl. Klein, S.647,648. Gerade hierin wird jedoch die völkerrechtlich wie politisch höchst problematische Rückkehr zur bellum-iustum-Lehre deutlich, zugeschnitten auf die mit den Weihen höherer Legitimität ausgestatteten nationalen Befreiungskriege.

2 Ronzitti weist auf eine Ansicht hin, wonach der Begriff der "internationalen Beziehungen" in Art.2(4) SVN auf Kolonialsituationen etc. a fortiori ausgeweitet werden kann, da Art.2(4) SVN auch auf solche "internationalen" Situationen anwendbar sei, in denen auf einer Seite nur ein stabilisiertes de facto-Regime bestehe. Ronzitti unterstreicht, daß dieses Prinzip bei laufenden Konflikten nicht anwendbar ist, vgl. ders. in Cassese 1975, S.

tet, welche, ohne das Gewaltverbot nach Art.2(4) SVN zu berühren, Gewaltanwendung gegen nach Selbstbestimmung strebende Völker verbietet[1].

Teilweise wird argumentiert, die von den um ihr SBR kämpfenden Völkern vorgetragene Gewalt falle von vornherein nicht unter Art.2(4) SVN, da es an einer Gewaltanwendung "in ihren internationalen Beziehungen" fehle oder weil das SBR der Völker in der Satzung gleichberechtigt neben dem Gewaltverbot stehe und folglich ohne Verletzung der Ziele der Vereinten Nationen notfalls auch gewaltsam durchgesetzt werden könne[2]. Unabhängig von der jeweiligen Argumentation ist festzustellen, daß ein nicht unerheblicher Teil der Völkerrechtslehre den Rückgriff auf bewaffnete Gewalt zur Durchsetzung bestimmter Aspekte des SBR befürwortet[3] oder als inzwischen völkerrechtlich anerkannt betrachtet [4].

In der westlichen Lehre wird diskutiert, ob nicht zumindest die gewaltsame Unterdrückung des SBR möglicherweise eine Verletzung des Gewaltverbots nach Art.2 (4) SVN darstellt[5]. Dem wird entgegengehalten, es handele sich

---

325 - 329. Für Dugard ist conditio sine qua non des Selbstverteidigungsrechts nach Art.51 SVN die Existenz zweier Staaten, eines Agressors und eines Opfers. Opfer von Kolonialismus sei nicht ein Staat, sondern seien vielmehr Angehörige des Kolonialmacht selbst, angegriffenen auf dem Gebiet des Kolonialstaates, vgl. ders. S.149

1 Diese These vertritt Ronzitti, der sich hierbei auf eine Reihe von VN-GV-Resolutionen stützt, vor allem aber die FRD. Bei deren Ausarbeitung hätten schließlich auch die westlichen Staaten den Grundsatz akzeptiert, daß Gewalt gegen nach Selbstbestimmung strebende Völker völkerrechtswidrig sei. Die FRD sei per Konsens verabschiedet worden, kein Staat habe Vorbehalte eingelegt oder sich im 6.Ausschuß der GV, welcher über den vom Spezialkommitees ausgearbeiteten Text der FRD beriet, gegen den Text ausgesprochen, vgl. Ronzitti in Cassese 1975, S.232-236. Die FRD dokumentiere insoweit eine "convergence of opinion" innnerhalb der Staatenwelt, vgl. ebd. S.337

2 Hierzu Verdross/Simma, 3.Aufl. 1984, S.245; Abi-Saab, in RdC 1979, S.438. Wilson weist darauf hin, die Gewaltanwendung sei oft mit verschiedenen Argumenten gleichzeitig legitimiert worden, vgl. dies., S.101 sowie Klein, S.644.

3 Vgl. Salmon 1976, S.30

4 Ohne näher auf die richtige Begründung einzugehen schreibt Greenwood: "A long succession of resolutions adopted by the United Nations General Assembly on the right of self-determination had already established international acceptance of the principle that a group which genuinely represented a people seeking to exercise ist right of self-determination was entitled to use force to achieve that end if force was used to prevent the exercise of that right", vgl. ders. S.193

5 Wengler scheint die Anwendung staatlicher Gewalt gegenüber Bestrebungen zur Realisierung des SBR als eine Form der verbotenen "Anwendung von Gewalt entgegen den Zielen der Vereinten Nationen" zu betrachten, vgl. ders., Lehrbuch, Bd.II, S.1372 f. Bo-

trotz der Unvereinbarkeit mit den Zielen und Grundsätzen der Vereinten Nationen nicht um Gewalt im Bereich der internationalen Beziehungen[1].

Unabhängig von dieser Diskussion lehnt jedoch die westliche Lehre in Übereinstimmung mit der Staatenpraxis[2] ganz überwiegend ein Recht von Völkern ab, ihr Selbstbestimmungsrecht durch Anwendung von Waffengewalt zu erstreiten[3]. Die in dieser Frage bestehenden Meinungsunterschiede mit den sozialistischen Staaten und den Staaten der Dritten Welt wurden bei der Erarbeitung der Aggressionsdefinition deutlich und im Ergebnis durch einen Formelkompromiß und die Annahme der Resolution im Konsensverfahren nur zugedeckt[4].

Besonders das Zusammenspiel von strikter Verweigerung eines Sezessionsrechts (ganz zu schweigen eines daraus folgenden Rechts zur Gewaltausübung) bei Vorenthaltung des inneren, "demokratischen" Aspekts des SBR einerseits und uneingeschränkter Zubilligung legitimer Gewaltanwendung in den von der UN-Mehrheit festgelegten Fällen ist von verschiedener Seite nicht zu Unrecht

---

the meint, die westlichen Staaten hätten spätestens seit Verabschiedung der FRD das Prinzip akzeptiert, daß die gewaltsame Unterdrückung der Ausübung des SBR in einem Kolonialgebiet eine Verletzung des völkerrechtlichen Gewaltverbotes durch das Mutterland darstelle, vgl. ders. in ZaöRV Bd.37 (1977), S.572 ff. (S.576)

1 Ronzitti, in Cassese 1975, S.325,330; Oppenheim/Lauterpacht, Bd.II, S.153 f.; Berber, Lehrbuch, Bd.II, S.42 ff.; Dahm, Völkerrecht Bd.I, S.182 ff. Graham, S.39. Ronzitti hält jedoch Gewalt zur Vorenthaltung des Selbstbestimmungsrechts aufgrund einer neuen Norm des Völkerrechts für unerlaubt, vgl. ders. in Cassese 1975, S.345

2 Lombardi kommt nach einer ausführlichen Untersuchung der einschlägigen Staatenpraxis zu dem Ergebnis, das Recht auf kollektive Selbstverteidigung könne weder aus den Resolutionen zur Dekolonisierung, noch aus Doktrin und Staatenpraxis gefolgert werden, vgl. ders., S.334; ebenso Wilson, S.103 ff.

3 Thürer 1984, S.130; Scheuner, in Festschrift Berber, S.385; Klein, S.646; Bothe in ZaöRV Bd.37 (1977), S.576. Weitere zahlreiche Stimmen aus der westlichen Lehre bei Wilson, S.130, FN 134. Diese Autorin meint, wegen des steten Widerstandes einer größeren Zahl von Staaten gegen die Annahme eines Rechts auf Gewaltausübung sei auch eine entsprechende Norm des Völkergewohnheitsrechts nicht entstanden, vgl. dies., S.127. Vielfach ist dabei "a majori ad minus" argumentiert worden, daß das für Staaten in ihren internationalen Beziehungen geltende Gewaltverbot erst recht für nationale Befreiungsbewegungen als Völkerrechtssubjekte minderen Rechts gelten müsse, vgl. Ginther, S.149. Doehring diskutiert Gewaltanwendung im Rahmen eines allgemeinen Sezessionsrechts, welches nicht auf die von der UN-Praxis geformten Fälle begrenzt ist und zumindest in Extremfällen von Vorenthaltung des Selbstbestimmungsrechts gegeben sein soll. Gewaltanwendung ist für diesen Autor dann erlaubt, wenn auch eine humanitäre Intervention nach allgemeinem Völkerrecht zulässig wäre, vgl. ders. 1974, S.33,50.

4 Res. 3314 (XXIX) v. 14.12.1974, vgl. hierzu Klein, S.630-634

als eine gefährliche Tendenz zur Rückkehr der längst verschwunden geglaubten "bellum iustum" - Lehre bewertet worden[1].

Zwar scheint sich die Privilegierung bestimmter Bestrebungen zur Verwirklichung des SBR allein auf den kolonialen Bereich zu beschränken[2], dies schließt jedoch nicht aus, eine Vielzahl neuer Sachverhalte unter den jenseits des engen, traditionellen Kerns wenig greifbaren Begriff des "Kolonialismus" zu subsumieren. Eine solche Tendenz ist durchaus erkennbar z.B. bei der Gleichsetzung von Kolonialismus und Rassismus oder Rassismus mit Zionismus[3]. Die Lage in Südafrika wurde verschiedentlich als "interner Kolonialismus" zur Bezeichnung einer Situation benutzt, in der "traditionelle kolonialistische Verhaltensmuster" nach Erlangung der formellen Unabhängigkeit von der früheren Kolonialmacht erhalten geblieben sind[4].

Auch die auf das Palästinenserproblem zugeschnittene Formel "colonial and foreign domination and alien subjugation" in GA Res.2728 (XXVI) vom 6.12.1971 weist in diese Richtung. Klein[5] sieht in der Doktrin vom gerechten Befreiungskampf die Gefahr, daß auch jenseits des kolonialen Kontextes i.e.S. auf ein aus dem SBR fließendes Recht zur Gewaltanwendung überall dort geschlossen werden könnte, wo sich die Selbstbestimmungsproblematik stellt. Kimminich sieht die Gefahr einer beliebigen Ausweitung der Begriffe: "Die Versuchung, bestehende Rechtsnormen dadurch umzufunktionieren, daß man die von ihnen verwendeten Begriffe mit neuen Inhalten erfüllt, ist nicht nur im

---

1 Scheuner, in Festschrift Berber, S.487. Pomerance schreibt: "deriving from questionable interpretations of the Charter provisions on the use of force and doubtful premises regarding the law-creating competence of Assembly resolutions, the "New UN Law of Self-Determination" has evolved a new "just war doctrine", vgl. ders. 1982, S.61. Ähnlich Rajower, S. 125

2 Thürer 1976, S.154

3 Res. 2189 (XXI), 2326 (XXII) und 2465 (XXIII) halten Rassismus und Apartheid für eine Form des Kolonialismus, vgl. Barberis, S.245. Salmon unterstreicht die Gleichsetzung von Zionismus und Rassismus, vgl. ders. 1976, S.28. Dies hätte die eigenartige Formel "Zionismus=Kolonialismus" zur Folge. Für John Norton Moore ist die Gleichsetzung von Rassismus und Zionismus "one of the most shocking things the General Assembly has done", vgl. ders., A Theoretical Overview of the Laws of War in a Post-Charter World, with Emphasis on the Challenge of Civil Wars, "Wars of National Liberation", Mixed Civil-International Wars, and Terrorism, in: The American University Law Review, Bd.31 (1981), S.841 ff. (845). Für ihn werden Regierungen damit politisch willkürlich in Kategorien eingeordnet. Ähnlich L.C.Green 1980, S.144.

4 Vgl. z.B. Ginther, S.135 (Fßn. 14 m.w.N.), 150

5 Klein, S.649,650

völkerrechtlichen Bereich groß"[1]. Man sah dabei die UN-Praxis in einem fundamentalen Widerspruch zur Satzung, deren Wesen in der von irgendwelchen Motiven losgelösten Illegalisierung von Gewalt liegt[2].

In der Literatur wurde auch die Befürchtung geäußert, eine Einschränkung des Gewaltverbots auf der Grundlage des SBR könnte einen Präzedenzfall schaffen auch für andere Versuche, unter Berufung auf wichtige Ziele der Satzung das Gewaltverbot weiter zu unterlaufen. Damit würden die in der Satzung enthaltenen strengen Ausnahmetatbestände für das Gewaltverbot (Maßnahmen nach Kapitel VII und Selbstverteidigung nach Art.51) erweitert. Die Satzung würde so von einem Instrument des Gewaltverbots zu einer Berufungsgrundlage für die Gewaltanwendung in den internationalen Beziehungen[3].

Dieser Ansicht ist zuzustimmen. Vor allem übersieht die Zubilligung eines Rechts zur Gewaltanwendung in der Form des Selbstverteidigungsrechts nach Art. 51 VN-Charta zur Durchsetzung des Selbstbestimmungsrechts in den durch zahlreiche VN-Resolutionen konkretisierten Fällen, daß das Selbstverteidigungsrecht nach Art. 51 der VN-Charta nur Staaten zusteht[4]. Auch wenn man von diesem Erfordernis absehen wollte, so müßten doch koloniale Situationen als "bewaffneter Angriff" betrachtet werden, damit Art. 51 der VN-Satzung anwendbar wird. Darunter ist eine tatsächlich stattfindende, nicht nur drohende Gewaltanwendung größeren Umfangs zu verstehen[5]. Hier ist vor allem zu bedenken, daß die von der Kolonialmacht ausgeübte Waffengewalt der als Selbstverteidigung deklarierten Gewaltanwendung durch Befreiungsbewegungen in der Regel nicht vorausgeht, sondern auf diese reagiert. Bereits dies steht der

---

[1] Kimminich 1979, S.94

[2] Thürer 1976, S.155; Scheuner sieht die Grundlagen der Bestrebungen um die Friedenswahrung, die "Fundamente der neueren Kriegslehre" berührt, vgl. ders., in Festschrift Berber, S.485,487. Ähnlich auch Randelzhofer, für den die prinzipielle Legitimität sogenannter nationaler Befreiungskriege eine höchst bedenkliche Renaissance der bellum iustum - Lehre darstellt, ders. 1975, S.32. Graham spricht im Zusammenhang mit dem späteren Art.1(4) ZP I von einer "....marked tendency to restructure completely those concepts of international law which address the use of armed force in international relations", vgl. ders. S.38

[3] Graham, S.39. Er befürchtet einen Präzedenzfall, "...that would lead to the legitimation of unilateral or multilateral resort to force in order to accomplish *any* of the purposes set forth in the United Nations Charter. Such a result can readily and validly be analogized to the eleventh century 'just war' concept used durin the Crusades to justify killing in the name of God", vgl. ebd. S.44

[4] Wilson, S. 131 f.; Köck, S. 152

[5] Vgl. Randelzhofer, Rz. 19 zu Art. 51 in SVN-Kommentar

Annahme eines Selbstverteidigungsrechts der ihr Selbstbestimmungsrecht gewaltsam anstrebenden Völker im Wege.

Besondere Rechtsunsicherheit folgt im Kontext des SBR aus dem Umstand, daß es an einem Konsens bezüglich seiner Trägerschaft fehlt, so daß Staaten ihren Aktionen und denjenigen der von ihnen unterstützten SBR-Gruppen stets den Mantel der Legitimität umhängen, ihre Gegner aber gleichzeitig der Aggression bezichtigen können[1].

2. Der Begriff des "nationalen Befreiungskrieges"

a) Befreiungskriege im traditionellen Sinne

Wegen der vielen Probleme und Fragen, die der nationale Befreiungskrieg in der völkerrechtlichen Diskussion aufwirft, soll zunächst geklärt werden, welcher Inhalt dem Begriff des Befreiungskriegs traditionell zukommt.

In der Literatur ist auf die Klassifikation verschiedener Formen des Krieges anhand soziologischer, militärischer, politischer oder moralischer Kriterien hingewiesen worden[2]. Gleiches gilt auch für den Begriff des nationalen Befreiungskrieges, dessen Wurzeln für Salmon zunächst eher in der geschichtlichen Realität und Politik als im Bereich des Rechts liegen[3]. In einem politisch-militärischen Sinn nennt Salmon u.a. Kolonialkriege, Kriege gegen fremde Besetzung, Sezessionskriege, sozialrevolutionäre Auseinandersetzungen und Kriege zur Befreiung von rassistischen Minderheitsregimen[4]. In jüngerer Zeit sind besonders Situationen der Unterdrückung ethnischer Minderheiten in den Vordergrund gerückt.

---

1 Pomerance 1982, S.58. Dugard zitiert Prof. Baxter mit folgenden Worten: "The right of self-determination can...mean different things in different contexts. It is all very well to speak of anticolonialist struggles in Africa, but does a similar right of self-determination exist in the metropolitan territory of other countries?....*It is quite clear that one man's war of national liberation can be another man's war of national secession*" (Hervorhebung durch den Verf.), vgl. ders. S.150

2 Berber, Lehrbuch Bd.II, S.9; vgl. zum Kriegsbegriff oben Abschnitt D.I.1.a. m.w.N.

3 Vgl. Salmon 1976, S.27

4 Vgl. Salmon 1976, S.28

Vom politisch-soziologischen Begriff des nationalen Befreiungskrieges zu unterscheiden ist die Frage eines völkerrechtlichen Kerns dieses weit gefaßten Inhalts. In seiner früheren Bedeutung ist der Befreiungskrieg nicht notwendigerweise mit dem oben D.I.1.a. beschriebenen Krieg im völkerrechtlichen Sinne verknüpft, andererseits kann er aber durchaus rechtlich beschrieben werden, da er an völkerrechtlich relevante und definierte Tatsachen anknüpft. Berber nennt als historischen Fall eines Befreiungskrieges die Befreiung Deutschlands von napoleonischer Herrschaft und grenzt diesen "Freiheitskrieg" ab von sogenannten "Unabhängigkeitskriegen", welche die Loslösung eines Staatsteiles vom Mutterland bezwecken[1]. Der Befreiungskrieg ist also ein Kampf gegen fremde Invasion oder Besetzung[2].

Daß der traditionelle Begriff des nationalen Befreiungskrieges keinen Krieg im völkerrechtlichen Sinne voraussetzt, folgt aus dem gemeinsamen Art.2 der Genfer Konventionen von 1949, welcher die Anwendbarkeit der Abkommen vom Vorliegen eines internationalen bewaffneten Konflikts abhängig macht und in seinem Absatz 2 Situationen militärischer Besetzung und Invasion in den Geltungsumfang der Konventionen einbezieht[3]. Der herkömmliche Begriff des nationalen Befreiungskrieges bezeichnet damit in eindeutiger Weise einen internationalen bewaffneten Konflikt im Zusammenhang mit einer Invasion oder einer kriegerischen Besetzung. Auf diesen Konflikt sind die Genfer Konventionen wie auch das übrige humanitäre Völkerrecht anwendbar[4]. Zunächst war das humanitäre Völkerrecht also nur auf einen sehr eng gefaßten Fall des "nationalen Befreiungskrieges" anwendbar.

b) Arbeitsdefinition des "nationalen Befreiungskrieges"

Der beschriebene Begriff des Befreiungskrieges bezeichnet Kampf gegen fremde Invasion oder Besetzung. Er zielt damit auf die Durchsetzung des äußeren Aspekts des SBR[5]. Dieser Aspekt erfuhr durch die Ausgestaltung des SBR in den VN eine spezifische, im wesentlichen auf bestimmte Tatbestände (Koloniale Beherrschung, fremde Beherrschung oder Besetzung sowie rassisti-

---

1 Sofern die Auseinandersetzung ohne ausländische Einmischung bleibt, bezeichnet er den Konflikt als Sezessionskrieg, vgl. Berber, Lehrbuch Bd.II, S.10

2 Wengler, Völkerrecht, Bd.II, S.1429,1430; Salmon, in Cassese 1979, S.61; vgl. auch Hess, S.131. Zum Begriff der kriegerischen Besetzung vgl. oben Abschnitt E.I.3.

3 Text im Anhang

4 Abi-Saab in RdC 1979, S.393; Salmon 1976, S.33

5 Vgl. E.IV.1.b.bb.bbb.

sche Regime) zugeschnittene Ausformung, die als "contemporary concept of wars of liberation" bezeichnet worden ist[1], obwohl der Begriff als solcher bemerkenswerterweise in Resolutionen der GV nicht auftaucht.

Nachfolgend soll auch nicht der Versuch einer Beschreibung des Konzepts der nationalen Befreiung oder des Befreiungskrieges versucht werden, wie es sich in den ersten Jahrzehnten nach dem II. Weltkrieg vor allem in Afrika, Lateinamerika und Asien trotz der dort herrschenden historischen und kulturellen Vielfalt herausgebildet hat. Dieses ging in seiner politischen, wirtschaftlichen, sozialen und kulturellen Zielsetzung wesentlich weiter als der hier in Rede stehende nationale Befreiungskrieg[2]. Elemente von "Antiimperialismus" und "Weltrevolution" waren darin so präsent, daß der Begriff des nationalen Befreiungskrieges teilweise über das Vorhandensein kommunistisch motivierter revolutionärer Situationen definiert wurde, die häufig, jedoch keineswegs stets, einen antikolonialen Bezug hatten[3]. Dabei ist nicht zu übersehen, daß kommunistische Führer und Theoretiker von Mao und Lin-Piao bis Chruschtschow eine marxistisch untermauerte Theorie des gerechten (Befreiungs-) Krieges ent-

---

1 Abi-Saab in RdC 1979, S.393

2 Ein guter Überblick über die ideengeschichtlichen Wurzeln und die Ausprägungen des Begriffs der nationalen Befreiung in der Dritten Welt sowie der sozialistischen Staatenwelt findet sich bei Mc Farlane, Superpower Rivalry and Third World Radicalism: The Idea of National Liberation, London/Sidney 1985, S.210 ff. vgl. für eine Darstellung der politischen Rahmenbedingungen für den Aufstieg des Gedankens der "Nationalen Befreiung" nach 1945 Andreopoulos, S. 191 ff. Firmage verwendet die Begriffe der nationalen Befreiung und des nationalen Befreiungskrieges "in reference to violence associated with the communist formulation and implementation of their doctrine of internal war", vgl. ders. S.304. Quade formulierte 1968: "...Wars of National Liberation are the currently accepted device for disintegrating what Communists call imperialism, and all major Communist leaders agree on this point. They argue only over timing and the character of the factual situation.", vgl. ders. S.104.

3 Vgl. hierzu Quade, S.104,105, für den der nationale Befreiungskrieg aus kommunistischer Sicht wegen der ausbleibenden bzw. unmöglichen Revolution in den industrialisierten Staaten zwar nur "zweite Wahl" war, jedoch gleichwohl die zeitgenössische Interpretation des Lenin'schen Konzepts der Weltrevolution darstellte. Der "Idealfall" war dann gegeben, wenn einheimische revolutionäre Kräfte gegen - möglichst einer anderen Rasse zugehörige - Kolonialtruppen kämpften. Da diese Situation allerdings kaum je in dieser Form vorlag, bestand die Notwendigkeit, auf Begriffe wie "Neokolonialismus" und "Antiimperialismus" zurückzugreifen. Befreiungskriege betrafen diese Art von Konflikt. Chadwick betont das Zusammentreffen von Dekolonisierung und marxistischer Theorie: "Anti-imperialist/Capitalist rhetoric also worked to encourage the notion of a right to wage war.....By mixing anti-colonial and anti-imperialist arguments with self-determination issues, political and territorial demands could be construed in a way as to compete with Western regional security interests.", vgl. dies. S.39,40

wickelt hatten[1]. Auch wenn aus heutiger Sicht nach dem Zusammenbruch der Sowjetunion und dem Ende des Kalten Krieges diese Theorie allenfalls noch zeithistorisch relevant ist, so war sie doch wichtiger Bestimmungsfaktor für die Denkweise und die Weltsicht nicht weniger Regierungen und besonders Befreiungsbewegungen: "National liberation movements appeared at a time when the East-West-Conflict was engulfing the Third World"[2]. Ein Autor schrieb im Hinblick auf die kommunistische Sichtweise: "Wars of National Liberation are, indeed, wars but are liberating nobody"[3].

Die bei der späteren CDDH überaus hart geführten Debatten um die Stellung der nationalen Befreiungskriege läßt sich nicht verstehen ohne die ideologischen Auseinandersetzungen zwischen den westlichen Demokratien und der kommunistischen Welt. So spielte der Begriff des "nationalen Befreiungskrieges" für die kommunistische Ideologie eine Schlüsselrolle in der weltweiten Auseinandersetzung mit dem Westen. Befreiungskriege wurden auch als antiimperialistische, revolutionäre Kriege betrachtet, die in den meisten Fällen auf die eine oder andere Art von äußerer Einflußnahme begleitet waren[4].

Zunächst erscheint der Vorschlag Ronzittis zweckmäßig, daß bei dem Versuch einer eigenständigen rechtlichen Definition des nationalen Befreiungskrieges

---

1 Vgl. die ausführliche Darstellung bei Firmage, S. 309 ff. Für ihn hat die chinesische Revolution maßgeblich den Begriff des "nationalen Befreiungskrieges" geprägt, der in weiten Teilen der Dritten Welt lange Zeit im Vordergrund des politischen Geschehens stand, vgl. ders. S.319. Zu Chruschtschow schreibt Quade: "...general war.....was now too dangerous to be employed, and Wars of Liberation represent the modern vehicle for Communist expansion.", vgl. ders. S.104,105. Quade beschreibt ebd. S.110 und 111 präzise die vom Verteidigungsminister Rotchinas, Lin-Piao, in den sechziger Jahren entwickelte Theorie, wonach viele Länder in Afrika, Asien und Lateinamerika Opfer US-amerikanischer "Agression und Versklavung" seien. In Anknüpfung an die - im chinesischen Bürgerkrieg und gegen die japanische Besetzng erfolgreich praktizierte - Guerillastrategie innerhalb eines Landes ließe sich die damalige Welt in der Weise beschreiben, daß Westeuropa und die USA "Städte" seien, während Afrika, Lateinamerika und Asien ländliche Räume seien, von denen aus die Weltrevolution die "Städte" belagern und schließlich einnehmen werde. Dialektisch gesprochen: der Hauptwiderspruch der damaligen Zeit sei derjenige zwischen den revolutionären Völkern Asiens, Afrikas und Lateinamerikas und den von den USA angeführten imperialistischen Staaten. Ciobanu erinnert daran, daß nach sozialistischer Leseart generell alle Befreiungskriege von vornherein als "gerechte Kriege" bezeichnet wurden, vgl. ders. 1979, S.196

2 Andreopoulos, S. 210

3 Trager, zitiert bei Quade, S.105

4 Eine ausführliche Darstellung dieses Sachverhaltes findet sich bei Quade, S.105-115, mit besonderer Rücksicht auf den Vietnamkrieg.

aufgrund der klaren völkerrechtlichen Zuordnung zunächst von vornherein solche Konflikte unberücksichtigt bleiben sollten, die entweder eindeutig zwischenstaatlichen oder innerstaatlichen Charakters sind[1]. Damit fallen - zumindest nach der gegenwärtig international noch herrschenden Meinung[2] - unter anderem Sezessionskonflikte und i.d.R. der Kampf innerhalb eines Staates gegen ein unterdrückerisches Regime aus dem Begriff heraus[3].

Mit einer negativen Abgrenzung ist jedoch der Nationale Befreiungskriege noch nicht hinreichend geklärt. Abi-Saab definiert unter Berufung auf die Entwicklungen innerhalb der VN und den späteren Art.1(4) des I.ZP nationale Befreiungskriege als "armed struggles aimed at resisting the forcible imposition or maintenance of these situations (gemeint sind koloniale Beherrschung, fremde Beherrschung oder Besetzung sowie rassistische Regime, Anm. des Verf.) in order to allow the people subjected to them to exercise its right"[4].

---

1 Ronzitti 1975, S.193-196. Wegen der bereits gegebenen rechtlichen Zuordnung sei es eher verwirrend, auch solche Situationen teilweise mit dem Etikett des Befreiungskrieges zu versehen. Ronzitti nennt als Beispiel die "Befreiung" Goas von portugiesischer Herrschaft durch Indien. Hier handele es sich eindeutig um einen internationalen - da zwischenstaatlichen - Konflikt. Aus dem gleichen Grund würden auch Kriege zur Befreiung von feindlich besetztem Gebiet zum Gehalt des Begriffs nichts beitragen, da sie bereits durch den gemeinsamen Art.2 Abs.2 GK'en erfaßt und beschrieben seien. Gleiches gelte auch für bestimmte Formen eindeutig innerstaatlicher Konflikte (kommunistische Guerilla in Kambodscha), die aus Sicht der nichtstaatlichen Konfliktpartei die "nationale Befreiung" bezwecken.

2 Vgl. oben E.IV.1.b.bb.bbb.

3 Für Schindler ist dies bedauerlich, aber Folge der restriktiven Auslegung des SBR durch die FRD, vgl. ders. in RdC 1979, S.138. Da jedoch auch die FRD auslegbar ist, s.o. E.IV.1.b.bb.bbb., ließen sich bestimmte Situationen der Vorenthaltung des SBR auch innerhalb von Staaten als nationale Befreiungskriege verstehen, obwohl es weder um Kolonialherrschaft, fremde Beherrschung und Besetzung oder den Kampf gegen ein rassistisches Regime geht.

4 Abi-Saab in RdC 1979, S. 393/394. Einige Jahre zuvor hatte dieser Autor in Anknüpfung an den Inhalt der einschlägigen VN-GV-Resolutionen nationale Befreiungskriege beschrieben als "conflicts which arise from the struggles of peoples under colonial and foreign rule for liberation and self-determination", vgl. Abi-Saab 1972, S.93. Abi-Saab weist darauf hin, daß die "Verbannung" der nationalen Befreiungskriege aus dem Bereich des Völkerrechts relativ jungen Datums und Folge des gegen Ende des 19.Jahrhunderts aufkommen Positivismus gewesen sei. Er belegt dies mit der Befreiung vieler südamerikanischer Saaten im Schutze der Monroe-Doktrin oder mit der Erklärung der Unabhängigkeit Griechenlands durch Rus, GB und F nach der siegreichen Seeschlacht von Navarino gegen das osmanische Reich, vgl. Abi-Saab 1972, S.94

Die VN-Generalversammlung hat in verschiedenen Resolutionen ihr Verständnis des nationalen Befreiungskrieges umschrieben[1]. Unter diesem Begriff sollen daher zunächst diejenigen gewaltsamen Auseinandersetzungen verstanden werden, welche auf die Durchsetzung des "UN Law of Self-Determination"[2], d.h. die im VN-Rahmen geprägten und durch die FRD formulierten äußeren Aspekte des SBR gerichtet sind[3]. Dabei stellt sich aber das bereits beschriebene Problem, daß das SBR nach der FRD durchaus unterschiedlicher Auslegung zugänglich ist[4]. Vor allem geht es um die Frage, ob die FRD in Abschnitt 7 des 5. Grundsatzes wegen des Hinweises auf das Erfordernis einer repräsentativen Regierung das SBR auch innerstaatlichen Gruppen gewährt, d.h. den "inneren" Aspekt des SBR mitumfaßt.

Wie gezeigt (s.o.), läßt sich die FRD durchaus in diesem Sinne auslegen. Es wäre also möglich, unter dem nationalen Befreiungskrieg schlicht all diejenigen Konflikte zu verstehen, bei denen ein "Volk" als Träger des SBR i.S.d. FRD zur Durchsetzung dieses Rechts zu den Waffen greift[5]. Dabei bieten sowohl die

---

1 So bezieht sich Res. 2105 (XX) v. 20.12.1965 auf den "struggle of the peoples under colonial rule to exercise their right of self-determination and independence". Später taucht folgende Formulierung auf: "conflicts which arise from the struggle of peoples under colonial and foreign rule" bzw. under colonial and foreign domination and foreign occupation", vgl. Res. 2674 (XXV), 2678 (XXV), 2852 (XXVI), 3031 (XXVII). Der Unterschied zwischen den früheren und späteren Formulierungen ergibt sich aus der zwischenzeitlich eingetretenen Änderung des Status Rhodesiens und Südwestafrikas, vgl. Ronzitti 1975, S.198

2 Pomerance, S.73

3 Ähnlich nähert sich auch Salmon dem Begriff des nationalen Befreiungskrieges durch Hinweis auf verschiedene, im VN-Rahmen weiterentwickelte Rechtsprinzipien. Ein autonomes völkerrechtliches Konzept des nat. Befr.-krieges existiere nicht, vgl. ders.1976, S.29.

4 Dugard spricht von einer der kontroversesten völkerrechtlichen Debattan überhaupt, vgl. ders. S.144

5 Hierauf weist Abi-Saab hin, vgl. ders. in RdC 1979, S.397; ähnlich auch Salmon, wenn er von der Privilegierung nur *einiger* nationaler Befreiungskriege im VN-Rahmen spricht, vgl. ders. 1976, S.32; ähnlich Obradovic in Cassese (Proceedings), S.15. vgl. auch Oeter 1989, S. 471. Auch Ronzitti definiert weiter: "War of national liberation means the armed struggle waged by a people through its liberation movement against the established government to reach self-determination. The definition is primarily intended to cover (i) the struggles of the peoples under colonial rule... and (ii) those of the peoples under racist régimes. The definition may also be applied to (iii) the struggles of the people against a government which although not colonial or racist, is nevertheless not conducting itself according to the principle of equal rights and self-determination as embodied in the U.N. Declaration on the Friendly Relations: The Biafran, Bangladesh and Palestinian conflict characterize a type (iii) situation"., vgl. Ronzitti, in Cassese 1975,

Konferenzen der Regierungsexperten 1971 und 1972 als auch die Diskussionen bei der CDDH, aber auch die Staatenpraxis Anhaltspunkte für ein solches, eher weites Verständnis des nationalen Befreiungskrieges[1], das die mit der Granting of Independence-Resolution eingeleitete Verengung auf bestimmte einzelne Sachverhalte (bei Res. 1514 noch Kolonialismus, später Erweiterung auf rassistische Regime und Fremdbeherrschung) umgeht und sich vor allem auf die VN-Charta, die Pakte von 1966 und die FRD stützt.

Wie noch zu zeigen sein wird, hat sich dieses an sich zu befürwortende Verständnis des nationalen Befreiungskrieges weder in der großen Zahl "befreiungskriegsbezogener" Resolutionen der VN-GV noch schließlich im Rahmen des Art.1 ZP I durchsetzen können, dessen Auslegung für die vorliegende Arbeit von zentraler Bedeutung ist. Vielmehr wurden Versuche, aus der Verletzung des inneren Aspekts des SBR ein - etwa noch gewaltsam durchsetzbares - Sezessionsrecht herzuleiten oder derartige Konflikte anders zu betrachten als interne Konflikte weit überwiegend ebenso vehement abgelehnt wie umgekehrt das "ius ad bellum" zur Durchsetzung des äußeren SBR (in der Form der Konflikte gegen koloniale Beherrschung, fremde Beherrschung oder Besetzung sowie rassistische Regime) befürwortet wurde. Ginge es allein um das SBR, so wäre ein weiteres Verständnis des nationalen Befreiungskrieges sicherlich das angemessenere Konzept[2]. Daß es sich nicht durchsetzen konnte,

---

S.319. Ronzitti wendet sich gegen die Beschränkung des Begriffs auf Konflikte gegen Kolonialherrschaft und Rassismus. Ihm geht es allgemeiner um den bewaffneten Kampf einer nicht-staatlichen Einheit, Gruppierung etc. gegen eine Regierung zum Zwecke der Erlangung des SBR, vgl. ders. 1975, S.197,199. Offenbar umfaßt für diesen Autor der Begriff des nationalen Befreiugnskrieges gerade auch die Konflikte, welche durch die Resolutionen der VN-Generalversammlungen nicht abgedeckt wurden. Auch Schindler sieht den Begriff des nationalen Befreiungskrieges als solchen keineswegs auf den Inhalt des Art.1(4) ZP I reduziert, jedoch in seiner rechtlichen Bedeutung entsprechend eingeengt, vgl. ders. in RdC 1979, S.137,138

1 Ronzitti unterstreicht, daß bei den Konferenzen 1971 und 1972 die Idee von verschiedener Seite kritisiert wurde, Konflikte um das SBR nur in kolonialen Situationen, bei rassistischen Regimes oder im Kontext der alien domination bzw. foreign occupation verstehen zu wollen, vgl. Ronzitti 1975, S.200 m.w.N. Er verweist auch auf den unten bei F.I.2.b.aa.aaa. dargestellten Änderungsvorschlag CDDH/I/11 zu Art.1 des IKRK-Entwurfs für ZP I, der eben gerade keine Eingrenzung auf die genannten Ziele enthielt und lediglich Bezug nahm auf das SBR nach der FRD, vgl. Ronzitti ebd. Zur Staatenpraxis vgl. oben E.IV.1.b.bb.bbb.

2 Koenig weist darauf hin, daß die USA in den achtziger Jahren in völliger Umkehrung der früheren Stoßrichtung des Begriffs Widerstandsbewegungen gegen kommunistische Regime (z.B. Nikaragua, Afghanistan) als Freiheitskämpfer bezeichnet haben, vgl. ders. S.30. Dies zeigt nur allzu deutlich, daß dem Begriff des Befreiungskrieges letztlich kein präziserer Inhalt zuzuordnen ist als demjenigen des SBR selbst.

kann als Beleg dafür gelten, daß es der großen Mehrheit aus sozialistischen und afro-asiatischen Staaten vor allem um das ius ad bellum und das entsprechende ius in bello in Bezug auf eine ganz bestimmten Kategorie von Konflikten um das SBR ging, nämlich die Kämpfe gegen Kolonialherrschaft, rassistische Regime und Fremdbeherrschung bzw. -besetzung.

Im folgenden sollen daher unter dem nationalen Befreiungskrieg diejenigen Konflikte verstanden werden, die im Zuge der Rechtsentwicklung in den Vereinten Nationen und später im Rahmen der CDDH sowohl unter dem Aspekt des ius ad bellum als auch unter demjenigen des ius in bello eine Aufwertung erfahren haben, d. h. Konflikte, in denen Völker in Ausübung ihres SBR, wie es in der VN-Charta und der FRD festgelegt wurde, gegen Kolonialismus, Rassismus und Fremdherrschaft kämpfen.

Dabei ist zu betonen, daß diese Definition nur einen kleinen Teil möglicher Konflikte um das SBR erfaßt und damit eine bewußte Beschränkung des möglichen Begriffsinhaltes darstellt. Verstünde man in einem weiten Sinne unter Befreiungskrieg jeden Konflikt um die Ausübung des SBR, so reichte die Palette möglicher Erscheinungsformen von Auseinandersetzungen innerhalb eines bestehenden Staates bis hin zum klassischen kolonialen Fall [1]. Vor allem diese Tatsache gilt es für die Bewertung der Ergebnisse der völkerrechtlichen Aufwertung dieser Variante von "nationalen Befreiungskriegen" festzuhalten. Das Problem wiederholt sich bei der Begriffsbestimmung der "nationalen Befreiungsbewegung" und des "nationalen Befreiungskämpfers"[2].

Aus den oben E.III.2. zum Guerillaphänomen gewonnenen Erkenntnissen folgt, daß nationaler Befreiungskrieg und Guerillakampf sich zwar oftmals überschneiden werden, es sich jedoch um zwei sorgfältig zu unterscheidende Phänomene handelt: nicht jeder Guerillakampf ist ein nationaler Befreiungskrieg, umgekehrt wird nicht jeder nationale Befreiungskrieg ausschließlich mit Methoden des Guerillakampfes geführt[3].

---

1 Chadwick, S.145,146

2 Vgl. unten E.IV.3.a. E.IV.4.c.

3 Abi-Saab in RdC 1979, S.384; Salmon 1976, S.43; Dupuy in Cassese (Proceedings), S.12. Salmon verweist jedoch darauf, daß 95% aller nationalen Befreiungskriege als Guerillaauseinandersetzungen geführt werden, vgl. ders. in Cassese (Proceedings), S.12. Für Salmon steht allerdings fest, daß "....normalement, less guerres de libération nationale sont des guerres populaires faites par des combattants aux pieds nus.", vgl. ebd. S.13

3. Die internationale Aufwertung der rechtlichen Stellung der "Nationalen Befreiungsbewegungen"

a) Der Begriff der Nationalen Befreiungsbewegung

Die beschriebene Auslegung des SBR der Völker und seine im wesentlichen auf den Prozeß der Dekolonisierung gerichtete Ausgestaltung durch die VN hatte nicht nur für den Bereich des humanitären Völkerrechts[1] weitreichende Konsequenzen. So ist in dem Minderheitsvotum zum Urteil des IGH im Westsahara-Konflikt von einem "entstehenden Dekolonisierungsrecht" die Rede[2]. Im Zuge der Dynamik dieser Entwicklung, die in ihrer Dimension als "Strukturwandel der Völkerrechtsgemeinschaft" bezeichnet worden ist[3], erfuhren auch die sog. "nationalen Befreiungsbewegungen" international eine erhebliche politische und völkerrechtliche Aufwertung.

Der Begriff der nationalen Befreiungsbewegung findet stark variierende Verwendungen, welche die unmittelbare Folge des weiten Bedeutungsgehalts des Begriffs "nationaler Befreiungskrieg" ist, s.o. So schreibt ein Autor: "The concept of a national liberation movement has been so loosely defined in the past that any group of people seeking to overthrow popular or unpopular governments has claimed the status of a national liberation movement fighting for self-determination"[4].

---

[1] Vgl. dazu unten E.IV.4.

[2] A "veritable law of decolonization is in the course of taking shape. It derives essentially from the principle of self-determination of peoples proclaimed in the Charter of the United Nations and confirmed by al large number of resolutions of the General Assembly", vgl. Judge Petren, Western Sahara Advisory Opinion, ICJ Reports (1975), S.110

[3] Ginther sieht hier einen Strukturwandel der Völkerrechtsgemeinschaft, gekennzeichnet durch ein neues Völkerrecht der Selbstbestimmung im Zuge der Dekolonisierung, vgl. ders., S.137, 139, 141

[4] Kwakwa, S.50. Die gleiche Definitionsmacht hätten sich aber auch Staaten herausgenommen, so z.B. die USA, welche in den 80-iger Jahren die sog. "Contras" in Nicaragua als nationale Befreiungsbewegung bezeichnet haben, vgl. ebd. Kwakwa kommt zu dem Schluß: "Thus, the term national liberation movement does not seem to be a term of art. Ist essence, like beauty, resides within the eye of the beholder", vgl. ders. S.51

Ein systematischer und umfassender Versuch der Beschreibung des Phänomens findet sich bei Krönert. Er definiert Nationale Befreiungsbewegungen als "Organisationen, die für eine nichtstaatliche Einheit - Nation - gegen die Fremdherrschaft eines Staates außerhalb der Gesetze dieses Staates kämpfen, wobei die mit Unterstützung des zu befreienden Volkes geführten Kämpfe der Befreiung von Fremdherrschaft dienen..."[1]. Diese kann nach Krönert in folgenden Formen auftreten: Koloniale Fremdherrschaft, nicht-repräsentative Regime (hierzu zählt Krönert Rassismus sowie andere Formen der Diskriminierung), Irredenta- und Widerstandsbewegungen sowie Neokolonialismus[2]. Diese breitgestreute Aufzählung möglicher Ziele des Befreiungskampfes umfaßt eine Vielzahl höchst unterschiedlich motivierter nationaler Befreiungsbewegungen. Sie umfaßt einerseits die nach marxistisch-leninistischem Verständnis sozialrevolutionäre Dimension des Befreiungskampfes[3] und den schillernden Begriff des "Neokolonialismus"[4], andererseits aber auch in ihrem Inhalt klarer zu erfassende Ziele des Kampfes wie beispielsweise die Sezession.

Für Wilson werden als nationale Befreiungsbewegungen solche Einheiten ("entities") bezeichnet, die zur Durchsetzung des Selbstbestimmungsrechts im Namen von Völkern ("peoples") Gewalt anwenden[5].

Die Definitionsversuche können aber nicht darüber hinwegtäuschen, daß es eine greifbare völkerrechtliche Definition des Begriffs der nationalen Befreiungsbewegungen nicht gibt[6]. Der Grund hierfür liegt in der bereits beschriebenen Schwierigkeit, dem SBR selbst einen klaren Inhalt zuzuordnen.

Wie noch zu zeigen sein wird, erfuhr nur eine bestimmte Kategorie von nationalen Befreiungsbewegungen Status und Aufwertung, nämlich die gegen Vor-

---

1 Krönert, S.28,29

2 vgl. Krönert, S.29-35

3 vgl. hierzu Ginther, S.131,132, der in diesem Zusammenhang von einem "inflationierten Begriff" von nationaler Befreiungsbewegung spricht. Der i.e.S. antikoloniale Befreiungskampf kann dann nur als "leading case" einer größeren Fallgruppe gelten. Für Ginther sind hingegen nationaler Befreiungskrieg und nationale Befreiungsbewegung untrennbar mit der Dekolonisierung als einem klar abgrenzbaren historischen Prozeß verbunden, vgl. ders., S.139

4 Vgl. hierzu Pomerance 1982, S.17 ff.

5 Vgl. Wilson, S.91

6 Green schreibt: "...there has never been any authoritative definition of a national liberation movement..", vgl. ders. 1977, S.9

enthaltung des im Rahmen der VN anerkannten SBR kämpfenden Bewegungen. Dementsprechend verstehen einige Autoren unter dem Begriff nationale Befreiungsbewegungen auch nur eben diese Kategorie von Organisationen[1] bzw. setzen in ihren Arbeiten diesen besonders durch die Resolutionspraxis der VN-GV geprägten Begriff von nationalen Befreiungsbewegungen voraus[2].

Barberis[3] sieht unter dem Aspekt der internen rechtlichen Ordnung der nationalen Befreiungsbewegungen und der Abhängigkeit ihrer Existenz vom Vorhandensein eines bewaffneten Konflikts wesentliche Parallelen zu den als Kriegführende oder Insurgenten anerkannten Aufständischen oder der im gemeinsamen Art.3 der Genfer Konventionen von 1949 angesprochenen nichtstaatlichen Partei des nicht-internationalen Konflikts. Unterschiede erkennt dieser Autor darin, daß nationale Befreiungsbewegungen in ihrer rechtlichen Rolle von einer Anerkennung durch ein Völkerrechtssubjekt unabhängig sind und darüber hinaus auch nicht über ein festumgrenztes Gebiet quasi-staatlicher Herrschaftsgewalt verfügen müssen. Darüber hinaus erstrecken sich die völkerrechtlich relevanten Tätigkeiten der nationalen Befreiungsbewegungen auch auf andere Bereiche als den des humanitären Völkerrechts. Ginther[4] unterstreicht, daß nach dem Verständnis der OAU nationale Befreiungsbewegungen allein im antikolonialen Kontext begriffen werden, und eine "Vorstufe der Staatlichkeit im Verlauf des Dekolonisierungsprozesses" darstellen.

Da die UN-Praxis vorrangig auf die Unterstützung des damals in Gang befindlichen Befreiungskampfes in Afrika gerichtet war, lag auch ihr eine auf Dekolonisierung strictu sensu gerichtete Konzeption von nationalen Befreiungsbewegungen zugrunde, wobei die Situation in Südafrika und das Palästinenser problem als Spielarten von Kolonialismus[5] bzw. als fremde Besetzung und

---

1 So z.B. Ronzitti 1975, S.197

2 Vgl. Barberis, S.247. Für diesen Autor sind solche Bewegungen als nationale Befreiungsbewegungen i.S.d. VN-Resolutionen zu bezeichnen, die gegen Kolonialismus und für das SBR der Völker kämpfen, vorausgestzt, dieser Kampf richtet sich nicht gegen die politische Einheit und territoriale Integrität eines Staates. Für Ginther, S.139,140, gründen nationale Befreiungsbewegungen auf gemeinsamen Anstrengungen abhängiger Völker und unabhängiger Staaten zur Verwirklichung des Grundsatzes des SBR der Völker. Sie sind somit in ihrer Definition an die antikoloniale Stoßrichtung gebunden, die (auf Afrika bezogen) "historische Gegenkraft einer sich neu formierenden kontinentalen Ordnung".

3 Barberis, S.266-268

4 Ginther, S.144

5 Vgl. hierzu oben E.IV.1.b.bb.ddd. FN 141 m.w.N. auf entsprechende Resolutionen der GV

Rassismus ebenfalls Berücksichtigung fanden. Forderungen, z.B. auch sozialrevolutionäre lateinamerikanische Bewegungen unter den Begriff nationale Befreiungsbewegung zu fassen und diesen die gleiche Rechtsstellung zu gewähren wie den nationalen Befreiungsbewegungen im vorgenannten Sinne, konnten sich nicht durchsetzen[1].

b) Stationen der internationalen Aufwertung

Der Aufstieg dieser Gruppe von nationalen Befreiungsbewegungen zu internationaler "Hoffähigkeit" soll im folgenden beschrieben werden.

Als feste organisatorische Zusammenschlüsse reichen die nationale Befreiungsbewegungen zurück auf die Jahre 1962/1963[2], ihre Bezeichnung als "Nationale Befreiungsbewegungen" in Resolutionen der GV beginnt 1965 mit Res.2105 (XX) v. 20.12.1965. Frühere Resolutionen hatten entweder nur auf die kämpfenden Völker Bezug genommen oder eher vage von politischen Parteien des betroffenen Gebiets oder legitimen Vertretern gesprochen[3].

Die ab Mitte der 60-iger Jahre einheitliche Bezeichnung dieser Bewegungen als nationale Befreiungsbewegungen erfolgte im Zuge jener unten E.IV.4.a.aa. beschriebenen Entwicklung, welche mit Res.1514 (XV), der sog. "Granting of Independence"-Resolution [4] ihren Ausgang nahm und über eine Vielzahl weiterer Resolutionen[5] Schritt für Schritt bis hin zu Res.3103 (XXVIII) v. 12.12.1973 den sog. nationalen Befreiungskriegen eine völkerrechtlich herausgehobene und privilegierte Stellung einräumte.

Wurde zunächst die Gewaltanwendung der legalen Regierung gegen die Bevölkerung in den kolonialen Gebieten für unzulässig erklärt[6], so folgte einige Zeit

---

[1] Ronzitti verweist u.a. auf einen entsprechenden Vorstoß Kubas bei der CDDH, vgl. ders. 1975, S.197

[2] Tomuschat 1974, S.66

[3] Barberis, S.244

[4] Deutscher Text in Vereinte Nationen Band 10 (1962), S.117

[5] Hierzu Barberis, S.241-244

[6] Vgl. hierzu neben der genannten Res.1514 die späteren GV-Resolutionen 2131 (XX), 2160 (XXI), 2625 (XXV), 2734 (XXV) und 2993 (XXVII)

später (1965) die Anerkennung der Legitimität des Befreiungskampfes[1] und die Aufforderung an die Staaten und später auch die Sonderorganisationen und nichtstaatlichen internationalen Organisationen[2], den nationale Befreiungsbewegungen materielle und moralische Unterstützung zukommen zu lassen[3].

Weitere Schritte waren schließlich die bereits zuvor beschriebene Anerkennung der Legitimität auch des mit Waffengewalt geführten nationalen Befreiungskampfes[4] sowie die humanitär-völkerrechtliche Einordnung dieser Kämpfe in die Kategorie internationaler bewaffneter Konflikte[5].

Der privilegierenden rechtlichen Behandlung des nationalen Befreiungskampfes entsprach eine sukzessive völkerrechtliche Aufwertung der als Träger dieses Kampfes auftretenden nationalen Befreiungsbewegungen, die sich hauptsächlich an den Resolutionen der GV gleichsam "wie an Jahresringen" ablesen läßt[6]. Tomuschat hebt jedoch hervor, daß die Vertreter der nationalen Befrei-

---

[1] Vgl. die bereits erwähnte Res.2105 (XX) v. 20.12.1965, die in allgemeiner Form die Aussage von Res.2022 (XX) bzgl. des Befreiungskampfes in Rhodesien aufgreift und in ihrer Kernaussage (Legitimität des Befreiungskampfes) durch eine große Zahl späterer Resolutionen der GV wiederholt wird. Für Klein, a.a.O. S.625, repräsentiert Res.2105 den Übergang von der Forderung nach *Verwirklichung* des antikolonialen Selbstbestimmungsrechts hin zu dessen *Selbst*verwirklichung durch die betroffenen Völker

[2] Tomuschat 1974, S.66

[3] Z.B. neben Res. 2105 die Resolutionen 2107 (XX), 2189 (XXI), 2326 (XXII), 2465 (XXIII), 2548 (XXIV), 2649 (XXV), 2708 (XXV), 2787 (XXVI), 2878 (XXVI), 2908 (XXVII), 3163 (XXVIII), 3328 (XXIX), 3481 (XXX); zit. nach Barberis, S.242

[4] Verschiedene Resolutionen hatten durch Formulierungen wie "all necessary means" oder "all necessary means at their disposal" (vgl. z.B. Res. 2621 (XXV), 2649 (XXV), 2708 (XXV), 2878 (XXVI), 2908 (XXVII), 3163 (XXVIII), 3328 (XXIX)) bzw. durch das Kriterium der Vereinbarkeit mit der UN-Charta (vgl. z.B. Res.2787 (XXVI) oder 2955 (XXVII) zunächst noch eine bewaffnete Gewalt ausschließende Auslegung erlaubt. GV-Res.3070 (XXVIII) und ihrer Folge verschiedene andere Resolutionen (vgl. z.B. Res. 3246 (XXIX), 3382 (XXX)) stellen dagegen klar, daß auch der bewaffnete Kampf als legitim betrachtet wird. Resolutionen zitiert nach Barberis, S. 243, vgl. dazu auch Klein, S.625,626, sowie oben E.IV.1.b.bb.ddd.

[5] Barberis, S.244, weist auf den elementaren Zusammenhang zwischen der dargestellten Entwicklung und Art.1 Abs.4 des I. Zusatzprotokolls hin. Zur Einordnung der Befreiungskriege als internationale bewaffnete Konflikte siehe unten E.IV.4.a.

[6] Tomuschat 1974, S.66. L.C.Green kritisiert diesen auf bestimmten politischen Legitimierungswünschen beruhenden Prozeß und spricht von « activities of the General Assemby in legalizing the operations of the Palestine Liberalization Organization », vgl. ders. 1980, S.143.

ungsbewegungen im *Sicherheitsrat* zwar gemäß dessen Verfahrensordnung als Einzelpersonen angehört wurden, aber den nationalen Befreiungsbewegungen als solchen und ihren Vertretern vom Sicherheitsrat zu keiner Zeit eine vergleichbare Stellung wie durch die GV eingeräumt wurde. Die stärkste Aufwertung wurde den nationalen Befreiungsbewegungen also dort zuteil, wo innerhalb der VN-Organisation das Mehrheitsprinzip auf der Basis der formalen Gleichheit der Staaten regiert[1]. Dies spiegelt die Zurückhaltung der westlichen Staaten gegenüber der "Legitimitätsdynamik" zugunsten der nationalen Befreiungsbewegungen wider.

Es verdient hervorgehoben zu werden, daß die Aufwertung der nationalen Befreiungsbewegungen unabhängig war von jedwedem förmlichen Erfordernis der Anerkennung. Sie wurde jedoch nur denjenigen nationalen Befreiungsbewegungen zuteil, die zuvor von der jeweiligen Regionalorganisation "anerkannt" worden waren. Die VN unterwarfen sich insoweit dem Urteil dieser Organisationen[2]. In diesem Zusammenhang fielen der Organisation für Afrikanische Einheit (OAU) und der Arabischen Liga die wichtige Rolle eines Instruments der Vorauswahl zu[3]. Jenseits des afrikanischen Kontinents und der Palästinafrage kam es zu keinerlei Anerkennung von nationalen Befreiungsbewegungen durch zuständige Regionalorganisationen[4].

Für Ginther ist die Mitwirkung der Regionalorganisationen bei der Bestimmung der nationalen Befreiungsbewegungen als Völkerrechtssubjekte neuen Typs "entscheidende Strukturkomponente einer postkolonialen Völkerrechtsordnung"[5]. Die vom "Liberation Committee" der OAU für die Anerkennung von nationalen Befreiungsbewegungen aufgestellten Kriterien können mit Wilson nur als "highly subjective" bezeichnet werden[6]. Sie beinhalten u.a. die Unterstützung durch die Bevölkerung, ein gewisses Maß militärischer Aktivitäten, eine nicht näher bezeichnete und keine Kontrolle über ein Gebiet voraussetzende Effektivität und die Bereitschaft eines angrenzenden Staats zur Unterstüt-

---

1 Tomuschat 1974, S.65,67

2 Vgl. Wilson verweist hierbei u.a. auf das Beispiel Namibia, wo sich die VN dem Urteil der OAU anschloß, die SWAPO gegenüber den konkurrierenden nationalen Befreiungsbewegungen SWANU und SWANUF zu bevorzugen, vgl. dies. S.140

3 Barberis, S.248.

4 Vgl. Wilson, S.141

5 Vgl. ders. S.135

6 Vgl. ebd. S.143

zung, lassen jedoch die "psychologische Kontrolle" über das betreffende Gebiet ausreichen[1].

Weder die OAU noch die Arabische Liga haben ihre Anerkennungskriterien jemals mit hinreichender Klarheit definiert. Dabei gesellte sich zur Subjektivität der angelegten Kriterien eine insgesamt alles andere als konsistente Anerkennungspraxis. So erfolgte die Beurteilung der Lage in bestimmten Gebieten meist von außen (Nachbarstaaten) und war daher stets beeinflußbar durch die geschickte Selbstdarstellung der jeweiligen nationalen Befreiungsbewegungen.

Auch politische Rücksichtnahmen gegenüber Mitgliedern spielten eine Rolle: sie verhinderten im Westsaharakonflikt eine OAU-Anerkennung der POLISARIO, obwohl im VN-Rahmen wiederholt das Recht des Volkes der Westsahara auf Selbstbestimmung anerkannt worden war.

Es überrascht kaum, daß die OAU bis heute keine nationale Befreiungsbewegung anerkannt hat, die gegen einen OAU-Mitgliedstaat kämpft. Dies gilt umsomehr in all denjenigen Konflikten, in denen sich die nationalen Befreiungsbewegungen auf ein SBR außerhalb des oben E.IV.1.b.bb.bbb. dargestellten "UN-Selbstbestimmungsrechts" bewegt.

Umgekehrt hat die OAU teilweise gleich mehrere nationale Befreiungsbewegungen als legitime Vertreter ihres Volkes bezeichnet, wobei sich die nationalen Befreiungsbewegungen auf das gesamte "Volk" berufen mußte und nicht etwa nur auf eine Ethnie oder religiöse/nationale Minderheit. Eine solche Mehrfachanerkennung gab es u.a. in Zimbabwe (ZANU und ZAPU) und in Angola (MPLA, UNITA, FNLA)[2]. Über die zuständige Regionalorganisation sollte den nationalen Befreiungsbewegungen zunächst die Unterstützung der Organisationen und Institutionen des VN-Systems zuteil werden[3]. Der nächste Schritt bestand in der Bezeichnung der nationalen Befreiungsbewegungen als authentische oder einzige Vertreter ihrer Völker bzw. deren wahrer Bestrebungen[4].

---

1 Vgl. zur Rolle der OAU auch Klein, S.641,642 sowie Hess, S.130 sowie insgesamt Wilson, S.142 ff.

2 Vgl. zur OAU- Anerkennungspraxis Wilson, S. 142-145

3 Diese Forderung wurde teilweise für die nationalen Befreiungsbewegungen als solche formuliert (vgl. z.B. GV-Res.2311 (XXII), 2426 (XXIII), 2555 (XXIV), 2704 (XXV), 3118 (XXVIII), 3300 (XXIX), 3421 (XXX)), teilweise auch für spezifische Fälle (z.B. GV-Res. 2508 (XXIV) und 2652 (XXV) zu Zimbabwe)

4 Vgl. GV-Res. 3111 (XXVIII), 3295 (XXIX) und 3399 (XXX) zu Namibia. Zu Zimbabwe vgl. Res. 3115 (XXVIII), 3297 (XXIX), 3396 (XXX), zu den portugiesischen Kolonien in Afrika Res. 2918 (XXVII), 3113 (XXVIII) und 3294 (XXIX). Wilson weist darauf

Parallel zu den die Befreiungsbewegungen begünstigenden Rechtsakten erfolgte die Einschränkung der rechtlichen Position der Kolonialmacht in Bezug auf das jeweilige Kolonialgebiet. Diese Tendenz richtete sich fast ausschließlich gegen Portugal und Südafrika, die beginnend 1963 in der Wirtschaftskommission für Afrika (ECA) und später in verschiedenen Sonderorganisationen mit belastenden Organisationsbeschlüssen bis hin zum Ausschluß konfrontiert wurden[1]. Später folgte die ausdrückliche Aberkennung des Rechts, die betreffenden Gebiete weiterhin völkerrechtlich zu vertreten[2].

Diese "Legitimitätsverlagerung" von der an sich völkerrechtlichen Vertretung befugten Regierung hin zu den nationalen Befreiungsbewegungen mußte zu einem Repräsentationsdefizit führen[3], das jedoch durch schrittweise parallele Einräumung eines Beobachterstatus für die nationalen Befreiungsbewegungen vermieden wurde, eine für nichtstaatliche Organisationen eine Rechtsposition ohne historische Parallele[4].

Im Jahre 1970 forderte die GV die VN-Organe und sämtliche internationalen Organisationen im VN-Bereich auf, Vertreter der nationalen Befreiungsbewegungen zur Teilnahme an ihrer Arbeit zu Fragen der Herkunftsgebiete einzuladen[5]. Von 1972 an lud der 4. Ausschuß der GV nationalen Befreiungsbewegungen zur Anhörung bzw. verschiedenartiger Mitwirkung mit Beobachterstatus ein[6], nachdem zuvor bereits der 24-iger-Ausschuß der GV den nationalen Befreiungsbewegungen diesen Status eingeräumt hatte. Die GV unterstützte diese Entscheidungen ihrer Ausschüsse und forderte alle Sonderorganisationen und anderen Organisationen des VN-Systems auf, die angemessene Vertretung

---

hin, daß angesichts der völligen Nichtbeachtung der etablierten Regierungsstrukturen in den betreffenden Gebieten die Vertretung eines Volkes ausschließlich von außen und unter bewußter Ausklammerung der effektiven Regierungsgewalt definiert wurde.

1 Vgl. die Darstellung bei Tomuschat 1974, S.67,68 sowie Wilson, S.117, S.139 ff.

2 Vgl. GV-Res. 3181 (XXVIII), 3113 (XXVIII), später auch hinsichtlich Südafrikas bezogen auf die eigene Bevölkerung. Das Apartheidsregime galt als eine Form des Kolonialismus, vgl. GV-Res. 3151 G (XXVIII) und oben E.IV.1.b.bb.ddd.

3 Wilson, S.117

4 Vgl. insgesamt dazu Mower, S. 266 ff. Zum inneren Zusammenhang zwischen Beeinträchtigung der Rechtsposition der Kolonialmacht und der Aufwertung der nationalen Befreiungsbewegungen vgl. Tomuschat, S.68, sowie Klein, S.623

5 Tomuschat, S.66

6 Barberis, S.250

der nationalen Befreiungsbewegungen bei der Behandlung ihre Gebiete betreffender Fragen sicherzustellen[1].

Bis 1973 hatten u.a. UNESCO, ILO, ITU und die FAO den nationalen Befreiungsbewegungen einen Beobachterstatus eingeräumt[2].

1974 schließlich erfolgte seitens der GV mit Res. 3280 (XXIX) die Entscheidung, den von der OAU anerkannten nationalen Befreiungsbewegungen Afrikas die Mitarbeit in den wichtigen Ausschüssen und nachgeordneten Organen unter Zubilligung eines Beobachterstatus anzubieten[3]. Dieser unterscheidet sich wesentlich von der bis dahin bekannten, Nichtmitgliedstaaten eingeräumten Rechtsstellung als Beobachter[4], wobei die formelle völkerrechtliche Zuständigkeit für die betreffenden Gebiete bei der Verwaltungsmacht verbleibt[5].

Eine darüberhinausgehende Position erhielten 1974 die PLO und 1976 die SWAPO. So wurde die PLO 1974 von der GV mit Res. 3210 (XXIX) eingeladen, an deren Plenumssitzungen zur Palästinafrage teilzunehmen. Dem folgte in Res. 3237 (XXIX) die Aufforderung zur Teilnahme als Beobachter auch an solchen Arbeiten, Sitzungen und Konferenzen der GV, deren Thematik keinen spezifischen Bezug zur Palästinafrage aufwies. Die PLO, ebenso wie später mit

---

1 Tomuschat, S.66

2 Wilson, S.119

3 Vgl. GV-Res. 3280 (XXIX), im Folgejahr bestätigt durch Res. 3412 (XXX).

4 Vgl. Wilson, S.74; Hess, S.129. Tomuschat 1974, S.68-70, ist dieser Frage ausführlich nachgegangen. Steht im einen Fall der vollen Teilnahme an der Arbeit der VN lediglich die fehlende Mitgliedschaft im Wege, so ist es bei den nationalen Befreiungsbewegungen die Rivalität mit der im betreffenden Gebiet etablierten effektiven Regierungsmacht bei meist völlig fehlender eigener effektiven Gebietsherrschaft. Tomuschat sieht daher eher Statusparallelen mit einer bestimmten Spielart der Exilregierung als etwa mit den als Kriegführende anerkannten Aufständischen. Dabei wurde die Mitarbeit der nationalen Befreiungsbewegungen regelmäßig auf ihr Vertretungsgebiet betreffende Fragen beschränkt. Die nationalen Befreiungsbewegungen sollten nicht als de iure- Regierung ihrer Herkunftsgebiete gelten, sondern sich mit Hilfe des Beobachterstatus innerhalb des VN-Systems als politische Sprecher ihrer Heimatländer und als Faktor der innerorganisatorischen Willensbildung Gehör verschaffen können. Dem entspricht auch die außerordentliche publizistische Aufmerksamkeit, die der Mitarbeit und den Anhörungen der nationalen Befreiungsbewegungen zuteil wurde. Als Beobachter haben sie für Tomuschat eine Rechtsstellung "auf halbem Wege zwischen Petenten und der echten Exilregierung", vgl. ders. S.111

5 Wilson, S.122

Res. 31/152 auch die SWAPO, erhielt damit den Status eines ständigen Beobachters[1].

Es liegt in der Konsequenz dieser Entwicklung, daß an der Genfer Konferenz zur Weiterentwicklung des humanitären Völkerrechts 1974-1977 (CDDH) insgesamt elf nationale Befreiungsbewegungen teilgenommen haben[2] und - nach langen und bitteren Auseinandersetzungen - mit Beobachterstatus zugelassen wurden. Dies wurde in GA-Res 3102 (XXVIII) v. 12.12.1973 nachdrücklich gefordert und entgegen anfänglichem Zögern der zur CDDH einladenden Schweizer Regierung (diese wollte Vertreter von nationalen Befreiungsbewegungen nur integriert in die Delegation der als Beobachter zugelassenen Regionalorganisationen erlauben) durch eine im Konsensverfahren angenommene Resolution der CDDH durchgesetzt, durch welche die Einladung solcher nationaler Befreiungsbewegungen als vollwertige Teilnehmer (allerdings ohne Stimmrecht) zur CDDH beschlossen wurde, die von den jeweiligen Regionalorganisationen anerkannt waren.

Den nationalen Befreiungsbewegungen wurde schließlich sogar - mit gewissen Einschränkungen - Gelegenheit zur Unterzeichnung der CDDH-Schlußdokumente gegeben[3]. Für Kalshoven überschattete die Frage des Status von Nationalen Befreiungsbewegungen die erste Sitzung der CDDH und führte zu gravierenden politischen Schwierigkeiten, die erst nach langen und bitteren Kämpfen überwunden werden konnten[4].

Green verweist darauf, daß man bei der CDDH aufgrund des Fehlens einer irgendwie greifbaren Definition des Begriffs der nationalen Befreiungsbewegungen das Kriterium der Anerkennung durch die zuständige Regionalorganisation ausgewählt habe, "....thus automatically excluding any movement not popular with the majority of the members of such an organization, and probably also any movement operating in an area where no such organization exists."[5].

---

1 Vgl. zur Entwicklung bzgl. der PLO insgesamt Wilson, S.72-75. Die westlichen Staaten haben sich auch gegenüber der Einräumung eines ähnlich weitgehenden Status an andere nationale Befreiungsbewegungen ablehnend verhalten, vgl. Klein, S.271 sowie den Hinweis bei Ginther, S.148, zur Frage des Auftretens von ANC und PAC vor dem Plenum der GV

2 Allerdings beteiligten sich nur die PLO und die SWAPO an allen vier Sitzungsphasen, vgl. Bothe/Partsch/Solf, S.8

3 Vgl. zur dargestellten Teilnahmefrage Abi-Saab in RdC 1979, S.404/405

4 Vgl. ders. 1977, S.107,108 sowie Gasser 1987, S.915

5 Vgl. ders. 1977, S.9

Das Beispiel des Verhaltens der OAU z.B. in der Westsaharafrage legt auch den Schluß nahe, daß Regionalorganisationen offenbar nur so lange geschlossen agieren können, wie der bekämpfte "Feind" nicht selbst zu der betreffenden Regionalorganisation gehört. Ist dies der Fall, so wird die Anerkennung einer im Kampf gegen einer Mitglied der Organisation befindlichen Bewegung als "Befreiungsbewegung" höchst problematisch und mehr als unwahrscheinlich.

Schließlich wurde den teilnehmenden nationalen Befreiungsbewegungen sogar die Unterzeichnung der Schlußakte gestattet, allerdings mit wichtigen Einschränkungen[1] und Folgen eher für die politische als die rechtliche Stellung der betroffenen nationalen Befreiungsbewegungen[2]. Mit Art. 96 Abs.3 des I. ZP wurde darüber hinaus eine eigens auf diese Bewegungen abzielende "Beitrittsregelung" geschaffen[3].

Barberis weist darüber hinaus auf völkerrechtlich relevante Konsequenzen der herausgehobenen Stellung von nationalen Befreiungsbewegungen im Bereich der diplomatischen Beziehungen (weltweite Vertretungen z.B. der PLO) und des Völkervertragsrechts (z.B. der Vertrag von Evian zwischen Frankreich und der FNLA zur Beendigung des Bürgerkriegs in Algerien)[4]. Nationale Befreiungsbewegungen waren auch 1981 bei der Schlußkonferenz zur Beratung über das Übereinkommen betreffend Verbot oder Einschränkung bestimmter konventioneller Waffen vertreten, nicht nur als Beobachter, sondern als künftiger Vertragspartner, da diese analog zu Art-.96 (3) ZP I über eine Beitrittsvorschrift betreffend nationale Befreiungsbewegungen verfügt[5].

---

[1] Sie durften nur auf einem Separatblatt zu unterzeichnen, vgl. Gnesa, S.114

[2] L.C. Green unterstreicht zunächst, daß eine Schlußakte völkerrechtlich lediglich die Authentizierung des Konferenzinhaltes und der dabei verwendeten Dokumente darstellt, vgl. ders. 1977, S.9. Darüberhinaus wurde bei der CDDH dem Schlußdokument ein Zusatz hinzugefügt, daß die Unterzeichnung durch die nationalen Befreiungsbewegungen keinesfalls als Präzedenzfall zu betrachten sei, vgl. ebd. S.10

[3] Vgl. unten F.III.1.c. Zehn afrikanische nationale Befreiungsbewegungen nahmen an der CDDH teil, von denen vier die Schlußakte unterzeichneten. Verschiedene (westliche) Staaten verwahrten sich ausdrücklich gegen eine Präzedenzwirkung der Teilnahme von nationalen Befreiungsbewegungen an der Konferenz, vgl. Ginther, S.151. Nach Ansicht Ginthers, vgl. ders.S.153, hat das I.ZP die völkerrechtliche Stellung von nationalen Befreiungsbewegungen nicht in einer konsensgetragenen und soliden völkerrechtlichen Vertragsform festgelegt.

[4] Barberis, S.259 ff. und 264 ff.

[5] Vgl. Art.7 Abs.4 des Übereinkommens in IKRK (Hrsg.), International Law Concerning the Conduct of Hostilities, Genf 1989, S.186. Die Beteiligung von nationalen Befreiungs-bewegungen bei Konferenzen ist oft begleitet durch reihenweise Proteste betei-

c) Umfang der Völkerrechtssubjektivität

Der beschriebene Aufstieg einer bestimmten Kategorie von nationalen Befreiungsbewegungen zu internationaler "Hoffähigkeit" wirft besonders (nach wie vor umstrittene) Fragen nach rechtlichem Grund und Reichweite ihrer Völkerrechtssubjektivität auf. Dabei ist zunächst von Bedeutung, daß den vorstehend genannten Resolutionen der Generalversammlung als solchen keine rechtsetzende Wirkung zufällt[1]. Zwar gingen von ihnen VN-bezogene, innerorganisatorische Rechtswirkungen aus (Teilnahme an Sitzungen etc.), Völkerrecht konnte durch diese Resolutionen als solche jedoch nicht entstehen.

Ob die häufige Wiederholung ähnlichlautender GV-Resolutionen bereits eine allgemeine Übung als Grundlage für das Entstehen von Völkergewohnheitsrecht darstellen kann, ist zumindest zweifelhaft[2]. Dies gilt um so mehr, da sich die westlichen Staaten im Sicherheitsrat gegenüber Bestrebungen zur Aufwertung der nationalen Befreiungsbewegungen stets reserviert gezeigt haben und daher eine gefestigte, auf eine bestimmte und klar umrissene Völkerrechtssubjektivität der nationalen Befreiungsbewegungen gerichtete Rechtsüberzeugung kaum nachzuweisen ist[3].

Zu den kontroversesten Themen gehörte die Frage, ob den nationalen Befreiungsbewegungen als solchen ein Recht zum Rückgriff auf bewaffnete Gewalt zukommt. Diese Diskussion steht in unmittelbarem Zusammenhang mit der bereits dargestellten[4] Debatte über die völkerrechtliche Zulässigkeit gewaltsamer Durchsetzung des SBR. Diese These ist im Zuge der beschriebenen starken "Legitimitätsdynamik" zugunsten nationaler Befreiungsbewegungen und ihrer Fürsprecher in den VN vielfach vertreten worden[5]. Demgegenüber ist jedoch zu

---

ligter Staaten, ähnlich den Protesten gegen die Teilnahme nicht anerkannter Staaten, vgl. Detter de Lupis, S.48.

1 Vgl. hierzu unten E.IV.4.a.cc.

2 Barberis, S.253 sowie die Hinweise unten E.IV.4.a.cc. Für Abi-Saab ergibt sich allerdings aus den einschlägigen GV-Resolutionen, wonach Völker in ihrem Kampf um das SBR Hilfe erbitten und entgegennehmen dürfen, eine eindeutige Völkerrechtssubjektivität der diese Völker vertretenden Befreiungsbewegungen, ein "locus standi" im Völkerrecht, vgl. ders. in RdC 1979, S.370 sowie 1972, S.101

3 Krönert, S.271

4 Vgl. oben E.IV.1.b.bb.ddd.

5 Vgl. hierzu Wilson, S.92,94,105,127 sowie Eide in Cassese 1979, S.25. Abi-Saab schreibt: "....In other words, liberation movements have a *ius ad bellum* under the Charter", vgl. ders.1972, S.100

beachten, daß selbst diejenigen VN-Resolutionen, welche "alle verfügbaren Mittel" bzw. selbst explizit Waffengewalt zur Durchsetzung des SBR für zulässig erklärten, dieses Recht regelmäßig den betreffenden Völkern selbst, nicht jedoch den sie vertretenden nationalen Befreiungsbewegungen zugestanden haben[1].

Zwar wurden die nationalen Befreiungsbewegungen selbst - und nicht nur die durch sie gebildeten Regierungen - zu legitimen Vertretern ihrer Völker erklärt, daraus folgt jedoch kein eigenes Recht zur Gewaltanwendung. Wie besonders die Beispiele Indonesien (1945-1949) und Algerien (1954-1962), aber auch der Fall Guinea-Bissau und der Westsahara-Konflikt zeigen[2], hatte die vom SBR-Grundsatz inspirierte, antikoloniale Legitimitätsvermutung zunächst vor allem die Wirkung, daß gegenüber provisorischen, von nationalen Befreiungsbewegungen gebildeten Regierungen ausgesprochene Anerkennungsakte plötzlich als völkerrechtlich akzeptabel betrachtet wurden, die nach bisher geltenden völkerrechtlichen Regeln das Prädikat "vorzeitig" verdient hätten. Hieraus zogen allerdings viele Staaten der Dritten Welt und des sozialistischen Lagers den Schluß, daß den nationalen Befreiungsbewegungen selbst ein eigenes ein ius ad bellum zustehe[3]. Dies scheint jedoch gewagt: zum einen wurde die bereits beschriebene Rechtsposition der nationalen Befreiungsbewegungen als Beobachter im VN-Rahmen diesen lediglich auf freiwilliger Basis und ohne Rechtsanspruch eingeräumt, wobei diese Position von Anfang an nur auf bestimmte Handlungen wie das Äußern von Ansichten oder die Teilnahme an Sitzungen beschränkt war, s.o. Ferner konnte, wie u.a. das Beispiel Südafrika zeigt, die Vertretung eines Volkes durchaus gleichzeitig mehreren nationalen Befreiungsbewegungen zukommen (ANC und PAC).

Mit der Anerkennung einer nationalen Befreiungsbewegung als Vertreterin eines Volkes ging auch im VN-Rahmen keinesfalls die Anerkennung der förmlichen Vertretung eines Volkes einher[4]. Wilson kommt zu dem Schluß, daß auch im Rahmen der den Zielen der nationalen Befreiungsbewegungen besonders gewogenen VN die Vertretungsbefugnis dieser Bewegungen darauf be-

---

1 Eine Darstellung der Entwicklung findet sich bei Wilson, S.94-103, mit besonderer Berücksichtigung der Debatten im Zusammenhang mit der beschriebenen GA-Res. 3103 (XXVIII) v. 12.12.1973. Wilson kommt zu folgendem Ergebnis: "The existence of some kind of relationship between a State and a national liberation movement, while it may imply that the movement has some kind of international status, does not automatically mean that they have the authority to use force under international law", vgl. dies. S.104

2 Vgl. für eine detaillierte Darstellung der Anerkennungspraxis Wilson, S. 105-115

3 Vgl. Wilson, S. 111, 116

4 Vgl. Wilson, S.120,121

schränkt war, bestimmte Ansichten und Positionen zu artikulieren, nicht jedoch die betreffenden Völker in allen Belangen völkerrechtlich zu vertreten[1].

Neben den genannten Argumenten spricht in einem auf Effektivität und Staatenpraxis aufbauenden Rechtsgebiet gegen die Anerkennung eines ius ad bellum für nationale Befreiungsbewegungen letztlich vor allem der Umstand, daß keiner der betroffenen Staaten jemals eine solche Rolle der nationalen Befreiungsbewegung anerkannt hat[2].

Immerhin scheint aus der Praxis der VN und ihrer Unterorganisationen bei Vorliegen bestimmter Voraussetzungen (Kampf für das "VN-SBR", Anerkennung durch die zuständige Regionalorganisation) eine *funktionale Völkerrechtssubjektivität der nationalen Befreiungsbewegung* zu folgen, gerichtet auf die Wahrnehmung des Beobachterstatus in den VN und die Teilnahme an internationalen Konferenzen[3]. Dabei steht fest, daß auch bzgl. des antikolonialen SBR die Rechtsträgerschaft bei dem betreffenden Volk liegt, das durch die nationale Befreiungsbewegung vertreten wird[4]. Tomuschat[5] und Wilson[6] problematisieren in diesem Zusammenhang vor allem die Möglichkeit der Existenz zweier die Vertretung eines Volkes beanspruchender nationaler Befreiungsbewegungen. Hess sieht in derartigen Fällen eine alles andere als eindeutige Anerkennungspraxis der OAU[7].

---

1 Wilson verweist dabei u.a. auf die südwestafrikanische SWAPO, die, obwohl neben der PLO als einzige nationale Befreiungsbewegung mit Beobachterstatus in *allen* ein Volk betreffenden Fragen zugelassen, im VN-Rahmen nicht als völkerrechtliche Vertretung des Gebiets von Namibia akzeptiert wurde und diese Rolle dem VN-Rat für Namibia zufiel, vgl. dies. S. 122

2 Wilson schreibt hierzu: "It could be that these governments are just violating the law. But if the States most intimately involved with a situation which other States claim is subject to new rules of international law deny the existence of these new rules, their denial must cast grave doubt upon the legal character of these rules in a system which depends on practise and consent for its development", vgl. dies. S.126

3 Wilson, S.104; Krönert, S.272. vgl. auch Tomuschat 1974, S.112, der die Völkerrechtssubjektivität beschränkt sieht auf ihr Ziel, nämlich die Vorbereitung der Selbstregierung

4 Klein, S.641, Krönert, S.278

5 Tomuschat 1974, S.70

6 Wilson S.121

7 Hess, S.130 m.w.N.

4. Die Auswirkungen auf das humanitäre Völkerrecht

Wie oben E.IV.1.b. dargestellt, erfuhr das SBR besonders innerhalb der Vereinten Nationen eine einseitig am Dekolonisierungsprozeß orientierte Auslegung. Zu dieser Auslegung gehörte auch, daß außerhalb des Zusammenhangs "Koloniale Beherrschung, Rassismus und Fremdbesetzung" dem Grundsatz der nationalen Einheit und Souveränität absolute Priorität gegenüber dem SBR eingeräumt wurde. Politische Motive führten zu einer unterschiedlichen Lesart des SBR je nach der bei seiner Umsetzung verfolgten Zielrichtung und letztlich zur Schaffung eines entsprechenden Sonderrechts für diese Situationen. Die aus ihnen entstandenen bewaffneten Konflikte der um ihr SBR kämpfenden Völker wurden von der Mehrheit der sozialistischen und Dritte-Welt-Staaten in den VN als "gerechte Kriege" betrachtet.

Die nahezu unvermeidbare Folge waren Forderungen, diesen Auseinandersetzungen auch im Bereich des humanitären Völkerrechts eine ihrer politischen Relevanz entsprechende rechtliche Stellung zu verschaffen. Wichtigste Voraussetzung hierfür war, ihnen die Eigenschaft eines internationalen bewaffneten Konflikts zukommen zu lassen. Wie oben E.I.1. dargestellt, ist der internationale bewaffnete Konflikt nicht nur Anwendbarkeitsvoraussetzung der Genfer Konventionen, sondern führt auch zur Anwendbarkeit der älteren Normen des Haager Rechts[1]. Bei der Einordnung der nationalen Befreiungskriege als internationale bewaffnete Konflikte ging es somit nicht nur um die Anwendung des "Genfer Rechts", sondern auch um die Anwendung des die Mittel und Methoden im bewaffneten Konflikt begrenzenden "Haager Rechts".

Allerdings wurde die Debatte um Guerillakrieg und die Stellung nationaler Befreiungskriege im humanitären Völkerrecht vielfach vor allem deshalb geführt, weil dieses Rechtsgebiet "befreiungskriegsfreundlich" umgestaltet werden sollte[2], verbunden mit dem Ziel, diesen Konflikten und den sie tragenden nationale

---

[1] Ipsen bezeichnet die Pflicht der Konfliktparteien zur Beachtung des Rechts, das die Methoden, Mittel und Objekt bewaffneter Schädigungshandlungen regelt, als eine der primären Rechtsfolgen des Vorliegens eines internationalen bewaffneten Konflikts, vgl. ders. in Festschrift Menzel, S. 423

[2] Ipsen weist darauf hin, daß es den Anwälten der nationalen Befreiungsbewegungen von Anfang an um eine Anpassung des humanitären Völkerrechts an die Kampfbedingungen dieser Organisationen ging und nicht umgekehrt, vgl. ders. 1993, S.150. Demgegenüber ging es für de Preux nicht um "Anpassung" des Rechts an die Realitäten, sondern um die Regelung und Erfassung dieser Realitäten durch ein reformiertes Recht, vgl. ders. S.263. Es soll dabei nicht verschwiegen werden, daß auch von solchen Seiten Initiativen zu einer Reform des humanitären Völkerrechts befürwortet und ergriffen wurden, denen es nicht in erster Linie um die Anpassung des humanitären Völkerrechts an die Realitäten sogenannter "Nationaler Befreiungskriege" ging, sondern um dessen behutsame Reform

Befreiungsbewegungen einschließlich ihrer Kämpfer eine internationale politische Aufwertung zuteil werden zu lassen[1]. Forderungen einer Anpassung des humanitären Völkerrechts an die neuen Realitäten wurden durch den allgemeinen Gedanken verstärkt und legitimiert, daß das bestehende Völkerrecht insgesamt ohne Willen der neu entstandenen Staaten geschaffen wurde und somit unter Berücksichtigung ihrer Interessen und Bedürfnisse umzugestalten sei[2]. Diese politisch motivierten Forderungen nach "Anpassung" des humanitären Völkerrechts wurden in der Literatur teilweise mit großer Besorgnis um den unparteiischen Charakter des humanitären Völkerrechts und das Prinzip der Gleichheit der Parteien im ius in bello kommentiert[3].

Um den Hauptstoßrichtung für die Diskussionen um die Stellung der "Nationalen Befreiungskriege" im humanitären Völkerrecht beurteilen zu können, erscheint der Hinweis auf diejenigen Teile der Rechtslage de lege lata erforderlich, welche der von einer Staatenmehrheit in den VN gewünschten nachhaltigen humanitär-völkerrechtlichen Aufwertung dieser Konflikte im Wege standen:

- Das vom Gegner der Befreiungsbewegung stets vorgetragene Argument, es handele sich bei der jeweiligen Auseinandersetzung mit der Befreiungsbewegung um einen nicht-internationalen bewaffneten Konflikt[4].
- Das Fehlen der Partei eines internationalen bewaffneten Konflikts, d.h. eines vom humanitären Völkerrecht akzeptierten Belligerenten[5], ohne den auch Freiheitskämpfer keinen Kombattanten- oder Kriegsgefangenenstatus erlangen können[6].

---

im Lichte der sich wandelnden Konfliktrealitäten. Dies gilt insbesondere für die Arbeiten des IKRK in Vorbereitung der CDDH, vgl. dazu unten F.I.1. Abi-Saab schreibt: The question which is thus squarely put to the international community is not whether we can do away with wars of national liberation by denying them the benefits of an adequate legal regulation. It is rather whether the humanitarian law of war can afford to ignore wars of national liberation", vgl. ders. 1972, S.117

[1] Baxter, in Harvard Journal, S.15

[2] Vgl. Graham S.38 sowie oben E.III.4.

[3] Vgl. Randelzhofer 1975, S.31,32.

[4] Nach traditionellem Völkerrecht waren Auseinandersetzungen zwischen Kolonialmacht und Kolonie nicht-internationale Konflikte, da diese innerhalb ein und desselben Staates stattfanden, vgl. Schindler, in RdC 1979, S.133

[5] Zum Begriff vgl. oben E.II.2.a.

[6] Zum Erfordernis der Zugehörigkeit zu einer Konfliktpartei vgl. oben E.II.4.c.

- Die regelmäßige Nichterfüllung der in Art.4.A.2. III. GK festgelegten Voraussetzungen des Kombattantenstatus durch die überwiegend mit Guerillamethoden kämpfenden Freiheitskämpfer[1].

Um eine Anpassung des humanitären Völkerrechts an die Realitäten der politisch-moralisch unterfütterten sog. "Nationalen Befreiungskriege" zu erlangen, mußte daher dreierlei erreicht werden:

- Die Qualifizierung dieser bewaffneten Auseinandersetzungen[2] als internationale bewaffnete Konflikte
- Die Schaffung eines Weges, die beteiligte nationale Befreiungsbewegung an die Konventionen zu binden, möglichst unmittelbar als Konfliktpartei[3]
- Eine Lockerung der in den Konventionen festgelegten Bedingungen des Kombattantenstatus, damit Freiheitskämpfern trotz Guerillakampfführung die - auch politisch begehrte - Behandlung als Kriegsgefangene zumindest im Wege der Analogie zuteil werden konnte.

Genau auf diese Punkte bezog sich auch die Debatte in Literatur und Staatenwelt in der Zeit vom Anfang des Dekolonisierungsprozesses bis zum Beginn der CDDH. Sie fand statt vor dem Hintergrund einer massiven Kampagne der blockfreien und sozialistischen Staaten[4]. Diese Diskussion soll nachfolgend beschrieben und der Frage nachgegangen werden, welche Stellung den "Nationalen Befreiungskriegen" im humanitären Völkerrecht zu Beginn der CDDH zukam.

---

[1] Hierauf hat das IKRK in seinem Bericht für die 21. Rotkreuzkonferenz in Istanbul 1969 ausdrücklich hingewiesen, vgl. "Protection of Victims in Non-International Conflicts", Report submitted by the ICRC at the 21st International Conference of the Red Cross held at Istanbul, 1969, S.9. Zu den Voraussetzungen des Art.4.A.2. III.GK vgl. oben E.II.4.b. und c., zur Frage der Guerillakampfführung oben E.III.

[2] Man kann davon ausgehen, daß in vielen "Befreiungskriegen" die für innerstaatliche Konflikte materiell definierte Schwelle zum bewaffneten Konflikt (E.I.4.) nicht überschritten war (vgl. auch die Ausführungen zu Guerilla und asymmetrischen Konfliktformen oben E.III.2.b.bb. Zwar existiert eine solche Schwelle im *internationalen* bewaffneten Konflikt nicht (es reicht nach der hier vertretenen Ansicht für einen "Art.2-Konflikt" die -notfalls einmalige- Gewaltanwendung zwischen den Parteien, s.o. E.I.2.), mangels Klarheit der Konfliktparteien und ihrer Vertretung in sog. "Nationalen Befreiungskämpfen" wird man jedoch das Vorliegen eines bewaffneten Konflikts bei diesen selbst dann nur materiell bestimmen können, wenn man sie ohne Einschränkung als internationale bewaffnete Konflikte betrachtet.

[3] Vgl. hierzu Ipsen 1993, S.150

[4] "During the sixties and seventies, the nonaligned countries, supported by those of Eastern Europe, launched a massive campaign aiming at the recognition of the armed struggle of National Liberation Mouvements as being 'international' by definition: i.e., from the first shot, so to speak, without taking into account the traditional condition of presenting a real and sustained challenge to the government", vgl. Verwey, S.81

a) Nationale Befreiungskriege als internationale bewaffnete Konflikte

aa) Die UN-Praxis

In Entsprechung zu der oben beschriebenen Auslegung des SBR und auf einen verlangsamten Dekolonialisierungsprozeß in Afrika reagierend[1], haben sich die Vereinten Nationen im Jahre 1968 erstmals Fragen der Geltung des ius in bello in nationalen Befreiungskriegen zugewandt. Auf der internationalen Menschenrechtskonferenz in Teheran wurde eine Resolution verabschiedet ("Human Rights in Armed Conflicts"), in der u.a. die Reichweite der Genfer Konventionen von 1949 als nicht ausreichend bezeichnet wird, um alle Arten bewaffneter Konflikte abzudecken[2]. Diejenigen, die gegen rassistische Minderheitsregime oder koloniale Regime kämpfen, sollten als Kriegsgefangene nach internationalem Recht behandelt werden[3]. Ebenfalls im Jahre 1968 verabschiedete die Generalversammlung der Vereinten Nationen eine Resolution ähnlichen Inhaltes, bei der es um die Zubilligung des Kriegsgefangenenstatus gemäß der II. Genfer Konvention von 1949 an Kämpfer gegen die portugiesische Kolonialmacht in Afrika ging[4]. Im gleichen Jahr und in den darauffolgenden Jahren gab es eine bedeutende Zahl von Resolutionen[5], welche sich vor allem auf die Lage in Rhodesien, in den portugiesischen Territorien in Afrika und auf Südafrika beziehen. In diesen Resolutionen erklärt die Generalversammlung regelmäßig, daß Freiheitskämpfer gegen Kolonialismus, Rassismus und Fremdbeherrschung als Kriegsgefangene zu behandeln seien und hebt damit die sogenannten "nationalen Befreiungskämpfe" auf die Ebene internationaler bewaffneter Konflikte[6].

---

[1] Rosas, S.264

[2] Resolution XXIII vom 12.5.1968, Text bei Schindler/Toman, 3.Aufl. 1988, S.261,262. Die Resolution wurde mit 67 Stimmen ohne Gegenstimmen bei zwei Enthaltungen angenommen, vgl. Schindler/Toman, 3.Aufl. 1988, S.262. Sie war der erste ausdrückliche Schritt im VN-Rahmen zur Umsetzung der Dekolonisierungsresolutionen im Bereich des humanitären Völkerrechts, vgl. Rosas, S.264

[3] Die in der englischen Fassung verwendete Formulierung "should be treated as" läßt hinsichtlich des Rechtsstatus jener Kämpfer noch verschiedene Auslegungen zu, vgl. Schindler/Toman, 3.Aufl. 1988, S.262. Hierauf weisen auch Bothe/Partsch/Solf hin, vgl. ebd. S.45 sowie Sandoz/Swinarski/Zimmermann, RZ 80. Vgl. auch Rosas, S.264

[4] Vgl. GA Res 2395 (XXIII) vom 29.11.1968

[5] Condorelli spricht von einer "série touffue de résolutions", die, teils allgemein gehalten, teils spezifische Konflikte betreffend, durch kohärentes Handeln der Blockfreien in den Vereinten Nationen erreicht worden war, vgl. ders.S.392

[6] Neben der bereits zitierten Resolution sind folgende Resolutionen zu nennen:
- GA Res 2383 (XXIII) vom 7.11.1968 (86:09:19) betr. Rhodesien
- GA Res 2446 (XXIII) vom 14.12.1968
- GA Res 2508 (XXIV) vom 21.11.1969 (83:07:20) betr. Rhodesien
- GA Res 2547 A (XXIV) vom 11.12.1969 87:01:23) betr. Rhodesien/portugies.

Im Jahre 1973 wurde das Problem seitens der Generalversammlung zum ersten Mal in allgemeiner Weise und losgelöst von konkreten Situationen in Resolution 3103 (XXVIII) angegangen. Darin werden "nationale Befreiungskriege" ausdrücklich als internationale bewaffnete Konflikte angesehen, Kombattanten in diesen Auseinandersetzungen im Falle ihrer Gefangennahme als Kriegsgefangene eingestuft. Wie in den anderen Resolutionen bleibt allerdings die Frage unberücksichtigt, inwieweit die Konventionen auf die Situation nationaler Befreiungskriege überhaupt praktisch anwendbar sind[1]. Nach einer in den ersten beiden Absätzen enthaltenen Bekräftigung der Legitimität des Befreiungskampfes und dem Hinweis auf die Unvereinbarkeit von allen Versuchen zu seiner Unterdrückung mit der Satzung, der Universellen Menschenrechtsdeklaration sowie den Resolutionen 1514 und 2625[2] heißt es in Res 3103[3]:

1. ...
2. ...
3. "The armed conflicts involving the struggle of peoples against colonial and alien domination and racist regimes are to be regarded as international armed conflicts in the sense of the 1949 Geneva Conventions, and the legal status envisaged to apply to the combatants in the 1949 Geneva Conventions and

---

Gebiete/Namibia

- GA Res 2597 (XXIV) vom 16.12.1969
- GA Res 2621 (XXV) vom 12.10.1970 betr. "all freedom fighters"
- GA Res 2652 (XXV) vom 3.12.1970 (79:10:04) betr. Rhodesien
- GA Res 2674 (XXV) vom 9.12.1970
- GA Res 2678 (XXV) vom 9.12.1970 (95:05:14) betr. Namibia
- GA Res 2707 (XXV) vom 14.12.1970 betr. portugiesische Gebiete
- GA Res 2795 (XXVI) vom 10.12.1971 (105:08:05) betr. portugiesische Gebiete
- GA Res 2796 (XXVI) vom 10.12.1971 (91:09:12) betr. Rhodesien
- GA Res 2852 (XXVI) vom 20.12.1971 (110:01:05)
- GA Res 2871 (XXVI) vom 20.12.1971 (111:02:10) betr. Namibia
- GA Res 2918 (XXVII) vom 29.11.1972

Vgl. auch die Aufzählung einschlägiger Resolutionen in der Präambel zu GA Res 3103 (XXVIII) vom 12.12.1973 sowie die Hinweise bei Salmon 1979, S.61 FN 3; Wilson, S.150 FN 4; Pomerance 1982, S.107 FN 271 sowie Sandoz/Swinarski/Zimmermann, RZ 84 und Baxter, in Harvard Journal, S.13. Rosas hebt hervor, daß die Resolutionen der VN-GV vor allem auf Situationen im Zusammenhang mit Kolonialismus/Rassismus abzielen, obwohl die Menschenrechtspakte ebenso wie die FRD allen Völkern das SBR zuschreiben. Dies zeige deutlich, daß es den Verfechtern dieser Resolutionen vor allem um die Situation in den noch kolonial beherrschten afrikanischen Gebieten und um die Minderheitsregime in Rhodesien und Südafrika ging, vgl. ders. S.266.

1 Baxter sieht hier besonders im Beriech der Kriegsgefangenenkonvention große Probleme, vgl. ders. in Harvard Journal, S.15,16 sowie unten F.III.1.e.

2 Zu Res 1514 s.o. E.IV.1.b.aa., zu Res.2625 E.IV.1.b.bb.bbb.

3 Res 3103 (XXVIII) v. 12.12.1973; angenommen mit 83:13:19 Stimmen, vgl. Schindler/Toman, 3.Aufl. 1988, S.603. Dagegen stimmten Frankreich, die Bundesrepublik, Israel, Italien, Luxemburg, Portugal, Südafrika, Großbritannien, die USA und Uruguay, vgl. Salmon 1976, S.34

other international instruments is to apply to the persons engaged in armed struggle against colonial and alien domination and racist regimes.

4. The combatants struggling against colonial and alien domination and racist regimes captured as prisoners are to be accorded the status of prisoners of war and their treatment should be in accordance with the provisions of the Geneva Convention relative to the Treatment of Prisoners of War, of August 12, 1949."

Zunächst fällt auf, daß der Text keinerlei Bedingungen nennt, die von Freiheitskämpfern erfüllt werden müssen, um in den Genuß der rechtlichen Angleichung mit Kombattanten zu gelangen. Auch läßt Res.3103, ebenso wie die anderen genannten Resolutionen offen, ob den eingeräumten Rechten (internationaler Charakter des Konflikts mit Anwendbarkeit der Konventionen, Kombattantenstatus für beteiligte Kämpfer) auch Pflichten irgendwelcher Art gegenüberstehen und wie die beteiligten Völker, ihre Organe oder deren Kämpfer an das humanitäre Völkerrecht gebunden werden können. Dies ist ein - erst durch den späteren Art.96 (3) ZP I aufgeholtes - ernstes Versäumnis, gerade in eine Rechtsmaterie, die zu ihrer Beachtung und Durchsetzung so auf den Reziprozitätsgrundsatz angewiesen ist wie das humanitäre Völkerrecht[1].

Auffällig ist schließlich, daß Absatz 4 ebenso wie schon die Resolution XIII der internationalen Menschenrechtskonferenz in Teheran 1968[2] vom Wortlaut her offenläßt, ob die Genfer Kriegsgefangenenkonvention direkt oder nur entsprechend angewendet werden soll[3]. In deutlichem Gegensatz hierzu enthält Absatz 3 eine affirmative Sprache[4]. Die Resolution 3103 nimmt in ihrem Absatz 3 den späteren Art. 1(4) des I. Zusatzprotokolls von 1977 zu den Konventionen von 1949 vorweg und dokumentiert die in den Vereinten Nationen am Vorabend der Genfer Konferenz zur Weiterentwicklung des humanitären Völkerrechts vorherrschende, wenn auch keineswegs einhellige[5] Ansicht über die rechtliche

---

1 Auf die "Einseitigkeit" der einschlägigen GV-Resolutionen weist Schindler hin, vgl. ders. in RdC 1979, S.136 (FN 14)

2 Schindler/Toman, 3.Aufl. 1988, S.261,261

3 Koenig weist diese Unsicherheit bei der rechtlichen Einordnung auch für die zwischen Teheran 1968 und Resolution 3103 verabschiedeten Resolutionen der Generalversammlung nach, vgl. ders., S.88,89

4 Rosas folgert daraus, daß in diesem Teil der Resolution die Überzeugung zum Ausdruck kommt, sie enthalte nicht eine Veränderung, sondern vielmehr eine Interpretation der Genfer Konventionen, vgl. ders., S.265

5 Heftige grundsätzliche Kritik erfuhr Res. 3103 durch den US-Delegierten Evans, der sie als "wrong in virtually every paragraph as a statement of the law" bezeichnete. Er fuhr fort: "To classify one kind of conflict as international because of motivation or to accord special treatment to a select class of victims of war because of their motivation is frankly

Stellung der sog. "nationalen Befreiungskriege". Ein Autor schreibt: "To consider liberation wars as being of an 'international Character' had become something of an 'idée fixe' of the Third World, but only with regard to wars fought against colonial régimes and not within socialist or Third World States themselves"[1]. Der hierbei erzielte humanitäre Nutzen wurde allerdings durchaus unterschiedlich betrachtet[2]

bb) Literatur

Nach traditionellem Verständnis handelt es sich bei nationalen Befreiungskriegen um eine Spielart des nicht-internationalen Konflikts, welcher vom humanitären Völkerrecht nur durch den gemeinsamen Art.3 der GK'en und damit nur unvollständig erfaßt wird[3]. So wurden nationale Befreiungskriege anfangs auch von den VN als innerstaatliche Angelegenheit des Kolonialstaates betrachtet[4].

Befürworter der Betrachtung nationaler Befreiungskriege als internationale bewaffnete Konflikte argumentieren vor allem mit

- politisch-militärischen Tatsachen
- der Legitimität dieser Konflikte im Lichte des Selbstbestimmungsgrundsatzes[5].

---

the antithesis of international humanitarian law and totally unacceptable", zitiert bei Wilson, S.151. Für Rosas beruhte Res 3103 auf der Überzeugung, "...that it contains an interpretation rather than modification of the Geneva Conventions.", vgl. ders. S.265

1 Detter de Lupis, S.44

2 Schwarzenberger schreibt: ".....it remains to be seen whether the attempts made by the General Assembly of the United Nations to insist on treating all colonial armed conflicts and wars of 'liberation' as international conflicts will actually benefit the guerilleros involved", vgl. ders. 1971, S.277

3 Sie waren im wesentlichen innere Angelegenheit des jeweiligen Staates und unterlagen dessen innerstaatlichem Recht. Unterstützung an die nichtstaatliche Konfliktpartei stellte eine Einmischung in die inneren Angelegenheiten und damit eine vom Völkerrecht verbotene Intervention dar, vgl. Abi-Saab in RdC 1979, S.367; Kwakwa S.49, Roberts, S.124 sowie oben E.I.5. Randelzhofer schrieb 1971: "Bürgerkrieg liegt auch vor, wenn sich die Bevölkerung einer Kolonie gegen das Mutterland im Kriege befindet, da es sich um einen Krieg *in einem Staat* handelt", vgl. ders. 1971, S.238

4 Vgl. Salmon 1976, S.29. Der gleiche Autor bekräftigt, daß das Völkerrecht denjenigen nationalen Befreiungskriegen keinerlei internationalen Status gewährt, die auf den internen Aspekt des SBR gerichtet sind. Der Grund sei das Fehlen eines allgemeinen, völkerrechtlich anerkannten Prinzips der Legitimität, vgl. ebd., S.31

5 Eine gute Beschreibung der damaligen sowjetischen Position findet sich bei Meron (unter Hinweis auf eine Darstellung von Ginsburg): danach erklärte die sowjetische Lehre Nationale Befreiungskriege zu gerechten Kriegen und weigerten sich kurzerhand, diese überhaupt an den bestehenden Rechtsnormen des humanitären Völkerrechts zu messen, vgl. ders., S. 52

- der UN-Praxis. Diese wird teilweise als Argument benutzt, die These juristisch abzusichern, der internationale Charakter solcher Auseinandersetzungen sei bereits erwiesen[1].

Dabei vollzog sich der "Durchgriff" der Legitimitätsvorstellungen hinein in den Bereich des humanitären Völkerrechts auf allen drei Ebenen (Status als internationaler bewaffneter Konflikt, nationale Befreiungsbewegung als Konfliktpartei und Kombattantenstatus für ihre Kämpfer). In der Diskussion wurden alle drei Punkte oft vermengt.

Die Gegner der Erweiterung argumentieren vor allem mit dem Grundsatz der Gleichheit der Parteien vor dem ius in bello: "ideology and law must be kept apart if law is to survive"[2]. Der internationale Charakter der nationalen Befreiungskriege habe keineswegs bereits vor den ZP'en völkerrechtlich festgestanden[3].

---

[1] Abi-Saab sieht den internationalen Charakter der zur Durchsetzung des SBR geführten Konflikte durch einen "continuous stream" von Resolutionen der VN-GV bestätigt, der bereits lange vor der FRD eingesetzt habe. Angesichts dieses überwältigenden Beweises des entsprechenden Willens der Staatenmehrheit sei es kaum möglich, den internationalen Charakter nationaler Befreiungskriege noch länger in Abrede zu stellen, vgl. ders. in RdC 1979, S.372, 374.
Meyrowitz begründet die Schwierigkeit eine neue Kategorie von SBR-Konflikten zu schaffen vor allem mit der oben bereits beschriebenen Unbestimmtheit des Begriffs SBR und spricht vom "caractère exrèmement vague du concept d'autodétermination qui, en raison de son extensibilité, est redouté comme un agent de désagrégation des Etats et de l'ordre public international", vgl. ders.1973, S.895. Gleichwohl hatte für Meyrowitz das Völkerrecht bereits 1973 eine neue Kategorie von "internationalen, jedoch nicht zwischenstaatlichen bewaffneten Konflikten" geschaffen. Sie sind allerdings nur gegeben in Fällen des bewaffneten Kampfes des Volkes einer Kolonie oder eines nicht autonomen Gebiets in Ausübung des SBR, vgl. ders. 1973, S.894. Der entscheidende Grund liege darin, daß der Kolonie oder dem nicht-autonomen Gebiet ein vom "Mutterland" getrennter Status zukomme. Dieser Grundsatz sei durch GA-Res 2625 (Friendly Relations-Declaration) lediglich wiederholt worden.
Rosas spricht von einer "...emergence and development of the new doctrine on the international nature of wars of national liberation", vgl. ders. S.263. Diese habe zur Folge, daß ungeachtet der ZP'e die Konventionen auf nationale Befreiungskriege anwendbar seien, vgl. Rosas, S.276.

[2] Vgl. Meron S.51 m.w. Nachweisen

[3] Ciobanu in Cassese (Proceedings) S.19 sowie hierzu ausführlich unten E.IV.4.a.cc. Dabei wurde unter humanitären Aspekten durchaus über Veränderungen der bestehenden Rechtslage nachgedacht: so betont Seidl-Hohenveldern, daß die allgemeine völkerrechtliche Regelung betreffend die nicht-internationalen bewaffneten Konflikte durch den gemeinsamen Art.3 GK'en (Möglichkeit der Hinrichtung von Kämpfern, sofern diese von ordentlich bestelltem Gericht verurteilt wurden) unbefriedigend und deshalb der materielle Inhalt von GA-Res.2825 ("Behandlung wie Kriegsgefangene") zu begrüßen sei, auch wenn dieser auf eine bestimmte Gruppe begrenzt ist und eigentlich für alle Kämpfer nicht-internationaler bew. Konflikte gelten müßte (sofern diese die Bedingungen des Art.4.A.2. III. GK erfüllen). Er plädiert also für eine generelle Verbesserung der Rechtsstellung von Kämpfern in nicht-internationalen bew. Konflikten, vgl. Seidl-Hohenveldern 1973, S.83.

cc) Die Rechtslage de lege lata zu Beginn der Diplomatischen Konferenz 1974-1977

Aus der beschriebenen UN-Praxis und den Diskussionen in der Literatur ergibt sich die Frage, ob die Qualifizierung nationaler Befreiungskriege als internationale bewaffnete Konflikte bei Beginn der Diplomatischen Konferenz bereits die Stellung eines gefestigten Rechtssatzes erlangt hat, oder ob erst die Zusatzprotokolle von 1977 (für die Vertragsparteien) verbindliches Recht geschaffen haben.

Die Qualität eines Völkerrechtssatzes könnte bereits dann angenommen werden, wenn den oben zitierten Resolutionen der UN-Generalversammlung in dieser Hinsicht rechtsetzende Wirkung zukäme.

Die hierzu vertretenen Positionen sind unterschiedlich.

Zunächst ist festzuhalten, daß die Satzung der Vereinten Nationen keine ausdrücklichen Regelungen über die Auslegung der Charta und über eine eventuelle Rechtserzeugungsfunktion der Generalversammlung enthält. Auf der Konferenz von San Francisco wurde das Problem der Chartaauslegung eingehend diskutiert, wobei eine Befugnis der Generalversammlung zur bindenden Rechtserzeugung gegenüber den Mitgliedstaaten, abgesehen von der Möglichkeit der Änderung der Satzung durch 2/3 der Mitglieder und alle ständigen Mitglieder des Sicherheitsrates und ebenfalls abgesehen von einigen spezifischen, hauptsächlich organisationsinternen Belangen[1], abgelehnt wurde[2].

---

[1] Vgl. Verdross/Simma, 3.Aufl. 1984, S.402; Wilson, S.10 m.w.N. Bei den genannten Befugnissen geht es um Ausschluß von Mitgliedern (Art.4 und 6 SVN), Suspendierung von Mitgliedschaftsrechten (Art.5 SVN), Wahlen (Art.23, 61, 86 und 97 SVN), Geschäftsordnungsfragen (Art.21 SVN), die Genehmigung des Budgets (Art.17 SVN), Weisung an die der Generalversammlung unterstellten Organe (Art.68 und 87 SVN) und Vorschriften über die Anstellung von Beamten (Art.101 SVN), vgl. die Zusammenstellung bei Maaß S.49.

[2] In dem von der Konferenz angenommenen Bericht eines Komitees, welches sich mit dieser Frage befaßte, heißt es dazu: "If an interpretation made by any organ of the Organization... is not generally acceptable it will be without binding force." Und weiter: "In such circumstances, or in cases where it is desired to establish an authoritative interpretation as a precedent for the future, it may be necessary to embody the interpretation in an amendment to the Charter". Zitiert nach Goodrich, Hambo & Simons, Charter of the United Nations", 3.Auflage 1969, S.14. Maaß stellt fest: "Die Gründungskonferenz der Vereinten Nationen von San Francisco wies alle Versuche zurück, die Vollversammlung mit der Befugnis auszustatten, *"internationale Gesetzgebung"* vornehmen zu können. Die Schöpfer der Satzung wußten mit der Ablehnung eines entsprechenden philippinischen Vorschlages sehr genau, daß Resolutionen nach ihrem Verständnis nicht bindend sein sollten", vgl. ders. S.50.
Pomerance unterstreicht, daß Art. 10-12 SVN für die Generalversammlung nur das Recht enthalten, Empfehlungen ("recommendations") abzugeben, vgl. ders. 1982, S.64

Unbestritten ist ferner, daß die Resolutionen der Generalversammlung die Bildung neuen Völkergewohnheitsrechts fördern und bestätigen können, da sie die opinio iuris vor allem auch der von bestimmten Fragen betroffenen Staaten zum Ausdruck bringen[1].
Problematisch und umstritten ist dagegen, ob die Generalversammlung im Gegensatz zur Anfangszeit der Vereinten Nationen heute mit ihren Resolutionen neues Recht, verbindlich für die Mitgliedstaaten, schaffen kann. Dabei geht es vor allem um eine Reihe "großer" Resolutionen, die sich meist als "Deklarationen" bezeichnen und wichtige Markierungen der UN-Praxis darstellen[2]. Diesen Resolutionen wird, besonders von seiten der Staaten der Dritten Welt[3], aber auch von anderen Autoren mit verschiedenen Begründungen die Qualität völkerrechtlicher Normen zugesprochen[4]. Eine wichtige Argumentationslinie stützt sich dabei auf den formlosen Konsens, welcher in einmütig angenommen Resolutionen sichtbar werde und den Rechtsquellen des Art.38 Abs.1 IGH-Statut vorgelagert sei[5]. Resolutionen der GV können nach dieser Ansicht Völkergewohnheitsrecht schaffen [6]. Es wird hier jedoch übersehen, daß sich die "Einstimmigkeit" oftmals nur aufgrund des Konsensverfahrens ergibt, welches nicht mit voller inhaltlicher Identität zu verwechseln ist[7].

---

1 Verdross/Simma, 3.Aufl. 1984, S.359; Dahm/Delbrück/Wolfrum, Bd.I/1, S.72; Wilson, S.11 m.w.N.; Wyss, S.41.

2 Verdross/Simma, 3.Aufl. 1984, S.405. Zu diesen Resolutionen gehört neben GA Res 1514 ("Granting of Independence") und GA Res 2625 ("Friendly Relations Declaration") auch die oben erwähnte Res 3103 über die rechtliche Stellung von sogenannten Freiheitskämpfern.

3 Dies betont Randelzhofer, vgl. ders., 1975, S.45

4 Vgl. die umfangreichen Literaturhinweise hierfür bei Verdross/Simma, S.406 (FN 27,28). Dabei beruft man sich teilweise auf den Estoppel-Grundsatz, der Staaten an Erwartungen bindet, die sie durch ihr Verhalten im internationalen Rechtsverkehr verursacht haben und auf die ein anderer Staat sich nach Treu und Glauben verlassen konnte. Dies gelte auch bei Zustimmung zu Resolutionen der GV, sofern diese Zustimmung entsprechende Erwartungen hervorbringe. Diese Ansicht bindet sogar die gegen die jeweilige Resolution gestimmt habende Minderheit.
Eine andere Begründung stützt sich auf das Argument, daß manche GV-Resolutionen allgemeine Rechtsprinzipien zum Ausdruck bringen oder authentische Interpretationen der SVN enthalten können. Die einschlägigen Resolutionen geben daher bestehendes Völkerrecht wieder und können die Satzung mit Bindungswirkung auch für die anders abstimmenden Mitgliedstaaten interpretieren.
Vgl. zu den dargestellten Ansichten Maaß, S. 50,51 m.w.N.

5 Vgl. die Beschreibung bei Frowein, in ZaöRV Bd.36 (1976), S.147 ff. (S.152); Dahm/Delbrück/Wolfrum, Bd.I/1, S.73.

6 Vgl. die Darstellung bei Maaß, S.51. Seidl-Hohenveldern betrachtet die in den Resolutionen zum Ausdruck gekommene Rechtsüberzeugung der Staatenmehrheit als keine ausreichende Basis für die Bildung von Völkergewohnheitsrecht, vgl. ders. 1973, S.81

7 Zum Konsensus-Verfahren vgl. Ipsen, Lehrbuch, S. 108. Danach ist dieses Verfahren nicht mit inhaltlichem Konsens zu verwechseln. Es beruht nicht auf Zustimmung aller Beteiligter, sondern wird geprägt durch das Fehlen ausdrücklicher Gegenstimmen. Eine förmliche Abstimmung findet nicht statt. Auch Maaß spricht kritisch vom "sogenannten" Konsensverfahren und bemängelt, daß die Befürworter einer Normsetzungskompetenz

Die in den westlichen Staaten vorherrschende Meinung geht nach wie vor von der mangelnden rechtlichen Verbindlichkeit der Resolutionen aus, da es an einer förmlichen oder zumindest formlos konsensgetragenen Erweiterung der Zuständigkeit der Generalversammlung fehle. Deshalb komme dieser nach wie vor keine Rechtsetzungsbefugnis zu[1]. Die Resolutionen zu Nationalen Befreiungskriegen können auch kaum als Ausdruck einer Völkergewohnheitsrecht schaffenden Rechtsüberzeugung betrachtet werden, mit der Folge, daß gerade die mit den einschlägigen Konflikten konfrontierten und daher gegen die Resolutionen stimmenden Staaten durch sie gebunden wären[2].

Jedoch sprechen nicht nur diese Überlegungen gegen die rechtliche Einordnung sogenannter nationaler Befreiungskriege als internationale bewaffnete Konflikte allein auf der Grundlage der einschlägigen Resolutionen. Ein Blick auf das Abstimmungsverhalten der Staaten zeigt nämlich, daß es stets eine nicht unbedeutende Zahl von Enthaltungen oder Gegenstimmen gab[3]. Dies ist um so beachtenswerter, weil viele Staaten der besseren "Optik" wegen versuchen, den Resolutionen der Generalversammlung wann immer es sich noch vertreten läßt zuzustimmen, sich ansonsten aber zu enthalten und nur in Fällen unversöhnli-

---

der GV sowohl die unterschiedlichen Mehrheitserfordernisse für die jeweiligen Entscheidungen als auch die Form des Zustandekommens von Resolutionen unberücksichtigt lassen (Enthaltungen, Gegenstimmen, Abstimmungserklärungen, Konsensverfahren etc.), vgl. ders. S.52,53.

Bei der CDDH wiesen einige Staaten nach der per Konsens erfolgten Verabschiedung des ZP II auf die eigentliche Bedeutung des Konsensverfahrens hin: Dieses drücke keinesfalls materiell-inhaltliche Zustimmung, sondern einen rein auf das Verfahren bezogenen Konsens aus, nicht das zu blockieren, was *andere Staaten* befürworteten. Diese Staaten betonten, daß sie gegen ZP II gestimmt hätten, wenn es darüber eine Abstimmung gegeben hätte, vgl. Forsythe 1978, S.282

1 Lombardi, S.218; Seidl-Hohenveldern, Das Recht der internationalen Organisationen, 4.Aufl., S.224; Verdross/Simma, 3.Aufl. 1984, S.409; Wilson, S.12; Hess, S.60 (FN 280). Ciobanu schreibt: "...those resolutions of the General Assembly which have assumed the form of declarations or recommendations cannot *per se* develop the law of the United Nations. At most, they may represent the starting point for subsequent practise..., or they may, on the contrary, be written evidence of the existence of customary rules which have been developed by such a practise", vgl. ders. 1979, S.410 (FN 53). Ebenso auch Maaß, für den alle Interpretationskünste letztlich die Tatsache ignorieren, daß bei der Konferenz von San Francisco ein auf Normsetzungsbefugnis für die Generalversammlung zielenden philippinischer Vorschlag von den Gründungsstaaten ausdrücklich verworfen wurde, vgl. ders. S.52

2 Vgl. Seidl-Hohenveldern 1973, S. 81/82

3 So wurde Res 3103 mit 83 Stimmen bei immerhin 13 Gegenstimmen und 19 Enthaltungen angenommen, vgl. Schindler/Toman, 3.Aufl. 1988, S.603. Die Freiheitskämpfer-Resolutionen 2852 (XXVI) v. 20.12.1971 und 2918 (XXVII) v. 29.11.1972 wurden mit 1 bzw. 6 Gegenstimmen sowie 5 bzw. 8 Enthaltungen angenommen, vgl. Seidl-Hohenveldern 1973, S.81. Für eine umfassende Darstellung des Abstimmungsverhaltens vgl. Wilson, S.150 (FN 4); Pomerance 1982, S.112 (FN 340)

cher Gegnerschaft gegen eine Resolution stimmen[1]. In der Literatur ist auch zurecht darauf hingewiesen worden, daß die meisten der o.g. Resolutionen durch Verwendung des Wortes "should" das gewünschte Ergebnis lediglich als Ziel betrachten damit die rechtliche Qualität ihres Inhalts offenlassen[2].

Ergibt sich demnach allein aus den betreffenden Resolutionen der Generalversammlung als solchen noch keine Änderung der Rechtslage, so könnte sich dennoch am Vorabend der Diplomatischen Konferenz der internationale Status sogenannter nationaler Befreiungskriege *gewohnheitsrechtlich* verfestigt haben. Voraussetzung dafür ist gemäß Art.38 Abs.1 lit.b IGH-Statut eine dauernde, einheitliche und als Recht anerkannte Übung[3]. Diese muß also getragen sein von der Überzeugung, mit dieser Übung eine Rechtspflicht zu erfüllen.

Die *in objektiver Hinsicht* geforderte Übung kann sowohl in Äußerungen als auch in tatsächlichem Verhalten begründet sein[4]. Sie enthält also ein Zeitelement und ein Element der Einheitlichkeit. Sofern es um die Entwicklung einer vertraglichen Norm zu einer Norm des Völkergewohnheitsrechts geht, verlangt der IGH in seinem bekannten Urteil zum Nordsee-Festlandsockel, daß der

---

1 Randelzhofer 1975, S.46. Pomerance macht die Beobachtung, daß einige Staaten aufgrund des "image factor" sogar gegen ihre ihre eigentliche Überzeugung Resolutionen zugestimmt haben und beschreibt dies wie folgt: "Indeed, the impression conveyed by the debates is that there was a strong felt need to stand up for `motherhood` and against `sin`!", vgl. ders. 1982, S.66.
Wilson meint mit Bezug auf Art.7 der Resolution über die Agressionsdefinition (GA Res 3314 (XXIX) vom 14.12.1974), dessen Wortlaut zur Legitimität gewaltsamer Erkämpfung des SBR unklar ist ("...to struggle to that end and to seek and receive support..."): "The Resolution was sufficiently ambiguous to receive consent without vote from the Western States who generally opposed the legitimazation of the use of force by National liberation movements...", vgl. Wilson, S.103. Ähnliches läßt sich sagen für die Ausarbeitung der FRD. Daher ist es auch wenig überzeugend, wenn sich etwa Abi-Saab zur Begründung des rechtsverbindlichen Charakters des SBR auf das Zustandekommen der FRD im Wege des Konsenses beruft, vgl. ders. 1972, S.99
Julius Stone bezeichnet die Abstimmungen in der UN Generalversammlung als "United Nations verbal celebration of face-saving", vgl. ders., "Conflict through Consensus: United Nations Approaches to Agression", Baltimore 1977, S.152. Auch Condorelli beklagt im Zusammenhang mit dem bei der CDDH per Konsens verabschiedeten ZP II, daß der fortbestehende Meinungsverschiedenheiten ausklammernde und überspielende sog. Konsens oftmals der Fortentwicklung des Völkerrechts geradezu im Wege steht: "Et il faut ajouter que cette expérience ne manque de susciter une impression amère de caractère général: la pratique de la recherche du *consensus*, si fréquemment suivie dans toutes les enceintes internationales, revèle parfois son vrai visage d'ennemie du développement du droit international", vgl. ders. S.390

2 "It is no disrespect to the political importance of the work of UN organs to recognize the legal difference between political resolutions and legally binding instruments", vgl. Bothe/Partsch/Solf, S.45, 46

3 BGBl 1973 II, S.505. Vgl. Berber, Lehrbuch, Bd.I, S.43; Seidl-Hohenveldern, 6.Aufl. 1987, Randziffer 467-475; Dahm/Delbrück/Wolfrum, Völkerrecht, Bd.I/1, S.57,59. Vgl. zum Erfordernis der dauernden und einheitlichen Übung den IGH im Asylum Case, ICJ Reports 1950, S.276

4 Kwakwa, S.31

betreffenden Vertragsbestimmung von ihrer Bedeutung her potentiell normsetzender Charakter zukommt und eine "widespread and representative participation" der Staaten bei der Anwendung dieser Bestimmung gegeben ist[1]. Gefordert ist also eine weitgehende Einheitlichkeit bei der Normanwendung, d.h. eine gleichermaßen ausgedehnte wie einheitliche Übung, an der gerade die besonders interessierten und betroffenen Staaten teilhaben müssen. Die möglicherweise kurze Dauer der Übung steht dann der Bildung von Völkergewohnheitsrecht nicht notwendigerweise im Wege[2]. Allerdings muß es sich um eine nicht nur sporadisch praktizierte Übung handeln. Sie ist dann einheitlich, wenn sich die Staaten in bestimmten klar definierten Situationen einheitlich verhalten[3].

In *subjektiver Hinsicht* bedarf es einer *"opinio iuris sive necessitatis"*, d.h. der Überzeugung, "...that this practise is rendered obligatory by the existence of a rule of law requiring it. ...The States concerned must therefore feel that they are conforming to what amounts to a legal obligation"[4]. Dieses Erfordernis wird bisweilen angezweifelt, da Staaten kein Rechtsbewußtsein haben könnten[5]. Dem ist entgegenzuhalten, daß eine Übung als schlichtes Faktum allein kein Gewohnheitsrecht tragen kann, wenn diese Übung nicht als Ausdruck einer rechtlichen Verpflichtung betrachtet werden kann[6].
Überträgt man diese Voraussetzungen auf Praxis und Rechtsüberzeugung der Staaten bei der Behandlung sogenannter nationaler Befreiungskriege im Rahmen der VN-GV, so ergeben sich Zweifel bereits hinsichtlich des subjektiven Elements. Zunächst mangelt es angesichts der beschriebenen häufigen Enthaltungen und Gegenstimmen zu den betreffenden Resolutionen an einer einheitlich ausgedrückten Rechtsüberzeugung. Darüber hinaus ist es möglich und sogar wahrscheinlich, daß manche Stimmabgaben für die einschlägigen Resolutionen lediglich "einer augenblicklichen politischen Opportunität entspringende Lippenbekenntnisse"[7] widerspiegeln. Schließlich wurde bereits darauf hingewiesen, daß die erwähnten Resolutionen der Generalversammlung in ihrer For-

---

1 Vgl. hierzu Penna, S.204,205 sowie ausführlich Cassese 1984, 58-68

2 So der IGH in dem Streit über den Nordsee-Festlandsockel, vgl. ICJ Reports 1969, S.41 ff(S.43).

3 Maaß, S.47

4 Vgl. den IGH in ICJ Reports 1969, S.44. Das Getragensein durch eine Rechtsüberzeugung unterscheidet die Norm des Völkergewohnheitsrechts von der bloßen Übung, vgl. den IGH im "Asylum"-Fall, ICJ Reports 1950, S.277. In der Lehre bestehen hinsichtlich des Erfordernisses eines subjektiven Elements teilweise auch andere Ansichten, hierzu Verdross/Simma, S.354; Dahm/Delbrück/Wolfrum, Völkerrecht, Bd.I/1, S.59 (bei FN 46)

5 Nachweise für diese Ansicht bei Verdross/Simma, 3.Aufl. 1984, S.354

6 Maaß, S.48

7 Dahm/Delbrück/Wolfrum, Völkerrecht, Bd.I/1, S.60

mulierung oftmals nicht erkennen lassen, ob sie sich auf die Rechtslage de lege lata oder de lege ferenda beziehen. Dies erschwert auch den Nachweis einer einheitlichen Übung. Aus diesem Umstand sowie aus der Tatsache, daß sich die einzelnen Resolutionen meist nicht spezifisch auf den Charakter der sogenannten Befreiungskriege an sich, sondern auf den Kombattantenstatus für "Freiheitskämpfer" beziehen[1], folgt, daß man in ihnen schwerlich den Ausdruck einer gefestigten Rechtsüberzeugung der Staaten über die Einordnung nationaler Befreiungskriege sehen kann.

Es bleibt zu untersuchen, ob sich der internationale Status nationaler Befreiungskriege aus einem entsprechenden Verhalten vor allem der davon besonders betroffenen Staaten ergibt. Mit Blick auf die einschlägige Praxis in den Konflikten in Algerien, Angola und Palästina kommt Koenig zu dem Ergebnis, daß die mit dem Befreiungskrieg konfrontierten Staaten gefangene Freiheitskämpfer allenfalls auf freiwilliger Basis wie Kriegsgefangene behandelten, nicht jedoch in dem Bewußtsein, hierzu rechtlich verpflichtet zu sein[2]. Auch im Falle Rhodesiens erklärte die Regierung Smith, es handele sich nur um einen Konflikt nach dem gemeinsamen Art.3 der vier Genfer Konventionen von 1949[3]. Insgesamt kann gesagt werden, daß betroffene Staaten nicht selten (keineswegs jedoch stets) in sog. nationalen Befreiungskriegen humanitäres Völkerrecht de facto angewandt haben, ohne hiermit jedoch eine rechtliche Verpflichtung zu verknüpfen. Nationale Befreiungsbewegungen waren hingegen eher zur Anwendung des humanitären Völkerrechts bereit, nicht zuletzt wegen der damit angestrebten internationalen Aufwertung des jeweiligen Konflikts[4]

Es ist nach dem gesagten daher nicht möglich, im Hinblick auf nationale Befreiungskriege von einer gefestigten Übung zu sprechen, auf deren Grundlage bereits vor der CDDH die Einordnung dieser bewaffneten Konflikte als "international" völkergewohnheitsrechtlich feststand[5].

---

1 Vgl. die Auflistung einschlägiger Resolutionen oben bei E.IV.4.a.aa.

2 Koenig, S.101-104. Vgl. auch Rosas, S.146 ff., S.160 ff. und S.207 ff. sowie Wilson, S.152-160 zu den genannten Konflikten.

3 Hess, S.131.

4 Vgl. auch Wilson, S.179

5 Vgl. Rajower, S. 60 sowie Verwey, S.81,82, unter besonderem Hinweis auf die Nichtratifikation der Zusatzprotokolle durch Staaten, die von nationalen Befreiungskriegen betroffen waren.

Wie noch zu zeigen sein wird[1], kann der internationale Charakter sogenannter nationaler Befreiungskriege auch nicht durch eine befreiungskriegsfreundliche Auslegung der Beitrittsvorschriften des gem. Art.2 GK'en abgesichert werden.

Dennoch bestehen die Autoren der Dritten Welt, ebenso wie ehemals die sozialistische Völkerrechtslehre, auf der Qualifizierung der nationalen Befreiungskriege als internationale bewaffnete Konflikte im Sinne des gemeinsamen Art.2 der Genfer Konventionen von 1949[2]. Diese -umstrittene- Ansicht entsprach auch derjenigen einer Anzahl von Staaten, die zu Beginn der CDDH einen entsprechenden Textvorschlag damit begründeten, der Text der ZP'e hätte mit der Beschreibung nationaler Befreiungskriege als internationale bewaffnete Konflikte lediglich zur Kenntnis zum nehmen bzw. nachzuvollziehen, was längst als Teil des allgemeinen Völkerrechts anzusehen sei[3]. Ein Autor führt aus: "La relation coloniale est internationale par excellence et un siècle de formalisme juridique ne parvient plus à occulter cette évidence"[4].

Solche eher beschwörend anmutenden Formeln ersetzen nicht die Prüfung, ob in der internationalen Praxis entsprechendes Gewohnheitsrecht entstanden ist

---

1 Vgl. dazu unten E.IV.4.b.

2 Toman, in Cassese 1975, S.369-375; Blischtschenko, in Festschrift Berber, S.78 ff.; Abi-Saab schreibt unter Hinweis auf die beschriebene Entwicklung in den VN: "By the beginning of the 1970ies, the evolution of law and practise had thus reached such a stage as to make it extremely difficult to continue to deny the international legal character of wars of national liberation", vgl. ders. in RdC 1979, S.374

3 Zu dieser Ansicht und den ersten Debatten bei der CDDH vgl. Bothe/Partsch/Solf, S.40 sowie auch Sandoz/Swinarski/Zimmermann RZ 97. Aus Sicht dieser Staaten ist nicht zu rechtfertigen, diese Kategorie internationaler bewaffneter Konflikte bei der Reform des humanitären Völkerrechts unberücksichtigt zu lassen. Die "Verbannung" nationaler Befreiungskriege in den Anwendungsbereich des ZP II verstoße gegen die gültige Rechtslage, vgl. Abi-Saab in RdC 1979, S.375, 376 und 378. Abi-Saab verweist dabei auch auf Stellungnahmen der Vertreter Ägyptens, Yugoslawiens und Norwegens. So begründete der Ägyptische Delegierte den Textvorschlag wie folgt: "...We are thus not asking the participants in the Conference to accept something new. We are just proposing to them to state explicitly in the field of humanitarian law what they have already accepted as existing and binding law within the framework of the United Nations and general international law", vgl. CDDH/I/SR 2, Ziff.10. Ciobanu weist auf die Selbstverständlichkeit hin, mit der diese Position vertreten wurde: "...the proper perspective of the problem.....was to place the body of international humanitarian law within the framework of general international law", vgl. ders.1979, S.410. Die Resolutionspraxis der VN, so wurde behauptet, sei "...strong evidence that general international law has recognized the international character of the armed conflicts between peoples from colonies and other non-self-governing territories, and the forces belonging to colonial powers, and international could not fail to reflect the consequences of such a recognition..", vgl. Ciobanu 1979, S.411

4 Salmon 1976, S.39, von diesem Autor gleichlautend wiederholt in Cassese 1979, S.69. Ähnlich auch Gasser zu Art.1(4) ZP I: "With this rule, Protocol I does not break major new ground; it has merely transferred into humanitarian law a concept that has been part of international law for some time", vgl. ders.1987, S.916

oder nicht. Diese Prüfung führt bezüglich des internationalen Charakters nationaler Befreiungskriege zu einem negativen Ergebnis[1]. Obwohl rechtlich zweifelhaft, hat jedoch die These vom internationalen Charakter antikolonialer Konflikte diesen eine erhebliche politische Legitimation verschafft, welche den Verfechtern dieser These vermutlich nicht weniger wichtig war als das Völkerrecht[2].

Bei alledem sollte nicht unerwähnt bleiben, daß bewaffnete Konflikte zur Durchsetzung des internen Aspekts des SBR (z.B. Sezession oder Kampf um die Regierungsgewalt in einem Staat) - von der Resolutionspraxis der VN-GV unberührt - nicht nur keinerlei internationale Aufwertung zuteil wurde, sondern durch die FRD ausdrücklich dem Grundsatz der territorialen Integrität und politischen Einheit nachgeordnet wurden[3] mit der humanitär-völkerrechtlichen Konsequenz, daß diese Auseinandersetzungen der bisherigen Rechtslage entsprechend den Charakter nicht-internationaler Konflikte behielten. Dieser Widerspruch wurde in der Literatur nicht übersehen, wobei teilweise die Hoffnung erkennbar wird, die "Trilogie" von Konflikten (d.h. klassische internationale Konflikte, internationale jedoch nicht zwischenstaatliche Konflikte sowie nicht-internationale Konflikte) werde eines Tages aufgehoben, indem das humanitäre Völkerrecht auch in bisher nicht internationalen bewaffneten Konflikten integral anwendbar werde[4].

Nach dem Gesagten hatte die Internationalisierung nationaler Befreiungskriege durch Art.1(4) ZP I konstitutive Wirkung und kann daher auch nur die Vertragsstaaten binden[5].

b) Sonderstellung nationaler Befreiungsbewegungen

Eines der wesentlichen Hindernisse für die Zubilligung des Kombattantenstatus an nationale Befreiungskämpfer bestand darin, daß diese keinem Kriegführenden im oben E.II.2.a. beschriebenen Sinne zugeordnet werden konnten. Es

---

1 Ebenso Gornig, S.18. Ablehnend gegenüber dieser "extreme position" auch Oeter 1989, S. 471

2 Dugard sieht eine ähnliche Wirkung der Diskussionen um die Frage der Erlaubtheit antikolonialer Gewaltanwendung zur Durchsetzung des Selbstbestimmungsrechts, vgl. ders. S.157

3 S.o. E.IV.1.b.bb.bbb.

4 So Salmon 1976, S.32

5 Zur Frage eines nach der CDDH entstandenen Gewohnheitsrechts vgl. unten G.II.2.a.

fehlte an dem durch den Begriff "zugehörig" in Art.4.A.2. III.GK ausgedrückten Rechtsband zwischen dem Einzelnen und einem Völkerrechtssubjekt[1]. Wollte man Befreiungskämpfern den Zugang zum humanitären Völkerrecht ermöglichen, so mußte diesen zunächst ein humanitär-völkerrechtlicher Status verschafft werden, der auch ihre Bindung an dieses Recht mit einbezog.

Veuthey geht hier - wie auch andere Autoren - einen einfachen Weg, indem er eine großzügige Auslegung des Begriffs "Konfliktpartei" vorschlägt und fordert, daß darunter auch eine nationale Befreiungsbewegung soll fallen können[2]. Die meisten Autoren wenden sich jedoch gegen die Ansicht, die nationale Befreiungsbewegung selbst könnte Partei eines bewaffneten Konflikts sein, da diese Rolle nur "Mächten" i.S.d. gem. Art.2 der GK'en von 1949 zukommen kann[3]. So versuchte 1960 die algerische FLN, im Jahre 1969 die PLO erfolglos, den Genfer Konventionen von 1949 durch Erklärung gegenüber der Schweizer Regierung als Depositar der Konventionen beizutreten[4]. Ebenso scheiterte der Versuch der PLO, bei der Istanbuler Rotkreuzkonferenz 1969 eigenständigen Beobachterstatus zu erlangen. In einer Vielzahl von Konflikten in den letzten Jahrzehnten erklärten - sich häufig als Befreiungsbewegung bezeichnende - nichtstaatliche Konfliktparteien, die Genfer Konventionen anwenden zu wollen[5]. Damit ist allerdings noch nicht die Frage beantwortet, ob diese Organisationen durch derartige Erklärungen auch wirksam den Konventionen beitreten konnten.

---

1 Hierzu oben D.II.1. und E.II.2.a.

2 Veuthey 1972, S.134. Ebenso Kwakwa: "Such a restricted reading of the Conventions serves no useful purpose", vgl. ders S.48. Kwakwa argumentiert damit, daß schon jetzt nicht nur Staaten "Mächte" i.S.d. gemeinsamen Art.2 GK'en werden können, so z.B. die Vereinten Nationen, als Kriegführende anerkannte Aufständische oder, wie Art.96(3) ZP I zeige, auch Nationale Befreiungsbewegungen. Der humanitäre Schutzzweck der Konventionen lege daher eine weite Auslegung des Begriffs "Mächte" im gemeinsamen Art.2 nahe, vgl. ders. S.48, 49. Abi-Saab schreibt zur Konfliktpartei im nationalen Befreiungskrieg: "In wars of national liberation, the party in question is the liberation movement itself", vgl. ders. 1972, S.110.

3 Vgl. Meron, S.60. Ebenso CDDH/I/SR.2, Par.25 (Draper) und CDDH/I/SR.3, Par.38 (Cassese) sowie Takemoto, S.258; Cassese unter Hinweis auf Entstehungsgeschichte und spätere Auslegung der GK'en: "It therefore seems plausible to argue that in 1949 the States gathered at Geneva neither took wars of national liberation into account nor envisaged the possibility for liberation movements to become a contradicting party to the *Conventions* or at any rate to be bound by them", vgl. ders. m.w.N. in Festschrift Pictet, S.316

4 In einem Brief vom 06.05.1969 erklärte der Präsidenten des palästinensischen Roten Halbmondes, Dr. Mahmoud Hizajy, gegenüber der Schweizer Regierung den förmlichen Beitritt der PLO zu den Genfer Konventionen und bittet um Information der Signatarstaaten. Die Schweizer Regierung kam diesem Wunsch nicht nach und ignorierte das Schreiben, vgl. hierzu Meron, S.60,61

5 Eine gute Übersicht bietet Detter de Lupis, S.155

Die Konventionen sehen für den Beitritt zwei Möglichkeiten vor:

1. Den formellen Beitritt

Der für alle 4 GK'en gleichlautende Artikel lautet:
"Vom Zeitpunkt seines Inkrafttretens an steht das vorliegende Abkommen jeder Macht zum Beitritt offen, in deren Namen es nicht unterzeichnet ist"[1].

2. Den ad hoc-Beitritt

Absatz 3 des gemeinsamen Art.2 GK'en sieht vor:
"Ist eine der am Konflikt beteiligten Mächte nicht Vertragspartei des vorliegenden Abkommens, so bleiben die Vertragsparteien in ihren gegenseitigen Beziehungen gleichwohl durch das Abkommen gebunden. Sie sind ferner durch das Abkommen auch gegenüber dieser Macht gebunden, wenn diese dessen Bestimmungen annimmt und anwendet"2.

Durch den ad hoc-Beitritt wird "Mächten", welche nicht Vertragspartei sind, die Möglichkeit gegeben, die Konventionen im Verhältnis zu einer Vertragspartei durch Annahme und Anwendung der Bestimmungen einseitig in Kraft zu setzen.

Die Problematik der Beitrittsbefugnis der nichtstaatlichen Konfliktpartei eines nationalen Befreiungskrieges zu den GK'en nach den o.g. Regeln liegt in dem Begriff "Mächte" begründet, mit dem im Völkerrecht regelmäßig Staaten und bezeichnet werden[3]. Dabei stellt sich zunächst die Frage, wer bei einem natio-

---

[1] Art. 60,61 I.GK; BGBl 1954 II, S.803
Art. 59,60 II.GK; BGBl 1954 II, S.830
Art.139,140 III.GK; BGBl 1954 II, S.891
Art.155,156 IV.GK, BGBl 1954 II, S.970

[2] Vgl. BGBl 1954 II, S.838 (III.GK)

[3] Abi-Saab in RdC 1979, S.400; Graham, S.47,48. De Breucker argumentiert mit der Verwendung des Begriffs "Macht" in Art.4.A.3. III.GK, der mit völliger Eindeutigkeit auf Staaten bezogen ist, vgl. ders.in Cassese (Proceedings) S.28. Auch bei der CDDH wurde von einigen Teilnehmern betont, daß mit dem Begriff "Mächte" im gemeinsamen Art.2 Abs.3 der Konventionen ausschließlich Staaten gemeint seien, vgl. Ciobanu 1979, S.408. Schindler weist allerdings darauf hin, daß der Begriff "Mächte" auch auf die VN anwendbar sein müsse, da diese kraft SVN Teilnehmer an einem bewaffneten Konflikt sein können. Gleiches müsse auch für Aufständische gelten, vgl. Schindler , in RdC 1979, S.130. Ob die von Schindler in Bezug auf Aufständische geäußerte Ansicht zutrifft, erscheint zweifelhaft, da sie vor ihrer Anerkennung keine zum Beitritt fähige "Mächte" sind, nach ihrer Anerkennung jedoch automatisch das internationale Konfliktsrecht an-

Für Abi-Saab folgt die Anwendbarkeit des Haager Rechts auf nationale Befreiungskriege automatisch aus deren vermeintlich feststehender Eigenschaft als "international", da die HLKO gewohnheitsrechtlich auf internationale bewaffnete Konflikte anwendbar ist[1]. Nimmt man an, daß auch den Konventionen völkergewohnheitsrechtlicher Charakter zukommt[2], so müßten auch diese ohne weiteres und unmittelbar, d.h. ohne jedes Beitrittserfordernis, auf nationale Befreiungskriege anwendbar sein.

Zwar trifft es zu, daß die HLKO und auch die Konventionen inzwischen zu Völkergewohnheitsrecht geworden sind, dabei stand jedoch das Bild des zwischenstaatlichen Konflikts Pate. Ob über den "traditionellen" Fall anerkannter Aufständischer hinaus eine völkergewohnheitsrechtliche Anwendbarkeit des Haager Rechts auf nichtstaatliche Konfliktparteien angenommen werden kann, erscheint eher fraglich, da die Einordnung nationaler Befreiungskriege als internationale bewaffnete Konflikte eben keineswegs unumstritten ist, s.o. Sie kann daher auch nur für die Vertragsparteien der - weiterhin von vielen Staaten nicht ratifizierten - ZP'e als völkerrechtlich feststehend bezeichnet werden. Es ist deshalb im Gegenteil eher davon auszugehen, daß, abgesehen vom Fall der Anerkennung Aufständischer als Kriegführende, die Anwendbarkeit des humanitären Völkerrechts in seiner Gesamtheit auf eine nichtstaatliche Konfliktpartei gerade nicht gewohnheitsrechtlich feststeht[3].
Im übrigen ist in diesem Zusammenhang auch letztlich die Frage des völkergewohnheitsrechtlichen Charakters der Konventionen nur von geringer Bedeutung[4]. Mangels gewohnheitsrechtlicher Bindung der nationalen Befreiungsbewegungen an das humanitäre Völkerrecht können diese nämlich nur durch Beitritt an dessen Vorschriften gebunden werden. Dabei können die bei der Darstellung des gem. Art.3 GK'en (E.I.4.) gegebenen Begründungen für die Bindung der Rebellen an diesen Artikel kein anderes Ergebnis tragen, da es den nationalen Befreiungsbewegungen nicht um Ingeltungsetzung der darin enthaltenen "Miniaturkonvention", sondern um die integrale Anwendbarkeit der Genfer Konventionen von 1949 auf die als "international" eingestuften Befreiungskriege ging.

---

1 Vgl. ders. in RdC 1979, S.399

2 Vgl. oben A.V.

3 Vgl. schon die dargestellten Schwierigkeiten, die Bindung der nichtstaatlichen Partei eines innerstaatlichen Konflikts an den gemeinsamen Art.3 oder - bei Anerkennung als Aufständische - an das humanitäre Völkerrecht insgesamt zu begründen, s.o. D.I. 2.a.bb. und E.I.4.

4 Vgl. hierzu oben A.V. Für Autoren wie Abi-Saab haben die GK'en keinen völkergewohnheitsrechtlichen Charakter und können daher auf nationale Befreiungskriege nur durch Beitritt anwendbar gemacht werden, vgl. ders. 1979, S.399 sowie 1972, S.103.

nalen Befreiungskrieg als Kriegführender oder "Belligerent" im oben E.II.2.a. bezeichneten Sinne anzusehen ist, da Träger des SBR das unter Kolonialherrschaft etc. stehende "Volk" ist[1], während die nationalen Befreiungsbewegungen allenfalls als ein dieses Volk vertretendes Organ gelten kann. Ähnlich ist Kriegführender im internationalen Konflikt der Staat, wohingegen die reguläre Armee dessen ausführendes Organ darstellt. Die in der Praxis immer wieder aufgetretene Situation einer Mehrzahl nebeneinander -teils auch gegeneinanderoperierender nationaler Befreiungsbewegungen macht die schwierige Bestimmbarkeit der Vertretungsberechtigung nationaler Befreiungsbewegungen für ein bestimmtes Volk deutlich. Andererseits nimmt das humanitäre Völkerrecht in Form des Instituts der Anerkennung Aufständischer als Kriegführende bestimmte faktische Zustände aus Gründen der Effektivität zumindest dann zur Kenntnis und knüpft daran bestimmte Rechtsfolgen, wenn diese Situation auch durch den (staatlichen) Konfliktgegner oder von dritter (staatlicher) Seite anerkannt wird. Dies spricht dafür, die nationale Befreiungsbewegung selbst als Konfliktpartei zu bezeichnen. Art.96(3) I.ZP enthält insoweit - zumindest für die Vertragsparteien der ZP'e- eine Klarstellung, indem er nationalen Befreiungsbewegungen nach einer dieser Vorschrift entsprechenden Erklärung den Status einer Konfliktpartei ausdrücklich zubilligt[2].

In der Literatur ist teilweise vertreten worden, nationale Befreiungsbewegungen stünden beide der o.g. Beitrittsmöglichkeiten (formell und ad hoc) zu den GK'en offen. Der Begriff der "Mächte", so wird argumentiert, werde nicht stets in einem nur Staaten umfassenden Sinne verwendet und müsse daher dem Zweck des humanitären Völkerrechts entsprechend weit ausgelegt werden[3]. Dabei wird u.a. ins Feld geführt, daß die Begriffe "Mächte" und "Hohe Vertragsparteien" praktisch gleichbedeutend seien, jedoch dem letztgenannten Begriff zweifelsfrei nicht nur Staaten, sondern auch Völkerrechtssubjekte wie der Heilige Stuhl oder das frühere Danzig unterfielen[4]. Der gemeinsame Art.2 Abs.3 der Konventionen gehe aus von einem "...caractère tout à fait formaliste de la notion de puissance"[5]. Es sei darüber hinaus nicht mehr als natürlich, daß sich der Gehalt

---

wendbar wird, ohne daß es noch eines Beitritts bedürfte, vgl. zur Anerkennung Aufständischer oben D.I.2.a.

1 S.o. E.IV.4.b bei Aufwertung nationaler Befreiungsbewegungen.

2 Text im Anhang

3 Abi-Saab in RdC 1979, S.400 sowie 1972, S.104. Sandoz/Swinarski/Zimmermann weisen darauf hin, daß diese Ansicht teilweise auch bei den Expertenkonferenzen zur Vorbereitung der CDDH (s.u. E.I.1.) vertreten wurde, vgl. ebd. RZ 90

4 Vgl. Salmon 1976, S.41

5 Salmon in Cassese (Proceedings) S.36

rechtlicher Begriffe mit der Zeit ändere[1]. Daß die Autoren des gem. Art.2 (3) 1949 antikoloniale Konflikte noch als innerstaatliche Auseinandersetzung und "Mächte" noch mit Staaten gleichgesetzt hätten, könne einer erweiterten Auslegung nicht im Wege stehen, da nach Art.31 WVK die Motive der Verfasser für die spätere Auslegung nicht entscheidend seien. Dagegen entspreche eine großzügige Auslegung der Beitrittsregelung dem humanitären Sinn und Zweck der Konventionen, ein nach Art.31 WVK bei der Auslegung durchaus zu berücksichtigender Faktor[2].

Andere Autoren berufen sich gerade auf die Verwendung des Begriffs "Mächte" anstatt "Hohe Vertragspartei" in Art.2 Abs.3 GK'en, um die Möglichkeit des ad hoc - Beitritts nichtstaatlicher Einheiten zu den Konventionen zu begründen[3]. Daß das humanitäre Völkerrecht in seiner Anwendung keineswegs auf Staaten beschränkt sei und auch die Möglichkeit seiner integralen Anwendung auf nichtstaatliche Konfliktparteien bestehe, zeige das Institut der Anerkennung Aufständischer. Die GK'en stünden somit einem Beitritt von nationalen Befreiungsbewegungen nicht grundsätzlich entgegen[4]. Die Beitrittsmöglichkeit könne auch nicht durch Vorbehalte und Einwände seitens der Vertragsstaaten der Konventionen und insbesondere des Konfliktgegners eingeschränkt oder behindert werden, da Ziel und Zweck der Konventionen eine möglichst weit gefaßte Anwendbarkeit entspreche. Diese Intention erweise sich auch darin, daß die GK'en als offene multilaterale Verträge absichtlich auf hohe Beitrittshürden verzichtet hätten. Insbesondere die Zubilligung des Kombattantenstatus an Mitglieder von Streitkräften, die sich zu einer von der Gewahrsamsmacht nicht anerkannten Autorität bekennen (s.o. E.III.3.a.cc.), belege, daß die GK'en auch dann Anwendung finden sollen, wenn eine Seite die gegnerische Konfliktpartei nicht anerkenne[5]. Art.4.A.3. III.GK könne problemlos so ausgelegt werden, daß die darin bezeichnete "...von der Gewahrsamsmacht nicht anerkannte Regierung

---

1 Salmon in Cassese (Proceedings) S.38

2 Schindler in RdC 1979, S.135: "...it does not seem out of question to regard a liberation movement as a "Power". Vgl. auch Abi-Saab 1972, S.104. Dieser Zweck werde überdeutlich in dem für nicht-internationale Konflikte vorgesehenen gemeinsamen Art.3 der Konventionen, der die Konfliktparteien ermuntert, auch bei diesem Konflikttyp das gesamte humanitäre Völkerrecht freiwillig zur Anwendung zu bringen. Abi-Saab sieht auch im Charakter der Konventionen als offene internationale Verträge sowie in Art.4.A.3. III.GK einen "drive towards universality", da dort die Konventionen auch in Konflikten zwischen einer Vertragspartei und einer von ihr nicht anerkannten Regierung anwendbar sind, vgl. ders. 1972, S.105.

3 "The distinction between parties *to the Conventions* and parties *in conflict* suggests the possibility of the existence of entities (irrespective of statehood) which are not parties to the Conventions, although they are parties in a conflict", vgl. Kwakwa, S.70

4 Abi-Saab in RdC 1979, S.401; vgl. auch ders. 1972, S.104

5 Vgl. Abi-Saab in RdC 1979, S.402

oder Autorität" auch Nationale Befreiungsbewegungen umfasse[1]. Aus den genannten Gründen stünde nationalen Befreiungsbewegungen der Beitritt zu den GK'en in beiden Formen offen. Allerdings müsse der ad hoc-Beitritt als die praktisch naheliegendere Alternative betrachtet werden, da er im Gegensatz zum förmlichen Beitritt nur für den jeweiligen Konflikt gelte und somit eher auf Akzeptanz rechnen könne. Für den ad hoc-Beitritt reiche letztlich die tatsächliche Anwendung der GK'en durch die nationale Befreiungsbewegung, da die Anwendung als Indiz für die im gem. Art.2 geforderte Annahme gelten müsse. Auf jeden Fall könne eine nationale Befreiungsbewegung den GK'en durch Abgabe einer einseitigen Erklärung ad hoc beitreten, selbst gegen den erklärten Widerstand des oder der Konfliktgegner oder einer anderen Vertragspartei der GK'en[2].

Die überwiegende Meinung in der Literatur verneint in dieser hochkontroversen Frage[3] dagegen die Möglichkeit eines Beitritts nationaler Befreiungsbewegungen zu den GK'en[4]. Rajower betont, daß die Frage nach dem Status von Befreiungsbewegungen einfach umgangen wird, wenn man diese als "Mächte" bezeichnet. Sandoz/Swinarski/Zimmermann m.w.N. zu den entsprechenden Ansichten bei den der CDDH vorausgehenden Treffen von Rotkreuz- und Regierungsexperten[5]. Auch Rubin sieht den Begriff "Mächte" gleichbedeutend mit Staaten, da Art.2 Abs.3 Satz 1 von Mächten spricht, die nicht Vertragspartei sind. Der Begriff setzt somit die Fähigkeit voraus, sich rechtlich an die Konventionen zu binden und diese auch tatsächlich zu erfüllen: "...there is no legal compulsion on any party to the Convention to acknowledge even that its antagonist in a bloody conflict is a 'Power'... Arguments based on possible looser interpretations of the word 'Powers' are not likely to be persuasive to governments reluctant recognition in any sense to rebel groups"[6].

---

1 Abi-Saab 1972, S.106. Da der internationale rechtliche Status der nationalen Befreiungsbewegung sich unmittelbar aus dem Völkerrecht ergebe, sei auch eine Anerkennung - selbst von seiten dritter Staaten - entbehrlich: "It can thus be concluded that the Geneva Conventions are open to belligerent entities with an international status. This status can emanate either from a recognition of belligerency or from international law itself as is the case of liberation movements", vgl. ebd.

2 Vgl. Abi-Saab in RdC 1979, S.403

3 Chadwick, S.7

4 Verwey, S.82,83; Graham, S.47; Detter de Lupis, S.159

5 Vgl. ebd. RZ 90

6 Vgl. Alfred P. Rubin, The Status of Rebels under Geneva Conventions of 1949, in The International and Comparative Law Quarterly, Bd.21 (1972), S.476. Auch Bothe wendet sich gegen die Möglichkeit eines ad hoc - Beitritts von Befreiungsbewegungen zu den Konventionen, vgl. ders. 1977, S. 595

Etwas anderes gilt allerdings dann, wenn die betreffende Bewegung erfolgreich war und einen neuen Staat oder zumindest eine stabilisierte de facto-Herrschaft konstituiert hat[1]. Danach läßt das Argument der möglichst weiten Auslegung aufgrund des humanitären Zwecks zunächst die auch oben E.I.4. beschriebene, restriktive Haltung der Staaten bei Ausarbeitung des gemeinsamen Art.3 GK'en außer Acht. Das Institut der Anerkennung Aufständischer taugt nach dieser Ansicht nicht als Gegenargument, da es seit dem Burenkrieg nicht mehr zur Anwendung gelangt sei und damit praktisch seine Existenzberechtigung verloren habe[2]. Auch die bisweilen behauptete Wirksamkeit des Beitritt der algerischen FLN zu den Konventionen im Jahre 1960 könne in diesem Zusammenhang kein Argument liefern [3]: Rosas führt aus, daß bis zum Beginn der CDDH noch keine nationale Befreiungsbewegung den Konventionen beigetreten war oder eine unzweideutige Beitrittserklärung nach dem gemeinsamen Art.2 Abs.3 gegeben hätte[4]. Ein anderer Autor schreibt: "To sum up, there is no convincing reason for believing that the Geneva Conventions intended to apply also to wars of national liberation. This view cannot but strain the text of the Conventions to make them cover something that in the intention of their framers should be governed only by common article 3"[5]. In einem weiteren Sinne geht es bei der Diskussion auch um die Frage, ob eine anhand zwischenzeitlich eingetretener Entwicklungen "aktualisierte" Interpretation einer Vertragsbestimmung dem klar anderslautenden Willen der Vertragsparteien vorgehen kann[6]. Unabhängig davon wird jedoch darauf hingewiesen, daß die Konventionen zumindest teilweise auf dem Konzept der Staatsangehörigkeit und des fremden Staatsgebiets beruhen, was diese ungeeignet macht für eine Anwendung auf nationale Befreiungskriege. Deshalb dürften die Konventionen in ihrer Anwendbarkeit nicht überdehnt werden[7].

---

1 Detter de Lupis nennt als Beispiel die 1974 erfolgte Beitrittserklärung Guinea-Bissaus, vgl. dies. S.154

2 Cassese in Cassese (Proceedings), S.26; vgl. zur weiteren Existenzberechtigung der Anerkennung Aufständischer aber oben D.I.2.a.aa.

3 Cassese verweist auf Vorbehalte der Schweiz als Depositar der Konventionen sowie auf die ablehnende Haltung Frankreichs gegenüber diesem Beitritt, vgl. ders. in Cassese (Proceedings), S.26

4 vgl. ders. S.265

5 Cassese in Cassese (Proceedings), S.27. De Breucker formuliert: "...il ne faut pas faire violence aux textes, et leur faire dire ce qu'ils ne disent pas", vgl. ebd. S.28

6 Cassese in Cassese (Proceedings) S.27, der darauf hinweist, daß die Wiener Vertragsrechtskonvention diese Frage unbeantwortet läßt.

7 Cassese in Cassese (Peoceedings) S.27,28

Ein weiteres Problem wurde bei den Diskussionen um die Beitrittsmöglichkeit für nationale Befreiungsbewegungen regelmäßig nicht diskutiert, nämlich die Frage, inwieweit die Konventionen überhaupt auf die Situation des Befreiungskrieges praktisch anwendbar sind[1]. Zwar dürften sich ähnliche Fragen stellen im Hinblick auf die integrale Anwendbarkeit auf anerkannte Aufständische, diese haben jedoch (als Anerkennungsvoraussetzung durch Drittstaaten) zuvor stets eine quasi-staatliche faktische Herrschaftsmacht erlangt, was bei nationalen Befreiungsbewegungen gerade nicht gefordert wurde.

Auch in der Situation des Widerstandes gegen eine Besatzungsmacht liegen die Dinge vielfach anders, da die Besatzungsmacht hier zumindest durch die Angehörigen eines fremden Staates bekämpft wird. Auch werden diese Situationen nicht von allen Vorschriften der Konventionen erfaßt, sondern nur von denjenigen, die in der Situation der kriegerischen Besetzung gelten. So enthält Teil II Abschnitt III der Zivilschutzkonvention spezielle Regelungen für besetzte Gebiete[2].

Die Forderung nach integraler Anwendbarkeit im nationalen Befreiungskrieg, gewissermaßen "vom ersten Schuß" an, zwingt zu einer Analyse Artikel für Artikel, welche Regeln in welcher Situation tatsächlich sinnvollerweise befolgt werden können[3]. Schließlich wurden in der Literatur auch aus grundsätzlichen Gesichtspunkten der Ordnung des völkerrechtlichen Verkehrs eine Beitrittsmöglichkeit für nationale Befreiungsbewegungen abgelehnt, da dem (eingeschränkten) "Staatenmonopol" des Völkerrechts durchaus "eine gewisse heilsame Ordnungsfunktion für die internationalen Beziehungen" zukomme. Der Unterschied zwischen Staat und Nichtstaat müsse bei der Ausdehnung der Geltung des Kriegsrechts auf nichtstaatliche Verbände klar bleiben. Eine Beitrittsmöglichkeit für nationale Befreiungsbewegungen zu den Konventionen und Protokollen in gleicher Weise wie Staaten sei daher äußerst bedenklich[4]. Zu beachten ist auch das Argument, daß die im VN-Rahmen den nationalen Befrei-

---

[1] Vgl. hierzu Baxter, in Harvard Journal, S.15,16 mit besonderem Hinweis auf einige, die fremde Staatsangehörigkeit ds Kriegsgefangenen betreffenden Regeln der III.GK (Art.87 und 102). Das Argument mangelnder praktischer Anwendbarkeit der Konventionen auf nationale Befreiungskriege wurde bei der CDDH immer wieder ins Feld geführt, vgl. dazu unten F.I.2.b.aa.aaa. und F.III.1.e.

[2] Vgl. BGBl 1954-II, S.933 (Art.47 ff.)

[3] Baxter, in Harvard Journal, S.15. Für diesen Autor müßten praktisch die gesamten Konventionen mit ihren mehr als 400 Artikeln auf ihre Vereinbarkeit mit der Situation nationaler Befreiungskriege hin untersucht werden.

[4] Dies Argumentation, der man eine gewisse Berechtigung nicht absprechen kann, findet sich bei Bothe 1976, S.200.

ungsbewegungen zugebilligte Position (vgl. oben E.IV.3.b.) keinen einem de facto-Regime auch nur ähnlichen Status beinhaltet, sondern sich lediglich auf den Beobachterstatus in verschiedenen Gremien beschränkte[1].

Die Schweiz als Depositar der Konventionen hat Beitrittsgesuche noch nicht anerkannter Staaten stets, diejenigen sonstiger nicht anerkannter Organisationen dann weitergeleitet, wenn die Staatsqualität zumindest nicht auszuschließen war. Betroffene Staaten haben zu keiner Zeit einen Beitritt (formell oder ad hoc) von nationalen Befreiungsbewegungen zu den Konventionen akzeptiert[2].

Jenseits der traditionellen Rechtsquellen wurde in der Literatur vereinzelt in den VN-Resolutionen und verschiedenen weiteren Elementen ein humanitär-völkerrechtlicher Verdichtungsprozeß gesehen, der Maßstäbe für eine veränderte Auslegung des Begriffs "Mächte" in der Beitrittsregelung des gem. Art.2 GK'en enthalte. Es hätten sich nämlich seit 1949 rechtsnormativ unterschiedlich verdichtete Komponenten gebildet, die als Maßstab für eine mögliche Überwindung der ursprünglich restriktiven Beitrittsvorschriften gelten könnten[3].
Abgesehen davon, daß auch Vertreter dieser Auffassung die Möglichkeit einer Internationalisierung nationaler Befreiungskriege qua Beitritt dem gem. Art.2 GK'en nicht als gesichert betrachten, erscheint diese Ansicht aus mehrerlei Gründen nicht unproblematisch. Zum einen läuft man leicht Gefahr etwas herbeizusubsumieren, das dem Willen der Verfasser der GK'en selbst bei Anerkennung des dynamischen Charakters mancher ihrer Vorschriften einfach nicht entspricht und über das auch später zwischen den Vertragsstaaten kein wirklicher Konsens bestand. Zum anderen kann kaum als befriedigend angesehen werden, durch die Entwicklung derartiger Standards zu völkerrechtlichen Ergebnissen zu gelangen, die sich unter Heranziehung der konsensgetragenen und anerkannten Rechtsquellen des Völkerrechts nicht rechtfertigen lassen.

---

1 Koenig, S.58

2 Koenig, S.55,56 sowie S.61

3 Vgl. Koenig S.110-117. Dieser sieht in Art.1(4) ZP I ein humanitär-völkerrechtliches Anliegen verwirklicht, das durch "Zusammenwirken von neuen (Interpretations-) Standards auf der einen und dem Geist und Buchstaben der Genfer Konventionen von 1949 auf der anderen Seite" untermauert werden könne, vgl. ders. S.111. Die Beitrittsregelung des gem. Art.2 sei zu verbinden mit den einschlägigen Resolutionen der VN-Generalversammlung, sowie u.a. den Erklärungen der Teheraner Menschenrechts-Konferenz 1968 und der Istanbuler Rotkreuzkonferenz 1969 (vgl. hierzu unten F.I.1.). Dabei handele es sich um Komponenten unterschiedlicher rechtsnormativer Verdichtung. Rechtlich verbindliche Normen, d.h. der gem. Art.2 GK'en, verbänden sich mit rechtlich unverbindlichen -jedoch rechtsnormativ unterschiedlich verdichteten- Normen zu einem Kombinationsstandard, dessen Vorteil in seiner Nähe zu faktischen sozialen Gegebenheiten bestehe.

Die Internationalisierung nationaler Befreiungskriege über die Beitrittsregelung des gemeinsamen Art.2 GK'en zu ermöglichen, scheint auch im Widerspruch zu stehen zu der in Art.96(3) ZP I enthaltenen Beitrittsregelung, die gegenüber anderen Formen des Beitritts als lex specialis zu betrachten ist. Wäre daneben auch der einfache Beitritt gem. Art.2 (3) ZP I oder dem nahezu gleichlautenden Art. 96 (2) ZP I möglich, so ergäbe diese Vorschrift letztlich keinen Sinn[1].

Das hier diskutierte Problem ist mit Verabschiedung der ZP'e nicht etwa obsolet geworden: zum einen ist bis heute eine nicht unwesentliche Zahl gerade der militärisch bedeutenden Staaten den Protokollen nicht beigetreten, zum anderen wird teilweise weiterhin vertreten, daß einer nationalen Befreiungsbewegung, die gegen eine Vertragspartei der ZP'e kämpft, neben der Beitrittsmöglichkeit des Art.96(3) ZP I zusätzlich und parallel die Möglichkeit eines Beitritts zu den Konventionen und Protokollen offensteht[2].

c) Kombattantenstatus bzw. Kombattantenbehandlung für "nationale Befreiungskämpfer"

Autoren, für die der Charakter nationaler Befreiungskriege als internationale bewaffnete Konflikte bereits vor der CDDH als erwiesen gilt, vertreten konsequenterweise die Auffassung, daß auch der Kombattantenstatus der Kämpfer bereits vor der CDDH unmittelbar durch Art.4.A.2. III.GK garantiert war[3]. Ohne sich mit der Frage aufzuhalten, inwieweit nationale Befreiungsbewegungen als "Widerstandsbewegungen" i.S.v. Art.4.A.2. III.GK gelten können[4], wird damit argumentiert, daß das um sein SBR kämpfende und mit begrenzter Völkerrechtssubjektivität ausgestattete "Volk" die von Art.4.A.2. III.GK geforderte Eigenschaft einer Konfliktpartei besitzt, welcher die nationale Befreiungsbewegung zugehört[5]. Diese Argumentation steht allerdings im Widerspruch zu der im Zusammenhang mit der Beitrittsmöglichkeit von nationalen Befreiungsbewegungen zu den Konventionen und durch Art.96(3) ZP I bestätigten These, wonach die nationale Befreiungsbewegung selbst als Konfliktpartei anzusehen sei. Wenn aber das Volk Konfliktpartei ist, kann folgerichtig auch nur dieses,

[1] Vgl. dazu unten F.III.1.c.

[2] Vgl. dazu unten F.III.1.c.

[3] Vgl. Abi-Saab in RdC 1979, S.419 ff.; ähnlich Rubin 1983, S.233

[4] Wie oben E.II.4.c. dargestellt, sind darunter Organisationen zu verstehen, die einem Staat als Konfliktpartei "zugehören", der zumindest teilweise von einer *occupatio bellica* betroffen ist.

[5] Die Ansicht einer begrenzten Völkerrechtssubjektivität des um sein SBR kämpfenden Volkes vertritt Rosas, S.271

nicht jedoch die nationale Befreiungsbewegung den Konventionen beitreten. Sieht man in den nationalen Befreiungsbewegungen nur Vertreter des Volkes, so stellen sich, zumal bei Vorhandensein mehrerer nationaler Befreiungsbewegungen, schwierige und letztlich nicht befriedigend lösbare Fragen der Vertretungsberechtigung[1].

Unter den Voraussetzungen des Kombattantenstatus von Widerstandskämpfern gem. Art.4.A.2. III.GK ist also zunächst die Frage der "Zugehörigkeit" der nationalen Befreiungsbewegung zu einem Kriegführenden problematisch bzw. unklar. Von den sonstigen Voraussetzungen des Art.4.A.2. GK'en werden nationale Befreiungsbewegungen zwar häufig den für Widerstandsbewegungen erforderlichen Organisationsgrad[2] erreichen, zweifelhaft ist aber, ob sie das Merkmal der "Verantwortlichkeit" erfüllen und die geforderte verantwortliche Person an ihrer Spitze haben können[3]. Die von Art.4.A.2. III.GK geforderte Einhaltung der Gesetze und Gebräuche des Krieges wird bei nationalen Befreiungsbewegungen und ihren Kämpfern zwar als schwierig, jedoch nicht als unmöglich angesehen: je mehr diese Regelungen im übrigen den Bedürfnissen der Guerillataktik angepaßt würden, desto eher könne auch ihre Einhaltung durch die nationalen Befreiungsbewegungen erwartet werden[4]. Im Zusammenhang mit den "Offenheitskriterien" wird eingeräumt, daß diese der Anwendung der GK'en auf die meist mit Guerillamethoden vorgehenden nationalen Befreiungskämpfer am ehesten im Wege stehen. Über dieses "Problem" half man sich jedoch mit Hilfe einer sehr großzügigen Auslegung dieser Bestimmung hinweg[5]. Abi-Saab befürwortet eine solche Auslegung vor dem Hintergrund neuerer Entwicklungen im Völkerrecht und bezeichnet die Kombattantenvorschrift als besonders geeignetes Beispiel für die Möglichkeiten eines großzügigen Auslegung: "This interpretation considers the liberation movement itself as a party to the conflict and requires only that conditions a and d (gemeint sind Buchstabe a. und d. des Art.4.A.2. III.GK, Anm. des Verf.) be fulfilled by the movement for

---

1 Diese Debatten wurden auch im Rahmen der CDDH bei den Beratungen über den Art.96(3) ZP I geführt, vgl. unten F.F.III.1.c.

2 Wie oben E.II.4.b.und c. dargelegt, handelt es sich hierbei um eine an militärischer Organisation (Disziplin, Hierarchie, Verantwortung) orientierte Voraussetzung. Weiter erforderlich ist die organschaftliche Verbindung zu einem konfliktbeteiligten Staat (für Milizen und Freiwilligenkorps äußerstenfalls denkbar auch gegenüber anerkannten Aufständischen, s.o. ebd.)

3 Vgl. auch hierzu oben E.II.4.b.

4 Abi-Saab in RdC 1979, S.420. Hierin zeigt sich das Bestreben, das humanitäre Völkerrecht den von ihm zunächst nicht erfaßten Sachverhalten anzupassen. Diesem Ziel hatte sich letztlich die Frage unterzuordnen, ob sich das humanitäre Völkerrecht im Lichte seiner wesentlichen Grundsätze auf diese Tatbestände überhaupt ausdehnen ließ.

5 Vgl. zur Auslegung des Offenheitsgrundsatzes oben E.II.4.b.

the freedom fighters belonging to it to acquire the status of privileged combatants"[1].

Abgesehen von diesen wenig überzeugenden[2] Versuchen, für nationale Befreiungskämpfer durch großzügigste Auslegung der einschlägigen Konventionsvorschriften einen Kombattantenstatus "herbeizusubsumieren", wurde von Verfechtern der nationalen Befreiungskriege der Kombattantenstatus nationaler Befreiungskämpfer ohne nähere Auseinandersetzung mit dessen Voraussetzungen nach den GK'en damit begründet, daß die Resolutionspraxis der VN eine neue Rechtslage geschaffen habe.

Ziel der Bestrebungen war laut Meyrowitz, daß eigentlich illegalen Kombattanten (keine Zugehörigkeit zu einem kriegführenden Staat) dennoch der Status legaler Kombattanten zuteil wurde. Dieser Status wiederum sollte zusätzlich den rechtlichen "Makel" der nationalen Befreiungsbewegungen heilen, selbst nicht als Kriegführender im oben E.II.2.a. beschriebenen Sinne gelten zu können[3]. Eine Reihe von GA-Resolutionen bestätigt, daß Teilnehmer an bestimmten Auseinandersetzungen als Kriegsgefangene zu behandeln sind[4], ohne hierbei auf die schwierige Frage der Bindung des Kämpfers an einen "Kriegführenden" einzugehen. Wichtiger als die Begründung war offenbar das Ergebnis. Zu beto-

---

1 Abi-Saab 1972, S.117

2 Koenig bezeichnet die Ansätze der III. Genfer Konvention zur Regelung des Kriegsgefangenenstatus in nationalen Befreiungskriegen zu Recht als "inadäquat", vgl. ders. S.69

3 Vgl. Meyrowitz 1973, S.885

4 Resolutionen 2383 (XXIII) v. 07.11.1968 betr. Südrhodesien, 2395 (XXIII) v. 29.12.1968 betr. die Lage in Angola, 2396 (XXIII) v. 02.12.1968 betr. Südafrika, 2446 (XXIII) allg. bezogen auf Rassendiskriminierung und besonders die damalige Lage in Südafrika, sowie 2506, 2508 (XXIV) v. 21.11.1969, 2547 (XXIV) v. 11.12.1969, 2652 (XXV) v. 03.12.1970, 2678 (XXV) v. 09.12.1970, 2707 (XXV) v. 14.12.1970, 1795 (XXVI) v. 10.12.1971, 2871 (XXVI) v. 20.12.1971, 2852 (Meyrowitz 1973, S.894 sowie Meron; S.52), vgl. auch die Aufzählung von Resolutionen oben unter E.IV.4.a.aa. Es handelt sich meist um die Formel wonach "die Widerstandskämpfer und Freiheitskämpfer im südlichen Afrika und in Gebieten unter Kolonial- und Fremdherrschaft und in besetzten Gebieten, die für ihre Befreiung und Selbstbestimmung kämpfen, im Falle ihrer Gefangennahme als Kriegsgefangene entsprechend (frz. Version: 'être traités comme', vgl. Meyrowitz 1973, S. 894) der Grundsätze der Haager Konvention von 1907 und der Genfer Konventionen von 1949 behandelt werden müssen", vgl. Seidl-Hohenveldern 1973, S.81.
Rosas schreibt zu den einschlägigen Resolutionen der VN-GA: "Although these resolutions, if viewed as a whole, are not free from inconsistency and ambiguity, they generally seem to be based on the idea that the struggles which they refer to are of an international nature for the purpose of the application of the Geneva Conventions.", vgl. ders. S.265. Die Kritik der mangelnden Eindeutigkeit bezieht sich dabei u.a. auf die Frage direkter oder entsprechender Anwendung sowie den Umfang der Anwendbarkeit der Konventionen auf diese Konflikte (teilweise ist von Anwendung in toto die Rede, teilweise wird nur auf die III.GK Bezug genommen, teilweise auf die III. und IV. konvention, jedoch niemals auf die I. und II. Konvention)

nen ist, daß es dabei die Initiatoren dieser Resolutionen keineswegs allein den humanitären Schutz der Befreiungskämpfer im Auge hatten, sondern mindestens ebenso die internationale Aufwertung der betreffenden Bewegungen [1].

Wie in diesem Abschnitt bereits dargelegt, rechtfertigt die Verabschiedung der genannten Resolutionen nicht die Annahme eines insoweit bereits entstandenen Völkergewohnheitsrechts. Auch auf das Zustandekommen hoher Zustimmungsraten durch das Konsensverfahren und das Zögern vieler Staaten, sich durch eine Gegenstimme außerhalb des "Mainstream" zu begeben, wurde bereits hingewiesen[2]. Die allgemein hohe Zustimmungsrate der Staaten insbesondere zur der insoweit grundlegenden Freiheitskämpfer-Resolution 2852 erklärt sich aber auch durch ihre inhaltliche Zweideutigkeit in Bezug auf die von Freiheitskämpfern für die Erlangung des Kriegsgefangenenstatus zu erfüllenden Bedingungen[3]. In der oben E.IV.4.a.aa. erwähnten Resolution 3103 (XXVIII) v. 12.12.1973 wird unter Ziff.3 gefordert, die Rechtsstellung von Kombattanten nach den GK'en auf Personen anzuwenden, die gegen koloniale und fremde Beherrschung und gegen Rassismus kämpfen. Nach Ziff.4 soll ihnen bei Gefangennahme der Status von KG'en zugebilligt werden[4]. Die (später durch das ZP I weitgehend erfüllten) Forderungen nach Zubilligung des Kombattantenstatus an sog. Freiheitskämpfer wurden in der Literatur teilweise als deutlicher Ausdruck der bellum iustum-Theorie betrachtet, da diese Forderungen allein mit dem Kampf für eine gerechte Sache begründet wurden. Dies stehe in Widerspruch zu einem elementaren Grundsatz des humanitären Völkerrechts[5].

Dem entspricht, daß allenfalls am Rande davon die Rede ist, Freiheitskämpfern für die Erlangung des Kombattantenstatus bestimmte Bedingungen aufzuerle-

---

[1] Hierauf weist z.B. Rosas hin: "...the General Assembly has wanted to emphasize a certain status and legitimacy for the entities waging the struggles as well", vgl. ders. S.266

[2] S.o. E.IV.4.a.cc.

[3] Res. 2852 (XXVI) v. 20.12.1971, angenommen mit 110:01:05 Stimmen, vgl. oben E.IV.4.a.aa. Die in ihr enthaltene Aufforderung, daß Freiheitskämpfer "entsprechend der Grundsätze der Haager Konventionen von 1907 und der Genfer Konventionen von 1949 behandelt werden müssen", läßt zumindest die Deutung zu, daß nur solche Freiheitskämpfer in den Genuß des Kombattantenstatus gelangen können, die sich an die Voraussetzungen des Art.4.A.2. III.GK gehalten haben, vgl. Seidl-Hohenveldern 1973, S.82. Daß dies die Staatenmehrheit anders sah, kann allerdings vermutet werden, da der sog. "Befreiungskampf" oftmals nur bei Verletzung der vorgenannten Normen überhaupt Aussicht auf Erfolg zu haben schien.

[4] Vgl. auch Text im Anhang, zum Abstimmungsverhalten Salmon 1976, S.34

[5] Kalshoven 1977, S.122. Meyrowitz sieht diese Forderungen in der Tradition der bei den Haager Friedenskonferenzen vorgetragenen Wünsche kleiner Staaten, aus deren Sicht ebenfalls der Widerstand gegen eine Besatzungsmacht als solcher den Kombattantenstatus der Widerstandskämpfer begründen konnte, vgl. ders. 1973, S.891

gen. Meist nur in allgemeiner Form ist die Rede von "Einhaltung der Gesetze und Gebräuche des Krieges". Zu bedenken ist auch folgendes: wenn man den nationalen Befreiungsbewegungen die Stellung einer Konfliktpartei (eines Kriegführenden) zubilligt, so müßten sie dadurch eigentlich das Recht erhalten, die in ihrem Machtbereich befindlichen Personen zum Dienst mit der Waffe heranzuziehen und der von ihr effektiv beherrschten Bevölkerung alle Zwänge aufzuerlegen, die ein Belligerent im Kriege seinen Untertanen auferlegen darf[1]. Diese an sich logische Konsequenz wird jedoch nicht diskutiert.

Die These, wonach die Eigenschaft nationaler Befreiungsbewegungen als Konfliktpartei schon Teil des positiven Rechts geworden sei, steht auch im Widerspruch zu hierzu von den Staaten geäußerten Ansichten im Rahmen der Vorbereitungen der CDDH[2]. Die Diskussionen über dieses Thema blieben jedoch bis zur CDDH intensiv und äußerst kontrovers[3]. So stieß ein Vorschlag des algerischen Roten Halbmondes, Angehörige von nationalen Befreiungsbewegungen und insbesondere der PLO und der angolanischen MPLA als Kriegsgefangene nach den GK'en zu behandeln, im Kreise der vertretenen Delegationen unmittelbar auf breiten Widerstand[4]. Die schließlich von der Konferenz mit 50:31:19 Stimmen angenommene Resolution enthielt die Forderung, Kombattanten und

---

1 Meyrowitz 1973, S.891

2 Meyrowitz verweist auf einen syrischen Vorschlag zur Zubilligung des Kombattantenstatus an nationale Freiheitskämpfer, der bei der zweiten Konferenz der Regierungsexperten 1972 klar zurückgewiesen wurde, vgl. ders. 1973, S.908.

3 Veuthey schlägt aus humanitären Gründen vor, Guerilleros eine Kombattanten analoge Behandlung zukommen zu lassen und ihnen bei Nichterfüllung der Voraussetzungen der III. GK zumindest die Rechte nach dem gem. Art.3 zu garantieren, vgl. ders. 1972, S.135.
Gerade hierin sieht Doehring die Gefahr einer unbeschränkten Eskalation der Gewalt und schreibt: "Es ist aber auch leicht zu erkennen, daß diese sogenannten humanitären Bestrebungen letztlich im bisher "gehegten" Krieg geradezu unbekannte Brutalitäten nach sich ziehen könnten." Er begründet dies mit der Gefahr, daß reguläre Soldaten, die es mit "Befreiungskämpfern" zu tun bekommen, welche die Regeln der GK zum Kombattantenstatus nicht einhalten, sich vermutlich zu unterschiedsloser Gewaltanwendung genötigt sehen, vgl. ders. in Festschrift Berber, S.145. Auf diese Gefahr wurde oben im Kapitel über die Guerillakriegführung bereits hingewiesen.
Für Bindschedler ist schon Art.4.A.2. III.GK das Äußerste dessen, was zugestanden werden kann, ohne die Unterscheidung zwischen Zivilbevölkerung und bewaffneten Kräften völlig zu verwischen, vgl. ders. in Festschrift Verdross, S.66.
Das IKRK vertrat bei der oben F.I.1.a. erwähnten Istanbul-Konferenz 1969 die Auffassung, daß es in der Praxis wohl unrealistisch sei zu verlangen, solchen Personen den Schutz der Genfer Regeln zuteil werden lassen (gemeint ist der Kombattantenstatus), die diese Regeln zuvor bei ihrem eigenen Vorgehen völlig mißachtet haben, vgl. Meron, S.67.

4 Meron sieht in dem algerischen Vorstoß insbesondere eine Verletzung der Statuten des IKRK, nach deren Art.II Ziff.5 eine Rotkreuz-Konferenz nicht befugt war, politische Fragen zu behandeln oder als Forum für politische Debatten zu dienen. Damit sei eine lange Tradition des IKRK verletzt worden, im Rahmen dieser Organisation nur allgemeine Prinzipien, nicht jedoch politische Einzelfragen zu diskutieren, vgl. Meron S.75.

Angehörigen von Widerstandsbewegungen in nicht-internationalen Konflikten nicht den *Status*, jedoch eine *ähnliche Behandlung* zukommen zu lassen wie den in Art.4 A 2 III.GK genannten Personen, sofern sie die Voraussetzungen des Art.4 erfüllen[1].

Es hat nicht an warnenden Stimmen gefehlt, welche auf die Gefahren hingewiesen haben, die eine meist vor allem politisch motivierte und voraussetzungslose Erklärung nationaler Befreiungskämpfer zu Kriegsgefangenen für die Zivilbevölkerung mit sich bringt[2]. Vor allem westliche Autoren betonten, jede Diskriminierung im Kriegsrecht sei ein Unding, das zwangsläufig zu einem barbarischen Wettbewerb in Unmenschlichkeit führen müsse[3]. Bedenken richteten sich auch auf die begriffliche Unklarheit, welche dazu führen könne, daß jeder mißliebige Staat von seinen Gegnern als "kolonial" und "postkolonial" beschrieben werde [4].

Zusammenfassend kann daher auch für den Bereich des Kombattantenstatus für nationale Befreiungskämpfer gesagt werden, daß dieser zu Beginn der CDDH keineswegs bereits völkerrechtlich feststand[5].

---

1 Dieses Ergebnis entsprach den auf rein humanitären Erwägungen basierenden Vorstellungen des IKRK, vgl. Sandoz/Swinarski/Zimmermann, RZ 91. Das Erfordernis der Einhaltung der in Art.4.III.GK enthaltenen Bedingungen bezieht sich offenbar auf die in Art.4.A.2. a) - d) festgelegten Kriterien. Auch wenn diese Regelung gegenüber dem gemeinsamen Art.3 GK für Kämpfer einen Fortschritt bedeutet, ist damit für Guerillakämpfer und ihre spezifische Taktik noch nicht viel gewonnen, vgl. oben E.III.2. und 3. Dies war aber gerade eines der großen Ziele der Bemühungen um eine Verbesserung der humanitär-völkerrechtlichen Stellung von Kämpfern in sog. Nationalen Befreiungskriegen.

2 Bindschedler warnt davor, Regeln aufzustellen, die in der Praxis nicht befolgt würden dies ist wohl bei den ZP geschehen). Grundsätze des geltenden Kriegsrechts stellen das Optimum dar. Wer nicht schrankenlose Gewaltanwendung für zulässig erklären will, muß sich damit begnügen, die Grundsätze des geltenden Kriegsrechts zu bestätigen, klarer zu fassen und zu präzisieren, vgl. ders.1971, S.69.

3 Seidl-Hohenveldern 1973, S.85

4 Seidl-Hohenveldern 1973, S.85

5 Kalshoven schrieb schon 1977 in Bezug auf die Regelungen der Art.43 und 44 ZP I, daß diese keinesfalls präexistentes VGR bestätigen und daher nur und ausschließlich für solche Staaten bindend sein können, welche ZP I ratifiziert haben., vgl. ders.1977, S.133

F. Sachliche und persönliche Anwendbarkeit gemäß den Zusatzprotokollen von 1977 zu den Genfer Konventionen von 1949

I. Vorgeschichte und Verlauf der Konferenz (CDDH)

1. Vorgeschichte

Durch die vorstehende Beschreibung des Phänomens der nationalen Befreiungskriege und die sich aus ihm speisenden Forderungen nach einer entsprechenden Änderung des humanitären Völkerrechts ist bereits eine wesentliche Triebkraft für das Zustandekommen der CDDH beschrieben worden. Dabei darf allerdings nicht übersehen werden, daß zunächst auch ganz losgelöst von dem speziellen Problem der Befreiungskriege seit 1949 vermehrt auch solche Stimmen laut wurden, denen es - humanitär inspiriert - lediglich um eine Anpassung des humanitären Völkerrechts an geänderte Konfliktrealitäten ging. Zu diesen Realitäten gehörten seit dem II. Weltkrieg der starke Anstieg ziviler Opfer, die zunehmende Häufigkeit nicht-internationaler Konflikte, häufige äußere Interventionen in solche Konflikte und nicht zuletzt auch die nationalen Befreiungskriege, in denen die Guerillakriegführung eine zentrale Rolle spielte[1]. Dabei wird die in diesen Konflikten zur Anwendung gelangte Guerillakampfführung völlig zu Unrecht immer wieder als zuvor nicht dagewesen und "revolutionär" bezeichnet[2]. Anliegen vieler CDDH-Teilnehmer war daher durchaus eine vorsichtige Erneuerung der bestehenden humanitär-völkerrechtlichen Regelungen.

Dabei ging es u.a. um die große Zahl junger Staaten, welche an der Formulierung der Regeln des humanitären Völkerrechts nicht hatten mitwirken können[3], aber auch um die seit den Haager Abkommen um die Jahrhundertwende nicht mehr erfolgte Anpassung der Regeln des sog. "Haager Rechts". Angesichts der

---

1 L.C. Green 1977, S.8; Schindler in RdC 1979, S.126: Bagley, S.441,442; Herczegh, S.96 ff. Koenig weist darauf hin, daß der gemeinsame Art.3 GK'en, "das passende humanitäre Regime für die meisten Befreiungskriege nach 1949", auf diese Konflikte leider nicht angewandt wurde, vgl. ders. S.51. Gornig nennt als Gründe für die geänderte Konfliktwirklichkeiten die waffentechnische Entwicklung, die Ideologisierung der internationalen Beziehungen sowie - angesichts der atomaren Bedrohung - die Verlagerung der Konflikte auf den innerstaatlichen Bereich, vgl. ders. S.19

2 Vgl. z.B. Kussbach 1983, S.389,390. Daß diese Aussage keinesfalls zutrifft, wurde oben E.III.2.a. dargelegt

3 Hatten an der Brüsseler Konferenz 1874 noch lediglich 13 Staaten teilgenommen, so waren es bei der ersten Sitzungsphase der CDDH nicht weniger als 125 Staaten, vgl. Cassese, in Cassese 1979, S.462. Das Argument der mangelnden Mitwirkungsmöglichkeit an der Rechtslage de lege lata richtete sich besonders auf die als unzureichend empfundene Rechtsstellung der Guerillakämpfer, vgl. oben E.III.4.

großen Bedrohung der Zivilbevölkerung richtete sich die Aufmerksamkeit des IKRK zunächst auf das Problem der Nuklearwaffen[1]. Darüber hinaus ging es um den Schutz der Zivilbevölkerung in Zeiten neuer Waffensysteme und Kriegführungsmethoden sowie um Verbesserungen bei der Durchsetzung des humanitären Völkerrechts[2]. Schließlich war unübersehbar geworden, daß das im wesentlichen an die Situation des internationalen Konflikts gebundene humanitäre Völkerrecht keine adäquate Antwort bereithielt auf die starke Verlagerung der Konfliktrealitäten hin zu nicht-internationalen Konflikten: Von der Möglichkeit der Anerkennung Aufständischer als Kriegführende wurde seitens der Staaten selbst bei Vorliegen von deren Voraussetzungen[3] kaum Gebrauch gemacht und der gemeinsame Art.3 GK'en konnte wegen seiner Minimalregelungen auch nur als schwache Abhilfe gelten, ebenso wie die bisweilen erfolgte Beachtung humanitärer Standards auf freiwilliger Basis[4].

Bereits Mitte der fünfziger Jahre hatte das IKRK, allerdings erfolglos, Bemühungen unternommen, die Genfer Konventionen im Hinblick auf bestimmte Kampfmethoden zu ergänzen/anzupassen[5], wobei im Zeichen atomarer Waffen der Schutz der Zivilbevölkerung gegen die unterschiedslose Kriegführung im Vordergrund stand. Als das "Gleichgewicht des Schreckens" den atomaren Krieg unwahrscheinlicher werden ließ, rückten - kaum überraschend - vor allem zwei Tatsachen in das Zentrum der Aufmerksamkeit: die große Zahl nicht-internationaler, jedoch oft unter Einsatz neuer und zerstörerischer konventioneller Waffen geführten Konflikte sowie die Zunahme der Guerilla-

[1] So erfolgte 1950 ein Appel an die Unterzeichnerstaaten der Konventionen, sich auf ein Abkommen zum Verbot atomarer Waffen zu einigen, vgl. Kalshoven 1971, S.69

[2] Roberts, S.120. Cassese nennt Guerillakrieg, die Zunahme nicht-internationaler Konflikte seit dem II. Weltkrieg sowie die Ineffizienz der bestehenden Durchsetzungsmechanismen, vgl. ders., in Cassese 1979, S.462. Angesichts der Existenz von Guerillaauseinandersetzungen seit unvordenklicher Zeit ist cassese jedoch kaum darin zuzustimmen, wenn er von einer "emergence of guerilla warfare" seit dem II. Weltkrieg spricht, vgl. ders. S.471

[3] Vgl. dazu oben D.I.2.a.

[4] Vgl. Bothe 1976, S.198, 199, der im gemeinsamen Art.3 nur einige "lakonische Grundsätze" verwirklicht sieht, "die etwas gehobenen humanitären Ansprüchen kaum genügen", vgl. ebd. S.198

[5] Vgl. zu diesen seit 1955 erfolgten Bestrebungen, welche in den 1957 der XIX. Rotkreuzkonferenz vorgelegten "Delhi Rules" des IKRK ihren Niederschlag fanden, Baxter in Harvard Journal, S.3 m.w.N., Kalshoven 1971, S.69, Herczegh, S.105 ff. sowie Roberts S.120. Diese als "Draft Rules for the Limitation of the Dangers Incurred by the Civilian Population in Time of War" bezeichneten Vorschläge des IKRK richteten sich besonders auf den Schutz der Zivilbevölkerung gegen gezielte Angriffe, wurden jedoch von den Staaten nicht weiterverfolgt: "...it soon became apparent that Governments were for the time being unwilling to commit themselves to anything so precise as the rules proposed by the ICRC for the conduct of warfare", vgl. Kalshoven 1971, S.69. Baxter bezeichnet die in bewaffneten Konflikten anwendbare Rechtsmasse vor den ZP'en als "mature, sophisticated, certain and widely accepted", vgl. ders. in Harvard Journal, S.1

kriegführung[1]. Dabei hatten die Konflikterfahrungen nach dem II.Weltkrieg gezeigt, daß die Konventionen entweder in großem Umfang mißachtet wurden oder ihre Anwendbarkeit fraglich war[2]. So stellte sich die Frage nach einem eventuellen Reformbedarf der Konventionen und des traditionellen Haager Rechts im Hinblick auf die Konflikterfahrungen seit dem Zweiten Weltkrieg vor allem in Asien, Afrika und dem Nahen Osten[3].

Initiativen zur Anpassung des humanitären Völkerrechts an neue Konfliktrealitäten verstärkten sich Ende der 60-iger Jahre und fanden parallel statt: einerseits im Rahmen der VN, andererseits im Rahmen der Rotkreuzbewegung. Auch wenn die CDDH schließlich unter der Ägide der Rotkreuzbewegung zusammentrat, so fand doch ein wesentlicher Teil der Diskussionen um die gewünschte Stoßrichtung einer Reform in den VN statt[4]. Baxter konstatiert hier den Ausgangspunkt einer gewissen Konkurrenz zwischen VN und IKRK und betrachtet die Aktivitäten der Generalversammlung für das IKRK als "Challenge, posed by the rival humanitarian action of the General Assembly"[5]. Graham betont, daß sich das IKRK zu Recht als die gegenüber den VN weniger politisierte und objektivere Organisation betrachtete und daher eher geeignet war, das humanitäre Völkerrecht fortzuentwickeln[6]. Auch Rosas betont die unterschiedliche inhaltliche Ausrichtung von IKRK und der VN-GV[7].

---

1 Kalshoven 1971, S.70

2 Vgl. z.B. bei Baxter, in Harvard Journal, S.4, genannten Konflikte. Gerade in nichtinternationalen Konflikten hatte sich die Regelung des gemeinsamen Art.3 der Konventionen schwere und weitverbreitete Menschenrechtsverletzungen nicht verhindern können, vgl. ebd. S.8

3 Graham, S.27, der die Hauptprobleme bei Bürgerkriegen (s.o. E.I.4.), gemischten Konflikten (s.o. E.I.5.) und der Guerillakampfmethode (s.o. E.III.) sieht. Vgl. auch L.C. Green 1977, S.7.

4 Baxter, in Harvard Journal, S.5,6 sowie Abi-Saab 1979, S.364. Für ihn half das nach der Teheraner Menschenrechtskonferenz 1968 verstärkte Interesse der VN-GV an Fragen des humanitären Völkerrechts dem IKRK "auf die Beine" und bewog das IKRK, der 21. Rotkreuzkonferenz 1969 in Istanbul einen ausführlichen Bericht zum Thema vorzulegen, vgl. hierzu IKRK, "Reaffirmation and Development of the Laws and Customs applicable in armed Conflicts", Genf 1969, sowie Abi-Saab in RdC 1979, S. S.374

5 Baxter, in Harvard Journal, S.6 und 5

6 Graham, S.29

7 Rosas, S.266

a) Die Rotkreuzkonferenzen von Wien (1965) und Istanbul (1969) sowie Menschenrechtskonferenz in Teheran (1968)

Die *XX. Rotkreuzkonferenz 1965 in Wien* hatte durch Resolution XVIII bestimmte, für *alle* bewaffneten Konflikte geltenden Grundsätze festgelegt, das IKRK mit Nachdruck aufgefordert, die Fortentwicklung des humanitären Völkerrechts voranzutreiben und so den Prozeß angestoßen, der schließlich in die CDDH mündete[1]. Anfänglich war das IKRK dem Wunsch der XX. Rotkreuz-Konferenz von 1965 (Wien) gefolgt und hatte seine Bemühungen vor allem auf die Bestätigung der Regeln über den Schutz der Zivilbevölkerung vor den Folgen des unterschiedslosen Krieges konzentriert[2]. Beabsichtigt war von Anfang an keine Totalrevision der Konventionen, sondern deren Ergänzung und Präzisierung in einzelnen Punkten[3]. Die Idee, in diese juristischen Bemühungen Themen wie Guerilla und nationale Befreiungskriege einfließen zu lassen, ging weniger vom IKRK als von den politischen Anliegen vieler Staaten der Dritten Welt aus. Für Meyrowitz handelte es sich von Anfang an nicht nur um ius in bello sondern um Revision des ius ad bellum, die neben dem Schutz des Guerillero vor allem auch die Aufwertung der Guerilla (d.h. der Guerillabewegung) bezweckte. Eine "réforme à chaud"[4], die einige Regierungen mit höchst politischen Zielsetzungen verbanden und zu einer ad hoc-Revision benutzen wollten. Es ging aus dieser Sicht den Staaten um die Schaffung eines besonderen ius ad bellum für Akteure, denen nach geltendem Völkerrecht keine Völkerrechtssubjektivität zukam[5].

Die *Menschenrechtskonferenz 1968 in Teheran* markierte einen radikalen Wechsel von nahezu vollständigem Desinteresse der VN hin zu einem pointier-

---

1 Graham, S.28, Roberts, S.120 m.w.N. Resolution XVIII trug die Überschrift "Protection of the Civil Populations Against the Dangers of Indiscriminate Warfare", vgl. Kalshoven 1971, S.70. Text der Resolution bei Schindler/Toman, S.195 ff.

2 Meyrowitz 1973, S.877. Res. XVIII bekräftigt u.a. den Grundsatz, daß das Schädigungsrecht der Konfliktparteien nicht unbegrenzt ist, enthält das Verbot direkter Angriffe gegen die Zivilbevölkerung und verpflichtet zur jederzeitigen Unterscheidung zwischen Teilnehmern an Kampfhandlungen und Zivilbevölkerung, vgl. hierzu Baxter, in Harvard Journal, S.4. Im Mai 1967 schlug das IKRK vor, daß alle Mitgliedsstaaten der Konventionen eine Wiederbelebung bestimmter, nicht mehr angewandter Teile des humanitären Völkerrechts prüfen. 1968 informierte das IKRK die nationalen Rotkreuzgesellschaften über seine Bemühungen, das bestehende humanitäre Völkerrecht zu bestätigen und fortzuentwickeln, besonders mit Blick auf Beschränkungen der Kampfführung zum Schutze der Zivilbevölkerung, vgl. hierzu m.w.N. Graham, S.28.

3 Graham, S.28

4 Meyrowitz 1973, S.878

5 Meyrowitz 1973, S.895. Aus Sicht des IKRK implizierten die Freiheitskämpferresolutionen stets auch ein Bekenntnis, nationale Befreiungskriege als internationale bewaffnete Konflikte zu betrachten, vgl. Meron, S.53

ten Engagement[1]. Für Baxter war die Konferenz in Teheran der eigentliche Auslöser für die Bemühungen um eine Bestätigung und Weiterentwicklung des humanitären Völkerrechts[2]. Sie verabschiedete die "Human Rights in Armed Conflict" titulierte Resolution XXIII, wonach die Generalversammlung den VN-Generalsekretär auffordern soll, Schritte zu einer besseren Anwendung des existierenden humanitären Rechts ebenso zu prüfen wie einen möglichen Bedarf zusätzlicher internationaler Konventionen[3]. Dabei sollte der VN-Generalsekretär mit dem IKRK eine ausführliche Bestandsaufnahme des geltenden Rechts durchführen[4]. Ferner werden darin die VN-GV und der Generalsekretär auch zur Untersuchung der Menschenrechtssituation in besetzten Gebieten aufgefordert. Nach der genannten Resolution sind Personen, die gegen rassistische Minderheitsregime oder koloniale Regime kämpfen, bei Gefangennahme als Kriegsgefangene zu behandeln. Die GV griff diese Initiative noch 1968 mit einer "Respect for Human Rights in Armed Conflict" überschriebenen Resolution auf[5], worin der Generalsekretär beauftragt wird, in Abstimmung mit dem IKRK die in Teheran erbetenen Untersuchungen durchzuführen.

Die Initiativen der Generalversammlung bestärkten das IKRK in eigenen Überlegungen, welche 1969 zu einem "Reaffirmation and Development of the Laws and Customs Applicable in Armed Conflict" überschriebenen Bericht führten, welcher der *XXI. Rotkreuzkonferenz in Istanbul* vorgelegt wurde. Zwar wurde auch hier noch das Thema der Nuklearwaffen angeschnitten, jedoch hatten sich entsprechend den gewandelten Interessen inzwischen andere Fragestellungen in den Vordergrund geschoben, insbesondere Fragen des mit konventionellen Methoden und Guerillamethoden geführten Konflikts sowie das Problem nichtinternationaler Konflikte[6]. Mit Resolution XIII beauftragte die Istanbuler Rotkreuzkonferenz das IKRK mit weiteren Arbeiten (Ausarbeitung konkreter Vor-

---

1 Kalshoven 1971, S. 70

2 Vgl. Baxter, in Harvard Journal, S.4,5

3 Vgl. Baxter, in Harvard Journal, S.5 mit Verweisen auf die entsprechenden Fundstellen in der VN-Dokumentation. Vgl. auch Schindler/Toman S.197 ff.

4 Graham, S.28

5 GA Res 2444 (XXIII) v. 19.12.1968

6 Kalshoven 1971, S.70. Die vom IKRK vor der Istanbul-Konferenz konsultierten Experten sprachen sich mit großer Mehrheit dagegen aus, die oben E.II.3.und 4. beschriebene Kombattantenregelung des Art.4 III.GK zugunsten von Guerillas abzumildern, vgl. Meron, S.66. Die vom IKRK der Istanbuler Rotkreuzkonferenz vorgelegten Materialien gingen noch von dem Gedanken aus, daß nationale Befreiungskriege interne Konflikte seien und daß die in den Vorjahren verabschiedeten GV-Resolutionen kein Ausdruck bestehenden Rechts seien, vgl. Rosas, S.266. Draper warnte in Istanbul davor, daß die "Büchse der Pandora" öffne, wer verdeckten Kämpfern die Vorteile des humanitären Völkerrechts gewähre, zitiert bei Meron S.62

schriften zur Ergänzung der Konventionen) und der Anhörung von Regierungsexperten, mit der Perspektive der Einberufung einer Diplomatischen Konferenz zur Weiterentwicklung des humanitären Völkerrechts[1]. Der gesamte Prozeß der Vorbereitung der CDDH nahm somit einen Zeitraum von nicht weniger als sechs Jahren in Anspruch.

Auch außerhalb von IKRK und VN verstärkte sich das Interesse an Fragen der Weiterentwicklung des humanitären Völkerrechts[2].

b) Die Konferenz der Regierungsexperten von 1971 und 1972

Auf der Grundlage der anläßlich der XXI. Rotkreuzkonferenz in Istanbul gefaßten Beschlüsse lud das IKRK zu zwei Konferenzen von Regierungsexperten 1971 und 1972 nach Genf ein[3]. Ziel war von Anfang an, die grundsätzlich beizubehaltenden Konventionen von 1949 durch neue Regeln zu ergänzen, die möglichst ebenso breite Akzeptanz finden würden wie die Konventionen selbst. Dabei hatte man sich zunächst auf den Rahmen einer Expertenkonferenz verständigt, da dieser Zuschnitt einen kompetenten und freien Gedankenaustausch ohne Bindungswirkung für die beteiligten Regierungsexperten gewährleistete[4].

---

1 Resolution XIII, überschrieben "Reaffirmation and Development of the Laws and Customs applicable in Armed Conflict", abgedruckt in CICR, Conference of Government Experts on the Reaffirmation and Development of International Humanitarian Law Applicable in Armed Conflict, Geneva 1971 (Annex III). Weitere Resolutionen bezogen sich auf den Schutz der Opfer nicht-internationaler bewaffneter Konflikte (Resolution XVII) und der Frage des Kombattantenstatus im nicht-internationalen Konflikt (Resolution XVIII), vgl. Baxter, in Harvard Journal, S.6 sowie Graham S.29

2 Kalshoven verweist auf Veranstaltungen und Tagungen der Niederländischen Gesellschaft für Völkerrecht oder der Carnegie Stiftung, aber auch auf die Gründung des Instituts für humanitäres Völkerrecht in San Remo, vgl. Kalshoven 1971, S.71

3 Vgl. dazu CICR, Conférence d'experts de la Croix-Rouge sur la Réaffirmation et le développement du Droit International Humanitair applicable dont les Conflits Armés. Rapport sur les Travaux de la Conférence, Genève, 1971 sowie unter gleichem Titel 1972 herausgegeben vom IKRK der Bericht über die Expertenkonferenz 1972. Vgl. auch Bothe 1976, S.197. An der Konferenz 1971 beteiligten sich 35 der 41 eingeladenen Staaten, an der Konferenz 1972 insgesamt 77 Staaten, vgl. Bothe/Partsch/Solf, S.3 sowie Baxter, In Harvard Journal, S.6, 8. Für Baxter wurde die zweite Konferenz 1972 wegen der großen Teilnehmerzahl "...conducted in many respects like an international diplomatic conference", vgl. ebd. S.8. Vgl. zu den beiden Konferenzen der Regierungsexperten Herczegh, S.112 ff.

4 Insbesondere sollte nach den Verfahrensregeln des IKRK die Konferenz keine Entschließungen oder Empfehlungen verabschieden. Auch sollte lediglich die Rechtslage diskutiert, nicht jedoch über konkrete Fälle der Staatenpraxis diskutiert werden , vgl. Kalshoven 1971, S.73. Baxter hält die Einberufung solcher Konferenzen für ein effizientes Mittel, die Meinung der jeweiligen Staaten zu erforschen, ohne daß diese sich bereits binden müssen, vgl. ebd. S.6

Gegenstand der Konferenzen war eine achtbändige Dokumentation des IKRK[1]. Das IKRK ging hier von dem Gedanken aus, daß nationale Befreiungskriege im Kontext nicht-internationaler Konflikte zu behandeln seien[2]. Dabei legten die USA ein Hauptaugenmerk auf die bessere Durchsetzung des bestehenden Rechts. Für Baxter ist es in gewisser Hinsicht paradox, über neue Rechtsnormen zu diskutieren, wenn schon das bereits bestehende Recht nicht angewandt wird und das Hauptinstrument seiner Durchsetzung, die Einrichtung der Schutzmacht, seit 1949 nicht angewandt wurde[3].

Zur Expertenkonferenz 1971, der im gleichen Jahr noch eine vom IKRK organisierte Konferenz nationaler Rotkreuzgesellschaften vorausgegangen war, lud das IKRK nach Kriterien der geographischen Verteilung und der erwarteten Expertise 40 Regierungen von Mitgliedstaaten der Konventionen ein[4]. Diese entsandten 39 Delegierte (Ausnahme: China), was von einigen Teilnehmern als nicht repräsentative Gruppe von Staaten betrachtet wurde[5]. Die Expertenkonferenz widmete sich Fragen des nicht-internationalen Konflikts, nationaler Befreiungskriege und solchen des Kombattantenstatus besonders vor dem Hintergrund der Guerillakriegführung, gelangte jedoch nicht zu konsensgetragenen Lösungen oder endgültigen Vorschlägen[6].

---

1 Documentation submitted by the I.C.R.C. at the Conference of Government Experts on the Reaffirmation and Development of International Humanitarian Law applicable in Armed Conflicts, Geneva, 24 May -12 June 1971 (1971). Sie befaßte sich mit der besseren Durchsetzung des bestehenden Rechts, dem Schutz der Zivilbevölkerung, Verhaltensregeln für Kombattanten, dem Schutz der Zivilbevölkerung im nicht-internationalen Konflikt, Regeln für den Guerillakrieg und dem Schutz der Verwundeten und Kranken, vgl. Baxter, in Harvard Journal, S.6

2 IKRK (Hrsg.), "Protection of Victims of Non-international Conflicts" (Genf 1969), S.23-25

3 "It was somewhat paradoxical to be drafting new law when the old law was not fully implemented and the principal instrument for neutral supervision was moribund", vgl. Baxter, in Harvard Journal, S.7

4 Kalshoven 1971, S.72

5 Daher sollte eine weitere Konferenz stattfinden, zu der alle Vertragsstaaten der Konventionen eingeladen werden sollten, vgl. Graham S.29

6 Vgl. zum ganzen ausführlich Kalshoven 1971, S.77-83. Im 2. Ausschuß wurden Fragen des nicht-internationalen Konflikts sowie und der Guerillakriegführung diskutiert. Dabei wurde die Regelung des gemeinsamen Art.3 nicht zuletzt wegen der fehlenden Definition des nicht-internationalen Konflikts allgemein als reformbedürftig empfunden. Kalshoven merkt an, der Begriff des nicht-internationalen Konflikts sei für viele lange Zeit nur eine "escaping definition" gewesen (vgl. ebd. S.79). Das IKRK ging, bereits damals kritisiert von Norwegen, von der Beibehaltung der Unterscheidung internationaler und nicht-internationaler Konflikte aus und schlug die Erarbeitung eines eigenständigen ZP für nicht-internationale Konflikte vor (ebd. S.77). Da die Teilnehmer sich von Anfang an gegen eine verbindliche Festlegung der Anwendungsbedingungen durch eine internationale Institution oder Macht wandten, kam der Frage der Definition des nicht-internationalen Konflikts große Bedeutung zu. Sie wurde jedoch nicht gelöst, da ein Konsens über das Verhältnis der neuen Regeln zur nationalen Souveränität nicht gefunden werden konnte (ebd. S.78,79).

Der 1972 einberufenen und mit wesentlich breiterer Beteiligung durchgeführten zweiten Konferenz der Regierungsexperten[1], welche begleitet und vorbereitet wurde durch weitere Resolutionen der VN-GV sowie Expertenanhörungen, Umfragen bei den Mitgliedstaaten und Nichtregierungsorganisationen etc.[2], legte das IKRK zwei insgesamt 136 Artikel umfassende Entwürfe für Zusatzprotokolle zu den Genfer Konventionen vor, nebst einem zweibändigen Kommentar, einen für internationale und einen für nicht-internationale Konflikte[3]. Wie bereits 1971 wurde nach den Verfahrensregeln auf Empfehlungen und verbindliche Entscheidungen sowie im Interesse der Sachorientierung auf die Diskussion konkreter Einzelfälle verzichtet[4].

Der 1972 der Konferenz vom IKRK vorgeschlagene Entwurf unterschied sechs Konflikttypen[5]:

1. einfache interne Konflikte (gem. Art.3)
2. längere interne Konflikte mit erhöhter Anwendbarkeitsschwelle (kollektive Feindseligkeiten ausgetragen mit organisierten bewaffneten Kräften)

Schon bei der Konferenz 1971 wurde auch die gewachsene internationale Sympathie für nationale Befreiungskämpfer und ihr Bewegungen sichtbar, gleichzeitig aber auch das Bestreben der Staaten, sich durch das humanitäre Völkerrecht nicht in ihrer Freiheit beschränken zu lassen, gegen den Staat gerichtete bewaffnete Gewalt stets als Straftat zu behandeln. Dabei wurden nationale Befreiungskriege zunächst im Kontext nicht-internationaler Konflikte diskutiert, verbunden allerdings schon damals mit dem mehrfach geäußerten Petitum, diesen Zustand zu ändern: bereits 1971 vetraten einige Experten die These, daß es sich bei nationalen Befreiungskriegen um solche internationalen Charakters handelte.

Im Bereich des Kombattantenstatus hatte das IKRK versucht, einige Minimalregeln vorzuschlagen, die unabhängig von der Einordnung des Konflikts ohne Rechtspflicht von den Staaten freiwillig angewandt werden sollten. Darüberhinaus sollten die in Art.4.A.2. III.GK enthaltenen Voraussetzungen für den Kombattantenstatus gelockert werden, da sie einerseits durch Guerillakämpfer kaum erfüllbar seien, andererseits aber durch reguläre Truppen oftmals nicht beachtet würden. Dabei konnte jedoch keine Einigkeit darüber erzielt werden, wie weit eine Lockerung der genannten Bedingungen gehen sollte.

1 Hieran nahmen mehr als 400 Experten teil, die 77 Regierungen vertraten, vgl. Graham, S.29. Auch hier fehlte von den Großmächten nur die VR China. An der ersten Konferenz von Regierungsexperten 1971 hatten sich lediglich 35 Staaten beteiligt. Im Gegensatz zu 1971, als das IKRK lediglich die wichtigsten Probleme in einer Zusammenfassung thematisiert hatte, legte das IKRK für die Konferenz 1972 einen die Resultate der vorjährigen Konferenz berücksichtigenden Textentwurf vor, vgl. Wyss S.47.

2 Vgl. hierzu Kalshoven 1972, S.19,20

3 Baxter, in Harvard Journal, S.7. Dieser hält die Entscheidung gegen eine Mehrzahl thematisch orientierter Einzel-Zusatzprotokolle für bemerkenswert, da auf diese Weise umfassende Texte für jede der beiden Konfliktarten zu erarbeiten waren, und damit auch solche Themen, die für viele Staaten nicht im Vordergrund des Interesses standen, vgl. ebd.

4 Kalshoven 1972, S.22

5 Meyrowitz 1973, S.892,893

3. entwickelte Bürgerkriege (wie Bürgerkriege, mit effektiver Herrschaft der gegen die Regierung kämpfenden Macht).
4. gemischte Konflikte
5. internationale jedoch nicht zwischenstaatliche Konflikte (Konflikte um Selbstbestimmung)[1]
6. zwischenstaatliche Konflikte.

Diese Aufteilung (die die militärische Realität widerspiegelt und deren erste drei nur die mögliche Entwicklung eines inneren Konflikts auf der Zeitachse beschreiben) mußte angesichts des Widerstandes der Regierungsexperten aufgegeben werden. Die Mehrheit der Experten befürwortete eine Behandlung der Befreiungskriege im Rahmen der Kombattantenregelung.

Der 3. Ausschuß befaßte sich mit Fragen des Kombattantenstatus und der Zivilbevölkerung, aber auch mit wichtigen Teilen des "Haager Rechts" (Waffen, Kampfmethoden, Behandlung bestimmter Kategorien von Personen, darunter Guerillakämpfer), ohne allerdings aufgrund der kontroversen Natur vieler Gegenstände einer redaktionellen Überarbeitung des IKRK-Entwurfstextes auch nur nahe zu kommen. Dabei waren die Diskussionen jedoch insgesamt getragen von einem konstruktiven Geist[2]. Insbesondere die Diskussionen um die Behandlung von Guerillakämpfern erwiesen sich jedoch erwartungsgemäß als hochkontrovers[3].

---

[1] Danach sollten die Konventionen und das Zusatzprotokoll I angewandt werden auf Kriege um das Selbstbestimmungsrecht "within the meaning of the definition of that right in Article 1 common to the International Covenants on Human Rights", vgl. IKRK, Report on the 1972 Conference of Government Experts, Bd.2, S.23. Das IKRK versuchte also, die Anwendbarkeit der Konventionen und Protokolle aus einer Beschränkung auf Kolonialismus und Rassismus zu befreien und den Kampf um das sog. innere SBR (hierzu oben E.IV.1.b.bb.bbb.) in die Erweiterung einzubeziehen, vgl. Rosas, S.267.

[2] Kalshoven 1972, S.28

[3] Vgl. hierzu m.w.N. Kalshoven 1972, S.31,32. Kaum kontrovers war der IKRK-Entwurf offenbar in seiner generellen Absicht, Guerillakämpfer im internationalen Konflikt *wie* Kriegsgefangene zu behandeln. Der IKRK-Text hatte lediglich die Bedingungen des Art.4.A.2. III.GK im Bereich der Unterscheidungspflicht leicht aufgeweicht (vgl. hierzu oben E.II.4.b.) und setzte für den Kombattantenstatus voraus:

- Daß die Guerillagruppe organisiert ist und unter einer verantwortlichen Führung steht
- offenes Waffentragen *oder* Unterscheidung von der Zivilbevölkerung durch Tragen eines Unterscheidungszeichens oder auf jede andere Weise
- Beachtung der Gesetze und Gebräuche des Krieges sowie des Protokolls.

Der IKRK-Text wurde von den einen als zu weitgehend, von den anderen als zu wenig mutig und guerillafreundlich kritisiert, wobei eine Mehrheit einer eher großzügigen Position zuneigte. Kalshove schrieb hierzu: "to reconcile these divergent tendencies seems out of question", vgl. ders. 1972, S.32. Kalshoven sieht den einzigen Ausweg in einer Kompromißregelung, die der Mehrheit weit genug erscheint, ohne daß die Gegner von einer Ratifikation Abstand nehmen. Angesichts des Ratifikationsstandes des ZP I ist dies

Der 2. Ausschuß befaßte sich mit dem Entwurf für ein ZP II[1], d.h. mit nicht-internationalen Konflikten. Der bereits oben E.I.4. erwähnte Zusammenhang zwischen Anwendbarkeitsschwelle und Akzeptanz neuer Regeln im nicht-internationalen Konflikt wurde auch bei der Expertenkonferenz 1972 überdeutlich: je mehr sich die Anwendbarkeitsschwelle dem ausgewachsenen Bürgerkrieg näherte, desto größer die Bereitschaft zur Vereinbarung neuer völkerrechtlicher Normen[2]. Die Frage der Einordnung nationaler Befreiungskriege wurde im 2. Ausschuß bereits ganz zu Beginn aufgegriffen[3]. Im Zentrum von dessen Arbeit stand die Anwendbarkeitsschwelle im nicht-internationalen Konflikt, welche das IKRK weitgehend in Anlehnung an den gemeinsamen Art.3 der Konventionen definierte. Die weitaus meisten Änderungsvorschläge hierzu beinhalteten den Versuch, die Anwendbarkeit des Protokolls auf wenige klar umschriebene Situationen zu begrenzen, entweder durch eine für die Zwecke des ZP II eingeschränkte Definition des nicht-internationalen bewaffneten Konflikts nach dem gem. Art.3 GK'en oder durch den völligen Verzicht auf jede Bezugnahme auf diese Vorschrift. Auch wenn die Regierungsexperten nicht darauf bestanden, erst bei Vorliegen der Voraussetzungen der Anerkennung Aufständischer von einem nicht-internationalen bewaffneten Konflikt zu sprechen, so gab es doch starke und artikulierte restriktive Tendenzen[4].

Bereits im Rahmen der Diskussionen der Regierungsexperten 1972 zeichnete sich ab, daß viele Staaten wirkliche Einschränkungen ihrer Souveränität bei Konflikten innerhalb ihrer Grenzen nicht akzeptieren würden. So wurde von

---

offenbar gelungen, aber hier ist ein weiteres Beispiel, daß eine Norm verabschiedet wurde, über die ein Konsens in Wahrheit nicht besteht.
Dabei ist aufgrund des "Vorlaufs" in den VN weniger die letztgenannte Kritik bemerkenswert als die Bedenken, welche eine zu starke Lockerung der Anforderungen sahen. Dies bestätigt, daß den Staaten der hochsensible Zusammenhang zwischen Kombattantenregelung und dem Schutz der Zivilbevölkerung bewußt war. Wie noch zu zeigen sein wird, hat sich ZP I in seiner Kombattantenregelung (insbesondere Art.44 Abs.3 ZP I) weit von diesen vorsichtigen Reformanstößen des IKRK entfernt.

1 Dieser enthielt viele ähnliche jedoch weniger detaillierte Regelungen als ZP I, andereseits auch Vorschriften, auf die ZP I verzichten konnte, da die entsprechnde Materie bereits in den Konventionen geregelt war, vgl. Kalshoven 1972, S.55. Über die Frage, wie weit eine Angleichung des Inhalts beider Protokolle gehen sollte, bestand während der ganzen Expertenkonferenz keinerlei Einigkeit, vgl. Kalshoven 1972, S.56

2 Kalshoven 1972, S.56

3 Kalshoven 1972, S.56. Für ihn ist die Behauptung des internationalen Charakters nationaler Befreiungskriege eine Herausforderung der staatlichen Zuständigkeit, bewaffnete Auseinandersetzungen innerhalb seiner Grenzen überhaupt als bewaffneten Konflikt zu betrachten oder nicht.

4 Ciobanu zitiert die französische Delegation bei der Expertenkonferenz 1972, nach deren Ansicht ein ZP II anwendbar sein sollte "...to all cases of armed conflict not of an international character, of evident intensity, occuring in the territory of one of the High Contracting Parties over a prolonged period, in which organized forces engage in hostile acts against the authorities in power, and the authorities in power use against such persons their own armed forces", vgl. Ciobanu 1975, S.58

einigen die Anwendbarkeit an die Anerkennung durch den betroffenen Staat gebunden, andere leugneten schlichtweg, daß das humanitäre Völkerrecht im nicht-internationalen Konflikt überhaupt anwendbar sei. Die Zahl der gemachten Änderungsvorschläge und Definitionsversuche war groß und von extremen Meinungsunterschieden geprägt[1]. Damit deutete sich schon 1972 an, was dann bei der CDDH fast zum Scheitern des gesamten Projekts führte[2].

Am Ende der Konferenz der Regierungsexperten 1972 bestand Konsens, daß die geleistete Arbeit eine ausreichende Grundlage für die Einberufung einer Diplomatischen Konferenz bildete. Das IKRK kündigte an, 1973 neue Entwurfstexte für zwei ZP'e vorzulegen[3].

Zusätzlich zu den Treffen der Regierungsexperten organisierte das IKRK eine Reihe weiterer Begegnungen von Rotkreuzexperten und Nichtregierungsorganisationen und hielt engen Kontakt zu den VN, dessen Resolutionspraxis dem IKRK Ansporn für die eigenen Bemühungen war[4].

Auf der Grundlage der genannten Treffen der Regierungsexperten legte das IKRK 1973 den Text zweier Zusatzprotokoll-Entwürfe[5] vor, wobei der erste Entwurf internationalen Konflikten, der zweite nicht-internationalen Konflikten galt. Dabei stellte ZP II zweifellos das historisch bemerkenswertere Dokument dar, weil es erstmals den Versuch unternimmt, in einem eigenständigen internationalen Vertragswerk den nicht-internationalen bewaffneten Konflikt zu regeln[6]. Die beiden IKRK-Entwürfe stellten die Basis für die späteren Arbeiten der CDDH dar[7] und befaßten sich u.a. mit Mitteln und Methoden der Kriegfüh-

---

[1] Kalshoven bemerkt: "The definitions differed widely" (vgl. ders. 1972, S.58) oder "differences of opinion among the experts about the desirable field of application of Draft Protocol II were enormous" (ebd. S.59)

[2] Vgl. hierzu unten F.I.2.b.aa.bbb.

[3] Kalshoven 1972, S.60

[4] Zu den Aktivitäten des IKRK vgl. Graham, S. 29.

[5] CICR, Projets de Protocoles Additionels aux Conventions de Genève du 12 août 1949, Genève 1973.

[6] Diesen Aspekt hebt L.C. Green hervor, vgl. ders. 1977, S.7

[7] Bothe/Partsch/Solf, S.4. Nach Ansicht Forsythes hatten sich die bei der Erarbeitung der Entwürfe sehr aktiven westlichen Staaten, aber auch das IKRK zu sehr auf "technical changes within traditional assumptions" konzentriert, ohne die Wucht der Forderungen nach einer grundsätzlichen Veränderung der Rechtslage richtig zu erkennen, vgl. ders. 1975, S.85. Baxter bedauert, daß nicht bereits die Konferenz der Regierungsexperten bestimmte Punkte außer Streit gestellt hat (z.B. betreffend medizinische Transporte), sodaß hierfür bei der CDDH nur wenig Zeit blieb, vgl. ders. in Harvard Journal, S.8. Das IKRK betonte, daß Fragen der ABC-Waffeneinsatzes von den Protokollen nicht erfaßt werden, vgl. Graham, S.29.

rung, "neuen" Formen bewaffneter Konflikte wie dem Guerillakampf, dem Schutz der Zivilbevölkerung, Schutz der Verwundeten und Kranken und medizinischen Personals, den Opfern nicht-internationaler Konflikte und mit Wegen zur besseren Beachtung des humanitären Völkerrechts[1].

Anläßlich der XXII. Rotkreuzkonferenz 1973 in Teheran wurden die Protokollentwürfe durch den Ausschuß für humanitäres Völkerrecht diskutiert. Dabei zeigten sich bereits tiefgreifende Meinungsunterschiede über den Charakter des humanitären Völkerrechts an sich, da einige Delegationen auch im Bereich des humanitären Rechts ausdrücklich eine Unterscheidung zwischen gerechten und ungerechten Kriegen forderten. So solle das humanitäre Völkerrecht nur die Opfer einer Aggression schützen, eine Ansicht, die eine flagrante Herausforderung der Grundfesten des humanitären Völkerrechts darstellte[2]. Auch wurde schon in Teheran erkennbar, daß eine nicht geringe Zahl von Staaten nicht bereit sein würde, sich mit der kombattanten*ähnlichen* Behandlung nationaler Befreiungskämpfer gemäß Art.42 des Entwurfs für ZP I zufriedenzugeben. Dies lag nicht nur an den als zu eng empfundenen Bedingungen des IKRK-Entwurfs[3], sondern vor allem an dem Bestreben, diese Konflikte im Interesse der erwünschten politischen Aufwertung allgemein als vollwertige internationale bewaffnete Konflikte nach dem ZP I zu behandeln[4]. Angesichts dieser Bestrebungen konnte nur überraschen, daß die hierüber geführten harten Auseinandersetzungen bei der CDDH den Westen weitgehend unvorbereitet und überraschend trafen [5].

In einer Resolution des Ausschusses werden die Staaten dazu gedrängt, an der CDDH teilzunehmen und substantielle humanitäre Fortschritte zu erreichen. In welche Richtung diese eher allgemeine Formel zielte, zeigte sich im Drängen der Resolution, die CDDH solle in Anlehnung an die VN-Praxis die Einladung von nationalen Befreiungsbewegungen in Betracht ziehen, welche von den jeweiligen Regionalorganisationen anerkannt waren[6]. Die mit 81:3:31 Stimmen verabschiedete Resolution XIII der Rotkreuzkonferenz in Teheran 1973 drückte

---

[1] Bothe/Partsch/Solf, S.4

[2] Kalshoven 1974, S.21. Ähnliche Ansichten wurden auch bei der CDDH vertreten, vgl. Forsythe 1977, S.724

[3] Vgl. zu den spätren Diskussionen bei der CDDH unten F.I.2.b.bb.aaa.

[4] Kalshoven 1974, S.22

[5] Vgl. dazu unten F.I.2.a.

[6] Kalshoven 1974, S.22, der von einem "uneasy compromise between opposing views" spricht.

ihre Zufriedenheit über die ZP-Entwürfe des IKRK aus und befürwortete die Einberufung der CDDH durch den Schweizerischen Bundesrat 1974[1].

Im VN-Rahmen hielt unter der Rubrik "human rights in armed conflicts" die Aufmerksamkeit für die Entwicklungen im Bereich des humanitären Völkerrechts an[2]. In Resolution 3032 (XXVII) v. 18.12.1972 nimmt die GV mit Besorgnis zur Kenntnis, daß in bestimmten Fragen, darunter dem Kombattantenstatus, nicht-internationalen bewaffneten Konflikten oder dem Problem der Guerillakriegführung zwischen den Regierungsexperten keine Einigkeit besteht und drängt die Regierungen sicherzustellen, daß bei der bevorstehenden Diplomatenkonferenz spürbare Fortschritte in grundlegenden Rechtsfragen im Zusammenhang mit modernen bewaffneten Konflikten erreicht würden[3]. Der grundlegende Dissens in wesentlichen Fragen war also keineswegs verborgen geblieben.

Im Jahre 1973 verabschiedete die VN-GV nach Vorbereitung im 6. Ausschuß die Resolution 3102 (XXVII v. 12.12.1973), welche auf eine Einladung von nationalen Befreiungsbewegungen zur CDDH drängte[4].

Die bedeutsamste inhaltliche "Einstimmung" auf die CDDH war allerdings die bereits oben E.IV.4.a.aa. erwähnte Resolution 3103 (XVIII v. 12.12.1973), in der unter dem Titel "Basic principles of the legal status of the combatants struggling against colonial and alien domination and racist regimes" feierlich verkündet wird, daß

- Befreiungskriege als internationale bewaffnete Konflikte i.S.d. GK'en zu betrachten sind
- "combatants" auf seiten der kämpfenden Völker Kriegsgefangenenstatus zu gewähren ist und
- von der Gegenseite eingesetzte Söldner als Kriminelle zu betrachten sind[5].

---

1 Vgl. hierzu Koenig, S.119

2 Kalshoven sieht einen VN-internen, humanitär-völkerrechtlichen "Reifungsprozeß" in der Tatsache, daß die GV die Behandlung dieses Themas vom 3. Ausschuß (Soziales) in den 6. Ausschuß (Rechtsausschuß) verlagerte, kommt jedoch zu dem Schluß, daß die im 3. Ausschuß bisweilen etwas unwirklichen Debatten zu diesem Thema im 6. Ausschuß kaum an Niveau gewannen. Dies belege die politisierte Atmosphäre in den VN, vgl. Kalshoven 1974, S.4.

3 Kalshoven 1974, S.4

4 Kalshoven 1974, S.23

5 Vgl. Text der Konvention bei Schindler/Toman 3. Aufl. 1988, S. 603

Resolution 3103 wurde aus Sicht Kalshovens "without any opportunity for discussion or even serious consideration" durch den 6.Ausschuß "gepeitscht" und schließlich durch die GV mit 83:13:19 Stimmen angenommen. Sie stellte einen klaren Versuch dar, die Ergebnisse der bevorstehenden CDDH schon im vorhinein zu beeinflussen und in ihrer Tendenz festzulegen. Für diesen Autor kann die Resolution keinesfalls als korrekte, geschweige denn verbindliche Feststellung der vor der CDDH geltenden Rechtslage betrachtet werden, dafür aber als "clear case of abuse of block voting power"[1].

2. Verlauf und Ergebnisse

a) Allgemein

Für Meyrowitz steht fest, daß die Bemühungen des IKRK zum Zustandekommen einer Konferenz nur wegen eines Zusammentreffens besonderer politischer Umstände (arabisch-israelischer Konflikt und Dekolonisierung) sowie der Unterstützung der VN zu verdanken sei, zustandegekommen auf massiven Druck der Staaten der Dritten Welt innerhalb der Weltorganisation[2]. Ein Autor schreibt: "...the Third World states approached the issues with the intention of formalizing a consensus in support of the importance of wars of self-determination. This was part of their political strategy against colonial, racist, and occupying regimes, and they saw a legal conference as one more instrument in that struggle"[3]. Darüber hinaus ging es den jungen Staaten der Dritten Welt bei ihrer Unterstützung für die nationalen Befreiungskriege entscheidend auch um die Erringung eines politischen Sieges[4]. Allein dieses Ziel stand in unver-

---

1 Kalshoven 1974, S.24

2 Meyrowitz spricht von "confrontation de la guerilla et du droit de la guerre", die zur CDDH geführt habe, Meyrowitz 1973, S. 877

3 Vgl. Forsythe 1975, S.86,87. Zu Unrecht hält Forsythe allerdings dem Westen vor, dieser Herausforderung lediglich eine eher formalistisch-traditionelle juristische Argumentation entgegengesetzt zu haben. Wie unten F.III.1.e. dargelegt, beruhten die vorgebrachten Argumente der westlichen Staaten nicht auf legalistischem Rigorismus, sondern auf der wohlbegründeten Sorge um den Erhalt tragender, unverzichtbarer Grundsätze des humanitären Völkerrechts. Auch Lysaght hebt hervor, daß die Anerkennung nationaler Befreiungskriege als internationale bewaffnete Konflikte für die Gruppe der afro-asiatischen und arabischen Staaten das eigentliche Hauptziel der CDDH gewesen sei, vgl. ders. S.349.

4 Graham schreibt in Bezug auf den späteren Art.1(4) ZP I: "It is viewed as a victory of the 'have-nots' against the 'haves'; for the weak against the strong; for the formerly oppressed against their former oppressors.....It is a visible symbol of a long sought moral and political victory", vgl. ders. S.61. Lysaght schreibt: "Yet, the western delegations undoubtedly sustained a political defeat and were made to seem restrictive in extending the

meidbarem und scharfem Gegensatz zum grundsätzlich unpolitischen, streng humanitär ausgerichteten Anspruch des humanitären Völkerrechts und des IKRK[1]. Bei verschiedenen wichtigen Regelungen gelang es einer Mehrheit aus sozialistischen Staaten und Staaten der Dritten Welt, den Westen in die Defensive zu drängen und ihre Vorstellungen durchzusetzen[2]: "Tiefe politische Gegensätze hatten die Konferenz gespalten"[3]. Dies allein mag genügen, den tiefgreifenden Gegensatz zum prinzipiell unpolitischen und humanitär orientierten Ansatz des IKRK zu belegen.

Zurecht wird hervorgehoben, daß die besondere Schwierigkeit für die CDDH darin bestand, nicht nur den "Aquis" der GK'en zu erhalten, sondern auch höchst unterschiedliche Konfliktformen (hochtechnisierter konventionelle Auseinandersetzungen ebenso wie "asymmetrische" Konflikte) vor dem Hintergrund eindeutiger Interessenkonflikte zwischen "Nord" und "Süd" zu erfassen[4].

Unter Hinweis auf bis in die fünfziger Jahre zurückreichende Bemühungen des IKRK um eine Weiterentwicklung des humanitären Völkerrechts wurde die CDDH teilweise vor allem als ein Versuch betrachtet, die Regeln des humanitären Völkerrechts zu verbessern und an die Konfliktrealitäten nach dem Zweiten Weltkrieg anzupassen[5]. Tatsächlich ging es vielen Teilnehmern jedoch vor allem um Befreiungskriege und die darin kämpfenden Guerilleros: "La *guerilla* restait, cependant, la grande pensée de la Conférence..."[6].

---

protection of humanitarian law.", vgl. ders. S.360. Cassese spricht von einem "political victory for the Afro-Asian and socialist majority", vgl. ders. in Cassese 1979, S.467

1 De la Pradelle, S.22

2 Bei der CDDH verfügten die afro-asiatischen Staaten im Verein mit entweder den sozialistischen oder lateinamerikanischen Staaten über eine bequeme 2/3-Mehrheit, vgl. Cassese, in Cassese 1979, S.463. Condorelli nennt als Beispiele für Regelungen, in denen sich diese Konstellation durchsetzen konnte, vor allem Art.1(4), Art.44 und 47 ZP I, vgl. ders. S.394

3 Bothe 1976, S.198. Auch L.C. Green verweist die starke zielgerichtete Politisierung der CDDH durch die Staaten der Dritten Welt, vgl. ders. 1977, S.8. Bagley kommentiert dies wie folgt: "Another feature of the Conference which influenced the final product was the presence of extensive political pressures from a plethora of ideologies and *ad hoc* alliances of participating nation-states.", vgl. ders. S.445

4 Bothe/Partsch/Solf, S.7,8

5 Gasser 1987, S.915. Dieser hebt hervor, daß für die Staaten der Dritten Welt bei der CDDH erstmals Gelegenheit bestanden habe, an einer Konferenz zum humanitären Völkerrecht teilzunehmen. Es sei angesichts dieser Tatsache nur natürlich, daß diese -ebenso wie alle anderen Staaten- die Gelegenheit genutzt hätten, ihre speziellen Anliegen zur Geltung zu bringen. Koenig spricht mit Blick auf die mit Guerillamethoden geführten Befreiungskriege von einem "humanitär-völkerrechtlichen Anpassungsanliegen", vgl. ders. S.2

6 De la Pradelle, S.25. Dieser spricht von einer "obsession de protéger les forces armées clandestines", vgl. ebd. S.27

Dabei sollte jedoch nicht übersehen werden, daß nicht die völkerrechtliche Erfassung des Guerillakampfes *im allgemeinen*, sondern die Besserstellung einer bestimmten Auswahl von Guerillasituationen bezweckt war. Ebensowenig sollten alle Konflikte um das Selbstbestimmungsrecht der Völker erfaßt werden, sondern lediglich diejenigen um das "U.N. Law of Self-Determination"[1]. Es ging vielen Teilnehmern daher weniger um eine mit kühlem Kopf und klarem Verstand zu erlangende Reform des humanitären Völkerrechts[2] als vielmehr um die zielgerichtete Erreichung der bereits oben E.IV.4. beschriebenen Zwecke[3]. Verfechter der nationalen Befreiungskriege geben dies offen zu: "One of the main reasons for undertaking a new effort to update humanitarian law, at least for large segments of the international community, was its inadequacy to deal effectively with the problems raised by wars of national liberation"[4]. Einige Delegationen waren somit von kurzfristigen politischen Erwägungen geleitet[5]. Es steht zu vermuten, daß die geringe Beteiligung der Delegierten von Drittweltstaaten an der übrigen Arbeit der Konferenz nicht nur - wie teilweise angenommen[6] - mit dem Mangel an Rechtsexperten, sondern auch mit der einseitigen Konzentration des Interesses auf die o.g. Veränderungswünsche erklärbar ist. Kalshoven weist dabei auf einen für Konferenzverlauf und Motivation der Teilnehmer sehr entscheidenden Unterschied zu den Konferenzen der Jahrhundertwende und 1949 hin: handelte es sich bei den dort behandelten Konflikten entweder um vergangene oder abstrakt wahrgenommene künftige Auseinandersetzungen, so fand die CDDH unter dem Eindruck konkret sich abspielender bewaffneter Konflikte statt[7].

---

1 Pomerance 1982, S.73

2 Dabei gab z.B. die wachsende Häufigkeit und Bedeutung von nicht-internationalen bewaffneten Konflikten durchaus Anlaß, über eine Reform der Rechtslage nach den GK'en nachzudenken. So weist Kwakwa darauf hin, daß 80% aller Opfer bewaffneter Konflikte nach 1945 in nicht-internationalen Konflikten zu beklagen waren, vgl. ders. S.20,22.

3 Kalshoven spricht in diesem Zusammenhang von einem "immediate, concrete and strictly limited goal sought by this group of participants...", vgl. ders. 1977, S.121. Forsythe schreibt: "In sum, it was clear that Third World intent was to gain an international right to struggle against certain governments by obtaining international legal status for, and protection for those engaged in, that struggle", vgl. ders. 1975, S.84

4 Abi-Saab in RdC 1979, S.404

5 "Political forces and interorganizational rivalties are at work below the surface of this humanitarian endeavor.....One of the methods best calculated to cause discussions.... is to pursue short-term political objectives at the expense of maintaining the integrity of the law and the actual protection of war victims", vgl. Baxter, in Harvard Journal 1975, Bd. 16, S.24,25

6 Vgl. Gasser 1987, S.915

7 "At the Diplomatic Conference of 1974-1977, ... , the topicality of the 'struggle against colonialism, alien occupation and racism' loomed large over the discussions. Indeed, so dominant was the influence exerted by this topical issue on the minds of the participants in the debate that many of them, especially among those of Third World countries, vizualized themselves not so much as lawmakers for hypothetical future cases, but rather as

Die CDDH, deren Ziel durch den Konferenztitel vorgegeben war ("Reaffirmation and Development of International humanitarian Law Applicable in Armed Conflicts"), unternahm den Versuch einer Neubeschreibung, Ergänzung und Zusammenführung wichtiger Regeln des "Haager" und "Genfer" Rechts[1]. Die vom IKRK aufgrund der Konferenzen der Regierungsexperten 1971 und 1972 erarbeiteten und nach weiteren Arbeiten mit Experten[2] 1973 in ihre endgültige Form gebrachten Protokollentwürfe[3] stellten eine Aktualisierung großer Teile des herkömmlichen ius in bello dar[4]. Soweit es um nationale Befreiungskriege ging, versuchten sie eine streng am humanitären Zweck orientierte Berücksichtigung dieser Konfliktart durch eine vorsichtige Ergänzung der vorgeschlagenen Kombattantenvorschrift und einen Ausbau der Regelungen für nicht-internationale Konflikte[5]. Viele vor allem westliche Delegationen waren nicht zuletzt deshalb mit einem "at least guarded optimism"[6] und in teilweise beträchtlicher Personalstärke und hoher Motivation zur CDDH angereist[7]. Allerdings traten auch die westlichen Staaten keineswegs völlig einheitlich und geschlossen auf[8]. Der schon bald nach Konferenzbeginn erkennbar

---

pursuers of their governments' constant policy of 'support for the just struggle of peoples that are still colonized and oppressed' ", vgl. Kalshoven 1977, S.121. Graham unterstreicht, daß das humanitäre Völkerrecht bislang stets anhand vergangener Konflikte fortentwickelt worden war, vgl. ders. S.27

1 Forsythe erinnert daran, daß es sich um die erste Überarbeitung von Regeln des "Haager Rechts" seit dem Ersten Weltkrieg handelte. Die vom IKRK vorgelegten Zusatzprotokollentwürfe hätten nicht weniger als die Aktualisierung des zugunsten der Opfer bewaffneter Konflikte bestehenden Rechts in Angriff genommen, vgl. ders. 1975, S.77,78. Allerdings weist allein die Verwendung des Begriffs "Reaffirmation" darauf hin, daß die Protokolle nur teilweise neues Recht festschreiben wollten. Mindestens ebenso wichtig war die Bestätigung bereits bestehenden Rechts, vgl. Eitel S.101. Für einen Überblick über den Konferenzverlauf aus sozialistischer Sicht vgl. Herczegh, S.121-138

2 Vgl. zu den Aktivitäten des Jahres 1973 Kalshoven 1974, S.5

3 Text bei Schindler/Toman. Ziel des einen ZP war der Schutz der Opfer internationaler bewaffneter Konflikte, Ziel des anderen der Schutz der Opfer nicht-internationaler bewaffneter Konflikte, vgl. Meyrowitz 1973, S.877

4 Forsythe 1975, S.78

5 Bei der Kombattantenregelung handelte es sich um eine Fußnote zu dem vorgeschlagenen Art.42 ZP I, vgl. dazu unten F.I.2.b.bb.aaa. Koenig spricht von einer "streng funktionalen Integration nationaler Befreiungskriege in das System des humanitären Völkerrechts", vgl. ders. S.122

6 Graham, S.26

7 So stellten die USA mit 26 Teilnehmern die bei weitem größte Delegation, vgl. Baxter, in Harvard Journal, S.9 sowie Graham, S.30. Wie auch anderen westlichen Staaten ging es den USA bei der CDDH um zweierlei: Zum einen um eine Verbesserung der Durchsetzung und Beachtung und Durchsetzung des bestehenden Rechts, zum anderen um die Entwicklung solcher neuer Regeln, die sich durch Klarheit, praxisorientierte Anwendbarkeit und Anerkennung durch die Staaten auszeichnen. Der Leiter der US-Delegation, Aldrich, drückte dies wie folgt aus: "In our judgement, failure to adhere to these objectives would create an illusion of progress capable only of obscuring the reality, and that only until put to test", zitiert bei Roberts, S.122

8 Lysaght, S.349

werdende politische Druck besonders von seiten der Staaten der Dritten Welt machte indes deutlich, daß dieser Optimismus verfrüht gewesen war[1]. Bei den Diskussionen einiger als "articles choc" bezeichneten Vorschlägen zeigte sich, daß es vielen Staaten nicht um eine vorsichtige Weiterentwicklung des bestehenden Regimes der Konventionen ging, sondern um deren ohne Hemmungen angestrebte Revision[2]. Schon bei der Eröffnungssitzung wurde deutlich, daß manche Konferenzteilnehmer die Frage des ius in bello von Anfang an nicht losgelöst von der Frage behandelt wissen wollten, ob es sich um einen gerechten Krieg handelt oder nicht[3].

Zumindest in einigen elementaren Fragen brachten Dritte Welt und die sozialistischen Staaten eine im hochpolitisierten VN-Rahmen eingeübte Solidarität und Debattenkultur nach Genf mit[4]. Es gelang dieser "majorité automatique", wichtige Orientierungen und Entscheidungen der CDDH maßgeblich zu beeinflussen[5]. Dabei profilierten sich einige besonders engagierte Delegationen (u.a. Ägypten, Brasilien, Nigeria, Pakistan, Indien und Mexiko) als Motor und Katalysator dieser Staatengruppe, in wichtigen Einzelfragen unterstützt durch die sozialistischen Staaten. Wie noch zu beschreiben sein wird, bemühte sich die Gruppe der Drittweltstaaten zwar teilweise vehement um neue Regelungen im Bereich des internationalen Konflikts (Art.1(4), Art.43 und 44 sowie Art.47 ZP I), gleichzeitig wurde jedoch die Entwicklung der Regeln für den nicht-internationalen Konflikt bewußt gebremst. Dies führte einen Autor zur Feststellung einer von diesen Staaten verursachten "véritable involution"[6]. Die am einheit-

---

1 Roberts, S.121.

2 De Pradelle, S.19

3 Kalshoven zitiert den mauritanischen Präsidenten, der Südafrika, Portugal und Israel vorwarf, ungerechte Kriege zu führen, vgl. Kalshoven 1974, S.27. Ein Vertreter Chinas meinte, ein revolutionärer Krieg verstoße nicht gegen das Gewaltverbot und Nordvietnam machte geltend, das ius in bello gelte nur zu Lasten, nicht jedoch zugunsten des Agressors, vgl. Gornig, S.13. Dieser meint, der Grundsatz der Nichtdiskriminierung (vgl. oben C.II.) sei bei der CDDH akuter Gefahr ausgesetzt gewesen, vgl. ebd. S.22

4 De la Pradelle, S.22

5 Cassese, in Cassese 1979, S.465

6 Condorelli, S.386. Dieser erklärt den scheinbaren Widerspruch zwischen einer teilweise antreibenden Rolle der Drittweltstaaten bei ZP I und der Rolle als Bremser bei ZP II auf einleuchtende Weise mit den politischen Interessen. So beträfen die Schranken und Regelungen für den internationalen Konflikt in aller Regel die militärisch starken Staaten, insbesondere die früheren Kolonialmächte. Hingegen seien Adressat der Normen für den nicht-intzernationalen Konflikt vor allem die von Bürgerkriegen und inneren Unruhen betroffenen Staaten der Dritten Welt, die zudem oftmals jung und in ihrer inneren Verfaßtheit ungefestigt sind, vgl. ders. S.387, 388.

lichsten auftretende Staatengruppe waren die sozialistischen Staaten, während sich unter den westlichen Staaten schon bald Unterschiede akzentuierten[1].

Bei alledem wäre es allerdings falsch, die sozialistischen Staaten und die Staaten der Dritten Welt in allen wichtigen bei der CDDH behandelten Fragen "in einem Boot" zu sehen, ebensowenig wie die westlichen Staaten. Weitestgehende Einigkeit bestand zwischen sozialistischen Staaten und den Staaten der Dritten Welt allerdings in der Frage der hier interessierenden sog. Nationalen Befreiungskriege[2].

Für Februar/ März 1974 berief der Schweizerische Bundesrat als Regierung des Depositarstaats der Genfer Konventionen von 1949 die am 20. Februar eröffnete CDDH ein, zu deren erster Sitzungsphase 125 Staaten erschienen[3] und die bis 1977 jährlich während einiger Monate tagte[4]. Am 08.06.1977 wurden die Zusatzprotokolle schließlich per Konsens verabschiedet, am 10.06.1977 das Schlußdokument mit den Protokollen als Anhang von 102 Staaten unterzeichnet[5].

---

1 Cassese, in Cassese 1979, S.465. Dieser Autor identifiziert "konservativere" westliche Staaten (USA, Großbritannien, Frankreich, Deutschland) und gegenüber humanitären Anliegen "flexiblere" Staaten wie die Niederlande, Belgien und Dänemark, vgl. ebd.

2 Ciobanu 1979, S.400: "joint efforts of the two groups of countries produced the impressive majority that formally declared this kind of wars as being international armed conflicts..."

3 Graham, S.29

4 An der zweiten Sitzungsphase nahmen 120, an der dritten 107 und an der vierten 109 Staaten teil (vgl. Bothe/Partsch/Solf, S.4). Die Arbeit wurde auf drei Hauptausschüsse sowie einen Ad Hoc-Ausschuß verteilt. Der erste Ausschuß befaßte sich mit allgemeinen Vorschriften des ZP I sowie mit ZP II, der zweite Ausschuß beriet Fragen betreffend Verwundete, Kranke und Schiffbrüchige, der dritte Ausschuß war für die Zivilbevölkerung, Mittel und Methoden der Kriegführung sowie für Fragen des Kombattantenstatus zuständig (vgl. Graham, S.30). Die Ausschüsse bildeten nicht-öffentlich tagende Arbeitsgruppen. Aus diesem Grund fehlt es auch an einer Dokumentation dieser wichtigen Ebene der Entscheidungsfindung (vgl. Bothe/Partsch/Solf, S.5). Über deren Arbeitsergebnisse wurde in den Ausschüssen per Konsens oder mit einfacher Mehrheit beschlossen. Nach Prüfung durch den Redaktionsausschuß wurden die Texte dem Plenum vorgelegt, welches durch Konsens oder mit einer 2/3-Mehrheit beschließen konnte. Einige von den Ausschüssen erarbeitete Artikel wurden nicht angenommen, über andere fand eine Abstimmung statt, Artikel ZP II drohte sogar zeitweise ganz zu scheitern, s.u. F.I.2.b.aa.bbb. Für die Auslegung von Bedeutung sind auch eine größere Zahl von interpretativen Erklärungen der Teilnehmerstaaten (vgl. zum ganzen Bothe/Partsch/Solf, S.5).

5 Die Protokolle als solche konnten erst nach einer sechsmonatigen Übergangsfrist unterzeichnet werden. Von dieser Möglichkeit machten im Dezember 1977 46 Staaten Gebrauch, vgl. Bothe/Partsch/Solf, S.6.

Der Konferenzverlauf belegte von Anfang an[1] einen Antagonismus zwischen dem auf eine tiefgreifende Veränderung des humanitären Völkerrechts zielenden "UN-Ansatz", vertreten vor allem durch Staaten der Dritten Welt und die sozialistischen Staaten, und dem auf eine vorsichtige Anpassung und Aktualisierung ausgerichteten "IKRK-Ansatz", der durch den Westen unterstützt wurde[2].

Dabei ging es den Staaten der Dritten Welt bei ihrem vehementen Einsatz für eine Ausdehnung der Anwendbarkeit des Völkerrechts für internationale Konflikte auf nationale Befreiungskriege nicht nur um humanitäre Erwägungen, vielmehr bot die CDDH auch eine willkommene Gelegenheit, gegenüber den traditionellen Staaten durch einen gleichermaßen rechtlichen wie politischen Sieg selbstbewußt den Anspruch auf künftige prägende Mitgestaltung des Völkerrechts anzumelden[3]. Die Härte, mit der hierüber gestritten wurde und die Breite der Unterstützung für den "UN-Ansatz" traf den Westen, der nationale Befreiungskriege eher im Anwendungsbereich des ZP II angesiedelt hatte[4], erstaunlicherweise weitgehend unvorbereitet[5]. Der anfänglich überwiegende verhaltene Optimismus schlug in der Folge um in ernsthafte Sorge um Bestand und künftige Stabilität des gesamten Kriegsrechts[6]. Dabei hatte man seitens des Westens offenbar gehofft, daß die im VN-Rahmen geführten Debatten auf die unter der Ägide des neutralen IKRK durchgeführte CDDH nicht

---

[1] "The 1974 session of the Conference opened with a bang", vgl. Baxter, in Harvard Journal, S.9. In seiner Eröffnungsrede verurteilte der mauretanische Präsident Ould Dada Zionisten, Rhodesien, Südafrika und Portugal und unterstützte diverse Befreiungsbewegungen, vgl. Baxter ebd. Für ihn gab die Eröffnungsrede den Ton für die gesamte Konferenz vor

[2] So argumentierte Frankreich, daß Aspekte von Politik, Motivation und Legitimität im VN-Rahmen einen natürlichen Platz hätten, nicht jedoch im humanitären Völkerrecht, dessen Regelungen von Motiven losgelöst für alle Kriegsopfer in gleicher Weise gelten müsse, vgl. CDDH/SR.2 Ziff 14. De la Pradelle spricht von einer illegalen, zuvor noch nicht dagewesenen Übertragung der Praxis der VN-Generalversammlung auf das Verfahren einer diplomatischen Konferenz, vgl. ders. S.19. Durchgesetzt werden sollte das im VN-Rahmen herausgebildete und auf tagespolitisch aktuelle internationale Realitäten ausgerichtete neue humanitäre Recht, vgl. ders. S.21

[3] Auf diesen politischen Aspekt weist - sicher nicht zu Unrecht - Graham hin, vgl. ders. S.36

[4] Lysaght, S.350. Allein Norwegen, Finnland und Australien zeigten sich für eine Aufnahme nationaler Befreiungskriege in das Regime für internationale Konflikte offen, vgl. ebd. m.w.N.

[5] Randelzhofer 1975, S.45. Vor dem Hintergrund der oben F.I.1. beschriebenen Vorgeschichte der Konferenz im VN-Rahmen und bei Rotkreuzkonferenzen kann dieser Befund tatsächlich nur erstaunen

[6] Graham spricht von einer "...pervasive atmosphere of frustration and well-reasoned concern by many participants for the future stability of the entire structure of the Law of War", vgl. ders. S.26

"durchschlagen" würden[1]. Die Auseinandersetzung, die sich an Art.1 des IKRK-Entwurfs betreffend die sachliche Anwendbarkeit von ZP I entzündete, blockierte zunächst alle weiteren rechtlichen Diskussionen[2]. Während der ersten Konferenzphase ging der Dissens zwischen den Staatengruppen über die sachliche Anwendbarkeit des ZP I so weit, daß ein Rückzug der westlichen Staaten von der CDDH insgesamt möglich schien[3]. Hier wie auch bei den Diskussionen um den Kombattantenstatus stand die CDDH mehr als einmal am Rande des vorzeitigen Scheiterns[4].

Bereits bei der ersten Plenarsitzung und während der ersten Wochen der ersten Sitzungsphase kam es zu heftigen und bitteren Auseinandersetzungen um organisatorische Fragen, die den weiteren Verlauf der Debatten bereits erahnen ließen. Hoffnungen der schweizerischen Regierung, man könne in wenigen Plenarsitzungen nach der Eröffnungssitzung Verfahrensfragen und die Frage der Teilnahme einiger nicht eingeladener Organisationen etc. lösen, erwiesen sich als verfrüht: nach der Eröffnungssitzung verging allein eine ganze Woche mit Diskussionen, ob zunächst Verfahrensfragen oder das Problem der Einladungen gelöst werden sollte[5]. Dabei ging es um die Besetzung der Konferenzbüros, die Zulassung zunächst nicht eingeladener Staaten wie Guinea-Bissau, vor allem aber um die Teilnahme der "Provisorischen Revolutionären Regierung Vietnams", P.R.G. (Vietcong) und von nationalen Befreiungsbewegungen an der Konferenz[6]. Nachdem diese Frage schließlich gelöst worden war[1], vertagte sich

---

1 Randelzhofer 1975, S.45; Forsythe 1975, S.78. Beide Autoren wundern sich darüber, daß die westlichen Staaten dies angesichts der oben E.IV.a.aa. und E.IV.c. beschriebenen - Entwicklungen in den VN nicht vorhergesehen haben. Forsythe weist darauf hin, daß die gleiche VN-Staatenmehrheit auch die Mehrheit der CDDH-Konferenzteilnehmer darstellte: "By christening the 1974 Conference as one of international humanitarian law, one could not *ipso facto* change the motivations of governments or how they approached the issues", vgl. ders. S.87

2 Forsythe bezeichnet Art.1 als "point of clash" zwischen dem "UN-Ansatz" und dem "IKRK-Ansatz", vgl. ders. 1975, S.79.

3 Lysaght, S.354

4 De la Pradelle, S.26

5 Kalshoven 1974, S.27. Es wurde beschlossen, zunächst die Einladungsfrage zu regeln.

6 Ein sehr guter Überblick über diese Auseinandersetzungen und die in Rede stehenden nationalen Befreiungsbewegungen findet sich bei Graham, S.30-34. Zur Frage der Teilnahme von nationalen Befreiungsbewegungen vgl. auch Sandoz/Swinarski/Zimmermann RZ 93; Kalshoven 1977, S.107,108. Die Teheraner Rotkreuzkonferenz 1973 und die VN-GV in Res. 3102 (XXVIII) v. 12.12.1973 hatten noch kurz vor Beginn der CDDH diese aufgefordert, die von den jeweiligen Regionalorganisationen anerkannten nationalen Befreiungsbewegungen gemäß der UN-Praxis als Beobachter zuzulassen, vgl. Baxter, in Harvard Journal, S.9, 10. Der Westen widersetzte sich dem mit dem Argument, daß die Teilnahme von nationalen Befreiungsbewegungen nach bisherigen Erfahrungen jeden ernsthaften Versuch behindern würden, das humanitäre Völkerrecht im Sinne seiner Zwecke weiterzuentwickeln, zumal die Vertretungsberechtigung der nationalen Befreiungsbewegungen für die betreffenden Völker kaum als gesichert gelten könne. Die

das Plenum, und die vier Ausschüsse nahmen schließlich, erst in der vierten Konferenzwoche, ihre Tätigkeit auf. Damit war die erste Sitzungsphase für wirkliche Arbeit bereits weitgehend verloren[2]. In der kurzen noch verbleibenden Zeit dominierte das Problem der Stellung nationaler Befreiungskriege im humanitären Völkerrecht die Arbeiten des mit Fragen der sachlichen Anwendbarkeit befaßten ersten Ausschusses der Konferenz[3], während Fragen des Kombattantenstatus für nationale Befreiungskämpfer im 3. Ausschuß behandelt wurden[4]. Ein Autor bemerkte zur ersten Konferenzphase: "The victims of war were largely forgotten in debates over the two issues of what governmental delegations were to be seated at the Conference, and which types of war were to be considered as international"[5]. Ein Mitglied der amerikanischen Delegation bemerkte später im Hinblick auf die unerledigte eigentliche Arbeit der Konferenz: "Use of the phrase 'work of the Conference' in describing the various efforts of

---

nationalen Befreiungsbewegungen und ihre Verbündeten wandten sich gegen jeden Kompromiß (z.B. bloßer Beobachterstatus oder Teilnahme eingefügt in die Delegation einer Regionalorganisation), vgl. hierzu Graham S.32. Die schließlich - bezeichnenderweise ohne Abstimmung - gefundene Kompromißformel bestand denn auch darin, daß den von der jeweiligen Regionalorganisation anerkannten nationalen Befreiungsbewegungen die Teilnahme an der Konferenz gestattet wurde, sie erhielten jedoch kein Abstimmungsrecht, vgl. Sandoz/Swinarski/Zimmermann RZ 93. Kalshoven spricht in diesem Zusammenhang von einer "wonderfully ambiguous language", vgl. ders. 1974, S.28. Das Schlußdokument durften sie auf einem separaten Blatt unterzeichnen, welches gleichzeitig einen Hinweis enthielt, daß die Unterzeichnung durch die nationalen Befreiungsbewegungen keinen Präzedenzfall darstelle, vgl. auch Bothe/Partsch/Solf, S.8, welche dies zurecht als "agreement to disagree" betrachten. Der Streit um die Teilnahme der nationalen Befreiungsbewegungen an der CDDH war für Baxter ein prozeduraler Vorbote der nachfolgenden bitteren Auseinandersetzungen um den Status der Nationalen Befreiungskriege, vgl. ders. in Harvard Journal, S.11

1 Die Regionalorganisationen, d.h. die OAU und die Arabische Liga, bestimmten für die CDDH-Teilnahme folgende nationale Befreiungsbewegungen: PLO, Mosambique Liberation Front (FRELIMO), Angolan People's Liberation Front (MPLA), Angolan National Liberation Front (FNLA), African National Congress (ANC), Panafricanist Congress (PAC), Zimbabwe African National Union (ZANU), South West African People's Organization (SWAPO), Somali Coast Liberation Front (FLCS), Djibouti Liberation Movement (MLD), Seychelles People's Unity Party (SPUP), Sao Tomé and Principé Liberation Front (MLSTP) und Comoro National Liberation Movement (MOLINACO), vgl. Kalshoven 1974, S.28 (FN50). In einer Abstimmung ergab sich ein mit 37:38:33 Stimmen ein sehr knappes Ergebnis gegen die Teilnahme der P.R.G., nachdem Nordvietnam am Vortage wegen der Anwesenheit der "Saigonclique" die Konferenz verlassen hatte, vgl. Kalshoven 1974 ebd.

2 De la Pradelle, S.19

3 "The struggle between the developed and developing countries over the status of national liberation movements was carried on further in the Drafting Committee...", vgl. Baxter, in Harvard Journal, S.11

4 vgl. Abi-Saab in RdC 1979, S.374, 424; Gasser 1987, S.915 sowie Kalshoven 1977, S.108

5 Forsythe 1975, S.77. Derselbe Autor weiter: "The 1974 Conference wasted much valuable time in conflict that could, and should, have been avoided", vgl. ebd. S.78. Ähnlich Baxter: "One single issue dominated the Conference and stood in the way of hard, concentrated work on the substance of international humanitarian law", vgl. ders., in Harvard Journal, S.11; vgl. auch Gornig, S.14

the three primary committees is a complete misnomer"[1]. Dabei agierte auf Seiten der Dritten Welt eine Art Staatenblock, der sich vor allem aus den Mitgliedern der im VN-Rahmen gebildeten "Gruppe der 77" zusammensetzte und von dort Zusammenhalt und Abstimmungsmacht zur CDDH "mitbrachte"[2].

Die Arbeiten des ersten und dritten Ausschusses prägten auch die zweite und dritte Konferenzphase [3] und konnten erst 1977 in der ersten Hälfte der vierten Konferenzphase beendet werden . Daraufhin trat das Plenum erstmals wieder zusammen und nahm nach etwa vierzehntägiger Beratungszeit im Konsens die beiden ZP'e an. Die den Text der Protokolle festlegende Schlußakte der CDDH wurde am 10. Juni 1977 von 98 Staaten unterzeichnet, am 12. Dezember 1977 erfolgte die Unterzeichnung der Protokolle selbst, welche am 07. Dezember 1978 in Kraft traten[4]. Entgegen ihrer auf reine Ergänzung der GK'en hindeutenden Überschrift enthält besonders ZP I eine große Anzahl von Neuformulierungen und Anpassungen des sog. "Haager Rechts"[5]. Zu beachten ist auch, daß die beiden ZP'e nach Umfang und Regelungsdichte keineswegs zu vergleichen sind[6]. Sie spiegeln die völlig unterschiedlichen Erwartungen wider, welche die große Mehrheit der an der CDDH teilnehmenden Staaten mit den beiden ZP'en verknüpfte. Das Ergebnis läßt kaum Zweifel daran, daß dem Prinzip der nationalen Souveränität eindeutig Vorrang eingeräumt wurde gegenüber Versuchen, innerstaatliche bewaffnete Konflikte durch das humanitäre Völkerrecht zu regeln.

---

[1] Graham, S.34. Und weiter: "During these two weeks of discussion, the conference failed to adopt a single provision of the more than 150 articles contained in the Draft Additional Protocols".

[2] Baxter, in Harvard Journal, S.11

[3] Vor allem in der dritten Konferenzphase konnten im Wege des Konsenses Formulierungen zu den umstrittenen Fragen im Bereich der sachlichen und persönlichen Anwendbarkeit gefunden werden. De la Pradelle schreibt hierzu: "La troisième session fit merveille en découvrant des articles miracles, qui déséquilibraient tout le système", vgl. ders. S.19.

[4] Gornig, S.15

[5] Zum Begriff vgl. oben A.V.

[6] So enthält ZP I 102 Artikel, ZP II hingegen lediglich 28. ZP I enthält zum Teil detaillierte Regelungen, während ZP II lediglich verschiedene Prinzipien statuiert. In den Worten Kalshovens ausgedrückt: "One (gemeint ist ZP I, Anmerkung d. Verf.) is a truly international instrument laying down rules of international humanitarian law governing international armed conflicts...... and the other (gemeint ist ZP II, Anmerkung d. Verf.) is a document which, although moulded in the form of an international instrument complete with a ratification procedure and all ist trappings, *bears a far closer resemblance to a non-binding declaration of principles for non-international armed conflicts*", vgl. ders. 1977, S.115 (Hervorhebung des Verfassers).

Dennoch wurden durch ZP I wichtige Neuerungen eingeführt und auch wesentliche Grundsätze des humanitären Völkerrechts bestätigt[1]. Auch Kritiker des ZP I wie z.B. die US-Regierung haben dies anerkannt[2]. Kalshoven bezeichnet die Bewertung des durch die ZP'e erreichten humanitär-völkerrechtlichen Reformerfolges als "matter of individual appreciation"[3]. Neben Verbesserungen bei medizinischen Diensten und der in einigen Vorschriften zum Ausdruck kommenden Annäherung von humanitärem Völkerrecht und Menschenrechtsschutz sind für diesen Autor vor allem begrüßenswert die Vorschriften über Methoden und Mittel der Kriegführung (z.B. Art.35 ff., 49, 51 ZP I), den Kombattanten-und Kriegsgefangenenstatus (Art.43,44 ZP I) und insbesondere den Schutz der Zivilbevölkerung vor den Auswirkungen des Krieges (Art.48, 76 ff. ZP I)[4]. Zu erwähnen sind auch der verbesserte Schutz von Kulturgut, ernährungswichtiger oder besonders gefährlicher Anlagen und der natürlichen Umwelt (Art.53 ff. ZP I).

---

[1] Vgl. zu den Grundsätzen oben C. So kodifiziert z.B. Art.35 Abs.1 ZP I den elementaren Grundsatz des Haager Rechts, wonach die Konfliktparteien kein unbeschränktes Recht in der Wahl der Methoden und Mittel der Kriegführung haben. Art.48 verpflichtet die Konfliktparteien, jederzeit zwischen Zivilbevölkerung und Kombattanten sowie zwischen zivilen und militärischen Objekten zu unterscheiden. Im Bereich des "Genfer Rechts" enthält es eine Angleichung des Schutzes militärischer und ziviler Verwundeter, Kranker, Schiffbrüchiger, militärischen und zivilen medizinischen Personals und medizinischer Einrichtungen (Art.8 - 20 ZP I), eine Verbesserrung des Schutzes für Sanitätsluftfahrzeuge (Art. 24-31 ZP I), es enthält Verpflichtungen der Konfliktparteien bei Vermißten und bezüglich sterblicher Überreste (Art.32-34 ZP I), regelt Hilfsaktionen zugunsten der Zivilbevölkerung (Art.68-71 ZP I) und statuiert grundlegende Mindestgarantien für alle von einem bewaffneten Konflikt betroffenen Personen (Art.75 ZP I), vgl. de Preux, S.258,259 sowie Gasser 1987, S.913,914. Kosirnik betont die Regelungen im Bereich des "Haager Rechts" betreffend Mittel und Methoden der Kampfführung sowie die Regelungen zum Schutz der Zivilbevölkerung, vgl. ders. S.520

[2] De la Pradelle, S.20, 31. So schrieb 1987 der damalige Rechtsberater des State Department: "The United States would have preferred to ratify Protocol I, since it contains some sound and merititious elements", vgl. Sofaer, S.784. Auch Kritiker wie Roberts sprechen dem ZP I gewisse Meriten (Schutz medizinischen Personals, Zivilbevölkerung, Minimum an menschlicher Behandlung für alle Personen einschl eigener Staatsangehöriger) nicht ab: "The Protocol does, in fact, contain a number of desirable provisions", vgl. ders. S.167

[3] Kalshoven 1977, S.108

[4] Kalshoven 1977, S.109

b) Der Verlauf im einzelnen von den Zusatzprotokoll-Entwürfen des IKRK bis zur unterzeichneten Endversion

aa) Sachliche Anwendbarkeit

aaa) Internationale bewaffnete Konflikte

Basis der Beratungen bei der CDDH war der vom IKRK vorgelegte Text für Art.1, der inhaltlich auf den Entwurfstext von 1972 zurückging und eine Anwendung von ZP I in den Fällen des gemeinsamen Art.2 GK'en vorsah:

"The present Protocol, which supplements the Geneva Conventions of August 12, 1949, for the Protection of War Victims, shall apply in the situations referred to in Article 2 common to these Conventions"[1].
Schon während der ersten Plenarsitzungen zeigte sich jedoch, daß eine große Zahl von Staaten ein grundlegend anderes Konzept vertraten und den bereits positivrechtlich verankerten internationalen Charakter von nationalen Befreiungskriegen behaupteten, der von Auffassung und Verhalten des Konfliktgegners unabhängig sei[2]. Aus dieser Perspektive bezweckte die Ausdehnung des sachlichen Anwendungsbereichs des humanitären Völkerrechts auf nationale Befreiungskriege in ZP I lediglich, die bestehende Rechtslage durch Kodifikation nachzuvollziehen. Die Gleichstellung mit zwischenstaatlichen Konflikten wurde teilweise ausdrücklich damit begründet, daß es sich um "gerechte" Kriege handelte[3]. Ebensowenig wie zuvor im VN-Rahmen[4] und bezeichnenderweise wurde dabei allerdings kaum jemals die für die Praxis höchst relevante Frage diskutiert, inwieweit die Vorschriften der Konventionen für eine

---

[1] Zitiert nach Forsythe 1975, S.79. Dies entsprach der zuvor von den Regierungs- und Rotkreuzexperten überwiegend vertretenen Meinung, vgl. Sandoz/Swinarski/Zimmermann RZ 92. Salmon schreibt hierzu: "Rien n'était donc changé à l'optique de 1949", vgl. ders. 1976, S.34.
Das IKRK ging in seinem Entwurf von dem Konzept aus, daß die Unterscheidung von Konflikten nach dem Kriterium, ob sie auf dem Gebiet verschiedener Staaten oder dem Gebiet eines Staates stattfinden, beibehalten werden sollte. Allerdings sollte durch ZP II der im nicht-internationalen Konflikt bestehende Schutz verbessert werden, bis hin zur integralen Anwendbarkeit der Konventionen in bestimmten Situationen, vgl. Bothe/Partsch/Solf, S.39

[2] Baxter, in Harvard Journal, S.12. Ciobanu stellt diese Position unter Hinweis auf Stellungnahmen der Delegierten Rumäniens, Jugoslawiens und der DDR wie folgt dar: "One ...suggested that the proposed express assimilation of wars of national liberation to international armed conflicts in Protocol I had solely the function of making explicit a rule which had gradually been developped over the past quarter of a century, and had received general acceptance", vgl. ders. 1979, S.411. Vgl. auch Kalshoven 1974, S.30.

[3] Bothe/Partsch/Solf, S.40

[4] Vgl. E.IV.4.a.aa.

Übertragung auf nationale Befreiungskriege überhaupt geeignet sind[1]. Statt dessen forderte die große Mehrheit der Teilnehmer schlicht und kategorisch die Einbeziehung der nationalen Befreiungskriege in den Bereich des ZP I[2].

Der am Ende der Debatten bei der CDDH stehende Art.1(4) ZP I wurde in der Literatur zum Teil als die umstrittenste Vorschrift des gesamten ZP I bezeichnet[3]. Bei den o.g. Vorarbeiten für die CDDH hatte sich gezeigt, daß die Mehrheit der Staaten an der Aufteilung in internationale/nicht-internationale Konflikte festhalten wollte[4]. Dem Phänomen der Befreiungskriege sollte durch verbesserten humanitären Schutz im nicht-internationalen Konflikt und durch die Möglichkeit einer Kombattanten *entsprechenden* Behandlung ihrer Kämpfer Rechnung getragen werden. Dies war in Art.42 des IKRK-Entwurfs vorgesehen[5]. Für Abi-Saab ist bemerkenswert, daß trotz der bereits bei der Konferenz der Regierungsexperten 1971/1972 erkennbar gewordenen Bedeutung des Themas der "nationalen Befreiungskriege" diese in dem vom IKRK vorgelegten Entwurf nur indirekt als Fußnote zu Art.42 (Entwurf I.ZP) erscheinen, der eine

---

1 Baxter beschreibt dieses Problem anhand der Art.87 III.GK (Relevanz des Fehlens einer Treuepflicht gegenüber dem Gewahrsamsstaat bei Gerichtsverfahren gegen Kriegsgefangene) und Art.102 III.GK (Urteile gegen Kriegsgefangene nur durch die gleichen Gerichte wie gegen Angehörige des Gewahrsamsstaates). Er kommt zu folgendem Schluß: "These questions could be multiplied many times over - to such an extent that the final adoption of the proposal with respect to wars of national liberation would call for an article-by-article analysis of the over 400 articles of the Geneva Conventions of 1949....", vgl. ders. in Harvard Journal, S.16

2 Ciobanu 1979, S.405

3 Ciobanu 1979, S.404 ("the most controversed point of law in the debate of the Conference"); Kwakwa S.49 m.w.N. Sandoz/Swinarski/Zimmermann sprechen von einer "heated controversy", vgl. ebd. RZ 66: Gasser spricht von einer "sometimes emotionally charged debate", vgl. ders. 1987, S.915. Cassese spricht von "an open split and then a sharp clash between the various groups at the Conference", vgl. ders. in Cassese 1979, S.466.

4 Obradovic schreibt zur Haltung der Staaten hinsichtlich einer teilweise diskutierten Aufhebung der Unterscheidung: "...les Etats, les progressistes et les réactionnaires, de gauche et du milieu, personne ne l'accepte", vgl. ders. in Cassese (Proceedings) S.16. Verschiedentlich wurde auch darauf hingewiesen, daß die Aufhebung des Dualismus international/nicht-international für irreguläre Kämpfer Nachteile mit sich brächte (z.B. die Pflicht, Gefangene von der Front entfernt in markierten Lagern unterzubringen etc.), vgl. Leonetti in Cassese (Proceedings) S.21. Salmon schreibt: "Il est clair qu'aucun Etat actuellement n'est prêt à reconnaître les guerres de sécession comme des guerres internationales", vgl. ders in Cassese (Proceedings) S.31

5 Bothe/Partsch/Solf, S.40. Der vom IKRK vorgeschlagene Artikel 42 sah bei Konflikten um das SBR gemäß SVN und FRD in einem "schüchternen Zusatz" (Koenig, S.120) für die beteiligten Kämpfer vor: "....members of organized liberation movements who comply with the aforementioned conditions ....shall be treated as prisoners of war as long as they are detained", Text bei Forsythe 1975, S.86. Die umstrittene Frage der Einordnung dieser Konflikte wurde dadurch umgangen, daß den beteiligten Kämpfern nicht der Status von Kriegsgefangenen zugebilligt wurde, sondern eben nur eine Behandlung "als ob". Daß dies den ebensosehr auf völkerrechtliche Aufwertung wie auf humanitäre Fortschritte bedachten Verfechtern der Befreiungskriege nicht ausreichen würde, war allerdings absehbar und bestätigte sich alsbald.

"neue Kategorie von Kriegsgefangenen" vorsieht, zu denen auch gefangene Kämpfer von nationalen Befreiungsbewegungen gehören sollten[1]. Bothe/Partsch/Solf weisen darauf hin, daß bei der Konferenz der Regierungsexperten 1972 eine Behandlung der Nationalen Befreiungskriege im Rahmen der Kombattantenregelung gegenüber einer eigenständigen Vorschrift zur Ausdehnung des sachlichen Anwendungsbereichs bevorzugt wurde[2]. Das IKRK hatte in seinem Kommentar zu den Entwürfen den Begriff des internationalen bewaffneten Konflikt nicht auf nationale Befreiungskriege erweitert, weil sich die Mehrheit der Experten dagegen ausgesprochen habe, diese Konflikte als "international" zu klassifizieren[3].

Bereits vor Beginn der Arbeiten des 1. Ausschusses, der sich mit Art.1 (sachliche Anwendbarkeit) des Entwurfs für ZP I befaßte, wurden zwei Vorschläge für Zusätze eingebracht, welche die Festlegung des internationalen Charakters nationaler Befreiungskriege bezweckten. Den Westen traf dies unvorbereitet, er wurde von der Entwicklung der Diskussionen "überrascht und überfahren"[4]. Randelzhofer gibt dem Westen allerdings die Schuld hierfür selbst, da die westlichen Staaten durch die (oben E.IV.4.a.aa. beschriebene) GA-Res.3103 (XXVIII) v. 12.12.1973 hätte gewarnt sein müssen, welche ebenso wie viele andere einschlägige Resolutionen der Generalversammlung von den Staaten der 3.Welt und den sozialistischen Staaten als rechtsverbindlich betrachtet wurden. Auch aus Sicht Grahams hätte der Westen angesichts der Tendenzen in den VN über die Unterstützung für nationale Befreiungskriege auch im CDDH-Rahmen nicht überrascht sein dürfen, zumal sich dies auch in der Literatur abgezeichnet hatte: "Several international publicists, enamored with the idea of courageous men and women idealistically fighting for the freedom of various 'peoples', have developed a somewhat novel 'poor guerilla theory', a concept that calls for special legal considerations to be given the often treachorous but always well-meaning revolutionary organizations engaged in guerilla activities in various parts of the world"[5].

Der erste, von den Ostblockstaaten eingebrachte Vorschlag zu Art.1 übernahm wörtlich die Sprache von GV-Resolution 3103 und lautete:

---

[1] vgl.Abi-Saab in RdC 1979, S.374.

[2] Vgl. ebd. S.39

[3] Vgl. Kalshoven 1974, S.6

[4] Randelzhofer 1975, S.45.

[5] Vgl. ders. S.36

"The international armed conflicts referred to in Article 2 common to the Conventions include also conflicts where peoples fight against colonial and alien domination and against racist régimes"[1].

Der von Algerien eingebrachte zweite Textvorschlag ging auf 15 im wesentlichen arabische, afrikanische und asiatische Staaten zurück [2] und lautete:
"The situations referred to in the preceding paragraph include armed struggles waged by peoples in the exercise of their right of self-determination as enshrined in the Charter of the United Nations and defined by the Declaration on Principles of International Law concerning Friendly Relations and Cooperation among States in accordance with the Charter of the United Nations"[3].

Der wesentliche Unterschied zwischen beiden Vorschlägen lag darin, daß in CDDH/I/5 das SBR weder allgemein noch in seiner durch die FRD festgelegten Form ausdrückliche Erwähnung findet, jedoch das "Dreigestirn" der kolonialen Beherrschung und Fremdbeherrschung sowie der rassistischen Regime genannt wird und außerdem der völkerrechtliche Begriff des bewaffneten Konflikts benutzt wird, während CDDH/I/11 (dort ist nur von "struggles" die Rede) ausdrücklich das SBR gemäß der FRD erwähnt, jedoch auf eine Erwähnung bestimmter Situationen (koloniale Beherrschung, Fremdbeherrschung, rassistische Regime) verzichtet[4]. Der Vorschlag CDDH/I/5 enthielt gegenüber CDDH/I/11 den enger gefaßten Anwendungsbereich[5]. Die Vorschläge belegen eine unterschiedliche Akzentsetzung innerhalb des Blocks der Befürworter der nationalen Befreiungskriege, insbesondere zwischen sozialistischen Staaten und Staaten der Dritten Welt. In der Grundausrichtung, nämlich der Ausdehnung der An-

---

1 CDDH/I/5, im folgenden "CDDH/I/5-Vorschlag" genannt. Er wurde eingebracht von Algerien, Bulgarien, der Tschechoslowakei, der DDR, Ungarn, Marokko, Polen, der UdSSR und Tansania, vgl. Salmon 1976, S.35 sowie Bothe/Partsch/Solf, S.41

2 Ägypten, Algerien, Libyen, Sudan, Nigeria, Kamerun, Elfenbeinküste, Zaire, Syrien, Kuweit, Demokrat. Republik Jemen, Indien und Pakistan, vgl. Abi-Saab in RdC 1979, S.375. Allerdings stimmten auch Norwegen und Australien zu, die Abi-Saab mit dem ehrenvollen Prädikat "progressive" belegt, vgl. ders. ebd.

3 CDDH/I/11, im folgenden "CDDH/I/11-Deklaration" genannt

4 Die Autoren con CDDH/I/11 beschränkten sich absichtlich auf eine Erwähnung der FRD, wissend, daß sie in ihrem Inhalt wenig klar und daher auslegbar ist. Damit sollte die Offenheit der neuen Vorschrift zur sachlichen Anwendbarkeit erhalten und der Gefahr vorgebeugt werden, daß die Vorschrift eines Tages "überholt" sein könnte, vgl. Obradovic in Cassese (Proceedings), S.14.

5 vgl. Cassese, in Cassese 1979, S.467. Kalshoven 1974, S.30. Wie oben E.IV.1.b.bb.bbb. gezeigt, deckt das SBR der Völker in seiner durch die FRD gefundenen Formulierung zwar die genannte Trias Kolonialismus, fremde Beherrschung oder Besetzung und Rassistische Regime ab, läßt sich jedoch bei entsprechender Auslegung auch in einem weiteren Sinne verstehen.

wendbarkeit auf eine wichtige Fallgruppe damaliger Konflikte, bestand jedoch kein Dissens[1].

Die beiden Vorschläge lösten eine große Kontroverse aus, welche praktisch die gesamte erste Sitzung (Session) der CDDH beherrschte. Diese Kontroverse soll aufgrund ihrer Bedeutung im folgenden kurz dargestellt werden[2].

Insbesondere die westlichen Staaten führten gegen die Entwürfe grundsätzliche Argumente ins Feld[3]. Ihre Begründetheit und die Stichhaltigkeit der von den Verfechtern der nationalen Befreiungskriege vorgebrachten Argumente sollen an anderer Stelle diskutiert werden[4].

Vertreter westlicher Staaten machten zunächst geltend, der Charakter nationaler Befreiungskriege als internationaler bewaffneter Konflikt sei nach wie vor heftig umstritten und könne daher keinesfalls als gewohnheitsrechtlich gefestigt dargestellt werden[5]. Diskutiert wurde auch die Frage der Rechtsverbindlichkeit des Selbstbestimmungsgrundsatzes[6], des Begriffs "Volk" sowie die Unmöglichkeit von Veränderungen der VN-Satzung durch GV-Resolutionen[7].
Ein wesentlicher Einwand gegen die vorgeschlagenen Zusätze war, daß sie gegen das Wesen des humanitären Völkerrechts verstoßen, da subjektive Bewertungen und politische Motive zur Grundlage der humanitär-völkerrechtlichen Einordnung von Konflikten als international bzw. nicht-international gemacht würden[8]. Die genannten ergänzenden Textvorschlägen enthielten eine Vermengung von ius ad bellum und ius in bello, da sie den Anlaß eines Konflikts

---

1 Vgl. für einen Überblick über die Befürworter des jeweiligen Vorschlags neben den bereits genannten Quellen Ciobanu 1979, S.405

2 Eine kurze Zusammnfassung der ausgetauschten Argumente findet sich bei Bothe/Partsch/Solf, S.40

3 Vgl. für einen sehr guten Überblick Forsythe 1975, S.80,81. Roberts zitiert Feith mit folgender Kurzformel: ""...the proposed national liberation war language would legitimize certain types of war, license belligerent foreign meddling in the sovereign domain of certain states, politicize humanitarian law, and thereby render humanitarian law even less sturdy a shield for ist intended beneficiaries", vgl. Roberts, S.126

4 Vgl. hierzu unten F.III.1.e.

5 Argumente zitiert bei Abi-Saab in RdC 1979, S.376.

6 Ciobanu nennt den britischen Delegierten Draper als einen Anwalt dieses Arguments, vgl. ders. 1979, S.407

7 So u.a. CDDH/I/SR 2 Ziff.46 (Großbritannien); CDDH/I/SR 2 Ziff.35 (Belgien) sowie CDDH/I/SR.4 Ziff.25. Das Argument fehlender Veränderbarkeit des Völkerrechts durch Resolutionen der VN-GV wurde besonders durch Paul de la Pradelle, einen "Veteranen" der Genfer Konventionen von 1949 hervorgehoben, vgl. Lysaght, S.351

8 Frankreich CDDH/I/SR 2 Ziff.49; USA CDDH/I/SR 2 Ziff.51; Großbritannien CDDH/I/SR 2 Ziff.45; Belgien CDDH/I/SR 2 Ziff.34; Schweiz CDDH/I/SR 2 Ziff.13; Kanada CDDH/I/SR 2 Ziff.16.

und die rein politisch zu gewinnende Einschätzung eines bestimmten Regimes zum Bestimmungsmerkmal seiner völkerrechtlichen Bewertung machten. Darin liege eine Rückkehr der längst überwunden geglaubten Theorie des gerechten Krieges[1] und somit ein schwerer Verstoß gegen einen tragenden Grundsatz des humanitären Völkerrechts[2]. Eine Diskriminierung und ein Verstoß gegen den Grundsatz der Gleichheit im ius in bello wurde vor allem darin gesehen, daß äußerlich als nicht-internationale bewaffnete Konflikte erscheinende Auseinandersetzungen unterschiedlich behandelt würden, indem ihnen der Charakter eines internationalen bewaffneten Konflikts immer dann zugesprochen werde, wenn es sich um sog. nationale Befreiungskriege handelte[3]. Kritisiert wurde auch, daß es keinerlei Instanz mit Definitionsmacht darüber gebe, ob es sich bei einem konkreten Konflikt um einen "ZP I - tauglichen" Befreiungskrieg handele oder nicht[4]. In der Anwendungspraxis seien endlose politische Auseinandersetzungen über die rechtliche Charakterisierung eines bestimmten Konflikts unvermeidbar[5]. Ein weiteres Argument bestand darin, daß in den nunmehr als internationaler Konflikt zu verstehenden nationalen Befreiungskriegen den darin verwickelten nichtstaatlichen Kämpfern folgerichtig Kombattantenstatus zukomme. Damit würde indirekt auch die Entscheidung über die Kombattanteneigenschaft durch politisch-subjektive Kriterien beeinflußt und damit dem bellum iustum-Gedanken unterworfen: "international terrorism could not be made legitimate merely by calling it an international conflict"[6]. Unbehagen bereitete auch, daß die unterbreiteten Vorschläge auf bestimmte historische Einzelsituationen zugeschnitten seien, daß nationale Befreiungskriege eine vorübergehende zeitgeschichtliche Erscheinung seien, wohingegen die Regelungen des humanitären Völkerrechts auf Dauer angelegt seien[7]. Die Vorschläge wurden schließlich deshalb in Frage gestellt, weil die vom humanitären Völkerrecht den Konfliktparteien auferlegten Pflichten von den nationalen Befreiungsbewegungen aus tatsächlichen Gründen regelmäßig nicht erfüllt werden könnten. Die Regeln des humanitären Völkerrechts für internationale bewaffnete Konflikte

---

1 Vgl. Lysaght, S.351 m.w.N. Zur Theorie des gerechten Krieges vgl. oben A.II. und III.

2 USA CDDH/I/SR 2 Ziff.51; Schweiz CDDH/I/SR 3 Ziff.13; Niederlande CDDH/I/SR 4 Ziff.40. Vgl. auch weitere Stimmen bei Ciobanu 1979, S.407,408

3 Z.B. Italien CDDH/I/SR 3 Ziff.37. Für den Westen war z.B. eine Ungleichbehandlung der damaligen - sich äußerlich völlig gleichenden - Konflikte in Angola (nationaler Befreiungskrieg) und Nigeria/Biafra (nicht-internationaler Konflikt) letztlich nicht begründbar, vgl. Forsythe 1975, S.83

4 Ciobanu verweist hierfür auf den US-Delegierten Prugh, vgl. ders. 1979, S.408

5 Vgl. die bei Ciobanu 1979, S.407 genannten Beiträge

6 Z.B. USA CDDH/SR.2, Ziff.15

7 Belgien CDDH/I/SR 2 Ziff.34; Bundesrepublik CDDH/I/SR 3 Ziff.17; vgl. auch Ipsen 1993, S.150

beruhten weithin auf dem Bild eines zwischenstaatlichen Konflikts. Sie setzten teilweise eigenes Staatsgebiet und eigene Staatsangehörige voraus und gingen auch in sonstiger Hinsicht von Voraussetzungen aus, die im Grunde nur von Staaten erfüllt werden könnten (innerstaatliches Recht, internationale Verantwortlichkeit, Fähigkeit zur Beachtung des ganzen humanitären Völkerrechts)[1]. Daher gefährde in Konflikten zwischen einem Staat und einer nichtstaatlichen Partei die ungleiche rechtliche Position der nichtstaatlichen Konfliktpartei die Beachtung des humanitären Völkerrechts[2]. Die Aufteilung des humanitären Völkerrechts in Regeln für zwischenstaatliche (internationale) und solche für andere Konflikte sei zu respektieren, da das gesamte Regelwerk der Konventionen auf dieser Grundprämisse fuße und, wie die Vorlage eines eigenständigen ZP II zeige, auch beibehalten werden solle. Hiervon abzurücken hieße, die Konventionen als solche einer Revision zu unterziehen[3]. Einige Delegierte wie de la Pradelle sprachen der CDDH insgesamt die Befugnis ab, im Interesse einer bestimmten Konfliktkategorie die anerkannten Grundlagen des Völkerrechts zu verändern[4]. Die nationalen Befreiungskriege gehörten eher in den Bereich des ZP II[5], das für Auseinandersetzungen zwischen einer staatlichen mit einer nichtstaatlichen Konfliktpartei eigens vorgesehen sei[6]. Die Regeln für internationale Konflikte paßten nicht auf Konflikte vom Typ "ZP II"[7]. Die Haltung der westlichen Staaten ist in der Literatur vereinzelt als legalistisch und einer pragmatischen Lösung abträglich bezeichnet worden, da sie die Protagonisten des weiteren Vorschlags CDDH/I/11 auf die Linie der sozialistischen Staaten (CDDH/I/11) genötigt habe[8].

---

1 Genannt wurden u.a. die Regeln des Art.4 IV.GK oder Art.23 III.GK, vgl. Lysaght, S.352. Weitere Vertreter dieser Ansicht bei Ciobanu 1979, S.408

2 Belgien CDDH/I/SR 3 Ziff.37,38; Niederlande CDDH/I/SR 4 Ziff.39. Hierzu auch Forsythe 1975, S.81

3 Ciobanu verweist auf entsprechende Kommentare von Großbritannien (Draper), Italien (Cassese) und Japan (Noda), vgl. ders. 1979, S.406

4 Vgl. Ciobanu 1979, S.407

5 Lysaght, S.350

6 Das Argument, wonach der nationale Befreiungskrieg eher den Charakter eines nichtinternationalen Konflikts trage, wurde bei der CDDH von praktisch allen westlichen Delegationen vorgetragen, vgl. m.w.N. Ciobanu 1979, S.404

7 Vgl. Forsythe 1975, S.81. Nach dieser Argumentation bestehen Konventionen und ZP I aus nicht weniger als 230 detaillierten Regelungen, zu einem guten Teil bezogen auf die Behandlung von Kriegsgefangenen. Diese seien auf die nationalen Befreiungskriege einfach nicht zugeschnitten.

8 "There was a marked tendency in some important Western delegations to be more concerned with preserving traditional definitions and the traditional structure of the law than in using legal arguments to communicate with other delegations", vgl. Forsythe 1975, S.81. Diese Argumentation erscheint jedoch nicht ganz berechtigt, da es dem Westen nicht um legalistischen Formalismus, sondern um die Bewahrung wesentlicher und unverzichtbarer Grundpfeiler des humanitären Völkerrecht insgesamt ging.

Der Westen, der die genannten Änderungsvorschläge ebenso ablehnte wie bereits zuvor den - diesen gegenüber noch gemäßigten - IKRK-Vorschlag einer kriegsgefangenenentsprechenden Behandlung nationaler Befreiungskämpfer, geriet damit in die Defensive[1]. Immerhin reagierten die westlichen Staaten, u.a. die Bundesrepublik, mit einem Gegenvorschlag, der darauf abzielte, nationale Befreiungskriege durch einen ausdrücklichen Hinweis auf die Martens'sche Klausel[2] zu erfassen und deren Charakter als verpflichtende Norm des positiven Rechts zu unterstreichen[3]. Der Vorschlag lautete:

"In cases not included in this present Protocol or in other instruments of conventional law, civilians and combatants remain under the protection and the authority of the principles of international law, as they result from established custom, from the principles of humanity and the dictates of public conscience"[4].

Dieser Vorstoß zielte darauf ab, unter Umgehung von Statusfragen den Opfern nationaler Befreiungskriege einen möglichst großen und durch das zu verabschiedende ZP II abzusichernden Schutz zu gewähren[5]. Es liegt auf der Hand, daß dieser Ansatz dem weitergehenden, gerade auch Statusfragen umfassenden Anliegen der Verfechter nationaler Befreiungskriege nicht gerecht wurde[6] und

---

1 Forsythe bemerkt zur Lage des Westens kritisch: "Having foregone the opportunity to promote consensus on a moderate amendment, the West spent the latter part of the Conference trying to ward off what was, from his point of view, impending legal desaster", vgl. ders. 1975 S.86. Baxter schreibt zur Lage des Westens: "Essentially a holding operation was fought...", vgl. ders., in Harvard Journal, S.17. Condorelli bemitleidet die westlichen Staaten "....qui s'enlissaient avec acharnement dans une inutile bataille d'arrière-garde...", vgl. ders. S.392

2 Vgl. zur Martens'schen Klausel oben A.V.

3 In diesem Sinne u.a. Belgien (CDDH/I/SR.3 Ziff.9), das Vereinigte Königreich (CDDH/I/SR.4 Ziff.26) und die Bundesrepublik (CDDH/SR.30 Ziff.30)

4 CDDH/I/12 (Argentinien, Österreich, Belgien, Italien, Pakistan, Niederlande, Großbritannien und die Bundesrepublik, vgl. Salmon 1976, S.35 sowie Bothe/Partsch/Solf, S.41). Der IKRK-Entwurf enthielt die Martens'sche Klausel in der Präambel. Auch bei der CDDH sprach sich das IKRK für eine Erwähnung in der Präambel aus, vgl. CDDH/I/SR.6, Ziff.9

5 Kalshoven 1974, S.30

6 Salmon als einer ihrer Verfechter schreibt zur westlichen Haltung: "...les occidentaux ont joué un jeu totalement négatif...", vgl. ders. in Cassese (Proceedings) S.33. Ohne die unnachgiebige westliche Haltung hätte nach Ansicht dieses Autors der norwegische Vorschlag Durchsetzungschancen gehabt, das humanitäre Völkerrecht einheitlich auf alle Konflikte oberhalb einer bestimmten Intensitätsschwelle anzuwenden, vgl. ebd. Cassese spricht von einer geschlossenen Ablehnungsfront aus sozialistischen und Drittweltstaaten gegen den westlichen Vorschlag, vgl. ders., in Cassese 1979, S.467. Kalshoven schreibt: "Not surprisingly, the proponents of the idea of bringing wars of national liberation under the scope of Article 2 of the 1949 Conventions were not in the least impressed by this Western proposal. In fact, they did not even regard it as an alternative to their ideas but rather as a useful addition", vgl. Kalshoven 1974, S.31

deshalb ebenso auf Ablehnung stieß wie ein kanadischer Vorschlag, wonach die Anwendbarkeit des I.ZP auf spezifische Situationen Gegenstand einer besonderen Resolution sein sollte[1]. Darin wurde die Gefahr gesehen, daß den nationalen Befreiungskriegen am Ende doch noch die volle rechtliche Stellung als internationaler bewaffneter Konflikt verwehrt bleiben könne[2].

Um den von den westlichen Staaten kritisierten Vorschlägen zum Durchbruch zu verhelfen, unternahmen deren Autoren daraufhin Bemühungen, die Texte CDDH/I/5 und CDDH/I/11 in einer einheitlichen Kompromißformel zu verschmelzen. Dabei ging es besonders den Ostblockstaaten und weiteren Initiatoren des Textes CDDH/I/5 um eine Begrenzung des Wortlauts auf koloniale Situationen (einschl. der als "colonies of settlement" verstandenen Fälle), Fremdbeherrschung und rassistische Regimes (zum Begriff s.u. F.III.1.b.dd.ccc.), um die Berufung auf das SBR im eigenen Machtbereich von vornherein auszuschließen[3]. Dies führte schließlich zu dem von Nigeria eingebrachten[4] Änderungsvorschlag CDDH/I/41, der von CDDH/I/11 die Erwähnung des SBR, von CDDH/I/5 die Aufzählung der Anwendungsfälle übernimmt:
"The situations referred to in the preceding paragraph include armed conflicts where peoples fight against colonial and alien domination and against racist régimes in the exercise of their right of self-determination, as enshrined in the United Nations Charter and defined by the Declaration of principles of International Law concerning Friendly Relations and Cooperation among States in accordance with the Charter of the United Nations"[5].

Der Text des Vorschlags CDDH/I/41 enthält keinen Hinweis auf eine etwa notwendige Anerkennung der jeweiligen Befreiungsbewegung[6] und wird von Sal-

---

1 CDDH/I/SR 3 Ziff.16

2 Abi-Saab in RdC 1979, S.386. Ein deutscher Versuch, die Akzeptanz des Vorschlags CDDH/I/11 durch Vorkehrungen für eine rechtswirksame Bindung der jeweiligen Befreiungsbewegung an das humanitäre Völkerrecht zu erhöhen, fand im Kreise der westlichen Staaten keine positive Resonanz, vgl. Abi-Saab ebd.

3 vgl. Abi-Saab in RdC 1979, S.387. Rumänien unterbreitete einen weitgehend CDDH/I/5 entsprechenden Vorschlag, der auf die Nennung von rassistischen Regimen verzichtete, vgl. CDDH/I/13

4 CDDH/I/5, Ziff.44,45. Der Vorschlag wurde von 51 Staaten unterstützt, vgl. Rosas, S.269

5 Norwegen und Australien, die CDDH/I/11 unterstützt hatten, trugen CDDH/I/41 nicht mit, vgl. Bothe/Partsch/Solf, S.41

6 Die Türkei hatte einen -von den anderen Teilnehmern nicht weiterverfolgten- Text CDDH/I/42 vorgeschlagen, der den Anwendungsbereich auf den Kampf solcher nationaler Befreiungsbewegungen begrenzte, die durch die jeweilige Regionalorganisation ("Regional intergovernmental organisations concerned") anerkannt waren, vgl. Bothe/Partsch/Solf, S.42 sowie Abi-Saab RdC 1979, S.388

mon inhaltlich als Sieg der Ostblockstaaten gewertet, da der bloße Hinweis auf die insoweit als "suffisament ambigu" bezeichnete Friendly-Relations-Declaration Möglichkeiten der "kreativen Auslegung" eröffnet hätte. Diese Möglichkeit sei durch Eingrenzung auf die genannten drei spezifischen Situationen verbaut worden[1].

Selbst diese engere Formulierung ließ einigen lateinamerikanischen Staaten keine Ruhe. Sie fürchteten, der Einfluß der USA auf verschiedene Staaten der Region könne von interessierter Seite als "alien domination" interpretiert werden. Dies hätte die Möglichkeit eröffnet, manche innerstaatliche Guerillaauseinandersetzung als nationalen Befreiungskrieg zu deklarieren. Ergebnis solcher Befürchtungen war schließlich Veränderungsvorschlag CDDH/I/71, dessen wesentlicher Unterschied zu CDDH/I/41 die Ersetzung des Wortes "alien domination" durch die Formel "alien occupation" ist[2]. Dabei zielen die Begriffe "colonial domination" und "racist régime" wesentlich auf das südliche Afrika (Südafrika, Namibia, Rhodesien und die portugiesischen Kolonien), während der Begriff "alien occupation" das Palästinenserproblem betrifft[3].

Die USA und einige europäische Verbündete wandten sich vehement gegen diesen Vorschlag[4]. Die Vertreter von sozialistischen Staaten und Dritter Welt zeigten allerdings kein Interesse an einem wie auch immer gearteten Kompromiß. Nach einem erfolglosen Versuch der westlichen Staatenvertreter, die Abstimmung auf das Folgejahr zu verschieben und das höchst kontroverse Thema zwischenzeitlich im Rahmen einer zu bildenden Arbeitsgruppe erneut zu disku-

---

1 Salmon 1976, S.37. Salmon macht den Westen dafür verantwortlich, daß sich der einer extensiv-evolutiven Auslegung eher zugängliche Vorschlag CDDH/I/11 nicht behaupten konnte. Cassese sieht hier eher die Verantwortung beim Souveränitätsdogma der sozialistischen Staaten, vgl. ders. in Cassese (Proceedings), S.17, bedauert aber im übrigen, daß der Westen nicht auf die Staaten der Dritten Welt zugegangen sei, vgl. ders. in Cassese 1979, S.468. Koenig weist darauf hin, daß der wegen seiner bloßen Bezugnahme auf die FRD in seinem Inhalt recht weite Vorschlag CDDH/I/11 "weitestgehend erst durch den Filter der drei konkreten Fallgruppen entschärft" wurde, vgl. Koenig, S.125

2 Der Vorschlag wurde eingebracht von Argentinien, Honduras, Mexiko, Panama und Peru, vgl. Bothe/Partsch/Solf, S.42, sowie Abi-Saab RdC 1979, S.395

3 Baxter, in Harvard Journal, S.12. Gornig betont, die Protagonisten dieser Formulierung hätten bei der CDDH niemals einen Hehl daraus gemacht, daß es ihnen allein um die genannten konkreten zeitgeschichtlichen Fälle ging, vgl. ders. S.21

4 Dabei wurde deutlich auf die schädliche Wirkung auf die internationale Gemeinschaft hingewiesen, vgl. Graham S.35

tieren[1], wurde dieser Textvorschlag für Art.1 schließlich zur Abstimmung gebracht und vom 1. Ausschuß mit 70:21:13 Stimmen angenommen[2].

Damit war der westliche Vorschlag, dem Problem der nationalen Befreiungskriege durch einen Hinweis auf die Martens'sche Klausel in Art.1 ZP I, durch einen entsprechenden Hinweis auf nationale Befreiungskämpfer in der Kombattantenregelung desArt.42 ZP I sowie durch ZP II Rechnung zu tragen "effectively killed"[3].

CDDH/I/71 wurde von den ihn unterstützenden Staaten überwiegend als lediglich deklaratorisch für bestehendes Völkerrecht betrachtet[4]. Er fand Eingang in den Bericht des 1. Ausschusses, der dem Plenum die Annahme empfahl[5]. Dort kam es für die Anwälte der nationalen Befreiungskriege darauf an, diesen Er-

---

1 Besonders Neuseeland und Kanada hatten sich um die Einsetzung einer Arbeitsgruppe bemüht, dies stieß jedoch auf beharrlichen und letztlich erfolgreichen Widerstand, vgl. Bothe/Partsch/Solf, S.42. Vgl. auch Abi-Saab RdC 1979, S. 388,390

2 Alle arabischen, afrikanischen und sozialistischen Staaten stimmten dafür, ebenso Asien (Korea stimmte mit nein, die Philippinen, die Türkei und Burma enthielten sich). Neun lateinamerikanische Staaten stimmten dafür (Mexiko, Argentinien, Panama, Peru, Honduras, El Salvador Venezuela, Kuba, Trinidad und Tobago), eines dagegen (Uruguay) und vier enthielten sich (Brasilien, Chile, Kolumbien und Guatemala). Die meisten westlichen Staaten stimmten dagegen, sechs enthielten sich (Irland, der Heilige Stuhl, Schweden, Österreich, Griechenland und Australien) drei stimmten dafür (Norwegen, Finnland und Zypern). Vgl. für einen Überblick über die Stimmabgabe Salmon 1976, S.36; Lysaght, S.354 sowie Abi-Saab in RdC 1979, S.389, der darauf hinweist, daß viele der sich enthaltenden und auch einige der negativ abstimmenden Staaten ihr Abstimmungsverhalten in Erklärungen weniger mit prinzipellen Gründen als mit der verwendeten Formulierung erläuterten.

3 Kalshoven 1974, S.31

4 Rosas, S.270. Der Text findet sich in CDDH/I/SR 13 Ziff.42. und lautet:

"1. The present Protocol, which supplements the Geneva Conventions of August 12, 1949, for the Protection of War Victims, shall apply in the situations referred to in Article 2 common to these Conventions.
2. The situations referred to in the preceding Paragraph include armed conflicts in which peoples are fighting against colonial domination, alien occupation and racist régimes in the exercise of their right of self-determination, as enshrined in the Charter of the United Nations and the Declaration on Principles of International Law concerning Friendly Relations and Cooperation among States in accordance with the Charter of the United Nations.
3. The High Contracting Parties undertake to respect and to ensure respect for the present Protocol in all circumstances.
4. In cases not included in the present Protocol or in other instruments of treaty law, civilians and combatants remain under the protection and authority of the principles of international law derived from established custom, from the principles of humanity and from the dictates of public conscience"

Der Wortlaut entspricht bis auf minimale -inhaltlich nicht relevante- sprachliche Veränderungen und geringfügige Umstellungen (so wurde Abs.2 zu Abs.4 der Endversion) dem endgültigen Text des Art.1(4) I.ZP. Art.1 Ziff.1 entspricht dem o.g. Entwurf des IKRK, Art.1 Ziff.3 entspricht dem Art.1 der vier GK'en, Art.1 Ziff.4 enthält die Martens'sche Klausel

5 CDDH/I/81 zitiert nach Abi-Saab in RdC 1979, S.390

folg abzusichern. Hierfür erschien die bislang praktizierte bloße "Kenntnisnahme" der Ausschußberichte durch das Plenum nicht ausreichend. Umgekehrt war man sich bewußt, daß eine Abstimmung im Plenum über den vom 1. Ausschuß zur Annahme vorgeschlagenen Art.1 unweigerlich erbitterte Kontroversen über die nationalen Befreiungskriege auslösen würde, mit unabsehbaren Folgen bis hin zum Scheitern der gesamten CDDH durch Rückzugs wichtiger westlicher Staaten, allen voran der USA[1]. So duldeten die Gegner des Art.1 - Textes schließlich die Annahme des Ausschußberichts in der Form einer - bezeichnenderweise ohne Abstimmung herbeigeführten - Resolution des Plenums, worin die im 1. Ausschuß erfolgte Annahme des Textvorschlags für Art.1 "begrüßt" wird[2].

Die beschriebene, bis zur Abstimmung kontroverse Genese des Art.1 im 1. Ausschuß und seine Behandlung durch das Plenum machen deutlich, daß sich Gegner und Befürworter der Einbeziehung nationaler Befreiungskriege in den Bedeutungsgehalt des Begriffs "internationaler bewaffneter Konflikt" bei der CDDH von Anfang an und bis zuletzt im Grunde unversöhnlich gegenüberstanden[3]. Auch wenn eingeräumt werden kann, daß es einigen Verfechtern nationaler Befreiungskriege tatsächlich in erster Linie um eine humanitär inspirierte Anpassung des humanitären Völkerrechts an ein zeitgeschichtlich bedeutsames Konfliktphänomen ging[4], so war doch der überwiegende Teil der Teilnehmer zumindest im gleichen Maße von rein politischen Erwägungen geleitet.

---

1 Kalshoven 1974, S.31

2 Vgl. Forsythe 1975, S.80, für den diese Formulierung zunächst die Tür für weitere Verhandlungen zum Thema offenhielt. Diese fanden jedoch nicht mehr statt, s.u.. Vgl. auch Graham, S.37

3 Demgegenüber erweckt Abi-Saab den Eindruck, als habe man weniger am Prinzip als am Wortlaut Anstoß genommen und als habe es der spätere Art.96(3) I.ZP vermocht, den wesentlichen Teil der -vor allem westlichen- Kritik an Art.1 aus dem Weg zu räumen. Er begründet dies u.a. mit dem deutschen Vorstoß einer ausdrücklichen Bindung der nationalen Befreiungsbewegungen an die Konventionen und Protokolle sowie auf entsprechende Wünsche westlicher Staaten in einer 1975 anläßlich des zweiten Zusammentretens der CDDH gegründeten informellen Arbeitsgruppe, vgl. ders. in RdC 1979, S.386. Die Argumentation Abi-Saabs übersieht jedoch, daß der endgültige Text auch i.V.m. Art.96(3) I.ZP der in langen Debatten vorgetragenen Kritik der westlichen Staaten an der Aufwertung nationaler Befreiungskriege als internationale Konflikte nicht gerecht wird. Wie dargelegt, war die schließlich von den Kritikern bei der Präsentation von CDDH/I/71 geübte Zurückhaltung von dem Bestreben beseelt, die CDDH nicht an dieser Frage scheitern zu lassen. Diese Haltung darf jedoch keinesfalls mit wirklicher Zustimmung verwechselt werden. Dies zeigt sich an den extrem divergierenden Auslegungen der Artikel 1(4) und 96(3), aber auch an den interpretativen Erklärungen einiger Staaten bei der Endabstimmung, die beredtes Zeugnis ablegen von den fortbestehenden Divergenzen, vgl. dazu unten F.III.1.b. und c.

4 Dies unterstreicht Kalshoven, vgl. ders. 1974, S.32. Eine solche Motivation wird man z.B. der von Prof. Abi-Saab angeführten ägyptischen Delegation unterstellen können, die sich einerseits zu einem weiteren Verständnis des SBR nach der FRD bekannte, anderer-

Im weiteren Verlauf der Konferenz ergaben sich keine neuen Debatten um den vom 1. Ausschuß eingebrachten Textvorschlag zu Art.1. Dieser kam erst im Jahre 1977 gegen Ende des 4. Zusammentretens der CDDH zur Abstimmung, nachdem Versuche der USA, über Art.1 in seiner vom 1. Ausschuß vorgeschlagenen Form im Wege des Konsensverfahrens zu beschließen, am israelischen Insistieren auf einem explizit negativen Votum gescheitert waren. Art.1 wurde schließlich in seiner heutigen Form mit 87:1:11 Stimmen angenommen[1].

Über die Gründe, weshalb der Westen sich im Verlauf der Konferenz nicht noch nachhaltiger gegen Art.1 ZP I zur Wehr gesetzt hat und einige der Kritiker im Ausschuß später zustimmten kann nur spekuliert werden. Dazu zählte sicher das Bestreben, nicht die gesamte CDDH scheitern zu lassen, andererseits vermutlich auch praktische Erwägungen, da der Wortlaut der Vorschrift i.V.m. der Anwendbarkeitsklausel des Art.96(3) ZP I eine sehr restriktive Auslegung ermöglicht, die Art.1(4) letztlich als "toten Buchstaben" erscheinen lassen [2]. Dies war eine "elegantere" Lösung als ein sichtbar negatives Abstimmungsverhalten bei einem von einer Mehrheit der CDDH-Teilnehmer derart politisierten Thema. Darüber hinaus konnte nach Abschluß der Dekolonisierung eine Verwicklung westlicher Staaten in nationale Befreiungskriege als sehr unwahrscheinlich gelten[3]. Vor dem Hintergrund dieser Tatsache wurde vereinzelt als taktisch und politisch unklug bezeichnet, daß die westlichen Staaten dem Art. 1(4) ZP I bei der CDDH überhaupt Widerstand entgegensetzten[4]. Den Anwendungsbereich der Vorschrift einengende Abstimmungserklärungen können als Hinweis dafür gewertet werden, daß nicht wenige westliche Staaten ihren Widerstand beibe-

---

seits aber auch vehement um ein starkes und funktionierendes ZP II kämpfte, vgl. dazu unten F.I.2.b.aa.bbb.

1 CDDH/I/SR 36 Ziff.58; zitiert nach Abi-Saab in RdC 1979, S.392. Lysaght weist darauf hin, daß alle westlichen Staaten, die sich bei der Abstimmung im Ausschuß der Stimme enthalten hatten, bei der Abstimmung im Plenum nunmehr für Art.1(4) stimmten, vgl. ders. S.354. Koenig weist darauf hin, daß von allen gegen CDDH/I/71 gestimmt habenden Staaten nur Israel noch gegen Art.1(4) stimmte. Sogar eine Reihe der vorherigen Gegner des Vorschlags CDDH/I/71 stimmte später für Art.1(4) ZP I (Liechtenstein, Luxemburg, Neuseeland, Niederlande, Südkorea, Schweiz, Uruguay, Belgien Dänemark), vgl. Koenig, S.127. Das gegenüber dem Ausschuß geänderte Abstimmungsverhalten einiger Kritiker der Regelung wird von Abi-Saab zu Unrecht als echter Stimmungsumschwung interpretiert.

2 Vgl. zur Auslegung der beiden Vorschriften unten F.III.1.b.und c.

3 Hierauf weist Roberts hin, vgl. ders. S.126.

4 Vgl. Lysaght, S.354,353. Dieser Autor resümiert: "It is doubtful what purpose this lost struggle serverd as no vital interest of western countries is any longer affected by wars of national liberation as defined in Protocol I", vgl. ders. S.360. Diese Kritik ist jedoch nicht ganz berechtigt: wie noch zu zeigen sein wird, hat Art.1(4) ZP I ein erhebliches Maß an Rechtsunsicherheit geschaffen, da er aufgrund seiner begrifflichen Unklarheit mit Leichtigkeit auch im Sinne eines sehr weiten Anwendungsbereichs ausgelegt werden kann, s.u. F.III.1.b.

hielten, ihn der politischen Optik wegen jedoch lieber in den Bereich der Auslegung der Vorschrift verlagerten, wozu sich der Text des Art.1(4) ZP I ja geradezu anbietet[1].

bbb) Nicht-internationale bewaffnete Konflikte

Ausgangspunkt und Grundlage der Erörterungen der nicht-internationalen bewaffneten Konflikte bei der CDDH waren Vorarbeiten des IKRK und der o.g. genannten Konferenzen von Regierungsexperten aus dem Jahre 1971 und 1972, welche mit wachsender internationaler Beteiligung durchgeführt worden waren[2]. Aus diesen Vorarbeiten ging 1973 ein 47 Artikel umfassender IKRK-Entwurf für ein ZP II hervor, der als Basis für die Beratungen bei der CDDH diente und in Art.1 eine Festlegung des sachlichen Anwendungsbereichs enthielt[3]. Bothe weist darauf hin, daß das IKRK von Anfang an - in realistischer Einschätzung des internationalen Umfeldes- vom Konzept zweier ZP'e ausge-

---

1 Häufig zitiert wird die Interpretationserklärung Großbritaniens zum Begriff des "bewaffneten Konflikts" in Art.1 (4) ZP I, vgl. hierzu Lysaght, S.355. Auch Koenig geht davon aus, daß das schließlich geänderte Abstimmungsverhalten ehemaliger Gegner des Vorschlags CDDH/I/71 keinen echten Sinneswandel in der Sache widerspiegelt, vgl. ders. S.127

2 Wyss, S.47

3 Der Text der Anwendbarkeitsvorschrift lautet:
"Article 1 - Material field of application
1. The present Protocol shall apply to all armed conflicts not covered by Article 2 common to the Geneva Conventions of August 12, 1949, taking place between armed forces or other organized armed groups under responsible command.
2. The present Protocol shall not apply to situations of internal disturbances and tensions, inter alia riots, isolated and sporadic acts of violence and other acts of a similar nature.
3. The foregoing provisions do not modify the conditions governing the application of Article 3 common to the Geneva Conventions of August 12, 1949."
Danach sollte das ZP II anwendbar sein auf "armed conflicts taking place between armed forces or other organized groups under responsible command."
Vgl. Text bei Levie 1987, S.23. Das IKRK beschrieb bei der CDDH die bewaffneten Gruppen unter verantwortlicher Führung als "organic structure, system of competence and responsibility, subjected to a system of internal discipline", vgl. Levie 1987, S.29. Cassese betont, daß nach dem IKRK-Entwurf die Anwendbarkeitsschwelle nicht sehr hoch angesetzt war (ein gewisser Organisationsgrad und eine verantwortliche Führung reichen aus), und daß der IKRK-Entwurf in strenger Beschränkung auf humanitäre Aspekte der nichtstaatlichen Konfliktpartei keinerlei Sonderstatus zubilligte, vgl. ders., in Cassese 1979, S.493. Interessant ist auch, daß nach diesem Text -im Gegensatz zum schließlich verabschiedeten Text - das ZP II auch ohne Verwicklung einer staatlichen Konfliktpartei anwendbar sein sollte. Bothe weist darauf hin, daß schon in diesem Entwurf bestimmte IKRK-Vorstellungen nicht mehr enthalten waren, welche auf Interventionen einiger Regierungsexperten fallengelassen worden waren, vgl. ders. S.85. Ciobanu spricht von einer "Uncertainty as to the precise meaning of the proposed text", da die Begriffe in Art.1 Abs.2 nicht näher definiert werden und offen bleibt, ob es dem innerstaatlichen Recht überlassen bleiben sollte, ihren Inhalt zu bestimmen. Darüberhinaus räume der Text durch die "inter alia"-Formel (Abs.1) und den Hinweis auf "Other acts of a similar nature" (Abs.2) dem betreffenden Staat eine enorme Auslegungsmacht ein, die die Anwendung des Begriffs sehr erschweren würde, vgl. ders. 1975, S.60.

gangen war und damit nicht auf die "grande idée de la Conférence de Stockholm" (1948) zurückgekommen ist, ein einheitliches Protokoll für internationale und nicht-internationale bewaffnete Konflikte zu entwerfen[1]. Dabei erwies sich die Vorschrift über die sachliche Anwendbarkeit als Schlüsselvorschrift für das ZP II insgesamt. Dies belegen Erklärungen einiger Delegationen, zum sonstigen Inhalt des Protokolls erst dann Stellung nehmen zu wollen, wenn zuvor der Anwendungsbereich geklärt sei [2]. Auch hier bestätigte sich das bereits oben E.I.4. erwähnte und von einigen Delegationen auch explizit angesprochene[3] Verhältnis zwischen Anwendbarkeitsschwelle und Regelungsdichte im Bereich nicht-internationaler Konflikte. Das IKRK beschrieb seinen Entwurf als Entscheidung zugunsten des Prinzips "niedrige Anwendungsschwelle bei eher einfacher Regelungsdichte" [4]. Dadurch sollte sichergestellt werden, daß ZP II zwar nicht bereits bei inneren Unruhen etc., jedoch andererseits bereits deutlich vor Erreichen des Niveaus eines "ausgewachsenen" Bürgerkrieges anwendbar sein sollte[5].

Der IKRK-Entwurf für ZP II hatte beabsichtigt, alle nicht-internationalen bewaffneten Konflikte, darunter auch die sog. nationalen Befreiungskriege, einheitlich zu regeln. Nachdem die letzteren jedoch - im Sinne sozialistischer und Drittweltstaaten wunschgemäß - dem Anwendungsbereich von ZP I unterstellt worden waren[6], verloren viele der genannten Staaten schnell das Interesse an humanitären Regeln für innerstaatliche Konflikte, ja dieses Interesse kehrte sich, nachdem die Befreiungsbewegungen "bedient" waren, in eine explizite Zurückhaltung gegenüber Versuchen einer möglichst weitgehenden Erfassung

---

[1] Vgl. Bothe, S.88. Österreich bekannte sich bei der CDDH zu dem 1948 gescheiterten Ansatz und forderte ein Maximum an humanitärem Schutz in nicht-internationalen Konflikten, vgl. Levie 1987, S.37,38. Der Vertreter Norwegens bezeichnete die schlichte Tatsache der Existenz zweier Zusatzprotokolle mit unterschiedlichem Schutzniveau für die Opfer bewaffneter Konflikte als "selective humanitarianism", vgl. Levie 1987, S.39. Ähnlich auch Finnland (vgl. Levie 1987, S.54)

[2] So z.B. Italien (vgl. Levie 1987, S.44); Dänemark (vgl. Levie 1987, S.54); Frankreich (vgl. Levie 1987, S.34)

[3] So z.B. Großbritannien (vgl. Levie S.52)

[4] Vgl. Bujard für das IKRK bei Levie 1987, S.27. Forsythe unterstreicht, daß das IKRK stets eine niedrige Anwendbarkeitsschwelle befürwortet und versucht hatte, Kriterien zu vermeiden, die den erforderlichen Organisationsgrad definieren oder eine gewisse Konfliktdauer bzw. die Besetzung von Gebiet zum Inhalt hätten, vgl. ders. 1978, S.284

[5] L.C. Green 1977, S.8. Der Entwurfstext stellte trotz der einschränkenden Kriterien in Nr. 2 sicher, daß ein großer Bereich interner Konflikte von ZP II erfaßt würde, vgl. Forsythe 1978, S.284.

[6] Die Regelung nationaler Befreiungskriege durch das internationalen Konflikten gewidmete ZP I ist für De la Pradelle ein "transfer abusiv", der ZP II seines wichtigsten Regelungsgegenstandes beraubt habe, vgl. ders. S.19.

innerstaatlicher Konflikte durch das humanitäre Völkerrecht um[1]. Verschiedene Staaten reagierten bereits während der ersten Sitzungsphase der CDDH auf Art.1 des IKRK-Entwurfs mit restriktiven Änderungsvorschlägen, welche die sachliche Anwendbarkeit an Voraussetzungen knüpfte wie z.B. die dauerhafte Besetzung von Gebiet durch die nichtstaatliche Konfliktpartei, die fortgesetzte und effektive Kontrolle dieses Gebiets oder die ausdrückliche Anerkennung des Vorliegens der sachlichen Anwendbarkeitsvoraussetzungen durch den Staat, auf dessen Gebiet sich der Konflikt abspielt[2]. Wie bereits bei den Diskussionen um den Anwendungsbereich des ZP I profilierte sich auch im Bereich der nicht-internationalen Konflikte Vietnam als Protagonist des bellum iustum-Gedankens mit der Forderung, Art.1 und damit des ZP II nur auf solche nicht-staatlichen bewaffneten Verbände anzuwenden, welche die "Unterstützung des Volkes" genießen[3].

Das Zögern gegenüber völkerrechtlichen Regelungen im innerstaatlichen Bereich wurde teilweise auch damit erklärt, daß anders als beim internationalen Konflikt die Bindung des Gegners an die Regeln des humanitären Völkerrechts nicht selbstverständlich sei und somit den humanitär-völkerrechtlichen Beschränkungen des eigenen Verhaltens (in der Situation einer Herausforderung des innerstaatlichen Gewaltmonopols) keine gleichartigen Bindungen des Gegners gegenüberstünden[4].

---

1 Vgl. Kosirnik, S.519; Wyss, S.71,72; Condorelli S.388, Forsythe 1978, S.279; Lysaght, S.382 sowie Bothe, S.86, 87, der allerdings die sozialistischen Staaten im Bereich des ZP II näher an den westlichen Staaten sieht als an den Staaten der Dritten Welt, aus deren Mitte somit der wesentliche Teil des Widerstandes gegen ZP II stammte. Wyss bedauert, daß viele der für eine Humanisierung innerstaatlicher Konflikte erforderlichen Regelungen auf diese Weise nicht realisiert werden konnten. Damit wurde eine wichtige Chance vertan, da für das Ende der neunziger Jahre ebenso wie noch Mitte der achtziger Jahre gilt, daß eine die Lücken füllende Ergänzung der humanitären Normen im Bürgerkrieg "nicht absehbar und in nächster Zeit wohl auch nicht zu erwarten" ist, vgl. Wyss, S.72. Graham schreibt zur Lage des ZP II -Entwurfs nachdem die Befürworter der nationalen Befreiungskriege sich bei den Beratungen des Art.1 im 1. Ausschuß durchgesetzt hatten: "No amendment can reinstate a feeling of necessity for this document, now rendered moot for all intents and purposes", vgl. ders. S.62

2 Forsythe 1978, S.284. Vgl. den Text der betreffenden Änderungsvorschläge Vietnams, Rumäniens, Indonesiens, Brasiliens bei Levie 1987, S.23-26.

3 Vietnam wollte in Art.1 Abs.1 allen Ernstes die Formel "...and having the support of the population" einfügen, vgl. den Text bei Levie 1987, S.26. Der Vertreter Vietnams erläuterte diese Haltung später vor dem 1. Ausschuß: "The party in conflict with the lawful government should at least be fighting for a just cause in order to have that popular support...", vgl. Levie 1987, S.36

4 Auf diesen Aspekt weist Condorelli hin, vgl. ders. S.388. Vgl. zu den Begründungen für die Bindung einer nichtstaatlichen Konfliktpartei an das Völkerrecht die Ausführungen oben bei D.I.2.a.aa. sowie E.I.4.

Der Aspekt der mangelnden Bindung des nichtstaatlichen Gegners wurde z.B. durch Kolumbien explizit zum Ausdruck gebracht. Der kolumbianische Delegierte begründete die Ablehnung selbst der enger gefaßten Endversion des Art.1 durch sein Land u.a. mit der

Es kann daher kaum verwundern, daß die Debatten um den Entwurf des IKRK für ein ZP II durch starke Widerstände und Befürchtungen vieler Staaten gegenüber einer allzu weitgehenden Regelung nicht-internationaler bewaffneter Konflikte geprägt waren[1]. Es zeigte sich, daß ein nicht unerheblicher Teil der Konferenzteilnehmer dem Grundsatz der Nichteinmischung und der nationalen Souveränität gegenüber dem Ziel einer verbesserten humanitär-völkerrechtlichen Regelung innerstaatlicher Konflikte klar den Vorzug gab[2]. Zwar bekannten sich alle Delegationen zum allgemeinen Ziel der Humanität im nicht-internationalen Konflikt, jedoch betraf ZP II aus der Sicht nicht weniger Staaten eine zunächst einmal rein innerstaatliche Angelegenheit [3]. Zumindest dürfe diese Frage ausschließlich vom Standpunkt der staatlichen Souveränität aus betrachtet werden. Völkerrechtliche Regelungen dieser Materie müßten daher in jeder Hinsicht dem Schutz der Souveränität Rechnung tragen. Nur wenige Delegationen räumten dem - angesichts der Konfliktrealitäten dringlichen - Ziel einer Verbesserung des humanitären Schutzes im innerstaatlichen Konflikt eine eigenständige Bedeutung ein gegenüber dem Interesse des Staates an völliger Handlungsfreiheit bei Rebellion und Aufstand[4]. Vielmehr zieht sich die Befürchtung einer Beeinträchtigung der nationalen Souveränität und einer Einmischung in innere Angelegenheiten wie ein roter Faden durch die Redebeiträge vieler Staaten besonders der Dritten Welt. Dabei wurde immer wieder der Verdacht geäußert, der Schutz des Menschen in bewaffneten Konflikten könne als Vorwand für bewaffnete Interventionen oder subversive Kriege und Aggression durch Stellvertreter dienen, wobei gerade die jungen und in ihrer Souveränität und Unabhängigkeit noch nicht gefestigten Staaten der Dritten Welt bevorzugtes Opfer derartiger Aktivitäten seien[5]. Gefordert sei daher "Realismus" in

---

Behauptung, daß abtrünnige Streitkräfte und bewaffnete Gruppen durch ein völkerrechtliches Instrument nicht gebunden werden könnten, vgl. Levie 1987, S.84

1 Die Möglichkeit eines Widerspruchs zwischen dem IKRK-Text und der staatlichen Souveränität sahen u.a. (Seitenangaben jeweils bezogen auf Levie 1987) die UdSSR (S.26), die Phillippinen (S.26), Argentinien (S.30 und S.55), die DDR (S.32), Indonesien (S.35), Rumänien (S.43), Jugoslawien (S.47)

2 Wyss, S.47. Für Kalshoven "pervertierte" dies die Diskussionen über ZP II, vgl. ders.1977, S.111. Condorelli erklärt dies mit der Virulenz innerstaatlicher Konflikte in vielen Staaten der Dritten Welt, vgl. ders. S.387,388. Mit Blick auf einige Teilnehmerstaaten aus der Dritten Welt schreibt Cassese: "They feared that any outside encroachments on their sovereignty might be a possible attempt on theit territorial integrity and political independence", vgl. ders. in Cassese 1979, S.493

3 Indonesien (Levie 1987, S.35)

4 Dies waren vor allem die westlichen Staaten, vgl. hierzu Lysaght, S.383

5 So wies der Vertreter Mexikos darauf hin, der Schutz der Opfer von Konflikten sei gerade immer wieder als Vorwand für bewaffnete Interventionen mißbraucht worden. Dies führe bei seiner Delegation zu einem "great deal of mistrust" gegenüber ZP II, vgl. Levie 1987, S.49. Der Vertreter Iraks wird zitiert: "In his view, Article 1 and the Protocol could cut both ways. Subversive wars predominated at the present time, and intervention

den Bemühungen um eine Verbesserung des humanitären Schutzes in der Situation innerstaatlicher Konflikte, wobei Realismus in diesem Zusammenhang nur Zurückhaltung bedeuten konnte[1].

Ein wesentliches Argument zum Schutz der staatlichen Souveränität lag in der häufig vorgetragenen Forderung, Art.1 habe explizit sicherzustellen, daß allein der von einer gewaltsamen Auseinandersetzung betroffene Staat zur Feststellung des Vorliegens der Voraussetzungen für die Anwendbarkeit des ZP II befugt sei[2].
Restriktive Ambitionen führten auch zu Kritik an der mangelnden Abgrenzbarkeit des IKRK-Textes "nach unten" sowie in zu dem Vorschlag, den Begriff des "nicht-internationalen Konflikts" in Art.1 genauer zu definieren[3]. In die gleiche Richtung zielten Forderungen, die Anwendbarkeit des ZP II von einer effekti-

---

was not always obvious; subversion caused by foreigners through the intermediary of their pawns within the country was unfortunately the most frequent occurence. The new nations were right to be concerned at attempts to conceal that type of aggression or interference with the sovereignty of States", vgl. Levie 1987, S.61. Sehr klar in diesem Zusammenhang auch die bei Levie festgehaltene Erklärung des indischen Vertreters: "The newly-independent developing countries were very jealous of their sovereignty and would guard against any action which might constitute any form of interference in their domestic affairs. Article 3 common to the Geneva Conventions of 1949 had been drafted in an entirely different context, when colonial and imperialist Powers had given an impetus to the former colonies to throw off the yoke of foreign rule and wage wars of independence", vgl. Levie 1987, S.80. Ghana fürchtete, daß ZP II "...could provide an opportunity for mis-interpretations which would accentuate such dissentions in new countries which are still endeavoring to consolidate their political and territorial sovereignty", vgl. Levie 1987, S.85

1 Für die argentinische Delegation z.B. hieß Realismus vor allem, daß nur solche Regelungen sinnvoll seien, die deshalb auch anwendbar seien, weil sie den Bedürfnissen der staatlichen Souveränität Rechnung trügen, vgl. Levie 1987, S.48,50.

2 Forderungen dieser Art wurden z.B. vorgetragen von Rumänien (Levie 1987, S.61), Indien (Levie 1987, ebd.) und Brasilien (Levie 1987, S.58). Letzteres forderte sogar die Anerkennung durch sowohl die Regierung als auch den innerstaatlichen Konfliktgegner. Der ägyptische Delegierte sah in dem Wunsch nach einer Anerkennungserfordernis nicht zu Unrecht eine Wiederbelebung der Doktrin der Anerkennung Aufständischer als Kriegführende: welchen Sinn habe ein ZP II, wenn bereits die Voraussetzungen einer Anerkennung Aufständischer durch die Regierung möglich ist?, vgl. Levie 1987, S. 51. Selbst Länder wie die Mongolei sahen in derartigen Restriktionen eine bedenkliche Verringerung des Opferschutzes, vgl. Levie 1987, S. 45. Westliche Staaten nahmen zwar hin, daß sich der betroffene Staat durch Interpretation des Art.1 der Anwendbarkeit des ZP II in einem gewissen Umfang entziehen kann, sprachen aber im übrigen den Anwendungsvoraussetzungen des Art.1 objektiven und von keiner expliziten Anerkennung abhängigen Charakter zu, vgl. Levie 1987, S. 63 (Italien und Belgien), S.43 (Niederlande).

3 So die Philippinen (Levie 1987, S.26) oder Argentinien (Levie 1987, S.48). Vertreter Österreichs (Levie 1987, S.39) und der Schweiz (Levie 1987, S.41) wiesen darauf hin, daß Definitionen gerade beim Versuch der Abgrenzung des nicht-internationalen Konflikts "nach unten" niemals wirklich befriedigend sein könnten. Der IKRK-Entwurf mit seiner Mischung aus negativen Abgrenzungskriterien nach unten (keine bloßen Unruhen etc.) und oben (kein internationaler Konflikt) sowie positiven Definitionsmerkmalen (bewaffneter Konflikt zwischen bewaffneten Streitkräften oder anderen bewaffneten Gruppen unter verantwortlicher Führung) stelle vor diesem Hintergrund eine gute Arbeitsgrundlage dar.

ven Gebietskontrolle durch die nichtstaatliche Konfliktpartei[1] sowie eine gewisse Intensität und Dauer des Konflikts[2] abhängig zu machen. Es bestand darüber hinaus die Befürchtung, daß durch eine zu niedrige Anwendbarkeitsschwelle des ZP II der nichtstaatlichen Konfliktpartei eine unerwünschte Aufwertung zuteil würde.

Das IKRK verwies immer wieder auf den bereits bei den Regierungskonferenzen 1971 und 1972 manifest gewordenen, dringenden humanitär-völkerrechtlichen Regelungsbedarf für nicht-internationale bewaffnete Konflikte und verteidigte seinen Entwurf gegen Vorwürfe einer Souveränitätsbeeinträchtigung unter Hinweis auf das im ZP II-Entwurf ausdrücklich vorgesehene Interventionsverbot[3], zumal man das Recht zur Bestrafung von Rebellen durch den vorgeschlagenen Text bewußt nicht angetastet habe. Angesichts der möglichen Regelungsvarianten, welche 1971 im Rahmen der Konferenz der Regierungsexperten diskutiert worden seien, handele es sich bei dem vorgelegten Entwurf um einen durchaus gemäßigten und realistischen Text, der eine Wahl zugunsten der Kombination "weiter Anwendungsbereich/geringe Regelungsdichte" belege. Er beinhalte eine klare Abgrenzung vom internationalen Konflikt durch ein negatives Definitionsmerkmal, während die Abgrenzung "nach unten" durch das Merkmal der Konfliktintensität bestimmt werde. Das Verhältnis zum gemeinsamen Art.3 beschrieb das IKRK mit "autonomer Koexistenz"[4].

Die westlichen Staaten standen aus humanitären Gründen völkerrechtlichen Bindungen im innerstaatlichen Bereich eher offen gegenüber[5] und unterstützten in ihrer Mehrheit den IKRK-Entwurf. Dabei wiesen verschiedene Delegationen zu Recht wiederholt darauf hin, daß bereits der völkerrechtliche Schutz der Menschenrechte eine Bresche in die Mauer der Souveränität geschlagen habe und zumindest die "notstandsfesten" menschenrechtlichen Mindestgarantien

---

[1] Forderungen dieser Art wurden bereits zu Anfang gegen den IKRK-Entwurf erhoben von Indonesien (Levie 1987, S.24), Brasilien (Levie 1987, S.25), Vietnam (Levie 1987, S.26).

[2] Indonesien (Levie 1987, S.35,36), Vietnam (Levie, S.36).

[3] Art.4 des IKRK-Entwurfs lautete
Nothing in the present Protocol shall be interpreted as affecting the sovereignty of States or as authorizing third States to intervene in the armed conflict", vgl. Text bei Levie 1987, S.109

[4] Der IKRK-Vertreter verwies auf die 1971 diskutierten sechs Varianten, die von einem einzigen ZP für alle bewaffneten Konflikte bis hin zu einem extrem weiten Anwendungsbereich eines ZP II gereicht hätten, vgl. Levie 1987, S.28.

[5] Lysaght, S.383

auch in Situationen innerstaatlicher Gewalt anwendbar seien[1]. Der Schutz der Opfer nicht-internationaler Konflikte sei eine Angelegenheit von höchster humanitär-völkerrechtlicher Bedeutung, die von den Regierungsexperten 1971 und 1972 auch anerkannt worden war und in ihrer Bedeutung gar nicht überschätzt werden könne. Der Delegierte der Bundesrepublik, Prof. Partsch, erinnerte daran, daß in der Zeit seit dem II.Weltkrieg 80% aller Opfer bewaffneter Konflikte im nicht-internationalen Kontext zu beklagen waren[2]. Auch könne nicht von einer Verletzung der Souveränität gesprochen werden, wenn ein Staat sich einer völkerrechtlichen Bindung unterwirft. Darüber hinaus enthalte bereits der Entwurf des IKRK klare Feststellungen zu Nichtintervention und Schutz der Souveränität. Den Fürsprechern einer restriktiven Anwendbarkeitsregelung für ZP II wurden Inkonsequenz und eine selektive humanitäre Einstellung vorgeworfen, da gerade sie es gewesen seien, die sich im Rahmen des ZP I mit humanitären Argumenten für eine Ausdehnung von dessen Anwendbarkeit auf nationale Befreiungskriege stark gemacht hätten. Dies leiste dem Verdacht Vorschub, daß diese Staaten die Ausdehnung der Anwendbarkeit des ZP I auf nationale Befreiungskriege nicht aus humanitären, sondern aus ganz anderen Gründen gefordert hätten[3]. ZP II sei eine essentielle Ergänzung der bei ZP I getroffenen Regelungen[4]. Von Anfang an legten westliche Staatenvertreter großen Wert auf die Klarstellung, daß der gemeinsame Art.3 der GK'en in seiner Anwendbarkeit durch Art.1 ZP II nicht angetastet würde. Ziel war es, den weiteren Anwendungsbereich des gemeinsamen Art.3 dagegen zu schützen, daß

[1] Der norwegische Delegierte Longva stützte seine Argumentation u.a. auf die Ausführungen des StIGH im "Wimbledon Case", wonach die aus eingangenen vertraglichen Verpflichtungen resultierenden Einschränkungen der staatlichen Souveränität letztlich Ausfluß ebendieser Souveränität seien und man deshalb den vertraglichen Verpflichtungen nicht entgegenhalten könne, diese verletzten die Souveränität, vgl. Levie 1987, S.39. Andere Delegationen unterstrichen, daß der Souveränitätsgrundsatz im heutigen Völkerrecht kein monolithisches Prinzip mehr darstelle (Neuseeland, Levie 1987 S.40). Westliche Staaten wie die Bundesrepublik (Levie 1987, S.42), die Niederlande (Levie 1987, S.44), Italien (Levie 1987, S.45) und Großbritannien (Levie 1987, S.52) betonten, die Befugnis der Staaten beim Umgang mit internen Situationen sei bereits heute durch den internationalen Menschenrechtsschutz und die Anerkennung sog. "notstandsfester" Menschenrechte im modernen Völkerrecht nicht mehr unbeschränkt. Die staatliche Souveränität bilde in diesem Bereich keinen undurchdringlichen Schutzwall mehr.

[2] Vgl. Levie 1987, S.42. Ähnlich Großbritannien (Levie 1987, S.51) sowie die Niederlande (Levie 1987, S.43). Über die Tragweite des Problems bestand auch mit den sozialistischen Staaten kein Dissens, vgl. Forsythe 1978, S.272

[3] Dieses Argument wurde - verständlicherweise nicht ganz ohne Züge von Bitterkeit - insbesondere von Delegationen wie derjenigen Österreichs vorgetragen, die eine Ausdehnung des ZP I auf nationale Befreiungskriege aus rein humanitären Motiven befürwortet hatten und auch für nicht-internationale Konflikte eine deutliche Verbesserung des humanitären Schutzes erhofft hatten: "Public opinion would be astonished at such discrimination", vgl. Levie 1987, S.38. Für Norwegen stellt bereits die getrennte Behandlung internationaler und nicht-internationaler Konflikte in zwei verschiedenen Zusatzprotokollen "selective humanitarianism" dar, vgl. Levie 1987, S.39 und 54

[4] Großbritannien (Levie 1987, S.52)

die engeren Voraussetzungen des Art.1 ZP II in den gemeinsamen Art.3 "hineingelesen" würden[1]. Diese Position, welche im Sinne der wünschenswerten Übersichtlichkeit der Anwendungsvoraussetzungen des humanitären Völkerrechts durchaus mit Nachteilen behaftet war[2], gewann immer mehr den Charakter eines humanitären Dreh- und Angelpunkts, je deutlicher die Tendenzen einer restriktiven Anwendbarkeit hervortraten. Ihre Nachteile wurden aus humanitären Gründen bewußt in Kauf genommen[3]. Westliche Staatenvertreter erkannten und machten deutlich, daß insbesondere die Erfordernisse der Gebietsherrschaft und einer gewissen Intensität und Dauer des Konflikts dem humanitären Zweck des ZP II drastisch zuwiderlaufen würde[4].

Die von der Delegation Nigerias als ihrer Zeit weit vorauseilend[5] bezeichnete "norwegische" Position, wonach bis auf wenige Ausnahmen internationale und nicht-internationale bewaffnete Konflikte im wesentlichen nach den gleichen Regeln zu behandeln seien, hatte deshalb auch zu keiner Zeit eine Durchset-

---

1 Vgl. u.a. die Bundesrepublik Deutschland (Levie 1987, S.42), Österreich (Levie 1987, S.38), Italien (Levie 1987, S.63), Belgien (Levie 1987, S.64 und 81), aber auch z.B. Ägypten (Levie 1987, S.50).

2 Der DDR-Vertreter Graefrath sah in der Schaffung einer neuen Konfliktkategorie durch Art.1 ZP II sogar die Gefahr von Einmischungen in innere Angelegenheiten von Staaten gegeben, da die Formulierung des Art.1 den Umkehrschluß nahelegen könne, der gemeinsame Art.3 betreffe die in Art.1 ZP II ausgeschlossenen inneren Unruhen etc. (Levie 1987, S.31, 32).

3 Pictet als Vertreter der Schweiz bezeichnete die komplizierteren Anwendungsvoraussetzungen des humanitären Völkerrechts im innerstaatlichen Konflikt gegenüber dem Interesse an der Beibehaltung eines möglichst umfassenden Opferschutzes als das kleinere Übel, vgl. Levie 1987, S.41

4 So z.B. die Bundesrepublik (Levie 1987, S.42), Italien ("this would destroy the scope of the Protocol", vgl. Levie 1987, S.44). Abi-Saab, Vertreter Ägyptens und einer der wichtigsten Anwälte einer Einbeziehung der nationalen Befreiungskriege in den Bereich des ZP I, blieb seiner dabei verfolgten Argumentation einer möglichst weitgehenden Erfassung des Guerillakrieges durch das humanitäre Völkerrecht im Gegensatz zu manch anderem Verfechter der nationaler Befreiungskriege treu. In Worten, die an Klarheit nichts zu wünschen übrig lassen, machte er gegen das Erfordenis der Gebietskontrolle geltend, daß diese im Guerillakrieg gerade nahezu bedeutungslos ist: "Such a requirement would then exclude from the ambit of Additional Protocol II many if not most of the contemporary types of internal conflict and would confine it to the relatively rare cases of characterized civil war; it would thus severely limit its real significance and usefulness", vgl. Levie 1987, S.51. Es steht zu vermuten, daß gerade die Richtigkeit dieser Analyse das Erfordernis der Gebietskontrolle für viele um ihre Souveränität besorgte Staaten so interessant machte.

5 Levie 1987, S.49

zungschance[1]. Diese Tendenz bestätigte sich auch bei der - im Konferenzverlauf noch ausgeweiteten - Regelung des Art.3 ("Nichteinmischung")[2].

Entsprechend groß waren auch die Vorbehalte, die insbesondere während der vierten und letzten Sitzungsphase der Konferenz im Jahre 1977 von vielen Teilnehmern dem IKRK-Entwurf für ZP II entgegenschlugen: "Le projet de IIème Protocole proposé par le CICR se voyait ainsi placé sur le banc des accusés..."[3]. Im Verlauf der Arbeiten bildeten sich Staatengruppen mit sehr unterschiedlicher Zielsetzung[4]. Dabei war die Arbeit des 3. Ausschusses zunächst von dem Prinzip geprägt, den gemeinsamen Art.3 durch neue und detailliertere Vorschriften zu regeln. Dies wurde u.a. dadurch begünstigt, daß sich anfänglich viele Staaten der Dritten Welt an den Arbeiten des 3. Ausschusses nicht beteiligten und Artikel mit einfacher Mehrheit verabschiedet werden konnten. Darüber hinaus kam es regelmäßig zur Annahme von Artikeln im Konsensverfahren, sobald die Verfechter einer Position fürchten mußten überstimmt zu werden[5]. So kam es, daß

---

[1] Kalshoven 1977, S.111. Norwegen hatte diese Ansicht auch bereits bei den Konferenzen der Regierungsexperten 1971 und 1972 vertreten, vgl. Bothe, S.88. Der norwegische Delegierte bekräftigte diese Ansicht bei der CDDH mit der Forderung, die CDDH solle "...establish identical legislation for all victims of all armed conflicts", vgl. Levie 1987, S.39

[2] Ursprünglich enthielt der IKRK-Entwurf in Art.4 nur folgenden Text: "Nothing in the present Protocol shall be interpreted as affecting the sovereignty of States or as authorizing third States to intervene in the armed conflict", vgl. Levie 1987, S.109. Dieser Text erfuhr den Zuspruch vieler Staaten. Er wurde im Verlauf der CDDH noch ausgedehnt (vgl. den heutigen Art.3 Absatz 2, Text im Anhang) und um den heutigen Art.3 Abs.1 erweitert, der die Verantwortung der Regierung betont, "mit allen rechtmäßigen Mitteln die öffentliche Ordnung im Staat aufrechtzuerhalten oder wiederherzustellen oder die nationale Einheit und territoriale Unversehrtheit des Staates zu verteidigen", vgl. zum ganzen Wyss, S.121; Text Art.3 ZP II in BGBl 1990 II, S.1640. Kalshoven zu Art.3 Absatz 2: "...indeed, it would be difficult to conceive a more categorical refutation of the idea that an internal armed conflict might be a matter of international concern", vgl. ders. 1977, S.114

[3] Condorelli, S.389. Nicht wenige Konferenzteilnehmer aus der Dritten Welt betrachteten aus Sicht Condorellis den IKRK-Text als Anschlag auf ihre Souveränität.

[4] Cassese nennt folgende Gruppierungen: einen extensiven Anwendungsbereich einschließlich Kampfführungsregeln befürworteten einige westliche Delegationen (Schweden, Norwegen, Italien, Belgien), rein humanitäre Vorschriften ohne Kampfführungsregeln befürworteten die meisten westlichen Delegationen sowie einige sozialistische Staaten und vereinzelt Staaten der Dritten Welt, eine dritte Gruppe war um Einengung des Anwendungsbereichs des ZP II bemüht (Rumänien, Kanada, Vereinigtes Königreich, Kamerun, Ghana), eine vierte Gruppe stellte sich beharrlich gegen jede erweiternde Veränderung der bisherigen Rechtslage (z.B. Indien), vgl. hierzu Cassese, in Cassese 1979, S.495. Ähnlich unterscheidet Forsythe: "..over four years, one could discern the maximalists, the moderates, the minimalists and the monkey-wrenchers", vgl. ders. 1978, S.280. Die Minimalisten hätten völkerrechtliche Regeln für den internen Konflikt nicht völlig abgelehnt, der Souveränität jedoch Vorrang eingeräumt. "Monkey-wrencher" war für Forsythe z.B. Indien, das sogar im Verlauf der Debatten die weitere Berechtigung des gem. Art.3 in Frage stellte, vgl. ebd. S.281 sowie Levie 1987, S.80

[5] Kalshoven 1977, S.111. Zum Konsensverfahren und der Tendenz, inhaltliche Differenzen hinter diesem Abstimmungsmodus zu "verstecken" vgl. oben E.IV.4.a.cc.

der im 3. Ausschuß schließlich erarbeitete - und von westlichen wie sozialistischen Staaten befürwortete[1] - Text für ZP II den IKRK-Vorschlag in seinem Wesen nicht angetastet hatte[2] und vielfach textgleiche Formulierungen mit dem ZP I - Entwurf enthielt[3].

Vor dem Hintergrund des weithin vertretenen Souveränitätsdogmas junger Staaten und angesichts der im Plenum erforderlichen Zweidrittelmehrheit war jedoch absehbar, daß selbst dieser gegenüber dem ursprünglichen IKRK-Entwurf enger gefaßte Text kaum eine Chance der Verabschiedung haben würde[4].

Dies veranlaßte Pakistan (unterstützt durch Kanada) zu einem überraschenden, in seiner Reichweite drastisch reduzierten "Simplified Draft of Protocol II"[5], das die meisten Detailregelungen des Ausschußtextes fallenließ[6] und schließlich - nach einigen weiteren Modifikationen - einmündete in den durch Konsens angenommenen heutigen Text des ZP II, einen Torso des ursprünglichen Entwurfs, mit hoher Anwendungsschwelle, keinerlei Kampfführungsregeln und ohne internationale Überwachungsregelung[7]. Grundlage des pakistanischen Entwurfs war eine Art "Gentlemen's Agreement", wonach die Kritiker des ZP II im Gegenzug zur der durch den pakistanischen Entwurf herbeigeführten radi-

---

1 Forsythe 1978, S.278

2 Bothe, S.86

3 Danach war die sachliche Anwendbarkeitsvoraussetzung enger gefaßt worden und bezeichnete Situationen, in denen abtrünnige Streitkräfte unter einer verantwortlichen Führung stehen und in der Lage sein müssen, einen Teil des Staatsgebiets einer hohen Vetragspartei so zu kontrollieren, daß dauerhafte und zusammenhängende militärische Operationen ausgeführt und das ZP II angewandt werden können, vgl. Lysaght, S.383

4 Kalshoven 1977, S.111. Forsythe schreibt: "...behind the facade of support lay profound reservations about the Protocol by a number of states, most of them in the Third World", vgl. ders. 1978, 178

5 Der Text ist enthalten in CDDH/427, vgl. Levie 1987, S.4. Condorelli spricht von einem "manoeuvre de dernière heure mais soigneusement préparé", vgl. ders. S.390. Die Änderungen stellten nahezu ein neues Protokoll dar, vgl. Forsythe 1978, S.278

6 Dies führte verfahrensbezogen zu folgendem Kuriosum: Um den Vorlagetext des 3. Ausschusses durch den pakistanischen Text ersetzen zu können, war eine Abstimmung des Ausschußtextes Artikel für Artikel erforderlich, wobei eine große Zahl der zuvor im Ausschuß erarbeiteten Artikel "durch Konsens gelöscht" wurden, vgl. hierzu Kalshoven 1977, S.111. Condorelli spricht in diesem Zusammenhang von einem "jeu de massacre", vgl. ders. S.390, Cassese sieht den IKRK-Entwurf "conspicuously mutilated in plenary", vgl. ders. S.496. Zu den fallengelassenen Vorschriften gehörte auch eine noch vom 3. Ausschuß gebilligte Vorschrift, die identisch war mit dem heutigen Art.48 ZP I betreffend die Pflicht zur jederzeitigen Unterscheidung von Zivilbevölkerung. Diese Vorschrift wurde verwässert zugunsten des heutigen Art.13 ZP II, dem sich das allgemeine Prinzip der Unterscheidung zwischen Kombattanten und Zivilisten allenfalls im Wege der Auslegung entnehmen läßt, vgl. Kalshoven 1977, S.119.

7 BGBl 1990 II, S.1639 ff.

kalen Vereinfachung dem ZP II zustimmen würden: "In about two weeks, the work of the previous three years (seven years if one counts pre-Conference negotiations) was changed."[1].

Es wird allgemein anerkannt, daß der pakistanische Vorschlag das Vorhaben eines ZP II für nicht-internationale Konflikte vor dem Scheitern bewahrt hat[2], allerdings für einen hohen Preis: "Selective humanitarianism could exist and did exist, and almost to the point of destroying the Protocol on internal war altogether"[3]. Dabei stand im Mittelpunkt der - teils heftigen - Debatten[4] die Anwendbarkeitsschwelle des Art.1 ZP II, der zum Dreh- und Angelpunkt dafür wurde, daß ein eigenes Zusatzprotokoll für nicht-internationale Konflikte überhaupt zustande kam[5].

Selbst der in seinem Anwendungsbereich wesentlich reduzierte Text des Art.1 hielt verschiedene Delegationen nicht davon ab, ZP II als Gefahr der Einmischung in innere Angelegenheiten von Staaten zu betrachten[6]. So konnte z.B. die kolumbianische Delegation nur mit Mühe zu einem Verzicht auf einen förmlichen Ergänzungsantrag überredet werden, der die Anwendbarkeit des ZP II von einer ausdrücklichen Anerkennung seiner Anwendbarkeitsvoraussetzungen durch die bekämpfte Regierung abhängig gemacht hätte[7]. Art.1 wurde vom Plenum mit 58:5:29 Stimmen angenommen und mit einer größeren Zahl von Abstimmungserklärungen versehen, welche den Debattenverlauf und die fortbestehende Zurückhaltung selbst gegenüber dem schließlich verabschiedeten und stark restriktiven Text des Art.1 widerspiegeln[8]. Dies läßt erkennen, daß die I-

---

1 Forsythe 1978, S.278

2 Kalshoven 1977, S.111

3 Forsythe 1978, S.280. Oeter schreibt: "... The Diplomatic Conference at Geneva in 1974-1977 proved to be a catastrophe for the concept laid down in the ICRC draft", vgl. ders. 1989, S. 467

4 Bothe spricht von "négociations parfois dramatiques", vgl. ders. S.86

5 Vgl. den Text des Art.1 (sachlicher Anwendungsbereich) in BGBl 1990 II, S.1639 sowie im Anhang. Bothe unterstreicht, daß viele Delegationen dem Text nur in dem Wissen zugestimmt haben, daß ein besserer Text im Plenum keine Aussicht auf die erforderliche Zweidrittelmehrheit haben würde, vgl. ders. S.101

6 Z.B. Brasilien, Burundi, Rumänien, Indien, Irak und Nigeria, vgl. die burundische Stellungnahme bei Levie 1987, S.65

7 Levie 1987, S. 74 ff.

8 Kamerun sprach von einem "retrogressive step" (Levie 1987, S.78; folgende Zitate jeweils bezogen auf diese Quelle); Indonesien hielt allein die Regierung zum Umgang mit Rebellion etc. befugt (S.78); Chile erklärte seine Ablehnung damit, daß nach Art.1 auch Dritte über das Vorliegen seiner Voraussetzungen bestimmen könnten (S.79). Indien unterstrich, daß 1/3 aller Delegationen nicht für Art.1 gestimmt und damit ihr Mißtrauen gegen ZP II zum Ausdruck gebracht hätten (S.80); Argentinien lehnte ab wegen ernster Interpretationsprobleme (S.81); Brasilien bestand auf Feststellung der Anwendungsvor-

dee einer internationalen Zuständigkeit für innerstaatliche Konflikte letztlich nicht weniger abgelehnt wurde als 1949 und diese Konflikte trotz des schließlich doch per Konsens zustandegekommenen ZP II weiterhin der "domaine réservé" der Staaten zugeordnet wurde[1]. Der Vertreter Syriens lag mit seiner Bemerkung sicher nicht falsch, daß es in Wahrheit keinen Konsens über die Anwendbarkeit des Art.1 gab[2]. Für Forsythe ist bezeichnend, daß nicht weniger als zwanzig Staaten der Dritten Welt es für richtig hielten, nach der per Konsensverfahren erfolgten Verabschiedung des ZP II noch einmal klarzustellen, daß sie im Falle einer Abstimmung selbst in der "pakistanischen" Version gegen ZP II gestimmt hätten. Das Konsensverfahren drücke keinesfalls materiell-inhaltliche Zustimmung, sondern einen rein auf das Verfahren bezogenen Konsens aus, nicht das zu blockieren, was *andere Staaten* befürworteten[3]. Norwegen konstatierte bei vielen Delegationen bezüglich einer echten Verbesserung des humanitären Schutzes im nicht-internationalen Konflikt einen "lack of political readiness": einige Delegationen hinkten der Geschichte um 50 Jahre hinterher[4].

ZP II wurde nicht zu Unrecht als Ergebnis eines "long diplomatic struggle" bezeichnet[5]. Ursächlich für den schließlich verabschiedeten Text war nicht nur die große Solidarität der Drittweltstaaten[6], welche diese nach Ansicht eines Autors praktisch zum "maître de l'Assemblée Générale des Nations Unies" gemacht hatte[7], sondern auch eine sich aus verschiedenen Motiven speisende, zunehmende Resignation auf seiten der Befürworter einer weitergehenden Regelung für nicht-internationale Konflikte[8]. Besonders diejenigen westlichen

aussetzungen durch die Regierung (S.82); Kolumbien hielt Art.1 für zweideutig und voll subjektiver Elemente (S.83); Indien sprach von "misgivings and fears about this article" (S.85)

1 Kalshoven 1977, S.113

2 Levie 1987, S. 75; ebenso Mexiko (ebd. S.75). Für den Vertreter der Philippinen habe man den Text des Art.1 nur mit Schwierigkeiten und "Verbiage" erreicht, mit der die wahren Differenzen überdeckt werden sollten (ebd. S.87)

3 Forsythe 1978, S. 282

4 Levie 1987, S.66

5 Forsythe 1978, S.272

6 Cassese drückt dies wie folgt aus: "Those countries which were more lukewarm towards Protocol II eventually got the upper hand", vgl. ders., in Cassese 1979, S.496

7 Condorelli, S.389

8 Der Vertreter der Niederlande erklärte die Bereitschaft seines Landes, dem so veränderten Text des Art.1 zuzustimmen, jedoch nach eigenem Bekunden "...in a mood of resignation rather than in a spirit of compromise", vgl. Levie 1987, S.61. Condorelli schreibt: "Dans un climat pareil, même les partisans les plus convaincus du IIième Protocole se laissaient gagner par le découragement et finissaient par désarmer, face au martèlement de ceux qui répétaient inlassablement qu'un Protocole large et bien articulé aurait risqué de ne pas rassembler les deux-tiers des voix requises pour son adoption, qu'en tout cas il

Staaten, welche die Staaten der Dritten Welt anläßlich der Beratungen über das ZP I in ihrem Wunsch nach dessen Anwendbarkeit auf nationale Befreiungskriege unterstützt hatten, zeigten sich von diesem mageren Ergebnis im Bereich des ZP II enttäuscht und sprachen wiederholt von einem "selective humanitarianism"[1].

Die hohe Anwendbarkeitsschwelle des Art.1 ZP II bestätigt die bereits 1949 bei Ausarbeitung des gemeinsamen Art.3 GK'en zutage getretenene allgemeine Tendenz, daß beim nicht-internationalen bewaffneten Konflikt eine höhere Regelungsdichte "erkauft" werden muß durch eine relativ hohe Anwendbarkeitsschwelle. Gemessen an dem Entwurf des IKRK wurde allerdings im Verlauf der CDDH gleichzeitig sowohl die Anwendbarkeitsschwelle drastisch erhöht als auch der Regelungsumfang eingeschränkt. Condorelli kommentiert dies mit folgenden Worten: "L'issue malheureuse de tout ceci est que bon nombre des pratiques inhumaines et cruelles qui sévissent notoirement dans ce genre de conflit va recevoir la bénédiction du droit international qui les considère parfaitement légitimes, au moins du point de vue du droit humanitaire applicable dans les conflits armées"[2]. Trotzdem schreibt Bothe - sicherlich stellvertretend für die Ansicht vieler- über ZP II: "Un rejet du Protocole II dans le vote final aurait été plus désastreux que les défauts et insuffisances du Protocole II adopté"[3].

Gleichwohl ist ZP II nicht zuletzt wegen der verbindlichen Festlegung von Regelungen der Feindseligkeiten im nicht-internationalen bewaffneten Konflikt als wichtiger Fortschritt in der Entwicklung des humanitären Völkerrechts bezeichnet worden[4]. Besonders die im Verlauf der Konferenz gegenüber dem IKRK-Entwurf von 1973 kaum veränderte Präambel beinhaltet umfassende und grundsätzliche humanitäre Ideen für den nicht-internationalen Konflikt[5].

---

n'aurait pas été ratifié par l'écrasante majorité des Etats.... et qu'au fond 'half an egg is better than an empty shell', pour reprendre ici le mot d'ordre qu'on faisait circuler sans arrêt pendant les dernières semaines de la Conférence", vgl. ders. S.389,390. Lysaght sieht einen Grund für den geringen Widerstand des Westens darin, daß wesentliche Interessen nicht berührt wurden, vgl. ders. S.384.

1 Lysaght weist u.a. auf die norwegische Delegation hin, vgl. ders. S.385

2 Condorelli, S.390

3 Vgl. Bothe, S.101

4 Wyss, S.73. Diese weist auch darauf hin, daß die fundamentalen Regeln einer humanen Kriegführung in ZP II bislang im humanitären Völkerrecht nicht bekannt waren, vgl. dies. S.76.

5 Die Beratungen begannen erst Ende April 1977, bereits Anfang Juni erfolgte die Annahme des Textes, vgl. m.w.N. Wyss, S.99. Der Text der Präambel verweist auf den gemeinsamen Art.3 GK'en, unterstreicht den menschenrechtlichen Schutz, erinnert an den

bb) Persönliche Anwendbarkeit

aaa) Kombattantenstatus

Neben der Frage des Charakters nationaler Befreiungskriege als internationale bewaffnete Konflikte gehörten die Voraussetzungen für den Kombattantenstatus zu den am heftigsten diskutierten Themen der Konferenz[1]. Diese Tatsache ist auch durchaus folgerichtig, da die Regelung des Art.1(4) ZP I zwar eine notwendige, keineswegs jedoch eine hinreichende Voraussetzung für den erstrebten Kombattantenstatus für nationale Befreiungskämpfer darstellte: diese konnte nur erreicht werden durch eine weitgehende Veränderung der Kombattantenregelung der III.GK[2].

Ausgangspunkt der Debatte war Art.42 des vom IKRK der CDDH unterbreiteten Entwurfs für ZP I[3]. In einer von Koenig als "schüchterner Zusatz" bezeichneten[4] Fußnote zu Art.42 wurde auch nationalen Befreiungskämpfern für die Dauer ihrer Gefangenschaft eine "Behandlung als" Kriegsgefangene garantiert, sofern sie sich an die Bedingungen des Art.42 halten[5]. Art.42 des IKRK-

notwendigen Schutz der Opfer dieser Konflikte und enthält einen Rückgriff auf die sog. "Martens'sche Klausel", vgl. zum Text BGBl 1990 II, S.1639

1 Mc Coubrey 1998, S. 135; Lapidoth, S.195; Wilson S.173. Vgl. für einen sehr guten Überblick über die geführten Debatten Kussbach 1983, S.396-399 sowie Herczegh, S.169-194

2 Auf den Zusammenhang der sachlichen und persönlichen Anwendbarkeitsregeln weist Lysaght hin, vgl. ders. S.356 sowie oben E.IV.4.c.

3 Art.42 war überschrieben mit "New category of prisoners of war" und lautete:
"In addition to the persons mentioned in Article 4 of the Third Convention, the members of organized resistance movements who have fallen into the hands of the enemy are prisoners of war provided such movements belong to a Party to the conflict, even if that Party is represented by a government or an authority not recognized by the Detaining Power, and provided that such movements fulfil the following conditions:
a) that they are under a command responsible to a Party to the conflict for its subordinates;
b) that they distinguish themselves from the civilian population in military operations;
c) that they conduct their military operations in accordance with the Conventions and the present Protocol"
Text zitiert bei Lapidoth, S.183

4 Koenig, S.120

5 Die Fußnote lautet: "In cases of armed struggle where peoples exercise their right of self-determination as guaranteed by the United Nations Charter and the 'Declaration on Principles of International Law concerning Friendly Relations and Cooperation among States in accordance with the Charter of the United Nations', members of organized liberation movements who comply with the aforementioned conditions shall be treated as prisoners of war for as long as they are detained", zitiert nach Abi-Saab 1979, S.423. Das IKRK war damit dem Rat von Experten gefolgt, welche dazu geraten hatten, die Einordnung von Konflikten anhand subjektiver Motive möglichst ebenso zu vermeiden wie Streitigkeiten über den *Status* der Befreiungskämpfer als Kriegsgefangene, vgl. den Hinweis bei Koenig, S.121

Entwurfs stellt eine weitgehende Veränderung gegenüber Art.4.A.2. III.GK dar. Während das Erfordernis der verantwortlichen Führung durch den Vorschlag gegenüber Art.4.A.2. III.GK eher enger gefaßt wurde[1], vereint er die Erfordernisse des erkennbaren Unterscheidungszeichens und des offenen Waffentragens (Art.4.A.2.b.und c. III.GK) in einem - "freilich sehr unpräzisen"[2] - Kriterium der Unterscheidbarkeit und überläßt dem Kämpfer praktisch auch die Wahl, in welcher Form er sich von der Zivilbevölkerung unterscheidet[3]. Außerdem begrenzt er dieses Erfordernis zeitlich auf militärische Einsätze. Bereits dieser Text ist von Teilen der Literatur mit guten Gründen als unausgewogen zu Lasten des regulär kämpfenden Konfliktgegners kritisiert worden[4]. Für Verfechter der nationalen Befreiungskriege hingegen stellt diese Vorschrift nicht mehr dar als eine Bestätigung bereits weithin akzeptierter Auslegungen des Art.4.A.2. III.GK[5]. Aber auch unabhängig von der Diskussion um die nationalen Befreiungskämpfer wurde die Eingrenzung des Textes auf Widerstandsbewegungen teilweise als ungeeignet für die Erfassung der vielschichtigen Erscheinungsfor-

---

1 Vgl. hierzu Meyrowitz 1973, S.910

2 Bothe/Ipsen/Partsch, S.593

3 vgl. m.w.N. Lapidoth, S.183; Lysaght, S.356. Die Regierungsexperten hatten sich bei den Konferenzen 1971 und 1972 dafür ausgesprochen, die in Art.4.A.2. III.GK enthaltenen Bedingungen des erkennbaren Unterscheidungszeichens und des offenen Waffentragens aufzulockern, ohne dabei das Prinzip aufzugeben, vgl. Meyrowitz 1973, S.911. Kalshoven spricht von einer "most noteworthy innovation", vgl. ders.1977, S.122. Cassese schreibt: "It was sufficient for combatants to manifest their status in some way...", vgl. ders. in Cassese 1979, S.471. Problematisch daran ist, daß es mangels Festlegung der Art und Weise der Unterscheidung im Protokolltext letztlich dem Gewahrsamsstaat überlassen bleibt festzustellen, ob der Gefangene die Unterscheidungspflicht erfüllt hat oder nicht, vgl. Cassese, ebd. S.472

4 Danach läßt der IKRK-Vorschlag zu, daß der irreguläre Kombattant im Gegensatz zum regulären Kombattanten über weite Strecken die Eigenschaft eines legalen Angriffsziels verliert und zu heimlicher Kriegführung übergeht, während der Gegner seinen Feind als "Fisch im Wasser" in der Zivilbevölkerung vermutet. Hierin wurde ein zu großes Entgegenkommen gegenüber den irregulären Kombattanten gesehen, das sich fatal auf die Zivilbevölkerung auswirken könne: "La formule proposée par le CICR pêche par un relâchement excessif" (Meyrowitz 1973, S.913). Erhebliche Bedenken wegen negativer Auswirkungen auf die Zivilbevölkerung hat auch Randelzhofer: die Aufgabe der in Art.4.A.2. lit.b. und c. III.GK geforderten Unterscheidung setze die regulären Streitkräfte "der nicht akzeptablen Gefahr aus, ganz unvorhersehbar, eventuell aus der zivilen Bevölkerung heraus, angegriffen zu werden", vgl. ders.1975, S.52. Er weist zu Recht darauf hin, daß der Begriff der "militärischen Operation" stets im konkreten Fall umstritten wäre. Besonders schwerwiegend sei auch, daß das "wie" der Unterscheidung von der Zivilbevölkerung offen bleibe. Art.42 ermögliche die rasche Verwandlung von "friedlicher" Zivilbevölkerung in Kämpfer und umgekehrt, vgl. ebd., S.53

5 Vgl. Abi-Saab in RdC 1979, S.423, der allerdings aus der in dem IKRK-Entwurf enthaltenen Formulierung "...provided that such movements fulfill..." -wie bereits bei Art.4.A.2. III.GK- unrichtigerweise folgert, zumindest das Erfordernis der Einhaltung der Gesetze und Gebräuche des Krieges richte sich an die Bewegung und nicht an den einzelnen Kämpfer. Vgl. zu dieser Diskussion oben E.II.5.b.dd.

men des Guerillaphänomens und als Ergebnis eines Kompromisses zwischen divergierenden Auffassungen betrachtet[1].

Hatte sich das IKRK die Erreichbarkeit von Konsens über Art.42 versprochen, so mußte es doch schon bald feststellen, daß diese Regeln, obwohl eine erhebliche Änderung der bestehenden Rechtslage enthaltend, die Anwälte der nationalen Befreiungskriege kaum zufriedenstellen konnten. Der für die Frage des Guerillakrieges entscheidende Art.42 lit.b löste eine der am heftigsten geführten Debatten der gesamten CDDH aus[2]. Das Problem dominierte die zweite, dritte und vierte Sitzungsphase der Konferenz in ähnlicher Weise wie zuvor die Frage der sachlichen Anwendbarkeit des ZP I auf nationale Befreiungskriege die erste Sitzungsphase beherrscht hatte[3].

Während der ersten Sitzung der CDDH 1974 wurde Art.42 des IKRK-Entwurfs für ZP I zunächst nicht diskutiert, jedoch erfolgten eine Anzahl von Änderungsvorschlägen[4]. Bei der zweiten Sitzung 1975 kam es in dem mit dieser Frage befaßten 3. Ausschuß zu einer ersten Aussprache zu Art.42. Weitere, in ihrer Zielrichtung sehr unterschiedliche Änderungsvorschläge wurden unterbreitet: während einige Vorschläge eine Bestätigung und gegenüber den Konventionen sogar Einengung der Voraussetzungen des Kombattantenstatus befürworteten, bejahten andere eine starke Ausdehnung des Schutzes für Angehörige von Widerstandsbewegungen bis hin zur völligen Aufhebung der Pflicht zur Unterscheidung von der Zivilbevölkerung. Diese wurde gerade mit der besonderen Situation von Befreiungsbewegungen begründet[5]. Wieder andere bewegten sich grosso modo auf der vom IKRK eingeschlagenen Linie[6].

---

1 Vor dem Hintergrund der Entwicklungen seit 1945 erschien der Text für Kalshoven als "hardly adequate to cover the many varied forms in which guerilla warfare has appeared since that time", vgl. ders. 1974, S.7

2 Abi-Saab in RdC 1979, S.424; Wilson, S.173,174. "The debate which ensued at the conference was was long, complicated, confusing and at times acrimonious", vgl Kalshoven 1977, S.123

3 Lysaght, S.356

4 Lapidoth, S.183; Wilson, S.173

5 Danach wollten sich einige Staaten (Norwegen, Indonesien, Rumänien, Syrien, die Philippinen) mit den Erfordernissen einer verantwortlichen Führung und der Beachtung der "Gesetze und Gebräuche" zufriedengeben, da die Einhaltung der Unterscheidung von der Zivilbevölkerung besonders nationale Befreiungsbewegungen vor große Probleme stellen würde. Geradezu entlarvend ist in diesem Zusammenhang auch das vorgebrachte Argument, Befreiungskämpfer und Zivilbevölkerung kämpften gegen Kolonialmächte "Seite an Seite". Ihre Unterscheidung zu verlangen, würde den Verzicht auf die wesentliche Kampfmethode der Freiheitskämpfer bedeuten, vgl. hierzu Cassese, in Cassese 1979, S.472,473 m.w.N.

6 Vgl. m.w.N. Lapidoth, S.184

Erst anläßlich des 3. Zusammentretens der CDDH im Jahre 1976 wurde das Thema in einer Arbeitsgruppe des 3. Ausschusses ausführlich behandelt, welche dieser Frage 25 Sitzungen widmete. Zur Vorbereitung der Diskussionen hatte der Berichterstatter der Arbeitsgruppe, der US-Diplomat Aldrich, den Mitgliedern eine Liste von Fragen vorgelegt, durch deren Beantwortung bereits vor den eigentlichen Diskussionen Position bezogen werden mußte[1]. Die Arbeitsgruppe befaßte sich mit dem "Organisation und Disziplin" überschriebenen Art.41 des IKRK-Entwurfs[2]. Dieser erfuhr im Verlauf der Diskussionen eine Erweiterung, indem die Regelung bzgl. Organisation und Disziplin durch eine Definition der Streitkräfte ersetzt wurde. Art.41 wurde vom 3. Ausschuß durch Konsens angenommen[3].

Die Arbeiten zu Art.42 des IKRK-Entwurfs erwiesen sich als besonders schwierig, da Verfechter der unbedingten Zubilligung des Kombattantenstatus an Guerillakämpfer und Befürworter der strikten Beibehaltung der Trennung von Kombattanten und Zivilisten in scharfem Gegensatz einander gegenüberstanden[4]. Befürworter einer Verbesserung der Rechtsstellung für Guerillakämpfer argumentierten, daß ohne Erreichbarkeit des Kombattantenstatus als "Prämie" keine Motivation zu völkerrechtskonformer Kampfführung zu erwarten sei[5]. Andere fürchteten, daß Zugeständnisse gegenüber der Guerillakampfführung eine große Gefährdung der Zivilbevölkerung nach sich zögen[6]. Während einige Teilnehmer jede Unterscheidungspflicht für nationale Befreiungskämpfer auf-

---

1 Neben dem IKRK-Text und den eingebrachten Änderungsvorschlägen hatten auch die Weltföderation ehemaliger Kombattanten und die Internationale Föderation der Widerstandskämpfer ein Memorandum vorgelegt, vgl. Lapidoth, S.184. Für den schließlich zustandegebrachten Text gebührt aus Sicht Kalshovens ein großer Teil des Verdienstes dem US-Diplomat Aldrich, dem er eine "dogged tenacity" zuschreibt, vgl. ders. 1977, S.123.

2 CDDH/I/SR 36/Ziff.58

3 CDDH/III/SR 47, Ziff.35. Er lautet: "The armed forces of a party to the conflict consist of all organized armed forces, groups, and units which are under a command responsible to that party for the conduct of its subordinates even if that party is represented by a government or an authority not recognized by an adverse party. Such armed forces shall be subject to an internal disciplinary system, which, *inter alia*, shall enforce compliance with the rules of international law applicable in armed conflict. These rules include those established by applicable treaties, including the Conventions and this Protocol, and all other generally recognized rules of international law", Text bei Kalshoven 1977, S.124. Der Text ist mit dem späteren Art.43 Abs.1 identisch, allerdings wurde der letzte Satz betreffend das im bewaffneten Konflikt anwendbare Völkerrecht später unter Buchst. b) in Art.2 ("Begriffsbestimmungen") aufgenommen.

4 Lapidoth, S.185; Ipsen 1993; S.155

5 Auch einige westliche Delegationen unterstrichen das Anreiz-Argument unter Hinweis auf ihre Erfahrungen vor allem während des II.Weltkriegs, vgl. CDDH/III/SR.56, S.4 (Niederlande), CDDH/SR.41, S.13 (USA), CDDH/III/SR.50 (Norwegen)

6 Vgl. Wilson, S.174

heben wollten, forderten andere eine Beibehaltung der Haager und Genfer Regeln, ja teilweise sogar eine Verschärfung der Anforderungen für irreguläre Kombattanten[1]. Am Ende des 3. Zusammentretens der CDDH im Jahre 1976 lag innerhalb der Arbeitsgruppe ein von den USA und Nordvietnam erarbeiteter Kompromißtext vor[2], der dem späteren Art.44 ZP I entsprach. Nachdem sich auch hiergegen fortgesetzter Widerstand im 3. Ausschuß abzeichnete[3], wurde die Abstimmung darüber auf die nächste (4.) CDDH-Sitzungsphase verschoben[4]. Als auch dort keine Kompromißchancen sichtbar wurden, kam es im 3.Ausschuß auf israelisches Beharren zur Abstimmung, bei welcher der Text mit 66:2:18 Stimmen angenommen wurde[5].

Beide Artikel wurden dem Plenum zur Abstimmung vorgelegt und ohne weitere Diskussionen angenommen (Art.41 - später Art.43- durch Konsens[6], Art.42 - später Art.44- mit 73:1:21 Stimmen[7]).

Die Überschrift "Neue Kategorie von Kriegsgefangenen" wurde durch die Bezeichnung "Kombattanten und Kriegsgefangene" ersetzt[8]. Der Leiter der schweizerischen Delegation, Bindschedler, sprach von "contradictions flagrantes"[9].

---

1 Zur ersten Gruppe gehörten z.B. Madagaskar, die SWAPO und Nordvietnam, zur zweiten Gruppe z.B. Argentinien und Nikaragua, während z.B. Spanien für Widerstandsbewegungen i.S.v. Art.4.A.2. III.GK künftig effektive Gebietsherrschaft verlangte, vgl. m.w.N. Wilson, S.175

2 CDDH/III/362, ebenso CDDH/III/GT 100.

3 CDDH/III/SR 50,51

4 Für Kalshoven war auch jetzt die Zeit noch nicht reif: "....so much resistance to the proposed text still persisted, especially among the Western and Latin-American delegations, that it was considered the be the wiser course not to press for a decision at that juncture, and to postpone this until the following session.", vgl. ders. 1977, S.125

5 Gegen den Text stimmten nur Brasilien und Israel, CDDH/III/SR.55, S.2,3. Kalshoven beschreibt, daß im 3. Ausschuß bis zuletzt keine wirkliche Einigkeit über den Text bestand. Allerdings hätten seine Gegner schließlich einsehen müssen, daß ein eher akzeptabler Kompromißtext schlicht nicht erreichbar sein würde und fügten sich deshalb widerstrebend in das Unvermeidbare. Allerdings sei es verschiedenen Delegationen einfach zu weit gegangen, den Text im Wege des Konsens anzunehmen, was Israel - wohl zur Erleichterung anderer - auch förmlich ablehnte, vgl. Kalshoven 1977, S.125.

6 CDDH/SR/39, S.23

7 CDDH/SR/40, S.2,4. Gegenstimmen: Israel. Enthaltungen: Thailand, Uruguay, Bundesrepublik Deutschland, Argentinien, Australien, Brasilien, Kanada, Chile, Kolumbien, Spanien, Guatemala, Honduras, Irland, Japan, Nikaragua, Neuseeland, Philippinen, Portugal, Vereinigtes Königreich, Schweiz

8 CDDH/SR/41

9 CDDH/SR 40. Wilson spricht von einem "politically necessary compromise" und einem "model of vagueness", vgl. Wilson S.176. Rubin bezeichnet Art.44 Abs.3 als "evidence of the irreconcilable conflict between those who would lower the threshold of prisoner of war entitlement .... and those who would treat all irregulars as bandits until the armed

Die verschiedenen Auslegungen spiegeln sich in der großen Zahl von Abstimmungserklärungen[1]. Ipsen sieht einen Kompromiß zwischen extrem divergierenden Positionen, welcher von Befürwortern wie Gegnern einer Lockerung der Bedingungen des Kombattantenstatus bereits bei der CDDH als zu oder zu wenig weitgehend kritisiert wurde[2].

bbb) Söldner

Die Söldnerthematik stellte sich 1975 in dem mit ZP I befaßten III.Ausschuß der CDDH bei der Behandlung der Kombattantenfrage. Verschiedene sozialistische und afro-asiatische Staaten, aber erstaunlicherweise z.B. auch Norwegen [3], plädierten dafür, daß Söldnern weder die 1974 diskutierte (und später in Art.44 ZP I verabschiedete, s.o. F.I.2.b.bb.aaa.) Ausweitung des Kombattantenstatus auf neue Formen irregulärer Kampfführung noch die Erweiterung der sachlichen Anwendbarkeit auf nationale Befreiungskriege zugute kommen sollte. Ziel war vielmehr, dieser Personenkategorie unabhängig von ihrem Verhalten den Kombattantenstatus vorzuenthalten[4]. Die Diskussionen des Söldnerthemas bei der CDDH standen dabei unter dem Eindruck des von umfangreichen Söldneraktivitäten geprägten Konflikts in Angola[5]. Die nigerianische Delegation unterbreitete im 3. Ausschuß am 13.05.1976 einen knapp gehaltenen Textvorschlag für eine Söldnervorschrift[6]. Der Vorschlag wurde vor Befassung des Plenums zunächst in einer Arbeitsgruppe und im 3. Ausschuß diskutiert und

---

conflict took on more nearly the form of European wars of the 19th century, vgl. ders.1983, S.233

1 Vgl. zu den entsprechenden Fundstellen Wilson, S.177

2 Ipsen 1993, S.155

3 Dieses hatte sich aus humanitären Gründen bei den Diskussionen über die sachliche Anwendbarkeit des humanitären Völkerrechts stets für dessen möglichst breite und einheitliche Anwendbarkeit ausgesprochen, vgl. F.I.2.b.aa.bbb. Es erstaunt, daß sich Norwegen in der Söldnerfrage für die Behandlung von Söldnern als Kriminelle gewinnen ließ

4 Vgl. hierzu Cassese 1980, S.22. Dieser weist darauf hin, daß die sozialistischen Staaten zunächst nur Söldner im Einsatz gegen Nationale Befreiungsbewegungen erfaßt wissen wollten, während die anderen Verfechter dieses Ansatzes Söldnern jeder Art, auch wenn diese z.B. für einen Staat gegen die territoriale Integrität eines anderen Staates kämpften, den Kombattantenstatus vorenthalten wollten. Art.47 ZP I zeigt, daß sich die letztere Ansicht durchsetzen konnte.

5 Zur Diskussion des Söldnerthemas bei der CDDH allgemein vgl. Bothe/Ipsen/Partsch, S.38; Rosas, S.396 ff. (mit Beispielen aus der Resolutionspraxis)

6 Der Text lautet:

"1. The status of combatant or prisoner of war shall not be accorded to any mercenary who takes part in armed conflicts referred to in the Conventions and the present Protocol

2. A mercenary includes any person not a member of the armed forces of a Party to the conflict who is especially recruited abroad and who is motivated to fight or take part in armed conflict essentially for monetary payment, reward or other private gain"

Zitiert bei Maaß, S.83

stieß dabei auf erheblichen Widerstand besonders aus dem Kreise westlicher Delegationen[1]. Der im 3. Ausschuß durch Konsens angenommene[2] und auf der Grundlage eines am 20.04.1977 in der letzten Konferenzphase erarbeiteten weiteren nigerianischen Vorschlages weitgehend zwischen der nigerianischen und der US-Delegation ausgehandelte[3] Art.47 ZP I wurde durch das Plenum auf seiner 41. Sitzung am 26.05.1977 angenommen[4].

Für Condorelli mußte sich der Westen, wie auch bereits bei Art.1(4) und der Kombattantenregelung des Art.44 ZP I, gegen seine eigentlichen Überzeugungen vor der Mehrheit der Teilnehmerstaaten aus der Dritten Welt und den sozialistischen Staaten beugen[5].

II. Auslegungsmaßstäbe für die in den Zusatzprotokollen enthaltenen Bestimmungen zur sachlichen und persönlichen Anwendbarkeit

Bei der Auslegung der GK'en und ZP'e ist immer wieder argumentiert worden, daß der humanitäre Zweck dieses Rechtsgebiets eine weite Auslegung der Anwendbarkeitsvorschriften ratione materiae und ratione personae rechtfertige, um dem humanitären Völkerrecht zur Anwendbarkeit auf möglichst viele Personen in möglichst vielen Situationen zu verhelfen[6]. Angesichts der Auslegbarkeit vieler Regelungen in den Protokollen sieht Cassese die Aufgabe der Rechtsge-

---

1 Maaß weist darauf hin, daß der Vorschlag wegen seiner Griffigkeit und Kürze zwar verschiedentlich auf Zustimmung, jedoch wegen der Mißbrauchsmöglichkeiten des wenig detaillierten Söldnerbegriffs gerade von westlichen Staaten überwiegend abgelehnt wurde, vgl. ders. S.86

2 Roberts, S.135

3 Cassese 1980, S.23; Maaß, S.87

4 CDDH/SR 41

5 Condorelli, S.394

6 Kwakwa, S.5, 6; Abi-Saab schreibt: "The Geneva Conventions being humanitarian, lawmaking treaties par excellence, their object and purpose commend the widest possible application", vgl. ders. in RdC 1979, S.401 (ebenso S.400). Für Kussbach erweist sich die in den Konventionen verankerte Absicht möglichst weitestgehender Anwendung u.a. im gemeinsamen Art.2 Absatz 3 GK'en, der die Geltung der Konventionen auch gegenüber Nichtvertragsparteien festlegt, wenn diese die Konventionen "annimmt und anwendet". Diese Konstruktion sei dem allgemeinen Völkervertragsrecht fremd und erkläre sich aus der humanitären Zielsetzung dieses Rechtsgebiets. Kussbach schreibt in Bezug auf Art.1(4) und 96(3) ZP I: "Man muß sich deshalb den humanitären Geist, dessen Schöpfung das Genfer Recht ist, ins Bewußtsein rufen , wenn man herangeht, die....entscheidenden beiden Bestimmungen des Protokolls I zu untersuchen, die zweifellos gleichfalls eine 'unkonventionelle' Regelung treffen", vgl. ders. S.501, 502

lehrten darin, den Regierenden mit weitblickenden Auslegungsvorschlägen zur Seite zu stehen, die den humanitären Zweck der Protokolle berücksichtigen: "Whenever the contrary intention is not fully apparent from the text and the origin of the Protocol's provisions, a construction upholding the humanitarian spirit of those provisions should be preferred"[1].

Bei der Auslegung von Vorschriften des ZP I ist neben dem Wortlaut auch der Gesamttext sowie der Platz zu beachten, den eine Vorschrift im Gesamtzusammenhang eines Rechtsgebietes einnimmt[2]. Wie oben C.II. dargestellt, sind Eckpfeiler dieses Gesamtzusammenhangs für den Bereich des humanitären Völkerrechts das Prinzip der Gleichheit der Konfliktparteien im ius in bello, ebenso aber auch die fundamentale Unterscheidung zwischen der Zivilbevölkerung und Kombattanten. So wird vor allem Art.1(4) ZP I am Maßstab des erstgenannten Grundsatzes zu messen sein, während die den Kombattantenstatus betreffenden Art.43 und 44 ZP I insbesondere im Lichte der Bedeutung des Offenheitsgrundsatzes auszulegen sind. Allgemein ist Roberts darin zuzustimmen, daß Regelungen, welche bestehende Normen des humanitären Vertrags- oder Gewohnheitsrechts verändern, daran zu messen sind, ob sie die universell akzeptierten Grundlagen dieses Rechtsgebiets widerspiegeln, ohne deren Berücksichtigung die neu entwickelten Normen keine Aussicht auf universelle Anerkennung und Beachtung haben und ihr Ziel der Mäßigung der "temperamenta belli" verfehlen[3]. Eine enge Auslegung sowohl des Art.1(4) als auch des Art.44 Abs.3 S.2 ZP I entspricht mittlerweile auch einem breiten, zwischen den NATO-Staaten gefundenen Konsens[4].

---

1 Cassese, in Cassese 1979, S.501

2 Vgl. Rousseau, Droit international public, Bd.1, 1970, S.286

3 Roberts, S.124. Gasser schreibt zu den Regeln über die persönliche Anwendbarkeit: "Any interpretation of the rules on the duties of combatants has to be compatible with that basic obligation" (gemeint ist die Unterscheidung zwischen Kombattanten und Zivilisten), vgl. ders. 1987, S.920

4 Meron 1994, S.680, der auf eingehende Abstimmung zwischen den NATO-Staaten auf diesem Gebiet verweist

III. Die Regelungen zur sachlichen Anwendbarkeit

1. Internationale bewaffnete Konflikte (I. Zusatzprotokoll)

a) Bestätigung des gem. Art.2 der GK

Nach Art.1 (3) findet ZP I zunächst in den im gemeinsamen Art.2 GK'en bezeichneten Situationen Anwendung[1]. Die Bezugnahme auf den gemeinsamen Artikel 2 GK'en war bei der CDDH unstrittig. Daß mit dem Wort "ergänzen" keine Veränderung der Anwendbarkeit der GK'en gemeint war, ergibt sich aus dem letzten Absatz der Präambel sowie aus dem in der Bezeichnung deutlich werdenden Titel der Konferenz[2].

b) Nationale Befreiungskriege nach Art. 1(4)

Art.1(4) ist in der Literatur als der wichtigste Artikel des ganzen Protokolls bezeichnet worden[3]. Er weitet den Anwendungsbereich der Konventionen und des Protokolls auf bewaffnete Konflikte aus, die "... weder von ihrer Erscheinungsform her, noch im Sinne des gemeinsamen Art.2 der Genfer Konventionen ... als internationale (zwischenstaatliche) Konflikte anzusehen sind, die aber mit Rücksicht auf ihre Zielsetzung (Erringung des Selbstbestimmungsrechts) und auf die besondere Qualifikation des Verhältnisses zwischen den Konfliktparteien (Kolonialherrschaft, fremde Besetzung und rassistische Regime) für den Bereich des humanitären Rechts.....als internationale bewaffnete Konflikte gelten sollen"[4]. Art.1(4) ZP I enthält eine auf den ersten Blick nicht sogleich erkennbare *Fiktion*, da die von dieser Vorschrift erfaßten Situationen sämtlich eines allen internationalen Konfliktvarianten des Art.2 GK'en gemeinsamen Kriteriums entbehren, nämlich der spezifischen Eigenschaft der Zwischenstaatlichkeit[5]. Die Fiktion besteht darin, daß Art.1(4) ZP I gleichwohl die darin ge-

---

1 Vgl. Text des Art.1 ZP I im Anhang. Zu den Anwendbarkeitsvoraussetzungen des gemeinsamen Art.2 der GK'en vgl. oben E.I.2.

2 Die Präambel bekräftigt die uneingeschränkte Anwendbarkeit der Konventionen, vgl. BGBl 1990 II, S.1559. Vgl. auch Bothe/Partsch/Solf, S.45

3 Detter de Lupis, S.156

4 Kussbach, S.500

5 Gornig, S.24; Kussbach, S.504; Chadwick, S.16. Wyss: "Die Internationalisierung in Art.1 Abs.4 ZP I kommt einer Fiktion gleich, welche hauptsächlich aus ideologischen und politischen Gründen erfolgte", vgl. ebd. S.71. Für Oeter kann Art. 1(4) ZP I sowohl als Fiktion als auch im Sinne einer Klarstellung verstanden werden, vgl. ders. 1989, S. 456

nannten Konflikte mit den internationalen Konflikten nach dem gemeinsamen Art.2 GK'en gleichstellt. Zwar überschreiten die von Art.1(4) ZP I erfaßten Konflikte klar die innerstaatliche Kompetenz und haben daher in einem weiteren Sinne auch einen "internationalen" Charakter[1], der doppelte Verweis[2] in Art.1(4) stellt die von dieser Vorschrift erfaßten Konflikte jedoch internationalen Konflikten nach dem gemeinsamen Art.2 GK'en gleich, obwohl Konfliktpartei auf einer Seite kein Staat, sondern ein um sein SBR kämpfendes "Volk" ist[3]. Art.1(4) ZP I macht die von ihm erfaßten Konflikte nicht zu internationalen bewaffneten Konflikten, sondern gewährt ihnen lediglich eine Gleichstellung im Hinblick auf die Anwendung der Konventionen und Protokolle[4].

aa) Das SBR im Sinne von Art.1(4)

Art.1(4) ZP I nimmt ausdrücklich Bezug auf das SBR "wie es in der Charta der Vereinten Nationen und in der Erklärung über Grundsätze des Völkerrechts betreffend freundschaftliche Beziehungen und Zusammenarbeit zwischen den Staaten im Einklang mit der Charta der Vereinten Nationen niedergelegt ist"[5]. Damit hebt ZP I einen Teil der FRD in den Status des verbindlichen Vertragsrechts[6]. Dem Inhalt des SBR und seine Ausprägung durch die genannte FRD kommt somit für die Auslegung des Art.1(4) ZP I eine Schlüsselrolle zu. Er wurde bereits an anderer Stelle dargestellt [7]. Greenwood bekennt sich dazu, daß Art.1(4) ZP I sich auf Fälle des SBR bezieht, "...as that concept has been understood in the practice of States and of the United Nations for over twenty years."[8]. Dabei bleibt jedoch die Tatsache unbeachtet, daß das SBR auch in sei-

---

1 Gornig, S.25. Kussbach verweist für das Merkmal der Kolonialherrschaft auf die UN-Praxis, die Kolonien einen vom Muterland unterschiedlichen Status zubilligt, sowie auf das Merkmal der fremden Besetzung, die sich schon begrifflich nur auf ein vom Okkupanten fremdes Territorium beziehen könne. Auch die Bekämpfung aller Formen des Rassismus gehöre zu den wichtigsten Aufgaben der VN, vgl. ders. S.503

2 Zunächst auf Art.1(3) ZP I und von dort zum gemeinsamen Art.2 GK'en

3 Kussbach, S.504

4 Detter de Lupis, S.44

5 Die in Art.1(4) ZP I erfolgte Bezugnahme auf einen Text ohne völkervertragsrechtlichen Charakter wurde bei der CDDH von Neuseeland kritisiert, vgl. CDDH/I/SR.4 Ziff.7

6 L.C. Green 1977, S.12. Auch Bothe/Ipsen/Partsch bezeichnen es als ungewöhnlich, daß "...ein internationales Vertragswerk im operativen Teil auf eine Erklärung verweist, die nicht den Charakter einer Rechtsnorm besitzt", vgl. ebd. S.10. Kussbach hält die Bezugnahme auf die FRD für problematisch, da sie am unverbindlichen Charakter der FRD nichts ändere. Es handele sich nicht um eine "Rezeption" der FRD durch ZP I. Daher stelle sich die Frage nach der Zukunft der FRD in ihrem Zusammenhang mit dem ZP I, vgl. ders. 394

7 Vgl. oben E.IV.1.

8 Greenwood, S.194.

nem durch die FRD bestimmten Inhalt ein bis zur Vagheit hin offenes Konzept ist[1]. Insofern kann der Feststellung Kussbachs kaum gefolgt werden, die Bezugnahme des Art.1(4) ZP I auf die FRD habe das Problem der Abgrenzung von Befreiungskriegen gegenüber anderen Fällen der Gewaltanwendung unter Berufung auf das SBR gelöst[2].

Auch wenn dies sicher von den Protagonisten des Art.1(4) ZP I nicht beabsichtigt war: dieser Artikel bezieht sich nicht nur auf das SBR gemäß der FRD, sondern auch auf dessen Festlegung in der Charta. Es wäre daher nicht nur begründbar, sondern angesichts der völlig anderen Rechtsqualität der VN-Satzung auch durchaus naheliegend, die beiden Quellen gleichberechtigt nebeneinanderzustellen[3]. Damit stünden aber sich künftig möglicherweise ergebende neue, erweiternde Interpretationen des SBR ebenfalls gleichberechtigt neben dem in der FRD festgelegten SBR, das, wie oben E.IV.1.bb dargestellt, seinerseits in seinem Inhalt alles andere als eindeutig ist. Daraus ergeben sich vielfältige Möglichkeiten, fast alle Spielarten und Auslegungen des SBR in Art.1(4) hineinzulesen und seinen Inhalt nahezu bis zur Beliebigkeit aufzuweichen.

Es ist bezeichnend, daß Art.1(4) ZP I nicht Bezug nimmt auf die beiden Menschenrechtspakte von 1966, die in ihrem gleichlautenden Art.1 das SBR zunächst in einer allgemeineren Form und ohne Festlegung des Verhältnisses zum Grundsatz der nationalen Einheit und territorialen Integrität darstellen[4]. Beabsichtigt war von Anfang an, die Anwendbarkeit des im internationalen Konflikt anwendbaren Völkerrechts nicht generell auf Konflikte um die Zubilligung des SBR auszudehnen, sondern lediglich auf eng begrenzte, durch die UN-Praxis und die FRD konkretisierte "neue" Fälle der Ausübung des SBR: Kolonien und nichtselbständige Gebiete[5]. Obwohl auf den ersten Blick den inneren, demokratischen Aspekt des SBR betreffend[6], konnte aus diesen Situationen durch Zubilligung eines eigenständigen rechtlichen Status von Kolonien etc. ein Fall

---

1 E.IV.1.b.bb.bbb.; L.C. Green bedauert nachdrücklich, daß wichtige Begriffe wie Selbstregierung oder Völker weder durch das ZP I noch durch die FRD definiert werden.

2 Kussbach 1983, S.393,394

3 Auf diese Möglichkeit weist zurecht Hailbronner hin, vgl. ders. S.179

4 Der deutsche Text lautet:
"Alle Völker haben das Recht auf Selbstbestimmung. Kraft dieses Rechts entscheiden sie frei über ihren politischen Status und gestalten in Freiheit ihre wirtschaftliche, soziale und kulturelle Entwicklung", vgl. Vereinte Nationen, Bd.22 (1974), S.16 und 21. Vgl. auch oben E.IV.1.b.aa.

5 Bothe/Partsch/Solf, S.48

6 Vgl. hierzu oben E.IV.1.b.bb.bbb.

des äußeren Aspekts des SBR gemacht werden[1]. Dadurch wurde gleichzeitig die Bekräftigung des Grundsatzes ermöglicht, wonach die politische Einheit und territoriale Unversehrtheit der Staaten Vorrang gegenüber dem (inneren Aspekt des) SBR genießt. Dies entsprach dem Interesse besonders der jungen Staaten. Alle Sezessionsbestrebungen außerhalb des durch die FRD festgelegten antikolonialen Kontextes werden von Art.1(4) ZP I ausgeblendet[2].

In der Literatur findet sich überwiegend die Ansicht, daß die durch die FRD vorgegebene Auslegung des SBR ein ausreichend enges Konzept ist, um die Anwendung des Art.1(4) ZP I in der Praxis auf eine kleine Zahl von Fällen zu begrenzen[3]. Verschiedene Autoren haben jedoch betont, daß die FRD in ihrer Sprache zweideutig und daher weit auslegbar sei[4]. Ihr Wortlaut lasse Raum auch für Interpretationen zugunsten des "inneren" Aspekts des SBR[5]. Es wird jedoch eingeräumt, daß die weit überwiegende Zahl der Staaten eine solche Auslegung der FRD strikt ablehnt[6] und dies gerade auch bei der CDDH von einigen Staaten vor dem Hintergrund ihrer eigenen Situation ausdrücklich bekräftigt wurde[7].

bb) Das Volk als Träger des Befreiungskampfes

Es stellt sich die Frage nach dem Inhalt des in Art.1(4) ZP I verwendeten Begriffs "Völker". Bei der Auslegung des Volksbegriffs in Art.1(4) ZP I wird auch auf die in dieser Vorschrift erwähnte SVN sowie die FRD zurückzugreifen sein. Wie dargestellt, verwendet die SVN in der Präambel, Art.1 (2) und Art.55 den Begriff "Völker" ohne nähere Definition[8]. Damit ist der Begriff Volk als

---

1 Bothe/Partsch/Solf sprechen in diesem Zusammenhang von einer "privileged position", vgl. ebd. S.50

2 Koenig, S.143

3 Gasser 1987, S.917

4 Salmon 1976, S.37; Chadwick, S.5

5 Salmon 1976, S.32,37. Ders. zu Art.1(4) ZP I insgesamt: "...si vous lisez le texte, je crois que, malgré tout, aussi réservé qu'il soit, il n'est pas insusceptible d'interpretation évolutive", vgl. ders. in Cassese (Proceedings) S.34. Für 'Rajower enthält die Formulierung des Art. 1(4) ZP I zum SBR eine progressive Funktion: "Jede Wandlung, die das SBR innerhalb der Vereinten Nationen erfährt, schlägt sich automatisch auf das Konfliktsrecht nieder.", vgl. ders. 52

6 Dies hat sich gerade bei der Ausarbeitung der FRD gezeigt, s.o. E.IV.1.b.bb.ccc.

7 Dies war z.B. der Fall bei den Vertretern Nigerias und Pakistans, vgl. hierzu Salmon 1976, S.38 (FN 7)

8 Vgl. oben E.IV.1.b.aa. Auch die Menschenrechtspakte von 1966 entbehren einer diesbezüglichen Definition

solcher weit auslegungsfähig[1]. Selbst wenn man den Begriff in einem sehr weiten Sinn versteht, ist damit indes noch nicht die Frage nach den daraus folgenden Rechtsansprüchen beantwortet[2]. In der VN-Praxis wurde das SBR zunehmend so ausgelegt, daß ein Anspruch auf staatliche Eigenständigkeit nur bei Verletzung des äußeren Aspekts des SBR besteht, wozu insbesondere auch koloniale Situationen gezählt wurden. Damit wurde der Begriff Volk mehr und mehr mit dem des Staatsvolkes gleichgesetzt[3]. Auch nach der FRD können nach überwiegender Auffassung nur das Staatsvolk (und koloniale Völker) aus dem SBR Ansprüche auf staatliche Eigenständigkeit herleiten[4].

In der Literatur wird teilweise gefordert, in teleologischer Auslegung des Art.1(4) ZP I den Begriff des "Volkes" so weit wie möglich auszulegen[5]. Zwar sei der Begriff "Volk" i.S.d. FRD auf das Staatsvolk einschließlich kolonialer Völker beschränkt, aber im humanitär-völkerrechtlichen Kontext könne der Begriff durchaus weiter ausgelegt werden, damit das humanitäre Völkerrecht in möglichst vielen Situationen zur Anwendung gelange[6]. Der Begriff "Volk" habe im übrigen keine allgemein anerkannte Bedeutung[7]. Ihn weit zu fassen stehe auch in Übereinstimmung mit Art. 31(1) der Wiener Vertragsrechtskonvention, der die Auslegung von Verträgen nach ihrem Sinn und Zweck verlange[8].

Solche Versuche bringen eine Vielzahl von dogmatischen Schwierigkeiten mit sich, vor allem aber ist nicht damit zu rechnen, daß sich gerade die betroffenen Staaten jemals bereit finden würden, gegen sie stehende Minderheiten einem

---

1 Gornig, S.17; Buß, S.226

2 "Even if all of them have the right of self-determination the questions remain for what goals they are entitled to exercise this right, with what means and, finally, against whom. As one considers these elements the class of the communities authorized to enjoy the rights and obligations under para.4 becomes more and more limited", vgl. Bothe/Partsch/Solf, S.47

3 Bothe/Partsch/Solf S.46. Vgl. zum Text oben E.IV.1.b.aa.

4 Vgl. hierzu oben E.IV.1.b.bb.bbb. und ccc.

5 Kwakwa, S.6

6 "...for the purposes of determining the material scope of application of Article 1(4), the term "peoples" (who are seeking self-determination) should be defined as expansively as possible", vgl. Kwakwa, S.55

7 Graham, S.49. Nehme man den Wortlaut der beiden Menschenrechtspakte von 1966 ernst, wonach *alle Völker* das Recht auf Selbstbestimmung haben, so müsse man hierzu auch Fälle des oben beschriebenen "inneren" Aspekts des Selbstbestimmungsrechts zählen (Biafra, Korea, Deutschland vor 1990, Kurden, Armenier etc.)

8 "The concept of self-determination should be more liberally defined (even if only for purposes of the law of armed conflict) so as to lower the threshold for applicability of Article 1(4) of Protocol I.", vgl. Kwakwa S.55

gegenüber der FRD erweiterten Begriff "Volk" zuzuordnen und ihnen damit zu internationaler Aufwertung zu verhelfen. Bei der CDDH wurde vielfach kritisiert, der Begriff "Volk" sei so vage, daß sich ein Staat mit Forderungen konfrontiert sehen könnte, ethnische Minderheiten auf seinem Staatsgebiet als "Volk" im Sinne dieser Vorschrift zu betrachten[1].

Für Kussbach ergibt der textliche Zusammenhang für die Auslegung des Begriffs "Volk" in Art.1(4) ZP I, "...daß es sich entweder um ein eigenständiges Volk (Nation) handeln muß, das sich gegen die etablierte fremde Staatsmacht (Besatzungsmacht oder Kolonialmacht) auflehnt, oder um einen Teil eines Staatsvolkes, der die staatliche Ordnung des Gesamtvolkes (rassistisches Regime) in Frage stellt"[2].

Koenig greift für die Bestimmung des Begriffs Volk im spezifischen Kontext des Art.1(4) ZP I richtigerweise auf die Tatsache zurück, daß das Volk als Träger des SBR *gemäß der FRD* gemeint ist und dieses Volk darüber hinaus gegen bestimmte Phänomene kämpft (Kolonialismus etc.). Diese Auslegung habe zur Folge, daß z.B. nationale Minderheiten keinesfalls als "Volk" i.S. dieser Vorschrift betrachtet werden könnten[3]. Wie oben dargelegt, ist Träger des SBR eine homogene, auf einem bestimmten Territorium siedelnde Gemeinschaft mit bestimmten, anhand der Kriterien Sprache, Kultur, Traditionen zu messenden verbindenden Elementen, die darüber hinaus über Bewußtsein und Willen zur Zusammengehörigkeit verfügt[4]

Es sollte jedoch auch hier betont werden, daß die FRD ihrerseits die Konturen des SBR nicht hinreichend klar werden läßt und keineswegs frei von Widersprüchen ist[5]. Die Gefahr, daß sich sog. "auto- or self-defined 'peoples'"[6] auf das SBR nach der FRD berufen, ist keineswegs ausgeschlossen. Diese Unklarheit läßt sich interpretativ jederzeit auch in Art.1(4) ZP I hineintragen. Eine deutliche Einschränkung des Anwendungsbereichs kann jedoch aus dem Hin-

---

1 Graham, S.48, der diese Befürchtungen für durchaus begründet hält.

2 Kussbach, S.504

3 Koenig, S.159

4 E.IV.1.b.bb.ccc.

5 Heidelmeyer schreibt über die FRD: "...in keinem Falle verbürgt ihre mächtige Sprache mehr als die Charta selbst", vgl. ders. S.241 sowie zur Zweideutigkeit der FRD allgemein oben E.IV.1.b.bb.bbb.

6 Diesen Begriff benutzt Chadwick, um damit die Offenheit des Selbstbestimmungsprinzips zu unterstreichen, vgl. dies. S.1

weis auf Kolonialherrschaft, rassistische Regimes und fremde Besetzung folgen, wenn diesen Begriffen klare Inhalte zugeordnet werden können.

cc) Bewaffneter Konflikt

Der Begriff des bewaffneten Konflikts, welcher im gem. Art.2 und 3 der GK'en undefiniert Verwendung findet, wird auch in Art.1(4) ZP I nicht näher definiert und ist daher, wie auch andere in diesem Artikel verwendete Begriffe, höchst unterschiedlichen Auslegungen offen[1]. Dies wurde in der Literatur teilweise als größter Defekt der neuen Regelung betrachtet, da damit die Möglichkeit bestünde, die Anwendbarkeit der Konventionen und Protokolle auf Situationen zu behaupten, in denen dies nach Intensität und Zuschnitt des Konflikts nur als "utter nonsense" zu bezeichnen sei [2].

Während nach der hier vertretenen Auffassung für das Vorliegen eines internationalen bewaffneten Konflikts i.S.d. gem. Art.2 GK'en bereits jede Anwendung von Waffengewalt zwischen zwei Staaten einen bewaffneten Konflikt darstellt, hat der nicht-internationale bewaffnete Konflikt nach dem gem. Art.3 einen gewissen Intensitätsgrad der Auseinandersetzung zur Voraussetzung [3].

Zu fragen ist, welcher Maßstab bei Art.1(4) ZP I anzulegen ist. Dabei muß berücksichtigt werden, daß die Lage einer nationalen Befreiungsbewegung zunächst eher derjenigen der nichtstaatlichen Partei eines innerstaatlichen Konflikts entspricht. Bereits diese Tatsache macht die Notwendigkeit deutlich, den Begriff des bewaffneten Konflikts in Art.1(4) ZP I anders zu verstehen als in Art.1(3) ZP I, der auf den gem. Art.2 GK'en verweist. Beides sind vom Zuschnitt her unterschiedliche Formen der Auseinandersetzung. Anders als im internationalen Konflikt steht die Völkerrechtssubjektivität der nationalen Befreiungsbewegung nicht von vornherein fest, sondern diese wird durch den Konflikt selbst und die Erklärung nach Art.96(3) ZP I erst begründet. Diese Erklärung darf jedoch nur bei Vorliegen eines Art.1(4)- Konflikts erfolgen, dem damit seinerseits für die Erklärung des Art.96(3) ZP I legitimierende Wirkung zukommt. Es erscheint daher problematisch, Art.96(3) ZP I als Maßstab für die Bestimmung des in Art.1(4) ZP I enthaltenen Begriffs "bewaffneter Konflikt" zu verwenden [4]. Gleichwohl ergeben sich aus Art.96(3) und 43 ZP I Anhalts-

[1] Condorelli: "Le Ier Protocole.....laisse ainsi la porte ouverte à des opinions gravements differientiées", vgl. ders. S.394

[2] Kalshoven 1974, S.33

[3] Vgl. hierzu oben E.I.2. und E.I.4.

[4] So aber Schindler in RdC 1979, S.140

punkte für eine Auslegung des Art.1(4), da diese Vorschriften offenbar von der Vorstellung einer nationalen Befreiungsbewegung ausgehen, die wesentlichen Elemente des in Art.43 ZP I festgelegten Streitkräftebegriffs entspricht. Dies wäre bei einer allzu geringen Konfliktintensität kaum vorstellbar. Für Schindler ist daher weniger der Begriff des bewaffneten Konflikts als vielmehr ein Minimum regierungsähnlicher Gewalt der nationalen Befreiungsbewegung Kriterium für die Anwendbarkeit des Art.1(4) ZP I[1]. Dies kann jedoch die Prüfung des Vorliegens eines "bewaffneten Konflikts" nach Art.1(4) ZP I nicht ersetzen. Schon aus Gründen der Rechtssicherheit wird man gar nicht umhinkönnen, den Begriff des "bewaffneten Konflikt" in Art.1(4) ZP I mit einer gewissen Konfliktintensität zu verbinden[2].

Der bewaffnete Konflikt nach Art.1(4) ZP I setzt - in Anknüpfung an den gemeinsamen Art.2 GK'en - zunächst bewaffnete Gewalt von beiden Seiten voraus. ZP II schließt in Art.1 (2) bestimmte Situationen vom Begriff des bewaffneten Konflikt aus (Unruhen und Spannungen, Tumulte, vereinzelt auftretende Gewalttaten und ähnliche Handlungen). Diese Situationen werden auch für die Annahme eines bewaffneten Konflikts nach dem gem. Art.3 GK'en nicht ausreichen. Letzterer ist allerdings sofort nach Überschreiten dieser Schwelle anwendbar, während der bewaffnete Konflikt nach Art.1 ZP II zusätzlich die Erfüllung einer Reihe weiterer Voraussetzungen erfordert (quasi-staatliche Gebietsherrschaft, vgl. unten F.III.2.b.). Teilweise wird argumentiert, daß der Begriff in den beiden Protokollen nicht verschieden verstanden werden könne und deshalb innere Unruhen etc. auch bei Art.1(4) ZP I aus dem Begriff des bewaffneten Konflikts ausgeklammert bleiben müssen [3]. Daher wird der bloße Einsatz von Polizeikräften für das Vorliegen eines bewaffneten Konflikts nicht ausreichen[4]. Zwar lassen sich sachliche Kriterien zur Lösung der "Schwellenproblematik" denken (Dauer und Intensität der Kampfhandlungen, Umfang des effektiv kontrollierten Gebiets), jedoch enthält ZP I keinerlei Konkretisierungen und es fehlt an einer Institution, welche die entsprechende Anwendbarkeits-

---

1 Schindler in RdC 1979, S.140

2 Greenwood, S.193. Dies fordert auch Oeter, vgl. ders. 1989, S. 475

3 Bothe/Partsch/Solf, S.46

4 Bothe/Partsch/Solf verlangen auf seiten des Staates den Einsatz der Streitkräfte, auf seiten der nationalen Befreiungsbewegung den Einsatz organisierter Verbände unter verantwortlicher Führung. Diese Auslegung werde bestätigt durch Art.96(3) ZP I, vgl. ebd. S.46. Graham weist auf die große Bandbreite möglicher gewaltsamer Auseinandersetzungen zwischen einer etablierten Regierungsmacht und sie bekämpfenden Gruppen: "Instances of armed opposition to governmental authority range from an attack by a group of a few individuals against a government building to a well-supplied and well-disciplined army of thousands waging an effective guerilla war against government troups", vgl. ders. S.50

schwelle definieren und ihr Überschreiten verbindlich feststellen könnte[1]. Wie noch zu zeigen sein wird, hat auch Art.96(3) ZP I hier keine wesentliche Abhilfe geschaffen[2]. Koenig fordert, die Anwendbarkeitsschwelle des Art.1(4) ZP I nicht so weit heraufzusetzen, daß diese Vorschrift nur noch toter Buchstabe wäre[3].

Bei der CDDH gaben einige Delegationen nach der Abstimmung über Art.1 ZP I im Plenum interpretative Erklärungen ab: so verlangte der australische Delegierte für den Begriff des bewaffneten Konflikts einen "high level of intensity"[4]. Der Vertreter Großbritanniens erklärte, daß ein bewaffneter Konflikt i.S.d. Art.1(4) I.ZP nur vorliegen könne, wenn die in Art.1 II.ZP für den nichtinternationalen bewaffneten Konflikt festgelegten Voraussetzungen erfüllt seien[5]. Für Bothe/Partsch/Solf findet diese Auslegung Unterstützung durch Art.96(3) lit.b. ZP I (Übernahme gleicher Rechte und Pflichten wie eine Hohe Vertragspartei durch die nationale Befreiungsbewegung), andererseits sei jedoch anzuerkennen, daß der im gemeinsamen Art.3 GK'en der Begriff des bewaffneten Konflikts mit einer wesentlichen niedrigeren Anwendbarkeitsschwelle verwendet wird[6].

Für Sandoz/Swinarski/Zimmermann kann sich eine derartige Auslegung weder auf den Wortlaut des Art.1(4) ZP I noch auf den Text der GK'en stützen[7]. Auch Koenig wendet sich dezidiert dagegen, die in Art.1 ZP II geforderte effektive Teilgebietsherrschaft in Art.1(4) ZP I hineinzulesen, da die CDDH diese Frage trotz Erörterung nicht in den Text des Art.1(4) aufgenommen habe. Vielmehr habe bei der CDDH die Staatenmehrheit die nationalen Befreiungskriege durch Hereinnahme in den Bereich internationaler bewaffneter Konflikte ausdrücklich

---

1 Graham betrachtet die Kombination eines völlig ungeklärten Begriffsinhalts mit dem Fehlen jeder Möglichkeit zur verbindlichen Feststellung seiner Erfüllung als Achillesferse der gesamten Vorschrift, vgl. ders. S.50, 51: Der VN-Sicherheitsrat sei stets durch die Vetomöglichkeit blockiert, die VN-Generalversammlung würde wegen ihrer politisierten Entscheidungen von den Konfliktparteien nicht anerkannt, Entscheidungen durch Regionalorganisationen könnten zu unterschiedlich ausfallen. Die unvermeidbare Folge seien einseitige "state-by-state decisions", vgl. ebd. S.52.

2 Art.96(3) ZP I setzt ein Organ voraus, das ein in einen Konflikt nach Art.1(4) ZP I verwickeltes Volk vertritt. Damit werden die Definitionsschwierigkeiten des Art.1(4) ZP I unmittelbar in Art.96(3) hineingetragen, s.u. F.III.1.c.

3 Koenig, S.149

4 CDDH/SR 36, Annex

5 CDDH/SR 36 Ziff. 87,88; Lysaght, S.355

6 Bothe/Partsch/Solf, S.46. Zum gemeinsamen Art.3 GK'en vgl. oben E.I.4.

7 vgl. ebd. RZ 115. Nach dieser Ansicht verlangen ZP I und die GK'en lediglich die in durch Art.96(3) ZP I geforderte Erklärung durch das das betreffende Volk vertretende Organ

privilegieren wollen. Dafür spreche auch Art.96 (3) ZP I, dessen Ziel die Erleichterung der Anwendung des internationalen Konfliktsrechts auf Befreiungskriege sei. Es sei daher nicht überzeugend, mit dem a fortiori-Argument die engen Anwendbarkeitsbedingungen des Art.1 ZP II auf Art.1 (4) ZP I anzuwenden[1].

Dem ist entgegenzuhalten, daß ohne ein erhebliches Maß an militärisch-personeller Kapazität und ohne eine gesicherte faktische Kontrolle über Territorium die Anwendung der Konventionen und Protokolle in sog. nationalen Befreiungskriegen kaum vorstellbar erscheint. Dies gilt u.a. für die Behandlung von Kriegsgefangenen, aber auch für die Einhaltung des elementaren Offenheitsgrundsatzes. Zwar wurde Art.1(4) ZP I von seinen Verfechtern als "Krönung" jahrelanger Bemühungen um die völkerrechtliche Aufwertung der meist mit Guerillamethoden geführten nationalen Befreiungskriege betrachtet, die CDDH-Debatten um Art.1(4) ZP I haben aber auch immer wieder die berechtigte Sorge vieler Teilnehmerstaaten deutlich gemacht, daß nationale Befreiungsbewegungen zur Einhaltung des humanitären Völkerrechts aufgrund ihres Charakters als Guerillaorganisation nicht in der Lage sein könnten.

Daß auch mancher Befürworter des Art.1(4) ZP I eine bestimmte Effektivität des nichtstaatlichen Konfliktgegners verlangen, hat sich bei den Debatten um den Anwendungsbereich des ZP II mit hinreichender Deutlichkeit gezeigt. Im Interesse der Effektivität des Art.1(4) ZP I und der Wahrung wesentlicher Grundsätze des humanitären Völkerrechts spricht vieles für die von Großbritannien und Australien vorgetragene restriktive Interpretation, die sich an der Vorstellung des ZP II vom nicht-internationalen bewaffneten Konflikt orientiert.

---

1 Koenig, S.154-157. Offenbar sei es Großbritannien nach der verlorenen Schlacht um Art.1(4) darum gegangen, mit dieser einengenden Interpretation eine Art "Retourkutsche" gegen die Verfechter der Befreiungskriege zu fahren. Demgegenüber lege der humanitäre Zweck des Art.1(4) ZP I eine unverzügliche Anwendung des ZP I gleich nach Beginn des Befreiungskrieges nahe, zumal diese Konflikte oftmals als Guerillakriege geführt würden, in denen eine Gebietsherrschaft der Guerillabewegung ohnehin nicht erwartet werden könne, vgl. Koenig S.157,158.
Abi-Saab bezeichnet den nationalen Befr.-krieg als typisches Beispiel für asymmetrische Konflikte zwischen radikal unterschiedlichen Konfliktparteien und unterstellt dabei Auseinandersetzungen, bei denen die nationale Befreiungsbewegung sich in der Bevölkerung bewegt wie der oft zitierte "Fisch im Wasser". Er hält die Effektivität einer nationalen Befreiungsbewegung und ihre Eigenschaft als Vertreterin eines "Volkes" dann für gegeben, wenn sie sich gegen den angeblich stets überlegenen Gegner längere Zeit behaupten kann. Hierdurch sei nicht nur ihre Stärke als Organisation hinreichend bewiesen, sondern auch die Unterstützung der Bevölkerung belegt, ohne die eine derartige Auseinandersetzung nicht zu führen sei, vgl. ders. in RdCC 1979, S.411,413,416. Daß dieses Bild in unzulässiger Weise die Realitäten verkürzt, wurde oben E.III.2.b. dargelegt.

Darüber hinaus würde eine solche, von einer eher hohen Anwendbarkeitsschwelle ausgehende Auslegung des Begriffs "bewaffneter Konflikt" zumindest die Wahrscheinlichkeit erhöhen, daß die Staatenwelt die Anwendbarkeit des humanitären Völkerrechts auf einen Konflikt nicht ausschließlich anhand der schwierigen und stark politisch überlagerten Kriterien des SBR vornimmt, sondern vor allem den sichtbaren und spürbaren Umfang des Konflikts berücksichtigt.

dd) Die Kriterien

Die in Art.1(4) I.ZP enthaltene Aufzählung von Situationen, gegen die sich der Befreiungskampf richten muß, bezweckte von Anfang an die Einschränkung des Anwendungsbereichs, da gerade auch die staatlichen Initiatoren dieses Artikels auf ihre territoriale Souveränität und nationale Einheit bedacht waren [1]. Trotz der restriktiven Tendenz der FRD in Bezug auf den "inneren" Aspekt des SBR hätte aus Sicht vieler Staaten die Definition von nationalen Befreiungskriegen allein über die Vorenthaltung des in der FRD beschriebenen SBR ein inakzeptables Risiko extensiver Auslegung der Vorschrift auf "unerwünschte" Sachverhalte bedeutet.

Teilweise wurde unter Berufung auf den Wortlaut ("gehören auch", engl.: include) die Ansicht vertreten, bei den in Art.1(4) erwähnten Anwendungsfällen handele es sich um eine lediglich beispielhafte und daher nicht abschließende Aufzählung [2]. Folgte man dieser Auffassung, so wäre der entscheidende Maßstab für die Anwendbarkeit des Art.1(4) ZP I die Ausübung des Selbstbestimmungsrechts [3].

Wie die Darstellung des SBR der Völker nach der VN-Charta und der FRD gezeigt hat[4], ließen sich in diesem Falle bei entsprechender Auslegung eine erheblich größere Zahl von Konflikten unter Art.1(4) ZP I subsumieren als dies bei Annahme des abschließenden Charakters der Fall wäre. Für eine solche weite Auslegung spricht zunächst der humanitäre Zweck dieses Rechtsgebiets,

---

1 Abi-Saab in RdC 1979, S.397. Salmon macht hierfür zu Unrecht die Opposition westlicher Staaten gegen eine Ausweitung des Anwendungsbereichs des humanitären Völkerrechts auf nationale Befreiungskriege verantwortlich, vgl. ders.1976, S.49

2 So z.B. Australien, vgl. CDDH/SR.22, Ziff.24. Vgl. hierzu Cassese, in Cassese 1979, S.468. Vgl. auch Abi-Saab in RdC 1979, S.398 sowie den entsprechenden Hinweis bei Kimminich 1979, S. 89

3 Hailbronner, S.179

4 Vgl. oben E.IV.1.b.

der das Ziel einer Anwendbarkeit des humanitären Rechts auf möglichst viele Sachverhalte nahelegt. Diese Auslegung würde aber dem Charakter des Art.1(4) ZP I als Fiktion, d. h. als Ausnahmetatbestand, von dem Grundsatz widersprechen, daß das humanitäre Völkerrecht in seiner Gesamtheit nur im internationalen bewaffneten Konflikt anwendbar ist, dessen Konfliktparteien Staaten oder zumindest anerkannte de facto-Regime sind, siehe oben F.III.1.b. Diese fiktive Gleichstellung mit internationalen bewaffneten Konflikten ist als Ausnahme eng auszulegen. Daß mit den Zusatzprotokollen kein evolutives Regime zur integralen Anwendbarkeit des humanitären Völkerrechts auch in nicht-zwischenstaatlichen Konfliktsituationen geschaffen werden sollte, ergibt auch der Zusammenhang mit Art.1 des ZP II, welcher die Anwendbarkeitsschwelle des ZP II für nicht-internationale bewaffnete Konflikte gegenüber der bisherigen Rechtslage erheblich angehoben hat, siehe unten F.III.2.b.

Letztlich sprechen sowohl der Wortlaut als auch die Entstehungsgeschichte gegen die Ansicht, es handele sich bei den betreffenden Kriterien lediglich um - nicht abschließende - Regelbeispiele[1]. Die genannten Kriterien sind daher als abschließende Aufzählung zu verstehen[2]. Andere Delegationen wiederum bedauerten, daß die Anwendbarkeit des Art.1(4) ZP I durch diese Aufzählung auf eine begrenzte Auswahl von Konflikten um das SBR begrenzt wurde.

Während Kolonialherrschaft und fremde Besetzung zwei verschiedene Völker voraussetzen, kann bei der Fallgruppe des "rassistischen" Regimes ein einziges Volk betroffen sein, dessen einer Teil den anderen nach rassischen Kriterien beherrscht. Die Kriterien des Art.1(4) ZP I können auch kumulativ vorliegen[3]. Ihre Nennung im Text der Vorschrift als Aufzählung rechtfertigt nicht die - von den Verfassern der Vorschrift kaum intendierte- Auslegung, daß Art.1(4) ZP I das kumulative Vorliegen der Kriterien voraussetzt, sie ist jedoch vereinzelt als Beleg für die nachlässige redaktionelle Abfassung nicht weniger Artikel des ZP I gewertet worden[4]. Eine möglichst genaue Erfassung des Inhalts der Begriffe Kolonialismus, rassistische Regime und fremde Besetzung ist erforderlich, auch wenn Graham angesichts der häufigen Verwendung dieser Formel in den VN schreibt: "This particular phrase has gained such popularity over the last decade

---

1 Bothe/Partsch/Solf, S.50. Zur Entstehungsgeschichte vgl. oben F.I.2.b.aa.aaa. Sandoz/Swinarski/Zimmermann gehen davon aus, daß der Begriff "include" lediglich eine abschließende Aufzählung einleitet, vgl. ebd. RZ 111

2 Vgl. u. a. Oeter 1992, S. 8

3 Sandoz/Swinarski/Zimmermann RZ 112. Der Vertreter der PLO behauptete bei der CDDH, der Konflikt mit Israel fiele unter alle drei Fälle, vgl. Bothe/Partsch/Solf, S.10

4 Roberts, S.124

that few would even venture to question its meaning......it is this very phrase which so markedly indicates the singular purpose of article 1 and the political motivation and historical naiveté of those states which support it."[1]. Auch Kussbach unterstreicht, daß die CDDH mit den Begriffen Kolonialherrschaft, Rassismus und fremde Besetzung bewußt die Sprache übernommen habe, derer sich die VN über lange Jahre hinweg im antikolonialen Kontext und im Zusammenhang mit dem Nahostkonflikt bedient hatte. Es habe nie ein Zweifel daran bestanden, daß mit dem "rassistischen Regime" Südafrika und Angola sowie mit dem Begriff der fremden Besetzung die israelisch besetzten Gebiete gemeint waren[2]. Gleichwohl erscheinen alle drei Begriffe weit auslegungsfähig[3]

aaa) Kolonialherrschaft

Der Begriff der Kolonialherrschaft bezeichnet zunächst den klassischen Kolonialismus, der sich i.S.d. Friendly Relations Declaration auf eine "colony or other Non-Self-Governing Territory" bezieht[4]. Gegner des Kampfes ist die Verwaltung der betreffenden Kolonialmacht[5]. Kolonialherrschaft wird auch verstanden als Situation "where a people has to take up arms to free itself from the domination of another people"[6].

Für andere ist der Begriff "Kolonie" keineswegs auf überseeische Besitzungen beschränkt und sollte auf andere Fälle ausgedehnt werden[7]. Vertreten wird auch, daß der Begriff der Kolonialherrschaft, etwa im Zuge entsprechender Interpretationen durch die VN, künftig einmal in einem ganz anderem Sinn verstanden werden könnte, etwa als wirtschaftlicher Kolonialismus[8]. Teilweise wird dem Kriterium jede objektive Bedeutung abgesprochen[9], andere halten

1 Graham, S.53
2 Kussbach, S.506, 507
3 Gornig, S.17
4 Vgl. Abi-Saab in RdC 1979, S.394. Für Rosas deckt der Begriff vor allem nichtselbständige und ähnliche Gebiete ab wie die portugiesischen Gebiete vor 1974, vgl. Rosas, S.272
5 Bothe/Partsch/Solf, S.50
6 Sandoz/Swinarski/Zimmermann, RZ 112
7 Obradovic spricht von "colonies limitrophes" und bezeichnet damit die Lage Kroatiens und Bosniens unter der Herrschaft Österreich-Ungarns, vgl. ders. in Cassese (Proceedings) S.16. Gornig hält die Gefahr für durchaus gegeben, daß der Begriff durch Unterschieben anderer Sinngehalte in seiner Bedeutung verändert werden könnte, vgl. ders. S.22
8 Vgl. ders. in Cassese (Proceedings), S.34
9 Bond 1975, S.69

den Begriff der "Kolonie" für gerade noch bestimmbar, obwohl sich in Grenzfällen auch darüber streiten lasse[1].

Vielfach wird vertreten, nach Abschluß der Dekolonisierung und der Beendigung der Konflikte in Südafrika und dem Palästinenserproblem sei für die Anwendung dieses Kriteriums keinen Platz mehr[2]. Teilweise wurde der Kampf gegen Kolonialismus auch als Wesensmerkmal des gesamten Art.1(4) ZP I betrachtet, dessen Bedeutung zusammen mit dem Kolonialismus hinfällig werden müsse[3]. Für Greenwood steht nach dem weitestgehenden Abschluß Dekolonisierung fest: "..the practical importance of this part of Article 1(4) is virtually non-existent"[4].

bbb) Rassistische Regimes

Ebensowenig wie die anderen beiden Kriterien Kolonialherrschaft und Fremdbesetzung erfährt der Begriff des "rassistischen Regime" in Art.1(4) ZP I eine nähere Konkretisierung, er konnte jedoch auf eine regelmäßige Verwendung in einschlägigen Resolutionen der GV zurückblicken[5]. Anlaß und Objekt dieser Resolutionen war das System der Apartheid in Südafrika, ohne daß dieses jedoch immer explizit genannt wird[6]. Beim "rassitischen Regime" handelt es sich um einen rechtlich kaum zu fassenden politischen Begriff[7]. Dabei wird ein rassistisches Regime noch nicht anzunehmen sein, wenn Rassendiskriminierung in dem betreffenden Staat überhaupt vorkommt[8]. Vielmehr muß diese Teil der offiziellen Politik der Regierung in der Weise sein, daß die Regierung als solche

---

1 Bothe nennt als Beispiele für solche Grenzfälle Gibraltar, Ceuta und Mellila, Nordirland und Puerto Rico, vgl. ders. 1976, S.201

2 Condorelli, S.393; Ipsen in Festschrift Menzel, S.415,416; Bond 1975, S.70. Vgl. für entsprechende Aussagen der CDDH-Teilnehmer oben F.I.2.b.aa.aaa. sowie unten F.III.e.

3 Vgl. die Hinweise bei Koenig, S.164, der zumindest bezüglich dieses Merkmals von Art.1(4) ZP I bereits 1987 schrieb, dieses gehöre bereits weitgehend der Geschichte an.

4 Greenwood, S.194

5 Die von Ronzitti als "code on wars of national liberation" bezeichnete Res. 3103 (XXVIII) v.12.12.1973 zählt ebenso dazu wie die Resolutionen 2307 (XXII) oder 2775 (XXVI).

6 Ronzitti 1975, S.199; Greenwood, S.194

7 Bothe/Partsch/Solf weisen darauf hin, daß dies selbst von einem Vorkämpfer der nationalen Befreiungskriege wie Abi-Saab eingeräumt wurde, vgl. ebd. S.50. Obradovic dagegen bezeichnet den Begriff -ohne nähere Definition- als "plus ou moins clair", vgl. ders. in Cassese (Proceedings) S.16. Bond spricht ihm jede objektive Bedeutung ab, vgl. ders. 1975, S.69

8 Rajower, S. 54

auf rassistischen Kriterien beruht[1]. Als Auslegungshilfe kann Abschnitt 7 des 5. Grundsatzes der FRD herangezogen werden, wo von einem "...government representing the whole people belonging to the territory without distinction as to race, creed or colour" die Rede ist[2]. Danach könnte ein Regime z.B. dann als "rassistisch" bezeichnet werden, wenn die Bevölkerung aus Gründen von Rasse oder Hautfarbe vom politischen Prozeß der Konstituierung von Regierungsgewalt ausgeschlossen ist[3].

Auf die Schwierigkeit der Definition und die bisweilen verschwommene, auch Fälle von "Rassismus" umfassende Verwendung des Begriffs "kolonial" durch die VN wurde bereits hingewiesen[4]. Teilweise wird gefordert, das rassistische Regime nicht in historischer Verengung auf Südafrika oder Palästina zu sehen[5]. Hier stellt sich jedoch das praktisch nicht lösbare Problem, dem hochpolitischen Begriff des rassistischen Regimes anerkannte und klare Inhalte zuzuordnen. Koenig sieht diesen Begriff richtigerweise streng auf die historische Situation im südlichen Afrika beschränkt.[6].

---

[1] Bothe/Partsch/Solf, S.50. Sandoz/Swinarski/Zimmermann sprechen von "régimes founded on racist criteria", vgl. ebd. RZ 112. Ebenso Hailbronner, S.179. Für Ronzitti gilt: "Racist régime denotes a régime which, by means of a large-scale government policy of racial discrimination, crystallized into well-defined legislation, prevents its community from exercising self-determination;..", vgl. ders. 1975, S.199. Rosas unterstreicht den Aspekt des Minderheitsregimes, obwohl dieses wohl kein konstitutives Element des rassistischen Regime ausmachen dürfte: "...the term 'racist régimes' refers to governments deemed to represent only a minority of the population of a country and following a general policy of racial discrimination against the majority (notably the Rhodesian and South African minority governments)", vgl. ders., S.272

[2] Text im Anhang

[3] Für Bothe/Partsch/Solf können z.B. Wahlgesetze einen wichtigen Indikator darstellen, der allerdings in vielen Staaten von vornherein fehlt. Obwohl es den Verfassern der FRD wohl kaum darum gegangen sein wird, eine große Zahl von Mitgliedstaaten der VN als "rassistisch" zu bezeichnen und damit ihre nationale Einheit und territoriale Integrität in Frage zu stellen (die Formulierung war vor allem auf die Lage in Südafrika gemünzt), dürfte doch nicht nur dieser eine Fall dem Begriff des "rassistischen Regime" gerecht werden, vgl. ebd. S.50, 51. Damit ist allerdings noch nicht viel gewonnen, da betroffene Staaten stets leugnen werden, "rassistisch" zu sein.

[4] Vgl. E.IV.1.b.bb.ccc. Für Abi-Saab beruht jedes von Fremdbeherrschung durch Siedler charakterisierte Regime auf der diskriminierenden Unterscheidung verschiedener Herkunft bzw. Wurzeln zweier menschlicher Gruppen und ist daher denknotwendig auch ein "rassistisches Regime", vgl. ders. in RdC 1979, S.394

[5] Salmon spricht sich gegen die Beschränkung auf Fälle wie etwa Südafrika aus und vertritt, daß auch Situationen rassistischer Unterdrückung ethnischer Minderheiten als "rassistische Regimes" bezeichnet werden könnten, vgl. Salmon in Cassese (Proceedings), S.35. Auch für Greenwood muß der Begriff nicht auf den historischen Fall Südafrikas (Apartheid) begrenzt verstanden werden, vgl. ders. S.194

[6] Koenig, S.169. Für ihn ist dieses Merkmal nicht nur wegen der mangelnden Ratifizierung des ZP I durch das rassistische weiße Regime in Südafrika, sondern vor allem durch dessen Überwindung völlig ohne praktische Relevanz.

Auch wenn diese Auslegung der Entstehungsgeschichte entspricht und willkürlicher Interpretation entgegenwirken kann, so ist doch zu fragen, welche Berechtigung derartige Einzelfallregelungen in einem auf Dauer angelegten und auf langsamen Erwerb von Respekt und Beachtung angewiesenen Vertragswerk des humanitären Völkerrechts haben. Dies gilt besonders vor dem Hintergrund, daß Südafrika und Palästina die einzigen Fälle rassistischer Regime weder waren noch sind[1].

ccc) Fremdbesetzung

Wie oben F.I.2.b.aa.aaa. dargelegt, wurde bei der CDDH der zuvor verwendete Terminus der "colonial and alien domination" auf Betreiben lateinamerikanischer Staaten durch die Formel "colonial domination and alien occupation" ersetzt, da diese fürchteten, daß dem einen oder anderen unter ihnen der Einfluß der USA als "alien domination" ausgelegt werden könnte. Sie bestanden daher mit Erfolg auf der Einführung des Begriffs der fremden Besetzung[2], ohne daß allerdings aus diesen Diskussionen klar wurde, auf welche Situationen sich das Kriterium bezog[3]. Betrachtet man die einschlägigen Resolutionen der VN-GV, so liegt es nahe, das Merkmal der fremden Besetzung auf die konkreten Fälle Namibia und die israelisch besetzten palästinensischen Gebiete zu beziehen[4].

Nach überwiegender Ansicht in der Literatur kann die fremde Besetzung gem. Art.1(4) ZP I nicht im Sinne der occupatio bellica verstanden werden, da dieser Fall bereits durch Absatz 2 des gemeinsamen Art.2 GK'en erfaßt ist. Dies würde aber bedeuten, daß die israelisch besetzten Gebiete nur dann unter Art.1(4) ZP I fallen können, wenn sie kein Fall der occupatio bellica sind. Man müßte also der oben E.I.3. dargelegten, kaum überzeugenden israelischen Auslegung des gem. Art.2 Abs.2 GK'en zuneigen, um überhaupt einen Spielraum für die Anwendung des Art.1(4) ZP I auf die israelisch besetzten Gebiete zu sehen.

---

1 Bothe schribt zu Recht: "Daß hier Südafrika und Rhodesien im Visier sind, weiß man... Aber Südafrika und Rhodesien sind wahrlich nicht die einzigen Staaten oder Regimes mit Rassenproblemen", vgl. ders. 1976, S.201. Gornig unterstreicht, daß auch in Zukunft rassistische Regime in verschiedenen Ländern entstehen können, vgl. ders. S.21

2 Vgl. auch Gnesa, S.112,113. Zwar unternahmen die lateinamerikanischen Staaten keinen Versuch der Definition des Begriffs "fremde Besetzung", für Ronzitti ergäbe es jedoch - entgegen einer diesbezüglichen Äußerung des rumänischen Delegierten bei der CDDH - keinen Sinn, fremde Besetzung i.S.d. occupatio bellica zu verstehen, da diese bereits im gem. Art.2 Abs.2 GK'en geregelt sei, vgl. Ronzitti 1975, S.195

3 Koenig, S.171

4 Ipsen in Festschrift Menzel, S. 416; Baxter in Havard Journal, S. 12; Bothe/Partsch/Solf, S. 52

Somit ergibt sich ein Spannungsverhältnis zwischen dem Grundsatz der Unanwendbarkeit des Art.1 (4) ZP I auf bereits durch die occupatio bellica abgedeckten Situationen und weiten Auslegungen des gemeinsamen Art.2 Abs.2 GK'en, die von dieser Vorschrift nicht nur die Besetzung völkerrechtlich umstrittener Gebiete erfaßt sehen, sondern z.B. auch den Fall der Intervention auf Einladung[1]. Wenn nämlich auch solche Fälle bereits vom gemeinsamen Art.2 Abs.2 GK'en erfaßt wären, so bliebe dieser tatsächlich auf ein Minimum von Fällen beschränkt, zu denen delikaterweise nicht einmal die von den VN-GV-Resolutionen stets mit besonderer Aufmerksamkeit bedachten israelisch besetzten palästinensischen Gebiete gehören.

Im Kontext mit dem gemeinsamen Art.2 Abs.2 GK'en gelesen, ergibt Art.1(4) ZP I somit allenfalls noch Sinn in Fällen der Besetzung von Gebieten mit umstrittenem bzw. unklarem Rechtsstatus (auch hier spricht vieles für die Anwendung des gem. Art.2 Abs.2 GK'en, s.o.) oder bei Besetzung von Gebieten einer Nichtvertragspartei der GK'en (auch dieser Fall ist fraglich, da die GK'en heute gewohnheitsrechtlichen Charakter haben, s.o. A.V., so daß auch Nichtvertragsparteien gebunden wären) und wenn darüber hinaus die Bevölkerung des betreffenden Gebiets sich auf das SBR im oben dargestellten engen Sinne (äußerer Aspekt, einschließlich koloniale Situationen) berufen kann: "Occupations by a non-colonial power clearly cannot be covered by this expression"[2]. Ronzitti weist auf den Inhalt der dem ZP I vorausgegangenen VN-Resolutionen hin, welche sich nicht auf die Rückgabe der besetzten Gebiete an Nachbarstaaten, sondern an die Palästinenser bezogen hätten, deren Selbstbestimmungsrecht die Grundlage der Verpflichtung darstelle. Es gehe in den Resolutionen daher nicht um eine Besetzung fremden Gebietes nach dem gem. Art.2 Abs.2 GK'en. Als Fallbeispiele für fremde Besetzung nennt Ronzitti Namibia bzw. Palästina[3]. Allerdings wurde der Begriff in den völkerrechtlichen Diskussionen vor der CDDH auch zur Beschreibung "normaler" kolonialer Situationen benutzt[4]. Wenn aber koloniale Standardsituationen stets den Begriff der fremden Besetzung erfüllen würden, so würde sich wiederum die Frage der Abgrenzung der beiden Begriffe Koloniale Beherrschung/Fremdbesetzung stellen. Dies zeigt, daß der Begriff kaum einen klaren Bedeutungsgehalt hat. Für Gnesa sind die Bezeichnungen der im französischen ("occupation étrangère") und deutschen

---

1 Vgl. z.B. Kwakwa, S.47, vgl. auch oben Kapitel E.I.3.

2 Vgl. Bothe/Partsch/Solf, S.51, 52 (Zitat auf S. 52). Ebenso Sandoz/Swinarski/ Zimmermann RZ 112.

3 Vgl. ders. ebd. S. 195,196

4 Vgl. m.w.N. Ronzitti 1975, S.196 (FN 12)

("fremde Besetzung") mißverständlich, da sie vom Wortlaut her an die occupatio bellica denken lassen. Einzig die englischsprachige Fassung des ZP I vermeide diese Schlußfolgerung durch Verwendung des Wortes "alien occupation" (im Gegensatz zu der für die occupatio bellica verwendeten Bezeichnung "foreign occupation")[1].

Es liegt auf der Hand, daß angesichts dieser Anwendungsvoraussetzungen (keine Erfassung durch gem. Art.2 Abs.2 GK'en, Berufung auf das SBR gem. FRD) selbst der theoretische Anwendungsbereich des Art.1 (4) ZP I gegen null tendieren dürfte, ganz zu schweigen von den mit Art.96(3) ZP I zusammenhängenden Problemen[2]. Es überrascht daher nicht, daß ein Autor in Bezug auf dieses Tatbestandsmerkmal in der Literatur eine "ziemliche Ratlosigkeit" beobachtet[3].

Nachdem die Kolonialherrschaft und rassistische Regimes als historisch weitgehend erledigt betrachtet werden können[4], stellt gleichwohl die fremde Besetzung für Koenig das einzige Merkmal dar, mit dessen Hilfe Art.1(4) ZP I vor dem Schicksal einer bereits aus dem schlichten Inhalt der Regelung folgenden völligen Unanwendbarkeit bewahrt werden kann. Für diesen Autor läßt sich der Begriff der fremden Besetzung anwenden auf die Besetzung von Gebieten, die sich auf dem Wege der Staatswerdung befinden[5], vor allem aber auf Fälle der sog. "Intervention auf Einladung"[6].

Der erste Fall erscheint kaum noch vorstellbar:
Erforderlich wäre zunächst, daß es sich nicht um einen "schlichten" Sezessionskonflikt handelt, da dieser nach hM. vom SBR gemäß der FRD nicht erfaßt wäre, s.o. E.IV.1.b.bb.bbb. Andererseits darf es sich auch nicht um einen Fall handeln, welcher als occupatio bellica i.S.d. gem. Art.2 Abs.2 GK'en gelten kann. Wie oben E.I.3. dargelegt, fällt darunter auch die Besetzung von Gebieten, die Gegenstand widerstreitender Territorialansprüche zwischen Staaten sind. Erforderlich wäre daher für Art.1(4) ZP I, daß nicht zwei Staaten um ein Gebiet streiten, sondern daß ein Staat ein Gebiet besetzt, das nach Unabhängigkeit von dem besetzenden Staat strebt, ohne daß es sich dabei um einen Sezession-

---

1 Vgl. ders. S.112,113

2 Vgl. dazu F.III.1.c.

3 Rajower, S. 55

4 Oeter 1989, S. 472. Nicht auszuschließen ist allerdings, daß diese politischen Begriffe aufgrund ihres unklaren Inhalts durchaus auf neue, bislang kaum anvisierte Situationen übertragen werden. Sie bieten sich aufgrund ihrer Vagheit dazu durchaus an

5 Koenig nennt als Beispiel den Westsahara-Konflikt, vgl. ebd. S. 175

6 Koenig, S.177-181

konflikt handelt. Dies konnte in der Ausnahmesituation des Westsahara-Konflikts angenommen werden, da

1. Mit der Westsahara nicht ein von einem anderen Staat beanspruchtes Gebiet durch Marokko und (zunächst noch) Mauretanien im Wege der occupatio bellica besetzt wurde, sondern die Kolonialmacht Spanien auf ihre territorialen Rechte verzichtete und dieses Gebiet an die beiden vorgenannten Staaten übergab.
2. Zum Zeitpunkt der 1976 erfolgten Übergabe des Gebiets an Marokko und Mauretanien, d.h. von Anfang an die POLISARIO ein Selbstbestimmungsrecht gemäß der FRD einfordern konnte und der Konflikt daher nicht als reiner Sezessionskonflikt anzusehen war, auf den das SBR nach der FRD nicht anwendbar ist und der daher ausschließlich nach den Regeln des nichtinternationalen Konflikts zu beurteilen wäre.

Es liegt auf der Hand, daß solche Fallkonstellationen wenn nicht einmalig, so doch jedenfalls äußerst selten sein dürften. Aus diesem Grunde scheint nur schwer vorstellbar, daß bei der Besetzung von Gebieten mit umstrittenen Rechtsstatus für die Anwendbarkeit der Fallvariante "fremde Besetzung" des Art.1(4) ZP I noch viel Platz bleibt.,

Während also der erste Fall kaum noch vorstellbar ist, kennt die Intervention auf Einladung nicht wenige, insbesondere zeitgeschichtliche, Vorläufer[1] und ist auch heute jederzeit vorstellbar. Vorausgesetzt, das SBR gemäß der FRD ist betroffen, sieht nun Koenig eine aus dem SBR heraus begründbare Möglichkeit, sich über die erfolgte Einwilligung/Einladung der etablierten Regierung hinwegzusetzen und in der Anwesenheit der fremden Truppen einen Sonderfall der fremden Besetzung zu sehen[2]. Diese Diskussion wird auch in Bezug auf die occupatio bellica nach dem gem. Art.2 Abs.2 GK'en geführt (s.o. E.I.3.). Rechnet man solche Fallkonstellationen allerdings der occupatio bellica zu, erübrigt sich bereits die Erfassung durch Art.1(4) ZP I. Will man hingegen in Art.1(4) ZP I insoweit eine Sonderregelung erblicken, so läßt sich diese nur stützen auf die besondere Bedeutung des SBR gemäß der FRD, welches schwerer wiegt als die Einwilligung der etablierten Regierung: "nimmt man das Selbstbestimmungsrecht der Völker ernst, so darf nicht die militärische Intervention durch eine ausländische Macht ausschlaggebend dafür sein, wer in einem Staat regiert"[3].

---

[1] Z.B. den Einmarsch der Sowjetunion in Ungarn 1956, in die Tschechoslowakei 1968 und in Afghanistan 1979

[2] Koenig, S.180

[3] Koenig, S.179

Zur Bewertung der von Koenig vorgeschlagenen erweiternden Auslegung des in Art.1(4) ZP I verwendeten Begriffs der fremden Besetzung muß zunächst an die Rechtslage de lege lata erinnert werden. Nach der Komponententheorie kann das Eingreifen auf seiten der etablierten Regierung in einen nicht-internationalen Konflikt im Verhältnis zwischen eingreifender Macht und Rebellen keinen internationalen bewaffneten Konflikt begründen[1]. Dieser Befund ist zunächst von der Frage völlig losgelöst, ob ein dritter Staat in einen nicht-internationalen überhaupt eingreifen *darf*[2]. Allerdings hat die Frage der Berechtigung zum Eingreifen in interne Situationen gerade im Zusammenhang mit dem SBR gemäß der FRD eine wichtige Rolle gespielt, indem die VN-GV zunächst die Unterstützung der Kolonialmacht als unzulässig dargestellt hat und später nicht nur ein Recht, sondern nachgerade eine Pflicht zur Unterstützung der nationalen Befreiungsbewegungen behauptet hatte, s.o. E.IV.1.b.bb.ddd. Dem entsprach es, die sog. Befreiungskriege von vornherein als internationale Konflikte zu betrachten.

Dabei ging es jedoch fast ausnahmlos um die Unterstützung von Befreiungsbewegungen, deren Ziel die Durchsetzung der in Art.1(4) ZP I enthaltenen drei Fallgruppen war (Kolonialismus, rassistische Regimes und fremde Besetzung mit Blick auf Palästina und das südliche Afrika) und somit eben gerade nicht die Durchsetzung des SBR im allgemeinen. Ebenso wie bei der Frage der Berechtigung zum Eingreifen in einen internen Konflikt erklärte man auch bei der humanitär-völkerrechtlichen Einordnung solcher Konflikte die Haltung der etablierten Regierung (Kolonialmächte, Israel, südliches Afrika) für unmaßgeblich.

Die in bellum iustum-Vorstellungen wurzelnde Erweiterung des "internationalen bewaffneten Konflikts" auf nationale Befreiungskriege sollte bei der CDDH einerseits zwar völkervertragsrechtlich konsolidiert werden, andererseits jedoch streng auf die oben beschriebenen drei Fälle begrenzt bleiben. Dies ergibt sich nicht nur aus der Ablehnung des Vorschlags CDDH/I/11[3], sondern ebenso aus der restriktiven Haltung bezüglich der sachlichen Anwendbar-

---

[1] S.o. E.I.5.

[2] Vgl. hierzu ebenfalls E.I.5. und die dort dargestellten Ansichten

[3] Vgl. oben F.I.2.b.aa.aaa. Dieser hatte lediglich auf das SBR nach der FRD Bezug genommen und war damit grundsätzlich weiter auslegbar als dies bei der konkreten Nennung der drei Fälle koloniale Beherrschung, rassistische Regimes und fremde Beherrschung möglich war. Wie dargelegt, wurde bei der CDDH im Interesse lateinamerikanischer Staaten selbst diese Eingrenzung noch enger gezogen, indem der etwas vage Be griff der Fremdbeherrschung durch "fremde Besetzung" ausgetauscht wurde.

keit des ZP II. Eine erweiternde Auslegung der "fremden Besetzung" in Art.1(4) ZP I findet daher im Konferenzverlauf keine Stütze.

Gleiches gilt aber auch für die Behandlung der Befreiungskriege in den VN. Auch diese deutet darauf hin, daß mit diesem Begriff lediglich Namibia und die israelisch besetzten Gebiet gemeint waren, vgl. oben E.IV.4.a.aa. So hatten die Resolutionen der Generalversammlung den Befreiungskrieg zunächst nur durch die Formel "colonial rule" konkretisiert[1], später jedoch die weiteren Formeln "colonial and foreign rule" bzw. "colonial and foreign domination and foreign occupation" verwendet[2]. Die Begriffserweiterung war vor allem auf die israelisch besetzten palästinensischen Gebiete, aber auch auf die Einbeziehung konkreter Situationen im südlichen Afrika gerichtet: so betraf der Begriff "foreign rule" bzw. "alien domination" die Beherrschung eines Volkes durch eine koloniale Minderheit, der Begriff "foreign occupation" bezeichnete zunächst die Lage der autochtonen Völker in Südwestafrika nach Aufhebung des VN-Mandats[3]. Allerdings wurde der Begriff von sozialistischen und afroasiatischen Staaten teilweise auch benutzt, um die - nach der "Granting of Independence"-Resolution als rechtswidrig betrachtete - Fortführung kolonialer Situationen zu beschreiben[4].

Koenig begründet seine erweiternde Auslegung daher mit dem Sinn und Zweck der Vorschrift (Art.31 WVK) und damit, daß Art.1 (4) ZP I wohl kaum eine bloße Wiederholung der occupatio bellica im Auge hatte. Wenn letztere jedoch die israelisch besetzten Gebiete bereits abdecke[5], so stelle sich die Frage, welcher Inhalt dem Begriff sinnvollerweise dann zukäme. Dieser sei gemäß dem Zweck der CDDH, nämlich einer Bestätigung und Weiterentwicklung des humanitären Völkerrechts auszulegen. Art.1(4) ZP I enthalte einen humanitären Völkerrechtsstandard, ein funktional-humanitäres Anpassungsanliegen an die nach 1960 geänderten Konfliktrealitäten[6].

---

1 Res. 2105 (XX) v. 20.12.1965

2 Z.B. Res. 2674 (XXVV) v. 09.12.1970, 2678 (XXV) v. 09.12.1965, 2852 (XXVI) v. 20.12.1971.

3 Ronzitti 1975, S.198. "Foreign occupation" bezeichnete ebenfalls, wenn auch seltener, die Lage in den israelisch besetzten Gebieten, vgl. Ronzitti 1975, S.196 (FN 12).

4 Vgl. Ronzitti 1975, S.198 sowie S.196 (FN 12) unter Hinweis auf Diskussionen bei der Konferenz der Regierungsexperten 1971 sowie Diskussionen im Rahmen der OAU.

5 Koenig, S.173

6 Koenig, S.182, 209

Fraglich ist jedoch, ob es wirklich sinnvoll sein kann, eine Vorschrift in einer Weise auszulegen, die ihre Unanwendbarkeit bereits auf der Ebene des reinen Normtextes zementiert: keine etablierte Regierung, die nach einer vorausgegangenen "Intervention auf Einladung" zusammen mit diesem Intervenenten innerhalb der staatlichen Grenzen einen nichtstaatlichen Gegner bekämpft, wird wohl jemals ernsthaft in Erwägung ziehen, diese Auseinandersetzung als internationalen Konflikt zu behandeln, weil ihre Einladung an die eingreifende dritte Macht rechtlich unmaßgeblich sei. Sie könnte sich dabei sogar auf die Entstehungsgeschichte und den Verlauf der CDDH berufen.

Gegen die von Koenig vertretene These spricht auch eine weitere Überlegung. Wenn man - wie auch Koenig es tut - richtigerweise annimmt, daß Art.1(4) ZP I nur Fälle erfaßt, die nicht bereits von der occupatio bellica nach dem gem. Art.2 Abs.2 GK'en geregelt sind, so stellt sich für die Erfassung der "Intervention auf Einladung" durch Art.1(4) ZP I ein ernstes Problem.

Sofern man nämlich, wogegen nach dem Gesagten vieles spricht, diese Fälle überhaupt als fremde Besetzung beschreiben will, so ist diese Diskussion im Bereich der occupatio bellica zu führen. So wird in der Literatur auch verfahren: einige Autoren diskutieren die "Intervention auf Einladung" als einen Fall der occupatio bellica[1]. Somit wäre für eine Anwendung des Art.1(4) ZP I auch aus dieser Perspektive kein Platz. Daß die Intervention auf Einladung bei Art.2 Abs.2 GK'en diskutiert wird zeigt auch, daß es sich dabei um ein allgemeines Problem handelt, das nicht an den speziellen Kontext des in Art.1(4) ZP I enthaltenen UN-Selbstbestimmungsrechts gebunden ist. Letztlich geht es nicht um eine spezifische Frage des SBR sondern darum, ob eine Regierung zur Einladung fremder Truppen zwecks Teilnahme an einem internen Konflikt befugt ist und welches die entsprechenden Konsequenzen im Bereich des humanitären Völkerrechts sind.

Es ist nach alledem wohl kein Zufall, daß Koenig in der aus seiner Sicht gegebenen Möglichkeit einer erweiterte Auslegung des Begriffs "fremde Besetzung" in Art.1(4) ZP I vor allem einen Begründungszusammenhang für Initiativen des IKRK sieht[2] und weniger eine mit tatsächlichen Anwendungschancen in der Realität versehene Auslegung.

---

[1] Kwakwa, S.47 m.w.N.

[2] Art.1 (4) ZP I konsolidiere einen Kombinationsstandard, der sich aus dem gem.Art.2 GK'en und den einschlägigen GA-Resolutionen zusammensetze, vgl. Koenig, S.182,184.

Der Begriff "fremde Besetzung" ist nach dem Gesagten in seinem Inhalt mindestens ebenso schwer faßbar wie derjenige des "rassistischen Regimes"[1]. Teilweise wird eine erweiternde Auslegung vertreten: "Il y a encore une possibilité d'étendre ce texte"[2]. Eine wichtige Rolle spielte er im Zusammenhang mit den israelisch besetzten Gebieten[3]. Abi-Saab verwendet den Begriff Fremdbeherrschung auch zur Bezeichnung der im VN-Rahmen erfolgten Verfeinerung und Ausweitung des Kolonialismuskonzepts im Sinne sogenannter "colonies of settlement". Bezeichnend für diese "colonies of settlement" ist, daß Kolonialmacht und Kolonialvolk im gleichen Gebiet zusammenfallen: von ihrem Mutterland losgelöste Siedler üben gegenüber der autochtonen Bevölkerung eine koloniale Politik aus und hindern sie so an der Ausübung des SBR[4]. Für diesen Autor erfüllt jede Fremdbeherrschung im Wege der "colony of settlement" wiederum auch den Tatbestand des rassistischen Regimes, charakterisiert durch die Wahl der Rasse als ausschließliches Unterscheidungsmerkmal[5]. Für Schindler

---

1 Obradovic in Cassese (Proceedings) S.16. Hailbronner hält die Bedeutung des Begriffs für zweifelhaft, vgl. ders. 179. Bothe schreibt: "...was ist eine 'foreign occupation', die nicht kriegerische Besetzung ist (auf die die vier Genfer Konventionen nach ihrem Art.2 ohnehin anwendbar sind)? Daß hier....Israel gemeint ist, weiß man. Aber umstrittene Statusprobleme eines Einzelfalles lassen sich durch eine solche Bestimmung nicht lösen", vgl. ders. 1976, S.201. Ipsen hält die "fremde Besetzung" noch weniger faßbar als die anderen Begriffe: "Offensichtlich auf das Palästinenser-Problem zugeschnitten, könnte sie zur Internationalisierung bewaffneter Auseinandersetzungen herangezogen werden, die gerade ihre Befürworter sicherlich als 'innere Angelegenheiten' behandelt wissen möchten", vgl. Ipsen in Festschrift Menzel, S.416. Für diesen Autor muß sich der Begriff wegen der schon durch den gem. Art.2 Abs.2 GK'en geregelten occupatio bellica auf staatsinterne Vorgänge beziehen, er begegnet dort jedoch erheblichen Auslegungshürden. Ipsen sieht den Begriff der fremden Besetzung nach Art.1(4) ZP I mit der "Hypothek permanenter Auslegungsschwierigkeiten" belastet, vgl. ebd. S.417.

2 Vgl. Salmon in Cassese (Proceedings) S.35. Salmon weiter: "..il n'est pas impossible ... que certaines formes d'intervention étrangère qui sont telles que la classe dirigeante est soutenue exclusivement par l'étranger, avec des armes qui lui sont données par l'étranger, avec tout un arsenal policier et militaire qui lui est fourni par l'étranger, puissent, à leur tour, être considérées comme des occupations étrangères", vgl. ders. ebd.

3 Greenwood, S.194; Schindler in RdC 1979, S.138. Rosas sieht die Bedeutung des Begriffs vor allem bezogen auf die Lage in Namibia und Südafrika, hält ihn aber ansonsten für problematisch. Er weist darauf hin, daß der Begriff zwar der Formel "alien domination" aus den GA-Resolutionen und aus CDDH/I/41 (s.o.F.I.2.b.aa.aaa.) entspricht, daß jedoch verschiedene Staaten durchaus einen Unterschied zwischen Fremdbeherrschung und fremder Besetzung gemacht haben. Klar sei nur, daß der Begriff nicht die militärische Besetzung im Zuge eines internationalen bewaffneten Konflikts meine, vgl. ders. S.272,273

4 Abi-Saab spricht von "systematic discrimination by the settlers against local populations", vgl. ders. in RdC 1979, S.394. Gnesa übersetzt in einer schweizerischen Arbeit diesen von Abi-Saab geprägten Begriff mit "Siedlungskolonien", bleibt davon abgesehen jedoch ebenso wie Abi-Saab eine befriedigende Definition dieses offenen Terminus schuldig, vgl. ders. S.113

5 Abi-Saab in RdC 1979, S.394. Somit existieren bei Abi-Saab für den Begriff des "Rassistischen Regimes" offenbar zwei Inhalte: einerseits jede Form der Fremdbeherrschung (Fremdbeherrschung=Rassismus), andererseits eine speziell anhand des Maßstabes der Rasse diskriminierende Fremdbeherrschung.

soll der Begriff "fremde Besetzung" vor allem Fälle bezeichnen, in denen unklar *oder kontrovers* ist, ob sie unter den gem. Art.2 Abs.2 GK'en fallen[1].

Auch an diesen begrifflichen Unklarheiten erweist sich erneut und exemplarisch, wie wenig gefestigt die in Art.1(4) verwendeten Begriffe sind und wie sehr es ihnen an einem anerkannten rechtlichen Gehalt mangelt.

c) Die Bindung der nationalen Befreiungsbewegung an das humanitäre Völkerrecht: Art.96(3) ZP I[2]

Während Art.96 Abs.1 und der erste Satz des Absatz 2 die Beziehungen zwischen Vertragsparteien der Konventionen und Protokolle betreffen, befaßt sich der Rest des Art.96 ZP I mit den Beziehungen zwischen Vertragsparteien zu bisher nicht an das Protokoll gebundenen Parteien. Insoweit ist die Überschrift des Artikels 96 ("*Vertrags*beziehungen beim Inkrafttreten dieses Protokolls") nicht ganz korrekt. Dabei enthält Art.96 Abs.2 Satz 2 die bereits in Art.2 Abs.3 S.2 GK'en vorgesehene Möglichkeit des ad hoc-Beitritts.

Auslöser für Art. 96(3) war die Arbeit einer inoffiziellen Arbeitsgruppe einiger Delegationen, die erstmals zusammentrat, nachdem der 1.Ausschuß den nationale Befreiungskriege zu internationalen bewaffneten Konflikten erklärenden Änderungsvorschlag CDDH/I/71 für Art.1 I.ZP angenommen hatte[3]. Die informelle Arbeitsgruppe, der Gegner wie Befürworter des Änderungsvorschlags angehörten, befaßte sich mit den Auswirkungen der Annahme des veränderten Art.1 auf die restlichen Bestimmungen des ZP I[4]. Dabei wurde sehr schnell klar, daß für nationale Befreiungsbewegungen eine Regelung für deren Unterwerfung unter das ZP gefunden werden mußte, da eine Ratifikation durch diese nicht möglich sei[5]. Auch in der Literatur hatte es Stimmen gegeben, welche die auf die Problematik hingewiesen hatten, daß der bloße Wortlaut der Absätze 3 und 4 des Art.1 ZP I wegen seiner Bezugnahme auf den gemeinsamen Art.2 der Konventionen eigentlich auf nationale Befreiungsbewegungen nicht anwendbar

---

1 Schindler nennt neben Namibia, der Westsahara und den nicht kriegerisch durch Israel besetzten palästinensischen Gebieten den Fall der Intervention auf Einladung, vgl. ders. in RdC 1979, S.138

2 Vgl. BGBl 1990 II, S.1619 sowie Text im Anhang. Absatz 1 und 2 sind identisch mit dem IKRK-Entwurf von 1973 (Art.84), vgl. Bothe/Partsch/Solf, S.554

3 Sandoz/Swinarski/Zimmermann RZ 3743. Zu CDDH/I/71 vgl. oben F.I.2.b.aa.aaa.

4 Abi-Saab in RdC 1979, S.391

5 Bothe/Ipsen/Partsch, S.7

sei, da diese nicht Vertragspartei der Konventionen seien[1]. Wie bereits bei den Beratungen des Art.1 im 1.Ausschuß wurde dabei ferner Kritik laut, den nationalen Befreiungsbewegungen würden mit der Qualifizierung ihres Kampfes als "internationaler bewaffneter Konflikt" Privilegien zuteil, ohne daß sie ihrerseits zur Einhaltung der Regeln des humanitären Völkerrechts verpflichtet würden[2]. In Reaktion auf diese Diskussionen schlug Norwegen zwischen der ersten und zweiten Sitzung des 1.Ausschusses einen Art.84 vor, der in einem Absatz 3 den heutigen Text des Art.96(3) I.ZP enthielt[3]. Ohne in der informellen Arbeitsgruppe diskutiert worden zu sein, wurde dieser Vorschlag im 1.Ausschuß mit 50:0:14 Stimmen angenommen[4] und vom Plenum später mit 93:1:2 Stimmen bestätigt[5], nachdem die israelische Delegation eine Abstimmung im Wege des Konsensverfahrens abgelehnt hatte[6].

Der vereinzelt als völkerrechtliche "Anomalie" bezeichnete[7], einseitig zu erklärende Beitritt nach Art 96(3) I.ZP unterscheidet sich vom förmlichen Beitritt zu den GK'en (s.o. E.IV.4.b.) durch seine sofortige Wirksamkeit und muß nicht durch den Schweizerischen Bundesrat den anderen Vertragsparteien notifiziert werden[8]. Damit steht er dem einseitig herbeizuführenden ad hoc - Beitritt nach dem gemeinsamen Art.2 Abs.3 GK'en näher als dem förmlichen Beitritt[9]. Es handelt sich um eine empfangs-, jedoch nicht annahmebedürftige Erklärung, die

---

1 Bond 1975, S.71. Für Graham ergibt sich die Nichtanwendbarkeit auf nationale Befreiungsbewegungen als zwingende Folge des Art.1(4) i.V.m. Art.1(3) ZP I und dem gemeinsamen Art.2 GK'en, der eindeutig auf Konflikte zwischen Hohen Vertragsparteien anwendbar ist, vgl. ders. S.47,48. Allerdings räumt er ein: "Legally, the foregoing argument is valid. However, it is essentially polemical in nature and quite obviously contravenes the apparent intent of the great majority of states attending the 1974 Diplomatic Conference...", vgl. ders. S.48

2 Abi-Saab weist auf einen am Rande der Beratungen zu Art.1 im 1. Ausschuß informell den westlichen Staaten unterbreiteten Vorschlag der westdeutschen Delegation hin, welcher auf ausdrückliche Bindung der nationalen Befreiungsbewegungen an die Konventionen und Protokolle zielte und abgelehnt wurde, vgl. ders. in RdC 1979, S.386

3 CDDH/I/86

4 CDDH/I/SR.67 Ziff.71. Zum ganzen vgl. CDDH/I/SR 67 Ziff.56-71. Einige Delegationen bedauerten die Nichtbefassung der informellen Arbeitsgruppe, vgl. Bothe/Partsch/Solf S.555

5 CDDH/SR 46 Ziff.72-81

6 Abi-Saab in RdC 1979, S.407

7 Diesen Ausdruck verwendet Partsch, da sich Art.96(3) ZP I aufgrund der einseitig herbeizuführenden normativen Wirkung über dogmatische Bedenken hinwegsetze, vgl. ders., Regeln für den Aufstand? - EinVersuch zur Erfassung von Unruhen und Spannungen -, in Neue Zeitschrift für Wehrrecht Heft 1 (1989), S.3

8 Bothe/Ipsen/Partsch weisen darauf hin, daß Art.96 ZP I nicht regelt, wie der Depositar sich bei Abgabe der Erklärung zu verhalten hat, vgl. ebd. S.8

9 Für Autoren wie Abi-Saab bedeutet dies, daß die Frage einer eventuellen Anerkennung der nationalen Befreiungsbewegung durch den Konfliktgegner wie beim ad hoc-Beitritt irrelevant ist, vgl. ders. in RdC 1979, S. 403 sowie zum ad hoc-Beitritt oben E.IV.4.d.

keinerlei zwingenden Formerfordernissen unterliegt und eine auf den konkreten Konflikt beschränkte Bindungswirkung entfaltet[1].

Art.96 (3) lit.c) ZP I läßt vermuten, daß eine nationale Befreiungsbewegung durch eine Erklärung nach dieser Vorschrift dem von ihr bekämpften Staat die rechtliche Einordnung des Konflikts "aufzwingen" und durch die Erklärung in der Praxis über die Anwendbarkeit bestimmen kann. Dies ist jedoch nicht der Fall: auch wenn die Erklärung nicht annahmebedürftig ist, kann nicht jedwede, sich als "Befreiungsbewegung" bezeichnende Bewegung das ZP I gegenüber einer Vertragspartei dieses Protokolls zur Anwendung bringen. Die Erklärung hat vielmehr nur dann die in Art.96(3) ZP I genannten Wirkungen, wenn die darin genannten Voraussetzungen (Vorliegen eines Art.1(4) - Konflikts, Vertretungseigenschaft für das um sein SBR kämpfende Volk) tatsächlich gegeben sind[2]. Es steht damit dem Gegner frei, die Erklärung wegen Fehlens der erforderlichen Voraussetzungen für unwirksam zu betrachten. Da nationale Befreiungsbewegungen in Art.96(3) I.ZP beschrieben werden als "Organ, das ein Volk vertritt, welches in einen gegen eine Hohe Vertragspartei gerichteten bewaffneten Konflikt der in Art.1(4) erwähnten Art verwickelt ist...." (vgl. Text im Anhang), spielt für die Auslegung des Art.96(3) I.ZP das Verständnis des Art.1(4) eine zentrale Rolle.

Ferner wird man annehmen müssen, daß die rechtliche Wirksamkeit einer Erklärung gem. Art.96(3) ZP I davon abhängt, daß die gegnerische Konfliktpartei an das ZP I gebunden ist[3]. Ist dies jedoch der Fall, so gewährt Art.96(3) einer nationalen Befreiungsbewegung die Möglichkeit, für einen bestimmten Konflikt die Konventionen und Protokolle einseitig in Kraft zu setzen, ohne daß der bekämpfte Vertragsstaat oder auch der Depositar hiergegen etwas unternehmen können. Die durch Art.96(3) eingeräumte Rechtsposition ist deshalb nicht zu unrecht als Einladung zum Mißbrauch kritisiert worden[4]. Allerdings steht es

---

[1] Kussbach, S.509

[2] Greenwood, S.195,196

[3] Vgl. Verwey, S.82; Gnesa betont: "Die Abgabe der einseitigen Erklärung ist aber nur in dem Zeitpunkt möglich, da die Befreiungsbewegung mit einer oder mehreren Vertragsparteien in einen bewaffneten Konflikt verwickelt ist. Jene Staaten, die das Protokoll nicht annehmen, sind natürlich an diese neue Regelung nicht gebunden.", vgl. ders. S.114. Dies führte Schindler 1979 zu dem Schluß: "Probably none of the recognized liberation movements of today will ever be able to make a declaration according to Article 96 of Protocol I", vgl. ders. in RdC 1979, S.141

[4] Kussbach schreibt: "Jede, auch die kleinste Gruppe von Abenteurern, ja selbst Terroristen, die zur Duchsetzung ihrer Ziele Gewalt anwenden, könnten beim Depositar eine einseitige Erklärung im Sinne des Art.96(3) angeben. Eine vorherige Anerkennung durch den Staat oder durch andere Staaten oder durch eine zwischenstaatliche Organisation ist

einem an ZP I gebundenen Staat in einer solchen Situation frei, die Qualität des Konflikts als nationaler Befreiungskrieg förmlich zu bestreiten, ohne daß dritte Staaten dieser Einschätzung in ihrer Bewertung des Konflikts allerdings folgen müßten[1].

Nach Art.96(3) lit.c bindet die Erklärung der nationalen Befreiungsbewegung alle am Konflikt beteiligten Parteien in gleicher Weise. Die Anknüpfung an die bloße Eigenschaft einer Konfliktpartei ermöglicht eine Auslegung, wonach auch solche Konfliktparteien gebunden werden können, die nicht Vertragsparteien sind. Diese Argumentation scheint jedoch unzulässig, da sie die Regelung des Art.96(2) unterlaufen würde, der ein spezifisches Regime für das Verhältnis zwischen vertraglich gebundenen und nicht gebundenen Konfliktparteien enthält[2].

In nationalen Befreiungskriegen ist Kriegführender im oben E.II.2.a. genannten Sinne das von der nationalen Befreiungsbewegung vertretene Volk[3]. Die nationale Befreiungsbewegung ist lediglich das vertretungsbefugte Organ dieses Volkes[4]. Gleichwohl hat nach dem Wortlaut des Art.96(3) lit.a ZP I die Erklärung der nationalen Befreiungsbewegung die Wirkung, daß *diese selbst* Konfliktpartei wird. Dies führt zu dem wenig folgerichtigen Schluß einer Duplizierung der Konfliktparteien. Man wird daher annehmen müssen, daß der in Art.96(3) ZP I verwendete Begriff der Konfliktpartei nicht mit dem Kriegführenden identisch ist.

In der Literatur wurde teilweise argumentiert, daß der Status der Konfliktpartei durch Art.96 (3) lit.a ZP I vorausgesetzt, nicht jedoch erst begründet werde. Das Argument stützt sich auf Art.96 (2) ZP I, der nationalen Befreiungsbewegungen offenstehe und die Existenz einer Konfliktpartei voraussetze[5]. Dem kann jedoch nicht gefolgt werden, da einer nationalen Befreiungsbewegung nach der hier vertretenen Auffassung das Recht des ad hoc-Beitritts weder nach dem gemeinsamen Art.2 Abs.3 GK'en noch nach Art.96(2) offensteht und im übrigen

---

nicht erforderlich. Die Voraussetzungen des Art.1(4) sind so vage formuliert, daß sie sehr weit ausgelegt werden können.", vgl. ders. S.511

[1] L.C. Green 1993, S. 62

[2] Hierauf weist Kussbach hin, vgl. ders. S.511

[3] Abi-Saab in RdC 1979, S.353

[4] Kusbach, S.508

[5] Kussbach, S.509, 510. Zweck des Art.96(3) sei einzig und allein, an die Eigenschaft als Konfliktspartei anknüpfend festzulegen, daß die Befreiungsbewegung mit dem Inkrafttreten der Vertragsinstrumente völkerrechtlich verbindlich bestimmte Rechte und Pflichten übernimmt, vgl. ebd. S.510

als Konfliktpartei das durch die nationale Befreiungsbewegung vertretene Volk anzusehen ist. Auch in der Literatur wurde der Erklärung gemäß Art. 96(3) lit.a ZP I nicht nur deklaratorische sondern konstitutive Wirkung zugeschrieben[1]. Durch Art.96(3) erhält die nationale Befreiungsbewegung das Recht, sich zur Anwendung der Konventionen und Protokolle zu verpflichten und damit auch eine partielle Völkerrechtssubjektivität[2].

Der Wortlaut der Vorschrift läßt offen, ob das betreffende Organ bestimmten Bedingungen genügen muß, um die genannte Erklärung abgeben zu können, gerade auch im Hinblick auf die grundlegende Fähigkeit zur Einhaltung der Normen des humanitären Völkerrechts[3]. So könnte einschränkend interpretiert werden, daß nur solche nationale Befreiungsbewegungen die Erklärung nach Art.96(3) abgeben dürfen, die von der jeweiligen Regionalorganisation anerkannt wurden[4]. Diese Einschränkung stünde in Einklang mit der VN-Praxis zu nationalen Befreiungsbewegungen (s.o. E.IV.4.b.), aber auch mit der Handhabung der Teilnahme nationaler Befreiungsbewegungen bei der CDDH[5]. Andererseits wurde bei der CDDH ein türkischer Vorschlag zu Art.1, wonach ZP I nur auf Konflikte von solchen nationalen Befreiungsbewegungen anwendbar sein sollte, die von der zuständigen Regionalorganisation anerkannt waren, abgelehnt[6]. Auch findet dieses Erfordernis weder in Art.1(4) noch in Art.96(3) ZP I Erwähnung.

In der Literatur wurde teilweise vehement bestritten, daß jede nationale Befreiungsbewegung ihre rechtliche Stellung einseitig durch die Erklärung nach

---

1 "Aus der Formulierung ergibt sich, daß diese Regelung nicht nur technischen Charakter hat, sondern darüber hinausgehende materiellrechtliche Bedeutung. Im Gegensatz zu einer mehrfach geäußerten Ansicht erwirbt die Befreiungsbewegung also nicht mit ihrer Konstituierung oder einer etwaigen Anerkennung durch eine Regionalorganisation den Status als "Konfliktspartei" im Sinne des Zusatzprotokolls, sondern erst mit der Abgabe der Erklärung.", vgl. Bothe/Ipsen/Partsch, S.8.

2 Kussbach, S.508

3 Kussbach verlangt die Erfüllung gewisser organisatorischer Voraussetzungen durch die nationale Befreiungsbewegung, legt diese jedoch nicht näher fest. Ohne solche Bedingungen wären die in den Konventionen und Protokollen festgelegten, umfangreichen Pflichten praktisch nicht erfüllbar, vgl. ders. S.505, vgl. auch Rajower, S. 74 ff.

4 Großbritannien gab bei Unterzeichnung des ZP I eine Erklärung ab, wonach aus britischer Sicht nur solche Organe zur Erklärung nach Art.96(3) berechtigt sind, die von der zuständigen Regionalorganisation anerkannt wurden, vgl. Greenwood, S.196

5 Schindler in RdC 1979, S.142. An der CDDH durften nur diejenigen nationalen Befreiungsbewegungen teilnehmen, die von der zuständigen Regionalorganisation anerkannt waren, s.o. E.IV.4.b. und F.I.2.a.

6 Auch Indonesien machte eine Abstimmungserklärung in diesem Sinne. Vgl. zu beidem Schindler in RdC 1979, S.142.

Art.96(3) definieren könne[1]. Dem kann zwar entgegnet werden, daß Art.96(3) ZP I eine Situation nach Art.1(4) ZP I zur Voraussetzung hat und infolgedessen nicht jede sich als nationale Befreiungsbewegung bezeichnende Organisation das Recht der einseitigen Erklärung nach 96(3) genießt, so ist zu bedenken, daß die Tatbestandsvoraussetzungen des Art.1(4) ZP I insgesamt vage und auslegbar sind. Mangels einer Institution zur verbindlichen Auslegung des ZP I würde somit eine relativ große Bandbreite von Organisationen zur Erklärung nach Art. 96(3) berechtigt. Eine gewisse Klarheit und Verläßlichkeit bestünde daher nur in den Fällen, in welchen eine Anerkennung durch die zuständige Regionalorganisation vorliegt.

Abi-Saab lehnt eine derartige Bestimmungsmacht der Regionalorganisationen unter Hinweis auf den hierzu schweigenden Wortlaut und den nach einer weiten Auslegung verlangenden Zweck des humanitären Völkerrechts ab, insbesondere da Regionalorganisationen aller Erfahrung nach nur solche nationale Befreiungsbewegungen anerkennen würden, deren Gegner nicht zu ihren Mitgliedern zählen[2]. Handele es sich um einen Konflikt mit einem Mitglied, so stünden politische Erwägungen im Vordergrund[3]. Es komme hinzu, daß Regionalorganisationen in Fällen mehrerer parallel auftretender nationaler Befreiungsbewegungen mit Anerkennungen regelmäßig zögerten und diese anhand politischer und nicht humanitär-völkerrechtlicher Gesichtspunkte aussprächen[4]. Der Anerkennung durch die jeweilige Regionalorganisation könne deshalb für die Eigenschaft einer nationalen Befreiungsbewegung als Organ i.S.v. Art.96(3) I.ZP kein konstitutiver Charakter zukommen[5].

Der von Abi-Saab vertretenen Auffassung ist darin zuzustimmen, daß das Anerkennungserfordernis nicht unmittelbar aus dem Wortlaut folgt und zudem Regionalorganisationen kaum als Institutionen gelten können, die eine Anerkennung von nationalen Befreiungsbewegungen nach Kriterien vornehmen, welche im

---

1 Detter de Lupis zitiert Dinstein mit dem Satz: "...belligerent status on all liberation movements despite the absence of recognition and heedless of the actual dimension (des Konflikts, Anm. d. Verf.) is palpably absurd", vgl. dies. S.160. Ähnlich Greenwood, S.195

2 Abi-Saab in RdC 1979, S.408

3 Schindler nennt die wohl ausbleibende Anerkennung einer nationalen Befreiungsbewegung, deren Kampf den Interessen eines mächtigen Mitgliedsstaates widerspricht oder die vielleicht unberechtigte und verfrühte Anerkennung einer nationalen Befreiungsbewegung, wenn dies den Interessen eines mächtigen Mitgliedsstaates entspricht, vgl. Schindler in RdC 1979, S.143

4 Schindler in RdC 1979, S.142

5 Vgl. Abi-Saab in RdC 1979, S.409

Bereich des humanitären Völkerrechts zu verläßlichen und nachprüfbaren Standards führen würden (z.B. Konfliktintensität, Organisationsgrad, Leidensdruck der Opfer etc.). Da es andererseits unbedingt erforderlich erscheint, nicht jeder Gruppe das Recht der Erklärung nach Art.96(3) ZP I zuzugestehen, sind hierfür andere Maßstäbe zu finden.

Macht man die Erklärungsbefugnis nach Art.96(3) ZP I nicht von einer Anerkennung durch die entsprechende Regionalorganisation abhängig, so müßten andere Kriterien zur Feststellung der Repräsentativität und Effektivität einer nationalen Befreiungsbewegung gefunden werden. Hier wären Wahlen zwar der "Königsweg", jedoch sind solche in der Situation einer bewaffneten Auseinandersetzung praktisch nicht vorstellbar. Diskutiert wird deshalb u.a. die Frage, ob nur solche nationale Befreiungsbewegungen zur Erklärung nach Art.96(3) I.ZP berechtigt sein sollen, die im Besitz einer gewissen Gebietsherrschaft sind. Das Fehlen einer effektiven Gebietsherrschaft und die vor Auftreten der nationalen Befreiungsbewegung nicht bestrittene territoriale Souveränität des Konfliktgegners über das zu "befreiende" Gebiet geben nationalen Befreiungskriegen zunächst den klassischen Auftritt des nicht-internationalen bewaffneten Konflikts[1]. Es liegt daher nahe, den internationalen Status einer nationalen Befreiungsbewegung ähnlich wie bei der Anerkennung von Aufständischen als Kriegführende von einer gewissen Effektivität ihrer Machtausübung abhängig zu machen[2].

Abi-Saab wendet sich auch gegen dieses einschränkende Kriterium. Die Effektivität einer nationalen Befreiungsbewegung sei nicht allein am Maßstab der territorialen Kontrolle zu bewerten. Zum einen unterliege gerade im Guerillakrieg die Kontrolle über die - häufig zersplitterten - Gebiete stetem Wechsel. Die "Effektivität" der nationalen Befreiungsbewegung sei deshalb entsprechend den Bedingungen des Guerillakrieges flexibler zu definieren und zu messen an der nachhaltigen Unterstützung durch die Bevölkerung sowie der Fähigkeit, dem materiell überlegenen Gegner die Kontrolle über "sein" Gebiet dauerhaft streitig zu machen. Zum anderen werde der traditionelle Maßstab der effektiven Machtausübung der Situation nationaler Befreiungskriege vom Grundsatz her nicht gerecht. Anders als bei der Anerkennung Aufständischer als Kriegführende stehe nicht die - stets territorial und funktionell auf die Anwendbarkeit des humanitären Völkerrechts begrenzte - Anerkennung einer de facto-Situation im Vor-

---

1 Bindschedler-Robert, S.52

2 Hierfür plädiert Rajower, S. 76

dergrund, sondern die aus dem SBR folgende vollständige Vertretung eines "Volkes" durch die nationale Befreiungsbewegung. Aus diesem grundsätzlichen Unterschied und aus der Nichterwähnung von Gebietsherrschaft in Art.1(4) I.ZP und Art.96(3) I.ZP folgt für Abi-Saab, daß "Organ" i.S.v. Art.96(3) I.ZP auch eine über keinerlei effektive Gebietsherrschaft verfügende nationale Befreiungsbewegung sein kann. Diese werde durch Art.96(3) I.ZP nicht als solche, sondern in ihrer Eigenschaft als Vertreterin eines nach Selbstbestimmung strebenden Volkes erfaßt[1].

Der Position Abi-Saabs ist jedoch entgegenzuhalten, daß die Vertretungseigenschaft materiell kaum zu bestimmen ist. Verlangt man weder eine Anerkennung durch die zuständige Regionalorganisation noch eine gewisse etablierte Gebietsherrschaft, so bleibt als Eingrenzungskriterium nur die Voraussetzung, daß es sich um einen Konflikt nach Art.1(4) ZP I handeln muß. Damit wird die Eingrenzung in den Bereich der Auslegung des Art.1(4) ZP I verlagert. Auch dort bestehen jedoch große Auslegungsspielräume, was erhebliche Rechtsunsicherheit nach sich zieht.

Das Problem wiederholt sich bei der weiteren Voraussetzung des Art.96(3) I.ZP, wonach die Erklärung von einem Organ abzugeben ist, welches das in einen Konflikt nach Art.1(4) I.ZP verwickelte Volk "vertritt". Abi-Saab verweist darauf, daß sich ein wesentlicher Kritikpunkt an der Einführung des "nationalen Befreiungskrieges" als völkerrechtliche Kategorie darauf gerichtet habe, daß der repräsentative Charakter einer nationalen Befreiungsbewegung in Ermangelung entsprechender Verfahren und Institutionen nicht verläßlich feststellbar sei und sog. nationale Befreiungsbewegungen häufig nur sich selbst bzw. nur eine Minderheit der Bevölkerung vertreten würden. Dem hält dieser Autor entgegen, daß den nationalen Befreiungsbewegungen aufgrund der Verweigerung des SBR ja gerade gewaltsam verwehrt werde und damit unmöglich sei, ihren repräsentativen Charakter unter Beweis zu stellen. Diese unverschuldete Situation kann den nationalen Befreiungsbewegungen nicht entgegengehalten werden[2]. Der repräsentative Charakter sei daher bis zur Möglichkeit freier Ausübung des SBR anhand bestimmter Indizien zu ermitteln und durch ihr Vorhandensein hinreichend belegt. So könne z.B. auf die Unterstützung durch das betreffende Volk geschlossen werden, wenn die nationale Befreiungsbewegung längere Zeit in der Lage sei, zumindest einen "low intensity

---

[1] Vgl. ders. in RdC 1979, S.411,412

[2] Abi-Saab in RdC 1979, S.412

conflict" gegen den stets als militärisch überlegen zu betrachtenden Gegner zu führen, da dies ohne breite Unterstützung der Bevölkerung nicht möglich sei[1]. Diese aus dem fortgesetzten Kampf gefolgerte "Repräsentativitätsvermutung" scheint jedoch kaum gerechtfertigt, da ein solcher Kampf auch durch schlichte Terrorisierung der Zivilbevölkerung oder abgestützt auf eine sehr kleine Minderheit geführt werden kann[2]. Insofern wird effektiver Gebietsherrschaft als ein Kriterium zur Feststellung der Repräsentativität eben doch eine wichtige Rolle zufallen.

Nach dem Gesagten wird es einer nationalen Befreiungsbewegung kaum gelingen, ihre Vertretungseigenschaft für ein Volk zu belegen, wenn diese nicht durch die VN oder durch eine Regionalorganisation anerkannt ist[3].

Existieren mehrere nationale Befreiungsbewegungen, so ergibt sich die Frage nach der Zulässigkeit einer Erklärung nach Art. 96(3), da diese Vorschrift von *einer* das betreffende Volk vertretenden nationalen Befreiungsbewegung auszugehen scheint. Hält man die Erklärung auch bei Bestehen mehrerer nationaler Befreiungsbewegungen für möglich, so treten die Rechtsfolgen des Art.96(3) ZP I nur in Bezug auf die diese Erklärung abgebende nationale Befreiungsbewegung ein[4]. Teilweise wird argumentiert, daß bei mehreren nationalen Befreiungsbewegungen nur eine die Erklärung nach Art.96(3) ZP I abgeben darf, weil sich dieser Artikel an "das" Organ richtet, welches das in einen Konflikt nach Art.1(4) verwickelt ist[5]. Schindler geht davon aus, daß bei mehreren nationalen Befreiungsbewegungen eine Erklärung nach Art. 96(3) in Bezug auf das Verhältnis zum betreffenden Staat möglich ist, jedoch nicht die ZP'e im Verhältnis der nationalen Befreiungsbewegungen untereinander in Kraft setzen kann[6].
Erforderlich ist schließlich das Vorliegen eines bewaffneten Konflikts i.S.v. Art.1(4) I.ZP, in den die nationale Befreiungsbewegung als Konfliktpartei verwickelt ist. Auch diese Eigenschaft setzt ein Minimum an Effektivität voraus. Auch hier tauchen jedoch alle oben bei der Auslegung des Art.1(4) ZP I identifizierten Schwierigkeiten wieder auf. Von besonderer Bedeutung ist dabei der Bedeutungsgehalt des Begriffs "bewaffneter Konflikt", den einige Delegationen

---

1 Abi-Saab in RdC 1979, S.413

2 Greenwood, S.197. Vgl. im gleichen Sinne oben E.III.2.b.cc. die Ausführungen zur Rolle der Zivilbevölkerung im Guerillakonflikt

3 Greenwood, S.197

4 Vgl. Sandoz/Swinarski/Zimmermann unter Berufung auf die im Absatz 2 des Art.96 enthaltene Zurückweisung einer clausula si omnes, vgl. ebd. RZ 3763

5 Detter de Lupis, S.160

6 Vgl. Schindler in RdC 1979, S.143 unter Hinweis auf die Lage in Angola.

bei der CDDH im gleichen Sinne verstanden haben wie den bewaffneten Konflikt nach Art.1 ZP II[1]. Kaum überraschend haben sich Verfechter der nationalen Befreiungskriege gegen ein solches Verständnis zur Wehr gesetzt, ohne aber befriedigende Maßstäbe für eine Abgrenzung der von ihnen favorisierten Befreiungskriege "nach unten" aufzuzeigen[2].

Ein weiteres Problem betrifft das Verhältnis zwischen Art.96(3) ZP I Absatz 3 und der in Art.96(2) ZP I vorgesehenen Möglichkeit, die Protokolle durch Annahme und Anwendung in Kraft zu setzen. Die Frage stellt sich nicht, wenn die Erklärung nach Absatz 3 abgegeben wurde, wohl aber, wenn die nach Art.96(3) ZP I erforderliche Erklärung nicht wirksam zustandekam oder die nationale Befreiungsbewegung anstatt durch die Erklärung nach Absatz 3 die Protokolle statt dessen auf dem Wege des Absatz 2 in Geltung setzen möchte. Dabei fragt sich zunächst, ob *Art.96(3) ZP I als abschließende Sonderregelung* zu betrachten ist, die einem ad hoc-Beitritt nach Art.96(2) ZP I oder nach dem gemeinsamen Art.2 Abs.3 GK'en im Wege steht.

In diesem Zusammenhang wird in der Literatur teilweise darauf hingewiesen, daß die große Mehrheit der Staaten, welche bereits vor den ZP'en die Möglichkeit eines Beitritts von nationalen Befreiungsbewegungen zu den Konventionen bejaht hatten, diesen Weg zur Anwendung der Konventionen nicht durch Art.96(3) ZP I "verschüttet" wissen wollten[3]. Nach dieser Ansicht bleibt daher trotz Art.96(3) ZP I der Weg offen für einen ad hoc - Beitritt nach Art.96(2) ZP I und dem gemeinsamen Art.2 Abs.3 der Konventionen.

---

1 Vgl. oben F.III.1.b.cc.

2 Für Abi-Saab ist keinesfalls der bei der CDDH von einigen Delegationen vertretenen engen Auslegung zu folgen, wonach der bewaffnete Konflikt i.S.v. Art.1(4) I.ZP einen "high intensity conflict" bezeichne oder sogar das Vorliegen der Anwendbarkeitskriterien des II.ZP voraussetze. Diese Auslegung widerspreche sowohl dem gemeinsamen Art.2 GK als auch Art.1 und Art.96 des I.ZP, in denen diese einengenden Voraussetzungen fehlen. Sie stehe auch dem Ansatz der Konventionen entgegen, welche den internationalen bewaffneten Konflikt nicht am Intensitätsgrad der Kampfhandlungen sondern vielmehr anhand der beteiligten Konfliktparteien und ihrer Beziehungen definiere. So würden aus gutem Grund die engen Bedingungen des Art.1 II.ZP auch nicht an asymmetrische Konfliktsituationen in Fällen kriegerischer Besetzung angelegt, welche zweifelsfrei als internationale bewaffnete Konflikte zu betrachten seien. Was dort nicht verlangt werde, könne auch nicht als Bedingung in nationalen Befreiungskriegen aufgestellt werden. Als Maßstab für die Effektivität der nationalen Befreiungsbewegung seien vielmehr die in Art.43 I.ZP enthaltenen Kriterien des Organisationsgrades und der internen Disziplin sowie die Fähigkeit der nationalen Befreiungsbewegung anzusehen, trotz ihrer militärischen Schwäche die Auseinandersetzung mit dem Gegner überhaupt führen zu können, vgl. Abi-Saab in RdC 1979, S.413,414

3 Vgl. Sandoz/Swinarski/Zimmermann RZ 3774

Nach der gegenteiligen Ansicht spricht bereits der prozeßhafte Wortlaut der Buchstaben a und c des Art.96(3) ZP I für den konstitutiven Charakter der Erklärung nach Absatz 3. Darüber hinaus ist zu beachten, daß die Einrichtung eines förmlichen Mechanismus zur Inkraftsetzung der Konventionen und Protokolle kaum Sinn ergäbe, wenn diese Wirkung auch auf andere Weise erzielt werden könnte. Art.96(3) ZP I sei daher gegenüber Art.96(2) ZP I als lex specialis zu betrachten[1]. Zu beachten sei auch, daß Art.96(2) ZP I lediglich die Inkraftsetzung des ZP I vorsieht und damit offenbar die vorherige Bindung an die Konventionen voraussetzt. Solange die Erklärung nach Absatz 3 nicht vorgenommen wurde, unterliegt der Konflikt nach dieser Ansicht allein den Regeln des gemeinsamen Art.3 GK'en. Dieser Ansicht ist zuzustimmen, da in der Tat Art.96(3) ZP I sonst überflüssig wäre.

Für Befreiungsbewegungen wird in der Praxis oftmals ein kaum überwindbares Hindernis auf dem Weg zur Anwendbarkeit des internationalen Konfliktsrechts auf ihren "Befreiungskrieg" darin liegen, daß der Gegner nicht Vertragspartei des ZP I ist. Art.96(3) ZP I läßt eine einseitige Erklärung an den Verwahrer nämlich nur dann zu, wenn der bewaffnete Konflikt der in Art.1(4) ZP I erwähnten Art gegen eine *Hohe Vertragspartei* gerichtet ist. Wegen dieses Hindernisses wurden Art.1(4) ZP I und Art.96(3) ZP I in der Literatur teilweise auch eher politisch-psychologische Bedeutung als potentielle Wirksamkeit in der Konfliktrealität zugesprochen[2]. Wegen der solcherart drastisch reduzierten rechtlichen Bedeutung wurde teilweise mit wenig überzeugenden Argumenten versucht, diese Voraussetzungen "auszuhebeln"[3]. Diesen Ansichten steht jedoch der insoweit eindeutige Wortlaut entgegen[4]. Zu beachten ist auch, daß selbst bei Inkraftsetzung der Konventionen und Protokolle durch die Erklärung nach Art.96(3) ZP I die vom Konfliktgegner bei Unterzeichnung des betreffenden Vertragswerks gemachten Vorbehalte zu beachten sind[5]. Auch dies kann die Anwendbarkeit erheblich einschränken.

---

1 Bothe/Partsch/Solf S.556

2 Schindler in RdC 1979, S.141

3 Kwakwa verweist auf Borrowdale und Ribeiro, welche die These vertreten, daß wegen des humanitären Zwecks der ZP'e eine einseitige Erklärung nach Art.96(3) ZP I eine Situation analog zu derjenigen des Art.96 (2) ZP I herbeiführen würde, wodurch sich der bekämpfte Staat nicht mehr auf die fehlende Bindung an das Protokoll berufen könne, vgl. Kwakwa, S.78. Dem steht jedoch entgegen, daß Art. 96(2) ZP I eindeutig auf Staaten bezogen ist.

4 SandozSwinarski/Zimmermann RZ 3770

5 Sandoz/Swinarski/Zimmermann RZ 3766

d) Auftreten mehrerer nationaler Befreiungsbewegungen

Die Situation des Vorhandenseins einer Mehrzahl von nationalen Befreiungsbewegungen wirft schwierige Fragen auf. Wie bereits dargestellt, haben Regionalorganisationen in Einzelfällen mehr als eine nationale Befreiungsbewegung für ein Gebiet anerkannt, s.o. E.IV.4.b. In der Literatur wird die Möglichkeit mehrerer ein Volk vertretender nationaler Befreiungsbewegungen anerkannt[1]. Bekämpfen mehrere parallele nationale Befreiungsbewegungen denselben Gegner, so wird dies als ein nationaler Befreiungskrieg betrachtet[2]. Stehen die Bewegungen ausschließlich untereinander in Konflikt, so handelt es sich um einen nicht-internationalen Konflikt[3]. Allerdings ist die Lage kompliziert, wenn sich beide Situationen überlagern[4]. Vertreten wird auch, daß bei Auftreten mehrerer nationaler Befreiungsbewegungen eine einzelne darunter in aller Regel wohl nicht in der Lage wäre, den Anforderungen für die Erklärung nach Art.96 (3) ZP I überhaupt zu genügen[5]. Greift in einer solchen Situation noch ein Staat von außen in den Konflikt ein, so verkompliziert sich die Lage noch weiter[6]

e) Bewertung der gefundenen Ergebnisse

Wie die bisherige Untersuchung gezeigt hat, ist durch Art.1(4) ZP I eine neue Kategorie von internationalen bewaffneten Konflikten in das humanitäre Völkerrecht eingeführt worden, wodurch dieses eine einschneidende Veränderung

---

1 Rosas, S.271, unter Hinweis auf den Angola-Konflikt

2 Abi-Saab in RdC 1979, S.409

3 Vgl. M. Bothe, Völkerrechtliche Aspekte des Angola-Konflikts, in ZaöRV Bd.37 (1977), S. 572 ff. (588). Dieser weist mit Bedauern darauf hin, daß ZP II auf solche Konflikte nicht anwendbar ist, da dessen Art.1 zwingend die Konfliktbeteiligung der Streitkräfte einer Hohen Vetragspartei voraussetzt, vgl. Art.1 ZP II (Text im Anhang)

4 Abi-Saab bezeichnet die dann gegebene rechtliche Lage als "confused and confusing", vgl. Abi-Saab in RdC 1979, S.409. Vgl. zum Thema auch Koenig, der bei einer Aufspaltung der Beziehungen zwischen bekämpftem Staat und zwei nationale Befreiungsbewegungen, von denen nur eine die Erklärung nach Art.96(3) ZP I wirksam abgegeben hat, zu Recht schwierige praktische Probleme sieht, da die Regierung oft selbst beim besten Willen nicht unterscheiden kann, ob sie es mit der nationalen Befreiungsbewegung zu tun hat, welche die Erklärung nach Art.96(3) ZP I wirksam abgegeben hat. Hier müsse ggfs. das IKRK vermittelnd tätig werden, vgl. Koenig S.162,163

5 Reisman 1988, S.464 (FN 19)

6 Im Verhältnis zu derjenigen nationalen Befreiungsbewegung, welche nach einer Erklärung gem. Art.96(3) ZP I einen internationalen Konflikt kämpft, bestünde für den auf Regierungsseite eingreifenden Drittstaat wohl internationales Konfliktsrecht, gegenüber einer noch im nicht-internationalen Konfliktsrecht gebundenen nationalen Befreiungsbewegung wäre nach den oben E.I.5. beschriebenen Regeln wohl von einem nicht-internationalen Konflikt auszugehen.

erfahren hat[1]. Art.1(4) ZP I wurde teilweise als Schlußstein der jahrelang in den Vereinten Nationen unternommenen juristischen Bemühungen gewertet, das Völkerrecht in den Dienst der Dekolonisierung zustellen[2]. Ein Autor bezeichnete Art.1(4) ZP I als "Produkt massiver, von einer zahlenmäßig starken Gruppe von Staaten in der Konferenz vorgebrachter und mit viel taktischem Geschick vertretener Forderungen"[3]. Wie noch zu zeigen sein wird, gewinnt diese Aussage durch die neuen Regeln zum Kombattantenstatus zusätzlich an Gewicht (s.u. F.IV.). Um die Tragweite der Veränderung der Rechtslage durch Art.1(4) ZP I einschätzen zu können, soll nachfolgend eine Bewertung der in der Literatur wie auch vor allem im Rahmen der CDDH ausgetauschten Argumente von Gegnern und Befürwortern der völkerrechtlichen Qualifikation sog. "nat. Befreiungskriege" als internationale bewaffnete Konflikte vorgenommen werden. Die wichtigsten, vor allem von den westlichen Staaten vorgetragenen Argumente gegen die in Art.1 (4) ZP I enthaltene humanitär-völkerrechtliche Einordnung der "nationalen Befreiungskriege" wurden bereits oben F.I.2.b.aa.aaa. überblickartig dargestellt und sollen im folgenden eingehender diskutiert werden[4].

Der internationale Charakter Nationaler Befreiungskriege stand zu Beginn der CDDH nicht gewohnheitsrechtlich fest und wurde durch ZP I keineswegs nur bestätigt.

Die Diskussion hierüber wurde bereits oben E.IV.4.a.cc. dargestellt: Die These des bereits feststehenden internationalen Charakters Nationaler Befreiungskriege ist nicht haltbar. Dies folgt aus der fehlenden Rechtserzeugungsqualität von Resolutionen der GV, besonders aber auch aus der fortbestehenden Ablehnung dieses Konzepts durch eine große Zahl von Staaten und hierbei besonders der von solchen Konflikten betroffener Staaten. Gleichwohl wird in der Literatur immer wieder die Ansicht vertreten, Art.1(4) ZP I enthalte keine Neuregelung und habe lediglich für den Bereich des humanitären Völkerrechts kodifi-

---

1 Graham spricht von einem "...dramatic shift in the concept of the applicability of the Law of War...", vgl. ders. S.37. Für ihn wurde durch Art.1 (4) ZP I die gesamte gegenwärtige und künftige Struktur des Kriegsrechts verändert, vgl. ebd.

2 Condorelli, S.392

3 Kussbach, S.513

4 Vgl. für einen Überblick Forsythe S.80,81

zierend nachvollzogen, was bereits längst zuvor gefestigte Völkerrechtslage gewesen sei[1].

Das SBR der Völker hat lediglich den Charakter eines Prinzips, nicht jedoch eines Rechts. Es taugt ebensowenig wie der Begriff "Völker" zur Erweiterung des Rechtsbegriffs "Internationaler bewaffneter Konflikt" [2].

Auch die Frage des Rechtscharakters des SBR wurde bereits oben E.IV.1.b.bb.aaa. diskutiert. Dabei scheint es weiterhin möglich, dem SBR aufgrund seines wenig greifbaren Inhalts zumindest jenseits der Dekolonisierung im engeren Sinne den Charakter einer Norm des Völkerrechts abzusprechen und darin allenfalls ein Rechtsprinzip zu sehen, das jeweils durch konkrete Völkerrechts-Normen umzusetzen ist. Die Friendly Relations Declaration hat dem SBR zwar eine klarere Form gegeben, dies ändert jedoch nichts an der fortbestehenden Vagheit des Konzepts und den im Komitee zur Ausarbeitung der FRD zu keiner Zeit ausgeräumten Divergenzen. Wie oben F.III.1.b. dargestellt, ist das SBR in Art.1(4) ZP I trotz oder wegen des Hinweises auf die FRD mit einer erheblichen Hypothek an Unklarheit belastet. Diese wird noch dadurch erschwert, daß Art.1(4) ZP I das Charta-SBR neben das SBR gemäß FRD stellt und daher "neuere" Auslegungen des Charta-SBR nicht am Hinweis auf die FRD scheitern müßten. Spätestens dann jedoch würde der Inhalt des in Art.1(4) ZP I genannten SBR bis zur Beliebigkeit verschwimmen. Dem Argument der Unklarheit, das auch auf den Begriff "Völker" in Art.1(4) ZP I zutrifft, begegnet Abi-Saab durch den Hinweis auf andere, nicht weniger unklare Begriffe des Völkerrechts wie etwa denjenigen der Souveränität oder des Guten Glaubens, die nichtsdestotrotz als Völkerrechts-Begriffe anerkannt seien. Es reiche aus, wenn ein an den Rändern des Bedeutungsgehaltes fließender Begriff zumindest einen eindeutigen Kern besitze[3]. Andererseits wurden auch von den Anwälten der nationalen Befreiungskriege die Unklarheit und Zweideutigkeit des SBR, gerade in der von der FRD festgelegten Form, eingeräumt. Für Salmon hieße es den bösen Glauben zum Prinzip zu erheben, wolle man die Rechtsverbindlich-

---

1 Vgl. u.a. Kwakwa, S.58, der unter Hinweis auf die Dekolonisierungsresolutionen, die FRD sowie Beschlüsse der OAU von "evidence of the international character of these conflicts" spricht. Ebenso Gasser 1987, S.916

2 So wurde bei der CDDH dem Selbstbestimmungsgrundsatz vom Vertreter Großbritanniens, Draper, der Charakter eines Rechts abgesprochen (vgl. SR.2., Par.46); der Vertreter Monacos, de la Pradelle, betonte den nicht bindenden Charakter der Resolutionen der VN-Generalversammlung (CDDH/SR.2/Par.21). Roberts kritisiert den schwer faßbaren Inhalt von Begriffen wie "Völker", aber auch dem Begriff Autorität in Art. 96(3) ZP I, vgl. ders. S.125

3 Vgl. Abi-Saab in RdC 1979, S.379

keit von Resolutionen der Generalversammlung nicht zumindest für diejenigen Staaten annehmen, welche diesen Resolutionen zugestimmt haben. Gerade die Annahme der FRD 2625 durch *Konsens* zeige, daß die Staaten dem Inhalt dieser Resolutionen zugestimmt hätten [1]. Das Argument übersieht jedoch, daß für viele Staaten die FRD vermutlich allein *wegen* ihres zweifelhaften Inhalts annehmbar war und darüber hinaus die Annahme im Konsensverfahren nichts anderes bezweckte als fortbestehende Divergenzen zu überdecken [2]. Die Divergenzen hatten deshalb einen in vieler Hinsicht zweideutigen und unklaren Text der FRD zur Folge. In diesem Sinne haben auch Verfechter des internationalen Status nationaler Befreiungskriege nachgerade bedauert, daß Art.1(4) ZP I durch Nennung von Kolonialherrschaft, rassistischen Regimen und Fremdbesetzung einer sich anbietenden "kreativen Auslegung" der FRD sogar Grenzen setzt[3]. Für Lysaght hat die Diskussion um den Rechtscharakter des SBR eher theoretischen Charakter, da es selbst bei Leugnung eines Rechts auf Selbstbestimmung den Teilnehmerstaaten der CDDH unbenommen war, die sog. nationalen Befreiungskriege im Anwendungsbereich der Protokolle und Konventionen als internationale bewaffnete Konflikte zu betrachten[4].

Nicht nur das in Art.1(4) ZP I genannte SBR, sondern gerade auch die anderen Kriterien (Kolonialherrschaft, fremde Besetzung und rassistische Regimes) sind höchst unterschiedlicher Auslegung zugänglich. Damit entfällt praktisch die Möglichkeit einer rechtlich begründbaren Auslegung. Diese ist in das Belieben der Konfliktparteien oder Dritter gestellt[5].

Für L.C. Green handelt es sich bei der Feststellung des Vorliegens einer Art. 1(4)-Situation um eine vollständig subjektive und dem einzelnen Staat vorbehaltene Entscheidung: "The Article 1 standards simply do not apply to armed conflicts in which both parties have plausible political, social and economic claims. The definitional gap is unfortunate. In an Alice-in-Wonderland world, however, partisans may stretch the Article 1 definitions to cover any conflicts in which disputants protest ethnic or racial discrimination"[6]. Für Lysaght ist die

---

1 Vgl. Salmon 1976, S.39

2 Vgl. zum Konsensverfahren oben E.IV.4.a.cc.

3 Vgl. Salmon 1976, S.37

4 Vgl. Lysaght, S.352

5 "Since 'colonialist' and 'racist' passed into the epithetical language of international diplomacy, they have lost whatever objective meaning they may once have had", vgl. Bond 1975, S.69. Bond spricht von der "...ambiguity of these Article 1 definitions", vgl. ebd. S.70.

6 Vgl. L.C. Green 1993, S. 61, 70 (Zitat S. 70)

Auslegungserklärung Großbritanniens zu dem in Art.1(4) ZP I verwendeten Begriff des "bewaffneten Konflikts" ein Beispiel dafür, daß die gegebenen Interpretationsspielräume auch ausgeschöpft wurden[1]. Der Delegierte der Bundesrepublik stellte fest: "In order to extend the scope of application of Draft Protocol I to conflicts which traditionally have not been regarded as international, it would have been necessary to find appropriate criteria of a basically legal character which can and will be applied in practise. However, the criteria contained in paragraph 4 as now adopted by the Conference do not meet these requirements. The terms 'colonial domination', 'alien occupation', 'racist regimes' are not objective criteria but lend themselves to arbitrary, subjective and politically motivated interpretation and application. Moreover, they have been chosen rather with a view to short-term political problems and objectives, and thus do not fit well into a legal instrument intended to be of long term value"[2]. Gornig sieht durch die weite Auslegbarkeit vor allem der drei in Art.1(4) niedergelegten Ziele des Kampfes die Gefahr mißbräuchlicher Anwendung[3]. Für Coubrey hat Art.1(4) ZP I aufgrund des weiten Auslegungsspielraums aller seiner Anwendungsvoraussetzungen eine Grauzone der Anwendbarkeit geschaffen. Dies sei ein ernster Befund in einem auf Klarheit in Substanz und Anwendnung angewiesenen Rechtsgebiet[4].

Auch wenn von vielen anerkannten Stimmen in der Literatur die - auch durch den Verfasser der vorliegenden Arbeit geteilte- Ansicht vertreten wird, daß durch entsprechende Auslegung der Voraussetzungen des Art.1(4) ZP I dessen Anwendbarkeit auf ein sehr engen Anwendungsbereich reduziert werden kann und muß, so sind damit andere Auslegungen dieser dehnbaren Begriffe[5] keineswegs ausgeschlossen: andere können sie eben ganz anders verstehen. Bond beschreibt die Kriterien des Art.1(4) als "troublesome, unfortunate and ludicrous" und beklagt das Fehlen jedes objektiven Anwendungsmaßstabes in Art.1(4) ZP I: "more than one black militant has demanded prisoner of war treatment"[6]. Die Angst vor divergierenden Auslegungen bewegte z.B. die Tür-

---

1 Vgl. ders. S.355

2 Zitiert bei Bothe/Ipsen/Partsch, S.9

3 Vgl. ders. S.17

4 Vgl. dies. S.27,28

5 Bothe/Ipsen/Partsch, S.8

6 Bond 1975, S.70. Er weist darauf hin, daß außerhalb der USA solche Forderungen durchaus ernst genommen wurden

kei, sich bei der Abstimmung über Art.1(4) ZP I der Stimme zu enthalten[1], nachdem sie im 1. Ausschuß erfolglos versucht hatte, die Anerkennung der nationalen Befreiungsbewegung durch die jeweilige Regionalorganisation als Tatbestandsvoraussetzung für die Anwendbarkeit des Art.1(4) ZP I einzuführen[2]. In der Vergangenheit hatten vor allem die sozialistischen Staaten verstanden, weit auslegbaren Begriffen neue Sinngehalte zu unterlegen[3]. Zwar scheint diese Gefahr seit dem Ende des Kalten Krieges kaum noch gegeben, aber dies schließt nicht aus, daß der vieldeutige Wortlaut einmal von anderer Seite politisch instrumentalisiert wird.

Es verstößt gegen den essentiellen Kern des auf Neutralität und Unparteilichkeit gegenüber den Gründen von Konflikten beruhenden humanitären Völkerrechts, wenn die Einordnung von bewaffneten Konflikten anhand rein subjektiver und politischer Kriterien vorgenommen wird[4]

Mit Blick auf das im Kern politisch motivierte Ziel einer Aufwertung der Befreiungskriege als internationale Konflikte bemerkt Kussbach: "Bedauerlich ist nur, daß man sich zur Verwirklichung dieses politischen Zieles gerade des humanitären Rechts bedient hat, eines Rechtsgebietes, dessen vornehmster Grundsatz neben der Humanität bisher stets die politische Neutralität gewesen ist"[5]. Bindschedler unterstreicht, daß die Motive, welche zu einem bewaffneten Konflikt geführt haben, im humanitären Völkerrecht nichts zu suchen haben. Deshalb sei für Begriffe wie Verteidigungs- oder Befreiungskriege im Kriegsrecht mit seiner essentiell humanitären Zielsetzung kein Platz[6]. Bothe schreibt: "Es wird...ein rein politisches Kriterium zur Abgrenzung zwischen internationalem und nicht-internationalem Konflikt herangezogen. Nicht der besonders blutige, opferreiche Konflikt, auch nicht jeder Kampf für das Selbstbestimmungsrecht erhielt die Rechtswohltat einer umfassenden völkerrechtlichen Regelung, sondern nur bestimmte Kämpfe um Befreiung, die nach modischen Kriterien der Tagespolitik ausgewählt sind". Die Abgrenzung der Konflikte erfolge nach

---

1 Lysaght, S.353

2 Bothe/Ipsen/Partsch, S.10

3 Hierauf weist Gornig hin, vgl. ders. S.17

4 Vgl. hierzu bei der CDDH die Vertreter der USA (CDDH/I/SR.2, Par.51), der Schweiz (CDDH/I/SR.2, Par.13), Kanadas (CDDH/I/SR.2, Par.16), Großbritanniens (CDDH/I/SR.2, Par.45) und Frankreichs (CDDH/I/SR.2, Par.49) sowie Lysaght, S.351 m.w.N.

5 Vgl. ders. S.513

6 Vgl. ders. in Festschrift Berber, S.67

zweifelhaften politischen Kriterien, deren rechtliche Bedeutung alles andere als klar sei[1]. Coubrey betrachtet die erkennbare Intention, das SBR auf die Dekolonisierung und einige wenige weitere Fälle einzugrenzen als Ergebnis eines erheblichen politischen Subjektivismus[2]. Auch Chadwick spricht von "subjective, discretionary and interpretative elements inherent in characterizing 'approved' liberation conflicts" und kritisiert, daß hier der Grund für einen Konflikt über den Umfang seiner völkerrechtlichen Regelung entscheidet[3]. Für L.C. Green sind die in Art.1(4) ZP I verwendeten Begriffe "all matters which tend to be determined by auto-definition"[4].

Für Verteidiger der nationalen Befreiungskriege beruht dieses Argument auf einem fundamentalen Mißverständnis, da die Erweiterung des Begriffs "internationaler bewaffneter Konflikt" um nationale Befreiungskriege auf dem SBR der Völker als einem Rechtsprinzip beruhe und somit die entscheidenden Begriffsvoraussetzungen nicht politischer, sondern rechtlicher Natur seien[5]. Zwar hätten die Motive der Rechtsänderung und die Diskussionen bei der CDDH durchaus politischen Charakter gehabt, dieses Argument gelte jedoch um so mehr für die Weigerung der Kritiker, eine wesentliche Erscheinungsform bewaffneter Konflikte nach dem II. Weltkrieg humanitär-völkerrechtlich zur Kenntnis zu nehmen. Es sei stets so gewesen, daß die Regeln jedes Rechtssystems unweigerlich die politischen Vorstellungen der die jeweilige Gemeinschaft dominierenden Gruppe widerspiegelten. Dies dürfe jedoch nicht vom Kern der getroffenen Regelungen ablenken[6]. Die westliche Position sei Ausdruck einer extremen intellektuellen Konfusion, wenn nicht sogar Mystifizierung. Wer wie die westlichen Staaten die Beibehaltung der 1949 fortgesetzten strikten Trennung zwischen internationalem und nicht-internationalem bewaffneten Konflikt befürworte, verbanne bestimmte Auseinandersetzungen in die "Hölle" des nicht-internationalen Konflikts und überlasse sie dort dem löchrigen Schutz des ge-

---

1 Vgl. ders. 1976, S.199 und 201

2 Vgl. dies. S.28

3 Vgl. dies. S.82

4 Vgl. ders., Terrorism and ist Responses, in: Terrorism Bd.8 (1985/1986), S.37

5 vgl. Abi-Saab in RdC 1979, S.380

6 Kwakwa S.56. Bond erinnert unter Hinweis auf die sog. "humanitäre Intervention" daran, daß auch die völkergewohnheitsrechtlichen Regeln des 19.Jahrhunderts vor allem die politischen Interessen der europäischen Nationalstaaten und der USA widerspiegelten: "Only a country with far flung commercial interests would need a rule that permitted it to intervene in a foreign country in order to rescue the local representatives of Standard Oil from the cooking pot", vgl. ders. S.67. Er kommt zu dem Schluß: "All law - bad or good - is politically motivated", vgl. ders. ebd. S.69

meinsamen Art.3 GK'en und der Martens'schen Klausel. Auch die Einordnung von Konflikten durch die GK'en sei rein subjektiv (Kampf gegen einen anderen Staat oder gegen die eigene Regierung) und rein politischer Natur. Die Möglichkeit objektiver Definition aller Konflikte gemäß dem Intensitätsgrad wurde 1949 verworfen. Der 1949 neu eingeführte Sachverhalt des Kampfes von Widerstandsgruppen (Art.4.A.2. III.GK) sei hochpolitisch und allein am Ziel orientiert. Zwar sei der politische Zweck und Hintergrund der Resolutionen der VN-Generalversammlung zu Dekolonisierung und Befreiungskriegen nicht zu bestreiten, hochpolitisch sei aber auch die Forderung einer Beibehaltung der bisherigen Regelung[1]. Ein Zitat belegt die Motivation und Sichtweise vieler Förderer der besonderen Berechtigung nationaler Befreiungskriege und der Verwerflichkeit aller Versuche, sich der durch sie ausgelösten humanitär-völkerrechtlichen Legitimitätsdynamik zu widersetzen:
"Le droit de Genève reflet ainsi avec clarté les valeurs de la société industrielle et européo-centriste. Les défendre, c'est prendre une position politique, c'est apporter sa caution à vingt-cinq ans de pratique de discrimination de luttes des peuples non-blancs et assurer la continuation du massacre légal. Le voile du discours humaniste ne trompe plus aujourd'hui que ceux qui veulent bien se laisser abuser"[2]. Ein anderer Autor schreibt: "The lawfullness of United Nations Decisions does not depend, however, on the degree to which they coincide with American political interests"[3]. Und weiter: "Perhaps the third-worlders are only saying: 'Your law be damned. This is now the law - take it or leave it'. ....The United States and its European allies....no longer dominate and therefore cannot dictate the nature of its rules"[4].

Die Einführung der neuen Kategorie internationaler bewaffneter Konflikte beruhe auch keineswegs auf subjektiven Kriterien, da die in Art.1(4) ZP I genannten Voraussetzungen nicht an die Absichten der nationalen Befreiungsbewegung, sondern an deren objektive Situation anknüpften[5]. In der Literatur

---

1 Zu den Vertretern dieser Argumentation gehört u.a. Salmon, der den klassischen zwischenstaatlichen Konflikt als den Krieg der "Reichen" bezeichnet, vgl. ders. 1976, S.45,46.

2 Vgl. Salmon 1976, S.46

3 Bond 1975, S.67

4 Bond 1975, S.68

5 Vgl. Abi-Saab in RdC 1979, S.380. Ebenso Cassese in Festschrift Pictet, der die Begriffe "kolonial", "rassistisch" und "fremd" als objektiv definiert oder definierbar ansieht und ihrer Bedeutung eine "extreme narrowness" bescheinigt, die einer weiten Auslegung von Art.1(4) ZP I im Wege stünde, vgl. ders. in Festschrift Pictet, S.318, 319 sowie ders. in Cassese 1979, S.467. Auch Lysaght bescheinigt den Verfechtern einer Ausdehnung des Begriffs des internationalen bewaffneten Konflikts auf nationale Befreiungskriege:

wird immer wieder darauf verwiesen, daß die Staaten anläßlich der CDDH ganz bestimmte historische Situationen im Auge gehabt hätten (Südafrika, Namibia, Rhodesien, die portugiesischen Kolonien, Palästina)[1].

Bisweilen wird in der Literatur auch die Ansicht vertreten, die Staatenmehrheit bei der CDDH habe nun einmal den internationalen Charakter nationaler Befreiungskriege verbindlich festlegen wollen, umgekehrt aber einen gleichen Status für nicht-internationale Konflikte abgelehnt. Kriterium konnte deshalb nur das Motiv sein. Motivelemente seien zwar durchaus ein Fremdkörper im humanitären Völkerrecht, dies sei aber gewissermaßen der "Preis", der für die von der Staatenmehrheit gewollte Anwendbarkeit des internationalen Konfliktrechts auf Befreiungskriege zu zahlen war. Wolle man keine motivbedingte Anwendung, müsse man sich überhaupt auch der Grundsatzentscheidung widersetzen, Befreiungskriege als internationale Konflikte zu betrachten[2].

Nach der hier vertretenen Ansicht spricht tatsächlich vieles dafür, die erwähnte Grundentscheidung einer politisch motivierten Qualifizierung bestimmter Konflikte als internationaler Konflikt in Frage zu stellen. Ungeachtet der vorgebrachten Argumente ist festzuhalten, daß die bisherigen Unterscheidungskriterien für die Anwendbarkeit der beiden Rechtsmassen für internationale und nicht-internationale Konflikte trotz aller Schwierigkeiten (insbesondere in Bezug auf die sog. gemischten Konflikte) noch einigermaßen objektiv bestimmbar war. Die Einordnung von Konflikten allein nach objektiven Kriterien ist eine unabdingbare Grundvoraussetzung, wenn in der Praxis das humanitäre Völkerrecht überhaupt auch nur die geringste Chance auf Beachtung haben soll[3]. Trotz der von Abi-Saab vorgebrachten Argumente werden jedoch Befreiungskriege nach dem mit ihnen verfolgten Zweck und nicht anhand objektiver Kriterien definiert[4]. Der unklare Inhalt der in Art.1(4) ZP I enthaltenen Anwendungsvor-

"...their case was, in essence, founded on the nature of the conflict rather than its motivation or justification", vgl. ders. S.351.

1 Kwakwa S.53; Aldrich 1988, S.458

2 Koenig, S.197,198

3 Auf diesen - durch die Einführung eines subjektiven Maßstabes in Art.1 (4) mißachteten - Zusammenhang weist Sofaer hin, der vgl. ders. S.785. Ebenso Baxter: "What success the law of war has had in the past is based in large measure on the fact that it ministers to war victims impartially without regard to whether the cause for which they fight is good or bad", vgl. ders. in Harvard Journal, S.17

4 Vgl. Lapidoth, S.191. Aldrich stellt fest, daß Kolonialismus, fremde Besetzung und rassistische Regimes emotionsgeladene Begriffe sind, vgl. ders. 1988, S.458. Ein anderer Autor schreibt: "....for the first time it will be necessary to to make a judgement on the character of a conflict and the motives of the combatant parties in order to decide whether the provisions of humanitarian law should be applied", vgl. Hughes-Morgan, The New Law of Geneva, in: The International Lawyer, Bd.11 (1977), S.112. Oeter be-

aussetzungen wurde im übrigen selbst von vehementen Verfechtern der nationalen Befreiungskriege teilweise eingeräumt[1]. Die mit Art.1(4) geschaffenen Abgrenzungskriterien mögen für einige zwar objektiv sein, für andere sind sie jedoch rein subjektiv, ungenau und am Maßstab des gerechten Krieges orientiert[2]. Äußerlich handelt es sich um Konflikte, in denen ein Teil der Bevölkerung gegen die legale Regierung mit Waffengewalt rebelliert. Ob nun im Einzelfall dieser Konflikt als nationaler Befreiungskrieg zu bezeichnen und daher als internationaler bewaffneter Konflikt zu betrachten ist, entscheidet sich allein an der subjektiven politischen Zielsetzung der Rebellen[3]. Zwar kann man durch die in der FRD vorgesehene Konstruktion des eigenständigen rechtlichen Status von Kolonien noch eine internationale Situation begründen, bei der Fallgruppe des rassistischen Regimes handelt es sich jedoch eindeutig um einen zunächst innerstaatlichen Konflikt, der durch den Charakter des Regimes und vor allem die Motivation des innerstaatlichen Gegners zu einem internationalen Konflikt definiert wird. Ein Autor beschreibt hierzu: "..if a conflict fought within a state in the cause of self-determination is governed by international law but a conflict not legitimately in pursuit of self-determination is governed by Article 3 alone, then a decision concerning what body of law to apply turns on highly subjective value judgements about the nature of the conflict: A war of national liberation will turn out to be the war that I fight; the war you fight will be a colonialist one"[4]. Auch muß gesagt werden, daß die vorgegebenen "Kriterien-Trias" in ihrer Bedeutung derartig auslegbar sind, daß sie Fälle erfassen können, die ursprünglich gar nicht vorgesehen waren[5]. Für Hailbronner wurden hier bewußt unklare Begriffe gewählt, um auch solche Situationen zu erfassen, die nicht als "kolonial" im traditionellen Sinne zu betrachten sind[6]. Für Baxter droht durch die große Auslegbarkeit des Art.1(4) "legal chaos"[7], da jede Seite in ihrem Sinne auslegen wird. Daher ist die These auch gewagt, der Anwendungsbereich des Art.1(4) ZP I sei von vornherein sehr begrenzt.

---

scheinigt Art. 1(4) ZP I einen "excessive use of ideologically charged formulae", vgl. ders. 1989, S. 470

1 Salmon: "Il est certain que le texte, tel qu'il a été adopté actuellement, est un texte un peu ambigu", vgl. ders. in Cassese (Proceedings) S.33.

2 Hierauf und auf die daraus resultierende Komplizierung der Lage weisen hin Sandoz/Swinarski/Zimmermann, RZ 67. Ebenso Bothe/Partsch/Solf, S.40

3 Cassese in Casses (Proceedings) S.24

4 Baxter 1974, S.522

5 Baxter, in Harvard Journal, S.16; Gornig, S.22

6 Hailbronner, S.179

7 Baxter, in Harvard Journal, S.16

Zu Recht wird darauf hingewiesen, daß die Kriterien bei der CDDH nicht so umstritten gewesen wären, wenn unter den Teilnehmerstaaten Einigkeit bestanden hätte über die Begrenzung auf wenige historische Fälle[1]. Zu erwarten ist lediglich, daß die tatsächliche Anwendung des Art.1(4) ZP I auch künftig *in der Realität* sehr begrenzt sein wird, da betroffene Staaten entweder gar nicht oder nur mit entsprechenden Vorbehalten ratifizieren werden und damit die Erklärung nach Art.96 (3) ZP I regelmäßig ins Leere gehen wird. Dies ist aber ein schwacher Trost, da eine Gruppe sich durch geschickte Interpretation des Art.1(4) darauf berufen kann, "eigentlich sei ein Konflikt nach Art.1(4) gegeben, aber die humanitätsfeindliche Nichtratifikation des ZP I durch die bekämpfte Regierung stehe einem Wirksamwerden des ZP I durch Erklärung gem. Art.96(3) ZP I im Wege. Damit kann jedwede selbsternannte "Befreiungsbewegung" die bekämpfte Regierung zumindest moralisch in die Ecke drängen. Dem sollte ein Instrument des humanitären Völkerrechts eigentlich keinen Vorschub leisten.

Umgekehrt kann jede Regierung durch entsprechende Auslegung die Anwendbarkeit bestreiten, sollte sie wider Erwarten bei Ausbruch des Konflikts bereits Vertragspartei des ZP 1 sein[2]. Im Kern kann die Entscheidung, ob eine bestimmte sich Befreiungsbewegung nennende Organisation die Voraussetzungen des Art.1(4) erfüllt oder nicht, trotz allen Bemühens um einigermaßen objektive Interpretationsstandards nur anhand politischer Kriterien gefällt werden und ist daher eine rechtlich kaum zu fassende politische Entscheidung[3].

Art.1 (4) ZP I ist das Ergebnis einer Vermengung von ius ad bellum und ius in bello, einem der Grundpfeiler des modernen humanitären Völkerrechts. Durch Mißachtung des fundamentalen Prinzips der Gleichheit der Parteien vor dem ius in bello leistet er einer gefährlichen Wiederbelebung der längst überwunden geglaubten Theorie des gerechten Krieges Vorschub[4].

---

[1] Gornig, S.22. Hierauf weist auch L.C. Green hin, vgl. ders. 1993, S. 61

[2] Vgl. L.C. Green 1993, S. 61

[3] Kussbach, S.515

[4] De la Pradelle spricht von ernsten Abirrungen von Grundprinzipien des humanitären Völkerrechts, vgl. ders. S. 1. Kalshoven sieht in Art.1(4) ZP I wegen der intendierten engen Beschränkung seiner Anwendbarkeit als Ausfluß von bellum iustum-Vorstellungen und bezeichnet die Vorschrift als "....yet another small victory to the many already won in the battle against today's black sheep: 'colonial domination, alien occupation and racist regimes'", vgl. ders. 1977, S.122. Auch Andreopoulos sieht eine Rückkehr des bellum iustum-Gedankens, vgl. ders. S. 191. Maaß schrieb 1990: "...die bellum iustum-Theorie erlebt derzeit eine Renaissance; als Beispiel ist Art.1 Abs.4 Zusatzprotokoll I von 1977 zu nennen.", vgl. Maaß, S.189. Dieser sieht den Versuch einer Politisierung und Ideologisierung des humanitären Völkerrechts durch die Dritte Welt und die Ost-

Für Verfechter der nationalen Befreiungskriege besteht auch insoweit ein fundamentales Mißverständnis. Zum einen mache das durch Art.1 (4) ZP I reformierte humanitäre Völkerrecht keinerlei Aussage darüber, wer im nationalen Befreiungskrieg zur Anwendung von Gewalt berechtigt sei, zum anderen gewähre das neue Recht im nationalen Befreiungskrieg keiner Seite eine bevorzugte Behandlung und stelle lediglich fest, welche Rechtsnormen bei Vorliegen einer bestimmten objektiven Situation[1] zur Anwendung kommen[2]. Hingewiesen wird auch auf zwei Grundsätze, die absichtlich zur Vermeidung von Mißverständnissen über eine vermeintliche Rolle des bellum iustum-Konzepts im ZP I in dessen Präambel aufgenommen worden seien: zum einen die Anwendung der Bestimmungen der Konventionen und Protokolle "ohne jede nachteilige Unterscheidung, die auf Art oder Ursprung des bewaffneten Konflikts oder auf Beweggründen beruht...", zum anderen die ausdrückliche Überzeugung, daß weder die Konventionen noch das Protokoll so auszulegen sind, "als rechtfertigten oder erlaubten sie eine Angriffshandlung oder sonstige mit der Charta der Vereinten Nationen unvereinbare Anwendung von Gewalt"[3]. Auch Art.1(4) ZP I treffe keinerlei Aussage über die Legitimität des Befreiungskampfes[4]. Eine

---

blockstaaten, welcher jedoch nur in geringerem Umfang als gewünscht Erfolg hatte, nämlich bei Art.1(4) ZP I, vgl. ders. S.202, 204, 206.

1 So schreibt Forsythe: "Colonialism is, after all, an international process in fact", vgl. ders. 1977, S.725. Er rechtfertigt dies mit der internationalen Dimension kolonialer Situationen (geographisch, politisch). Es sei nach den Tatsachen nicht unvernünftig, den antikolonialen Kampf als international zu bewerten, ebenso auch Fälle fremder Besetzung und rassistischer Regime, die durch den VN z.B. im Falle Rhodesiens als international eingestuft worden seien.

2 Bothe schreibt in Bezug auf den späteren Art.1(4) ZP I: "Die neue Bestimmung sollte keineswegs dahin verstanden werden, daß sie die Befreiungsbewegung bezüglich des jus in bello besserstellt als den 'Unterdrücker'", vgl. ders. 1976, S.199. Ähnlich auch Bagley: "....the Protocol deals with the nature, and not the motivation of the conflict involved. The justness or legality of a conflict is not intended to be addressed by ist terms, and it bestows no higher principle on the use of force. Parties are not merely protected because they are fighting for a righteous cause. 'Just war' pretenders will find no shelter in humanitarian law norms under the Protocol", vgl. ders. S.454. Aldrich betont, daß den Mitgliedrn nationaler Befreiungsbewegungen der Schutz des Protokolls keineswegs etwa deshalb gewährt werde, weil sie für eine gerechte Sache kämpften. Die Normen fänden gleichmäßig auf beide Seiten Anwendung, vgl. ders. 1988, S.458. Auch für Gnesa enthält Art.1(4) ZP I keine Besserstellung der nationalen Befreiungsbewegung und damit auch keine Verletzung des Gleichheitsgrundsatzes: "Dieser Vorwurf ist auf der Ebene des ius in bello nicht stichhaltig". Festgestellt werde nur, daß in bewaffneten Auseinandersetzungin der in Art.1(4) definierten Art die Konventionen und Protokolle zur Anwendung gelangen, vgl. ders. S.117, 118

3 BGBl. 1990 II, S.1559. Auf diese, gegen das bellum iustum-Konzept gerichteten Pasagen weist vor allem Aldrich hin, vgl. ders., Prospects for United States Ratification of Additional Protocol I to the 1949 Geneva Conventions", in AJIL Bd. 85 (1991), S. 1 ff. (S.5). Aus Sicht Levies kann die erstgenannte Passage der Präamabel in ihrer Bedeutung nicht überschätzt werden: "...it definitely lays to rest the 'just war' doctrine espoused by some nations, including, particularly, a number of Third World nations as well as the nations which were Communist at that time period..", vgl. ders. 1994, S.472

4 Vgl. z.B. Gasser 1987, S.917, der sich dabei auch auf Art.4 ZP I stützt, wonach die Anwendung der Abkommen und des Protokolls nicht die Rechtsstellung der am Konflikt

diskriminierende Behandlung habe vielmehr in der früheren Rechtslage bestanden, wonach die Rechtsstellung der nationalen Befreiungsbewegungen im nationalen Befreiungskrieg dramatisch schlechter als diejenige ihres Gegners gewesen sei[1]. Dabei ist Ausgangspunkt der befreiungskriegsfreundlichen Argumentation immer wieder der Gedanke einer *tatsächlichen* Asymmetrie der Gegner im nationalen Befreiungskrieg. Dieser Tatsache werde die Forderung nach rechtlicher Gleichheit der Parteien nicht gerecht[2]. Im übrigen hätten nur wenige Staaten bei der CDDH tatsächlich eine Aufhebung des Grundsatzes der Trennung von ius in bello und ius ad bellum[3] oder eine privilegierte Behandlung nationaler Befreiungskriege durch das humanitäre Völkerrecht gefordert[4]. So kommt Forsythe zu dem Schluß: "...Article 1 of Protocol I can be entirely understood without reference to just wars, agression or self-defense"[5]. Rosas schreibt über den späteren Art.1(4) ZP I: "...while it is true that the societal basis of the provision is connected with the notion of the illegality of colonialism and racism, and conversely, the legality of the struggles for liberation, the provision does not on a juridical level imply discrimination between the parties in the application of humanitarian law"[6]. Koenig schreibt: "Zusammengefaßt läßt sich sagen, daß in der Dritten Welt die Gewaltanwendung zur nationalen Befreiung als gerecht (-fertigt) angesehen wird, das humanitäre Völkerrecht dann aber auf einer gleichen und reziproken Grundlage angewendet werden soll"[7]. Auch Gornig betont, die Idee des gerechten Krieges habe nur die Erweiterung

---

beteiligten Parteien berühren. Auch Bond kommt bzgl. Art.1(4) ZP I zu dem Schluß: "I...have found no clause that legitimates resort to arms. ....the Article does not itself legitimate any right to take up arms..", vgl. ders.1975, S.76. Für Koenig ist der bellum iustum-Einwand in seiner Pauschalität falsch: weder impliziere Art.1(4) eine Rechtfertigung für Gewaltanwendung, noch werde das humanitäre Völkerrecht unterschiedlich angewendet. Dies sei durch Art.96 ZP I garantiert, vgl. ders. S.200

1 Vgl. Abi-Saab in RdC 1979, S.381

2 "....postuler l'égalité là où règne l'inégalité de fait est une duperie dont les effets politiques sont évidents. L'égalité dans le droit de la guerre ne peut exister que là où il y a une égalité réelle. Là où l'inégalité existe dans les faits.....le principe d'égalité juridique ne peut être acceptable que s'il se présente comme une inégalité compensatrice. Seul le caractère non-synallagmatique peut rétablir l'inégalité", vgl. Salmon 1976, S.49

3 Nordvietnam wandte sich gegen das Konzept einer strikten Trennung von ius in bello und ius ad bellum. Der höchste Zweck des humanitären Völkerrechts bestehe darin, den Imperialismus zu bekämpfen, die mangelnde Berücksichtigung der Gründe für einen Konflikt sei eine flagrante Anomalie, vgl. zur vietnamesischen Position Forsythe 1977, S. 724

4 So erklärte z.B. China nationale Befreiungskriege ausdrücklich zu gerechten Kriegen, vgl. CDDH/I/SR.4, Par.7.

5 Vgl. Forsythe 1977, S.725

6 Rosas, S.271,272

7 Koenig, S.27. Dies sei auch bei der Teheraner Menschenrechtskonferenz 1968 und bei der Istanbuler Rotkreuzkonferenz 1969 von der Dritten Welt klar vertreten worden.

des Anwendungsbereichs des humanitären Völkerrechts zur Folge gehabt, nicht jedoch die Privilegierung einer Seite innerhalb dieser Konfliktkategorie[1].

Demgegenüber ist jedoch zu bedenken, daß der nationale Befreiungskrieg in den VN rechtlich den Status eines "gerechten" Krieges erlangt hat: Kolonialmächte etc. haben sich nach den o.g. Resolutionen der VN jeder Gewalt gegen abhängige Völker zu enthalten, letzteren wiederum steht ein Recht zur Gewaltanwendung zu, während dritte Staaten zur Unterstützung der kämpfenden Völker verpflichtet sind. Schindler sieht hier zu Recht die Gefahr, daß diese höhere Legitimität auch auf das ius in bello durchschlagen kann[2]. Es kann nach der oben E.IV. dargestellten Vorgeschichte kaum bezweifelt werden, daß für nationale Befreiungskriege der besondere Status im humanitären Völkerrecht nur deshalb gefordert wurde, weil diese Konflikte als "gerecht" angesehen wurden[3]. Im Umkehrschluß zwingt die in VN und bei der CDDH bei den Bemühungen zur rechtlichen Aufwertung der nationalen Befreiungskriege herrschende Legitimitätsdynamik auch zu der Feststellung, daß auf internationaler Bühne mit der Behandlung einer Auseinandersetzung als Konflikt gemäß Art.1(4) ZP I stets automatisch eine Aussage darüber getroffen würde, welche Seite einen "gerechten" Krieg führt[4]. Daran ändert auch die z.B. von Aldrich rechtfertigend herangezogene Tatsache nichts, daß in der Präambel die gleichmäßige Anwendung der Konventionen und Protokolle ohne Rücksicht auf Motive etc. sowie die Überzeugung bekräftigt wird, die Konventionen und Protokolle rechtfertigten keine Angriffshandlung oder der Charta zuwiderlaufende Gewalt. Hier mag der Hinweis genügen, daß die Gewalt durch nationale Befreiungsbewegungen von deren Protagonisten eben gerade als besonders Charta-konform beschrieben wurde[5]. Auch das Bekenntnis zu gleichmäßiger Anwendung der Konventionen und Protokolle führt nicht an der Feststellung vorbei, daß hier eine ganze Konfliktkategorie einzig und allein deshalb humanitär-völkerrechtlich aufgewertet wurde, weil sie als gerechter Krieg betrachtet wurde. So vollzieht Art.1(4) ZP I nicht nur die Tendenz früherer VN-Resolutionen etc. nach, sondern verstärkt

---

1 Gornig, S.23

2 "It is questionable whether governments are really in agreement as to whether Art.1 has no effect on the equality of the parties to the conflict", vgl. ders. in Cassese (Proceedings), S.21

3 Graham, S.38. Ebenso Maaß, S.206

4 Nach Ansicht Grahams ist der spätere Art.1(4) ZP I in Zusammenhang zu sehen mit den Formulierungen der FRD und den einschlägigen Passagen der Agressionsdefinition (vgl. hierzu oben E.IV.1.b.bb.ddd.). Der spätere Art.1(4) ZP I neige dazu, "....to legitimize through positive international law a unilateral resort armed force in order to achieve self-determination", vgl. ders. S.43

5 Vgl. hierzu oben E.IV.1.b.bb.ddd.

durch seine Eigenschaft als internationaler Vertrag deren Grundaussage nicht unerheblich. Zwar enthält die Anwendbarkeit des ZP I in der Tat keine Aussage über die Rechtsstellung der Konfliktparteien (vgl. auch Art.4 S.1 ZP I), die Qualifizierung eines Konflikts als Nationaler Befreiungskrieg nach Art.1(4) ZP I führt jedoch automatisch zu einer Privilegierung gegenüber anderen (innerstaatlichen) Konflikten um das SBR. Darüber hinaus besteht die latente Gefahr, daß bei einem Konflikt nach Art.1(4) ZP I das damit unbestreitbare verbundene Werturteil über die Legitimität des Befreiungskampfes auf die Anwendung des humanitären Völkerrechts "durchschlägt". In Art.1(4) ZP I liegt eine dem humanitären Völkerrecht fremde Argumentation mit der moralischen Berechtigung des Kampfes begründet[1]. Bei der humanitär-völkerrechtlichen Bewertung wird eine implizite Legitimierung des Kampfes gegen bestimmte Regierungen gewissermaßen "mitgeliefert"[2]. Kaum eine Regierung wird je bereit sein, durch Anwendung des Art.1(4) ZP I indirekt anzuerkennen, daß ihr Gegner gegen sie einen "Befreiungskampf" führt[3]. Das Prädikat "Art.1(4)-Konflikt" setzt denknotwendig eine moralisch-politische Bewertung der Gründe für den Konflikt voraus und verstärkt ihrerseits diese Bewertung in einer für Freund und Feind besonders sichtbaren Art und Weise. Die von der Idee des gerechten Krieges beeinflußte Regelung des Art.1(4) ZP I ist als rechtsdogmatischer "Sündenfall" auch unter rechtspolitischen Gesichtspunkten ausgesprochen problematisch, weil ein multilaterales Abkommen vom Zuschnitt des ZP I stets auch Entwicklungstendenzen aufzeigt, das Rechtsbewußtsein beeinflußt und Berufungsgrundlage sein kann für ähnlich gelagerte Forderungen[4]. Diese Aussage gewinnt besonderes Gewicht beim Blick auf heutige internationale Realitäten, wo die in Art.1(4) ZP I aufgegriffene hauptsächlich antikoloniale Stoßrichtung des SBR keineswegs mehr als ausreichender Begründungsmaßstab für die Berechtigung von Konflikten um das SBR gelten kann[5].

---

[1] Für Graham bezweckte Art.1(4) ZP I, die Gewaltanwendung in einer eng definierten Kategorie von Fällen zu legitimieren. Er sagt Art.1 (4) ZP I einen "deleterious effect....on the Law of War as a whole" voraus, vgl. ders. S.53

[2] Ähnlich Maaß: "Dem Gedankengut der bellum-justum-Theorie entspricht sicherlich die Legitimation von Befreiungskriegen durch Art.1(4) ZP I von 1977;...". Für diesen Autor steht somit fest, daß von Art.1(4) ZP I nicht nur Produkt der höheren Berechtigung der Befreiungskriege ist, sondern diese auch seinerseits wiederum legitimiert

[3] Sofaer, S.785

[4] Dieser sicherlich nicht zu unterschätzende Aspekt klingt bei Gornig an, vgl. ders. S.23

[5] "Such a basis has been superseded by subsequent events", vgl. Chadwick, S.63

Indem Art.1(4) ZP I implizit die Aussage bekräftigt, wonach Befreiungskriege gerecht sind, schafft er eine weitere Legitimationsgrundlage für Tendenzen zu einer ungleichen Anwendung des humanitären Völkerrechts zu Lasten der Gegner des gerechten Befreiungskampfes[1].

Richtig ist, daß das ZP Gewalt durch nationale Befreiungsbewegungen nicht ausdrücklich legitimiert. Man könnte ins Feld führen, daß gem. Art.4 ZP I die Anwendung des Protokolls auf die Rechtsstellung der Parteien keinen Einfluß hat[2]. Art.1 (4) ZP I sagt zwar nichts über die Berechtigung zum Kampf, aber die Anwendbarkeit des humanitären Völkerrechts auf einen bestimmten "Befreiungs"-Konflikt wird nicht ohne Auswirkungen bleiben auf die politische Stellung der nationalen Befreiungsbewegung im internationalen Umfeld und auf die Bewertung des Konflikts durch Drittstaaten[3] Auch wenn Anhänger der nat. Befreiungskriege dies bestreiten werden: Art.1(4) ZP liefert in dieser Richtung "Munition". Daß dies nicht nur eine Vermutung ist, zeigt die Söldnerregelung des Art.47 ZP I[4].

Ein Verstoß gegen den Grundsatz der Gleichheit der Parteien im ius in bello ist auch darin zu sehen, daß objektiv identische und nach bisherigem Recht "nicht-internationale" Konflikte je nach Qualifizierung als "Nationaler Befreiungskrieg" unterschiedlich behandelt wurden[5].

Für Baxter spricht für die Einstufung nationaler Befreiungskriege als nicht-internationale Konflikte die schlichte Tatsache, daß die betreffenden Völker die angestrebte Unabhängigkeit eben noch nicht erreicht hätten, welche sich durch

---

1 Graham verweist in diesem Zusammenhang auf sowjetische Vorbehalte gegenüber Art.85 III.GK, wonach diese Vorschrift nicht auf Kriegsverbrecher anwenbar sei, ferner die in GA-Res.3103 (XXVIII) v. 12.12.1973 getroffene Aussage, daß Kolonialismus ein Verbrechen sei und die darin ebenfalls enthaltene Feststellung daß der Einsatz von Söldnern verbrecherisch sei, verbunden mit der Forderung nach Bestrafung als Verbrecher, vgl. ders. S.55-57

2 BGBl 1990 II, S.1561

3 Greenwood, S.192

4 Vgl. dazu unten F.IV.7.

5 Die Position, daß es sich bei "nationalen Befreiungskriegen" eigentlich, d.h. bei objektiver Betrachtung, um interne Konflikte handelt, wurde bei der CDDH u.a. von den Vertretern Frankreichs (CDDH/I/SR.3, Par.37) und der USA vertreten (CDDH/I/SR.2, Par.52). Auch Wyss spricht von einer "....Fiktion...., welche hauptsächlich aus ideologischen und politischen Motiven erfolgte", vgl. Wyss S.71. Ebenso Graham, S.54; Zischg, S. 42; Gornig, S.14. Bindschedler-Robert schreibt: "Whatever the legal argument may be (the right of self-determination, self-defence, etc.), the factual elements are those which characterize internal conflicts. If there is a conflict, it is precisely because the lawful government intends to exercise ist sovereignty over the territories in question, a sovereignty which international organization is not able to deny to this government.", vgl. dies. S.52.

Anerkennung seitens anderer Staaten oder durch Beitritt zu internationalen Verträgen ausdrücken könnte[1]. Auch Rajower behandelt den nationalen Befreiungskrieg als besondere Kategorie des nicht-internationalen Konflikts[2]. Für Kalshoven führt trotz FRD und separatem völkerrechtlichen Status von Kolonien gegenüber dem Mutterland kein Weg daran vorbei, daß es sich bei des Nationalen Befreiungskriegen vom Erscheinungsbild her um Konflikte innerhalb der Grenzen eines Staates mit einer funktionierenden Herrschaftsausübung durch diesen Staat handelt, wobei diese Konflikte nach Intensität und Erscheinungsform nur selten dem Bild des internationalen, in der Regel dagegen dem Bild des innerstaatlichen Konflikts entsprechen. Eher noch wäre demgegenüber der Vorschlag nachvollziehbar, "vollwertige" Bürgerkriege den internationalen Konflikten gleichzusetzen, was bezeichnenderweise keiner der Protagonisten der nationalen Befreiungskriege gefordert habe: "It is this element of arbitrariness in selecting one particular, politically determined, category of non-interstate armed conflicts which to my mind is most in conflict with proven principles of legislation"[3]. Für Coubrey hat Art.1(4) ZP I eine Grauzone der Anwendbarkeit geschaffen, da die einzige Unterscheidung zwischen einem nicht-internationalen Konflikt und einem internationalen Konflikt nach 1(4) ZP I das -in seinem Inhalt verschwommene- SBR i.V.m. den beschriebenen drei Situationen ist[4]. De la Pradelle sieht zwischen Befreiungskrieg und nicht-internationalem Konflikt eine zur Gleichbehandlung zwingende Parallele: in beiden Fällen findet der bewaffnete Konflikt auf dem Gebiet einer Hohen Vetragspartei zwischen einer nichtstaatlichen Partei und der etablierten Staatsgewalt statt[5]. Auch Levie schreibt zu Art.1(4) ZP I: "Obviously, this provision refers to civil conflicts, i.e., internal conflicts, which have always heretofore been considered by national law, not international law, except insofar as Common Article 3 of the 1949 Geneva Conventions may be said to govern civil conflicts..."[6].

Das Argument eines Verstoßes gegen den Grundsatz der Gleichheit der Parteien im ius in bello wäre für die Anwälte der nationalen Befreiungskriege nur dann überzeugend, wenn seine Verfechter konsequenterweise die Aufhebung der

---

[1] Vgl. Baxter 1974, S.522

[2] Vgl. ders. S. 51

[3] Vgl. Kalshoven 1974, S.32 (Zitat S.33)

[4] Vgl. dies. S.27

[5] Vgl. ders. S.23

[6] Vgl. Levie 1994, S.473

Trennung zwischen internationalen und nicht-internationalen Konflikten fordern würden. Dies sei jedoch praktisch nicht der Fall gewesen[1]. Auch werde diese Haltung wichtigen Entwicklungen im Bereich der Konfliktrealitäten wie auch der rechtlichen Behandlung dieser Konflikte in den Vereinten Nationen nicht gerecht[2]. Eine Beschränkung der Anwendbarkeit des im internationalen Konflikt geltenden Völkerrechts auf Fälle effektiver ausgeübter Gebietskontrolle sei daher von überkommenen Kategorien des zwischenstaatlichen, konventionellen Konflikts geprägt und nehme nicht zur Kenntnis, daß Effektivität unter den Bedingungen des Guerillakrieges etwas anderes bedeuten könne und müsse[3]. Für Salmon ergibt sich der internationale Charakter nationaler Befreiungskriege zwingend aus den entsprechenden Resolutionen der Generalversammlung[4]. Dies wurde bei der CDDH von verschiedenen Delegationen hervorgehoben[5]. Schindler hält es unter Hinweis auf Sezessionskämpfe wie den Bangladesh-Konflikt oder den Biafra-Konflikt zwar für ungerecht, daß durch Art.1(4) ZP I nur eine bestimmte Kategorie von Konflikten um das SBR zu internationalen Konflikten wurden, hält jedoch diese Ungerechtigkeit solange für unvermeidbar, wie die Staatengemeinschaft an der Unterscheidung internationaler und nicht-internationaler Konflikte festhalte[6].

Bei allen vorbereitenden Konferenzen von Regierungs- und Rotkreuzexperten sprachen sich diese zwar für eine Verbesserung des humanitären Schutzes der Opfer solcher Konflikte aus, betrachteten jedoch die nationalen Befreiungskriege als nicht-internationale bewaffnete Konflikte[7]. Der besondere Charakter des Art.1(4) ZP I liegt darin begründet, daß er auf einen "eigentlich" nicht-internationalen Konflikt abzielt, dem das Kombattantenprivileg normalerweise fremd ist[8]. Wegen des vagen und politischen Charakters der Anwendungsvor-

---

1 Vgl. Abi-Saab in RdC 1979, S.381. Einzige Ausnahme war für diesen Autor Norwegen, das bei der CDDH eine möglichst weitgehende Ausdehnung des Begriffs "Internationaler bewaffneter Konflikt" gefordert habe, vgl. ders. ebd.

2 Abi-Saab 1972, S.97

3 Unter Hinweis auf die unter Bedingungen des Guerillakrieges oft täglich wechselnde Gebietskontrolle schreibt Abi-Saab: "A more flexible interpretation would ....take into consideration not only the elements which they (gemeint sind Befreiungsbewegungen, Anm. d. Verf.) succeed in controlling, but also those which they succeed in excluding from the control of the colonial government", vgl. ders. 1972, S.97

4 Salmon 1976, S.39

5 U.a. Tansania, Uganda, Guinea-Bissau, Nigeria, Pan Africanist Congress PAC, FRELIMO, vgl. hierzu Salmon 1976, S.39,40

6 Schindler in RdC 1979, S.139

7 Sandoz/Swinarski/Zimmermann RZ 89 sowie oben F.I.1.

8 Daß Art. 4.A.2. III.GK Widerstandskämpfern in einer militärisch vergleichbaren Situation (irreguläre Einheiten im Kampf gegen reguläre Streitkräfte) den Kombattantenstatus gewährt, ist kein Gegenargument, da dieser mit der occupatio bellica an eine klar defi-

aussetzungen erhält die Vorschrift einen politisch-willkürlichen Beigeschmack. Eine Diskriminierung liegt hier weniger im Verhältnis zum staatlichen Konfliktgegner vor als vielmehr gegenüber den Opfern in anderen Konflikten, in denen der Guerillabewegung die Privilegierung vorenthalten blieb und die deshalb weiterhin als nicht-internationale Konflikte gelten[1]. Graham betrachtet dies als Umkehr der ursprünglichen, auf gleiche Anwendbarkeit gerichtete Absicht des ZP I[2]. De Breuker schreibt mit Bezug auf Art.1(4) ZP I: "Ce paragraphe consacre un régime d'exception pour quelques étiquettes"[3]. Sofaer schreibt zur CDDH: "Third World States.....were not interested in applying the rules of international armed conflict to ordinary civil wars, but insisted on applying these rules to civil wars that involved causes they favored - the so-called wars of national liberation, specifically those being conducted by the Palestine Liberation Organization and the liberation movements of Southern Africa"[4]. Aufgrund des durch die FRD festgelegten rechtlich eigenständigen Sonderstatus von Kolonien wäre es zwar für Baxter noch mit den Grundsätzen der Logik vereinbar, diesen Konflikten das Prädikat "international" zu verleihen, dies könne jedoch nicht mehr gelten bei reinen Minderheitenregimen wie in Rhodesien und Südafrika, welche als "essentially one-power rather than two-power situations" zu betrachten seien[5]. Die PLO-Problematik sei ohne Schwierigkeiten durch die bisherigen Rechtskategorien zu erfassen und zu lösen[6]. Auch für Graham wurden durch Art.1(4) ZP I bestimmte interne Konflikte in internationale Konflikte verwandelt, was aus seiner Sicht die Bedeutung des gemeinsamen Art.3 GK'en und des ZP II substantiell vermindert hat[7]. Nach Ansicht dieses Autors bestand ein wesentlicher Zweck der Ausdehnung des Begriffs "internationaler bewaffneter Konflikt" auf nationale Befreiungskriege auch darin, daß auf diese Weise der staatlichen Konfliktpartei neben "Genfer"

---

nierte zwischenstaatliche Situation gebunden ist (E.I.3.). Bei der Anerkennung Aufständischer wiederum besteht eine extrem hohe materielle Anwendbarkeitsschwelle (D.I.2.a.cc.), die bei der CDDH mit dem Begriff des bewaffneten Konflikts gerade nicht verbunden wurde (F.III.1.b.cc.).

1 Bothe/Partsch/Solf S.40

2 "...Committee I rejected the concept of universality upon which Protocol I was originally based", vgl. ders. S.54

3 De Breuker in Cassese (Proceedings) S.40

4 Sofaer, S.785

5 Baxter, in Harvard Journal, S.14

6 Entweder man betrachte die PLO als Völkerrechts-Subjekt mit der Folge, daß auf diesen Konflikt die Konventionen qua ihrem gemeinsamen Art.2 anwendbar sind. Oder man lehne dies ab, dann sei die PLO als Widerstandsbewegung zu betrachten, für deren Bewertung gem. dem Art.4.A.2. III.GK entscheidend sei, ob sie zu einer Konfliktpartei "gehöre" oder nicht, vgl. Baxter, in Harvard Journal, S.15.

7 Graham, S.45

Pflichten auch eine Reihe wichtiger "Haager" Pflichten auferlegt werden konnten, um so die staatliche Handlungsfreiheit gegen innere Gegner entscheidend einzuschränken[1].

Art.1(4) ist auf bestimmte Einzelfälle zugeschnitten, die zudem schon bald historisch überholt sein könnten. Dies widerspricht dem Ziel der ZP'e, eine auf Dauer angelegte Ergänzung des humanitären Völkerrechts zu kodifizieren und keine Sonderregelungen für spezifische Einzelsituationen zu schaffen[2].

Bond schrieb bereits in den siebziger Jahren: "Colonialism is a dying, if not already dead, phenomenon"[3]. Condorelli sieht Art.1(4) ZP I auf die letzten überlebenden kolonialen Situationen beschränkt: "...l'art.1 § 4 (est) une disposition essentiellement figée: elle ne vise - de toute évidence - que des situations residuelles précises et pratiquement déterminées d'avance..."[4]. Cassese sieht eine "extreme narrowness" in den Anwendungsfällen des Art.1(4) ZP I, hält dies jedoch für einen seiner grundlegenden Fehler: "Ist basic deficiency is..that it is 'dated' in that it only refers to three situations that are bound to disappear in the near future"[5]. Auch Detter de Lupis teilt das Argument, daß die Formulierung des Art.1(4) auf kurzfristige und eng definierte politische Probleme ausgerichtet war und deshalb eigentlich in einem auf langfristige Anwendbarkeit ausgerichteten humanitär-völkerrechtlichen Vertragstext fehl am Platze sei. Gerade diese Tatsache jedoch würde der allgemeinen Kritik an der mit Art.1(4) erfolgten Ausdehnung des Anwendungsbereichs einen Großteil ihrer Berechtigung entziehen[6]. Auch andere Autoren äußern sich skeptisch gegenüber einer fortbestehenden Relevanz des Art.1(4) ZP I nach dem Ende der "nationalen Befreiungskriege" in Südafrika, Namibia und Palästina[7].

---

1 Graham verweist dabei auf die dem Kriegsaktionenrecht zuzuordnenden Vorschriften des ZP I, vgl. hierzu auch oben A.V.

2 Bei der CDDH ins Feld geführt u.a. durch Belgien (CDDH/I/SR.2, Par.34) und die Bundesrepublik Deutschland (CDDH/I/SR.3, Par.18). Bothe/Partsch/Solf stimmen der Analyse Kalshovens zu, daß Art.1(4) ZP I nach Abschluß des Kolonialismus lediglich auf zwei Fälle anwendbar sein wird: "The peoples of Southern Africa and Palestine", vgl. ebd. S.52. Ähnlich auch de Breucker, in Cassese (Proceedings), S.13.

3 Vgl. ders. 1975, S.70

4 Vgl. Condorelli S.393, 394

5 Vgl. ders. in Cassese 1979, S.468

6 Vgl. Detter de Lupis S.160

7 Vgl. Condorelli, S.393; Ipsen in Festschrift Menzel, S.415, 416

Die Verfechter der nationalen Befreiungskriege halten dem entgegen, dieses Argument könne gleichermaßen gegen das zuvor bestehende humanitäre Völkerrecht gerichtet werden, welches sich ebenfalls aus Bewertungen spezifischer historischer Situationen entwickelt habe. Salmon nennt z.B. Abs.2 des gemeinsamen Art.2 GK'en (Besetzung Dänemarks im 2. Weltkrieg, vgl. oben E.I.3.) oder Art.4.A.3. III.GK (Widerstandsbewegungen in Frankreich und Italien während des 2. Weltkriegs, siehe auch oben E.II.3.b.)[1]. Man könne sich auch nicht darauf verlassen, daß Nationale Befreiungskriege schon bald aus der internationalen Realität verschwinden würden. Gerade bei einer so weichenstellenden Konferenz wie der CDDH müsse man vielmehr zunächst einmal davon ausgehen, daß derartige Konflikte zumindest noch für unbestimmte Zeit Teil der internationalen Konfliktrealitäten bleiben würden[2]. Genannt wurden in diesem Zusammenhang neben der noch nicht abgeschlossenen Dekolonisierung[3] vor allem die Lage im südlichen Afrika sowie die Situation fremder Besetzung im Nahen Osten, Zypern oder der damaligen CSSR[4]. Interessant ist daran, daß hier mit Zypern oder der CSSR auch Situationen genannt wurden, die nicht in den Bedeutungsgehalt des Begriffs "fremde Besetzung" gem. Art.1(4) ZP I fallen, s.o. F.III.1.b.dd.ccc. Allerdings haben selbst Befürworter des Art.1(4) ZP I schon vor Verabschiedung der ZP'e die Erwartung geäußert, daß die Vorschrift kaum praktische Relevanz erlangen dürfte[5] und mit diesem Argument sogar immer wieder für die Ratifikation durch zögernde Staaten geworben[6]. Angesichts des Ziels der CDDH, durch Ergänzung der Konventionen verbindliche Regeln mit dem Anspruch auf möglichste universelle Geltung in Raum und Zeit

---

1 Vgl. Salmon 1976, S.46

2 Abi-Saab in RdC 1979, S.382. Ähnlich argumentiert auch Kussbach, der keineswegs ausschließt, daß künftige Befreiungsbewegungen das gleiche Recht beanspruchen könnten wie seinerzeit die afrikanischen und nahöstlichen Bewegungen: "Insbesondere der Begriff der 'fremden Besetzung' scheint weit genug gefaßt, um für derartige künftige Situationen eine ausreichende rechtliche Basis zu bieten", vgl. ders. S.507. Auch der Begriff der Kolonialherrschaft könne in der Zukunft einmal eine völlig neue Bedeutung erlangen. Auch der Rassismus bleibe ein Thema für die Zukunft, vgl. ebd.

3 "Il reste de nombreux petits territoires répartis à la surface du globe....qui ne manqueront pas se poser des problèmes", vgl. Salmon 1976, S.47.

4 Salmon 1976, S.47.

5 So im Jahre 1976 Rosas: "...one should not expect it to exert a direct influence on many wars waged in the near future", vgl. ders. S.274. Bagley schreibt: "...the very language of article 1, section 4 is a substantial deterrent to ist being given effect", und weiter: "...the portions of the Protocol concerning wars of national liberation may ultimately be without practical application.", vgl. ders. S.453. Wilson sieht einen sehr engen Anwendungsbereich und schreibt: "..if it opens up a Pandora's box at all, it is an unexpectedly small one".

6 So schreibt Aldrich: "Art.1 Absatz 4 war im Hinblick auf bestimmte Konflikte nämlich insbesondere in Palästina und dem südlichen Teil von Afrika - ausgearbeitet worden; er wurde so gefaßt, daß seine Anwendung auf Bürgerkriege in existierenden Staaten ausgeschlossen ist", vgl. ders. 1988, S.458. Ebenso Bagley, S.454

zu schaffen, bedarf es eigentlich keines weiteren Kommentars, wenn George Aldrich, Leiter der US-Delegation bei der CDDH, im Jahre 1988 beschwichtigend als Vorteil des Art.1(4) ZP I hervorhebt, durch die Verwendung der Begriffe Kolonialherrschaft, fremde Besetzung und rassistische Regimes sei *sichergestellt*, daß die Bestimmung niemals angewandt wird[1]. Ein Autor bezeichnet Art.1 (4) ZP I vor allem als einen wichtigen politischen Sieg gegen den Westen, jedoch ohne absehbare Bedeutung in der Praxis[2]. Ob jedoch auf diese Aussage angesichts des wenig gefestigten Inhalts des Art.1(4) ZP "Verlaß" ist, erscheint fraglich. Sicher hingegen scheint die Aussage, daß dem antikolonialen Selbstbestimmungsrecht heute kaum noch praktische Relevanz zukommen dürfte[3] und daß es bei Art.1(4) ZP I um die völkerrechtliche Aufwertung *nur einiger* weniger Erscheinungsformen bewaffneter Auseinandersetzungen um das SBR, insbesondere der antikolonialen Situationen, ging[4]. Dies war nur möglich durch das hohe Profil dieser Konflikte in den VN und dem Grundgedanken eines separaten Status von Kolonien[5]. Vor dem Hintergrund eines seit dem Ende des Kalten Krieges verstärkt diskutierten, gewandelten Verständnisses des SBR wird die durch Art.1(4) ZP I im Wege einer Fiktion getroffene selektive Aufwertung bestimmter Auseinandersetzungen zu internationalen Konflikten zunehmend als nicht mehr zeitgemäß kritisiert[6].

Teilweise wird in der Literatur vertreten, daß der Wortlaut des Art.1(4) ZP I für eine extensive Auslegung offensteht und daher eine "Bresche" in die Mauer der strikten Trennung internationaler und nicht-internationaler Konflikte geschlagen hat[7]. Ansatzpunkte sind vor allem der darin enthaltene Hinweis auf die

---

[1] Aldrich 1988, S.458

[2] Condorelli, S.392

[3] Für Thürer geht das antikoloniale Selbstbestimmungskonzept seiner Vollendung entgegen, vgl. ders. 1996, S. 49

[4] Chadwick, S.78

[5] S.o. E.IV.b.bb. und E.IV.4.a.

[6] Chadwick schreibt über Art.1(4) ZP I mit Blick auf neuere Interpretationen des SBR: "This development further challenges any fictional delineation between anti-colonial and internal war...", vgl. dies. S.82

[7] Obradovic in Cassese (Proceedings) S.16. Ähnlich äußert sich auch Rosas: "On the other hand, it is not out of the question that the provision could have some relevance in struggles for self-determination outside the particular situations envisaged at the adoption of the provision (e.g., the Bangla Desh-type of conflict)", vgl. ders. S.274. Im Gegensatz zu der von Kalshoven vertretenen These, wonach Art.1(4) nach dem Ende des Kolonialismus nur noch auf Südafrika und Palästina anwendbar sei, sieht auch Detter de Lupis wesntlich weitere Auslegungsmöglichkeiten: "....the article seems to have much wider scope in its general formulation", vgl. dies. S.161.

(auslegbare) FRD[1] und der Begriff der fremden Besetzung[2]. Folgt man diesem Ansatz, so wäre Art.1(4) ZP I tatsächlich kein "toter Buchstabe".
Wegen einer rechtlich kaum zu erfassenden Erweiterung der "Begriffstrias" aus Kolonialismus, Rassismus und fremder Besetzung außerhalb des gemeinsamen Art.2 Abs.2 GK'en verbietet sich jedoch eine derartige Auslegung, die im übrigen von den Teilnehmern der CDDH auch nicht gewollt war[3].

Art.1(4) ZP I ist unpraktikabel, da er Struktur und Wesen des humanitären Völkerrechts widerspricht. Dieses basiert letztlich auf der Vorstellung eines zwischenstaatlichen bewaffneten Konflikts. Zur umfassenden Anwendung seiner Normen sind nur Staaten befähigt, nicht jedoch nationale Befreiungsbewegungen[4]. Auch indem er Staaten und nationale Befreiungsbewegungen auf eine Stufe hebt, verstößt Art.1(4) ZP I gegen den Grundsatz der Gleichheit der Parteien im ius in bello[5]. Die Aufwertung von nationalen Befreiungsbewegungen hätte zwar politische, jedoch wegen der tendenziellen Unfähigkeit zur Einhaltung des humanitären Völkerrechts kaum humanitäre Wirkungen.

Das Argument, wonach nur Staaten zur Anwendung des Art. 1 Abs.4 befähigt seien, wird u.a. mit Art.23 III.GK begründet, der die Unterbringung von Kriegsgefangenen entfernt vom Ort der Kampfhandlungen, deren Schutz gegen Luftangriffe, die Kenntlichmachung der Kriegsgefangenenlager und die Bekanntmachung von deren Lage mit Hilfe der Schutzmächte vorsieht. Schließlich könnten nur Staaten den Begriff "Mächte" im gemeins. Art.2 Abs.3 GK'en erfüllen (vgl. zum Begriff "Mächte" oben E.IV.4.b.). Ein weiteres Beispiel ist Art.4 der IV. Genfer Konvention, dessen Rechtsfolgen an die von der Besat-

---

1 Obradovic in Cassese (Proceedings), S.16. Dieser bekräftigte Ende der 70-iger Jahre, es handele sich um eine von der künftigen Praxis zu bestätigende Auslegungsmöglichkeit. Gerade diese Praxis hat jedoch gezeigt, daß auf diese Möglichkeit nicht zurückgegriffen wird, vgl. unten G.II.2.a.

2 Vgl. die Diskussion um die sog. "Intervention auf Einladung" oben F.III.1.dd.ccc., sowie Zischg, S. 41. Oeter betrachtet die "fremde Besetzung" als den einzigen möglicherweise relevanten Anwendungsfall, vgl. ders. 1989, S. 472

3 Vgl. Cassese, in: Cassese (Proceedings) S.17. Vgl. auch Lysaght ebd. S.17 (auch Staaten der Dritten Welt schreckten vor alleiniger Definition über die FRD zurück). Ciobanu, ebd. S.19 untermauert den abschließenden Charakter der Aufzählung und die enge Auslegung des materiellen Anwendungsbereichs durch die Verwendung des Wortes "sowie", aber auch mit den Debatten bei der CDDH, wo z.B. die Sorge der deutschen Delegation über den zu engen Anwendungsbereich auf keinerlei positive Resonanz stieß und die sozialistischen Staaten den Anwendungsbereich stets nur im kolonialen Kontext diskutierten.

4 Baxter, in Harvard Journal, S. 16.

5 Bei der CDDH u.a. geäußert von Belgien (CDDH/I/SR.2, Par.32), den USA (CDDH/I/SR.2, Par.51) und Italien (CDDH/I/SR.3, Par.38), zitiert nach Salmon 1976, S.40,41

zungsmacht abweichende Staatsangehörigkeit anknüpft[1]. Baxter untersucht allgemein die Anwendbarkeit der Regeln des internationalen Konflikts auf Bürgerkriege und erinnert ebenfalls daran, daß einige Vorschriften des Kriegsgefangenenrechts an die vom Gewahrsamsstaat unterschiedliche Nationalität des Kriegsgefangenen abstellen (z.B. Art.51 und Art.102 III.GK). So seien Staaten generell nicht verpflichtet, ihre eigenen Bürger als Kriegsgefangene zu behandeln. Hierdurch würden Rebellen vom Kriegsgefangenenstatus in aller Regel ausgeschlossen. Auch seien mit Guerillamethoden vorgehende Rebellenbewegungen kaum zur Einhaltung des Art.23 III.GK (s.o.) in der Lage. Wesentliche Vorschriften der Zivilschutzkonvention (IV.GK), allen voran deren Art.4, seien als "fundamentally unworkable in internal conflict" zu bezeichnen[2]. Das Argument der mangelnden Fähigkeit von nationalen Befreiungsbewegungen zur Einhaltung der Normen des humanitären Völkerrechts wurde auch bei der CDDH verschiedentlich ins Feld geführt[3]. Bond schreibt kritisch zur Anwendung der Konventionen auf die - eigentlich nicht-internationalen Charakter tragenden -Befreiungskriege: "It is unwise to demand the impossible: it reduces the law to hipocrisy and invites disregard of the entire legal regime, even those parts with which compliance could be reasonably expected"[4]. Ein Vertreter der USA bei der CDDH bemerkte: "Liberation movements could not fulfil all their obligations under the Conventions and would thus be branded as being in violation of those Conventions. The only benefit which those movements would receive from labeling their struggle as international would be enhanced political status, but nothing on the humanitarian plane"[5]. Auch Kussbach unterstreicht, daß die Konventionen und Protokolle auf der Vorstellung straff organisierter Streitkräfte basieren, die personell und materiell in der Lage sind, eine ordnungsgemäße und humane Gefangenenbetreuung zu gewährleisten, die über die erforderliche Behördenorganisation verfügen (insbesondere unabhängige Gerichte) und auch im übrigen über die notwendigen Kommunikations- und Transportnetze verfügen. Daher seien auch an nationale Befreiungsbewegungen gewisse organisatorische Voraussetzungen zu stellen[6]. Buß bezweifelt, daß in

---

[1] Vgl. Lysaght, S.352

[2] Vgl. ders. 1974, S.529,530

[3] Vgl. CDDH/I/SR.46 Ziff.32; CDDH/I/SR.4 Ziff.25; CDDH/SR.56 Ziff.114

[4] Vgl. Bond 1975, S.71

[5] Zitiert bei Roberts, S.125

[6] Vgl. ders. S.505

nationalen Befreiungskriegen die Einhaltung des humanitären Völkerrechts zu gewährleisten ist[1].

Hiergegen wird argumentiert, das ZP I treffe über den *de jure*-Rechtsstatus der Parteien keinerlei Aussage und könne als solches daher auch nicht als Aufwertung der nationalen Befreiungsbewegungen verstanden werden[2]. Das Argument, der Begriff "Mächte" in Art.2 Abs.3 GK'en umfasse nur Staaten, ist von Befürwortern einer weiten Auslegung als rein formalistisch zurückgewiesen worden, da z.B. auch Gebilde wie der Heilige Stuhl oder Danzig in der Vergangenheit ohne weiteres als "Hohe Vertragsparteien" der GK'en akzeptiert worden seien. Zwischen "Hohen Vertragsparteien" und "Mächten" gebe es letztlich keinen greifbaren Unterschied[3]. Des weiteren wird argumentiert, daß nationale Befreiungskriege keineswegs immer nur irregulär d. h. mit Methoden des Guerillakampfführung geführt werden. Dort wo dies jedoch der Fall ist, sei die Situation der nationalen Befreiungsbewegung durchaus vergleichbar mit derjenigen einer Widerstandsbewegung i.S.des Art.4.A.2. III.GK, welche im internationalen bewaffneten Konflikt i.S.d. gemeinsamen Art.2 GK den Gegner mit Methoden der irregulären Kampfführung bekämpft. Eine unterschiedliche Behandlung dieser Situationen sei nicht gerechtfertigt[4]. Im übrigen habe im Zuge der Ausarbeitung der Genfer Konventionen von 1949 selbst das IKRK der 17. Internationalen Rotkreuzkonferenz 1948 in Stockholm vorgeschlagen, die Dichotomie zwischen internationalen und nicht-internationalen Konflikten fallenzulassen. Zwar sei dieser Vorstoß am entgegenstehenden Willen der Staaten gescheitert, er zeige jedoch, daß auch das IKRK als "Hüter der Konventionen" die strikte Trennung beider Konfliktarten offenbar nicht als unüberwindbares rechtliches oder praktisches Problem betrachtet habe[5]. Auch sei der gemeins. Art.3 GK'en, welcher die Konfliktparteien zur integralen Anwendung der GK'en auch in innerstaatlichen Konflikten auffordere, Beleg dafür, daß die GK'en ihre Anwendbarkeit auch im nicht-internationalen Konflikt vorsehen. Schließlich werde es als selbstverständlich betrachtet, daß Staaten wie Monaco oder Liechtenstein zu den Mitgliedsstaaten der Konventionen zählen, obwohl diese in tatsächlicher

---

1 Vgl. dies. S.228

2 Bagley, S.452

3 Salmon 1976, S.41

4 Dies Argument brachte Abi-Saab als Vertreter Ägyptens bei der CDDH vor (CDDH/I/SR.5, Par.7). Ähnlich auch Lysaght, S.352

5 Vgl. Abi-Saab in RdC 1979, S.383. In einer früheren Veröffentlichung verweist er hierbei auf die Tatsache, daß der Vorschlag des IKRK die intergrale Anwendbarkeit der Konventionen ausdrücklich für *koloniale* Konflikte, Bürgerkriegen und Religionskriege vorgesehen hatte, vgl. ders. 1972, S.95

Hinsicht weniger Gewähr für die Erfüllung ihrer humanitär-völkerrechtlichen Pflichte bieten können als irgendeine größere nationale Befreiungsbewegung[1]. Diese Ungleichbehandlung sei Ausdruck eines (von den Kritikern unterstellten) Willens, auch im Bereich des humanitären Völkerrechts den Kolonialismus zu verteidigen[2]. Eine Diskriminierung zu Lasten unterdrückter Völker und ihrer Befreiungsbewegungen stelle vielmehr die Forderung nach Aufrechterhaltung des bisherigen Rechtszustandes dar[3]. Entscheidend sei nicht der zwischenstaatliche Charakter eines Konflikts, sondern vielmehr die Wahl der eingesetzten Mittel und Methoden sowie allgemein der Wille der Parteien zur Einhaltung der Regeln des humanitären Völkerrechts[4]. Das Problem sei, daß die GK'en von überholten Regularitätsvorstellungen ausgehen, die Guerillaauseinandersetzungen nicht gerecht werde. Dies sei zunächst von der Frage der Nationalen Befreiungskriege völlig losgelöst zu betrachten. Salmon betont, daß der größte Teil der Normen des humanitären Völkerrechts von nationalen Befreiungsbewegungen, welche eine bestimmte Größe erreicht haben, ohne weiteres eingehalten werden könne. Art.96(3) ZP I verpflichte die betreffende Befreiungsbewegung auch unzweideutig zur Einhaltung des humanitären Völkerrechts[5]. Nichts spreche dafür, daß von Befreiungskriegen betroffene Regierungen das humanitäre Völkerrecht eher einhielten als die betreffende Befreiungsbewegung, nichts spreche dagegen, daß Befreiungsbewegungen das humanitäre Völkerrecht per se mißachteten[6]. Allerdings werden bestimmte Normen des humanitären Völkerrechts, wie z.B. der genannte Art.23 III.GK, in asymmetrischen Konfliktsituationen kurzerhand für nicht anwendbar erklärt, da sich sonst der reguläre Gegner konfliktentscheidend im Vorteil befinde. Dies müsse für Wi-

---

1 Vgl. Abi-Saab in RdC 1979, S.384; ebenso Salmon 1976, S.43. Auch Lysaght argumentiert mit der im gemeinsamen Art.3 GK'en enthaltenen Gedanken einer möglichst umfassenden Anwendbarkeit der Konventionen. Die Ausdehnung der Anwendbarkeit der Regeln des internationalen Konflikts auf nationale Befreiungskriege müsse daher mit der Maßgabe eines stillschweigenden "soweit dies möglich ist" erfolgen, vgl. Lysaght, S.352

2 Salmon 1976, S.43

3 Gnesa zitiert Abi-Saab wie folgt: "C'est la solution défendue par les adversaires de l'amendement qui conduit à une situation discriminatoire, où l'on reconnaît tous les droits au gouvernement colonial, étranger ou raciste, et aucun aux mouvements de libération. Le but de l'amendement est précisément d'assurer l'égalité des parties, non pas d'accorder davantage de protection aux combattants des mouvements de libération qu'à leurs adversaires, mais autant", vgl. Gnesa, S.118

4 Salmon 1976, S.43

5 Die Verpflichtung der nationalen Befreiungsbewegung zur Einhaltung des humanitären Völkerrechts durch Art.96(3) ZP I hebt besonders Kwakwa hervor, vgl. ders. S.60. "Under these circumstances (gemeint ist Art. 96(3), der Verfasser), it is difficult to understand arguments about a lack of reciprocity. It is true that there exists a fundamental inequality in the legal status of the parties to a conflict in an Article 1(4) situation. That is, however, a far cry from the existence of a lack of reciprocity", vgl. ders. S.61

6 Kwakwa S.61

derstandsbewegungen nach Art.4.A.2. III.GK ebenso gelten wie für nationale Befreiungsbewegungen. Entscheidend sei daher nicht die Staatseigenschaft der Konfliktgegner, sondern die Asymmetrie des Konflikts[1]. Hinter der Weigerung gegenüber einer Ausweitung des sachlichen Anwendungsbereichs des humanitären Völkerrechts auf nationale Befreiungskriege stehe ein hochpolitisches Privilegierungsmotiv zugunsten der Kriegführung der Industriemächte zu Lasten vor allem der unterentwickelten Völker. Hinter rechtlichen Argumentationen der westlichen Staaten verbergen sich eindeutige politische Absichten[2]. Dabei wurde sogar gefordert, von der unterlegenen bzw. militärisch schwächeren Seite eines asymmetrischen Konflikts die Einhaltung bestimmter Regeln des humanitären Völkerrechts nur "im Rahmen des Möglichen" zu verlangen[3].

Die Argumentation ändert nichts daran, daß Völker und ihre nationalen Befreiungsbewegung(en) a priori nur in Ausnahmefällen in der Lage sein werden, die für Staaten konzipierten Regeln der in den Konventionen und ZP I niedergelegten Regeln für den internationalen Konflikt einzuhalten. Hierauf wurde in der Literatur eindringlich hingewiesen[4]. Zum Teil wurde sogar die Erwartung geäußert, nationale Befreiungsbewegungen würden aufgrund des Charakters dieser Konflikte in aller Regel weder bereit noch willens sein, sich in ihrem Kampf an die Regeln des humanitären Völkerrechts zu halten[5]. Trotz des Art.96(3) ZP I und der dort geforderten Verpflichtung der nationalen Befreiungsbewegungen zur Einhaltung des humanitären Völkerrechts wird aus den oben E.III.3. genannten Gründen diese Erwartung um so eher zutreffen, je mehr der Konflikt noch den Charakter einer Guerillaauseinandersetzung auf niedrigem Niveau trägt[6]. Die rechtlich und tatsächlich ungleiche Ausgangslage führt mit größter Wahrscheinlichkeit zur Mißachtung einer größeren Zahl von Normen, von denen sich der staatliche Gegner in einer Art "negativen Reziprozität" seinerseits lossagen würde. Damit droht eine Spirale der Mißachtung des humanitären Völkerrechts. Kaum überraschend ist, daß bis heute noch keine Befreiungsbe-

---

[1] Vgl. zu dieser Argumentation Salmon 1976, S.42

[2] "Encore une fois, en menant un combat d'arrière-garde caché derrière un discours juridico-humaniste, l'Occident a montré son vrai visage et a perdu l'occasion de faire évoluer le droit humanitaire d'une manière plus large", vgl. Salmon 1976, S.49

[3] So z.B. Salmon 1976, S.43,49

[4] Vgl. Baxter, in Harvard Journal, S.15, 16. Bond schreibt: "The inappropriateness of particular provisions, when applied to internal conflict, is a second reason for rejecting application of the Geneva Conventions in toto", vgl. ders. 1975, S.71.

[5] Graham, S.45.

[6] Bond beschreibt die Problematik treffend: "Guerilla fighters can neither stuff judicial robes into their hip pockets nor transform a mountain cave into a courtroom", vgl. ders. 1975, S.76

wegung i.S.d. Art.1(4) ZP I mit der Rechtswirkung des Art. 96(3) ZP I von der Möglichkeit des ZP I Gebrauch gemacht hat[1]. Allgemein problematisch an der Regelung des Art.1(4) ZP I ist die Tatsache, daß er Konflikte um den demokratischen, inneren Aspekt des SBR in den Bereich des innerstaatlichen Konflikts verbannt und damit eine höchst selektive humanitär-völkerrechtliche Aufwertung bestimmter Konfliktarten vornimmt. Dies ist - insoweit völkerrechtlich konsequent - auch von einigen Verfechtern nationaler Befreiungskriege bedauert, jedoch realistisch als Ausdruck des Willens der großen Mehrheit der Staaten hinzunehmend bezeichnet worden[2]. Der Staatenwille zeigte sich u.a. auch darin, daß bei der CDDH der z.B. vom Vertreter Neuseelands geäußerte Gedanke, die Anwendung des humanitären Völkerrechts von der Dichotomie international/nicht-international zu befreien und statt dessen allein von der Konfliktintensität abhängig zu machen, keinerlei Resonanz fand[3].

Art.1(4) sei auch deshalb unpraktikabel, da betroffene Staaten kaum jemals durch Anerkennung der Anwendbarkeit von Art.1(4) ZP auf ihren Konflikt indirekt zugeben werden, daß ihre Machtausübung rassistisch sei oder sie Urheber von Fremdbesetzung oder Kolonialherrschaft seien[4]. Ein wesentlicher Mangel der Vorschrift ist, daß zum einen die inhaltlichen Voraussetzungen nicht klar sind und es an einer neutralen anerkannten Definitionsinstanz fehl [5]. Dadurch entsteht völlige Unklarheit bei der Anwendung.

---

1 Vgl. Ipsen 1993, S.151. Auch Kwakwa weist darauf hin, daß die in Art.96(3) ZP I aufgestellte Voraussetzung eines bewaffneten Konflikts gegen eine "Hohe Vertragspartei" dazu führen werde, daß betroffene Staaten nicht unterzeichnen würden und Erklärungen nach Art.96(3) ZP I somit nicht stattfinden würden, vgl. ders. S.60.

2 Salmon 1976, S.38

3 CDDH/SR/I/Par.8

4 Der israelische Delegierte bei der CDDH bescheinigte Art.1(4) ZP I bereits insoweit eine "built-in non-applicability clause", vgl. Roberts, S.126. Auch Oeter betont, daß betroffene Staaten kaum jemals einräumen würden, etwa für fremde Besetzung verantwortlich zu sein. Art. 1(4) ZP I werde daher allenfalls politische und ideologische Bedeutung haben, vgl. ders. 1989, S. 472. Condorelli sieht kaum Chancen einer Ratifikation durch betroffene Staaten, vgl. ders. S.393. An der praktischen Anwendbarkeit zweifelnd, schrieb Bothe bereits 1976: "Man stelle sich nur einmal vor, das Internationale Komitee vom Roten Kreuz sollte die Anwendbarkeit der Genfer Konventionen gegenüber einer Konfliktspartei damit begründen, sie sei ein rassistisches Regime", vgl. ders. 1976, S.202. Auch L.C. Green hebt die Schwierigkeit hervor, einen Konflikt nach Art.1(4) ZP I zu identifizieren, zumal dann, wenn keine Regionalorganisation zur Verfügung steht, die in der Lage wäre, eine gegen die etablierte Regierungsgewalt gerichtete Bewegung als "nationale Befreiungsbewegung" zu identifizieren, vgl. ders. 1977, S.13. Vgl. auch Aldrich 1988, S.458

5 Hierauf wurde bei der CDDH, aber auch in der Literatur immer wieder hingewiesen. Ciobanu sieht nahezu unüberwindbare Probleme vor allem jenseits des kolonialen Sachverhalts i.e.S., d.h. für die Begriffe Fremdbesetzung und rassistische Regimes und nennt die Situation multinationaler föderaler Staaten oder Einheitsstaaten mit starker nationaler Minderheit: "...third parties to the armed conflict would have to make their own judgement whether the ongoing conflict is a genuine war of national liberation or merely a se-

Dem wird entgegnet, daß sich auch in anderen Zusammenhängen des Völkerrechts stets das Problem der interessengeleiteten Interpretation von Vorschriften durch den jeweiligen Staat stelle. Gleichviel wie sorgfältig Normen ausgearbeitet würden, Staaten hätten immer die Möglichkeit deren Anwendbarkeit in ihrem konkreten Fall in Abrede zu stellen[1].

Hier ist jedoch die Gefahr gegeben, daß praktisch jede Gruppe von Individuen innerhalb eines Staates unter Berufung auf Art.1(4) ZP I eine Erklärung nach Art.96(3) ZP I abgeben und den Konflikt zum nationalen Befreiungskriege erklären kann, ohne daß eine Instanz zur verbindlichen Charakterisierung zur Verfügung stünde[2]. Zwar überläßt das humanitäre Völkerrecht auch bei den gemeinsamen Artikeln 2 und 3 GK'en im konkreten Fall den Parteien die Zuordnung dieser Situation zur Kategorie internationaler/nicht-internationaler bewaffneter Konflikt, diese Begriffe sind jedoch rechtlich leichter zu fassen und trotz ihrer Bedeutungsbreite wesentlich eher bestimmbar als etwa die Kategorie des "rassistischen Regimes" oder selbst das SBR nach der FRD[3]. In der Literatur wurden in Bezug auf Art.1(4) ZP I Streitigkeiten hinsichtlich der Einordnung spezifischer Konflikte als unvermeidbar vorausgesehen[4].

Art.1(4) ZP I ist sehr schlecht ausgearbeitet und ein Fremdkörper innerhalb der Rechtsmaterie des im internationalen Konflikt anwendbaren Völkerrechts[5].

---

ditious armed struggle not of an international character...", vgl. ders. 1979, S.413. Auch Gornig betont das Fehlen einer wie immer gearteten Instanz, welche das Vorliegen oder Fehlen der Voraussetzungen und insbesondere auch die Frage prüfen könnte, ob eine Organisation das Prädikat "Befreiungsbewegung" verdient oder nicht, vgl. ders. S.17

1 Kakwa, S.57. Dieser Autor nennt als Beispiel die hartnäckige Weigerung der afghanischen Regierung während der sowjetischen Intervention, den laufenden Konflikt mit den Mudjaheddin auch nur als einen nicht-internationalen Konflikt i.S.d. gemeinsamen Art.3 GK'en anzusehen, vgl. ebd.

2 Graham, S.52

3 Vgl. oben E.I.2. und E.I.4.

4 "...one must assume that the Parties concerned will carry out their obligations in good faith...", Sandoz/Swinarski/Zimmermann RZ 118

5 Kussbach, S.513. Dieser schreibt zu Art.1(4): "Durch die politische Phraseologie und durch die fiktive Gleichstellung der nationalen Befreiungskämpfe mit zwischenstaatlichen bewaffneten Konflikten erweist sich diese Bestimmung im Gesamtgefüge des Genfer Rechts als Fremdkörper", vgl. ders. S.513. Hughes-Morgan schreibt zum Inhalt des Art.1(4) ZP I: "To a majority of states present at the Conference this formulation seems politically desirable; it is not nearly so attractive to a lawyer", vgl. ders. S.112. Für Baxter kann sich jede rebellische Fraktion innerhalb eines Staates jederzeit durch geschickte Auslegung auf Art.1(4) ZP I berufen. Aus Sicht dieses Autors soll eine humanitärvölkerrechtliche Anwendbarkeitsnorm den Konfliktparteien im konkreten Fall Orientierung über das anwendbare Recht geben. Wenn die schlechte redaktionelle Fassung jedoch dazu führt, daß die Einordnung eines Konflikts als international oder nichtinternational vom guten Willen der Konfliktparteien abhängt, hat eine solche Norm ihren Zweck verfehlt, vgl. Baxter in Harvard Journal, S.16.

Auf diesen Aspekt wurde selbst von Autoren hingewiesen, die einer Ausdehnung des Begriffs internationaler Konflikt auf Befreiungskriege positiv gegenüberstehen[1]. So läßt bereits der Wortlaut des Art.1(4) ZP I auf die integrale Anwendbarkeit auch der Konventionen auf Befreiungskriege schließen, obwohl die nichtstaatliche Konfliktpartei nicht Vertragspartei ist. Dies führte zu der umständlichen Regelung des Art.96 (3) ZP I.

Das Völkerrecht setzt dem Eingreifen dritter Staaten in einen Bürgerkrieg Grenzen[2]. Mit der Definition eines eigentlich internen Konflikts zum internationalen Konflikt hebt Art.1(4) ZP I diese Beschränkungen auf. Er erlaubt die Parteinahme auf seiten der Befreiungsbewegung und liefert damit einen Vorwand zur Intervention in einen Bürgerkrieg[3].

Diesem Argument wird entgegengehalten, die Internationalisierung der Befreiungskriege folge nicht aus ZP I, sondern aus dem SBR und seiner Auslegung durch die FRD. Es sei nicht Zweck des ZP I, die Erlaubtheit des Eingreifens in nationale Befreiungskriege festzulegen. Man könne zwar die Frage stellen, ob nationale Befreiungskriege als internationale Konflikte gelten sollten, dies sei jedoch Ergebnis eines bestimmten Verständnisses des SBR und damit ein vom ZP I losgelöstes Problem[4].

Der Hinweis auf das SBR scheint zwar berechtigt, gleichwohl vollzieht das ZP I im Bereich des humanitären Völkerrechts die Privilegierung einer ganz bestimmten Kategorie nach ihrem Erscheinungsbild nicht-internationaler Konflikte. Auch wenn ZP I sich nicht explizit mit Fragen des ius ad bellum beschäftigt, ergibt sich aus seinem Charakter als internationales Abkommen auch die Eigenschaft einer weiteren Berufungsgrundlage für äußere Einmischungen in diese Art von Konflikten.

---

1 "A treaty provision should speak clearly and fit neatly into the larger body of law of which it is a part. If a treaty provision fails in either respect, it creates confusion rather than certainty in the legal system. Unfortunately, Article 1, as presently phrased, fails in both respects", vgl. Bond 1975, S.69. Diese Aussage bezog sich allerdings auf den im 1. Ausschuß zur Abstimmung gestellten Text CDDH/I/71, der jedoch bis auf minimale sprachliche Veränderungen dem späteren Art.1(4) ZP I entsprach, vgl. oben F.I.2.b.aa.aaa.

2 Vgl. hierzu oben E.I.5.

3 De la Pradelle, S.24; Roberts, S.125. L.C. Green weist darauf hin, daß ein Drittstaat die Auseinandersetzung als Konflikt i.S.v. Art. 1(4) ZP I betrachten und die Befreiungsbewegung unterstützen kann, obwohl der von ihr bekämpfte Staat an ZP I nicht gebunden ist, vgl. ders. 1993, S. 62

4 Bagley, S.452

Art.1(4) ZP I wurde u.a. von Koenig mit der "schreienden Regelungsbedürftigkeit" der bisherigen Rechtslage begründet und als Fortschritt bezeichnet[1]. Die Regelungslücke ergebe sich daraus, daß die vollständige Anwendbarkeit der Konventionen das überkommene Modell eines zwischenstaatlichen Konflikts zur Voraussetzung habe. Seit der VN-Menschenrechtskonferenz in Teheran 1968 habe es bei der Mehrheit der Staaten jedoch einen Konsens darüber gegeben, daß das humanitäre Völkerrecht nicht nur die Hegung des Krieges zwischen souveränen Staaten und anerkannten Mächten bezwecke, sondern allgemein zu verstehen sei als Regelungssystem des Menschenrechtsschutzes in bewaffneten Konflikten[2].

Vor diesem Hintergrund sei Art.1(4) ZP I als "funktional-humanitäre" Anpassung der Genfer Konventionen von 1949 an das tatsächlich vorhandene Konfliktpotential zu verstehen, welches gerade in der "ohnehin gepeinigten" Dritten Welt unsagbares Leiden verursache[3]. Er sei Ausdruck eines "funktional-humanitären Völkerrechtsanliegens"[4], welches bereits ansatzweise im gemeinsamen Art.3 der Konventionen seinen Niederschlag gefunden habe. Art.1(4) ZP I habe darauf reagiert, daß zuvor das humanitäre Völkerrecht in Befreiungskriegen selbst dann nicht anwendbar war, wenn eine Befreiungsbewegung das humanitäre Völkerrecht einhalten wollte[5]. Der Vorschrift übernehme eine "Adapterfunktion" zur vollständigen Anwendbarkeit des humanitären Völkerrechts in Befreiungskriegen zwecks Reduktion des Leidens der Opfer[6].

Durchaus unbefriedigend sei zwar, daß Art.1(4) ZP I Befreiungskriege nicht nur aufgrund des Leidensgrades der Opfer, sondern auch aus anderen (politischen) Gründen als internationale Konflikte betrachtet habe und diese Rechtsfolge auf bestimmte Situationen (Kampf gegen Kolonialismus, fremde Besetzung und rassistische Regimes) eingegrenzt wurde[7]. Starke politische Strömungen hätten das humanitäre Völkerrechtsanliegen etwas verzerrt, indem solche Konflikte um das SBR "vernachlässigt" worden seien, die jenseits des Regelungsbereichs von Art.1(4) ZP I liegen, wie etwa das Beispiel Biafra oder der Bangladesh-Konflikt

[1] Vgl. Koenig, S.4. Ähnlicher Ansicht ist Kwakwa, der Art.1(4) als "welcome development in international humanitarian law" betrachtet, vgl. ders. S.6
[2] Koenig, S.199
[3] Ebd., S.3 und 199
[4] Ebd. S.45. Koenig macht dieses Anliegen zur "zentralen Untersuchungsperspektive" seiner Arbeit
[5] Ebd. S.204
[6] Ebd. S.129
[7] Ebd. S.4

1971 gezeigt hätten[1]. So bemängeln auch andere Autoren an Art.1(4) ZP I vor allem, daß er auf dem Weg der Internationalisierung von Konflikten um das SBR und Menschenrechte nicht weit genug gegangen sei[2]. Koenig kritisiert zu Recht, daß die CDDH eine politisch motivierte, aus der Perspektive des Opferschutzes willkürliche Einengung des an sich wünschenswerten Regelungsbereichs (Guerilla-Stellvertreterkriege, Intervention auf Einladung) vorgenommen habe. Dies ändert für ihn jedoch nichts an der "Adapterfunktion" dieser Vorschrift[3]. Art.1(4) sei Katalysator eines neuen funktional verstandenen humanitären Völkerrechtsanliegens, das sich nicht mehr alleine an der Dichotomie international/nicht-international orientiert, sondern dem tatsächlichen Konfliktpotential angemessene humanitäre Standards entgegensetzt[4]. Art.1(4) verkörpere damit einen konsolidierten humanitär-völkerrechtlichen Kombinationsstandard, der vor allem dem IKRK als Handlungsmaßstab bei entsprechenden Initiativen dienen könnte[5]. Dabei gebiete das humanitäre Anliegen der Vorschrift eine "anwendungsfreundliche Auslegung" nach Art.31 WVK[6].

Die Möglichkeit einer anwendungsfreundlichen Auslegung bestehe vor allem beim Merkmal der "fremden Besetzung", wodurch dem Art.1(4) ZP I das Schicksal des "toten Buchstabens" erspart bleiben könne. Kampf gegen Interventionen auf Einladung sei künftig nicht als Bürgerkrieg, sondern als Befreiungskrieg zu qualifizieren, da er eine gewaltsame Verwirklichung des SBR gegenüber einer "fremden Besetzung" i.S.d. Art.1(4) ZP I darstelle. Solche Befreiungskriege würden künftig von der Weltöffentlichkeit - unbeschadet der Ratifikation des ZP I durch den betreffenden Staat - aufgrund des in Art.2 Abs.3 GK'en und den später verabschiedeten GA-Resolutionen und schließlich in Art.1(4) ZP I konsolidierten humanitär-völkerrechtlichen Standards als internationale Konflikte betrachtet[7]. Darüber hinaus könne Art.1(4) ZP I Grundlage eines neuen, für die Zukunft relevanten Vergleichsmaßstabes sein, der neue

---

[1] Ebd. S.89

[2] Cassese bedauert, daß die CDDH den Anwendungsbereich des Art.1(4) ZP I nicht weiter gefaßt hat, etwa durch eine vierte Kategorie von Befreiungskriegen, wenn sich die Regierung in einem Staat systematischer, schwerwiegender Menschenrechtsverletzungen schuldig gemacht hat, vgl. ders. in Cassese 1979, S.468,469. Für Bond liegt der hauptsächliche Mangel des Art.1(4) ZP I nicht darin, daß er zu weit gehe, sondern daß er im Sinne einer Anwendbarkeit auf andere "an sich" innerstaatliche Konflikte nicht weit genug gehe, vgl. ders. 1975, S.73

[3] Ebd. S.129

[4] Ebd. S.200

[5] Ebd. S.184, 186

[6] Ebd. S.199. Koenig beruft sich dabei auf Art.31 WVK

[7] Ebd. S.187

Formen von Befreiungskriegen gegen 'fremde Besetzung' dem humanitär-völkerrechtlichen Regime für internationale Konflikte zuordnet"[1]. Eine Ausdehnung des Anwendungsbereichs setze Staaten, die sich in solchen Situationen nicht gebunden fühlen, einer internationalen Öffentlichkeit aus, die sich dank Art.1(4) ZP I auf eine völkerrechtliche Norm berufen kann[2].

Koenig kann insofern gefolgt werden, als in den Jahrzehnten seit dem 2.Weltkrieg weltweit eine Verlagerung der Konfliktrealitäten hin zu nicht-internationalen Konflikten stattgefunden hat, in denen das humanitäre Völkerrecht nur ansatzweise, nämlich durch den gemeinsamen Art.3 der Konventionen, anwendbar ist. Zu diesen Konflikten gehörten insbesondere, jedoch keineswegs nur, die als "nationale Befreiungskriege" bezeichneten Konflikte. Fraglich ist, ob sich seit Ende der sechziger Jahre (Teheraner VN-Menschenrechtskonferenz) tatsächlich ein über das allgemeine und somit unverbindliche Postulat hinausgehender Konsens gebildet hatte, wonach das humanitäre Völkerrecht als Regelungssystem des Menschenrechtsschutzes nicht nur Konflikte zwischen souveränen Staaten betrifft, sondern auch innerstaatliche Situationen. Der gemeinsame Art.3 GK'en und ZP II belegen lediglich, daß das humanitäre Völkerrecht in sehr eingeschränktem Umfang auch im nicht-internationalen Konflikt gelten soll. Wenn sich nach den VN-Diskussionen über nationale Befreiungskriege, den Debatten innerhalb der Rotkreuzbewegung und der Behandlung dieser Konflikte bei der CDDH wirklich etwas belegen läßt, dann ist es die Tatsache, daß ein wirklicher Konsens selbst bei der Internationalisierung der antikolonialen Konflikte im engeren Sinne fehlte, obwohl sich diese im Gegensatz zu anderen Konstellationen immerhin durch den vom Mutterland gesonderten Territorialstatus von anderen nicht-internationalen Konflikten unterscheiden lassen. Belegen läßt sich ferner, daß es Teilen der Staatengemeinschaft vor allem um zweierlei ging: auf der einen Seite eine gezielte völkerrechtliche Privilegierung einer kleinen Gruppe von Konflikten (antikoloniale Konflikte i.e.S., angereichert durch die Einzelfälle Israel und Südafrika), auf der anderen Seite eine möglichst hohe Anwendbarkeitsschwelle des "sonstigen" internen Konflikten zugedachten ZP II, um das humanitäre Völkerrecht jenseits des Konflikts zwischen souveränen Staaten erst so spät wie möglich anwenden zu müssen.

---

[1] Ebd. S.184

[2] Bond 1975, S.77. "By expanding and clarifying the scope of coverage, Art.1 will preclude claims of non-application", vgl. ebd. S.78

Angesichts dieses durch Konferenzverlauf und Ergebnis untermauerten "Konsenses" fällt es schwer, Koenig darin zu folgen, daß Art.1(4) ZP I Ausdruck eines wie auch immer gearteten konsolidierten Völkerrechtsstandards zu betrachten sei, als "Katalysatornorm mit Adapterfunktion zur Umsetzung eines humanitär-völkerrechtlichen Anpassungsanliegens". Vermutlich eher aus politischen als aus humanitären Gründen wurde dieses Anpassungsanliegen in Bezug auf eine strikt begrenzte Zahl politisch favorisierter Konflikte umgesetzt. Gleichzeitig wurden substantielle humanitäre Regeln verweigert, sobald die ansonsten so glorifizierte Kategorie des Guerilleros den innerstaatlichen Bereich betrat. Entgegen der Tendenz beim internationalen Konflikt wurde hier vielmehr das Bild eines regulären bewaffneten Konflikts zwischen zwei Armeen favorisiert, und dies obwohl der Guerillakampf als Methode der Auseinandersetzung viel eher im nicht-internationalen als im internationalen Konflikt die Regel ist.

Obwohl keinerlei explizite Aufforderung zur unterschiedlichen Behandlung der Konfliktparteien enthaltend, ist Art.1(4) ZP I als politisiertes Sonderrecht für eine Subspezies des gerechten Krieges zu betrachten und nicht zuletzt deshalb so eng wie möglich auszulegen. Die von Koenig befürwortete Subsumtion der Intervention auf Einladung unter das Merkmal der "fremden Besetzung" ist nicht nur schwer zu begründen, sondern sie hilft auch nicht weiter, da in einer solchen Situation eine Regierung wohl kaum jemals bereit sein dürfte, ihre eigene Entscheidung zur Einladung fremder Truppen als rechtlich unmaßgeblich zu betrachten. Wenn überhaupt, wird sie die Auseinandersetzung mit der "Befreiungsbewegung" bestenfalls als Konflikt nach dem gemeinsamen Art.3 GK'en betrachten. Bereits dies läge angesichts heutiger Konfliktrealitäten weit über dem üblichen Durchschnitt humanitären Bindungswillens von Regierungen bei Konflikten innerhalb der eigenen Staatsgrenzen.

Es wäre zwar prinzipiell wünschenswert, das im internationalen Konflikt anwendbare Recht auch in möglichst vielen anderen Konflikten gelten zu lassen. Man kann jedoch nicht die Tatsache übergehen, daß die Staaten bei der CDDH bestätigt haben, was bereits Ende der vierziger Jahre bei Ausarbeitung der Konventionen deutlich war: Regeln des humanitären Völkerrechts für den nicht-internationalen Konflikt werden nur in sehr begrenztem Umfang akzeptiert, eine einheitliche rechtliche Behandlung mit internationalen Konflikten abgelehnt. Ob vor diesem Hintergrund Art.1(4) ZP I einen in seinen Konturen klar strukturierten völkerrechtlichen Begründungszusammenhang für konkrete IKRK-Initiativen darstellen kann, erscheint eher zweifelhaft. Allem voran liegt dies an der in beide Richtungen nahezu beliebigen Auslegbarkeit der Vorschrift. Sie erlaubt den einen die Bewertung "toter Buchstabe", den anderen hingegen die Qualifizierung einer unbegrenzten Zahl innerstaatlicher Konflikte als Befreiungskriege nach Art.1(4) ZP I. Dabei wird Art.96(3) ZP I der Berufung auf einen weit ausgelegten Art.1(4) ZP I kaum im Wege stehen[1]. Umgekehrt wird es Staaten ein Leichtes sein, sich im konkreten Fall durch Behauptung der sachlichen Nichtanwendbarkeit gegen die internationale öffentliche Meinung zur Wehr zu setzen. Erwartungsgemäß haben die vom engeren Bedeutungskern der Vorschrift betroffenen Staaten (Kolonialmächte, Israel und Südafrika unter der Apartheid) das ZP I ohnehin nicht ratifiziert.

Dem Verfasser ist bislang kein Fall bekannt, in dem ein Staat gegenüber der internationalen Öffentlichkeit in Erklärungsnotstand geraten wäre, weil er gegen einen in Art.1(4) ZP I enthaltenen humanitären-völkerrechtlichen Standard verstoßen hätte. Daher ist kaum erkennbar, daß Art.1(4) einen "zukunftsorientierten und faktisch wirkenden Handlungsmaßstab" für Initiativen des IKRK[2] darstellen könnte.

2. Nicht-internationale bewaffnete Konflikte (II. Zusatzprotokoll)

a) Verhältnis zum gemeinsamen Art.3 der GK'en von 1949

Nachdem bis zur Konferenz der Regierungsexperten 1972 der Anwendungsbereich eines möglichen Zweiten Zusatzprotokolls stets mit dem gemeinsamen Art.3 GK'en identifiziert worden war[3], hatte sich das IKRK in Art.1 seines Entwurfs für ZP II bereits einen anderen Weg eingeschlagen. Auch der schließlich verabschiedete Art.1 ZP II nimmt beim Anwendungsbereich keinen Bezug auf den gemeinsamen Art.3 GK'en, stellt aber klar, daß der gemeinsame Art.3 in seiner Anwendbarkeit unangetastet bleiben soll. ZP II soll gelten für alle Konflikte, die nicht unter den gem. Art.2 fallen und sich zwischen Streitkräften oder organisierten und unter einer verantwortlichen Führung stehende bewaffneten Gruppen abspielen (Text im Anhang). Der Anwendungsbereich ist also enger als derjenige des gemeinsamen Art.3. GK'en.

---

1 Randelzhofer 1978, S.730
2 Koenig, S.182.
3 Dies unterstrich 1975 bei der CDDH der Vertreter der DDR, vgl. Levie 1987, S.31

Um der Gefahr eines "Hineinlesens" der engeren Anwendungsvoraussetzungen des Art.1 Abs.1 ZP II in den gemeinsamen Art.3 GK'en vorzubeugen, enthält Art.1 Abs.1 ZP II eine diesbezügliche Klarstellung, wonach durch ZP II die bestehenden Voraussetzungen für die Anwendung des gemeinsamen Art.3 nicht geändert werden[1]. Dies hat zur Folge, daß auch die in Absatz 2 des Art.1 ZP II enthaltene Aufzählung bestimmter Situationen, die *nicht* als bewaffnete Konflikte gelten, für den Anwendungsbereich des gemeinsamen Art.3 der Konventionen ohne Bedeutung ist[2]. Auf diesen Aspekt haben vor allem westliche Staaten bei der CDDH sehr großen Wert gelegt, um den erreichten humanitären Schutz des gemeinsamen Art.3 nicht durch die engere Vorschrift des Art.1 ZP II aushöhlen zu lassen. Das Auseinanderfallen der Anwendungsbereiche wurde dabei im Interesse des Schutzes von Art.3 bewußt in Kauf genommen. Trotz der in Art.1 Abs.1 ZP II enthaltenen Klarstellung betreffend das Verhältnis zum gem. Art.3 GK'en ist in der Literatur irrigerweise vereinzelt die hohe Anwendbarkeitsschwelle des Art.1 Abs.1 ZP II auf den gem. Art.3 GK'en übertragen worden[3]. Diese Auffassung würde einen erheblichen Rückschritt in der Entwicklung des in nicht-internationalen Konflikten geltenden Völkerrechts darstellen. Unzweifelhaft ist die Rechtslage durch die unterschiedlichen Anwendungsbereiche für das im nicht-internationalen Konflikt geltende humanitäre Völkerrecht komplizierter geworden. Darüber hinaus ist zu befürchten, daß Staaten unter dem Eindruck des Art.1 ZP II den Anwendungsbereich des gem. Art.3 mehr und mehr "nach oben" auslegen werden[4]. Vor diesem Hintergrund liegt die Bedeutung des gemeinsamen Art.3 der Konventionen - abgesehen von seiner niedrigeren Anwendbarkeitsschwelle - unter anderem darin, daß er Grundlage für humanitäre Initiativen und Aktionen des IKRK ist[5].

---

1 Vgl. BGBl 1990 II, S. 1639

2 Bothe, S.90. Die Bundesrepublik begrüßte bei der CDDH den Art.1 ZP II als willkommenen Kompromiß. Zu dessen wesentlichen Elementen zähle, daß der Anwendungsbereich des gemeinsamen Art.3 GK'en durch Art.1 ZP II in keiner Weise angerührt werde: "....the negative definition of the term 'armed conflict' in paragraph 2 applies only to Protocol II, not to Article 3 common to the Geneva Conventions.", vgl. Levie 1987, S.85

3 Gornig, S.28. Dieser argumentiert mit der erklärten Absicht des ZP II, den gem. Art.3 GK'en zu ergänzen. Da letzterer den nicht-internationalen Konflikt nicht definiert, könne Art.1 ZP II als Präzisierung des Begriffs des nicht-internationalen bewaffneten Konflikts betrachtet werden.

4 Dies befürchtet Forsythe unter Hinweis auf die Stellungnahmen einzelner Staaten bei der CDDH, vgl. ders. 1978, S.286.

5 Schindler in RdC 1979, S.149.

b) Art.1 ZP II (Anwendungsbereich)

Im gemeinsamen Art.3 GK'en ist lediglich die Rede von einem Konflikt, "der keinen internationalen Charakter hat"[1]. Damit war es weitgehend den betreffenden Staaten überlassen, den Begriff zu definieren und dessen Vorliegen in einer gegebenen Situation zu bejahen oder abzulehnen. Art.1 ZP II enthält demgegenüber konkreter definierte Bestimmungskriterien der Anwendbarkeit. So ist die Anwendung von keinerlei Anerkennung abhängig, sondern allein an das Vorliegen der begrifflichen Voraussetzungen des Art.1 ZP II gebunden[2]. Dies veranlaßte jedoch während der vierten Sitzungsphase der CDDH verschiedene - vornehmlich lateinamerikanische - Staaten zu dem Hinweis, daß allein der von dem Konflikt betroffene Staat befugt sei zu definieren, ob diese materiellen Bestimmungskriterien in einer konkreten Situation vorliegen oder nicht[3]. Gleichwohl mußte allein die Konkretisierung bestimmter Anwendbarkeitskriterien bei der CDDH durch die Hinnahme einer besonders hohen Anwendbarkeitsschwelle "erkauft" werden[4]. Dies läßt erkennen, daß ZP II lediglich anwendbar ist und vermutlich auch sein soll auf ausgewachsene Bürgerkriege nach dem Vorbild des Spanischen Bürgerkrieges oder dem Nigeria/Biafra-Konflikt.

Erforderlich ist zunächst, daß bei dem bewaffneten Konflikt "im Hoheitsgebiet einer Hohen Vertragspartei" deren Streitkräfte teilnehmen. Damit fallen z.B. - im Gegensatz zum gemeinsamen Art.3 der GK'en[5] - bereits solche Situationen nicht unter das ZP II, in denen sich zwei nichtstaatliche Konfliktparteien gegenüberstehen wie etwa im Libanon oder zeitweise in Angola[6]. Ausgeschlossen sind ferner alle Konflikte, in denen die nichtstaatliche Seite mit den beschriebenen Mitteln der Guerillakriegführung gegen die Regierung vorgeht, weil sie gerade nicht (oder noch nicht) über eine dauerhafte Kontrolle über einen Teil des Staatsgebietes verfügt. Art.1 Abs.1 ZP II verlangt für die Anwendbarkeit des ZP

---

[1] Vgl. Text im Anhang

[2] Schindler in RdC 1979, S.148

[3] Kalshoven 1977, S.112, 113 mit Hinweisen auf die Vertreter Yugoslawiens, Kolumbiens und Saudi-Arabiens; vgl. auch Bothe S.89,90 m.w.N.

[4] Wyss, S.113. Bothe schreibt zu Art.1 ZP II (vgl. Text im Anhang): "Ce texte lie le niveau de protection avec le seuil d'application de facon peut-être *désastreuse*" (Hervorhebung des Verf.), vgl. ders. S.89. Er begründet dies mit der in Art.1 vorgenommenen Verknüpfung von Anwendbarkeitsschwelle und Fähigkeit zur Anwendung des Protokolls, die oftmals der nichtstaatlichen Konfliktpartei schwerfallen dürfte. Wenn eine Partei das Protokoll nicht anwenden kann, entfällt automatisch die Anwendbarkeit des ZP II.

[5] Schindler in RdC 1979, S.148

[6] Bothe spricht in diesem Zusammenhang von einem "défaut sérieux" des Art.1 ZP II, vgl. ders. S.91.

II, daß die genannten Gruppen eine solche Kontrolle über einen Teil des Hoheitsgebiets der Hohen Vertragspartei ausüben, daß sie anhaltende, koordinierte Kampfhandlungen durchzuführen und das ZP II anzuwenden vermögen. Unklar bleibt z.B., wieviel Gebiet über welche Zeit hinweg besetzt sein muß, damit die genannten Voraussetzungen erfüllt sind[1]. Da die Fähigkeit der Gruppe zur Anwendung des ZP II zu den konstitutiven Elementen der Anwendbarkeit des ZP II gehört, könnte offenbar mit dem vorübergehenden Wegfall und der Wiedererlangung dieser Fähigkeit auch die Anwendbarkeit des ZP II vorübergehend in Fortfall geraten[2]. Die von Art.1 Abs.1 ZP II geforderte Fähigkeit zur Anwendung des ZP II als Bestimmungsmerkmal für "ZP II-taugliche" bewaffneten Gruppen wurde von einigen Staaten im Sinne einer humanitär-völkerrechtlichen "Vorleistungspflicht" verstanden, so daß ein Staat in einer konkreten innerstaatlichen Auseinandersetzung ZP II erst dann beachten müsse, wenn die nichtstaatliche Seite bewiesen hätte, daß sie das ZP II tatsächlich auch beachten kann[3]. In dieser Forderung spiegelt sich das Grundproblem der Bindung nichtstaatlicher Konfliktparteien an das humanitäre Völkerrecht und die damit korrespondierende Sorge staatlicher Konfliktparteien, ohne erbringbare Gegenleistung durch das humanitäre Völkerrecht gebunden zu sein. Gefordert ist somit in Art.1 ZP II eine effektive und dauernde Kontrolle über einen Teil des Hoheitsgebiets. Dies ist eine für den Anwendungsbereich des ZP II gravierende Konsequenz, da nicht-internationale Konflikte häufig gerade nicht auf diese Weise ausgetragen wurden und werden[4].

Das IKRK hatte in seinem Entwurf für ZP II dessen Anwendbarkeit lediglich abhängig gemacht vom Vorhandensein einer verantwortlichen Führung[5].

Der Begriff der organisierten bewaffneten Gruppen unter verantwortlicher Führung ist so auszulegen, daß diese über eine organische Struktur verfügen müssen, d.h. sie müssen mit einem System von Zuständigkeiten und Verantwortlichkeiten ausgestattet und einem System interner Disziplin unterworfen

---

[1] Forsythe nennt als Beispiel die zweiwöchige Besetzung einer Provinzstadt durch Rebellen, die ZP II anwenden, vgl. ders. 1978, S.286

[2] Vgl. Schindler in RdC 1979, S.148

[3] Vgl. Forsythe 1978, S.285 m.w.N. Diese Auslegung macht es natürlich in der Praxis leicht, einer Bewegung Nichterfüllung des Art.1 ZP II vorzuhalten.

[4] E.III.2.a.

[5] Bothe, S.89 sowie oben F.I.2.b.aa.bbb.

sein, das die Beachtung des Protokolls durch ziviles und militärisches Personal und andere diesen Gruppen unterworfenen Personen gewährleistet[1].

Schwierig, wenngleich möglich, ist auch hier - in ähnlicher Weise wie bei der Anerkennung von Aufständischen und dem gemeinsamen Art. 3 der Konventionen[2] - das Problem der Bindung der nichtstaatlichen Konfliktpartei an das ZP II[3].

Bothe verweist auf Art.5 des vom 1. Ausschuß erarbeiteten Entwurfs, der ausdrücklich beide Konfliktparteien an das Protokoll gebunden habe und in der Folge durch die CDDH fallengelassen wurde. Es sei jedoch unzulässig, hieraus die Bindung lediglich der staatlichen Konfliktpartei an das ZP II zu folgern, da die Bindung auch der nichtstaatlichen Partei dem Willen der ganz überwiegenden Mehrheit der CDDH-Teilnehmer entsprochen habe[4]. Condorelli äußert hinsichtlich der Bindung der nichtstaatlichen Konfliktpartei Skepsis: anders als im internationalen Konflikt, wo beide Seiten unmittelbar an das Völkerrecht gebunden seien, fehle es im innerstaatlichen Konflikt an einer Bindung *beider* Seiten an das humanitäre Völkerrecht und die darin den Konfliktparteien auferlegten Bindungen und Beschränkungen. Zwischen der Regierung und dem Gegner gelte das innerstaatliche Recht, allein die Regierung sei durch das Völkerrecht gebunden. Da unter solchen Umständen auch die für die Beachtung des humanitären Völkerrechts so wichtige Reziprozität nicht stattfinden könne, bleibe der Humanitätsgrundsatz als einziges Motiv einer Regierung, sich im innerstaatlichen Konflikt an Normen des humanitären Völkerrechts gebunden zu fühlen. Dies Motiv wiege wenig gegenüber dem häufig herausgeforderten Überlebensinteresse des Staates[5]. Dies erkläre, warum "...les pays du Tiers-monde se sont montrés dans l'ensemble hargneusement hostiles à accepter toute disposition qui, malgré son caractère strictement humanitaire, soit susceptible de limiter leur liberté de manoeuvre dans le domptage de la rebellion par tous les moyens"[6]. Auch wenn das Argument übersieht, daß sich die Bindung auch der nichtstaatlichen Konfliktpartei an das humanitäre Völkerrecht durchaus be-

---

[1] So die Auslegung des Merkmals durch die Vertreterin des IKRK bei der CDDH, vgl. Levie 1987, S.29

[2] Vgl. oben D.I.2.a.aa. und E.I.4.

[3] Kwakwa, S.23 unter Hinweis auf die Position des IKRK, wonach die Ratifikation eines Vertrages alle seine Angehörigen bindet.

[4] Vgl. ders., S.93

[5] Vgl. ders., S.388

[6] Vgl. ders. ebd

gründen läßt, so muß doch eingeräumt werden, daß dies unterhalb der Schwelle der Anerkennung als Kriegführende rechtlich stets unbefriedigend und weniger klar zu begründen ist als die Bindung der Konfliktparteien an das Völkerrecht im internationalen Konflikt.

Forsythe sieht zum einen das allgemeine Problem der Bindung der nichtstaatlichen Konfliktpartei, zum anderen das hinzutretende Konkurrenzverhältnis zwischen einerseits den humanitär-völkerrechtlichen Schutzbestimmungen für den Einzelnen und andererseits des Rechts des Staates auf Durchsetzung seiner Rechtsordnung. Das IKRK habe bei der CDDH die bekannte Position vertreten, daß ein völkerrechtlicher Vertrag alle der Rechtsgewalt eines Staates unterstehenden Personen erfasse. Forsythe betrachtet es als problematisch, daß eine Regierung Personen und deren Zusammenschlüsse binden soll, die sich der Hoheitsgewalt nachhaltig widersetzen. So habe sich z.B. der Vietcong ausdrücklich dieser Regel widersetzt, während andere nichtstaatliche Konfliktteilnehmer umgekehrt erfolglos versucht hätten, sich durch Beitritt zu den GK'en an das Völkerrecht zu binden[1].

Problematisch ist nicht zuletzt, daß Art.1 ZP II eine Auslegung erlaubt, wonach stets zunächst der betroffene Staat die Anwendbarkeit des ZP II bestätigen muß[2].

c) Bewertung der gefundenen Ergebnisse

Für Randelzhofer konnten sich die an der CDDH beteiligten Verfechter der nationalen Befreiungskriege nach Erreichen von Art.1(4) ZP I, durch den die zu privilegierenden Rebellen "versorgt" waren, vom "sauren Apfel" des ZP II abwenden, da gerade die souveränitätsbewußten jungen Staaten der Dritten Welt an der Regelung des Bürgerkrieges an sich kein Interesse hatten. Dies hätte sie in der Bekämpfung möglicher Rebellen in unerwünschter Weise gebunden[3].

---

1 Vgl. ders. 1978, S.291,292 m.w.N.

2 Forsythe 1978, S.285

3 Randelzhofer 1975, S.45. Auch Bothe unterstreicht, daß die Vertreter der Staaten der Dritten Welt, nachdem Art.1(4) ZP I "erkämpft" worden war, jedes Interesse an einer Regelung innerstaatlicher Konflikte verloren, vgl. ders. S.87. L.C. Green betont, daß Art. 1 ZP II an die nicht staatliche Konfliktpartei wesentlich weniger strenge Anforderungen stellt als Art. 1(4) ZP I an eine nationale Befreiungsbewegung, vgl. ders. 1993, S. 63

Dabei war der Regelungsbedarf für solche Konflikte seit 1945 dringend[1]. ZP II hat diesen offensichtlichen Mißstand nicht behoben[2]. Zu bedauern ist auch, daß ZP II bei innerstaatlichen Konflikten ohne Beteiligung der etablierten Staatsgewalt gänzlich unanwendbar ist[3]. Forsythe schreibt: "Serious questions exist....as to the ameliorating effect this Protocol will have on internal war, if brought into force. Probably the Protocol will not .....even diminish to any substantial extent, the inhumanity of non-international conflict, but it may be another incomplete step of long-range symbolic importance..."[4].

Für andere wiederholt ZP II in begrenzter und technisch wesentlich weniger ausgearbeiteter Weise die Schutzbestimmungen des ZP I[5]. ZP II ist verständlicherweise bei Regierungen der 3. Welt unpopulär (z.B. Mosambik und Angola, die immer noch Bürgerkrieg haben, haben ZP I unterzeichnet, aber nicht ZP II)[6]. Wegen seiner hohen Anwendbarkeitsschwelle, wegen der Tendenz, der etablierten Staatsgewalt möglichst wenige Pflichten aufzuerlegen und schließlich wegen des Bemühens, staatliche und nichtstaatliche Konfliktpartei auf ungleicher Ebene zu behandeln wurde ZP II teilweise als "paradoxically lop-sided" bezeichnet[7]. Mangels einer klaren Regelung, welche Instanz ggf. berufen wäre, die Anwendbarkeit im konkreten Fall festzustellen, bleibt es allein den Staaten überlassen, über die Anwendbarkeit des ZP II zu bestimmen[8]. Andererseits können gegen den Vorschlag einer Bestimmung durch die VN, das IKRK oder auch das IKRK grundsätzliche Erwägungen ins Feld geführt werden, deren Be-

1 Randelzhofer schrieb Anfang der siebziger Jahre, der Bürgerkrieg sei im Angesicht der atomar abgesicherten bipolaren Weltordnung zur "Ersatzform der kriegerischen Auseinandersetzung zwischen den Blöcken" geworden, vgl. ders. 1971, S. 244. Vgl. auch Forsythe 1978, S.273

2 Kwakwa schreibt: "However, Protocol II does very little by way of filling the *lacunae* in Common Article 3. If anything, it probably weakens Common Article 3 of the Geneva Conventions", vgl. ders. S.22. Kwakwa sieht einen wesentlichen Schwachpunkt des ZP II darin, daß es dritten Parteien keine bzw. unzureichende Rechte gewährt, vgl. ebd. sowie Forsythe 1978, S.287

3 Bothe nennt als Beispiel die Konflikte in Angola oder Libanon, vgl. ders. S.91

4 Forsythe 1978, S.272

5 L.C. Green 1977, S.38

6 Informationen abrufbar unter http://www.icrc.org/ihl.nsf, (Stand Februar 2001)

7 Kalshoven schreibt: ".....the remaining Articles (gemeint sind Art.2 ff., Anmerkung des Verfassers) of the Protocol place so small a burden on the authorities in power, and take such great care to keep 'authorities' and 'rebels' on an unequal footing, as to render the resultant legal régime singularly inappropriate to a situation of civil war and, indeed, far from sufficient for lesser forms of internal armed conflict", vgl. ders. 1977, S.112

8 Forsythe 1978, S.287. Die wichtigste Folge des Fehlens einer äußeren Definitionsinstanz ist, daß die Bestimmung eines nicht-internationalen Konflikts nach ZP II ebenso wie bereits beim gem. Art.3 GK'en einen hochsubjektiven Charakter hat, vgl. hierzu schon Ciobanu 1975, S. 64.

rechtigung nicht von der Hand zu weisen ist[1]. Kritisiert wurde darüber hinaus auch das - im übrigen kaum überraschende - Fehlen jeglicher Regelung über eine eventuelle Überwachung der Einhaltung des humanitären Völkerrechts durch eine außenstehende Institution wie etwa das IKRK[2]. Einige Stimmen glauben auch, daß das ZP II mit Anforderungen überfrachtet wurde, die nichtstaatliche Konfliktparteien in der 3.Welt nicht erfüllen können[3].

Insbesondere das in Art.1 ZP II verankerte Kriterium der Gebietsherrschaft zeigt, daß es den Verfechtern nationaler Befreiungskriege bei den Diskussionen um Art.1(4) und insbesondere der Art.43 und 44 ZP I allenfalls um eine auf nationale Befreiungskämpfer zugeschnittene und damit sehr selektive Auseinandersetzung mit der Guerillakampfführung gegangen war, keinesfalls jedoch um eine allgemeinere Auseinandersetzung mit dem Phänomen. Für den italienischen CDDH-Delegierten war Art.1 "the most that could be achieved in the circumstances"[4], jedoch hat sich im Rückblick die vom Vertreter Norwegens,

---

[1] Die damit zusammenhängenden Fragen diskutiert ausführlich Ciobanu 1975, S. 69-79. Er sieht zunächst im Interventionsverbot des Art.2(7) SVN ein Hindernis für die Bestimmung des Charakters innerstaatlicher Auseinandersetzungen durch die VN. Auch wenn man dieses Argument angesichts der Bedeutung des Menschenrechtsschutzes im heutigen Völkerrecht nicht gelten läßt, so scheint doch die Zuständigkeit der VN hier weit weniger selbstverständlich zu sein als etwa bei internationalen Konflikten. Fraglich ist auch, ob es dem SR oder der GV oder selbst einem noch eigens zu diesem Zweck zu schaffenden neutralen VN-Organ gelingen würde, eine unparteiische und von politischen Interessen etc. unbeeinflußte einheitliche Position in einer solchen Frage einzunehmen. Ciobanu hält auch Vorschläge für unrealistisch, die verbindliche Feststellung einem Ausschuß aus Vertragsstaaten der Konventionen zu überantworten, da auf diese Weise einem kleinen Kreis von Vertragsstaaten eine kaum gerechtfertigte Macht zukäme. Auch das IKRK, der IGH oder ein ad hoc - Gericht scheiden für Ciobanu aus. Die ersten beiden sind zwar als unabhängig bekannt, der IGH jedoch kaum mit humanitären Fragen befaßt. Die Frage einer Kompetenz des IKRK zur Feststellung eines nicht-internationalen Konflikts wurde auch 1972 durch die Regierungsexperten diskutiert. Das IKRK war selbst von diesem Vorschlag wenig begeistert, da durch den eminent politischen Charakter dieser Feststellung unweigerlich sein unpolitischer Charakter sowie seine Unabhängigkeit und Unparteilichkeit in Frage gestellt sei, was die Erfüllung seiner humanitären Mission nachhaltig behindere. Eine Feststellung durch den IGH wäre durch schwierige prozessuale Fragen belastet, die letztlich im ungleichen rechtlichen Status zwischen Staat und Rebellen begründet liegt

[2] Der ursprüngliche Entwurf für ZP II enthielt noch eine - später entfernte - Regelung, wonach sich die Parteien an eine unparteiische Organisation wenden können, vgl. hierzu Kalshoven 1977, S.114. Die Frage der Bestimmungsmacht, die auch schon bei der Diplomatenkonferenz 1949 Gegenstand harter Debatten war, wurde in den GK'en offengelassen und damit den Staaten überlassen. Schon bei der Konferenz der Regierungsexperten hatten sich einige Staaten wie z.B. Rumänien dafür ausgesprochen, die Feststellung des Vorliegens eines nicht-internationalen Konflikts explizit den Staaten zu überlassen, ein auch bei der CDDH verschiedentlich vorgetragener Wunsch.

[3] Forsythe 1978, S.292. Da die Fähigkeit zur Beachtung des ZP II gem. dessen Art.1 Abs.1 jedoch Anwendungsvoraussetzung ist, führt dies in vielen Fällen ab initio zur Nichtanwendbarkeit. Allerdings stellt sich hier wieder das Problem, daß in der Praxis der bekämpfte Staat das alleinige Recht für sich beanspruchen wird, das Vorliegen der Voraussetzungen des Art.1 ZP II festzustellen.

[4] Levie 1987, S.89

Eide, ausgesprochene Befürchtung bewahrheitet, daß ZP II durch seine hohe Anwendbarkeitsschwelle von zweifelhaftem humanitären Nutzen sein würde[1]. Auch ist dem italienischen CDDH-Delegierten darin beizupflichten, daß die Verschiedenartigkeit der Anwendungsbereiche des ZP II und des gemeinsamen Art.3 GK'en als "matter of extreme regret" zu bezeichnen sei. Für ihn war ZP II auf dem Weg zum Schutz des Menschen im nicht-internationalen Konflikt allenfalls ein "half-way meeting point"[2]. Forsythe schreibt: "It is difficult to be optimistic about the short-term importance of this legal instrument"[3]. Schindler bezeichnet das Nebeneinander zweier Begriffe des nicht-internationalen Konflikts als kaum befriedigend, zumal wegen der hohen Anwendbarkeitsschwelle das ZP II wohl nur in wenigen Fällen überhaupt anwendbar sein werde[4]. Daß eine detaillierte Fassung bei gleichzeitiger niedriger Anwendbarkeitsschwelle nicht erreichbar sein würde, wurde in der Literatur schon vor der CDDH von einigen erkannt: "....a complete and detailed set of rules as contained in the present draft Protocol stands little chance of being accepted by any significant number of Governments if it were to be applicable without reserve to the entire category of 'armed conflicts not of an international character occuring in the territory of one of the High Contracting Parties' to which common Article 3 refers"[5].

Trotzdem ist ZP II in der Literatur teilweise als wichtiger und anerkennenswerter Fortschritt des humanitären Völkerrechts bezeichnet worden[6], teilweise

1 Levie 1987, S.78

2 Levie 1987, S.89

3 Vgl. Forsythe 1978, S.294. Den Text mit dem IKRK-Entwurf vergleichend meint er: ".....what emerged from the Diplomatic Conference was less demanding, and the Protocol could hardly be regarded as a bold and far-reaching attempt to maintain standards of humanity in internal armed conflict". Forsythe weiter: "It is probable that those states adhering to the instrument would not need it, and those needing it would not adhere", vgl. ebd. S.294. Forsythe sieht aber die positiven Seiten vo allem im psychologischen Bereich: "The Protocol's real significance rests in the symbolic and long-range contribution it makes to a still evolving body of human rights for all individuals in all armed conflicts", vgl. ebd. S.295

4 Schindler meint mit Blick auf den gem. Art.3 GK'en: "The attempt to develop the rudimentary provisions of this Article by adopting Protocol II has, therefore, proved rather unsuccessful", vgl. ders. in RdC 1979, S.149. Auch Gasser bedauert die auseinanderfallenden Anwendungsbereiche, vgl. ders. 1995, S. 84

5 So Kalshoven in Bezug auf den 1972 der Konferenz der Regierungsexperten unterbreiteten und im 2. Ausschuß dieser Konferenz vielfach kritisierten IKRK-Vorschlag, vgl. ders. 1972, S.60).

6 Wyss, S.73. Zu den grundlegenden Garantien vgl. Bothe, S.94 ff. Dieser spricht von einem "...progrès très net par rapport à l'article 3 commun aux quatre conventions et au Pacte sur les droits civils et politiques", vgl. ders. S.100. Cassese mahnt, ZP II nicht mit der Meßlatte der unverwirklichten IKRK-Entwürfe zu messen, sondern "on ist own merits". Übertriebene Kritik an ZP II spiele auch denjenigen in die Hände, die ohnehin gegen jede völkerrechtliche Regelung innerstaatlicher Konflikte eingestellt seien. Schließ-

als erster Schritt, der nunmehr durch eine Absenkung der Anwendbarkeitsschwelle zu ergänzen sei[1]. Die hohe Anwendungsschwelle des Art.1, aber auch der Nichteinmischungsartikel 3[2] machen jedoch deutlich, daß die Staaten zu einer wirklich durchgreifenden Verbesserung des Loses der Opfer nicht-internationaler Konflikte nicht bereit waren. Zu bedauern ist auch, daß die gegenüber dem heutigen Art.13 ZP II deutlich umfangreicheren Regelungen des IKRK-Entwurfs zum Schutz der Zivilbevölkerung im Verlauf der CDDH verwässert wurden[3].

lich komme ZP II ein normativer Wert zu, da die schlichte Existenz einer solchen Norm auch bei Nichtratifikation als Maßstab und Begründung staatlichen Verhaltens dienen könne, vgl. ders., in Cassese 1979, S.496,497

1 Schindler in RdC 1979, S.149

2 Danach darf ZP II nicht zur Beeinträchtigung der Souveränität eines Staates oder der Verantwortung der Regierung herangezogen werden, mit allen rechtmäßigen Mitteln die öffentliche Ordnung im Staat aufrechtzuerhalten, vgl. Text des Art.3 in BGBl 1990 II, S.1640. Für Bothe birgt der Art.3 ZP II trotz seiner eindeutigen Bezugnahme auf *rechtmmäßige* Mittel eine gewisse Gefahr in sich, als Rechtfertigungsgrundlage für Nichtbeachtungen des ZP II mißbraucht zu werden, vgl. ders. S.94

3 Wyss weist darauf hin, daß Art.13 ZP II, dessen erste drei Ziffern Art.51 ZP I entsprechen, im Gegensatz zur letztgenannten Vorschrift aufgrund der Vereinfachung von Normen, des Weglassens detaillierter Angaben und unter verschiedenen anderen Aspekten als vieldeutig bezeichnet werden kann, vgl. dies. S.125.

IV. Die Regelungen zur persönlichen Anwendbarkeit (Kombattanten und Kriegsgefangene)

1. Allgemein

Auch unter der Geltung der ZP'e ist Grundvoraussetzung des Kombattantenstatus das Vorliegen eines internationalen bewaffneten Konflikts. Zwar definiert ZP II in Art.2 seinen persönlichen Anwendungsbereich[1], dieser ist jedoch aus rechtssystematischen Gründen mit dem Kombattantenstatus im internationalen Konflikt nicht zu vergleichen. Gleiches gilt für bestimmte Schutzvorschriften des ZP II, die an Rechtsgarantien für Kriegsgefangene denken lassen[2]. Es bleibt also auch bei den ZP'en dabei, daß die Kombattanteneigenschaft begriffsnotwendig an das Vorliegen eines internationalen bewaffneten Konflikts gebunden ist.

Das ZP I regelt den Kombattantenstatus in zwei Vorschriften (Art.43 und Art.44), obwohl Art.44 durch seine Überschrift ("Kombattanten und Kriegsgefangene") eine Regelung allein in dieser Vorschrift vermuten ließe. Der mit "Streitkräfte" überschriebene Art.43 bekräftigt jedoch verschiedene, für den Status des legalen Kombattanten konstitutive Merkmale, welche bislang in Art.4.A.1.-3. III.GK (sowie in den wortgleichen Vorschriften anderer GK'en (s.o. E.II.1.) enthalten waren[3] und wurde daher teilweise als "eigentliche Schlüsselvorschrift für den Primärstatus des Kombattantenstatus" bezeichnet[4]. Klarstellende Funktion hat ZP I bzgl. des in den GK'en nur implizit ausgedrückten Verhältnisses von Kombattanten- und Kriegsgefangenenstatus, indem es in Art.44 Abs.1 festlegt: "Ein Kombattant...., der in die Gewalt einer gegnerischen Partei gerät, ist Kriegsgefangener." Damit wird das bereits oben D.II.1. beschriebene Verhältnis beider völkerrechtlichen Zustände ausdrücklich bestätigt. Art.44 Abs.1 ZP I darf jedoch nicht - gegenüber der bisherigen Rechtslage einengend- dahingehend verstanden werden, daß Kriegsgefangener nur sein kann, wer zuvor Kombattant war. Dies folgt bereits aus Abs.6 des Art.44 ZP I, wonach dieser Artikel nicht das Recht einer Person berührt, "nach Art.4 des III.

---

[1] Forsythe 1978, S.283. ZP II soll anwendbar sein auf alle Personen, "die von einem bewaffneten Konflikt im Sinnes des Artikels 1 betroffen sind", vgl. BGBl 1990 II, S.1640.

[2] Art.4-6, vgl. BGBl 1990 II, S.1640-1643

[3] Hierzu gehört insbesondere die in Art.4.A.2. III.GK festgelegte Zugehörigkeit zu einer Konfliktpartei, die verantwortliche Führung und gem. Art.4.A.3. III.GK die vom Gegner nicht anerkannte Regierung oder Autorität

[4] Ipsen 1993, S.151

Abkommens als Kriegsgefangener zu gelten"[1]. Art.44 Abs.6 ZP I ist als Auffangklausel und Klarstellung zu verstehen, daß z.B. die in Art.4.A.4. III.GK genannten Personen trotz Nichterwähnung in Art.44 ZP I weiterhin Kriegsgefangene sein können[2]. Dies ergibt sich jedoch nicht nur aus Art.44 Abs.6 ZP I, sondern auch aus dem fortgeltenden Art.3 HLKO, wonach die Streitkräfte aus kombattanten und nichtkombattanten Personen bestehen[3]. Darüber hinaus ist Art. 44 Abs.6 ZP I auch der allgemeine Rechtsgedanke zu entnehmen, daß durch ZP I nicht das Recht beeinträchtigt werden soll, gemäß den GK'en als Kriegsgefangener zu gelten [4]. Daraus folgt, daß Art.43 und 44 ZP I entsprechende Rechtspositionen nach den GK'en nicht einschränken können. Aufgrund Art.44 Abs.6 ZP I sind deshalb nicht nur bei der Auslegung von Art.44, sondern auch von Art.43 ZP I bisherige, den Kombattantenstatus begünstigende Regelungen der GK'en zu beachten. Mit der Beschreibung des Kriegsgefangenen in Art.44 Abs.1 ZP I ("Ein Kombattant......, der in die Gewalt der gegnerischen Partei gerät, ist Kriegsgefangener") knüpft das ZP I an die Terminologie der Konventionen an, für die Kriegsgefangene "die in Feindeshand gefallenen" Personen sind[5].

In Art.43 Abs.2 enthält ZP I darüber hinaus auch eine Definition des Kombattantenstatus, die in der Literatur als "ebenso einfache wie unzweideutige Regelung"[6] gelobt worden ist[7]. Diese vertragliche Definition entspricht dem oben E.II.2.b. festgelegten Begriff des legalen Kombattanten. Durch sie wird auch erstmals ausdrücklich der Grundsatz bekräftigt, daß ein Kombattant allein wegen seiner unmittelbaren Teilnahme an Feindseligkeiten nicht bestraft werden kann[8]. Daß die Konventionen und Protokolle durch Festlegung bestimmter

---

1 Text im Anhang

2 CDDH/III/361 Add.2

3 Vgl. Lapidoth, S.189 sowie oben D.II.3.a. und E.II.3.a.

4 Lapidoth, S.189

5 Letzterer Begriff umfaßt auch die kampflos in die Gewalt des Gegners gefallenen Personen, vgl. oben E.II.1.

6 Ipsen 1993, S.153. Kwakwa: "It is not easy to be clearer than this in drafting a Convention of this type", vgl. ders. S. 95

7 "Die Angehörigen der Streitkräfte einer am Konflikt beteiligten Partei (mit Ausnahme des in Art.33 des III. Abkommens bezeichneten sanitäts- und Seelsorgepersonals) sind Kombattanten, das heißt, sie sind berechtigt, unmittelbar an Feindseligkeiten teilzunehmen", vgl. BGBl 1990 II, S.1583/1584.
Sie bedeutet:
- Nur Angehörige von Streitkräften i.S.d. Art.43 Abs.1 ZP I können Kombattanten sein
- Streitkräfte sind nur solche Gruppierungen, die zu einem Völkerrechtssubjekt (einem Kriegführenden im oben E.II.2.a. genannten Sinne) gehören

8 Kalshoven begrüßt, daß dieser Zusammenhang durch ZP I nunmehr auch explizit klargestellt wird, vgl. ders.1977, S.124

Voraussetzungen sowie der in Art.43 Abs.2 ZP I enthaltenen Definition unter dem Begriff "Kombattanten" offensichtlich den *legalen* Kombattanten verstehen, ändert indes nichts an der Nützlichkeit der Unterscheidung zwischen legalen und illegalen Kombattanten. So werden z.B. in Art.44 Abs.4 ZP I auch solche Personen noch als Kombattanten bezeichnet, die mangels Beachtung der Voraussetzungen des Art.44 Abs.3 S.2 ZP I völkerrechtlich gerade nicht berechtigt sind, i.S.d. Art.43 Abs.2 ZP I "unmittelbar an Feindseligkeiten teilzunehmen"[1]. Es handelt sich somit um illegale Kombattanten. Auch das ZP I befaßt sich in Art.44 Abs.2 und Abs.4 mit den Rechtsfolgen der Nichtbeachtung der Kombattanten auferlegten Pflichten. Der Begriff des illegalen Kombattanten dient der Heraushebung des Aspekts der fehlenden humanitär-völkerrechtlichen Berechtigung bestimmter Personen, an Feindseligkeiten teilzunehmen. *Statusbezogen* Zivilisten[2], befinden sich diese Personen in einer teilweise als "intermediate status" bezeichneten[3] Zwischenstellung, die in dem Zusatz "illegal" zum Ausdruck kommt.

Art.43 und 44 ZP I sind von ihrer Struktur her anders aufgebaut als Art.4 III. GK. Dies erschwert den Vergleich mit der Regelung des Kombattantenstatus durch die Konventionen nicht unerheblich[4]. So wird in Art.43 Abs.1 und 2 ZP I die Zubilligung des Kombattantenstatus an die Zugehörigkeit zu den Streitkräften einer Konfliktpartei geknüpft. Die unterschiedliche Beschreibung regulärer und irregulärer Kombattanten durch die GK'en[5] wird nicht fortgeführt, ein in der Literatur wegen der dahinterstehenden Absicht des Entgegenkommens gegenüber der Guerillakampfführung als "revealing" bezeichnetes Faktum[6]. Da ZP I gemäß seinem Art.1 Abs.3 die Genfer Konventionen von 1949 nur "er-

---

1 Die Angehörigen der Streitkräfte sind nach Art.43 Abs.2 ZP I zur Teilnahme an Feindseligkeiten zwar *generell* berechtigt. Dies kann jedoch kaum heißen, daß sie durch diese Vorschrift etwa berechtigt wären, unter Mißachtung der in Art.44 festgelegten Unterscheidungspflicht an Feindseligkeiten teilzunehmen.

2 Dieser Zvilistenbegriff wird gestützt durch die negative Definition in Art.50 Abs.1 ZP I, wonach Zivilist ist, wer nicht i.S.d. Art.4.A.1./2./3./6. III. GK oder i.S.d. Art.43 Abs.1 ZP I Kombattant ist. Hierin liegt für Randelzhofer eine begrüßenswerte Definition des Zivilistenbegriffs, vgl. ders. 1975, S.36

3 Vgl. Draper 1971, S.182 sowie oben E.II.2.b.

4 Überhaupt zeichnen sich Art.43/44 ZP I trotz der vorgenannten Klarstellungen durch eine große sprachliche Schwerfälligkeit aus. Hierauf wurde bereits während der CDDH hingewiesen, vgl. CDDH/SR/40 S.8. Dies ist umso mehr zu bedauern, weil Konventionen und Protokolle im bewaffneten Konflikt von den Streitkräften unmittelbar beachtet werden sollen. Dies dürfte einem nicht speziell geschulten Armeeangehörigen in Bezug auf Art.43/44 ZP I nicht leicht fallen.

5 Vgl. zum Begriff oben E.II.2.b. sowie E.II.3. (reguläre Kombattanten) und E.II.4. (irreguläre Kombattanten)

6 Vgl. Kwakwa S.90

gänzt"[1], empfiehlt es sich, zumindest begrifflich die darin vorausgesetzte Unterscheidung von regulären und irregulären Kombattanten beizubehalten. Zur Erleichterung der Vergleichbarkeit mit der in Abschnitt E beschriebenen Rechtslage soll daher die Regelung des ZP I nachfolgend anhand der wesentlichen Unterscheidungslinien der bereits beschriebenen Kombattantenkategorien, d.h. getrennt nach regulären und irregulären Kombattanten, dargestellt werden.

2. Reguläre Kombattanten[2]

Während Art.4 III.GK noch eine klare Trennung zwischen regulären und irregulären Truppen erkennen läßt, spricht Art.43 Abs.1 ZP I nur von den "Streitkräften einer am Konflikt beteiligten Partei". Darin liegt eine wesentliche Neuerung des Textes[3]. Obwohl der Begriff "Streitkräfte einer am Konflikt beteiligten Partei" bereits in dem (ausschließlich reguläre Streitkräfte betreffenden) Wortlauts von Art.4.A.1. III.GK enthalten ist[4], geht Art.43 Abs.1 ZP I offenbar von einem weiteren, auch irreguläre Einheiten umfassenden Streitkräftebegriff aus[5]. Dies stieß vereinzelt auf heftige Kritik[6]. In die regulären Streitkräfte eingegliederte Milizen und Freiwilligenkorps werden durch den Streitkräftebegriff des Art.43 Abs.1 ZP I mit erfaßt, der den Streitkräften die "Gesamtheit der organisierten bewaffneten Verbände, Gruppen und Einheiten" zurechnet. Für Ipsen umfaßt der Begriff ausnahmslos sämtliche Formationen, die das bewaffnete Organ einer Konfliktpartei bilden[7]. Auch die in Art.4.A.3. III.GK geregelten Mitglieder regulärer Streitkräfte, die sich zu einer von der Gewahrsams-

---

1 Text im Anhang

2 Nach dem oben E.II.3. Gesagten zählen hierzu die Mitglieder der normalen Streitkräfte einschließlich eingegliederter Milizen etc. (Art.4.A.1. III.GK) sowie die Angehörigen der Streitkräfte einer von der Gewahrsamsmacht nicht anerkannten Regierung oder Autorität (Art.4.A.3. III.GK)

3 Vgl. Lapidoth, S.189. Kalshoven begrüßt diese Neuerung, vergl. ders. 1977, S.124

4 Danach sind Kombattanten "Mitglieder von Streitkräften einer am Konflikt beteiligten Partei", vgl. BGBl 1954 II, S.839

5 Vgl. auch Ipsen 1993, S.152 sowie Maaß, S.118. Diese Vermutung folgt u.a. aus der in Art.43 Abs.1 Satz 1ZP I vorgenommenen Bindung des Begriffs an das Kriterium einer verantwortlichen Führung, welches laut Art.4.A.2. lit.a III.GK zu einer der Bedingungen des Kombattantenstatus für Angehörige von irregulären Gruppen (unabhängige Milizen etc. und Widerstandsbewegungen) gehört, s.o. E.II.4.b. Kwakwa: "Art.43 does not make any juridical distinction between 'regulars' and 'irregulars', vgl. ders. S.90

6 Für de la Pradelle handelt es sich um eine "rassemblement massif....de toutes les forces armées imaginables, en groupe ou isolées, en intégrant dans une unique catégorie,.....les armées régulières et les guerilleros à temps partiels...", ein ungerechtfertigtes "amalgame sans précédent". Damit habe man das Guerillaproblem dadurch gelöst, daß man es unterdrückt, vgl. ders. S.26

7 Ipsen 1993, S.152

macht nicht anerkannten Regierung oder Autorität bekennen, fallen unter Art.43 Abs.1 ZP I[1].

Wie oben dargestellt, enthalten die GK'en für die Angehörigen regulärer Streitkräfte selbst keine ausdrücklichen Bedingungen, gehen aber von einem an bestimmte ungeschriebene Voraussetzungen geknüpften Streitkräftebegriff aus[2]. Dieser deckt sich weitgehend mit der Beschreibung des Streitkräftebegriffs in Art.43 Abs.1 ZP I (Organisationsgrad, verantwortliche Führung, internes Disziplinarsystem)[3]. Ein Fragezeichen wäre allerdings zu setzen bei dem Erfordernis, wonach dieses Disziplinarsystem u.a. die Einhaltung des humanitären Völkerrechts *gewährleisten,* d.h. seine Beachtung erfolgreich durchsetzen muß. Obwohl diese in Art.43 Abs.1 Satz 2 ZP I für Streitkräfte aufgestellte Bedingung bei regulären Streitkräften in der Regel als erfüllt gelten kann, erscheint es grundsätzlich möglich, hierin gegenüber dem bisher angenommenen Streitkräftebegriff eine Einschränkung zu sehen. Dies wäre jedoch auf den Kombattantenstatus ohne Einfluß, da das von Art.43 Abs.1 Satz 2 ZP I geforderte Disziplinarsystem - im Gegensatz zu den Merkmalen des Satz 1 Art.43 Abs.1 ZP I nicht als konstitutiv für die Eigenschaft einer Streitkraft anzusehen ist[4]. Nichtunter-

---

1 Allerdings - darin liegt eine Neuerung - gilt dies offenbar nunmehr auch für irreguläre Streitkräfte, während Art.4.A.3. III.GK noch "Mitglieder regulärer Streitkräfte" betrifft (vgl. Text im Anhang sowie oben E.II.3.b.

2 Vgl. oben E.II.3.a. und 5.b.aa.

3 Kalshoven sieht darin eine explizite Feststellung des bislang nur durch Auslegung der einschlägigen Vorschriften der HLKO und des Art.4 III.GK zu ermittelnden Begriffs der regulären Streitkräfte, der auch ohne ausdrückliche Festschreibung bestimmte Anforderungen an Organisation und Disziplin voraussetzte, vgl. ders. 1977, S.124. Für Maaß müssen auch die Streitkräfte im engeren Sinn die in Art.43 Abs.1 ZP I enthaltenen Voraussetzungen des Streikräftebegriffs erfüllen, Vgl. ders. S.195. Maaß bedauert, daß ZP I damit hinter den herkömmlichen Bedingungen für Streitkräfte deutlich zurückbleibe und führt dies vor allem darauf zurück, daß zu den regulären Streitkräften nunmehr auch Befreiungsbewegungen gehörten. Mit Art.43 habe ZP I die den GK'en noch zugrundeliegende Annahme aufgegeben, daß die regulären Streitkräfte gewissermaßen "Garant des jus in bello" sind und sie den gleichen Bedingungen unterworfen wie irreguläre Einheiten, vgl. Maaß, S.196. Auch für Kussbach müssen die regulären Streitkräfte eines Staates nunmehr die Bedingungen des Art.43 Abs.1 ZP I erfüllen, vgl. ders. S.400

4 Für Maaß stellt das in Art.43 Abs.1 S.2 ZP I erwähnte Disziplinarsystem keine Voraussetzung im eigentlichen Sinne dar, vgl. ders. S.195; ebenso Buß, S.232. Dies wäre auch nicht sinnvoll: denkbar wäre z.B. eine reguläre Armee, deren internes Disziplinarsystem die Einhaltung der Regeln des humanitären Völkerrechts allenfalls am Rande gewährleisten soll und in der Praxis auch nicht gewährleistet. Diese fiele aus dem Begriff "Streitkräfte" heraus. Sähe man das Disziplinarsystem als konstitutiv an, so wären die Armeeangehörigen nach dem Wortlaut des Art.43 Abs.1 ZP I keine Kombattanten. Eine solche Einschränkungen bei regulären Streitkräften eines Staates wäre nicht zweckmäßig. Selbst wenn dessen Streitkräfte, wie dies im II. Weltkrieg auf seiten der Achsenmächte wohl bisweilen der Fall war, systematisch die Regeln des humanitären Völkerrechts mißachten, wäre es kaum praktikabel, ganze Armeen aus dem Streitkräftebegriff auszuklammern und all ihren Angehörigen den Kombattantenstatus zu verweigern. Hier zeigt sich erneut, daß die organschaftliche Nähe regulärer Streitkräfte zu einem "krieg-

zeichnerstaaten der ZP'e sind ohnehin frei, den Begriff der Streitkräfte gem. Art.4.A.1. III.GK auch künftig weiter zu fassen als dies in Art.43 Abs.1 ZP I geschehen ist.

Art.44 Abs.2 ZP I (kein Verlust des Kombattantenstatus bei Verletzung der Regeln des humanitären Völkerrechts) enthält für Angehörige regulärer Streitkräfte keine Besserstellung, da diese auch bisher bei Mißachtung der Regeln des im bewaffneten Konflikt geltenden Völkerrechts ihres Kombattantenstatus nicht verlustig gingen[1].

Die in Art.44 Abs.3 S.1 ZP I statuierte Pflicht zur Unterscheidung von der Zivilbevölkerung berührt indes die bislang für reguläre Streitkräfte kontrovers diskutierte Frage, ob ein Auftreten als Zivilist den Verlust des Kombattantenstatus zur Folge hat[2]. Dabei wurde hier die Ansicht vertreten, daß nur ein völliges Aufgehen in der Zivilbevölkerung den Verlust des Kombattantenstatus nach sich zieht[3]. Aus Art.44 Abs.6 ZP I i.V.m. Art.4 III.GK folgt, daß die Pflicht zur Unterscheidung gemäß Art.44 Abs.3 S.1 ZP I nicht weiter gehen kann als nach der Rechtslage gemäß den Konventionen. Daher geht wie bisher in Extremfällen der Kombattantenstatus verloren, nicht aber bei etwa nur unzureichender Unterscheidung von der Zivilbevölkerung. Allerdings liegt in der zeitlich-räumlichen Beschränkung der Pflicht zur Unterscheidung auch für Angehörige regulärer Streitkräfte eine *Besserstellung*, da diese, anders als nach der bisherigen Rechtslage, im Umkehrschluß zu Art.44 Abs.3 S.1 ZP I offenbar nunmehr außerhalb von Angriff und Vorbereitungshandlungen als Zivilist auftreten könnten, ohne dadurch den Kombattantenstatus zu verlieren[4]. Vor dem Hintergrund der bisherigen Regelung kann also Art.44 Abs.3 S.1 ZP I als Konkretisierung der ohnehin bestehenden Unterscheidungspflicht gesehen werden[5]. Die

---

führenden" Staat humanitär-völkerrechtlich zu anderen Schlußfolgerungen führen muß als dies bei losgelöst und häufig mit Guerillamethoden kämpfenden Gruppen der Fall ist.

1 Vgl. oben E.II.5.b.aa. Eine wesentliche Besserstellung besteht jedoch für irreguläre Kombattanten, bei denen die Beachtung des humanitären Völkerrechts durch die Gruppe wie den Einzelnen für den Kombattantenstatus konstitutiven Charakter hatte, s.o. E.II.5.b.dd. Hierin liegt ein in mehrfacher Hinsicht bedenkliches Abrücken von der bisherigen Rechtslage

2 Vgl. oben E.II.3.a. sowie E.II.5.b.aa.

3 Vgl. oben E.II.3.a.

4 So auch Kussbach 1983, S.402

5 Folgt man der bisher teilweise vertretenen Ansicht, daß Angehörige der regulären Streitkräfte den Kombattantenstatus auch bei Auftreten als Zivilist behalten, s.o. E.II.3.a., so wird anzunehmen sein: Unterzeichnerstaaten von ZP I können sich wegen Art.44 Abs.3 S.1 ZP I nicht mehr auf diese Auslegung des Art.4.A.1. III.GK berufen.

zeitlich-räumliche Beschränkung des Art.44 Abs.3 S.1 ZP I stellt auch bei regulären Streitkräften eine nicht unbedenkliche Aufweichung des für das humanitäre Völkerrecht elementaren Unterscheidungsgrundsatzes dar, die jedoch im Kontext irregulärer Streitkräfte für den Schutz der Zivilbevölkerung noch weit schwerwiegender sein muß als bei vereinzelten verdeckten Aktionen im Rahmen eines konventionell geführten Konflikts.

Die hier vertretene Ansicht, wonach ein regulärer Kombattant bei Verkleidung als Zivilist den Kombattantenstatus verliert, wurde begründet mit dem Schutz der Zivilbevölkerung. Art.44 Abs.3 S.2 ZP I beinhaltet eine nicht unerhebliche und über die Wirkungen des Art.44 Abs.3 S.1 ZP I hinausgehende Gefährdung dieses Zwecks, indem er das Unterscheidungserfordernis mit Blick auf die "Art der Feindseligkeiten" stark lockert und in Buchst. a) und b) räumlich (Ort des militärischen Einsatzes, bzw. des militärischen Aufmarsches vor Angriffsbeginn), zeitlich (Aufmarsch und Einsatz) und sachlich (offenes Waffentragen ausreichend) einschränkt. Diese Einschränkung kommt nicht nur Befreiungsbewegungen, sondern ggf. auch Angehörigen der regulären Streitkräfte zugute[1]. Die genannten Kriterien stellen - ebenso wie die in Art.44 Abs.3 S.1 ZP I vorgenommene allgemeine Beschränkung der Unterscheidungspflicht auf Angriff und Kriegshandlung zu dessen Vorbereitung- eine deutliche Einschränkung des hier aus Gründen des Schutzes der Zivilbevölkerung befürworteten Auslegung der Konventionen dar, wonach die Einhaltung zumindest eines Minimums an Unterscheidung von der Zivilbevölkerung auch für Angehörige regulärer Streitkräfte für deren Kombattantenstatus konstitutiven Charakter hat[2]. Auch für Art.44 Abs.3 S.2 ZP I gilt jedoch, daß diese Vorschrift in praxi ihre stärksten Auswirkungen auf irreguläre Kombattanten hat, da deren Unterscheidungspflicht nach Art.4.A.2. III.GK weiter geht als diejenige regulärer Streitkräfte.

Nichtunterzeichnerstaaten könnten weiterhin die Ansicht vertreten, daß Angehörige der regulären Streitkräfte ihren Kombattantenstatus stets, d.h. auch bei Auftreten als Zivilist, beibehalten

[1] Wilson, S.178; Lapidoth, S.201

[2] Vgl. oben E.II.3.a.

3. Irreguläre Kombattanten [1]

Um die durch ZP I bewirkte Veränderung der Rechtslage besser sichtbar zu machen, soll sie anhand der verschiedenen Kombattantenkategorien beschrieben werden, die bereits oben E.II.3. und 4. zur Darstellung der persönlichen Anwendbarkeit der Genfer Konventionen erläutert wurden.

a) Levée en masse

ZP I erwähnt die levée en masse nur indirekt durch die in Art.44 Abs.6 enthaltene Klarstellung: das bisherige Anrecht der Bevölkerung eines unbesetzten Gebietes, bei Herannahen des Feindes zu den Waffen zu greifen und dabei unter bestimmten Voraussetzungen den Kombattantenstatus zu genießen, wird durch Art.44 ZP I nicht berührt.

b) Nicht in die Streitkräfte eingegliederte Milizen und Freiwilligenkorps sowie Widerstandsbewegungen nach Art.4.A.2. III.GK.

aa) Ausschließlich organisationsbezogene Bedingungen

Wie oben dargestellt, enthält die III.GK in Art.4.A.2. für irreguläre Kombattanten einige Bedingungen, welche allein von den darin genannten Gruppen zu erfüllen sind[2], während die restlichen Bedingungen sowohl von der Gruppe als auch von den einzelnen Mitgliedern einzuhalten sind. Sieht man einmal von den für den Begriff der "Widerstandsbewegung" konstitutiven Merkmalen ab[3], so sind dies für alle in Art.4.A.2. III.GK genannten Gruppen (unabhängige Milizen/Freiwilligenkorps und Widerstandsbewegungen) folgende Kriterien: Organisationsgrad, Zugehörigkeit zu einer Konfliktpartei sowie "eine für ihre Untergebenen verantwortliche Person an ihrer Spitze"[4]. ZP I übernimmt die Trennung zwischen ausschließlich kollektiv zu erfüllenden und sowohl kollektiv als

---

1 Dies sind nach den GK'en die nicht in die Streitkräfte eingegliederten Milizen, Freiwilligenkorps und Widerstandsbewegungen nach Art.4.A.2. III.GK sowie die Angehörigen einer "levée en masse" nach Art.4.A.6. III.GK, s.o. E.II.4.

2 Organisationsgrad, Zugehörigkeit zu einer Konfliktpartei, verantwortliche Person an ihrer Spitze, Vgl. E.II.4.b.

3 Situation fremder Besetzung i.S.d. occupatio bellica, Widerstand gegen die Besatzungsmacht, s.o. E.II.4.c.

4 Vgl. oben E.II.4.b. und c.

auch individuell zu erfüllenden Kriterien. Zum einen handelt es sich bei den Bedingungen des Art.43 Abs.1 ZP I sachlogisch um solche, die allein von der Gruppe, nicht aber vom Einzelnen erfüllt werden können. Zum anderen richten sich die Anforderungen des Art.44 ZP I betreffend die Unterscheidung von der Zivilbevölkerung (Abs.3) und die Einhaltung der Regeln des humanitären Völkerrechts (Abs.2) nicht nur an den einzelnen Kombattanten, sondern auch an die Organisation, welcher er angehört. Entgegen dem nur Kombattanten verpflichtenden Wortlaut des Art.44 ZP I folgt dies aus Art.43 Abs.1 S.2 ZP I, der zur Voraussetzung des Streitkräftebegriffs ein internes Disziplinarsystem macht, "das u.a. die Einhaltung der Regeln des in bewaffneten Konflikten anwendbaren Völkerrechts" gewährleistet". Gefordert wird hier also von der Gruppe nicht nur die Absicht, sondern der Erfolg[1], wobei - wie bei Art.4.A.2. III.GK - zu den genannten Regeln des humanitären Völkerrechts gerade auch die Beachtung der Pflicht zur Unterscheidung von der Zivilbevölkerung zählt[2]. Wie in Art.4.A.2. lit.b.-d. III.GK trifft somit die Pflicht zur Unterscheidung von der Zivilbevölkerung und zur Einhaltung der genannten Regeln des Völkerrechts sowohl den Einzelnen als auch die Gruppe.

Auch Art.43 Abs.1 S.1 ZP I setzt einen gewissen Organisationsgrad voraus, indem er "organisierte bewaffnete Verbände, Gruppen und Einheiten" den Streitkräften einer Konfliktpartei zurechnet[3]. Daß hierzu auch die in Art.4.A.2. III.GK genannten Gruppen gehören, ergibt sich daraus, daß die *Gesamtheit* der betreffenden Verbände, Gruppen und Einheiten zu den Streitkräften zählen[4]. Wie bei Art.4.A.2. III.GK dient das Erfordernis eines gewissen Organisations-

---

1 Dies scheint Sofaer, Rechtsberater des U.S. State Department zu Zeiten Präsident Reagans, zu übersehen. Er ist der Ansicht, daß im Gegensatz zur früheren Rechtslage nach ZP I die Angehörigen auch solcher Streitkräfte Kombattanstatus beanspruchen könnten, welche als Organisation systematisch das humanitäre Völkerrecht verletzen, vgl. ders. S.786. Ob man -wie hier für reguläre Streitkräfte vertreten, vgl. oben F.IV.2.- auch für irreguläre Einheiten annehmen kann, daß das geforderte Disziplinarsystem für die Erfüllung des Streitkräftebegriffs *nicht konstitutiv* ist, erscheint fraglich, da nur den regulären Streitkräften aufgrund der immanenten Eigenschaften des Begriffs "reguläre Streitkräfte" (vgl. oben E.II.3.) ein gewisses Disziplinarregime unterstellt werden kann. Gerade irreguläre Gruppen müssen sich aber gefallen lassen, daß ihnen die weitverbreitete Mißachtung des humanitären Völkerrechts als Indiz für völliges Fehlen des Disziplinarregime entgegengehalten wird. Dieser Behauptung wird gegenüber regulären Streitkräften schwerer aufrechtzuerhalten sein.

2 Die oben erfolgte Auslegung des Merkmals der verantwortlichen Führung in Art.4.A.2. lit.a III.GK entspricht der in Art.43 Abs.1 S.2 ZP I geforderten Gewährleistung der Einhaltung des humanitären Völkerrechts, s.o. E.II.4.b.

3 Für Lapidoth handelt es sich bei diesem auch schon gemäß den GK'en gültigen Kriterium (vgl. oben E.II.4.b.) um ein völkergewohnheitsrechtlich anerkantes Erfordernis, vgl. dies. S.190

4 Für Roberts bezweckte die gewählte Formulierung, Guerillas und reguläre Streitkräfte gleichermaßen abzudecken, vgl. ders. S.128

grades auch hier dem Zweck, Einzelpersonen oder völlig unorganisierten Gruppen den Kombattantenstatus zu verwehren[1].

Dabei erweitert Art.43 Abs.1 ZP I die auf reguläre Streitkräfte beschränkte Regelung des Art.4.A.3. III.GK[2], indem er dieses Privileg den Angehörigen *aller* Streitkräfte und damit auch irregulärer Gruppen zubilligt[3].

Bei diesen Streitkräften handelt es sich um solche "einer am Konflikt beteiligten Partei", wobei der Begriff der Konfliktpartei durch Art.1(4) ZP I i.V.m. Art.96(3) ZP I auf Nationale Befreiungsbewegungen ausgeweitet wurde (s.o. F.III.b.und c.). Dem Erfordernis der Zugehörigkeit zu einer Konfliktpartei kann also auch bei Zugehörigkeit zu einer nationalen Befreiungsbewegung Genüge getan werden[4]. Art.43 ZP I bestätigt, daß der Kombattantenstatus nicht denkbar ist ohne Zugehörigkeit zu einer Konfliktpartei, die Völkerrechtssubjekt ist[5]. Allgemein kann in Art.43 ZP I eine Bestätigung des von Art.4.A.2. III.GK aufgestellten und oben E.II.4.c. beschriebenen Erfordernisses der Zugehörigkeit zu einer Konfliktpartei gesehen werden[6]. Der hierbei anzulegende Maßstab wird demjenigen des Art.4.A.2. III.GK weitgehend entsprechen[7]. Der in Art.43 verwendete Genitiv ("Streitkräfte einer am Konflikt beteiligten Partei" bzw. englisch "armed forces of a Party to the conflict") ist in der Literatur zum Teil als die gegenüber Art.4.A.2. III.GK engere Formulierung betrachtet worden[8]. Allerdings ist darauf hingewiesen worden, daß sowohl bezüglich einer engeren als auch einer - grundsätzlich möglich erscheinenden - weiteren Auslegung eine

---

1 Vgl. auch Kwakwa S.93, der allerdings bereits rudimentäre Züge von militärischer Organisation genügen läßt.

2 Danach können Kombattanten auch die Mitglieder regulärer Streitkräfte sein, die sich zu einer von der Gewahrsamsmacht nicht anerkannten Regierung oder Autorität bekennen, s.o. E.II.3.b.

3 Vgl. Lapidoth, S.193 Diese Erweiterung war auch schon in Art.42 des vom IKRK der CDDH unterbreiteten Entwurfs für ZP I enthalten, s.o. Wilson hebt hebt die Bedeutung dieser Erweiterung gerade auch für nationale Befreiungsbewegungen hervor, vgl. dies. S.173; ebenso de Preux, S.263. Allerdings wird man darin zwar eine klarstellende Regelung, aber keinen "Auffangtatbestand" für solche nationale Befreiungsbewegungen sehen können, die noch nicht die nach Art.96(3) ZP I geforderte Erklärung abgegeben haben.

4 Vgl. Lapidoth, S.193

5 Ipsen 1993, S.152

6 Kwakwa weist darauf hin, daß im Gegensatz zu regulären Streitkräften für irreguläre Gruppen der Nachweis der Zugehörigkeit schwerer zu führen sein wird, vgl. ders. S.91

7 Einer engeren Auslegung stünde möglicherweise der Rechtsgedanke des Art.44 Abs.6 ZP I entgegen, wonach das ZP I dem in den Konventionen festgelegten Kombattantenstatus nicht im Wege stehen soll. Dies legt eine übereinstimmende Auslegung mit Art.4.A.2. III.GK nahe.

8 Bothe/Partsch/Solf, S.237

Abweichung vom bisherigen Verständnis des Zugehörigkeitskriteriums gem. Art.4.A.2. III.GK durch die Entstehungsgeschichte von Art.43 ZP I nicht gedeckt ist[1]. Für Kwakwa ist diese Frage wegen der Regelung des Art.44(6) ZP I nur von akademischem Interesse[2]. Dem kann jedoch nicht ganz gefolgt werden, da die Auslegung von Art.43 ZP I z.B. für nationale Befreiungsbewegungen oder Irreguläre, die sich zu einer nicht anerkannten Konfliktpartei bekennen sehr wohl von Bedeutung sein kann, da diesem Personenkreis nach den GK'en kein Kombattantenstatus zustand[3] und sie deshalb nicht durch Art.44(6) ZP I "geschützt" sind. Überzeugender ist daher das Argument, daß die Entstehungsgeschichte eine gleiche Auslegung der Zugehörigkeit in Art.4.A.2. III.GK und Art.43 Abs.1 ZP I nahelegt.

Die von Art.4.A.2. lit.a III.GK geforderte, "für ihre Untergebenen verantwortliche Person" an der Spitze sowie die gem. Art.4.A.2. lit.d. III.GK geforderte Einhaltung der Gesetze und Gebräuche des Krieges greift Art.43 Abs.1 ZP I durch zwei Bedingungen auf:

- die Streitkräfte müssen einer Führung unterstehen, die der Konfliktpartei für das Verhalten ihrer Untergebenen verantwortlich ist
- die Streitkräfte unterliegen einem Disziplinarsystem, das u.a. die Einhaltung der Regeln des humanitären Völkerrechts gewährleistet.

Diese Bedingungen drücken zunächst explizit die oben dargestellte Auslegung des Art.4.A.2. lit.d. III.GK aus, wonach die Pflicht zur Einhaltung der "Gesetze und Gebräuche des Krieges" geeignete organisationsinterne Maßnahmen der Gruppe voraussetzt[4]. Sie bezwecken insbesondere bei irregulär kämpfenden Gruppen die Beachtung der fundamentalen Zwecke des humanitären Völkerrechts und entsprechen auch im übrigen weitgehend der Auslegung des Art.4.A.2. lit.d III.GK[5]. Die Wahl des Begriffs der "verantwortlichen Führung" in Art.43 Abs.1 ZP I (Art.4.A.2. lit.a III.GK: "verantwortliche Person") ist als Zugeständnis an die oftmals kollektive Führung von irregulären Einheiten zu

---

1 Kwakwa S.91

2 Vgl. ders. S.92. Dieses Argument ist aber nur dann tragfähig, wenn man sich von dem auf Art.44 beschränkten Wortlaut des Art.44 (6) ZP I löst und in ihm einen allgemeinen Rechtsgedanken erkennt, der auch bei der Auslegung des Art.43 ZP I heranzuziehen ist.

3 Vgl. hierzu oben E.II.3.b.

4 E.II.4.b.

5 E.II.4.b.

betrachten[1]. Die in Art.43 Abs.1 geforderte Verantwortlichkeit *für die Untergebenen gegenüber der Konfliktpartei* bedeutet gegenüber HLKO und Konventionen eine klarstellende Neuerung. Sie unterstreicht die internationale Verantwortung der Konfliktpartei[2]. Hinsichtlich der Einhaltung der "Gesetze und Gebräuche des Krieges" (Art.4.A.2. lit.d. III.GK) enthält ZP I zum einen in Art.2 lit.b eine Legaldefinition[3], zum anderen fehlt im Wortlaut des Art.43 Abs.1 ZP I eine zeitliche Beschränkung auf die Kampfhandlungen[4]. Durch den Verzicht auf explizite Unterscheidungen zwischen regulären und irregulären Kombattanten verpflichtet Art.43 ZP I beide gleichermaßen zur Einhaltung des humanitären Völkerrechts. Während in Art.4.A.2. lit.d III.GK allgemein die Einhaltung der Gesetze und Gebräuche des Krieges gefordert wird, legt Art.43 Abs.1 ZP I fest, auf welche Weise dies geschehen soll, nämlich durch ein internes Disziplinarregime[5]. Auch insoweit ergeben sich jedoch keine gravierenden Unterschiede zu der oben E.II.4.b. erfolgten Auslegung des Art.4.A.2. III.GK. Besonders die gruppenbezogenen Anforderungen des Art.43 ZP I bringen den Gedanken zum Ausdruck, daß nur solche Verbände und deren Angehörige vom humanitären Völkerrecht profitieren sollen, die ihrerseits zu dessen Einhaltung in der Lage sind. Dies ist vor allem deshalb von Bedeutung, weil Art.1(4) ZP I keinerlei entsprechende Anforderungen in diesem Sinne stellt[6]. Da der Kombattantenstatus nur möglich ist, wenn die betreffenden Gruppen die jeweiligen Voraussetzungen erfüllt, kann die Erwähnung der Regeln des humanitären Völkerrechts in Art.43 ZP I als Anreiz zu deren Beachtung betrachtet werden[7].

---

[1] Kwakwa problematisiert zu Recht, daß das Anknüpfen der Verantwortlichkeit an eine Führung, d.h. ggfs. ein Kollektiv, besonders bei irregulären Gruppen der klaren Zuordnung von Entscheidungen nicht förderlich ist, zumal diese aus Sicherheitsgründen ihre Führungsstrukturen oftmals geheim halten, vgl. ders. S.94

[2] Vgl. Lapidoth, S.193; Ipsen 1993, S.152; Kwakwa S.93

[3] Danach bedeuten "Regeln des in bewaffneten Konflikten anwendbaren Völkerrechts" die in bewaffneten Konflikten anwendbaren Regeln, die in internationalen Übereinkünften verankert sind, denen die am Konflikt beteiligten Parteien als Vertragsparteien angehören, sowie die allgemein anerkannten Grundsätze und Regeln des Völkerrechts, die auf bewaffnete Konflikte anwendbar sind, vgl. Text im Anhang Dies entspricht der o.g. Interpretation der "Gesetze und Gebräuche", vgl. oben E.II.4.b.

[4] Diese galt jedoch trotz der dort verwendeten Sprache ("bei ihren Kampfhandlungen", vgl. Text im Anhang) auch bei Art.4.A.2. lit.d. III.GK nicht, vgl. oben E. II.4.b.

[5] Zweck der ausschließlich organisationsbezogenen Bedingungen ist für Lapidoth, vor allem die Unterwerfung aller Kämpfer unter eine entsprechende Organisation und Disziplin sowie das Funktionieren der internationalen Verantwortlichkeit der Gruppe, vgl. dies. S.195. Für Ipsen ist der Hinweis auf das Disziplinarregime im Grunde überflüssig, da nach allgemeinem Völkerrecht jedes Völkerrechtssubjekt ohnehin verpflichtet ist, durch organisationsinterne Maßnahmen sicherzustellen, daß seine Organe sich an das Völkerrecht halten, vgl. ders. 1993, S.153

[6] Vgl. auch Wilson, S.174

[7] Kwakwa, S.94

bb) Vom Einzelnen und der Gruppe zu erfüllenden Kriterien

Wie vorstehend dargelegt und begründet[1], richten sich Art.44 Abs.2 und 3 ZP I trotz des nur Kombattanten verpflichtenden Wortlauts auch an die betreffenden "Streitkräfte". Während Abs.2 an Art.4.A.2. lit.d III.GK anknüpft (Einhaltung der Regeln des humanitären Völkerrechts), faßt Abs.3 die erkennbare Unterscheidungszeichen und das offene Waffentragen betreffenden Buchstaben b und c des Art.4.A.2. III.GK in einer - allgemein auf die Unterscheidung von der Zivilbevölkerung gerichteten - Pflicht zusammen. Dabei ist, wie bei den GK'en[2], auch bei den Bedingungen des Kombattantenstatus nach dem ZP I davon auszugehen, daß diese kumulativ und dauerhaft zu erfüllen sind. Allerdings ergeben sich bei der Erfüllung dieser Pflicht wichtige räumlich-zeitliche Einschränkungen.

aaa) Einhaltung der Regeln des in bewaffneten Konflikten anwendbaren Völkerrechts (Art.44 Abs.2 ZP I)

Die Regeln des in bewaffneten Konflikten anwendbaren Völkerrechts sind in Art.2 lit.b. ZP I definiert[3]. Art.44 Abs.2 ZP I enthält auch keine zeitliche oder inhaltliche Erweiterung der in Art.4.A.2.lit.d festgelegten Pflichten[4]. Eine erhebliche Änderung der bisherigen Rechtslage ergibt sich in Art.44 Abs.2 ZP I jedoch dadurch, daß einen Kombattant seinen Status nicht verliert, wenn er die Regeln des humanitären Völkerrechts mißachtet[5].

bbb) Pflicht zur Unterscheidung von der Zivilbevölkerung
(Art.44 Abs.3 S.1 ZP I)

Art.44 Abs.3 ZP I betrifft den in Art.4.A.2. lit.b und c III.GK enthaltenen "Offenheitsgrundsatz" (erkennbares Unterscheidungszeichen, offenes Waffen-

---

1 Vgl. oben F.IV.3.b.aa.

2 Vgl. oben E.II.4.b.

3 Wie beschrieben, umfaßt der Begriff der "Gesetze und Gebräuche des Krieges" weder die Gesamtheit aller kriegsrechtlichen Normen, noch ist er auf die Ge- und Verbote des allgemeinen Kriegsrechts beschränkt. Vielmehr umfaßt er darüberhinaus auch die Regeln der GK'en, s.o. E.II.4.b. Die Einbeziehung der GK'en bedeutet auch, daß die Einhaltung der so definierten "Gesetze und Gebräuche" zeitlich nicht auf die Kampfhandlungen selbst beschränkt sein kann, da die Pflichten des Art.4.A.2. lit.b und c III.GK nicht nur während der Kampfhandlungen i.e.S gelten.

4 Aufgrund der oben E.II.4.b. dargestellten Auslegung ist die Pflicht des Art.4.A.2. lit.d) III.GK weder auf die Kampfhandlungen als solche noch auf das Haager Recht beschränkt

5 Vgl. hierzu unten F.IV.5.b.aa.

tragen) und ersetzt die darin festgelegten Anforderungen durch die allgemeine Pflicht der Kombattanten, sich von der Zivilbevölkerung zu unterscheiden[1]. Die Nichtbefolgung dieser Pflicht stellt einen Verstoß gegen das humanitäre Völkerrecht dar[2]. Für reguläre Einheiten enthält Art.44 Abs.7 ZP I einen Hinweis auf die allgemeine Uniformtradition, Ausdruck der für diese Organe stets den Regelfall darstellenden Unterscheidung von der Zivilbevölkerung. Versteht man die Uniformtradition allerdings als stets einzuhaltende Uniform*pflicht*[3], so würde dies den teilweise erhobenen Vorwurf begründen, die allgemeine Unterscheidungspflicht in Art.44 Abs.1 S.1 ZP I i.V.m. Art.44 Abs.7 ZP I sei eine diskriminierende Vorschrift zulasten regulärer Kombattanten[4]. Es erscheint indes fraglich, ob man den Art.44 Abs.7 ZP I, der lediglich auf die Uniformtradition hinweist, in dieser Weise auslegen kann. Von der Uniformtradition abgesehen stellt sich jedoch die Frage nach dem Umfang der Unterscheidungspflicht: wie im Zusammenhang mit der Kombattantenregelung der Konventionen dargelegt und begründet, sind nämlich die Staaten bei der Gewährleistung der unverzichtbaren Unterscheidung ihrer Streitkräfte von der Zivilbevölkerung trotz der selbstverständlichen Uniformtradition freier als irreguläre Kombattanten, da die Bedingungen des Art.4.A.2. lit.b. und c. III. GK nicht in den für reguläre Streitkräfte geltenden Art.4.A.1. III.GK "hineingelesen" werden dürfen[5]. Art.44 Abs.3 S.1 ZP I hingegen verlangt von allen "Streitkräften" gleichermaßen die Unterscheidung von der Zivilbevölkerung. Gleichwohl erscheint es zulässig, diese Pflicht für reguläre und irreguläre in unterschiedlicher Weise zu konkretisieren, so wie dies durch die bisherige Regelung der Konventionen vorgegeben ist, zumal die allgemein formulierte Unterscheidungspflicht in Art.44 Abs.3 S.1 ZP I nicht näher präzisiert wird.

Für reguläre Streitkräfte ergibt sich die Beibehaltung der bisherigen Rechtsposition auch aus dem Rechtsgedanken des Art.44 Abs.6 ZP I, während für irreguläre Kombattanten nach Art.4.A.2. III.GK durch Zusammenfassung der bis-

---

1 Gasser sieht in der ausdrücklichen Bekräftigung dieses Grundsatzes eine der Leistungen der CDDH, vgl. ders 1987, S.920. Greenwood bezeichnet diesen Satz als "most important statement of the basic rule", vgl. ders. S.202

2 Dies gilt für Wilson auch in den Situationen gem. Art.44 Abs.3 S.2 ZP I, in denen allerdings *ausnahmsweise* der Kombattantenstatus nicht verloren geht, vgl. dieselbe S.176 sowie unten F.IV.5.b.bb.

3 Dies vertritt z.B. Ipsen, der von einem bereits im 19.Jahrhundert zu einer Selbstverständlichkeit entwickelten völkergewohnheitsrechtlichen Gebot spricht, wonach reguläre Streitkräfte bei unmittelbarer Teilnahme an Feindseligkeiten die Uniform ihrer Konfliktpartei tragen müssen, vgl. ders. in Handbuch Fleck, S.64,65

4 Roberts, S.129,130

5 Vgl. E.II.3.a. sowie E.II.5.bb.aa. und dd.

herigen Pflichten (Unterscheidungszeichen, offenes Waffentragen) eine Lockerung der Unterscheidungspflicht eingetreten ist.

Wie dargelegt[1], ist der Offenheitsgrundsatz des Art.4.A.2. lit.b und c III.GK einerseits Ausdruck des Perfidieverbots, andererseits bezweckt er die Gewährleistung der für das humanitäre Völkerrecht elementaren Unterscheidung zwischen Kombattanten und Zivilisten und ist darin Ausdruck der in einer Vielzahl humanitär-völkerrechtlicher Normen enthaltenen sensiblen Balance zwischen militärischen Notwendigkeiten und Humanität[2]. Von vereinzelten sehr weitgehenden Positionen abgesehen[3], orientierten sich auch weniger strenge Auslegungen des Offenheitsgrundsatzes stets an der Notwendigkeit, einen unverzichtbaren Kern von Unterscheidbarkeit zwischen Zivilisten und Kombattanten zu bewahren. Insofern kann gesagt werden, daß die in Art.44 Abs.3 S.1 ZP I statuierte Unterscheidungspflicht *als solche* durchaus in Übereinstimmung gebracht werden kann mit einer großen Zahl von möglichen Auslegungen der Buchstaben b und c des Art.4.A.2. III.GK.

Während jedoch die in der letztgenannten Vorschrift enthaltenen Anforderungen, insbesondere diejenige des an der Uniformtradition regulärer Streitkräfte orientierten erkennbaren Unterscheidungszeichens, permanente Erfüllung voraussetzen, müssen sich nach Art.44 Abs.3 S.1 ZP I Kombattanten von der Zivilbevölkerung nur unterscheiden, "solange sie an einem Angriff oder an einer Kriegshandlung zur Vorbereitung eines Angriffs beteiligt sind". Die kontroversen und extrem gegenläufigen Auslegungen bei der CDDH überschatten Art.44 Abs.3 ZP I nicht unerheblich[4].

Die bisherige Untersuchung der Artikel 43 und 44 ZP I hat trotz der gegenüber Art.4.A. III.GK weitgehend geänderten redaktionellen Fassung dieser Vorschriften ergeben, daß nach ZP I die Voraussetzungen für den Kombattantenstatus in Bezug auf Anforderungen an die Organisation, aber auch an das völkerrechtlich geforderte Verhalten ihrer Mitglieder, keine fundamentalen Unterschiede zu den Regelungen der GK'en aufweisen. Insbesondere bei regulären Streitkräften macht Art.44 Abs.6 ZP I eine detaillierte Untersuchung ent-

---

[1] S.o. E.II.4.b.

[2] S.o. C.I.

[3] Z.B. Abi-Saab, vgl. E.II.4.b.

[4] Wilson, S.177. Kalshoven berichtet von vietnamesischen Forderungen, Guerillakämpfer gegen Rassismus, Kapitalismus und Kolonialismus von vornherein von der Unterscheidungspflicht auszunehmen, vgl. ders.1977, S.126.

behrlich, ob die in Art.43 Abs.1 ZP I enthaltenen, organisationsbezogenen Merkmale nicht eine gegenüber dem bisherigen Streitkräftebegriff einengende Auslegung erlauben und somit den Angehörigen dieser Streitkräfte den Weg zum Kombattantenstatus sogar erschwert. Auch für irreguläre Streitkräfte scheint Art.43 ZP I keine Verschärfung der *organisationsbezogenen* Bedingungen zu enthalten. Gleiches gilt in Bezug auf die - kollektiv wie individuell einzuhaltende - Beachtung der im bewaffneten Konflikt anwendbaren Regeln des humanitären Völkerrechts (Art.44 Abs.2 ZP I).

Anders verhält es sich dagegen mit der in Art.44 Abs.3 S.1 ZP I geregelten Einengung der Unterscheidungspflicht auf Angriffe und Kriegshandlungen zur Vorbereitung eines Angriffs. Dies bedeutet für irreguläre, aber auch für reguläre Streitkräfte[1] eine wesentliche Erleichterung gegenüber der dauerhafte Unterscheidung voraussetzenden bisherigen Rechtslage[2], indem die Pflicht zur Unterscheidung von der Zivilbevölkerung auf den Zeitraum eines Angriffs oder einer Kriegshandlung zur Vorbereitung eines solchen beschränkt wird[3]. Die Regelung kann als Zugeständnis an diejenigen Delegationen bei der CDDH betrachtet werden, die zunächst einem gänzlichen Verzicht auf das Kriterium der Unterscheidung von der Zivilbevölkerung das Wort geredet hatten[4]. Damit stehen z.B. Tätigkeiten wie Rekrutierungen oder Übungen bzw. Manöver in Zivilkleidung dem Kombattantenstatus von vornherein nicht im Wege[5].

Die Begriffe "Angriff" und "Kriegshandlung zur Vorbereitung eines Angriffs" sind an keiner Stelle näher beschrieben und - wie auch andere Begriffe in Art.44 Abs.3 ZP I - auslegbar. Die Vorschrift ist wegen der Gefährdung des humanitären Schutzzwecks im Hinblick auf die Zivilbevölkerung und nicht zuletzt aufgrund ihrer Vagheit teilweise hart kritisiert worden[6]. Verteidiger von Art.44 Abs.3 S.1 ZP I weisen darauf hin, daß das Prinzip der Unterscheidung von der Zivilbevölkerung nicht aufgegeben, sondern lediglich guerillakonform und

---

[1] Kalshoven meint in Bezug auf die Bedeutung des Art.44 Abs.3 S.1 (allgemeine Unterscheidungspflicht) für reguläre Streitkräfte: "...it merely seemed to reaffirm the self-evident,....", vgl. ders.1977, S.126. Zum Umfang der Unterscheidungspflicht regulärer Streitkräfte vgl. E.II.3.a. und E.II.5.b.aa. und dd.

[2] E.II.4.b.

[3] Kalshoven betrachtet die in Art.44 Abs.3 S.1 ZP I gewählte Formulierung als Zeichen, daß man von irregulären Kombattanten nichts Unmögliches verlangen würde, vgl. ders.1977, S.126

[4] Vgl. Cassese, in Cassese 1979, S.473

[5] Hailbronner, S.184

[6] Vgl. Cassese, in Cassese 1979, S.474 . Sofaer schreibt: "This provision would make it easier for irregulars to operate, and it would substantially increase the risks to the civilian population", vgl. ders. S.786

orientiert am Ziel eines Ausgleichs zwischen den humanitären Interessen der Zivilbevölkerung und der Kämpfer neu definiert worden sei. Wolle man überhaupt eine Reform der bisherigen Rechtslage, dann müsse man zur Kenntnis nehmen, daß Guerillas sich aufgrund der Spezifika ihrer Kampfweise nun einmal nicht stets von der Zivilbevölkerung unterscheiden könnten[1]. Für Lapidoth ist Art.44(3) S.1 ZP I wegen der grundlegenden Bedeutung des Offenheitsgrundsatzes für das humanitäre Völkerrecht weit auszulegen[2]. Die Unterscheidungspflicht gem. Art.44 Abs.3 S.1 ZP I ist für diese Autorin daher im Sinne eindeutiger Erkennbarkeit auszulegen. Auch der Begriff der "Kriegshandlung zur Vorbereitung eines Angriffs" sei im weitestmöglichen Sinne zu verstehen[3]. Gleichwohl ist festzustellen, daß jeder Staat diesen Begriff je nach seinen Interessen in erheblichem Umfang enger oder weiter auslegen kann[4]. Eine weite Auslegung folgt dabei nicht nur aus den Grundzwecken des humanitären Völkerrechts sondern auch ausdrücklich aus dem Text des Art.44 Abs.3 ZP I, dessen Zweck der "Schutz der Zivilbevölkerung vor den Auswirkungen von Feindseligkeiten" ist.

Trotz dieser wesentlichen Einschränkungen eines tragenden Grundsatzes des humanitären Völkerrechts und der damit einhergehenden Verschiebung der in Art.4.A.1. und 2. III.GK zum Ausdruck kommenden Balance zwischen Kriegsnotwendigkeit und Humanität enthält Art.44 Abs.3 S.1 ZP I ein grundsätzliches Bekenntnis zum Unterscheidungsgrundsatz. Demgegenüber geht das ZP I in Satz 2 des Art.44 Abs.3, für einige die "einzig grundlegenden Neuregelung"[5], noch weiter.

---

[1] Kwakwa: ".....guerillas.....spend only a part of their time fighting", vgl. ders. S.99; vgl. auch ebd. S.98

[2] Sie sieht in Art.4 ZP I (keine Berührung der Rechtsstellung der Konfliktparteien durch Anwendung der Abkommen und des ZP I) das Prinzip verankert, daß die Konfliktparteien *jederzeit* die Unterscheidung von Zivilbevölkerung und Kombattanten gewährleisten müssen, vgl. Lapidoth, S.198. Auch Kwakwa neigt im Interesse der Zivilbevölkerung zu weiter Auslegung, vgl. ders. S.99

[3] Lapidoth, S.198; Kimminich 1979, S.214. Buß betont, daß unter Angriff nicht nur die offensive, sondern auch defensive Gewaltanwendung gegen den Gegner zu verstehen ist, vgl. dies. S.234. Bothe/Partsch/Solf verlangen, daß auch verwaltungsmäßige und logistische Vorbereitungen als "Kriegshandlung zur Vorbereitung eines Angriffs" zu gelten hätten, da gerade diese Aktivitäten regelmäßig in einem rein zivilen Umfeld getätigt würden. Dies bringe erhöhten Schutzbedarf für die Zivilbevölkerung mit sich, vgl. ebd. S.252. Für Kwakwa ist zweifelhaft, ob der staatliche Gegner einer irregulär kämpfenden Bewegung jemals einräumen wird, eine militärische Aktivität habe keine Kriegshandlung zur Vorbereitung eines Angriffs dargestellt, vgl. ders. S.99

[4] Hailbronner, S.184. Auch Aldrich räumt die Ungenauigkeit des Begriffs "Kriegshandlung zur Vorbereitung eines Angriffs" ein und plädiert für eine praxisnahe Interpretation im Lichte der jeweiligen faktischen Situation, vgl. ders. 1988, S.462

[5] Ipsen 1993, S.155

Dieser bestimmt, daß trotz Verletzung der grundsätzlich bestehenden (jedoch durch Art.44 Abs.3 S.1 ZP I bereits zeitlich-räumlich eingeschränkten) Pflicht zur Unterscheidung von der Zivilbevölkerung Personen ihren Kombattantenstatus immer dann behalten, wenn sie sich *wegen der Art der Feindseligkeiten* nicht von der Zivilbevölkerung unterscheiden können und sie in einer solchen Situation zumindest das in Buchstabe a und b festgelegte Minimum an Unterscheidung beachten[1]. Trotz dieser weitgehenden Neuerungen wird teilweise vertreten, daß die Regelungen des Art.44 ZP I, einschließlich des Art.44 Abs.4, der bei Nichtbeachtung der in Abs.3 festgelegten Kriterien einen kriegsgefangenenähnlichen Schutz gewährt, nichts anderes sei als eine "Klarstellung", welche sogar hinter früheren weiten Auslegungen des Art.4.A.2. III.GK zurückbleibe[2]. Diese Darstellung trifft nicht zu und verschleiert die grundlegende Veränderung des bisherigen Rechtszustandes durch Art.44 Abs.3 S.2 ZP I, dem der Leiter der schweizerischen Delegation bei der CDDH "contradictions flagrantes" vorwarf[3]. Art.44 Abs.3 S.2 ZP I ist daher eng auszulegen[4].

Die genannten Ausnahmefälle fußen auf einem von der Delegation der Bundesrepublik Deutschland im Rahmen des 3. Ausschusses vorgelegten Kompromißtext und waren bei der CDDH Gegenstand einer großen Zahl von Abstimmungserklärungen[5]. Ausgangspunkt ist zunächst, daß "wegen der Art der Feindseligkeiten" ein Kämpfer sich während eines Angriffs oder einer Kriegshandlung zur Vorbereitung eines Angriffs (Art.44 Abs.3 S.1 ZP I) nicht von der Zivilbevölkerung unterscheiden kann. In diesen - durch Hinweis auf die Art der Feindseligkeiten objektiv beschriebenen- Fällen genügt zum Erhalt des Kombattantenstatus die Einhaltung deutlich milderer Bedingungen.

Unklar und subjektiver Auslegung zugänglich ist zunächst die in Abs.3 S.2 erwähnte Situation, in der sich der betreffende Kämpfer nicht von der Zivilbe-

---

1 Nach Ansicht Gassers erkennt das neue humanitäre Völkerrecht mit dieser Vorschrift an, daß Kämpfer in bestimmten Situationen "in den Untergrund" gehen bzw. sich in der Zivilbevölkerung verstecken dürfen, wie dies seit unvordenkllicher Zeit eben Guerillapraxis gewesen sei, vgl. ders. 1987, S.920.

2 Vgl. Abi-Saab in RdC 1979, S.425. Dieser Autor lobt die Vorschriften als "major landmark in putting law in step with, and hence strengthening its hold on realites of contemporary armed conflicts", vgl. ebd. S.426. An dieser Aussage sind erhebliche Zweifel angebracht: ZP I wurde bisher weltweit noch in keinem "nationalen Befreiungskrieg" jemals angewandt und war auch sonst noch in keinem bewaffneten Konflikt formell anwendbar, vgl. unten G.I. und II.

3 CDDH/SR 40, S.19

4 Maaß, S.141. Für ihn hat die Regelung Ausnahmecharakter und ist wie Absatz 3 insgesamt einengend zu interpretieren.

5 Lapidoth, S.199; CDDH/III/SR 55-56 und CDDH/SR 40-41 sowie oben F:I:2.b.bb.aaa.

völkerung unterscheiden "kann". Nach dem Bericht im 3. Ausschuß sind damit Situationen gemeint, in denen der Kämpfer sich nicht unterscheiden kann, will er seine Erfolgsaussichten wahren[1]. Lapidoth befürwortet hier zu Recht einen äußerst strengen Maßstab, da Kombattanten bei Nichtunterscheidung von der Zivilbevölkerung stets bessere Erfolgsaussichten haben, das humanitäre Völkerrecht aber gerade insofern eine grundsätzliche Entscheidung zugunsten des Schutzes der Zivilbevölkerung getroffen habe. Zu fordern sind deshalb zumindest schwerwiegende, außergewöhnliche Fälle, in denen der Kämpfer bei Einhaltung der Unterscheidungspflicht jede Erfolgsaussicht verlieren würde[2].

Die Unmöglichkeit der Unterscheidung muß "wegen der Art der Feindseligkeiten" bestehen. Auch dieses Kriterium läßt durchaus unterschiedliche Deutungen zu: während einige unter Berufung auf die entsprechende Haltung der überwiegenden Zahl der Delegationen bei der CDDH die Art der Feindseligkeiten auf besetzte Gebiete und sog. "Nationale Befreiungskriege" beschränkt wissen wollen[3], gingen andere von der Anwendbarkeit auch im klassischen zwischenstaatlichen Bereich aus[4] und wandten sich gegen eine Art "cordon sanitaire" um Befreiungskriege und Kämpfe gegen eine Besatzungsmacht. In der Literatur werden beide Ansichten vertreten, wobei überwiegend die Beschränkung auf Situationen der Besetzung und Befreiungskriege befürwortet wird[5]. Die unter-

---

1 CDDH/III/408

2 Lapidoth S.200

3 Vgl. die bei Lapidoth S.200 FN 80 genannten Quellen, Bothe/Partsch/Solf, S.253, Lysaght S.358 mw.N., Sandoz/Swinarski/Zimmermann Par. 1698 sowie Gasser 1987, S.920. Diese Ansicht vertraten z.B. die USA, Großbritannien und Griechenland, vgl. CDDH/III/SR.56, S.170 (GR); CDDH/III/SR.55, S.157 (GB); CDDH/III/SR.56, S.179 (USA). Buß bemerkt, es sei den westlichen Staaten vor allem um besetzte Gebiete gegangen, den Staaten der Dritten Welt hingegen nahezu ausschließlich um die Konflikte nach Art.1(4) ZP I, vgl. dies. S.235. Kwakwa stellt fest: "The legislative history strongly indicates that the situations referred to are exclusive and can only exist in occupied territory or in conflicts involving national liberation movements", vgl. ders. S.99. Kalshoven meint, aus den Vorarbeiten eine klar überwiegende Ansicht herauslesen zu können: "...there was a marked unity of opinion that the situations envisaged in the second sentence of paragraph 3 can arise solely in occupied territory and in the case of wars of national liberation....", vgl. ders. 1977, S.128. Wegen der geringen Aussichten einer Ratifikation von ZP I durch Staaten, welche von nationalen Befreiungskriegen i.S.d. Art.1(4) ZP I betroffen sind, sieht dieser Autor - insoweit folgerichtig - den eigentlichen Erfolg der Kombattantenregelung der Art.43,44 ZP I in der Rechtsstellung einer Gruppe, deren Besserstellung keinesfalls im Mittelpunkt der ganzen Reformbemühungen stand, nämlich den Widerstandskämpfern nach Art.4.A.2. III.GK, vgl. ders.1977, S.133.

4 Vgl. Lapidoth, S.200 FN 81, z.B. Norwegen (CDDH/III/SR.55, S.158), Kanada (CDDH/III/SR.56, S.9)

5 Roberts, S.133 m.w.N. Für eine Beschränkung auf kriegerische Besetzung und nationale Befreiungskriege u.a. Bothe/Partsch/Solf, S.253 sowie Gasser 1987, S. 920. Vgl. auch de Preux, S.262. Maaß beschränkt diese Situationen auf solche, in denen die Zivilbevölkerung an den Feindseligkeiten teilnimmt, da nur hier ein Kombattant sich von der Zivil-

schiedliche Auslegbarkeit des Art.44 Abs.3 ZP I führte einen Autor zu folgender Bemerkung: ".....violà une disposition qui ne dispose rien, une règle qui ne règle quoi que ce soit, qui se prête à toutes sortes d'interprétations, les plus éloignées les unes des autres"[1]. Ein anderer Autor bewertet die Regelung wie folgt: "...it is a thoroughly bad provision which aptly illustrates the description of a treaty as 'a disagreement reduced to writing"[2]. Die Bundesrepublik hat in einer Erklärung anläßlich der Ratifikation ihre Auffassung kundgetan, daß sich Art.44(3)S.2 ZP I nur auf besetzte Gebiete und nationale Befreiungskriege nach Art.1(4) ZP I bezieht[3]. Für Kalshoven verwehrt der Hinweis auf die Art der Feindseligkeiten eine Auslegung, wonach diese Vorschrift auf *alle* irregulären Einheiten anwendbar wäre, sieht im übrigen jedoch weder in der gewöhnlichen Bedeutung des Wortlauts noch in Textzusammenhang oder Sinn und Zweck Anhaltspunkte für eine Auslegung des Textes[4].

Lapidoth weist demgegenüber zu Recht darauf hin, daß es hier um *die Wahl zwischen zwei Übeln* geht: Einerseits sind selbst in konventionellen bewaffneten Konflikten zwischen regulären Armeen ohne weiteres Situationen vorstellbar, in denen sich Kämpfer nur unter völligem Verzicht auf jede Erfolgsaussicht ihres Tuns von der Zivilbevölkerung unterscheiden können. Daher wäre die Integrität des humanitären Völkerrechts gefährdet, wenn man diese Situationen aus Art.43 Abs.3 S.2 ZP I ausklammern wollte. Eine teilweise Aufspaltung des sachlichen und persönlichen Anwendungsbereichs scheint auch höchst unpraktikabel[5], ein schwerwiegender Einwand für ein Rechtsgebiet, das in den Wirren und Leidenschaften bewaffneter Konflikte anwendbar sein soll. Andererseits gebietet je-

---

bevölkerung nicht unterscheiden "kann". Erforderlich sei daher eine Situation nach Art.4.A.2. III.GK (Besetzung) oder nach Art.1(4) ZP I, vgl. Maaß, S.142

[1] Condorelli, S.395

[2] Greenwood, S.203. Oeter bezeichnet den Wortlaut als "rather cryptic", vgl. ders. 1989, S. 458

[3] Vgl. Kwakwa S.100. Dieser erwähnt, daß bei der CDDH die Frage von Zulässigkeit von Vorbehalten bzgl. Art.44 umstritten war. Einige Delegationen erklärten, solche Vorbehalte nicht anerkennen zu wollen, für Algerien erschien ZP I im Falle von Vorbehalten zu Art.44 insgesamt als nicht akzeptabel, vgl. Kwakwa ebd. Dies zeigt, wie wichtig den Verfechtern der nationalen Befreiungskriege die unverfälschte Zementierung ihres "Sieges" in diesem Bereich war. Auch Oeter vertritt, daß Art. 44(3) S.2 ZP I nur auf nationale Befreiungskriege und besetzte Gebiete anwendbar ist, vgl. ders. 1989, S. 458

[4] Kalshoven 1977, S.127. Dieser Autor äußerte 1977 auch zurecht bereits Skepsis, ob die spätere Anwendungspraxis insoweit zu größerer Klarheit führen würde, vgl. ebd., S.128. Buß bezeichnet die Entstehungsgeschichte in Bezug auf die genannten Situationen als "inkonsistent", vgl. dies. S.235

[5] Dies hätte in der Praxis unabsehbare zusätzliche Schwierigkeiten bei der Bestimmung des Kombatanteneigenschaft zur Folge, da die - ohnehin teilweise unklar und zweideutig formulierten - Kombattantenregelungen nicht mehr in allen sachlichen Anwendungsfällen der Protokolle gelten würden und letztere deshalb - mit weiteren Unsicherheiten behaftet - noch zusätzlich definiert werden müßten.

doch der für das humanitäre Völkerrecht tragende Unterscheidungsgrundsatz, Ausnahmen so eng wie möglich auszulegen[1]. In dieser Lage scheint es den Zwecken des humanitären Völkerrechts am ehesten zu entsprechen, die "Art der Feindseligkeiten" nicht auf Befreiungskriege und besetzte Gebiete zu beschränken, die Unmöglichkeit der Unterscheidung jedoch sehr eng auszulegen und die daran geknüpften Rechtsfolgen unterschiedslos für alle Arten bewaffneter Konflikte gelten zu lassen[2].

Auch die in Art.44 Abs.3 S.2 lit.a. und b. ZP I enthaltenen Pflichten sind unterschiedlichster Auslegung zugänglich und waren bei der CDDH sehr umstritten. Hinter dieser Regelung steht für einen Autor der Gedanke, daß in Situationen der kriegerischen Besetzung und nationaler Befreiungskriege offenes Waffentragen und damit die Unterscheidung von der Zivilbevölkerung schlechterdings nicht erwartet werden kann, außer bei militärischen Einsätzen oder Aufmärschen vor Angriffsbeginn. Art.44(3)S.2 ZP I sei auch zu entnehmen, daß nur in den genannten Situationen die Zivilbevölkerung so gefährdet ist, daß Nichtbeachtung der minimalen Unterscheidungspflicht es rechtfertigt, dem betreffenden Einzelnen den Kombattantenstatus vorzuenthalten[3]. Zunächst muß es sich nach dieser Vorschrift um bewaffnete Kombattanten handeln. Wie im Falle der "levée en masse" ist das Tragen einer Waffe einziges Unterscheidungsmerkmal des Kämpfers von der Zivilbevölkerung[4]. Mit überzeugenden Argumenten ist dort das offene Waffentragen aus Gründen des Schutzes der Zivilbevölkerung als sichtbares Waffentragen ausgelegt worden, s.o. E.II.4.a. Ebenso wie dort ist deshalb das in Art.44 Abs.3 S.2 lit.a. und b. ZP I geforderte "offene" Waffentragen i.S.v. Sichtbarkeit zu interpretieren[5].

Die Pflicht zu offenem Waffentragen besteht "während jedes militärischen Einsatzes"[6]. Der Begriff sollte weit ausgelegt werden, da offenes Waffentragen der

---

[1] So statt vieler Buß, S.236

[2] Lapidoth, S.201. Auch Wilson hält den Ausnahmetatbestand des Art.44 Abs.3 S.2 ZP I nicht nur in nationalen Befreiungskriegen gem. Art.1(4) ZP I, sondern in allen bewaffneten Konflikten gemäß ZP I für anwendbar, vgl. dies. S.178. Eine Beschränkung auf nationale Befreiungsbewegungen und "ressistance movements" sieht L.C. Green, vgl. ders. 1993, S. 61

[3] Kwakwa S.101

[4] Vgl. auch Abi-Saab in RdC 1979, S.424

[5] Vgl. Lapidoth, S.202; ebenso de Preux, S.262

[6] Kalshoven meint, der Begriff bedürfe keiner "further clarification", vgl. ders. 1977, S.128. Kwakwa hält die Auslegung zwar für leicht, bleibt jedoch eine solche schuldig, vgl. ders. S.101. Auch Kussbach hält den Begriff allenfalls für "plus ou moins clair", vgl. ders. 1983, S.403. Hailbronner hält den Begriff für unklar, vgl. ders. S.184

Unterscheidung von Kombattanten und Zivilisten und damit einem der grundlegenden Zwecke des humanitären Völkerrechts dient.

Des weiteren besteht die Pflicht zu offenem Waffentragen "während eines militärischen Aufmarsches vor Beginn eines Angriffs", solange der Kombattant "für den Gegner sichtbar" ist. Der Begriff des militärischen Aufmarsches ist bei der CDDH sehr unterschiedlich ausgelegt worden[1]. Während die Delegationen der westlichen Staaten, darunter die Bundesrepublik, nahezu geschlossen darunter jede Bewegung in Richtung auf einen Ort verstanden, an dem ein Angriff begonnen werden soll[2], verstanden andere unter dem militärischen Aufmarsch militärische Vorbereitungen, welche unmittelbar einem Angriff vorausgehen[3]. Wieder andere definierten den militärischen Aufmarsch als letzte Bewegung in die Schußposition direkt vor Beginn der Kampfhandlungen[4] oder, noch enger, als die dem Angriff unmittelbar/direkt vorausgehenden Augenblicke[5]. Im Interesse des Schutzes der Zivilbevölkerung spricht sich Gasser für die weitere Auslegung des Kriteriums aus und beruft sich für diese Auslegung auf Art.31 Abs. 1 Wiener Vertragsrechtskonvention, wonach Verträge in gutem Glauben und in Übereinstimmung mit dem üblichen Bedeutungsgehalt der Begriffe des Vertrages in ihrem Zusammenhang und im Lichte ihres Sinns und Zwecks auszulegen sind[6]. Kalshoven bezeichnet die Bedeutung als völlig offen[7], Cassese verleiht der Regelung das Prädikat "rather wooly and open to subjective interpretations"[8], Buß hingegen bietet der Begriff bei "richtiger" Interpretation "keinen Anlaß zu Mißverständnissen"[9]. Kussbach betont, unter militärischen Fachleuten bestehe keine Einigkeit hinsichtlich dieses Kriteriums[10]. Aus Sicht

---

1 Vgl. für einen Überblick Kalshoven 1977, S.128,129 sowie Kwakwa S.101. Gasser hält den Bedeutungsgehalt dieses Wortlauts für "less evident", vgl. ders. 1987, S.920

2 Vgl. z.B. die USA (CDDH/SR.41/S.150), GB (CDDH/SR.40/S.132), NL (CDDH/SR.41/S.142), AUS (CDDH/SR.40/S.128) und D(CDDH/SR.40/S.136)

3 Schweden, vgl. Lapidoth, S.202. Lysaght weist auf das schwedische Argument hin, daß die Voraussetzung des Art.44 Abs.3 Satz 2 lit.b ZP I Guerillakämpfer nicht ihrer wesentlichen Taktik berauben dürfe, aus dem Hinterhalt und überraschend anzugreifen. Dem widerspreche die Auferlegung einer Pflicht zu offenem Waffentragen bereits früher als unmittelbar vor Angriffsbeginn, vgl. Lysaght, S.358

4 Ägypten, vgl. Lapidoth, S.202

5 Syrien, vgl. Lapidoth, S.202

6 Gasser 1987, S.921

7 "Here, no contextual considerations present themselves to the present writer that would help solve the riddle, and it seems predictable that interpretation, at least of this term, will continue to vary according to the interests each side in the conflict has at stake", vgl. ders. 1977, S.129

8 Cassese, in Cassese 1979, S.474

9 Buß, S.237

10 Kussbach 1983, S.403

Hailbronners erlaubt dieses Kriterium eine Auslegung, die auch bei Überraschungsangriffen von Zivilisten auf Militärpersonen den Angreifern den Kombattantenstatus garantiert[1]. Koenig ist wohl etwas zu optimistisch, wenn er schreibt, daß hierdurch besonders heimtückische Guerillastrategien ausgeschlossen würden[2]. Einige Autoren kritisieren, daß die Vorschrift Überraschungsangriffe aus dem Hinterhalt deckt, vorgetragen durch Personen in Zivilkleidung von Zivilisten[3]. Greenwood wendet sich strikt gegen das z.B. von der PLO vertretene restriktive Verständnis des militärischen Aufmarsches[4].

Auch das geforderte offene Waffentragen, solange der Kombattant "für den Gegner sichtbar ist", war bei der CDDH sehr umstritten[5].

Teilweise wurde gefordert, der Kombattant müsse wissen oder wissen können, daß er für den Gegner sichtbar ist[6]. Offen blieb auch, was unter "sichtbar" überhaupt zu verstehen sei: während sich für einige dieses Merkmal auf den natürlichen Blick bezieht, umfaßt es für andere jede Form der Beobachtung, einschließlich elektronischer Aufklärungsmittel[7]. Die Auslegung des Sichtbarkeitserfordernisses berührt den Kern der humanitär-völkerrechtlichen Erfassung von Guerillabewegungen. Abgesehen von Versuchen einer auf die Sichtbarkeit des *bewaffneten Kämpfers* ausgerichteten Auslegung[8] sollte das Verständnis

---

1 Hailbronner, S.184

2 Koenig, S.131

3 "Presumably, the laying of an ambush or an attack from the rear by individuals in civilian clothing would be protected", vgl. L.C. Green 1977, S.14. Auch für Dinstein lassen sich unter Art.44 Angriffe aus dem Hinterhalt subsumieren, bei denen die Guerilleros bis kurz vor dem Angriff als Zivilisten getarnt waren, vgl. ders. 1979, S271. Oeter betont, daß zumindest ein Angriff verboten ist, der unmittelbar aus einer Tarnung als Zivilist heraus erfolgt, vgl. ders. 1989, S. 459

4 "There is no way that this text justifies the interpretation placed upon it by the PLO that a combatant need only produce his gun immediately before opening fire", vgl. Greenwood, S. 204

5 Vgl. Kalshoven 1977, S.128,129

6 Syrien, vgl. Lapidoth, S.202

7 Die erste Ansicht vertrat neben Ägypten z.B. die PLO (CDDH/III/SR.56/S.184) und Syrien (CDDH/III/SR.55/S.161), die letztere Australien (CDDH/III/SR.55/S.165) und GB (CDDH/III/SR.55/S.157). Vg. auch L.C. Green 1977, S.14, für den diese Bestimmung unklar ist.

8 So hält Kalshoven zunächst eine Reduzierung des Merkmals auf die Sichtbarkeit mit bloßem Auge für verfehlt, spricht sich jedoch auch gegen eine zu weite Auslegung der Sichtbarkeit aus, da sonst der bezweckte Schutz des Kombattanten nicht erreicht werden könnte. Zu fragen sei i.S.d. Art.44 Abs.3 S.2 ZP I, ob der *bewaffnete* Kombattant sichtbar sein könne oder müsse. Dies sei bei Beobachtung mit dem Fernglas noch der Fall, nicht jedoch bei elektronischen Aufklärungsmitteln. Die britische Position sei daher "untenable". Bei der Sichtbarkeit müsse daher stets auf die Erkennbarkeit der Person als *bewaffnete* Person geachtet werden. Vgl. Kalshoven 1977, S.129. Diese Auslegung

nicht nur vom humanitären Schutzzweck für die betroffenen Kombattanten, sondern vor allem auch vom Schutz der gefährdeten Zivilbevölkerung als einem der elementaren Zwecke des humanitären Völkerrechts her verstanden werden. Eine enge Auslegung des Sichtbarkeitserfordernisses würde dem Schutzzweck zugunsten der Zivilbevölkerung nicht gerecht werden: wenn beispielsweise der Nachtsichtgeräte oder sonstige leistungsfähige Aufklärungsmittel benutzende Gegner nicht mehr zwischen Kombattanten und Zivilisten unterscheiden kann, wäre ihm auch kaum zumutbar, sich jeder eigenen Kampfhandlung gegen die vermeintlichen Zivilisten zu enthalten, während diese im Schutz der Nacht und unbeeinträchtigt durch Erkennbarkeitspflichten gegen ihr militärisches Vorgehen vorbereiten könnten[1].

Für andere hingegen ist Zweck der Regelung der Schutz der *Zivilbevölkerung unter Berücksichtigung der Realitäten heutiger bewaffneter Konflikte.* Auch müsse der Begriff "sichtbar" als sichtbar im natürlichen Sinne ausgelegt werden[2]. "Overriding Policy Objective" von Art.44(3) ZP I sei es, praktikable Wege aufzuzeigen, wie Einzelne auch dann ihren Kombattantenstatus bewahren können, wenn die Art der Feindseligkeiten eine Unterscheidung nicht zuläßt. Dieser Zweck würde durch die westliche Position verfehlt[3]

Lapidoth sieht bei Art.44 Abs.3 S.2 ZP I eine Situation gegeben, in der ein gemeinsamer Willen der Vertragsparteien tatsächlich gar nicht existiert hat und wo schließlich mit vollem Bewußtsein und Absicht diejenigen Formulierungen verabschiedet wurden, die so unklar bzw. zweideutig sind, daß sie sogar völlig entgegengesetzte Meinungen abdecken[4]. Für Hailbronner wurde mit Art.44 Abs.3 S.2 ZP I die Unterscheidungspflicht für Guerillakämpfer praktisch aufgegeben[5]. In Anspielung auf einen Autor, der die Unterscheidung zwischen Kombattanten und Nichtkombattanten als einen der größten Triumphe des Völkerrechts bezeichnet hatte, kommt Roberts zu dem Schluß: "Under Protocol I, this

---

scheint sinnvoll, sollte jedoch im Interesse der Zivilbevölkerung sehr weit ausgelegt werden.

1 Vgl. ebenso Bothe/Partsch/Solf, S.254; Buß, S.238

2 Kwakwa, S.103; ebenso Mallison and Mallison, S.24

3 "The interpretation adopted by the Western States would stultify the meaning of Art.44(2)...", vgl. Kwakwa S.103

4 Lapidoth, S.202. Wilson schreibt in Bezug auf Art.44 insgesamt: "There was considerable disagreement about its true meaning", vgl. dieselbe S.178. Kwakwa schlägt hier den Rückgriff auf die Staatenpraxis vor, die insoweit jedoch nicht ergiebig sei, vgl. ders. S.103. Er räumt ein, daß die westliche Interpretation in der Praxis gerade von den Staaten übernommen würde, die vom Kampf mit Guerillabewegungen betroffen sind, vgl. ebd. S.104

5 Hailbronner, S.184

triumph has turned into disaster"[1]. Wegen der textlichen Unklarheit muß sich für Lapidoth die Auslegung an dem allgemeinen völkerrechtlichen Grundsatz orientieren, daß jede Ausnahmeregelung eng auszulegen ist[2]. Daher behalten Kämpfer bei Mißachtung der allgemeinen Unterscheidungspflicht (Art.44 Abs.3 S.1 ZP I) ihren Kombattantenstatus nur dann, wenn sie die Waffen sichtbar tragen während jedes militärischen Einsatzes sowie bei jeder Bewegung hin zu einem Angriffsort, im letztgenannten Fall solange sie für den Gegner unter Berücksichtigung aller technischen Beobachtungsmittel sichtbar sind[3]. Lapidoth begründet diese enge Auslegung der Ausnahme des Art.44 Abs.3 S.2 ZP I auch mit Art.44 Abs.3 Satz 3, wonach die in Abs.3 beschriebenen Handlungen nicht gegen das Perfidieverbot verstoßen. Zu letzterem gehört nach Art.37 Abs.1 lit.c. ZP I auch das Vortäuschen eines Nichtkombattantenstatus. Somit enthält Art.44 Abs.3 S.2 ZP I eine teilweise Einschränkung des Perfidieverbots und ist daher als Ausnahmetatbestand eng auszulegen. Bei alledem zeigt die Tatsache, daß ein gesonderter Hinweis auf das Perfidieverbot in den Text des Art.44 ZP I aufgenommen wurde, in welchem Umfang sich das humanitäre Völkerrecht hier in den Bereich des Perfidieverbots "vorgewagt" hat. L.C. Green sieht in dieser Ausnahme vom Perfidieverbot eine Benachteiligung regulärer Kombattanten und damit einen klaren Verstoß gegen den Grundsatz der Gleichheit der Parteien im ius in bello[4].

4. Nationale Befreiungskämpfer als neue Kategorie von Kombattanten ?

Durch Lockerung der Voraussetzungen des Kombattantenstatus für Angehörige irregulär kämpfender Gruppen hat ZP I im Bereich des Kombattantenstatus weitgehende Zugeständnisse gegenüber der Guerillakampfführung gemacht. Nach der hier vertretenen Auffassung stellt Art.44 Abs.3 S.2 keine Sonderregelung allein für Kämpfer in Konflikten gemäß Art.1(4) ZP dar und sollte grundsätzlich für alle Angehörigen von Streitkräften i.S.d. Art.43 ZP I gelten[5]. Daher kann die Kombattantenregelung auf den ersten Blick nicht als Sonderrecht für Befreiungskämpfer betrachtet werden. Nationale Befreiungskämpfer sind keine neue, eigenständige *Kategorie* von Kombattanten im Sinne eine Sonderregel persönlicher Anwendbarkeit. Sie sind aber insofern eine neue Ka-

---

[1] Roberts, S.130
[2] Lapidoth, S.203
[3] Lapidoth, S.203
[4] L.C. Green 1977, S.14
[5] Vgl. oben F.IV.3.b.bb.bbb.

tegorie von Kombattanten, als es um einen Personenkreis geht, dem nach ZP I - anders als nach den Konventionen - nunmehr Kombattantenstatus zukommt. Dies liegt jedoch an den sachlichen Anwendbarkeitsvorschriften des ZP I begründet, nicht in einer "kombattantenrechtlichen" lex specialis.

Gleichwohl sind die Kombattantenregelungen des ZP I als eine Art "Umsetzungsvorschrift" des Art.1(4) verstanden worden, von der vor allem Befreiungskämpfer profitieren würden[1]. Auch ohne ausdrückliche Erwähnung in Art.43,44 ZP I kann gesagt werden, daß der bereits vor Verabschiedung der ZP'e im Rahmen der VN und Rotkreuzbewegung artikulierte Wunsch einer humanitär-völkerrechtlichen Aufwertung und Privilegierung nationaler Befreiungskämpfer das wichtigste Motiv für die in Art. 44 Abs.2 und 3 ZP I enthaltene Auflockerung der an Kombattanten zu stellenden Anforderungen darstellte[2]. Nationale Befreiungskämpfer gelangen über die Kombattantendefinition des Art.43 Abs.2 ZP I in den Genuß der großzügigen Regeln des Art.44 Abs.2 und 3 ZP I, einschließlich des Privilegs, in der Gewalt einer gegnerischen Partei Kriegsgefangener zu sein (Art.44 Abs.1 ZP I).

Kombattanten sind gem. Art.43 Abs.2 die Angehörigen der Streitkräfte einer am Konflikt beteiligten Partei. Wie bereits dargelegt, wird nationalen Befreiungsbewegungen (nicht etwa dem durch sie vertretenen "Volk" als Träger des SBR) durch Art.96 Abs.3 lit.a ZP I ausdrücklich die Eigenschaft einer Konfliktpartei zugesprochen, wenn und sobald sie die in Art.96 Abs.3 geforderte Erklärung abgeben und gem. Art.96 Abs.3 ZP I als das Organ gelten können, "...das ein Volk vertritt, welches in einen gegen eine Hohe Vertragspartei gerichteten bewaffneten Konflikt der in Art.1 Abs.4 erwähnten Art verwickelt ist..."[3]. Über den Begriff des ein Volk vertretenden Organs wird eine nationale Befreiungsbewegung selbst zur Konfliktpartei, obwohl im nationalen Befreiungskrieg Konfliktpartei das von der nationalen Befreiungsbewegung vertretene "Volk"

---

1 So schreibt Levie zu Art.1(4) i.V.m. 44(3): "Moreover, as we shall see, with its implementation by Article 44(3), the provision places members of so-called national liberation movements in a status superior to that of all other combatants-exactly the end sought by ist progenitors...", vgl. Levie 1994, S.473

2 Gleiches gilt für die gegenüber den Konventionen sehr grundlegend geänderte Regelung der Folgen der Nichtbeachtung, vgl. hierzu oben E.II.5. sowie unten F.IV.5. Aus Sicht Abi-Saab stand zwar bei den Forderungen zur Reform der Konventionen eine allgemeine, d.h. nicht auf "nationale Befreiungskriege" beschränkte Anpassung an das Phänomen der Guerillaauseinandersetzungen im Vordergrund (vgl. ders.1979, S.384). Dieses Argument übersieht jedoch die einseitige Privilegierungsabsicht zugunsten der Kämpfer in "nationalen Befreiungskriegen". Für Wilson sind Art.43,44 ZP I die konkrete Anwendung der durch Art.1(4) i.V.m. Art.96(3) ZP I ermöglichten Geltung des humanitären Völkerrechts in sog. "nationalen Befreiungskriegen", vgl. dies. S.173

3 Vgl. BGBl 1990 II, S. 1619

ist[1]. Dies führt zu der kuriosen jedoch durch ZP I vorgegebenen Feststellung, daß die Streitkräfte einer nationalen Befreiungsbewegung als "Organ eines Organs" zu betrachten sind, welches ebenso Konfliktpartei ist wie das Volk, welches von der betreffenden nationalen Befreiungsbewegung vertreten wird. Nur so konnte es gelingen, die bewaffneten Einheiten der nationalen Befreiungsbewegung als "Streitkräfte einer am Konflikt beteiligten Partei" (Art.43 Abs.1 ZP I) zu betrachten.

Daß diese Beschreibung nicht zufriedenstellen kann, folgt aus einem Vergleich mit denjenigen kämpfenden Kollektiven, welche sonst von den GK'en als "Reguläre Streitkräfte" beschrieben (Art.4.A.3. III.GK) oder vorausgesetzt werden (Art.4.A.1. III.GK)[2]. Danach sind reguläre Streitkräfte Organe des Staates als Völkerrechtssubjekt, die ihre Befugnisse unmittelbar von dessen Souveränität ableiten und die regelmäßig entsprechend dem Bild herkömmlicher Streitkräfte organisiert sind. Zumindest im Regelfall prägend für reguläre Streitkräfte ist auch die reguläre Kampfführung[3]. Die bewaffneten Einheiten von nationalen Befreiungsbewegungen entsprechen diesem Bild gerade nicht[4]. Nationale Befreiungsbewegungen sind nicht selbst Träger des Selbstbestimmungsrechts, werden aber wegen des völkerrechtlichen (Souveränitäts-) Defizits von "Völkern" gegenüber etablierten Staaten selbst als Konfliktpartei betrachtet. Da die bewaffneten Einheiten von nationalen Befreiungsbewegungen meist mit Methoden der irregulären Kampfführung vorgehen, sind diese eher mit irregulären Kombattanten im oben E.II.2.b. beschriebenen Sinne vergleichbar. Auch in diesem Bereich zeigt sich, daß die durch ZP I vorgenommene "Internationalisierung" nationaler Befreiungskriege als Fremdkörper im System des humanitären Völkerrechts betrachtet werden muß. Nach Art.43 Abs.2 ZP I sind Kombattanten die Angehörigen der Streitkräfte einer am Konflikt beteiligten Partei. Wenn schon die Zugehörigkeit der Streitkräfte zu einer nationalen Befreiungsbewegung wegen der allgemeinen Kampfmethode in der Realität oftmals Probleme aufwerfen dürften (z.B. wenn sich mehrere Gruppen zu einer nationalen Befrei-

---

1 Abi-Saab in RdC 1979, S.419

2 Vgl. hierzu oben E.II.2.b.

3 Zum Begriff reguläre/irreguläre Kampfführung s.o. E.III.2.b.

4 Wenn auch aus Art.4.A.3. III.GK folgt, daß in bestimmten Situationen aus Gründen der Humanität die Frage der Vertretungsberechtigung einer Regierung etc. für einen bestimmten Staat offenbleiben wird. Auch in diesen Fällen handelt es sich nämlich zweifelsfrei um die ordentlichen Streitkräfte eines souveränen Staates, deren Bekenntnis zu einem bestimmten Organ lediglich die Frage der Vertretungsberechtigung dieses Organs aufwirft, s.o. E.III.3.a.cc.

ungsbewegung bekennen[1]), so gilt dies noch in verstärktem Maße für den im Einzelfall zu führenden Nachweis, Angehöriger dieser Streitkräfte zu sein. Dies um so mehr, weil nationalen Befreiungsbewegungen aus offenkundigen Motiven regelmäßig bestrebt sein werden, den Kreis der Angehörigen "ihrer" Streitkräfte möglichst weit zu ziehen[2].

Aufgrund der Rechtsfolge des Art.96(3) ZP I (nationale Befreiungsbewegung als Konfliktpartei) wäre bei einer Mehrzahl von nationalen Befreiungsbewegungen die Folge eine Mehrzahl von Konfliktparteien, die das betreffende Volk vertreten. Zwar können auch nach der bisherigen Rechtslage anerkannte Aufständische Konfliktpartei sein, darin liegt jedoch lediglich ein völkerrechtliches Zugeständnis, das an eine bestimmte, von effektiver Machtausübung geprägte faktische Situation anknüpft[3]. Im Gegensatz dazu beruht ZP I in Art.1 Abs.4 und Art.96 Abs.3 ZP I auf der Vorstellung des um sein SBR kämpfenden Volkes als Völkerrechtssubjekt. Eher noch als mit anerkannten Aufständischen ist die Situation insoweit vergleichbar mit derjenigen des Art.4.A.3. III.GK[4]. Dort ist Konfliktpartei nicht die betreffende Regierung oder Autorität, sondern der Staat als Völkerrechts-Subjekt, den die betreffende Regierung/Autorität vertritt. Gleichwohl verleiht Art.96 Abs.3 ZP I nationalen Befreiungsbewegungen unter den genannten Voraussetzungen die Eigenschaft einer Konfliktpartei.

Die vielzitierte Privilegierung der nationalen Befreiungskriege vollzieht sich dabei nicht in erster Linie gegenüber anderen Kategorien von legalen Kombattanten, sondern insbesondere gegenüber den weiterhin nicht erfaßten kämpfenden Personen, die zu einer Partei eines nicht-internationalen bewaffneten Konflikts gehören. Gerade die gegenüber dem gemeinsamen Art.3 der GK'en erhöhte sachliche Anwendbarkeitsschwelle des ZP II für nicht-internationale bewaffnete Konflikte zeigt, daß die Staaten zu wirklichen Zugeständnissen im Bereich von Konflikten um das "innere SBR"[5] kaum bereit waren und schließlich ihre Absicht durchsetzten, nur eine bestimmte und begrenzte Kategorie von Konflikten, nämlich Auseinandersetzungen um das äußere SBR gemäß der Friendly Relations Declaration, in die Anwendbarkeit des Völkerrechts für internationale bewaffnete Konflikte "hineinzuheben".

---

1 Hier war Art.4.A.2. III.GK die einfachere Lösung, da diese Vorschrift keineswegs eine Mehrzahl von einem Saat zugehörigen Milizen etc. ausschließt

2 Vgl. hierzu auch Kwakwa S.92

3 Vgl. oben F.III.1.d.

4 Reguläre Streitkräfte, die sich zu einer von der Gewahrsamsmacht nicht anerkannten Regierung oder Autorität bekennen, s.o. E.II.3.b.

5 Vgl. IV.1.b.bb.bbb.

5. Fehlen der Voraussetzungen für den legalen Kombattantenstatus und Rechtsfolgen der Mißachtung der Kombattantenpflichten

Wie bereits dargelegt[1], setzt der Kombattantenstatus in allgemeiner Hinsicht das Vorliegen bestimmter Tatsachen voraus, insbesondere einen bewaffneten Konflikt zwischen zwei Völkerrechtssubjekten als Konfliktparteien. Abgesehen vom Sonderfall der - von ZP I nicht veränderten[2] - sog. "levée en masse" kann der Einzelne den Kombattantenstatus auch unter der Geltung der ZP'e nur vermittels seiner Zugehörigkeit zu einer organisierten Gruppe erlangen, die ihrerseits durch ein rechtliches Band mit der Partei eines internationalen bewaffneten Konflikts verbunden ist.
Erforderlich ist also nach wie vor ein internationaler bewaffneter Konflikt. Allerdings hat dieser Begriff durch Art.1(4) ZP I eine wesentliche Erweiterung auf sog. "Nationale Befreiungskriege" erfahren. Auch der Begriff der Konfliktpartei wird durch Art.96 Abs.3 ZP I auf nationale Befreiungsbewegungen ausgedehnt. Sofern also die in diesen Vorschriften genannten Voraussetzungen gegeben sind, können auf seiten der nationalen Befreiungsbewegung an den Feindseligkeiten teilnehmenden Personen den Kombattantenstatus erlangen, sofern ihre Einheit und sie selbst die weiteren Voraussetzungen der Art.43 und Art.44 ZP I erfüllen. Nach Art.1 Abs.4 i.V.m. Art.96 Abs.3 ZP I kann in sog. "Nationalen Befreiungskriegen" der Kombattantenstatus von Kämpfern daran scheitern, daß ihre Befreiungsbewegung die nach Art.96 Abs.3 ZP I erforderliche Erklärung nicht abgegeben hat oder die in dieser Vorschrift festgelegten Voraussetzungen nicht erfüllt. Dies hat im Umkehrschluß zu Buchst.b) des Art.96 Abs.3 ZP I zur Folge, daß die nationale Befreiungsbewegung nicht zur Partei eines internationalen bewaffneten Konflikts geworden ist und daher die Regeln des ZP I betreffend den Kombattantenstatus nicht anwendbar sind. Es fehlt damit an der von Art.43 Abs.1 ZP I geforderten Konfliktpartei.

Im Bereich des Fehlens der Voraussetzungen für den legalen Kombattantenstatus bringt ZP I kaum Veränderungen mit sich, soweit diejenigen Voraussetzungen betroffen sind, welche von der Gruppe zu erfüllen sind. Erhebliche Veränderungen der bisherigen Rechtslage ergeben sich allerdings bei den vom einzelnen Kombattanten zu erfüllenden Voraussetzungen. Daher soll die Frage des Fehlens der Voraussetzungen des Kombattantenstatus nachfolgend anhand

[1] E.II.3. und 4.
[2] Vgl. Art.44 Abs.6 ZP I i.V.m. Art.4.A.6. III.GK

gruppenbezogener bzw. individueller Merkmale erörtert und mit der vorherigen Rechtslage verglichen werden.

a) Von der Gruppe zu erfüllende Merkmale

Bei Fehlen der in Art.43 Abs.1 ZP I enthaltenen gruppenbezogenen Anforderungen (Zugehörigkeit der Streitkräfte zur Konfliktpartei, Organisationsgrad, verantwortliche Führung, internes Disziplinarsystem, das die Einhaltung des humanitären Völkerrechts gewährleistet) scheint folgende Differenzierung gerechtfertigt:

- Angehörige einer levée en masse sind aufgrund Art.44 Abs.6 ZP I i.V.m. Art.4.A.6. III.GK allein nach den oben E.II.4.a. dargestellten Grundsätzen der Genfer Konventionen zu behandeln.

- Für Angehörige der regulären Streitkräfte bzw. eingegliederter Milizen etc.[1] schlägt Art.44 Abs.6 ZP I eine Brücke zu der für diese Gruppe geltenden, allenfalls durch immanente Schranken begrenzten Regelung der Konventionen (Streitkräftebegriff gem. Art.4.A.1. III.GK[2]).

- Kämpfer in nationalen Befreiungskriegen profitieren nicht von Art.44 Abs.6 ZP I, da ihnen nach den GK'en kein Kombattantenstatus zukommt. Sie können daher nur dann Kombattanten sein, wenn ihre Gruppe (d.h. das bewaffnete Organ der nationalen Befreiungsbewegung) den in Art.43 Abs.1 ZP I festgelegten Streitkräftebegriff gerecht wird, zu dessen Voraussetzungen auch das Vorhandensein eines u.a. der Einhaltung des humanitären Völkerrechts dienenden Disziplinarsystems gehört.

- Bei Angehörigen sonstiger irregulärer Streitkräfte enthält Art.43 Abs.1 ZP I Bedingungen, die denjenigen des Art.4.A.2. III.GK weitgehend entsprechen[3]. Sofern es allerdings um die in Art.4.A.2. III.GK genannten Gruppierungen geht (nicht in die Streitkräfte eingegliederte Milizen und Freiwilligenkorps sowie Widerstandsbewegungen), profitieren diese aufgrund von Art.44 Abs.6 ZP I auf jeden Fall überall dort von Art.4.A.2. III.GK, wo eine

---

1 Hierzu zählen auch die Streitkräfte, die sich zu einer von der Gewahrsamsmacht nicht anerkannten Regierung oder Autorität bekennen, s.o. E.II.3.b.

2 Vgl. oben E.II.3.a.

3 Vgl. oben E.II.4.b. und c.

Auslegung des Art.43 Abs.1 ZP I zu strengeren Anforderungen führen würde.

Erfüllt das Organ oder die Gruppe, welcher ein einzelner Teilnehmer an den Feindseligkeiten angehört, nicht die Bedingungen des Art. 43 Abs.1 ZP I oder diejenigen des Art.4 III.GK, so besteht die Rechtsfolge des Fehlens dieser gruppenbezogenen Anforderungen stets darin, daß dem Einzelnen der Weg zum Kombattanten- und Kriegsgefangenenstatus versperrt ist[1]. Zu den gruppenbezogenen Anforderungen gehört auch und gerade die Einhaltung der Vorschriften des Art.44 Abs.2 ZP I (Beachtung der Regeln des im bewaffneten Konflikt anwendbaren Völkerrechts) und Art.44 Abs.3 ZP I (Unterscheidung von der Zivilbevölkerung)[2]. Wie bereits im Bereich des Art.4 III.GK ist davon auszugehen, daß massenhaftes individuelles Fehlverhalten einzelner Angehöriger der Gruppe zur Folge hat, daß diese als ganzes den in Art.43 Abs.1 ZP I an den Begriff der "Streitkräfte" gestellten Bedingungen nicht mehr gerecht wird.

b) Vom einzelnen Kämpfer zu erfüllende Merkmale

Im Bereich der vom einzelnen Kämpfer zu erfüllenden Merkmale ergibt sich in Art.44 ZP I eine ganz wesentliche Veränderung der Rechtslage nach den Konventionen. Dies gilt bereits für die beschriebene, "guerillafreundliche" Einschränkung der Pflicht zur Unterscheidung von der Zivilbevölkerung (Art.44 Abs.3 ZP I). Darüber hinaus enthält jedoch Art.44 ZP I in Abs.2 und Abs.4 einige weitere, den Kombattanten begünstigende Regelungen, falls er selbst diese eher geringen Anforderungen an den Kombattantenstatus mißachtet.

---

[1] Vgl. oben E.II.5. und Lapidoth S.190. Zu der von den Streitkräften in Art.43 ZP I geforderten Gewährleistung der Einhaltung des humanitären Völkerrechts durch ein internes Disziplinarsystem vgl. Kwakwa S.94. Für diesen stellt Art.43(1)S.2 ZP I für irreguläre Gruppen einen Anreiz zur Beachtung des humanitären Völkerrechts dar, vgl. ebd. S.95. Sofaer geht davon aus, daß nach ZP I auch den Angehörigen systematisch völkerrechtswidrig kämpfender Streitkräfte Kombattantenstatus zukomme, vgl. ders. S.786. Dies wird nach dem oben F.IV.2. Gesagten jedoch nur für reguläre Streitkräfte gelten können.

[2] Lapidoth, S.197. Lysaght sieht hierin eine für Guerillakämpfer oftmals schwer überwindbare "formidable barrier" für die Erlangung des Kombattantenstatus, vgl. ders. S.360

aa) Art.44 Abs.2 ZP I

Art.44 Abs.2 ZP I legt ausdrücklich fest, daß ein Kombattant, welcher die Pflicht zur Einhaltung der Regeln des in bewaffneten Konflikten anwendbaren Rechts verletzt hat, dennoch seinen Kombattantenstatus beibehält.

Sofern es um reguläre Streitkräfte geht, liegt deshalb in der Regelung des Art.44 Abs.2 ZP I zunächst keine Verbesserung der bisherigen Rechtsstellung, da sie gem. Art.44 Abs.6 ZP I i.V.m. Art.4.A.1- und 3. III.GK auch zuvor schon bei Verletzung des im bewaffneten Konflikt anwendbaren Rechts ihren Kombattantenstatus beibehielten[1].
Fraglich ist, ob sich für Teilnehmer einer levée en masse eine Besserstellung ergibt, da sich Art.44 Abs.2 ZP I nach Abs.1 dieser Vorschrift auf Kombattanten i.S.d. Art.43 ZP I bezieht (zu denen die Teilnehmer an einer levée en masse wegen der darin aufgestellten Voraussetzungen wohl nicht zu zählen sind), während ZP I für die levée en masse nur auf die Genfer Konventionen verweist. Nach deren Regelung aber zählt die Beachtung der "Gesetze und Gebräuche des Krieges" durch die Teilnehmer an einer levée en masse zu den konstitutiven Merkmalen für deren Kombattantenstatus. Obwohl vieles dafür spricht, daß die Autoren des Art.44 ZP I mit dessen Abs.6 kaum eine Schlechterstellung von Teilnehmern einer levée en masse beabsichtigten, muß im Sinne der oben F.II. formulierten Auslegungsgrundsätze davon ausgegangen werden, daß die levée en masse allein durch die GK'en erfaßt wird und daher die unter E.II.4.a. dargestellte Rechtslage insoweit fortgilt.

Art.44 Abs.2 ZP I bedeutet jedoch für irreguläre Kombattanten nach Art.4.A.2. III.GK eine wesentliche Erleichterung gegenüber der bisherigen Rechtslage, da die Einhaltung der entsprechenden Regeln für den Kombattantenstatus des Einzelnen nicht mehr konstitutiv ist[2]. Damit bestätigt er Auslegungen des Art.4.A.2. III.GK, wonach die Beachtung der Gesetze und Gebräuche des Krieges für den Kombattantenstatus nicht konstitutiv ist, s.o. E.II.5.b.dd. Dieses Er-

---

1 Kwakwa geht jedoch, ohne Art.44(6) ZP I zu erwähnen, davon aus, daß die einheitliche Bezugnahme in Art.44(2) ZP I auf "Kombattanten" eine willkommene rechtliche Gleichstellung von regulären und irregulärn Kombattanten enthält. Damit scheint für ihn festzustehen, daß reguläre Truppen ihren Kombattantenstatus nur aufgrund Art.44(2) ZP I und nicht bereits aufgrund der bisherigen Rechtslage beibehalten, vgl. ders. S.96. Er rechtfertigt die Gleichbehandlung u.a. durch Hinweis auf reguläre Kombattanten, die in irreguläre Einheiten integriert sind.

2 Nach den GK'en müssen die Gruppe *und* der Einzelne das humanitäre Völkerrecht beachten, damit der Einzelne in den Genuß des Kombattantenstatus gelangen kann, s.o. E.II.5.a. Vgl. zur Diskussion um den konstitutiven Charakter der Einhaltung der Gesetze und Gebräuche des Krieges oben E.II.5.b.dd.

gebnis ist in der Literatur teilweise scharf kritisiert[1], teilweise jedoch auch als Verbesserung gegenüber der bisherigen Rechtslage begrüßt worden, besonders im Hinblick auf "an apparent inconsistency between Articles 4.A.2.(c) and 85 of the Third Geneva Convention"[2]. Auch wenn Art.44 Abs.2 ZP I vordergründig in Übereinstimmung mit dem bereits erwähnten Art.85 III.GK zu stehen scheint[3], widerspricht er sowohl den Möglichkeiten der engen (auf Vorschriften des Gewahrsamsstaates beschränkten) Auslegung des Art.85 III.GK, als auch den 1949 für den Bereich von Kriegsverbrechen gemachten Vorbehalte gegen Art.85 III.GK. Dieser Diskussion entzogen sich verschiedene Staatenvertreter bei der CDDH, indem sie den Geltungszeitraum des Art.85 III.GK auf die Zeit nach einer strafrechtlichen Verurteilung durch den Gewahrsamsstaat festlegten, Art.44 Abs.2 ZP I hingegen auf die Zeit *vor* einer solchen Verurteilung bezogen[4].

Wie oben E.II.5.b.dd. dargelegt, sprechen verschiedene Gründe dafür, reguläre und irreguläre Kombattanten mit Blick auf die Einhaltung der Regeln des im bewaffneten Konflikts anwendbaren Völkerrechts unterschiedlich zu behandeln. Die Festlegung besonderer Bedingungen für Irreguläre in Art.4A.2. III.GK ist begründbar aus dem konstitutiven Charakter der Einhaltung der "Gesetze und Gebräuche" für die an unabhängige Milizen, Freiwilligenkorps und Widerstandsbewegungen gestellten *organisationsbezogenen* Bedingungen: Mißachtung der "Gesetze und Gebräuche" durch viele Einzelne gefährdet den Status der gesamten Gruppe und ihrer Angehörigen. Dies hat für den Irregulären zur Folge, daß er bei Verlust des Kombattantenstatus auch für solche Handlungen zur Rechenschaft gezogen werden kann, die an sich völkerrechtsgemäß vorgenommen wurden. Das Völkerrecht wollte Irregulären als Zugeständnis den Kombattantenstatus eben nur bei Einhaltung der Gesetze und Gebräuche des Krieges gewähren. Daß dies aus sich heraus keine unbillige Regelung war, wurde oben E.E.III.4. ausgeführt. Von dieser Rechtslage rückt nun Art.44 Abs.2 ZP I ab. Problematisch ist dies u.a. deshalb, weil die in Art.44 Abs.2 ZP I enthaltene Beibehaltungsregel als einzige Ausnahme die in Art.44 Abs.3 und 4 *bezeichneten* Fälle nennt. Damit ließe sich ohne weiteres folgende Auslegung begrün-

---

[1] Vgl. die Nachweise bei Kwakwa S.96. Roberts schreibt: "Thus, members of a guerilla group that routinely execute prisoners would be entitled to prisoner of war status upon capture", vgl. ders. S.128

[2] Diese Ansicht vertritt Kwakwa, vgl. ebd. S.96. Dieser Autor hält eine Gleichbehandlung regulärer und irregulärer Truppen für gerechtfertigt, da letztere immerhin den Anforderungen des Art.43(1) genügen müßten, vgl. ebd.

[3] Vgl. oben E.II.5.b.dd.

[4] Vgl. Lapidoth, S.197

den: da Art.44 Abs.4 den Verlust des Kombattantenstatus nur in den besonderen Situationen des Absatz 3 Satz 2 explizit vorsieht, führt *e contrario* die Mißachtung der in Satz 1 des Art.44 Abs.3 ZP I geregelten allgemeinen Unterscheidungspflicht nicht zum Verlust des Kombattantenstatus. Eine solche Auslegung stünde jedoch in Widerspruch zu dem engen Sinnzusammenhang der Sätze 1 und 3 des Art.44 Absatz 3 ZP I und der daraus folgenden *a fortiori*-Auslegung, s.o. F.IV.3.b.bb.bbb. Der Hinweis in Art.44 Abs.2 ZP I auf die "in den Absätzen 3 und 4 bezeichneten Fälle(n)" sollte daher so verstanden werden, daß sich die in Art.44 Absatz 2 ZP I festgelegte Beibehaltung des Kombattantenstatus bei Verletzung des im bewaffneten Konflikt anwendbaren Völkerrechts nicht auf die Pflicht zur Unterscheidung von der Zivilbevölkerung bezieht.

Die in Art.44 Abs.2 enthaltene Neuerung ist in der Literatur vereinzelt mit Erfahrungen insbesondere im Vietnamkrieg begründet worden, wo der Vietcong gefangenen US-Soldaten mit fadenscheinigen Vorwürfen angeblicher Kriegsverbrechen immer wieder den Kriegsgefangenenstatus verweigert hatte[1]. Abgesehen davon, daß ein solches Verhalten gegenüber regulären Kombattanten ohnehin einen eindeutigen Verstoß gegen die Konvention darstellt[2], hätte man dieser antihumanitären Praxis jedoch auch auf andere Weise als durch Beibehaltung des Kombattantenstatus begegnen können. Nach Ansicht des Verfassers hätten die Garantien der Art.45 Abs.1 S.2 und 75 ZP I ausgereicht, um gefangene irreguläre Kombattanten vor Willkür zu schützen[3].

bb) Art.44 Abs.3 ZP I

Die Einhaltung der in Art.44 Abs.3 S.1 ZP I festgelegten allgemeinen Unterscheidungspflicht von der Zivilbevölkerung[4] hat konstitutiven Charakter für die Zubilligung des Kombattantenstatus[5], auch wenn diese Pflicht gegenüber der

---

1 Meron 1994, S.680. Aldrich bezeichnet deshalb diese Änderung der Rechtslage als "bedeutende Errungenschaft des Protokolls", um deren Einführung sich die US-Delegation bei der CDDH außerordentlich bemüht habe, vgl. ders. 1988, S.454, 459,460

2 Die Einhaltung der Gesetze und Gebräuche des Krieges gehört für reguläre Kombattanten nicht zu den konstitutiven Merkmalen des Kombattantenstatus, vgl. dazu oben E.II.5.b.aa.

3 Vgl. BGBl 1990 II, S.1585 und 1605. Nach Art.45 Abs.1 S.2 ZP I genießen Personen, die den Kombattantenstatus für sich beanspruchen, so lange diesen Status, bis ein zuständiges Gericht über diesen Status entschieden hat. Art.75 gewährt unabhängig von der Frage des Kombattantenstatus allen in der Hand einer Konfliktpartei befindlichen Personen bestimmte Rechtsgarantien

4 Kwakwa weist zu Recht darauf hin, daß sich diese Pflicht wegen der Uniformtradition regulärer Streitkräfte in erster Linie an irreguläre Streitkräfte richtet, vgl. ders. S.97

5 Lapidoth, S.196,197

Rechtslage nach den GK'en in zeitlich-räumlicher Hinsicht wesentlich eingeschränkt wurde. Zwar wird der konstitutive Charakter in Abs.3 S.1 des Art.44 ZP I nicht ausdrücklich erwähnt und sprach sich bei der CDDH der 3. Ausschuß in seinem Berichtsentwurf für 1977 dafür aus, daß es sich bei der Bedingung gerade nicht um eine konstitutive Voraussetzung für den Kombattantenstatus handele[1]. Die gleiche Ansicht findet sich auch bei einem Teil der Literatur[2]. Diese Argumentation lehnt Lapidoth jedoch als "illogique" ab und begründet dies wie folgt: zum einen lege Art.44 Abs.2 ZP I ausdrücklich fest, daß bei Nichteinhaltung der Regeln des humanitären Völkerrechts kein Verlust des Kombattantenstatus eintrete. Aus der Nichterwähnung dieser Rechtsfolge bei Verletzung des Offenheitsgrundsatzes in Art.44 Abs.3 S.1 ZP I ergebe sich, daß Kämpfer bei Verletzung des Offenheitsgrundsatzes ihren Kombattantenstatus gerade nicht behalten sollen. Auch folge aus Art.44 Abs.3 S.2 ZP I, daß Kämpfer in den dort genannten, speziellen Situationen den Kombattantenstatus nur bei Einhaltung bestimmter, in Buchst.a. und b. genannter Minimalpflichten behalten. Wenn in diesen Situationen, in denen die Einhaltung des Offenheitsgrundsatzes für den einzelnen Kämpfer "wegen der Art der Feindseligkeiten" offensichtlich schwer ist, die Nichteinhaltung der minimalen Unterscheidungspflicht zum Verlust des Kombattantenstatus führe, müsse dies *a fortiori* bei Mißachtung dieser Pflicht in "normalen", weniger riskanten Situationen nach Abs.1 gelten. Dieser aus dem Textzusammenhang der Vorschrift folgenden Auslegung gebühre auch der Vorrang gegenüber dem Berichtsentwurf des 3. Ausschusses bei der CDDH, dem nur der Charakter bloßer Vorarbeiten zukomme[3]. Darüber hinaus wird Art.44 Abs.3 S.2 ZP I nach seinem Wortlaut auch nur dann verständlich, wenn er im Zusammenhang mit Satz 1 wie folgt gelesen wird:

- Kombattantenstatus kann nur beanspruchen, wer sich in den genannten Situationen von der Zivilbevölkerung unterscheidet (Satz 1)
- In bestimmten Situationen erlaubt die Art der Feindseligkeiten keine Unterscheidung, so daß die betreffenden Personen eigentlich keinen Kombattantenstatus beanspruchen können
- Sofern Kämpfer in solchen Situationen jedoch die in Buchst.a. und b. festgelegten Mindestanforderungen erfüllen, behalten sie in diesen Ausnahmefällen dennoch ihren Kombattantenstatus.

---

[1] CDDH/III/408, S.7
[2] Kalshoven 1977, S.130; Aldrich 1988, S.461 sowie 11981, S.773
[3] Lapidoth, S.199. Ähnlich Wilson, S.176

Satz 2 des Art.44 Abs.3 ZP I ergäbe keinen Sinn, wenn der Kombattantenstatus bei Verletzung der in Satz 1 statuierten Unterscheidungspflicht nicht verlorenginge[1].

Hier ist aber folgende Einschränkung zu machen: Wie oben dargelegt, hat gemäß den GK'en bei *regulären* Streitkräften weder die Einhaltung der "Gesetze und Gebräuche des Krieges", noch die Befolgung des in Art.4.A.2. lit.b und c. III.GK festgelegten Offenheitsgrundsatzes konstitutiven Charakter für den Kombattantenstatus ihrer Angehörigen. Einzige - umstrittene - Ausnahme ist das Auftreten als Zivilist, nicht jedoch schon jede ungenügende Unterscheidung[2]. Aus Art.44 Abs.6 ZP I und dem darin enthaltenen Rechtsgedanken i.V.m. Art.4.A.1. III.GK folgt, daß für Angehörige regulärer Streitkräfte die Unterscheidungspflicht anders zu definieren ist und die Mißachtung der Unterscheidungspflicht des Art.44 Abs.3 S.1 ZP I nur in dem Umfang zum Verlust des Kombattantenstatus führt, in dem die Einhaltung der Unterscheidungspflicht auch für reguläre Streitkräfte konstitutiv ist (Auftreten als Zivilist)[3]. Diese Argumentation hat zwar eine - von den ZP'en nicht beabsichtigte - fortbestehende uneinheitliche Behandlung regulärer und irregulärer Kämpfer zur Folge, diese ergibt sich jedoch aus der "Bestandsschutzregelung" des Art.44 Abs.6 ZP I sowie aus grundsätzlichen Erwägungen betreffend irreguläre Einheiten[4]. Sie kann auch nicht das Argument rechtfertigen, der Unterscheidungspflicht nach Art.44 Abs.3 S.1 ZP I grundsätzlich und für alle Streitkräfte den konstitutiven Charakter abzusprechen.

In der Literatur wird teilweise vertreten, daß ein Kombattant, welcher den Kriterien des Art.44 Abs.3 S.2 genügt, zwar den Status eines Kriegsgefangenen hat, jedoch gleichwohl wegen Verletzung der allgemeinen Unterscheidungspflicht nach Art.44 Abs.3 S.1 ZP I als Kriegsverbrecher zur Verantwortung gezogen werden kann[5]. Diese Rechtsfolge war jedoch von den Autoren des Art.44 Abs.3 S.2 ZP I kaum beabsichtigt[6].

---

1 Insbesondere fehlte es an jedem Anreiz zu völkerrechtsgemäßem Verhalten, vgl. zu diesem Zusammenhang auch Randelzhofer 1975, S.53

2 Vgl. hierzu oben E.II.3.a. Diese konnte allerdings ggfs. als Verstoß gegenüber dem humanitären Völkerrecht geahndet werden.

3 Vgl. die Ausführungen zur Uniformtradition für reguläre Streitkräfte oben bei E.II.3.a. und E.II.5.b.aa. und dd. sowie bei F.IV.3.b.bb.bbb.

4 Vgl. E.II.3.a. und E.II.5.b.aa.

5 Vgl. m.w.N. Sandoz/Swinarski/Zimmermann RZ 1706-1714

6 Greenwood, S.204

Aus Art.44 Abs.3 S.2 ZP I folgt, daß trotz Mißachtung der allgemeinen Unterscheidungspflicht unter bestimmten Voraussetzungen der Kombattantenstatus nicht verlorengeht. In der Literatur wird dies teilweise als einziger Fall angesehen, in dem ein Kombattant auch bei Verletzung individueller humanitärvölkerrechtlicher Pflichten seinen Kombattantenstatus beibehält[1]. Bei Nichterfüllung selbst dieser Anforderungen verliert nach einhelliger Auffassung der Kämpfer gem. Art.44 Abs.4 S.1 ZP I seinen Kombattantenstatus und damit das in Art.43 Abs.2 ZP I das Recht "unmittelbar an den Feindseligkeiten teilzunehmen". Dabei wird Art.44 Abs.4 ZP I teilweise so gelesen, daß die Rechtsfolge des Verlusts des Kombattantenstatus nur dann eintritt, wenn die Nichterfüllung der Bedingungen des Absatzes 3 in dem Moment gegeben ist, in welchem der Kombattant "in die Gewalt einer gegnerischen Partei gerät". Diese Argumentation wird durch Hinweis auf Art.44 Abs. 5 ZP I untermauert[2]

Nach Art.44 Abs.4 S.1 ZP I genießt der Kämpfer jedoch selbst in diesen Fällen "in jeder Hinsicht den Schutz, der dem den Kriegsgefangenen durch das III. Abkommen und dieses Protokoll gewährten Schutz entspricht". Um welchen Schutz es sich konkret handelt, bleibt offen. Zusätzliche Unklarheit beinhaltet der Hinweis auf einen lediglich *entsprechenden* Schutz. Für Lapidoth ist diese Regelung nicht nur - wie die Vorschrift des Art.44 Abs.3 S.2 - unklar und zweideutig, sondern geradezu enigmatisch[3]. Es sei völlig widersinnig, ausgerechnet denjenigen Personen "in jeder Hinsicht" den Schutz für Kriegsgefangene angedeihen zu lassen, die soeben durch ihr Verhalten den Kombattantenstatus verwirkt hätten. Kwakwa schreibt: "The rationale behind guaranteeing POW treatment to one who has lost his POW status is difficult to grasp" (POW = prisoner of war, Anm.d.Verf.)[4]. Andere Stimmen sehen in dieser Vorschrift lediglich eine Gleichstellung mit der Rechtsposition regulärer Kombattanten: der Einzelne werde wie ein Kriegsgefangener behandelt, jedoch könne er wegen seines Verstoßes gegen die Unterscheidungspflicht als Kriegsverbrecher zur Verant-

---

1: "It is only in relation to the special situations contemplated in the second sentence of paragraph 3 that this general system is abandoned for an exceptional régime", vgl. Kalshoven 1977, S.130

2 Dieser lautet: "Ein Kombattant, der in die Gewalt einer gegnerischen Partei gerät, während er nicht an einem Angriff oder an einer Kriegshandlung zur Vorbereitung eines Angriffs beteiligt ist, verwirkt wegen seiner früheren Tätigkeit nicht sein Recht, als Kombattant und Kriegsgefangener zu gelten", vgl. BGBl 1990 II, S.1584,1585. Die genannte Ansicht wird z.B. vertreten von Kalshoven, vgl. ders. 1977, S.131

3 Vgl. dies. S.204. Kalshoven spricht von einer "most peculiar provision, in that it comes ....very close to giving back with one hand what was taken with the other", vgl. ders.1977, S.131. Für die deutsche Delegation war die III.GK allerdings strenges Kriterium für die Behandlung von Fällen nach Art.44(4) ZP I, vgl. CDDH/III/SR.55/S.167

4 Kwakwa S.105

wortung gezogen werden[1]. Dies Argument kann jedoch nicht überzeugen: warum sollte gerade der irreguläre Kämpfer, der ohnehin schon gegen den allgemeinen Unterscheidungsgrundsatz verstoßen und nicht einmal den minimalsten Anforderungen der Sonderregelung des Art.44 Abs.3 S.2 ZP I entsprochen hat, warum sollte also gerade dieser gegenüber anderen irregulären Kämpfern bessergestellt werden, welche aufgrund Verstoßes gegen die - für den Kombattantenstatus konstitutive - allgemeine Unterscheidungspflicht des Art.44 Abs.3 S.1 ZP I als Zivilisten behandelt werden, die sich an Kampfhandlungen beteiligt haben? Insofern gewährt Art.44 Abs.4 ZP I einer bestimmten Kategorie von irregulären Kämpfern, nämlich den mit Guerillamethoden vorgehenden Personen, eine rechtliche Besserstellung gegenüber anderen irregulären Kombattanten. Auch hierin zeigt sich erneut das Bemühen, das humanitäre Völkerrecht möglichst guerilla-/befreiungskriegfreundlich umzugestalten.

Zu Recht wurde darauf hingewiesen, daß zu völkerrechtskonformem Verhalten kein Anreiz besteht, wenn dem Einzelnen der Schutz der Konventionen und Protokolle auch ohne deren Beachtung zuteil wird[2]. Zwar kenne die III. GK auch eine Behandlung bestimmter Personengruppen *entsprechend* derjenigen von Kriegsgefangenen, es handele sich dabei jedoch um Sonderfälle. In keiner dieser Personenkategorien habe zunächst Kombattantenstatus bestanden, der sodann durch eigenes Verschulden verlorengegangen sei[3]. Zu beachten ist auch, daß keine der entsprechend Kombattanten behandelten Personen aktiv an Kampfhandlungen teilgenommen und durch ihr völkerrechtswidriges Verhalten die Zivilbevölkerung in Gefahr gebracht hat. Motiv für die Regelung des Art.44 Abs.4 S.1 ZP I war aus Sicht Lapidoths das Bestreben, Guerillakämpfern wenigstens in diesen Fällen der Nichtbeachtung minimalster Unterscheidungspflichten den Status legaler Kombattanten zu entziehen, ohne sie gleichwohl eines humanitären Schutzes zu berauben[4].

Art.44 Abs.4 S.1 ZP I ist daher zumindest so auszulegen, daß bei Verstoß gegen die in Art.44 Abs.3 S.2 ZP I geforderte minimale Unterscheidungspflicht der Einzelne von der Gewahrsamsmacht wie ein Zivilist zur Verantwortung gezogen werden kann, welcher sich durch schlichte Teilnahme an Kampfhandlungen

---

1 Greenwood, S.204

2 Lapidoth, S.202; Kalshoven 1977, S.132 bezeichnet diesen Aspekt als die "crux of the matter" und verweist insoweit u.a. auf die Haltung der australischen Delegation bei der CDDH

3 Lapidoth, S.204

4 Vgl. Lapidoth, S.204

- und sei es auch unter Beachtung der völkerrechtlichen Kampfführungsregeln - strafbar gemacht hat[1]. Er muß jedoch auch dann als Gefangener "in jeder Hinsicht" eine Kriegsgefangenen "entsprechende" Behandlung erfahren[2]. Allerdings läßt Art.44 Abs.4 S.1 ZP I die konkreten Verhaltensanforderungen an die Gewahrsamsmacht in Bezug auf eine "in jeder Hinsicht entsprechende" Behandlung offen.

cc) Art.44 Abs.5 ZP I

Diese Vorschrift bezweckt den Schutz von Kombattanten, die sich nicht an die Unterscheidungspflicht gem. Art.44 Abs.3 ZP I gehalten haben und erst später in die Gewalt des Gegners geraten. Hier ergibt sich aus Art.44 Abs.5 ZP I, daß die Vorenthaltung des Kombattantenstatus nicht mehr mit der früheren Verletzung der Unterscheidungspflicht begründet werden kann[3].

6. Die Stellung der Söldner (Art.47 ZP I)

Die Stellung der Söldner im humanitären Völkerrecht und besonders ihre Behandlung durch ZP I verdient im Kontext der vorliegenden Arbeit nicht zuletzt deshalb Aufmerksamkeit, weil die Söldnerproblematik sich in den Jahren vor der CDDH meist im Zusammenhang mit Guerillaauseinandersetzungen und Nationalen Befreiungskriegen eingesetzt wurden[4]. Wie noch zu zeigen sein wird, stellte die Behandlung der Söldnerfrage als eine Facette der für den Be-

---

1 Ipsen 1993, S.156; ebenso de Preux, S.262, Kwakwa S.105, Gasser 1987, S.921, Roberts (unter Hinweis auf Baxter) sowie Kalshoven 1977, S.131. Für ihn schützt Art.44 Abs.4 ZP I das Interesse der Gewahrsamsmacht, die betreffenden Personen als *Nicht-Kombattanten* vor Gericht stellen zu können, ohne diese Personen jedes humanitären Schutzes zu berauben. Obwohl sowohl nach den GK'en als auch nach ZP I grundsätzlich die Möglichkeit bestünde, auch Kombattanten vor Gericht zu stellen, würden Gewahrsamsmächte von dieser Möglichkeit erfahrungsgemäß aus Angst vor Vergeltungsmaßnahmen nur äußerst selten Gebrauch machen. Da nach Ansicht dieses Autors die Situationen nach Art.44 Abs.3 Satz 2 ZP I nur Fälle der kriegerischen Besetzung und von Befreiungskriegen i.S.d. Art.1(4) ZP I betreffen, hält er Art.44 Abs.4 ZP I für eine sorgfältig ausbalanciertes Ausnahmeregime für die genannten Koflikte, vgl. ders. ebd. S.132. Dieser Ansicht kann schon wegen des sehr nebulösen Wortlauts von Art.44 Abs.4 kaum zugestimmt werden.

2 Lapidoth, S.205; so auch der 3. Ausschuß in seinem Berichtsentwurf für die 4. Sitzung der CDDH, vgl. CDDH/III/408; vgl. auch Wilson, S. 1976. Gasser sieht darin vor allem die Zubilligung bestimmter Verfahrensgarantien und meint: "this is hardly an unacceptable burden for a civilized nation", vgl. ders 1987, S.921. Ähnlich Oeter 1989, S. 459 f.

3 Lapidoth, S. 205,206

4 Kwakwa, S.108. Ein guter Überblick über die Literatur zum Söldnerthema findet sich bei Roberts, S.136, FN 143

reich nationaler Befreiungskriege bereits dargestellten Rückkehr der bellum iustum-Theorie in den Bereich des humanitären Völkerrechts dar[1]. Dies liegt vor allem an der durch Art. 47 Abs.1 ZP I - abweichend von der Rechtspraxis vieler Staaten - getroffenen Regelung, wonach Söldnern kein Kombattantenstatus zukommt[2].

a) Historisch-rechtlicher Hintergrund

Ebenso wie Guerillaauseinandersetzungen sind Söldner seit unvordenklicher Zeit Teil der Kriegführung: Karthago, Rom und Byzanz benutzten Söldner, im 15. Jahrhundert griffen Fürsten nicht selten auf Söldner zurück, welche sie für den Kriegsfall bereithielten[3]. Söldner, deren Einsatz erst mit Einführung der allgemeinen Wehrpflicht seltener wurde, spielten geschichtlich in vielen Auseinandersetzungen eine angesehene und respektierte Rolle[4]. Ein berühmtes Beispiel sind die hessischen Söldner, welche Ende des 18. Jahrhunderts auf Seiten Englands im amerikanischen Unabhängigkeitskrieg kämpften[5].
Im 20. Jahrhundert war der Einsatz von Söldnern am häufigsten in Afrika zu beobachten, wo er im wesentlichen mit dem Prozeß der Dekolonisierung verbunden und häufig gegen nationale Befreiungsbewegungen gerichtet war[6]. Neben ehemaligen Kolonialmächten griffen auch multinationale Firmen zur Wahrung ihrer Interessen auf Söldner zurück[7]. Söldner kamen aber nicht nur gegen Befreiungsbewegungen zum Einsatz. Sie wurden ebenso von den unabhängig gewordenen, zerbrechlichen jungen Staaten zur Aufrechterhaltung der staatli-

---

1 Beim Söldnerproblem geht es nicht nur um die Stellung der Söldner, sondern auch um die Rechtsfolgen eines Söldnereinsatzes für das Verhältnis zwischen dem von ihnen bekämpften Staat und ihrem Herkunftsstaat, vgl. Kwakwa, S.108. Da es sich bei dieser Frage jedoch nicht um eine solche des ius in bello handelt, soll dieser Aspekt nicht weiter vertieft werden.

2 Art.47 Abs.1 ZP I legt fest: "Ein Söldner hat keinen Anspruch auf den Status eines Kombattanten oder eines Kriegsgefangenen", vgl. Text in BGBl 1990 II, S. 1586 sowie Text im Anhang

3 Maaß weist darauf hin, daß das Söldnerphänomen so alt ist wie der Krieg selbst, vgl. ders. S.6,7 (mit umfangreichen Hinweisen auf die Literatur zur geschichtlichen Dimension des Söldnerwesens). Für Schwarzenberger sind Söldner " a perennial phenomenon", vgl. ders. 1971, S.279. Cassese führt die häufige Verwendung von Söldnern in Mittelalter und Neuzeit auf das Fehlen regulärer Streitkräfte zurück, welche erst im Zuge der Bildung von Nationalstaaten entstanden, vgl. ders. 1980, S.1,2

4 L.C. Green 1977, S.16 sowie Maaß, S.6

5 Vgl. Kwakwa, S.112,113

6 Ipsen, in Handbuch Fleck, S.59. Einen sehr guten Überblick über die in den 20 Jahren nach 1960 überwiegend in Afrika geführten Konflikte mit Söldnerbeteiligung gibt m.w.N. Cassese 1980, S. 2-4 (Kongo, Jemen, Biafra, Guinea, Angola, Benin, Komoren).

7 Cassese 1980, S.1

chen Einheit und der Stärkung ihrer Sicherheitsapparate[1], aber auch von sezessionistischen Bewegungen zur Herausforderung ebendieser Einheit benutzt[2].

b) Definition

Neben Definitionen in der Literatur[3] findet sich eine Definition des Söldnerbegriffs vor allem Art.47 Abs.2 ZP I[4].

Danach gilt als Söldner,

a) wer im Inland oder Ausland zu dem besonderen Zweck angeworben ist, in einem bewaffneten Konflikt zu kämpfen,
b) wer tatsächlich unmittelbar an Feindseligkeiten teilnimmt,
c) wer an Feindseligkeiten vor allem aus Streben nach persönlichem Gewinn teilnimmt und wer von oder im Namen einer am Konflikt beteiligten Partei tatsächlich die Zusage einer materiellen Vergütung erhalten hat, die wesentlich höher ist als die den Kombattanten der Streitkräfte dieser Partei in vergleichbarem Rang und mit ähnlichen Aufgaben zugesagte oder gezahlte Vergütung,

---

1 Cassese nennt als Beispiel die Rekrutierung europäischer und südafrikanischer Söldner 1978 durch Zaire zur Verteidigung der Provinz Shaba, vgl. ders. 1980, S.3. Das Eigeninteresse am Rückgriff auf Söldner erklärt aus Sicht dieses Autors das Zögern vieler afrikanischer Staaten hinsichtlich der Entwicklung völkerrechtlicher Regelungen zur Unterdrückung des Söldnrwesens, vgl. ebd.

2 Kwakwa nennt den Söldnereinsatz auf Seiten der Katanga-Sezessionisten und die Mobutu-Regierung im Kongo Anfang der sechziger Jahre, die Verwendung von Söldnern durch die Smith-Regierung in Rhodesien Mitte der 60-iger Jahre, den breiten Einsatz weißer Söldner im angolanischen Bürgerkrieg gegen die MPLA Mitte der 70-iger Jahre sowie Ende der 80-iger Jahre Zeit das Eingreifen von Söldnern auf den Komoren, vgl. ders. S.113. Die Verwendung zur Destabilisierung junger Staaten betont auch Cassese 1980, S.2

3 Für Vattel war der Söldner eine Person, die freiwillig und aus Gründen der hierfür angebotenen Bezahlung als Soldat in Diensten eines fremden Herrschers trat. Allerdings erkennt es Vattel auch als möglich an, daß die betreffende Person auch aus Gründen einer gemeinsamen Überzeugung für den fremden Herrscher kämpft, zitiert bei L.C. Green 1977, S.16. Burmester, The Recruitment and Use of Mercenaries in Armed Conflicts, in: AJIL Bd.72 (1978), S. 37. Cassese zitiert die Encyclopedia Britannica mit einer Definition, wonach der Söldner eine Person ist, "...who serves or acts solely for motives of personal gain....., particularly a soldier who offers himself for service in any army which may hire him", vgl. ders. 1980, S.1. Dieser Autor weist mit Blick auf sowjetische und kubanische Truppen in den siebziger Jahren in Afrika darauf hin, daß im zwischenstaatlichen Sprachgebrauch teilweise auch reguläre Streitkräfte, die aus politischen oder ideologischen Gründen auf einem anderen Kontinent zum Einsatz gelangen, als "Söldner" bezeichnet wurden, vgl. ebd. S.3,4

4 Text in BGBl 1990 II, S.1586,1587

d) wer weder Staatsangehöriger einer am Konflikt beteiligten Partei ist noch in einem von einer am Konflikt beteiligten Partei kontrollierten Gebiet ansässig ist,
e) wer nicht Angehöriger der Streitkräfte einer am Konflikt beteiligten Partei ist und
f) wer nicht von einem nicht am Konflikt beteiligten Staat in amtlichem Auftrag als Angehöriger seiner Streitkräfte entsandt worden ist.

Die Buchstaben a) - c) der Definition sind kumulativ zu erfüllende Positivvoraussetzungen, die Buchstaben d) - f) hingegen sind als Ausschlußtatbestände zu verstehen[1].

Die Definition des Art.47 Abs.2 wurde durch die Afrikanische Söldnerkonvention von 1985 und das Söldnerübereinkommen der VN von 1989 übernommen[2], sie ist jedoch nicht unproblematisch.

Erforderlich ist zunächst nach Buchst. a) die Anwerbung für einen spezifischen Konflikt, d.h. nicht allgemein als "Reserve"[3]. Die Rekrutierung muß speziell für die unmittelbare Teilnahme an Feindseligkeiten im Rahmen eines spezifischen Konflikts[4] erfolgen. Die Anwerbung von militärischen Experten wird diesem Kriterium nicht gerecht[5]. Diese Regelung ist in der Literatur als unbefriedigend kritisiert worden[6].

---

1 Maaß, S.101 unter Hinweis auf Bothe/Partsch/Solf, Anm. 2.5 zu Art.47; ebenso auch Ipsen, in Fleck, S.59; Buß, S.241

2 Ipsen in Fleck, S.59

3 Anwerbung setzt freiwillige Entscheidung ohne Bestehen eines Subordinationsverhältnisses voraus, wobei die Rekrutierung nicht notwendigerweise durch den Staat selbst erfolgen muß. Das Kriterium soll die Möglichkeit ausschließen, zum Kriegsdienst herangezogene Personen als Söldner zu bezeichnen. Die Anwerbung für allgemeine Aufgaben innerhalb der Streitkräfte reicht nicht aus, vgl. Maaß, S.106,107

4 Unter dem bewaffneten Konflikt können zwar u.a. Konflikte nach Art.1 ZP I verstanden werden, nicht jedoch, wie teilweise angenommen, auch innerstaatliche Konflikte, vgl. Maaß, S.105. Feindseligkeit ist die konkrete Kriegshandlung, die geeignet ist, den Feind zu schädigen und die von dem Willen getragen ist, den Willen des Feindes zu brechen, vgl. Berber Lehrbuch Bd.II, S.15 und 61.

5 Bothe/Partsch/Solf, S.271; Cassese 1980, S.23

6 Für Rosas ist wegen der schwierigen Abgrenzbarkeit die Unterscheidung zwischen Söldner und Berater eher eine Geschmacksfrage, vgl. ders. S.395. So kündigte die im Westsahara-Konflikt kämpfende Befreiungsfront POLISARIO an, französische Militärberater in Mauretanien als Söldner zu behandeln, vgl. hierzu Kwakwa, S.109. Roberts weist darauf hin, daß das Erfordernis der Anwerbung zum Zweck des Kampfes diejenigen nicht schützt, die ihre Absicht zu kämpfen erklären, dann jedoch anders eingesetzt werden, vgl. ders. S.135

Buchstabe b) steht in engem Zusammenhang mit a), indem er die tatsächliche Teilnahme an Feindseligkeiten[1] verlangt. Auch dieses Kriterium bezweckt, solche Personen vom Söldnerbegriff auszuschließen, die nur logistische und beratende Funktionen ausüben, ist aber in Randbereichen nicht ganz scharf[2].

Buchstabe c) repräsentiert den schwierigsten Teil der Söldnerdefinition[3]. Er enthält mit dem persönlichen Gewinnstreben, dessen Zweck die Abgrenzung von internationalen Freiwilligen ist, ein schwer zu fassendes subjektives Element, das dem Wesen des an objektive Tatsachen anknüpfenden humanitären Völkerrechts widerspricht[4]. Art.47 versucht hier eine definitorische Trennung, wo sich in der Praxis häufig viele Motive mischen. So kann kaum stets davon ausgegangen werden, daß Gewinnstreben überwiegendes Motiv der Söldneraktivität ist[5]. Das Merkmal der Vergütung soll ein objektives Korrektiv zum Motivationskriterium sein und Indizien für den Nachweis der entsprechenden Motive liefern[6]. Jedoch wird im Einzelfall häufig kaum nachzuweisen sein, welches die maßgebliche "Bezugsvergütung" überhaupt ist und ob die zugesagte Vergütung diejenige für vergleichbare "normale" Kombattanten dieser Streitkräfte wesentlich übersteigt[7]. Dieses Kriterium lädt zu Mißbrauch ein[1].

---

[1] Der Begriff ist im selben Sinne wie der Begriff "Feindseligkeiten" in Art.43 Abs.2 ZP I zu verstehen, vgl. Maaß, S.109

[2] Maaß, S.108 m.w.N. zu Stimmen in der Literatur, die die Formulierung für zu vage halten. So könnte gefragt werden, ob Personen mit reiner Stabsfunktion oder solche die zur Teilnahme gerade ansetzen, i.S.d. Vorschrift "unmittelbar" an Feindseligkeiten teilnehmen

[3] Es müssen folgende drei Elemente gegeben sein:
- Überwiegendes Gewinnstreben
- Die tatsächliche Zusage einer materiellen Vergütung
- Die Vergütung muß wesentlich höher sein als die vergleichbare, üblicherweise gezahlte Vergütung

[4] Für Cassese ist für solche psychologischen Elemente im humanitären Völkerrecht kein Raum, vgl. ders. 1980, S.25. Maaß betont zu Recht, daß die Feststellung des Motivs in der Praxis der Gewahrsamsmacht zukommt, gegen die der Söldner soeben noch gekämpft hat. Es liege auf der Hand, daß hier sachfremde und irrationale Beweggründe eine wesentliche Rolle spielen können, vgl. Maaß, S.112 m.w.N.

[5] Auf diesen Aspekt weist zurecht Kwakwa hin. Insbesondere in nationalen Befreiungskriegen könne regelmäßig vorausgesetzt werden, daß politische Motivationen eine wichtige bis dominierende Rolle spielten, vgl. Kwakwa, S.110. L.C. Green verweist auf die eher ideologisch motivierten Freiwilligen auf Seiten der Republikaner im spanischen Bürgerkrieg, vgl. ders. 1977, S.17. Dennoch trennt Art.47 das altruistische, immaterielle Motiv des internationalen Freiwilligen vom egoistischen Charakter des Söldners, in dessen Person sich ausschließlich die Vorteile der Teilnahme an den Feindseligkeiten individualisieren, vgl. Maaß, S.111. Schwarzenberger schreibt: "To establish *legal* categories by reference to motives, such as the economic incentive, is risky; for most members of the species of *homo habilis* (rather than *sapiens*) on most occasions appear to act from mixed motives", vgl. ders. 1971, S.281

[6] Für die Vergütung reicht es aus, wenn diese finanziell meßbar ist, vgl. Maaß, S.112,113

[7] Fraglich ist, ob sich stets geeignete "Bezugsstreitkräfte" mit wirklich vergleichbaren Funktionen und ähnlichem Rang immer mit der gebotenen Eindeutigkeit überhaupt

Auch der in Art.47 Abs.2 lit.d) enthaltene Ausschluß der Söldnereigenschaft für Staatsangehörige einer der Konfliktparteien sowie Ansässige eines von einer der Konfliktparteien kontrollierten Gebiets scheint problematisch, da die Vorschrift die betreffenden Personen dazu ermutige, gegen ihren eigenen Staat als Söldner zu agieren[2]. Dies wurde teilweise als gefährliche Regelungslücke bezeichnet[3]

Als "most crucial inadequacy"[4] des Art.47 ZP I wurde kritisiert, daß Art.47 Abs.2 lit.e) nachgerade eine Einladung darstelle, die Söldnervorschriften durch Integration entsprechender Personen in die Streitkräfte der Konfliktpartei mit Leichtigkeit zu umgehen[5]. Dabei sind unter Streitkräften hier die Streitkräfte i.e.S. zu verstehen[6]. Die in den OAU- und VN-Deklarationen und Entschlie-

---

bestimmen lassen. Auch wenn dies gelingt, liegt im Erfordernis des "wesentlichen" Übersteigens ein schwer zu fassendes Kriterium. Aufgrund der potentiell über Leben und Tod entscheidenden Rechtsfolge des Art.47 ZP I und dessen Charakter als Ausnahmetatbestand zu Art.43 ZP I plädiert Maaß zu Recht für eine möglichst enge Auslegung. Als wesentlich höher i.S. der Vorschrift ist daher nur diejenige Vergütung zu betrachten, die *offenkundig* wesentlich höher als die maßgebliche Vergleichsvergütung ist, vgl. Maaß, S.114

1 Cassese weist auf eine entsprechende Äußerung des Delegierten von Zaire bei der CDDH hin, nach dessen Ansicht dies Kriterium dem Mißbrauch Tür und Tor öffne, da Zahlungen an Söldner in der Regel auf diskretem Wege erfolgten, vgl. Cassese 1980, S.25

2 Kwakwa, S.110. Maaß weist aber darauf hin, daß bei der hier angesprochenen *Überläuferproblematik* zwischen Kombattanten- und Kriegsgefangenenstatus zu unterscheiden ist: während der Kombattantenstatus nach Art.43 ZP I nur an die Zugehörigkeit zu den Streitkräften anknüpft und somit auch Staatsangehörigen oder Gebietsansässigen des Gewahrsamsstaates zusteht, gilt dies nicht für den Kriegsgefangenenstatus, da der Betreffende nicht in die Hände einer "gegnerischen Partei" i.S.d. Art.44 Abs.1 ZP I fällt, vgl. Maaß, S.116,117.

3 Cassese 1980, S.26. Danach könnten Personen gegen Bezahlung für einen fremden Staat oder eine Befreiungsbewegung gegen ihren eigenen Staat kämpfen, ohne die Voraussetzungen des Söldnerbegriffs zu erfüllen.

4 Cassese 1980, S.26

5 Kwakwa nennt als Beispiel entsprechende britische Argumente bezüglich des Einsatzes nepalesischer Gurkhas, die voll integrierter Teil der britischen Streitkräfte seien. Diese strikte britische Auslegung sei durchaus korrekt, vgl. ders., S.111. Auch für L.C. Green bedarf es nur der Eingliederung fremder "Söldner" oder "Söldnereinheiten" in die regulären Streitkräfte, um die Folgen des Art.47 zu umgehen, vgl. ders. 1977, S.18. Maaß unterstreicht, daß die Eingliederung in die Streitkräfte auch nicht rechtsmißbräuchlich ist, da es den Staaten nach Völkerrecht frei stehe, wie sie ihre Streitkräfte organisierten. Den Angehörigen der französischen Fremdenlegion stehe damit zweifelsfrei der Kombattantenstatus zu, vgl. Maaß, S.120. Für Buß verliert Art.47 ZP I durch Buchstabe e) seine Anwendbarkeit, vgl. dies. S.241

6 Zum weiteren Streitkräftebegriff des Art.43 ZP I vgl. oben F.IV.2. Maaß begründet dies überzeugend: Söldner nach dem Ausnahmetatbestand des Art.47 kann nur sein, wer "an sich", d.h. ohne Vorliegen der Voraussetzungen des Art.47, Kombattantenstatus hätte. Dies sind die Angörigen der Streitkräfte im weiteren Sinne, d.h. die Mitglieder bewaffneter Verbände, Gruppen und Einheiten i.S.d. Art.43 Abs.1 ZP I. Die Negativvoraussetzung des Art.47 Abs.2 lit.e) ergäbe keinen Sinn und wäre überflüssig, wenn alle Angehörigen der Streitkräfte im weiteren Sinne automatisch als Söldner außer Betracht blieben. Nur die Angehörigen der regulären Streitkräfte i.e.S. können aufgrund von Art.47 Abs.2 lit.e) ZP I keine Söldner sein, vgl. Maaß, S.118,119

ßungen erscheinende Tendenz, nur bestimmten Kategorien von Söldnern, nämlich den gegen Befreiungsbewegungen eingesetzten, den Kombattantenstatus vorzuenthalten[1], fand durch Art.47 ZP I folglich nur vordergründig ein Ende: Indem die Angehörigen der Streitkräfte einer Konfliktpartei nicht als Söldner gelten, steht einer Fortsetzung der von vielen afrikanischen Regierungen gepflegten Übung des Rückgriffs auf Söldner zur Stärkung der eigenen militärischen Fähigkeiten humanitär-völkerrechtlich nichts im Wege[2].

Das in Buchstabe f) genannt Kriterium hätte zur Folge, daß z.B. die seinerzeit in Angola eingesetzten kubanischen Verbände nicht als Söldner gelten[3].

Art.47 ZP I begrenzt den Söldnerbegriff eng und ist darüber hinaus leicht zu umgehen, spiegelt jedoch die überwiegende Meinung bei der CDDH wider[4]. Rechtspolitische Absicht war es, Personen den Kombattantenstatus vorzuenthalten, die aus Streben nach persönlichem Gewinn ihre Dienste einer Konfliktpartei anbieten.

Angesichts der gravierenden Folgen der Qualifizierung einer Person als Söldner (Vorenthaltung des Kombattantenstatus) wäre an sich der sehr enge Söldnerbegriff dieser Vorschrift zu begrüßen. Dies ändert indes nichts an der sehr zu bedauernden Tatsache, daß durch Art.47 ZP I der bellum iustum-Gedanke in einem zentralen Bereich Einzug in das humanitäre Völkerrecht gehalten hat. Die Söldnervorschrift des Art.47 ZP I ist zu Recht auch als inkonsequent kritisiert worden, da sie die in den Artikeln 43 und 44 ZP I manifest gewordene Tendenz zur Ausweitung des Kombattantenstatus auf Guerillakämpfer ebenso widerspreche wie der allgemeinen Regel, daß alle an Feindseligkeiten aktiv teilnehmenden Personen ohne Ansehen ihrer Motive für die Teilnahme am Kampf bewertet werden sollten[5].

---

1 Vgl. unten F.IV.6.c.

2 Cassese 1980 S.24

3 L.C. Green 1977, S.18. Für Maaß ist der Begriff "Streitkräfte" in Buchst. f) im gleichen Sinne wie nach Buchst.e) zu verstehen, d.h. er bezieht sich nur auf die Streitkräfte i.e.S. Es sei auch praktisch kaum vorstellbar, daß ein Staat "bewaffnete Verbände, Einheiten und Gruppen" nach Art.43 ZP I an einen fremden Kriegsschauplatz entsende, vgl. Maaß S.123

4 Maaß schreibt: "Die Konferenzteilnehmer waren sich aber auch insoweit einig, daß nicht jede an sich unter die Definition des 'Söldners' fallende Person auch im Rechtssinne ein Söldner sein soll", vgl. ders. S.191. Dabei bezieht sich Maaß auf die ursprüngliche nigerianische Söldnerdefinition bei der CDDH, welche die Ausnahmetatbestände des späteren Art.47 Abs.2 Buchst. d) bis f) noch nicht enthielt.

5 Kalshoven 1977, S.135 sowie Schwarzenberger 1971, S.281,282. Cassese bestreitet dies u.a. damit, daß weiterhin Kämpfer im nicht-internationalen Konflikt keinen Schutz genössen: nicht der Anwendungsbereich werde ausgedehnt, sondern lediglich der Umfang

Gleichwohl wurde Art.47 ZP I teilweise als der bisher umfassendste Versuch einer international akzeptablen Definition des Söldnerbegriffs positiv gewürdigt[1].

c) Nationale und internationale Auseinandersetzung mit dem Phänomen

Vattel hatte es noch als rechtlich erlaubt betrachtet, als Söldner in den Dienst eines fremden Souveräns zu treten, vorausgesetzt, daß dies nicht gegen den Willen des eigenen Herrschers verstieß[2]. Der aus dem Jahre 1870 stammende britische "Foreign Enlistment Act" stellte die Verpflichtung oder den Einsatz zugunsten der Streitkräfte eines fremden Staates unter Strafe[3]. Empfehlungen eines mit der Söldnerfrage befaßten Ausschusses in Großbritannien gingen dahin, zwar die Anwerbung von Söldnern, nicht jedoch deren Eigenschaft als Söldner unter Strafe zu stellen[4]. Auch eine große Zahl weiterer Staaten haben in ihre nationale Gesetzgebung Vorschriften aufgenommen, die dem Eintritt ihrer Staatsangehörigen als Söldner in fremde Dienste entgegenwirken sollen. Diese

des Schutzes, wenn eine Person die Bedingungenh des Kombattantenstatus erfülle, vgl. Cassese 1980, S.27. Cassese übersieht jedoch, daß durch ZP I nicht nur der Schutz, sondern gerade auch die sachliche und persönliche Anwendbarkeit des humanitären Völkerrechts erheblich ausgeweitet wurden. Vielmehr reflektiert und enthüllt die in Art.47 ZP I enthaltene Rechtsfolge, ebenso wie bestimmte Elemente in Art.1(4) und 44 ZP I, das Motiv, einige Situationen und Verhaltensweisen humanitär-völkerrechtlich zu "belohnen", andere hingegen zu sanktionieren. Daran ändert auch die Tatsache nichts, daß nach ZP I auch Söldner nicht völlig rechtlos sind und unter dem Schutz bestimmter Rechtsgarantien stehen (Art.75 ZP I). Auch für Kussbach gilt: "La privation pour le mercenaire du statut privilégié de combattant se fonde sur des considérations d'ordre moral", vgl. ders. 1983, S.406. De la Pradelle begrüßt wegen ihrer dramatischen Folgen für den Einzelnen die Begrenztheit der gefundenen Söldnerdefinition, hält diese jedoch für willkürlich und fragt im Hinblick auf Art.44 ZP I zu Recht: "Mais comment concilier l'arbitraire de cette discrimination de principe avec l'expansion à l'extrême, dans le même instrument, de la notion de combattant et de prisonnier de guerre?", vgl. ders. S.28

1 "This article is the first expression, at the legislative level, of the international community's disapproval of mercenarism", vgl. Cassese 1980, S.26. Dieser Autor stellt geradezu bedauernd fest, der Widerstand westlicher Staaten bei der CDDH habe dazu geführt, daß der Söldnerbegriff eng gezogen wurde und auch Söldnern gewisse Rechte zustehen: "The updating (des humanitären Völkerrechts, Anm. d. Verf.) was not radical, however, because the innovatory process stopped halfway.", vgl. Cassese 1980, S.29

2 Vgl. L.C. Green 1977, S.16. Für Vattel war die Söldneraktivität sogar erwünscht, da die erlernte Kriegskunst später auch dem eigenen Souverän von Nutzen sein konnte. Er verwies dabei u.a. auf die Schweiz, die ohne Söldner in fremden Diensten das Kriegshandwerk "verlernt" hätte, vgl. ebd

3 Dabei wurde für die Zwecke dieses Gesetzes der Begriff "Staat" schon dann als erfüllt angesehen, wenn Volksteil notfalls nur einer Provinz mit regierungsähnlicher Herrschaftsgewalt regierten. Es blieb also Auslegungsfrage, ob das Gesetz auch das Tätigwerden für eine Guerillabewegung mit erfaßte, vgl. Kwakwa S.118.

4 Kwakwa, S.119

Vorschriften zielen jedoch nicht auf den Bereich des humanitären Völkerrechts ab und bezwecken meist vor allem den Schutz des normgebenden Staates als Neutraler[1].

Die OAU hat sich seit 1964[2] wiederholt des Söldnerthemas angenommen, das für sie ein Dauerthema darstellt, weil im Weltmaßstab Söldneraktivitäten vor allem in Afrika zu verzeichnen waren. Söldner kämpften in großem Umfang auf seiten der ehemaligen Kolonialmächte gegen Befreiungsbewegungen und wurden folglich als Handlanger von Kolonialismus und rassistischer Unterdrückung bezeichnet[3]. Für die OAU ging es zunächst um den Einsatz von Söldnern im Kongo, wobei sich die einschlägigen Resolutionen anfänglich nicht mit der Frage des Rechtsstatus von Söldnern befaßten, sondern vor allem mit den Auswirkungen auf die regionale Sicherheit und Stabilität (einschließlich Befreiungskriege)[4]. Spätere Erklärungen bezogen sich auf den Einsatz von Söldnern im allgemeinen, d.h. losgelöst von einem spezifischen Konflikt[5], jedoch äußerte sich die OAU zur Söldnerproblematik "in erster Linie aus politischer und rechtspolitischer Sicht"[6]. Im Jahre 1972 entstand im OAU-Rahmen eine "Convention for the elimination of mercenaries in Africa", die allerdings - ihrer Überschrift folgend - auf Afrika beschränkt war und auch dort nicht verhindern konnte, daß es in der Folge (insbesondere im angolanischen Bürgerkrieg) zu

---

1 Teilweise wird nur die Anwerbung auf eigenem Territorium verboten, teilweise wird diese von der vorherigen Zustimmung des eigenen Staates abhängig gemacht, vgl. hierzu ausführlich Maaß, S.31-35

2 In seiner Resolution Nr.5 v. 10.09.1964 bezeichnet der OAU-Ministerrat fremde Intervention und den Einsatz von Söldnern als ernste Bedrohung des Friedens, vgl. Text bei Maaß, S.192

3 Kwakwa, S.119. L.C. Green weist auf das in Afrika verbreitete allgemeine Unbehagen hin, welches u.a. ausgelöst wurde durch die Rolle weißer Söldner und ideologischer Freiwilliger in den Konflikten im Kongo, Nigeria (Biafra) und Angola, vgl. ders. 1977, S.17

4 Vgl. m.w.N. Maaß, S.36,37 sowie Cassese 1980, S.11,12 (dort FN 31). Dieser betont, der OAU sei es zunächst nicht um eine rechtliche Söldnerdefinition gegangen, sondern um das Verbot von deren Einsatz durch und gegen souveräne Staaten, sowie um die Notwendigkeit, das Phänomen durch internationale Zsammenarbeit zu unterdrücken. In diesem Zusammenhang waren drei Resolutionen/Erklärungen der OAU von 1967 (Staats- und Regierungschefs betr. den Kongo), 1970 (Ministerrat zu Guinea) und 1971 (Staats- und Regierungschefs zu Söldnern allgemein) wegweisend. Die genannten OAU-Dokumente richten sich vor allem gegen den Einsatz, die Förderung oder Tolerierung von Söldnern auf ihrem Staatsgebiet bzw. im Verkehr mit anderen Staaten.

5 So die genannte Erklärung der Staats- und Regierungschefs der OAU v. 23.06.1971, vgl. Maaß, S.38

6 Maaß, S.41. Aus seiner Sicht stand für die OAU die Beurteilung der politischen Lage und die Hervorhebung der schädlichen Rolle der Söldner für die Dekolonisierung Afrikas an erster Stelle, während rechtliche Standpunkte in den Resolutionen und Erklärungen der OAU nur vereinzelt sichtbar werden, vgl. auch ders. S.43.

weitreichenden Söldnereinsätzen kam[1]. Die Konvention, welche anläßlich des XIV. OAU-Gipfels in Libreville (03.-05.06.1977) angenommen wurde, trat am 22.07.1985 in Kraft[2]. Ihre Verabschiedung stand in engem Zusammenhang mit der CDDH, auf welche die Befürworter der zunächst nicht unterzeichneten OAU-Konvention ihre Aktivitäten konzentrierten[3]. Die Söldnerdefinition in Art.1 Absatz 1 ist bis auf kleine Unterschiede mit der Söldnerdefinition des Art.47 Abs. 2 ZP I identisch[4].

Im Rahmen der Vereinten Nationen war das Söldnerthema seit Beginn der 60-iger Jahre immer wieder Gegenstand von Initiativen und GV-Resolutionen, die sich allerdings vor allem mit Fragen des ius ad bellum und weniger mit solchen des ius in bello befaßten[5]. Anfang der 60-iger Jahre forderte der VN-Sicherheitsrat den Rückzug ausländischer Söldner aus dem Kongo-Konflikt[6]. Auch später folgten weitere Resolutionen des Sicherheitsrats, jeweils zu einzelnen Konflikten, wobei zunächst die Mißbilligung des Söldnereinsatzes als Mittel zum Umsturz im Vordergrund stand[7]. In allgemeiner gehaltenen Formulierungen und weniger auf Afrika und den antikolonialen Zusammenhang zugeschnitten verurteilte auch der Sicherheitsrat Staaten, welche die Anwerbung und Unterstützung von Söldnern zum Zwecke des Sturzes der Regierung eines VN-Mitgliedstaates dulden[8]. In einer 1968 verabschiedeten und in ihrem diesbe-

---

1 Vgl. mit Quellenangabe für das OAU-Dokument Kwakwa, S.121

2 Maaß, S.88, 225. Text der Konvention abgedruckt bei Maaß S.225-231 sowie bei Doussou, Revue de Droit Contemporain 1978, S.54 ff.

3 Cassese 1980, S.13

4 Der Unterschied besteht neben eher sprachlichen Nuancen darin, daß die OAU-Konvention auf den in Art.47 Abs.2 lit.c) enthaltenen Vergleich des Söldnerlohns mit dem Sold der Kombattanten der Streitkräfte verzichtet. Maaß erläutert, daß der Söldnerbgriff im OAU-Text gegenüber Art.47 Abs.2 lit.c ZP I weiter gefaßt ist und den - bei der CDDH erfolglos vorgetragenen - Bedenken vor allem afrikanischer Staten Rechnung trägt. Diese hatten zu Recht geltend gemacht, daß sich die in Art.47 Abs.2 lit.c geforderte deutlich höhere Bezahlung des Söldners gegenüber anderen vergleichbaren Kombattanten in der Praxis nicht nachweisen lasse, vgl. Maaß, S.91

5 Einen ausführlichen Überblick über die Behandlung des Problems in den Vereinten Nationen gibt m.w.N. Cassese 1980, S. 7-11. Danach befaßten sich frühe Resolutionen zunächst nur mit Einzelfällen, ohne insbesondere auf das Verhältnis des Söldner zu seinem Herkunftsstaat oder dem von ihm unterstützten Staat einzugehen. Ab Ende der 60-iger Jahre wurden die Staaten dringend aufgerufen, die Anwerbung und Ausbildung von Söldnern für antikoloniale Konflikte, *aber auch für Konflikte zur Destabilisierung jjunger afrikanischer Staaten zu unterbinden*. Letzteres spiegelt eine deutliche Besorgnis vieler Staaten um ihre Stabilität wider.

6 Resolutionen Nr.161 (21.02.1961) und 168 (24.11.1961), vgl. Maaß, S.36 sowie Quellenangaben bei Kwakwa, S.119. Vgl. auch Cassese 1980, S.11, 12

7 Res. Nr. 239 v. 10.07.1967 (Kongo), Nr. 289 v. 23.11.1970 (Guinea), vgl. hierzu Maaß, S.36,37

8 Nr. 405 v. 14.04.1977 und Nr.419 v. 24.11.1977 (jeweils aus Anlaß des Söldnereinsatzes in Benin), vgl. Maaß, S.37. Textauszug v. Res.405 bei Kwakwa, S.120

züglichen Inhalt in den folgenden Jahren mehrfach bestätigten Resolution zur Umsetzung der "Granting of Independance"-Resolution bezeichnete die Generalversammlung den Einsatz von Söldnern gegen Befreiungsbewegungen als kriminellen Akt, die Söldner selbst seien als "outlaws" betrachten, ihre Rekrutierung, Bezahlung und Ausbildung auf dem Gebiet der Mitgliedstaaten als strafbare Handlung anzusehen[1]. Auch die FRD befaßt sich in einem Nebensatz mit Söldnern[2]. Eine ähnliche Sprache wie die bereits erwähnte GA-Res. 2465 enthält auch die bereits in anderem Zusammenhang genannte GA-Resolution 3103[3], welche sich auf frühere Resolutionen bezieht[4], worin der Rückgriff auf Söldner im Kampf gegen Nationale Befreiungsbewegungen in Kolonialgebieten als krimineller Akt bezeichnet wird. Unter Ziff.5 heißt es:

"The use of mercenaries by colonial and racist regimes against the national liberation movements struggling for their freedom and independence from the yoke of colonialism and alien domination is considered to be a criminal act and the mercenaries should accordingly be punished as criminals"[5].

Zu beachten ist dabei jedoch, daß sich die Resolution auf den Söldnereinsatz gegen Befreiungsbewegungen im Kontext von Kolonialismus und Fremdbeherrschung bezieht.

1980 setzte die VN-GV den Sonderausschuß 207 ein, dessen Ziel die Erarbeitung einer Konvention gegen Rekrutierung, Einsatz, Finanzierung und Ausbildung von Söldnern war. Dieser hatte bis 1984 einen konsolidierten Entwurfstext für eine "Convention against the Recruitment, Use, Financing and Training of

---

1 Resolution Nr.2465 (XXIII) v. 20.12.1968. In Ziff.8 dieser Erklärung stellt die GV fest, ".... that the practise of using mercenaries against movements for national liberation and independence is punishable as a criminal act and *that the mercenaries themselves are outlaws*, and calls upon the Governmants of all countries to enact legislation declaring the recruitment, financing and training of mercenaries in their territory to be a punishable offence and prohibiting their nationals from serving as mercenaries" (Hervorhebung des Vefassers), zitiert bei Maaß, S.40. Zur "Granting of Independance"-Resolution vgl. oben E.IV.1.b.aa. Weitere Resolutionen waren Nr. 2395 (XXIII) v. 29.11.1968, Nr. 2548 (XXIV) v. 11.12.1969 und Nr. 2708 (XXV) v. 14.12.1970, vgl. Maaß, S.38, 192

2 Paragraph 8 des Ersten Grundsatzes lautet: "Every State has the duty to refrain from organizing or encouraging the organization of irregular forces or armed bands, *including mercenaries*, for incursion into the territory of another State", zitiert bei Cassese 1980, S.9 FN 27 (Hervorhebung des Verfassers).

3 Vgl. oben E.IV.4.a.aa.

4 Es handelt sich um GA-Res.2548 (XXIV) v. 11.12.1969 und GA-Res. 2708 (XXV) v. 14.12.1970, die auch oben in anderem Zusammenhang bereits erwähnt wurden, s.o. E.IV.1.b.bb.ddd.

5 Zitiert bei Maaß, S.40, der in der Verwendung des Wortes "should" einen weniger bindenden Charakter des Textes sieht

Mercenaries" vorgelegt[1]. Am 04.12.1989 wurde von der Generalversammlung ein gleichnamiger Konventionstext angenommen und zur Unterzeichnung ausgelegt[2]. Die Konvention übernimmt in Art.1 für den sachlichen Anwendungsbereich des ZP I den Söldnerbegriff des Art.47 ZP I, weitet jedoch den sachlichen Anwendungsbereich der Konvention aus und enthält für diesen Bereich in Art.2 eine eigene Söldnerdefinition. Die Konvention geht damit von einem erweiterten Söldnerbegriff aus, der im internationalen wie nichtinternationalen bewaffneten Konflikt, aber auch in innerstaatlichen Situationen unterhalb der Schwelle zum bewaffneten Konflikt erfüllt sein kann[3].

Im Jahre 1976 wurden in Angola 13 Männer, zehn Briten und drei Amerikaner, vor Gericht gestellt und in vier Fällen zum Tode, im übrigen zu langen Haftstrafen verurteilt, denen "Söldnertum" auf Seiten der gegen die junge MPLA-Regierung kämpfenden FNLA zur Last gelegt wurde, ohne daß gegen sie der Vorwurf der konkreten Beteiligung an Kampfhandlungen erhoben wurde[4]. Obwohl dem angolanischen Recht der Straftatbestand des "Söldnertums" als solcher fremd war, wurden die Angeklagten wegen Teilnahme an Söldneraktivitäten verurteilt. Dabei hatte die Anklage die Strafbarkeit des Söldnerwesens hergeleitet aus den Erklärungen der OAU-Staatschefs von 1967 und 1971 (s.o.), verschiedene Resolutionen der VN-GV[5] und insbesondere der bereits erwähnten GA-Res. 3103[6], einer OAU-Erklärung zu Söldneraktivitäten aus dem Jahre 1971 sowie die Definition des Verbrechens gegen den Frieden nach der Satzung des Nürnberger Kriegsverbrechertribunals. Das Gericht, welches - juristisch inkonsequent und ohne auf die Frage der rechtlichen Qualifikation des Konflikts einzugehen - die Angeklagten einerseits nach angolanischem Strafrecht behandelte, sie andererseits jedoch als "irregular members of an army" bezeichnete und somit den Maßstab des im internationalen Konflikt anwendbaren Rechts anlegte, verwehrte den Angeklagten eine Behandlung nach den Genfer Kon-

---

1 Abgedruckt bei Maaß, S. 231 ff.

2 Vgl. GA-Res. 44/34, 1989, International Legal Materials, Bd. 29, S. 89. Text in Auszügen abgedruckt bei Kwakwa, S.121

3 In Art.1 Abs.2 ist Söldner "... anyone specialy recruited locally or abroad for the purpose of paticipating in a concerted act of violence aimed at ... overthrowing a Government or otherwise underminig the constitutional order of a state; or undermining the territorial integrity of a state...", vgl. Kwakwa, S.121. Eine aktive tatsächliche Teilnahme an Kampfhandlungen ist nicht erforderlich, vgl. L.C. Green 1993, S. 113

4 Roberts, S.136

5 Resolutionen 2395 (XXIII), 2465 (XXIII) und 2548 (XXIV), vgl. Cassese 1980, S.17

6 Bothe stellte schon 1976, daß das Einfließen des Grundgedankens der Res. 3103 (XXVIII), wonach Söldner in jedem Fall als Kriegsverbrecher zu behandeln seien, in das ZP I als schwerer Verstoß gegen den Grundsatz der Gleichbehandlung der Parteien im ius in bello betrachtet werden müsse, vgl. ders.1976, S.199

ventionen. Bemerkenswert ist neben einer offensichtlichen Konfusion von nationalem Strafrecht und Völkerrecht der Charakter des Urteils als "case law precedent"[1], in welchem unabhängig von der Frage der Anwendbarkeit der Konventionen, Söldnertum als internationales Verbrechen bezeichnet wird: "In fact, the judgement translates into legal terms the political attitude adopted by the overwhelming majority of African States (supported by the Socialist countries) within the U.N."[2]. Die USA und Großbritannien unterstrichen in Stellungnahmen zum Urteil im Luanda-Prozeß ihre Auffassung, wonach Söldner unter den Voraussetzungen der Konventionen als Kombattanten zu behandeln seien, ohne allerdings auf die Frage einzugehen, ob es sich beim angolanischen Konflikt überhaupt um einen internationalen Konflikt handelte[3].

Die genannten Versuche, dem Söldnerphänomen durch Resolutionen und Konventionen beizukommen, machen deutlich, daß der Rückgriff auf Söldner im eigenen Konflikt ebenso wie die Rekrutierung etc. im Hinblick auf einen Konflikt außerhalb der eigenen Staatsgrenzen zunehmend als unzulässig erachtet wird. Besonders unter dem Vorzeichen der bekannten Trias "Kolonialismus, Fremdbeherrschung und rassistische Regime" wurde der Einsatz von Söldnern besonders *gegen* Befreiungsbewegungen im gleichen Maße als unzulässig betrachtet, wie deren Kampf in hohem Maße für berechtigt und legitim erklärt wurden[4]. Ein Autor schrieb bereits 1971 zu dieser damals starken Tendenz: "As distinct from terrorists and guerilleros who are favoured 'in-groups' of 'progressive' thinking, mercenaries are definitely out, especially in quarters susceptible to pressure from the 'third world'"[5]. Es konnte nicht ausbleiben, daß diese "negative Legitimität" im Bereich des ius ad bellum ebenso in den Bereich des humanitären Völkerrechts hinein durchschlug wie - freilich unter umgekehrten Vorzeichen - bei der Frage der humanitär-völkerrechtlichen Stellung nationaler Befreiungsbewegungen und ihrer Kämpfer.

---

1 Cassese 1980, S.20

2 Kwakwa, S.114,115. Aufgrund der juristisch unsauberen Herleitung betont Cassese: "...the Tribunal's decision may not be taken as a valid contribution to solving the problem of the international legal definition of mercenaries", vgl. ders. 1980, S.20.

3 Cassese 1980, S.22. Die USA haben Söldner stets mit anderen kämpfenden Personen gleichgesetzt und diesen bei Vorliegen der entsprechenden Voraussetzungen den Kombattantenstatus zuerkannt, vgl. Roberts, S.138 sowie Kwakwa m.w.N. S.116, 117. Dieser betont, daß die söldnerbezogenen Strafvorschriften der einschlägigen Neutralitätsgesetze nicht auf die Söldnereigenschaft als solche gerichtet waren, sondern auf die Strafbarkeit der Anwerbung von Söldnern in den USA.

4 Vgl. zur "Legitimitätsdynamik" zugunsten nationaler Befreiungsbewegungen oben E.IV.1.b.aa.ddd. und E.IV.4.

5 Schwarzenberger 1971, S.280

Ebenso wie bei der Frage der Auswirkungen von GA-Resolutionen auf die Qualifikation nationaler Befreiungskrieg als "international"[1] gilt dabei jedoch auch hier, daß die Bezeichnung von Söldnern als Kriminelle in den genannten Resolutionen die bestehende Rechtslage nach den Genfer Konventionen nicht verändern konnte, sondern allenfalls eine von vielen Staaten vertretenen Ansicht zum Ausdruck brachte[2].

d) Die Stellung von Art.47 ZP I im humanitären Völkerrecht

Historisch gesehen wurden Söldner im internationalen Konflikt stets wie normale Angehörige der gegnerischen Streitkräfte behandelt, d.h. bei Gefangennahme bestimmte sich ihr Kriegsgefangenenstatus nach den gleichen Regeln[3]: "...mercenaries...have neither been favoured nor handicapped by traditional international law"[4]. Im nicht-internationalen Konflikt stellte sich die Frage von vornherein nicht, da der Kombattantenstatus als solcher an das Vorliegen eines internationalen Konflikts gebunden ist[5]. Dies ist für die Rechtslage vor ZP I deshalb von praktischer Bedeutung, weil die meisten Konflikte mit Söldnerbeteiligung Bürgerkriege bzw. nationale Befreiungskriege waren[6]. Die Haager Abkommen behandeln das Thema allenfalls indirekt. So verbietet Art.4 des V. Abkommens (betreffend die Rechte und Pflichten neutraler Mächte und Personen im Landkrieg) Neutralen das Aufstellen von Kampfeinheiten zur Unterstüt-

---

1 Vgl. hierzu oben E.IV.4.a.cc.

2 Cassese 1980, S.10,11, der insbesondere in dem Beharren vieler CDDH-Teilnehmer auf einer Söldnerregelung einen Beleg dafür sieht, daß die entsprechenden GA-Resolutionen auch von deren Befürwortern noch nicht als Ausdruck einer neuen Rechtslage betrachtet wurden.

3 Kwakwa verweist auf die entsprechende Behandlung der für England kämpfenden hessischen Söldner im amerikanischen Unabhängigkeitskrieg sowie ausländische Söldner auf Seiten der Buren in Südafrika, vgl. ders. S.122.

4 Cassese 1980, S.6; ebenso Schwarzenberger 1971, S.280. Maaß spricht davon, daß das herkömmliche Kriegsrecht für Söldner keinerlei Sonderregelungen traf und diese den für alle Kombattanten geltenden Regeln unterwarf. Es enthielt keinerlei Möglichkeit, Söldner vom Kombattanten- und Kriegsgefangenenstatus auszuschließen, vgl. ders. S.25

5 Vgl. hierzu oben E.II.1. Die genannte Rechtsfolge der Zubilligung des Kombattantenstatus an Söldner (sofern diese die in HLKO und später den GK'en festgelegten Voraussetzungen genügen) wird in gleicher Weise auch dann zu gelten haben, wenn Söldner an einem nicht-internationalen Konflikt teilnehmen, in dem es zu einer Anerkennung Aufständischer als Kriegführende kommt, und zwar unabhängig davon, auf welcher Seite sie in den Konflikt eingreifen. Cassese weist darauf hin, daß Söldner, die im Bürgerkrieg auf seiten der Regierung eingreifen, deren Schutz genießen, während sie von der Regierung als reine Kriminelle behandelt werden, wenn sie auf seiten der Rebellen kämpfen, vgl. Cassese 1980, S.6. Dies hat jedoch mit der Frage der Behandlung *durch das humanitäre Völkerrecht* nicht zu tun.

6 Cassese 1980, S.6

zung eines Kriegführenden ebenso wie die Einrichtung von Rekrutierungsbüros, verneint jedoch in Artikel 6 die Verantwortung des neutralen Staates, wenn seine eigenen oder ausländische Staatsangehörige das Land verlassen, um einem der Kriegführenden dienstbar zu sein. Art. 17 Abs.2 des V. Abkommens sieht vor, daß Angehörige eines Neutralen, die freiwillig den bewaffneten Streitkräften eines Kriegführenden beitreten, von dessen Gegner nicht schlechter behandelt werden als die Staatsangehörigen dieses Kriegführenden selbst[1]. Der Wortlaut des Art.17 V. Abkommen zumindest auf Söldner im internationalen Konflikt anwendbar und sieht eine Gleichbehandlung mit regulären Armeeangehörigen des Staates vor, für den diese tätig werden[2].

Auch die GK'en befassen sich nicht ausdrücklich mit Söldnern, jedoch orientiert sich gemäß Art.4.A. III.GK der Kombattantenstatus allein an der Mitgliedschaft in Streitkräften einer Konfliktpartei (Art.4.A.1. III.GK, einschließlich eingegliederter Milizen etc., s.o. E.II.3.a.) bzw. der Mitgliedschaft in einer Reihe sonstiger Gruppen, die durch die Zugehörigkeit zu einer Konfliktpartei gekennzeichnet sind (Art.4.A.2. III.GK). Dies läßt den Schluß zu, daß im internationalen bewaffneten Konflikt Söldnern, welche einer Konfliktpartei *zugehören*, unter den gleichen Bedingungen der Kombattanten-und Kriegsgefangenenstatus zukommt wie den beteiligten Einheiten der Konfliktparteien selbst[3]. Im nichtinternationalen bewaffneten Konflikt kommt Söldnern - ebenso wie anderen Teilnehmern an einem solchen Konflikt - kein Kombattantenstatus zu.

Es kann also festgestellt werden, daß das bis 1977 geltende humanitäre Völkerrecht frühere Kriegsrecht keinerlei Rechtssatz kannte, der es erlaubt hätte, Söldner in Bezug auf den Kombattanten- und Kriegsgefangenenstatus anders zu behandeln als andere am Konflikt teilnehmende Personen[4].

---

[1] Vgl. Schindler/Toman, S.851

[2] Der Söldner verstößt zwar gegen seine Pflichten als Neutraler und verliert diese Position, das Haager Neutralitätsrecht gewährt dem Söldner jedoch nach den gleichen Regeln den Kombattanten- und Kriegsgefangenenstatus wie den anderen am Konflikt beteiligten Personen. Eine Vorenthaltung des Söldnerstatus ist nicht möglich, vgl. Maaß, S.31, 187

[3] Cassese 1980, S.5; Kwakwa, S.123. Dieser weist allerdings darauf hin, daß das Erfordernis der *Mitgliedschaft* in regulären Streitkräften etc. (Art.4.A.1. III.GK) oder in den Einheiten nach Art.4.A.2. III.GK in der Literatur teilweise als Hindernis für den Kombattantenstatus von Söldnern betrachtet wurde, welche aus rein privaten Motiven agierten und sich daher stets im Widerspruch befänden zum öffentlichen Charakter der von den Konventionen erfaßten Konflikte, vgl. ders. S.123. Andere Autoren begründen die Gleichstellung von Söldnern mit sonstigen Kombattanten mit dem in Art.16 III,GK enthaltenen Rechtsgedanken, wonach alle Kombattanten, von wenigen Ausnahmen wegen Geschlecht, Alter oder Gesundheitszustand abgesehen, gleich behandelt werden müssen, vgl. Kwakwa, S.123.

[4] Maaß, S.31

Die dargestellte Resolutionspraxis im Rahmen von OAU und VN kann an diesem Befund nichts ändern:

Zum einen beziehen sich die Texte einschlägiger Resolutionen zum Teil auf den Einsatz von Söldnern gegen Befreiungsbewegungen[1]. Folgt man dabei der hier vertretenen Ansicht, daß der internationale Charakter der sog. "nationalen Befreiungskriege" zu Beginn der CDDH keineswegs völkerrechtlich feststand[2], so handelt es sich bei diesen Konflikten um solche nicht-internationalen Charakters. Damit stellt sich jedoch die Frage des völkerrechtlichen von vornherein nicht.

Zum anderen jedoch kann die beschriebene Resolutionspraxis nicht zur Begründung einer entsprechenden Veränderung der durch HLKO und GK'en bestimmten Rechtslage herangezogen werden, da sie weder Ausdruck eines zwischenzeitlich entstandenen Gewohnheitsrecht sind, noch - nach der hier vertretenen Auffassung - im Rahmen einer etwaigen Rechtsetzungskompetenz der VN-GV neues Recht schaffen konnten[3].

Wie oben F.I.2.b.bb.bbb. dargestellt, wurde die Söldnerthematik auch bei der CDDH eingehend diskutiert und schließlich in Art.47 ZP I geregelt. Art.47 ZP I stellt eine Abkehr von der zuvor geltenden Rechtslage dar, indem er Söldnern den Kombattantenstatus verwehrt. Er ist als Ausnahmevorschrift zu der in Art.43,44 ZP I enthaltenen Kombattantenregelung zu verstehen und deshalb eng auszulegen, da er durch seine Rechtsfolge eine bestimmte Personengruppe aus dem Schutz der genannten Vorschriften herausnimmt[4]. Art.47 ZP I ist die erste

---

[1] Insoweit grundlegend z.B. die bereits genannte Ga Res. 2465 (XXIII) v. 20.12.1968

[2] Vgl. oben E.IV.4.a.cc.

[3] Die Frage wurde bereits oben E.IV.4.a.cc. im Zusammenhang mit der Resolutionspraxis betreffend den internationalen Charakter nationaler Befreiungskriege behandelt. Im gleichen Sinne gelangt Maaß nach einer sorgfältigen Untersuchung der Resolutionspraxis der Generalversammlung zu der Feststellung: "Die Resolutionen der Vollversammlung zu den Söldnern und den mit ihnen zusammenhängenden Fragen sind unverbindlich", vgl. ders. S.53

[4] Den Charakter des Art.47 als Ausnahmetatbestand betont Maaß, S.83 sowie mit überzeugender Begründung auf S.104,105: Zwar könne der Charakter des Art.47 als Ausnahmetatbstand mit dem Argument bestritten werden, daß Art.43, 44 ZP I nur *den Angehörigen der Streitkräfte* Kombattantenstatus gewähren und Söldner aufgrund Art.47 Buchstabe e) gerade keine Angehörigen der Streitkräfte sind. Es werde damit keine Gruppe vom Kombattantenstatus ausgeschlossen, dienach Art.43,44 ZP I "eigentlich" diesen Status beanspruchen könne. Dies Argument ist jedoch für Maaß nicht stichhaltig, da Art.43 ZP I im Gegensatz zu Art.47 ZP I von einem sehr weiten Streitkräftebegriff ausgehe: wenn einem Söldner z.B. nur der übliche Sold bezahlt werde, erfülle er nicht die Voraussetzung des Buchst. c) und könne somit auch kein Söldner sein. Art.47 gehe aber in einem derartigen Fall eindeutig davon aus, daß die betreffende Person dann Kombat-

Vorschrift des humanitären Völkerrechts, welche sich ausdrücklich mit Söldnern befaßt, wobei er im Gegensatz zu entsprechenden Resolutionen der OAU oder des VN-SR keinerlei Eingrenzung etwa auf nationale Befreiungskriege oder hinsichtlich der vom Söldnern unterstützten Seite vornimmt[1]. Vielmehr wird dem Söldner in allen Konflikten nach Art.1 (3) und (4) ZP I, d.h. in allen internationalen Konflikten einschließlich Befreiungskriegen, der Status des legalen Kombattanten mit der Folge verwehrt, daß der betreffende Einzelne auch für ansonsten völkerrechtsgemäß vorgenommene Gewaltanwendung strafrechtlich zur Verantwortung gezogen werden kann. Dem Söldner bleibt damit unabhängig von seinem Verhalten der Schutz der Konventionen und Protokolle verwehrt.

Diese Tatsache ist in der Literatur zu Recht hart kritisiert worden[2]. Tatsächlich widerspricht diese Regelung dem elementaren und in der Präambel des ZP I festgelegten Grundsatz der uneingeschränkten Gleichbehandlung geschützter Personen ohne Ansehen der Motive und ohne jede nachteilige Unterscheidung[3]. Dies ist vor allem in rechtsdogmatischer Hinsicht sehr zu bedauern, da in der Praxis die recht enge Söldnerdefinition des Art.47 ZP I den einen Staaten keine allzu große Freiheit lassen wird, Personen als Söldnern den Kombattantenstatus zu verweigern, den anderen wiederum nicht im Wege steht, Söldner freiwillig dennoch als Kombattanten zu behandeln[4].

---

tant ist, mithin also Angehöriger von "Streitkräften" im Sinne des Art.43 ZP I. Aus diesem Grund sei Art.47 ein grundsätzlich eng auszulegender Ausnahmetatbestand.

[1] L.C. Green betont, daß die Vorschrift die Vorurteile der Dritten Welt umgeht, welche den Söldnerbegriff am liebsten auf den kolonialen und imperialistischen Kontext reduziert hätte, vgl. ders. S.18

[2] "In providing that a mercenary shall not have the right to be a combatant or a POW, it is obvious that mercenaries are being penalized for the fact of being mercenaries and nothing else", vgl. Kwakwa S.124. Kritisch auch Hinz/Rauch, Nr.1570 (FN 23) sowie pointiert de la Pradelle, S.28

[3] Roberts, S.134. Auch wenn Kwakwa durchaus zutreffend darauf hinweist, daß die Präambel nur *geschützten* personen Gleichbehandlung gewährt und das Söldnerproblem gerade die Frage betrifft, ob das humanitäre Völkerrecht dieser Personengruppe den Schutz des Kombattantenstatus gewährt oder nicht, liegt in der unterschiedlichen Behandlung von Söldnern und legalen Kombattanten eine dem in der Präambel zum ausgebrachten Gedanken widersprechende Diskriminierung. Kalshoven kommentiert wegen dieser Wirkung Art.47 ZP I wie folgt: "It might prove to have done considerable harm to the cause of humanitarian law, as it runs counter to to the basic rule that, in principle, all those who take an active part in hostilities should be treated equally and without discrimination on the basis of their motives for joining in the fighting", vgl. ders. 1977, S.135

[4] Hierauf verweist zu Recht Aldrich 1988, S.464 sowie Bagley, S.471

Allerdings gibt es auch Stimmen in der Literatur, welche in Art.47 ZP I keine regelwidrige Benachteiligung von Söldnern zu sehen vermögen[1]. Diese übersehen jedoch, daß keineswegs allen "Söldnern", sondern nur einer bestimmten, durch teilweise subjektive Kriterien definierten Teilgruppe von Söldnern, d.h. den Söldnern im Sinne des Art.47 Abs.2 ZP I, der Kombattantenstatus vorenthalten wird. Dies steht in Widerspruch zu dem in der Präambel des ZP I niedergelegten Prinzips der Gleichbehandlung geschützter Personen ohne Ansehen der Beweggründe für deren Kampf[2].

Indem Art.47 ZP I die Behandlung kämpfender Personen von ihren Motiven abhängig macht, vollzieht er einen Einbruch der bellum iustum-Theorie in den Bereich des humanitären Völkerrechts[3]. Er ist ein weiteres Beispiel für die in

---

1 So hält Ipsen den von Art.47 ZP I festgelegten Ausschluß der Söldner vom Kombattantenstatus geradezu für rechtslogisch konsequent, da das humanitäre Völkerrecht in Art.43 Abs.2 ZP I eben nur den Mitgliedern der Streitkräfte (gemeint sind die Streitkräfte im weiteren Sinne nach Art.43 Abs.1 ZP I) Kombattantenstatus gewähre und Söldner aufgrund Art.47 Abs.2 lit.e) ZP I qua Definition eben gerade nicht Angehörige der Streitkräfte sein können, vgl. Ipsen, in Fleck, S.59. Maaß ist hier mit guter Begründung anderer Ansicht, da der Begriff "Streikräfte" in Art.47 Abs.2 lit.e) ZP I nur die Streitkräfte im engeren Sinne, d.h. die regulären Streitkräfte meinen könne: Maaß argumentiert zunächst mit der durch das ZP I entstandenen neuen Rechtslage. Art.47 sei im Zusammenhang mit den neuen Kombattantenvorschriften des Art.43 ff. ZP I zu verstehen. Art.43 begründe einen neuen, erweiterten Streikräftebegriff. Art.47 Abs.2 lit.e) lege nun fest, daß Söldner verbunden mit der nachteiligen Rechtsfolge des Verlusts des Kombattantenstatus nur sein kann, wer nicht Mitglied der Streitkräfte ist. Dabei ergibt diese Regelung nur Sinn, wenn der Begriff Streitkräfte in Buchst. e) die *Streitkräfte im engeren Sinne* betrifft, da Art.47 ZP I als Ausnahmetatbestand zu Art.43,44 ZP I solchen Personen den Kombattantenstatus verwehrt, die "an sich", d.h. ohne die Existenz des Art.47 Kombattanten sein könnten. Art.47 ZP bezweckt also, Personen den Kombattantenstatus zu verwehren, die nach Völkerrecht eigentlich Kombattanten wären. Bezöge sich Buchst. e) auf Streitkräfte im weiteren Sinne, könnte ohnehin keine der betroffenen Personen bei Hinwegdenken des Art.47 jemals Kombattant sein. Als Söldner kommen somit nur Personen in Betracht, die zu den "bewaffneten Gruppen und Einheiten" gem. Art.43 Abs.1 ZP I, d.h. zu den Streitkräften i.w.S. gehören. Bezüglich dieser Personen liegt tatsächlich eine Ungleichbehandlung vor, die für Maaß jedoch zu rechtfertigen ist, da das humanitäre Völkerrecht an keiner Stelle vorschreibe, alle Mitglieder der Streitkräfte i.w.S. unterschiedslos gleich zu behandeln. Dies werde z.B. bei der Behandlung von Spionen sichtbar. Der Grundsatz unterschiedsloser Behandlung gelte nur jeweils in bestimmten Fällen. Darüberhinaus stehe auch Art.44 Abs.6 ZP I (Recht, nach den GK'en Kriegsgefangener zu sein, bleibt unberührt) Art.47 ZP I nicht im Wege, da Art.44 Abs.6 ZP I im Rahmen von Art.47 ZP I keine Anwendung findet, vgl. zu dieser Argumentation insgesamt Maaß, S. 189 sowie S.196-199

2 Zwar ließe sich argumentieren, daß das Gebot der Gleichbehandlung sich eben nur auf geschützte Personen bezieht und Söldner dieser Gruppe durch Art.47 ZP I gerade nicht angehören, jedoch verstößt bereits Art.47 ZP I als solcher gegen diesen Gedanken, indem er die "an sich" nach Art.43,44 ZP I geschützten Söldner ihres Schutzes beraubt. Für Maaß (S.199) stellt Art.47 lediglich eine Ausnahme, keine regelwidrige Ungleichbehandlung dar, diese Ausnahme verstößt jedoch gegen elementare Grundsätze des humanitären Völkerrechts (Grundsatz der Gleichheit der Parteien im ius in bello) und ist daher schon aus diesem Grund nicht hinnehmbar.

3 Für Dinstein ist Art. 47 eine Abweichung von bestehendem Völkerrecht, "....and it is obviously impelled by political and non-humanitarian motives.", vgl. ders. 1979, S.272. Roberts weist darauf hin, daß die in Art.47 Buchst.c vorausgesetzte Teilnahme an

ZP I zu beobachtende Politisierung des humanitären Völkerrechts zugunsten nationaler Befreiungsbewegungen[1] und muß gewissermaßen als "Spiegelnorm" des Art.1(4) i.V.m. Art.43,44 ZP I gelesen werden: Kombattantenstatus für Befreiungskämpfer, gleichviel wie sehr diese dabei das humanitäre Völkerrecht verletzen, keinerlei Schutz dagegen für die (oftmals gegen sie eingesetzten) Söldner, auch wenn diese unter völliger Beachtung des humanitären Völkerrechts kämpfen.

Abgesehen davon, daß ein Instrument des humanitären Völkerrechts für entsprechende Problemlösungen ungeeignet ist, springt die Vorschrift in ihrer auf Unterbindung des Söldnereinsatzes gerichteten Absicht auch "zu kurz", da sie ein Kernproblem ungelöst läßt, nämlich die Hinnahme der Anwerbung und Ausbildung von Söldnern auf dem eigenen Territorium durch viele Staaten[2].

Art.47 ZP I ist auch deshalb kritisiert worden, weil er einer allgemeinen Tendenz im humanitären Völkerrecht widerspreche, dessen Anwendungsbereich auf eine möglichst große Zahl von Personen in einer möglichst großen Zahl von Situationen auszudehnen[3]. Obwohl diesem Argument nach der hier vertretenen Ansicht bezüglich der Ausdehnung des Anwendungsbereichs auf Nationale Befreiungskriege und Guerillakämpfer nicht ohne weiteres gefolgt werden kann, ist Art.47 ZP I als weiterer Beleg für die "Schieflage" zu betrachten, in die das

---

Kampfhandlungen "vor allem aus Streben nach persönlichem Gewinn" ein kaum jemals eindeutig zu beurteilendes subjektives Element enthält. So würden paradoxe Ergebnisse entstehen, wenn z.B. zwei Personen die gleiche Summe erhalten, die eine jedoch zusätzliche und überwiegende politische Gründe für die Teilnahme an der Auseinandersetzung hat: eine Person wäre u.U. legaler Kombattant, die andere Person könnte mangels Kombattantenstatus zum Tode verurteilt werden, vgl. Roberts, S.138. Maaß, der in Art.47 ZP I zunächst keine regelwidrige Benachteiligung von Söldnern sieht, schließt sich der Kritik an Art.47 in diesem Punkt an, da insbesondere die Voraussetzungen des Art.47 Abs.2 lit. c) ein Einfallstor für subktive Bewertungen sein kann, besonders wenn es um die Bewertungen von Söldnern geht, die gegen eine Befreiungsbewegung im Einsatz sind: "Zwar gilt Art.47 Zusatzprotokoll für die Soldaten aller Konfliktsparteien; es kann aber nicht ausgeschlossen werden, daß die Vorschrift von einer Konfliktspartei einseitig zulsten bestimmter Soldaten angewendet wird", vgl. Maaß S.212 sowie auch S.189 und 207. Für Ipsen stellt es keinen Einbruch der bellum iustum-Theorie in das humanitäre Völkerrecht dar, wenn dem Söldner der Kombattantenstatus verwehrt wird, vgl. ders. in Fleck, S. 59.

1 Levie 1994, S.480

2 Cassese 1980, S.25

3 "It seems counter-intuitive and contradictory to deprive mercenaries of combatant and POW status while extending these protections to guerillas and national liberation fighters", vgl. Kwakwa, S.124. Ähnlich Bothe/Ipsen/Partsch, S.37 f., Kimminich 1979, S.229 f. Schwarzenberger betrachtete die durch OAU und VN-GV angestrebten Veränderungen der früheren Rechtslage bereits 1971 sehr kritisch: "If the object of the exercise is to deprive a particular category of belligerents of protection due to such a group under existing international customary law and humanitarian conventions, scepticism regarding such 'reforming' zeal appears to be especially appropriate", vgl. Schwarzenberger 1971, S.282

humanitäre Völkerrecht dadurch geraten ist, daß die Maßstäbe für seine Anwendbarkeit an der vorhandenen oder fehlenden Berechtigung des vertretenen Anliegens und damit von subjektiven Motiven abhängig gemacht wurden. Zudem enthält Art.47 ZP I für den einzelnen Söldner keinerlei Anreiz zu völkerrechtskonformem Verhalten, da ihm der Kombattantenstatus ohnehin verwehrt bleibt. Während das Anreizargument bei Guerillakämpfern wegen des zwingend im Vordergrund stehenden Schutzes der Zivilbevölkerung verfehlt scheint, hat es bei Söldnern durchaus seine Berechtigung, da diese in sehr vielen Fällen nicht als Guerillas, sondern im Verbund mir regulären Truppen der von ihnen unterstützten Konfliktpartei kämpfen.

In der Literatur wurde darauf hingewiesen, daß Art.47 ZP I zwar einen *Anspruch* des Söldners auf den Kombattantenstatus verneint, jedoch dessen Zubilligung auf freiwilliger Basis nicht im Wege steht[1]. Dies wird allerdings nur insoweit naheliegen, wie der Söldner ohne die Vorschrift des Art.47 ZP I nach den einschlägigen Vorschriften an sich Kombattantenstatus haben könnte[2]. Auch die OAU-Konvention von 1985 und die Söldnerkonvention stehen der freiwilligen Zubilligung des Kombattantenstatus nicht im Wege[3]. Ihrer ideologischen Abneigung gegen Söldner freien Lauf lassend, forderten bei der CDDH jedoch nicht wenige Delegationen - allerdings ohne Erfolg- geradezu ein Verbot der Zubilligung des Kombattantenstatus an Söldner[4]. Eine solche Haltung ist weniger humanitär als ideologisch inspiriert. Da Art.47 ZP I die Zubilligung des Kombattantenstatus an Söldner auf freiwilliger Basis nicht ausschließt[5], wird der Staatenpraxis in dieser Hinsicht wesentliche Bedeutung zukommen. Im Gegensatz zur Rechtslage gemäß den GK'en müssen Söldner unter Geltung der ZP'e in jedem Einzelfall prüfen, welche "Politik" der von ihnen bekämpfte Staat in Bezug auf Söldner verfolgt. Im Ergebnis führt Art.47 ZP I also zu einer

---

1 Bothe/Partsch/Solf, S.231; Kwakwa, S.125. Ebenso Maaß, der darauf hinweist, daß bei der CDDH der ursprüngliche nigerianische Textvorschlag, welcher ein Verbot der Zubilligung des Kombattanten- und Kriegsgefangenenstatus enthielt, im weiteren Verlauf der Beratungen fallengelassen wurde, vgl. Maaß S.136, 137

2 Vgl. Maaß, S.146,147. Selbst wenn ein Kombattanten*status* bei Nichteinhaltung der Art.43,44 ZP I ausscheidet, besteht jederzeit die Möglichkeit, diesen Personen freiwillig eine Kombattanten entsprechende Behandlung zukommen zu lassen. Diese Erwägung ist jedoch eher theoretisch, da das Problem in aller Regel in der Vorenthaltung, nicht in der Zubilligung des Kombattantenstatus oder vergleichbarer Behandlung liegen dürfte.

3 Maaß, S.154

4 Vgl. den Bericht des dritten Ausschusses, CDDH/236/Rev.1, para.105; Bothe/Partsch/Solf, S. 267 ff. Vgl. auch m.w.N. Forsythe unter Hinweis auf Äußerungen Indiens, Nigerias und der Elfenbeinküste, wonach Söldner keinerlei humanitären Schutz verdienten. Diese Position fand Unterstützung durch die sozialistischen Staaten, vgl. Forsythe 1977, S.726,727

5 Bothe/Partsch/Solf, S.270

Vergrößerung der Rechtsunsicherheit. Dabei darf allerdings nicht vergessen werden, daß die sehr eng gefaßte Söldnerdefinition des Art.47 (2) ZP I Überlegungen dieser Art häufig überflüssig machen wird.

Auch wenn Söldnern der Kombattantenstatus nicht auf freiwilliger Basis gewährt wird, haben diese im Sinne des Art.45 (3) Satz 1 ZP I "jederzeit Anspruch auf den Schutz nach Art.75"[1]. Bei der CDDH äußerten sich verschiedene Delegationen ausdrücklich im Sinne einer Anwendbarkeit der Vorschrift auf Söldner[2].

Wegen des in Art.47 (2) ZP I eng gefaßten Söldnerbegriffs ist vor allem auch Art.5 (2) III. Genfer Konvention von Bedeutung[3]. Danach sind Söldner bis zur Feststellung ihrer Söldnereigenschaft durch ein ordentliches Gericht wie Kriegsgefangene zu behandeln.

7. Die Regelungen des ZP II

ZP II enthält keine den Kombattantenvorschriften des Art.43 und 44 ZP I vergleichbare Regelung. Schon im IKRK-Entwurf von 1973 für ZP II wurde im Interesse der Akzeptanz des Protokolls bewußt jede ausdrückliche Bezugnahme auf das Konzept des Kriegsgefangenen vermieden[4]. Auch werden, anders als in Art. 50 ZP I, die Begriffe "Zivilpersonen" und "Zivilbevölkerung" nicht näher definiert. Gleichwohl wurde zurecht darauf hingewiesen, daß auch im nicht-

---

[1] Art.45 (3) Satz 1 ZP I lautet: "Wer an Feindseligkeiten teilgenommen hat, keinen Anspruch auf den Status eines Kriegsgefangenen hat und keine günstigere Behandlung nach dem IV. Abkommen genießt, hat jederzeit Anspruch auf den Schutz nach Art.75 dieses Protokolls", vgl. BGBl 1990 II, S.1585, 1586. Kwakwa schreibt: "It is evident that mercenaries fall within this provision....", vgl. ders. S.125

[2] Z.B. Italien, Vereinigtes Königreich, Australien, die USA, Irland, Kanada und Schweden, vgl. hierzu m.w.N. Cassese 1980, S.24 sowie Bothe/Partsch/Solf, S.271

[3] Dieser lautet: "Bestehen Zweifel, ob eine Person, die eine kriegerischen Handlung begangen hat und in Feindeshand gefallen ist, einer der in Art.4 aufgezählten Kategorien angehört, so genießt diese Person den Schutz des vorliegenden Abkommens bis ihre Rechtsstellung durch ein zuständiges Gericht festgestellt worden ist", vgl. BGBl 1954 II, S.841

[4] Kalshoven 1974, S.7. Teil 2 des Protokollentwurfs enthält unter dem Titel "Humane Treatment of Persons in the Power of the Parties to the Conflict" einige Vorschriften, die Kalshoven als Kern eines Kriegsgefangenenregimes betrachtet, ohne allerdings den entscheidenden Schritt zu tun, nämlich die bloße Teilnahme an Kampfhandlungen straffrei zu stellen, vgl. Kalshoven 1974, S.7, 8. Vielmehr bekräftigt Art.10 des Entwurfs das Recht des Staates, Personen wegen Straftaten anzuklagen und zu verurteilen, vgl. CICR, Projets de Protocoles Additionnels aux Conventions de Genève du 12 août 1949, Genève 1973, S.36. Für Kalshoven war sich das IKRK der "total insufficiency of the proposed provision" offenbar bewußt, vgl. ders. 1974, S.8.

internationalen Konflikt unbedingt zwischen Kombattanten und Zivilisten unterschieden werden muß, da andernfalls der in Art.13 ZP II vorgesehene Schutz der Zivilbevölkerung kaum vorstellbar wäre[1]. Zur Ausfüllung der Lücken in ZP II wird man sich an den Regelungen des ZP I orientieren können[2], dabei ist jedoch die Tatsache zu respektieren, daß die Staaten bei der CDDH gerade nicht gewillt waren, eine dem ZP I entsprechende Regelung für nicht-internationale Konflikte zu treffen. Andererseits wird die Unterscheidung zwischen Zivilbevölkerung und Personen, die direkt an den Feindseligkeiten teilnehmen, auch für den Bereich nicht-internationaler Konflikte teilweise als Kerngehalt bestehenden humanitären Völkergewohnheitsrechts bezeichnet[3].

8. Ergebnis

Die Regelung des Kombattantenstatus durch ZP I enthält sowohl Bestätigungen als auch wichtige Veränderungen gegenüber den GK'en und damit auch eine teilweise Abkehr von existierendem Völkergewohnheitsrecht[4]. Zunächst stellt ZP I alle Kombattanten, reguläre und irreguläre, auf eine Stufe[5]. Die Rechte gemäß den Konventionen werden jedoch beibehalten. Die gruppenbezogenen (und irreguläre Einheiten betreffenden) Regelungen der GK'en (Art.4.A.2. III.GK) wurden 1977 in Art.43 ZP I für reguläre wie irreguläre Einheiten zusammengefaßt. Die 1949 noch implizit, d.h. vermittelt durch den Kriegsgefangenenstatus genannten Voraussetzungen des Kombattantenstatus werden 1977 ausdrücklich auf den in Art.43 Abs.2 und 3 ZP I definierten Kombattantenbe-

---

[1] Vgl. Wyss, S.127.
Artikel 13 ZP II lautet (vgl. BGBl 1990 II, 1645, 1646):
"Schutz der Zivilbevölkerung
(1) Die Zivilbevölkerung und einzelne Zivilpersonen genießen allgemeinen Schutz vor den von Kampfhandlungen ausgehenden Gefahren. Um diesem Schutz Wirksamkeit zu verleihen, sind folgende Vorschriften unter allen Umständen zu beachten.
(2) Weder die Zivilbevölkerung als solche noch einzelne Zivilpersonen dürfen das Ziel von Angriffen sein. Die Anwendung oder Androhung von Gewalt mit dem hauptsächlichen Ziel, Schrecken unter der Zivilbevölkerung zu verbreiten, ist verboten.
(3) Zivilpersonen genießen den durch diesen Teil gewährten Schutz, sofern und solange sie nicht unmittelbar an den Feindseligkeiten teilnehmen."
Vgl. auch Wyss, S.127.

[2] Wyss greift für eine Begriffsdefinition der Konfliktpartei im nicht-internationalen Konflikt auf Elemente des Art.43 Abs.1 ZP I zurück (Organisation, verantwortliche Führung etc.) und leitet daraus eine negative Definition der Zivilbevölkeurng ab, die aus allen Personen besteht, welche den nicht Mitglieder einer analog Art.43 Abs.1 ZP I zu definierenden bewaffneten Gruppe sind, vgl. dies. S.128

[3] Wyss, S.45

[4] Meron 1994, S.679. Zum gewohnheitsrechtlichen Charakter der GK'en vgl. oben A.V.

[5] Wilson bezeichnet ZP I insoweit als Revision der 1907 und 1949 geschlossenen Kompromisse, vgl. dieselbe S.173

griff bezogen. ZP I enthält in Art.44 Abs.1 darüber hinaus eine begrüßenswerte Klarstellung von Bedeutung, Voraussetzungen und Folgen des Kombattantenstatus sowie des Verhältnisses von Kombattanten- und Kriegsgefangenenstatus[1].

Die gruppenbezogenen Anforderungen wurden teilweise enger gefaßt, jedoch folgt aus Art.43 Abs.1 i.V.m. Art.1(4) und Art.96 (3) ZP I eine wesentliche Erweiterung des Kreises möglicher Konfliktparteien um sog. nationale Befreiungsbewegungen. Während Art.4.A.2. III.GK die irreguläre Gruppe noch ausdrücklich zur Beachtung der Merkmale b. bis d. verpflichtete (Erkennungszeichen, offenes Waffentragen, Beachtung der Gesetze und Gebräuche des Krieges), findet dieser Aspekt in Art.43 Abs.1 ZP I nur noch in der Pflicht zur Einhaltung des "in bewaffneten Konflikten anwendbaren Völkerrechts" Berücksichtigung[2].

Bei den vom Einzelnen zu erfüllenden Bedingungen hingegen enthält ZP I grundlegende und schwerwiegende Veränderungen. Obwohl auch ZP I die Einhaltung des in bewaffneten Konflikten anwendbaren Völkerrechts und die Unterscheidung von der Zivilbevölkerung verlangt, wird die letztgenannte Pflicht zeitlich-räumlich wesentlich eingeschränkt und für bestimmte Konfliktsituationen mit Ausnahmetatbeständen versehen. Von großer praktischer Tragweite dürfte auch sein, daß die Mißachtung des in bewaffneten Konflikten anwendbaren Völkerrechts nicht mehr den Verlust des Kombattantenstatus zur Folge hat. Die Unterscheidung von der Zivilbevölkerung ist zwar weiterhin für den Kombattantenstatus konstitutiv, allerdings wird die Unterscheidungspflicht gegenüber Art.4.A.2. III.GK reduziert. Eine gegenüber der bisherigen Rechtslage besonders starke "Minimalisierung" der Unterscheidungspflicht besteht in bestimmten Ausnahmesituationen, in denen der Kombattantenstatus durch Erfüllung nur geringfügiger Pflichten erhalten werden kann[3]. Bedenklich ist die

---

[1] Wilson, S.173

[2] Die Nennung eines internen Disziplinarregimes ergibt sich zwar auch aus der Auslegung der GK'en, s.o. E.II.4.b. ZP I enthält jedoch auch insoweit eine begrüßenswerte Klarstellung.

[3] Im Hinblick auf die Regelung der Art.44 Abs.3 S.2 und Art.44 Abs.2 ZPI bemerkt Dinstein: "The net result of the Article is that a *guerillero* may loose himself in a crowd of civilians, keep his weapons concealed until the last conceivable moment, and then violate with impunity all the rules of warfare: he may slaughter the enemy wounded and sick, use 'dum-dum' bullets, and so forth. Nevertheless he does not forfeit his right to be a prisoner of war: having defied the most fundamental tenets of the *jus in bello*, he will enjoy the benefits of that law.... as it stands, Art.44 is a dangerous retrogressiv step in the evolution of the *jus in bello*.", vgl. ders. 1979, S.271,272. Was Dinstein allerdings nicht weiter kommentiert, ist die Möglichkeit, daß der Betreffende in solchen Fällen durchaus wegen Kriegsverbrechen zur Verantwortung gezogen werden kann.

höchst unklare Regelung des Art.44 Abs.4 ZP I, die einen dem Schutz von Kriegsgefangenen nach der III. Genfer Konvention entsprechenden Schutz bestehen läßt. Sie sollte, muß aber nicht in dem Sinne ausgelegt werden, daß Personen in den Fällen des Art.44 Abs.4 als Nicht-Kombattanten vor Gericht gestellt werden können. Gerade bei den sorgfältig auszubalancierenden und stets von Mißachtung bedrohten Regeln des humanitären Völkerrecht ist dies ein sehr ernster Befund[1]. Ob man, wie teilweise geschehen, die Kombattantenregelung des ZP I als "Desaster" bezeichnen möchte[2], mag eine Frage des individuellen Geschmacks sein. Kaum übertrieben scheint jedoch die Schlußfolgerung, daß dem elementaren Unterscheidungsgrundsatz nicht unerheblicher Schaden zugefügt wurde.

Die Regelungen des ZP I zum Kombattantenstatus sind auch schwerfällig formuliert und - was noch schwerer wiegt- bis hin zur Zweideutigkeit auslegbar[3]. Damit bleibt es letztlich jedem Staat überlassen, die verwendeten Begriffe ganz nach seinem Geschmack auszulegen[4]. So nimmt es nicht Wunder, wenn Kwakwa zu dem Schluß gelangt, das Recht sei trotz der großen Anstrengungen bei der Ausarbeitung immer noch "in a state of flux and apparent confusion"[5]. Cassese schreibt: "The compromise reached at Geneva could...turn out to be fragile: indeed, it could end up in affording little or no protection to civilians, or to guerilla fighters, or to both"[6]. Die Kombattantenregelung des ZP I ist das Ergebnis fundamentaler und nicht zu versöhnender Meinungsunterschiede anläßlich der CDDH, die so weit gingen, daß Art.44 ZP I teilweise sogar der Charakter einer rechtlichen Regelung abgesprochen wurde[7]. In der Literatur wurde auch darauf hingewiesen, daß viele der in Art.43 und 44 ZP I verwendeten Begriffe absichtlich zweideutig und auslegbar formuliert wurden, da nur so der

[1] Wilson spricht bei Art.43 und 44 ZP I von einem "confusing and imprecise compromise" bzw. von einem "model of vagueness", vgl. dieselbe S.173,176

[2] Roberts, S.130

[3] Dinstein bemerkt: "The language of Art.44 is so convoluted that it may have been left unopposed on the ground that, in any event, it is obscure to the point incomprehensibility and therefore irrelevance.", vgl. ders.1979, S.271.

[4] Hailbronner bemerkt: "Again, the interpretation....is left to each state according to ist own political whims and interests", vgl. ders. S.184

[5] Kwakwa, S.106. Allerdings unterstützt dieser Autor trotz dieses Befundes die getroffenen Regelungen

[6] Cassese, in Cassese 1979, S.474

[7] So schreibt der schweizerische Delegierte Bindschedler: "....no unity of view existed concerning it (gemeint war Art.44, Anm. des Verfassers). Everyone interpreted it as he thought fit...The general principles of interpretation recognized in international law did not suffice; and even if that method were applied, it would not be possible to arrive at uniform interpretations....Thus, Art.44 was not a rule of law since it lacked the precision of a legal standard....", vgl. ders. in CDDH/SR.40, Para.69

fortbestehende Dissens überspielt werden konnte[1]. Die Regeln über den Kombattantenstatus wurden bislang auch nicht in der Praxis getestet. Auch wenn dies teilweise bestritten wurde[2]: ihre Schwerfälligkeit muß dazu führen, daß ein durchschnittlicher Kombattant in der Praxis das ZP I kaum verläßlich anwenden kann[3]. Art.43 und 44 ZP I enthalten keinen klaren und verständlichen Maßstab zur Behandlung des Phänomens irregulärer Kombattanten. Ein Autor bezweifelt, ob Art.44 ZP I wegen seiner unklaren Regelung jemals in unbestrittener Weise angewandt wird und sah zurecht eine große Zahl von Auslegungserklärungen bei der Ratifikation voraus[4].

ZP I hat darüber hinaus den Grundsatz der Unterscheidung von Kombattanten und Zivilisten als einem der Grundpfeiler des humanitären Völkerrechts verwässert anstatt ihn praktikabel zu bekräftigen[5]: Die auf Guerillasituationen zugeschnittenen Einschränkungen des Offenheitsgrundsatzes[6] bezwecken eine Stärkung der humanitären Position der Guerillakämpfer, sie gefährdet jedoch den Schutz der Zivilbevölkerung vor gezielten Angriffen und beeinträchtigen damit einen elementaren Grundsatz des humanitären Völkerrechts[7]. Die fällige Überarbeitung der Kombattantenvoraussetzungen nach den GK'en[8] wurde immer wieder damit begründet, Guerillakämpfer könnten sich daran nur um den Preis ihres Scheiterns halten. Mangels Anreizes zu völkerrechtskonformem Verhalten ergebe sich eine ungebremste Gewaltspirale, ein völliges Zusammenbrechen jeder Beachtung des humanitären Völkerrechts auf beiden Seiten[9].

---

[1] Vgl. Roberts S.133, unter Hinweis auf die Begriffe "Aufmarsch" und "sichtbar" in Art.44 Abs.3 S.2 lit b. ZP I. Vgl. auch Meron 1994, S.679

[2] Vgl. Gasser 1987, S.923. Dieser geht davon aus, daß internationale Verträge ohnehin keine direkte Handlungsanleitung für den Anwender darstellen und ZP I ohne weiteres in Armeeinstruktionen und praktische Leitfäden umgesetzt werden könne. Dies Argument übersieht jedoch, daß vage und unklar formulierte Vertragsnormen in der Praxis zu erheblich variierenden Armeeinstruktionen etc. führen kann

[3] De la Pradelle stellt die Frage, wie man kohärente und verläßlich anwendbare Armeeinstruktionen und Starategiern zur Verbreitung des Protokollinhalts erstellen will, wenn dieser Inhalt selbst nicht klar ist?, vgl. ders. S.24

[4] Condorelli, S.395

[5] "En fait, l'actuel art.44 § 3 représente peut-être la pire des solutions possibles: pour cause de son libellé flou et équivoque, cette disposition met en cause le principe de la distinction entre combatants et population civile, qui était un des pivots du droit humanitaire de guerre....", vgl. Condorelli, S.395. Für Dinstein enthält Art.44 kaum mehr als ein Lippenbekenntnis zu diesem Grundsatz, vgl. ders. 1979, S.271.

[6] So schreibt Kwakwa: "Art.44 affords legal recognition to guerilla warfare by modifying the requirements for 'openness' in combat", vgl. ders. S.20

[7] Vgl. oben C.II. Roberts sieht die Balance des Schutzes zugunsten der Guerillas und zu Lasten der Zivilbevölkerung verschoben, vgl. ders. S.127

[8] Vgl. E.II.3.-6.

[9] Bagley, S.456

Hierzu wurde oben bereits dargelegt, daß Verletzungen des Völkerrechts in der Natur des Guerillakampfes liegen und daß sich Guerillagruppen in ihrem Verhalten allein an den militärischen Bedürfnissen richten werden[1]. Darüber hinaus ließe sich das Argument auch leicht umdrehen: wenn der Kombattantenstatus auch ohne Unterscheidung von der Zivilbevölkerung verlorengeht, besteht auch kein Anreiz sich solcherart zu unterscheiden. Bei der Ausarbeitung der den Kombattantenstatus betreffenden Regeln des ZP I wurde nicht genügend beachtet, daß übertriebene Großzügigkeit bei den Offenheitsanforderungen für Kombattanten die Gefahr totaler Repression des Gegners gegenüber der Zivilbevölkerung, letztlich aber auch gegenüber den Guerillakämpfern selbst mit sich bringt[2]. Art.44 Abs.3 S.2 ZP I mag zwar aus Sicht mancher seiner Befürworter einen für Guerillakämpfer "akzeptablen Kompromiß" darstellen[3] bzw. eine erfolgreiche Unterwerfung bestimmter Kriegstechniken unter die Herrschaft des Rechts[4]. Diese Bewertung kann jedoch kaum für den humanitären Schutz der Zivilbevölkerung gelten. Die Bestimmung ist in der Literatur als "äußerste Grenzlinie, bis zu der eine Fortentwicklung des im bewaffneten Konflikt anwendbaren Völkerrechts möglich war" bezeichnet worden[5]. Dies mag wegen des Widerstandes vieler Teilnehmer bei der CDDH als Bewertung der tatsächlichen Veränderbarkeit in einer gegebenen Verhandlungssituation zutreffen. Fragt man hingegen, ob die Regelung wesentlichen Grundsätzen des humanitären Völkerrechts, insbesondere dem unverzichtbaren Schutz der Zivilbevölkerung gerecht wird, so scheint die Feststellung unausweichlich, daß Art.44 Abs.3 S.2 ZP I diese Grenzlinie überschritten hat[6]. Die guerillafreundliche

---

1 Vgl. oben E.III.4.

2 Lapidoth, S.209

3 Vgl. Abi-Saab in RdC 1979, S.425. Kwakwa nennt Art.43 und 44 ZP I "the best available compromise at the time" und spricht von einer "carefully elaborated balance", vgl. ders. S.106. Gasser meint unter Hinweis auf die amerikanische-vietnamesische Urheberschaft der Kombattantenregelungen: "The new law on the status of combatants bears all the signs of a compromise", vgl. ders.1987, S.921. Für diesen Autor bestätigen sie lediglich die Praxis der Konfliktparteien im Vietnamkrieg, vgl. ebd.

4 Gasser 1987, S.924. Koenig sieht in Art.44 Abs.3 S.2 eine Reaktion auf die "Ohnmacht des traditionellen Kriegsvölkerrechtes gegenüber der Guerilla" (S.202). Argument: das Recht bleibt nicht effektiv, wenn es Postulate zementiert, deren Divergenz zum tatsächlichen Verhalten aufgrund universeller Entwicklungen immer größer wird. Notwendig sei Rückbindung der Konfliktparteien an die Normen des humanitären Völkerrechts. Auch Verzicht auf die neue Kombattantenregelung würde Guerillakampf nicht verhindern, da sie sich vom drohenden Fehlen des Kombattantenstatus nicht abschrecken ließe.

5 Ipsen 1993, S.155

6 Sofaer schreibt zu Art.44: "Innocent civilians would therefore be made more vulnerable by application ot the Protocol. This is no advance for humanitarian law", vgl. ders. S.786. Roberts schreibt zur Kombattantenregelung des ZP I: "The consequence of these changes is to tip the balance of protection in favor of irregular combatants to the detriment of the regular soldier and the civilian", vgl. ders. S.129. Für diesen Autor enthält

Kombattantenregelung des ZP I weicht in erheblicher Weise von einer seit 1874 bestehenden und zuletzt u.a. durch Art.4.A.2. III.GK bestätigten Rechtslage betreffend irreguläre Kombattanten ab[1]. Ebenso wie bei Art.1(4) ZP I war zugrundeliegendes Ziel dieser Neuregelung nicht die Erfassung der Guerillakampfführung als solcher, sonder des Guerillakampfes *im nationalen Befreiungskrieg,* so wie er von einer Mehrheit der CDDH-Teilnehmer verstanden wurde. Auch hier liegt der Einfluß des bellum iustum-Gedankens weniger in einer expliziten Privilegierung von Befreiungskämpfern gegenüber anderen Kombattanten im internationalen Konflikt, sondern in der Privilegierung gegenüber Kämpfern in anderen nicht-internationalen Konflikten, die einzig deshalb nicht in den Genuß des Kombattantenstatus kommen, weil sie keinen "gerechten" Kampf gegen Kolonialherrschaft, fremde Besetzung und rassistische Regimes führen. Im Kontext des humanitären Rechts für internationale Konflikte sind es neben Guerillakämpfern von Widerstandsbewegungen gegen eine occupatio bellica i.S.d. Art.4.A.2. III.GK vor allem die "Befreiungs-"Guerillakämpfer, welche vom großzügigen Entgegenkommen insbesondere des Art.44 Abs.3 S.2 ZP I profitieren. Dies führte einen Autor zu der ernüchternden Bilanz: "No matter how one interprets them, articles 43 and 44 represent a dangerous retrogressive step in the evolution of *jus in bello*"[2]. Gleichwohl wurden Art.44 Abs.3 und 4 ZP I zum Teil als "steps towards codifying a more humane and logical approach" gefeiert[3], als "wohlbedachte und mutige Anstrengung mit dem Ziel, der Zivilbevölkerung verbesserten Schutz zu gewähren"[4]. Angesichts der gegenüber nicht-internationalen Situationen eher geringen Bedeutung der Guerillakampfführung im internationalen Konflikt erscheint es auch wenig sinnvoll, daß diese Kampfform gerade durch das internationale Konflikte betreffende ZP I eine erweiternde Regelung erfahren hat. Dabei ist wegen der typischen "Alles-oder-Nichts"-Motivation von Guerillagruppen eher unwahrscheinlich, daß der verbesserte Schutz des ZP I tatsächlich einen wirksamen Anreiz zur Beachtung des humanitären Völkerrechts darstellen wird.

---

sie auch Regelungen zum Schutz irregulärer Kämpfer, die für den regulären Kombattanten inakzeptabel sind.

[1] Levie 1994, S.474

[2] Roberts, S.134

[3] Rubin 1983, S.233. Auch der amerikanische Delegationsleiter bei der CDDH, Aldrich, bezeichnete Art.44 Abs.3 ZP I als wichtigen Fortschritt des humanitären Völkerrechts, vgl. Roberts, S.132

[4] Vgl. Aldrich 1988, S.463

V. Zusatzprotokolle und Terrorismusvorwurf

1. Problemstellung

Mit Blick auf Art.1(4) und 44(3) ZP I wurde In der völkerrechtlichen Diskussion gegen ZP I immer wieder der Vorwurf erhoben, es fördere oder legitimiere den Terrorismus[1]. Der prominenteste Vertreter dieser Ansicht war Mitte der achtziger Jahre US-Präsident Reagan. In einem Brief an den US-Senat vom 29.01.1987 hatte dieser dem Kongreß empfohlen, von einer Ratifikation des ZP I Abstand zu nehmen[2]. Dieses sei "fundamentally and irreconcilably flawed", da es Vorschriften enthalte, "that would undermine humanitarian law and endanger civilians in war". Zur Kombattantenregelung schreibt Reagan: "..This would endanger civilians among whom terrorists and other irregulars attempt to conceal themselves....In fact, we must not, and need not, give recognition and protection to terrorist groups as a price for progress in humanitarian law"[3]. Zuvor hatte US-Außenminister Shultz in seinem Begleitschreiben zur Übersendung der ZP'e an Präsident Reagan hervorgehoben, daß ZP I selbsternannten "Befreiungsgruppen" den Kombattantenstatus gewähre, welche Terrorismus praktizierten. Dies würde den Grundsatz unterminieren, daß sich das Völkerrecht nur an solche Einheiten und Gebilde richte, die ein ausreichendes Maß an Souveränität besäßen um für ihre Handlungen haftbar gemacht zu werden und um ihre Verpflichtungen zu erfüllen[4]. Der Terrorismusvorwurf war für die USA der wichtigste Grund für die Nichtratifikation[5].

Diese Argumentation Reagans löste eine heftige Debatte aus und stößt auf fortgesetzte Kritik[6]. Der Terrorismusvorwurf wurde aus einer ganzen Reihe von

---

[1] Vgl. den Aufsatz von L.C. Green, "Double Standards in the UN. The Legalization of Terrorism", in Archiv des Völkerrechts, Bd.18 (1979/1980), S.129 ff. Daß ZP I dem Terrorismus Legitimation verschaffe, vertritt auch Feith: "In my view, the upshot of the Diplomatic Conference was a pro-terrorist treaty, that calls itself humanitarian law", vgl. ders. S.534 f.

[2] Vgl. den Text des Briefes in AJIL Bd.81 (1987), S.910-912

[3] Vgl. ebd. S.911

[4] Greenwood, S.191,192

[5] Vgl. Bagley S.457

[6] Vgl. zu den Argumenten ebenfalls unten G.I. Koenig betrachtet die Position der US-Regierung als befremdlich, da Art.44 ZP I maßgeblich zwischen der US-Delegation und der Delegation Vietnams ausgehandelt worden sei, vgl. ders. S.190. Bagley kritisiert eine "hyperbolistic emphasis upon the deficiencies of the Protocol by foreign and military policymakers of the world's leading government", vgl. ebd. S.474. Kritisch gegenüber dem "law and order" - Ansatz der Nichtratifikanten auch Chadwick, S.208. Ähnlich Gasser 1987, S.912 ff., der ausführlich die Unbegründetheit der seitens der amerikanischen

Gründen in der Literatur zum Teil vehement bestritten[1]. Die Voraussetzungen der Art.1(4) und 96(3) ZP I, aber auch diejenigen der Art.43 und 44 ZP I schlössen für terroristische Situationen und Handlungen jedweden Kombattantenstatus aus[2]. ZP I wurde im Gegenteil gepriesen als "the most comprehensive antiterrorist treaty we know"[3].

Dem ist zunächst insofern zuzustimmen, als die Ausdehnung der Anwendbarkeit des internationalen Konfliktrechts auf nationale Befreiungskriege als solche keinen Freibrief für terroristisches Vorgehen in Befreiungskriegen darstellt[4]. Im Gegenteil: Die durch Art. 96(3) ZP I erreichte Bindung der nationalen Befreiungsbewegung an die Abkommen und Protokolle schließt den systematischen Gebrauch terroristischer Methoden aus[5]. Nach der bisherigen Untersuchung

---

Regierung vorgebrachten Argumente darzustellen versucht, besonders im Blick auf das Terrorismus-Argument. Der amerikanischen Delegationsleiter bei der CDDH, George Aldrich, warf seiner Regierung sogar "ideologische Gründe" für die Ablehnung vor, vgl. ders.1988, S.456. Vgl. jedoch die Erwiderung des Rechtsberaters des State Departments Sofaer, in AJIL Bd.82 (1988), S.784 ff. In einem 1991 erschienenen Aufsatz unterstellt Aldrich der Reagan-Administration ideologische Neigungen und Mißbrauch des Protokolls zur Beweisführung einer harten Antiterror-Politik. Reagan habe zeigen wollen, daß seine Vorgänger Ford und Carter auf diesem Gebiet "weich" gewesen seien, vgl. Aldrich, 1991, S. 4 und 20

1 Gasser 1987, S.918 ff. Auch Koenig sieht in der neuen Kombattantenregelung "in keiner Weise eine einseitige Konzession an den 'Terrorismus'", vgl. ders. S.133. Aldrich führt den Terrorismusvorwurf auf ein ernstes Mißverständnis zurück, vgl. ders. 1988, S.459. Argumentiert wird insbesondere, der Begriff "Völker" sowie der Hinweis auf das SBR nach der FRD in Art.1(4) ZP I schlössen aus, daß der Anwendungsbereich dieser Vorschrift (und damit auch der Kombattantenvorschriften) auf terroristische Aktionen von Einzelpersonen oder Banden ausgedehnt werden könne, vgl. Eichen/Walz, Neuere Entwicklungen auf den Gebiet des humanitären Völkerrechts, in: NZWehrR Bd.30 (1988), S.149. In diesem Sinne auch Bagley: "With regard to the notion that the Protocol benefits splinter factions or groups unwilling or unable to observe the dictates of humanitarian law, such an interpretation simply does not follow from the terms of article 1, section 4.", vgl. ders. S.452. Ein weiteres Argument sei die in Art.96(3) ZP I geforderte Verpflichtung zur Anwendung des humanitären Völkerrechts. Diese setze logisch voraus, daß die betreffende Gruppe dazu auch in der Lage ist, was kleine Splittergruppen ausschließe, vgl. ders. S.453. Auch Oeter betont die Verpflichtung der Befreiungsbewegung zur Beachtung des humanitären Völkerrechts, vgl. ders. 1989, S. 473. Auch erfüllten Terrorgruppen regelmäßig nicht die organisationsbezogenen Bedingungen des Art.43 ZP I, Verletzungen des humanitären Völkerrechts würden -wie bei regulären Kombattanten- trotz Beibehaltung des Kombattantenstatus geahndet, vgl. Bagley, S.457

2 Gasser 1987, S.922. Dies scheint jedoch für den Terrorismusvorwurf weniger relevant zu sein als die Frage, ob die Art.43,44 ZP I Einzelpersonen Kombattantenstatus zubilligen, deren Verhalten ebenfalls als terroristisch bezeichnet werden könnte.

3 Vgl. Gasser 1987, S.922 unter Berufung auf die Vorschriften des ZP I über Kriegsverbrechen ("grave breaches", vgl. Art.85 Abs.3) und die in diesen Fällen bestehende Bestrafungs- und Auslieferungspflicht der Vertragsparteien. Auch Chadwick hält ZP I im Bereich seiner Anwendbarkeit wegen der Vorschriften über schwere Verstöße für ein gutes Dokument gegen Terrorismus, vgl. dies. S.126

4 Greenwood, S.199. Koenig bezeichnet es als Fehlverständnis, daß die humanitärvölkerrechtliche Einordnung eines Konflikts die politischen Ziele eines Konflikts legitimieren könne, vgl. ders S.190

5 Oeter 1989, S. 474

scheint darüber hinaus die Feststellung gesichert, daß ZP I nach seinen sachlichen und persönlichen Anwendbarkeitsvorschriften auf terroristische Gruppen und deren Vorgehen nicht anwendbar ist[1].

Es ist daher durchaus zutreffend, die Regelungen des ZP I als hilfreichen Beurteilungsmaßstab zu betrachten, für die bei der Bekämpfung des internationalen Terrorismus essentielle Einschränkung der Berufung auf die sog. "political offense exception"[2].

Um zu erklären, wie es dennoch zu derart gegensätzlichen Bewertungen des ZP I kommen kann, soll im folgenden untersucht werden, ob die untersuchten Vorschriften bei entsprechender Auslegung sich mit dem Vorgehen von gemeinhin als terroristisch bezeichneten Gruppen überschneiden oder diesen zumindest eine Argumentationsgrundlage bieten zur Behauptung der Anwendbarkeit des humanitären Völkerrechts auf ihr Handeln.

In sachlicher Hinsicht wäre zunächst das Argument denkbar, daß es für Art.1(4) ZP I allein auf den Kampf eines Volkes gegen das darin genannte SBR ankommt, da es sich bei den qualifizierenden Merkmalen (Kolonialherrschaft etc.) nicht um eine abschließende Aufzählung handelt[3]. Weiter könnte behauptet werden, daß die Anwendbarkeit des Art.1(4) ZP I auch allein auf das SBR gemäß VN-Satzung gestützt werden kann, da dieses in dem Artikel gleichberechtigt neben dem (enger gefaßten) SBR gemäß der FRD steht[4]. Selbst wenn man jedoch die FRD zugrundelegt, ergeben sich aufgrund seiner inhaltlichen Zweideutigkeit verschiedene Auslegungsmöglichkeiten, die eine Anwendung auf eine Vielzahl auch innerstaatlicher Fälle der Vorenthaltung des "inneren" SBR als möglich erscheinen lassen[5]. Hierfür bietet sich der nicht weiter definierte Begriff "Völker" durchaus an[6]. Gleiches gilt für den ebenfalls nicht näher konkretisierten Begriff des "bewaffneten Konflikts", der als solcher keinen

---

1 Diese Feststellung gilt, trotz des oben E.III.2.c.aa. beschriebenen Fehlens einer anerkannten Definition des Terrorismus, zumindest für Terrorakte außerhalb bewaffneter Konflikte. Oeter betont zu Recht, daß Gewaltakte einer nationalen Befreiungsbewegung außerhalb des vom Gegner kontrollierten Gebiets und ohne, daß sie als militärische Operationen bezeichnet werden können, nicht dem humanitären Völkerrecht unterfallen, sondern allein dem Strafrecht des Staates, in dem sie begangen wurden, vgl. ders. 1989, S. 478

2 Oeter 1989, S. 483. Zur political offense exception, vgl. Hailbronner, S. 175

3 F.III.1.b.dd.

4 F.III.1.b.aa.

5 E.IV.1.b.

6 F.III.1.b.bb.

Maßstab für die Schwellenproblematik liefert[1]. Selbst wenn man richtigerweise die drei qualifizierenden Kriterien in Art.1(4) ZP I als abschließende Aufzählung betrachtet, steht dies einer Anwendung der Vorschrift auf eine nahezu unbegrenzte Zahl von Situationen nicht im Wege, da alle drei Merkmale inhaltlich offen sind und es sich im Kern um politische Begriffe handelt[2]. Damit könnte bei "mutiger" Auslegung die Anwendbarkeit des Art.1(4) ZP I auf verschiedene Auseinandersetzungen unserer Tage zumindest behauptet werden, bei denen es um das SBR bestimmter Bevölkerungsteile geht, auch wenn die Auseinandersetzung noch auf niedrigstem Intensitätsniveau stattfindet.

Ob Art.96(3) ZP I hier einen wirksamen Filter darstellt, muß bezweifelt werden, da diese Vorschrift an der eigentlich legitimierenden "Art.1(4) - Situation" nichts ändert. Daß die Erklärung nach Art.96(3) ZP I nur in einem Konflikt gegen eine Hohe Vertragspartei möglich ist, wird immer seltener im Wege stehen, da im Februar 2001 bereits 157 Staaten das ZP I ratifiziert hatten[3]. Darüber hinaus werden durch die Bezugnahme in Art.96(3) auf Art.1(4) ZP I alle dargestellten inhaltlichen Unsicherheiten in Art.96(3) "hineingetragen". Auch die von Art.96(3) ZP I vorausgesetzte Vertretungsberechtigung des betreffenden Organs für das im Befreiungskrieg befindliche Volk wird nicht präzisiert und im konkreten Fall leicht fallen, zumal es für die Feststellung der Vertretungsberechtigung und Effektivität teilweise als ausreichend betrachtet wird, wenn eine "Bewegung" der Regierung längere Zeit den Raum streitig machen kann, was immer damit gemeint ist[4]. Erwähnt sei schließlich, daß in der Literatur vereinzelt Art.96(3) ZP I auch keineswegs als Hindernis gesehen wird, daß eine Befreiungsbewegung die Konventionen und Protokollen im Wege des ad hoc - Beitritts einseitig zur Anwendung bringt[5].

Im Bereich der persönlichen Anwendbarkeit (Kombattantenstatus) werden die größten Hindernisse beim Streitkräftebegriff des Art.43 Abs.1 ZP I liegen. Erforderlich dafür ist vor allem, daß es eine Befreiungsbewegung gibt, die durch eine Erklärung nach Art.96(3) ZP I zur Konfliktpartei geworden ist (Art.96(3) Buchst.a.) und der die bewaffneten "Verbände, Gruppen und Einheiten" zugehören. Da dieser sich auf Art.1(4) ZP I bezieht, bietet er Befreiungsbewegungen

---

1 F.III.1.b.cc.
2 F.III.1.b.dd.aaa.-ccc.
3 RICR Bd.80 (1998), S.191
4 F.III.c.
5 F.III.c. Der ad hoc-Beitritt ist geregelt in Art.96(2) ZP I sowie dem gemeinsame Art.2 Abs.3 der Konventionen (vgl. auch E.IV.4.b.)

einen sehr weiten Auslegungs- und Anwendungsspielraum[1]. Ist die Befreiungsbewegung durch Abgabe der Erklärung nach Art.96(3) ZP I selbst Konfliktpartei geworden, so ließe sich die Zugehörigkeit zu ihr und das Vorliegen einer ihr gegenüber verantwortlichen Führung wohl ohne größere Probleme begründen. Der Nachweis des geforderten Disziplinarsystems zur Einhaltung der Regeln des im bewaffneten Konflikt anwendbaren Völkerrechts wird kleinen und sporadisch agierenden Gruppen nur schwer gelingen. Anderseits ist gerade diesen oft daran gelegen, sich die Aura des Militärischen zu verleihen[2]. Dies erleichtert die Behauptung, dem Streitkräftebegriff zu genügen und öffnet den Weg zur Anwendung des Art.44 ZP I auf die Kämpfer der betreffenden Gruppe. Von Bedeutung ist dabei neben Absatz 2 (kein Verlust des Kombattantenstatus bei Verletzung des im bewaffneten Konflikt geltenden Völkerrechts) vor allem der dargestellte Absatz 3[3]. Mangels klarer Begriffe scheint es hier möglich, in praktisch jeder beliebigen Situation zu behaupten, eine Unterscheidung von der Zivilbevölkerung sei "wegen der Art der Feindseligkeiten" nicht möglich gewesen, der militärische Aufmarsch vor Beginn eines Angriffs sei auf die Sekunde vor dem ersten Schuß beschränkt und die Sichtbarkeit beziehe sich auf Erkennbarkeit mit bloßem Auge.

Die o.g. Interpretationen der einschlägigen Vorschriften würden eine große Zahl von Situationen politisch motivierter Gewaltanwendung als Befreiungskriege darstellen, auf die das ZP I anzuwenden sei.

Der staatliche Gegner seinerseits würde nicht nur regelmäßig die Anwendbarkeit des ZP I (vermutlich auch des gemeinsamen Art.3 der Konventionen) auf diese Situationen bestreiten, sondern die "Befreiungskämpfer" mit größter Wahrscheinlichkeit als Terroristen bezeichnen und behandeln[4]. Insoweit scheint der gegen ZP I vorgebrachte Terrorismusvorwurf keineswegs ohne Grundlage zu sein. Zwar ist der Gegenansicht darin zuzustimmen, daß ZP I bei

---

1 F.III.1.c.

2 E.III.2.b.bb.

3 F.IV.3.b.bb.aaa. und bbb.

4 Selbst wenn -bisher ein rein theoretischer Fall- ein Konflikt von beiden Seiten als ein Befreiungskrieg nach Art.1(4) ZP I anerkannt würde, dürfte die kampfbedingt mangelhafte Unterscheidung von der Zivilbevölkerung den Guerillakämpfern schon bald das Prädikat "Terrorist" eintragen, es sei denn, die Auseinandersetzung hätte bereits den Intensitätsgrad eines nicht-internationaler Konflikts nach ZP II erreicht und die Guerillagruppe hielte sich bei der Unterscheidung von der Zivilbevölkerung strikt an enge Auslegungen des Art.44 ZP I, vgl. dazu oben F.F.IV.3.b.bb. Darüberhinaus ist die Erwartung realistisch, daß der bekämpfte Staat vermutlich immer und selbst bei Vorliegen aller eng ausgelegten Anwendungsvoraussetzungen vehement bestreiten würde, Gegner einer "Befreiungsbewegung" zu sein.

verständiger Auslegung Terroristen keinen Raum läßt[1]. Andererseits scheint jedoch der unklare Wortlaut solche Interpretationen durchaus "herzugeben" und bietet sich zur politisch-propagandistischen Ausschlachtung geradezu an. Er bietet sich auch an als Argumentationsmuster für Drittstaaten, die den staatlichen Gegner der für eine gerechte Sache kämpfenden Befreiungsbewegung politisch unter Druck setzen oder sich dessen Auslieferungsersuchen widersetzen möchten. Dabei wird der konstitutive Charakter der Erklärung nach Art.96(3) auch Drittstaaten nicht davon abhalten, sich in der völkerrechtlichen Bewertung der Auseinandersetzung frei zu fühlen[2].

Es gilt also festzuhalten, daß Art.1(4) und die Kombattantenvorschriften (Art.43 und vor allem Art.44 ZP I) durch Verwendung vielfach unklarer oder sogar rein politischer Begriffe eine rechtliche Grauzone geschaffen haben, die im Einzelfall Legitimationsgrundlage für die unterschiedlichsten rechtlichen Bewertungen sein kann[3]. Nicht zu leugnen ist dabei die erhebliche politische Legitimierungswirkung, welche mit der Einordnung eines Konflikts als "nationaler Befreiungskrieg" einhergeht[4]. Es dürfte kaum ein Zufall sein, daß innerstaatliche Guerilla- und Terrorgruppen sehr häufig den legitimierenden Begriff "Befreiungsbewegung" für sich in Anspruch nehmen[5].

So können sich notfalls selbst kleine irreguläre Gruppen in den Anwendungsbereich des ZP I "hineindefinieren" und mit der Behauptung, einen Konflikt i.S.d. Art.1(4) ZP I zu führen, für sich den Kombattantenstatus nach Art.43,44

---

1 Koenig, S.189 m.w.N

2 Hailbronner, S.180

3 In diesem Sinne resümiert Hailbronner: "Therefore, present international law does not provide clear guidelines as to the distinction between a terrorist, subject to international criminal law, and a freedom fighter or guerilla enjoying some or all of the privileges (and duties) of the laws of war.", vgl. ders. S.183

4 Wie oben E.IV.4. dargelegt, gehörte gerade dies zu den wichtigen Zielen bei den Bemühungen um eine humanitär-völkerrechtliche Aufwertung dieser Auseinandersetzungen zu internationalen bewaffneten Konflikten.

5 Vgl. z.B. das sog. "Nationale Befreiungsheer" Kolumbiens (ELN), das immer mehr eine rein kriminelle Organisation massenhafter Morde an Zivilisten und erpresserischen Menschenraubes ist, vgl. "Der Spiegel", Heft 29/1999, S.32,33. Aus Gründen der Aufwertung bezeichnet sich der politische Flügel der kurdischen Arbeiterpartei PKK als "Nationale Befreiungsfront Kurdistans" (ERNK), vgl. F.A.Z. v. 15.04.1995, S.5. Ähnlich die frühere Guerillaorganisation "Nationale Befreiungsfront Farabundo Marti" (FMLN) in El Salvador (vgl. F.A.Z. v. 20.12.1994, S.4) oder das die zapatistische "Nationale Befreiungsarmee" in Mexiko (vgl. Turkish Daily News v. 09.01.1996, S.6). Die Truppen von Laurent-Désiré Kabila, welche 1997 die jahrzehntelange Herrschaft Mobutus im damaligen Zaire beendeten, nannten sich Demokratische Allianz zur Befreiung des Kongo, vgl. Jeune Afrique Nr.1985 v. 26.01.1999, S.10. Auf Sumatra kämpft eine 1000 Mann zählende Guerillatruppe namens "Aceh National Liberation Front" gegen die Regierung in Jakarta, vgl. F.A.Z. v. 04.08.1999, S.12

ZP I reklamieren, gerichtet auf Straffreiheit zumindest bei solchen Handlungen, die nach internationalem Konfliktrecht rechtmäßig wären. Zwar ist damit noch nichts darüber ausgesagt, ob sie die Voraussetzungen der Art.1(4) i.V.m. 96(3) ZP I oder der Art.43,44 ZP I auch tatsächlich erfüllen oder der Gegner ihnen dies zugesteht. Die Auslegbarkeit der genannten Vorschriften liefert ihnen jedoch eine geeignete Argumentationsgrundlage. Bereits dies ist ein nicht zu unterschätzender politisch-propagandistischer Punktgewinn[1].

Die humanitär-völkerrechtliche Aufwertung nationaler Befreiungskriege durch die VN-Generalversammlung und ZP I, noch mehr jedoch die dahinterstehende und seit Anfang der sechziger Jahre gepflegte *politische und rechtliche Legitimierungsabsicht*[2] spielte und spielt auch bei internationalen Bemühungen im Kampf gegen den Terrorismus eine wichtige Rolle.

Dies wurde besonders deutlich bei den Ende der siebziger Jahre durchgeführten Verhandlungen zur Internationalen Geiselkonvention, als vor allem afrikanische und nahöstliche Staatenvertreter forderten, der Begriff der Geiselnahme dürfe von vornherein auf Handlungen im Rahmen nationaler Befreiung von Kolonialherrschaft, rassistische und fremde Regime nicht angewandt werden[3]. Diese Staaten waren sichtbar besorgt, daß die angestrebten Regelungen der Geiselkonvention gegen nationale Befreiungskämpfer und ihre Kampfmethoden eingesetzt werden könnten. Obwohl auch ZP I in Art. 75 Abs.2 d) ZP I Geiselnahmen verbietet[4], wurde gefordert, daß Geiselnahmen zu kriminellen Zwecken und solche, die durch Befreiungsbewegungen begangen werden, grundsätzlich zu unterscheiden seien[5]. Ziel war damit nicht lediglich die Abgrenzung der

---

1 Kalshoven fürchtet, daß sich Terroristen politisch und propagandistisch durch Art.1(4) bestätigt fühlen könnten, vgl. ders. 1987, S.74

2 L.C.Green weist darauf hin, daß sich im VN-Rahmen, beginnend mit der "Granting of Independence"-Resolution 1514 (XV), bei vielen Mitgliedstaaten mehr und mehr die Ansicht gefestigt hatte, wonach bestimmte, gegen einen Staat gerichtete Terrorakte als erlaubt gelten konnten, "....provided the right ideological jargon was employed.", vgl. ders. 1980, S.135. Die Resolution 3166 (XXVIII) der VN-Generalversammlung zur Annahme des internationalen Übereinkommens vom 14.12.1973 über die Verhütung, Verfolgung und Bestrafung von Straftaten gegen völkerrechtlich geschützte Personen einschließlich Diplomaten (BGBl 1980 II, S.1361) enthält eine Klausel, wonach die Konvention die Ausübung des Selbstbestimmungsrechts von Völkern nicht beeinträchtigen könne, die gegen Fremdbeherrschung, Fremdbesetzung, Rassendiskriminierung und Apartheid kämpfen. Für L.C.Green ist dieser "new gospel" eine Art "carte blanche" für bestimmte Terrorakte: "Thus, once again we find that an act of terrorism....is sanctified and no longer regarded as a crime if it is committed in the sacred name of twentieth century holy writ – self-determination.", vgl. ders. 1980, S.140.

3 Vgl. Wil Verwey, S. 72

4 BGBl 1990 II, S.1606

5 Hailbronner, S.171

Anwendungsbereiche von ZP I und der Geiselkonvention, sondern die Rechtfertigung von Geiselnahmen der Befreiungsbewegungen unter Berufung auf die gerechte Sache. Diese Streitfrage zeigt zum einen, daß viele Staaten an "gerechte Kriege" offenbar einen anderen Maßstab anlegten[1], zum anderen, wie sehr terroristische Handlungen wie z.B. die Geiselnahme als fester Bestandteil des nationalen Befreiungskampfes betrachtet wurden. Die Auseinandersetzung führte beinahe zum Stillstand bei den Verhandlungen um die Geiselkonvention. Der schließlich nach zähem Ringen gefundene Formelkompromiß des Art.12 der Konvention ist allerdings restriktiver und trifft lediglich eine Aussage über die Unanwendbarkeit der Geiselkonvention, wenn das humanitäre Völkerrecht anwendbar ist[2]. Die dargestellten Interpretationsspielräume bezüglich der Anwendbarkeit des humanitären Völkerrechts auf "Befreiungskriege" bewirken bei dieser Abgrenzung, daß auch der Anwendungsbereich der Geiselkonvention fließend ist[3].

Auch im regionalen Rahmen gibt es bis in jüngste Zeit Bekenntnisse zu dieser durch Art. 12 der Geiselkonvention vorgezeichneten Linie. So bekennt sich die 1999 in Ouagadougou verabschiedete "Convention of the Organisation of the Islamic Conference on Combatting International Terrorism" in ihrer Präambel zur Rechtsmäßigkeit des nationalen Befreiungskampfes[4]. In Art. 2a der OIC-

---

1 Verwey ebd. S.72, ebenso L.C.Green 1980, S.137

2 Der Text lautet:
"Soweit die Genfer Abkommen von 1949 zum Schutze von Kriegsopfern oder die Zusatzprotokolle zu jenen Abkommen auf eine bestimmte Geiselnahme Anwendung finden und soweit Vertragsstaaten dieses Übereinkommen nach jenen Abkommen zur strafrechtlichen Verfolgung oder zur Auslieferung des Geiselnehmers verpflichtet sind, findet dieses Übereinkommen keine Anwendung auf eine Geiselnahme, die im Verlauf von bewaffneten Konflikten im Sinne der Genfer Abkommen von 1949 und der dazugehörigen Protokolle einschließlich der in Artikel 1 Absatz 4 des Zusatzprotokolls I von 1977 genannten bewaffneten Konflikte begangen wird, in denen Völker gegen Kolonialherrschaft und fremde Besetzung sowie gegen rassistische Regimes in Ausübung ihres Rechts auf Selbstbestimmung kämpfen, wie es in der Charta der Vereinten Nationen und in der Erklärung über Grundsätze des Völkerrechts betreffend freundschaftliche Beziehungen und Zusammenarbeit zwischen den Staaten im Einklang mit der Charta der Vereinten Nationen niedergelegt ist.", vgl. BGBl 1980 II, S.1367.
Mit Art.12 der Geiselkonvention wird erstmals in einem Abkommen eine Beziehung hergestellt zwischen einem Instrument zum Kampf gegen dem Terrorismus und dem Anwendungsbereich des Art.1(4) ZP I

3 Oeter weist zu Recht darauf hin, daß eine universelle Anerkennung der in ZP I zu Befreiungskriegen gefundenen Regelungen die Lösung der sich aus der "Befreiungskriegsausnahme" in internationalen Abkommen gegen den Terrorismus ergebenden Probleme erleichtern würde, vgl. ders. 1989, S. 484. Es ist jedoch gerade die mangelnde Eindeutigkeit dieser Regelungen, welche - unabhängig von der Frage des weltweiten Ratifikationsstandes - diese Einschätzung als etwas zu optimistisch erscheinen läßt.

4 "... *Confirming* the Legitimacy of the right of peoples to struggle against foreign occupation and colonialist and racist regimes by all means, including armed struggle to liberate their territories and attain their rights to self-determination and independance in compliance with the purposes and principles of the Charter and resolutions of the United Na-

Konvention heißt es in aller Klarheit: "Peoples' struggle including armed struggle against foreign occupation, agression, colonialism, and hegemony, aimed at liberation and self-determination in accordance with the principles of international law shall not be considered a terrorist crime"[1]. Dabei fällt auf, daß der vom terroristischen Verbrechen ausgenommene Bereich um weitere dehnbare, jenseits des Anwendungsbereichs des Art. 1(4) ZP I liegende Begriffe erweitert wurde wie etwa denjenigen der Agression oder der Hegemonie.

Im VN-Rahmen gab es bei Bemühungen zur Erarbeitung von Abkommenstexten zur Bekämpfung des Terrorismus immer wieder ähnliche Aussagen wie während der Verhandlungen zur Geiselkonvention: die zu seiner Bekämpfung angestrebten Abkommen sollten von vornherein nicht anwendbar sein auf die gerechte Sache der Befreiungsbewegungen in ihrem legitimen Kampf für das Selbstbestimmungsrecht[2].

Dabei war keineswegs bezweckt, bestimmte Handlungen wirklich nach Kriegsrecht anstatt nach Strafrecht zu bewerten, sondern es ging um deren Legitimierung durch das Motiv der "gerechten Sache". Dies zeigt in exemplarischer Weise der Fall Abu Eain. Diesem wurde vorgeworfen, 1979 auf einem Markt in Tiberias eine Bombe gelegt zu haben. Bei der Explosion starben zwei Kinder, dreißig weitere Personen wurden verletzt. In den USA verhaftet, sollte Eain aufgrund der Anfang 1981 getroffenen Entscheidung eines Berufungsgerichts zwecks Durchführung eines Strafverfahrens an Israel ausgeliefert werden. Daraufhin verabschiedete die VN-Generalversammlung im Dezember 1981 eine Resolution, worin die Absicht der USA bedauert wird, Abu Eain an die "Besatzungsmacht" Israel auszuliefern. Die Generalversammlung forderte, Abu Eain die Ausreise in ein Land seiner Wahl zu gestatten. Anknüpfend an frühere Resolutionen wird in der Resolution die bekannte Formel in Erinnerung gerufen, betreffend "the legitimacy of the struggle for independance, territorial integrity, national unity and liberation from colonial and foreign domination and alien subjugation by all available means"[3]. Die Resolution geht offensichtlich

---

tions ...", in: United Nations (Hrsg.), International Instruments related to the Prevention and Suppression of International Terrorism, New York 2001, S. 188

1 Vgl. ebd. S. 190

2 Vgl. hierzu Paust, Terrorism and the International Law of War, in: Revue de Droit Pénal Militaire et de Droit de la Guerre Bd.14 (1975), S.13 ff. (22) m.w.N. sowie Oeter 1989, S. 447

3 Die Resolution wurde mit 75:21:43 Stimmen angenommen, vgl. UN Doc. A/Res/36/171, zitiert bei Hailbronner, S.174, der den Fall Abu Eain ausführlich beschreibt.

davon aus, daß es sich um eine legale Kriegshandlung in einem Befreiungskrieg handelte, so daß Eain nicht bestraft werden könne[1].

Bemerkenswert ist, daß über den implizit und pauschal geäußerten Hinweis hinaus gar nicht erst der Versuch unternommen wurde, Eains Verhalten durch redliche Auslegung der Art.1(4), 96, 43 und 44 ZP I den bestehenden Anwendungsvoraussetzung des humanitären Völkerrechts zuzuordnen. Nicht nur fehlt es in diesem Fall an nahezu allen wesentlichen Grundvoraussetzungen[2], die Tat wäre nämlich selbst bei Anwendbarkeit des ZP I eine schwere Verletzung des ZP I (Art.85) und entsprechend zu ahnden. In krassem Gegensatz dazu ging es vielen Staaten in der Generalversammlung aber ganz offensichtlich gar nicht um Kategorien des humanitären Völkerrechts, sondern um Straffreiheit für einen Terroristen, weil dieser im Namen einer vermeintlich gerechten Sache getötet hatte. Daß hier trotzdem genau der "Legitimitätsjargon" des bellum iustum benutzt wurde, den die Staatenmehrheit in der Generalversammlung jahrelang gepflegt hatte und ohne den die CDDH gar nicht vorstellbar gewesen wäre[3], sollte zu denken geben.

Das Bestreben vieler Staaten, den nationalen Befreiungskampf, der gegebenenfalls, wie die genannte OIC-Konvention zeigt, auch weiter definiert wurde, als in Art. 1(4) ZP I, vom Anwendungsbereich internationaler Abkommen zur Bekämpfung des Terrorismus auszunehmen, wird gegenwärtig wieder im VN-Rahmen bei Bemühungen zur Verabschiedung einer "Comprehensive Convention on International Terrorism" sichtbar. Bei den Beratungen der Arbeitsgruppe Terrorismus des 6. Ausschusses der VN-Generalversammlung über den im Sommer 2000 von Indien vorgelegten Konventionsentwurf[4] forderte Malaysia im Namen der OIC die wortgleiche Aufnahme des oben erwähnten Art. 2a der OIC-Antiterrorkonvention in den indischen Entwurf[5]. Diese Forderung stellt einen der wesentlichen Stolpersteine bei den Beratungen über den indischen Konventionsentwurf dar.

---

1 Hailbronner ebd.

2 Israel hat ZP nicht unterzeichnet, die Zugehörigkeit des Täters zu einer Befreiungsbewegung bleibt ebenso offen wie das Vorliegen der von Art.96(3) ZP I geforderten Erklärung, es fehlt bei einzelnen Gewaltakten an einem bewaffneten Konflikt, unwahrscheinlich ist auch die Streitkräfteeigenschaft der Bewegung, offen bleibt auch ob der Täter sich irgendwann in irgendeiner Weise von der Zivilbevölkerung unterschieden hat.

3 F.I.2.a.

4 Text in UN doc. A/C.6/55/1

5 Vgl. Report of the Working Group vom 19.10.2000, UN doc. A/G.6/55/L.2, S. 37 f.

In ähnliche Richtung geht eine Äußerung des syrischen Staatschefs Assad gegenüber US-Präsident Clinton anläßlich einer Begegnung in Genf Anfang 1994: "How can a palestinian boy fighting against the Israeli occupation army to liberate his land be described as a terrorist? He's a fighter not a terrorist....This boy...whether he belongs to Hezbollah or to any other faction of the national resistance movements...who dares to call him a terrorist?"[1].

Wenn es um selbstdefinierte "gerechte" Befreiungskriege und die Abwehr ihrer Bezeichnung als Terrorismus ging, fühlte sich auch die ehemalige Sowjetunion durch den Begriff des Befreiungskriegs gemäß Art.1(4) ZP I in ihrer Interpretationsmacht kaum eingeschränkt [2].

Schon die genannten Beispiele zeigen, daß viele Staaten offenbar lieber selbst entscheiden, wer Terrorist und wer Freiheitskämpfer ist[3]. Die Staatenpraxis scheint darauf hinzudeuten, daß Staaten immer bereit sind, Kämpfer "nationaler Befreiungsbewegungen" in anderen Staaten als Kombattanten nach dem humanitären Völkerrecht zu sehen, wenn sie selbst die betreffende nationale Befreiungsbewegung anerkannt haben[4]. Davon unabhängig bietet, wie dargestellt, auch die "systemimmanente" Argumentation mit dem ZP I viele Möglichkeiten, bestimmten Handlungen politisch angenehmer Gruppen das Prädikat

---

1 Turkish Daily News v. 19.01.1994, S.2

2 Beispielhaft sei ein Repräsentant der Sowjetunion anläßlich einer Diskussionen der International Law Association Mitte der 80-iger Jahre zitiert: "The main problem concerning a complete ban on international terrorism in law appears to consist in elaborating such a definition that would explicitly show that national liberation movements against colonialism and racism as well as *liberation struggle against agression and intervention and their implications* do not fall under this notion. It stands to reason that *revolutionary liberation movements which are of domestic rather than international nature* cannot be viewed as acts of international terrorism", abgedruckt in Terrorism, Bd.8 (1985/1986), S.388 (Hervorhebung durch den Verfasser). Aus diesen Formulierungen wird klar, daß es bei weitem nicht nur um die Ausnahme von Befreiungskämpfern gemäß Art.1 (4) i.V.m. Art.96(3) ZP I ging, sondern um einen wesentlich weiteren, revolutionären Begriff des Befreiungskämpfers, der sich offen auf innerstaatliche Situationen bezieht, welche durch ZP I definitiv nicht geregelt werden. Dies bestätigt nachdrücklich die These "One man's terrorist is another man's freedom fighter".

3 Auch Waldmann bestätigt die Tendenz der Staaten, Oppositionsgruppen aus dem eigenen Bereich als Terroristen abzuqualifizieren, den gegen eine andere Regierung kämpfenden Gruppen hingegen durchaus achtbare politische Motive zu unterstellen, vgl. ders., S. 24.

4 Hailbronner, S.180. Dieser zitiert die Äußerung Burundis bei den Verhandlungen über das New Yorker Übereinkommen v. 14.12.1973 über die Verhütung, Verfolgung und Bestrafung von Straftaten gegen völkerrechtlich geschützte Personen einschließlich Diplomaten (BGBl 1976 II, S.1746): "In respect of cases where the alleged offenders belong to a *national liberation movement recognized by Burundi* or by an international organization of which Burundi is a member, and their actions are part of their struggle for liberation, the Government of the Republic of Burundi reserves the right not to apply to them the provisions of Article 2, paragraph 2, and Article 6, Paragraph 1.". Damit liegt es praktisch im Ermessen des Staates, ob er bestimmte Personen als Kombattanten betrachtet oder nicht.

"Kriegshandlung eines Kombattanten in einem nationalen Befreiungskrieg" zu verleihen[1].

2. Bewertung

Nach den gemachten Ausführungen ist, so paradox dies klingen mag, sowohl Protagonisten wie Antagonisten des Terrorismusvorwurfs gegen ZP I Recht zu geben. Der Grund liegt an der jeweils unterschiedlichen Perspektive:

Bei verständiger Auslegung der sachlichen und persönlichen Anwendbarkeitsvorschriften ist der Vorwurf der Legalisierung des Terrorismus unhaltbar. Zwar birgt Art.44 ZP I in seinem allzu großen Entgegenkommen gegenüber den humanitären Bedürfnissen von Guerillakämpfern eine inakzeptable Gefährdung der Zivilbevölkerung, damit ist jedoch noch nicht jeder Kombattant nach Art.44 ZP I als Terrorist zu bezeichnen. Darüber hinaus enthält ZP I eine ganze Reihe von Vorschriften mit teilweise explizit antiterroristischer Zielrichtung.

Richtet man dagegen den Blick auf die denkbaren *Möglichkeiten* bei der Interpretation der betreffenden Vorschriften, so erlaubt der verschwommene bzw. politisierte Wortlaut ohne allzu große juristische Verrenkungen eine Auslegung, die auch innerstaatliche Handlungen erfaßt, welche nicht nur nach dem Sprachgebrauch der bekämpften Regierung als terroristisch gelten können. ZP I ist nämlich nur innerhalb seiner (eng interpretierten) Anwendbarkeit ein gutes Antiterrorinstrument[2].

Über das (weite) Spektrum denkbarer Auslegungen des ZP I hinaus hat sich jedoch gezeigt, daß besonders innerhalb der VN-Generalversammlung der Kampf

---

1 Der Terrorismusausschuß der International Law Association stellte dies 1984 in einem Zwischenbericht fest: "...the international legal order...does not provide clear tests for determining when any particular political violence passes any of these thresholds, and leaves it to each affected state to 'autointerpret' the law and attach the labels.", abgedruckt in Terrorism Bd.7 (1984/1985), S.123 ff. (127). Sehr optimistisch bzgl. der Abgrenzbarkeit dagegen Sassoli 1987, S. 468 f. Er setzt sich jedoch nicht mit dem Problem auseinander, daß es letztlich jedem Staat überlassen bleibt, die im gem. Art.3 GK'en oder Art.1(4) ZP I verwendeten Begriffe zu definieren. Daher kann Chadwick darin zugestimmt werden, daß die Abgrenzung Freiheitskämpfer / Terrorist zwar möglich ist, jedoch letztlich abhängt von der individuellen Einschätzung: während der staatliche Gegner die Anwendbarkeit des humanitären Völkerrechts möglichst lang leugnen wird, können Drittstaaten die Voraussetzungen des 1(4) vielleicht schon früh für gegeben erklären. Es handelt sich also um ein Problem von "recognition and definition", vgl. Chadwick, S.8,11

2 Chadwick, S.126

gegen den Terrorismus verschiedentlich unter einen allgemeinen "Befreiungskriegsvorbehalt" gestellt wurde, der noch nicht einmal vorgab, innerhalb der Begriffe und Grenzen des ZP I zu argumentieren, sondern unmittelbar auf Kategorien des gerechten Krieges zurückgriff. Diesen politisierten "bellum iustum - Generalvorbehalt" verbinden engste verwandtschaftliche Beziehungen mit dem primär antikolonial geprägten bellum iustum - Denken, welches den Diskussionen bei der CDDH zugrundelag und in den Artikeln Art.1(4), 44(3) und 47 ZP I seinen augenfälligen Ausdruck gefunden hat. Es kann kaum ein Zweifel daran bestehen, daß diese Vorschriften derartigen Argumentationen Vorschub leisten und ihnen einen völkerrechtlichen Begründungszusammenhang bieten. Auf diese Weise stellt insbesondere Art.1(4) ZP I einen "Sündenfall" und negatives Vorbild dar, weil erst durch ihn der gerechte, jedoch trotz allen Bemühens um zeitgeschichtliche Einzelfallregelung verschwommen definierte "Befreiungskrieg" eine erhebliche humanitär-völkerrechtliche Aufwertung erfahren hat.

Zwar legalisiert ZP I weder eine unmittelbare Ungleichbehandlung der von ihm erfaßten Konfliktparteien und ihrer Angehörigen, noch fördert es unmittelbar Verhaltensweisen des Terrorismus. Ihm ist auch schwerlich anzulasten, daß manche Staaten selbst dort von "Befreiungskämpfern" sprechen, wo der Anwendungsbereich des Protokolls selbst bei extensivster Auslegung nicht mehr hinreicht. Es darf jedoch weder übersehen noch in seiner Wirkung unterschätzt werden, daß wichtigster Entstehungsgrund der genannten Vorschriften der bellum iustum-Gedanke war.

G. Die Rechtslage 20 Jahre nach Verabschiedung der Zusatzprotokolle

I. Ratifikationen und Beitritte

An der ersten Sitzung der CDDH nahmen 126 Staaten teil, die Teilnehmerzahl an den weiteren Sitzungen lautete 121, 106 und 109. 102 Staaten und 3 nationale Befreiungsbewegungen unterzeichneten das Schlußdokument. Sechs Monate später lagen die Protokolle zur Unterzeichnung aus, 62 Staaten unterzeichneten[1].

Den ZP'en wurde nach ihrer Verabschiedung teilweise ein "gespaltenes" Schicksal prophezeit: während große Staaten ZP II akzeptieren könnten und wohl Probleme vor allem mit den politischen Vorschriften des ZP I hätten, würden sich kleine Staaten nicht an ZP I stoßen, dafür aber an ZP II[2]. Zu erwarten sei eine große Zahl von Vorbehalten, durch die die "politischen" Vorschriften des ZP I eines Gutteils ihrer praktischen Bedeutung beraubt würden[3].

Anfänglich war den Protokollen trotz regelmäßiger Ratifikations- und Beitrittsappelle durch Rotkreuzkonferenzen, VN-Generalversammlung, OAU, OAS und Europarat zunächst nur geringer Erfolg vergönnt. So hatten sich zehn Jahre nach der Verabschiedung erst 65 Staaten, der Heilige Stuhl und der UN-Rat für Namibia an das ZP I durch Ratifikation oder Beitritt gebunden. Keine Regierung, die in einen Konflikt nach Art.1(4) ZP I verwickelt war, hatte ZP I unterzeichnet, ratifiziert oder war ihm beigetreten[4]. Dies hatten Ende der siebziger Jahre selbst starke Befürworter der ZP'e wie Abi-Saab klar vorausgesehen[5]. Im Bereich von ZP II hatten sich bis 1987 62 Staaten durch Ratifikation oder Bei-

---

[1] Wilson, S.178

[2] Grundlage dieser Einschätzung war, daß die großen Staaten von innerstaatlichen Konflikten kaum betroffen seien, die politischen Vorschriften des ZP I jedoch beträchtlichen Schaden anrichten könnten. Umgekehrt würden die von häufigen innerstaatliche Konflikten betroffenen kleineren Staaten eher zögern, ZP II zu ratifizieren, während ZP I für viele dieser Staaten die Verwirklichung eines international lange angemeldeten Postulats sei. Allerdings sei auch dort nicht auszuschließen, daß die Regelung des Art.1(4) viele Staaten ins Grübeln bringen könnte, die sich mit ethnischen und nationalen Minderheiten konfrontiert sähen, vgl. L.C. Green 1977, S.40

[3] L.C. Green 1977, S.35

[4] Wilson, S.178,179

[5] Abi-Saab 1979, S.365. Ebenso Hughes-Morgan: "It seems unlikely that any state which, in the eyes of ist opponents, operates a colonial or racist regime will ratify the Protocol.......", vgl. ders. S.112

tritt an dieses ZP gebunden, darunter von den ständigen Mitgliedern des SR jedoch nur F und die VR China[1]. Intensive Bemühungen des IKRK - später erleichtert durch das Ende des Kalten Krieges - haben dazu geführt, daß sich zwischen 1983 und 2001 [2] 131 Staaten an das ZP I, 27 Staaten an das ZP II gebunden haben, darunter drei Ständige Mitglieder des VN-Sicherheitsrates (Großbritannien, Rußland und China) sowie bis auf die USA und die Türkei alle NATO-Mitgliedstaaten, alle mittel- und osteuropäischen Staaten und nahezu alle afrikanischen und lateinamerikanischen Staaten[3]. 1991 hat auch die Bundesrepublik Deutschland die ZP'e ratifiziert[4]. Die Zahl der Vertragsstaaten betrug im Februar 2001 für ZP I 157 Staaten, für ZP II 150 Staaten. Damit nähern sich die ZP'e dem entsprechenden Wert der Konventionen (188 Vertragsstaaten).

Dennoch sind die Protokolle, anders als die Konventionen von 1949, trotz der inzwischen hohen Zahl gebundener Staaten (mehr als 4/5 der Weltgemeinschaft) heute noch recht weit vom Maßstab universeller Geltung entfernt[5]. Zu den Gründen hierfür zählt vor allem, daß neben den USA eine Reihe militärisch wichtiger Staaten nach wie vor nicht vertraglich an die Protokolle gebunden

---

1 Wyss, S.49. Diese Autorin stellte im Jahre 1987 einen im Jahre 1985 einsetzenden bemerkenswerten Anstieg der Ratifikationen fest, vgl. dies. S.49

2 Stand: Februar 2001, Informationen abrufbar unter http://www.icrc.org/ihl.nsf

3 Vgl. hierzu sowie zu den Ratifikationsbemühungen des IKRK insgesamt Gasser, Faire accepter les Protocoles par les Etats, in: RICR Bd.79 (1997), S.567 ff.

4 Die Ratifikation erfolgte am 14.02.1991, damit traten sie am 14.August 1991 in Kraft, vgl. BGBl. 1991 II, S.968. In einer Interpretationserklärung vertrat die Bundesregierung insbesondere die Auffassung der Nichtanwendbarkeit des ZP I auf Nukleareinsätze, vgl. hierzu Pechstein, Die Ratifizierung der Zusatzprotokolle zu den Genfer Konventionen durch die Bundesrepublik Deutschland, in: ArchVR Bd.30 (1992), S.281 ff. Vgl. auch Klemp, Die Ratifikation der Zusatzprotokolle durch die Bundesrepublik Deutschland, in: Voit (Hrsg.), Das humanitäre Völkerrecht im Golfkrieg und andere Rotkreuz-Fragen, Bochum 1992, S.75 ff.

5 Die Lage (Beitritte/Ratifikationen) stellte sich im Februar 2001 (Informationen abrufbar unter http://www.icrc.org/ihl.nsf), nahezu 25 Jahre nach Verabschiedung, wie folgt dar:
Afrika: an ZP I alle gebunden außer Marokko, Somalia und Sudan; an ZP II alle außer Demokratische Republik Kongo, Marokko, Angola und Mosambik, Somalia und Sudan
Amerika: *Südamerika:* komplette Bindung an beide ZP'e; *Mittelamerika*: Bindung an beide ZP'e außer an ZP I Trinidad und Haiti, nicht an ZP II Haiti, Kuba, Trinidad und Mexiko; *Nordamerika:* Keine Bindung der USA; Kanada beide Protokolle
Asien: Bei ZP I hier die meisten nicht gebundenen Länder.
ZP I: Aserbeidschan, Bhutan, Indien, Indonesien, Irak, Iran, Japan, Malaysia, Myanmar, Nepal, Pakistan, Papua-Neuguinea, Philippinen, Singapur, Sri Lanka,
ZP II: Aserbeidschan, Bhutan, Nordkorea, Indien, Indonesien, Irak, Iran, Japan, Malaysia, Myanmar, Nepal, Pakistan, Papua-Neuguinea, Singapur, Sri Lanka, Vietnam
Europa: alle an beide Protokolle gebunden. An keines der Protokolle gebunden sind Andorra und die Türkei. Nur an ZP II gebunden ist Frankreich
Vgl. Veröffentlichung des IKRK vom Sommer 1999 sowie die Übersicht in RICR, Bd. 80 (1998), S.191-196

sind[1]. Es ist auffallend und bezeichnend, daß bezüglich beider Zusatzprotokolle zu den weiter abseits stehenden Staaten insbesondere solche zählen, die bewaffnete Auseinandersetzungen mit einem innerstaatlichen Gegner führen oder befürchten und/oder in deren nationaler Situation Forderungen zur Verwirklichung des SBR eine wichtige Rolle spielen oder spielen könnten[2]. Darüber hinaus gab es eine große Zahl von Vorbehalten oder Interpretationserklärungen[3], über deren grundsätzliche Zulässigkeit bei der CDDH noch diskutiert worden war[4].

Besonders die hohe Zahl von 34 Vorbehalten/Interpretationserklärungen zu ZP I (ZP II: 13 Fälle) erscheint durchaus problematisch, da im Konfliktfall stets erst einmal zu prüfen wäre, welche Vorbehalte der Gegner eingelegt hat. Dies be-

---

[1] Vgl. Informationen abrufbar unter http://www.icrc.org/ihl.nsf
Keine Bindung an ZP I: Indien, Pakistan, Irak, Iran, Japan, Indonesien, Philippinen, Frankreich
Keine Bindung an ZP II: Demokratische Rebublik Kongo, Mexiko, Indien, Indonesien, Irak, Iran, Japan, Pakistan und Vietnam
Aus Sicht Kosirniks haben die weiter abstinenten großen und mittleren Mächte keine "réserves notoires quant à la substance des textes", vielmehr seien die Motive außerhalb des humanitären Völkerrechts selbst zu suchen. Bei Asien frage sich, ob Zurückhaltung auf das Abseitsstehen der USA zurückzuführen ist oder auf eine generelle Abneigung gegen rechtsetzende universelle Verträge. Einige Staaten hätten zweifellos Angst, zu Konflikten einzuladen oder den Gegner evtl. aufzuwerten, andere wollten überhaupt nicht humanitär-völkerrechtlich gebunden sein, vgl. Kosirnik, S.527

[2] Neben dem "klassischen" Fall Israel sind dies u.a. Afghanistan, Aserbeidschan, Demokratische Republik Kongo, Nordkorea, Haiti, Indien, Indonesien, Irak, Iran, Malaysia, Marokko, Mexiko, Mozambik, Myanmar, Nepal, Pakistan, Papua-Neuguinea, Philippinen, Somalia, Sri Lanka, Sudan und die Türkei (Informationen abrufbar unter http://www.icrc.org/ihl.nsf). Es kann unterstellt werden, daß der am 14.01.1998 erfolgte Beitritt Kambodschas in direktem Zusammenhang stand mit dem militärischen Niedergang der Roten Khmer unter ihrem 1998 verstorbenen Führer Pol Pot (vgl. dazu DIE WELT v. 17.04.1998, S.3). Auch bezüglich Nikaraguas liegt es nahe, die schließlich 1999 -22 Jahre nach Unterzeichnung- erfolgte Ratifikation (Nikaragua gehörte zu den Erstunterzeichnern!) in engem Zusammenhang zu sehen mit der innenpolitischen Lage. Wo es zu bewaffneten Auseinandersetzungen kam, erfolgten diese in der Regel unter Anwendung von Methoden des Guerillakampfes, vgl. dazu auch die Hinweise zu einigen der genannten Konflikte oben E.III.2.a.

[3] Bis zum Februar 2001 erfolgten in 34 Fällen Vorbehalte/Interpretationserklärungen zu ZP I, in 13 Fällen solche zu ZP II (Informationen abrufbar unter http://www.icrc.org/ihl.nsf)

[4] Roberts weist auf die Ansicht einiger Staaten bei der CDDH hin, wonach zu bestimmten Vorschriften der ZP'e Vorbehalte unzulässig seien (z.B. Art.1(4) und 44 ZP I), eine Ansicht, die sich jedoch nicht durchsetzen konnte, vgl. ders. S.169. Die westlichen Staaten wandten sich bei der CDDH nahezu geschlossen gegen einen entsprechenden Artikel, der Vorbehalte insbesondere gegenüber Art.1 und 44 ZP I für unzulässig erklären wollte, vgl. dazu Lysaght, S.359. Dinstein betrachtet Vorbehalte hier grundsätzlich als unproblematisch, da diese Vorschriften kein Gewohnheitsrecht zum Ausdruck bringen und Vorbehalte auch keineswegs deshalb gemäß Art.19 Wiener Vertragsrechtskonvention unzulässig sind, weil sie etwa mit Sinn und Zweck des ZP I unvereinbar wären. Dieser sei auf einen engen Kernbereich des ZP I zu beschränken, vgl. Dinstein 1979, S.283. Zu den Vorbehalten etc. vgl. IKRK, Reservations, Declarations, and Communications as at 30 June 1999, Genf 1999, S.2 und 3.

deutet in der konkreten Konfliktsituation eine nicht unerhebliche Erschwernis bei der Ermittlung des anwendbaren Rechts[1].

Vorbehalte etc. zu Art.1(4) erfolgten meist gleichzeitig zu dieser Vorschrift und zu Art. 96 (3). Insgesamt machten sieben Staaten von dieser Möglichkeit Gebrauch[2]. Belgien, Deutschland und Südkorea betonten, daß die Wirkung des Art.96(3) nur eintritt, wenn tatsächlich in jeder Hinsicht die Voraussetzungen des Art.1(4) gegeben sind[3]. Auch wenn damit die Interpretationsmacht über das Vorliegen einer Art.1(4)-Situation dem betreffenden Staat zufällt, haben Kanada, Irland und das Vereinigte Königreich ausdrücklich auf die Notwendigkeit der Anerkennung einer Art.1(4)-Situation durch den betroffenen Staat hingewiesen[4]. Weitere Einschränkungen erfolgten durch Erklärungen zum Begriff des bewaffneten Konflikts[5] sowie aus Hinweisen auf Gewaltverbot und VN-Resolutionen[6]. Interessant ist die belgische Interpretationserklärung, welche auf das Selbstbestimmungsrecht verweist, so wie es *zur Zeit der Annahme des ZP I* ausgelegt wurde[7]. Die Vorbehalte etc. lassen erkennen, daß die westlichen Staaten offenbar überwiegend Art.96(3) als die geeignete Vorschrift zur Eingrenzung der Wirkungen des Art.1(4) betrachteten. Der Hinweis auf die Notwendigkeit des Vorliegens eines Art.1(4)-Konflikts ist dabei so zu verstehen, daß sich die Staaten die entsprechende Prüfung selbst vorbehalten wollten.

---

1 Für Hughes-Morgan ist dies eine empfindliche Behinderung der Klarheit des in der Hitze des Konflikts anzuwendenden humanitären Völkerrechts, vgl. ders. S.112. Roberts erinnert daran, daß Staaten grundsätzlich vier Möglichkeiten haben: Ratifikation beider Protokolle ohne Vorbehalte, beider Protokolle mit Vorbehalten, Ratifikation nur eines Protokolls und schließlich die Zurückweisung beider Protokolle. Er illustriert dies anhand eines hypothetischen gemeinsamen Einsatzes der NATO-Mitgliedstaaten: "....the potential exists that the different countries could have varying interpretations of the law of war. This could lead to the adoption of inconsistent operational procedures by the armed forces of NATO component states, greatly impeding and complicating the work of combined force military planners and commanders", vgl. ders. S.169. Im NATO-Bereich scheint dieses Problem jedoch heute durch gemeinsame Regelungen zur sog. "Interoperabilität" weitgehend entschärft zu sein, vgl. hierzu Fleck 1997, S. 559

2 Belgien, Kanada, Deutschland, Irland, Südkorea, Spanien und das Vereinigte Königreich, vgl. IKRK ebd.

3 Vgl. IKRK ebd. S.8-10, S.14-16 und S.21.

4 Vgl. IKRK ebd. S.10-12, S.17 und S.29-31. So betonen Kanada und Irland wortgleich "....that States are entitled to satisfy themselves as to whether in fact the makers of such declaration constitute an authority referred to in Art. 96." Das Vereinigte Königreich betont, durch eine Erklärung nach Art. 96(3) nicht gebunden zu sein "....unless the United Kingdom shall have expressly recognized that it has been made by a body which is genuinely an authority representing a people engaged in an armed conflict of the type to which Article 1, par.4, applies."

5 Das Vereinigte Königreich grenzt den Begriff ab von normaler Kriminalität und Terrorismus, vgl. IKRK ebd. S.31.

6 Z.B. Spanien, vgl. IKRK ebd. S.27-28.

7 IKRK ebd. S.8-10

Zu Art. 43 und 44 erfolgten 12 Vorbehalte/Interpretationserklärungen, die sich zum größten Teil auf das Merkmal des "militärischen Aufmarsches vor Beginn eines Angriffs" beziehen und die oben F.IV.3.b.bb.bbb. dargestellte Position der westlichen Staaten bei der CDDH bekräftigen, wonach dieser Begriff jede Bewegung in Richtung auf einen Ort erfaßt, an dem ein Angriff begonnen werden soll[1]. Eine Reihe von Ländern beschränkte die in Art.44 Abs.3 S.2 ZP I genannten Situationen auf Befreiungskriege gemäß Art.1(4) ZP I und Widerstandsbewegungen gegen eine occuptio bellica[2]. Interessant sind die Äußerungen Italiens und Spaniens (jeweils Ratifikationserklärung), wonach diese *nur* im Falle des (nicht näher konkretisierten) "besetzten Gebiets" anwendbar sein soll[3]. Präzisierungen im Sinne der oben F.IV.3.b.bb.bbb. dargelegten westlichen Position erfolgten auch zum Kriterium der Sichtbarkeit in Art.44 Abs.3 S.2 lit.b ZP I[4].

Zu Art. 47 ZP I erklärten schließlich die Niederlande und Irland, daß durch diese Vorschrift die Anwendbarkeit der Artikel 45 ZP I (vorläufige Vermutung der Kombattanteneigenschaft bei Berufung auf diesen Status) und Art. 75 ZP I (grundlegende Rechtsgarantien) nicht beeinträchtigt werde[5]. Diese Ansicht wurde bei der CDDH von verschiedenen westlichen Delegationen ausdrücklich geteilt (vgl. oben F.IV.6.d.) und steht in Übereinstimmung mit dem humanitären Sinn und Zweck des ZP I.

In den USA und Israel stieß besonders ZP I auf heftige und grundlegende Kritik. Obwohl mit Bill Clinton Anfang der 90-iger Jahre ein Demokrat ins Weiße Haus einzog, haben die USA während dessen Amtszeit und bis heute trotz einer bereits seit 1994 laufenden Überprüfung des ZP I[6] keines der ZP'e ratifiziert[1].

---

[1] So Deutschland, Australien, Belgien, Kanada, Irland, Italien, Südkorea, Niederlande, Neuseeland, Spanien, Argentinien und das Vereinigte Königreich, vgl. IKRK ebd. S.4 mit Hinweisen auf die Äußerungen der einzelnen Länder.

[2] Vgl. den gemeinsamen Art.2 Abs.2 GK'en i.V.m. Art.4.A.2. III.GK, vgl. Text im Anhang. Diese Position vertraten Belgien, Kanada, Südkorea und das Vereinigte Königreich, vgl. IKRK ebd.

[3] Vgl. IKRK ebd. S.20 und S.28. Damit wurde die Anwendbarkeit auf Art.1(4)-Konflikte teilweise (Kampf gegen Kolonialherrschaft und rassistische Regimes) oder sogar ganz ausgeschlossen, falls nämlich, was naheliegt, mit "fremder Besetzung" die Situation der Widerstandsbewegungen gegen eine occupatio bellica gemeint ist.

[4] Australien fordert Sichtbarkeit einschließlich Fernglas, Infrarot und Bildverstärkung, Neuseeland schließt jede Form der Sichthilfe einschließlich elektronischer und anderer Mittel ein, vgl. IKRK ebd. S.6-7 und S.24-25.

[5] Vgl. zum Text des Art. 45, der auf Art.75 verweist, BGBl 1990 II, S.1585, 1586. Vgl. auch IKRK ebd. S.17 und S.23-24.

[6] Meron 1994, S.678

In einem Brief an den US-Senat vom 29.01.1987 hatte der damalige Präsident Reagan dem Kongreß die Ratifikation von ZP II empfohlen, gleichzeitig jedoch die Entscheidung gerechtfertigt, ZP I nicht zu ratifizieren. Er begründete dies vor allem mit Art.1(4) und der Kombattantenregelung der Art.43 und 44 ZP I. Reagan schlug vor, einige begrüßenswerte Regelungen des ZP I gemeinsam mit den westlichen Partnern in die jeweiligen nationalen militärischen Vorschriften einfließen zu lassen, um diesen Normen mit der Zeit gewohnheitsrechtlichen Charakter zu verleihen. Das traditionelle humanitäre Völkerrecht müsse gegen seine Politisierung geschützt werden[3].

Die Entscheidung zur Nichtratifikation wurde durch das State Department zusätzlich mit militärischen Erwägungen des Generalstabs begründet[4], die auch

---

1 Levie hielt schon 1994 einen Kurswechsel der USA unter der Regierung Clinton für unwahrscheinlich, da die Entscheidungen der vorangegangenen Regierungen seit Reagan gegen ZP I eben nicht nur politischer, sondern auch juristischer und militärischer Natur gewesen seien, vgl. ders. 1994, S.469

2 Auf Nachfrage wurde dem Verfasser im August 1999 durch die zuständige Abteilung des State Department in Washington mitgeteilt, daß die seinerzeitige Ablehnung des ZP I durch Präsident Reagan und die darin gegebene Begründung auch für die Clinton-Administration verbindlich sei und es derzeit keine Überlegungen gebe, die damaligen Entscheidung zu überdenken.

3 Vgl. den Text des Briefes in AJIL Bd.81 (1987), S.910-912.
ZP I sei "fundamentally and irreconcilably flawed", da es Vorschriften enthalte, "that would undermine humanitarian law and endanger civilians in war". Da diese Mängel auch durch entsprechende Interpretationserklärungen und Vorbehalte nicht behoben werden könnten, könne ZP I nicht ratifiziert werden. Präsident Reagan verwies zum einen auf die Konflikteinordnung nach subjektiven Kriterien durch das vage und in politisierten Begriffen beschriebene Konzept der "Nationalen Befreiungskriege", zum anderen auf die Kombattantenregelung, welche irregulären Kämpfern den Kombattantenstatus zubillige, obwohl diese mangels Unterscheidung die Zivilbevölkerung großer Gefahr ausgesetzt hätten: "In fact, we must not, and need not, give recognition and protection to terrorist groups as a price for progress in humanitarian law", vgl. ebd. S. 911.
US-Außenminister Shultz hatte in seinem Begleitschreiben zur Übersendung der ZP'e an Präsident Reagan hervorgehoben, daß ZP I selbsternannten "Befreiungsgruppen" den Kombattantenstatus gewähre, welche Terrorismus praktizierten. Dies würde den Grundsatz unterminieren, daß sich das Völkerrecht nur an solche Einheiten und Gebilde richte, die ein ausreichendes Maß an Souveränität besäßen um für ihre Handlungen haftbar gemacht zu werden und um ihre Verpflichtungen zu erfüllen, vgl. Greenwood, S.191,192; vgl. zur Haltung der USA ausführlich auch Meron 1989, S. 62 ff.

4 Bedenken gegen eine Ratifikation waren zuerst aus dem Gemeinsamen Generalstab (Joint Chiefs of Staff) heraus geäußert worden, vgl. Bagley, S.450. Dabei ging es um eine übermäßige Einschränkung des Angriffs auf nach bisherigem Recht legale Ziele und eine nicht akzeptable Beseitigung von Sanktionsmöglichkeiten bei Verstößen des Gegners gegen das humanitäre Völkerrecht (Repressalienverbot). "Undue consequences in terms of U.S. casualties" führten den Gemeinsamen Generalstab zur einstimmigen Ablehnung von ZP I. Sofaer schreibt: "U.S. soldiers would have to pay the price for such unreasonable limitations through unnecessary casualties and charges of criminal activity", vgl. ders. S.785. Der Leiter der damaligen US-Delegation, Aldrich, bedauert in einem 1997 erschienenen Beitrag in der RICR die Nichtratifikation durch die USA und führt dies u.a. darauf zurück, daß mit dem Beginn der "Reagan-Jahre" die Befürworter der ZP'e sukzessive das State Department und das Department of Defense verlassen hätten, um Skeptikern und Personen mit anderen politischen Zielen Platz zu machen, vgl. ders. 1997, S. 544-547

von Protagonisten der ZP'e teilweise durchaus eingeräumt werden[1]. Die späteren Gründe für die Nichtratifikation wurden noch während der CDDH von einem Mitglied der amerikanischen Delegation mit folgenden Worten antizipiert: "Can the United States afford to accord itself the luxury of convenient hypocrisy in an area of such basic concern and importance?....the United States should frankly and concisely explain why it will not become a party to an international agreement which can appropriately be characterized as nebulous, subjective, and hypocritical.....it is not incumbent upon the United States to become a party to an unworkable and ill-advised document....Moreover, a decision on the part of the United States to refuse to lend even its tacit support to Protocol I ...may cause others to give more serious consideration to the legal ramifications of article 1......The protections and guarantees set forth in Protocol I will become lost in a morass of political and subjective judgements....short-range political expediency in the name of 'compromise' will only hasten the world's return to the eleventh century."[2].

Die Entscheidung Präsident Reagans und ihre Begründung löste eine heftige Debatte aus und stößt auf fortgesetzte Kritik[3].

---

1 So bemerkt Aldrich zum Repressalienverbot in Art.51 und 52 ZP I: "Allgemein gesprochen teile ich die Auffassung, daß das Protokoll beim Verbot von Repressalien möglicherweise zu weit gegangen ist", vgl. ders. 1988, S.464

2 Graham, S.62, 63

3 Levie hält die Bedenken der US-Regierung für behebbar durch Einlegen entsprechender Vorbehalte bei der Ratifikation und spricht von einem "gross overstatement of the facts", vgl. ders. 1994, S.470. Bagley schreibt: "...there are no disqualifying deficiencies in Protocol I which cannot be dealt with by reservation or other expression of condition, or by subsequent interpretation", vgl. ders. S.473. Er kritisiert eine "hyperbolistic emphasis upon the deficiencies of the Protocol by foreign and military policymakers of the world's leading government", vgl. ebd. S.474. Ähnlich Gasser 1987, S.912 ff., der ausführlich die Unbegründetheit der seitens der amerikanischen Regierung vorgebrachten Argumente darzustellen versucht. Dabei verweist er auch auf die positive Einschätzung der CDDH durch den amerikanischen Delegationsleiter Aldrich. Vgl. jedoch die Erwiderung des Rechtsberaters des State Departments Sofaer, in AJIL Bd.82 (1988), S.784 ff. Kritisch gegenüber den einen "law and order" - Ansatz verfolgenden Nichtratifikanten auch Chadwick, S.208. Oeter hebt hervor, durch die Erfassung nationaler Befreiungskriege durch das ZP I sei eine klare Trennung zwischen militärischen und terroristischen Handlungen geschaffen worden: To discredit the results the achieved in this way through accusations of a "pro-terrorist" one-sidedness would be a regrettable and short-sighted act of ignorance", vgl. ders. 1989, S. 479. Und weiter: "The assessment according to which Additional Protocol I should be considered as 'irreconcilably flawed' has no basis in reality", vgl. ebd., S. 480. Von einer Fehlentscheidung der Reagan-Administration spricht auch offen der Leiter der US-Delegation bei der CDDH, George Aldrich, vgl. ders. 1988, S.452. Er warf seiner Regierung bei der Ablehnung sogar "ideologische Gründe" vor (ebd. S.456) und unterstellt den Kritikern der ZP'e ein "angeborenes Mißtrauen gegenüber dem Völkerrecht", ein geistesverwandtes Mißfallen an Beschränkungen des Gebrauchs von Gewalt sowie ein überzeichnetes und unbegründetes Mißtrauen gegenüber den Protokollen. Fehldeutungen und Verzerrungen hätten Washington "blind gemacht" (ebd. S.470). In einem 1991 erschienenen Aufsatz unterstellt Aldrich der Reagan-Administration ideologische Neigungen, Mißbrauch des Protokolls

Kritiker der USA sahen bereits Mitte der achtziger Jahre die Gefahr, daß die Nichtratifikation von ZP I durch wichtige Militärmächte die Entwicklung und Akzeptanz bestimmter universeller humanitärer Standards auf einem solcher Normen besonders bedürftigen Gebiet behindern würde[1]: so seien zum Zeitpunkt der amerikanischen Entscheidung gegen die Ratifikation nur wenige Staaten und noch weniger Militärmächte vertraglich an ZP I gebunden gewesen. Mittlerweile ist dies jedoch für mehr als 150 Staaten der Fall, so daß befürchtet wird, die USA könnten der "odd man out" werden, insbesondere nachdem offenbar andere, zunächst gegenüber ZP I ebenfalls kritische NATO-Staaten zu der Ansicht gelangt seien, man könne die Schwächen vor allem des ZP I durch Einlegung von Vorbehalten ausgleichen[2]. Hierzu gehört neuerdings auch Großbritannien[3]. Bedauert wird, daß sich die USA durch fortgesetzte Abstinenz der Möglichkeit begeben würden, Völkergewohnheitsrecht im Bereich der Protokolle selbst aktiv mitzugestalten[4]. Zu fragen sei auch, ob man noch länger ein Abkommen als "irreconcilably flawed" betrachten könne, das von einer so großen Zahl verbündeter und verantwortungsbewußter Staaten ratifiziert worden sei[5]. Art.1(4) ZP I komme allenfalls noch symbolische Bedeutung zu. Daher sollten die USA, wenn auch unter Einlegung bestimmter Vorbehalte, ratifizieren[6]. Mit dem angesichts solcher Vorbehalte zu erwartenden Unmut bestimmter, sich als Befreiungsbewegungen gerierender Gruppen könnten die USA leben[7].

---

zur Beweisführung einer harten Antiterror-Politik. Reagan habe zeigen wollen, daß seine Vorgänger Ford und Carter auf diesem Gebiet "weich" gewesen seien, vgl. Aldrich, Prospects for United States Ratification of Additional Protocol I to the 1949 Geneva Convention, in AJIL Bd.85 (1991), S.1 ff. (S.4 und S.20). Diese Kritik scheint nicht ganz frei zu sein von Untertönen großer persönlicher Enttäuschung und entgegengesetzter Emotionen. Sie muß mit der Tatsache leben, daß auch die vom Demokraten Clinton geführte Regierung bis heute nicht zur Ratifikation des ZP I geschritten ist.

1 Gasser 1987, S.924

2 Meron 1994, S.680,681

3 Beitritt mehr als 20 Jahre nach Unterzeichnung am 28.01.1999, Informationen abrufbar unter http://www.icrc.org/ihl.nsf

4 Meron 1994, S. 682 sowie Kosirnik, S.528. Dieser weist auch auf die Gefahr eines separat entstehenden US-Gewohnheitsrechts hin, etwas abweichend von den Regeln für die Vertragsstaaten der ZP'e.

5 Meron 1994, S.682. Bei weiterer Abstinenz bestünde die Gefahr, später gewohnheitsrechtliche Regeln akzeptieren zu müssen, die den USA mißfielen, gegen deren Entstehen sie jedoch mangels Ratifikation nichts hätten tun können.

6 Wegen der begrenzten Anwendbarkeit, geänderter internationaler Bedingungen und der Unwahrscheinlichkeit, daß er je angewandt wird, sollten auch die USA ihre Bedenken gegen ihn zurückstellen und ZP I mit entsprechenden Interpretationen und Vorbehalte ratifizieren, vgl. Meron 1994, S.683 sowie Kosirnik, S.532

7 Levie 1994, S.477. Es sei auch kaum zu erwarten, daß andere Staaten auf Ratifikationsvorbehalte der USA mit Erklärungen reagieren könnten, sie seien gegenüber den USA nicht an ZP I gebunden. Selbst wenn dies tatsächlich vereinzelt der Fall wäre, so überwögen doch die Vorteile der Ratifikation erheblich.

Das Bekenntnis der USA zu den gewohnheitsrechtlich gefestigten Teilen des ZP I sei im Konfliktfall kaum glaubwürdig, wenn die USA gleichzeitig weiterhin nicht ratifiziert hätten. Von großer Bedeutung könne ggf. auch ein "Mitzieheffekt" einer US-Ratifikation für andere wichtige Staaten sein (z.B. Frankreich, Japan und andere vor allem asiatische Länder[1].

Für Meron ist die Zeit über Art.1(4) schlicht hinweggegangen[2]. Für andere hatte die "große Zeit" der Kritiker gegen ZP I Mitte der achtziger Jahre ihren Höhepunkt und kulminierte in der Ablehnung des ZP I durch die Reagan-Administration. Seit Ende 80-iger habe sich jedoch die Tendenz vor allem durch den Zusammenbruch des Sozialismus umgekehrt. Der zweite Golfkrieg, aber auch die Balkankonflikte der neunziger Jahre hätten den praktischen Bedarf für die Regelungen des ZP I sichtbar gemacht. Dem ZP I zuträglich sei auch der in Gang befindliche Friedensprozeß zwischen Israel und seinen arabischen Nachbarn[3]. 20 Jahre nach Verabschiedung befänden sich die Protokolle international in einer starken Position[4].

Betont wird schließlich, die auf "worst case" - Szenarios aufgebaute Kritik an Art.1(4) ZP I, welche vor allem PLO, ANC und andere Befreiungsorganisationen vor Augen gehabt habe, sei durch die Wirklichkeit nicht bestätigt worden. So habe es bis heute keinen ernsthaften Versuch einer Befreiungsorganisation gegeben, den ZP'en beizutreten[5].

---

1 Meron 1994, S.686. Vgl. auch die oben genannten Länder.
2 Meron 1994, S.683
3 Kosirnik, S.529
4 Kosirnik, S.533
5 "The scenarios drawn by the Protocol's critics have proven wrong", vgl. Meron 1994, S.683. Ebenso Bagley schreibt im Hinblick auf die Kritiker des Protokolls I: "...there is no global custom nor law nor any other justification which will support their worst-case analyses", S.476,477

II. Zusatzprotokolle und Völkergewohnheitsrecht

1. Fragestellung und allgemeine Voraussetzungen

Vor dem Hintergrund des weiterhin nicht zufriedenstellenden Ratifikationsstandes kommt der Frage erhebliche Bedeutung zu, ob insbesondere die oben untersuchten, für nationale Befreiungskriege relevanten Vorschriften des ZP I (Art.1(4) und Art.44 Abs.3) völkergewohnheitsrechtlichen Charakter erlangt haben, so daß auch Nichtunterzeichnerstaaten durch sie gebunden wären[1]. Obwohl insbesondere ZP I - wie viele Abkommen des humanitären Völkerrechts[2] - eine größere Zahl gewohnheitsrechtlicher Normen bestätigt[3], ist Ausgangspunkt der nachfolgenden Überlegungen die bereits oben E.IV.4.a.cc. und c. getroffene Feststellung, daß entgegen einer verschiedentlich vertretenen These bis zur CDDH weder der Inhalt des Art.1(4) ZP I noch die Zubilligung des Kombattantenstatus an sog. "nationale Befreiungskämpfer" gewohnheitsrechtlich feststanden. Somit kann es im folgenden nur um die Frage gehen, ob der Inhalt der Art.1(4) und 44(3) ZP I während der CDDH oder seither zu Gewohnheitsrecht geworden sind. Hierfür kommen grundsätzlich zwei Möglichkeiten in Betracht:

- bei der CDDH hat sich unter den Konferenzteilnehmern ein Staatenkonsens gebildet, der die Annahme eines *"instant customary law"* rechtfertigt [4].

---

1 Penna, S.203

2 Vgl. oben A.V.

3 Vgl. hierzu Fleck 1990, S.3 (ius cogens: Regelungen zum Schutz von Sanitätspersonal, Parlamentären, Zivilpersonen und Kulturgut, Perfidieverbot, Angriffe gegen Zivilbevölkerung oder außer Gefecht befindliche Gegner). Für Kwakwa spiegeln folgende Regelungen Gewohnheitsrecht wider: Begrenztheit erlaubter Schädigungshandlungen, Grundsatz der Behandlung von Kombattanten als Kriegsgefangene, Unterscheidungspflicht der Kombattanten von der Zivilbevölkerung während militärischer Einsätze, Behandlung von Personen als Kombattanten Kombattanten bis Zweifel an ihrem Status ausgeräumt sind; Verbot Zivilisten als Schutzschild zu benutzen, vgl. ders. S.26. Für Kosirnik ist offensichtlich, daß wegen des hohen Ratifikationsstandes, des Einflusses einiger Normen auch auf das Verhalten nichtgebundener Staaten der wesentliche Teil der ZP'e mittlerweile Völkergewohnheitsrecht darstellt, vgl. ders. S.533

4 Cassese bezeichnet diese Form der Entstehung von Gewohnheitsrecht als typisch für moderne Konferenzdiplomatie: während einer diplomatischen Konferenz einigen sich die Teilnehmer auf allgemeinverbindliche Regeln. Der zugrundeliegende Konsens ergibt sich aus der Notwendigkeit, in bislang kontroversen Fragen zu einem Kompromiß zu gelangen, seine über den eigentlichen Vertrag hinausreichende Bedeutung kann sich aus der geregelten Materie und ihrer Wichtigkeit in den Augen der teilnehmenden Staaten ergeben, vgl. zu diesen Voraussetzungen Cassese 1984, S.66. Ipsen hält sog. "instant customary law" nur in ganz seltenen Fällen für möglich, nämlich dann, wenn eine vorgegebene Rechtsüberzeugung die nachfolgende Praxis bestimmt, vgl. Ipsen, Lehrbuch, S. 184. Im vorliegenden Fall stellt bereits die völlig fehlende Staatenpraxis zu Art. 1(4) in konkreten Konflikten die Annahme von "instant customary law" in Frage.

- die betreffende Norm hat seit Verabschiedung der ZP'e nach allgemeinen Grundsätzen völkergewohnheitsrechtlichen Charakter angenommen[1].

Die allgemeinen Voraussetzungen für das Vorliegen von Völkergewohnheitsrecht wurden bereits oben E.IV.4.a.cc. beschrieben. Dabei gestaltet sich die Feststellung der erforderlichen Übung im humanitären Völkerrecht oft noch schwieriger als im übrigen Völkerrecht: zum einen ist aufgrund der faktischen Gegebenheiten das tatsächliche Verhalten der Kontrahenten auf dem Schlachtfeld oft kaum zu ermitteln, zum anderen sind Äußerungen in Konfliktzeiten nicht selten eher von politisch-propagandistischen Motiven als durch - später auch befolgte - Rechtsüberzeugungen bestimmt[2]. Hinzu kommt, daß der Konflikte "einhegende" Charakter des humanitären Völkerrechts oftmals eine Übung eher in einem Unterlassen als in aktivem Tun sichtbar werden läßt. So mag es leichter fallen, die relevante Staatenpraxis in Bezug auf menschenrechtliche Elemente zu identifizieren als in Bezug auf Abkommen des humanitären Völkerrechts, welche sich - anders als Menschenrechtsnormen - nicht in Friedenszeiten, sondern in der Ausnahmesituation des bewaffneten Konflikts beweisen müssen[3]. Hingewiesen wird auch auf die häufig zwischen den verschiedenen Staaten divergierenden militärischen Handbücher, so daß sich aus diesen in der Praxis eminent wichtigen Quellen eine einheitliche Übung oftmals nur schwer erkennen läßt[4]. Selbst dort, wo über ein bestimmtes Prinzip Einigkeit besteht, kann dessen Auslegung und Umsetzung in der Praxis zu erheblichen Meinungsunterschieden führen. Der IGH hat in seinem Urteil zum Nordsee-Festlandsockel ausgeführt, daß sich bei einem multilateralen Abkommen der gewohnheitsrechtliche Charakter seiner Normen weniger durch das Verhalten der - ohnehin vertraglich gebundenen - Unterzeichnerstaaten ermitteln läßt als vielmehr durch das Verhalten gerade auch der nicht gebundenen Staaten[5]. Nach diesem Maßstab wäre in Bezug auf die hier interessierenden Vorschriften der

---

[1] Vgl. zu diesen Bedingungen Cassese 1984, S.66-68 sowie oben E.IV.4.a.cc.

[2] Fleck betont die oft spärliche Informationspolitik von Regierungen in Bezug auf Tatsachen betreffend die Kampfhandlungen, vgl. ders. 1990. S.2; Kwakwa, S.31

[3] Vgl. Meron 1989, S. 61

[4] Für Kwakwa ist bezeichnend, daß die militärischen Handbücher der Staaten gerade für die Situation "nationaler Befreiungskriege" keine Regelungen enthalten. Dies zeige, daß die Staaten derartige Konflikte weiterhin eher dem Bereich des nicht-internationalen Konflikts zurechnen, vgl. ders. S.32

[5] I.C.J. Reports 1969, S. 43. Kwakwa bemerkt mit Hinweis auf andere Autoren wie z.B. Baxter, daß sich auf diese Weise der völkergewohnheitsrechtliche Charakter internationaler Instrumente umso weniger nachweisen läßt, je breiter der Kreis der Unterzeichner werde, vgl. ders. S.33. Meron bezeichnet diesen Sachverhalt als "the Baxter paradox", vgl. ders. 1989, S. 50

ZP'e danach zu fragen, ob und inwieweit diese Normen mittlerweile auch von Nichtvertragsstaaten als verbindlich akzeptiert werden.

Angesichts dieser Schwierigkeiten bei der Ermittlung von Gewohnheitsrecht im humanitären Völkerrecht wird in der Literatur die Rolle der subsidiären Mittel zur Feststellung völkerrechtlicher Rechtssätze (Art.38 Abs.1 lit.d IGH-Statut) betont, wobei aufgrund der Seltenheit gerichtlicher Entscheidungen den Äußerungen der Lehre besondere Bedeutung zukommt[1].

2. Sachliche Anwendbarkeit

a) Art.1 (4) ZP I

Im Hinblick auf ein bei der CDDH entstandenes *"Instant Customary Law"* wird teilweise argumentiert, im Verlauf der Konferenz bis zu ihrem Ende habe sich ein breiter Staatenkonsens gebildet, der eine entsprechende opinio iuris widerspiegele und das Fehlen einer einheitlichen Übung entbehrlich mache[2]: "the general consent gave shape to an emergent customary rule". Die Verabschiedung des Art.1 belege das Entstehen einer allgemeinen Regel, welche bis auf Israel und das vorzeitig abgereiste Südafrika alle Teilnehmerstaaten der Konferenz unabhängig von einer späteren Ratifikation binde[3].

Diese These kann jedoch kaum überzeugen[4], da der oben F.I.2.b.aa.aaa. und bb.aaa. geschilderte Konferenzverlauf eine entsprechende, kurzfristig gebildete Rechtsüberzeugung gerade nicht erkennen läßt. Auch die bei der CDDH fortge-

---

1 Fleck 1990, S.2,3

2 Diese Überlegung wird z.B. von Cassese damit begründet, daß bei der CDDH im Ausschuß zunächst mit 70:20:13 Stimmen über CDDH/I/71 (den späteren Art.1 Abs.4) abgestimmt worden sei, während die spätere Abstimmung im Plenum mit 87:1:11 Stimmen erfolgte, vgl. zur Entstehung auch oben F.I.2.b.aa.aaa. Das Zusammenschrumpfen der Opposition gegen Art.1(4) auf eine einzige Stimme (Israel) zeige, daß sich bei der Konferenz ein entsprechender Konsens gebildet habe, vgl. Cassese 1984, S.69,70. Dem stünden auch nicht die Abstimmungserklärungen und Enthaltungen entgegen: "In my view, the result of the vote and the tenor of the reservations shows that those States which did not vote in favor of the provision had eventually come to accept that the rule represented a *new law of the international community*, although in their view it was not good law", vgl. Cassese ebd. S.70.

3 Cassese 1984, S.70,71

4 Die Behauptung Casseses, die Gegner des Art.1(4) hätten diesen im Konferenzverlauf als - wenn auch schlechtes - Recht akzeptiert, bezeichnet Koenig zu Recht als spekulativ, vgl. ders. S. 109. Cassese mißachtet damit letztlich die von ihm selbst ausgesprochene Warnung: "The danger of rashly asserting the existence of customary rules is particularly evident in the laws of warfare...", vgl. ders. 1984, S.57

setzte damalige VN-Praxis, wonach die eigene Meinung hinter Konsensentscheidungen und allenfalls Enthaltungen versteckt wird, rät zur Vorsicht gegenüber der Behauptung eines bei der CDDH entstandenen Staatenkonsenses über den internationalen Charakter nationaler Befreiungskriege . Zu berücksichtigen ist auch die erhebliche Zahl von Abstimmungserklärungen westlicher Staaten, aus denen die fortgesetzte Ablehnung des Art.1(4) ZP I deutlich wird[1].

Für die Annahme eines *nach der CDDH entstandenen Gewohnheitsrechts* wäre vor allem eine ebenso ausgedehnte wie einheitliche Übung erforderlich. Hier ist zunächst die Tatsache von Bedeutung, daß in all den zahlreichen bewaffneten Konflikten seit 1977 in keinem einzigen Fall die ZP'e formell anwendbar waren[2]. Darüber hinaus läßt sich für Art.1(4) ZP I - anders als in Bezug auf eine ganze Reihe sonstiger Normen des ZP I - kaum feststellen, daß dieser auch ohne formelle Anwendbarkeit des ZP I "wie Gewohnheitsrecht" angewendet worden sei[3]. Dies gilt gerade in Bezug auf diejenigen Konflikte, welche die Verfechter der nationalen Befreiungskriege bei den Begriffen Fremdbesetzung und rassistische Regimes hauptsächlich im Auge gehabt hatten: Kolonien, die israelisch besetzten Gebiete und das südliche Afrika[4]. Insbesondere bei den Konflikten in Südafrika und Namibia läßt sich eine etwaige, nach der CDDH herausgebildete Praxis nicht feststellen, da einerseits Südafrika zur Zeit des Konflikts nicht

---

1 Koenig, S.106-110

2 Vgl. für die Zeit bis 1997 Fleck 1997, S. 560. Nach Kenntnis des Verfassers hat sich hieran auch seit 1997 nichts geändert

3 Meron weist darauf hin, daß die militärischen Handbücher vieler Staaten inzwischen auf ZP I basieren und sich daher eine um die andere Schicht von Gewohnheitsrecht übereinanderlege. Es gebe eine steigende Erfüllungserwartung der internationalen Gemeinschaft, vgl. ders. 1994, S.681. Fleck berichtet, der damalige US-Generalstabschef Colin Powell habe in einem Bericht an den amerikanischen Kongreß betreffend den Golfkrieg 1991 anklingen lassen, die meisten Vorschriften des ZP I seien so angewandt worden als handele es sich um Völkergewohnheitsrecht, vgl. Fleck 1997, S.560

4 Israel ist bis heute ZP I nicht beigetreten, Südafrika hat diesen Schritt im November 1995 erst vollzogen, nachdem der innere Konflikt zwischen weißem Minderheitsregime und schwarzer Bevölkerungsmehrheit durch die eingeleitete nationale Versöhnung aufgehoben war. Kwakwa argumentiert, daß Südafrika selbst dann nicht durch Art.1(4) ZP I gebunden gewesen wäre, wenn dessen Inhalt mittlerweile zu VGR erstarkt wäre, da Südafrika die CDDH verlassen hatte und sich in der Folge stets energisch und nachhaltig gegen die Qualifizierung nationaler Befreiungskriege zur Wehr gesetzt hatte, vgl. ders. S.73. Gleiches gilt analog für Israel. Dies wäre nur dann anders zu beurteilen, wenn Art.1(4) ZP I - was nicht detr Fall ist - den Charakter von ius cogens angenommen hätte. Auch Koenig sieht seit CDDH kein entsprechendes VGR entstanden, da insbesondere die betroffenen Staaten (Israel, Südafrika, aber auch Marokko in Westsahara) die jeweiligen Konflikte beharrlich als nicht-internationale Konflikte betrachtet hätten, vgl. ders. S.105

"Hohe Vertragspartei" war[1], andererseits aber auch auf andere Weise die Anwendbarkeit zumindest der Konventionen nicht erreicht wurde[2].

Auch wenn ZP I inzwischen von einer großen Zahl von Staaten ratifiziert wurde und sein Inhalt Eingang gefunden hat in den ersten Artikel der Konvention über das Verbot oder die Beschränkung bestimmter konventioneller Waffen, die unterschiedslos wirken können[3], so ist doch darauf hinzuweisen, daß insbesondere Art.1(4) ZP I bislang niemals praktisch angewandt wurde. Legt man die oben dargelegten Maßstäbe an, so scheint von erheblicher Bedeutung zu sein, daß militärisch wichtige Staaten wie etwa die USA und Frankreich ZP I bis heute nicht ratifiziert haben und dies u.a. mit der Regelung des Art.1(4) begründeten[4]. Darüber hinaus läßt der Ratifikationsstand von ZP I im Februar 2001 den Schluß zu, daß eine erhebliche Zahl gerade solcher Staaten bisher nicht ratifiziert hat, die in interne Konflikte mit sezessionistischen Tendenzen und Gueril-

---

1 Dies ist Voraussetzung für eine wirksame Erklärung nach Art.96(3) ZP I, vgl. Text im Anhang sowie oben F.III.1.c.

2 Eine eingehende Untersuchung der Rechtslage bezüglich dieser Konflikte findet sich bei Kwakwa. In Namibia führte die SWAPO in der Zeit von 1966 - 1989 von den Nachbarstaaten Angola und Sambia aus einen bewaffneten Kampf gegen die als Fremdbesetzung bezeichnete Ausübung von Herrschaftsgewalt durch Südafrika über Namibia (Kwakwa S.66-68). Ein Konflikt i.S.d. gem. Art.2 GK'en lag wohl schon allein deshalb nicht vor, weil die SWAPO "Hohe Vertragspartei" der Konventionen i.S.d. gemeinsamen Art.2 GK'en weder war noch werden konnte. Auch eine kriegerische Besetzung kann, wie oben E.I.3. dargelegt, nur zwischen solchen Parteien stattfinden, die fähig sind, an einem internationalen bewaffneten Konflikt i.S.d. gemeinesamen Art.2 Abs.1 GK'en teilzunehmen. Allerdings wird entsprechend der oben E.IV.4.b. dargestellten Mindermeinung diskutiert, ob nicht die SWAPO den GK'en gem. dem gemeinsamen Art.2 ad hoc beitreten konnte, vgl. Kwakwa, S.76.
Auch in Bezug auf den Kampf des ANC gegen das "rassistische Regime" Südafrikas führt die Untersuchung der Anwendbarkeit des im internationalen bewaffneten Konflikt anwendbaren humanitären Völkerrechts zu einem negativen Ergebnis. Zunächst halten selbst Verfechter der Möglichkeit eines ad hoc - Beitritts zu den Konventionen gemäß dem gemeinsamen Art.2 Abs.3 dessen Voraussetzungen im Falle des ANC für nicht gegeben, da sich dieser bezeichnenderweise nur in dem Umfang zur Anwendung und Beachtung der Genfer Konventionen verpflichtet hatte, in dem dies "praktisch möglich" erschien, vgl. m.w.N. Kwakwa, S.77. Dies wirft ein deutliches Licht auf die oben E.III.2.b.aa. und bb. beschriebenen spezifischen Kampfbedingungen von Guerillaauseinandersetzungen. Es hat angesichts der Nichtratifikation keineswegs an Versuchen gefehlt, die ausgebliebenen positiven Rechtsfolgen eines internationalen Status des nationalen Befreiungskrieges, insbesondere für die beteiligten "Freiheitskämpfer", auf andere Weise herbeizusubsumieren. Dies geschah zum einen durch kaum haltbare Auslegungen des Art.96 (3) ZP I, durch welche der insoweit eindeutige Wortlaut dieser Vorschrift (Konflikt nach Art.1(4) gegen eine Hohe Vertragspartei) umgangen wurde (vgl. zu diesen Auslegungen oben F.III.1.c.), zum anderen durch die Behauptung, daß zwar Art.1(4) ZP I nicht anwendbar sei, jedoch betroffene Befreiungskämpfer gleichwohl aufgrund der großen Zahl einschlägiger UN-Resolutionen zumindest wie Kriegsgefangene ("treatment as") zu behandeln seien, vgl. in diesem Sinne z.B. Kwakwa, S.76,82

3 Vgl. oben A.V.

4 Vgl. z.B. die für die USA von Präsident Reagan in einem Schreiben an den Kongreß vorgetragenen Gründe, in AJIL Bd.81 (1987), S.910 ff. sowie oben G.I.

lasituationen verwickelt sind[1]. Auch in Bezug auf das Verhalten von Befreiungsbewegungen ergibt die Praxis seit 1977 nur geringen tatsächlichen oder - qua Art.96(3) ZP I - förmlichen Bindungswillen an die Konventionen und Protokolle[2].

Aufgrund einer nicht vorhandenen Staatenpraxis und dem fortgesetzten Abseitsstehen militärisch wichtiger Staaten wird auch in der Literatur in Bezug auf Art.1(4) ZP I überwiegend die Ansicht vertreten, daß der internationale Charakter nationaler Befreiungskriege nur für solche Staaten verbindlich sei, die sich durch Ratifikation gebunden haben[3]. Bei der Annahme eines wirklichen Staatenkonsenses scheint große Zurückhaltung angebracht. Zum einen legte eine nicht geringe Zahl von Staaten bei der Ratifikation Vorbehalte ein, zum anderen darf nicht die Möglichkeit einer sehr engen Auslegung des Art.1(4) ZP I übersehen werden, welche die "Gefahr" der Anwendung dieser Vorschrift, nicht zuletzt im Kontext mit Art.96(3) ZP I, als äußerst gering erscheinen läßt. Dies mag dazu geführt haben, daß fünf der sechs Staaten, welche sich 1977 der Stimme enthalten hatten, inzwischen vertraglich an ZP I gebunden sind[4]. Festzustellen ist auch, daß sich unter den Unterzeichnerstaaten des ZP I eine ganze Reihe von NATO-Staaten befindet[5]. Unter anderem aus dieser Tatsache folgert Kwakwa eine sinkende Ablehnung des ZP I durch seine ehemaligen Gegner und eine langsame Annahme des ZP I durch die Weltgemeinschaft[6]. Trotz dieser

---

1 Vgl. dazu oben G.I.

2 Sofaer zog zehn Jahre nach Verabschiedung der ZP'e im Jahre 1987 Bilanz: "....so-called liberation groups have shown little interest in following through on the obligations of the Protocol. They have not acted in accordance with the existing requirements of customary international law, nor have they even bothered to file declarations with the Swiss Government accepting the obligations of the Protocol (as contemplated in Article 96)", vgl. ders. S.786

3 Aufgrund der ebenso spärlichen wie inkonsistenten Praxis bezeichnet Kwakwa die These vom gewohnheitsrechtlich internationalen Charakter nationaler Befreiungskriege als eine "doubtful interpretation", vgl. ders. S.7. Dieser spricht von einer "dearth of State practise", vgl. ebd. S.65, vgl. auch Rajower, S. 30; Oeter 1989, S. 471. Für die USA ist Art. 1(4) ZP I weder Völkergewohnheitsrecht noch sollte er dies werden, vgl. Meron 1989, S. 66. Entgegen dieser Ansicht sprach Meyrowitz bereits Anfang der achtziger Jahre den nicht nur präexistentes Recht bestätigenden, sondern normsetzenden Neuregelungen des ZP I gewohnheitsrechtlichen Charakter zu und begründete dies mit dem erheblichen Ratifikationsstand, vgl. Meyrowitz 1982, S. 127

4 Es enthielten sich Monaco, das Vereinigte Königreich, die Bundesrepublik Deutschland, Kanada, Spanien, die Vereinigten Staaten, Frankreich, Guatemala, Irland, italien und Japan, vgl. CDDH/SR 36, S.12 f. Von diesen Staaten haben inzwischen - jeweils mit Vorbehaltan - ratifiziert: Bundesrepublik Deutschland, Kanada, Spanien, Guatemala und Italien, vgl. RICR Bd.80 (1998), S.191 ff.

5 Belgien, Griechenland, Dänemark, Kanada, Island, Luxemburg, Norwegen, Spanien, vgl. RICR Bd.80 (1998), S.191 ff.

6 Vgl. Kwakwa, S.64. Dieser Autor sagt voraus, Art.1(4) ZP I werde "increasingly ... invoked in the international arena", vgl. ders. S.65

Gesichtspunkte bleibt demgegenüber jedoch das Argument von Gewicht, daß zwei der fünf ständigen Mitglieder des VN-Sicherheitsrates ebensowenig an ZP I gebunden sind wie Indien und Pakistan, die neuerdings zu den Atommächten zählen. Wichtigstes Argument ist jedoch, daß die USA mit ihrer globalen sicherheitspolitischen Verantwortung ZP I weiterhin nicht beigetreten sind.

b) ZP II

Trotz der mittlerweile hohen Zahl durch das ZP II gebundener Staaten[1] lassen selbst solche Autoren bei der Annahme dessen völkergewohnheitsrechtlichen Charakters Vorsicht walten, die Art.1(4) und 44 Abs.3 ZP I bereits durch "instant customary law" als Gewohnheitsrecht betrachten. Die Zurückhaltung bei ZP II ergibt sich vor allem aus der Entstehungsgeschichte, die von erheblichem Widerstand vieler Staaten der Dritten Welt gegen substantielle Regelungen im nicht-internationalen Konflikt geprägt war und das gesamte Projekt eines ZP II beinahe zu Fall gebracht hätten[2]. Zwar wurde ZP II mittlerweile von einer Anzahl Staaten ratifiziert, die bei der CDDH zu den vehementen Gegnern jedwedes ZP II gezählt hatten[3], dies trägt angesichts einer äußerst spärlichen Staatenpraxis[4] jedoch nicht die Annahme, ZP II habe nunmehr gewohnheitsrechtlichen Charakter[5].

3. Persönliche Anwendbarkeit

Wie oben F.IV.3.b.bb.bbb. dargelegt, enthält vor allem Art.44 Abs.3 ZP I eine deutliche Veränderung der durch die Konventionen vorgegebenen Voraussetzungen für den Kombattantenstatus. Mit der in Art.44 Abs.3 S.1 ZP I enthaltenen allgemeinen Pflicht zur Unterscheidung von der Zivilbevölkerung bekräf-

---

1 Vgl. oben G.I.

2 Cassese schreibt: "The opposition of a conspicuous group of States to the Protocol precludes the conclusion that these provisions reflect a general consent going beyond their contractual nature. Consequently, they will only become binding on those States which ratify the Protocol", vgl. ebd. S.110.

3 Zu den dezidiert ablehnenden Staaten gehörte Nigeria, Sri Lanka, Indien, Indonesien, Mexiko, Ghana, Sudan, Zaire, Guatemala, die Philippinen, Uganda und Chile, vgl. Cassese 1984, S.109 sowie oben F.I.2.b.aa.bbb. Von diesen hatten am 31.12.1997 ratifiziert: Nigeria, Ghana, Philippinen, Uganda und Chile, vgl. RICR 1998, S.191.ff.

4 Vgl. zu einem der seltenen Fälle zumindest ansatzweiser Anwendung Wyss, Der nicht internationale bewaffnete Konflikt in El Salvador, Wintherthur 1989

5 Auch für Meron spiegelt ZP II kein präexistentes Gewohnheitsrecht wider, er macht allerdings eine Einschränkung in Bezug auf den in ZP II enthaltenen "basic core of human rights", der bereits in menschenrechtlichen Instrumenten als gewohnheitsrechtlich gefestigt gelte, vgl. ders. 1989, S. 73

tigt die Vorschrift einen völkergewohnheitsrechtlich anerkannten Grundsatz[1], wohingegen die weiteren Bedingungen des Absatz 3 neue , guerillafreundliche Regelungen enthalten und somit normsetzenden Charakter aufweisen. Angesichts der divergierenden Auslegungen insbesondere des Art.44 Abs.3 S.2 ZP I, der erheblichen Zahl von Abstimmungserklärungen anläßlich der CDDH[2] und der in dieser Vorschrift angelegten Aushöhlung eines elementaren Grundsatzes des humanitären Völkerrechts (Unterscheidung des Kombattanten von der Zivilbevölkerung) erscheint bei der Qualifizierung gerade dieser Norm als Gewohnheitsrecht in Bezug auf die spätere Staatenpraxis ein besonders strenger Maßstab gerechtfertigt.

Nach einer in der Literatur teilweise vertretenen Ansicht ist Art.44 Abs.3 ZP I in allen seinen Teilen Ausdruck von Völkergewohnheitsrecht, da er an eine umfangreiche UN-Praxis anknüpfe[3] und den kleinsten gemeinsamen Nenner für alle Staaten zum Ausdruck bringe. Abstimmungs- und Interpretationserklärungen hätten sich vor allem auf die schlechte redaktionelle Fassung bezogen, die westliche Zustimmung zu dieser Vorschrift hätte jedoch der im VN-Rahmen bereits existierenden Norm einen allgemeinen Charakter verliehen[4].

Gerade angesichts des äußerst umstrittenen Inhalts und vor dem Hintergrund der Diskussionen bei der CDDH wäre es eine klare Überdehnung der Entstehungsvoraussetzungen von Völkergewohnheitsrecht, dieses hier im Rahmen eines "instant customary law" bereits für die CDDH selbst anzunehmen. Für die Zeit seit 1977 fällt bei der Beurteilung des gewohnheitsrechtlichen Charakters des Art.44 Abs.3 ZP I ins Gewicht, daß die Protokolle bislang kaum zur Anwendung gelangt sind. Es fehlt daher an einer ausreichenden Staatenpraxis, die als Begründung für die Entstehung von Gewohnheitsrecht herangezogen werden könnte.

---

[1] Penna, S.216

[2] Wilson, S.177, Penna, S.216

[3] Vgl. dazu oben E.IV.4.c.

[4] Auch hier ist Cassese ein prominenter Befürworter des gewohnheitsrechtlichen Charakters von Art.44 Abs.3 ZP I. Diesen begründet er ähnlich wie bei Art.1(4) ZP I mit dem bei der CDDH vermeintlich entstandenen Konsens (Instant customary law) auf dem Niveau eines gemeinsamen Minimums: "It restated and developed existing views and practices of States, thereby testifying to the birth of a general rule on lawful combatants", vgl. Cassese 1984, S.73. Die angeblich so entstandene gewohnheitsrechtliche Norm charakterisiert Cassese vor dem Hiuntergrund der zahlreichen Abstimmungs- und Auslegungserklärungen wie folgt: "The new rule may be regarded as 'bad law' owing to its looseness and ambiguities, but it is law", vgl. ders. 1984, S.73

III. Heutige Konfliktrealitäten

Die bisherige Darstellung wesentlicher Anwendungsfragen des humanitären Völkerrechts wäre unvollständig, eine abschließende Bewertung nicht möglich, ohne einen Blick auf jüngere Tendenzen in der Entwicklung internationaler Gewaltanwendung zu werfen. Diese sind von nachhaltigem Einfluß auf die Beantwortung der Frage, welche Rolle diesem Teil des Völkerrechts zur Verwirklichung seines humanitären Grundanliegens künftig zukommt.

Wie an anderer Stelle bereits beschrieben wurde[1], wurden Initiativen zur Bestätigung und Weiterentwicklung des humanitären Völkerrechts u.a. mit den seit dem 2. Weltkrieg im Weltmaßstab zunehmend veränderten Konfliktrealitäten begründet. Die ausgetragenen Konflikte waren in aller Regel solche nicht-internationalen Charakters und wurden meist unter Rückgriff auf Methoden des Guerillakampfes geführt. Nicht zuletzt diese Tatsache verursachte einen dramatischen Anstieg der Zahl ziviler Konfliktopfer.

Betrachtet man nun heutige Erscheinungsformen internationaler Gewaltanwendung insbesondere seit dem Zerfall der ehemaligen Sowjetunion[2], so wird deutlich, daß sich gerade in jüngerer Zeit eine große Zahl von Konflikttendenzen akzentuiert hat, die aus dem Blickwinkel des humanitären Völkerrechts zu größter Sorge Anlaß geben.

Hierzu gehören insbesondere die Konflikte auf dem Balkan seit dem Zerfall der ehemaligen Sozialistischen Föderativen Republik Jugoslawien (SFRJ)[3]. Diese wurden insbesondere, jedoch keineswegs nur auf serbischer Seite unter systematischer Mißachtung des humanitären Völkerrechts geführt[4]. Dies galt bereits für den Konflikt mit Kroatien vor und nach dessen Unabhängigkeit[5]. Die Mißachtung des humanitären Völkerrechts konnte durch - später an die politischen

---

1 Vgl. oben F.I.1.

2 Mc Coubrey zeichnet ein durch sehr unterschiedliche Formen der Gewaltanwendung geprägtes Bild, vgl. dies. 1998, S. 33. Eine umfassende Momentaufnahme heutiger Konfliktherde und ihrer Spezifika findet sich in der Wochenzeitschrift "Das Parlament", Nr.16-17 v. 12./19.04.1996. Die komplette Ausgabe ist dem Thema "regionale Konfliktherde" gewidmet und bietet einen ausgezeichneten Überblick über den "état des lieux"

3 Vgl. für eine kurze Beschreibung der Konflikte in Slowenien, Kroatien und Bosnien-Herzegowina Sassoli, S. 6, 7 und 16

4 Sassoli, S. 7

5 Vgl. hierzu Oeter 1992, S. 5-7, der von einer maßlosen Kampfführung unter Mißachtung nahezu aller völkerrechtlichen Regeln durch jugoslawische Bundesarmee und serbische Milizen spricht. Mit weniger klarer Zuordnung Jakovljevic, S. 109

Ereignisse angepaßte - Vereinbarungen zwischen den Präsidenten der 6 Republiken des ehemaligen Jugoslawien nicht verhindert werden[1]. Noch gravierendere Verletzungen des humanitären Völkerrechts ergaben sich in Bosnien-Herzegowina[2]. Ein Vertreter des IKRK beklagt eine zuvor nie erlebte Diskrepanz zwischen den unter den Konfliktparteien getroffenen Vereinbarungen und der von ihnen an den Tag gelegten Konfliktpraxis[3].

Die Lage der Zivilbevölkerung während des Kosovo-Konflikts 1998/99 wurde vom VN-Generalsekretär nicht zu Unrecht als "humanitäre Katastrophe" beschrieben[4], welche die NATO im Frühjahr 1999 zu ihrem Kosovo-Einsatz veranlaßte[5].

Auch in Ost-Timor, das seit 1975 - von der Weltorganisation nie anerkannt - unter indonesischer Herrschaft steht[6], kam es 1999 im Gefolge eines unter VN-Aufsicht geführten Referendums zu gravierenden Übergriffen gegen die Zivilbevölkerung. Diese gingen bezeichnenderweise nicht von regulären indonesischen Truppen aus, sondern von pro-indonesischen Milizen, deren Vorgehen die indonesische Regierung tatenlos zusah[7].

Ein Merkmal dieser Konflikte war auch die oftmals schwierige oder fließende Zuordnung anhand der grundlegenden Unterscheidung zwischen internationalen und nicht-internationalen bewaffneten Konflikten[8].

---

1 Vgl. hierzu Jakovljevic, S. 108-110 sowie Sassoli, S. 10

2 Jakovljevic, S. 110

3 Sassoli, S. 23 f.

4 Vgl. Report of the Secretary-General Prepared Pursuant to Resolutions 1160 (1998) and 1199 (1998) of the Security Council, UN doc. S/1998/912, 3 October 1998, Ziff. 7, 9, 11 und 17. Vgl. zur Entwicklung des Konflikts und zur humanitären Lage insgesamt den OSZE-Bericht Kosovo/Kosova. As Seen, as Told. An analysis of the human rights findings of the OSCE Verification Mission, October 1998 to June 1999, abrufbar unter www.osce.org/kosovo/reports/hr/part1/index.htm

5 So erläuterte der damalige NATO-Generalsekretär, Javier Solana, am 23. März 1999 vor der Presse: "...Our objective is to prevent more human suffering and more repression and violence against the civilian population of Kosovo ... We must halt the violence and bring an end to the humanitarian catastrophe now unfolding in Kosovo.", vgl. Communiqué PR (1999) 040, 23 March 1999

6 Vgl. zu den einschlägigen Resolutionen des Sicherheitsrates und der Generalversammlung den IGH in seiner Ost-Timor-Entscheidung, I.C.J. Reports 1995, S. 9-12

7 Vgl. oben E.III.2.a

8 Mc Coubrey 1998, S. 255. Oeter spricht bezüglich Kroatiens von einer Grauzone zwischen nicht-internationalem Konflikt und Staatenkrieg und geht von einem zunächst nicht-internationalen Konflikt aus, auf den aufgrund der Konfliktintensität auch ZP II anwendbar war, vgl. ders. 1992, S. 5. Für einen nationalen Befreiungskrieg fehle es bereits am Vorliegen eines der in Art. 1(4) ZP I geforderten Kriterien. Nach dem Auseinanderfallen der SFRJ habe es sich um einen internationalen bewaffneten Konflikt ge-

Bezogen auf die Konflikte in Afrika schrieb 1998 VN-Generalsekretär Annan: "Although the United Nations was intended to deal with inter-state warfare, it is being required more and more often to respond to intra-State instability and conflict. In those conflicts the main aim, increasingly, is the destruction not just of armies but of civilians and entire ethnic groups. Preventing such wars is no longer a matter of defending States or protecting allies. It is a matter of defending humanity itself."[1].

In unseren Tagen hat der nicht-internationale Konflikt die zwischenstaatliche Gewaltanwendung weitgehend abgelöst und ist zur weltweit vorherrschenden Konfliktform geworden. Es handelt sich überwiegend um lokale oder regionale Konflikte. Die Palette reicht von Nationalitätenkonflikten (Balkan) über Genozidkriege (Ruanda/Burundi), Sezessionskriege (Kaukasus), Machtkämpfe regionaler Eliten (Tadschikistan, Somalia) bis hin zu Kriegen islamischer Warlords (Afghanistan)[2]. Besonders in den ungefestigten Übergangsgesellschaften der Dritten Welt kommt es zu einer extremen Schwächung bis hin zum völligen Zerfall, einer "Implosion" der Staatsgewalt[3]. Die Folge ist eine neue Anarchie der Kriegführung, bei der Clans, Banditen, Milizen und Freizeitkämpfer das Bild bestimmen, welche nicht nur der Vorstellung von regulärer Truppen, sondern auch dem "Idealbild" des Guerillakämpfers[4] grundlegend widersprechen[5]. Grossrieder spricht angesichts fanatischen Nationalismus, ethnischer Ausgrenzung, religiöser Konflikte und Genozid von einer "entfesselten Gewalt"[6]. Beispielhaft sei in diesem Zusammenhang der Islamistenführer Usama Bin Laden zitiert, der in einem 1998 geführten Interview mit der Zeitschrift "Der Spiegel"

---

handelt, vgl. ebd. S. 9. Auch Jakovljevic geht bezüglich Kroatiens von einem zunächst nicht internationalem, nach der kroatischen Unabhängigkeit jedoch internationalen bewaffneten Konflikt aus und verneint die Voraussetzungen eines nationalen Befreiungskrieges nach Art. 1(4) ZP I. Zu den Problemen der rechtlichen Einordnung des Konflikts in Bosnien-Herzegowina, vgl. oben E.I.5.

1 Die Äußerung findet sich im Vorwort zu einem Bericht des Generalsekretärs v. 13.04.1998 betreffend "The causes of conflict and the promotion of durable peace and sustainable development in Africa". Der Bericht erfolgte auf Anforderung der Außenminister der Sicherheitsratsmitglieder, vgl. UN-Dokument A752/871 - S/1998/318, S.3

2 Vgl. neben der genannten Ausgabe der Zeitschrift Das Parlament u.a. Herbert Kremp in Die Welt, v. 5.9.1996, S.4

3 Ipsen 1994, S. 115

4 Vgl. oben E.III.2.b.bb.

5 Shawcross spricht von einer um sich greifenden Gesetzlosigkeit: "Die Konflikte der Gegenwart sind weitaus weniger strukturiert als noch zur Zeit des Kalten Krieges, als während der Entkolonisierung Regierungstruppen gegen Guerillabewegungen kämpften, die sich in der Regel auf den Wunsch nach Unabhängigkeit beriefen und sich an gewisse Formen politischer Moral hielten", vgl. William Shawcross, Purismus als Schild und Waffe, in NZZ Folio (Zeitschrift der Neuen Zürcher Zeitung) Nr.2 (Februar 1995), S.6 ff. (S.8)

6 Grossrieder, S.11

unumwunden zugab: "Wir machen keinen Unterschied zwischen Militärs und Zivilisten. Gemäß unserer Fatwa sind sie alle legitime Ziele."[1]. Ipsen beobachtet eine Veränderung des modernen Kriegsbildes hin zum kleinen, unter enormen zivilen Opferzahlen geführten Krieg, dem er im Zuge einer beklagenswerten "Renationalisierung und Retribalisierung" für das 21. Jahrhundert eine weiter steigende Tendenz voraussagt[2]. Die Auflösung von staatlicher Macht, ethnische Identitätskrisen, das häufige Fehlen jedweder Ethik und Moral, das Verschwinden traditioneller Werte sind die Charakteristika der "Konflikte von morgen", bei denen immer seltener die traditionellen Ziel bewaffneter Konflikte im Vordergrund stehen: der Kampf um die politische Macht im Staat oder die Eroberung von Gebiet[3].

Es bedarf kaum der Erwähnung, daß auch terroristische Methoden zu den bevorzugten Formen der Gewaltanwendung in diesen "kleinen Kriegen" gehören, wobei die Grenzlinie zwischen politischer und rein krimineller Gewalt immer mehr verschwimmt. Der Ernst dieser Aussage wird erheblich gesteigert durch die gewachsene Zerstörungskraft moderner Waffen, vor allem aber durch die nicht von der Hand zu weisende Gefahr, daß zu allem entschlossene Gewalttäter Zugang zu Massenvernichtungswaffen erhalten könnten[4].

Die Gründe für diese Entwicklung umfassend und im einzelnen darzustellen würde den Rahmen der vorliegenden Arbeit sprengen[5]. Festzuhalten und für die

---

[1] Vgl. Der Spiegel v. 24.08.1998, S.120

[2] Ipsen 1994, S. 112

[3] Kosirnik, S. 533. Sassoli schrieb 1993 mit Blick auf den Völkerhaß im Bosnien-Konflikt: "Wenn sie heute in Bosnien versuchen, das humanitäre Völkerrecht zu verbreiten, tönt das wie eine Botschaft aus einer anderen Welt und hat damit fast keine Wirkung mehr.", vgl. ders. S. 24

[4] Walter Laqueur erinnert daran, welche Gefahren heute im Bereich des Terrorismus schlummern. So fällt es immer schwerer, politisch motivierten Terrorismus von den Operationen krimineller Syndikate zu unterscheiden. Auch die Zahl kleiner Gruppen verschiedenster Nationalismen, von religiösen Fundamentalisten, Faschisten, apokalyptischen Jahrtausendpropheten bis hin zu Neofaschisten in Europa nimmt sprunghaft zu und führt zu einer Zersplitterung der Gewaltformen. Laqeur spricht in diesem Zusammenhang von einer "bewildering multiplicity of terrorist and potentially terrorist groups and sects" und meint: "As the century draws to a close, terrorism is becoming the substitute for the great wars of the 1800s and early 1900s." Ein gewaltiges Problem sei auch der mögliche Zugang von Terroristen zu Massenvernichtungswaffen, vgl. Walter Laqueur in der Zeitschrift "Foreign Affairs", Ausgabe September/Oktober 1996. Auch Kremp bezeichnet die Qualität der Waffen, die als Komponenten in die Hände gewaltbereiter Gruppen gelangen können als "furchterregend", vgl. ders. in Die Welt v. 5.9. 1996, S.4. Vgl. zu den Konflikten der Zukunft und der Rolle des Terrorismus darin, Waldmann, S.21 ff.

[5] Zu den wichtigsten Gründen zählen u.a. Ressourcenkrisen, ökonomische Probleme und das weltweit steigende wirtschaftlich-soziale Gefälle, vgl. Kosirnik, a.a.O. S.533; Ipsen a.a.O. S.112

hier interessierende Untersuchungsperspektive des humanitären Völkerrechts höchst bedeutsam ist jedoch die sich klar abzeichnende Entwicklung, wonach sich weltweit eine ständig wachsende Zahl von Erscheinungsformen bewaffneter Gewalt nicht mehr mit den Clausewitz'schen Kategorien des Krieges erfassen läßt. Hierzu hat Martin van Creveld zweifellos einen der bedeutendsten Beiträge der neunziger Jahre geleistet[1]. Für ihn ist der zwischenstaatliche Krieg dabei, sich aus der historischen Drehtür zu verabschieden, während auf der anderen Seite der *low intensity conflict* zwischen unterschiedlichen Typen von Organisationen hereinkommt[2].

Es liegt auf der Hand, daß die geschilderte Entwicklungstendenz für das humanitäre Völkerrecht nichts weniger als die Infragestellung eines auf der Trennung zwischen internen und internationalen bewaffneten Konflikten aufbauenden internationalen "ordre public" darstellt. Diese Trennung ist Folge der völkerrechtlichen Verantwortlichkeit des Staates als primärem Völkerrechtssubjekt. Bereits die dargelegten Begründungsschwierigkeiten für die humanitär-

---

1 Vgl. Martin van Creveld, "Die Zukunft des Krieges", aus dem Amerikanischen von Klaus Fritz und Norbert Juraschitz, München 1998. Waldman bezeichnet das 1991 in New York unter dem Titel "The Transformation of War" erschienene Buch als die "gründlichste und kritischste Analyse neuerer Kriegsentwicklung", vgl. ders., S. 27
Van Creveld zeichnet die Entstehung der modernen Auffassung vom Kriege nach, deren Ursprünge auf die Zeit des Westfälischen Friedens zurückgehen und ohne den modernen souveränen Staat nicht denkbar sind. Clausewitz' Grundannahme des "trinitarischen" Schemas "Staat-Armee-Volk" werde heute weltweit zunehmend durch sog. "low intensity conflicts" in Frage gestellt, geführt von kleinen und leicht bewaffneten Gruppen, welche aus politischen, religiösen, ethnischen, wirtschaftlichen Gründen oder schlicht zur Selbsterhaltung kämpften. Die Bindung des Kriegsbegriffs an den Staat sei eine zwar historisch gewachsene, jedoch gleichwohl eine willkürliche Klassifikation (S.95). Die bewaffnete Gewalt der Gegenwart unterscheide immer weniger zwischen Regierungen, Heeren und Völkern (S.96). Die Mitglieder des militärischen Establishments der entwickelten Welt hätten sich jahrzehntelang auf den "falschen Krieg" vorbereitet (S.96). Für van Creveld ist die Entkolonialisierung "inzwischen fast überall abgeschlossen, doch hat sie den Siegeszug des *low intensity conflict* nicht gestoppt. Selbst heute reißt er viele Entwicklungsländer von Kolumbien bis zu den Philippinen in Stücke. Vieles ist zusammengewürfelten Gesindelbanden zuzuschreiben, die auf ihre eigenen Vorteile aus sind und sich kaum von den écorcheurs (Schindern) unterscheiden, die das ländliche Frankreich während des Hundertjährigen Krieges verwüsteten. Damals wie heute haben sie ganze Gesellschaften in blutiges Chaos gestürzt" (S.99). Bei Fortsetzung der gegenwärtigen Tendenz wird aus Sicht van Crevelds für den Kriegstyp, der auf der Unterteilung in Regierung, Armee und Volk beruht, "in Kürze der Vorhang fallen". Der Anstieg des *low intensity conflict* könne am Ende durchaus den Staat aushöhlen: "Die modernen Staaten bewältigen entweder den low intensity conflict oder aber sie werden verschwinden."(S.328, vgl. auch S.281). Van Crefeld sieht bei Fortdauer der gegenwärtigen Tendenz das Verschwimmen der Grenzen zwischen Öffentlichem und Privatem, zwischen Regierung und Volk sowie zwischen Militärischem und Zivilem, so wie dies vor 1648 der Fall war (S.330). Auch Grossrieder spricht wie van Creveld von einem "neuen Mittelalter", einer Abkehr von dem seit dem Westfälischen Frieden etablierten, auf Souveränität und Territorialität der Staaten beruhenden Konzept, vgl. Grossrieder, S. 15

2 Van Creveld a.a.O., S.327

völkerrechtliche Bindung nichtstaatlicher Konfliktparteien[1] machen deutlich, daß der "Arm" des humanitären Völkerrechts in seiner gegenwärtigen Form nicht weit genug reicht, auch nur wesentliche Teile der beschriebenen "Zukunft des Krieges" (van Creveld) zu erfassen[2]. Dies erschwert gerade auch die Tätigkeit des IKRK in erheblichem Maße[3].

IV. Bewertung der Regelungen unter besonderer Berücksichtigung der sogenannten "nationale Befreiungskriege"

Die Zusatzprotokolle und insbesondere die hier interessierenden Vorschriften zur sachlichen und persönlichen Anwendbarkeit sind das spezifische Produkt einer bestimmten politisch-historischen Situation und nur vor diesem Hintergrund zu verstehen. Ein wichtiger Faktor war dabei neben der in Gang befindlichen Dekolonisierung die weltweite ideologische Auseinandersetzung zwischen den westlichen Demokratien und den sozialistischen Staaten. Dabei kam dem Begriff der "nationalen Befreiung" durchaus die Rolle eines Kampfbegriffs für den Systemkonflikt insbesondere in der Dritten Welt zu, gegründet auf ein jenseits der Dekolonisierung i.e.S. eher diffuses Selbstbestimmungspostulat. Die Motive für das Zustandekommen der CDDH waren in vielen Fällen mindestens ebenso politischer wie humanitär-völkerrechtlicher Natur. So wurden in Genf von Anfang an deutliche Interessenunterschiede sichtbar, die zwar nicht stets,

---

[1] Vgl. D.I.2.a.aa.; E.I.4. sowie F.III.1.c. und F.III.2.b.

[2] Kosirnik, S.534,535. Für Oeter zeigt der Kroatien-Konflikt "... Was wir an den Bürger- und Guerillakriegen in Afrika, Asien und Lateinamerika schon seit geraumer Zeit ablesen können: So wie es bisher praktiziert wird geht das humanitäre Völkerrecht an der realen Problematik der meisten Konflikte vorbei.", vgl. ders. 1992, S. 10. Ipsen schreibt: "Mit wachsender Häufigkeit müssen wir nämlich feststellen, daß Massaker, die mehr Menschenleben kosten als Einzelfeldzüge des Zweiten Weltkriegs, noch nicht einmal die Merkmale eines nicht-internationalen Konflikts i.S. des II. Zusatzprotokolls zu den Genfer Abkommen aufweisen, wie beispielsweise die erste Phase der barbarischen Auseinandersetzung in Ruanda deutlich gemacht hat.", vgl. ders. 1994, S. 112

[3] Grossrieder sieht gerade auch im innerstaatlichen low intensity conflict eine humanitäre Aufgabe des IKRK zur Beachtung eines Minimums an Humanität, vgl. ders., S. 17. Nach einem Bericht der F.A.Z. wurden Anfang Juni 1996 drei Mitarbeiter des IKRK in Burundi offenbar gerade *wegen* ihres Abzeichens getötet. Bereits die strikt humanitäre, auf den Schutz von Zivilpersonen gerichtete Tätigkeit des IKRK muß in einem ethnischen Konflikt als Parteinahme verstanden werden, in dem es nicht um territoriale Gewinne und Macht, sondern um die physische Vernichtung der gegnerischen Ethnie geht, vgl. den Bericht von Günther Gillsessen in der F.A.Z. v. 20.09.1996, S.16. Über ähnliche Schwierigkeiten berichtet William Shawcross in NZZ Folio (Zeitschrift der Neuen Zürcher Zeitung), Nr.2 vom Februar 1995, S.6 ff. So sehe sich das IKRK nicht selten gezwungen, mit verschiedensten nichtstaatlichen Machthabern zu verhandeln, welche nur allzu oft ihre Zusagen nicht einhalten könnten, vgl. ebd. S.8

jedoch in einigen entscheidenden Fragen eine Aufteilung in zwei Lager bewirkte: westliche Staaten einerseits, sozialistische und Dritte-Welt-Staaten andererseits.

Auch ohne einen Blick auf die Auslegungsmöglichkeiten der jeweiligen Regelungen erscheint zunächst die Feststellung unumgänglich, daß die sachlichen und persönlichen Anwendungsvoraussetzungen des humanitären Völkerrechts durch die ZP'e komplizierter geworden sind[1]. So wurde der Begriff des internationalen Konflikts um die unscharf definierte Kategorie des nationalen Befreiungskrieges erweitert, während innerstaatliche Situationen vom humanitären Völkerrecht nunmehr auf dreierlei Art und Weise erfaßt werden: Anerkannte Aufständische, Situationen nach dem gemeinsamen Art.3 der Genfer Konventionen sowie Auseinandersetzungen, welche die Schwelle des Art.1 ZP II überschreiten. Bedenkt man, daß die wenigsten unter den weltweit sich tatsächlich abspielenden Konflikten einer der genannten Kategorien in "Reinform" zugeordnet werden können, sondern vielmehr internationale und nicht-internationale Konfliktmerkmale sich sehr häufig mischen, so haben die ZP'e keineswegs zur Vereinfachung der praktischen Anwendbarkeit des humanitären Völkerrechts beigetragen. Auch im Bereich der persönlichen Anwendungsvoraussetzungen ist mit Art.44 ZP I eine Vorschrift entstanden, die an textlicher Klarheit zumindest zu wünschen übrig läßt. Dies kann bei einem in der Extremsituation des bewaffneten Konflikts anwendbaren Rechtsgebiet kaum befriedigen, auch wenn einzuräumen ist, daß militärische Handbücher und Dienstvorschriften bemüht sein werden, insbesondere die Kombattantenvoraussetzungen der Art.43 und 44 ZP I so gut es geht für den Einzelnen verständlich zu machen.

Die sachliche Anwendbarkeit des ZP II leidet weniger an inhaltlicher Unklarheit als an der sehr hohen Anwendbarkeitsschwelle, welche die praktische Relevanz des ZP II auch künftig sehr stark reduzieren dürfte. Demgegenüber sind bei ZP I sowohl die sachliche als auch die persönliche Anwendbarkeit dadurch belastet, daß die einschlägigen Normen (Art.1(4) i.V.m. Art.96(3) sowie Art.44 ZP I) in ihrem Inhalt teilweise bis hin zur Zweideutigkeit auslegbar sind[2]. Nicht

---

[1] Schon 1975 äußerte Baxter die Besorgnis, das ganze humanitäre Völkerrecht sei zu kompliziert geworden: "There is a grave danger that the whole of the law of war.....is becoming too complex and too much a lawyer's province. In the pursuit of refinements, of concept or of drafting, we may obscure the essential humanitarian thrust of the law" , vgl. Baxter, in Harvard Journal, S.26

[2] Lysaght sieht hierin den Grund, weshalb insbesondere Art.1(4) kaum praktisch relevant werden dürfte. Roberts kritisiert: "...the Conference produced one of the most lengthy, complex, and ambiguous agreements ever negotiated in the laws of war", vgl. ders.

zuletzt daran wird erkennbar, daß es zwischen den Teilnehmern an der CDDH in diesen Fragen bis zum Schluß einen wirklichen inhaltlichen Konsens nicht gab[1], ähnlich wie bei einer nicht geringen Zahl zum Thema vorausgegangener Resolutionen der VN-Generalversammlung. Nach dem Konferenzverlauf spricht vieles dafür, daß insbesondere die Art.1(4) und 44 ZP I nicht *trotz*, sondern *wegen* ihrer weiten Auslegbarkeit vielen Staaten annehmbar erschienen.

Der insbesondere gegen Art.1(4) ZP I gerichtete bellum iustum – Vorwurf ist insofern unbegründet, als ZP I auch in Befreiungskriegen keine Seite unmittelbar privilegiert. Dennoch kann Art.1(4) ZP I ohne Übertreibung als ein Produkt des bellum iustum-Denkens bezeichnet werden. In vollkommenem Widerspruch zu den Konventionen[2] bezweckte er nach seiner dargestellten Vorgeschichte die völkerrechtliche Aufwertung einer bestimmten Auswahl zuvor eindeutig nicht-internationaler Konflikte, wobei diese Auswahl nicht in erster Linie anhand der – nach den Funktionsprinzipien des humanitären Völkerrechts dringend geboten- Konfliktintensität oder des Leidensgrades der Opfer erfolgte. Grundlage war vielmehr die Auffassung einer damaligen Staatenmehrheit in den VN, wonach es sich bei den nationalen Befreiungskriegen um gerechte Kriege handelt. Dem früheren IKRK-Präsidenten Sommmaruga kann daher nur teilweise zugestimmt werden, wenn er schreibt, das Gespenst des gerechten Krieges sei gebannt worden[3]. Ausgehend von einer politisch selektiv verengten Lesart des Selbstbestimmungsrechts der Völker fand in Art.1(4) ZP I eine jahrelang im VN-Rahmen geführte Kampagne zugunsten bestimmter (jedoch längst nicht aller) nationaler Befreiungsbewegungen ihre humanitär-völkerrechtliche Vollendung[4]. Die Verbesserung des Opferschutzes in möglichst vielen nicht-zwischenstaatlichen Konflikten entsprach zwar den Bemühungen des IKRK, nicht jedoch den völkerrechtlichen Prioritäten einer großen Zahl jener Staaten, die sich eben noch so vehement für die Einordnung der Befreiungskriege als

---

S.168. Für Zischg hat Art. 1(4) ZP I durch die in ihm enthaltenen dehnbaren Begriffe mehr Probleme aufgeworfen als gelöst, vgl. ders., S. 40

[1] Dies betont u.a. Roberts, S.169

[2] de la Pradelle, S.24

[3] Sommaruga, S.249 ff.

[4] Die ideologische "Durchtränkung" einiger Vorschriften des ZP I mit schwer faßbaren subjektiven Formeln wird auch sichtbar in der Regelung des Art.85 Abs.4 lit.c. ZP I, der zu den schweren Verletzungen des Protokolls Praktiken der Apartheid und andere auf Rassendiskriminierung beruhende unmenschliche und erniedrigende Praktiken zählt, die eine grobe Verletzung der persönlichen Würde einschließen. Hier werden Verhaltensweisen beschrieben und in den Rang des Kriegsverbrechens erhoben, deren Inhalt kaum jemals im konkreten Fall zu ermitteln sein wird und damit höchst subjektiven Werturteilen Tür und Tor öffnet, vgl. für Art.85 BGBl 1990-II, S.1612

internationale Konflikte eingesetzt hatten[1]. Dies wurde überdeutlich bei den Verhandlungen betreffend ZP II, an deren Ende ein Protokoll stand, das weder besonders detaillierte Regelungen noch eine niedrige Anwendbarkeitsschwelle enthält. Dennoch ist ZP II als erstmaliger eigenständiger Vertragstext zu nicht-internationalen Konflikten zu begrüßen, zumal sein Zustandekommen bei der CDDH zeitweise äußerst fraglich war. Das Ausmaß des Widerstandes gegen praktisch relevante und wirksame völkerrechtliche Regelungen des innerstaatlichen Konflikts belegt, daß viele Staaten das humanitäre Völkerrechtsanliegen bei Konflikten zwischen einem Staat und einer nichtstaatlichen Konfliktpartei in eindeutiger Weise ihren nationalen Interessen unterordnen wollten[2]. Dieser Widerstand kontrastiert in auffälliger Weise mit der Absicht vieler Staaten gerade aus dieser Gruppe, in Art.1(4) ZP I einer bestimmten Kategorie derartiger Konflikte die Privilegien des humanitären Völkerrechts zuteil werden zu lassen. Die Kombattantenregelung des Art.44 ZP I (insbes. Abs.3 Satz 2) stellt die notwendige Ergänzung bei der Verwirklichung des Art.1(4) ZP I zugrundeliegenden Motivs dar, die mit Guerillamethoden geführten nationalen Befreiungskriege dem Schutz des humanitären Völkerrechts zu unterstellen. Art. 44 ZP I kommt der Guerillakriegführung in kaum vertretbarer Weise entgegen. Auch hier ging es nicht in erster Linie um das Bemühen zur Erfassung der Guerillakriegführung *im allgemeinen*, sondern um die Zubilligung des Kombattantenstatus an bestimmte nationale Befreiungskämpfer[3]. Um dies zu erreichen, wurde der elementare Grundsatz der Unterscheidung von Kombattanten und Zivilbevölkerung in bedenklicher Weise aufgeweicht. Auch Art.47 ZP I ist, unter umgekehrten Vorzeichen jedoch gleichermaßen rechtsdogmatisch bedenklich[4], ein Produkt des bellum-iustum-Denkens, indem er in Abweichung von der zuvor geltenden Rechtslage Söldnern den Kombattantenstatus vorenthält. Daß sein Anwendungsbereich durch die enge Söldnerdefinition eher begrenzt ist, kann an dieser Feststellung nichts ändern.

Die Auslegung der sachlichen und persönlichen Anwendungsvoraussetzungen wird durch den vielfach unklaren Wortlaut entscheidend erschwert. Sie sollte nicht nur dem Ziel einer möglichst breiten Anwendbarkeit humanitärer Vor-

---

1 Oeter 1989, S. 470. Bothe betont, daß sich gerade die Protagonisten des Art.1(4) ZP I gegen den an sich richtigen Grundgedanken gewandt hätten, daß der Schutz der Opfer nicht daran scheitern soll, daß eine Konfliktpartei kein Staat ist, vgl. ders. 1976, S.204

2 Es sei daran erinnert, daß etwa der norwegische Vorschlag eines einheitlichen Protokolls für internationale und nicht-internationale Konflikte keinerlei Durchsetzungschance hatte, s.o. F.I.2.b.aa.bbb. Hinzuweisen ist jedoch auch darauf, daß ein einheitliches Protokoll möglicherweise den Schutz im internationalen Konflikt reduziert hätte.

3 Roberts, S.168,169

4 Gornig, S.26

schriften dienen, sondern vor allem die grundlegenden Prinzipien des humanitären Völkerrechts berücksichtigen. Dieser Maßstab ergibt für Art.1(4) und 96(3) ZP I die Notwendigkeit einer engen Auslegung. Diese kann auch dazu beitragen, daß das humanitäre Völkerrecht zur alten Dichotomie zwischen internationalen (zwischenstaatlichen) und nicht-internationalen Konflikten zurückkehrt[1].

Bei der Auslegung des Art.44 ist wichtigste Meßlatte die Unterscheidung von Kombattanten und Zivilbevölkerung, während Art.47 ZP I als Ausnahmeregelung eng auszulegen ist. Die restriktive Anwendbarkeitsvorschrift des ZP II sollte wegen des humanitären Schutzzwecks des ZP II weit ausgelegt werden, allerdings bietet der Wortlaut hierfür kaum Gelegenheit.

Bei der gebotenen engen Auslegung ist der Anwendungsbereich des Art.1(4) ZP I äußerst begrenzt. Nachdem er bislang noch niemals zur Anwendung gekommen ist, erscheint die Bewertung kaum gewagt, daß er auch künftig toter Buchstabe bleiben wird. Seine praktische Bedeutungslosigkeit dürfte neben anderen Faktoren vor allem dadurch "gewährleistet" sein, daß kein Staat zugeben wird, Konfliktgegner eines um das Selbstbestimmungsrecht kämpfenden Volkes zu sein[2]. Es untergräbt die Integrität des humanitären Völkerrechts insgesamt, wenn in einem Vertragswerk von der Bedeutung des ZP I Anwendbarkeitsvorschriften enthalten sind, welche von Anfang an als praxisfern und irrelevant erkennbar sind und sich die Staaten daran gewöhnen, bestimmte wenig praxisnahe Vorschriften einfach nicht anzuwenden[3].

Ähnliche praktische Irrelevanz kann den Kombattantenvorschriften nicht bescheinigt werden[4], da ihre Anwendung entgegen einer von nicht wenigen Staa-

---

[1] Diese Ansicht vertreten auch Bothe/Partsch/Solf: "The criteria were chosen with actual conflicts in mind. If these conflicts are solved - and everybody hopes it - it would be an advantage if humanitarian law could return to ist original concept, i.e. that Protocol I has the task of protecting the victims of truly international conflicts between States and other conflicts should be covered by Protocol II", vgl. ebd. S.52

[2] Schindler prophezeit bereits Ende der siebziger Jahre den Regelungen der Art.1(4) und 96(3) ZP I geringe Chancen jemals angewendet zu werden, da die angesprochenen Staaten Israel und Südafrika ZP I nicht unterzeichnen würden, der Begriff des nat. Befr.-krieges in 1(4) sehr eng definiert sei und da kaum eine Regionalorganisation jemals eine nationale Befreiungsbewegung anerkennen werde, die gegen eines ihrer Mitglieder kämpft vgl. ders. in RdC 1979, S.144. Diese Prognose hat sich als richtig erwiesen.

[3] Dinstein sieht die Gefahr einer *Erosion von Status und Autorität des humanitären Völkerrechts* u.a. gegeben beim Repressalienverbot gegen die Zivilbevölkerung (Art.51 Abs.6 ZP I), vgl. ders. S 554

[4] Lysaght verweist auf die Möglichkeit, Art.44 ZP I durch enge Interpretation eines Gutteils seines beabsichtigten Wertes als "Guerillanorm" zu berauben. Das Ergebnis der CDDH sei paradox: auf der einen Seite habe die Dritte Welt durch Art.1(4) ZP I einen großen Sieg errungm, auf der anderen Seite handele es sich wegen der einschränkenden

ten vertretenen Auffassung nicht auf nationale Befreiungskriege und die Situation einer occupatio bellica beschränkt ist. Selbst man dies annehmen würde, wären mit der occupatio bellica dennoch praktische Anwendungsfälle denkbar. Art.47 ZP I sollte durch enge Auslegung möglichst selten zur Anwendung gelangen.

Unter Zugrundelegung der hier vertretenen Auslegung erscheinen die sachlichen und persönlichen Anwendbarkeitsnormen des ZP I zwar rechtsdogmatisch weiterhin teilweise sehr bedenklich, jedoch in ihren praktischen Auswirkungen eingrenzbar. Hier kommt nun aber das Problem der sehr weiten Auslegbarkeit zum Tragen[1], welches durch das völlige Fehlen einer übergeordneten Definitionsinstanz noch verschärft wird[2]. Die Unklarheit der verwendeten Begriffe verschafft die Möglichkeit, bestimmte Erscheinungsformen innerstaatlicher Gewaltanwendung unter den Begriff "nationaler Befreiungskrieg" zu subsumieren. Auch wenn die betroffene Regierung derartige Interpretationen kaum teilen und somit die Anwendung des humanitären Völkerrechts in der betreffenden Auseinandersetzung verhindern wird, stellen Art.1(4), 96(3) und Art.44 ZP I doch eine geeignete Grundlage für entsprechende völkerrechtliche Argumentationen dar, die sich insbesondere interessierte Drittstaaten bevorzugt zu eigen machen können. Es ist diese begriffliche Grauzone, welche auch dem gegen ZP I immer wieder erhobenen Terrorismusvorwurf eine gewisse Berechtigung verleiht. Ob eine Person als Freiheitskämpfer oder als Terrorist zu bezeichnen ist, kann anhand der einschlägigen Vorschriften des ZP I eben nicht mit Eindeutigkeit beantwortet werden und muß daher als interpretatorische Geschmacksfrage gelten. So liegt die Vermutung nahe, daß die Staaten auch künftig kaum zu einem - etwa anhand eines neuen Verständnisses des Selbstbestimmungsrechts definierten- Konsens finden werden, auf dessen Grundlage das in Art.1(4) ZP I enthaltene humanitäre Völkerrechtsanliegen über die Fälle "Kolonien, Israel und Südafrika" hinaus konkretisiert werden könnte.
Nach alledem bestehen trotz der inzwischen zahlreichen Ratifikationen Zweifel, ob die ZP'e ein realistisches und praktisch anwendungsorientiertes völkerrechtliches Regime geschaffen haben, auch wenn der vereinzelt befürchtete

---

Interpretierbarkeit der Kombattantenregelung um einen Sieg mit nur weniger praktischer Relevanz, vgl. ders. S.360

1 Rosenne betont, daß sich weder aus dem Wortlaut noch aus der Entstehungsgeschichte des Art.1(4) ZP I eine enge Auslegung zwingend ergibt, vgl. ders. in Festschrift Pictet, S.810

2 Dies bemängelt Lysaght als einen der gravierendsten Schwachpunkte der ZP'e, vgl. ders. S.381

"disastrous impact" auf das humanitäre Völkerrecht[1] bisher ausgeblieben ist. In den mehr als 20 Jahren seit Verabschiedung der Protokolle wurden weder Art.1(4) ZP I, noch ZP II jemals angewendet[2]. Es ist als Fehlleistung der CDDH zu betrachten, in einer ideologisch überlagerten und dominierten Situation Normen kodifiziert zu haben, die von keinem wirklichen Konsens getragen waren, die die Klarheit der Anwendbarkeit des humanitären Völkerrechts untergraben und gegen tragende Prinzipien dieses Rechtsgebiets verstoßen haben. Gemessen an dem bereits im Konferenztitel der CDDH anklingenden Wunsch einer Anpassung des humanitären Völkerrechts gerade an neue Konfliktrealitäten ziehen einige Stimmen in der Literatur eine dezidiert negative Bilanz[3]. Die bisherige Nichtanwendung ist um so bedauerlicher, weil eine große Zahl von Vorschriften insbesondere des ZP I als begrüßenswerte Weiterentwicklung des humanitären Völkerrechts zu bezeichnen sind[4] und die ZP'e dem früheren Vorwurf die Grundlage entzogen haben, das humanitäre Völkerrecht sei "eurozentristisch". Art.1(4) ZP I wurde vereinzelt trotz seiner vorhersehbaren Nichtanwendung aufgrund seines politisch-rhetorischen Wertes als völkerrechtlicher Begründungsmaßstab positiv bewertet[5]. Dies wäre angesichts des Konferenzziels allerdings ein eher bescheidenes Ergebnis.

Mit der Breite des Ratifikationsprozesses steigt die Wahrscheinlichkeit der Anwendung zumindest in einem "klassischen" zwischenstaatlichen Konflikten[6]. Dabei könnte insbesondere die Auslegbarkeit der Kombattantenvorschrift des Art.44 ZP I zu schwierigen Anwendbarkeitsfragen führen.

---

1 Graham, S.26

2 Der Anwendungsbereich des humanitären Völkerrechts ist zu restriktiv um die modernen Konflikte wirklich zu erfassen, vgl. Kosirnik S.535

3 Vgl. Dinstein 1997, S. 552 ff. Eigentlich müßte angesichts der vorauszusehenden Nichtanwendung des Art.1(4) ZP I auch Koenig zu einer negativen Einschätzung gelangen: für ihn kann nur die Staatenpraxis darüber Auskunft geben, ob Art.1(4) ZP I den "Feuertest der Effektivität" bestehen würde, vgl. Koenig, S.11. Diesen Test hat Art.1(4) ZP I nicht bestanden

4 Vgl. Randelzhofer 1978, S.726-729

5 Cassese 1984, S.71. Fleck betont den großen psychologischen Einfluß des ZP I auf das Verhalten der Konfliktparteien im Golfkrieg, vgl. ders. 1997, S. 560. Allerdings handelte es sich hier um einen eindeutig zwischenstaatlichen Konflik zwischen Nichtvertragsparteien. Ob von ZP I bei Konflikten mit einer nichtstaatlichen Konfliktpartei jemals eine ähnliche Wirkung ausgehen wird, ist hingegen zu bezweifeln

6 Dinstein vermutet, daß einige von ihm als unrealistisch betrachtete Vorschriften (z.B. Repressalienverbot nach Art.51 Abs.6 ZP I) selbst zwischen Vetragsparteien der Protokolle nicht angewendet würden.

Aufgrund des inzwischen hohen Ratifikationsstandes, nicht zuletzt aber auch wegen der Gebundenheit aller anderen NATO-Staaten an die Protokolle[1] stellt sich die Frage nach der Ratifikation durch die USA. Dabei interessiert im Zusammenhang der vorliegenden Arbeit allein die Frage, ob die untersuchten sachlichen und persönlichen Anwendbarkeitsnormen als solche, d.h. unabhängig von anderen Gründen, die Entscheidung zu fortgesetzter "Abstinenz" zu tragen vermögen. Betrachtet man die seinerzeit vorgebrachten Argumente (vgl. oben G.I.), so hat sich natürlich an der Kritik der Reagan-Administration an subjektiven und politisierten Begriffen in Art.1(4) ZP I ebensowenig geändert wie daran, daß sich selbsternannte Befreiungsgruppen auf Art.1(4) ZP I berufen können. Gleichwohl könnte durch Ratifikationsvorbehalte etwa nach dem Vorbild Großbritanniens sichergestellt werden, daß Art.1(4) ZP I für die USA letztlich nur in solchen Fällen einschlägig würde, in denen eine Befreiungsbewegung einen ausgewachsenen Konflikt nach dem Muster des ZP II führt. Entscheidende Gründe sprechen ferner dagegen, daß Art.1(4) ZP I jemals praktisch relevant wird. Dies gilt allerdings nicht für seinen Charakter als potentielle völkerrechtliche Berufungsgrundlage und Propagandainstrument für selbsternannte Befreiungsgruppen oder feindlich gesonnene Drittstaaten. Sprechen insoweit allenfalls rechtspolitische Gründe gegen eine Ratifikation, so führt im Bereich des Art.44 ZP I doch kein Weg an der Feststellung vorbei, daß dieser die Pflicht der Kombattanten zur Unterscheidung von der Zivilbevölkerung und damit einen tragenden Grundsatz des humanitären Völkerrechts aufgeweicht hat. Ratifikationsvorbehalte können nur im Rahmen des Wortlauts und damit nur bedingt Abhilfe schaffen. Ein gewichtiges Argument gegen die Ratifikation mag für die USA auch in der erheblichen Auslegungsbreite der genannten Vorschriften liegen, obwohl diese eben nur in einer bestimmten (engen) Auslegung als noch hinnehmbar erscheinen. Gerade eine weltweit präsente und verantwortliche Militärmacht mag zögern, sich an Normen zu binden, die im Ernstfall keinen verläßlichen und beiderseits akzeptierten Handlungsmaßstab zu bieten vermögen.

Sprechen somit einerseits auch heute gewichtige Gründe gegen eine Ratifizierung, so kann es andererseits auch nicht im Interesse der USA liegen, sich bei fortschreitendem Ratifikationsprozeß mehr und mehr völkerrechtlich zu isolieren, ungewollt "in einem Boot" u.a. mit Ländern wie dem Sudan, dem Irak, dem Iran oder Indonesien. Bei aller fortbestehenden Kritikwürdigkeit insbesondere des Art.1(4) ZP I schiene es aus diesem Blickwinkel möglicherweise rechtspoli-

---

[1] Das Problem der Verschiedenheit der anwendbaren Normen im Falle des gemeinsamen Einsatzes unterschiedlich gebundener NATO-Staaten scheint mittlerweile durch gemeinsam erarbeitete Standards befriedigend gelöst zu sein, vgl. Fleck 1997, S. 559

tisch sinnvoller, ZP I mit entsprechenden Vorbehalten zu ratifizieren. Damit ist allerdings noch nichts gesagt über andere, z.B. militärische Gründe, die von den USA offenbar als Ratifikationshindernis betrachtet werden. Obwohl dies nicht Gegenstand der vorliegenden Arbeit ist, kann doch vermutet werden, dass verschiedene weitere Vorschriften und Regelungen des ZP I durch ihre Unausgewogenheit und Unklarheit mit großer Wahrscheinlichkeit zur Nichtratifikation durch die USA beigetragen haben. Hierzu zählen die Einschränkung der Möglichkeiten zur Anwendung von Repressalien[1], aber auch eine Reihe von Kampfführungsregeln im III. und IV. Teil des ZP I[2]. Kritisiert wurde auch die Ausdehnung des in Art.50 I. Genfer Konvention[3] enthaltenen Konzepts der "schweren Verletzung" der Konventionen durch Art.85 ZP I[4].

Eine etwa von Dinstein vorgeschlagene Initiative, einige umstrittenen Vorschriften des ZP I, darunter die hier untersuchten Anwendbarkeitsvorschriften, einer Revision zu unterziehen und damit ZP I den Weg zu echter Universalität (vor allem in der praktischen Relevanz) zu eröffnen, wäre sicher der "Königsweg" zur Ausräumung der Bedenken gegen ZP I: ein wirklich konsens-

---

1 Roberts nennt die Artikel 51-56 ZP I. Im Gegensatz zu früheren Einschränkungen des Repressalienrechts seiene diese nicht eine Reaktion auf konkreten Mißbrauch des Instituts der Repressalie, sondern Frucht einer generellen Abneigung gegenber dem Konzept der Repressalie als solchem. Da es zur Repressalie als Durchsetzungsmethode zur besseren Beachtung des humanitären Völkerrechts keine Alternative gebe, müsse das ZP I mit seiner Reduktion der Repressalie auf wenige Fälle sehr kritisch gesehen werden: "For the United States, with ist long tradition of respect for the rule of law, to ratify a prohibition on reprisals would seriously undermine the credibility of any threat of reprisal against a country that violates the rules of war", vgl. Roberts S.142. Und weiter: "If the United States ratifies Protocol I without a reservation on the various reprisal prohibitions, then it will be unable lawfully to retaliate in the wake of even the most massive non-nuclear attacks on friendly civilian populations and property, and will retain no credible deterrent in the event a future enemy systematically abuses U.S. prisoners of war", vgl. ders. S.143. Darberhinaus sei im Konfliktfall die Befolgung sehr weitgehender Repressalienverbote angesichts des öffentlichen Drucks zur "Vergeltung" aus politisch-faktischen Gründen auch kaum realistisch, vgl. ebd. S.145

2 Auch hier konstatiert Roberts eine weder politisch machbare noch militärisch-operativ erreichbare Verschiebung der Balance zwischen militärischer Notwendigkeit und Humanität: "Clearly, they represent an attempt to shift the balance established between military necessity and humanitarian principles in such a way as to hamper the ability of states to use military force to attain political objectives", vgl. Roberts, S.146. Als Beispiel nennt dieser Autor unzumutbare, unpraktikable oder an unklare Voraussetzungen geknüpfte Einschränkungen des kriegerischen Schädigungsrechts bei Art.35 (3) (Schutz der Umwelt), Art.39 (2) (Nationalitätszeichen), Art. 50-54 (Zweifelsfallregelung bezüglich ziviler Personen und Objekte, Regeln bzgl. Aushungern und Belagerung), Art.56 (Angriffe auf Anlagen, die gefährliche Kräfte enthalten), vgl. insgesamt Roberts, S.146-161

3 Vgl. BGBl. 1954 II, S.801

4 Für Roberts dehnt Art.85 die Lehre der "schweren Verletzungen" nicht nur aus, sondern vewischt auch die Grenzlinie zwischen schweren und sonstigen Verletzungen. Hierin liege die Gefahr, daß die bei schweren Verletzungen angestrebte universelle Gerichtsbarkeit verfehlt wird, vgl. ders. S.161 ff. Besonders kritikwürdig ist dabei die Aufnahme kaum objektiv definierbarer sog. "Praktiken der Apartheit" in den Kanon der schweren Verletzungen in Art.85(4) lit.c) ZP I., vgl. ebd. S.162

getragener engerer Anwendungsbereich würde der Mission des humanitären Völkerrechts eher dienen als breiter anwendbare jedoch weiterhin nur mit geringer rechtlicher Autorität ausgestattete Protokolle. Der seinerzeitige Vorschlag von US-Präsident Reagan zur Stärkung des traditionellen humanitären Völkerrechts[1] zielt in dieselbe Richtung, ohne allerdings eine –wenig realistische- "Revision" der Anwendungsvorschriften zu erwähnen. Nicht zu Unrecht wurde in diesem Zusammenhang vor der Herausbildung eines "sectarian law"[2] gewarnt.

Art.1(4) ZP I wurde teilweise als ein am Leidensgrad der Opfer orientierter humanitär-völkerrechtlicher Standard zur integralen Anwendbarkeit des humanitären Völkerrechts in asymmetrischen Konflikten betrachtet[3]. Das Protokoll sei von seinem ideologischen Ballast zu befreien und könne als Begründungsmaßstab entsprechender IKRK-Initiativen dienen. Selbst wenn man diesen begrüßenswerten Vorschlag durch eine enge Auslegung beherzigt, bleibt das Problem höchst unterschiedlichster Interpretationsmöglichkeiten bestehen. Liest man Art.1(4) ZP I im Kontext insbesondere mit ZP II, so drängen sich Zweifel auf, ob die Staaten in asymmetrischen Konflikten zu wirklichen Zugeständnissen überhaupt bereit waren. Wenig spricht dafür, daß sich hieran seit Verabschiedung der Zusatzprotokolle etwas geändert hat.

Angesichts dieser Tatsachen erscheint es im Rahmen eines pragmatischen Ansatzes[4] unumgänglich, Art.1(4) als bedauerlichen Einbruch der bellum iustum-Lehre in das humanitäre Völkerrecht zu betrachten. Dieses wird vermutlich über die Vorschrift ebenso hinweggehen wie die Zeitgeschichte. Art.1(4) ZP I symbolisiert keinen echten Fortschritt bei der Anpassung des humanitären Völkerrechts an neue Konfliktrealitäten[5]. Letztere werden immer mehr durch nichtinternationale Gewalt geprägt, deren dezentrales nichtstaatliches Wesen sich der Erfassung durch das humanitäre Völkerrecht ohnehin vielfach entzieht. Aber auch wo verbesserte humanitär-völkerrechtliche Regeln für innerstaatliche Konflikte möglich sind, werden diese Konflikte wegen der hohen Anwendbarkeits-

---

1 Vgl. den bereits erwähnten Brief Reagans an den amerikanischen Kongreß, in dem er die Nichtratifikation des ZP I begründete, in AJIL Bd. 81 (1987), S.910-912. Hierzu auch Sofaer, S.784

2 Gasser 1987, S.925

3 So etwa Koenig, S.199. Gasser hält ZP I für einen "worthy successor of the Lieber Code", vgl. ders. 1987, S.924.

4 Meron ist darin zuzustimmen, daß die Bewertung des ZP I seit Beginn der 90-iger Jahre mehr und mehr von gesundem Pragmatismus geprägt ist, vgl. ders. 1994, S.684

5 "..Little lasting progress was made in the effort to promote more civilized behavior in times of war" Roberts, s.123.

schwelle des ZP II vom humanitären Völkerrecht allenfalls in minimalster Weise erfaßt. Dies ist aus Sicht des Opferschutzes und des Regelungsbedarfs sehr zu bedauern. Solange jedoch eine echte Bereitschaft der Staaten zur Verabschiedung verbesserter Schutzvorschriften in nicht-internationalen Konflikten nicht erkennbar ist[1], sollte Art.1(4) ZP I nicht durch interpretatorische "Hochseilakte" zur Füllung dieser Lücke herangezogen werden. Realistischer und zukunftsweisender könnte in diesem Bereich etwa eine Anregung Gassers sein, jenseits sachlicher Anwendbarkeitsfragen einen Verhaltenskodex für nicht-internationale Gewalt und Spannungen zu erreichen[2]. Zudem hatte das U.S. State Department bereits 1987 darauf hingewiesen, daß das Hauptproblem des humanitären Völkerrechts heute nicht so sehr in Regelungslücken, sondern vor allem in der verbreiteten Mißachtung selbst seiner grundlegendsten Prinzipien besteht, etwa des Verbots gezielter Angriffe auf die Zivilbevölkerung[3].

---

[1] Um dem humanitären Völkerrecht zur Respektierung in den neuen Konflikten zu verhelfen, müssen aus Sicht Kosirniks erst einmal alle traditionellen Subjekte des humanitären Völkerrechts Einigkeit erzielen. Daher sei alles zu tun für eine möglichst schnelle Universalisierung insbesondere der ZP'e. Für diesen Autor bilden die Konventionen und Protokolle eine Plattform, von der aus bisher nicht erfaßte Situationen regelbar wären und von der aus man den neuen Akteuren entgegentreten könnte (ebd. S.535)

[2] Gasser 1988, S. 39 ff. Auch solch ein Ansatz steht aber vor dem Problem der Bindung einer nichtstaatlichen Konfliktpartei an solch einen Verhaltenskodex, da sich Staaten anderenfalls kaum selbst zur Beachtung des Verhaltenskodex verpflichtet sähen, vgl. hierzu Partsch 1989, S. 3. Unübersehbar wird hier erneut der primär zwischenstaatliche Charakter des in seiner Beachtung vom Prinzip der Gegenseitigkeit abhängigen humanitären Völkerrechts

[3] Sofaer, S.786

H. Ergebnisthesen

A. Entstehung und Entwicklung des humanitären Völkerrechts

- Versuche zur Aufstellung und Durchsetzung von rechtlichen Regeln im Kriege sind so alt wie der Krieg selbst.

- Die mittelalterliche bellum iustum - Lehre fand ihr Ende zu beginn der Neuzeit mit der Herausbildung der staatlichen Souveränität und wurde abgelöst durch das ius ad bellum.

- Das moderne Kriegsvölkerrecht ist ohne die Kategorie des souveränen Staates nicht denkbar.

- Ius ad bellum und ius in bello sind zwei streng voneinander zu trennende Bereiche. Diese Trennung ist von grundlegender Bedeutung für die Beachtung des ius in bello. Dieses stand seit Grotius im Zentrum des völkerrechtlichen Interesses.

- Die Kodifikationsbewegung in der zweiten Hälfte des 19. Jahrhunderts bis zur 2. Haager Friedenskonferenz 1907 hielt das zuvor gewohnheitsrechtlich herausgebildete ius in bello völkervertragsrechtlich fest.

- Die Aufteilung des ius in bello in "Haager Recht" und "Genfer Recht" ist zwar als Beschreibung zweier Grundanliegen des humanitären Völkerrechts nützlich (Begrenzung des kriegerischen Schädigungsrechts und Opferschutz), sie kann aber heute als überwunden gelten.

- Die Haager Abkommen sowie die Genfer Konventionen von 1949 haben gewohnheitsrechtlichen Charakter.

B. Der Begriff des humanitären Völkerrechts

Das humanitäre Völkerrecht ist nur ein Teil des Kriegsrechts (ius in bello), welches zusätzlich u.a. das Neutralitätsrecht und die Regeln über den Wirtschaftskrieg umfaßt. Es ruht aber auf dem Boden des Kriegsrechts und reicht nicht in das Friedensvölkerrecht hinein. Es ist andererseits nicht auf das sog.

"Genfer Recht" beschränkt. Trotz verschiedener Überschneidungen und Gemeinsamkeiten sollen für die Zwecke der vorliegenden Arbeit humanitäres Kriegsrecht und Menschenrechte nicht unter dem Begriff "humanitäres Völkerrecht" zusammengefaßt werden. Letzteres umfaßt somit die geschriebenen und ungeschriebenen Regelungen des Völkerrechts, die den Schutz des Einzelnen in bewaffneten Konflikten bezwecken.

C. Die wesentlichen Grundsätze des humanitären Völkerrechts

Die wesentlichen Grundsätze des humanitären Völkerrechts stehen im Spannungsverhältnis zwischen kriegerischem Schädigungsrecht und Humanität. Zu nennen sind insbesondere:

- Keine unbegrenzte Wahl der Schädigungsmittel
- Verbot der Verursachung überflüssiger Leiden
- Perfidieverbot
- Jederzeitige Unterscheidung ziviler und militärischer Personen/Objekte
- Gleichbehandlung der Konfliktteilnehmer durch das humanitäre Völkerrecht

D. Die Anwendbarkeit des humanitären Völkerrechts bis 1949

I. Sachliche Anwendbarkeit

- Der in der Staatenpraxis gemiedene Kriegszustand im völkerrechtlichen Sinne ist auch heute noch die Anwendungsvoraussetzung für das Kriegsrecht als Ganzes. Er beschreibt einen von tatsächlichen Gewaltakten losgelösten Rechtszustand und ist auch durch das Gewaltverbot der VN-Satzung nicht obsolet geworden. Entgegen einer teilweise vertretenen Ansicht können auch die Vereinten Nationen Teilnehmer eines Krieges sein.

- Die nach klassischem Völkerrecht einzige - fakultative - Möglichkeit der Geltung des humanitären Völkerrechts in innerstaatlichen Situationen war die durch die Regierung oder Drittstaaten auszusprechende und konstitutiv wirkende Anerkennung Aufständischer als Kriegführende. Drittstaaten erhalten dadurch die Stellung Neutraler. Sie ist heute praktisch nicht mehr relevant, jedoch weiterhin geltendes Völkerrecht. Die Begründung der rechtlichen Bindung der nichtstaatlichen Konfliktpartei ist dogmatisch ebenso schwierig wie bei dem gemeinsamen Art.3 der Genfer Konventionen von 1949.

- Die Anerkennung Aufständischer als Insurgenten steht rechtlich zwischen völliger Nichtanerkennung und Anerkennung als Kriegführende. Kennzeichen ist die Festlegung der Rechtsfolgen durch die anerkennende Seite selbst, wobei das Minimum die Nichtanwendung des Strafrechts ist. Auch in dieser Form dürfen Drittstaaten Aufständische nur anerkennen, wenn diese ein gewisses Minimum an Effektivität erlangt haben.

II. Persönliche Anwendbarkeit

- Die Begriffe "Kombattant" und "Zivilist" bezeichnen den *Primärstatus* von Personen im Zusammenhang mit einem internationalen bewaffneten Konflikt. Nur Kombattanten in ihrer Eigenschaft als Organe des kriegführenden Staates sind befugt, kriegerische Schädigungshandlungen vorzunehmen, nur sie sind umgekehrt legitime menschliche Ziele solcher Handlungen. Der Kombattant erhält bei Gefangennahme den *Sekundärstatus* des Kriegsgefangenen.

- Für Kombattanten und Zivilisten gelten verschiedene Rechtsnormen mit jeweils Vor- und Nachteilen. Diese sind Ausdruck der das ganze humanitäre Völkerrecht tragenden Balance zwischen militärischer Notwendigkeit und Humanität. Der Einzelne muß wählen, welcher Kategorie er angehören, d.h. welchen Status er haben will. Er kann aber unter keinen Umständen die Vorteile beider Rechtszustände für sich in Anspruch nehmen.

- Der Kombattantenstatus wurde grundlegend in Art.1 HLKO beschrieben. Für außerhalb der Streitkräfte kämpfende Milizen und Freiwilligenkorps wurden Bedingungen aufgestellt, die in den einschlägigen Regeln der Genfer Konventionen weitgehend übernommen wurden. Charakteristisch ist die Notwendigkeit eines Rechtsbandes zwischen dem Kombattant und dem Staat, für den er kämpft.

- Bei der in Art.2 HLKO beschriebenen levée en masse muß das Merkmal des offenen Waffentragens enger ausgelegt werden als im Rahmen des Art.1 HLKO, da in der Situation der levée en masse das Waffentragen einziges Unterscheidungsmerkmal zwischen Kombattanten und Zivilisten ist.

E. Fragen der Anwendbarkeit des humanitären Völkerrechts gemessen an den Genfer Konventionen von 1949

I. Sachliche Anwendbarkeit

- Wegen der in der Zwischenkriegszeit begonnenen und seither fortgesetzten Vermeidung des förmlichen Kriegszustandes wurde der Begriff des internationalen bewaffneten Konflikts zur Anwendungsgrundlage für die Genfer Konventionen von 1949 (gemeinsamer Art.2) sowie das humanitäre Völkerrecht insgesamt. Die Idee eines "status mixtus" zwischen Krieg und Frieden setzte sich nicht durch. Obwohl ein Rechtsbegriff, knüpft der internationale bewaffnete Konflikt an Tatsachen an und ist daher von subjektiven Anerkennungsakten unabhängig. Als Teilnehmer kommen Staaten, die VN sowie in Ausnahmefällen nicht anerkannte Staaten als stabilisierten de facto-Herrschaften in Betracht.

- Der internationale bewaffnete Konflikt ist nicht von einer bestimmten "unteren Schwelle" der Konfliktintensität abhängig, da diese zu Rechtsunsicherheit führen würde und die Konfliktparteien hier hinreichend völkerrechtlich gefestigt sind.

- Die kriegerische Besetzung (occupatio bellica) nach Absatz 2 des gemeinsamen Art.2 der Konventionen hat zwar keinen der Besetzung vorausgegangenen bewaffneten Konflikt zur Voraussetzung, umgekehrt ist aber auch nicht erforderlich, daß über das besetzte Gebiet zuvor volle Souveränität eines anderen Staates bestand. Die occupatio bellica ist auch bei widerstreitenden Territorialansprüchen denkbar, nicht jedoch (wie teilweise vertreten) bei Anwesenheit fremder Truppen auf Einladung der Regierung.

- Der gemeinsame Art.3 der Konventionen von 1949 regelt erstmals innerstaatliche Gewalt in einem völkerrechtlichen Abkommen. Der "Miniaturkonvention" des gemeinsamen Art.3 vorausgegangen war die Ablehnung weitergehender Vorstellungen des IKRK zur Erfassung nichtinternationaler Konflikte durch das humanitäre Völkerrecht. Bereits 1949 zeigte sich die pointierte Zurückhaltung der Staaten gegenüber völkerrechtlichen Regelungen betreffend innerstaatliche Konflikte (und der damit verbundenen Aufwertung der nicht-staatlichen Konfliktpartei). Die Frage gehörte zu den umstrittensten Themen der Konferenz.

- Der gemeinsame Art.3 folgt dem Grundsatz "niedrige Anwendungsschwelle bei vergleichsweise geringer Regelungsdichte". Die Schwellenproblematik wird in Art.3 nicht geklärt, es herrscht in der Literatur jedoch weitgehend Einigkeit, daß bloß polizeilich bekämpfte Unruhen und Erhebungen etc. für die Anwendbarkeit nicht ausreichen. Die Möglichkeit unterschiedlicher Interpretationen ist groß.

- Die Begründungen zur völkerrechtlichen Bindung der nichtstaatlichen Konfliktpartei sind verschiedener Art, jedoch stets mit offenen Fragen belastet. Art.3, der auch auf Auseinandersetzungen zweier nichtstaatlicher Konfliktparteien anwendbar ist, hatte bisher nur geringe praktische Relevanz, möglicherweise wegen der darin nicht geforderten Gegenseitigkeit. Zu den Schwächen des Art.3 zählt u.a. das Fehlen eines Überwachungsmechanismus.

- Schwierige Abgrenzungsfragen zwischen dem internationalen und nichtinternationalen Konflikt ergeben sich vor allem in den sehr häufig anzutreffenden sog. "gemischten Konflikten", vor allem bei Eingreifen von Drittstaaten oder VN in einen Bürgerkrieg. In diesen Situationen bietet sich nach der Komponententheorie eine Aufteilung in paarweise Rechtsbeziehungen an.

II. Persönliche Anwendbarkeit (Kombattanten und Kriegsgefangene)

- Die Genfer Konventionen von 1949 schaffen durch einige neue Regelungen zu Kriegsgefangenen implizit auch eine partielle Neuregelung des Kombattantenstatus. Neu gegenüber der HLKO ist die Erfassung von Widerstandsgruppen (Art.4.A.2. III.GK) sowie die Möglichkeit der Zugehörigkeit zu einer von der Gewahrsamsmacht nicht anerkannten Regierung oder Autorität (Art.4.A.3. III.GK).

- Während der Begriff des "Kriegführenden" das am Konflikt beteiligte Völkerrechtssubjekt bezeichnet, geht es beim Begriff des Kombattanten um den am Konflikt teilnehmenden Einzelnen.

- Legale Kombattanten sind völkerrechtlich befugt, im Rahmen eines internationalen bewaffneten Konflikts zu kämpfen. Illegale Kombattanten sind in der vorgenannten Situation an Kampfhandlungen teilnehmende, jedoch hierzu völkerrechtlich nicht befugte Personen. Illegale Kombattanten sind nach ihrem *Status* her Zivilisten, da das Völkerrecht nur Zivilisten und Kombattanten kennt.

- Nicht jede Person mit Kriegsgefangenenstatus war zuvor Kombattant (vgl. Art.4.A.4. und 5. III.GK), aber jeder legale Kombattant hat, wenn er in Feindeshand fällt, Kriegsgefangenenstatus. Es führt daher eine Linie vom Kriegsgefangenen zum (legalen) Kombattant und von diesem wiederum zu einem Kriegführenden.

- Daß nicht jede Person mit Kriegsgefangenenstatus zuvor Kombattant war, kann nicht die Forderung begründen, diesen Status auf solche Kämpfer auszudehnen, bei denen die Voraussetzungen für den Kombattantenstatus nicht gegeben sind. Dies beruht darauf, daß die in den GK'en genannten Kriegsgefangenen ohne Kombattanteneigenschaft ihrerseits keine bewaffnete Gewalt anwenden. Könnte man den Kriegsgefangenenstatus auch solchen Teilnehmern an Kampfhandlungen zuerkennen, die in ihrer Person die Voraussetzungen des Kombattantenstatus nicht erfüllen, so kämen diese gewissermaßen "ohne Gegenleistung" in den Genuß des Kriegsgefangenenprivilegs.

- Die Einteilung in reguläre und irreguläre Kombattanten ist eine am Kriterium der Zugehörigkeit bzw. der organisatorischen Nähe zu den regulären Streitkräften getroffene Unterscheidung.

- Streitkräfte einer am Konflikt beteiligten Partei (Art.4.A.1. III.GK) können auch die Streitkräfte von als Kriegführenden anerkannten Aufständischen sein. Der Streitkräftebegriff setzt ein Minimum von organisatorischen und anderen Bedingungen voraus.

- Aus der Nichterwähnung expliziter Bedingungen für reguläre Streitkräfte in Art.4.A.1. III.GK folgt, daß deren Angehörige Kombattanten sein können, ohne ähnlich präzisen Bedingungen genügen zu müssen wie irreguläre Kombattanten nach Art.4.A.2. III.GK. Allerdings folgen gewisse immanente Grenzen aus dem Streitkräftebegriff. Entgegen einer teilweise vertretenen Ansicht können bei Auftreten als Zivilist auch Angehörige der regulären Streitkräfte keine Kombattanten sein.

- Während es zumindest gedanklich möglich erscheint, daß unabhängige Milizen und Freiwilligenkorps (Art.4.A.2. III.GK) zu Aufständischen gehören, die als Kriegführende anerkannt sind, kann dies für Widerstandsgruppen nach Art.4.A.2. III.GK ausgeschlossen werden.

- Das Erfordernis des erkennbaren Unterscheidungszeichens und des offenen Waffentragens (Art.4.A.2.b. und c. III.GK) wurde vielfach als nicht mehr zeitgemäß kritisiert. Als Verwirklichung des Unterscheidungsgrundsatzes ist es jedoch Ausdruck eines wesentlichen Prinzips des humanitären Völkerrechts und daher kumulativ und permanent zumindest so zu erfüllen, daß der Zweck dieser Vorschrift (Schutz der Zivilbevölkerung durch klare Unterscheidungs zwischen Kombattanten und Zivilisten) erfüllt werden kann.

- Entgegen einer teilweise vertretenen Ansicht richten sich die Bedingungen des Art.4.A.2. b.-d. III. GK nicht nur an die Gruppe, sondern auch an jedes ihrer einzelnen Mitglieder. Die Befolgung der Kriterien durch den Einzelnen dient nicht nur dessen Kombattantenstatus, sondern auch der Erfüllung dieser Kriterien durch die Gruppe als Ganzes.

- Das Erfordernis der Zugehörigkeit von Widerstandsbewegungen und unabhängigen Milizen bzw. Freiwilligenkorps zu einer Konfliktpartei dient der Rückkoppelung kämpfender Gruppen an einen Kriegführenden. Nur so ist der Privatkrieg vom Völkerrechtsverhältnis abzugrenzen. Die Zugehörigkeit sollte nicht zu eng ausgelegt werden. Entscheidend ist die Möglichkeit der Zuordnung zu einem Kriegführenden.

- Bei Fehlen der organisationsbezogenen Voraussetzungen des Kombattantenstatus kann auch der völkerrechtskonform kämpfende Einzelne nicht Kombattant sein.

- Angehörige der regulären Streitkräfte (Art.4.A.1. III.GK) können nur in Extremfällen ihren Kombattantenstatus verlieren (Streitkräftebegriff). Die für Irreguläre geltenden Regeln dürfen nicht in Art.4.A.1. III.GK hineingelesen werden.

- Für Angehörige unabhängiger Milizen und Freiwilligenkorps sowie von Widerstandsgruppen (Art.4.A.2. III.GK) kann der Kombattantenstatus unerreichbar sein, weil die organisationsbezogenen Anforderungen nicht erfüllt sind. Letzteres kann auch durch vielfaches individuelles Fehlverhalten eintreten.

- Mißachtung der Bedingungen des Art.4.A.2.b.-d. III.GK führt für den Einzelnen zum Verlust des Kombattantenstatus. Die vielfach vertretene "Beibehaltungsthese" (Kombattantenstatus bleibt bestehen, evtl. Prüfung von Kriegsverbrechen) kann nicht gefolgt werden. Eine Gleichbehandlung mit Angehörigen regulärer Streitkräfte ist schon deshalb nicht geboten, weil die Bedingungen des Art.4.A.2. III.GK nur für irreguläre Kombattanten gelten. Darüber hinaus kann bei regulären Streitkräften die prinzipielle Einhaltung der vom humanitären Völkerrecht geforderten Unterscheidung von der Zivilbevölkerung eher vorausgesetzt werden als bei Irregulären (unmittelbare enge Bindung an Völkerrechts-Subjekt, Uniformtradition). Anders als bei regulären Streitkräften hat zudem die Einhaltung der Bedingungen des Art.4.A.2.b.-d. III.GK *zusätzlich* konstitutive Bedeutung für den Charakter der Gruppe als Organisation i.S.d. Art.4.A.2. III.GK (Einhaltung der Kriterien als organisationsbezogene Pflicht).

- Die auf die Forderung nach Gleichbehandlung mit regulären Streitkräften gestützte "Beibehaltungsthese" läuft bereits dort leer, wo auch Angehörige regulärer Streitkräfte ihren Kombattantenstatus verlieren (Auftreten als Zivilist). Sie findet auch keine Stütze in Art.85 III.GK, der aufgrund einer *e contrario*-Auslegung nur Verstöße gegen Vorschriften der Gewahrsamsmacht betrifft.

- Gegen die "Beibehaltungsthese" spricht auch Art.4.A.6. III.GK (Verlust des Kombattantenstatus bei verdecktem Waffentragen).

III. Die Erfassung von Guerillaauseinandersetzungen durch das humanitäre Völkerrecht

- Guerillaauseinandersetzungen sind geschichtlich gesehen so alt wie der Krieg selbst. Trotz verschiedener benachbarter Begriffe und bestimmter typischer Merkmale in der Vorgehensweise fehlt es an einer verbindlichen Definition.

- Die These von der stets gegebenen Einheit zwischen Guerillakämpfern und Bevölkerung ist falsch. Guerillakampf und Terrorismus überschneiden sich, ohne jeweils einzeln klar definiert zu sein. Guerillakampf wird durch eine immanente Tendenz hin zu unbegrenzter Gewalt geprägt und gefährdet damit eines der wesentlichsten Ziele des humanitären Völkerrechts. Zu den ersten Opfern zählt meist die Zivilbevölkerung. Der Guerillakampf "lebt" über weite Strecken von der systematischen Mißachtung des humanitären Völkerrechts.

- "Guerilla" ist ebensowenig ein Rechtsbegriff wie der Begriff des Terrorismus. In einer völkerrechtlichen Abhandlung kann daher Ausgangspunkt der Betrachtung nur die bestehende Rechtslage de lege lata sein. Mit der guerillatypischen Asymmetrie der Machtmittel geht regelmäßig auch eine rechtliche Asymmetrie einher. Dies ist ein fundamentaler und letztlich nicht zu überbrückender Gegensatz zum Wesen des humanitären Völkerrechts, welches auf der Gleichheit der Parteien vor dem ius in bello beruht und in seiner Beachtung sehr stark vom Reziprozitätsgrundsatz abhängt.

- Das humanitäre Völkerrecht erfaßt das Guerillaphänomen nur ausschnitthaft, dessen Erscheinungsformen weitreichender und vielfältiger sind als der Anwendungsbereich des humanitären Völkerrechts gemäß den Konventionen. Zu den wichtigsten Gründen zählt dabei die nur schwach ausgeprägte Regelung nicht-internationaler Gewaltanwendung.

- Im innerstaatlichen Bereich wird es meist am Überschreiten der erforderlichen Gewaltschwelle fehlen.

- Im internationalen Konflikt fehlt es oft an den nötigen organisationsbezogenen Bedingungen des Art.4.A.2. III.GK. Darüber hinaus stellt der in Art.4.A.2.b.und c. III.GK geregelte Offenheitsgrundsatz eine für Guerillakämpfer kaum erfüllbares Erfordernis dar.

- Die geringe Erfassung des Guerillakampfes durch das humanitäre Völkerrecht war in den Jahrzehnten nach 1949 Gegenstand harter Kritik, das humanitäre Völkerrecht sei durch eine - dringend korrekturbedürftige - "Schieflage" zugunsten regulärer Streitkräfte und zulasten irregulärer Kämpfer bzw. des Guerillakampfes geprägt. Dies entspreche nicht den zunehmend vom Guerillakampf dominierten Konfliktrealitäten. Mangels Rechtsstatus bestehe für Guerillakämpfer auch kein Anreiz zur Beachtung des humanitären Völkerrechts.

- Diese Kritik geht in mehrerer Hinsicht fehl: zunächst entspricht die geringfügige Erfassung nicht-internationaler Auseinandersetzungen durch das Völkerrecht einem auch heute bestehenden Willen der Staaten. Der Kombattantenstatus erfordert zwingend, daß der betreffende Einzelne sein Handeln auf einen Kriegführenden zurückführen kann. Dies wird den meisten Guerillagruppen nicht gelingen, besonders im meist gegebenen nicht-internationalen Kontext. Die regelmäßig gegebene Asymmetrie der Machtmittel erlaubt der Guerillaorganisation erst ab einem bestimmten Organisationsgrad die Einhaltung der Regeln des humanitären Völkerrechts (Art.4.A.2. III.GK). Marginale Guerillagruppen erfüllen diese Bedingungen meist nicht.

- Art.4.A.2. III.GK kann als Ablehnung jedes Sonderrechts für Guerillagruppen beschrieben werden. Er ist in seinen Wirkungen für Guerillagruppen weniger unbillig als oftmals behauptet: die Nichtbeachtung dieser Vorschrift bringt nämlich militärisch-taktische Vorteile mit sich, die anderenfalls wegfallen. Für den Kombattantenstatus ist also ein militärischer Preis zu entrichten, der durch Verzicht auf diesen Status zu umgehen ist. Es ist auch zu vermuten, daß sich in der Praxis die Einhaltung der Bedingungen des Kombattantenstatus weniger an der persönlichen Anwendbarkeitsschwelle des humanitären Völkerrechts als an militärischen Opportunitätsgesichtspunkten orientieren wird.

- Insbesondere die oft geforderte Lockerung des Offenheitsgrundsatzes sollte mit größter Zurückhaltung betrachtet werden, da sie unvermeidbar eine starke Gefährdung der Zivilbevölkerung mit sich brächte. Vorschläge zur Lockerung der Bedingungen des Art.4.A.2. III.GK hatten meist nur die humanitäre Behandlung des Guerillakämpfers im Auge, nicht jedoch die möglichen Gefahren für die Zivilbevölkerung, wenn Kombattanten für den Gegner nicht mehr ohne weiteres erkennbar sind. Das Anreizargument läßt sich auch umdrehen: wenn Guerillakämpfer auch ohne ausreichende Unterscheidung von der Zivilbevölkerung Kombattanten sein können, wäre es unter militärisch-taktischen Gesichtspunkten nachgerade töricht, sich freiwillig besser zu unterscheiden. Den humanitären Preis bezahlt dann die Zivilbevölkerung. Bei der Bewertung von Lockerungen des Unterscheidungsgrundsatzes sollte dem Schutz der Zivilbevölkerung Vorrang eingeräumt werden vor dem humanitären Interesse der Guerillakämpfer, die in aller Regel so oder so zum Kampf entschlossen sind. Das humanitäre Völkerrecht kann dem Guerillakampf bei der Lockerung der Kombattantenvoraussetzungen nur ein kurzes Wegstück folgen, ohne den elementaren Schutz der Zivilbevölkerung aufs Spiel zu setzen.

- Ein allzu großes Entgegenkommen des humanitären Völkerrechts gegenüber dem Guerillakampf erscheint auch deshalb weniger vordringlich als oft behauptet, weil sich bei entsprechender Effektivität des Guerillakampfes das "Spiel der Reziprozität" den staatlichen Gegner der Guerillabewegung schon aus wohlverstandenem Eigeninteresse schnell zu pragmatischen Zugeständnissen führen wird, sofern auch die Guerillabewegung ihrerseits das Völkerrecht anwenden kann und anwendet. Die Martens'sche Klausel lädt hierzu auch ein.

IV. Das Problem der sogenannten "Nationalen Befreiungskriege"

1. Das Selbstbestimmungsrecht der Völker (SBR) und seine Bedeutung für die nationalen Befreiungskriege

- Das Selbstbestimmungsrecht der Völker ist trotz seiner Ausgestaltung durch VN-Satzung und die internationalen Pakte von 1966 weithin und in verschiedener Hinsicht unklar und gehört zu den umstrittensten Konzepten des modernen Völkerrechts. Während sich hinsichtlich der rechtlichen Einordnung mehr und mehr die Ansicht durchsetzt, daß es sich zumindest um ein rechtliches Prinzip handelt, bestehen in Bezug auf Inhalt, Adressatenkreis und die Frage der Gewaltanwendung erhebliche Meinungsunterschiede und Unsicherheiten. Das SBR steht in einem permanenten Spannungsverhältnis zwischen den Zielen der Friedenssicherung und des internationalen Menschenrechtsschutzes.

- Beim Inhalt des SBR ist zu unterscheiden zwischen dem *äußeren* und dem *inneren* Aspekt. Ein Sezessionsrecht besteht nach überwiegender Ansicht nur bei Vorenthaltung des äußeren Aspekts des SBR. Nach der Friendly-Relations-Deklaration hat eine Kolonie oder ein anderes unselbständiges Territorium einen eigenen, vom Mutterland unabhängigen Status. Die Geltendmachung des SBR wird so eine Frage des äußeren Aspekts des SBR.

- Abschnitt 7 des 5. Grundsatzes der Friendly-Relations-Declaration ist in unterschiedlicher Weise auslegbar und eröffnet Möglichkeiten zu einem weiteren, auch den demokratischen, "inneren" Aspekt des SBR umfassenden Verständnis. Dies entsprach allerdings nicht der Ansicht der überwiegenden Zahl der Staaten bei Ausarbeitung der Deklaration. Seit dem Ende des Ost-West-Gegensatzes gibt es - entgegen der international weiter herrschenden Meinung - insbesondere in der westlichen Völkerrechtslehre vermehrt Stimmen, die ein Sezessionsrecht auch bei - zumindest groben - Verletzungen des "inneren" SBR befürworten. Das SBR muß nach dieser Ansicht aus seiner "antikolonialen Verengung" gelöst werden. Der am Schutz der staatlichen Souveränität orientierte uti possidetis-Grundsatz mache das SBR entgegen seiner Intention zu einem einmalig auszuübenden Recht, der Vorrang der nationalen Souveränität und Einheit vor dem SBR diene oftmals lediglich einer Scheinstabilität und diene nicht der Friedenssicherung.

- Träger des SBR ist das auf einem bestimmten Territorium lebende Volk. Dieser Begriff ist nicht gleichzusetzen mit dem Staatsvolk, da das SBR sonst nur den Status Quo der *beati possidentes* absichern würde. Andererseits wird auch nicht jede Minderheit innerhalb eines Staates sogleich als "Volk" zu qualifizieren sein.

- Für die Staaten der Dritten Welt und für die sozialistischen Staaten war das SBR zentrale Begründungsbasis antikolonialer Gewaltanwendung. Von der tieferen Legitimität solcher Gewaltanwendung überzeugt, setzte die Staatenmehrheit in der Generalversammlung Resolutionen durch, welche den bewaffneten Kampf gegen die Vorenthaltung des antikolonialen SBR ausdrücklich legitimieren.

- Die - kaum haltbare - Begründung antikolonialer Gewaltanwendung stützte sich vorwiegend auf Art.51 SVN. Das Zusammenspiel von strikter Verweigerung des inneren Aspekts des SBR bei gleichzeitiger "carte blanche" zur Gewaltanwendung im antikolonialen Kontext kann als Rückkehr zur Theorie des gerechten Krieges bezeichnet werden.

2. Der Begriff des nationalen Befreiungskrieges

- Der herkömmliche Begriff des nationalen Befreiungskrieges bezeichnet einen internationalen bewaffneten Konflikt im Zusammenhang mit einer Invasion oder einer kriegerischen Besetzung.

- In den Jahrzehnten nach dem 2.Weltkrieg wurde der nationale Befreiungskrieg zur Chiffre für Antiimperialismus und Weltrevolution.

- An sich läge es nahe, unter dem nationalen Befreiungskrieg all diejenigen Konflikte zu verstehen, bei denen ein "Volk" als Träger des SBR i.S.d. Friendly-Relations-Declaration zur Durchsetzung dieses Rechts zu den Waffen greift. Dieses weite Verständnis wurde jedoch von der Staatenmehrheit in den VN nicht geteilt, sondern zunehmend durch die qualifizierenden Merkmale Kolonialismus, Rassismus und "fremde Beherrschung" eingeengt. Als nationale Befreiungskriege sollen deshalb für die vorliegende Arbeit diejenigen Konflikte verstanden werden, die im Zuge der Rechtsentwicklung in den VN und später im Rahmen der CDDH sowohl unter dem ius ad bellum als auch im Rahmen des ius in bello eine völkerrechtliche Aufwertung erfahren haben. Dies ist eine bewußte Beschränkung des im Lichte des SBR möglichen Begriffsinhalts.

3. Die internationale Aufwertung der rechtlichen Stellung der Nationalen Befreiungsbewegungen

- Ein anerkannter Begriff der nationalen Befreiungsbewegung fehlt ebenso wie beim nationalen Befreiungskrieg. Er soll im Rahmen der vorliegenden Arbeit auf diejenigen Bewegungen bezogen werden, die im Rahmen der o.g. nationalen Befreiungskriege als Vertreter der betreffenden Völker auftraten.

- Im Rahmen eines seit Anfang der sechziger Jahre in Gang befindlichen Prozesses erhielten nationale Befreiungsbewegungen besonders im Rahmen der VN-Generalversammlung eine sukzessive völkerrechtliche Aufwertung. Voraussetzung war eine "Anerkennung" durch die zuständige Regionalorganisation. Insbesondere OAU und der Arabischer Liga kam - bei insgesamt inkonsistenter Anerkennungspraxis - eine Sonderrolle als Instrument der Vorauswahl zu. An der CDDH nahmen elf nationale Befreiungsbewegungen mit Beobachterstatus teil.

- Im Hinblick auf die Völkerrechtssubjektivität der nationalen Befreiungsbewegungen kommt diesen selbst - entgegen einer bzgl. eines ius ad bellum teilweise vertretenen Ansicht - kein umfassendes Vertretungsrecht für die betreffenden Völker zu. Sie haben unter bestimmten Voraussetzungen jedoch eine funktionale Völkerrechtssubjektivität, gerichtet auf Wahrnehmung des Beobachterstatus in den VN und Teilnahme an internationalen Konferenzen. Träger des SBR ist das durch die nationale Befreiungsbewegung vertretene Volk.

4. Die Auswirkungen auf das humanitäre Völkerrecht

- Im Bereich des humanitären Völkerrechts ergaben sich aus der o.g. Leseart des SBR und der Aufwertung der nationalen Befreiungsbewegungen Forderungen in dreierlei Hinsicht:
  - Anerkennung des internationalen Charakters nationaler Befreiungskriege
  - Beitrittsrecht für nationale Befreiungsbewegungen zu den Genfer Konventionen
  - Kombattantenstatus für nationale Befreiungskämpfer

- Trotz einer großen Zahl darauf gerichteter Resolutionen der VN-Generalversammlung und einer teilweise vertretenen Ansicht in der Literatur stand die Qualifikation nationaler Befreiungskriege als internationale bewaffnete Konflikte zu Beginn der CDDH völkerrechtlich nicht fest. Zum einen vermögen die entsprechenden GV-Resolutionen kein Recht zu setzen, da die Satzung diese Kompetenz nicht vorsieht und die Zuständigkeiten der GV seit Verabschiedung der SVN nicht erweitert wurden. Zum anderen ist aber auch kein entsprechendes Gewohnheitsrecht entstanden: wegen des häufig zur Anwendung gelangten Konsensverfahrens, regelmäßiger Enthaltungen und Gegenstimmen sowie des vielfach unklaren Wortlauts fehlt es bereits an dem für das Entstehen von Völkergewohnheitsrecht erforderlichen subjektiven Element. Da es zusätzlich auch an einer weiterführenden Staatenpraxis fehlt, kann kein entsprechendes Gewohnheitsrecht angenommen werden.

- In der Literatur wird vereinzelt sowohl die Möglichkeit des formellen als auch des ad hoc - Beitritts zu den Genfer Konventionen befürwortet. Dennoch scheitert der Beitritt an dem Staaten vorbehaltenen Begriff "Mächte" im gemeinsamen Art.2 Abs.3 GK'en, zumal in der Praxis die integrale Anwendbarkeit der Konventionen auf - von den Befürwortern der Beitrittsmöglichkeit nicht näher spezifizierten - Befreiungsbewegungen keineswegs feststeht.

- Ohne Prüfung der an Widerstandsbewegungen gem. Art.4.A.2. III.GK zu stellenden Voraussetzungen wurde auch der Kombattantenstatus nationaler Befreiungskämpfer im VN-Rahmen gefordert und in der Literatur als bereits vor der CDDH feststehend dargestellt. Dabei stützte man sich zum einen auf äußerst großzügige Auslegungen der Offenheitskriterien des Art.4.A.2. III.GK, zum anderen auf eine durch die Resolutionspraxis der VN-GV eingetretenen Änderung der Rechtslage. Diese Ansicht ist unzutreffend.

F. Sachliche und persönliche Anwendbarkeit gemäß den Zusatzprotokollen von 1977 zu den Genfer Konventionen von 1949

I. Vorgeschichte und Verlauf der Konferenz

- Initiativen zur Anpassung des humanitären Völkerrechts an neue Konfliktrealitäten reichen zurück bis in die fünfziger Jahre und verstärkten sich Ende der sechziger Jahre parallel im Rahmen der Rotkreuzbewegung und der VN. Dabei waren die Bemühungen der VN wesentlich stärker politisch motiviert als diejenigen des IKRK. Dabei wurde in den Jahren vor der CDDH immer wieder das Bestreben deutlich, vor allem eine völkerrechtliche Antwort zu finden auf die Frage des Guerillakampfes und der nationalen Befreiungskriege. Trotz der konstruktiven Vorarbeiten zur CDDH (Erarbeitung der Protokollentwürfe durch IKRK und Staatenvertreter) war bereits vor der CDDH erkennbar, daß für viele Staatenvertretern im Vordergrund stand, den internationalen Charakter der nationalen Befreiungskriege und den Kombattantenstatus der darin verwickelten Kämpfer völkerrechtlich abzusichern und diesen Konflikten eine entsprechende politische Aufwertung zuteil werden zu lassen. Es erstaunt, daß diese Bestrebungen den Westen bei der CDDH unvorbereitet trafen, obwohl GV-Res. 3103 schon vor der CDDH die entsprechende "Vorlage" geliefert hatte.

- Das Zustandekommen der CDDH war einem Zusammentreffen bestimmter politischer Umstände zu verdanken (arabisch-israelischer Konflikt und Dekolonisierung). Den jungen Staaten der Dritten Welt ging es auch um einen politischen Sieg. Tiefe politische Gegensätze entzweiten die Konferenzteilnehmer in wichtigen Fragen. Der Staatenmehrheit aus den VN ging es primär um die völkerrechtliche Aufwertung einer eng begrenzten Kategorie von Konflikten. Im VN-Rahmen eingeübte Debattenkultur und Solidarität wurde nach Genf "mitgebracht". Die Verhandlungen wurden geprägt durch den Gegensatz zwischen einem auf vorsichtige Anpassung und Aktualisierung ausgerichteten "IKRK-Ansatz" und einem auf tiefgreifende Veränderungen abzielenden "VN-Ansatz". Die Auseinandersetzungen führten die CDDH mehrfach bis an den Rand des Scheiterns.

- Anders als teilweise behauptet, spricht - abgesehen von einem geringeren Widerstand bei der Schlußabstimmung im Plenum - wenig für die Annahme, daß sich im Verlaufe der CDDH in Bezug auf Art.1(4) ZP I ein wachsender Konsens gebildet habe. Eher dürften hier Gründe der politischen Optik eine Rolle gespielt haben.

- Die Verhandlungen über ZP II zeigen mit aller Deutlichkeit die Abneigung der Staaten gegenüber wirksamen völkerrechtlichen Regelungen im nicht-internationalen Konflikt. Das Vorhaben eines wirksamen und praktisch relevanten ZP II für nicht-internationale Konflikte konnte dem Schicksal des Scheiterns nur knapp und nur um den Preis einer drastischen inhaltlichen Reduktion entgehen.

- Die Intentionen einer großen Zahl von Staaten wurden auch bei den Verhandlungen über die Vorschriften zur persönlichen Anwendbarkeit im ZP I deutlich. Der durchaus praxisorientierte Vorschlag des IKRK einer kombattantenähnlichen Behandlung nationaler Befreiungskämpfer reichte vielen Teilnehmern nicht aus. Über den schließlich verabschiedeten Text bestand bis zuletzt keine inhaltliche Einigkeit.

II. Auslegungsmaßstäbe für die in den Zusatzprotokollen enthaltenen Bestimmungen zur sachlichen und persönlichen Anwendbarkeit

Wichtigstes Kriterium bei der Auslegung kann nicht nur das vom humanitären Zweck der Protokolle bestimmte Ziel einer möglichst breiten Anwendbarkeit sein. Zu berücksichtigen sind vielmehr die wesentlichen Grundsätze des humanitären Völkerrechts, ohne deren Beachtung dessen grundlegenden Ziele nicht erreichbar sind.

III. Die Regelungen zur sachlichen Anwendbarkeit

1. Internationale bewaffnete Konflikte

Für eine Gesamtbewertung der Art.1(4) und 96(3) ZP I vgl. F.III.1.e.

2. Nicht-internationale bewaffnete Konflikte

Für eine Gesamtbewertung des Art.1 ZP II vgl. F.III.2.c.

IV. Die Regelungen zur persönlichen Anwendbarkeit

Für eine Gesamtbewertung vgl. F.IV.8.

V. Zusatzprotokolle und Terrorismusvorwurf

- Der insbesondere seitens der US-Regierung gegen ZP I erhobene Terrorismusvorwurf ist zunächst insofern unzutreffend, als die Ausdehnung der Anwendbarkeit des internationalen Konfliktsrechts als solche keinen Freibrief für terroristisches Vorgehen in nationalen Befreiungskriegen darstellt. Nach der hier vertretenen Auslegung der sachlichen und persönlichen Anwendbarkeitsvorschriften insbesondere des ZP I scheint auch eine Überlappung mit terroristischen Handlungen ausgeschlossenen.

- Die Terrorismusrelevanz des ZP I ergibt sich jedoch daraus, daß dessen sachliche und persönliche Anwendbarkeitsvorschriften sehr unterschiedlich auslegbar sind und bestimmten terroristisch vorgehenden Gruppen wie vor allem Drittstaaten Anknüpfungspunkte für die Argumentation bieten. Ein Beispiel solcher "Extremargumentation" in der Grauzone der geschaffenen Kategorien ist bei F.V.2. aufgeführt.

- Auch bei Bemühungen zur rechtlichen Erfassung und Bekämpfung des Terrorismus zeigte und zeigt sich in den VN, daß viele Staaten gegenüber dem Terrorismus einem allgemeinen "Befreiungskriegsvorbehalt" zuneigen, der über das Ziel einer bloßen Abgrenzung vom Anwendungsbereich des ZP I deutlich hinausreicht und in sehr eindeutiger Weise von rein politischen Legitimitätskategorien des gerechten Krieges beeinflußt ist.

G. Die Rechtslage 20 Jahre nach Verabschiedung der Zusatzprotokolle

- Vgl. für eine Gesamtbewertung G.IV.

FSC
www.fsc.org
MIX
Papier | Fördert gute Waldnutzung
FSC® C083411

Kolibri 360 GmbH
Ferdinand-Jühlke-Straße 7
99095 Erfurt, Deutschland
produktsicherheit@kolibri360.de

Druck:
CPI Druckdienstleistungen GmbH
im Auftrag der
Kolibri 360 GmbH
Ferdinand-Jühlke-Str. 7
99095 Erfurt